魏宏运文集

抗日战争与中国社会 上

魏宏运 著
南开大学历史学院 编

天津出版传媒集团
天津人民出版社

图书在版编目 (CIP) 数据

抗日战争与中国社会：全 2 册 / 魏宏运著；南开大学历史学院编. -- 天津：天津人民出版社, 2017.3
 (魏宏运文集)
 ISBN 978-7-201-11585-6

Ⅰ. ①抗… Ⅱ. ①魏… ②南… Ⅲ. ①抗日战争–影响–社会变迁–研究–中国 Ⅳ. ①K265.07

中国版本图书馆 CIP 数据核字 (2017) 第 070066 号

抗日战争与中国社会

KANGRI ZHANZHENG YU ZHONGGUO SHEHUI

出　　版	天津人民出版社
出 版 人	黄　沛
地　　址	天津市和平区西康路 35 号康岳大厦
邮政编码	300051
邮购电话	(022)23332469
网　　址	http://www.tjrmcbs.com
电子信箱	tjrmcbs@126.com

策　　划	任　洁
责任编辑	张　璐
特约编辑	温欣欣　赵子源　王小凤
装帧设计	Mark　汤　磊

印　　刷	河北鹏润印刷有限公司
经　　销	新华书店
开　　本	787×1092 毫米　1/16
印　　张	56.75
插　　页	8
字　　数	900 千字
版次印次	2017 年 3 月第 1 版　2017 年 3 月第 1 次印刷
定　　价	355.00 元

《魏宏运文集》编选组

总负责人:

江　沛　邓丽兰　李金铮

分卷负责人:

《中国近代历史的进程》:杜恩义

《抗日战争与中国社会(上)》:刘依尘　王　希

《抗日战争与中国社会(下)》:冯成杰　王　希　刘依尘

《序跋与书评》:何悦驰

《忆往与治学》:张耀元

《魏宏运年谱》:王　希　张耀元

前　言

　　由天津人民出版社编辑出版的《魏宏运文集》终于与公众见面了。在主持编辑此文集的过程中,一些事项需要在此说明:

　　一、魏宏运先生是享誉海内外的著名史学家、南开大学荣誉教授。1925年1月出生,今已93岁高龄。自1951年从南开大学毕业留校任教后,他在历史系执教半个世纪之久,直至2000年退休。魏先生曾任校内外多种重要学术职务,受聘为国内外多家名校的客座教授。他著作等身,撰写论著、编辑教材、工具书及史料集多种,总字数达两千余万,多次获得国家级哲学社会科学成果奖及天津市哲学社会科学成果奖。他是中国近现代史学科的开拓者和奠基者之一,具有重要的学术影响力。整理及出版魏先生的论著,有利于南开史学的文脉传承,丰富人们对南开大学校史和当代教育史的理解,对于理解中国近现代史学科和当代史学发展史的演进、认识当代中国知识分子群体性格及生活演变的特点,都具有重要意义。

　　二、鉴于魏先生的学术地位和其论著的重要价值,《魏宏运文集》入选天津出版传媒集团重点出版项目。为保证文集的学术水平和编纂质量,天津人民出版社与南开大学历史学院密切合作,联手打造学术精品。由南开大学历史学院院长江沛教授组织编委会负责《魏宏运文集》的选编工作,天津人民出版社总编助理任洁编审带领编辑团队全力投入,负责本项目的编辑出版工作。

　　三、时值南开大学即将迎来百年华诞之际,魏先生文集的编选工作,得到南开大学历史学院大力支持。经魏先生亲自授权、夫人王黎提出建设性思想并居中协调,提供诸多稿件及手迹,亲自确定文集封面;先生弟子江沛教授主持编选并确定了各卷收录文稿的范围;邓丽兰、邹佩丛老师此前整理先生稿件花费了大量心血,此次提供了大量电子文稿,大大便利了编辑工作。先生在

1

海内外的诸多弟子纷纷表达关注之情,翘首期盼。

四、南开大学历史学院中国近代史专业的研究生杜恩义、冯成杰、何悦驰、刘依尘、张耀元、王希分别负责各卷最初的选编工作,此后几经调整,最终确定五卷六册的框架,具体包括《中国近代历史的进程》《抗日战争与中国社会(上、下)》《序跋与书评》《忆往与治学》《魏宏运年谱》。

五、由于魏先生论著的时间跨度长达半个多世纪,各个时期出版单位对学术规范的要求不一。此次出版除对个别字句的误植进行订正外,基本保持稿件发表时的原样态,以充分体现论著的时代性,便于后人理解当代中国史学演变的路径及意义。魏先生的年谱在 2013 年前已有两版,社会反响极好。此次出版时单列一卷,增补了 2013 年 10 月至 2017 年 2 月的内容,并对 2013 年前的内容进行适当增补,由此得窥魏先生九十高寿后执着学术、壮心不已的老年生活。

六、由于时间久远和资料缺失,魏先生早年发表的一些论文未能收录,收集整理后将进行补遗,感谢并欢迎大家提供有关资料和线索。

七、在任洁女士带领下,天津人民出版社第五编辑室的全体编辑,对文集的编辑投入大量的心血,付出了艰巨的劳动。他们是金晓芸、温欣欣、王小凤、赵子源、张璐。天津出版传媒集团及天津人民出版社对此文集出版给予大力支持,在此衷心感谢!

编　者
2017 年 3 月

目 录

总论性研究

日本推出"侵略有理"的历史新版教科书
——魏宏运教授答记者问

《历史教学》记者(以下简称"记"):日本文部科学省审定通过了新历史教科书编撰会编撰的新版历史教科书,由扶桑出版社出版,立即激起中国、韩国、朝鲜人民民主共和国及日本16个民间团体的愤怒,这是什么原因?

魏宏运教授(以下简称"魏"):因为这是供中学生使用的教科书,其用意险恶。这部教科书编造谎言,颠倒黑白,极力美化日本明治维新以来所推行的征服东亚各国的侵略政策,宣扬侵略有理,把第二次世界大战时期对东亚各国的侵略,说成是"帮助在白人面前感到自卑的亚洲人民,使其振奋精神,培养自信心",把亚洲从欧美的统治下解放出来,并将中国的钓鱼岛及韩国的竹岛划为日本领土。这种种表述仍然是老牌军国主义者的理念和论调。东条英机临死,"还深信日本应统治远东",劝其国人服从天皇,重振家邦,说:"日本青年应保持一种理想,是即效忠国家,效忠日皇陛下之民族精神。"新版历史教科书向日本青少年灌输的就是曾经给亚洲各国以及日本人民带来无穷灾难的军国主义精神。它招致朝鲜、韩国、中国等亚洲邻国的愤怒谴责是必然的。

记:在新版历史教科书中,编撰者以什么手段混淆黑白,颠倒是非?

魏:他们根据老牌军国主义者所创造的"自卫论"即每一侵略行动,都是打着"自卫"的旗帜,来编造历史。这从它所撰的第二次中日战争历史就可以明显地看到。

第二次中日战争和第二次世界大战都是以日军侵占中国东北开始的,这是中国和世界学界都公认的。日本为了占领我国东北,建立了傀儡政权——"满洲国",叫喊"满洲是日本的生命线",策划了层出不穷的阴谋,最典型的当属九一八事变。事变之前,关东军就已经做了占领满洲的精心准备。9月15日,东京召开了军事首脑会议,9月17日夜,派遣河本大佐带人炸毁了沈阳以北柳条湖一段铁路,再嫁祸于中国人,然后声称"自卫",出兵占领沈阳,九一八事变由此爆发。参与这一罪恶阴谋的有桥本欣五郎、大川周明、星野直树、板垣征四郎、南次郎、东条英机、土肥原贤二、本庄繁等人。而"新版历史教科书"颠倒黑白,妄称"随着国民党统一中国的逼近,中国人的反日运动激化,不断发生妨碍列车运行和迫害日本学童的事件。此外,就日本来说,北面有苏联的威胁,南面有国民党的力量不断逼近",日本出于"自卫"就占领了东北。试问,中国领土满洲怎么成了"日本的生命线?""统一"是中国内政,怎么会"逼近"日本?如此"自卫论"显然是日本发动侵略战争的遮丑布。

卢沟桥事变也是日本精心策划的。日本侵占满洲后,土肥原、南次郎、梅津、板垣等又策划把中国华北五省置于日军统治之下,在华北建立殷汝耕及德王两个伪政权。1937 年 4 月 16 日,外务、大藏、陆军、海军四相召开会议,要使"华北地区成为反共亲日亲满地带"。6 月,近卫内阁登场,关东军参谋长东条英机决定对中国政府"予以一击",日军便在卢沟桥附近每夜不停地举行激烈的军事演习,制造事端,谎称一名士兵失踪,以此为借口,又开始了大规模的侵华战争。而日本"新版历史教科书"却这样写:"1937 年 7 月 7 日夜,在北京郊外的卢沟桥,发生了有人向日本军队开枪的事件。第二天,中国方面继续开枪,进入了战争状态。"已经过去 68 年了,日本新版"历史教科书"玩弄的还是老一套颠倒黑白倒打一耙的伎俩。从七七事变以来,日本一直宣称中国人开的第一枪,说它在卢沟桥演习是合法的,还以《辛丑条约》为根据,说有权在北平附近驻军云云……有意混淆视听。翻开历史资料,《辛丑条约》中并没有规定列强可以在丰台驻军的字样,是日军 1936 年抢占了丰台。日军在卢沟桥演习是预谋挑起战争,这是很明显的。东京审判时,公诉人曾提出了一个很确切的问题:"既然战争是在中国的正中心进行,那还有什么自卫可言?"东乡被迫承认:"对于这个问题,我认为,这些行动是太过分了。"前几年一位日本教授曾和我谈到谁开第一枪的问题,我说,第一枪不是在东京附近打的,而是在北平附近,你应反思。

日本投降后,近卫文麿服毒自杀时总算讲了一句实话,他对中日战争负有责任。土肥原伏法时亦曾忏悔过去的罪恶,"祈祷上苍使中韩两国繁荣兴盛"。真不知道该书的编者为何置这些重要的历史记录于不顾?

南京大屠杀,这是全世界都关注的问题。南京大屠杀,当时就激起世界各国人民的愤怒和谴责。11 个国家所组成的远东国际军事法庭的判决书,记载了日军暴虐的事实,杀人、强奸、抢劫、放火,惨绝人寰,日军"不分青红皂白地屠杀中国人的男女和小孩""全城中无论是幼年的少女或老年的妇人,多数都被奸污了。并且在这类强奸中,还有许多变态的和淫虐狂行为的事例。许多妇女在强奸后被杀,还将她们的躯体加以斩断"[①]。目睹这种骇人听闻罪行的,不仅有在南京城中的中国人,还有外国人。在南京的德国人向其政府的报告中说:"这不是个人的而是整个陆军,即日军本身的残暴和犯罪行为。""'日军'就是兽类的集团。"《远东国际军事法庭判决书》说:"在日军占领后最初 6 个星期内,南京及其附近被屠杀的平民和俘虏,总数达 20 万人以上。""这个数字还没有将被日军所烧毁了的尸体,投入长江,或以其他方法处分的人们计算在内。"[②]据 20 世纪 80 年代以来公布的档案证实,在南京被屠杀的中国人在 30 万以上。这方面的书籍出得已经很多,如 1987 年江苏古籍出版社出版的《侵华日军南京大屠杀档案》和日本学者 1992 年于青木书店出版的《南京事件史料集》两部大型文献总汇,基本上描述了南京大屠杀的全貌。近年拉贝日记的发表,章开沅对贝德士文献的发掘,使人们对南京大屠杀的具体状况有了更深刻的了解。而"新版历史教科书"的编撰者企图轻轻一笔,抹掉这血腥的罪行:"当时日军的行为造成了众多中国军民的伤亡。"日本有这样一批不敢正视自己历史的人,可以说是日本民族最大的悲哀。

记:连众目睽睽之下的南京大屠杀的罪恶都想抹掉,那"历史上被隐瞒的一章"——细菌战,就更不愿意承认了?

魏:是的,这是日本最忌讳的事。历史的真相终究不可能长期被掩盖。1981 年美国著名记者约翰·鲍威尔最早向全世界报道了日军细菌战罪行。1989 年我国中央档案馆编写的《细菌战与毒气战》一书也已出版。日本对华进行极为秘密的细菌战,真相终于大白于天下。日军在中国哈尔滨、长春、北平、济南、南京、广州等地建立了许多细菌基地和工厂,在中国 26 个省内进行过细菌战。哈尔滨 731 细菌战部队遗址处,今天已成为日军侵华罪证的标志,日本社会活动家渡边曾动员了 1 万人在日本 61 个城市和地区举行了"731罪行"全国展,使日本政府非常尴尬。

记:日本一小撮右翼分子为什么一直很嚣张,并有愈来愈发展之势?

魏:这要追溯到第二次世界大战和抗日战争结束时的历史。日本投降了,盟国理应彻底打碎日本的天皇制度,将包括天皇裕仁在内的所有战犯绳之以

[①]《远东国际军事法庭判决书》,张效林译,五十年代出版社,1953 年,第 456 页。
[②] 同上,第 456—457 页。

法,教育广大民众分清是非,清除愚弄人民的皇国主义民族思想,清除日本"军队一定要达到最终目的——建立世界统治权"和"文明从东方升起"的罪恶思想。由麦克阿瑟领导的盟国统帅部,也曾逮捕一批战犯,1946 年 12 月,也曾决定废止"八纮一宇"的神道与军国主义掺和的思想,禁止官吏奉告或参拜神社。远东国际军事法庭历经两年半时间也审判了 25 名甲级战犯。然由于麦克阿瑟把盟国的胜利,变成美国一国的胜利,为了反苏反共,进行新的"冷战",他极力保护日本的军国主义,发布了宣誓释放制度,先后释放了大批已被逮捕的战犯, 如双手沾满了中国人民鲜血的前中国派遣军总司令西尾寿造、前日本海军部在上海的特务机关长儿玉誉志夫、前外相及情报局总裁天羽英二,前东条内阁商工大臣与日本在满洲的重要统治者之一岸信介、前外相及驻汪精卫伪政府大使谷正之等。对执行"三光"政策的中国派遣军司令畑俊六,参与南京大屠杀的桥本欣五郎,主持淞沪协定的前东条与小矶内阁外相重光葵则仅分别判处无期徒刑、20 年或 7 年徒刑。对麦克阿瑟擅权释放战犯,中国驻远东国际军事法庭法官梅汝璈认为不分青红皂白地释放日本战争嫌疑犯是荒唐的。他说:"已免予以甲级战犯起诉而经释放的战犯,其中多数最低限度亦应以乙级及丙级战争罪审判,而其有罪无罪亦仅于审判后始所决定,任意释放,即令纯自法律观点言,亦极不合理。"[①]对战犯的宽宥是贻害无穷的,战后日本许多届内阁成员,都是当年的军国主义者。而死去的甲级战犯又都供奉于靖国神社,年年享受日人及部分政府官员的祭祀膜拜。战时、战后政府各机构直接相连,公务员中的许多人"对过去没有进行丝毫反思,例如曾在中国实施细菌战,进行人体活动实验的陆军防疫给水部(即 731 部队)有关人员,战后摇身一变又成了大学(京都大学、京都府立医科大学等)医学系的教授、公立医院的院长,或是在卫生行政部门供职,建立了像'绿十字'那样的血液制药会社"[②]。一批积极支持日本侵略战争的主要财阀战犯也都安然无恙,贵族们(日本海陆军军官的主要来源)仍保持着他们广大的采邑和领地。侵略战争时期许多政治经济文化机构都原封不动地保留下来。远东委员会评定,日本的工业,按 1930—1934 年标准,仍有雄厚的基础,仍可肆意纵横侵略东亚,以低廉物品操纵远东的商业。日本这样的社会经济基础和政治结构,必

---

① 《大公报》,1948 年 12 月 30 日。

② [日]野田正彰:《战争罪责》,朱春立、刘燕译,广西师范大学出版社,2000 年,第 11 页。

然使军国主义思想继续泛滥。《大公报》社论曾以"战败可成天堂"为题,阐述美国基于自己的战略要求,积极扶植日本,助长日本新的野心。这种分析在今天看来也是很透彻的。

从历史上看,明治维新以来,黩武与极端国家主义毒害深入膏肓,把侵略别国当作爱国主义,把战犯东条英机奉为日本最大的民族英雄,就充分说明这一问题。1948 年,日本人摄制了审判 25 名战犯的新闻片,在东京各影院放映,当"银幕放映东条着陆军制服对万千日本士兵发表作战演讲时,观众鼓掌者不少。影片映至日本偷袭珍珠港,日机投弹轰炸美国战舰命中火光飞腾时,观众中鼓掌者亦有三分之一,东条衣勋章符号皆已被剥去之陆军制服出现银幕向法庭默然颔首听取绞刑判决时,日人观众中竟有为之而痛哭失声者"①。当年,东条曾宣称:"日本的民气必重新再起。"令亚洲各国遗憾的是,60 年来如此乖戾的"民气"不绝如缕,日本"新版历史教科书"掩盖战争罪行,美化侵略历史又是一例。试问,如此猥琐暧昧地掩盖推卸战争罪责,怎能得到受害国的宽恕谅解?

相比之下,德国正视自己侵略他国的罪恶历史,深刻反省,真诚悔过谢罪,赢得了各国普遍赞誉和谅解,重新和谐地融入欧洲和国际社会,日本难道不应有所憬悟吗?一个民族一个国家难道可以建基于虚伪的历史之上?难道可以在虚伪中绍续前行?

现在的时代和过去不一样了,在日本国内,掩盖或否认侵华战争的书籍影片固然不断出现,但是,揭示和反省侵华战争罪行,呼吁承担反思战争罪责的也大有人在,他们勇敢地站了出来。前不久(2005 年 4 月 5 日下午),日本 16 个民间团体在东京举行记者招待会,强烈抗议文部科学省审定通过篡改历史的新版教科书,并呼吁全体日本国民阻止该书进入课堂。我们相信,这才能堂堂正正地挺直腰杆代表日本走向未来。

原载《历史教学》,2005 年第 5 期

---

① 《大公报》,1948 年 12 月 7 日。

历史是最严峻的教科书

1945 年抗日战争胜利是中国从鸦片战争以来对外进行反侵略战争唯一的一次胜利。对日本来说，是明治维新以来实行侵华战争的总结。

日本因进行侵略战争，最终遭到失败，这是载入史册的。1946 年 5 月 3 日至 1948 年 11 月 11 日，由中国、美国、苏联、英国、菲律宾、加拿大、新西兰、澳大利亚、印度、法国、荷兰等 11 国组成的远东国际军事法庭，对日本战犯进行审判。判决书根据日本官方的秘密文件，根据检察方面、被告方面及证人陈述的证言，以及被告所做的证词，记述了日本侵略的历史，特别是侵略中国的历史，认定对华战争自 1931 年以后是侵略战争。判决书第五章的题目就是"日本对华的侵略"。

日本之所以最终遭受失败，是因为它进行的是非正义的战争。中国有古语"多行不义必自毙"。日本要征服中国和奴役亚洲各国人民，必定要受到历史的惩罚。

日本文部省及日本内阁中几个官员，因日本现在成为一个经济大国而冲昏了头脑。他们在审定的中小学历史教科书中，掩盖日本过去侵略的本来面目，经过一番策划，把从 1894 年至 1895 年的甲午中日战争到 1937 年至 1945 年的侵华战争，长达半个世纪的侵华史，在关键方面，都做了篡改。

日本文部省极忌讳"侵略""屠杀"这些字眼，和日本军国主义连在一起，极力将日本打扮为和平使者，而不是侵略者和杀人犯，阴谋推翻历史的结论。日本军国主义者不仅祸害了中国和亚洲很多国家，也祸害了日本人民。

日本文部省的意图是把"侵略"改为"进入"，用心良苦，意在说明日本的侵略是对的，无可厚非的。他们仍然执着他们制造的借口，说"中国有挑日不轨行为""日本维护日侨生命、财产起见""日本兵失踪了"；或者说"应傀儡之请"而进入是理所当然的；或者说中国东北"是日本生命线""满洲必须脱离中国，而由日本统治"，所以就发动了"九一八"事变，"进入"东北；或者说"华北要组织自治运动,阻止共产主义蔓延",所以要"进入"华北;或者说要实行大陆政策和南进政策,建立王道乐土,确立东亚新秩序,所以要发动"七七"事变,"进入"整个中国。凡此种种,完全是军国主义的语汇和逻辑。

日本把灭亡中国,作为它的国策,今天吃一块,明天吃一块。在中国建立了诸多伪政权,如"满洲国""冀东防共自治政府",以及1940年成立的汪精卫政府。日本采取蚕食和分而治之的手段,是很毒辣的。

日本残酷的屠杀在人类历史上是少有的。八年侵华战争期间,杀死的中国人在3000万人以上,像南京大屠杀,6个星期就屠杀中国军民30多万人。这场屠杀当时就受到国际舆论的谴责。连日本法西斯的伙伴德国在华的外交官也说"这不是个人的,而是整个陆军,即日军本身的残暴和犯罪行为""日军就是兽类的集团"①。1937年12月东京的《日日新闻》,以"紫金山下"为标题,宣扬了日军杀人的残酷情景。准尉宫冈和野田约定,进行一场砍杀100敌人的比赛。12月10日,2人在紫金山下相见,彼此手里都拿着砍缺了口的军刀。野田说:"我杀了105名,你的成绩呢?"宫冈答:"我杀了106名。"于是两人同作狂笑:"哈哈,宫冈先生多杀了一个。可是很不幸,确定不了是谁先达到100之数。"因此他俩决定这次不分胜负,重新再赌谁先杀满了150名中国人。12月11日起,他们又进行比赛。日本文部省应翻翻自己的报纸,看看日军刽子手的暴行。南京大屠杀只是日军暴行的一部分。日军屠杀中国人的手段在万余种以上。日本军国主义者把杀人犯当作民族英雄去崇拜。文部省如果不是神经错乱,抹杀这些历史,就是要继承日本军国主义的衣钵。

这样残暴的罪行,不只在南京,更多的屠杀罪行是对抗日根据地的"毁灭扫荡"。日本中国派遣军总司令冈村宁次提出了"三光政策",使中国人蒙受了空前未有的灾难。根据中国解放区救济委员会公布的不完全资料,晋察冀边区遭杀害者达70多万人,晋冀鲁豫死难者达79万人,滨海区遇难者约有15万人……

日本文部省应考虑的是反省,承担战争责任,而不是篡改历史。

日本文部省还应该看到,在长期的日本侵华战争中,不管日军多么凶残,中国人从来没有屈服,在民族反侵略战争中,一个普遍的现象是,一个人倒下去,千百万人却更勇敢地站起来。民族反侵略战争是最能动员人民起来,和敌

---

① 《远东国际军事法庭判决书》,张效林译,五十年代出版社,1953年,第456页。

人进行斗争的,直至把敌人驱逐出国去。这就是日本企图彻底摧毁抗日根据地,而一个也摧毁不了的原因。根据地反而更壮大起来,成为致日本军国主义死命的坚固堡垒。

日本妄想从根本上灭亡中国,轰炸文化机关和学校。南开大学的木斋图书馆和教学、办公楼秀山堂遭轰炸成为焦土。当时教育和文化界领军人士如中央研究院院长蔡元培、北京大学教授胡适、北京大学校长蒋梦麟、中央大学校长罗家伦、南开大学校长张伯苓、清华大学校长梅贻琦、同济大学校长翁之龙、中山大学校长邹鲁、北平研究院院长李煜瀛等 102 人,联合发表英文的声明,分数日军轰炸中国文化机关的暴行。学者、教育家发表在《大公报》1937年 7 月 30 日的《吊南开大学》中讲:我敢正告敌人,尽管你们的凶狠,能毁灭我有形的南开大学校舍,而不能毁灭我无形的南开大学所造成的万千青年的抗敌精神,更不能毁灭爱护南开大学的中华全国亿万民众的爱国心理。我南开大学现在和未来的师生,只有因此更激进了他们的抗敌救国的情绪。我更正告敌人,你们既然有计划地毁灭文化机关,我愿在人类文化历史上,大书特书曰:日本帝国为企图灭亡中华民国,于某月某日用预定计划,毁灭华北著名文化机关南开大学,这是"一·二八"焚毁上海东方图书馆后,第二次毁灭文化机关的暴行的铁证。郭沫若、茅盾、巴金等致电张伯苓:"日寇夺我平津,摧残文化机关,南开、女师惨遭轰炸,继以有计划之烧毁屠杀,同仁等无任悲愤。"[1]英美人士也极为震怒,如美国哥伦比亚大学基尔帕特里克教授 1937 年 8 月3 日讲,"日本在华之行为,实属无耻而愚蠢。天津南开大学被毁,不足使该校归于消灭,良以日军炸弹残酷手段之结果,适使该有名之学府,万古不朽"。日本从轰炸中得到了什么?野蛮,人类文明的公敌。

日本文部省应该将实情告诉自己的国民,不要自欺欺人,在军国主义的道路上越走越远,这才是唯一的正道。

原载《日本历史问题》,1982 年第 4 期

---

[1]《申报》,1937 年 8 月 6 日。

历史不容篡改

今年是中国抗日战争和世界反法西斯战争胜利60周年，当年祸害世界东方的日本侵略者，给人类文明造成史无前例的灾难，受灾难的包括日本人民在内。日本政府理应反省忏悔。然而日本执政者小泉纯一郎和一批政界右翼分子，不仅不认罪，反而更加嚣张猖狂。小泉一再坚持要去供奉有14名甲级战犯的靖国神社参拜，说这是他的信仰。厚生劳动省政务官森冈正宏公开发表否定远东国际军事法庭审判的言论，自民党内部分少壮派国会议员还组成"议员会"，坚决支持小泉参拜靖国神社，公然破坏国际法，蔑视亚洲各国对其悖理行为的抗议。日本一批人再次摆出了它当初发动侵略战争时，蔑视各国的姿态。

日本这股逆流的出现，其目的，一是想洗刷掉其侵略罪行，将自己打扮成热爱文明的民族；一是要重振日本军国主义的思想和精神，还要称霸世界。

应该指出，日本这批人的举动是徒劳无益的，历史就是历史，是洗刷不掉的，日本的侵略史，已载入世界史册。现在亚洲各国政府和人民已提高警惕，不允许日本军国主义再度称霸于东方。

甲级战犯的审讯

日本一批人将靖国神社里供奉的甲级战犯，视为日本民族的英雄，这是与世界文明为敌，与世界和平为敌。

为什么那些军国主义者被定为甲级战犯？这是对发动第二次世界大战的军国主义者的惩罚。日本自明治维新以来，实行扩张主义，侵占别国，要征服奴役亚洲各国人民，要成为世界霸主，要和纳粹德国平分世界，结果却搬起石头砸了自己的脚。1945年8月成为战败国，日本天皇裕仁宣布接受《波茨坦公告》，无条件投降。

根据《波茨坦公告》和美苏英法四国伦敦会议协定,设置国际法庭,严惩战争发动者。1946年1月9日,由中、苏、美、英、法、荷、加、澳大利亚、新西兰、印度、菲律宾11国,组成远东国际军事法庭,颁布了法庭军事宪章,将战犯罪行分为三级:一、破坏和平罪,二、战争犯罪,三、反人道罪。

法庭是由各国各出1名法官组成的。我国出席的是梅汝璈。各国还组成检察团,作为公诉人,我国参加的有向哲浚、倪征燠等。

法庭允许每个战犯可有两人为其辩护,一为日本人,一为外国人。日本从全国物色了24名律师,组成辩护团。

一切都按照国际法程序进行。

远东国际军事法庭于1946年5月3日,在日本前陆军省大厅举行。5月3日是日本的天长节,日本人视为神圣之节日,陆军省所在地是日本发动侵略战争的策源地,这样的安排,具有深远寓意。

根据起诉书,共审判了25名战犯,用去两年半时间,开庭共818次。到1948年11月12日,始做出最后判决。当时被认为是世界史上持续时间最长的一次国际审判。

开庭前,参与审判的法官签署了共同宣誓书,宣誓依照法律,无所畏惧,公正地不受外界影响进行审判,每次开庭审判的规定是很严格的,必须6名以上法官出席才能判决。不管何种刑罚,应有过半数的投票,如赞成与反对的票数相等,则取决于审判长。

国际检察团团长为美国人季南,他到达日本后,于1945年12月22日与日本记者会见时,曾宣称:"我是审判那些计划及助长日本侵略战争,并引起世界大破坏的日本主要指导者,但并无意以征服者身份,强制被征服者意志的念头,审判由头到尾,都本于公平与正义,目的是将来不会再生今日之事。"这些表述已极清楚地说明,审判的目的,旨在正义、法律与和平,防止军国主义再起,使日本人民对审判有一正确的了解。

甲级战犯定谳

让战犯和充满军国主义思想的人低头认罪、承认错误是非常困难的,甚至是不可能的。他们以侵略奴役别国为意志、为乐趣、为荣誉,怎能让他们放下屠刀,改弦更张呢?

因为日本天皇裕仁接受《波茨坦公告》,是有计划有秩序地投降的,日本侵略者意识到要受到审判,销毁罪证要有足够的时间。日本陆相 1945 年 8 月 14 日命令全世界日军各司令部焚毁所有秘密文件,宪兵总监向各宪兵机构指示销毁文件的有效方法。拿北平来说,他们在半个多月里焚毁文件,全市烟雾弥漫。真实的罪证似乎因此不存在了,这对法庭审判是不利的。

尽管如此,检察团还是搜集到有力的证据,如美国国务院的档案(美国 Blamber 收到并译出的日本密电);1945 年 8 月 30 日美军登陆日本,抄获日外务省档案,于无意中在一地道小屋发现了几箱文件,其中藏有御前会议及枢密院会议记录;还获得了一有力的证据,即内大臣木户幸一的日记,以及西园寺、原田回忆录,这都是极有价值的罪证资料。除此,检察团还从巢鸭监狱羁押的嫌犯口供中,以及最下级的官吏和普通老百姓的讯问中,得到有关事实,以这些为基础,提出公诉。

审判过程一开始,辩护团清濑律师即提出动议,破坏审判。如果听信被告方面的言辞,那就可能导致做不出任何判断。法庭庭长韦伯和检察团团长表现很机敏,及时给予驳斥,使其阴谋未能得逞。譬如,日本首席辩护人清濑说:日本接受波茨坦公告并非无条件投降;战犯应限于太平洋战争,不能涉及别的;只能审判虐待俘虏的战犯,不包括犯和平罪及人道罪的人。季南驳斥了清濑,力陈日本投降是无条件的,并引波茨坦公告第 6 项,强调和平与人道两罪亦在审判之内。日方辩护人布列克尼少佐为战犯提出辩护,说:"战争是国家之权利,谁也无法判定战争是否公正,因此不能审判和平罪,且史无先例。"他还说:"由战争而杀人,并非杀人罪。说到杀人罪,美国用原子弹在广岛杀伤许多人,能不负责吗?"对此,美国检察官康明兹立即予以驳斥。审判长觉察到他们使用诡辩伎俩,混淆论题,对其诡辩不予理睬,审判因此延迟了 2 天,仍按原计划进行。

季南检察长提出 4 万字的控诉词,力陈:"第一,被告对文明宣战,煽动及发动侵略,屠杀无辜;第二,被告的不法行为,均源于侵略战争;第三,历史上虽无先例处分执政的个人,但不能以此先例束缚我们,使我们再受毁灭文明的战争的痛苦;第四,国家本身不会破坏条约,及公然从事侵略战争,必然有人主持,因此被告不能免除责任。"这一种论述的方法,使人感到颇有气度,正确又崇高,就是今天读起来,也是至理名言,惩罚发动侵略战争的罪人,应该说是正当的,怎能让战争贩子继续制造灾难呢!

关于审判范围,从 1931 年日军占领东北开始,到 1945 年 8 月日本投降为止,法庭所以这样确定,是因为他们认为"九一八"是第二次世界大战的导火线。这一看法,已获得世界学界的公认。

审判内容,包括日军如何准备发动侵略战争,"九一八"事变,中日全面战争,对美战争和太平洋战争。审讯是追寻日本发动第二次世界大战的轨迹而展开的。

在审判中,所有战犯都否认自己有罪,不仅如此,反而嫁祸于对方。东条英机在 1948 年 1 月 2 日受审时,重申侵略有理的论调,竟说:"中国应对中日战争负责。"松井石根在 1947 年 11 月 24 日受审时讲,他曾主张建立武士道原则之大亚细亚。"所谓亚洲新秩序之含义与美国所揭橥的泛美计划相类似。"从这里可以看到,战犯终究还是战犯。凡此种种,并不能逃避其罪责。起诉书论据充足确凿,加上有受害者的倾诉,还有当年参与侵略的首相、文相、外交官、宪兵司令及有关人士出庭做证,战犯的谎言和辩护律师的狡辩,苍白无力,不堪一击。1948 年 11 月 12 日,25 名甲级战犯定谳,审判长韦伯宣布长达 1200 页的判决书,详述这批陆海军将领及政治人物的罪状。东条英机、广田等 7 人被处以绞刑,16 名监禁终身,2 名判有期徒刑。

7 名绞刑战犯的罪名是:

东条英机:发动太平洋战争的罪魁祸首。在所有侵华战争活动中,都是主谋之一,共同策划,制造华北自治运动,1937 年 6 月任关东军参谋长,其军队侵入内蒙古。

土肥原贤二:侵华行动的制造者,策动占领沈阳,挟溥仪东去,炮制伪满洲国,制造丰台事件,察东事件,组织冀东伪政府,中日战争爆发时,又率师在大河南北从事杀掠,等等。

广田弘毅:1936 年至 1937 年时的日本内阁总理,日皇的顾问,侵华的外交原则制定者。

松井石根:日军华中派遣军总司令,南京大屠杀主犯。

板垣征四郎:侵华战争中的东北及华北日军统帅,曾任陆军大臣。

木村兵太郎:东条内阁的陆军次官,后出任缅甸日军总司令,曾任关东军参谋长,在中国战争和太平洋战争中犯有严重罪行。

武藤章:陆军省军务局局长,策划侵略战争的计划、准备和进行。日军退出马尼拉时实行大屠杀的菲律宾日军统帅。

这 7 名战犯中,东条英机、广田、木村及武藤章 4 人,不以中国关系论罪,但也都是侵华的罪人。

美国扶日政策的恶果

东京审判对少数战犯绳之以法,这是对人类文明最大的贡献。不足之处是对许多战犯,判刑过轻。更错误的是,许多已被拘捕的甲级战犯被盟军统帅无故地释放了。

麦克阿瑟将盟军对日的占领,变成美国一国的占领,出于美国的战略需要,极力袒护日本,采取扶植日本军国主义复活的政策,无论政治经济诸方面,都还维持着日本的旧秩序,结果日本没有变,政治结构、社会结构原封未动,构成军国主义基础的天皇制度,由于新宪法加以法律的保障,不但没有废除,反而加强了。支持日本侵略战争的财阀战犯,关押在巢鸭监狱中,被麦克阿瑟以证据不足,不予起诉为借口释放了。这些财阀与纽约和伦敦有着特殊联系,依然掌握着重要工商业。日本海陆军来源的贵族仍保持着他们广大的采邑与领地,又蠢蠢欲动。1947 年下半年,大批复员军人组织起来了,横须贺、舞鹤、神户海军港修复起来了,飞行员训练起来了,百多个飞机场修筑起来了,日本的教育制度中根深蒂固的黩武主义及极端国家主义思想依然深藏着。种种事实说明战败的日本,受到美国特别的优待。

可以肯定地讲,美国没有依照《波茨坦公告》的规定,铲除日本战犯和一切穷兵黩武主义者,没有完全解除日本的武装和消灭它的战争潜力,这就给日本的旧势力以鼓励,使日本军国主义又复兴起来。

麦克阿瑟不分青红皂白,任意释放战犯,这些战犯多为战前或战争期间在我国任陆军司令、外交官或情报官员,负罪累累。如 1947 年 1 月 7 日释放中国派遣军参谋长、航空总司令官河边正三、翼赞政治会常任总务、大日本政治会总务太田正孝等 6 名甲级战犯嫌疑人;1948 年 12 月 24 日释放了岸信介、西尾寿造等;1949 年 1 月麦克阿瑟让蒋介石将冈村宁次宣判无罪,其他260 名战犯也被遣返日本。许多释放出来的战犯,又都跑到台湾,从事反对中国人民的勾当。这种养虎政策,后患无穷,许许多多战犯依然盘踞要津,成为东方不安定的要素。

美国利用日本做控制远东的工具,日本也包藏祸心,阴谋在美国羽翼下迅速复兴,成为东方霸主。战后60年的日本历史进程,似乎按照美日所规划的道路发展着。但是美日当政者,应该清醒地看到,今日之世界,任何侵略行动都必然要受到严厉惩罚,中国、韩国和亚洲各国的崛起,必然影响世界历史的发展。

小泉纯一郎等,想以极端国家主义思想鼓动日本人,再次耀武扬威于东方,只能是白日做梦,这是历史的现实。

原载《群言》,2005 年第 9 期

历史不会忘记——纪念抗日战争胜利五十周年

1945 年,在德国投降后 3 个月,日本向中、英、美、苏提出投降的请求,4 国于 8 月 11 日将复牒托由瑞士公使馆代办转达东京,接受日本投降。14 日,日本天皇下达"停战诏书"。15 日,4 国同时宣布日本投降声明。骄横不可一世的日本终于被制服了。经过八年艰苦卓绝的斗争,中国人民终于取得了抗日战争的伟大胜利。

日本自食战争苦果。当中国人民为胜利狂欢之际,东京一片悲泣。在东京皇宫前,大批日本人切腹自尽。据报载,"自陆相及海军军令部长自杀之后,切腹之风业已弥漫扶桑三岛"。切腹者中有自愿的,也有被迫的,以表现其军国主义精神。

日本自明治维新以来,一直把征服中国作为其基本国策,并作为它进行国民教育的主导思想。甲午之役,日本击败了中国的清王朝,割走了中国领土台湾。以后又击败俄国,攫得了南满;乘欧战之机占领青岛,并肆无忌惮地提出灭亡中国的"二十一条",视华夏神州为囊中物。1927 年日本首相田中义一于旅顺召集东方会议,制定了日本所谓的"大陆政策",这就是臭名昭著的"田中奏折"。1931 年九一八事变,日本关东军对华发难,是实施其"大陆政策"的具体步骤。1937 年 7 月 7 日,日本天津驻屯军继关东军之后,在卢沟桥挑起战争,意在灭亡全中国。

日本侵略者在发动战争时,制造了种种奇谈怪论。他们称其侵略是为了"挽救中国文化",为了"引导中国进入文明",为了"援助中国之统一独立与自由",为了把中国从西方侵略势力中"解放"出来,并将其侵略战争说成为"圣战"。七七事变半年后,日本在占领中国大片土地后,仍一再宣称他并没有领土野心,说中国发生的只是"事变",而"没有战争";随后又讲,"日本并无桎梏中国人之意"。这种荒唐可笑而又野蛮透顶的言论,只有从战争狂人的口中才能说出。

八年抗战中,侵华日军在中国的土地上犯下了滔天的罪行。他们烧杀抢掠,无所不用其极。问题在于,凡此种种,在日本战败后,并未得到应有的清算。占领日本的盟军最高统帅麦克阿瑟采取的是绥靖政策,把战争前的各种传统、习惯、制度和法律统统保护下来,使中了军国主义思想毒害的日本人,无法从以往的侵略思想中解放出来。当时,日本天皇的"停战宣言"和内阁大臣的谈话,依然认为对外侵略扩张是正确的,于是把投降称为"休战",把战争罪犯视为"民族英雄",对军国主义从没有责备一句。他们所痛楚的是侵略未能如愿。日本舆论界当时仍继续为军国主义辩护,否认事实,否认历史,如说:日本没有侵略过中国;中日两国战争的原因是因为彼此缺乏了解。令人惊奇的是,在日本战败50年以后的今天,日本仍然有些人不承认日本军国主义对中国的侵略。我们不禁要问,日本大批军队进攻中国,如果这还不叫侵略,那么世界上还有什么称得上侵略?日本人屠杀我人民,奸淫我妇女,占领我国土,难道是为了中国的"解放"?难道是为了中国的"独立"与"自由"?倘若这也叫"解放",那么在你们本土搞这种"解放"岂不更便当?倘若这也叫"独立"和"自由",那么对你们本国人民施行惨无人道的屠杀岂不更省事?侵略和被侵略,如黑白之不能混淆,东西之不能易位。日本朝野一些人在20世纪的今天,总想改写历史,这只能是痴人说梦。日本是战争的罪魁,是不需要任何说明的。七七事变的制造者近卫首相畏罪自杀前倒是说了一句实话:"余尤觉对中日战争须负有责任。"军国主义思潮在今日仍阴魂不散,这是中日人民和世界各国人民应该严肃对待的,不能掉以轻心。

　　中华民族是不可侮的。七七事变后,在中国共产党抗日民族统一战线政策的号召下,中国各阶级、阶层和集团,不分民族,不分宗教信仰,团结一致,为中华民族的解放而斗争。中国人民从日本的侵略中认识和觉悟到,抗日战争只能取胜,否则就要沦为亡国奴,所以能够举国上下同仇敌忾。论武器,中国不如日本,但中国人民不怕牺牲,英勇奋战,英雄辈出,使武器的差异最终未能决定胜负。当战争进行了半年,华北陷落、京沪失守时,日本以为可以招降中国。1938年10月,广州、武汉陷落,日本举国狂欢,又以为吞灭中国已经无疑。然而,中国共产党领导中国人民,在敌后出奇制胜地建立起抗日根据地,狠狠地打击了日本侵略者。当时,日本宣称已经占领中国领土的1/3,实际上控制的区域不及8%,大部分土地仍在中国人手里。凡日军刺刀所不及之处,皆非日军统治范围。八年抗战中,中国军队在敌人后方共建有19个根据地。这些根据地在整个战争期间都是坚强的抗日堡垒。每个根据地都有相应的各级政权机构,实施有利于抗战的各项措施,并进行了社会改革。

以敌后抗日根据地为支撑点而开辟的敌后战场,为抗日战争的胜利奠定了基础。敌后革命力量的迅猛发展和正面战场诸多战役都曾震惊东京,其中令日军首脑部最为不安的是在其占领区内涌现出的抗日力量。从1939年起,日本不得不将其主要军事行动放在其占领区内,以"确保占据地域,促进其安定"。所谓"治安战",遂成为中日战争的主题。

中国人民的智慧和勇敢是无穷无尽的。军事上的游击战、地雷战、地道战,经济上的货币战、贸易战、粮食战等,都是日本所始料不及的。日本恃强其飞机、大炮,但在山地游击战中,日本机械化部队无法施展威力。在平原地区,中国人民开创了旷古未闻的平原游击战,集千百万群众的集体力量,改变了自然地形,造成千百万条纵横交错的沟渠,从一个村到另一个村,从这一城到那一城,像蛛网一样,阻止了日军快速部队的行进。而我游击队却能够神出鬼没地打击敌人。这种沟渠的长度,仅河北省就有20多万华里,20倍于万里长城。华北许多县城城墙这时多已被我拆毁,使敌人不能利用,遍布敌人后方的游击队却能经常夜袭敌军,俘虏敌兵,夺取敌人军火,就连敌人严守的铁路线,游击队也能自由往来。敌人扶植的傀儡政权,其政令仅及于城外数里之内。

中国的游击队,是当时世界上规模最大的游击组织。从海南岛到蒙古草原、到东北的白山黑水都能找到他们的身影,成千上万的村庄都是游击活动的场所。他们能够巧妙地与敌周旋,不断地袭击敌人。日军曾施用毒气弹、"扫荡"、"清乡"、治安强化、"三光"等政策,甚至并家集村制造无人区,企图消灭根据地和游击队,均未能奏效。它闯进的是一个仇恨它的国度,如果离开城市和铁路线过远,就等于步入绝境。日军每次进犯,根据地各级组织都发动村民坚壁清野,带走所能带走的一切,特别是不给敌人留下一粒粮食,结果敌人什么也得不到。日军制造过许许多多惨案,血洗城镇和村庄,屠杀无辜民众,但这些暴行只能更加增强中国人民的愤恨,启发他们的觉悟,使他们的抗日意志更加坚定。据日方公布,八年抗战中,仅河北省境内就进行大小战役10920次,中国参战者大部为地方游击队和人民武装。1944年9月10日出版的日本华北兴亚会发行的日文月刊《兴亚实践》刊出一篇文章,论及八路军在华北战场上对日军的威胁:"当前的敌人,几乎只有中共势力……中共军的装备,极为恶劣,主力军的数目也很少,然而他们持有重庆军所没有具备的政治力,因而能够逐渐掌握群众,遂成为华北皇军当前的大敌。"

1944年,当正面战场大溃退、日军已经打到贵州独山时,敌后各战场正加紧对日军反攻。解放区猛烈地扩大,许多被分割的游击区联结成片,日军只能龟缩在一些较大的据点内,等待着死亡之神的降临。

任何民族都有其民族自尊心,中华民族表现得尤为强烈。近代中国有百年外患,各国列强蔑视中国,称中国人为东亚病夫。八年抗战改变了外国人的中国观。一个弱国竟能够抵抗并战胜世界上强大的日本军国主义,这的确是人类战争史上的一个奇迹。

原载《光明日报》,1995年8月28日

中国抗日战争是世界反法西斯战争的
重要组成部分

今年是中国抗日战争和世界反法西斯战争胜利五十周年。中国的抗日战争是世界反法西斯战争不可分割的重要组成部分。全世界人民都在纪念这一伟大的胜利，以史为鉴，推动人类历史的发展。

一

20世纪三四十年代，法西斯思潮和势力在全世界严重泛滥。欧洲以德国为主、意大利次之，日本是亚洲的恶势力。这三个国家结成同盟，号称轴心国，妄图瓜分世界。德意的进攻目标是欧洲和非洲，日本进攻的目标是中国、俄国的西伯利亚以及南洋群岛。整个世界的秩序被打乱，和平遭到破坏，文明受到践踏。法西斯像毒菌一样迅速弥漫欧亚。这时，世界和平民主力量尚未组织起来，欧洲所出现的绥靖主义和不干涉政策，实际上又助长了法西斯主义的气焰，更加肆无忌惮，其结果是继第一次世界大战后，又酿成第二次世界大战，人类陷入残酷的战争深渊。

第二次世界大战中，法西斯侵略的首次行动是1931年9月18日日本对中国东北的侵占。中国国民党当权者，由于采取不抵抗政策，使东北很快被日本鲸吞。那时欧洲列强对中国实行的也是殖民政策，他们蔑视中国，和日本打得火热，甚至以牺牲中国来讨好日本，只希望日本的侵略不要妨碍他们在中国的利益。狡猾的日本又口口声声宣称其占领东北并没有领土野心，只是为了"引导中国进入文明"和东亚"和平"等等。列强仍沿袭19世纪以来瓜分中国的传统观念与做法，都在等待着从日本侵略中分得一杯羹，未意识到日本所发动的"九一八"即是世界大战的序幕。黩武哲学未遇到任何反对和钳制，于是迅速弥漫于东方和西方。

中国共产党为了中国的生存和独立，为了人类的和平发展，挺身而出，站在抗日的前哨,成为反抗日本法西斯侵略的先驱和旗手。

九一八事变后的第四天,即 9 月 22 日,中国共产党发表了《关于日本帝国主义强占满洲事变的决议》,严正指出日本要把中国变成它的殖民地,发动第二次世界大战;极力主张武装抵抗,并于 1932 年在东北组织起武装力量,进行游击战。后又发出建立抗日民族统一战线的号召,致力于把中国各抗日力量聚集起来。当时国民党和共产党是中国两个主要的政治力量,经过“一二·九”运动和“西安事变”,国共两党统一战线终于形成,全民族的抗战初步确立。

日本估计,这时的中国还没有能力抵抗,各列强也不会出来干涉,便于1937 年 7 月 7 日在卢沟桥发动全面侵华战争。一时间,日本举国若狂,少壮派军人极力煽动,统治阶级常常沉浸在掠夺征服中国,以解决其国内矛盾的狂想之中,认为征服中国、称霸东亚的时期已经到来。

战争初起之时,日本异常骄横,认定中国不堪一击,只需 3 个月时间,以 3个师的兵力,就可以纵横中国南北,5 个师就可以征服全中国。世界各国正直人士也都为中国担心,一个贫穷落后的国家怎能抵抗世界上最骄矜自负的日本?! 况且英、美、加、荷等国给日本以军援,迷信日本军国主义武力的人更认为日本一举手、一顿足,即可将中国收入囊中,中国若要抵抗,无异于以卵击石,自取灭亡。

但是,日本完全打错了算盘。中华民族并不是表面看来那样温顺那样容易被征服的民族。在中国共产党的领导、号召和推动下,抗日民族战线已深入人心,整个中国都在为民族解放而斗争。就连一直想走德意法西斯道路的蒋介石,在德国承认“满洲国”后,也不得不中止和德、意的关系。世界列强虽然仍迁就日本,各国人民和舆论,却站在中国方面,中国人民的英勇抗战,成为团结国际一切反对侵略的一股重要力量,成为组成国际反侵略统一战线的推动力。

中国人民的抗日战争,是和全世界各国人民的斗争联系在一起的,因此中国的抗日不是孤立的。打了两年之后,欧战爆发,打了四年之后,太平洋战争爆发,英美等国终于分清了侵略和被侵略阵营,和中国站到一条战线上来。

中国军民是在最困难的条件下,以难以形容和令人难忘的英雄气概作战的,在世界反法西斯战争中,占有崇高的地位。1942 年 2 月 7 日,美国总统罗斯福对中国单独抗战做了充分的肯定和赞扬:“中国人民,武装起来的和没有武装起来的都一样,在十分不利的情况下,对于在装备上占极大优势的敌人进行了坚决抗战所表现出的顽强,乃是对其他联合国际军队和全体人民的鼓舞。中国人民破坏自己劳动果实以免为日本掠夺性军队所用的巨大牺牲,树立了牺牲精神的崇高榜样,为了夺取我们正在满怀信心去争取的胜利,这种牺牲精神对于大家都是需要的。"他的评价是公正的。中国孤军奋战,受到了世界的敬重,其影响是深远的。

二

中国人民以巨大的牺牲,粉碎了日本建立大东亚的迷梦。在欧亚陷入法西斯恐怖之时,中国人民为人类指明了前进的路程,其英勇事迹,永载史册。

战争发动一年以后,日本曾占领大半个中国,中国军队死伤七八十万人,约一亿人流离失所,但日本也有 40 多万壮丁战死,耗费了 100 亿日金。日本投入中国的兵力占其全部陆军 70% 以上。甲午之役,日本耗费 2 亿日金,日俄战争耗费 20 亿日金,侵占中国东北耗费 10 亿至 15 亿日金,而这次侵华战争仅一年多时间,就超过过去几次战争总和的 3 倍以上。中国共产党开辟的敌后战场,更令日军坐卧不宁,日军零星被消灭的总数比主要战场上消耗得还多,就连占领区内的所有交通线,几乎每天都为八路军、新四军截击破坏。中国人民的抗日决心没有被日本的精锐陆军所摧毁,也不可能摧毁,民族解放运动因日军播下的仇恨的种子,更加蓬勃发展起来。1938 年春季前后,日军一个师团的兵力约两万人,在山西战场,经过 4 个月被八路军的游击战、麻雀战、地道战消灭殆尽。这是一个具有普遍性的例子。

中国的抗日战争,对世界反法西斯战争产生重大影响。日本原想从德意在欧洲和地中海的侵略行动中得到好处,希特勒和墨索里尼也希望日本在远东的扩张计划,吸引住英、美、法的注意力,以便它们在欧洲自由行动。但日本主力全被吸引在中国战场上,北进苏联,南攻南洋,只能是一种梦想。所以1939 年欧洲战争爆发后, 日本首相阿部徒唤奈何:"值此欧洲战争爆发之际,帝国不予介入,决定专向解决中国事变迈进。"

想介入而终不得介入,这是日本最大的苦恼和悲哀。从 1939 年起,日本在中国战场上已失去主动权。1939 年初,日本在华的兵力为 26 个师团,到年末就增加到 35 个师团,即使如此,也未能"确保治安地域的安定,也未按所期望的发展,作战的主动权均未掌握"。

1940 年,欧洲 14 个国家先后从地图上消失,历史似乎又给日本提供了实现其大东亚共荣圈的机会。日本外相松冈宣称:"日本的使命是将'皇道'宣扬于全世界。"然而事实上,这时日本政策的第一目标,依然是征服中国。前往柏林的日军特使佐藤向德国外长里宾特罗甫解释:"自从对华战争开始以来,在华建立所谓'新秩序'的任务,是日本的最大任务。"另一访德特使寺内说得更为确切:"中日战争不结束,南进是办不到的。"中国战场牢牢地捆住了日本的手脚。

正当欧洲 14 国先后被德意法西斯侵占之时,中国为反法西斯战争树立的榜样,引起世人瞩目。1940 年 8 月到 12 月,八路军在华北发动百团大战,打得日军丢盔弃甲,损失惨重。与英、法等国在轴心国侵略面前败退的局势相比,中国人民发动了强大的攻势,这对世界反法西斯战争不能不说是一种巨大贡献。

中国使日本陷入持久战争之中。1941 年 6 月苏德战争爆发,德国希望日本出兵,从东面夹击苏联,在冬天到来以前,德、日军队会师于西伯利亚铁路。仍然是中国战场,陷日本于筋疲力尽,使其无法对苏作战。其时,日本投入中国战场的兵力已达 76.8 万多人,仍不能结束对华战争。日本天皇对日军在华的前途已表现出凄怆之感,说:"拿破仑入侵莫斯科败于消耗战和游击战曾有先例,日军不会在中国陷于困境吗?"中国的抗日战争在世界反法西斯战争中所占有的地位和发挥的作用,从 1941 年 11 月 5 日丘吉尔致罗斯福的电报中可以看出:如果中国人的战争"一旦崩溃,不但就其本身来说是一场世界悲剧,而且也给日本人腾出大量军队来向北或向南进攻"。

三

1941 年 12 月 7 日,日军突袭珍珠港,同时入侵上海及中国各地的英美租界,英美对日宣战,太平洋战争爆发。翌年 1 月,英、美、苏、中等 26 个国家的代表在华盛顿签署联合国家宣言,世界反法西斯战线组成。从此,中国不再是单枪匹马地抗击日本法西斯,中国抗战和世界反侵略战争汇合为同一洪流。中国抗日战争的历史作用更为世界所公认。太平洋战争爆发后,中国仍旧承担着抗日的主要角色。

中国使日本的南进计划推迟了 3 年之久。1941 年末,日本最终做出南进的决定,是因为日本分析"德国在欧洲已立于不败之地",而在中国,结束战争虽然遥遥无期,但可寄希望于已扶植起来的汪精卫汉奸政权,借以在占领区内实施以华制华,汪精卫还可派遣军队,供其南进调遣。同时,日本也急于获得南洋一带的战略物资,支持其侵略战争。

日本带着在中国战场上的种种困扰,走上了太平洋战争之路。日本从中国调走了部分兵力,又开进来许多新补充的军队。从兵力部署看,中国仍是日本的主要对手。太平洋战争初期,日本的兵力计 212 万人,其中,担任南方作战的兵力只占全部地面部队 20% 弱。据中国方面当时统计,华北战场出现的日军有 11 个师团,12 个独立混成旅团,第 1、第 4 两个骑兵旅团,野战重炮第 2 旅团,独立山炮两个联队,机械化第 8 联队,铁甲车联队,总共不下 40 万人。在长江南北的敌人有 27 万人,在华南有 16 万多人,此时战争更加残酷,日军进攻愈加频繁,"三光"政策,"无人区"都是这时采用的。中国的伤亡是严重的。1941 年到 1942 年,八路军阵亡 23034 人,伤 40813 人,新四军阵亡 6755 人,伤 10856 人,两军损失高级指挥官 75 人。这两支军队 1942 年到 1943 年平均每天对日军战斗 33 次,可见战争的激烈。

日本计划将华北作为对苏联作战的后方,作为太平洋战争的兵站基地。然而,占据这里的八路军与日军进行着殊死的斗争。日军抓丁、抢粮、开发资源和一切奴役计划,都遇到极大阻力和障碍。日本要对英美作战,必须巩固沦陷区,消灭中国军队对其威胁。但八路军、新四军在全国各地加紧反攻,解放区日益扩大,沦陷区日益缩小。从 1944 年初,从海南岛到长江流域,从内蒙古草原到东北的白山黑水,无处不在战斗。这种战斗是和盟军在太平洋的反攻相配合的,形成强大的抗击日本的力量。

彻底击破日本军国主义,需要太平洋战场、印缅战场的胜利,更需要中国战场上的反攻成功。如果只有太平洋上的进军,没有中国战场上的反攻相配合,是不可能致日军死地的。美国太平洋舰队司令尼米兹讲得很明确,也很有道理:"日本只有从中国基地被攻时,才会被击败,因为他们(指日军)从伪满及中国榨取粮食及其他供应品,而只要他们还能取得这些资料时,他们不易败北。"把中国战场作为战胜日本的最后关键,是当时世界各国战略家的共识。中国共产党承担着从大陆上最后击溃日军、消灭日本法西斯势力的重任,使日本借以逃脱或至少拖延其自身的灭亡成为不可能。

1945 年是第二次世界大战终熄之年,继墨索里尼法西斯政府灭亡后,德国于是年 5 月 8 日投降。日本已感到战局"前途暗淡",可是不肯承认这个"暗淡战局"的现实,总认为自己还有力量,在本土有 100 万人军队,在中国东三省还有 100 万,在中国关内有 100 多万人。事实上,日本已临近覆亡之日:太平洋上,美军正向日本本土急进;印缅战场上,中国军队已取得缅北战役胜利,正会合美英联军,解放全缅;中国战场上,日军占领的所有城市和交通要道,几乎都被层层包围起来。战局正急转直下。8 月 6 日,美国以最新式武器原子弹轰炸广岛,9 日,苏联出兵中国东北,同一天,中国人民开始了大规模的反攻,向日军做最后一击。10 日,日本表示愿意接受《波茨坦公告》,结束战争。但日本首相阿南、参谋总长梅津,中国派遣军总司令官冈村等仍坚持继续作战。冈村企图尽一切可能,将在中国的陆海军兵力,向山东东部集结,以烟台、青岛为基地,形成半独立占领地区。这计划只能是死亡前的哀鸣。14 日,日本天皇做出投降的最后决定,抗日战争从此结束,第二次世界大战也以日本的投降而告终。

中国自始至终是抗击日本法西斯的中坚力量。中国在世界反法西斯战争史上,占有最光荣的一页。历史证明,中华民族是不可侮的,中国人民的爱国主义思想,中国人民的智慧和顽强抗击侵略者的精神,决定了中国人民最终取胜,为人类和平和发展,做出了巨大贡献。

原载《人民日报》,1995 年 7 月 27 日

抗日战争是近代中国第一次赢得完全胜利的民族解放战争

发生在 20 世纪三四十年代的第二次中日战争(1937—1945),缘于日本企图灭亡中国。中国被迫抗拒强盗的侵略和压迫,是为民族和国家的生存而战。经过八年抗战,日本被打败了,这场战争成为中国近百年来反帝斗争中第一次伟大的胜利。

严格讲,这次战争是从 1931 年九一八事变日军占领沈阳开始的。只因为当时国民党政府热衷于内战,集中全力要消灭共产党,对日本采取亲善和不抵抗政策,使日本得寸进尺,制造了一个伪满洲国。日本接着又袭用"九一八"的故技,于 1937 年 7 月 7 日发起卢沟桥战争,阴谋制造第二个伪满洲国,实现扩张其领土的野心。日本毫不掩饰其野心,声称"这次事变的本质,消极地说是满洲事变的结束之战,积极地说是重建东亚的序幕战"[①]。

一、全民抗战思想的形成

日本以为囊括华北,指日可待。后来被判为甲级战犯的南次郎、土肥原、梅津、板垣、东条英机等,在占领中国东北后,已在策划华北自治运动,迫使中国订立了一系列投降协定,在热河、内蒙古、冀东、察北施行分化政策,利用汉奸做傀儡,制造华北的特殊局面。日本未曾预料到的是,卢沟桥战争爆发时的中国,已非 7 年前的中国,它的侵略政策和野蛮统治,激起了中国人的强烈反抗。日军的疯狂侵略把中国各种社会力量动员起来。守卫卢沟桥的第 29 军,首举义旗抗击日军的侵略,保卫卢沟桥的声浪立即席卷全国。中国共产党 8 日即发表了武装保卫卢沟桥、保卫平津、保卫华北、声援第 29 军的声明。各省的执政者、地方实力派,以往多是各自为政,处于半独立状态,此时也都相继

---

① [日]堀场一雄:《日本对华战争指导史》,军事科学出版社,1988 年,第 438 页。

发表声援通电,愿做后盾,同仇敌忾。中国出现了近代史上前所未有的气象。

从1840年鸦片战争开始,英军以3000人就打败了清政府,订立了《南京条约》,以后发生了多次对外战争,全都失败,国不成国,中国沦为半殖民地半封建社会,窒息在深深的外来凌辱与执政者的昏聩不醒中,灭亡的恐怖没有一天不萦绕着中国大地。从林则徐到孙中山,再到五四新文化运动者,一些仁人志士倡导的救亡图存思想已产生了效果,"一二·九"运动和西安事变也影响日深,而中国共产党抗日民族统一战线的思想最终把中国社会的各种力量动员起来,进行了这场历时八年、声势浩大的民族解放运动。

中国打得过日本吗? 这是当时许多中外人士最关心的问题。卢沟桥事变以前数年,国民党政府一些要人的论调是,中国太弱,无力抗战,等到建立起强大的空军、武器精良的陆军才能抗战,并比喻越王勾践卧薪尝胆的故事让国人接受。卢沟桥事变爆发后,害有恐日病的人,仍持这种论调。和日本订立丧权辱国的《何梅协定》的何应钦,就是反对对日作战的。美使馆一武官还向何讲:"中国现在是有些娇气,与日本开战,一两月内或能得个小胜,以后恐怕是支持不了。要知道日本是准备了34年,中国军备才有几天。"①蒋介石幕僚之一徐永昌7月20日在蒋介石官邸对蒋说:"余论对日如能容忍总以容忍为是,盖大战一开,无论有无第三国加入,对日最好的结果是两败俱伤,但其后日本工业国,容易恢复,我则反是,实有分崩不可收拾之危险。"②但卢沟桥事变后,这种悲观论被抗日洪流淹没了,抵抗日本的侵略已成为全民族一致的要求。

列强曾讥讽中国是"习惯于溃败与耻辱的民族"。但此次打击日军,从一开始就显示出中国军队为求全民族解放而不屈不挠的奋战精神。道德和精神力量成为战胜敌人的重要因素,当全中国各民族各阶级各种团体都在烽火中迈进时,这种力量就是不可抗拒的。英国作家阿特丽1939年在其所著的《扬子前线》一书的序中称赞民族统一战线和游击战时讲:"中国的游击队并不劣于新英格兰的民团,而且中国的团结比18世纪美国13州的联合更为巩固。"

---

① 台湾"中央研究院近代史所",《徐永昌日记》,第四册,1990年,第77页。
② 同上,第82页。

二、特殊的战争形态

此次抗战和以往战争形态不同,一开始就出现了两个战场,即正面战场和敌后战场。前者以国民党及其军队为主体,后者以共产党及其领导的人民军队为主体。前者主要进行的是阵地战,不发动群众参战,后者进行的是游击战,和群众融为一体。这两个战场是相对独立的,又相互依存。毛泽东1938年就讲:"抗日战争中国共两党的分工,就目前和一般的条件说来,国民党担任正面的正规战,共产党担任敌后的游击战,是必须的,恰当的,是互相需要、互相配合、互相协助的。"①抗战就是以这种形式出现的,而且敌后战场是在正面战场失利时发展起来的,如上海战争和武汉会战时,华北游击战正猛烈地开展,取得了显著的成果。八路军以太行山为依托,创建了晋察冀、太行、太岳根据地。

国共两党的军队在不同的战场上,都在为民族的生存和独立而战。正面战场有许多壮烈的战况,如上海战争在军事上一直是有争议的,可以说无益可言,但在战争持续的3个月中,军队所表现的艰苦抗战和英勇牺牲精神是值得称赞的,是应该永远载入史册的。抗战前期有许多会战,如临沂会战、台儿庄会战、徐州会战、武汉会战、大别山会战以及1939年的冬季攻势等,都凸显出民族战争中将士的奋战精神,只是多因战略错误,指挥失当,最后都失败了,并且战且退,向内地退却。据统计,武汉会战前,共作战275次,发动攻势18次,除台儿庄一役外,均告失败,使日军没有付出巨大代价,就相继占领了河北、察哈尔、绥远、山西、山东五省,以及南京城和江、浙、皖之一部,日军占领区越来越大,国民政府统治区越来越缩小。

和正面战场的形势迥然不同,敌后战场有了突飞猛进的发展。就华北而言,中共控制的地区,由陕北越秦晋山脉,经河北平原已达太平洋边。这一趋势是抗日战争能够获得胜利的新因素。八年抗战中,敌后根据地有18块,至1938年冬,华北地区已开辟了晋察冀、晋绥、晋冀豫、冀鲁豫和山东五大战场。华中方面,相继开辟了苏南、苏中、苏北、皖中、淮南、淮北、鄂豫和浙东等敌后战场。华南方面,以东江纵队为主体,开辟了广东敌后战场。海南也开辟

---

① 《毛泽东选集》(第二卷),人民出版社,1991年,第553页。

了琼崖敌后战场。随着敌后抗战的巨大发展,到 1940 年底,中共军队已有 50 万人,根据地人口达 1 亿多人。各根据地政权从 1939 年开始,都实行直接选举,乡、县都有参议会。根据地政府都制定了法令,征收赋税,抗击敌人,武装农民。中共延安总部的决议和声音,可迅速传到各基层。毛泽东等领导者不断总结经验,以更有效地指导战争。

正面战场曾出现过不战而退的现象,以致遭受到严重的挫折,但并未因此动摇中国的抗日决心。即使南京大屠杀,也未能阻止抗日战争。中共以统一战线为法宝,一直推动着蒋介石在抗日轨道上前进,同时以自己的力量把一切可以团结的力量都团结起来,把一切可以调动的积极因素都调动起来,一起投入抗日战争的洪流中来。在战场上,如平型关战役,1938 年春晋东南军民抗击日军的九路围攻,1938 年 9 月到 11 月晋察冀军民粉碎 5 万日军的围攻,1940 年的百团大战等,成为打败日军的重要战役。

中国两个战场上的合力,粉碎了日本灭亡中国的梦想。联合国总部撰写的《太平洋大战秘史》一书中讲:"日本于 1939 年,它的军队在中国——不能像 1914 年那样享有行动自由的中国——益发陷入中国内地的泥沼,所以日本不能对自由中国作决定性打击。"①

三、中国共产党成为抗日战争的中流砥柱

日本占领了中国沿海各省,占领了主要的铁路站和公路站。就战争一般规律而言,在这样的情况下,战争应该结束了。而这次战场上出现的局面是,日占区的大城市周围和交通干线的附近,尽是中国的游击队,不断地袭击日军,使日本陷入中国持久战的泥淖中,不能自拔。正面战场和敌后战场共牵制日军百万余人,使其不能自由行动,进行进一步的侵略行动。

1940 年,日、德、意在柏林缔结了军事同盟,德国击败英法,统治了欧洲大陆。日军因有德意的声援,更为嚣张。日本首相近卫文麿申明日本的"大东亚共荣圈"不但包括日本、伪满、中国,还包括越南及东印度、印度尼西亚在内。随后外相松冈洋右又把泰国、缅甸、新几内亚也附加在内,日本妄图成为整个东亚的主人。日本认为要囊括东亚必须先解决中国战争,其手段是尽一

---

① 联合国统帅部编:《太平洋大战秘史》,改造日报馆,1946 年,第 43 页。

切力量断绝中国的外援,与投降德国的法国维希政府(越南当时受维希政府统治)签订了禁止由滇越铁路向中国运输物资之协定,迫使英国从 7 月 18 日开始封锁滇缅路达 3 个多月,这是其一。其二是加强了对重庆的政治攻势,开展"桐"工作,在汪精卫傀儡政府未建立之前,"实现重庆的停战及汪、重庆合流工作"①。为迫使重庆屈服,日军于同年 6 月上半月,发动鄂西战争,占领襄阳与宜昌地区。其三,以军事力量确保占领区的稳定。1939 年日本在调整其作战方针时就确定:"中止大规模进攻作战,确保占领区域的安定。"②确保的地区,在华北为蒙疆、山西、河北和山东等重要地方,在华中为武汉附近的重要地区,以及长江下游和南京、上海、杭州三角地带附近,在华南为广州附近、海南岛及其他沿岸重要地点。这就是说,日军名义上占领半个中国,而其后方则陷入困境之中。中共的正规军和游击队,不停地在华北各省及长江流域的许多地区对日作战。日军在占领区有城市而无乡村,有点无线,有线无面,很不安全,所以就集中主要力量于其后方,展开了扫荡战。华北是重点区,由南方抽调 12 万兵力到北方,北方战场日军达到 17 个师团。"从 1940 年 3 月到 7 月,因敌之残酷扫荡,华北抗日根据地大片地区迅速变为游击区","大破袭战之前,只剩下两个县,即太行山的平顺和晋西北的偏关,原来一面负担的群众变为两面负担"。③

　　日军的战略是将进攻和巩固结合在一起。在全力"巩固"其后方时,又扬言要进攻西安、昆明、重庆。日本通过各种渠道诱降重庆似已有眉目之后,将进攻的矛头指向西安。1940 年春夏之际西安一日数惊,大难几乎就要临头。但日军终未能渡河西进,缘于八路军发动了百团大战,朱德、彭德怀于 8 月 20 日发布了进攻日军的命令。全华北地区,从晋北山区到东海岸,南起黄河,北到长城,约 5000 里的交通线都成为战场。战斗夜以继日,一直打了 5 个月,破袭时一度收复四五十个县,最后得到巩固的县城有 26 个以上。这次战役狠狠地打击了日军的气焰。据日方的"华北方面军作战记录"记载,盘踞华北一带的共军按照第 18 集团军总司令朱德部署的所谓百团大战,"于 1940 年 8 月 20 日夜,一齐向我交通线及生产地区(主要为矿山)进行奇袭,特别是在山西,其势更猛,在袭击石太路及同蒲路北段警备队时,并炸毁和破坏铁路、桥梁及

---

① [日]堀场一雄:《日本对华战争指导史》,军事科学出版社,1988 年,第 307 页。
② 日本防卫厅战史室编著、天津市政协编译委员会译校:《日本帝国主义侵华资料长编》(上),四川人民出版社,1987 年,第 520 页。
③ 《彭德怀自述》编辑组:《彭德怀自述》,人民出版社,1981 年,第 235 页。

通信设施,使井陉煤矿等处设备,遭到彻底破坏。此次袭击,完全出乎我军意料之外,损失甚大,需要长时期和巨款方能恢复"。①

广泛的敌后游击战为抗日战争做出了突出贡献。诚如埃德加·斯诺所讲:"1939 年以后,日本把力量集中于行将到来的太平洋战争,并企图把在中国所负担之兵力,减少到仅仅是警备性的兵力。阻止日军这一企图使其无法实行的,就是在它已经巩固的战线后方的游击的发展。"②游击战争到处都是,不仅出现于日军的新占领区,就是日本统治一直很巩固的热河和冀东,也为游击队所控制。日本所制造的伪满洲国境内,抗日联军的活动也使日军枕席不安。中国正面战场和敌后战场的共同牵制,使日军不能自由移调,以运兵于太平洋。设非中国的坚强抵抗,拖住日军,则太平洋战争的爆发,决不会拖延至1941 年 12 月。1940 年 12 月 29 日,美国总统罗斯福在炉边谈话讲到欧洲战争的发展时,谈到中国在抗日战争中表现了强大的力量。"在亚洲,中华民族进行的另一场伟大防御战争则在拖住日本人。"③

中国抗战打破了日本计划 1940 年结束对华战争的迷梦。日本重新认识了中国,制定出长期作战、灭亡中国的新方略,以"三年平乱,六年安民,十年治国为一般方略",重点是占领区。日极力扶植加强汪精卫伪南京政权,使其分担灭亡中国和树立东亚新秩序的妄想,积极准备发动太平洋战争。汪精卫和溥仪一样,也被封为"一国"之首领,发表了所谓日满华三国的宣言。日本对重庆继续诱降,意使汪蒋合流。日本同时对敌后根据地进行残酷的扫荡,在北方称为治安强化运动,在南方称为清乡运动。

因为敌人把重点放在它的后方,正面战场的战争大大减少,从 1939 年到1944 年只有襄东会战、湘赣会战、南宁之战、中原会战、常德会战等几次大的战役,这些战役也未能逃脱失败的命运。正面战场多数时间处于没有战争的状态,而敌后则无日不在战争之中。

敌后根据地承受着日伪的巨大压力。在华北各省以及长江流域的许多地区,游击队不停地对日作战,重庆政府对游击队的迅速增长感到惊骇。国民党有些官员讲,只有国民党才有权力从日本手中收复失地与政权,共产党在敌后

---

① 日本防卫厅战史室编著、天津市政协编译委员会译校:《日本帝国主义侵华资料长编》(上),四川人民出版社,1987 年,第 575 页。

② 新长城社编:《英美报章杂志论中国》,大连大众书店,1947 年,第 63 页。

③ [美]弗兰克林·罗斯福:《罗斯福选集》,商务印书馆,1982 年,第 361—362 页。

的活动是"非法的"。因之从1939年起,国民党不断制造摩擦,屠杀共产党人和抗日军人,封闭中共各地的办事处,重庆和西安的办事处则受到严重监视。国民党以3个集团军力量包围了陕甘宁边区,还时时配合日军,围攻八路军和新四军。1941年1月,国民党制造了震惊中外的"新四军事件"(也称皖南事变)。蒋介石却诡称这是"贯彻军令,整饬军纪""制裁叛军",宣布解散新四军。

皖南事变说明日本的政治攻势是产生了作用的。日本各报均发表了幸灾乐祸的言论,静待国共矛盾进一步扩大。紧接着,日军猛袭苏北抗日根据地。曾参加过围攻新四军的两个国民党将领率领5万兵马投降了日军,日伪的力量增大了,抗日形势恶化。

在这场侵略与反侵略的斗争中,中日两国谁能胜利,1941年秋访问重庆的英美人士觉得难于断定。这种担心不是没有理由的。蒋介石认为"日本人只是皮毛之病,而共产党却是心腹之患"。①于是不断制造国共摩擦,消耗抗战力量,其部分主力不去打日军,而是围攻共产党军,结果1940年国民党军的士气低落到极点,共产党在敌后的抗战实况又被严密封锁起来,不为世人所知。皖南事变后,国共关系的确有破裂危险,但是共产党从民族大义出发,坚持统一战线,把抗击日军侵略置于民族利益的首位,为抗战胜利发挥了巨大作用。

此时,世界局势发生了重大变化,各国开始认清德、意、日法西斯的性质。有关国家开始禁运军用物资输日,美国也以巨款贷华,英国重开滇缅路,太平洋各国反日阵线正在形成。中国共产党力挽狂澜,号召并推动包括海外华侨在内的中国各种力量,坚持抗日路线。重庆国民政府则具有两重性,一面抗日,一面反共。中国的抗日局面在艰难中向前发展着。

1941年太平洋战争爆发前,日军集中兵力于其中国占领区,企图一举扑灭敌后抗日根据地,然后腾出兵力开往太平洋。华北是日军进攻的重点。这年5月,日军击溃了中条山国民党军队以后,就向八路军及游击队发动了大规模进攻。原日本华北派遣军总司令多田骏因"囚笼政策"的失败被撤职,改由冈村宁次继任。冈村宁次提出治安强化运动,实行"三光"政策,在根据地边缘地区挖封锁沟,设封锁线,筑碉堡,建据点。华北土地改变了面目,到1942年春,所修的碉堡有7700多个,平均二三里路有一个碉堡。所修的沟壕长达11800公里,相当于万里长城的6倍。日伪军从碉堡和城市中的据点间歇地

---

① [美]白修德、贾安娜:《中国暴风雨》,以沛、端纳译,群益出版社,1946年,第132页。

出击,以"铁壁合围""反复扫荡""捕捉奇袭""拉网扫荡"等战法,来摧毁抗日力量。八路军和新四军是中国军队中组织最好、战斗力最强的军队,其创造力和勇气是无与伦比的。它们以自己特有的战法,把人民群众都动员起来抗击日军的进攻,每个村庄都成为一个抗战的堡垒。当日军偷袭珍珠港、太平洋战争爆发后,延安得到消息不到一个小时,朱德立即下令几个月来与冈村宁次"三光"政策拼死周旋的部队发动进攻,阻止日军抽调部队到南太平洋。战争是极为残酷激烈的,如果从1941年7月发动攻势时算起,一连打了18个月,一直打到1942年底。这期间出现了许许多多可歌可泣的英雄事迹,如狼牙山五壮士、黄崖洞保卫战、沂蒙山区反扫荡战、田家会战斗、冀中平原"五一"反扫荡战等。1942年5月到6月,日军25000多人侵入太行山腹地,包围八路军总部北方局所在地、129师司令部和晋冀鲁豫区党委。在反击战中,八路军副总参谋长左权壮烈牺牲;刘伯承向黎城方向突围,5月22日撤离赤岸时,还发布了反扫荡问题的指示,7月20日,又回到赤岸。八路军始终和华北人民共存亡。冀中平原沦陷后,他们又向敌后之敌后挺进,武工队的组织就是这时组成的。在平原战斗中,军民又创造了地道战、麻雀战等战法,以各种土办法打败日军机械化部队。到1943年,许多失地又恢复了,敌后人们重见了天日。

华中方面,汪精卫粉墨登场后,成为日军"反共""清乡"的前驱。中国共产党及其军队所面临的战局之紧张、斗争之艰苦、物质补给之困难,为以往所未有。陈毅率领7个师与日军周旋于长江中下游,战争伸展至上海、南京、武汉等地的郊区。日军用竹篱笆构筑封锁墙线,"三光"政策和怀柔政策交替使用,实施它的进攻和统治。新四军仿效八路军作战经验,以三四百人或者更少的人组成小部队和游击队,不断袭击敌军,发动民兵进行破路、拆桥、毁碉堡、破篱笆、平工事运动,收到了巨大效果。新四军的抗敌殉国精神十分感人,如1943年3月,敌分11路,包围新四军驻梁岔之部队,该军先头部队安全突围,后卫陷于重围中,未能突围出来。敌人施用招降手段,但战士坚决不为所动,他们从容地将机枪步枪拆毁,将文件杂物付之一炬,将忠良骨骸掩埋后,乃集中未伤者之200余名进行最后的突围,战至最后,全部殉国。[①]就是这种精神激励着中国人民为争取民族解放而牺牲奋斗。

---

① 陈毅:《新四军在华中》, 新四军和华中抗日根据地研究会编:《新四军和华中抗日根据地史料选》(第六辑),上海人民出版社,1986年,第197—198页。

新四军是华中战场上最有生命力的一支部队，牵制着长江流域大部分的日本占领军。皖南事变后，仍和举着抗日旗帜的国民党军队相互配合，包括苏鲁战区韩德勤部，共同对敌。1943年3月进攻江汉三角地区时，新四军第五师主动配合，痛击敌人的后方。人们从新四军的战争中看到了中国抗战胜利的前途。

对一些地区仍袭击新四军的国民党军，新四军则予以还击。

四、中国是东方战场的支柱

至1942年，整个中国战场上抗击日军的数量是：华北战场17个师团，华中战场13个师团，华南战场两个半师团。这对世界反法西斯战争贡献巨大。在美英等参加对日战争以前，中国是孤军奋战，美国总统罗斯福在认清了日本的侵略性后，高度赞扬中国的抗战精神："中国人民，武装起来的和没有武装的都一样，在十分不利的情况下，对于在装备上占极大优势的敌人进行了差不多5年的坚决抗击，所表现出的顽强，乃是对其他联合国家军队和全体人民的鼓舞。中国人民破坏自己劳动果实以免为日本掠夺性军队所用的巨大牺牲精神，树立了牺牲精神的崇高榜样，……这种牺牲精神对于大家都是需要的。"[①]同时，包括美国在内的西方大国对日本罪恶的征服政策有了清醒深刻的认识。太平洋战争一爆发，罗斯福就决定要和勇敢的中国人民并肩作战。太平洋战争改变了民主力量和法西斯力量的对比，中国成为东方抗击法西斯的主力军。世界民主力量的联合，加快了日本的失败进程。

1941年12月23日，中美英三国在重庆召开东亚军事会议，决定在日军侵入缅甸时，中国将派陆空军助战，美国负责供应战略物资。1942年1月1日《联合国家宣言》诞生，共有26个国家签署，也称26国公约。延安《解放日报》发表元旦献词，指出世界和中国都处于历史的转变关头，中国不是单独胜利，而是与民主集团共同胜利。1月3日，中国战区统帅部成立，中缅印战区的设立，在于使中国继续作战，使它在对日最后一战时，成为砧板，而能让盟军之锤，把敌军打得粉碎。[②]中国和美国结为伙伴关系。这以后，中国远征军先后两次入缅作战，美国先派出25万美军整编训练国民党军队，以使国民党军队更好地和日军作战。美国

---

① [美]弗兰克林·罗斯福：《罗斯福选集》，商务印书馆，1982年，第435页。

② [美]白修德、贾安娜：《中国暴风雨》，以沛、端纳译，群益出版社，1946年，第150页。

空军从印度越过敌占区将战略物资运到云南,史称驼峰运输,美国第14航空队不断和日军空战,并轰炸日军后方。中国战区盟军参谋长史迪威了解中国国情,知道中共是中国抗战的坚强力量,应该充分发挥它的作用,但不为国民党所允许,就连要在延安设立一个军事观察站,也经过了一年的交涉才实现。

因为中国战场战略地位的重要,以及中国在抗日战争中已表现出的巨大力量,1942年10月10日,英美两国分别通知国民政府,声明愿意放弃在华治外法权及其他有关权益,并于1943年1月11日签订了中美、中英新约,废除了近代历史上所签订的不平等条约。从1943年10月到1945年5月间,比利时、挪威、加拿大、瑞典、荷兰等国也和中国签订条约,取消治外法权和在华的特权。但在与中国签订的新约中,英国拒不交还《南京条约》中所割据的香港;美国又和国民政府签订了协议,规定美国海陆军人员在战争期间,如在中国犯了罪,不受中国法庭的刑事管辖,这损害了中国主权的完整。

废除不平等条约,这是中国牺牲了数千万生命换来的,中国作为大国的地位,逐渐为各国所承认。1943年11月,美英中三国首脑罗斯福、丘吉尔、蒋介石举行开罗会议,讨论了对日作战计划,发表了具有划时代意义的《开罗宣言》。宣言中称:"我三大盟国此次进行战争之目的,在于制止及惩罚日本之侵略,三国决不为自己图利,亦无拓展领土的意思。三国之宗旨在剥夺日本自从1914年第一次世界大战开始后在太平洋上所夺得或占领之一切岛屿,在使日本所窃取于中国之领土,例如东北四省、中国台湾岛、澎湖群岛等归还中华民国,其他日本以武力或贪欲所攫取之土地,亦务将日本驱逐出境。"将日本侵占中国的所有领土归还中国,这是抗日战争合乎逻辑的结论。东方和西方民主力量走在一起,互相认识,互相尊重,互相联结,有了共识,对于推动世界文明和人类的发展具有巨大意义。

以上事实说明,1943年世界形势对中国非常有利。这一年8月,太平洋战场上日军遭到连续失败,日本从中国战场上抽调6个兵团的兵力到了南洋,在华的兵力减少了,其战斗力全面下降。根据日方资料称:"自1943年入夏以来,中共军队的策动逐渐活跃,加以战局的影响,部分民心发生动摇。"①华北是日本的兵站基地,日本竭尽全力来扑灭抗日根据地。"根据以往对共作

① 日本防卫厅战史室编著、天津市政协编译委员会译校:《日本军国主义侵华资料长编》(下),四川人民出版社,1987年,第82页。

战屡次失败的体验",日军重新研究办法,如提出"在作战准备期间,要严格隐蔽企图,发挥夜间轻快的机动力,迅速地、无间隙地构成包围阵地"。[①]然多次突袭,仍捕捉不到中共的主力部队,只有哀叹"华北共产党实难对付,现正从事土地革命,社会革命","以华北为中心的中共军的活动,今后更趋活跃,成为治安政策的症结"[②]。"1943年中期,分驻各地的日军部队、铁路警护队、华北绥靖军部队等,几乎都被封锁在各自的驻地,有的附近就是共产党恐怖横行之处。至同年末,治安更加混乱,不仅日本军的小队、中队,就连大队本部有时也成了中共军夜袭的目标。"[③]这里,从日军的感受中可以看出没有什么力量能够阻止、扼杀中国军民的民族解放运动。

中共领导的部队在日军和国民党军双重压迫之下仍在英勇作战拼杀,虽也经受过挫折和失败,但在战争中所表现的勇敢、巧妙、高明,远非野蛮的日军所能相比。

中国战区盟军总参谋长史迪威提出盟军空军可利用敌后抗日根据地作为轰炸日本的基地,主张以租借法案的军需品供给华北游击队,使其转入反攻,打败日本占领军。美国新共和杂志曾向重庆建议:共产党应该得到他们所需要的武器装备,起来参加到抗日的总战略中来。重庆对此则置若罔闻。重庆国民政府以为这一时期,共产党的势力定会被扼杀和消灭,因为在双重压迫之下,无任何军需供给,生存确是不易。未曾料到共产党克服了难以想象的困难,更加壮大起来。至1943年底,不仅原有的失地恢复了,还有了新的发展,山东几乎已没有国民党军的势力,苏北也差不多成了共产党主导的天下。苏南新四军皖南事变后建立起政权,经过反清乡、反清剿激烈的斗争,一直活跃于京沪一带。

1944年日本打通了大陆交通线后,在日军新的占领区,中共军队立即发动游击战,痛击日军。在华北、华东战场上,八路军、新四军屡战屡胜。在滇缅战场上中美英联军也已转败为胜。在怒江前线的滇西战役中,以中国远征军为主,与美军联合作战,历经7个多月,将日军驱逐出境。在太平洋战场上,盟

---

① 日本防卫厅战史室编著、天津市政协编译委员会译校:《日本军国主义侵华资料长编》(中),四川人民出版社,1987年,第768页。

② 同上,第769页。

③ 日本防卫厅战史室编著、天津市政协编译委员会译校:《日本军国主义侵华资料长编》(下),四川人民出版社,1987年,第78页。

军的攻势也越来越猛。1945 年春,美国加强了对日本本土的轰炸,日本国内充满了极度的不安,战争贩子南次郎、近卫、平沼、东条等相继来到上海和冈村宁次会商对策,提出缩短战线、撤兵问题。日本大本营命令中国派遣军迅速撤离湖南、广西、江西、闽浙边及湘桂、粤汉铁路沿线占领地区,将兵力转运到华中和华北去。日军并不是全员撤退,湘桂战役后,美空军基地丢失甚多。1945 年初美国以老河口、芷江两机场为前线基地,连续攻击日军在华北、华中的铁路、公路以及长江、湘江、西江等水陆交通线。

德国战败后两个月,美、英、苏三国首脑于 1945 年 7 月 17 日至 8 月 2 日举行会议,讨论了对德国的管制问题、太平洋战争和美国与苏联对中国的将来关系问题、敦促日本无条件投降问题,制定了《波茨坦公告》,促令日本投降。盟军没给日军任何喘息的时间。1945 年 8 月 6 日,美国向日本的广岛和长崎投掷了原子弹,8 日苏联出兵中国东北。中国国共双方均开始了大反攻。10 日,日本政府发出乞降照会,15 日日本天皇宣布无条件投降。中国近代历史上时间最长规模最大的对外战争结束了。抗日战争作为中国近代史上唯一的一次取得完全胜利的民族解放战争而载入史册,成为中国近代史上最光荣的一页。

原载《思想理论教育导刊》,2006 年第 11 期

抗战胜利后中国发展趋向

　　1945 年 8 月是历史永远忘不了的岁月,中国和盟国美、苏、英终于打败日本,抗日战争胜利了,世界反法西斯战争胜利了。几十年来屡次侵略中国,要征服中国,甚至要统治东亚和太平洋地区的日本,宣布无条件投降,中国山河光复,举国欢腾,50 年以来的耻辱渝雪了。历史出现了新的局面。

　　二战后,国际上首要问题是如何处置日本、管制日本,各国研究了日本裕仁天皇和日本媒介舆论, 发现日本对其侵略战争毫无忏悔之意。不仅如此,《每日新闻》在日本广播接受《波茨坦公告》的第二日即 9 月 11 日,竟引越王勾践的故事,要国民卧薪尝胆,以图复仇。东京还导演了哭皇城的闹剧,即"赤子眷念大君"的哀号,对发动侵略战争、最终不得不投降的天皇表现了无限悲悯。日本的投降是按照其计划,有秩序地进行的。1945 年 8 月 10 日发出投降信息,8 月 15 日才正式宣布投降,到 9 月 3 日始签订投降书,日本政府仍牢牢控制一切,其军事首脑机构和陆军还保持原状。日本首相东久迩在议会中演说,劝告国人说:"忍受严重的打击是为了重新建立日本在国际上的地位。"这样的投降状况,是史无前例的。

　　长期遭受日本侵略的中国人,早已看出日本投降所隐藏的危险,它在埋伏力量,逃避战争罪责,伪装爱好和平,并提醒盟军总部,对日管制要严,绝对不能让军国主义死灰复燃,不可残留半粒战争的种子。舆论普遍指出:

　　"日本法西斯正在做改头换面的伪装工作,同盟国如不充分注意,盟国虽然赢得了战争,将无法赢得和平。""中国人现在只希望毁灭日本的侵略野心,而不是消灭其国家和人民。"①细读投降诏书,世界舆论担忧是有理由的。它讲到仍要"维护国体宜举国一致,子孙相传,确信神州之不灭,念任重而道远,倾全力于将来之建设,笃守信义,坚定志操,誓必发扬国体之精华"。这里强调的

----

① 胡霖:《怎样处置日本》,《大公报》,1946 年 2 月 4 日。

是发扬"国体"的"精华",哪里有一点投降之气息,哪怕是字面上的?日本陆相下村公开希望"过去的重演"。伦敦人听了裕仁的投降广播后说:"找不出一点对于残忍的侵略行为的忏悔,而只是坚持其奇异的国体机构被保留下去。"拉陶姆爵士在上院讲:"同盟国必须使日本人明白他们是被打败了""不管我们怎样处置天皇,我们必须尽一切的力量根除日本民族这种无情的、目的不正的信仰,否则我们只有假和平。在假和平之下,日本仍可再演他们的卑污的计划,而完成他们不正当目的。"华盛顿观察家认为:"日本帝制不承认失败,它以为这是天皇为了原子弹而代人民牺牲的一种光荣,而军事上没有失败。""日本人民从不知他们的失败。"华盛顿大学教授约翰逊说:"这种情形可能引起未来的麻烦。"①以上这些看法,可以说是入木三分。可惜美国把盟国对日本的处置变成美国一国的管制,采取了扶植日本的政策,造成了而后乃至今日东亚不安定的因素。

中国的中心任务是迫使侵略日军缴械投降,遣返其回国。

中国战区各地日军在投降过程中,表现是很顽固的,在天皇裕仁宣布接受投降后一个月,战场上无一兵一卒放下武器,粤、湘、浙等地日军纷纷焚毁武器和粮食仓库。不仅如此,山东、浙江、山西、河南等省的日军,协同伪军,进攻解放区。宁、沪敌伪愈益横行,且国军、日军、伪军合流,共同维持社会"治安"。徐州、蚌埠、芜湖之日军没有放下武器,到处流窜洗劫。北平日军将大批军用品如枪械、弹药、汽车、汽油等运往北平西郊汤山埋藏和焚毁。太原、忻县、崞县、宁武等地日军将大批枪械弹药布匹,或破坏,或焚毁,或埋藏。大同之日军,将许多文件连同物资器材,付之一炬,消灭犯罪痕迹。更有甚者,阎、日合流,设立了中日将校混合训练团,不断进犯晋绥解放区。阎锡山收复区内,迄11月上旬,日军尚未缴械。日军除在正太路、石家庄一带集中精锐部队,掩护国民党军进攻解放区外,并结合阎锡山军队向根据地边缘区窜扰。石家庄的日军被胡宗南部编为"志愿兵",联合进犯京汉铁路。石家庄的"治安"由日军维持。北平之日军奉何应钦之令,未被解除者不再解除,已解除者仍将其武器退回。如此,在华大部分日军,除被八路军、新四军消灭一部分,俘虏了少量,如邹县之战,俘虏日军 404 名外,多未投降。《纽约时报》9 月 14 日社论如实地说明了这一实况,"中国战区内要做的第一件工作,依然是实际的解除

---

①《日本投降后的美英舆论》,《大公报》,1945 年 8 月 18 日。

投降日军的武装,并遣返日本"①。据新华社电,"日本投降后,华北日军除八路军缴械者以外在美军及国民党军队所控制的地区共有日军261200名,截至今日,缴械者仅青岛日军一部15000人,占6%"②。94%没有缴械,北平日军105200人,天津日军26000人,保定日军5000人,石家庄日军11000人,青岛日军19000人,河南日军45000人,太原日军38000人,大同至崞县间日军11000人。这些日军差不多经过5个多月时间,才集中到各地所设立的战俘营,或称日俘押送管理所。河北省在北平设管理所3处,一为西苑,一为通州,一为丰台;在天津有3处,设于补给总厂、海光寺和法商学院。这些战俘受着极好的待遇,每月演映电影1次,并由日俘每两周自行表演话剧1次。西苑、丰台有少量日本图书,西苑有溜冰场、棒球、足球、网球等,这些享受,国军也无法相比。河北省内日军止于1946年1月下旬有114899人,平、津、保日本航空部队12450人,日侨217544人,共约340000人,这些数量的日俘、日侨搭配遣返,需4个多月,始可遣返完毕。③南方各地的日军后来也都被集中在指定的地点,所有神明之子孙,都成为俘虏。如广州日军五六万人,缴了万把支枪就到集中营了,空军人员很快释放出来,每人月发国币20万元。开封日俘集中到日俘营中,可仍在街上耀武扬威,还汽车撞人,枪伤中国儿童。他们逞凶一段时间,后来终被遣返。遣返的港口分别为塘沽、秦皇岛、青岛、上海、南京、香港、基隆等。

东京成立了由11国组成的远东国际军事法庭,审判日本战犯,中国派梅汝璈、向哲浚、倪征燠参加审判。国民政府提交战犯名单1000名,南京成立了审判战犯的军事法庭,延安成立了中国解放区战犯调查委员会。

日本所扶植的伪满洲国和大汉奸汪精卫的南京政府随之寿终正寝。

中国因对日作战最久,牺牲最大,为保卫人类文明做出了巨大贡献,成为联合国5个常任理事国之一,中国首次在国际事务中有了举足轻重的发言权。

外患既除,历史给中国以机遇,医治战争的创伤,建立自己的国家。毛泽东还特意为此到重庆,和蒋介石共商国是,发表了和谈纪要,在全国民主力量的要求下,召开了政治协商会议,得以形成政协路线,有望将中国建设成为一

---

① 《解放日报》社论,1945年9月17日。
② 《华北美军与国民党军控制区25万日军均未缴械》,《新华日报》,1945年11月21日。
③ 《日俘管教输送情形》,《大公报》,1946年1月25日。

个独立自由与富强的国家。国人和中国共产党曾期望出现和平民主建设的新阶段。然而蒋介石国民党集团,说了许许多多好听的话,实际上仍在实行一党专政制度,处处破坏阻挠民主力量的发展。

蒋介石要独吞胜利果实,不给抗战功勋卓著、在敌后建立18个根据地、抗击日军一半以上的共产党接收权。不仅如此,还命令日伪维持"地方治安",利用恶势力来打击共产党,进攻解放区。从东北到广东都爆发战争,阋墙之争愈演愈烈。各地作恶多端的伪军都换了番号,被编成什么"救国军""先遣队""别动队"之类。何应钦在北平怀仁堂召集"华北剿共会议",宣布"剿共"军事步骤,指令进攻解放区。在河南和浙东,国民党军还采用日军屠杀中国人民所施用的"清乡"手段逞凶,残杀抗属,战场上出现了极端险恶的怪现象。日军、国民党军和伪军结盟进攻八路军,国民党以受降为名,动员120万大军并指挥50万伪军进攻解放区,共产党军队迫于自卫,奋起应战,当时"一般人普遍认为中共有它的抗战勋劳,政府不分配给它一些受降地点是不公平,利用敌伪军打中共,尤其以为不可。对于中共自动出发受降,认为是不公平待遇的结果"[1]。战后局面由此呈现出非常复杂和不稳定的特点。

中国各地都发出了反对内战的呼声,重庆还成立了反对内战协会,西南联大教授王赣愚的言论,反映了中国人民的真实意见:"目前,有人还在做武力统一的梦,这也只是一场梦而已。"他指出:"最高统帅部未改组以前,国共两党都有权接受投降。凡是8年来真正抗日的军队,都是我们人民的军队。抗战中解放区实行地方自治,不增加人民负担,替人民做到很多好事,在目前的中国,也是需要的;而人家对抗战的贡献,更不能一笔抹杀,凡属抗日的地方政府,都需要承认。"[2]这种言论,是很公允的,却不为国民党所接受。在内战问题上,国民党是有罪责的,如果蒋介石是位聪明的政治家,顺应时代潮流,那联合政府早就建立起来了,就不会出现后来国民党退踞台湾的历史。

国民党制造了灾难,却利用手中握有的各种资源,做反面宣传,把责任推到共产党身上。

接收的灾难,不仅反映在战场上,还反映于广大收复区和对敌伪财产的接收上。不曾离开沦陷区的老百姓都破了产,从重庆来的接收官员都发了财。

---

① 章乃器:《内战大概可以停了》,《中国民主建国会会刊》,1946年1月。

②《西南联大现实壁报记者访问王赣愚教授》,《新华日报》,1945年12月3日。

什么都接收,一份敌伪财产要被各种接收人员接收七八次,他们你争我夺,其腐化和混乱,达到顶峰。人们称其为"五子登科"①。大官僚独吞的工矿企业,贴上封条,却不生产,他们只知接收,无心恢复生产。《世界日报》描述过天津的情况:"天津海河两岸工厂林立,但自从国民党大员飞来接收之后,烟筒便从此不再冒烟,由秋而冬由冬而春了,各厂的机器十之八九仍在停着,工厂停工直接连带的便是工人问题,数万的工人们在接收即停顿的情形下,也几乎使他们的胃部附带着停顿了。"②天津如此,其他城市也莫不如是。

胜利没有给广大农民带来幸福,遭受日军破坏和毁灭的农村,又面临着新的灾难。多灾多难的河南省,因历年天灾人祸,田园荒芜,200万人处在饥寒中,国民党大军云集豫西豫北后,民负更重。天津《大公报》称,豫北20余县三四个月来,为负担军队供应贴出4亿6千万元以上。湖南、江西灾荒严重,湖南"在几年大劫之后,国民党又积极扩大内战,不着手遣俘,也不让士兵复员,湖南人民要经常负担30万日俘和60余万军队的粮食。仅芷江一地,分配的军粮就是160万担"③。

人民普遍以树皮草根为生,鱼米之乡,凄惨如此,这是历史少见的。日军的烧杀和国民党军政的苛征暴敛,贪污敲诈,收复区的灾荒,据1946年联合国救济总署的估计,中国收复区约有3000万人已濒于饿死,其中400万人将无法挽救,饥荒最严重的是湖南,"全省人口2700万人,约有700万人嗷嗷待哺或不久于人世"④。国民政府曾宣布豁免陷敌各省1945年田赋,兵役也缓征一年。实际状况是征粮数目超过以往征收数额,一些地区还强迫农民补缴抗战八年来的粮和税。

1945年在重庆成立的民主建国会宣言中有一段沉痛的描述:"抗战八年,反而使一部分人更加泯灭了人性,残酷、贪污、欺诈、腐化,颠倒是非,混淆黑白……一切都只有变本加厉,看来几乎不像人的世界了。"⑤

收复区人民对重庆来的接收者,由欢迎变成冷漠不满和愤恨,"说中央,念中央,中央来了民遭殃"的歌谣,就是那时流传开的。

①即吃馆子、收金子、嫖窑子、抢房子、抓车子。
②东北日报编:《蒋管区真相》(第一集),东北书局,1947年,第29页。
③东北日报编:《蒋管区真相》(第二集),东北书局,1947年,第52页。
④同上,第70页。
⑤《大公报》,1945年12月25日。

受降和接收造成了中国政治上、经济上和社会严重对立和动荡,国民党名声扫地。

人民处于困惑迷惘之中,中国的政治出路何在,中国向何处走,成为社会最关切的问题。

从当时出版刊物所发表的文章,可以窥见那个时代思想界的状况。

论者都很关心国家的命运,希望中国繁荣昌盛,虽各有自己的主张,却有一个共同点,就是要求民主,认为中国应该改革,众多的党派团体和个人都在代表民意,为人民说话。

《大公报》讲:"中华民国是属于全国人民的。既不是国民党的产业,也不是共产党的产业,更不是任何一党一派的产业。民主国家的人民是国家的主人。"

中国民主同盟于 1945 年 8 月 15 日紧急呼吁,要求执政的中国国民党,同时也要求有土地有人民也有武装的中国共产党同意他们提出的民主统一、和平建国的主张。

中国民主建国会成立宣言中讲,他的立场是不右倾,也不左倾。

一个名为吁魂学社的团体,认为:"中国共产党不失为国内一种进步势力,是中国新生命的象征,应为全国醉心民主与进步的同胞所爱惜,而党的自身为了这点,也应该珍惜它自己……"但又责备共产党"仅赖武力,誓必毁灭国家,毁灭自己"[1]。

还有自称自由主义者,其主张类似民主社会主义,他们要本着坚定的信念,为自由平等及大众利益而奋斗。

从百家争鸣的角度,这是一个好的现象,思想的多元化是客观存在的,反映了战后这一特殊阶段中国社会的特性。广大的中间层,红白并非是绝对的,有的同情共产党,有的倾向国民党,有的坚定要走自己的路。具体到一个人的思想也并非纯而又纯,就从梁漱溟的思想来看,他承认"中国共产党从抗战前夕到 1949 年,博得国内大多数的同情和期待,声光出于各党之上",但又说"我对于中共之滥用武力,却一直是不赞成的"[2]。似乎不少人对共产党的武装革命都缺乏理解,甚至有的主张取消根据地的民主政府和人民军队,一切听从蒋介石的命令,中国就会和平统一了,《大公报》就持这种看法。这是一种天

---

① 《中国吁魂学社致函毛泽东》,《大公报》,1945 年 9 月 6 日。

② 《大公报》,1949 年 2 月 21 日。

真幼稚的愿望。果然如此,那就要再次发生皖南事变的恶剧,而这一次会更惨重。蒋介石杀气腾腾,其一切举动都在表明他是不会让共产党存在的。

光明面和黑暗面,民主和反民主展开了激烈的斗争。人们的思想也随着形势的变化而变化。1946年到1948年,笔者在北平亲眼看到了这种变化。各种信仰都有,争吵得很厉害,有的甚至动武。反民主势力总想一举扑灭民主力量,但又无法扑灭。沙滩北京大学有个民主广场,不断发出强有力的进步呼声,"团结就是力量""解放区的天是明朗的天"的歌声,吸引鼓舞着人们奋勇前进,成千上万的青年选择了革命的道路,走到解放区,抗日战争时期建立起来的民主政治模式,成为中国前进的方向。

抗日战争结束时,中国历史前进的道路上困难重重,经过了一年多的摸索,中国人民奋斗的道路、奋斗的方法、奋斗的前途,就很清楚了。原来走中间路线的人,相继调整自己的政治方向。民主力量越来越紧密地结合起来,成为民族解放的推动力。

抗日战争中发展起来的民主力量,在战后社会混乱、动荡不安中,指引着中国历史航程,清除了不易清除的暴政,这是历史的答案。

原载《史学月刊》,2005年第9期

笔谈抗日战争时期历史研究

　　近年来抗日战争时期历史的研究,获得了引人注目的进展,许许多多档案的整理和出版,日记、回忆录、地方史志的问世,各种刊物,特别是《抗日战争研究》的创办,为研究者提供了资料和园地,一系列专著和文章相继和读者见面。这一时期历史的研究于是格外活跃。今年又逢抗日战争胜利五十周年,研究者的兴趣益加浓厚,海内外的许多学者都注视着这一研究领域,形成了抗日战争研究的热潮。

　　从已发表的研究成果看,内容极为广泛,以《抗日战争研究》杂志创办以来所刊登的文章为例,有理论和政策的探讨和阐述,有党派关系和战争进程的描绘和评论,有经济和文化形态的论述,有人物、历史事实和重大历史事件的介绍和评价,有新书出版的评介,研究的对象已广及那个时代的各个方面,不论战争还是社会生活都被包括于研究者视线之中。正面战场、敌后战场乃至敌伪统治区,都已引起研究者的重视。同是一个问题,人们往往从不同的角度去探索,做出新的不同分析。因历史的前进、条件的变化,人们的认识不断发展,对一些问题重新做出评价。一些论文的发表也引来了有意义的争论。总之,研究的视野拓宽了,研究果实累累,并愈趋繁盛,加深了人们对抗日战争时期历史的认识,对增强民族自尊心和爱国思想的传播起到了促进作用。

　　可以这样说,过去各种因素和条件带给历史的偏颇见解与认识,正在得到纠正或消失。但是也应该承认,那是一个复杂异常的年代,有如时阴时晴的天气,政治领域荆棘丛生,千变万化。对一些问题做出令人信服的结论,还需要下一番苦功夫,如对同一历史事件的记载,敌我友三方面不尽一致,甚至完全不同,这就要求历史工作者认真思考、比较和分析,有时还应实地调查,藉以获得较为客观和准确的第一手资料,研究方法也应多样化。不能因为资料是新发现的,就不辨别真伪。我们的研究工作,应把握住社会的基本矛盾、战争发展的全局和概貌,及其历史进程中主导力量的作用。譬如说,对正面战场加强研究是应该的,过去对于正面战场忽视,或评价过低,是不妥当的,但现在也要注意防止产生另一种片面性的倾向。

利用国外资料是研究的重要手段,引用资料时务须经过认真的鉴别。当前,流行于国内的《华北治安战》和《中国事变陆军作战史》两部书,提供了日军侵华的珍贵资料,这是无可否认的,但不能忽略,这毕竟是日本防卫厅战史室编辑的,它在关键性事实上总是歪曲并掩盖真相,其基调是炫耀日本军国主义的武力。如该书对日军在华的暴行就避而不谈。读这两部书或引用时,不能不保持清醒的头脑。

抗日战争是中国人民抵抗外来侵略战争中唯一的一次胜利。在那关系到中国存亡的年代,中华民族的凝聚力和抵御外敌的坚强意志充分地表现出来,中国人的智慧、勇气、力量和创造精神发挥得也很充分,思想和精神方面遗留下来的财富是极为丰富的,中国人无不以此为傲。只要深入这个领域,就会发掘出更多有益的东西,我国文化遗产也就增加更多的内容。

抗日战争时期历史研究,必将鼓舞民族精神,使我国人民对祖国的未来充满信心。

原载《抗日战争研究》,1995 年第 1 期

"南京大屠杀事件"论争在日本

1937 年 12 月 13 日,日军占领南京后的 6 个星期内,屠杀南京军民达 30 万人以上。这是日本侵华史最大的暴行之一,这一铁的事实早已载入史册。第二次世界大战结束后,中、美、英、苏、法、加、荷、澳、新、印、菲 11 个国家组成的远东国际法庭于 1946 年 5 月至 1948 年 11 月对日军甲级战犯的审判,中国南京国民政府所组织的军事法庭对日军 B、C 级战犯的审判,已将日军的残暴罪行做出判决。这是永远改不了的。

然而,日本有一些人总是千方百计地否定"南京大屠杀事件"。对一个长期侵略别国的民族来说,彻底清算以往不光彩的历史,从而面向未来,这是民族的觉悟和进步。站在这一立场看问题的学者,可以称之为真理派;而抹杀事实、有意歪曲历史的人,称之为顽固派也不为过。

早自 20 世纪 50 年代起,日本的学者、作家和新闻记者等就曾以各种不同的形式探讨、鞭挞过日本的残酷暴行。70 年代初,中日邦交正常化之时,一些不愿意中日关系发展的人便极力宣传日本侵略有理,否定"南京大屠杀事件",从而引起正直的日本人的忧虑和愤慨,激烈的争论便开始了。

1971 年 6 月,著名的《朝日新闻》记者本多胜一访问中国,到南京等许多地方进行实地调查,得到大量材料。他根据当年受害者和目击者的讲述,撰写了《中国之旅》并于当年 11 月发表,引起日本许多人士的共鸣和关注。许多参加过"南京大屠杀事件"的日军也打破了多年的沉默,纷纷撰文揭露日军的残酷暴行。1972 年 4 月,早稻田大学洞富雄教授将其 1967 年发表的《近代战史之谜》的后半部有关"南京大屠杀事件"的章节予以充实,写成《南京事件》一书。1973 年 11 月,他又根据中英文资料编辑出版了《日中战争史资料 8、9,南京事件 1、2》。这些著作是战后日本清算军国主义罪行的开始。

然而,这一研究触痛了一些人。山本七平、铃木明等宣称"南京大屠杀是无稽之谈""是虚构的",并攻击洞富雄等人的著作。对此,1973 年 7 月,洞富雄在《历史评论》上发表了《南京事件和史料批判》一文,1975 年 3 月出版了《驳南京大屠杀是所谓"无稽之谈"》一书。1973 年本多胜一编写了《笔杆子的阴谋》一书,对铃木等人的谬论一一予以驳斥。

进入 80 年代,教科书问题发生。日本文部省通过审定教科书来粉饰日本对中国、韩国和东南亚各国的侵略。南京大屠杀和慰安妇问题成为争论的焦点。日本的真理派和顽固派开始了有组织的论战。

出于对历史真实的追求,出于正义感,出于对日本国民的责任,洞富雄、藤原彰、本多胜一、笠原十九司等历史学家、新闻记者和律师 20 余人于 1984 年组成了"南京事件调查委员会",每月举行一次研讨会,并于 1984 年 12 月和 1987 年 12 月两次赴南京地区进行实际调查,取得了具有重大价值的成果,撰写了几部调查报告,如《南京事件调查报告书》《南京事件的思考》《在南京大屠杀之现场》等。同时,众多的专家和学者著书撰文,揭露并研究"南京大屠杀事件"这一历史事实。如洞富雄所著的《南京大屠杀·决定版》《南京大屠杀的证明》、本多胜一的《走向南京之路》等。他们的研究也达到了前所未有的高度,已成为一支极有影响的学派。

顽固派的谬论可以说已被驳得体无完肤,但他们不甘心自己所处的境地。为了蒙蔽日本人民,他们或缩小日军屠杀我国军民的数字,或说南京事件是捏造的。日本旧军人组成的偕行社出版了《南京战史》。该社理事长原多喜三和编辑委员会代表高桥登毫不隐讳地讲,他们编印此书的目的是要否定"南京大屠杀事件",敦促政府在教科书中删掉有关之记述。

进入 90 年代,真理派和顽固派的争论继续发展。真理派在论争中已取得胜利,社会上越来越多的人对"南京大屠杀事件"这一历史事实有了清楚的认识。1991 年 10 月在东京的中央大学,笠原十九司教授就教科书中有关"南京大屠杀事件"问题进行了专题讲演和辩论。1991 年 12 月 14 日至 15 日,"研究南京大屠杀真相全国联络会"在京都市举行纪念"南京大屠杀事件"五十四周年大会,日本全国各地有 250 多人前来参加。这说明日本社会对这一问题关注的程度。许多人决心在洞富雄等人研究的道路上走下去。在这次集会上,放映了《南京大屠杀事件》影片,南京大屠杀惨案的幸存者做了控诉,参加过这次大屠杀活动的日本兵也揭发了日军的暴行,还有研究会的现场调查报告。这一切都是"南京大屠杀事件"最有力的见证。

与此同时,对于家永三郎的教科书诉讼案也取得了胜利。笠原十九司、池明观、矢泽康佑等人作为家永一方的发言人,态度非常坚定。1993 年 10 月 20 日,日本东京高等法院做出判决,指出文部省在教科书中删除"南京大屠杀事件"及在南京发生的对于妇女的暴行的行为是违法的。此后,中小学教科书在叙述这一问题时对"南京大屠杀事件"进行了详细的记述。

此时,真理派的学者们仍然笔耕不辍。"研究南京大屠杀全国联络会"编写了《南京大屠杀》,笠原十九司撰写了《南京难民区的百日》《亚洲人民眼中的日本军》,津田谨夫撰写了《南京大屠杀和日本人的精神构造》等等。特别是笠原十九司和石岛纪之等编辑的《南京事件资料集》(两册),内容极为丰富,可以说是洞富雄所编资料的续编,弥补了前者的不足。该书把搜集资料的视线放在了西方,收录了美国国家档案馆保存的国务院记录和军事记录、美国哈佛大学豪顿图书馆所藏的格鲁档案和罗斯福档案中有关 "南京大屠杀事件"的资料、美国驻南京大使馆人员向政府提供的有关南京状况的报告,收录了南京安全区国际委员会的记录、南京金陵大学贝茨教授的档案,还收录了当时美国《纽约泰晤士报》等报刊记者的诸多报道。这些极为珍贵的档案资料,对研究"南京大屠杀事件"具有十分重要的价值。

原载《光明日报》,1997 年 7 月 8 日

东京审判的历史价值

　　1945 年第二次世界大战结束,在德国成立了纽伦堡国际军事法庭,审判德国战犯;在日本东京成立远东国际军事法庭,审判日本战犯,两个国际军事法庭确定侵略战争是有罪的,还确定了凡计划和准备侵略也是犯罪,领导侵略战争的分子应负刑事责任,此为其一。其二,两个国际军事法庭确定了违反人道罪,即"战时或战前对于非武装人民的屠杀、灭种、奴役、放逐及其他不人道的行为,或基于政治的人种的或宗教的理由而施行的虐害"都规定为战争犯罪。这是民主国家领袖们探讨了两次世界大战的教训而获得的。第二次世界大战与第一次世界大战后的审判定罪不同, 一战后德国仅有少数战犯受审,未受到严惩。二战后的原则是严惩。1943 年 10 月莫斯科宣言声明对纳粹在欧洲的暴行,将起诉惩处,就是他们逃到天涯海角,也要缉捕到案。1944 年 3 月,罗斯福总统重申惩处战犯的意愿,并将日本侵略者在远东的罪恶包括在内,声言必有其应得的惩罚。1945 年 8 月 8 日,美、英、苏、法 4 国在伦敦签订的关于军事法庭的协定,确定了战犯的定义,作为战后对战犯审讯、判决、执行的国际法的根据。《波茨坦公告》第 10 条规定"对于包括虐待俘虏在内的一切战争犯罪者,必须加以严厉处罚"。两个法庭据此对德国戈林等 22 名战犯加以审判,对日本东条英机等 25 名甲级战犯予以定罪。

　　这两个发动第二次世界大战的罪魁得到了应有的惩罚。德国人有理智,很规矩,战后历届政府,对纳粹德国的历史感到耻辱,向各国道歉谢罪。在战争结束时就规定曾在纳粹政府身居要职的人永远不能被雇用。他们清除纳粹时代的一切流毒,认为战争结束,不是德国的失败,而是将德国从罪恶的政权中解救出来。1970 年西德总理维利—勃兰特在华沙犹太死难者纪念碑前下跪。而日本则相反,在战败后一直恶浪滚滚,一批政客一直企图推翻东京审判,抹掉日本的侵略罪行,将战争贩子当作自己的"民族英雄",宣扬侵略有理,说它是为了把东亚各国从白人统治下解放出来。不仅如此,还把自己扮成战争的受害者,年年到供奉有甲级战犯的靖国神社去参拜,以继承军国主义思想,发扬日本的"民族精神",不承认日本过去的罪恶史,这一奇特现象是日本民族的特性,还是源于其他原因,成为世界各国学界和舆论界探讨的一个中心课题,在世界反法西斯战争和抗日战争胜利六十周年之际,这一问题尤为突出了。

一、远东国际军事法庭的权威

一些日本政客有一种天真可笑的想法,认为只要否定了东京审判,日本的对外"侵略"就不存在了,就可以一了百了,这种痴想,是永远也不能实现的。

远东国际军事法庭是由参加对日作战的 11 个国家,即中国、美国、苏联、英国、法国、荷兰、加拿大、澳大利亚、新西兰、印度和菲律宾各派 1 名法官组成的,成立于 1946 年 1 月 19 日,是盟军统帅麦克阿瑟任命和批准的,他代表各国执行法令。波茨坦会议所确立的盟国计划是:完全解除日本的陆军和海军,肃清日本军国主义的一切基地,并民主化了日本的国内生活。麦克阿瑟的使命是艰巨的。1948 年 5 月美国销行最广的杂志之一 Collion's 登载 George Cnnell 撰写的《美国在日本的统治者——麦克阿瑟》,其中讲道:"两年半以来,他在重建一个战败的、道德堕落的、无组织的国家,根除古老的传习,并使 8000 万人的生活和思想走上新的路线。在这过程中,每走一步都看出他对于政府的见解,并完全表现他的政治、社会和经济哲学。"①

从麦克阿瑟初到日本所颁发的政策和手令来看,他是要消灭军国主义思想,明了战争责任问题的,如他下令改革教育制度,以终止封建军阀主义之熏陶及发动战争的各种鼓吹,具体的措施有:"1.立即停止学校中的军事训练,迅速废除国家主义的鼓吹;2.甄审教师,以根绝军阀、国家主义及反对占领政策者;3.前以自由思想而遭罢黜的教师,应重返旧职;4.任何教师学生及学校负责人士,不得因种族、国籍、政见及社会地位之不同而加以歧视;5.订立教育程序,俾使教师、学校负责人、学生及一般人士深知盟国占领目的及政策之一斑,及盟国政府之理论与实施,以及日本军阀发动战争及附和军阀之人士,由于屈从而酿成战端所应负之责任。"他决定废止八纮一宇的神道与军国主

---

① 《东方杂志》(第 44 卷),第 31 页。

义掺和的思想,禁止官吏奉告或参拜神社,解除武装,撤废军备,不准日本再有陆海空军、秘密警察和民用航空。并在各盟国要求下,陆续发布六道命令,拘捕战争嫌疑犯,投入东京巢鸭监狱。这是他代表盟国所应该做的,也是盟国以极高的代价换来的。

就处置战犯而论,盟军最高统帅部在设置军事法庭时,颁布了该法庭的组织宪章。东京国际军事法庭和纽伦堡国际军事法庭的内容基本相同,将战争罪分为三种:一、破坏和平罪;二、战争犯罪;三、反人道罪。对日本 25 名战犯,就是根据宪章原则,做出最终判决的。从受害国的立场来看,尽管判刑的人太少太轻,但审判的结果是值得肯定的,法庭的记录和判决,在历史文献方面具有很大的价值。判决书中所引用的大量官方绝密文件,重要证人的证言和被告的供词,活灵活现地说明了日本罪恶的侵略史,特别是对中国的侵略,这是日本人不愿意看的,但这是最真实的历史。

二、审判、量刑、行刑的曲折过程

1946 年 1 月,各国检察官大半到达日本,组成国际检察局,开始收集战犯资料,经过 5 个多月的紧张工作,1946 年 4 月 29 日,对以下 28 人提起公诉:

荒木贞夫、土肥原贤二、桥本欣五郎、平沼骐一郎、广田弘毅、星野直树、板垣征四郎、贺屋兴宣、木户幸一、木村兵太郎、小矶国昭、松井石根、畑俊六、松冈洋右、南次郎、武藤章、永野修身、冈敬纯、大川周明、大岛浩、佐藤贤了、重光葵、鸣田繁太郎、铃木贞一、东乡茂德、东条英机、白鸟敏夫、梅津美治郎。

已被列入战犯名单的近卫文麿,因惧捕于 1945 年 12 月 25 日服毒自杀。本庄繁是在此前的 1945 年 11 月 20 日自杀。战犯中的松冈洋右和永野修身在诉讼过程中死亡,大川周明患精神病,丧失刑事责任能力,故一般称审讯 25 名战犯。

每一战犯被允许聘请两名辩护人,日本从全国网罗了 24 名辩护人,受聘的外国辩护律师多是美国人。

审判从 1946 年 5 月 3 日开始,一直进行到 1948 年 11 月 4 日。每天开庭 6 个小时,上下午开庭。澳大利亚的韦伯以其学识资望任庭长,就座中间,其他各国法官按照对日受降的次序定席次,因此美国法官坐于庭长之右,中国法官梅汝璈坐于庭长之左。检察长是美国律师季南。起诉的时间从皇姑屯事件到日本投降,时间历 17 年多。开庭的第一日,法庭宣读公诉状后即休庭,第二日继续审讯,各战犯均狡辩自己无罪。东条之辩护律师布里阿埃德极力攻击法庭庭长及审判程序,借以援救主要战犯之生命。梅津美治郎的辩护律师为战犯提出辩护,他说:"战争是国家的权利,谁也无法判定战争的是否公正,因此不能审判和平罪,且史无先例。其次,由战争而杀人,并非杀人罪,说到杀人罪,美国用原子弹在广岛杀伤许多人,能不负责吗?"这一提议被美国检察官驳斥,韦伯庭长驳回了辩护团的动议。季南检察长代表全体检察官力陈:"一、被告对文明宣战,煽动及发动侵略,屠杀无辜。二、被告的不法行为均源于侵略战争。三、历史上虽无先例处分执政的个人,但不能以此先例束缚我们,使我们再受毁灭文明的战争的痛苦。四、国家本身不会破坏条约,及公然从事侵略战争,必然有人主持。因此彼等不能免除责任。"显然,季南的陈词压倒了辩护人的狡辩。从开庭之始到结尾,都是在激烈的辩论中进行的。

被告和辩护律师的虚伪、嚣张、狡猾诡辩是东京审判中的特色。例如在审讯原任驻华大使重光葵时,由大东亚省次官山本熊一为其辩护。山本狡猾,强词夺理,数次受检察官质询,辩护律师澳人罗勃士也为之强辩,说中华民国的国父孙中山(逸仙)1924 年过神户时曾公开演讲大东亚主义,可见"大东亚主义"也不是侵略的。韦伯庭长立即予以驳斥,说孙中山发表言论之时,时间、环境、性质俱不相同,不可相提并论。土肥原是罪恶深重的侵华战争贩子,始终未站到证人台上,一言不发,只由他的辩护人华伦代为辩解。1947 年 7 月 22 日庭审时,日本战犯竟诘问中国出庭做证人秦德纯,秦拒绝承认日本的军事行动是由于中国军队挑衅所激起的,但未能给予有力的彻底驳斥。狂妄的"东条英机对于此位中国将军与土肥原律师的对话曾报以哈哈大笑"。8 月 13 日,审讯七七事变的日本主要战犯时,美籍辩护律师史密斯竟振振有词,说日本侵略中国是"合法"的,是得到国民党政府同意的,对于这样颠倒黑白的辩词,秦没有当庭给予回击,一时战犯哄堂大笑。中国检察官首席顾问倪征燠负责松井石根、板垣征四郎和土肥原贤二的公诉。是在诉讼的第二阶段,因倪曾到过北平搜取板垣与土肥原的罪证,准备充足,给被告以有力的反驳,使被告无言以对。

在这样尖锐艰难的审判中,11 位法官终于 1948 年 11 月以 7 票多数通过了长达 1212 页(英文)的判决书。该书共分 3 部分 12 章,从首至尾,对于日本侵略中国的罪状多所描述,其中第 5 章是专门讲述日本侵华的,占篇幅

254 页。11 月 12 日下午对 25 名被告,从荒木贞夫开始,按字母顺序,宣判量刑结果,对东条英机、广田弘毅、土肥原贤二、板垣征四郎、松井石根、木村兵太郎、武藤章 7 人处以极刑,对荒木贞夫、桥本欣五郎、畑俊六等 16 人判监禁终身,对东乡茂德处徒刑 20 年,对重光葵处徒刑 7 年。被允许进入法庭的各国记者,记录了韦伯审判长严正的风采和被告们听到判刑时的表情,摄影机追着宣读拍摄。在 7 名要上断头台的战犯中,土肥原贤二和板垣征四郎罪状最重。土肥原被叫作"满洲国之劳伦斯",当审判长宣读土肥原之判决时,"土肥原端坐聆听,日本通译员译述完毕后,渠似至感焦灼"。与土肥原合作从事侵略中国之前关东军参谋长板垣征四郎"呆坐厅内,宛如木偶,毫无表情,仅咬下唇一次"。[①]"广田被告淡漠地闭上眼睛,向前探着身子听着,判决意外地竟是绞首刑""文官首相处绞刑,连记者席也沸腾了"。[②]松井石根以南京大屠杀而臭名远扬,"渠现年 70 岁,坐于厅内,搓捏手指,颇露紧张之态"。这群战犯已丢掉往日之横暴,或紧张,或双目紧闭,或态度漠然,或无表情故作镇静。一个共同点是都在估量着自己的命运。就是享受政治特免权的裕仁天皇据记载也坐卧不宁,他在无线电广播中听到前首相广田弘毅及一度任其最亲近顾问的木户幸一被分别判处死刑及无期徒刑时,也为此一消息所震动,在听到日本首要政界人物判刑,便为之叹息,表情忧郁。日本部分侵略者的下场,在这一天得了答案。在国际法庭宣判战犯罪行前,东条英机让辩护律师清濑一郎代他发表谈话,讲:"自审判之初,余即极惧日皇被牵连,如今事实已证明,日皇平安无事,余心甚慰,余愿一人承担战争之罪名,但若干他人仍不幸被牵连,实令余深以为憾。日本之民气必可再起。从前余困难尚多,亟盼我日本人民能有克服一切困难之勇气。如诸君询余对国际军事法庭之意见,余谓此系征服者之审判。"[③]从这里可以看出东条把自己打扮成"日本民族的英雄",以自己的死激励日本东山再起,称霸世界,奴役各国人民。他说:"这是征服者的审判",这话说对了,不是征服者怎能审判世界杀人魔王呢?难道对疯狂肆虐的日本侵略者还要怜惜,就像古代希腊寓言所讲的:一个农夫在冬天看见一条蛇冻僵着。他很可怜它,便拿来放在自己的胸口上,那蛇受了暖气就苏醒了,等到恢复了它

①《大公报》,1948 年 11 月 13 日。
②《朝日新闻》东京审判记者团编:《东京审判》,河北人民出版社,1988 年中文版,第 369 页。
③《大公报》,1948 年 11 月 13 日。

的天性,便把它的恩人咬了一口,使他受了致命的伤,农夫临死的时候说:"我怜惜恶人,应该受这个恶报。"至于东条所说的日皇平安无事,正是军国主义者所企盼的,日皇未受审判,也正是东京审判之最大失误。

按法律程序规定,判刑后可以申诉。麦克阿瑟总部饬日本甲级战犯25名,如提出减刑请求书,须于19日前提出,总部将邀请管制日本委员会各国代表及联合国驻日代表,于22日会商减刑问题。

惧怕刑罚要求减刑的有小矶国昭、重光葵、南次郎、武藤章等人。

战犯求情,尚可预测和理解。诡谲和狂妄的土肥原贤二和广田弘毅两犯,通过他们的美国辩护律师瓦伦和史密斯向美国最高法院提出上诉。麦克阿瑟随即于11月29日发表声明称,关于复决被处死刑之日甲级战犯7人一事,尚须等待美国最高法院之决定。中央社记者曾询问麦克阿瑟:处决上述7人是否应等待美国最高法庭对所提控诉书采取行动以后?麦答称:"在该法院采取行动以前,绝不执行。"①

美国最高法院以5:4票数,决定受理两名日战犯的上诉,于12月16日开庭复审,举行口头辩论,其他被告的辩护律师也蠢蠢欲动起来,企图为受刑战犯作最后的挣扎。

东京审判出现了此等咄咄怪事,世界舆论为之哗然。东京审判花了两年多时间,700多万美金,以铁的事实为25名战犯定了刑,最后还要由美国最高法院来裁定,这真是天大的奇闻。

事实很清楚,美国最高法院是无权接受土肥原和广田上诉请求的,中国最高检察官向哲濬指出:"审判该批25名日本甲级战犯乃国际事项,美最高法院无资格检讨远东国际军事法庭所宣布之判决。检讨判决之最后权力,在于麦克阿瑟元帅,而麦帅之权力系远东委员会畀予者。"②

《大公报》曾发表了《愿以两事正告美国》的社评:一是论述远东国际军事法庭建立的历史渊源和理论根据,它的权限、麦克阿瑟的地位和权限,确立"侵略战争即是犯罪"的原则的根据,对战犯审讯、判决、执行的国际法律背景等等问题,全面深刻地阐明远东军事法庭建立和审判的合法性,审讯日本战犯绝不是一国做主的事,美国最高法院无权干涉,并且尖锐地提出:"难道美

①《大公报》,1948年12月1日。

②《大公报》,1948年12月12日。

国人凌驾他国之上,只手控制一切了吗。"二是裕仁是日本第一号战犯,法网难逃。

在东京,"对美国最高法院之决定的指责随处可闻,不仅其他盟国有责难之声,美国人士亦对此表示不满",一些美国官员说,最高法院之行动乃国际事务上一大错误,英美国人士谓此举乃对美国战时盟邦之一种侮辱,美国应直告美国最高法院,日本并非美国之殖民地。

在世界舆论一片指责声中,美国最高法院于 17 日开庭,听取 7 战犯的上诉申请。美国政府法律总顾问裴尔曼代表政府与会,要求最高法院予以驳斥,勿干涉东京国际军事法庭之判决,他说:"如法院越权复核军事法庭之判决,则将造成无可挽回之损害,为对和平合法解决国际争端之一大打击。美国如竟过问此事,他国亦可采取同样行动。"代表日本政府之美籍律师则辩称:"东京军事法庭乃麦克阿瑟一手创立的非法组织,系一纯粹美国机构,侵犯行政部门之权益。"①

美国最高法院一时成为众矢之的,不敢做出任何裁判。

1948 年 11 月 24 日,麦克阿瑟与各盟国代表团团长讨论国际军事法庭对日本 25 名甲级战犯之判决后,宣布维持原判。这一闹剧就此结束。

关于裕仁天皇是否应该受审问题,远东国际军事法庭意见不一,澳大利亚法官韦伯、法国法官柏纳德力主以战犯嫌疑之名义提审日皇裕仁,使裕仁鹄立于罪犯席前受审,柏纳德坚称:"裕仁实应以战争罪行责任提审,已定谳之 25 名之战犯仅为裕仁之同犯而已。"多数法官认为即要求提请裕仁出庭做证,亦不可得,此实为将来史书上之一种损失。中国法官梅汝璈讲:从纯粹的法律观点来看,日本天皇是无法洗刷他的战犯嫌疑的,"法庭有许多证据,证明日皇曾犯种种罪行,破坏世界和平"。但结果却是主犯无罪。印度法官巴尔则坚持国际军事法庭无审讯之权。裕仁漏出法网,设宴申谢法庭首席检察官季南,因为季南曾发表日皇不能作为战犯审判之声明,裕仁因此托转致杜鲁门一函,感谢美军的宽大。伸出罪恶的血手,要求树立美日密切关系。此后美日关系的确如裕仁所想的,越来越密切,以致发展到今日的美日同盟。

在麦克阿瑟发表对日战犯维持原判后,世界各国将目光集中于何时处决这 7 名战犯。11 月 24 日,盟总涉外局长艾可尔忻宣布,执行命令将于日内由

---

① 《大公报》,1948 年 12 月 18 日。

麦克阿瑟授予美驻日陆军第 8 军执行。麦克阿瑟要求各国废弃战争之声明中讲:"余祷告万能之上帝可以此悲惨之赎罪作为一种象征,使具有良心之万民,明了人类最悲惨之灾难及最重之罪恶之战争完全无益,终将为万国所舍弃。因此之故,余要求日本全国及有各种信仰之人民,不论居家或在神祇之前,均应要求神明相助,使世界维持和平,否则人类即将毁灭。"[1]麦克阿瑟是袒护日本的,当时甚为日本人民所崇拜,时至今日,那些坚持到靖国神社参拜的议员,应该重新读读麦克阿瑟的讲话。对东条英机及其他 6 名要犯处决后,将"秘密埋葬,其坟墓不加标志,以免日后有以彼等为殉难烈士等等之行动",这是盟军总部决定的,坚持军国思想的人更应该读一读,悟一悟。

中国法官梅汝璈当时在《朝日新闻》上发表了告日人书,其中讲道,"远东国际法庭之判决,不仅支持人道主义,为对国际法之一种进步见解,且对中日未来之和平合作良多助益。"他非常理智地说:"日本人民可自此次审判中获得日本军界领袖之罪恶行为及虚假之宣传,中日过去交恶之主要责任即应由彼等担负。"他特别强调,除非中日间首先获得和平,否则亚洲即无和平可言。[2]这些论述就是今日看来,也是很有意义的,时代不同了,其理念是常青的。

要处决的战犯一切均已就绪,7 战犯伸颈待绞,命在旦夕。各犯从 11 月 24 日起,即不准阅读报章。东条的两个女儿自 1947 年 3 月 5 日开始审讯战犯以来,每次均到庭听审,以予其父以精神上之支持,28 日至巢鸭监狱与其父作最后之诀别。盟军当局已允许芸山法师于 7 日战犯执行绞刑前为其作宗教祈祷。

12 月 23 日夜零时 1 分至零时 35 分,7 战犯在巢鸭监狱内伏法。执行者为美国驻日盟军陆军第 8 军中尉雷克斯罗德,第一组受绞刑者为土肥原贤二、松井石根、东条英机及武藤章,四犯同时受刑。第二组同时受刑者为板垣征四郎、广田弘毅、木村兵太郎。各犯于绞刑前 17 个小时获得通知。盟国对日委员会美、英、苏、中四国委员均参与观刑,中国为商震。各犯平均年龄为 64 岁,最大者为松井及广田,均为 70 岁,最小的为武藤,56 岁,日皇整日为 7 犯"默祷","得知行刑,极为悲凄"。

7 战犯是秘密处决的,记者未被允许目击绞决,未能和纽伦堡德国战犯

---

① 《大公报》,1945 年 11 月 25 日。

② 《大公报》,1948 年 11 月 16 日。

审判一样,可以参加。审判之其他盟国并未参加执行,因此相当多数日人不为现实所动,想入非非,认为实际并未绞死,他们仍在潜意识中崇拜战时日本首领,这成为日本民族的悲哀。

应该听听中国法官梅汝璈的声言:"七重要战犯的处死,象征国际正义之胜利,向世界表明侵略之无益。此事并无报复之意味,而系表明侵略为走向绞架之路,而非光明之路,各犯之处死刑,对于遭受日本侵略之苦之中国及其他国家人民为一种安慰。"他认为此次审判及处刑纯为象征性者,因为数以千计之日本战犯迄今仍逍遥法外。此话是很切合实际的。

遗憾的是不仅数以千计的战犯逍遥法外,就是已在巢鸭监狱中尚未判刑之 19 名甲级战犯也被麦克阿瑟开释,其中有因患精神疾病从被告名单中除名的大川周明,双手沾满了中国人民鲜血的前中国派遣军总司令西尾寿造,前日本海军部在上海的特务机关长儿玉誉志夫,前外相及情报局总裁天羽英二,前东条内阁商工大臣与日本在"满洲"为非作歹的岸信介,前外相及驻汪精卫伪政府大使谷正之,前汪伪政府最高经济顾问青木一男,前东条内阁内相、"大政翼赞会"副总裁安藤纪三郎等,其他原系乙级和丙级的战犯也陆续释放。许多战犯都成为"日本志愿军"的组织者和成员,被派往台湾继续从事侵华活动。这是东京审判的污点,但这不是远东国际军事法庭的罪过,是麦克阿瑟背弃《波茨坦公告》,无视盟国管制日本的机构远东委员会与对日管制委员会的应有职权造成的。

三、美国养虎政策的结果

第二次世界大战结束后,一批一批的日本当政者始终不认错,还到供奉有 14 名甲级战犯的靖国神社去参拜,没有罪恶感,这究竟是什么原因?

日本军国主义思想的形成,由来已久,根深蒂固,盼着他们放下屠刀,立地成佛,是不实际的。盟军占领日本时期,是根除军国主义思想的最佳时期,但是随着冷战开始,美国出于自己的战略需求,采取了"养虎"政策。1947 年 5 月 6 日麦克阿瑟对日皇裕仁说:"我将尽力保卫日本,如保卫美国一样。"就这样,在麦克阿瑟袒护下,无论政治、经济、文化等方面,都在维持日本的旧秩序,日本军国主义并未彻底肃清,构成军国主义基础的天皇制度,因新宪法加以法定的保障,不但没有废除,甚至加强。日本统治阶级发过疯,杀人无数。战后依然疯人在位。战犯法庭检察长季南,置酒会宴请米内光政、冈田启介、若槻礼次郎和宇垣一成四战犯时说:"我请求你们来访问我这临时之家,我把你们看作和平之友而欢迎你们,希望你们将来到美国去看我。"他还在《日本时报》上发表谈话,认为日本实业家并无制造战争之罪行。这种奇谈怪论,当然得到日本财阀连声喝彩。但是人们不禁要问一问:日本财阀的财富从哪里来的?是不是从亚洲和远东各民族,特别是对中国实行经济和军事侵略掠夺的?日本财富武装了日本的军队,并以财政支持侵略中国,把中国变成日本的殖民地,这不是铁一般的事实吗?怎能是无罪呢?

客观地讲,战后的日本没有变,它的军事工业基础依然雄厚,它的社会结构、政治和宗教观念都无重大变化。《大公报》在《战败可成天堂》的社评中,猛烈抨击了美国对日政策:"我们直感着,东条及日本军国主义对日本功德不朽,日本是上帝的新宠儿,美国正准备把日本变成天堂。"日本新的教育制度,仍然深藏黩武主义和极端国家主义思想,在各种教科书中都在粉饰过失,歪曲历史,如讲"兼并东北,纯出偶然,而不是侵略的结果"。盟国对日委员会的英国、苏联、中国代表,都严正指出这一问题。日本海陆军来源的贵族仍保持着他们广大的采邑与领地。1948 年 11 月日本 8000 名警察曾在东京进行军事演习,其规模之大是 16 年来未有的,日本大批渔船再次侵入中国领海,1947 年 12 月,长江口外屡屡出现日本渔船,都是麦克阿瑟采取扶植日本军国主义复活的政策,纵容包庇着日本战犯集团的结果。1949 年 1 月麦克阿瑟还叫蒋介石政府,把日本侵华主要战犯、前中国派遣军总司令冈村宁次宣判无罪,其他 260 名战犯也遣返日本。这让战败国怎能有罪恶意识呢?今日仍有不少国家的人民和历史学家认为,日本不能正视过去的历史,美国的政策应负很大的责任,其对世界和平是一极大的威胁。

原载《天津日报》,2005 年 9 月 3 日

正确认识日本投降和东京审判

一

　　中国人民的抗日战争和世界反法西斯战争以日本的失败而告终。在中国、美国、英国、苏联联合力量的打击下,日本于1945年8月10日请瑞士和瑞典政府转致美、英、中、苏政府,准备接受1945年7月26日《波茨坦公告》,宣布无条件投降,"唯一要求为保留日本天皇"。11日,美国政府代表四国答复如下:"在投降之际,天皇及日本政府统治国家的权力应服从于同盟强国最高统帅——他将采取他认为恰当的步骤以履行投降条款,天皇将须授权并保证日本政府及日本大本营签署执行《波茨坦公告》规定项目所必要的投降条件,并应向一切陆海空军当局及向在他们控制下,无论何处的一切部队发布命令,停止活动并交出武器,并应发布盟国最高统帅可能需要他实行授降条款等的其他命令。在投降时,日本政府应立即移置战争俘虏及被拘留市民到被指定的安全地点,使他们能迅速乘搭同盟国运输船返国。日本最后的政体应依照《波茨坦公告》,由日本人民自由表现的意志建立之。同盟强国的武装部队将留驻日本,直到《波茨坦公告》的目标达到为止。"[1] 15日,日皇正式发布投降"诏书",接受四国宣言,保证执行《波茨坦公告》各条款,并下令其陆海空军及所有管辖部队交出武器,执行盟国最高统帅各项命令。这只是其一个方面,日本对其人民却另有说辞,它绝不承认错误,说日本的战争目的,是为了"自存自卫""解放东亚",所以接受《波茨坦公告》,结束战争是由于"战争形势未必好,……世界大势又对我不利",为"保全国体,举全力于将来之建设,坚决发扬国体的精华,以期不落后于世界之进展"。这就暴露了日本接受投降

---

　　① 《新华日报》,1945年8月15日。

的深层原因,是要积蓄力量,继续侵略。其表现是世界各地日军仍抱着"解放东亚"的侵略信念,继续进行战争,拒不投降。拿中国战场来讲,日军在华北、华中、华南许多地区继续顽抗,不断出扰,并进攻解放区。南京日军不仅不投降,反而更加紧其备战工作,积极征发民夫士兵在城内外赶筑工事。浦口、浦镇驻敌全部配备重武器,下关一带日军江防舰由10余艘增至30余艘,各要道并增设敌军岗位,严格检查来往行人。青岛日军600余人率领伪军两个团,以坦克车为前导,攻占即墨。枣庄日军300余人,率同伪军向该据点四郊出击,杀害中国人民。津浦路、胶济路、同蒲路及唐山一带日军仍在肆虐,不断出犯。凡有日军驻扎的地区,战火仍在继续进行。这都是不容辩驳的事实。在华日军不打算遵守《波茨坦公告》,即使9月2日日本降书签字正式公布,他们仍频频出犯,拒不放下武器。

日本降书是在横滨美舰"密苏里"号上签字的,降书有两份,一为黑色封面之日文降书,一为全绿色封面之英文降书。日方代表签字的有二人,一是重光葵,另一位是日本前驻津司令官梅津美治郎。这两位恶贯满盈的侵华分子,饱尝到了惨败的苦果, 在受降文件上签了字。麦克阿瑟代表全体盟国签字,中、英、苏、澳、加、法、荷及新西兰各国代表相继签字,中国代表是军令部长徐永昌。日本地图在波茨坦条款规定下,只拥有本土四岛及盟方所允许其保有的若干小岛。

9月2日这一天,成为中国抗日战争的胜利日,成为全世界战胜法西斯的伟大节日,全世界都在庆祝,都在狂欢,只有日本在哭泣。

日本投降了,但日本却毫无悔过之意。

其媒体仍在宣传日本统治阶级的意志,一再强调应保持军部统治的团体,恢复战争中所受之损失,以便东山再起。日本首相东久迩是进攻武汉时的第二军军长,投降前不久的本土防卫总司令,其发表广播公告,依然认为自"九一八"以来所进行的战争,目标完全是为民族"保全光荣","目前停战是为了恢复战争损失的力量,要忍受难以忍受的忍耐,难以忍耐的苦难,集中总力于将来的建设"。只有这样,"日本的将来,将无敌于天下"。这一文告,说是投降,实为给军国主义者鼓气,极力逃避战争罪责,保持"日本民族特具之勇敢精神"。这种"精神"不言而喻,就是黩武主义精神,侵略其他国家和民族的精神。文告还讲:"当此正式签署降表之一日,吾人回念过去种种,百感交集,无限悲痛,难以尽泄,念我历史悠久之皇军,其武装行将解除,实悲痛无穷。天皇敕令既已颁下,正式投降唯有顺从,吾忠贞之人民,应正视失败之事实,而忍受其不可忍受之痛苦,以符御旨。我日本人民务必保持镇静及秩序,尽量遵守政府及大本营所颁布之命令,吾人应于万般容忍中保持我民族特具之勇敢精神,吾日本人当默念此番战争所以失败之缘由。……"①显然,这不是降书,而是谋求保存军国主义的誓言。投降后的首次日本议会还通过了《感谢及追悼皇军阵亡将士决议案》。据合众社东京讯:"实力相当完好的日本陆军,乃未感觉业已失败,多数日人相信战争是由天皇的宽宏大量行动而制止的而非盟军的战果。"②事实说明日本毫无悔恨的心情,而是骄傲到底。

在华的日本侵略军垂死挣扎了 5 个多月,在其占领地区,埋藏了化学武器,终于成为战俘,集中到各地战俘营中。各地战俘营数目不等,如广州设立了 7 个集中营,日俘日侨都集中了。日俘仍按原编制,一切给养、卫生、操作事项,由原有的日军军官负责办理,日俘经审查,发给许可证准许回国,即交由港口运输司令部遣送回日。秦皇岛、塘沽、青岛、上海、南京、广州、香港、基隆等港口,均为遣返忙碌其时。华北日本人有 40 万人,截至 1946 年 1 月遣返日俘日侨 121301 人。其优待条件为返回日军军官,准带 500 日元,士兵 200 日元。除了新御寒的衣服外,可以携带行李,一些日用品和 7 日的干粮,共约 50 公斤。平民准予携带 1000 日元,女人可以把结婚戒指戴走,戒指里面必须是刻着名字,证明是她自己的。男人可以带一支铅笔和自来水笔。此外,金银财宝邮政储金一概不准携带。③他们多年来掠夺中国的东西太多了,不能不加以严格限制。离开集中营到港口时,经中、美两方人员检查,还设专人检查日本男人的面孔,以免战犯乘机混入逃走。到了新港,日军行队进入美军坦克登陆舰,平民则由日本运输船装载回国。日军日侨一扫来华时那种征服者的傲慢骄横姿态,而垂头丧气。历史裁判是公正的,十分耐人寻味的。他们遣返回国后,多少人能做正确的反省?

二

日本军国主义者的奸诈和残暴玷污了世界近代史,如何处置日本成为盟

---

①《大公报》,1945 年 9 月 3 日。

②《新华日报》,1945 年 9 月 13 日。

③曹世瑛:《塘沽海滨看日军归国》,载《大公报》,1945 年 12 月 8 日。

国人民最关注的问题,中外朝野人士已看到日本存在着可忧的后患,因为一批战争罪犯还在执政,表面上接受投降,暗中却着手复起。中、苏、美、英、澳等各国舆论界普遍主张,应严惩日本侵略者,防止其东山再起。我国《解放日报》在1945年9月14日社论《严惩战争罪犯》中,具体列举了应惩罚的战犯,首先是准备与发动侵略战争的军事指导者,其次是战争的同盟者,以及与军部合作积极支持战争者。这里包括皇室、重臣、高级官僚、财阀、反动政客。11月日本三大工业地区掀起罢工浪潮,东京工人就提出打倒军阀主义集团、惩办战争战犯。12月日本共产党于日军发动太平洋战争日在东京、大阪、京都、神户、横滨、北幌、福岛各地举行追究战犯、蹂躏人权罪犯大会。在东京,日共和其他五团体于8日在神田京立讲堂举行追究战犯群众大会,公布战犯、蹂躏人权罪犯1000余人名单,后即举行游行。

盟军的统帅麦克阿瑟说,他忝为统帅,是代表美国、中国、英国和苏联来占领日本的。但他却自认为:日本是被美国的军力所制服的,美国对于投降以后的政策决定,应有全权。1945年12月,莫斯科会议中采用的管制日本计划,仅使美国成为远东委员会11国中的一员,又在东京设立了一个以苏联、中国、英国和美国为其会员的盟国会议,作为盟军统帅的顾问机关。麦克阿瑟则声言,他对莫斯科会议的决定没有丝毫的责任,于是对日本的管制,全由麦克阿瑟的意志行使。

根据1943年12月《开罗宣言》、1945年7月《波茨坦公告》、1945年9月《日本投降书》,以及1945年12月莫斯科会议决议精神,决定审判战争罪犯。确定侵略性的战争是有罪的,凡计划或参与侵略战争的个人,除其国家负责外,个人也应负责。

在全世界舆论声讨下,麦克阿瑟发出5道战犯拘捕令。[①]

1945年9月11日发出第一道命令,拘捕东条英机及其内阁阁员,以及菲岛的战犯——菲伪总统、大使及德使斯塔马等共28人,主要是发动太平洋战争及菲岛暴行的负责者。[②]

1945年11月19日发出第二道命令,拘捕11人。其中有前日驻意大利大使白鸟敏夫,此人1940年任外务省顾问,是所有国际主义者中的最狂暴

---

① 郑学稼:《东京战犯及其生活》,《中央周刊》,第9卷第39期,1947年9月14日。
② 《新华日报》,1945年9月18日。

者,1941 年伪称日本之真正目的为驱逐亚洲之商人;有日军进攻东三省时任陆相之南次郎,他还担任过关东军司令,是所谓华北自治运动的倡导者;有 1930 年至 1935 年间关东军总司令本庄繁,他是"九一八"侵华战争的发动者;有南京大屠杀罪魁松井石根及在乡陆军大将前陆相荒木贞夫;有 1942 年之日本首相小矶国昭及 1937 年以来黑龙会首领葛生能久;有 11 月 7 日自杀未遂之松冈洋右,有鼓动日本二二六事变之真崎甚三郎等。①

　　1945 年 12 月 2 日,拘捕的名单中有 59 人,内有战前退休之华北及东北军事首领安藤三郎,前南京伪政府财政顾问、贵族院议员青木一男,前关东军参谋长秦彦三郎,前驻南京伪大使及兴亚院顾问本多熊太郎,曾与满洲事务密切有关之星野直树,朝鲜副总督水野炼太郎,前驻南京伪大使谷正之,外务省发言人天羽英二;七七事变时日本近卫内阁之阁员 4 人:外相广田弘毅、藏相池田成彬,司法大臣盐野季彦,农林大臣有马赖宁;侵华战争中臭名昭著的畑俊六、河边正三、多田骏、西尾寿造、牟田口廉也;还有炮制侵略理论的大川周明、前同盟社社长古野伊之助、读卖报知社社长正力松太郎等。②

　　1945 年 12 月 6 日发出第四道拘捕令,有近卫文麿和木户幸一等 9 人。近卫是侵华的急先锋,七七事变时是内阁首相,1940 年、1947 年又两次组阁,极力推行"东亚共荣圈"。战后担任东久迩亲王内阁的国务相,东久迩内阁辞职,他又成为内大臣府御用挂。木户幸一 1937 年任过文相,为内大臣。其他有驻德大使大岛浩,国务相、情报局总裁绪方竹虎等人。

　　1946 年 4 月 26 日发出拘捕令,拘捕梅津美治郎与重光葵等人。

　　这些被捕的国际战争嫌疑犯,被关押于东京巢鸭监狱。

　　分期分批地拘捕,引起日本朝野极大震动。畏罪自杀事件不断发生,一些人东躲西藏,也有的如梨本亲王曾任日军元帅感到无法逃避这一命运,自动到巢鸭监狱自首,这是皇室中最初入狱之一人。同一天,战争嫌疑犯 22 名也来到监狱报到。因许多议员被列入拘捕名单,"议会中已引起巨波"。

　　拘捕令是严峻的,战争罪犯无不惧之。近卫文麿得知拘捕令后,于 12 月 16 日,不是切腹自杀,而是服毒自尽。九一八事变的祸首本庄繁接到拘捕令后一日也自杀了。东条英机接到拘捕令后,自杀未遂。这对日本政界不无影响,

---

① 《大公报》,1945 年 11 月 20 日。

② 《大公报》,1945 年 12 月 4 日。

"巨波"加上"巨波",一浪高过一浪。对战犯的审判,才是拘捕令的终结。

不是每个被拘捕者,都受审判,根据其罪行的程度决定是否受审。

远东国际军事法庭是 1946 年 1 月 19 日建立的,麦克阿瑟发表了《关于设立远东国际军事法庭特别宣言》,公布了远东国际军事法庭条例,由美、中、英、苏、法、荷、澳、加、新西兰、印度、菲律宾 11 国法官组成远东国际军事法庭。首席法官为澳大利亚的韦伯 (Webb),中国为梅汝璈,英国为派特立克 (Patrick),美国为克拉麦尔(Cramer),苏联为扎里亚诺夫(Zaraganov),法国为柏纳特(Bernad),荷兰为洛林(Roling),加拿大为麦克杜格尔(Medongall),印度为帕尔(Pal),菲律宾为贾来尼拉(Jaranilla),新西兰为诺斯克洛夫特(North Croft),检察官各国人数不一,组成国际检查团,首席检察官为美国之季南,中国的检察官是向哲濬,顾问倪征燠。这样的国际机构在远东出现,还是第一次,是很有权威性的,两个组织都是由最有才学和经验而干练的专家组成的。

国际检查团在弄清日本战争罪类,提出上诉书的过程中,遇到了极大困难。各种各样的秘密文件都被日本烧毁了。凡是有日本陆海空军兵团与部队司令部的地方都在销毁文件。东京如此,北平、太原、大连、大同、青岛、承德等无不如此,都在消灭犯罪痕迹。20 世纪 80 年代初,一些见证人都向我谈到此事。这是一种有计划的犯罪行动。1945 年 8 月 14 日,日军陆相下令各军司令部立即焚毁所有秘密文件。宪兵总督向各宪兵机构发出销毁文件的有效方法。日本陆军省军务局战俘事务管理处于 8 月 20 日向台湾日军参谋长拍发一份电报:"凡属一旦落入敌手就可能对我们不利的文件均应作为机密文件处理,用后立即销毁。"这份电报还发至驻朝日军、关东军,驻华北、香港、婆罗洲、泰国、马来亚和爪哇的日军。①

尽管如此,审判机构还是搜集到有力的证据,美国、德国都提出文件,特别是美国国务院的档案(美国 Blamber 收到并译出的日本密电)、美军登陆日本后抄获日外务省档案,美宪兵无意中在一地道小屋发现几箱文件,内藏有御前会议及枢密会议记录。这些是很有价值的。还有一有力的证据是获得了内大臣②木户幸一的日记,以及西园寺、原田回忆录。检查团经过了一段时间,还从讯问巢鸭监狱中嫌疑犯口供中, 以及最下级官吏和普通老百姓讯问中,

① [苏]Л. Н. 斯米尔诺夫、Е. Б. 扎伊尔夫:《东京审判》,李执中译,军事译文出版社,1987 年。
② 内大臣在日本政治上是宫廷方面的政治策动者,起着宫廷与其他政治集团的媒介作用。

得到了有关资料。日本的侵略战争从何时开始？有的主张1941年12月8日珍珠港事件开始，有的主张1937年七七事变时，有的主张1931年九一八事变时。最后决定为1928年6月4日皇姑屯事件为开始。检察官们分担任务，有的搜寻日本战争准备，有的检查九一八事变，有的思考整理日本全面侵华战争，有的研究太平洋战争的线索材料。弄清了战争犯罪的实体状况，对战争犯罪进行了综合性总结。1946年4月完成了对日本重要战犯的起诉工作，29日提出公诉状。甲级战犯共28名，他们是：

荒木贞夫：教育总监部长，犬养内阁、斋藤内阁陆相，军事参议官，近卫、平沼内阁文相。

土肥原贤二：满洲特务机关长，奉天市长，"华北自治政府"顾问，军事参议官，陆军航空总监，驻新加坡第7方面军司令官，教育总监。

桥本欣五郎：日本少壮派陆军领袖之一，南京事件时在现场的炮兵联队长，炮击"瓢虫号"和"帕内号"的日军指挥官，发表过大量鼓吹侵略战争的书籍、论文，以煽动军队掌握政治、促进侵略政治为目的的众多团体的成员，翼赞会的创立者之一。

畑俊六：满洲师团长，航空本部长，台湾军司令官，教育总监，华中派遣军最高指挥官，阿部内阁陆相，华中派遣军最高指挥官。

平沼骐一郎：极端国家主义团体国本社的创立者及总裁，枢密院副议长、议长，首相，近卫内阁国务相。

广田弘毅：是法西斯主义的倡导者，又是"大亚细亚主义"的推行者，"二十一"条文件起草人之一，"对华三原则"手创者，驻苏大使，斋藤内阁外相、首相，近卫内阁外相。

星野直树：伪满洲国总务长官，近卫内阁企划院总裁，东条内阁书记长官。

板垣征四郎：关东军副参谋长、参谋长，近卫内阁及平沼内阁陆相，中国派遣军参谋长，朝鲜军司令官。

贺屋兴宣：近卫内阁藏相，华北开发会社总裁，东条内阁藏相。

木户幸一：内大臣秘书长官，近卫内阁文相、厚相，平沼内阁内相、内大臣，负责召集天皇亲信、重臣的会议。

木村兵太郎：关东军参谋长，近卫内阁、东条内阁陆军次官，缅甸派遣军司令官。

小矶国昭：陆军省军务局长，关东军参谋长，平沼内阁、米内内阁拓务相，朝鲜总督,首相。

松井石根:大东亚协会的创立者之一,华中方面军最高指挥官,南京大屠杀主犯,大东亚振兴会总裁。

松冈洋右:国联会议首席代表,南满铁道总裁,近卫内阁外相,《昭和维新》及其他鼓吹侵略战争的著作、演说和论文的作者。受审时身死。

南次郎:朝鲜军司令官,"九一八"时的陆相,关东军宪兵司令,朝鲜总督,枢密院顾问官,大日本政治会总裁。

武藤章:陆大教官,参谋本部课长,陆军省军务局长,山下大将手下的驻菲律宾第14方面军参谋长,曾极力主张扩大中日战争。

永野修身:广田内阁海相,联合舰队司令官,军令部长,最高海军顾问。待审期内身死。

冈敬纯:海军省军务局长。

大川周明:满铁东亚经济局理事长,奉天事件的组织者之一,《日本历史读本》的作者,还写过其他许多著作,写过论文并发表演讲,鼓吹旨在用武力把白色人种从亚洲赶走的侵略战争。

大岛浩:驻德陆军武官,驻德大使,为促成德、意、日三国公约之主要人物。

佐藤贤了:陆军省军务局军事课长、军务局长,东条的积极追随者。

重光葵:驻苏大使,驻英大使,驻南京傀儡政府大使,东条内阁、小矶内阁外相。

岛田繁太郎:联合舰队参谋长,海军军令部次长,东条内阁海相,海军军令部长、总长。

白鸟敏夫:外务省情报部长,驻意大使。

铃木贞一:兴亚院政务部长,近卫内阁、东条内阁的国务相兼企划院总裁。

东乡茂德:驻苏大使,东条内阁外相,铃木内阁外相。

东条英机:关东军宪兵司令官,关东军参谋长,近卫内阁陆军次官,近卫内阁陆相,东条内阁首相。

梅津美治郎:广田内阁、林内阁及近卫内阁陆军次官,关东军司令官,华北日驻屯军司令,参谋总长。①

---

① 《朝日新闻》东京审判记者团编:《东京审判》(中文版),1988 年,第 25—28 页;《东方杂志》,第 44 卷 12 号,第 55—56 页。

这批战犯,其中的松冈洋右和永野修身在诉讼过程中死亡,大川周明假装神经病,逃避了受审,故一般称审判25名战犯。

这批战犯有的是以侵华罪而被起诉的,有的是以发动太平洋战争而祸害亚澳地区和国家而被起诉的,他们也都是侵华的老手。正如梅汝璈所讲:"这些人二三十年来都在中国犯下许多为害中国的罪行,中国人对他们的名字是刻骨仇恨的。"①

审判这25名战犯是费了功夫的。1946年5月3日开庭,1948年11月4日始做出最后判决,共两年半时间。所以拖了这么长时日,是由以下几个因素造成的:1.日本销毁了大量罪证,中国是最大的受害国,而中国所提出的证据只有一二十件,且多无力;2.被告们及其辩护律师无不狡猾诡辩,故意取闹,拖延时日,如1948年1月2日历时1小时审讯东条英机,该犯不仅矢口否认对历时9年的中日战争有任何罪过,还倒打一耙,竟诬称"中国应对中日战争负责",对这种谬论的反击,需要时间;3.各法官对日军侵略的感受不一,意见难以一致,印度法官巴尔对任何判决均持反对态度,他甚至认为远东国际军事法庭没有下判决的资格;4.冷战已经开始,麦克阿瑟极力袒护日本在战犯的审判和量刑问题上经常出现分歧。

1948年11月12日以前5天,韦伯庭长宣读了判决书,内分历史、法理及判决主文三部分。原控诉中胪举之55项罪状经剔除仅考虑17项。12日下午宣读了各被告之个别责任之判决及科刑,计绞刑7人:东条英机、土肥原贤二、广田弘毅、板垣征四郎、木村兵太郎、松井石根、武藤章;终身监禁者有荒木贞夫、畑俊六、南次郎等16名;有期徒刑者一为重光葵,7年,一为东乡茂德,20年。

韦伯是很有魄力和个性的人,他在宣判审判结果时,对日本天皇裕仁未受审判特别发表了个人意见。他说:"裕仁应受审问,但他受到了'特免'的优待。裕仁的权力在他结束战争时是第二个证明,第一个证明他的权力的是发动战争,起诉书所引述的证据,证明裕仁在战争的发动与结束时都有权力,但是起诉书也说明:日皇不受审判。这种对日皇的特免权,我认为和起诉书发动太平洋战争的部分是冲突的,也是法庭定谳所定考虑之点。"②这种表态是对

<hr>

① 《东京大审判——远东国际军事法庭中国法官梅汝璈日记》,江西教育出版社,2005年,第127—128页。

② 《大公报》,1948年11月13日。

麦克阿瑟的抨击,因为在最初法庭要求天皇也受审,麦说不成,要想叫天皇出证,麦也不准。

东条英机等7人都是侵华的罪人。土肥原贤二和板垣征四郎专干侵华勾当,为非作歹的本领高强,是侵略中国的先锋,阴谋诡计,层出不穷,是汉奸伪组织的酵母,1937年全面战争爆发,他又率师在大江南北从事杀掠;板垣征四郎率兵占领台儿庄和徐州后,成为日本设置的中国派遣军参谋长。松井石根是第一任华中日军总司令,对南京大屠杀负直接责任。东条英机原是板垣的助手,在关东军时,就指挥部队侵入内蒙古,任首相后,狂喊华北是日军的根据地,并到南京向汪精卫伪政府面授机宜。广田弘毅是制定侵华外交政策的人物。木村兵太郎主要是对缅甸战事及虐待俘虏负责。武藤章是后期少壮军人,参与制定侵略战争。选择这7名战犯处以绞刑,是有象征意义的,因为该判处死刑的实在太多了,譬如说,远东国际军事法庭当时已掌握了日军战时杀人吃肉及解剖活人的实据,对这样的日军将领难道不该绳之以法?

东条等罪犯死刑临头都不忘侵略。东条仍深信日本应该统治远东,劝日人服从天皇,重振家邦。在散发给其国人的一封信中,他要求日人以"不屈不挠之决心与努力,勇往直前,克服此种大罪恶(指盟国之胜利与占领)",他认为他的死可以激发日本的"民族精神"。在和家属诀别中,松井石根要与其妻天堂相会。东条说:"余生为战士,久已准备以战士之身而死。"土肥原向其弟述日本名诗一首:"宝贵的生命,来时如泡沫,去如秋草的露珠。"板垣征四郎贻书其妻,说己自取别号为"大陆战士之英超",极富侵略意味。七战犯还在法庭侧室吟就诗句,让日本辩护律师交报界发表,诗中承袭日本文学旧例,以樱花及富士山为生命的象征。东条自比樱花瓣,歌日本诗小诗一行:"樱花美呀,悄悄而哀伤地落下来了。"广田弘毅的诗是:"人如春日樱花,纷纷落地,复偕秋日朝露,涤净心灵。"板垣征四郎的诗为:"不为躯体忧,不为灵魂惧,但念人士无情而独悲。"松井石根赋绝句一首:"长空笼烟雾,云山两茫茫,唯有富士雾,兰黛照远方。"从这些诗中不难看出,就要上断头台的罪犯,也有感伤,更重要的是他们都把自己塑造成日本的民族英雄,日本人民应像爱樱花和富士山一样崇敬他们。这是根本的含义。

七罪犯伸颈待绞,终于1948年12月23日深夜伏法。行刑者为驻日美军第8军中尉雷克斯罗德,盟国对日委员会美、英、苏、中诸国委员参与观刑,中国是商震参加的。行刑前,日本和尚芸山任胜为七人做了祈祷忏悔。盟军总部决定七战犯绞刑之尸首不能还诸彼等之家属。可是就是那位祈祷的和尚偷偷地将骨灰藏到一个地方,后为其家属所得,供奉于靖国神社,成为日本一批政客和野心家所崇拜的对象。

东京审判到此时达到最高峰,判决了日本为侵略国,对少数战犯绳之以法,确凿无疑地向全世界告知第二次世界大战爆发的真实情况和其残酷性,说明日本军国主义是人类文明和进步最顽固的敌人,这是国际正义的巨大胜利。

东京审判遗留下来的问题也是很多的。梅汝璈 1948 年 12 月 23 日即讲道:"此次审判及处刑仅为象征性者,盖以千计之日本战犯迄今仍逍遥法外也。"①这一论断是有根据的,是符合审判以后的日本历史发展实际的。那些逍遥法外的战犯们继承军国主义的衣钵,不断煽动狭隘的民族主义,兴风作浪,成为东方最不稳定的因素,对世界和平构成最大的威胁。

应该指出的是,当时麦克阿瑟极力袒护日本,使理应受到审判的战犯未被受审,这是一大错误。当然,从美国的战略需要看,他的所作所为是受到美日一批人士欢迎的,但不是全部。美国的许多舆论一直在抨击麦克阿瑟的扶日政策。麦谋求稳定日本经济做亚洲榜样,并不为世人所接受。《纽约先锋论坛报》于 1946 年 4 月就指出:"日本企图以对外输出获得亚洲经济控制权,以便进一步重建亚洲军事控制权。"这种隐忧并非夸大之词,历史的发展在呈现着世界人民的思虑。

原载《民国档案》,2005 年第 4 期

---

① 《大公报》,1948 年 12 月 24 日。

局部抗战时期研究

"不抵抗主义"剖析

一

从 1931 年九一八事变到 1937 年七七事变七个年头中,国民党政府对日本的侵华始终采取了一种奇特的对应政策,即不抵抗主义。正是这个主义,解除了国民党北方军队的武装,使中国丧失了东三省领土,造成了华北危机,并导致了卢沟桥事变。

对日本的侵华,举国愤慨,国民党军政要员也发表了不少声明和演讲,但语多灰色阴沉,即或有慷慨激昂之词,也是空话,毫无抗日主张和计划。

事变的第二天,吴铁城在北平召集省市两整委会谈话时说:"希望对日军占沈事,以慎重沉着态度,表示意见。"[1]9 月 22 日李石曾在北平市党部扩大纪念周上讲:"沈阳事件,吾人可证实国人须和平奋斗,不要感情冲动,须团结内部,一致抗日,自可成功。"[2]外交部部长王正廷,则完全寄希望于国联的裁判,9 月 21 日在外交部说:"如国际间是非尚未泯灭, 对此次日军之侵略,与我之不抵抗而大规模受攻击,世界当能予以正当的评判。"[3]

蒋介石 9 月 21 日由江西反共前线赶回南京,唱了一些高调,在答记者谈话时说:"日乘我天灾,突以军事行动强占我沈吉各地,蛮横奇突,实为国际上之创闻,国家何堪此重大侵侮,国民均应刻骨铭心,与政府取一致之步骤,同救国难。"次日在南京全市党员大会上他煞有介事地讲:"余深信凡我国民值此民族根本存亡所关之今日,必能一致奋起,共救危之,以挫日本之野心。"但

---

①《申报》,1931 年 9 月 20 日。

②《申报》,1931 年 9 月 22 日。

③《申报》,1931 年 9 月 22 日。

在高调之余,一旦涉及抗日办法,调子立即转入低沉:"我国民此刻必须上下一致,先以公理对强权,以和平对野蛮,忍痛含愤,暂时取逆来顺受态度,以待国际公理之判断。"①

国民党政府就九一八事变发表了"告民众书",表示要"誓死救国以发扬吾民族精神,刷洗我当前耻辱"。而对付方略是"政府现时既以此案诉之国联行政会,以待公理之解决,故已严格命令全国军队对日军避免冲突,对于国民,亦一致告诫,务必维持严肃镇静之态度"②。

从上述可知,对日"不抵抗"是国民党的一致思想和战略方针。

将"不抵抗"作为一种主义,最先披露于世的是张学良。张于9月20日发表的"告国民书"中说道:"日军自晚10时开始向我北大营驻军屡次攻击,我军抱不抵抗主义,毫无反响,日军竟致侵入营房,举火焚烧,并将我军驱逐出营,同时用野炮轰击北大营及兵工厂。"③同一天,张学良也直言不讳地说:"实告君,我早已令我部士兵对日兵挑衅不得抵抗,故北大营我军早已令收缴军械,存于库房。"④

张学良所采取的对日不抵抗主义,不过是秉承了南京政府的意旨,这可在吴相湘编著的《第二次中日战争史》中得到证明:"万宝山事件发生后,蒋主席和张学良也曾交换避免和日本冲突的意见。7月6日张学良电告东北政务委员会说:'此时如与日本开成,我方必败。败则日方将对我要求割地偿款,东北将万劫不复,亟宜力避冲突,以公理为周旋。'12日,蒋主席密电张学良:'此非对日作战之时。'13日,于右任又致电张学良:'中央现时以平定内乱为第一,东北同志宜加体会。'因此,日本攻击沈阳,东北军都奉行不抵抗的命令。"⑤

不抵抗主义的发明者和决策者是蒋介石,这是毋庸争辩的了。蒋介石为什么在敌人破门而入时采取了这一方针?于右任给张学良的密电说得已很清楚,其所谓平定的"内乱"就是消灭红军。蒋介石7月23日在江西反共前线提出的安内攘外方针是有力的证明。这不是简单的愚蠢行为造成的,而是有其

---

① 《申报》,1931年9月23日。

② 《申报》,1931年9月24日。

③ 《申报》,1931年9月20日。

④ 《大公报》,1931年9月20日。

⑤ 吴相湘:《第二次中日战争史》(上册),台北综合月刊社,第83—84页。

思想理论基础的。

二

不抵抗主义有对外对内两个方面的含义。对外是指对日本的侵华采取妥协、退让的方针;对内是指对人民的抗日言行采取镇压、扼杀的手段。在蒋介石的字汇中,这是一个问题的两个方面,不能分割。

或许有人要说,蒋介石不是完全不抵抗,因为九一八事变时他在日记中曾描述过自己的爱国心情:"倭寇乘粤逆叛变,内部分裂之时,而来侵我东三省,呜呼,余唯有鞠躬尽瘁,死而后已,拼身以报我总理,报我先烈,报我民族。"①对这一问题,只能根据历史实际来评判。九一八事变时,中国在东北的兵力有 179500 多人,32821 匹马,96887 支枪械,野炮 69 门,飞机 262 架。日本在我东北的兵力总数不过八九万人,约 5 个师团 3 个独立旅团。以近 18 万兵力在敌人进犯时,竟一弹不发而退,即使身遭屠戮,也不抵抗,坐令东北半壁河山,一朝尽失。这一惨痛事件使不少出身行伍的志士猛然醒悟,马占山、丁超、李杜、苏炳文等相继奋起,甩开了不抵抗政策,与日军激战于东北疆场。奇怪的是南京政府对马占山等人的抗战竟作壁上观。

1932 年 1 月的淞沪抗战中,蔡廷锴率第 19 路军英勇作战,持续了一个月零两天,使敌三易其帅,中国人民引以为自豪,可谓抗战史上光荣的业绩,而南京政府则漠然视之,将上海的空军调至杭州避难,在上海之海军也不参战。不仅如此,南京还为日本驻宁海军购买食粮用品,后又与日军签订《淞沪停战协定》。蒋介石这时的主张是:不绝交,不宣战,他认为"对日宣战 3 天,就可以亡国"②。何应钦极力劝阻蔡部抗战,于 1 月 24 日与蔡谈话于张静江家中,何说:"现在国力未充,百般均无准备,日机虽有压迫,政府均拟以外交途径解决,上海敌方无理要求第 19 路军撤退 30 里,政府本应拒绝,但为保存国力起见,不得已忍辱负重……望兄遵照中央意旨。"③蒋并于 4 月 25 日训斥蔡违抗了不抵抗方针,嘱咐"以后须绝对听政府命令"④。

---

① 转引自《蒋总统秘录》(第八册),第 1796 页。

② 陈公博:《苦笑录》,第 192 页。

③ 蔡廷锴:《蔡廷锴自传》,黑龙江人民出版社,第 275 页。

④ 同上,第 296 页。

日本获得南京政府的"和解",签订停战协定后,即由上海调陆军第14师团至东北,对付东三省的义勇军,并向山海关方面蠢动。1932年5月山海关惊耗频传,驻河北的国民党军队至少有30万人,却依然优游闲暇,"不独不作出关之战备,且不妨津东之挑衅"。1933年1月初敌人终于进犯山海关,当地驻军又奉命不准抵抗。只是在敌人猛攻前进时,激于义愤,毅然抛弃不抵抗的命令,开枪还击。1月3日山海关陷落,南京各报出了号外,何应钦一是说要"出言慎重",二是不表示任何抗日意见。当时许多国民党将领,曾请缨御侮,蒋介石则以"静候政府命令"束缚之。

　　1933年春,日本军国主义决定鲸吞热河,华北风云愈益紧张。东北所遭不幸,又将更残酷地出现于长城内外。南京政府这时似乎要爱国,做出了抗日的姿态。代行政院院长宋子文和张学良于2月7日到了承德,发表了空洞的豪言壮语,宣称"已集中力量,保卫疆土",张学良还说:"现已遵照中央确定方针,简率师旅,积极进行。"①报纸上也宣传"中央对华北御侮,已定有精确计划,准备抵抗到底"。实际上,并不像宣传的那样。从"九一八"到这时,战争已进行了一年半,国民党始终不敢公然言战,只是说"就地抵抗",而作战的通盘计划全无,也不去成立作战所必需的一切组织。3月4日,日军仅180名就占领了承德。"不特汤玉麟所部不堪一战,即其他部队,固亦未尝作有效之抵抗。"②南京政府派中央军关麟征第25师和黄杰第2师来到北方前线,唯其用意不在增强抗战力量,而在于控制监视其他部队,渗透南京的势力。在整个长城战争阶段,只有宋哲元第29军在喜峰口以无畏精神打击日军,还有受到朱子桥个人请求,而非受上级命令来参战的孙殿英部,获得了战绩。中央军只是后来在消灭冯玉祥领导察绥抗日同盟军时显示了力量。

　　蒋介石曾于3月9日来到保定,一直待到3月27日,也没有提出抗战的任何计划,只是在郑州下了一个空洞的罪己诏:"承德失守,东北沦陷,军心不固,丧失国土,殊堪痛心。中正忝总师干,自当独负责,引咎自劾,以谢国人。惟国土一日不能恢复,则抗日之任决不敢一日放弃,此不惟为国家自卫以求民族之生存,亦即抗御强权以争世界之公理。"③他到了保定,以张学良为"替罪

　　①《大公报》,1933年2月19日。

　　②社评:《军队与民众》,《大公报》,1933年3月22日。

　　③《申报》,1933年3月8日。

羊",解除其兵权。此外,人们所能看到的就是他继续贩卖他的不抵抗主义思想。3月18日在保定育德中学的讲话是他真实思想的写照:"我们要想抵抗日本,必须国民的知识学问体格精神,与日人相同,方能谈到。现在读书时间得读书一日,即努力读书一日,一俟日人飞机大炮来时,即团结抗敌,助兄弟完成革命之决心。"①以蒋之意,中国人连抗日的资格都没有了,对日作战就更遥遥无期了。蒋介石自己说现在还不能抗日,这就否定了"抗日大计已早经决定"的说法。

蒋介石之不抵抗,还可以从1933年5月29日他与汪精卫在庐山关于华北问题的会谈中得到证明。他们共同制定了一个所谓局部缓和方案,命令北平政务委员会委员长黄郛与日本和谈,以结束河北战争。黄郛嘴里喊着:"华北局势危急如斯,如何妥协,谁人敢妥协?"而没有几天,丧权辱国的《塘沽协定》就出笼了,依然是"逆来顺受"。

签订《塘沽协定》,为的是对外不抵抗,这是不言而喻的。蒋的主张和汪精卫标榜的一面抵抗、一面交涉在这里同归于一。

蒋介石以"安内"高于一切,为达此目的,不惜牺牲国家民族利益,当时《申报》时评已看清了这一卑鄙而危险的目的,予以揭露、鞭挞:"太阳敌旗,望平津而直指,铁蹄到处,山河变色,然而我中央方致力于剿匪,西南则日作出兵之宣传,其他各省亦惟袖手作壁上观。"②

三

不抵抗政策对内所表现的是破坏、扼杀,镇压一切抗日言行。

蒋介石和张学良不同,张学良公开承认自己奉行的是不抵抗主义,蒋介石在很多场合是用"安内攘外"一词表述自己的思想。

"安内攘外"是1931年7月23日蒋介石发出的通电中提出的。蒋于这一年6月22日由南京到江西"围剿"共产党,占据了广昌、石城、宁都,非常得意,妄想在7月份以内,"全部歼灭"红军。在万宝山事件和朝鲜惨案时,便发明了"攘外应先安内,去腐乃能防虫"这臭名远扬的口号,说什么"不先剿灭赤

---

① 《大公报》,1933年3月20日。

② 《申报》,1933年4月18日。

匪,恢复民族之元气,即不能御侮"①。对外不抵抗就是由这一思想派生的。

1933年1月30日蒋在江西省整党会扩大纪念周会议上又重弹这一老调,1933年4月10日在南昌召开对付共产党的所谓八省军事会议上,更声嘶力竭地叫嚣:"抗日必先剿匪,征之历代兴亡,安内始能攘外,在匪未剿清之先,绝对不能言抗日,违者即予以最严厉的处罚。"②一切都很明白了,无怪乎他敌视人民的抗日举动达到深恶痛绝的程度;无怪乎他对"九一八"以来出现的局部抗日烈火都一一加以扑灭,甘心充当日本的"消防队"。

蒋介石、汪精卫等始终以国力不足,准备不够为藉口,声言不能抗日,但却以数十万,最后达到百万的兵力,"围剿"江西等地的红军,炫耀其武力于世界。

在民族危机的严重关头,国民党中不少人士对蒋介石的政策发生了怀疑,提出了修正方案。孙科等27人提交给1933年召开的国民党三中全会的议案,主张"集中民族力量,彻底抵抗外患,挽救危亡"。蔡廷锴公开发表声明,主张"目前救国,非抗日与剿共双管齐下不为功"。胡汉民认为应"从攘外中求安内""抗日重于剿共"。他们都要求蒋介石改弦更张,但蒋介石我行我素,在签订《塘沽协定》后,将全部力量都投入"剿共"方面,"西南出发在途中之抗日军遂亦中止进行,在湘南之第19路军抗日部队,本月3日奉命班师回闽,粤桂抗日军则将折入赣南剿共"③。

不听蒋介石的命令而自动组成的抗日力量都遭到残酷镇压。1933年5月冯玉祥、方振武、吉鸿昌等在张家口成立察绥抗日同盟军,收复了多伦、沽源等地。这下触怒了蒋介石,蒋组织了30个师的兵力和日军携起手来,围攻这支部队,直至扑灭而后快。国民党派到北方前线的关麟征和黄杰两个师这时才显示了他们的作用。这说明,国民党在北方也有十足的军事力量,以镇压为能事,就是不用在抗日事业上。同年11月李济深、蔡廷锴等在福州成立的福建人民政府,宣布抗日反蒋,也被蒋介石以军事手段迅速扑灭。

南北抗日救国会都不能自由活动,它们的领导者受到迫害或被逮捕投入监狱。

报纸上任何抗日的言论也不许登载,人民只许蒙在鼓里,听任当政者断

---

①《大公报》,1937年7月27日。

②《大公报》,1933年4月12日。

③《申报》,1933年6月12日。

送领土和主权。1932 年上海停战协定尚可公布,以后像 1933 年 5 月 31 日的《塘沽协定》,1935 年 6 月 4 日的《何梅协定》及 6 月 27 日《秦土协定》,连正式公布都减免了。在无声无息中,冀东自治政府和冀察政务委员会破土而出。不抵抗政策和安内攘外的口号将中国带到快要灭亡的境地。胡汉民曾列举了南京政府在"九一八"后的罪状数端:"一、负责签订《淞沪协定》;二、负责签订《塘沽协定》;三、负责实行亲日,由亲日而至于降日;四、负责举借巨债,如棉麦借款之为五千万金元等;五、负责消灭冯焕章领导的民众抗日同盟军,和方叔平、吉世五诸将领的中华抗日救国军……"①

妥协、退让、卖国,可以通行无阻,抗日救国则变成非法之事,这是历史上出现的反常现象,但它在 30 年代的中国的确存在了一个时期。

四

不抵抗主义玷污了中华民族的尊严,造成了民族的巨大灾难。

在屠杀人民的血泊中建立起来的南京政府,以其反动性,在其存在的最初阶段,获得的就不是人民的赞扬和拥护,而是怒视和反抗。

用专制的手段来压服人民的爱国举动,其结果必然和预期的目的相反。人民是不会永远"镇静""沉默"下去的。还在九一八事变时,像上海国民党市党部这样的组织就曾痛斥不抵抗主义:"纵云力求退让,亦必有退让的限度,纵云愿听宰割,亦宜自择宰割之方法。"②国民党当权者拒绝倾听任何正确意见,它和日本打一次交道,就给中华民族套上一个新的枷锁,只能加倍激发人民的反抗。 以民族耻辱来换取自己统治的人,必然要自食其果,这是一条历史规律。国民党的"党治威望,日隳一日""国民政府信用之衰落诚无过于今日者"就是明证。《大公报》的时评如实地反映了这一情况:"夫北方局面的败坏,非一朝一夕之故,自十七年来,政治上从未得民心,一般舆论,既拥护统一,反对分裂,但同时不满于政治,此二者,皆事实也。"③

不抵抗主义的种种丑行使人民实在忍无可忍。在中国共产党《八一宣言》

---

① 胡汉民:《政治上之责任问题》,《三民主义月刊》,第 3 卷第 1 期。

② 《申报》,1931 年 9 月 23 日。

③ 《安定冀察之急务》,1935 年 12 月 16 日。

和红军到达陕北抗日前线的鼓舞下,北平学生走上街头,高喊"反对华北自治运动""收复东北失地""反对内战,一致抗日""打倒汉奸卖国贼"等口号,从而爆发了"一二·九"运动。西安事变的发生,迫使国民党改变其内外政策。七七卢沟桥事变的爆发,宣告了不抵抗主义寿终正寝。

原载《文史哲》,1987 年第 2 期

不抵抗主义的产生及其恶果

关于"九一八"事变的研究,过去已出版了大量的资料、文章和专著。今年"九一八"事变60周年之际,东北各界又出版了一套丛书,有档案、实录、图志和史书,还有旧书的再版,内容十分丰富。从文化积累来看,是很有价值的,对研究这一事变,探讨其对中国历史和世界历史进程的影响也大有裨益。

在以往的研究中,许多人对"九一八"事变已作过深刻的论述,得出了有益的东西,起到了以史为鉴的作用。也有一些论述值得商榷。同样的历史材料,因为人们的认识和运用不同,判断和结论也不一样,甚至是对立的。每个研究者总希望自己的观点是正确的,但是愿望是一回事,是否符合客观实际,经得起时间的考验,则是另外一回事。人们认识上的差异,给历史问题创造了许许多多足资讨论的课题,而这种学术的争辩,又使正确的东西渐渐体现出来。有一些问题,前人已经解决了,后一代人因历史条件变了,不了解以前的背景,再次提出来研究的情况也是有的,这就出现了反复的研究。下面我就"不抵抗主义"谈三个问题。

一

"九一八"事变中怎么出现了这么一个新名词——"不抵抗主义"的呢?

1931年9月18日,日本关东军在沈阳北大营发动了武装侵华战争,中国守军竟一弹不发而退,即身遭杀戮,也未抵抗。一夜之间日军北占长春,西占营口,南占安东,又向锦州行动,所有辽宁省城要地、政府机关、产业机关以及兵工厂、学校都被占领。

为什么驻守北大营的边防军王以哲不去抵抗呢?事变发生后,边防军参谋长荣臻用电话报告在北平的东北边防军司令长官张学良,并请示对付的方针。张令遵照鱼电办理。鱼电的内容是:"对于日人无论其如何寻事,我方务须万分容忍,不可与之反抗,致酿事端,即希迅速密令各属切实注意为要。"①荣臻即训令王以哲:"即使日人缴华兵之械,并占领其营房,亦不得抵抗。"王含愤遵命令其军队退却。王旅约 1.1 万多人,日兵不及千人,但却蒙此奇耻大辱。

张学良坦率承认不抵抗主义是他提出来的。9 月 19 日张学良通电全国的电文及致张作相等人的电文,都曾讲道:"日兵自昨晚 10 时,开始向我北大营驻军实行攻击,我军抱不抵抗主义,毫无反响,日兵竟侵入营房,举火焚烧。"②1931 年 9 月 19 日,他在北平接受大公报记者采访时,也未回避自己的责任:"君来为访问沈阳之新闻乎?实告君,吾早已令我部士兵,对日兵挑衅不得抵抗。故北大营我军,早令收缴军械,存于库房。昨晚 10 时许,日军突以 300 人扒入我营,开枪相击,我军本未武装,自无抵抗。"③

张学良为什么要下这样的命令,是判断错误吗?逻辑上似乎讲不通。如果说事前不知道日军要发动进攻,那日本跃跃欲试,已经有月,不再是秘密。并且事变前数日,张的日本友人"劝张勿回沈阳,以免蹈险"④。如果说以此表明不是衅自我开,那日本已经发动了战争,北大营官兵一再要求抵抗,为什么还不抵抗?况且战争是在中国领土上开始的,是谁先进攻的,这是普通常识,还顾虑什么。如果当时认为这是寻常性挑衅,那也无法解释将武器存入库中,自己解除自己的武装、空手等着挨打的出发点。因此,我们必须考察张学良这一思想的来历。

张学良的不抵抗思想实来自蒋介石。1930 年中原大战时,他站在蒋介石的一边,使蒋获得胜利,因此被授以陆海空军副总司令之职,奄有东北华北地区,正在踌躇满志、神气十足,对蒋感激之至,崇拜之至,一切均听命于蒋。蒋于1931 年 6 月率兵入赣,以消灭红军为急务。7 月 23 日发表《告全国同胞一致安内攘外》的文告。8 月 5 日又致电国民党中央,要贯彻安内攘外的政策,请国民对排日运动取慎重态度,以免日方有所借口。⑤蒋集党政军大权于一身,其安内攘外思想,也成为南京的国策。不抵抗主义就是从这一政策中产生的。

① 顾维钧:《参与国际联合会调查委员会中国代表处说贴》,上海商务印书馆,1932 年,第 34 页。

②《大公报》,1931 年 9 月 20 日。《"九一八"事变档案史料精编》,辽宁人民出版社,1991 年,第254 页。

③《大公报》,1931 年 9 月 20 日。

④《申报》,1931 年 9 月 20 日。

⑤《大公报》,1931 年 8 月 6 日。

1931 年 9 月 30 日,张学良公开表白,他实行不抵抗主义,不是自作主张,而是听命于国民党中央。在回答北平各界抗日救国大会的请愿时他讲得非常明确:"不抵抗主义实误会,事前防日人挑衅,故令其不抵抗,绝未料到如此。现各军已至相当地点,诸事均听中央命令。"张学良在这里一点也没有隐瞒真情。并且要人们接受安内攘外思想:"大家的爱国要从整个的去做,不要冲动,中国必须统一然后可对外。"①这是蒋介石讲话的翻版。

　　不仅如此,蒋介石和张学良在"万宝山事件"后还交换过避免和日本冲突的意见。蒋和南京政府电令东北不要抵抗日军。"7 月 12 日蒋密电张学良:'此非对日作战之时。'7 月 13 日,于右任又致电张学良:'中央现在以平定内乱为第一,东北同志宜加体会。'因此日本攻击沈阳,东北军都奉行不抵抗的命令"②。

　　或者说,上述电文是针对万宝山和中村事件的,不是指"九一八"事变的。从表面上看这样的提问和理解不无道理,但带有片面性,因为不可能在"九一八"事变前,就下达一个关于"九一八"的指令。那么上述电文应该说包含着对即将发生的事件的对策。我们探讨事件的发生,应当以思想的实质为标尺,而不应当陷入琐细的考证,否则任何判断都没有意义了。当事者已如实地告诉他是听命于南京,并且有电文足以证明,那我们就可以肯定地说,不抵抗主义是蒋介石的思想,是从安内攘外政策中派生的。这样讲,并不偏颇。

　　即以"九一八"事变发生后来说,蒋介石及其政府所发出的真正声音,也仍是镇静、退让、避免冲突之类等等。请分析下面的论调:

　　9 月 20 日蒋介石尚未回到南京,国民党中委会开会,王正廷外长"报告长春、营口、新民等地先后被占系日方预定计划,各委以彼恃强横,吾以公理。彼以武力为外交前驱,吾以交涉为最后手段。吾对武力事实上只有示弱,吾对公理,则唯有抱坚决心,以武力来则可退让,但交涉则决不放松"③。

　　1931 年 9 月 21 日蒋介石回到南京,发表了一些慷慨激昂之词:"余深信凡我国民,值此民族根本存亡所关之今日,必能一致奋起,共救危亡,以挫日本的野心。"这些话无疑是正确的。但一谈到对策时,就现出了思想上的错误,

　　①《申报》,1930 年 9 月 30 日。

　　②吴相湘:《第二次中日战争史》(上),台北综合月刊社,1973 年,第 84 页。

　　③《申报》,1931 年 9 月 21 日。

把全国引入迷途:"我国民此刻必须上下一致,先以公理对强权,以和平对野蛮,忍痛含愤,暂取逆来顺受态度,以待国际公理之判断。"①

1931 年 9 月 23 日,南京发表了告国民书,强使全国接受不抵抗主义:"政府现时既以此次案件诉之于国联行政会,以待公理之解决,故已严格命令全国军队,对日军避免冲突,对于国民,亦一致告诫,务必维持镇静之态度。"②

10 月 12 日,日军占领辽宁吉林已经 3 个多星期,蒋介石仍重弹旧调:"我们现在固要努力避免战争,且在未至战争的时候,仍要镇静持重,无暴其气。"③

几乎所有的国民党要人都发表了相类似的言论,孔祥熙在表述上似乎更有深度,"政府此时欲表示我大中华的态度,故不与计较"④。

我们所能看到的当时中国执政者挽救民族危亡独特的地方,就在于此,这实在是中华民族的厄运。

或者有人会说:南京政府不是提出了抗议,发表了宣言,通告世界和国联吗?这也是抵抗日本的手段啊!因为中国是弱国。应该说,向全世界控诉日本的侵华行径,是必要的,但不能作为唯一的手段。以这种武器去对付日军的坦克、铁甲车、飞机大炮,是误国行为,是自杀政策。上海国民党党部在事变发生后致国民党中央的电文中有两句很沉痛的话:"纵云力求退让,亦必有退让的限度。纵云愿听宰割,亦宜自择宰割的办法。"⑤

无论从什么角度看,不抵抗主义都应受到批判,不应当把它视为爱国主义的表现,加以称赞。

二

不抵抗主义暴露了它的本质,激起了全国人民的不满和愤慨。到 1931 年 12 月锦州危急和失守前后,蒋介石和张学良都改变了一下自己的形象,似乎对不抵抗主义做了一点修正。

①《申报》,1931 年 9 月 23 日。

②《申报》,1931 年 9 月 24 日。

③ 张其昀主编:《先总统蒋公全集》(第一册),台北中国文化大学出版部,1984 年,第 621 页。

④《大公报》,1931 年 10 月 13 日。

⑤《申报》,1931 年 9 月 23 日。

张学良住在北平协和医院,感到办公不便,搬回北平顺承王府主持一切。他支持马占山在黑龙江的抗日义举,汇款给马,并电令马统帅其附近各军。蒋介石则考虑北上,坐镇顺德、石家庄,将其警卫军调到北方。南京政府发表的声明强硬起来,说,锦州为华北堡垒,绝不退让。蒋的南京政府以及蒋暂时引退后的南京政府都电令张学良:"无论如何牺牲,必须坚守,""敌如攻锦,必以全力取自卫行动。"当时甚至出现了这样的豪言壮语,"我们国民党人不但要做诸葛亮,还要做岳飞。"这些话都很动听,如果真是这样,那是中华民族的万幸,但真实情况却很使人失望。1931 年 12 月下旬国民党中委会讨论对日方针:"主战颇不乏人,惟多数仍主审慎稳定,循外交正规办理。""于政府对日应付计划,实未能作具体研究。"① 既没有动员全国力量援助,或给以饷械接济,也没有制定出作战计划,当然只是空发议论。

南京政府醉心于向国联申诉,竟提出了划锦州为缓冲区或中立区的建议,在自己的国土上划一块这样的区域,那就意味着承认了日军对锦州以东地区的占领,真是荒唐至极,想以此阻止敌人进犯,不更是白日做梦吗?

南京政府对日妥协政策,助长了张学良放弃锦州、保存实力,以巩固其所占有的平津地盘的思想。尽管张学良表示:"迭承中央命令,复荷国人期勉,及时奋惕,矢与共存。一面严饬部属力战死守,一面熟审情势,将一切实况分电报述。"② 但当人们问道,如日军攻锦,抵抗还是不抵抗时?则回答道:"本人没有接到中央命令前,不便有所表示。"其时日方派人和张学良接洽表示:东北军如即日撤至关内,则日军只进至大凌河为止,锦州政府亦可任其存在。张学良认为"实获我心"。荣臻便由北平衔命回锦,令驻锦州的三个旅于 12 月 29 日撤退到河北省滦县、昌黎、开平一带,司令长官公署也移到滦州。又是不战而退,人们期待的锦州保卫战落空了。东北全境变了颜色。荣臻讲所以撤退的原因,其一是:"即使在前抵抗,亦无不可,唯须举国一致,绝不能使此东北三旅之众作无谓之牺牲。东北军早为国难牺牲,原无不可,而饷项弹械均无接济,如何作战。中央仅下令死守,岂欲军士徒手搏敌耶?"③ 这是为其逃跑辩护,但也道出了实情。不抵抗主义已侵蚀了南京政府党政军的整个机体。

---

① 《大公报》,1931 年 12 月 26 日。

② 《北京档案史料》,1991 年第 4 期,第 33 页。

③ 《大公报》,1932 年 1 月 3 日。

南京政府的要人,统兵大人,空言救国,实是误国。锦州沦陷前夕,大公报社评以"真爱国者不应误国"为题,猛烈抨击南京:"所谓武力收回失土,更岂空言所可办到?虚声自壮,讵可以恃?……及今不图,寇祸愈深,环境愈劣,虽欲爱国,机会愈少,是其误国之罪,真可与卖国同科。凡真爱国者不应误国。"[①]当时有识之士把南京政府和南宋朝廷相提并论。

事实上,屈辱不能图全,我愈示弱,敌愈横暴。日本占领东三省后,又在中国天津、青岛、上海、福州、广州、长沙等地挑衅,而以1932年1月28日挑起的上海战争最为严重。对上海战争,南京似乎抛弃了不抵抗主义,蒋介石同意张治中率领第5军,即原拟北上的警卫军参加战争。但从上海作战最有力的19路军的遭遇及《淞沪停战协议》看,仍未逃出不抵抗主义的阴影。蒋认为19路军的抗日是违反了他的意志的,因此训斥蔡廷锴,要蔡"以后须绝对听政府命令"[②]。

不抵抗主义所造成的灾难是无穷无尽的。问题的严重性是南京没有从东北沦陷和上海的屈辱中惊醒,而是骨子里都渗入了这一思想,继续在错误的道路上滑下去。

如果说东三省的失陷,以猝不及防的所谓理由来搪塞,那山海关和热河应该说有时间来备战了。事实上又不然。河北省驻军约30万人,却不在长城沿线布防。山海关一带仅有何柱国旅,不足1万人,防区数百里。何柱国有几句沉痛的话:"柱国与名关始终,早具决心,成败利钝咸非所计,惟冀同胞兴起,鞭督中枢,延此一缕国魂,保兹最后壁垒,按兵忍痛,企予望之。"[③]1932年5月,山海关报警,南京和北平均置若罔闻,结果山海关又沦陷了。热河守军号称15万人,日兵128名长驱直入承德,守军逃亡之速又创造了新纪录。从此,华北的屏障尽失。南京的要人是可怜虫还是爱国者,只能用中国出现的悲惨命运来判断。

我们这样讲,是不是冤枉了南京政府?1933年3月开始的长城抗战,南京不是也派了两个师即关麟征和黄杰所部,和宋哲元、何缪、商震等共同抵御外侮吗?但不能说是全力以赴,没有饷械的援助,没有统一的作战部署,作为

① 《大公报》,1931年12月28日。

② 蔡廷锴:《蔡廷锴自传》,黑龙江人民出版社,1982年,第298页。

③ 《大公报》,1932年1月15日。

战争的结局所订的《塘沽协定》，把华北22个县献给敌人，艰苦抗争的成绩又付诸东流。日军占领秦皇岛，袭密云，夺滦州，扰乱天津，飞机迫胁北平，华北大难临头，这是抵抗造成的，还是不抵抗的结果，答案是明确的：不抵抗主义。

中国近代史已记录了蒋介石及其政府的罪过。这是事实，不是杜撰。南京说了许多爱国救亡的话，发表了不吝惜的华丽辞藻，但仍无法掩盖他们真实的思想和行动，历史就是历史，真爱国和假爱国的界限是分明的。

三

蒋介石和南京政府为什么在"九一八"后的一个时期不举抗日旗帜呢？人们曾找出许多原因，进行分析。

有的说：蒋介石的国民政府无力抵抗，他的计谋是拖延妥协，以便争取时间，增强力量，最后和日本战斗，而现在是不能取胜的。

有的说，长江水灾，使国力受到极大损失，灾民5000多万人，无力和日本进行战争。

有的说，国内不统一，红军在江西和它作战，广州成立的国民政府也和它作对。

有的说，敌强我弱，蒋介石采取的是卧薪尝胆的办法。

如此等等。

这些都有一点道理，但没有揭示出问题的本质，不足以服人。

"九一八"事变开始，日本关东军的总兵力不超过2万人。而东北军当时有17万多人。日军是现代化武器，东北军也有飞机262架、重炮野炮96门。中国的战术这时也并不落后。从1930年中原大战双方较量中就可得到证明。冯（玉祥）军战壕工程之浩大及布置之精巧，可与欧战相仿。而南京蒋军则出奇制胜，利用空军侦察冯军阵地，了如指掌，进攻时掷弹炸击，事半功倍。为什么不把这一套作战方法用之于对付日军呢？

若说兵力不足，那马占山孤军奋战，19路军上海战争中显示威力，东北义勇军在锦州失陷前后与敌鏖战，宋哲元的大刀队使日军胆寒，东北抗日联军在白山黑水中战斗了14年，不都沉重地打击过敌人，取得了很多胜利吗？若以全国之力对付日军，那历史就不会出现那么多悲惨局面，这不是很简单的道理吗？

长江水灾和广东南京为争中央政权和地盘而出现的对立,并没有妨碍他们对中国革命力量的镇压。蒋介石率兵 30 万人到江西"围剿"红军,北方各省以全力围剿刘桂堂农民起义军。对日军为什么不采取这样的行动,而是盗临城下,开门揖入。

用平常人的观念来考察这一问题,好像是很难理解,怎么愿意把人民和国土送给日军? 这就得从安内攘外政策中去探索。蒋介石从 1927 年起,以共产党为大敌。共产党的发展壮大,在蒋看来,是心腹之患。他宁愿让日军占领中国东北大好河山,也不愿看到江西的土地上在长着红色政权。他的想法,就是 1931 年 7 月他所讲的先安内后攘外。

在民族危机最严重的关头, 蒋介石全力以赴地在江西进行他的反共事业。他很得意他在江西取得了胜利,占领了赣南红军根据地东固、龙岗、黄陂、古龙岗等处。先是说 10 天内要消灭红军,后来又说 2 个月内消灭,而事实上,朱德、毛泽东始终未与之一战,红军有多少,实力如何,始终无法知道。

有人讲先安内是对的啊,是要先有了安定团结,才能有力量对外。探讨这口号不能离开具体的历史条件,不能不分青红皂白地抽象地讲。实行封建专制主义、屠杀人民,而对民族敌人却屈辱奉迎,这样的安内攘外,难道还要歌颂? 须知不惜一切进行内战内耗很大,此时国家民族的敌人却借以又掠夺了更多的财富,更有实力了。攘外之说也只能是一种空想罢了。

安内,不只是对准共产党,但首先是对准共产党。

安内,也包括南京内部的反对派,但主要的是一切民主力量,成千上万的民族精华都遭到不幸:1931 年 11 月 29 日蒋介石秘密杀害了爱国志士邓演达,1934 年杀害了《申报》主笔史量才就是最好的说明。

安内攘外政策及其派生的不抵抗主义,贻害了国家,带来了灾难。中国出现了伪满洲国、伪内蒙古自治政府、伪冀东防共自治政府,被肢解得不成为一个国家。但历史是无情的:愚弄历史的人终于受到历史的惩罚。最先执行不抵抗主义的张学良从不抵抗主义中解放出来, 向安内攘外政策的制造者开了火,发动了"西安事变",蒋介石成了阶下囚,用兵谏的方式迫使南京改变其国策,中国历史此后遂出现了团结一致、举国抗日的局面。

原载《抗日战争与中国社会》,辽宁人民出版社,1997 年

长城察哈尔抗战的真相①

一、榆关抗战和热河失守

1933 年初，日本在相对地稳定了它在中国东北的殖民统治之后，即操戈南下，将侵略矛头指向华北。在短短的半年之中，日军占榆关（即山海关），陷热河，扰滦东，进窥平津，从而把侵华战争推进到急性发展的阶段。南京政府仍然采取"一面交涉，一面抵抗"的妥协政策，依赖国际联盟，苟且偷安；对内集主要兵力于"剿共"战事，顽固坚持"攘外必先安内"的方针。其结果使日本侵略者的凶焰益张，而中国的民族危机愈加深重。

日本的满蒙独立计划，包括辽吉黑热河及东蒙古，在九一八事变前已绘制出满蒙新地图。热河省东临辽宁，南接河北，西至察哈尔，北达内蒙古，是沟通关内外的咽喉，下辖承德、朝阳、赤峰、滦平、平泉、凌源、开鲁、林西、围场、阜新、隆化、丰宁、建平等 15 个县。另于林东、鲁北、天山 3 地设治局。省会在承德。

1932 年 1 月，日军占领锦州后，曾企图乘机侵占热河，只因当时忙于对付东北抗日义勇军，制造"八二八"事变，拼凑伪满洲国，应付国际联盟调查团的调查，而未能付诸实施。1932 年下半年以后，形势发生变化，在日本国内，犬养毅内阁加速经济军事化，从而更加激起日本军国主义势力向外扩张的欲望。由此，也大大深化了日本国内业已存在的社会矛盾。1932 年 5 月 15 日，军部少数人制造"五一五"事件，枪杀了首相犬养毅。5 月 22 日，成立了在军部指导下的斋藤实联合内阁。在中国东北风起云涌的抗日斗争遭到日本关东军的残酷镇压，到 1932 年底，几支较大的抗日义勇军均遭挫折。关东军确信：

---

① 本篇系首次发表

可以调头指向热河省了。

日本进攻热河,在于迫使南京政府承认长城一线为"满洲国"的边界,并在长城以南制造一个非武装区域,以确保其对东北的殖民统治,且可为以后的"南进"打开方便之门。为实现该目标,日军采取了双管齐下的战略,一面扩充军备,炫耀武力,以重兵攻取热河及长城各关隘;一面采取策反手段,诱降热河驻军汤玉麟,谋求不战而取之。

"九一八"事变后,日本驻沈阳的特务机关即开始对汤玉麟进行拉拢,曾派人保护汤的家属离沈阳去天津。"满洲国"成立时,在溥仪正式公布的"政府"成员名单中,汤氏被委任为参议府副议长。后又通过大汉奸如汤的盟兄张景惠、张海鹏等对汤进行诱降,还派遣与汤氏素识的日本浪人高原卡见赴热河劝降。统治热河已八年之久的汤玉麟,在全国抗日浪潮的压力下,为保住自己的地盘,未敢公然投敌。汤氏与日本的关系较深,又存在严重的"恐日病",且与原东北军将领之间争权夺利的矛盾十分尖锐,故心怀二意,举棋不定。1932 年 1 月,日军占领锦州,进窥北票,遂以伪满名义通知汤玉麟派代表赴北票开会。汤氏派省政府公安管理处长张舜卿参加会议。会上,日方向张提出三项要求:第一,汤氏是"满洲国"委任的热河省长兼军区司令,须派代表常驻长春,加强联络;第二,为了满、热一体,将铁路由北票延伸至承德;第三,日军在承德设置无线电台。张舜卿将日方的要求分别电告张学良和汤玉麟。张学良复电令张舜卿断然拒绝。慑于张学良的压力,汤氏口头表示,身为国家疆吏,守土有责,誓死抵抗,绝不丢失国家寸地。实际上他对抗战并无决心。

日军还对驻守榆关的何柱国采取威胁与利诱兼施的手段,妄图不战而取榆关。何柱国时任东北军独立步兵第 9 旅旅长。1932 年 7 月,又被任命为临永警备司令,辖区为临榆、抚宁、昌黎、卢龙、迁安五县和都山设治局地域。该地区是由关外通往华北平原的孔道,也是关外抗日义勇军同关内联络的重要通路。自从日军侵占锦州后,兵锋直逼榆关,并利用《辛丑条约》的有关规定,驻兵临榆县城附近,监视榆关中国守军的行动。1932 年 10 月以后,日本秦榆守备队队长落合正次郎,以"取缔"义勇军,确保"满洲国"安全为借口,要求何柱国设一个包括滦东和热河的缓冲区。落合许诺:日本可以供给足够的军饷军械,帮助何攻下热河,实行独立自治,将来还可以进一步使何进取平津,取得东北军首领地位;唯一的条件是要求何切断关内与义勇军的联系。何柱国对此,虚与委蛇,巧妙周旋,同时速报张学良,建议从速准备军事布置。

日本侵略者在诱降汤玉麟不见成效,威逼何柱国又遭失败之后,便积极进行攻占山海关和侵占热河的准备活动。关东军制定了"平定热河计划",组成了"讨热军总司令部",并具体研究了占领热河后的施政问题。日军在原驻防东北的4个师团的基础上,又从国内增调了3个师团,计划以5个师团进攻热河;以1个师团分驻沈阳、长春等重要城市,保卫其"后方";以1个师团分驻东北各重要铁路,保护交通。由于热河为高原性山地,坦克、重炮的作战均不甚得力,因此,日军十分重视空军的配备。日本空军在热河边界部署的飞机达百架以上,需要时,还可随时由国内及朝鲜增派。在通辽、锦州、义州、绥中等地,均修筑了大规模飞机场。关东军司令官武藤还对热河地形的侦察、兵站的建立、运输机关的整备、军需品的集积、各部队兵力的充实等做了周密部署。

　　日军首先将攻击的目标选定在榆关。这是因为占领榆关,既可用少数兵力掩护攻热部队的侧背安全,又可佯示攻略滦东,窥视平津,牵制中国兵力于冀东平原,以利攻热作战。

　　1932年下半年起,日本驻榆关守备队几次换防,兵力增至300人以上。在秦榆海面,有日本军舰10艘以上。在榆关正面,北宁铁路锦州至绥中地区驻有关东军第8师团的第4旅,另有骑兵第3旅一部和第8炮兵团,并配有1个飞行中队,装甲列车3列,坦克10余辆,总兵力约4000人。

　　驻守榆关的何柱国,悲愤填膺,但不能有所作为。他说:"榆关形势,痛受《辛丑条约》之束缚,险要早与敌共,沈变以后,更处于不战不和不守不走之状态,明明是敌人而不能取敌对行为,城池驻军,虽日日有受袭击之危险,而牺牲早具决心,个人时时有遭暗算之顾虑,而死生已置之度外。"[①]

　　1932年5月初,日本宪兵队挑起"义勇军"事端,强迫临榆县长将当过义勇军的赵国思交给日方,被中方拒绝。10月1日,日军守备队又挑起伪满警察闯入东罗城,强登榆关城墙,造成双方死亡士兵各一名的事件,并欲借此发难。经何柱国与落合正次郎反复交涉,达成事出误会,对死亡日籍伪警及中国军士互相抚恤的协议,此事方告解决。12月8日,关东军再起挑起装甲列车炮击榆关守军司令部及公安局附近的事件,诡称是遭中国士兵射击而引起。何柱国为此先后于12月9日、10日两日与日方谈判,结果忍辱达成协议,了结了炮击事件。

---

　　① 《秦皇岛安静》,《大公报》第3版,1933年1月6日。

1933 年 1 月 1 日,关东军司令官武藤信义密令落合正次郎,为日军进入攻山海关制造借口。当晚 3 时 30 分,由驻榆关附近之日军守备队和宪兵队故意鸣枪投弹,自行炸毁其营房门窗,反诬中国军队挑衅,于是向榆关的中国守军发起攻击。随后,驻锦州、兴城、绥中一线的日军第 8 师团长西义一郎,立即派出第 4 旅团铃木美通、第 16 旅团川原等部,增援榆关守备队。翌日,日军在其海军舰队炮兵和数架飞机配合下,向中国守军发动更为猛烈的进攻。为对付日军的进攻,临永警备司令部立即命令榆关守军步兵第 3 旅之第 626 团火速出动,封锁城关西门;第 625 团以主力位于九门口、名门寨一线,掩护榆关左侧翼;第 627 团主力位于海阳、秦皇岛一线,掩护榆关右侧翼。令驻抚宁的骑兵第 3 旅、滦县的步兵第 20 旅等部准备待命行动。临永警备司令何柱国认为:榆关只可做警戒阵地,而不能作为主阵地。我们将主阵地选择在北戴河至界岭口东侧大山这一线。该线可以控制秦皇岛、榆关和九门口三个方面,化分散战场成为整个战场,易守难攻。因此,他在布阵时,把主力布置在北戴河一线,预备在此与日军展开决战,至于榆关及秦皇岛,只配备了一个团,预备实行步步阻击。

驻守榆关城内的第 626 团第 1、第 2 营及 1 个机枪连,饷械不充,食少衣单,给养殊感缺乏,以白薯充饥。即使如此,他们多次击退日军的进攻,坚守住榆关阵地。3 日上午 10 时,日军以铃木旅团为主力,在坦克车的掩护下,猛攻榆关县城。首先以炮兵猛轰榆关城墙,打开缺口,然后以步兵第 5 联队从水闸附近,步兵第 31 联队从城的东南角,守备队从南门分路突进。日军飞行第 10 大队第 1 中队在榆关上空侦察和轰炸,日舰从榆关附近的海面炮击城内,协助步兵攻击。在秦皇岛附近海面的日本海军也投入炮击,以牵制中国守军的兵力。正午,日军突入城内,双方展开了巷战。下午 1 时许,临榆县城内 10 余处被炸起火,浓烟蔽天,守军完全陷入危境,在不得已的情况下,突围后撤。担任后卫任务的安德馨营,依托残壕破垒与日军步兵、战车拼死格斗,以致全营覆没。下午 2 时,日军占领了号称"天下第一关"的山海关。

榆关一役,中国官兵阵亡 413 人,伤 174 人。第 1 营伤亡殆尽,第 2 营第 5 连仅 8 人负伤而归,余皆阵亡。其不畏强敌,以身殉国的精神大大激励了中华民族的爱国豪情。此役,日军官兵死 200 余人,伤 180 余人。榆关失守后,中国军队退守石河西岸。

日军侵占山海关后,造成夹击热河的态势。1 月 8 日,日陆军当局宣称:

热河原属"满洲国"领域。1月21日,日本外相内田康哉在议会所作外交方针演说时称:"热河为满洲国之一部分,征之满洲国建国宣言亦可明白矣。"关东军司令武藤即集中部队于热河边境,北满日军星夜赶运热边,声称旧历年底占领热河。

但是,日军攻占榆关正值国际联盟开会,引起与会各国的反响。美国反对日本扩大战争的行为,苏联也表示不满。日本对国际社会的态度有所顾忌,于是由外相内田向美、英、法、俄、意5国驻日使节声明:事态不再扩大。实则加紧侵热准备,等待国联开会结果。至1933年2月,日军准备侵热的总兵力已达4万余人,另有伪军张海鹏、刘桂堂、程国瑞、于芷江、李寿山、丁强等部。

日本关东军司令官武藤于2月10日召集军事会议,公布了进攻热河的计划:"以第六师团及满洲国的张海鹏部队首先向热河省东境方面作战,在平定该方面兵匪的同时,尽可能把反抗分子牵制在北方。接着,以第八师团等部队迅速向接近河北省省境的热河省南部进兵,构成铜墙铁壁,把华北和热河省真正割断。……除另有命令外,不要在河北省内实施作战行动。……这一作战要从2月下旬开始。"①2月17日,关东军司令部正式发布命令,令第六师团从打通铁路沿线出发,经开鲁、绥东、阜新向天山、下洼、朝阳前进,尔后向赤峰、林西、多伦方面进攻。同时以较强一部从朝阳、建平向赤峰方面作战,并负责保护北票至朝阳铺设轻便铁路施工和北票至赤峰的兵站线。令第八师团以一部迅速占领北票,掩护北票铁路修整,并指挥该方面的第6师团部队;另以一部严守山海关及九门一带,保护主力侧背安全。其余主力成二路纵队,分别从北票附近及绥中西北邻近热河省附近出发,尽快向建昌及其以南一线推进,并以一部确保界岭口、冷口、喜峰口等长城重要关口,掩护主力侧翼。尔后以主力占领承德及古北口,扫荡热河省内的兵匪。令在锦州、北票、朝阳、建平、赤峰公路及朝阳、太平房、凌源、平泉公路设置两条兵站线。②

南京政府迫于舆论的压力,宣称:日军如进攻热河,决予抵抗。2月11日,蒋介石派代理行政院长兼财政部部长宋子文、军政部部长何应钦、外交部部长罗文干、内政部部长黄绍竑、参谋部次长杨杰等到北平,与北平军分会代

① [日]日本政府参谋本部编:《满洲事变作战经过概要》(第二卷),田琪之译,宋绍柏校,中华书局,1982年。

② 同上。

理委员长张学良商讨热河防务问题。2 月 17 日,宋子文、张学良、张作相等赴热河视察,并召开了承德军事会议。宋子文对热河守军官兵说:"本人代表中央政府,敢向诸君担保,吾人决不放弃东北,吾人决不放弃热河,纵令敌方占我首都,亦决无人肯作城下之盟。"[1]由张学良领衔的 27 名华北高级将领通电南京及全国,表示抗战决心,电称:"时至今日,我实忍无可忍,唯有武力自卫,舍身奋斗,以为救亡图存之计。学良等待罪行间,尤具决心,现已遵照中央确定方针,简率师旅,积极进行。只求有利于党国,讵敢更计及发肤。诚以时急势迫,至此已极,舍奋斗无以求生,舍牺牲无以救死,但有一兵一卒,亦必再接再厉。幸而成固可复我河山,雪莫大之耻辱;倘不幸而不成,亦可振我军誉,扬民族之精神。"[2]报纸一时广为宣传。张学良进行了军事部署,决定成立 2 个集团军:第 1 集团军由张学良兼任总司令,指挥东北军主力,主要是万福麟的第 4 军团的黑龙江的两个旅;张作相为第 2 集团军总司令,指挥汤玉麟的第 5 军团、孙殿英的 41 军、冯占海的新编 65 军及退入热边的东北义勇军各部,后又增加张延枢第 12 旅。两个集团军的作战区域划分是,由凌南、凌源、平泉到承德的公路以南归第 1 集团军,以北归第 2 集团军。总计中国守热部队兵力约有 10 余万人。

日本政府为了摆脱国际联盟对其扩大侵略战争的束缚,于 1933 年 2 月 20 日决定退出国联,日军攻热主力第 8 师团依据关东军攻热计划,以步兵第 4 旅团长铃木美通指挥的部队为先遣队,首先攻击锦朝线上的南岭和北票。2 月 21 日,铃木旅团先遣队之早川支队,一举攻占南岭,次日,又占北票。热河守军汤玉山团的两个营在口北营子略作抵抗即弃守。23 日,日军茂木骑兵第 4 旅团由通辽出发进攻开鲁,热军崔兴武旅和冯占海、李海春等部联合拒敌。崔旅在汤部中比较有力,迭与日军指挥下之蒙匪作战,此时却未战即退,西逃林东,冯、李两部力战强敌,连战皆败。24 日,日军攻克开鲁。日军高田、松田 2 个步兵旅自阜新、开鲁出发,以千余辆汽车输送,越过大冰野,于 26 日到达下洼附近。铃木旅团先遣队主力向朝阳进发,于 24 日晚与坂本第 6 师团所辖第 11 旅团主力一齐到达朝阳以东、以北的预定阵地。25 日晨,日军以开鲁、绥东与北票为出发地发起总攻,未数日,凌源一带已成前线。凌源距承德 180

①《宋院长演说》,《大公报》第 3 版,1933 年 2 月 19 日。
②《张汤等通电》,《大公报》第 3 版,1933 年 2 月 19 日。

公里,距朝阳 120 公里。25 日,朝阳沦陷。日军占据朝阳后,全力进攻凌南。凌南距凌源 45 公里,25 日,日军第 14 旅团攻击沙帽山,中国守军力战不支西撤。3 月 1 日,日军铃木旅团的川原部队自朝阳出发,猛攻建平。热军董福亭旅曾奋力抵抗,后因该旅第 1 营营长邵本良投敌,并煽惑哗变,引敌深入,致使董旅余部放弃阵地溃逃,日军随即进占建平。日军 14 旅团在占据沙帽山后迅即攻克凌南。凌南地当冀热辽三省交汇处,极为险要。凌南既失,使凌源腹背受敌。3 月 2 日,日军铃木旅团西犯凌源,并由混成第 14 旅团之米山先遣队协同作战,摆出全面歼灭东北军主力的态势。防守凌源的东北军万福麟部于兆麟旅迎战日军,伤亡惨重,于午后 4 时向平泉撤退。平泉驻军生永盛第 29 旅见于旅溃退,亦无心恋战,于是万福麟军团全线动摇。万部未按规定撤守承德,竟放弃平泉,径撤至喜峰口,凌源即为日军所占。至此,自朝阳至承德的道路完全敞开,日军如入无人之境。

此时,承德城内,风声鹤唳,一夕数惊。汤玉麟已惊恐万状,无心抗敌,正准备逃跑。他置军事于不顾,从平津调集大批汽车,又将前方军用载重汽车 240 余辆扣留,向天津租界抢运其私产。一些富室巨商,军政眷属,也纷纷向北平、天津逃难。整个承德弥漫着不战的空气,人心恐慌,乱作一团,严重影响了前方守军的士气。这时,汤玉麟在承德附近尚控制有两个旅兵力,在张作相的反复催促下,汤才不得不令其部队去号称险要的平泉以北、承德以东的黄土梁之高地布防。但在途中官兵哗然,要事先发 3 个月军饷才开拔到前线。张作相见大势已去,无可挽回,于 3 月 3 日晨,偕同参谋长安玉珍及幕僚含泪退往古北口。当日下午 7 时,汤玉麟在既无命令又无敌情的情况下,擅自轻弃国土,离承德西逃滦平,再经大阁镇、大滩,撤至察哈尔沽源一带。3 月 4 日上午 10 时,日军装甲车抵达距承德 15 公里的江石岚,11 时 50 分,日军 128 名骑兵最先进入承德,占领热河省政府。承德弃守,形势急转直下,4 日日军占林西,崔兴 5 旅所部团长李守信叛变投敌。孙殿英部在围场顽强阻击日军,终因孤立无援,于 3 月 8 日撤离围场,退往沽源、多伦一带。至此,热河全境沦陷。

国民党政府曾宣称,热河为北方屏障,且多天险,政府已有准备,至少可守三个月。然而从日军开始攻热到承德失守,前后仅 10 余天,10 多万大军仓皇败走,19.21 万平方公里的国土沦入敌手。这一结果,使全国舆论为之哗然,各界纷纷要求追究责任。热河民众救国后援会等团体,痛陈汤玉麟殃民误国的十大罪状,强烈要求国民政府对汤"除治以应得之罪,并应查抄其剥削热河

97

地皮所得之金钱移作奖励前线忠勇将士及抚恤热河难民之用"。3月6日,立法院院长孙科在上海对记者发表谈话。"在前线指挥之汤玉麟等各军事长官应予严惩,即负责之张学良,亦应立即引咎辞职,以谢国人。"7日,监察院呈中央执行委员会政治会议,提议将违抗命令、失陷地方的张学良、汤玉麟等严法惩办,以肃国法军纪。8日,国民政府下令将热河省主席汤玉麟先行褫职,交行政院、监察院彻查,严缉究办。热河沦陷,张学良震惊之余,急令古北口驻军严阻逃军入境,并令张作相、万福麟等固守长城防线,甚至表示要亲率王以哲等部收复热河。同时下令通缉弃职潜逃的汤玉麟。在全国的一片抨击声中,张学良于3月7日向国民政府电请别咎辞职。略谓:"自东北沦陷之后,效命行间,妄冀待罪图功,勉求自赎。讵料热河之变未逾旬日,失地千里,固有种种原因,酿成恶果。要皆学良一个诚信未孚,指挥不当,以致上负政府督责之殷,下无以对国民付托之重,戾愆丛集,百喙奚辞。……学良渥蒙政府矜贷,嗣后有生之日,即报国之年。"①

作为战地指挥官,张学良、汤玉麟等对热河沦陷负有不可推卸的责任,他们受到全国舆论的指责。然而,南京政府的军事委员会委员长蒋介石,在热河危在旦夕,全国都期望其北上以资坐镇之际,却于2月27日赴江西指挥60万大军,对苏区中央根据地发动第四次"围剿"。他把雄厚的军力用于内战前线,却任由战斗力较弱的热军、退入关内的义勇军等保卫热河。

蒋介石"攘外必先安内"的误国政策,是造成热河失守的根本原因。正因如此,蒋介石和南京政府受到舆论的严厉抨击。为平息众怒,防火烧身,蒋把失地的责任完全推给张学良。3月9日,蒋介石偕宋子文约张学良到保定车站蒋的专车上会晤。蒋安抚张,劝其去职,待机复出。张学良遂做了蒋的替罪羊,于3月11日正式通电下野。次日,南京政府准张辞职,何应钦受命继张后任。张学良随即离平飞沪,旋即出洋。所留东北军改编为4个军,分别由于学忠、万福麟、何柱国、王以哲任军长,归北平军分会指挥。从此,何应钦掌握了华北军政大权,黄绍竑任参谋长,何应钦增设作战处,由徐祖诒任处长,加强对华北军事的控制。蒋介石既转嫁了热河弃守的主要责任,又取得了对东北军的直接控制。

---

① 《张学良电京辞职》,《大公报》第3版,1933年3月8日。

二、长城抗战

1933 年 3 月,日军占领热河后,即进犯长城各口。日军进犯长城的兵力共有两个师团、两个混成旅团,以及飞行队,共约 8 万余人。另有伪满军两万人配合作战。其军事部署是,以第 8 师团主力、混成第 14 旅团、混成第 33 旅团、骑兵第 4 旅团,在张海鹏等部伪军配合下,分别由承德、凌源、绥中等地向古北口、喜峰口、义院口等处进击。至 1933 年 3 月上旬,各路日军先后抵达长城各主要关口附近。

蒋介石为缓和舆论,同时也为夺得平津地盘,于 2 月下旬下令调驻防于陇海路沿线的徐廷瑶第 57 军约 5 万人北上。华北的中国军队此时编为 8 个军团;第一军团于学忠部所属第 51 军防守天津、大沽,警备津浦铁路;第 2 军团高震部所属第 32 军、第 57 军担任滦河以东和冷口附近的防务;第 4 军团万福麟部所属第 53 军在原驻防地休整,并以 3 个师协助第 57 军固守冷口以东长城要隘;第 3 军团宋哲元部所属第 29 军和第 40 军担任喜峰口、马兰峪方面之防御;第 8 军团杨杰部所属第 17 军、第 26 军和第 67 军,担任古北口方面作战;第 6 军团张作相部所属第 41 军和第 7 军团傅作义部所属第 59 军及骑兵第 1 军负责察东之防务。总共约 25 万人。原由义勇军改编的第 6 军团第 63 军冯占海部大部被整编和裁减,原第 5 军团汤玉麟部在弃守热河后,残部退至察哈尔东部。

长城战线,绵亘 850 多公里,大小隘口都有部队防守。从 1933 年 3 月 5 日至 5 月 25 日的 80 余天,中国军队在长城东段各关口及其附近的冀东、察东等地进行了 10 多次重要战役和数百次战斗。中国方面,自宋哲元、商震指挥以来,屡挫日军,使日军遭到了巨大的损失。

在冷口方向,自 3 月 5 日至 3 月底,商震所部第 139 师于 3 月 5 日晨以急行军速度赶往防地,于当日午后 4 时开抵迁安县城。其余两师及军部驻开平。此时,冷口已被先一日赶到的日军混成第 14 旅团的米山先遣队占领。6 日,黄师分左、中、右 3 路同时向冷口突进,正面猛攻,两翼迂回,日军未料到中国军队如此快速反攻,在突遭袭击后狼狈退逃,黄师随即收复冷口,并乘胜追击至关口外 30 里处,占领了肖家营子、马道沟两阵地。冷口初战告捷。

3 月 21 日,日军第 6 师团一部向冷口挺进,意欲二夺冷口。22 日,日军向冷口南面守军阵地发动攻击,华军立即与之展开激战,迫使日军后撤5公里。是日夜,守军夜袭日军,杀伤颇多。此后,日军派飞机连日轰炸守军阵地,但难以取得地面进攻的胜利。25日,日军只得中止攻击,从3月底至4月初,双方军队在冷口形成对峙局面。4月上旬,日军集结了万人左右的兵力,第三次攻取冷口。商震未能随战局的发展及时调整军队布防,致使前方第139师与优势日军相比,兵力相差悬殊。由于分兵把口,战线较长,顾此失彼。4月9日晨,日军向冷口守军大举进攻,各方告急,各阵地无法相互支援,战斗异常艰苦。激战3日,至11日晚,冷口弃守,商军沿建昌营、迁安向滦河右岸撤退。后商震虽派出第141师增援,但为时已晚。守战一月余的冷口及其附近各关口全部失陷。冷口之役,中国军队阵亡数百人,伤者无算;日军宣布战死38人,伤131人。①

喜峰口方面,宋哲元第29军于1933年3月初日夜兼程赶赴遵化迁西沿长城一线,接替冷口以西长达150余公里长城各口的防务。这一地区原由第4军团防守。宋哲元命令所部冯治安第37师以三屯营为中心,防守城岭子至潘家口一线;令张自忠第38师以遵化为中心,防守龙井关至马兰峪一线;令刘汝明暂编第2师由玉田向平安镇及东新庄镇集结待命。该军总指挥部初设通州,继移蓟县,后驻遵化。喜峰口位于遵化县东北55公里,北距热河泉95公里,有公路南下,可与平榆大道相接;马兰峪在遵化西北约25公里,罗文峪南距遵化9公里。董家口、潘家口分踞于喜峰口东西两面,喜峰口一带的安危,直接影响整个华北的战局。

3月9日下午,第29军先头部队刚到喜峰口时日军混成第14旅团一部追击万福麟部至此,并占领了口外高地。第29军立即以1个团投入战斗,暂时稳住了战局。10日,宋部主力赶到,随即与日军展开激战。双方在喜峰口的两侧来回拉锯,争夺激烈。宋部手持大刀与日军短兵相接,使日军的飞机、火炮无法发挥作用。日军第14旅团首次遭到劲敌,遂以一部扼守喜峰口附近阵地,主力则集中在长城以北待机而动。宋部发挥善于夜战、近战、突袭等优点,采用大迂回夜袭战术,集中兵力,歼灭敌人。令赵登禹旅长率两个团为一路,出潘家口,绕至日军右侧北,袭击喜峰口西侧敌军营地;令佟泽光旅长率另外两个团为另一路,从铁门关出董家口,绕攻敌左侧背,袭击喜峰口东侧之日

---

① [日]参谋本部编:《满洲事变作战经过概要》(第二卷),田琪之译,中华书局,1982年。

军;令王治邦旅长率部担任正面出击任务。11日夜,赵旅官兵身背大刀,踏雪前进。次日凌晨,分别抵达北山土、三家及日军骑兵阵地和蔡家峪、白台子炮兵阵地。官兵们趁日军熟睡之机,向其猛攻猛杀,并炸毁和焚烧日军火炮、辎重和粮草。驻老婆山的日军赶来救援,双方遂展开夜战。此时,佟旅从右翼及时赶来增援,正面的五旅也发起进攻。日军被击退,由此暂时停止了对喜峰口附近的攻击。

日军在喜峰口受挫后,便将攻击的重心移向罗文峪。罗文峪在喜峰口西面偏南55公里处,与喜峰口适成45°斜角,雄踞喜峰口和古北口之间,为长城一线伸向内侧的一个凹入点。罗文峪附近,长城仍甚完好,尤其是各碉楼,保存完整。日军苦攻破此处关隘,便可从左侧背进行包抄,喜峰口以东中国守军势必受到战略上的压迫而向后撤退。3月中旬,日军从朝阳、平泉、滦平一带,抽调早川第31联队,濑谷第8联队两部,加上一部分伪军,合计3000余人,经兴隆,向罗文峪、龙井关南进。16日晨,日军沿半壁山发起正面攻击。第29军暂编第2师刘汝明部扼守此处关隘,其兵力配置于黄崖口,大安口、马兰关一线。刘部以1团兵力绕出黄崖口截击日军,将敌击退。17日上午8时,日军以步、骑、炮联合部队,向罗文峪、山楂峪、沙宝峪各阵地发起全面进攻。日飞机20余架低空盘旋,掷下大量炸弹。该日的激战,双方军队在攻守阵地上屡得屡失,不下10余次。尤其是山楂峪战斗,双方士兵血肉相搏,十分惨烈。激战一日,日军向鹰手营子退去。18日晨,日军再次攻击上述各阵地,守军依托城墙、碉楼,顽强抵抗。日军凭借猛烈的火力,反复冲击守军。守军战士待日军接近,抽出大刀,跃出战壕与之肉搏,战至日暮,将其击退。当日夜,守军以1个团由沙宝峪绕攻日军侧背,另一团亦从左翼绕攻其后,正面守军则全面出击。战至天明,日军被迫撤至梅花峪、古山子一带。至此,罗文峪5公里内已无敌踪。

喜峰口、罗文峪之战,是中国军队在北方战场取得的首次胜利。狂傲骄妄的日军,受到极大打击。日本报纸连连哀叹:皇军名誉,尽丧于喜峰口外。而中国民众则从喜峰口抗战中得到鼓舞,深信中国军队尚有可战之兵,堪恃之将。天津《益世报》载文指出:"在此以前,许多领袖们,文的领袖们,武的领袖们,都要我们相信,中国目前要想反攻日本,收复失地,是件绝对不可能的事。喜峰口的一般英雄,又证明这个不可能实为可能。"①

---

① 《喜峰口的英雄》,《益世报》,1933年3月19日。

当喜峰口激战时,古北口守军失利。驻防该地的国民党中央军徐庭瑶第17军所属关麟徵第25师及东北军王以哲部第107师,对来犯日军进行了顽强抵抗。3月4日,王部在古北口外的老虎山、黄土梁一带,与日军激战两昼夜后,撤至关内。王以哲令张廷枢第112师沿长城以北布防,3月10日,第17军第25师关麟徵部抵古北口。王以哲即令第112师防守古北口长城第一线,第25师占领古北口南城东西两侧高地,并向前延伸,是为第2道防线。第25师受领任务后,即由杜聿明第73旅进驻古北口街市及南城东西两侧高地修筑工事。梁恺第146团居左,戴安澜第145团居右,各向左、右延伸。该师张跃明第75旅,集结于黄道附近。师部及直属部队位于古北口南门外东南之关帝庙。

10日下午3时,第25师刚刚部署完毕,日军第8师团一部即在炮火掩护下,从正面进行试探性进攻,数小时后退回原线。11日拂晓,日军在炮兵队和飞机掩护下向守军阵地发动总攻。日第8师团长西义一郎亲临古北口战场直接指挥,并增调野炮兵第8联队及工兵大队投入战斗。王部第112师未全力抵抗即放弃第一线阵地,日军迅即夺占古北口,并乘势向守军第25师右翼龙儿峪阵地包围攻击。驻军该地的杜聿明第73旅伤亡严重,联络中断。师长关麟徵指挥第75旅主力驰援该阵地,击退日军。12日晨5时许,日军又以主力向戴安澜第145团正面攻击,并以大部兵力向右翼延伸包围,战斗十分激烈。守军奋勇苦战,死伤相继,仍坚守阵地与敌相持。战至下午3时,守军不支,被迫后撤,古北口失守,第25师退守古北口西南2.5公里之南天门一带高地,隔潮河与日军对峙。12日夜,徐庭瑶到达密云,调黄杰第2师接替南天门防务。日军占领古北口后,未再进行追击。

日军进攻长城受阻,改取侧后包抄战术,转向滦东猛攻,战事越过长城,发展到长城以南。4月初,日军砂田部队和岩田支队在伪靖安军的配合下,由九门口、义院口向石门寨进犯。4月1日,日军攻陷石门寨、秦皇岛等地。4月6日,何应钦调第67军王以哲部由平北东进,增援滦东作战。

4月11日,日军从商震32军守备的冷口侵入,随即攻占迁安,商震部撤至滦西。滦东各县及各机关工作人员不甘屈辱,均来到滦县、卢龙、迁安两县迁移滦河附近。4月1日至14日,日军围攻界岭口,战斗三昼夜,夺取建昌营。

日军进犯长城以南,占领滦东,威胁开滦煤矿,英国遂向日本提出警告。4月20日,关东军奉命密令第6师团于21日前逐次从滦东撤回长城一线,但仍要"保持威胁华北反抗势力的态势"。日军入侵滦东的目的除了迂回中国守军侧背,突破长城线外,还为了策应华北的策反工作。在日军开始攻取热河之时,板垣征四郎奉日军参谋本部之命,赴天津担任策动国民党政府内变的工作。他选定民初曾任湖南督军的张敬尧等人。4月18日,板垣密电关东军称:张敬尧将于4月21日在北平起事,请关东军配合行动,击南推进。于是关东军遂令第8师团向古北口以南的南天门进攻。南天门战火再起,17军所属的3个师轮番上阵抵御,其激烈程度比古北口之战有过之而无不及。

日军第8师团攻占了南天门左侧的制高点八道楼子。黄杰第2师几次反攻,均未奏效。23日至25日,日军利用居高临下之有利地形,以陆、空协同作战向南天门阵地中央据点421高地数次发动攻击,均被击退。第2师连日苦战,伤亡严重,其防御阵地由刘戡第83师接替。26日晨,日军在飞机、火炮支援下,又向421阵地攻击,第83师与之奋力激战,战至下午,由于伤亡过大,被迫将主阵地放弃。28日,日军乘势向南天门右侧高地进攻,第83师抵抗一整日,南天门沦陷。

第2师和第83师损失严重,而日军伤亡之大,亦为"九一八"以来所少有。日军由古北口运往承德之尸体及伤兵,多达150辆汽车,而在现场焚化者尚不计在内,其炮弹消耗约10余万发。

5月上旬,张敬尧被人暗杀。日本参谋本部和关东军指望华人内变的"谋略"落空,遂决定再度扩大华北战事。5月6日,日本参谋本部下达了《华北方面紧急处理方案》,谈道:此次用兵的目的在于压迫华北当局屈服或造成华北军队的分裂。至于夺取平津的事,应该继续让天津特务机关去进行"内部策动"。倘使内变不能如期得手,关东军应在有利条件和时机下,从速和中国当局订立一个停战协定。①这个方案,成为当时日本在华北进行军事侵略和政治阴谋的指导方针。

当日军于4月21日逐次退回长城线时,扼守在滦河右岸的何柱国、王以哲两部,相机以少数部队越过滦河向长城各口推进。23日,商震部李杏村师进占迁安,王以哲部翁照垣师进占卢龙。27日,何柱国部等进占昌黎、抚宁。伪满军分别向留守营、界岭口撤退。29日,何部由昌黎沿北宁路进抵北戴河、扎头营之线,翁照垣师亦抵建昌营。

5月7日,日军第6师团分别从山海关、石门寨、抬头营等地出发,分路

---

① [日]稻叶正夫等编:《现代史资料(7)》,美铃书房,1964年,第514—515页。

向返回该地区的中国守军发起攻击：一路沿平榆公路西攻抚宁，一路由界岭口附近向王达营推进，一路由建昌营直扑迁安。中国各部守军缺乏充分的准备和有力的应战措施，5月9日，日军重占抚宁、迁安、卢龙等地。中国守军何柱国、王以哲部西撤，滦东再次失陷。12日，日军第6师团主力分别从东寨庄和西寨庄、小营及吴庄、潘家口三方面强渡滦河，随即向丰润、开平一线西压，伪军约6000余人亦从正面进攻滦县。16日傍晚，日军与守军翁照垣师激战后，进占丰润，同日，又占遵化。万麟部曾从正面反攻日军，但未取得进展。王以哲、尤福麟两部沿平榆公路后撤，何柱国部也放弃滦县、古冶等地，日军进唐山、入宁河、迫芦台。西线日军第8师团亦于5月10日向驻守新开岭地区的中国守军第17军发动进攻。该军第83师，第2师及第25师轮番与日军激战。5月13日，第17军奉命绕密云向怀秦、顺义以西撤退。19日，日军占领密云。傅作义部从昌平向怀柔、顺义出击日军，但作战不利，傅部退守怀柔、顺义以北山地。至5月下旬，日军主力已达密云、通州、玉田等地，日本飞机到北平示威，在中南海低空盘旋。

此时，平津一片混乱，华北军事当局准备南撤保定。日本方面认为停战的有利时机已到，遂提出举行谈判，南京政府接受日方提议，双方于5月25日开始停战，两军对峙于平津与平榆大道之间。

长城抗战，是自东三省及热河沦陷后中国军队对日本侵略者较大规模的武装抵抗。中国军人在长城沿线的普通民众的热诚支援下，以空前的斗志，在长城脚下谱写了中华民族英勇抗击外敌的新篇章。尽管由于南京政府未将精锐主力投入长城战场，在很大程度上减弱了中国军队的战斗力，并最终导致军事退却，但参加长城抗战的各路华军以无畏的民族气概沉重打击了骄横不可一世的日本关东军，迫使其停战求和。

三、《塘沽协定》的签订

较中国军队远为劣势的关东军，战斗力殆已用尽，极力策划停战。南京政府不察此情，为集中力量"剿共"，一直在寻找与日本妥协的途径。4月11日，蒋介石企望通过第三方调停促成华北停战，拟委任在上海的前外交部部长黄郛主持华北政务，与日"交涉"，特电邀黄郛到南昌晤谈。黄混迹政界多年，与各方人士特别是与日本方面关系较深，素有"日本通"之称。黄受命后，即偕同张群、陈仪于19日在上海与日本武官根本博开始接触,广泛讨论"中日大局"及停战条件。在北平何应钦也于4月19日约请北京大学校长蒋梦麟等往访英国驻华公使兰普森,请求英国出面斡旋,安排中日双方谈判停战事宜。20日,蒋梦麟向兰普森转达了何应钦的请求。兰普森表示,英国调停淞沪停战,曾引起中国人士误解,对英国产生不良影响;此次如出面斡旋,必须对谈判的内容限制范围,中方谈判代表亦上南京政府正式任命。何应钦将此次接洽经过电告蒋介石、汪精卫。汪复电谓:"中国对英调停淞沪停战,至为感激,保证以后不发生任何影响;停战谈判范围限于军事,不涉及东三省及其他问题,建议只作口头协议而不形诸文字;指派外交部次长刘崇杰为中国官方代表;汪愿负一切责任。"①22日,蒋梦麟再访兰普森,转达了汪精卫复电的内容,并说明此次外交努力代表了蒋介石及国民政府的主张。兰普森遂报告伦敦,并转告美国驻华公使詹森,由詹森报知华盛顿。但当时,英美政府对中日事态的发展尚在观望,对中国政府的要求未予积极回应。加之,中国外交部长罗文于反对北平军分会对日乞和的活动,责令亚洲司长沈勤鼎面告兰普森,蒋梦麟商洽之事未接本部训令。因此,乞求英美居间斡旋一事就此搁浅。

蒋介石、汪精卫希望第三国出面调停的努力落空,即决计与日本直接谈判。4月27日,军政部次长陈仪向根本博转达了何应钦关于中日停战谈判的意见。根本博暗示日军滦东撤兵是中国商请停战的好时机,并认为只要中国军队解除对兴隆日军的包围,并从南天门撤至开平、玉田、顺义一线,停战便有希望。29日,何应钦通过陈仪答复根本博:可以进行停战接洽,并接受日方所提的条件。但是关东军电示根本博,反对以南天门为谈判条件,并要求中国军队自动撤至密云、平谷、玉田和滦河右岸。这样便给停战接洽造成新的障碍。

南京政府及华北当局寄希望于黄郛,瞩望这位"日本通"尽快解决停战问题,收拾华北局势。为此,5月4日,国民党中央政治会议决定,设立行政院驻北平政务整理委员会,以黄郛、黄绍竑、李石曾、张继、韩复榘、于学忠、徐永昌、宋哲元等22人为委员,并指定黄郛为委员长。该委员会包括了国民党中央和华北地方各方面的人物,借此可以作为"华北特殊化"而与日本进行直接交涉。黄郛受任该职后,首先在上海与根本博晤谈,探询日方对他任此职的意见。日方表示:对黄负责办理华北与日交涉事项感到满意,日本愿意让步,先

① 张蓬舟主编:《近五十年中国与日本》(第一卷),四川人民出版社,1985年。

处理长城以里的战区,可以停战,并可将日军占据的地方交与华方。黄郛得以底蕴,遂决定早日衔命北上。

5月12日,黄郛再次与根本博晤谈,询问如中国军队愿意自新开岭撤至密云,日军是否不再追击。日方答复:日军决无进至平津之意,但要求华军撤退至日军守备区域炮程不及之地。黄郛随即电告何应钦连日在沪与日方接洽情形,推测日军必进至密云,建议:"今日所当研究者,即(一)节节战退与速行自退,孰者于我为利是也。若节节战退,势必波及北平近郊。若大胆下一决心,用极速度撤至密云后方约20里炮程不及之地如牛栏山一带从事整理, 则无益之牺牲可以减少,对外之运用较为便利。(二)若能就近与永津接洽,更可不失时机。"①北平军分会根据黄的提议,于5月13日决定放弃南天门阵地,将第17军撤至石匣镇以南、密云县北20里之九松山一带,并派员与日本驻北平武官永津接洽,请求日军不再追击。14日,黄郛第三次面见根本博,转告何应钦同意18日前将部队撤至密云、平谷、玉田、蓟县、唐山一线,并要日军保证停止进逼。黄郛在上海与日方达成口头妥协后,于5月15日离沪北上。

5月15日、16日两日,何应钦指派参谋本部厅长熊斌在北平连续3次与日本武官永津晤谈。第一次,熊斌表示中方军队可撤至顺义,但不撤出密云;第二次,永津要中国军队撤至芦台、宝坻;第三次,熊斌让步,表示同意永津的要求,只要求日军不要追击。永津窥破中国军心不稳,立刻电告关东军迅速攻取密云等县,施加更大压力。当17日黄郛抵达北平时,日军连连得手,已不满足于在上海的谈判条件,准备提出更为苛刻的停战要求。黄郛抵平后,立即与何应钦等商讨停战问题。黄起用殷同、袁良、李择一、刘石荪、殷汝耕等一批素与日本有历史渊源的人物,协同他办理交涉妥协事项。

日本从各方面不断向中国施压,欲签订一个完全合乎日本心愿的协定。日军在黄郛抵平后陆续攻占密云、三河、遵化和蓟县,22日,日军又攻占香河,进逼通县、牛栏山,中国退兵如潮涌而下。同时,板垣征四郎不断在平津制造阴谋事件,与之相呼应。平津地区顿呈紧张之势。5月18日,日军参谋本部下达了《指导华北方面停战要领》,规定密云、平谷、蓟运河一线,为关东军追击范围,中国军队必须撤至顺义、宝坻、芦台一线以西;要求中央机构和关东

①《黄郛复张群、何应钦等电》(1933年5月12日),《黄膺白先生年谱长编》,联经出版事业公司,1976年。

军速派必要人员到北平,着手签订停战协定,缔结停战协定的主要当事者为关东军。①5 月 21 日,关东军将停战意见电告东京当局,略称:在华北建立亲日政权最为必要,但不能为等待策反工作之成就而迁延停战协定,因迁延时日,中国军队重新集结,平津秩序得以恢复,遂失现今已经掌握的有利条件,或者造成协定的破裂。"其时,再发动军事行动,理由很不够,实行也很困难,恐终于不得已而悄然撤退。"②

同日,板垣致电关东军司令官武藤信义,说明由于华北情况复杂,一时很难在华北迅速建立一个反蒋亲日伪的政权。东京参谋本部接到关东军转来的板垣报告,即电令板垣结束天津特务机关的活动,并电促武藤尽快进行停战谈判。武藤乃于 22 日电令日使馆武官永津担任接洽停战的使命,并以下列三项为依据:"(一)中国军队速撤至延庆、顺义、宝坻、宁河、芦台线以西以南,以后不得越线前进;(二)中国军队照线退却,日军不追击;(三)日方于确认第一项实行后,自动撤退到长城线。"③为使谈判顺利进行,武藤特嘱永津,不必坚持中国派军使于阵前聚积。

5 月 22 日晚 11 时,日本海军武官藤原喜代间约黄郛到北平丁香胡同藤原宿舍会谈。黄郛立即偕李择一前往。日方代表永津除根据武藤电令所提条款外,又擅自添加了"今后不准有一切之挑战行为",并坚持派军使阵前聚积等项苛刻条件。双方谈至 23 日凌晨 4 时 30 分,黄郛根据汪精卫事前的指示,除签字承认伪国,割让东四省之条约外,其他条件皆可答应。于是,黄郛完全接受了日方所开列的条件及三步停战办法。三步办法是:(一)中国派军使到密云日军司令部申请停战;(二)签订停战备忘录;(三)正式签订停战协定。23 日,何应钦等按照日方要求,派北平军分会高级参谋徐燕谋(徐祖诒)前往密云接洽停战。同时将日方条件电告蒋介石、汪精卫。汪精卫在致何应钦、黄郛的电文中强调:"与对方商洽停战,以不用文字规定为原则。如万不得已,只可作为军事协定,不涉政治。""须留意协定中不可有放弃东四省承认伪组织之疑似文句。"蒋介石在致黄郛的电文中,也再三表示要取审慎态度,电称:"至

<hr>

① 复旦大学历史系日本史组编译:《日本帝国主义对外侵略史料选编(1931—1945)》,上海人民出版社,1975 年。

② 同上。

③ 张篷舟主编:《近五十年中国与日本》(第一卷),第 141 页。

于协定一节,总须避免文字方式,以免将来引以为例,其端由吾人而开也。否则万不得已,最多亦不可超过去年淞沪之协定,绝不能涉及伪国事实之承认,以及东四省之割让与界限问题。故其内容及字句,必须加意审慎。"①黄郛还派密使殷同到长春于5月24日、25日会见冈村宁次交换意见。因为北平前线与南京当局对停战协定的签订形式存在一定距离,国民党国防会议和蒋介石力争不形诸文字,乃是担心一旦披露出来,必遭国人反对,而贻反对派攻击之口实。黄郛决意按已商定的步骤签订停战协定。

5月25日,北平军分会代表徐燕谋前往密云日本关东军第8师团司令部正式请求停战,即所谓"阵前求和"。日军第8师团长西义一郎拿出事先拟好的《觉书》(即备忘录)让徐签字,徐签字后返回北平。同日,中日军队各自停止战斗行动。此时,国民党中央对停战的意见渐趋一致,蒋介石、汪精卫等先后致电黄郛、何应钦加以慰勉。汪在复电中称:"倘因此而招致国人之不谅,反对者之乘间抵隙,弟必奋身以当其冲,绝不令两兄为难。"②

5月30日下午4时,中日双方代表在塘沽日本陆军运输派出所举行停战谈判。中方首席代表为北平军分会总参议熊斌,日方首席代表为关东军副参谋长冈村宁次。预备性会议进行约40分钟,双方交换全权证书,约定次日上午9时举行正式会谈。31日上午9时30分,停战谈判正式举行。日方首席代表冈村宁次首先提出停战协定草案,并说明这是关东军的最后案,一字不容更改,中方代表在一个半小时内做出"允诺"或"不同意"的答复。熊斌阅罢草案,提出书面的《中国军代表停战协定意见书》,内容有四点:一、为恢复远东和平,改善中日两国之关系,商讨停战协定,可以至诚相晤,互相谅解,共同排除前途之障碍,冀能达成所共同之目的;二、中国军队已经退回约定之线,再向后撤以示中国军之诚意,今后在尽可能之范围内,互相避免中、日双方之冲突;三、希望贵国军了解上述事实,为表示诚意起见,尽早恢复战区之原状,以奠定和平之基础;四、贵国军基于以上之了解,敝军以后在该区域内,如发现妨碍治安之武装组织,必须由中国军予以处理时,希望贵军勿因此而起误会。③冈村表示,中方对日方所订停战协定草案只能回答"诺"与"否",一切声

① 中国社会科学院近代史研究所中华民国史研究室编:《长城抗战资料选辑》,第102—103页。
② 同上,第106页。
③ 张篷舟主编:《近五十年中国与日本》(第一卷),第149—150页。

明必须等待停战协定签字以后再行商议。双方相持到 10 时 50 分,中国代表被迫在一字不改的日方提案上签了字。这便是《塘沽协定》,内容如下:

一、中国军一律迅速撤退至延庆、昌平、高丽营、顺义、通州、香河、宝坻、林亭口、宁河、芦台所连之线以西、以南地区。尔后,不得越过该线。又不作一切挑战扰乱之行为。

二、日本军为证实第一项的实行情形,随时用飞机及其他方法进行监察。中国方面对此应加保护,并给予各种便利。

三、日本军如证实中国军业已遵守第一项规定时,不再越过上述中国军的撤退线继续进行追击,并自动回到大致长城一线。

四、长城线以南,及第一项所示之线以北、以东地区内的治安维持,由中国方面警察机关担任之。上述警察机关,不可利用刺激日军感情的武力团体。[①]

当日下午 2 时,双方代表举行第三项会谈,讨论熊斌所提意见书。冈村表示"断难照办",喜多诚一声色俱厉地表示反对。中国代表反复申诉,再三要求,日方始同意增加一个备忘录作为附件。内容为:"万一撤兵地域,有妨碍治安之武力团体发生,而以警察力不能镇压之时,双方协议之后,再行处置。"[②]此外,日方向中方口头表示希望四项:一、丰宁西南方之骑兵第 2 师,望即撤去;二、平津附近之四十师华军,望即他调;三、白河附近堑壕及其他军事设备,望即撤去;四、中日纷争祸根之排日,望即彻底取缔。[③]熊斌口头允诺前三项,第四项允代转达。奇怪的是,31 日签字后,熊斌等人与冈村宁次共乘装甲车去天津,熊设宴招待,与日方互举香槟酒以祝协议之成功。

6 月 3 日,国民党中央政治会议承认了《塘沽协定》。

《塘沽协定》将冀东 19 个县划为停战区,中国军队不得在规定的停战区内设防,只能以毫无抵抗力的警察任治安之责,而且警察必须仰承日本指令,否则就会加上"刺激感情""破坏协定"的罪愆,这事实上使冀东 5000 平方公里的国土脱离了中国主权范围,从中国领土割裂出去。《协定》规定日军自动撤回长城线,不再超越长城一线追击,这是对中国军队的极大污辱,也事实上承认了日本对东北四省的占领,承认了伪满洲国的存在。通过《塘沽协定》,日

① 张篷舟主编:《近五十年中国与日本》(第一卷),第 345—346 页。
② 王铁崖:《中外旧约章汇编》(第三册),生活·读书·新知三联书店,1962 年版,第 941 页。
③ 中国社会科学院近代史研究所中华民国史研究室编:《长城抗战资料选辑》,第 112 页。

军取得了在长城各口自由出入的权利,为其进一步侵略华北打开了方便之门。因此,该协定是对中国领土主权的出卖,是对中华民族尊严的亵渎。从此,华北及平津暴露于日寇铁蹄之下,日本制造的阴谋事件接踵发生,民族危机日趋深重。

《塘沽协定》签订后,汪精卫、熊斌等都讲《塘沽协定》"完全属于军事范围"。但是,《塘沽协定》的签订,引起全国人民的无比愤慨和强烈反对。中华苏维埃共和国临时中央政府于6月1日和10日两次发表宣言,谴责国民党当局的卖国行径,号召全国民众起来,反对和阻止《协定》任何一条的执行。6月1日,福州市各界举行游行大示威,反对南京政府与日本妥协。参加过长城抗战的广大官兵,对协定的签订也义愤填膺,驻守北平的第25师官兵,尤其是中下级军官对蒋介石、何应钦的丧权辱国深为不满。第29军的一部分官兵,准备以自己的行动抵抗日本侵略者,反对南京政府的妥协求和。

社会舆论也猛烈抨击国民党政府签订丧权辱国的《塘沽协定》。天津《民风报》在7月4日发表的评论中尖锐指出:"上有投降帝国主义以屈服卖国为目的之政府,外有绝无理性不夺不厌之强敌,军民牺牲早付东流,长跪乞和原在意中。"政府"既以误国为国是,当然以降敌为不辱,既以不抵抗为政策,当然谓权利未丧失","故在汪、蒋诸公口中,宣传不辱,甚至谓塘沽会议为救国要着,光荣之胜利,均所谓此物此志无足异也"。①

国民党内的爱国人士也同声谴责蒋介石、汪精卫之流出卖国家主权的卑劣行为。第19路军将领蒋光鼐、蔡廷锴于5月25日通电反对《塘沽协定》,呼吁当此国难关头"舍唤起全国民族的意识,集合全民族的力量,领导全民族的革命,共誓死志以抗敌,尚有何道乎?"5月28日,冯玉祥在张垣通电全国,反对当局对日求和,电文略谓:"当局蔽于私利,坚主安内先于攘外,究其实则为真对内,假抗日。……目下平津被围,察绥危殆,此时言和,等于投降,投降等于亡国,主持妥协之有力负责当局,必为民众所共弃。"②

冯玉祥、蒋光鼐、蔡廷锴等爱国将领的上述立场,导致了其后发生的察哈尔抗战和福建事变,从而使抗日反蒋运动不断发展。

---

①《鬼影憧憧之一幕》,《天风报》,1933年7月4日。
②赵谨三编:《察哈尔抗日实录》,上海军学书社,1933年,第50—52页。

四、察哈尔抗战及福建事变

日本占领东北四省,又进犯华北,威胁平津,中日民族矛盾日益尖锐。国民党内的爱国人士不满蒋介石奉行的"攘外必先安内"的误国政策,希望停止内战,一致抗日,甚而主张放弃反共立场,与共产党人合作,共谋抗日大计。冯玉祥便是这方面的突出代表。

1930 年,蒋、冯、阎中原大战后,冯玉祥的部队土崩瓦解,大部被蒋介石消灭或收编。冯退隐山西汾阳峪道河赵庄。他在此读书,表面上隐居世外,实则准备东山再起。1931 年春,冯通过其部属、中共秘密党员李平一与中共北方组织建立了联系。中共北方局派肖明、张祝唐与冯晤谈,冯表示接受共产党人的帮助。这期间,冯玉祥阅读了《资本论》《政治经济学》及中共的若干文件,开阔了政治视野,遂同意中共在他们办的汾阳军校中发展党员,吸收青年,准备作为将来重建军队的基础。同年底,冯玉祥赴南京参加国民党四届一中全会。在宁、沪期间,冯鉴于日寇侵吞东北,又挑起上海战事的形势,呼吁国人团结御侮,奋起抗日。他参加了国民党军事委员会及国民党四届一中全会,并在会上提出种种救国方案。但这番爱国热情却受到当权者的冷遇,其所提议案亦被束之高阁。蒋介石重新上台,《淞沪停战协定》签订,使冯玉祥抗日救国及谋求政治出路的热望为之破灭。1932 年 3 月,冯前往泰山重新隐居。

在泰山,冯除认真读书,充实自己,加强与两广方面、冯的旧部及共产党的联系。中共北方组织通过王梓木等人,劝说冯应以实际行动发动民众抗日。不久,冯的旧部、第 29 军军长宋哲元出任察哈尔省政府主席。察省地处抗日前线,又是以前西北军的活动领域,冯玉祥决意在宋的掩护下,开展抗日活动。1932 年 10 月 9 日,冯玉祥抵达察哈尔省会张家口,宋哲元等热情相迎。11 月,中共北方局派肖明赴张家口与冯玉祥商议组织抗日力量事宜,冯表示希望中共派干部协助其抗日。

1933 年初,热河危殆,华北吃紧。察哈尔省受到日本侵略者严重威胁,冯玉祥下定决心,与共产党合作,集合各方抗日武装,组织抗日同盟军,相机发动察省抗战。中共在西北军中原有一定基础,张克侠、韩麟符、席传忠、赵彦卿等长期在原西北军工作,具有相当影响力;1933 年 1 月前后,中共北方组织又先后派武止戈、吴化之、张存实、宣侠父、许权中等到张家口,领导和推动抗日同盟军的工作。5月,中共河北省委专门成立了由柯庆施任书记的前线工作委员会,具体领导张家口地区和同盟军中的工作。中共还抽调诸如谢子长、刘仁、闫红彦等一批干部进入同盟军工作。这一时期协助冯玉祥筹建抗日同盟军的中共党员计有300余人。其中,不少中共党员担任了重要职务,如张慕陶任同盟军总政治部主任、宣侠父任第5师师长、武止戈后任北路军总指挥部参谋长。

冯玉祥还利用自己的声望和影响,争取各方的支援。他于1933年1月致电两广的胡汉民、陈济棠、邹鲁、李济深、李宗仁、白崇禧,内称:现在已至最后之生死关头,非速图抵抗,不足以挽兹垂亡之局,惟兹事体大,非群策群力,不能有所成就,应互相提携之。①并派徐谦往访胡汉民、李济深等,通报冯决心不顾蒋介石的反对,依靠各方支援,特别是西南方面的支援,以便发动民众和旧部抗日。3月21日,又派高兴亚去平、津拜访朱庆澜,请求予以经济上的帮助。

冯玉祥在察哈尔积极准备抗日的活动,引起蒋介石的注意。蒋担心冯重握重兵与自己抗衡,更怕冯与共产党合作,而冯一旦举起抗日旗帜,必将造成全国性影响,如扩而大之,便会直接威胁蒋的独裁统治。故而,蒋多次派人劝导和诱骗冯离开察省。1933年1月23日,蒋以国民党中央名义电召冯赴南京"共谋决策"。冯复电以"近感风寒"为由婉拒。1月27日,蒋又派国民党中央委员王法勤偕黄少谷同抵张家口,以监察院院长、黄河水利委员会委员长等职相许,促冯入京。冯表示只要中央真正抗日,本人即京。3月29日,蒋介石命黄绍竑等赴张家口晤冯,再次促冯离察,遭冯拒绝。冯让黄转交亲笔信给蒋,提出抗日办法12条,要求集全国百分之八十的军队,由蒋亲自统率,赴抗日前线收复失地,并在全国赦免政治犯,实行言论集会结社等自由。②汪精卫也派人访冯劝驾。数日后,国民党中央又一次电促冯南下,电文谓:"迭电奉邀,未见命驾,同人日切翘盼,兹特再行电请,希即入京,共策大计。"冯得电表示"宁为抗战而死,也不愿离开此地"。③蒋介石诱使冯玉祥离察之计不成,便施造谣中伤之法。但冯不为所动,全力准备武装抗日。

1933年3月,冯玉祥电调山西汾阳军校学员到察,该校3000余人于4月

---

① 冯玉祥:《冯玉祥选集》(下卷),人民出版社,1998年,第3页。

② 尚斌、胡玉海、张伟等:《中国国民党史纲》,辽宁大学出版社,1992年,第230页。

③ 全国政协文史和学习委员会编:《从九一八到七七事变——原国民党将领抗日战争亲历记》,中国文史出版社,1986年,第530页。

末抵张家口,随即扩编成师,作为冯的基本队伍,拨归佟麟阁指挥。原西北军将领方振武多年致力反蒋抗日,冯玉祥派人联络,于3月上旬从上海赶至山西介休,与旧部共建抗日救国军。4月上旬,方部从介休抵邯郸,由于何应钦不拨给火车,遂步行至张家口。从东北、热河退入察境的抗日部队李忠义、邓文、黄守中等部,以及蒙古自卫军德穆楚克特栋鲁普等部和察省地方武装张砺生部均表示服从冯玉祥指挥,共同抗日。冯的旧部吉鸿昌、高树勋、孙良诚、张凌云等先后到达张家口,他们分别收编和装备了一部分抗日武装。北平、天津及华北等地的爱国青年和学生也纷纷赶来参加同盟军。在将这些不同系统、不同来源的部队集合于冯玉祥的抗日旗帜下这一过程中,中共组织起到了十分重要的作用。在同盟军第2、5、16、18师等部中建立抗日救国会、政治工作委员会和宣传队等组织,从而增强了各部队的凝聚力。

全国各阶层民众欢迎冯玉祥出面领导抗日,电文星驰,迭电张家口,请冯军不日出山。北平市工会救国联合会代表30万工人,坚决表示愿做冯抗日的后盾。河北自治协进会派代表专程赴张家口晤冯,恳请冯当机立断,早举抗日大旗。广东、广西、福建、上海、天津等地抗日救亡团体也致电冯玉祥,促请早日实现抗日。5月9日,冯玉祥在《大公报》上公开答复各民众团体,重申其抗日救亡的志愿和决心。

5月中旬,日本军队进犯滦东,迫近平津。24日,察边日伪军南进占领沽源,察省告急。当此形势紧迫之际,聚集于张家口的各地代表和各军集议组织民众抗日同盟军,立即奋起抗战。在各方推戴下,冯玉祥出任同盟军总司令。26日,冯通电全国,宣告察哈尔民众抗日同盟军正式成立。电文谓:

"日本帝国主义对华侵略,得寸进丈,宜以灭我国家,奴我民族,为其绝无变更之目的。握政府大权者,以不抵抗而弃三省,以假抵抗而失热河,以不彻底的局部抵抗而受挫于淞沪平津。即就此次北方战事而言,全国陆军用之于抗日者不及十分之一,海空军则根本未出动;全国收入用之于抗日者不及二十分之一,民众捐助尚被封锁挪用。……当局不作整军反攻之图,转为妥协苟安之计,方以忍辱负重自欺,以安定民心欺人。……玉祥深念御侮救国,为每一民众所共有之自由,及应尽之神圣义务。自审才短力微,不敢避死偷生。谨依各地民众之责望,于民国二十二年五月二十六日,以民众一分子之资格,在察省前线,出任民众抗日同盟军总司令。率领志同道合之战士及民众,结成抗日战线,武装保卫察省,进而收复失地,争取中国之独立自由。……凡真正抗日者,国民之友,亦吾之友;凡不抗日或假抗日者,国民之敌,亦吾之敌。所望全国民众,一致奋起,共驱强寇,保障民族生存,恢复领土完整。"①

随后,冯玉祥陆续公布了民众抗日同盟军总司令部的组成人员和编制序列。总司令冯玉祥,总参谋长邱山宁。下辖:方振武的抗日救国军所属两个军4个师,吉鸿昌的第2军4个师,佟麟阁的第1军4个师,阮玄武的第5军2个师,张凌云的第6军2个师,李忠义的第16军3个师,黄守中的第18军5个师,邓文的第5路军4个师,孙良诚的骑兵挺进军2个军,张砺生的自卫军3个师,蒙古军3个军,及同盟军直属部队,共约10万人。②

在抗日同盟军正式宣告成立的当日,冯玉祥派兵进占察省政府及各所属机关,接收了一切印信文件,并进占公安局。委派佟麟阁代理察哈尔省主席兼民政厅长,张允荣为财政厅长,吉鸿昌为警备司令兼警务处长、公安局长。

5月27日,在张家口召开了有3000人参加的民众大会,决定成立"察哈尔民众抗日御侮救亡大会",冯玉祥颁布了三项政令:一、免除苛捐杂税;二、释放政治犯;三、停止党费由公帑支付。③冯还颁布了严惩贪污令,批准了创办《抗日前线》《民众日报》和《国民日报》,以加强抗日宣传。

察哈尔省民众抗日同盟军的成立,使全国民众大受鼓舞,各地抗日群众团体和爱国人士纷纷致电冯玉祥,声援同盟军。5月29日,西南政务委员会肖佛成、邓泽如、李宗仁、邹鲁等联名通电,支持冯玉祥"总领抗日之师,誓还我山河"的壮举,表示愿充"后盾"。④5月31日,由张作相领衔的50余位东北军将领公开通电,响应冯玉祥的抗日主张。⑤为支援同盟军,朱庆澜从上海汇款4万元,两广方面汇款20万元。佟麟阁、吉鸿昌等13名同盟军将领联名通电,向全国各界表示愿在冯公领导之下,"团结民众,武装民众,矢誓以满腔热血

---

① 冯玉祥:《冯玉祥选集》(下卷),人民出版社,1998年,第53—54页。

② 赵谨三编:《察哈尔抗日实录》(第一编),上海军学社,1933年,第87—101页。

③《察东形势渐紧》,《国闻周报》(第十卷)第23期,1933年6月12日。

④《察哈尔抗日同盟军资料》,中国第二历史档案馆藏,转引自军事科学院军事历史研究部:《中国抗日战争史》(上卷),解放军出版社2005年,第286页。

⑤ 赵谨三编:《察哈尔抗日实录》(第一编),第76页。

114

洒疆场,保我山河,复我失地"。①

《塘沽协定》签订以后,日军继续扩大对察东的侵略。日军第4骑兵旅团和伪军张海鹏、崔兴武等部在侵占多伦、沽源等地后,又准备侵犯张家口。6月1日,日机开始轰炸独石口,4日,张、崔伪军陷宝昌,8日,占康保,张北危急,张家口震动。冯玉祥一面派李忠义部由万金迎战日伪军,急调张砺生等部驰赴张北防御,与晋军赵承绶骑兵协作,一面委派张凌云为赤城、龙关一带警卫司令,率兵1个旅,防止日军从独石口闯入,必要时由张人杰派军协助。

为了加紧准备出师抗日,冯玉祥在中国共产党人帮助下,对军政各方面积极改革,务求实效。针对同盟军成分复杂、装备不一、素质差异大等特点,首先加速整训部队。在政治工作上,通过思想教育,激发官兵的爱国热情和杀敌立功斗志;在军事训练上,冯每天巡视部队,组织操练,并对各部队进行调整编制,补充械弹,筹发给养、安抚伤兵等工作,从而使同盟军各部大大焕发了精神。

6月15日,冯玉祥在张家口土尔沟新村召开了抗日同盟军第一次军民代表大会,与会军民代表61人,会期5天。会议通过了抗日同盟军纲领决议案,明确规定:同盟军为革命军民之联合战线,以外抗暴日,内除国贼为宗旨;否认一切卖国协定,并反对任何方式之妥协;誓以武力收复失地;主张对日断绝国交;主张联合世界反帝国主义势力共同奋斗,以完成中国之独立与自由;为完成抗日任务计,必须肃清汉奸国贼;实现抗日救国的民众政权,取消苛捐杂税,改善工农、贫民、士兵生活;释放因反抗帝国主义及汉奸国贼而被拘禁之政治犯;保障抗日民众集会、结社、言论、出版、武装之自由。②大会还通过了关于军事、财政、政治工作、组织等若干决议。大会决定组织抗日同盟军军事委员会,作为代表大会闭幕期间的最高领导机关。会议选举军事委员35人,候补军事委员29人,其后,由军事委员会推举冯玉祥、方振武、吉鸿昌、宣侠父、张慕陶、孙良诚、佟麟阁、张允荣、邓文、张人杰、邱山宁等11人为常务委员会,徐惟烈为秘书长,冯玉祥为常务委员会主席兼总司令。至此,同盟军抗日准备就绪,察省出现了抗日热潮高涨的形势。

但是,国民党当局和北平军分会对此却大为震恐。何应钦连电蒋介石、汪

①《察哈尔抗日同盟军资料》,中国第二历史档案馆藏,转引自军事科学院军事历史研究部:《中国抗日战争史》(上卷),第286页。

②赵谨三编:《察哈尔抗日实录》(总附五),第2—3页。

精卫,称"冯玉祥有异动",并强调:"冯军彼内部分子虽极复杂,其组织手续极为严密,其主持者大多彼之宿将及共产党徒,彼之企图确属不小,倘若听其自便,数月以后,则燎原之患必更不堪收拾。""冯之嫡系,非用兵力压迫恐其不易离察。"①6月9日,秉承蒋、汪意旨,何应钦致电冯玉祥,竟以日军图察是由于冯建立同盟军为借口,要求冯"取消名义"。电称:"窥敌人之意,殆以尊处揭抗日旗帜,脱离华北范围,故欲借口乘机,侵入察省。以尊处新集之力量,应付实难裕如,一旦张北有失,察省濒危,则吾辈对党国,对人民,均将无以自解。弟意何如忍辱负重,将此名义,暂时取消,察省军事政治,亦仍还中央。"冯立即复电,驳斥何的诬陷,并表示:"日军来侵,誓迎头痛击,成败非所敢计,弟决以热血溅国土矣。……今日之事,义无反顾,倘政府能竭力御侮,则弟个人去留进止,实无所容心也。"②于是蒋介石电令庞炳勋、傅作义、冯钦哉等部进兵察境,同时又让宋哲元、秦德纯等派人劝说冯玉祥离察,"另谋安置"。显然,蒋介石不惜采取一切手段,迫冯离察。

同盟军军事委员会针对察东四县失陷,日伪军可能进犯张家口的形势,组织了收复察东的作战。冯玉祥的军事部署是:6月20日,任命吉鸿昌为北路前敌总指挥,邓文为左副指挥,李忠义为右副指挥,武止戈为参谋长,率军克日北进,收复察东。22日,又特派方振武为北路军前敌总司令,以加强对北征的统一指挥。共产党员掌握的第2、第5师均为此次北征的主力。原在张北的察哈尔自卫军张砺生部及其地方武装亦配合行动。

6月22日,张砺生部首战康保,经3小时激战,伪军崔兴武部不支,向宝昌溃败。同盟军收复康保。23日,同盟军兵分两路:左路军吉鸿昌、邓文、张凌云、张砺生部进击宝昌;右路军李忠义部直趋沽源。沽源伪军刘桂堂部于26日通电反正,使伪军张海鹏之一部陷于孤立,同盟军击退该部,收复沽源。7月1日,左路军在宝昌附近痛击伪军张海鹏、崔兴武等部,迫使伪军东逃多伦,宝昌又告收复。同盟军收复察东三县后,遂发起收复多伦的战斗。多伦是察东重镇,它既是冀、热、察、蒙之间的交通枢纽,又是塞外的商业中心和军事要地。日军为巩固该城防务,将驻承德的重炮队调到多伦,并在城外修筑八卦

① 何应钦致蒋介石、汪精卫密电,1933年5月28日、6月9日,国民政府行政院档案,中国第二历史档案馆藏,转引自马模贞、匡珊吉主编:《中国新民主革命通史》(第五卷),上海人民出版社,2001年,第445—446页。

② 赵谨三编:《察哈尔抗日实录》(第一编),第115—116页。

炮台32座,以及内外交通沟和电网工程。据守多伦的除日军骑兵第4旅团之一部2000余人外,主要是原热河北部的悍匪、归降日本后受关东军大力扶植的李守信部,近万余人。7月4日,吉鸿昌在大榆树沟召集军事会议,决定集中四个师,采取先发制人的战术,一举攻克多伦。其军事部署为:以张凌云部为左路,以李忠义部为中路,以刘桂堂部为右路,以吉鸿昌、邓交部为总预备队。7月23日,同盟军各路向多伦城发起攻击。守城之日伪军凭借工事和强大火力,拼命顽抗。双方激战两天三夜,至10日夜,同盟军仍久攻不下。吉鸿昌遂率敢死队连续三次强行登城,均未奏效。11日拂晓,同盟军继续攻城,突遭日军飞机轰炸,伤亡甚重,不得不停止进攻。当日夜,吉鸿昌等再次进行部署,决心背水一战,誓下多伦。他派遣副官刘亨香、马国栋等领精兵数十人化装成伪军潜入城内。12日凌晨1时,天色尚暗,日机难以发挥作用,吉鸿昌指挥部队直逼城下,杀声震天。潜入城内官兵随即四处开枪,城内日伪军大乱,开始向城外溃退。经过艰苦的战斗,沦陷72天的多伦终于被同盟军克复。13日,冯玉祥委任张凌云为多伦警备司令,令其率部固守要冲,并调吉鸿昌、邓文二部分驻沽源和独石口,互为策应,守卫察省前线。在察东战斗中,同盟军共歼灭日伪军1000余人,同盟军伤亡1600余人。

冯玉祥领导的抗日同盟军收复察东四县,特别是血战多伦的壮举,在全国上下引起强烈反响,祝捷的贺电从四面八方飞向张家口,一致肯定自"九一八"以来,"光复名城,斯为壮举"。7月16、17日,李烈钧、程潜、蒋光鼐、蔡廷锴、李宗仁、李济深、陈铭枢等先后电贺冯玉祥克复多伦,盛赞此举是"激已死之人心,伸大义于天下"。①各省当局及民众团体纷纷向同盟军捐款,累计达40万元。冯玉祥进一步顺应全国人民的要求,于7月27日在张家口成立了"收复东北四省计划委员会",冯自任委员长。

蒋介石、汪精卫等始终在密谋扼杀抗日同盟军。国民党的宣传工具大肆中伤,对冯玉祥进行诽谤,诬称冯"联俄,投共""收集土匪""蹂躏地方""乘平津危迫之际,作窃据土地之图,假抗日之美名,弄倒戈之惯技",甚至诬蔑冯"勾结日本"。多伦克复后,汪精卫等极力贬低,称多伦"非取之日本军队之手,乃取之伪军之手,此等傀儡,何足一击"。②在向冯施加政治压力的同时,何应

---

① 赵谨三编:《察哈尔抗日实录》(第二编),第70—77页。

② 赵谨三编:《察哈尔抗日实录》(第三编),第19页。

钦奉蒋介石之命,令庞炳勋率第 40 军,冯钦哉率第 7 军,万福麟率第 119 师,徐庭瑶率第 25 师,何遂率第 55 军一部以及冯占海部,于 7 月 13 日前分别在下花园、涿鹿、沙城、怀来和独石口、龙关等地集结待命,随时准备对冯进行军事征伐。此后不久,又增派宋哲元、王以哲、傅作义等部入察。至 7 月底,国民党入察部队已达 16 个师,共约 15 万余人,形成大军压境之势,准备由庞炳勋指挥,分三路进攻张家口,迫冯离察。蒋军封锁察省对外交通,致使张家口等地的粮食、弹药接济断绝。同时,日军的两个旅团及伪军张海鹏部共 2 万余人齐向察哈尔边境移动,准备进攻多伦等地。抗日同盟军处境艰难,冯玉祥遂通电全国,呼吁各方人士主持正义,阻止蒋介石入察各部继续推进,并给予同盟军道义上物质上的援助。7 月 17 日,国民党西南政务委员会电请庞炳勋等华北各将领"以国家为前提,以民意为向背,不宜为个人所利用,为乱命所操持",切勿对察用兵。①李济深、陈铭枢、胡汉民、陈济棠、白崇禧等也以强硬态度阻止南京当局派重兵入察。实际上,入察各部将领也大多无间对冯用兵。宋哲元自不必言,冯钦哉也表示不能接受内战任务。

在各方面舆论和西南实力派的压力下,蒋介石、汪精卫未敢立即言战,但坚持其取消政策。7 月 28 日,蒋、汪发出"俭电",提出四项要求,迫冯接受:一、勿擅立各种军政名义,致使察省脱离中央,妨碍统一政令,浸假成为第二傀儡政府;二、勿妨碍中央边防计划,致外强中干,沦察省为热河之续;三、勿滥收散军土匪,重劳民力负担,且为地方秩序之患;四、勿引用"共匪"头目,煽扬赤焰,贻华北以无穷之祸。31 日,冯玉祥发出"世电",答复蒋、汪,他在驳斥所谓"抗命""赤化"的指责后指出:"祥屡次宣言,一则抗日到底,一则枪口决不对内。如中央严禁抗日,抗日即无异于反抗政府,则不但军事可以收束,即科我应得之罪,亦所心甘。"②

然而,抗日同盟军的处境在蒋军和日伪军的双重压力面前变得越来越难。蒋介石的兰衣社特务还利用同盟军成分复杂、政治态度不一的弱点,进行分化瓦解。包刚、冯占海、张人杰、李忠义等先后被收买,魏宗普、邓文等亦先后遭人暗杀。张家口城内形势变得紧张而微妙。同盟军内部思想混乱,军心不稳。中共"前委"在工作中执行了王明"左"倾错误路线,提出不利于团结的口

<hr>

① 赵谨三编:《察哈尔抗日实录》(第三编),第 12—13 页。

② 同上,第 28—31 页。

号,也使冯玉祥感到苦闷和疑惑。加之,同盟军外援断绝,财政经济状况日窘。8月3日、4日两日,冯玉祥接连召开会议,讨论同盟军前途问题。会上各种意见激烈交锋,最后冯决定取消同盟军名义,离开察省。他在会上表示,如引发内战,将使日军坐收渔利,应请宋哲元回察仍主省政,同盟军名义虽不存在,但可借宋的掩护,保存实力,以谋今后发展。其间,经过顾孟余、黄郛等往来于北平、南京、南昌交涉和宋哲元在张家口与北平之间的斡旋,终于达成一致。8月3日,何应钦发表解决察事谈话,同意宋哲元返察主政。8月5日,冯玉祥通电宣布,自即日起"忍痛收束军事",欢迎宋哲元返察,接收一切。6日,宋哲元发表复职通电。9日,冯玉祥撤销抗日同盟军总部,辞去同盟军总司令一职。14日,冯抱恨离张家口,再返泰山隐居。震动一时的察哈尔民众抗日同盟军在南京政府的高压和重金收买下,大部被收编或解体。

在冯玉祥酝酿"收束军事"时,方振武、吉鸿昌等持反对意见,主张坚持抗日同盟军的初衷。冯离察后,方、吉两部及中共掌握的部队共15000人转移至张北一带。方、吉表示"既以抗日为起源,必以抗日为归宿"。8月16日,在吉鸿昌等人推举下,方振武出任同盟军代总司令职。8月24日,中共"前委"在张北二泉井召开扩大会议,成立以柯庆施、吉鸿昌、张慕陶、宣侠父、许权中等人组成的军事委员会,并决定南下太行山,创建抗日根据地。方振武不同意南下,率部东进至独石口。方、吉仍率部以同盟军名义活动,招致南京政府的恼恨,蒋介石、何应钦调动部队从东西南围攻同盟军。吉鸿昌等部为实现南进计划,两次西出商都,绕道南下,均被阎锡山部堵截,被迫折而向东,于9月9日在独石口与方振武部会合。9月10日,方、吉二部在赤城召开云州会议,决定打起"讨贼联军"旗帜,由方任总司令。此后,兵分两路:方部在长城线以西,经云州沿白河向东发展;吉部在长城线以东,绕道丰宁,经四海,伺机向南推进。吉部在南进途中遭蒋军和日伪军追击,但仍于9月下旬先后收复丰宁、怀柔、密云等县城,并进占顺义高丽营及板桥村。其间,曾数次试图越过平绥线南下,均遭蒋军拦阻。10月上旬,方、吉部在大小汤山会合后,遭到日伪军和蒋军的包围和夹击,讨贼军连日苦战,伤亡惨重,仅余存四五百人,并且已处弹尽粮绝之境。方、吉遂接受北平慈善团体的调停建议,于10月16日下午离开部队。其后,方、吉二人由商震所部护送赴北平。途中,二人先后寻机下车,方秘密转入香港,吉辗转回到天津。所余各部均被蒋军缴械。

至此,抗日同盟军最后归于失败。

察哈尔民众抗日同盟军的被扼杀,使国民党内要求团结抗日的爱国力量更进一步认清了蒋介石、汪精卫之流对日妥协让步,对内残酷压制的独裁专制面目,更加激发起抗日反蒋的浪潮。就在抗日同盟军最终失败后仅仅一个多月,以第 19 路军为骨干,联合第三党等的反蒋抗日势力,在福州发动了著名的福建事变。

1932 年 6 月初至 7 月中旬,进行了淞沪抗战的第 19 路军奉蒋介石之命,分批向南京、镇江等地集中,乘轮由海路入闽,先后进驻厦门、泉州、漳州、福州等地。该军进驻福建的主要使命是与工农红军作战。但是,广大官兵对蒋介石的对日妥协、对内用兵政策日益不满。1933 年初,日军进犯华北,蔡廷锴代表全军向南京政府请缨北上抗日。不久,即自行组织援热先遣队,于 3 月下旬借道广东北上。《塘沽协议》签订,蒋介石电令援热先遣队火速返闽。第 19 路军领导人从中进一步认识了日本侵略中国的野心,以及南京政府坚持"攘外必先安内"政策的错误,于是加速筹划反蒋事宜。

1933 年 5 月,陈铭枢由欧洲回国,立即奔走于香港、广州、福州之间,与第三党、国民党内反蒋民主人士共谋反蒋大针。6 月,陈在福州召集蒋光鼐、蔡廷锴等密商反蒋方策。其后,陈派人与中国共产党联系,寻求合作的可能性。9 月 22 日,第 19 路军派陈公培携蒋光鼐的亲笔信秘密赴苏区与红军联系。彭德怀随即复信,对其改变"剿共抗日反蒋",实行"联共反蒋抗日"的立场表示欢迎。10 月 26 日,双方签署了《中华苏维埃共和国临时中央政府与福建政府及十九路军抗日作战协定》。规定双方立即停止军事行动,进行合作。19 路军实现了联共的决策。

11 月 20 日,李济深、陈铭枢、蒋光鼐、蔡廷锴等,以"中华共和国人民革命政府"的旗帜,在福建公开宣布反蒋抗日。福建人民政府成立后,在政治上提出"打倒日本帝国主义""打倒蒋介石和卖国残民的南京政府"[①];在经济上主张"实现关税自主""计口授田""发展民族资本,奖励工业建设"[②];在军事上撤销绥靖公署,成立军事委员会,李济深任主席,黄琪翔任参谋团主任,陈铭枢任政治部主任,蔡廷锴任人民革命军第 1 方面军总司令兼 19 路军总指挥。

蒋介石对福建事变采取了迅速扑灭的方针。12 月,蒋自任"讨逆军"总司

---

① 《闽变始记》,《国闻周报》,第 10 卷第 47 期,1933 年 11 月 27 日。

② 同上。

令,抽调 5 个军、12 个师,约 15 万人的兵力,分三路进攻福建。日、英、美等国军舰也配合国民党海军封锁福建海面。蒋还采取惯用手段,以重金和官职收买重要将领,从内部搞垮 19 路军。在蒋介石的内诱外攻之下,沈光汉、毛维寿、张炎、区寿年等跟随蔡廷锴多年旧部相继投蒋。福州、厦门、泉州、漳州等重镇先后被蒋军攻占。李济深、陈铭枢、黄琪翔、蒋光鼐等事变领导人逃往香港。至 1934 年 1 月,成立仅 53 天的福建人民政府宣告失败。

福建事变后,中外闻名的抗日劲旅第 19 路军被取消了番号。

然而,不论是察哈尔民众抗日同盟军,还是福建人民政府,其行动促使举国一致、团结抗日的思想日益深入人心,对中国人民的全民族抗日起到了可贵的推动作用。

民众抗日同盟军的历史地位及其不幸结局

1933 年是日本发动"九一八"事变后的第二次侵华战争高潮。和"九一八"一样,日本又如愿以偿,占领了热河,侵犯到平津,订立了城下之盟。中国的命运似乎操在日本的手中,愿意什么时候宰割,就什么时候来宰割。这种现象在中外历史上实不多见,中国是没有力量抵抗强敌侵略,还是有力量而不愿去抵抗,甘愿受日本的压迫和统治? 本文拟从察省抗日同盟军的兴起和被消灭这一历史判断,来探讨"中华民族所以到了最危险的时候"的真正原因。

一、国难、国难、国难

南京国民政府勇于内战,怯于外战,从"九一八"事变到"七七"全面抗战,不准国人言抗日,人民只能莫谈国事。东三省断送了,热河丢了,不派兵收复失地。日军得寸进尺,1933 年 1 月又发动兵犯长城的战争,在全国抗议声中,南京政府只派遣 4 个师北上抗日,做像征性的表态。当时华北前线共有 20 多万军队,于喜峰口、冷口、古北口诸战役后,却只退不进。结果日军占领了 19 个县,到 5 月 23 日,已逼近平津。指向北平的,已占领通州、顺义;指向天津的,已占领芦台、宁河。与其进犯军相配合,日军在天津组织暴动,在北平武装示威,更派便衣队袭击廊坊车站。风声鹤唳,平津一夕数惊。有钱的人或南逃,或迁至北平东交民巷,或搬入天津租界,战区难民则拥塞平津街头或郊区,找不到栖息之所,其状悲惨。恐惧、混乱吞噬着整个华北,人民的指责只有指向政府,不禁纷纷发问:保卫国土和人民的政府和军队哪里去了,为什么不去抵抗日军呢?

南京和北平当局是很忙碌的,一再发表声明,为国家命运担忧。不断接待日方政要,结欢日本,提出"一面交涉,一面抵抗"。实际上交涉是真,抵抗是假。交涉国人看得很清楚,抵抗在哪里呢? 最显著的是"剿匪"和内战。1933 年

4月6日蒋介石在江西训令其"剿匪"将领,说出了真实思想:"外寇不足虑,内匪实为心腹之患。"4月8日又讲:"闻在赣直接负'剿匪'责任之各将领,亦多以'内匪'难剿,意欲离赣抗日以搏一时之虚荣……中正今兹来赣督战,实示有我无'匪'之决心。凡我各将领,嗣后若复以北上抗日请命,而无决心'剿匪'者,当视为偷生怕死之辈,中正决不稍加姑息。"①蒋在这里明白告诉国人,剿共是中心任务,也就是他讲的"侈言抗日者杀无赦",这就将他1931年7月提出的"安内攘外政策"具体化了。这也说明他派兵北上不在抗日。

国家最高领导人蒋委员长不许抗日,长城战争必然一败涂地,和日本订立丧权辱国的《塘沽协定》,以长城为界,在关内划一非武装区,中国军队不能进入,日军则不受限制。名义上不承认伪满洲国,实际上又以长城为界还设立缓冲区,这等于默认。

《塘沽协定》签字,黄郛领导的北平政委会向平津各报馆各公共团体发出通知,以后对日方不准用"敌"字,对满洲国不准用"逆"字。敌人不敌,逆已不逆,大家都是一家人了,中日亲善了。北平当局的可耻,达到无以复加的程度。日军在北平街上横冲直撞,耀武扬威,当局并不为怪,而几个日本兵受了炮仗的虚惊,北平军委会代委员长何应钦,立即召开紧急军事会议,派代表致敬道歉,国家和个人的尊严与价值全抛弃了。人们不禁发问:今日之域中,究是谁家的天下?

面对如此情景,举国哗然,怒不可遏。《申报》刊登一诗:"空劳士卒动干戈,签约签成奈彼何,抗战长期休设想,何时恢复旧山河。"②这里,奈彼何,实是奈蒋何,可以说集中反映了全国人民的愤懑和抗议,而南京政府的各级要人们,则千方百计为其作为辩解,一曰协定只限军事,停战协定为事实所趋,绝非屈服,不涉政治;二曰武器落后,无力抵抗,只能如此,可以卧薪尝胆,准备长期抵抗。以自欺欺人的说辞来搪塞。难以令人理解的是一些社会名流,竟随声附和,成了对国家不负责任的政府的应声虫,如胡适在《独立评论》刊物上发表的一篇长文《我们可以等待50年》——就是一篇引起公愤的文章。胡当时发表诸多言论,都是赞扬华北停战的。他认为华北停战可以借此保全华北富源,不妨等待50年收复失地。他说:"华北停战后,最低限度,可减少吾人

①《蒋告剿匪将士书》,《益世报》(第2版),1933年5月10日。
②杨淑贞:《闻停战协约签字有感》,《申报》(增刊第1版),1933年6月8日。

之损失。"①《独立评论》有好几篇文章都在宣扬,只能屈从日本,别无选择。②他们未能看到人民抗日的力量,只看到政府的败北,未深思熟虑败北的真正原因,所以做出了错误的判断。

蒋介石逆历史潮流而动,国人为国家命运忧郁,对蒋的态度发生了变化,由崇拜而憎恨。那个时代的人,有一很好的描述:"中国现在一般人拥护蒋介石的,我肯定是占绝大多数,然而自从'九一八'以后,已渐由拥护转至怀疑,由怀疑转到恐惧了。"③从历史实际发展看,这一记录是客观的,是实事求是的。

二、冯玉祥张垣兴师抗日

如果我们说,蒋介石的专制和强权,扼杀了中国的抗战力量,给中华民族带来了灾难的历史,从国内的因素讲,这种论述是没有错误的,察省抗日同盟军被消灭,是"九一八"以来又一突出的例证。

冯玉祥于热、冀陆沉之际,在张家口举起抗日旗帜,号称察省民众抗日同盟军,这在南京政府看来,是大逆不道的,是叛逆,所以当其出现,即遭到围攻和封杀。

1933年5月26日,冯玉祥在张家口发出通告,出任民众抗日同盟军总司令,司令部设于张垣土儿沟图书馆内,声称:"保卫察省,进而收复失地,结合民众,争取中国自由。"这一消息在天津日文报纸已经登出,平津社会也传遍开来,而政府当局却不准刊载,迟至5月29日,天津《大公报》《益世报》始登出了经过删改的电文。

冯氏以全文达600字的电文,强烈地抨击政府实行不抵抗政策的恶果,贪图苟安,始终没有制定出整个作战计划;阐述了所以举起抗日义旗的背景和根据,申明收复失地的决心,并向阻挠抗日的势力发出严厉警告:凡真正抗日者,国民之友,亦即我之友。凡不抗日或假抗日者,国民之敌,亦即我之敌。这篇电文,实为一篇强有力的抗日檄文,是民族的吼声。在"言抗日者杀无赦"的年代,

---

① 胡适:《我们可以等待50年》,《独立评论》,第四十四号,1933年4月2日。

② 胡适:《我的意见也不过如此》,《独立评论》,第四十六号,1933年4月16日;蒋廷黻:《九一八——两年以后》,《独立评论》第68号,1933年9月17日;叔永:《我们是右派吗》,《独立评论》第48号,1933年4月30日;《枕涛:冷口视察所感》,《独立评论》,第四十六号,1933年4月16日。

③ 区少干:《国难当中领袖人物应有的态度》,《独立评论》,第五十五号,1933年6月18日。

冯玉祥等是以真正惊人的力量表达他们的意志的。他们要中国人把握自己的命运,不能听从执政者随意摆布,使国家沉沦。冯认为救国不能说空话,"应拿出真诚心,替大众谋利益,要是真心偏私,光标榜与大众谋利益的招牌,即是耍骗老百姓"。冯的抗日言行,引人注目,并鼓舞着民众的抗日热情。

抗日同盟军冠以"民众"二字,含义深刻,因为政府不抗日,民众才自发地组织起来,肩负起抗日大业。冯玉祥具体地讲到他做出这一抉择的原因及过程:本人接各方督责函电,纷至沓来,无不责以大义,勉以抗日。天津方面有50个团体来函,上海亦有25处来电催促,要求即行兴师,保卫国土。又以察省民众,闻日军有犯察省消息,尤为恐慌。因之本人于情势万分严重之中,应各方民众之要求,毅然就抗日军总司令,召集同志,兴师抗日。①

为什么选择张垣为兴师地点?一是察省已处于国防最前线,容易聚集抗日力量;二是察省原有的宋哲元军调离喜峰口参加战争,只留下佟麟阁领导的少数兵力,而佟是冯的老部下,与冯志同道合;三是大量的东北抗日义勇军在东三省和热河沦陷后都汇集到这里;四是日军正忙于平津城下之盟,暂时未将视线放在察省。因为有这几个条件,冯玉祥的政治活动得以顺利展开。

冯玉祥是1932年10月从泰山来到张垣的,他说来察完全以平民资格赁屋度日,不过问一切,但表示此后对抗日当积极进行,并协助东北义勇军。居住张垣后,对他刺激很大,目睹国难日趋严重,东北失地未复,长城战争又屡遭失利,日军兵临平津,订立城下之盟,当局竟俯首帖耳。冯以爱国心驱使,便暗中联络吉鸿昌、方振武、佟麟阁等组成同盟军,从东北退入察省的东北义勇军如邓文、李忠义、冯占海、热河地方部队姚景川、察省地方部队张砺生、乌疏泰领导的蒙古自治军②相继加盟。平津等地大学生及全国各地爱国志士也纷纷奔向张垣。张垣一时成为抗日中心地区。

有了这样的实力,结成抗日阵线,5月26日,即《塘沽协定》签字前5天,察省各界于张垣召开民众御侮救亡大会,集议宣布成立抗日同盟军。同一天,佟麟阁、高树勋等14名将领联名通电,响应冯玉祥的号召,加入抗日同盟军。

不管南京和北平当局喜欢或不喜欢,或者采取敌视态度,冯玉祥决心依

---

①《察事己有解决办法》,《申报》第11版,1933年6月17日。

②该部也称蒙古骑兵自卫军,约2400多人,曾在小梁子、牛头沟门、公爷府等地与日军作战5天,获得胜利。

靠民众力量,武装保卫察省,为争取国家独立和民族解放而斗争。他于大难当前,义无反顾,委任佟麟阁为察省代主席,吉鸿昌为警备司令兼公安局局长,张砺生副之,冯占海为同盟军总指挥。

对察省政府机构,进行了改组。因原有各厅长均已离张去平,民政厅长由佟麟阁自己担任,财政厅长由张允荣接充,建设厅改为处,委乔耆冰为处长,原省立一中校长胡子恒为教育处长。

佟麟阁奉冯玉祥之命,实行新政,立即着手三事:1.察省民穷财尽,所有一切苛捐杂税,一律取消,由省府通令各县府具报办理;2.省县党部之费用,自即日开始不得动用人民之公帑,由省府令各地县府照办;3.政治人犯一律释放,以申民气,而资增厚力量。①从这三项规定,已可看出冯的主导思想,以人民利益为依归,所颁政策,偏向平民化。

根据当时报刊所载,冯雷厉风行,在察省"颇多设施",新任命的一批官员迅速上任,执行自己的职责。如财政税收是刻不容缓的,分别派员接收税收机构,组成察省财政办事处,公布了新的税则,各项杂税暂免三个月。减税范围,以边城为界,边城以内各地按原税则减半收税,附税亦随正税减半。边城以外仍按原税则收税。张(垣)多(伦)税关减半征收。张垣还设立了交通司令部,统一车辆调动,以应急需。

"察省驻军原极复杂,军纪荡然,居民颇受骚扰。冯就职以来,对于军纪风纪竭力维持,已渐正本,原有的警察枪械,完全收缴,仅用指挥棒维持秩序,地方尚称平静。"这是一篇报道中讲的。

从上述事实,已可说明张垣的进步和变化。有什么样的政权,就有什么样的社会。"张垣在二十四、二十五日非常恐慌,冯于二十六日就职以后,人心渐定。"②这是当时人所亲眼看到的,作者感到有责任对其所考察的社会状态做出评判,就将他的视角观察表述出来。

张垣所呈现的每一情景,都是很引人注目的。同盟军的效率很高,冯在吉鸿昌和佟麟阁的协助下,迅即公布了部队的建制和指挥官的姓名,共编成3个军,第1军军长佟麟阁,第2军军长吉鸿昌,第3军军长高树勋。军下有师、旅、团、营、连,完全按正规军的编制建成。总司令部设参谋长、军政、财政、军

①《张家口成标语世界》,《大公报》第4版,1933年6月11日。
②达:《察哈尔形势紧张》,《申报》第9版,1933年6月6日。

需、军法、政治等部门。士兵的来源可分3类,一是冯玉祥的卫队及原驻察省留守的第29军教导团,原冯玉祥1931年在汾阳办的军校的学员组成的教导团;二是察省各县的公安局和民团;三是新招募和收编的散兵游勇。吉鸿昌、张砺生、乜玉岭、张自光等在张北招编的旧部,编练民团,成绩卓著。至6月上旬,就聚有五六万人。3个军的力量,得到充实。第1军后来辖4个师1个独立旅,原29军彭国政教导团扩充为第1师。第2师中的共产党员较多,宣侠父、许权中分任第5师、第18师师长,张克侠任干部学校校长。第3军以收编的民团和招募的新兵为主,也都充实起来,方振武率领的救国军到达,义军相继加入,部队阵容壮大起来。冯的卫队原仅2000多人,经过改编教导团及各县征兵,扩充到2万多人,收编杂军及民团,委张自光、曹栋辰、乜玉岭等为察省自卫军师长,总计冯玉祥所辖之卫队,及归其指挥的方振武部、东北义军及民团,已有十数万人之多。

冯玉祥是治军的能手,吉鸿昌、方振武、佟麟阁是有丰富经验的良将。他们有强烈的使命感和把握事物的力量,使各种不同的军力,朝着一个方向前进。冯玉祥此时教育训练部队的方法是:他自己扛着枪,教育兵站、跪、卧射的法子,向官兵讲道理:人民是我们的父母、兄弟、姊妹,谁若欺负人民,就是欺负了自己的父母、兄弟姊妹一样。一般是训练三天。这样的演说,切中话题,打动了士兵的心,使部队有一良好的风纪。冯玉祥对东北义勇军有一正确的认识,即"都是很好的抗日军队,有的从七八万人,打到了几千人,他们都是精锐的部队"[1]。

这么多的军队,军费的供给是一大问题。察省仅16县,且地瘠民贫,难以提供充足的物质条件。军需的要求又极为迫切,如何解决这一问题呢?新政权从各县也征收一点;吉鸿昌、方振武二位毁家纾难,提供军费,吉鸿昌拿出6万元往平津购置军火[2],还购到一部电台;各界的捐助,给予极大的支持,如方振武北上时上海商会支助2000元现洋,朱子桥组织的东北抗日后援会捐款10万现洋,广西省李宗仁、白崇禧、黄旭初电汇现洋10万元等。在艰难的岁月里,他们勤俭度日,看到东北义勇军千里跋涉,忍饥挨饿,衣衫褴褛,无衣更换,则予以人文关怀,如独石口方面有数千义勇军到达,均着皮衣皮帽,面目

① 《冯莅济详报》,《益世报》第2版,1933年8月17日。

② 吉瑞楚、郑慈云:《华夏忠魂——吉鸿昌传记》,河南人民出版社,1991年,第349—343页。

漆黑,状极瘦敝,声称投冯,到张垣后,冯即召集训话,痛哭流涕,旋发军衣,为之更易,使其焕然一新。

冯强调联合抗日战线,加强与各方面的联系,以增强抗日力量。6月4日在张垣召开了军民联欢大会,开放党禁,宣传政策。张垣市内广贴标语和口号,成了红色的标语世界,内容有《民众抗日同盟军总司令布告》《冯玉祥就任民众抗日同盟军总司令通电》、张人杰响应冯总司令就职通电、冯玉祥就任后三道革新政治的通令、言论结社自由,抗日救国军政训处的传单、宣言、标语、方振武开赴独石口抗日等。宣化也遍贴类似张垣的传单标语,此外还有抗日救国军政训处的壁报,内容包括反对对日妥协,响应冯总司令的通电。军队的宣传队被派出宣传抗日政策,以激发蕴藏于人们心中的爱国热情,张垣的工人们此时特别活跃。

张垣所呈现的政治气氛在中国其他地方是看不到的。

三、对同盟军的支持和反对

察省民众抗日同盟军成立的通电发出后,引起了不同思想和不同的人之间认识上的冲突。当时,中国出现了3种不同的声浪:1.完全赞成和拥护;2.不敢公开表示支持,但认为有合理之处;3.敌视态度,对其务必消灭而后快。

第一种态度以东南社会最为激烈,广东方面也表示了极大的同情。由上海商会、九四老人马相伯、国学泰斗章太炎对冯的致电,就可看出他们是以沉痛的心情, 和深深的期望来看待抗日同盟军的诞生的:"日本逞无厌之欲,满洲燃已死之灰,而当局视为癣疥微疾,溃烂不治,脏腑皆糜,他且弗论,即如北平城中,日兵入者已 2500 人,甚至搜查住宅,巡逻东城,我宪兵反退让唯谨,如是犹谓北平未失守乎?假若妥协速成,日兵暂退,而重门洞开,去来无禁,不过数年则黄河以北皆敌有矣。"[1]日军如此肆虐,而当局竟俯首屈从,是可忍孰不可忍?马、章电文所表达的愤恨心情,是普遍存在的,对当局的抨击切中要害。中国的出路何在?冯玉祥所开辟的道路,是国人所期望的,马、章说得对:"民众弗忍,诉予执事,执事以坚卓之性,应迫切之求,起虽晚而合时会,地虽小而系人心。夫抗兵相加,哀者制胜,热事与察省民众,可谓哀者矣。守察既

---

① 《马相伯章太炎电勉冯玉祥》,《申报》第 10 版,1933 年 6 月 2 日。

固,必令华北设备安全,方得恃以无恐。然则东未定沈阳,北未复热河,尚无时不在哀中也。"①这种忧国报国之心,是很感动人的。

第二种声音,可以《益世报》5 月 30 日的社论为代表,题为"冯玉祥通电与国事前途",明确而严厉地指责当局的不抵抗政策给国家带来的灾难,并以1930 年蒋介石对阎、冯战争所使用的精力、人才、财力和这次对日作战相比较,质问当局:"今日不是不抵抗,假抵抗,不彻底抵抗而何?"希望执政者苏醒过来。而国人愤怒的是"平津兵临城下,华北人民水深火热的今日,一二日来,中央一批要人若戴传贤等,遨游山水,鉴赏古迹,怡然自得,暇逸享乐",社论以不可辩驳的事实直指南京政府实愧对国家,实大负于国民,因之冯率众揭竿而起,这是必然的,是正义的事业,这是文章的主题思想;但另一方面又谈到,冯在张垣的行动,标题"抗日",目的"对内",这是三尺童子都能见到,并且说,依民众团结抗日不赖政府是不能成功的,在察省任意更换长官,任意发布命令,是错误的。这些话则是政府的话语体系。《大公报》6 月 9 日的社评:《幸免内战之察局》,也是类似的看法,其中讲:"冯委员玉祥,于察东陷落之后,塘沽休战之前,在张家口纠合兵队,同盟守察,此乃非常自卫,其意可嘉,而其事不可久。诚以国家今日,事实上不能以兵力收复失土,政府全力所不能者,一部分人岂能之。"这几句话,前半部是正确的,后半部是错误的。

第三种声音,是南京政府要人们倾泻的。行政院长汪精卫认为:"冯的行为非其时,误国政策,身为中委,用民众名义,亦不妥当。"②何应钦讲:"在此时机,局部对外行动,非特无裨时艰,反足危害国家前途。"③北平军分会发言人加冯以许多罪状:"冯玉祥盘踞察省,自称总司令,滥委总指挥及军长至数十人之多,擅行变更省政府组织,招收土匪,暴敛横征。"④黄绍竑说:"冯氏果决心抗日何不早日实行,而待抗日各军均已焦头烂额,无力作战之际,始行动员,似嫌过迟。察哈尔之情形,目前异常混乱,察省宋主席刻正救伤恤死而不暇,而冯氏擅行将察省主席更调,实属令人不解。"⑤北平市政整会委员鲁荡平谓:"冯实'欺世盗名',于此时停战协定签订以后,再来侈言抗日毋乃与中央

①《马相伯章太炎电勉冯玉祥》,《申报》第 10 版,1933 年 6 月 2 日。

②《汪谈对内用和平方法》,《益世报》,1933 年 6 月 20 日。

③《察事近闻》,《中央周报》(第 270 期),1933 年 8 月 7 日。

④《军分会发言人驳冯代表谈话》,《益世报》第 2 版,1933 年 8 月 3 日。

⑤《抗日不尚空谈》,《申报》第 10 版,1933 年 6 月 2 日。

故意为难。"①以独立精神标榜的《独立评论》也不顾正义和公正,刊登多篇文章为南京的误国政策唱赞歌,扭曲冯玉祥的义举。蒋廷黻写的《枪口对外不可乱》,文章中有这一段话:"据冯氏方面所发表的言论,他这次所争的是政策,是要继续抗日,他的具体目标是收复多伦,其意志之能引起民众同情,这是很自然的。不过从国法上讲,枪口对外亦不能乱,倘国内握兵者可随时随意向外开枪,这就不成一个国家了。"②这段话着重点是后半段,是否要抗日得听南京政府的,否则就是违反国法。类似的言论铺天盖地,不胜枚举,这种狂热的非理性说教,是那个时代的主流思潮。

从当时的国情看,主张坚决抗日的应该是国家的头等大事,但在黑白颠倒的年代,在我国南方,是"剿赤",在北方是"讨冯";对企图灭亡中国的敌人,是中日亲善。

冯玉祥举起抗日旗帜,和掌权者的对立是不可避免的。冯玉祥原期望以往和他合作的伙伴阎锡山以及他的部下韩复榘、宋哲元会支持他;未曾料到他们均采取观望态度,保持一定距离。5月29日,冯派前陕西省省长刘治洲到天津,向聚集在津城的一些将领,解释通电抗日经过,也无成效。冯已感到同盟军遇到的困难,比原来估计要严重得多。但他有一种信念,抗日是历史的潮流,不能知难而退,应勇往直前。所以他一再表示,他对抗日坚定不移,义无反顾。

四、守土有责,义无反顾

面对对立和压迫的现实,冯玉祥在建立起的察省抗日基础上,规划着收复失地的大业。1933年6月15日至20日,同盟军在张家口召开了第一次代表大会,对诸事做出了决议案,通过了抗日同盟军的纲领、军事问题、军队政治工作与协助民众运动、军委会组织大纲等。大会选举出的军事委员会委员共35人,常委有冯玉祥、方振武、吉鸿昌、孙良诚、张允荣、佟麟阁、邓文、张人杰、宣侠父、邱山宁、张慕陶共11人。常委多次开会,决策一切。6月15日晨,冯玉祥特别向新闻记者申明自己的心愿与决心。"本人因上月察省危急,平津动摇,连接各方面函电责骂,故毅然就抗日同盟军总司令,前王法勤、李烈钧、

---

① 《鲁荡平谓冯实欺世盗名》,《益世报》第2版,1933年6月6日。
② 蒋廷黻:《枪口对外不可乱》,《独立评论》(第60期),1933年7月23日。

黄绍竑、黄少谷来张时,本人即主张武力收复失地,决尽全力牺牲,不以一走了之,遗国人以骂名,不离张垣,即为等死。"①冯玉祥表述的是令人鼓舞的思想,他因此成为这一时期在北方领导抗日的带头人。

6月20日方振武领衔率领佟麟阁、张人杰、吉鸿昌、高树勋等25名将领发出通电,全文甚长,其中讲道:"振武等为民族生存而战争,应民众要求而奋起,敢对国人一掬肺腑。凡与吾人同一战线者,皆为吾友;凡与敌人同一战线者,皆为吾仇,飞短流长。悉任毁谤,威吓利诱,决无所动,既不辞玉碎于强敌,更何求瓦全于内奸。兹仅率民众抗日同盟将士,追随冯总司令之后,重整义旗,尅日北指,克服察省失地,再图还我河山。纵令内外夹攻,皆非所惧,誓以战士之碧血,渲染塞外之秋草,四省不复,此志不渝,愿全国民众,共起图之。"②展现在国人面前的,就是这样一支无所畏惧的英雄部队,为了国家、民族的生存,他们誓将抗战进行到底。电文感人至深,它和当时发出的诸多通电一样,都是中华民族抗敌的重要历史文献。③

同盟军面向日军,这是一种新的思潮和行动,应该得到赞许。不幸的是执政者将其视为头号大敌,对其存在纠缠不休。同盟军面临的是两面作战,一面抗日,一面对付当局。

从同盟军诞生的那一时刻起,南京和北平的执政者就喊出叫停令,命令冯玉祥取消同盟军的称号,离开张垣。这当然是冯不能接受的,北平(注:北平军分会委员何应钦掌军政,政整会委员长黄郛掌政治,此二人掌握华北人民生杀予夺大权)、张垣之间展开了论争,处理和北平的关系,比抗日事业更难。当局以政治和军事手段交错运用,并和日军合作,逼冯就范。冯意识到自己处境艰难,但毫不胆怯、畏惧,虚与委蛇,双方信使和调解者于平、张道上络绎不绝。

何曾电冯入京,共商国是。何、黄还派人到张,一再逼冯取消总司令,或择地而居,可亲带卫队到北平近郊商讨察事。冯知道这是调虎离山,未上圈套。冯表示他的爱国之心,不敢后人,对日必须贯彻初衷,周旋到底,为抗日而生,亦愿为抗日而死。对于察省土地,矢志保卫,个人虽牺牲一切,在所不惜。6月

---

① 《冯玉祥对记者谈话》,《申报》第3版,1933年6月16日。

② 《宋哲元暂不返察任》,《大公报》第3版,1933年6月25日。

③ 根据《大公报》载,在电文中签名的有:方振武、孙良诚、佟麟阁、邓文、吉鸿昌、张砺生、阮玄武、张人杰、鲍刚、朱文和、高树勋、雷中田、李忠义、余亚农、王英、支应遴、彭国政、宋铁体、杜光明、富春、马冠军、李海山、乔明礼、刘子斌、刘真、刘震宇、王中孚。据此,有的文章说签名者10余人,是不确切的。

12日何应钦在怀仁堂召开军事会议,决定一面派信使至张,催冯就范;一面派中央军关麟征、陕军冯钦哉沿平绥路北上。20日更任命庞炳勋为察哈尔"剿匪"总司令。"剿匪""灭赤"是蒋介石消灭异己的动员令和终极目标,这就确定抗日同盟军一天也不能存在。6月13日早晨,何应钦、黄郛、宋哲元派代表来到张垣,带来宋哲元的信函,劝冯和中央保持一致。冯召集其幕僚在新村图书馆会商,方振武、邱山宁等列席,冯提出7项意见,作为回应:1.热河失陷,多、沽相继不守,平津亦被包围,本人目击察省危急,乃于宥日通电就任民众抗日军总司令之职,联合抗日同志,集中力量,保卫疆土。2.宋哲元在喜峰口一带力抗强敌,勋劳卓著,能回察省,当可守土,深望早回。3.孙殿英转战千里,功不可灭,以之开发西北,定当于国有裨望早促成。4.方振武毁家报国,请宋向当局设法,予以军事上名义,使之贯彻抗日报国主张。5.苏马归国部队邓文、檀文新、富春、李忠义等,当统统编制,优予接济。6.追随本人之部队多有安置,则个人不成问题,所部不下2万,愿归宋哲元全权负责办理,编师编旅,均所不计。7.宋回察后,察省军政有人负责,抗日军总司令名义之取消及个人之去留,不成问题。[①]冯表述意见时,倾向妥协,其交出军权的言论,引起内部极大不安,也未为外部所接受。

就察省内部而言,6月15日方振武发表了完全不同的见解,指出:"到察目的,最低限度收复察省失去各县。现形势转变,如有人不谅解枪口绝不对内,即将枪交给。"1933年1月成立的张垣特委,此时已改为抗日同盟军前委,由柯庆施领导,一直执行"左"倾路线,还组织了约3000人的反冯妥协的示威游行和请愿活动。抗日力量的分歧已表面化,但尚未达到分裂程度。日伪进攻沽源、多伦,促使联合抗日战线克服了负面的消极因素。在方振武、吉鸿昌的抗战观影响下,冯玉祥的态度又强硬起来。

冯玉祥为维护同盟军的正义性,及自己政治理念的正确,对加于他的罪名,予以严厉的反驳。他理直气壮地讲,自己既非共党,也没有联共投共,更非割据,意志只在抗日守土。说他接近赤化与苏俄有关,他的回答是:"张垣秩序安静如恒,金融工商依旧进行,而玉祥封闭银行,提倡打倒资本家,此皆绝非事实之真相也。玉祥认定,抗日非军民一致不为功,诚奖励民众,起而抗日,此与所谈工农暴动者,殆风马牛不相及。"因偶然在张垣市上,发现赤党传单就

① 《察事已有解决办法》,《申报》第11版,1933年6月17日。

指冯为共产党,冯的回答是,"今天赤党横行于长江,暴动时起于沪滨",若以此就加以赤党之名,"那各省军政长官不亦皆共产党乎?"这样的反诘是非常有力的。冯进一步说明,察省府所办的国民新报,其读者论坛中,偶登"左倾"言论,即由省政府严加取缔,举一及十,可概其余。原察省代理主席许埔交代察省政务后抵平讲,他在街头亲见所贴标语,并无拥护苏俄等字样,说冯赤化,"未免过于揣测,实际不确"。至于说冯委任一批新的官员,冯讲:前因多伦失陷,省政府人员多相率离职,故派佟麟阁暂代主席,这是一时权宜之计。许埔也证实了这一事实:"省厅因各厅长多于事变前来平,经冯委人接收。"他交卸后,冯对他很优待,未遭受任何事故。还有一离奇的传单,说冯的奋起,始引致日军的来侵。冯驳斥道:多伦失于5月1日,沽源失于5月24日,而玉祥兴师抗日,则在5月26日。冯对强加于他的种种罪名,都给以淋漓尽致和猛烈的抨击。他强调,他所进行的事业,没有越出民族解放的范围,他希望更多的各界人士到张垣来参观,以目睹实际的张垣,对察省的变化有真实的了解。

五、枪口对外不对内

冯玉祥坚持自己的信条,枪口对外不对内。

6月初,察境口北各县,敌伪肆虐,察省形势,危如累卵。独石口方面,同盟军已和日伪军接触,冯命张砺生、乜玉岭两部在张北一带严密防范。张北至张垣间,掘战壕数道。张垣附近,由吉鸿昌设防。独石口由方部张人杰师据险扼守。平绥线宣化一带,由方振武部驻守。康庄及沙城一带由孙殿英部驻守。北平至青龙桥以西拨子站,属中央军关麟征军防地,是对付抗日同盟军的,不是面向日军的。

1933年6月19日结束的抗日同盟军第一次代表大会上,加盟各方对抗日的方针有了一致的认识,制定出了奋斗的目标,有计划地对日军事进攻立即开始。20日,由方振武领衔的26位将领发出的通电,实是抗日的出师表。

6月22日,冯发布命令,任方振武为北路军前敌总司令,吉鸿昌为北路军前敌总指挥,左副总指挥邓文,右副总指挥李忠义。方、吉即日率部北进,以期于10日内收复沽源、宝昌、多伦等地。方和吉、邓、李均发表了就职演说,他们痛陈中国已濒临被毁灭之边缘,"再不奋起,沦亡无日"。吉鸿昌、邓文、李忠义的电文中讲:"溯自东省沦亡,热河继陷,东南灰烬犹存,华北烽烟潜漫,失地丧师,盟订城下,民族沉沦,国已不国,慨我当局甘屈服以苟全,奈彼外敌逞凶焰而未已。今竟纵兵察边,侵我重镇,再不奋起,沦亡无日。我冯总司令循全国民众之督促,不避艰危,以作领导,万民闻风,仗义景从。鸿昌等枕戈待旦,敌忾同仇,此心如铁,此志不渝,迷伸佈臆,计邀亮察。"①方振武于是日,率吉鸿昌、邓文、李忠义、张人杰、张砺生、阮玄武、余亚农、王中孚等部,挺集察东。

前敌总指挥即于6月22日离张垣赴张北,部署进军,兵分5路,第1路为邓文,第2路为李忠义,第3路为周荣轩,第4路为乜玉岭,第5路为胡云山,各部向保康一带推进,以夺取沽源。23日,李忠义之先头部队进抵二台。24日,邓文部进抵馒头营、公会一带。26日向李严房子推进。李忠义部由白庙滩向得胜营子推进。日伪军闻风退却,吉部跟踪追击。余师及王支队与由独石口方面进抵沽源附近之部队,已取得联系,对沽源形成包围形势。伪军张海鹏等急向热西日军茂木旅团,请得大批械弹,以马骡千余匹向沽源载运。此时,日伪又收买大批土匪,到处烧杀,破坏农村经济,使抗日部队息影无地。土匪如李占元、老儿子、西大王、杨而八等,经吉部抄剿,纷向沙诺泉、李森木、大以拉房子、东瞬塘、马家村一带逃窜。

在大军压境之下,敌伪阵营出现了裂缝,康保伪军刘桂堂部,与吉鸿昌接洽投诚。刘桂堂是伪军中较强的部队,6月初,在日军指挥下,连陷沽源、宝昌,已到了鞍子山,正向张北推进。面对着强大的压力,他决定摘掉伪军的帽子,派其副军长尚武到张垣,说明误入迷途之原因,表示愿意站到抗日战线上来:刘前在鲁北,与大军隔绝,为保存实力,徐图报国计,虚与日军委蛇。入察以来,既受日军压迫,又不得国军的谅解,无以自由,现在愿率所部,听候指挥,一致抗日。②冯接受刘桂堂的反正。在战场上化敌为友,分化敌方的阵营,这是战胜敌方的一大策略,是对日军以华制华的沉重打击。冯、刘约定,刘让出康保一带,由同盟军进驻,以通收复多伦之道。刘部开往沽源相机进取热西。6月22日余亚农、王中孚等部进驻康保。

同盟军旗开得胜,首战告捷,而且没有经过大的战斗,就于7月1日光复沽源。

察省最激烈,也是最后一战是多伦之战。这一战打得极为艰苦。冯玉祥告

---

①《冯玉祥再派代表到平》,《益世报》第2版,1933年6月26日。

②《刘桂堂反正率部开往清源》,《申报》第10版,1933年6月28日。

全国国民书中讲:"我挺进抗日部队,自月初连续克复宝昌、沽源后,军事进展节节胜利,现中路军李忠义部进迫黄土滩一带,左路军张凌云部进迫黄土厂一带,右路军刘部苏师进迫破窑洼一带。吉总指挥鸿昌与左副总指挥文,已率主力进驻前后孤山,决定阳日夜 11 时,开始围攻多伦。日机 3 架,阳午围绕白水诺,为侦察前后孤山一带,旋北去,藉悉伪将领李逆守信等死守多城,但我士气极旺,决以头颅碧血与敌周旋。"① 战争进行第 4 天,日伪均发布了战情:东京日本陆军省方面消息,驻守察哈尔之方振武部 3000 名,突于 8 日袭击多伦,结果被据守该地而向"满洲国"表示好意之李守信部击退,是役方部阵亡 20 名,负伤者似有数百名。沈阳伪方信息:方振武及吉鸿昌、邓文部,合计 10000 兵力,第一线部队,7 月 7 日向距多伦南方约 30 公里之茶栅进击,其先锋部队三四千,8 日早进攻多伦,驻扎多伦之李守信部,在多伦西南之王家营子附近应战,约 2 小时,方军退去。方军战死 20 名,遗弃大行李车 20 辆。从以上敌我两方面的报道可以看到,这一战局是如何展开的。敌方阵容以民族败类的伪军为主,这是日军最恶毒的手段。进攻之所以受挫,是因为多伦城墙坚固,日伪在市内外又修筑了 32 座炮台及各项军事工事,以重炮飞机轰炸进行顽抗。同盟军士气很旺,但一连七八天下大雨,粮食接济不上,忍饥挨饿,备受困难。在如此恶劣的环境下,吉鸿昌身先士卒率敢死队手持大刀,祖臂匍匐前进,三次冒雨爬城也未能奏效。激烈的交战中产生了新的智慧,决定挑选精兵,化装成回族百姓、伪军、商贩和被俘的抗日军,潜入城内,里应外合,拼杀肉搏,经过 5 昼夜鏖战,终于击败日伪军,于 7 月 12 日上午 10 时,收复了沦陷 72 天的多伦。

此役,同盟军为国捐躯者 1600 人,伤 500—600 人。受伤官兵运平医治,部分送往协和医院,包括团长张学忠、参谋李林春及一些重伤者。大部送往"红十字会"医院。许多重伤者,因前方医药缺乏,得不到医治,不胜痛苦,遂举枪自戕。冯玉祥"每念及此,辄为泪下"。为表彰伤者为民族的生存和解放立了大功,发给官兵慰劳金,团长 300 元,营长 160 元,排长 80 元,上中士各 40 元,兵各 30 元。② 对死者,决定建立纪念碑,将其名字镌刻于上,做永久的纪念。

多伦被日本视为它进一步侵略的"基地",未曾料到很快被同盟军夺回,

---

① 《冯军攻多伦》,《大公报》第 3 版,1933 年 7 月 12 日。
② 《冯部受伤官兵送平医治》,《申报》第 13 版,1933 年 7 月 18 日。

东京和伪军就惊呼起来:"以 4000 之军队死守多伦之李守信军,8 日以来,受冯玉祥部下吉鸿昌总指挥之邓文、檀自新、刘桂堂等之联合军 8000 攻击,激战 4 日,弹尽,遂退出多伦。李军 11 日夜撤退到热河省境,吉鸿昌遂于 12 日午前 11 时占领多伦。"日本陆军当局也做了同样的报道。多伦附近 8 日以来受冯军攻击之李守信军,也于 11 日放弃该地,"冯军于李军退后,当即开入多伦"①。伪《盛京时报》刊出:"方军 7 月之 7 日逆袭多伦,李守信军抗战甚力,直至 11 日卒因众寡不敌,李军遂向围场退却。"②

　　察东 4 县收复,这是当时中日战争史上最值得称赞之事。从"九一八"到这时,政府军只是一味退却,从未主动进攻,收复失地。冯的军事行动比任何其他行动的后果都更为可取。因之,当冯玉祥、方振武、吉鸿昌等将战胜的消息电告各方时,无不欢欣鼓舞,拍手称快。如寓居上海的国民党中委薛笃弼说:"冯氏在察抗日,经敌手夺回 4 县百万方里之地,功绩昭彰,凡属国民,均应表示同情,并予援助,该役冯氏必当枪口对外,决不对内。"③上海转运报关同业工会的电文讲:"读各报欣悉,光复多伦,流三军爱国之血,洗中华百世之耻,受镑为国,益钦坚忍,愿公等弗渝初衷,抱痛杀敌,为民族争光,临电涕泣,不尽欲言。"东北义勇军后援会的电文说:"多伦克服,全国欢欣,本会业已发电致贺,兹再拨款 5000 元,汇请犒劳出力各部,即祈分转方、吉、邓、张诸公,鼓励将士,继续迈进,再建奇勋。临电神驰,仁盼捷音。"④天津《益世报》发表了社论,其中讲:"吉鸿昌军队于本月 12 日收复多伦,这是已证实了的事实。在这一点上,我们不能不承认冯玉祥对国家有相当功绩。从九一八起直到今日,我们只有失陷领土的故事,并没有什么人做过收复失地的工作……有之,吉鸿昌收复多伦为第一次。"⑤从客观的历史现实来看,这些称赞是公正的,合情合理的。

　　收复多伦,这是无可辩驳的事实,是抹不掉的。东京日本及长春日伪都宣布了这一事实。冯玉祥两次电告收复多伦之经过。冯部受伤官兵 674 人由多伦运平,一部送协和医院医治,一部住"红十字会"医院。《申报》通讯具体讲:

---

①《多伦收复后之察局》,《大公报》第 3 版,1933 年 7 月 15 日。

②《李守信军由多伦撤退》,《盛京时报》第 2 版,1933 年 7 月 14 日。

③《方振武通电》,《申报》第 13 版,1933 年 7 月 18 日。

④《各界电贺慰劳冯玉祥》,《申报》第 10 版,1933 年 7 月 17 日。

⑤ 社论:《再谈察局》,《益世报》第 1 版,1933 年 7 月 16 日。

"从各方面调查,多伦光复,似为事实,今日(15日)有一部受伤官兵,由张运到平,送往协和医院疗治,日方对于冯部光复多伦,异常注意,已增兵热边,准备大举侵察,伪国方面亦调伪军前往该处,准备反攻。"①

奇怪的是,从南京到北平的官方对收复多伦完全持否定态度。汪精卫、何应钦竟说:这是别有用心。"官方顷发表的公报谓,冯氏并未真正克服多伦,但系当地驻军自动反正,故当时并未放一枪即拔一城。至于冯氏谓阵亡1600人,伤300人之说,官方认为绝对无稽。"②主流派完全丧失了民族立场和人性,竟如此胡诌,《益世报》对此现象极为气愤,严厉驳斥了对冯的恶意中伤,其中讲道:"有人或者这样说,冯玉祥的收复多伦,不过是沽名钓誉的幌子,不过借此号召而已。我们认为,今日果有人能收复承德,收复沈阳,收复长城外各地,彼即以此沽名钓誉,国民却愿馨香祷祝,永奉为民族英雄。"该报社论还意味深长地引用国民党中央委员李烈钧致冯的一封贺电讲道:"今公尚未尊重中央之意,而先已快人民之心……旬日间传檄四县,今日血战克多伦,举百万方里已失领土,首收复之,闻者雀跃,业诚伟矣。惟惜人不战而弃数省以立功,今公一战而收察东,恐难免于罪。缘政府希望与公者,并不在此,且不需此也。今为公计,应速肉袒负荆,诣京请罪,并申明今后不愿抗日御侮之事,则功逾陈汤,罪逃武穆,岂不善哉……"③这种讽刺挖苦的言论,写得非常深刻,真是入木三分,那时中国统治者的核心人物就是这样的状态,昏庸无以复加,所以社论讲:"冯玉祥果真志在抗日,国家又何幸有此矢志抗日之人,功秦桧而罪武穆,今日果真是这种局面?"

六、夺回多伦竟成罪状

从日伪军手中,夺回多伦,竟成为冯玉祥的罪状,这是中国历史上的千古奇闻,千古奇冤。收复多伦,中国当局竟和日军携手围"剿"同盟军,这也是千古怪事。

7月14日下午3时,驻平日使馆武官柴山,奉日外务省电令,偕同参赞

---

① 达:《多伦收复,日提警告》,《申报》第9版,1933年7月17日。

② 《汪院长谈·察省收编伪军》,《申报》第3版,1933年7月20日。

③ 社论:《再谈察局》,《益世报》第1版,1933年7月16日。

原田到居仁堂会见何应钦,对冯收复多伦提出口头警告,指为违反停战协定①,同时,日伪已开始向察东出动。退出多伦的伪军大部集中于经栅,在红花山留一部分掩护,张海鹏 12000 人已到了经栅,日骑兵 500 余已过经栅。17 日已渡闪电河。承德日军也向热边增援,日伪军已达 2 万余。日驻平武官 13 日晨就向冯玉祥军代表提出抗议,谓关东军视情形如何,将采取适当措施。察东形势是很紧张的。日重视多伦,增派部队,要重新夺取多伦、沽源。同盟军在多伦 1 万多人,构筑防御工事,因感粮食缺乏,由张家口方面向该地输送军马及食粮。

如前所述,收复多伦是南京政府所不容许的,华北当局秉承蒋介石意旨,"在武装中求和平,期冯最后的觉悟",乘机压迫就范。在庞炳勋的节制和统帅下,众多的精锐部队,包括关麟征、王敬玖、冯钦哉、孙德荃、何立中、吴可仁等都开入察境。庞的司令部由康庄移至怀来,先头部队李福和骑兵师已开至宣化南 30 里之下花园。琢鹿康庄、怀来均为南京政府军所占。到 7 月 24 日,庞部与冯部方振武、孙良诚于宣化东辛庄子相对峙,距离仅 15 里。

国人无不思虑察省局势的发展,生怕发生内战。李济深、陈铭枢于 17 日紧急致电汪精卫、居正、于右任、孙科四院长,请主持正义,停止入察,原文如下:"焕章同志,愤暴日侵凌,奋身朔漠,捍卫边疆,衷情热血,国人共见,其非离异中央,公等亦曾为之辩白。乃者中央竟遣重兵入察,虽意旨未明,然倘系对付焕章同志,则窃有期期以为不可者。今东北四省沦陷,焕章同志抚率孤军,志存国土,中央既有远谋,然对于焕章同志爱国苦心,尚能嘉许,果不幸传闻属实,必令群情疑骇。焕章同志,公等曾共患难,其才其身,亦系党国干城,即不能付以抗日之任,亦当恤其抗日之心,国家多难至此,应共奋同仇敌忾之心,化轻启兄弟阋墙之祸,为外人所笑,千古所悲。乞我公主持至计,即饬令停止入察之师,为国家惜人才,为社会留元气,临电不胜迫切待命之至。"②唐绍仪、陈济棠等西南中执委也致电南京,措辞强硬,警告当局:"如不立时停止察哈尔讨冯军事,西南不能坐视,而将率领全国人民,主持正义。"③西南领袖并有致全国人民通电。这些电文是认识那个年代发生在察省政治进程最珍贵的文献。

---

①《塘沽协定》不包括多伦。

②《李陈电四院长》,《大公报》第 3 版,1933 年 7 月 19 日。

③《粤委请中央停止军事》,《大公报》第 3 版,1933 年 7 月 21 日。

南京的当政者极力为其诉诸武力辩护，从汪精卫18日的复电中可以看到,正义的事业全被歪曲了,是非全被颠倒了,以已被事实粉碎了的陈词滥调来搪塞,如说"焕章兄在察一切布置,其心固可念,而其事则至可危,盖守边而不秉命于中央,则其结果必为丧失领土"。多伦收复,"非取之于日本军队之手,乃取之于伪军之手,此等傀儡,何足一击"。解决察事的原则,蒋介石、汪精卫提出四项罪状,要冯接受。"(一)勿擅立各种军政名义,致使察省脱离中央,妨害统一政令,寝假成为第二傀儡政府。(二)勿妨害中央防边计划,致外强中干,沦察省为热河之续。(三)勿滥收散军土匪,重劳民负担,且为地方秩序之患。(四)勿引用共匪头目,煽扬赤焰,贻华北以无穷之祸。"[1]从当时的政策来看,仅第(四)条就应"围剿"消灭之。而冯犯上作乱,要使察省继热河之后,为敌所有,还鱼肉百姓,真是罪大恶极,必须铲除而后国家安,这就是南京的逻辑、决心和意志。

对华南政治势力的动怒,南京也不能完全不理,就派黄绍竑等游说,去软化。北上抗日的19路军到了郴州,被强行开到福建去"剿"共。

冯玉祥慨叹地讲:他是在血泊中求挣扎。这句话真实地说明,他指挥抗日同盟军,收复察省的艰难情景,前有日伪军,后有南京政府军,受到两面夹攻。在那个时代,南京政府在南方就是全力"围剿"红军,在北方全力消灭抗日同盟军,派出16个整师进攻张家口。日本对此,不能不拍手称快。看到中国政府的确在实现中日亲善。

南京政府口头也讲,尽量和平解决察事,实际上一直在动用武力。庞炳勋担任这一不光彩的使命。他于7月29日,仿效蒋介石,发出安内攘外电文,杀气腾腾地说:"奉命入察,决非为个人权力,既为国家之将领,即应站在国家立场上,浅见者流,认此次为内战,误矣,不知攘外侮,必先安内乱,若假救国之名,行割据之实,背叛中央,破坏统一,即中央不闻不问,国将不国,安能对外。"[2]他声称"本军入察,即为'剿'除赤化,巩固边防[3]。庞很得意,但社会并不认可,从他被任命察省"剿匪"司令那一天起,各界舆论就予以抨击。他的祖母王陆氏在《大公报》登一启事,让他急速回家,登于广告栏,很能说明问题,

①《汪蒋发表时局通电》,《大公报》第3版,1933年7月30日。
②《庞炳勋论安内攘外》,《大公报》第3版,1933年7月30日。
③《一周间国内外大事述评》,《国闻周报》第29期,1933年7月24日。

现抄录于后：

> 　　汝所留书信均悉。自汝去后,家中老幼已失常态,汝事众亲友已经为
> 汝预备完妥办法,且无稽之言流蜚语,未足使汝之洁白名誉,道德人格,受
> 丝毫损失,此为众亲友所洞悉者。余年近八旬,只炳璋与汝二孙在前,甚望
> 无论如何,急速回家是要,一切之事,余自有相当处理办法也。①

这样亲情言辞,也感动不了庞炳勋,他已深深迷信蒋介石的抗日必先"剿
共"思想,他还给冯玉祥写信,请谅解他的入察。他怕国人怨恨他,就以重复蒋
介石的言论,来包装自己,壮胆自己,以求解脱。

冯玉祥一再表示,解决察事,切盼勿遽以兵戎相见。一切问题,和平商决,
希望当局对其保察的善意,能予谅解。至进而收复东北四省失地,由政府筹定
整个计划,他愿规随。然庞炳勋侵察日亟。7月中旬,庞的先头部队李福和骑
兵师,已进至宣化南30里之下花园。另一劲旅进至涿鹿,关麟征师占领康庄
怀来,徐庭瑶不时到前线视察防务,内战一触即发。

中国各界人士劝南京政府,对冯勿用武力,应该充分认识冯的抗日举动,
对国家和民族的贡献,前述李济深、陈铭枢等人的函电,代表了国人的心声。

中国国民党中央执行委员会西南执行部常务委员胡汉民、陈济棠、白崇
禧、邹鲁等6人也于7月20日,紧急劝阻对察用兵：

> 　　南京中央党部、国民政府钧鉴:北平军事委员会分会勋鉴:冯焕章同
> 志崛起张垣,捍卫国土,固足振民族之精神,亦以挽国家之厄运,此种热
> 诚,实为国人所钦佩。乃南京军事当局既不抵抗于前,以致丧失四省;复
> 于抗日军收复康保、宝昌、沽源、多伦各地,不以为功,反以为罪,纷调师
> 旅,推进察境,利诱威迫,勒令冯同志取消抗日同盟军,离开察省,此种倒
> 行逆施,实为绝对不可。须知时至今日,东北四省既经沦陷,长城天险亦
> 已尽失。华北门户洞开,所赖为晋陕之藩篱者,只察省耳。敌伪野心无厌,
> 《塘沽协定》不可恃,诚恐抗日力量消灭之日,则察晋陕冀诸省即为东北
> 之续也。务望速将入察之师停止前进,保存抗日一份力量,即留国家一线

①《广告·炳勋见报急速回家》,《大公报》第7版,1933年7月3日。

生机……迫切陈词,敬希明察。①

以上的诉求和言论,体现了当时国人对察事认识的深度。他们以严肃的态度对察事解释呵护。

南京政府如何对待这一强烈的问责呢?从汪精卫对陈铭枢、李济深的电文中,就可看出,继续在扭曲事实,颠倒黑白,为其计划消灭察省抗日力量辩解:

> 焕章兄在察哈尔一切布置,其心固可念而其事则至危,盖守边而不秉命于中央,则其结果,必为丧失国土,前例俱在!无俟赘陈。至于守边之策,在严治防守工具,并整顿纪律,不再多招散兵,以至内溃。日前多伦之失,并非由于战败,乃因热河溃兵蝟集,多伦食尽烧光,不得不退,伪军刘桂堂乃得从容进入,殷鉴俱在。实为张家口危之。今者多伦已告收复矣,惟非取之于日本军队之手,乃取之于伪军之手,此等傀儡何足一击。硁硁之余固不敢掩人之善,然若因此而遂以吾国现有兵力足以收复失地而有余,则徒使古北口、喜峰口、冷口一带战死之将士溅泪于地下而已。两兄治军多年,当明此理,无待弟絮言也。多伦本为察省土地,焕章兄一举收复,足慰人望。倘于此时举察省军政之权,还之中央,则心迹大明,举世共见,弟敢信中央同人方推重之不暇,更何存于猜疑,此诚唯一良机,弟已多托同志,苦为劝谕。两兄忧国忧友,必有同情,尚望深切为焕章兄言之,冀其垂听,是所至荷。②

这样的答辩,我们结合历史实际来考察,就可看出其虚伪性,逻辑上也不通,只要是一个有良心良知的中国人,也不会如此讲的。九四老人马相伯赋诗一首,颇值得玩味:

> 移山填海寻常事,
> 上智由来出下愚,
> 借问大智能有几,

---

① 《西南劝阻对察用兵》,《大公报》第 3 版,1933 年 7 月 31 日。
② 《汪致李陈复电》,《大公报》,1933 年 7 月 31 日。

北冯南李唱喁于。

诗后有一自跋:"老朽九四,目击非人之祸痛矣,识大树,心仪其愚,果也在其内外夹攻中,而康保沽多百万里之地,以收复闻愚耆果可及乎? "[1]

当局昏庸至极,对其讲理,等于对牛弹琴,毫无效用,因其奉行的是在武装中求和平。蒋介石 1933 年 6 月间致电何应钦,有三条指示:"(一)黄河以北皆交冯,但须多人保其不叛中央等。(二)多人劝其不要近赤化而交还察政,免为日人造机会。(三)在三五日无办法决用兵。"[2]这里着重是第三条,前两条是虚的,第三条是实的,任庞炳勋为"剿匪"总司令,调南京中央军、陕军、晋军及东北军入察,就是明证。

为消灭抗日同盟军,当局无所不用其极,除与日军合作,抄同盟军的后路,还使用两种毒辣的手段,一是占领平绥路南段,封锁察省交通,断其物资供应。察省地瘠民贫,食粮已感缺乏,部队的经费拮据,难以为继。二是收买分化同盟军将领,像方部鲍刚已暗中脱离,被编为旅,北平军分会给每月 25000元薪金。张人杰也归顺北平军分会,邓文、李忠义及刘震东之义勇军,也相继离冯。这种现实,冯玉祥已感到承受不了,于是做出屈服于当局的决定。可以想象,他当时的心情是很痛苦的。

根据庞炳勋解决察省经过的电文,冯曾三次致电于他,即 7 月 31 日、8月 3 日、8 月 5 日,表示愿将察政交出,中央可以派人负责收拾善后。8 月 1 日冯也电告李烈钧,大意是,发生内战,于心不忍,汪蒋所提出四事,完全接受,冀得谅解,请转函于政府。冯 8 月 5 日的电文,将他所以做出这一决定之因,明白无误地告诉国人:

> 玉祥誓死抗日,原期对外牺牲,湔雪国耻。若因此反招政府军之讨伐,酿成内战,则不惟玉祥所不愿见,亦即国人所不忍闻。嗟夫!今日中国,危殆极矣!河山破碎,灾祸荐臻,正国人同舟风雨生死相依时也,岂容其茸相煎为渔人造机会,益陷民族于万劫不复乎?玉祥爱国,决不忍以救国者而反以误国。玉祥爱民,亦断不肯以爱民者反以殃民。今愿将曲直是非公之

---

① 《九四老人咏时事诗》,《益世报》第 12 版,1933 年 7 月 25 日。
② 台湾"中研院近代史研究所"编:《徐世昌日记》,1990 年,第 13 页。

于世,爰自即日起,忍痛收束军事,政权归诸政府,复土期诸国人。①

这是冯的真实思想,将是非曲直公诸于世,含义深远,其中心思想是"人家不让他抗日",北平当局认为电文颇多牢骚,只是摘要刊登。

冯玉祥曾为此事发出过叹息:"可叹当时参加抗日的军队不下10余万人,子弹缺乏,又无饭吃,接济不上,无以应敌。所以结果我才交军队于国家,察省政权交宋主席。"②

以什么方式交出政权?庞炳勋、宋哲元根据蒋汪四项原则及何应钦三项办法,策划于8月5日召开沙城会议,请冯出席,签以协议。8月6日,在庞炳勋军军部,当局派出20余人参加,包括庞炳勋、宋哲元、徐庭瑶、冯钦哉、蒋伯诚、熊斌等,同盟军仅有佟麟阁、孙良诚、邱山宁数人。据1933年8月7日《益世报》沙城会议详情报道,出席会议的为宋哲元、蒋伯诚、熊斌、孙良诚、佟麟阁、邹山宁、邓哲熙、秦德纯、张继荣、徐庭瑶、冯钦哉、过之翰、王海门、庞炳勋、吴克仁、李福和、陈希文(宋所派之赴察代表)。由蒋伯诚、宋哲元先后做报告,要佟、孙劝冯接受察事解决办法,并将拟就的沟通电稿请付讨论。双方人员如此悬殊,后者没有说话的余地。由庞、宋拟一通电,请冯方认可。通电内容:"(一)取消名义,此后一概不问。此后如有假借本人名义发表电文,或招摇撞骗及骚扰地方者,概不负责。(二)冯先生居处以不在张家口为宜,俟冯离张后,宋即到张垣,避免为人挟持利用,且释群疑。(三)宣化及宣化以南之军队于6日离开。(四)张家口附近军队除徐彭两团暂驻外,其余悉数于7日离张垣。(五)宋部手枪队于6日午后到达宣化车站。(六)即调宋部冯治安师前来,以便接防张垣。(七)自6日起,所有察省军政事宜,统由佟司令负责,邱参谋长协助。"③这一强制性的协定,捆住了冯玉祥及同盟军的手脚,两个多月以来所形成的巨大抗日力量,遭到了毁灭性的打击,留下了痛苦、悲伤的结局。

1933年8月6日下午,冯发出通电,交出察政,宋哲元于当日进驻宣化,宋的冯治安师两个团于7日到达张垣接防,庞炳勋及17军徐庭瑶、关麟征师开至宣化,驻张之冯玉祥军及铁路沿线驻军一律向张北方向撤退。一切按照沙城合约决议进行。宋哲元于12日到达张垣。

①《冯玉祥通电之二》,《中央周报》(第271期),1933年8月14日。
②《泰山访问冯记》,《大公报》第2版,1933年10月4日。
③《沙城决定初步办法》,《大公报》第3版,1933年8月7日。

冯玉祥已没有居张垣的自由,当局令他立即离开,"冯不离察,事件不得谓全了"。"冯氏如不离开张垣南行,则察事虽表面解决,而实未解决"。冯不得已于 12 日下午 3 时,在宋哲元陪同下,参加设在新村的抗日烈士墓、烈士塔、烈士祠落成典礼,发表了沉痛的公祭演说,其中有"以热血洗河山,以头颅换国土,黑水白山,永留壮绩,壮怀奇节,实滋怆恻"数语,言下,继之以泣。冯又指塔尖之倾斜处(按:塔尖向东北倾斜),向众泣诉曰:"东北未复,有如此塔尖,君等切勿忘之。"[1]14 日决定离开张垣,再赴泰山。[2]临行前,"部下之激烈分子,曾痛哭失声,坚切挽留,及见冯无可挽回,彼等乃不复力争"。可以想见,冯是带着被伤害的心而离开的。

革命的张垣,立即成了白色恐怖之地。何应钦讲:"察省诸问题,均容易解决,唯可虑者,为该方共产党的活动,必须设法肃清,以免滋蔓成患。"[3]省府四周,张贴着严拿"共匪"、严拿游勇纸条。"方振武、吉鸿昌两部,恐有共党混入,已责阮玄武、张允荣负责肃清。连日曾在方振武部搜获共党 7 名,业已解抵张垣,收押研讯。"[4]"冯部教导团认为颇多赤化分子,须予解散或裁汰。"[5]其时,8 月 8 日,日军正大举进攻多伦,来势极猛,大队飞机 7 日飞沽源投掷炸弹,同盟军及有关民众损伤甚重。日本驻平武官向北平军事当局表示:"多伦实为冯玉祥所属之吉鸿昌部驻守,其赤化色彩,甚为浓厚。日本关东军对此不能漠视,决加以进攻。"[6]这再一次证明,中国当局和日军合伙,以消灭抗日力量,这是中华民族真正的耻辱。

抗日同盟军的旗帜被砍掉,这是历史的不幸。冯玉祥未能坚持下去,他聚集起来的抗日力量的坚定人物方振武、吉鸿昌等则决定抵抗到底。但方、吉部坚持至 10 月中旬,在日军飞机协助、中国政府军的围剿下,伤亡惨重。为保存这支部队,方、吉迫不得已与政府军谈判,以图达到保存力量的目的。经谈判,方、吉历经监视、检查幸得暂时脱身,所剩部队随即被压送保定接受训练式遣散。

---

① 《冯氏离察赴鲁察事告一结束》,《中央周报》(第 272 期),1933 年 8 月 21 日。

② 韩复榘汇寄 25000 元,请为再到泰山居住。

③ 《何应钦谈察事善后》,《大公报》第 3 版,1933 年 8 月 8 日。

④ 《察省全盘解决》,《益世报》第 2 版,1933 年 8 月 26 日。

⑤ 《察事情圆满解决》,《中央周报》(第 271 期),1933 年 8 月 14 日。

⑥ 《日伪军攻多伦》,《大公报》第 3 版,1933 年 8 月 9 日。

一支英勇抗日的军事力量就这样被消灭了。

从以上事实发展中，我们可以清楚地看到南京政府当局，如何自毁长城。这是最惨烈难忍的痛苦撕碎着国人心的事。当时粤当局禁各报载方、吉溃败的消息，就是一种强烈的反抗。

现在有的文章讲，"九一八"后，蒋介石民族主义思想日益高涨，是不符合事实的。蒋的主张抗日，是1937年七七卢沟桥战争以后的事。听其言，观其行，我们不能因蒋说了一些国难严重的话，就被迷惑住了，因此失去了理性的批判。

余　论

日本不费吹灰之力，占领了东三省，又占领了热河，并越长城而南，逼近平津，国难如此严重，而当政者仍若无其事。难怪日本人说："中国送礼的人太多，礼物又这样的丰厚，日本哪能不受。"这里所讲的送礼者，并非只是一批汉奸，更重要的是包括一批当政者。中国古谚说"人必自侮，而后人侮"，"国必自伐而后人伐"。蒋介石集团扮演了自侮自伐的角色。所谓"安内攘外""抗日必先剿共"的国策，就是最好的说明。

探究国事的情理，南京政府和共产党之争，和冯玉祥之争，或其他爱国人士之争，是主义之争、政策之争或政见之争，这种争论，在使中国政治如何清明，国家如何强盛。和日本之争，则是国家和民族生死存亡之争，性质是不同的。这是最基本的常识。而南京将事情颠倒过来，即以南京指责冯玉祥在察省割据而言，《益世报》1933年8月8日发表题为"察局和平解决"的社论中有一深刻而恰当的论述："武人割据，此风固不可长，然无论如何，割据尤胜于割让，楚人失之，楚人得之，这是我们对割据局面无聊中的自慰。'宁赠友邦，不与家奴'，这是前清最结怨于人民的一句话。今日中央当局当然无此存心，仍愿今后察局不闹成这般结果。"真不知当时中央政府要人们读到这段文字是什么滋味？

中国是全国人民的中国，每个人都有抵御外侮的权利和义务。察省抗日同盟军是国民党人、共产党人、地方实力派、东北义勇军、平津的青年学子等组成的抗日力量，难道违法吗？将这种力量定为敌人，这种错误，一时可以得逞，而历史是不会饶恕的。

抗日是考验当局的试金石，国人必然铭记在心。"日本有侵略中国的决心与勇气","中国人,中国当权在位的人,有亡国的决心与勇气,这点时间愈久,愈加以证实,这是令我们害怕的地方。"①这样的表述是建立在对现实深入考察而做出的,是可以信赖的。

看看1933年10月中旬,南京和华北当局以武力遣散消灭方、吉军,关麟征部队押运徒手之战士到保定的情景。再看看在同一时间,日本驻华大使有吉到平津时,平津当局对其高接远送,低三下四,委曲求全。国人睹此情况,怎不痛心叹息,南京政府是中国的政府,还是日本的工具?

历史就是历史,这一段历史是不会在人们的记忆中消失的。

原载《史学月刊》,2009年第4期

---

① 社论:《察局和平解决》,《益世报》第1版,1933年8月8日。

绥远抗战时蒋介石的两副面孔

在我国近代史上,蒋介石一直是个有争议的人物。古人曰:行事见于当时,是非公于后世。后人站在不同的立场,以不同的视角,对蒋介石褒贬不一是很自然的。我们不能只根据蒋的日记论事,应根据历史的实际发展来论述蒋的功过是非。

一

蒋介石提出安内攘外、侈言抗日者杀无赦及和平未至绝望时期决不放弃和平,牺牲未到最后关头决不轻言牺牲等一系列错误政策,使国土沦丧大半。当时,华北被肢解了,日伪殷汝耕政权的首府就设在与北平近在咫尺的通州。日军在平津地区经常演习,1936 年 11 月 2 日,日驻屯军在平郊演习攻守战后,即分别由朝阳门、广渠门入城,穿行市街,又集中西郊八宝山一带演习,由该军司令官田代检阅。由朝阳门入城者,经东四、东单、长安街、西单等地示威。天津的日本驻屯军在大沽军演,汉奸则举行大游行,平津也成为华北最前线。日军踌躇满志,得寸进尺,1936 年又与蒙奸德王、李守信、王英等密谋,策划建立"蒙古大帝国(或称元帝国)",其预拟版图从热河向西一直延伸到新疆。11 月便向绥东绥北进犯,并有飞机助战。绥远省主席傅作义感到生存受到威胁,毅然举起义旗,和日军战于陶林的红格尔图和武川的百灵庙。两个战役,都取得胜利,揭开了我国民族战争的序幕。

绥远抗战兴起,举国振奋。《大公报》发表了守绥远的社评,其中讲:"一般国民之中日关系,最近日趋于最小限,即绝无高调,亦并不讲报复,但一致坚决主张国事不可再误三误,以至于无穷之误。易言之,不论国力为何及一切条件为何,总之不堪再蹈五年以来之覆辙,坐看国土之再被削侵。此种情绪普遍于全国军队及知识界之间,不只北方也。"①这里,包含两层意义:一是尖锐抨击从"九一八"以来的丧权辱国政策,造成了民族的无穷灾难;一是忠告南京政府,悬崖勒马,不可再有误国政策。全国各阶级各阶层人民都被绥战动员起来,声势之浩大前所未有。从城市到农村,从大学教授到幼儿园小学生,从文化界领军人物到卖报小童,从金融界工商界人士到商贩走卒、矿工、路工,从厨师、脚夫、卖山芋的、沿街算命的到乞丐、妓女、囚犯等社会最底层群众,都投入到援绥运动中。援绥运动如火如荼,或宣传或募捐,或节衣缩食,解囊捐输或赶制防毒面具,或购买棉衣、皮衣和药物,或组成慰问团,或组织战地服务团。曾参加过"一·二八"战役的19路军战士将自己身穿的丝绵背心脱下来给前方战士,都以各种方式表达自己的心意。

就华北而言,各界的表现都很突出,学界尤令人注目。北大、清华、燕京、师大、北平女子文理学院、协和、平大两医院及天津的南开大学和北洋工学院都是援绥的中坚力量,使运动得以持续发展。北大绥远抗战后援会于12月6日赴百灵庙,清华前线服务团也到了武川,燕京大学新闻系战地调查团于12月7日赴红格尔图。南开大学学生发起为绥省将士缝制棉衣军衣1万套,并于11月16日到17日素食两天,停炉火三天,捐款300元。他们组成的赴绥劳军代表团赴前线慰问,于11月25日由绥返津,向全校师生报告劳军经过,并议决:"(一)电绥慰劳攻下百灵庙之国军;(二)请全国一致组救护团,募集大量皮棉衣服,运前线应用,并定29日演戏助捐,工商界捐款现在募集中。"②北平各学校学生以绥远抗战关系民族国家存亡,救亡工作已至最后关头,应集中全国力量,一致奋起杀贼,特推派代表6人与津、保、京、沪等地学生组织请愿团,赴京向政府请愿。25日晚6时离平赴津,当晚在天津与津、保两方代表会合,由津乘车南下。

援绥抗战的爱国运动是很感人的,仅就捐款一项事实来说,有捐小铜圆一枚者,有捐大铜圆一枚者。北平幼稚师范中心幼儿园小学生说:"我们是小孩,可是我们爱我们中国,听说敌人来抢绥远,我们捐钱了。又把我们零食钱省下来,可是还太少,我们又开了一个元宵铺,赚了4元多,也捐了。"③天津胶皮车5人团各捐一角,并附言:"我们5个人联合起来各捐一角,请代汇前方

---

① 《守绥远》,《大公报》第2版,1936年11月12日。
② 《赴京请愿代表昨晚首途》,《大公报》第4版,1936年11月26日。
③ 《节省零食钱劳军》,《大公报》第4版,1936年12月8日。

的战士。这个数目很小,可是我们的力量也就是如此,再多也捐不出来,这样我们已经把裤腰带勒得很紧了。我们要表现我们的爱国精神,叫我们下层的苦力知道爱国是每一个人所必有的责任与义务,请诸位先生不要见笑我们这点小意思。"①脚夫李曾泉捐国币1元,并述其节约饮食经过:"大公报诸位先生,你们为代收捐款这样辛苦热心,我很受感动,又鉴于囚犯绝食捐助,自觉惭愧无地,但匀不出钱来表示我的一番意思。我每天住小店,夜间太冷,必须喝几分钱的酒才能熬出日头来,想到此,我停此喝酒,四顿饭减去两顿,5天半居然省出1元钱来,请你们收下转汇给冰雪中的士兵我们的同胞,表我们的寸心吧。"②还有署名"罪人奴下奴"捐洋1元,并说:"我是奴下奴,每日做奴事,而心不奴志不奴,相信不至终身为奴。自贵报公布代收捐款日起,奴亦凑集1元,请代收转交绥远不教我当亡国奴的战士们。"③这种爱国的情操,在南京执政者的身上是找不到的。相比之下,执政者的心灵是很污浊的。

二

看看南京政府的表现,令国人失望、愤怒、痛恨。当绥远战争爆发以前,蒙奸已蠢蠢欲动,媒体提请政府注意,而南京政府却热衷于谈判,"调整邦交",《大公报》猛烈地进行批判:"中国人民对日感情之劣化,有极深厚之根据。东北四省之被侵占,两年来华北之横遭畸形分化,最为中国人民所痛心,而且目前绥远之被策动侵扰,尤招中国人民之激愤,如何能调整邦交?"④日本驻华大使武官喜多诚一承认其肢解阴谋,对内蒙现局确已参加,承认其军官协助绥东蒙匪军事,承认其入侵内蒙古、阴谋将17000方里之中国领土置于日本统治之下。日本军部后备军官已在察北设立大规模军事学校,专门训练蒙军,日本军官之补给,由蒙人担负。日本已售飞机给蒙军。在这种状态下,南京还高唱"敦交睦邻",调整中日关系,并以取缔抗日行动为代价,以丧权辱国为得意之作。外交部直言:"近年来中国人民感情,虽因种种事实日益激愤,中国政府为保持两国之和平,以期待发现正当的外交解决途径,故力

---

①《裤带表现爱国精神》,《大公报》第4版,1936年11月29日。

②《天津脚夫节约饮食输将》,《大公报》第4版,1936年11月28日。

③《老太小姐们接踵输将》,《大公报》第4版,1936年12月1日。

④社评:《邦交上一点常识》,《大公报》第2版,1936年12月4日。

为告诫取缔。"①这种言论,使国家之尊严丧失殆尽。

为迫使南京取缔"排日"运动,从 1936 年 11 月下旬到 12 月上旬,驻平日军在北平昌平的汤山、怀柔、八达岭、十三陵等地举行战术演习;驻津日军在津郊的大毕庄、邢庄子、欢坨村、范庄子等地举行实弹射击,一片杀气腾腾。而南京政府竟心甘情愿,俯首帖耳,只要看看蒋介石的表现就再清楚不过了。蒋介石设行辕于洛阳,其追随者计划在洛阳广寒宫前花 10 万元以上建立中正纪念堂。11 月 12 日到 13 日,蒋逍遥游览嵩山及中岳庙少林寺。他摆出两副面孔,一是表示抗日,是给国人看的;一是镇压抗日运动,是呼应日方要求的。

请看他的抗日表现。11 月 18 日,陶林以东红格尔图战争爆发,蒋介石飞往太原,讲了几句不痛不痒、似是而非的话:"绥东蒙伪匪军扰乱问题之性质与关系,虽至为重大,然政府已有充分之准备与整个的计划,以吾观之,实甚安全,无须惊异,现在吾人一切应以坚固宁静沉着处理。我国自九一八后,不断进步,现已统一告成,全国团结一致,现代国家之基础已渐俱备。今后但须自强自立,埋头苦干,任何外患直不足惧,语云:人必自侮而后人侮之,'国必自伐而后人伐之',我能统一团结,自强自立,必须实行三民主义,建立现代国家,复兴中华民族。"②就在蒋发表官样文章之际,绥东集宁学生救国会以耻辱的历史教训和现实的危险性紧迫性,恳请南京政府明了绥远民意,改弦更张,出兵援绥:"溯自'九一八事变'以来,东三省以不战而沦陷,热河省因失援而弃守,奇耻巨祸,自有史以来未之有也。去秋以来,情势更急,冀察之侵略,津沪之受胁,平郊之大规模演习,领土主权,两受损失,大好河山,行将色变,中华民族任人宰割,含垢忍痛,迄于今兹,而敌人依然得寸进尺,进攻不休,野心不死,觊觎绥东,是欲陷我民族于万劫不复之深渊。中山先生所遗托吾人之重任,先烈所以糜躯洒血以殉者,亦将永绝成功之望。每念及此,令人悲痛,令人发指,叛逆李守信等,在察招兵买马,储粮运械,残害同胞。翘首北望,无泪可挥,环顾抗事,悲愤欲绝。近日更猛攻我红格尔图阵地,欲使该地成为焦土,居心恶毒,匪言可喻。集宁为国防要地,绥远门户,如今危机四伏,一触即发,风鹤频惊,人心愤激,幸赖我军将士奋勇杀敌,固守疆土,匪逆终难越雷池一步。敝会本良心之促迫,在此风云紧张之时,但愿政府明了绥远之真正民意,树立

---

①《障碍外交进行状态须消灭》,《大公报》第 3 版,1936 年 12 月 7 日。

②《政府有充分准备》,《大公报》第 3 版,1936 年 11 月 19 日。

救亡目标,并希全国同胞,共起援助,以伸民气,而却顽敌,使我中华民族永久光耀于世界。"①这代表了全国人民的呼声。类似的言论都指向南京,南京感受到舆论的压力,蒋介石做出了有限抗日的姿态,派陈诚到绥远主持军事,陈偕樊崧甫、刘耀扬、李则芳乘汽车离太原,还有8个团的兵力向绥境移动。洛阳行辕当局于12月2日还宣布:如匪伪军仍盘踞不退,继续进扰,则定以全力出击。蒋介石且讲:"百灵庙之收复,实为我民族复兴之起点。"但这种姿态,并不是蒋的中心思想,11月1日蒋出席洛阳军分校扩大纪念周,作了题为"国家之现势与前途"的讲话,其中说:"欲谋复兴民族,必先肃清一切危害国家之汉奸,必须尽先消灭有知识有组织之汉奸,亦即为整个国家民族最大祸害之赤匪。"②从这里可以看出蒋介石的抗战言论是虚伪的。

三

蒋介石用"赤色汉奸"和"被赤色汉奸利用"的恶语来实行他的暴政,救国会和红军是他的专政对象,把民族敌人当朋友,把自己的同胞当仇敌。

11月23日,百灵庙胜利之日蒋介石集团向上海救国会开刀。救国会是上海各界领军人士于1936年5月3日组成的, 在其成立大会宣言中明确申明自己的志趣:"我们唯一救亡图存的要道,在实行全国团结一致,以全力抗敌。救国阵线会一再的主张,全国各实力派即日停止一切自相残杀消耗国力的内战,从速团结起来,一致对外。"③但在蒋介石的眼中,这个组织是非法的,是有罪的。上海市公安局会同法租界、公共租界捕房于同一天同一时间拘捕救国会7名常委入狱苏州,理由是他们组织救国会,主张抗日。他们是:

沈钧儒,律师公会常务委员。

李公仆,量才补习学校校长兼图书馆长,主办读书生活社,环球通讯社。

王造时,平时除执行律师事务,又兼光华大学教授,也为《东方杂志》《新中华》杂志撰写国际问题的专论。

沙千里,平时除执行律师事务,又担任职业救国会总务和蚁社(一个有千余成员的职业青年业余文化集体)工作。

---

① 《绥东学生之呼声》,《大公报》第3版,1936年10月22日。

② 《蒋院长讲国家现势》,《大公报》第3版,1936年11月2日。

③ 沙千里:《七人之狱》,生活·读书·新知三联书店,1984年,第68页。

邹韬奋,生活书店总经理,《生活星期刊》总主编兼发行人。

章乃器,经济学家,浙江实业银行协理,经常写短论、散文和国际间的政治金融散文,著有《激流集》《国际金融问题》,救国会早期不少文件是章起草的。

史良,律师。

这七人之外,南京救国会负责人孙晓村和曹孟君也遭到同样命运。

因为这一群体是为中国实行宪政而奋斗,影响深远,他们的被捕,引起了千万人的愤怒与不平,成为震惊中外的大事件。南京政府连忙以上海市市长吴铁城的名义,发布了声明,罗列了一些罪状,称:李公朴等自从非法组织所谓上海各界救国会后,托名救国肆意造谣,其用意无非欲削弱人民对于政府之信仰,近日勾结"赤匪",妄倡人民阵线,煽动阶级斗争,更主张推翻国民政府,"该救国会内部尚有共党分子潜伏","在沙家"(指沙千里) 抄出之日文书籍《史的唯物论》①;指七君子请张杨出兵援绥为罪状。随后又查禁救国会和一些进步人士所办杂志和所写的一批书②,表明政府绝不屈从舆论,要对抗到底。而这更加激起国人的愤怒,引发起革命性的救亡运动,全国救国会发了《紧急宣言》和《告全国同胞书》,驳斥了横加于救国会的种种罪名。七君子在狱中表现出知识分子的傲骨,沙千里论述了他们羁押生活的感言,振聋发聩,促人深思。如邹韬奋讲:"哲学的信念不管是好的,或是坏的,对于自己都是有益的,都可以使人在危难中处之泰然,持之弥坚。历史上一切视死如归,从容就义,可歌可泣的事迹,都是哲学信念所造成的。"③李公朴讲:"我们要努力唤醒每个中国人有宁为抗战而死,不愿偷生而作亡国奴的决心,万众一心,必得最后的胜利。"④

---

① 《沪市府对沈钧儒等被捕业昨发表正式声明》,《大公报》第 4 版,1936 年 11 月 26 日。

② 一批一批的书刊遭查禁,1936 年 6 月有十几种周刊、半月刊、月刊和专著被查禁。12 月 4 日上海市社会局又以一些刊物内容反动,下令限期到两日内,必须销毁,以杜流传。据大公报 1936 年 12 月 10 日第 3 张第 10 版《沪出版界波澜》载,这些刊物有:《文学月刊》已令斩以合编,已出到两卷一期;《通俗文化半月刊》妥繇繇克夫编辑,代表人岳维健已出 4 卷 4 期;《新认识半月刊》夏征农主编,已出六期;《新世纪半月刊》姜启辰主编,出 1 卷 3 期;《青年文化半月刊》;《国际导报》(11 月下旬创刊,出版日即奉命停刊);《时论》(光明书店出版)卷 3 期,时代论坛改名;《作家月刊》孟十还等主编,已出 5 卷 3 期;《中流半月刊》黎烈文主编已出 4 期;《生活星期刊》邹韬奋主编兼发行,已出 26 期;《世界文化》;《读书生活》(主编李公朴,发起人艾思奇、柳湜)。专门的散文集和短论汇集和文艺论争 19 种;鲁迅的文集 12 种;章乃器的 1 种;邹韬奋的 3 种;文艺的作品和文艺的国防论 2 种;文艺的理论 1 种。

③ 沙千里:《七人之狱》,第 123 页。

④ 同上,第 124 页。

蒋介石轻而易举地镇压了救国会,于 12 月 4 日从洛阳到西安,亲自指挥其部队,誓言在短期内消灭陕西红军,任命"蒋鼎文为西北剿匪前敌总司令","卫立煌定为晋陕甘绥四省边区总指挥"。他和各"剿匪"将领逐个谈话,认为自己是至高无上的,都要绝对听从他的命令。他相信自己的武力可以在两个月内肃清各省边区的红军。但是这次蒋的说话不灵了,红军、西北军、东北军已形成救国战线,蒋的不去抗日顽固坚持打内战的思维遭到了猛烈反击,张学良和蒋介石争论起来。张讲了这样一个故事,七君子被捕后,他单枪匹马,乘军用机飞洛阳,请释放那几位无辜的同胞,蒋予以拒绝。张说:"蒋委员长这样专制,这样摧残爱国人士,和袁世凯、张宗昌有什么区别?"蒋回答:"全国只有你这样看,我是革命政府,我这样做,就是革命。"[1]历史表明,救国会事件,绥远抗战问题和延续内战,成为西安事变的催化剂,蒋介石成了阶下囚,西安事变终于结束了 10 年内战,指明了中国历史的航程。

原载《南开学报(哲学社会科学版)》,2012 年第 4 期

---

[1]《张学良在市民大会上讲演词》(1936 年 12 月 16 日),《西安事变资料选辑》,1979 年,第 122—123 页。

《学生呼声》笔下的西安事变

《学生呼声》第 1 卷第 3 期出版于 1937 年 1 月,是西安学生救国联合会编辑的,共 41 页,收录文章 12 篇,有的是叙事,有的是论述,每篇文章都有深刻的含义。《学生呼声》是从事变发生地的中心发出的声音,事隔 70 余年,余读之,感觉到那场惊险事件又原原本本再现于眼前。这里,仅选择几点,以窥探为什么在中国的西北发生了西安事变,而不是在别处;为什么张学良、杨虎城要采取兵谏;为什么说西安事变端正了中国的历史进程;为什么张杨被誉为千古人物。这些问题,都可以在这一期刊物中得到答案。

一、划时代的"双十二运动"

刊物上有篇题为"救目前的两件中心工作"的文章,作者肖尼,撰成于1937 年 1 月 12 日,文章不长,其坚定的历史观却跃然纸上,文中说:"划时代的'双十二运动',到今日整整的一月了,在这一月内,无论国内国外,都引起了剧烈的反响,无疑的这一运动在历史上是站着很重要的位置,尤其在中华民族的历史上,更占着光荣灿烂的一页,我们要记着这是在千百万群众热烈抗战的情绪下发动的。它的成功,也是由于千百万群众在那里拥护着,这是这次伟大的运动给予我们的宝贵经验。由于这一运动的开展,全国都在沸腾着,马上就要开始民族解放的自卫战争。'双十二'不过是一个抗战前夜的信号。"这种阐述深刻地表述了西安事变的历史背景、事变的根基,对中国历史进程的影响,以及在中国历史上的地位。一连串的民族灾难催生了这次运动。作者视野广阔,代表着当时当地青年学生的意愿与诉求。

在历史上,因为立场不同,同一事件总有不同的看法,这位作者还反驳道:相当多的人,"只认为是张杨两将军对蒋个人的非常手段,甚至认为是一种'叛变'行为,哪会想到这是一个光荣伟大的抗战行动"①。

叛变,犯上作乱,这是国民党及国民党统治地区媒体的观点。文章详细地记述了此前蒋介石一系列有悖人心的举措。

1936年12月12日西安事变发生的前两天,即12月10日,蒋介石调兵遣将,委蒋鼎文负责剿共,为西北剿匪军前敌总司令,卫立煌为晋陕甘绥四省边区总指挥,派十几万大军入陕,进行内战,蒋介石还亲自入陕督战,杀气腾腾,限令两周内消灭红军。

蒋介石入陕后,住在距离西安四五十里的临潼。张学良多次净谏,希望南京政府以国家民族为重,改弦更张,放弃自相残杀的安内攘外政策,他说:"'九一八'后政府所签订的几次协定,实在是断送了许多的主权,日本于一贯的大陆政策,整个中华民国,眼见就要沦为日本帝国主义的殖民地了""绥东的抗战,全国民气,激昂万分""我们领袖还是执行剿匪的主张,把国内大部的兵力财力,都用在内战式的剿匪上"。12月9日,西安学生示威,要求停止内战,一致抗日,蒋介石竟主张以武力弹压,并申斥必须以机关枪扫射,才能停止这些爱国青年的行动,几次苦谏、申诉、均被拒绝,蒋绝无改变其主张的任何迹象。蒋介石一意孤行,促使张杨决定独自树立抗日旗帜,和南京公开决裂,于是政变发生了。

张杨巧妙地策划这一事件,于12月10日晚在新城大楼宴请入陕将领,麻痹南京,令其失去警觉。12日,兵变成功。

西安事变发生,南京政府要员彻夜开会,认为这是叛党叛国,当此外侮紧急、剿匪将竣之际,竟劫持统帅,妄作主张。该员以身负剿匪重责之人,行同匪寇。以身为军人,竟冒犯长官,实属违法荡纪,张学良应先褫夺本兼各职,交军事委员会严办。所部军队归军事委员会直接指挥。②并由何应钦率军入陕,攻打西安。

一向标榜超越党派的《大公报》主笔张季鸾一连发表了10多篇文章,不顾事实,为蒋介石被囚叫冤,不顾事实,推崇蒋介石是爱国领袖,称"蒋委员长为10年来领导全国防遏赤祸之领袖,蒋先生正以全副精神领导救国,国家才有转机"。而"幽囚主帅,谋覆政府,此等于自抄袭于后路,几陷国家于危亡,此

① 西安学生救国联合会编:《学生呼声》(第1卷)第3期,第6页。
② 《大公报》第3版,1936年12月13日。

等军人以下犯上罪,诚重大无可伦比者也"。"现在讨伐令下了,多少军队在全国悲悔焦虑的空气中正往陕西开。"等等。这些言论出自报人张季鸾,是可悲的,报人的道德观应是公正的、客观的,张季鸾在这一问题上有辱于新闻人物的使命。

二、蒋介石谋略的破产

蒋介石原计划东北军开到陕西后,和杨虎城西北军及陕北红军,相互厮杀,同归于尽,未能料到,适得其反。西北三种势力,以国家民族利益为重,联合起来向蒋介石挑战。这一期还刊载黎明《独幕史剧》,作者王隽闻,以戏剧对话的方式,向人民群众展现了双十二前夜这一时间段,蒋介石及其亲信在临潼华清池设计的种种阴谋, 及怎样变成了阶下囚的全过程, 写得很具体、真实、生动,时间、地点、人物、情节,陈述得清清楚楚,证诸史料,没有虚构成分,现择几个片段:

时代:1936 年 12 月 11 日晚 10 时后

地点:陕西临潼华清池

人物:蒋介石委员长

　　　　钱大钧参谋长

　　　　蒋孝先(宪兵第 3 团团长)

　　　　杨振亚(宪兵第 1 团团长)

　　　　张副司令

　　　　蒋之无线电收发员及侍卫等

　　　　副司令卫队营孙营长及士兵

布景:可尽量装潢华贵。必须有的是中间一大公事台,后排有钢丝床,床上皆极鲜明的鹅绒被、毛毯,幕开时蒋与钱大钧、蒋孝先围坐公事台旁开会。

钱:委员长,我把这次的军事计划,提出来讨论讨论吗?(即将手中所持之草案端起)

蒋:(点头)好好。

幕后声:敬礼……礼毕

钱:(赶紧将草稿藏起。)

声:报告。

蒋:进来。

杨：(上行礼。蒋微欠身)

孝先：(浮躁的)有什么要紧的事吧？这样晚还来？

杨：是的是的。(转向蒋)报告委员长，各方面的情报员都说东北军不但违抗命令不剿匪了，而且最近他们还要自动去参加绥东的战争。刚才又接到一个密报，说是张学良已经秘密下了命令将大部分东北军往绥远那里移动。

孝：前天他向着来请愿的学生们，说一星期之内用实际行动答复他们，恐怕就是指的这个吧？(冷笑)

蒋：(不笑，肃静)还有什么？杨虎城呢？

杨：这几天他和小张来往得很密切。看那情形，他们好像违抗中央剿匪的命令，自动地往绥远开。

孝：这些东西真是无耻，总想得个民族英雄的头衔。总想借抗日的好名词，骗人民一些慰劳品！

蒋：(向孝先)哼，听着：(向杨)团长，你报告你的。

杨：最近的情报，就只是这个了。

蒋：好好，(点头)那么你打算怎么办呢？

杨：我是来向委员长报告消息的，我自己没有什么主见。

蒋：不过，你多少有点意见吧？说说。

杨：那么，我的意见只是请求委员长下决心，赶快解决张杨。否则，若是他们一跟日本接触上了，我们不但不好消灭他们了，同时他们还会博得中国愚蠢人民的同情和拥护。更厉害的还是，他们那么一来，必定燃烧起全国抗日的狂热。到那时候，我们不但没有办法再统治人民啦，就是我们自己的军队也要不容易统率了。"一·二八"上海战争，不是顶好的例子吗？

蒋：你既然有这种决心，还有处置的准备吗？

钱：现在我们已经配备好了30师步兵，九大队共军来解决西北。假如东北军听从我们的调动，我们便可以不用流血即把他们解决了。若是他们反抗命令，那么我们只好斩铁断钉地歼灭他们。

蒋：他们内部冲突也可以帮助我们一下子。我已经给杨虎城一封信，叫他扣起张汉卿来。同时我也给汉卿一封密函，叫他立刻解决17路军。他们自己只若一冲突，我们在外面一包围，空中一轰炸，他们立刻就完了。

杨：这策略好，这策略高！(谄媚貌)

钱：(向杨)30架飞机已备好了，明天飞来西安，一见我们有两架飞机升起,他们就立刻轰炸西安。

杨:好好!(喜)

孝:我主张不必先调军队打,借开会为名,把小张扣起来,那么东北军就一哄而散了。

钱:(向蒋)我早就也主张这样来。[①]

这一历史剧目是 1936 年 12 月 16 日编写的。编剧者根据史料和自己的加工,描绘了蒋介石集团真实的临潼会议的阴谋和毒辣。戏剧比散文和评论更有感染力。可惜的是因为当时西安空气很紧张,未能公演。笔者当时在西安市读小学,剧本是看到过的,在南京空军飞到西安示威,并轰炸渭南,南京军队也开往西安的条件下,这个剧目怎可能上演呢?但它永远留存于刊物上,从史料方面讲,是真实有价值的。

三、史沫特莱论西安事变

柳青韵写的美女记者施爱义(即史沫特莱)女士访问记,也载于《学生呼声》这一期上,更是一篇不朽的文章。作者用半页多的篇幅介绍史沫特莱的中国情结。在问答中,主要回答了三个问题。

1. 对西安事变的评价。

"'双十二事变'在中国是自从 1926—1927 年北伐以后最重要的事件。直到现在,西洋各国的革命运动还没有能够与它比拟的,虽然将来它也许会演成像西班牙人民反对法西斯反动派的斗争。"

张杨两将军是具有高远的历史眼光和大的勇气的中国军事领袖。

2. 如何看待 1 月 9 日的武装示威运动。

"一月九日的群众示威运动也是自从一九二五——一九二七年以来最重要的武装示威运动。它给我一个深深的印象。在中国别的部分,兵士总是被人民怕着,恨着,但在这儿,他们和人民已经成了同志,兄弟了。"

3. 蒋介石离陕后,态度有无转变的可能,即他是否实行离陕前的六项允诺?[六项允诺即他离陕时在机场向杨虎城答应的:(1)明令中央入关的部队于 25 日起,调出潼关,并谓:从本日(25 日)起,如再有内战发生,当由余(蒋

---

① 《学生呼声》,第 21、22、23 页。

自称)个人负责。(2)停止内战,集中国力,一致对外。(3)改组政府,集中各方人才,容纳抗日主张。(4)改变外交政策,实行联合一切同情中国民族解放之国家。(5)释放上海各被捕领袖,即下令办理。(6)西北各省军政,将由张杨两将军负其全责。]

史沫特莱的回答是:亲日派已经掌握到南京政权,在日本之指导下进行犹如日本人所欲进行的方向。在这种情形之下,蒋介石将军不致使他去年12月在西安允诺的六项实现。我不知他离陕后是否改变态度。事实是他已经握不到南京的政权,而让日本的走狗握到南京的政权了。

4. 美国报界巨子霍华德称蒋介石领导下的南京政府是抗日政府,这种看法对吗?

史沫特莱答:美国纽约世界电报总主笔霍华德先生,说南京政府和蒋介石先生是抗日的。那表示霍华德先生不但没有得到正确的消息,而且表示他是反动者的发言人,那表示他没有,从来没有和中国人民接触过,和他所接触的仅仅是南京的亲日官僚。每个信实的中国人都知道南京政府不是抗日的。

从史沫特莱以上言论看,她爱憎分明,是坚定地站在中国人民的立场,对南京政权的忧虑有透明的了解,对西安事变做出精辟的分析和论述,她挚爱这一运动,甚至说:"我将尽我的能力拥护它,到必要时,尽我的生命。"在她的眼中,西安已成为一个新天地,军民一家,各方面都是生气勃勃的,对西安事变发出微词的人,她给予无情的批驳。

原载《民国档案》,2013 年第 2 期

略论"一二·九"和西安事变的历史意义

一、中共抗日民族统一战线政策及其影响

1935年,日本日益加强了对华北的侵略,中日民族矛盾逐渐上升为国内的主要矛盾。在中华民族面临生死存亡的紧要关头,如何挽救民族之危亡,如何联合尽可能多的力量进行抗日斗争,成为摆在全国人民面前的最紧迫问题。

中华苏维埃政府8月1日和中共中央发出统一战线十六纲领,即《为抗日救国告全体同胞书》,通称《八一宣言》。宣言指出:"无论各党派间在过去和现在有任何政见和利害的不同,无论各界同胞间有任何意见上或利益上的差异,无论各军队间过去和现在有任何敌对行动,大家都应有'兄弟阋于墙外御其侮'的真诚觉悟,首先大家都应当停止内战,以便集中一切国力(人力、物力、财力、武力等)去为抗日救国的神圣事业而奋斗。"号召全国同胞:"有钱的出钱,有枪的出枪,有粮的出粮,有力的出力,有专门技能的贡献专门技能","为祖国生命而战!""为民族生存而战!"并提出组织国防政府和抗日联军问题。①

《八一宣言》的发表,标志着中共的策略方针开始了新的转变,在国内外引起了强烈的反响。中华民族革命同盟认为:共产党新政府是在亡国大祸之前,一切政策以抗日为中心,决心全国各党派各阶级合作,共同救国。北平知识界受到宣言的鼓舞,决心发动"一二·九运动"。张学良、王以哲了解到宣言的内容后,经过研究认为共产党联合抗日的主张是真心的,张让王在前线设法沟通与红军的关系以找到共产党。国民党监察院院长于右任看到宣言内心很激动,曾与何香凝、柳亚子等交换意见,都表示衷心赞同中共所提出的各项

---

① 中央档案馆编:《中国共产党关于西安事变档案史料选编》,中国档案出版社,1997年,第4—7页。

主张。一位身居海外的华侨从伦敦写信给《救国时报》，信中说："我以最高的感激和兴奋，一而再、再而三地看到救国报上所转载所翻印的——《为抗日救国告全体同胞书》。这不独是中国共产党的一篇空前的伟大的文献，就是在全世界，全中国的文书中，也是最庄严伟大，最沉痛悲愤的一篇。"共产党提出的政纲，"不只是代表他们党和无产阶级的利益，而且是代表全体人民利益的民族民主的政纲。……任何人，只要是一个中国人，都应该庆幸和欢迎。"①蒋介石将这一文件印发给他的高级将领当作研究对付共产党的材料，即要宋子文、陈立夫、曾养甫等人设法打通共产党关系，企图招降共产党，中共政策的确有力地推动了全国抗日救亡运动的高涨，促进了抗日民族统一战线的建立。

中共中央到达陕北后，于 1935 年 11 月 13 日发表了《为日本帝国主义并吞华北及蒋介石出卖华北出卖中国宣言》，号召全中国的民众，"全体动员起来，武装起来，组织起来，拥护与参加中国共产党所领导的抗日反蒋的战争，只有全国民众的总动员，与坚决的武装斗争，我们才能取得抗日反蒋的最后胜利。一切抗日反蒋的中国人民与武装队伍，不论他们的党派、信仰、性别、职业、年龄有如何的不同，都应该联合起来，为打倒日本帝国主义与蒋介石国民党而血战！"②

11 月下旬，中共驻共产国际代表团所派代表张浩(林育英)到达陕北瓦窑堡，向中共中央传达了共产国际关于建立广泛的反法西斯统一战线的精神和《八一宣言》的内容，并恢复了中共与共产国际的联系。于是，中共中央以中华苏维埃共和国和中央政府主席毛泽东，中国工农红军革命军事委员会主席朱德的名义，于 11 月 28 日发表了《抗日救国宣言》，这一宣言的内容与《八一宣言》基本相同，再次重申了"不论任何政治派别、任何武装队伍、任何社会团体、任何个人类别，只要他们愿意抗日反蒋者，我们不但愿意同他们订立抗日反蒋的作战协定，而且愿意更进一步的同他们组织抗日联军与国防政府"。宣言还具体提出了抗日联军与国防政府的十大纲领。③

1935 年 12 月 23—25 日，中共中央在其驻地陕西安定县(今子长县)瓦窑堡召开政治局会议(即瓦窑堡会议)。会议在洛甫住的窑洞里举行，由洛甫主持，出席和列席会议的有：毛泽东、周恩来、洛甫、博古、王稼祥、刘少奇、邓发、

---

① 白石：《读了中华苏维埃中国共产党中央告全体同胞书以后》，《救国时报》，1935 年 12 月 9 日。
② 中央档案馆编：《中共中央文件选集》(第 10 册)，中共中央党校出版社，1991 年，第 575 页。
③ 同上，第 581—582 页。

凯丰、张浩、邓颖超、吴亮平、郭洪涛、李维汉等,讨论的主题是抗日问题。25日,会议通过了《关于目前政治形势与党的任务决议》。27日,中共中央在中央党校召开党的活动分子会议,毛泽东做了《论反对日本帝国主义的策略》的报告,系统地阐述了中共建立抗日民族统一战线的可能性和必要性,并强调了中共和红军在统一战线中的领导作用。

第一,明确了当时国内政治形势的基本特点,是日本帝国主义"正准备吞并全中国,把全国从各帝国主义的半殖民地变为殖民地"。在这种形势下,一切不愿当亡国奴、不愿当汉奸的中国人的唯一出路,就是"向着日本帝国主义及其走狗卖国贼展开神圣的民族革命战争"。民族革命的新高潮唤醒了工人阶级和农民中的落后阶层,广大的小资产阶级群众和知识分子已转入革命;一部分民族资产阶级,许多乡村富农和小地主,甚至一部分军阀也有对革命采取同情中立的态度以至有参加的可能。因此,"民族革命战线是扩大了"。中共应该采取各种适当的方法与方式,去争取这些力量到反日战线中来。在地主买办阶级营垒中间,也不是完全统一的,中共也应利用他们之间的矛盾与冲突,以利于抗日民族解放斗争。对于日本帝国主义与其他帝国主义之间的矛盾,也应采取这样的策略。

决议和报告不仅估计到随着民族矛盾的上升,中国社会各阶级关系已经发生的变化,而且预计到将要继续发生的变化。尽管地主买办阶级中较大规模的分化当时还不是事实,蒋介石还在对日本实行妥协投降和坚持"剿共"内战政策,但是随着日本侵略的继续加剧,随着英美和日本的矛盾的发展,依附于英美的反革命力量有可能发生变化,至少暂时处于不积极反对反日战线的地位,并且有可能抗日和参加抗日民族统一战线,这就为实现第二次国共合作奠定了理论基础。

第二,指出了党的策略路线是发动、团结与组织全国全民族一切革命力量去反对当前主要的敌人——日本帝国主义与蒋介石。而且最广泛的反日民族统一战线不仅应当是下层的,而且应当是包括上层的。"我们的任务,是在不但要团结一切可能的反日的基本力量,而且要团结一切可能的反日同盟者,是在使全国人民有力出力,有钱出钱,有枪出枪,有知识出知识,不使一个爱国的中国人不参加到反日的战线上去。这就是党的最广泛的民族统一战线策略的总路线。"决议和报告批评了党内长期存在的"左"倾关门主义,分析了关门主义的实质、危害及其根源,指出其由来主要在于不会把马克思列宁主义运用到中国的特殊的具体的环境中去,不了解组织千千万万的民众,调动浩浩荡荡的革命军,是今天的革命向反革命进攻的需要。而是错误地认为,革命的力量是要纯粹又纯粹,革命的道路是要笔直又笔直,犯了革命队伍中的幼稚病。其结果是,"为渊驱鱼,为丛驱雀",把"千千万万"和"浩浩荡荡"都赶到敌人那一边去,只博得敌人的喝彩。所以,关门主义是孤家寡人的策略,其实际上是日本帝国主义和汉奸卖国贼的忠顺奴仆。因此,目前中共党内的主要危险是"左"的关门主义,必须加以纠正。共产党不能空谈抽象的共产主义原则,而必须大胆地运用广泛的统一战线策略,去组织和团聚千千万万民众和一切可能的革命友军,才能取得中国革命的领导权。

决议和报告在看重批评"左"倾关门主义的同时,及时提醒全党,一定要牢记1927年在革命统一战线中缺乏中心力量招致革命失败的血的教训。特别强调:共产党在抗日民族统一战线内部,既要团结一切抗日力量,又要坚决不动摇地同一切动摇、妥协、投降和叛变的倾向进行斗争。共产党必须以自己彻底的反日、反汉奸卖国贼的言论和行动去争取统一战线的领导权。

第三,重申了抗日民族统一战线的最高组织形式是国防政府和抗日联军。"它应该有最广泛的行动纲领",即"十大纲领"。

第四,具体规定了对知识分子、华侨及民族工商业资本家、富农及白军军官等各项政策,并郑重宣布,把苏维埃工农共和国改变为苏维埃人民共和国,同时改适应抗日要求的部分政策,以使民族统一战线得到更加广大的与强有力的基础。

中共瓦窑堡会议是在全面抗日战争爆发前召开的一次极为重要的会议。会议的决议和毛泽东关于抗日民族统一战线策略的确定和理论阐述,保证了中国共产党在新的极其复杂的斗争中,能够保持清醒的头脑,排除一切干扰,去团结一切可以团结的力量,以迎接抗日救亡新高潮的到来。瓦窑堡会议后,中共积极团结各界推动全国抗日救亡运动的发展。1936年7月15日,全国各界救国联合会发表了《团结御侮的几个基本条件与最低要求》的公开信,赞同中共关于建立抗日民族统一战线的主张,要求国民党改变"先安内后攘外"的方针,联合红军,共同抗日。9月,毛泽东写信给全国各界救国联合会领袖沈钧儒等人,称赞他们的"抗日救国的言论和英勇的行动,已经引起全国广大民众的同情,同样使我们全体红军和苏区人民对先生们发生无限的敬意!"又说:"我相信我们最近提出的民主共和国口号,必为诸位先生所赞同,因为这是团结一切民主分子实行真正抗日救国的最好方策。"他委托潘汉年向爱国领袖进一步说明中共的抗日民族统一战线方针。①同时,毛泽东致书宋庆龄,希望她"利用国民党中委之资格作具体实际之活动",以"唤醒国民党中枢诸负责人员,觉悟于亡国之可怕与民意之不可侮,迅速改变其错误政策"。②9月22日,毛泽东作书给蔡元培,恳切地希望他"以光复会同盟会之民族伟人,北京大学中央研究院之学术领袖,当民族危亡之顷,作狂澜逆挽之谋"。"痛责南京当局立即停止内战,放弃其对外退让对内苛求之错误政策,撤废其爱国有罪卖国有赏之亡国方针"。③11月2日,毛泽东在写给许德珩等人的信中指出:"我们与你们之间,精神上完全是一致的。我们的敌人只有一个,就是日本帝国主义。""为驱逐日本帝国主义而奋斗,为中华民主共和国而奋斗,这是全国人民的旗帜,也就是我们与你们共同的旗帜。"④

中共的政治主张得到了爱国民主人士的积极响应。鲁迅、茅盾、宋庆龄等都曾致函中共中央表示拥护。方振武、陈铭枢、蔡廷锴等均在《救国时报》上发表文章或谈话,赞成建立抗日民族统一战线。宋庆龄在国民党五届三中全会上发表演说:"救国必须停止内争,而且必须运用包括共产党在内的全部力量,以保卫中国国家的完整。"⑤她还同冯玉祥等人联名向会议提出了关于恢复孙中山三大政策的提案,"提议国共合作,联合抗日"⑥。

中国共产党抗日民族统一战线的实现是从地方实力派开始的。地方实力派是指国民党内蒋介石中央集团以外的地方军事政治集团,它们表面上服从南京政府,实际上处于半独立状态,和蒋介石存在着巨大矛盾。当抗日救亡运动日益高涨的时候,他们就有可能被争取参加到抗日民族统一战线中来,中共瓦窑堡会议明确提出了争取地方实力派的政策。1936年9月,中共中央关于逼蒋抗日问题的指示中重申"在逼蒋抗日的方针下并不放弃同各派反蒋军阀进行抗日的联合"⑦。

中共对地方实力派的统战工作主要采取了两种方式:一是积极建立通信

---

① 《毛泽东书信选集》,人民出版社,1983年12月,第63—64页。

② 同上,第61页。

③ 同上,第67页。

④ 同上,第84页。

⑤ 《宋庆龄选集》,中华书局,1966年,第101页。

⑥ 荣孟源主编,孙彩霞编辑:《中国国民党历次代表大会及中央全会资料》(下册),光明日报出版社,1985年,第436页。

⑦ 中央书记处:《关于逼蒋抗日问题的指示》,《文献和研究》,1985年第3期,第3页。

联系。毛泽东、朱德等都曾以信件或公开谈话等方式向他们宣传中共抗日救国的主张;二是派干部直接去做他们的工作,支持他们的抗日活动。

1936年6月,陈济棠和李宗仁发动了两广事变,西南政务委员会和执行部通电全国:"日人侵我愈亟,一面作大规模之走私,一面增兵平津,经济侵略、武力侵略,同时迈进,瞻念前途、殷忧曷极。属部属会等,以为今日已届生死关头,惟抵抗足以图存,除全国一致奋起与敌作殊死战外,则民族别无出路。"[①]6月4日,西南将领举行联席会议,成立"中华民国国民革命抗日救国军",同时派出代表,分赴鲁、晋、陕、川、滇、黔等省联络,愿与各党派、团体、民主人士共同抗日反蒋。事变发生后,中共立即发表声明表示支持,并发出党内指示,称此举为:"中国人民武装抗日讨逆的广泛的统一战线的开始。"要求在实际行动上表现出抗日诚意,"使这次发动持久、扩大、充实而转变为全中国人民武装抗日的神圣的民族革命战争"。[②]

1936年9月中旬,广西方面派代表钱寿康带着《抗日救国协定》草案到陕北商讨抗日合作问题。中共中央同钱讨论了有关问题,并以广西方面所订的《抗日救国协定》为蓝本,形成了《关于国共两党抗日救国协定草案》作为中共同地方实力派谈判建立抗日统一战线的基础。

同阎锡山建立了特殊形式的统战关系。1936年下半年,日军侵犯绥东,蒋介石又乘机出兵山西,对阎锡山统治的山西构成了威胁。在此形势下,阎锡山打出"守土抗战"的招牌,表示愿意与共产党合作。8月阎锡山邀请薄一波回山西"共策保晋大业"。[③]中共经过研究认为处于困境的阎锡山,有可能寻求建立合作关系。中共提出的条件是:允许中共宣传共产主义,宣传共产党的主张,允许在新组织的抗日团体中任用共产党员。阎锡山则提出不能在他的政府和军队中发展共产党员。双方经过谈判,达成了合作协议。中共在山西与阎锡山之间统一战线的建立,为上层统战提供了成功的经验。

拥护傅作义绥远抗战。1936年8月,毛泽东写信给傅作义,申明抗日救国大计,希望他"为救亡图存而努力"[④]。10月,又派彭雪枫去见傅作义,进一

---

① 李宗仁口述,唐德刚撰写:《李宗仁回忆录》,广西人民出版社,1988年,第468—469页。

②《中央关于两广出兵北上抗日给二、四方面军的指示》,1936年5月18日,中央统战部、中央档案馆编:《中共中央抗日民族统一战线文件选编》(中册),档案出版社,1985年,第145—146页。

③ 薄一波:《刘少奇同志的一个历史功绩》,《人民日报》,1980年5月5日。

④《毛泽东书信选集》,第43页。

步宣传中共的方针政策,给傅作义很大影响。11 月,傅作义发动绥远抗战后,中共及时发出通电,号召全国人民更紧密地联合起来,督促南京政府实现中共的主张,克服一切困难,自动地组织各种救国团体与武装力量,"援助现在绥远坚决斗争着的英勇将士"①。中共的号召在全国人民中间引起极大的反响,有力地支援了傅作义领导的抗战。

争取张学良、杨虎城,同东北军、西北军建立统一战线。瓦窑堡会议后,中共把争取张学良、杨虎城定为上层统战的重点,以西北地区的统一战线来推动全国抗日民族统一战线的建立。还在 1935 年 11 月,毛泽东就写信给东北军第 57 军军长董英斌,向他解释中共的抗日民族统一战线政策。中央还专门成立了由周恩来任主任的东北军工作委员会。1936 年 1 月,毛泽东、周恩来、彭德怀等红军将领联名发表了《红军愿意同东北军联合抗日致东北军全体将士书》,表示红军同东北军联合抗日的意愿。3 月,经王以哲介绍,中共中央代表李克农与张学良在洛川会晤,张表示完全同意,王以哲和李克农自 2 月 25 日起谈判达成红军与东北军局部合作的协定。4 月 9 日,周恩来与张学良在延安举行秘密会谈,双方诚恳地交换了意见,一致认为停止内战,共同抗日,组织国防政府和抗日联军是当前中国的唯一出路。6 月 20 日,中共颁发了《关于东北军工作的指导原则》,指出"争取东北军到抗日战线上来是我们的基本方针"。②11 月,张学良发表《请缨抗战书》,要求蒋介石北上抗日,对蒋介石胁迫他反共表示了公开的抗议。

中共还积极开展争取杨虎城西北军的工作。《八一宣言》发表后,南汉宸派申伯纯向杨虎城陈述了宣言内容,杨表示完全同意。同年冬天,汪锋又持毛泽东亲笔信去做杨虎城的工作。临行前毛泽东对汪锋讲:"目前政治形势对我们很有利,我们提出'西北大联合',争取同张学良、杨虎城将军搞好关系,然后才有全国的大联合。"③对此,杨虎城非常感动,诚恳地接受了联合抗日主张,与红军签订了停止内战、共同抗日的协定。红军、东北军、西北军"三位一

①《中国共产党中央委员会中华苏维埃中央政府关于绥远抗战通电》,1936 年 12 月 1 日,中央档案馆编:《中共中央文件选集》(第 11 册),中共中央党校出版社,1991 年,第 119 页。

②《中央关于东北军工作的指导原则》,1936 年 6 月 20 日,中央档案馆编:《中共中央文件选集》(第 11 册),中共中央党校出版社 1991 年,第 31 页。

③汪锋:《争取十七路军联合抗日的谈判经过》,曲青山、高永中主编:《抗日战争回忆录》(第 1 册),中共党史出版社、党建读物出版社,2015 年,第 168 页。

体"大联合形成了。

中共为建立抗日民族统一战线所做的不懈努力已渐见成效,上层统战人物逐渐认识到,国共战争和民族战争不能同时存在,阶级斗争必须服从于民族战争。中共鉴于蒋介石对日由不抵抗逐渐变为态度强硬,也及时将"反蒋抗日"的口号改为:"逼蒋抗日。"1936 年 1 月,毛泽东代表中央政府宣布,"中国苏维埃政府对于蒋介石的态度非常率直、坦白,倘蒋能够真正抗日,中国苏维埃政府当然可以在抗日战线上和他携手。"①4 月 9 日,毛泽东和彭德怀发出指示:"此时我们应紧握反日统一战线去击破日本反共的统一战线。因此我们的基本口号不是讨蒋令,而是抗日令。"②25 日,在《为创立全国各党派的抗日人民阵线宣言》中,第一次公开把蒋介石包括在统一战线之内。5 月 5 日,中共中央东征回师通电中,放弃了反蒋抗日的口号,6 月 20 日,又发表了《致国民党二中全会书》,再次提议立即停止两党之间"互相残杀的内战及一切仇杀的行动,并立即联合起来,为挽救中华民族的灭亡进行神圣的抗日民族革命战争"③。这是中共公开阐明国共第二次合作主张的正式文件。8 月初,中共中央召开政治局会议,进一步确定了争取蒋介石停战抗日的策略方针:第一,认定南京为进行统一战线之必要的与主要的对手,应与南京以外的国民党各派,同时的分别的进行谈判;第二,继续停战议和、请蒋抗日的号召,目前阶段实行他不来攻我不去打,他若来攻,则一面坚决抗战,一面申请议和。"请蒋抗日"实质仍是逼蒋抗日。8 月 25 日,在《中国共产党致中国国民党书》中,中共提出:倘若国民党能够停止反动政策,真正抗日,愿意同国民党"结成一个坚固的革命的统一战线,如像一九二五至一九二七年第一次中国大革命时两党结成反对民族压迫与封建压迫的伟大的统一战线一样"④。第二天,毛泽东打电报告知去南京谈判的潘汉年,"南京已开始了切实转变,我们政策重心在联蒋抗日"⑤。9 月 17 日,中共中央政治局通过了《中共中央关于抗日救亡运动

① 乌传衮、马宝华合编:《共产国际和中国革命关系大事提要(1917.11—1943.7)》,安徽省政府经济文化研究中心,1985 年,第 277 页。

② 魏建国主编:《瓦窑堡时期中央文献选编》(下册),东方出版社,2012 年,第 115 页。

③ 魏建国主编:《瓦窑堡时期中央文献选编》(上册),东方出版社,2012 年,第 325 页。

④ 中共中央文献研究室、中央档案馆编:《建党以来重要文献选编(一九二一——一九四九)》(第 13 册),中央文献出版社,2011 年,第 269 页。

⑤《我们政策重心在联蒋抗日》,1936 年 8 月 26 日,《文献和研究》,1985 年第 3 期,第 3 页。

的新形势与民主共和国的决议》，进一步明确提出："我们不仅要收集更广泛的民众的力量，和一切真正革命的，觉悟的纯洁的分子，而且要争取统治阶层中一切可能的部分到抗日斗争中来，使抗日民族统一战线更加扩大起来，更加增强自己的阵容与力量。推动国民党南京政府及其军队参加抗日战争，是实行全国性大规模的严重的抗日武装斗争之必要条件。"①并单方发布停战命令，表明与国民党合作的诚意。此后，中共中央及毛泽东又曾两次致书蒋介石，说明："国势垂危，不容再有萁豆之争"，而应"化敌为友，共同抗日"。并告诫他，如果"徘徊歧途，将国为之毁，身为之奴，失通国之人心，遭千秋之辱骂"。②促其顺应抗日救国之历史潮流及广大人民之强烈愿望，团结御侮，共赴国难。

在全国抗日救亡运动的推动下，蒋介石在国民党五届二中全会上公开声明，不能签订承认伪满洲国的协定，"中央对于外交所抱的最低限度，就是保持领土主权的完整"。但他对日本帝国主义仍然抱有幻想，并未认为已经是"和平绝望"的时期，因此"依然不愿提出组织抗日统一战线的任务，依然拒绝了立即发动神圣的抗日战争，以阿比西尼亚的失败为借口，继续了自己的退让政策"，③遭到了全国人民愤怒的谴责。

二、一二·九运动

中国知识分子的爱国忧患意识极为强烈，在民族危难中，一直寻求救国之道。中共的《八一宣言》激发了他们反抗现实的勇气。1935 年 12 月 9 日，北平的知识界兴起了较以前更为强大的抗日救亡运动。当时直接组织抗日团体还很困难，中共北平工委属下的武委会北平分会决定利用合法的组织形式，开展斗争。是年夏秋之际，黄河决口泛滥成灾，华北广大农村田庐被淹，百姓

---

① 中共中央文献研究室、中央档案馆编：《建党以来重要文献选编(一九二一——一九四九)》(第 13 册)，中央文献出版社，2011 年，第 283 页。

② 中央档案馆编：《中共中央文件选集》(第 11 册)，中共中央党校出版社，1991 年，第 106 页；《毛泽东书信选集》，人民出版社，1983 年，第 88—89 页。

③《中国共产党致中国国民党书》，1936 年 8 月 25 日，中共中央文献研究室、中央档案馆编：《建党以来重要文献选编(一九二一——一九四九)》(第 13 册)，中央文献出版社，2011 年，第 263 页。

流离失所,灾民纷纷逃来北平。南京政府对此视若无睹,激起了人民群众的义愤。8月,中共北平工委决定成立"黄河水灾赈济会",向北平社会局备案,取得了合法的地位,对外公开活动。

黄河水灾赈济会联系了一批学校进步学生,将20多个学校里被国民党搞垮的中共党组织重新组织起来。清华大学、东北大学、女一中、师范大学、燕京大学等校都成立了黄河水灾赈济分会。组织起来的学生们积极在大街小巷开展赈济灾民的募捐活动,各校还派出代表前往灾区慰问,中共北平的彭涛、清华大学的牛荫冠、师范大学的杜润生、东北大学的王振乾、杨旭等,都携带捐款、实物和抗日宣传品,带头分赴灾区。随后,各校都公开地展开了救灾宣传活动,并且将造成灾荒的原因与南京政府的腐败联系起来。水灾赈济活动是成功的,它体现了进步青年学生,在国难当头、华北危急的时刻,与劳动民众同呼吸、共命运的革命精神,特别是中共通过水灾赈济活动,发动、团结了群众,为进一步领导学生的抗日救亡运动打下了基础。

11月下旬赈灾活动结束后,中共党组织不失时机地将黄河水灾赈济会转变为北平大中学生联合会。11月18日,北平大中学校学生联合会在中国大学正式宣告成立,学联党团书记彭涛、主席郭明秋、秘书长姚依林、总交通孙敬文、总纠察邹鲁风,交际股长王其梅。北平学联的建立,成为华北学生抗日救国运动的起点。

北平学联成立后,于12月3日在市立女一中召开代表大会,通过了《通电表示否认任何假民意之"自治运动"》和《联络本市大中学校发起大规模请愿》两议案,决定联合北平各大中学校进行请愿示威,反对"华北自治"和冀察政务委员会的成立。学联一些文件,多是清华大学蒋南翔起草的。6日,燕京大学、清华大学、北平师范大学、东北大学、北洋工学院、北平大学法商学院三院、交通大学北平铁道管理学院、朝阳学校、华北学院、河北省立法商学院、河北省立工业学院、北平第一女子中学、今是学校、艺文中学、崇实中学等校学生自治会联合发表了《北平各校通电》,痛陈了自华北事变以来,南京政府一连串辱国丧权的事件,疾呼:"强敌已入腹心,偷息绝不可得。""今日而欲求生路,唯有动员全国抵抗之一途。"提出:

(一)誓死反对"防共自治",请政府下令讨伐叛逆殷汝耕!

(二)请政府宣布对敌外交政策!

(三)请政府动员全国对敌抵抗!

(四)请政府切实解放人民言论、结社、集会之自由！①

是时,有消息说南京政府准备于12月9日在北平成立冀察政务委员会,以实现所谓"华北特殊化",北平学联当机立断,决定于12月9日发动全市学生进行反对"华北自治",反对成立冀察政务委员会,反对日本侵略的大请愿。具体部署是:城内由东北大学带头,城外出清华大学、燕京大学率领,在西直门内集合。各队伍出发后,沿途动员尚未充分发动的学校参加游行。同时决定由姚依林和郭明秋在西单亚北咖啡馆指挥。12月9日,北平各大中学校爱国学生6000余人冒着零下20摄氏度严寒涌上街头,城外学生被阻于西直门,城内学生二三千人直奔中南海,向南京政府军政部长、军委会北平分会代委员长何应钦请愿,遭到拒绝,何早已躲到小汤山去了,由他的代表,参谋长侯成出来接见。中国大学的董毓华代表学生提出6项要求:

1. 反对华北成立防共自治委员会,及其类似的组织;

2. 反对秘密外交,公布中日交涉经过;

3. 保障人民言论、出版、集会、结社的自由;

4. 停止内战,一致对外,立即准备对外的自卫战争;

5. 不得任意逮捕人民;

6. 释放被捕学生。②

侯成对学生的正义要求或百般推诿,或不予理睬。中国大学董毓华、东北大学宋黎等立即与各校代表研究对策,改请愿为示威游行,得到了广大学生的拥护。在西长安街上,商店老板、家庭主妇、手艺人、和尚、教员和穿着缎袍的富人都站在街头,向游行的学生喝彩,或走出去捡传单看,甚至人力车夫也呼起了被禁止的口号,打倒伪独立运动,逮捕卖国贼,打倒日本帝国主义,拯救中国！有些警察公开和学生一起高呼口号。当示威队伍行至西单和王府井南口,先后遭到宋哲元第29军部队的包围,事先埋伏在胡同里的警察也一起出动,挥舞木棍皮鞭,向学生劈面猛打,100余人受伤,30余人被捕。但被冲散的队伍又迅速地在西单商场北边集结,继续前进,许多爱国市民亦纷纷加入了示威的行列。

北平当局以为示威游行队伍要去东交民巷,冲击日本使馆,急忙调来大

---

① 中国现代史资料丛刊《一二·九运动》,人民出版社,1954年,第146—148页。

② 《一二·九运动资料》(第一辑),人民出版社,1981年,第105页。

批部队,在王府井南口布置了严密的封锁线,调来的消防车横列在街口,作为防御工事;两旁人行道上和大街中间,站满了手持水龙、大刀、木棍的军警。示威队伍勇敢地向封锁线冲去,纠察队员抢过水龙头,奋勇向军警反击,手无寸铁的学生迎着棍击刀砍,英勇地与军警展开搏斗,游行队伍终被打散,一些学生当场被捕,送往医院抢救的受伤学生就有30多名。

被阻于西直门外的清华大学、燕京大学等校的学生队伍,一部分沿着城墙奔走,向城墙上的军警演说,一部分守候在西直门外,向周围的市民悲愤地讲述国亡无日的危急形势,揭露反动派镇压抗日救国的真相。他们坚持一天,在斗争中加深了对抗日救亡运动的认识。表示:"我们这次请愿,是一个民族解放运动的开始,而不是一个终结。这仅是一个小火花,但是这小火花,将会燃起全国民众革命的烈火。"①很多学校都展开了"南京政府是抗战还是不抗战"的激烈辩论。学生们回顾了自"九一八"以来南京政府的所作所为,特别是自己亲身挨到大刀、皮鞭、水龙的镇压,更加看清了其卖国本质。学生们愤慨地说:"当着他们的爪牙像对敌人似的挥着大刀,拿着机关枪和步枪对着我们的时候,当着他们的爪牙的皮鞭手掌打到我们身上脸上的时候,我们还敢做依赖'政府'的迷梦么? 不,不能了! "②

北平发生的第一次示威游行成了全世界各地报纸的头条新闻,中国各地的报纸也不顾新闻检查的禁令,刊登了示威游行的消息。斯诺夫妇自始至终参加了这次示威游行活动。当天晚上,斯诺给纽约《太阳报》发去长篇电讯,称这是北平学生的又一次"五四运动"。

12 月 10 日,全市学生总罢课。同一天,北平学联发布了《宣传大纲》,分析了当前的斗争形势,明确提出了"打倒日本帝国主义""反对危害民族生存的内战",要求"一致抗日"。特别强调贯彻抗日民族统一战线方针,指出:"中华民族的自由解放,是我们的目标,扩大民族革命战争,是我们的方针。然而这种重大的任务,绝非学生群众所能单独胜任的。所以为了我们伟大的前途,我们必须联合全国民众,结成统一革命战线,武装全国民众,来扩大民族解放斗争。"③

---

① 燕京大学:《十二九特刊》,第 1 期,第 14 页,1935 年 12 月 14 日。

② 同上,第 4 页。

③ 中共中央文献研究室、中央档案馆编:《建党以来重要文献选编(一九二一——一九四九)》(第 12 册),中央文献出版社,2011 年,第 513 页。

此时,许多学校都召开了紧急大会,公开成立了学生自治会或抗日救国会、学生救亡委员会,纷纷举行各种时事座谈会,讨论会,采用多种方式进行自我教育。燕京大学通过"华北专题研究会"组织讨论"日本侵略华北方式"和"塘沽协定与何梅协定之真相";又通过"青年问题座谈会",讨论"华北如有变动青年应该怎么办?""如何组织民会"等专题。在斯诺的建议下,12日,燕京大学学生自治会在临湖轩举行了外国记者招待会,由学生自治会副主席龚普生和学生自治会财务部长龚维航(即龚澎)主持,除斯诺外,出席招待会的还有合众社、《密勒氏评论报》《芝加哥每日新闻》《华北明星报》《亚细亚》杂志、《大学》杂志等驻北平记者,进一步向国外扩大了运动的影响。

　　很多学生开始从自发走向了自觉。清华大学学生自治会救国委员会在《怒吼吧》专刊第一期上,发表《告全国民众书》疾呼:"只有抗争是我们死里逃生的唯一出路,……我们的目标是同一的:自己起来保卫自己的民族!我们的胸怀是光明的,要以血肉头颅换取我们的自由!"当时,这样的呼声已成为广大青年学生的共识。

　　12月16日,即在冀察政务委员会决定成立的日子,44所大中学校学生万余人再一次举行大规模的游行示威,反对冀察政务委员会的成立。北平学联专门成立了示威指挥部,将示威游行队伍组成4个大队,第一队由东北大学、师范大学等8校组成;第二队由中国大学、法商学院等4校组成;第三队由北京大学、中法大学等12校组成;第四队由清华大学、燕京大学等5校组成。计划在天桥召开市民大会,当天清晨,城内各校组成的3个大队迅速向天桥涌去,在南长街口和西单牌楼,遭到反动军警水龙、大刀、木棍的凶狠镇压,爱国青年的鲜血再次横洒街头。被冲散的学生迅速在西交民巷重整阵容,奔向集合地点。城外清华大学、燕京大学的学生队伍当时受阻于紧闭的城外之下,2000多学生挽紧臂膀,奋力向铁门撞击,终于冲开西便门,与城里学生汇合,上午八时,各路示威大军,胜利地会师天桥。据统计,当时天桥广场已有3万多学生和市民。

　　市民大会通过了"不承认冀察政务委员会""反对华北任何傀儡组织""收复东北失地"等决议案,并散发《告民众书》:

　　1. 誓死反对日本帝国主义侵略中国;

　　2. 组织民众、工农兵学商共同抗日;

　　3. 民众自动武装起来;

4. 反对华北自治,到外交大楼及市政府质问地方当局何以卖国?①

会后,爱国学生和市民排成了长达 2 里的队伍,开始了声势浩大的游行示威。其人数之众和具有的广泛性,为北平十年来所未有。

示威游行队伍在珠市口与城外学生大队会师后,声势愈增。行至正阳门时,守城军警鸣枪,武力阻拦进城。后队闻枪不明真相,秩序稍乱。指挥当即以退为进,将队伍带到前门西车站广场,再次召开市民大会,并决议下列各项:

1. 反对日本帝国主义侵略中国;
2. 不承认"冀察政务委员会"
3. 通电反对华北任何傀儡组织;
4. 吁请撤销"冀察政务委员会",收复东北失地;
5. 即日全市罢工、罢课、罢市;
6. 要求言论、出版、结社、集会之绝对自由。②

会后,示威游行继续举行。傍晚,游行队伍在宣武门外遭到反动军警的血腥镇压,被大刀砍伤、刺伤及棍棒击伤者 400 人,被捕 30 人。反动军警的倒行逆施,激起了市民群众的满腔义愤,约 200 多名市民群众在前门向军警示威,抗议他们对学生的镇压,人力车工人还主动地将受伤学生送往医院,宣武门外理疗所的医生和护士,都出来给受伤的学生包扎伤口。虽然学生运动一再受到镇压,但一周以后,又举行了第 3 次示威,示威者首次喊出结束内战,建立抗日统一战线的口号。学生的示威游行,迫使国民党政府宣布冀察政务委员会延期成立。

北平学生运动立即得到了全国的广泛响应,抗日救亡运动在全国渐成烈火燎原之势。天津、杭州、上海、南京、武汉、广州、西安、济南、重庆等 30 余大城市的学生都举行了声势浩大的示威游行,随着又向中小城扩展。如长沙、梧州、太原、保定、苏州、安庆、徐州、宁波、南通、桂林、南昌、宜昌、应城、青岛、南宁、厦门、成都、张家口、焦作、信阳、常州等地亦都有大规模的声援活动发生。全国学生从四面八方涌向南京。

参加过辛亥革命的老同盟会员续范亭,此时受杨虎城将军之托,担任西

---

① 清华大学中共党史教研组《一二·九运动史》编写组编:《一二·九运动史》,北京出版社,1980年,第 55 页。

② 同上,第 56 页。

安绥靖公署驻甘肃行署参谋长,兼新一军中将总参议,他深感民族危机严重,也前往南京呼吁抗日。他亲眼目睹了国民党当局镇压爱国群众,腐败卖国。令其悲愤至极,誓以一死震醒国人。26 日,他在中山陵前剖腹明志,幸遇救。续范亭在剖腹前的绝命诗中写道:

赤膊条条任去留,丈夫于世何所求?

窃恐民气摧残尽,愿将身躯易自由。

战死无将军,可耻此为最;

腼颜事仇敌,瓦全安足贵?①

绝命诗表达了他徒有爱国之心,却不能征战沙场,保国卫民的悲愤和痛楚,产生了很大影响。

"一二·九"运动得到了全国各界的支持。12 月 18 日,中华全国总工会发出《为援助北平学生救国运动告工友书》。全国职工援助北平"一二·九"爱国学生运动;组织工人救国会,各业工人抗日救国会,不分帮派,政见一致团结,抗日救国。

《告工友书》最后写道:"我们坚决相信,只要我们一致团结,只要目前汹涌开展的学生救国运动,能够得到我全国工人阶级的参加和领导,能够扩展到各农村和各城市中去,引导千百万工人、农民、军警、学生、商人参加,使运动发展和扩大成为全民族抗日救国的伟大联合力量,这不但可以打倒一切卖国贼和汉奸,而且也可以打倒日本帝国主义,收复失地!工友们!起来!恢复'五卅'的英勇斗争,继续'省港大罢工'的光荣传统,学习'北伐'时的经验和教训,一致团结起来抗日救国!打倒日本帝国主义!中华民族独立解放万岁!"②

中国青年的导师鲁迅先生于 12 月 18、19 日写成了《"题未定"草(六至九)》,热情赞扬学生的英勇精神和广大群众对学生运动的支持,对运动寄以殷切的希望:"石在,火种是不会绝的。但我要重申九年前的主张:不要再请愿!"③

上海总工会、上海文化课、华北文化劳动者协会、北平文化界救国会、北平妇女界救国会都先后发表宣言和通电,要求保护领土主权,讨伐伪组织,武

---

① 续磊、穆青编校:《续范亭诗集》,山西人民出版社,1980 年,第 22—23 页。

② 中国现代史资料丛刊:《一二·九运动》,第 152 页

③《且介亭杂文二集》,《鲁迅全集》(第 6 卷),人民文学出版社,1958 年,第 350 页。

装民众,出兵抗日。

在巴黎的中国共产党人致电国内:"诸君奋起救国,闻讯感奋,望坚持到底,促进全国工农商学大团结,一致救亡,海外同胞誓为后盾。"[1]太平洋彼岸的纽约全侨抗日救国会亦发出通电,指出:"南京。国民政府鉴:媚日卖国,九省沦丧,侨情愤激。请即开放政权,组织国防政府,积极抗日,否则,声罪致讨。"[2]许多华侨青年在"一二·九"运动的鼓舞下,回到祖国,投身于抗日民族解放战争。

中国学生的正义斗争得到了世界学生的支持。国际学生联合会通电全世界学生组织:"中国学生的斗争,也是我们的斗争!"苏联、美国、西班牙、埃及、印度等国青年学生组织或个人纷纷打电报表示声援。世界学生保障和平自由文化联合会的信中写道:

"在牛津、剑桥、纽约、布斯堡、捷克斯洛伐克、布鲁舍尔(比利时)、西班牙、埃及、印度、南美洲各地的每一个大学和中学校里,学生们都热烈地一天一天地跟着你们反对日本侵略,……眼看着你们为中国独立而奋斗。……我们以'世界学联会'的名义,十二万分感谢你们这种伟大的努力。在学生运动悠久的历史中,没有一次运动能比得上这次更有毅力和勇气,没有一次运动能比这次更统一,没有一次的领导联系得像这样的好。我们看到你们在中国民族解放斗争的前线上,能如此自觉,我们也觉到十二万分的光荣。"[3]

为了把运动引向深入,12月20日共青团中央发表《为抗日救国告全国各校学生和各界同胞宣言》,号召青年学生"把反日救国运动扩大起来!到工人中去,到农民中去,到商民中去,到军队中去!唤起他们救国的觉悟,推动他们建立救国的组织。进一步建立各地各界救亡大会和全国救亡大会,实行抗日救国大联合和实行全国各界同胞武装抗日的共同战斗!"[4]中共中央还发布了《关于青年工作的决定》,要求按照各地的具体环境,在抗日民主的共同目标下,利用一切公开的半公开的可能,去创立青年工人,青年农民、学生及失业

---

① 中国现代史资料丛刊:《一二·九运动》,人民出版社,1954年,第152页。

② 中国第二历史档案馆编:《中华民国史档案资料汇编》,第五辑(第一编 政治)(五),江苏古籍出版社,1994年,第661页。

③ 中国现代革命史资料丛刊:《一二·九运动资料》(第一辑),人民出版社,1981年,第358页。

④ 中共中央文献研究室、中央档案馆编:《建党以来重要文献选编(一九二一——一九四九)》,第12册,中央文献出版社,2011年,第517页。

青年的群众组织。①

南京政府极力破坏学生的救亡运动,下令解散学联,教育部宣布提前放寒假,通知各校派代表到南京去听蒋介石训话。北平学联此时决定组织"南下扩大宣传团",到农村去"唤起民众",并派代表奔赴津、沪、汉各地活动,组织全国学生抗日救国联合会。

12月26日,平津学生联合会在北平正式宣告成立。1936年1月,平津学联发起,联络华北各大都市学生成立了华北学生联合会。此后,平津学联组织了"平津学生南下扩大宣传团",总指挥董毓华、宋黎、江明,彭涛任宣传团党团书记。姚依林、郭明秋、孙敬文等则留守北平。扩大宣传团下设4团,第1团指挥韩天石,第2团指挥江明,第3团指挥黄华和蒋南翔,第4团由天津大、中学校组成。参加南下扩大宣传团的多是"一二·九"运动中的骨干和积极分子,共500人左右。

南下扩大宣传团沿平汉线两侧,深入河北的良乡、涿州、安次、永清、保定、正定等地。每到一处,都召开大会进行演讲,张贴和散发传单,演出《打回老家去》和《时事打牙牌歌》等抗日救亡戏剧,帮助乡镇学校组织救国团体。1月8日,扩大宣传团的4个团齐集永定河南岸之固安城,召开了全体宣传团员大会。总指挥董毓华在工作报告中提出了"当前是打倒一切帝国主义呢?还是集中力量打倒日本帝国主义"的问题,要求大家展开讨论。许多宣传员通过讨论都进一步领会了中共的抗日民族统一战线的策略。

宣传团的活动引起反动当局的恐慌,他们一面命令镇压,一面派出大批军警特务前堵后截,第3团到达高碑店后被押回北平,第1、2、4团到达保定后也被迫返回。

南下宣传,使学生在与民众相结合的道路上跨出了第一步,他们深感要继续战斗,必须进一步巩固和扩大抗日组织,于是第1、2团决定成立民族解放先锋队,第3团成立了中国青年救国先锋团。北平学联在西山开会,总结了南下宣传工作,决定将两个组织合并,筹建一个抗日的、先进的、具有广泛群众性的青年组织,定名为中华民族解放先锋队,并于2月1日在北平师范大学召开了第一次代表大会,通过了"斗争纲领""工作纲要""组织系统"和"规

① 中共中央文献研究室、中央档案馆编:《建党以来重要文献选编(一九二一——一九四九)》(第13册),中央文献出版社,2011年,第373—374页。

约"，正式宣布中华民族解放先锋队的成立。是时，共有正式队员 300 人左右，分为 26 个分队。

中华民族解放先锋队"工作纲要"要求每个队员对救亡工作的基本认识是：站在抗日救亡运动的最前线，参加一切救亡斗争；与各种救亡团体取得密切联系，并采取一致行动，把握现实，分析目前国际形势，并研讨民族革命的理论与实践，学习军事技术与理论，并促进民众自卫运动。

"斗争纲领"的要点是：

(1)动员全国武装力量驱逐日本帝国主义出境；(2)成立各地民众武装自卫组织；(3)成立各界抗日救国会；(4)铲除汉奸卖国贼；(5)没收日本帝国主义者的在华财产及汉奸卖国贼的产业充作抗日军费；(6) 联合世界上以平等待我之民族共同抗日；(7)联合全世界弱小民族及被压迫民族共谋解放。①

在抗日救亡的洪流中，中华民族解放先锋队迅速发展。至当年暑假，北平民先队员已发展到 1200 余人。尔后，全国各地有 30 多个城市建立了民先队，甚至远在法国的巴黎、日本的东京以及缅甸等地也都有了民先队的组织。1937 年 2 月，在中共中央北方局的领导下，召开了中华民族解放先锋队第一次全国代表大会，成立了全国总队伍，李昌任总队长。

在中华民族危亡中建立起来的中华民族解放先锋队，自诞生之日起，便团结着广大先进青年，战斗在抗日救亡的最前线，成为一支组织严密、斗争坚决的骨干力量。由民先队培养出来的许多青年，都在抗日战争中发挥了积极的作用。

1936 年春，华北学生运动的发展进入非常艰苦的阶段。是年 2 月，南京政府颁布《维持治安紧急办法》，规定军警可以枪杀抗日群众，逮捕爱国分子，解散救亡团体，钳制救亡言论。随即，南京、上海、武汉等地先后实行军事戒严。2 月 19 日，南京政府行政院密电天津、北平市长肖振赢和秦德纯，下令取缔平、津两地学联，"以弥隐患"。尔后，又在天津、济南、上海等地公开逮捕进步学生，制造白色恐怖，同时还加紧了对学生运动的分化。在此情况下，部分进步学生出于对反动派的愤恨，使行动产生盲目性。3 月 9 日，北平等十七中学学生惨死狱中的消息传开后，北平学联决定于 31 日在北大三院举行追悼

①清华大学中共党史教研组《一二·九运动史》编写组编：《一二·九运动史》，北京出版社，1980年，第 106 页。

大会和抬棺游行。这次行动脱离了大多数学生觉悟水平,遭到反动派的打击,学生的抗日救亡运动亦在严重的白色恐怖下进入低潮。

在斗争的关键时刻,中共中央派刘少奇到天津,主持北方局的工作,4月,中共中央又任命林枫为天津市委书记,李葆华为北平市委书记,加强了对抗日救亡运动的领导。刘少奇以极大的努力,认真贯彻瓦窑堡会议的精神,肃清"左"倾关门主义和冒险主义的影响,确定了中共在华北地区的工作方针,即坚持"停止内战、一致抗日"的总口号,准备自己,组织群众,联合一切愿意抗日的党派和阶层,实行党的抗日民族统一战线政策,使华北地区的工作打开了新的局面。曾经一度受挫的学生运动,很快纠正了错误,走上了发展的轨道。

4月,北平学联改名为"北平学生救国联合会",并先后派刘江陵、刘导生、崔璀、段君毅等前往上海,参加全国学联的筹建工作。在中共江苏省临委王翰、胡乔木等人的帮助下,5月29日,全国学生救国联合会于上海正式成立,爱国学生的抗日救亡运动也随之进入一个新的阶段。

"一二·九"运动继承了五四运动彻底的、不妥协的反帝反封建的革命传统,并且有了更深层次的发展;它冲破了日本与南京政府的恐怖统治,推动了全国广大群众的抗日救亡运动,揭开了中国人民抗日战争的序幕。

"一二·九"运动为学生爱国运动指明了正确的方向。中国的知识青年,素有爱国之心和革命热情,在中国革命中起着重要的先锋作用。但知识分子不是一个阶级,不是革命的主力军,只是革命的一个方面军。他们只有在和革命的阶级相结合,尤其与工农群众相结合,才能形成政治力量。在"一二·九"运动中,广大青年学生走上了与工农结合的道路,特别是全民族的抗日战争发动后,更使学生运动与工农群众的结合有了新的广阔的天地,大批青年奔赴抗日根据地,参加敌后抗日游击战争,并成为骨干力量。所以,"'一二·九'运动是动员全民族抗战的运动,它准备了抗战的思想,准备了抗战的人心,准备了抗战的干部"。[1]

---

① 毛泽东:《一二·九运动的伟大意义》,1939年12月9日,《毛泽东文集》(第二卷),人民出版社,1991年,第253页。

三、救国会和七君子

"一二·九"运动推动了全国抗日救亡运动的发展,全国的抗日救亡组织纷纷建立,全国各界抗日救国联合会于是在上海诞生。上海和北京是中国文化的中心,这两地集中的知识分子最多,知识文化界投入救亡运动的方式,一是举行示威游行,表达自己的意志,一是借文字的力量以达到抗日救国之目的。进行这两种方式都是很不容易的,中国当政者蒋介石不给人民任何自由,抨击日本天皇制度也将大祸临头。

1935年5月4日,上海《新生》周刊,第2卷第15期发表了易水之《闲话皇帝》,文中云:现在的皇帝"有名无实",是古董、傀儡。日本的统治者要保留天皇,是企图用天皇来统治一切内部各阶层的冲突和掩饰了一部分人的罪恶。日本驻沪领事认为此文对日本天皇不敬,向南京当局提出抗议。南京当局迫于日本压力,于6月判处《新生》周刊主编杜重远14个月徒刑。杜是一位热忱的爱国主义者,吉林怀德县人,生于1897年4月16日,早年留学日本,回国后成为实业家,在沈阳建成瓷器厂。"九一八"后,逃亡北平,参加东北民众抗日救国会工作,1933年创办《新生》,任总编辑和发行人。易水是艾寒松的笔名,是邹韬奋的助手,协助杜担任编辑工作。这件事在全国引起强烈的反响。

上海律师会会长沈钧儒以律师资格为杜重远辩护,并著《我所爱之国》诗一首。诗云:"我欲入山兮虎豹多,我欲入海兮波涛深。呜呼嘻兮!我所爱之国兮,你到哪里去了?我要去追寻……"①抒发了反抗暴行的愤慨之情和爱国之志。正在美国考察的邹韬奋,闻知杜重远被捕之消息后,愤怒和悲痛"不能自抑",归国创办《大众生活》周刊,举起了鲜明的抗日救国旗帜。他在题为"我们的灯塔"之发刊词中写道:劳动大众的生路,民族解放唯一可能的途径,只有"冲破重围,用大众的力量,……作自救的英勇奋斗"②。

12月12日,上海文化界知名人士马相伯、沈钧儒、邹韬奋、章乃器、陶行知、李公朴、王造时、钱俊瑞等283人,联合发表《上海文化界救国运动宣言》。指出:"华北教育界'最后一课'的决心,是值得赞佩的。华北青年热烈的救国

---

① 沈叔羊:《爱国老人沈钧儒》,浙江人民出版社,1981年,第13页。

② 邹韬奋:《我们的灯塔》,《大众生活》(创刊号),1935年11月16日。

运动,尤其引起我们十二万分的同情。因为华北事件的教训,我们应该进一步的觉悟! 与其到了敌人刀口放在我们的项颈的时候,再下最大的决心,毋宁早日奋起,更有效的保存民族元气,争取民族解放。"呼吁:"国难日亟,东北四省沦亡之后,华北五省又在朝不保夕的危机之下了! '以土事敌,土不尽,敌不餍'。在这生死存亡间不容发的关头,负着指导社会使命的文化界,再也不能够苟且偷安,而应当立刻奋起,站在民众的前面而领导救国运动!""争取民族的解放,不单是中国人民的天经地义,而是任何被压迫民族的天经地义。敌人的压迫愈严重,中国人民对民族解放的要求,亦愈高涨。尽量地组织民众,一心一德地拿铁和血与敌人做殊死战,是中国民族的唯一出路。"①《宣言》提出了坚持领土、主权完整,否认一切有损领土主权的条约和协定;坚决反对在中国领土内以任何名义成立由外力策动的特殊行动组织,即日出兵讨伐冀东及东北伪组织;用全国兵力、财力反抗敌人侵略,保障人民结社、集会、言论、出版自由等八项主张,表达了上海各界人士抗日救亡的共同要求。

斗争推动了抗日救亡组织的发展。12 月 27 日,上海文化界 300 多人假宁波同乡会名义召开大会,正式宣布上海文化界救国会成立。会议选举马相伯、沈钧儒、章乃器、陶行知、邹韬奋、李公朴等 35 人为执行委员,通过了救国会章程,发表了《上海文化界第二次救国运动宣言》,认为:"民族危机的迅速发展,敌人侵略的决无止境,中国民族已到了和平绝望的时候,牺牲已到了最后的关头。""在当前严重的危机下,全国大众已超过了忍耐的限度,目下全国学生的爱国救亡的高潮,明显的是全国大众一致奋起救亡图存的先导。这一爱国运动正在开展中,钢铁般的民族阵线,将由全国大众自动建立起来,形成不可侮的压力。"《宣言》还具体地提出开放民众组织,保护爱国运动,迅速建立起民族统一战线;停止一切内战,武装全国民众;对敌经济绝交;释放一切政治犯;共赴国难等六项主张。要求国民党政府立即严惩各地摧残救国运动的负责官员,取消对爱国运动的戒严令,撤废新闻检查制度等。②

在此前后,上海各界之救国会也如雨后春笋陆续成立。12 月 21 日,沈兹九、史良、胡子婴、陈波儿等发起成立了上海妇女救国会;1936 年 1 月 9 日,

---

① 《民族解放运动的呼声——上海文化界救国运动宣言》,《大众生活》,第 1 卷第 6 期,1935 年 12 月 21 日。

② 中国现代史资料丛刊:《一二·九运动》,人民出版社,1954 年,第 155—156 页。

沈钧儒、王造时、潘大逵等发起成立了大学教授救国会;2月9日,沙千里、何俱等在"蚁社"之基础上,发起成立了职业界救国会。此外,还有顾执中、陆诒等发起之新闻记者救国会、陶行知领导的国难教育社以及学生救国会、工人救国会等。为集中救亡力量,加强各界相互联络,1936年1月28日"一·二八"抗战四周年之际,由上海文化界救国会发起,上海各界救国联合会正式成立,推沈钧儒为主席。联合会成立之日,到会者800余人,沈钧儒、王造时、李公朴、史良等相继演说,与会者高唱《义勇军进行曲》,会后全体代表整队出发,步行数十里,至庙行镇会祭"一·二八"无名英雄墓。上海各界救国联合会成立后,立即筹备建立全国总会,创办《上海文化界救国会会刊》和《救亡情报》等刊物,组织群众性的反日集会和示威游行,对推动抗日救亡运动起了积极作用。

从上海开始的救国会运动迅速普及全国,北京、南京、武汉、天津、广西、山东、西安等地都有救国会组织成立。12月27日,北平文化界成立救国会并发表宣言,支持上海文化界提出的政治主张,呼吁全国文化界火速行动起来,提出:"我们应宁为自由而死,不为奴隶而生。"中共江苏省临委邓洁、胡乔木、王翰等秘密推进各界联合统一的抗日救亡组织的建立,由于宋庆龄、马相伯、沈钧儒、章乃器的号召和领导,5月31日至6月1日,全国各界救国联合会成立大会终于在上海博物院路中华基督教青年会全国协会秘密召开,来自华北、华南、华中及长江流域20余省市60多个救亡团体的代表70余人参加大会,其中有爱国的上层知名民主人士,亦有共产党人;有著名律师、工商业家、出版家、学者、大学教授、新闻记者,亦有妇女界领袖,显示了代表的广泛性。

会议听取了天津民族解放先锋队、南京救国协进会、上海各界救国联合会、香港抗日救国会等单位代表,以及19路军代表蒋光鼐、蔡廷锴等人所做的报告,讨论通过了《全国各界救国联合会成立大会宣言》《抗日救国初步政治纲领》《促进民族抗战联合战线案》《立即抗日作战案》《援助平津学生救国运动案》等重要文件和提案。分析、总结了九一八事变以来的严重形势和历史经验教训,谴责南京政府奉行的"先安内后攘外"政策,严正指出:"过去都只有一隅之战,而没有举国之战,致令敌人可以逐个的击破我们!""中央已往的错误,是在政治上放弃了民族革命任务,而只在武力上企图征服全国;中央目前的错误,是对外放弃了民族共同的大敌,而只对内在消灭异己上面把国防力量作孤注之一掷"。希望国民党"立下决心，与民更始"，纠正错误，"重新负起民族革命的任务"。①

会议确定全国各界救国联合会三宗旨："团结全国救国力量，统一救国方案，保障领土完整，图谋民族解放。"②全国各界救国联合会"现阶段的主要任务——促成全国各实力派合作抗敌"③。所以，会议呼吁建立各党派的团结抗日。建议各党各派"立即停止军事冲突；""立刻释放政治犯"；"立刻派遣正式代表……制定共同抗敌纲领，建立一个统一的抗敌政权"；各党各派应忠实履行"共同抗敌纲领""制裁任何党派违背共同抗敌纲领……削弱抗敌力量的行动"。④

会议制定了《抗日救国初步政纲》，共十四条，概括地阐明了全国各界救国联合会的基本政治主张，提出了"反日第一"之原则，主张在这一原则下，确定民主政治，迅速建立统一的救国政权之主张。认为民主政治的确立，是各党各派彻底合作的基本条件；结社、集会、言论、出版自由，是救国联合战线丝毫不能让步的要求；南京当局颁布的宪法草案及国民大会组织法，是联合战线的障碍物；应该利用一切国际矛盾，分清敌友，争取外援。在外交上实行"联络欧美，联合苏联和弱小民族"的政策，摆脱外交困境；此外，还提出了保护工商业，改善劳工待遇，废除对农民的苛捐杂税及剥削等主张。⑤

会议选出 31 名执行委员和候补执行委员，推定宋庆龄、何香凝、马相伯、沈钧儒、章乃器、陶行知、李公朴、王造时、沙千里、史良、孙晓村、曹孟君、何伟、张申府、刘清扬等 15 人为常务委员，沈钧儒负责组织工作，章乃器负责宣传工作。⑥全救会以《救亡情报》为自己的机关报，每周出版一期。

全救会的成立宣言和《纲领》，从"反日第一""全国总动员"出发，明确提出建立各党各派反日联合战线、建立统一的救国政权之主张，与中共《八一宣言》的基本精神是一致的，充分体现爱国和民主精神，进一步促进了抗日救亡运动的深入。

---

① 《全国各界救国联合会成立大会宣言》，《救亡情报》第 6 期，1936 年 6 月 14 日。

② 《救国会言论集》，全救会印行，1937 年 5 月 1 日。

③ 《全国各界救国联合会成立大会宣言》，《救亡情报》第 6 期，1936 年 6 月 14 日。

④ 同上。

⑤ 《抗日救国初步政治纲领》，《救亡情报》第 6 期，1936 年 6 月 14 日。

⑥ 沙千里：《漫话救国会》，文史资料出版社，1983 年，第 15 页。

全救会的成立推动了各地救亡组织的建立和发展,在上海,由茅盾、何东华等发起,于6月7日成立了中国文化家协会,坚决拥护救国会的纲领。8月9日,上海工人救国会正式成立。10月11日,上海学生救国会正式成立。上海职业救国会亦不断壮大。在南京,孙晓村、曹孟君等领导于8月成立了南京各界联合会。在香港李章达、何思敬、吴涵真等领导成立了全救会华南区总部,负责指导香港、广东等地的救国运动。在东莞等县,亦有各界救国联合会组织活动。在西安一些学生和教职员成立了救国会,随即联合成立了西北抗日救国会。全救会成立后,改名为西北各界救国联合会。负责人主要有韩琢如、杨明轩、张兆麟、宋黎、李祥九等。

华侨爱国,素不后人。在全救会影响下,华侨救国团体纷纷成立,并遍及世界各地,但因没有"总的中心组织做指导,致救亡运动无密切关系,而呈散漫状态"。①1936年8月,全救会代表陶行知、钱俊瑞和全国学联代表陆璀前往巴黎出席国际会议,竭力宣传抗日救国,建立救国联合会,各国侨胞纷纷起响应。9月20日,全欧华侨抗日救国联合会正式成立,到会者有英、法、德、瑞士、荷兰等国华侨代表400余人,比、苏、意、土等国华侨纷纷致函祝贺和拥护。11月9日,陶行知赴美国纽约,从事救国宣传和组织活动,11月22日,纽约华侨抗日救国会决议,加入全国各界救国联合会。此外,泰国、菲律宾、新加坡、缅甸、越南等国的华侨,亦先后成立了救国会,并于全救会取得联系,共同开展救国活动。据估计,至1936年底,全救会会员达数十万人。在那个屈辱、黑暗的年代里,救国会以鲜明立场和坚定态度,主张停止内战,团结一致,共赴国难,对于民族振兴起了振聋发聩的作用,引起了国内外各方面的重大反响。一时间,海内外救国会运动形成蓬勃之高潮。

全救会成立后,为抗日救亡运动做了大量工作。

7月10日,国民党五届二中全会在南京召开,全救会为此发表《致国民党五届二中全会宣言》,提出:"只要二中全会能够接受人民的要求,能够决定下来以抗日求统一的国策,那末,中华民族就可以得一个莫大的转机";若以"内战求统一的国策,那末,中华民族就要遭遇一个空前的危机"。②全救会还派沈钧儒、章乃器、史良、沙千里、彭文应5人为代表赴南京请愿,向会议提出

---

① 《全欧华侨奋起救国》,《救国时报》,1936年9月30日。

② 周天度、孙彩霞编:《救国会史料集》,中央编译出版社,2006年,第118页。

四点要求:1.停止内战;2.开展民主救国运动;3.立即对日作战;4.允许全救会代表团在二中全会上发言 5 分钟。国民党派中央委员马超俊接见代表,以"人民应相信政府,由政府来统一军令、政令去抗日";"人民应该遵守纲纪,不能以民众运动来和政府捣乱";"中央委员会议,人民代表不能列席"为由,拒绝了全救会之合理要求。①但是亦应看到,国民党最高当局接见全救会代表,实际上承认了全救会是合法的政治团体。

为促成各党派、各地方势力团结抗敌,全救会于 1936 年 7 月 15 日,以沈钧儒、章乃器、陶行知、邹韬奋 4 人之名义发表了由胡愈之起草,经陶行知修改的《团结御侮的几个基本条件与最低要求》之公开信,这是全救会具有纲领性的文献。

公开信详细地阐明了全救会关于联合救亡之立场,明确地提出:1.抗日救国大业关系整个民族生死存亡,决不是任何党派,任何个人所能包办,只能集合一切人力、财力、智力、物力,实行全国总动员,才能取得最后的胜利。2.各党各派各方面联合抗日救国,并不是把某党某派消灭,各党派尽可以有不同的主张。3.在联合战线中间,不仅要大家互相宽容,而且要公开、要坦白。4.联合战线的主要目的在于扩大抗日救国的队伍,这队伍越广大越好,除了汉奸以外,不应该摒弃一个人。5.以热忱参加联合战线,坚定抗日救国必定胜利的信念。②

公开信尖锐批评了蒋介石"先安内后攘外"之政策,认为这一政策"并不能促成真正的内部统一,而唯一得到'安内'的利益的,却是我们的共同敌人,照这情形下去,恐怕'内'不及'安',而中国全部已早成为日本的殖民地了",要真正做抗日的准备,决不是所谓"先安内后攘外",而是联合各党各派,开放民众运动,共纾国难。蒋介石如果能停止对西南的军事行动,与红军停战议和,共同抗日,开放抗日言论自由和救国运动自由,那么"'内'不必'安'而自'安'"。国民党应"赶快消灭过去的成见,联合各党各派,为抗日救国而共同奋斗"。"现在共产党已经提出了联合抗日的主张,国民党却并没有表示"。"对共产党的仇恨,不论大到怎样,总不会比对日本帝国主义的仇恨更大罢"。公开信赞扬中国共产党"停止内战,联合各党各派,共同抗日救国"的政治主张,坚

① 周天度、孙彩霞编:《救国会史料集》,中央编译出版社,2006 年,第 119—120 页。

② 邹韬奋:《韬奋文录》,生活·读书·新知三联书店,2011 年,第 227—229 页。

信"这一个政策会引起今后中国政治上重大的影响"。同时亦希望红军"立即停止攻袭中央军,以谋和议进行的便利"。"在红军占领区域内,对富农、地主、商人,应该采取宽容态度。在各大城市内,应该竭力避免有些足以削弱抗日力量的劳资冲突"。公开信最后表示:要坚决地站在救亡的立场上,不躲避、不退却、不放弃立场、不动摇意志,一直到中华民族解放运动取得完全胜利的一天。公开信还以"煮豆燃豆萁,豆在釜中泣。本是同根生,相煎何太急"为结语,表达了救国团结御侮的强烈意愿。①尔后"停止萁豆之争,共同救亡",成为许多爱国政党、团体和民主人士经常利用之口号。

公开信为上海所有进步报刊刊登,并有印成之单行本,在国统区内发行。它代表了救国运动的正确方向,故此被人誉为救国会的政治纲领。

在民族危亡关键时候,全救会还紧密结合时局的发展,通过发表通电,纪念日集会,声援爱国罢工等各种形式,广泛而频繁地开展抗日救亡活动。

1936年9月18日,上海各界救国联合会与市商会、地方协会等20余团体,于"九一八"事变5周年之际,在沪西漕河泾举行建立九一八纪念碑奠基典礼,事先曾获得国民党同意,但临时又被取消。与会者在史良等人领导下,列队游行,途中遭到军警殴击。上海各界救国联合会随即发出通电,要求当局惩办肇事者,开放民众救国运动。

10月19日,鲁迅先生逝世。噩耗传来,举国悲痛。宋庆龄委托全救会为鲁迅举办丧事,并藉此发动民众。全救会专门召开了干事会、理事会议,商订悼念的初步方案。在全救会的积极支持和组织下,上海各界人士在万国殡仪馆举行隆重的吊唁仪式,万余人前往瞻仰遗容。22日,为鲁迅送葬的工人、学生、作家、演员、教授、律师、职员等各界人士数以万计,宋庆龄、沈钧儒等走在最前面,庄严的送葬队伍达两里多长,成为1936年下半年上海人民最大的抗日救亡示威游行。在万国公墓,蔡元培、沈钧儒、宋庆龄、章乃器、邹韬奋等先后发表演说,一致表示继承鲁迅先生的革命精神,继续完成民族解放运动。当覆盖着沈钧儒书写的"民族魂"黄绸旗的鲁迅灵柩落入墓穴时,送葬群众齐声地宣誓:"今后将踏着前驱者的血迹,去建造历史的塔尖!"②

针对国民党当局压制救国会和民众解放运动的情况,1936年10月,上

---

① 邹韬奋:《韬奋文录》,生活·读书·新知三联书店,2011年,第230—236页。

② 《鲁迅葬礼纪事》,《救亡情报》第24期,1936年11月1日。

海各界救国联合会发表《为上海 350 万市民请命》一文,强调要把上海 350 万市民,特别是上海的工人团结起来。文章指出:上海产业工人"有高度的组织训练,有勇敢热烈的斗争情绪,只要把他们好好的组织起来,一个个都可能是冲锋陷阵的英雄"。文章抨击国民党当局"不去组织他们,同时又不许我们去组织他们,而情愿把这个伟大的人力,委弃给敌人"。①

11 月 12 日,全救会在上海基督教女青会的草坪上,举行了纪念孙中山先生诞辰大会,会议由沈钧儒主持,李公朴、章乃器、王造时、史良、沙千里等全救会主要负责人相继讲话,赞扬孙中山的革命精神,批评南京政府"攘外必先安内"之政策,表示要继承孙中山的遗志,实现"联俄、联共、扶助农工"的三大政策。沪东区日本纱厂女工还登台控诉日本资本家残害中国工人的罪行,呼吁各界人民援助正在罢工的 4 万工人。救国会立即组织募捐,并成立了上海日本纱厂罢工后援会。11 月 15 日,发表了《上海各界救国联合会吁请全国同胞援助日商纱厂罢工工人》一文,号召各界同胞一致行动起来,缩衣节食,援助日厂罢工,使日本帝国主义完全屈服在我们面前。②在全救会和各界的大力支援下,纱厂的反日罢工取得了胜利。

在此前后,全救会还发动了大规模的援绥运动。全救会和上海救国会组织了 300 多个宣传队,2000 余人上街宣传援绥抗日,发起募捐。随后,致电南京政府和傅作义、张学良等人,要求他们出兵援绥,坚决抗日。是时,全救会发动的援绥运动波及华北、华中、华南等广大区域。傅作义曾对上海《大公报》披露:"在绥远抗战时,我们这儿收到的第一次捐款,是他们救国会捐来的。"③

全救会停止内战、联共抗日、组织容纳各党各派民主政府统一抗敌之主张,与国民党"攘外必先安内"之方针是相对立的。对此国民党表示不能容忍。上海各界救国会成立之初,国民党中央宣传部就发出了《告国人书》,诬蔑其"受共产党之利用","成为汉奸之爪牙","为民族之罪人"。宣称政府"要严厉之制裁"。④全救会成立之后,上海市市长吴铁成一面拒绝接受救国会递送之宣言,一面在大、中学校长茶话会中称救国会是少数"野心家"操纵的,"反动

---

① 《全国学生救国联合会为上海三百五十万市民请命》,《救亡情报》第 24 期,1936 年 11 月 1 日。

② 周天度、孙彩霞编:《救国会史料集》,中央编译出版社,2006 年,第 199—200 页。

③ 同上,第 409 页。

④ 《中宣部发表告国人书》,《申报》第 3 版,1936 年 2 月 12 日。

的东西","使得政府又要分心来'安内'",责令各校校长"负起责来,取消各学校内的救国会以及一切类似的反动组织",扬言要逮捕全救会之负责人。①

10月28日,上海《日日新闻》透露消息说,蓝衣社"上海特区高级会议"决议:"1.将王造时、章乃器、邹韬奋等数十名抗日救国联合会首脑(干部),以对付史量才之手段处以死刑;2.收买抗日救国联合会内部之动摇分子,使其发生内部(分)化作用;3.绝对禁止抗日救国联合会一切言论、出版、集会等公开行动。"②虽然上海市政府登报"辟谣",而事实上,此乃当局镇压全救会之信号。

11月22日深夜,国民党当局在日本侵略者直接唆使和干预下,在上海逮捕了沈钧儒、邹韬奋、章乃器、李公朴、沙千里、王造时、史良等7人,随后移押在苏州高等法院看守所。这就是震惊中外的"七君子"事件。随后又逮捕了南京救国会负责人孙晓村和曹孟君,软禁了98岁高龄的马相伯,查禁和没收了大量的抗日救国书刊。

11月25日,上海市公安局关于逮捕李公朴等七人发表声明,称彼等非法组织"上海各界救国会"后,"托名救国,肆意造谣,……欲削弱人民对于政府之信仰。近且勾结'赤匪',妄倡人民阵线,煽动阶级斗争,更主张推翻国民政府,改组国防政府,……密谋鼓动上海总罢工,以遂其扰乱治安、颠覆政府之企图"。③

11月24日、27日,全救会为七领袖无故被捕发表《紧急宣言》和《告当局及国人书》,逐一驳斥南京政府强加给救国会领导人莫须有之罪名,坚定地表示,救国会的会员,绝不会因"领袖的被捕而放弃我们的抗敌救亡主张"④,将坚决秉承领袖们的言论、主张而继续奋斗,要求南京政府立即释放被捕领袖,公开保护救国运动,立即实现抗战。11月26日,宋庆龄也发表声明,抗议非法逮捕沈钧儒等人,她正告当局,救国会的7位领袖已经被捕了,可是我们中国还有4万万人民,他们的爱国义愤是压迫不了的。⑤北平文化界李达、许寿

---

① 《吴市长的谈话》,《救亡情报》第6期,1936年6月14日。

② 邱钱牧:《中国民主党派史》,浙江教育出版社,1987年,第60页。

③ 周天度、孙彩霞编:《救国会史料集》,中央编译出版社,2006年,第257页。

④ 《全国各界救国联合会为沈钧儒等诸领袖无辜被捕紧急宣言》,《救亡情报》第28期,1936年11月29日。

⑤ 《宋庆龄先生为全国各界救国联合会七领袖被捕声明》,《救亡情报》第28期,1936年11月29日。

裳、许德珩等107人,于24日联名致电南京政府,指出"国难严重,端赖合作御侮,不容再事萁豆之事,章等热心救亡,全国景仰,敢请即日完全开释,勿再拘传"①。周恩来在西安与蒋介石、宋子文谈判时,代表中国共产党提出了释放全救会七领袖之要求,并提名宋庆龄、沈钧儒、杜重远、章乃器4人在抗日联合政府中担任职务。11月30日,巴黎《救国时报》发表了《争取救国自由》的社论,高度评价沈钧儒等组织的救国会努力从事救国宣传和组织工作,斥责国民党所奉行"爱国有罪"之误国暴政。指出:"章先生等为爱国而被捕,全国一切有爱国天良的人都义无坐视,而必须奋起极力进行援助章先生等之运动。"号召"全国同胞应当万众一心来争取救国自由"。②

"七君子"事件在国民党上层人士中亦引起极大的震动。11月26日,李宗仁、白崇禧等致电冯玉祥、孙科等南京要人:沈钧儒等之举动"系爱国热情应有之表现,与危害民国实极端相反","务恳迅予援救,以顺舆情"。③冯玉祥、于右任等30余人致电蒋介石,责蒋要"郑重处理",并在南京发起征集10万人签名的营救运动,"表示民意所依归,而促南京当局之觉悟"。④国际知名人士罗曼·罗兰、爱因斯坦等致电南京政府,要求恢复沈钧儒、章乃器等人之自由。

沈钧儒等7人被捕后,在狱中进行了坚决的斗争。在上海市公安局期间,沈钧儒就郑重宣言:"六个人是一个人",得到了大家的一致拥护。众人抱定风雨同舟、患难与共之决心,一致决议了三个基本原则:"(一)关于团体(指救国会)的事情,应由团体去解决;(二)关于六个人的共同事情,应由六个人的共同决议去解决;(三)关于各个人的事情,应由各个人自己负责。""有罪大家有罪,无罪大家无罪,羁押大家羁押。"⑤

转押至苏州期间,适逢西安事变,看守所空气紧张异常,增加看守、宪兵,朋友、家属一律不准接见,所内职员亦不免流露出恐慌之神情。因不准看报,加之与外界消息隔绝,"七君子"已猜想到形势的紧张,虽然都是纯洁爱国,胸

① 周天度、孙彩霞编:《救国会史料集》,中央编译出版社,2006年,第281页。

② 《争取救国自由》,《救国时报》,1936年11月30日。

③ 荣维木:《李宗仁大传》,团结出版社,2008年,第248页。

④ 原载《救国时报》1936年12月10日,转引自周天度:《救国会史略》,《近代史研究》,1980年第1期。

⑤ 韬奋基金会、上海韬奋纪念馆编:《韬奋全集(增补本)》(第七卷),上海人民出版社,2015年,第255—256页。

怀坦白,用不着有所忧虑,但是在混乱之形势下,意外牺牲也并非绝不可能。在生死严峻考验面前,"七君子"议决,倘若国民党当局将他们绑出去枪毙,则"应该一致的从容就义"。"出去的时候应该高唱《义勇军进行曲》";"临刑时应该一致大呼:打倒日本帝国主义!民族解放万岁!"①他们在狱中坦然自述:"救国是一件极艰苦而需要长期奋斗的事情。参加救国运动的人当然要下最大牺牲的决心。"②爱国之情,溢于言表;耿耿丹心,可昭日月。

南京政府竟置全国舆论于不顾,1937年4月3日,江苏省高级法院宣布对沈钧儒等人的起诉书,以所谓"危害民国为目的而组织团体,并宣传与三民主义不相容之主义……共犯《危害民国紧急制罪法》第六条之罪"为名,罗织"十大罪状",对沈钧儒7人提起公诉。全救会为了在法庭上能够获得胜诉,一面紧张地准备《答辩状》,一面议定聘请张志让、江庸等25名律师出庭辩护。在胡愈之的协助下,写出了长达两万余字的《为江苏省高等法院对沈、章诸先生提起公诉的答辩并告全国人民和全体会员书》(即《答辩状》),于6月7日公开发表。《答辩状》对江苏高等法院之起诉书逐条加以批驳,指出:"起诉书虽胪列犯罪证据至十款之多,然无非将救国会之各项文件,断章取义,穿凿附会",将"被告等爱国之行为,而诬为害国";以"救亡之呼声,而指为宣传违反三民主义之主义,实属颠倒是非,混淆黑白,摧残法律之尊严,妄断历史之功罪"。"所列犯罪证据十款,无一足以成立",要求"秉公审理,依法判决,谕之无罪,以雪冤狱而伸正义"。③

继江苏省高等法院起诉书公布之后,国民党即由其中央秘书长叶楚伧出面,通过杜月笙、钱新之向沈钧儒等人进行劝诱迫降活动。起初声称只要他们切实保证以后不再从事救国活动,留居京中或出国,即可撤回公诉。沈钧儒当即剀切表示:"三中全会后,政府既宣示上下团结,一致对外之主义,本人亦深愿在中央领导下,从事爱国活动。"④之后,南京政府内定对沈等进行公开审讯,按《危害民国紧急治罪法》判处两年以上徒刑,如沈等不作任何辩护或上诉,即可押送南京反省院,写具悔过书,准交保释放。"政府方面态度颇为坚

① 韬奋基金会、上海韬奋纪念馆编:《韬奋全集(增补本)》(第七卷),第257页。

② 同上。

③ 《沈钧儒等答辩书》,《申报》,1937年6月8日至15日连载。

④ 周天度、孙彩霞编:《救国会史料集》,第331页。

决,解京一举,尤势在必行"。①但南京政府色厉内荏,担心贸然判罪,将引起社会舆论之谴责,乃指令法院"取'多调查,少开庭'办法",以"避免法律上社会上之若干重大麻烦"。②江苏高等法院曾传出将于 4 月 28 日、29 日开庭审问,结果并未施行。

5 月 23 日,叶楚伧在给杜月笙、钱新之的信中,道出了策划之阴谋:"沈事宣判之日,自当同时谕交反省院,以便一气呵成";而在苏州"就近交反省院","不如在京,因在京出院以后,出国以前,更可多得谈话机会。中央同人颇愿与倾心交谈,一扫过去隔阂",而"重开坦白光明之前途"。他还特别指出:"若虑及途中引起注意,自可设法避免一般递解之形式,毫无形迹可寻也。"③

国民党的阴谋遭到"七君子"的坚决抵制,他们认定个人自由事小,争取救国无罪事大,宁可不出狱,决不丧失立场和有损人格。6 月 1 日,"七君子"在给杜月笙、钱新之的信中,义正辞严地回答说:"钧儒等……自问无罪,天下亦尽知其无罪,为国家民族前途计,亦终认救国无罪四字应令其永留于史册"。"复思通常反省人出院以后,行动须受监视,仍为不自由之人。钧儒等如遭同样待遇,则反不如在监静待执行期满之能取得完全自由"。④尔后,他们更明确表示:"对于经过反省院一点,钧等认为于国家前途无益,于个人人格有损,万难接受,不得不誓死力争,惟有尽其在我,依法应诉而已。"⑤

南京政府劝降、迫降不成,只得于 6 月 11 日对"七君子"开庭审理。据载,是日苏州街头,军警林立,戒备森严,如临大敌。苏州法院门前聚集着许多从外地赶来旁听的群众,其中不少年事已高的社会名流,慑于愤慨不平之群众,法院临时宣布停止公开审理,所有已发出之旁听券一律无效。鹄立在蒙蒙细雨中的群众对此十分愤慨,要冲法庭。胡子婴、沈粹缜、张曼锡等家属不相信法院的审判,坚要参加旁听,沈钧儒等"被告"坚持不公审不发言,辩护律师亦表示要保持缄默。几经交涉,法院被迫允许新闻记者及家属入内旁听。

审理开始后,沈钧儒等大义凛然地进行了申辩。据报载:审判长问沈钧

---

① 周天度、孙彩霞编:《救国会史料集》,第 332 页。

② 同上,第 332 页。

③ 同上,第 330 页。

④ 沈钧儒:《沈钧儒文集》,群言出版社,2014 年,第 173—174 页。

⑤ 同上,第 195 页。

儒:"你赞成共产主义吗?"沈回答说:"如果一定要说被告等宣传什么主义的话,那末,我们的主义就是抗日主义,就是救国主义。"又问:"抗日救国不是共产党的口号吗?你知道你们被共产党利用么?"沈回答说:"共产党吃饭,我们也吃饭;难道共产党抗日,我们就不能抗日吗?假使共产党利用我抗日,我甘愿被他们利用;并且不论谁都可以利用我抗日,我都甘愿被他们为抗日而利用。"[1]沈钧儒等还在申辩中,就起诉书中提出的 20 多个问题要求法庭提示证据,审判长竟无理拒绝,并以时间为借口,制止"被告"和辩护律师发言,决定第二天结束审理,予以判刑,将"被告"送往反省院。

是日晚,辩护律师和沈钧儒等共同研究决定,以审判长和推事拒绝调查证据,已具成见,难以求得合法公允审判为理由,向法院提出申请回避状,要求主审的审判长和推事全体回避,辩护律师也宣布罢席,拒绝出庭,以示抗议。结果,迫使法院第二天无法开庭,不得不推迟审理。

6 月 25 日,第二次开庭审理。开庭前,沈钧儒等 7 人于 6 月 22 日和 24 日向法庭提出《第二次答辩状》和《申请调查证据状》,除进一步驳斥了起诉书内胪列"罪状"外,又提出 10 个新问题,要求法院调查证据,再次提出参加第一次的承审官均应回避之要求。是日开庭时,除检察官外,审判长和推事均已易人。沈钧儒等对审判长的提问,态度从容,慷慨陈述了救国无罪之道理。当审判长提出救国会煽动学生罢课时,沈钧儒立即反问审判长,是何年何月何日?是全上海,还是一个学校?是哪个人煽动的?与救国会有什么关系?证据何在等等,审判长无言以对。当审判长提问章乃器,主张抗日救国是被共产党利用时,章乃器反问之:"我想审判长也是和我一样主张抗日的吧,难道也被共产党利用么?"[2]审判长无言以对。当检察官提出救国会"煽动"张学良发动西安事变问题时,沈钧儒和辩护律师一致要求法庭传讯张学良对证,就这一问题与检察官展开了激烈辩论。第二次"审判"就此草草收场。

自 4 月江苏高等法院提起公诉,到 6 月苏州审理期间,沈案已成为全国人民关注的焦点。人们深知:问题在政治,不在法律;争取救国自由,不仅关系救国运动的前途,而且"要影响整个民族的前途"。[3]因此,全救会员和各界人

---

① 沙千里:《漫话救国会》,文史资料出版社,1983 年,第 64 页。

② 同上,第 70 页。

③《全救会为沈钧儒等七先生案件的一个报告》,《救国时报》,1936 年 7 月 2 日。

士纷纷发表宣言、函电和评论,举行集会,开展了较前一阶段更加广泛的营救运动,强烈要求南京政府对"七君子"宣布无罪释放。4月12日中共中央发表宣言,指出:沈等诸先生"以坦白之襟怀,热烈之情感,光明磊落之态度,提倡全国团结,共赴国难,停止内战一致抗日,此实为我中华男女之应尽责任与光荣模范"[1],要求国民党彻底放弃过去的错误政策,立即释放诸爱国领袖及全体政治犯,彻底修改《危害民国紧急治罪法》。5月,平津各界1690余人,委托律师为沈等代拟答辩书,驳斥起诉书之谬误,认定被告"无犯罪之可言"。华北各界救国联合会推出代表,赴苏州监审,代表经过天津、济南等地时,沿途赴车站欢送的群众达数千人。广州7000余学生签名要求爱国自由和宣判沈等爱国无罪。全救会华南区总部发出长篇电文,号召全国同胞一致营救,并为沈等代募讼费。西北和西南地区也开展了群众性营救活动。6月初,上海各界4800余人联署请愿书,要求司法当局收回公诉。6月13日,上海召开各界群众5000余人参加的抗议大会,一致通过要求将七爱国领袖宣布无罪释放等决议。[2]

6月下旬,由宋庆龄、何香凝、胡愈之、胡子婴、沈兹九、彭文应、潘大逵、张天翼等16人发起了名震一时的救国入狱运动,将营救"七君子"的爱国运动推向了新的高潮。6月25日,宋庆龄等呈文江苏高等法院:"沈钧儒等,从事救国工作,并无不法可言,羁押囹圄,已愈半载","爱国如竟有罪,则具状人等,皆在应与沈钧儒等同受制裁之列"。"爱国无罪,则与沈钧儒等同享自由","愿以身试法律上救国之责任"。同时发表《救国入狱运动宣言》和"救国入狱运动规约"。《宣言》严正声明:"我们都是中国人,我们都要抢救这危亡的中国。我们不能因为畏罪,就不爱国,不救国。"要求国民党政府立即释放沈钧儒等7位先生,"沈先生等一天不释放,我们受良心驱使,愿意永远陪沈先生坐牢"。"我们准备去入狱,不是专为了营救沈先生等。我们要使全世界知道中国人决不是贪生怕死的懦夫,爱国的中国人绝不仅是沈先生等七个;而有千千万万个。中国人心不死,中国永不会亡!"[3]在全国引起了强烈反响。7月2日,作家何家槐等13人举状愿与沈钧儒等负连带责任,请求入狱。3日,上海著名导演及演员应云卫、赵丹、白杨、郑君里等20余人举状要求收押入狱。7月

---

① 中共中央文献研究室、中央档案馆编:《建党以来重要文献选编(一九二一——一九四九)》(第14册),中央文献出版社,2011年,第159页。

② 周天度、孙彩霞:《救国会》,群言出版社,2012年,第183页。

③ 周天度、孙彩霞编:《救国会史料集》,中央编译出版社,2006年:第428—429页。

5 日,宋庆龄、胡愈之、胡子婴等 12 人自携行装,驱车直奔苏州法院。宋庆龄不管院方如何敷衍应付,坚持爱国无罪之信条,表示"如果沈等 7 人有罪,我们要求同等待遇",并在法院接待室静坐。下午 5 时半左右,夏敬履检察官出面再次接谈,宋庆龄严正指出:"我是救国会发起人兼'全救会'执委,我与他们七位在工作上是同样的事情,在法律上也愿意负同样责任,请把我收押起来,与他们七位一样受不自由的处分","但上午检察官既不肯说我们无罪,同时又不收押我们,究竟何意,务请说明"。[①]宋庆龄还分别致电林森、蒋介石、汪精卫、孙科、居正、于右任和戴季陶等,要求他们"迅予主张公道,勿失全国志士之心"。[②]是时,中外进步报刊,都以显著位置刊登报道爱国入狱运动。在强大舆论压力下,南京政府骑虎难下,对"七君子"既不愿宣布无罪释放,又不敢贸然判刑。

7 月 7 日卢沟桥事变爆发,国内形势骤变,抗击日本侵略之呼声遍及全国。同时,由于沈钧儒等坚强不屈的斗争,全国各界人民的声援与营救,南京政府迫于形势,被迫于 7 月 31 日恢复"七君子"自由。救国会七领袖出狱时,受到救国会会员、各界代表、青年学生和群众的热烈欢迎。沈钧儒代表 7 人表示:"我等惟有准备牺牲一切,在民族解放战争中,尽一份人民之天职。"[③]

全救会的政治主张和领导的抗日救亡运动,充分显现了广大民众奋起抗日之心愿,为伟大的抗日战争准备了民众基础。

四、绥远抗战

绥远省(今属内蒙古自治区),依当时行政区划,东邻冀察、西边宁夏、北接蒙古。辖乌兰察布和伊克昭两盟,18 旗及包头、归绥(今呼和浩特,当时为绥远省会)集宁等城市。人口约 200 万,出产粮食、皮毛和牲畜。日本在控制冀、察两省之后,随即将矛头指向绥远,以实施其所谓满蒙政策,建立"蒙古国"。1935 年 12 月,日本指使伪蒙古保安队李守信部,先后侵占了沽源、商都、康保、宝昌、万全、张北 6 县,为进一步在绥远进行扩张建立了前沿阵地。

---

① 中共上海市委党史资料征集委员会编:《"一二·九"以后上海救国会史料选辑》,上海社会科学院出版社,1987 年,第 402 页。

② 宋庆龄基金会、中国福利会编:《宋庆龄书信集》(上册),人民出版社,1999 年,第 99 页。

③ 周天度、孙彩霞编:《救国会史料集》,第 445 页。

德王配合日军加紧活动。1936年2月蒙古军总司令部成立后,公开招兵买马,扩充军队,研究侵绥部署。日军在阿拉善旗、额济纳旗的活动也日趋活跃,飞机不断在空中侦察,汽车连夜赶运物资,部队频繁调动,潜伏各地的汉奸亦蠢蠢欲动。

7月,日本指使李守信、王英伪蒙古军,分南、北、中3路由察北向绥东地区作试探性进犯。日伪西北防共自治军司令于志谦、副司令马子玉也率部进犯兴和。傅作义命令许书庭营长率部出击,俘马子玉等60余人。7月30日、8月2日、15日日伪西北防共自治军总司令王道一率中路部队2000余人先后3次由商都向陶林、集宁一带进犯,均被绥远守军击退。8月3日至7日,从南北两路进扰的伪蒙军亦未得逞。于是,日军一面由热河抽调伪军张海鹏部2000余人开赴商都,增调日军一个混成旅团进驻张北、康保一带;一面加紧招募伪蒙军,扩充侵绥兵力。8月23日,关东军参谋长板垣征四郎亲飞百灵庙,召集德王、李守信等部署侵绥事宜。26日,板垣又飞至绥远,对傅作义进行游说,傅对其答复道:"友好必须以国家领土主权完整为前提,我是边防负责人,守土有责,不允许寸土受损失。"板垣遂碰壁而去。

10月5日,田中隆吉受关东军委派在化德主持召开侵绥军事会议,德王、李守信、王英、卓世海、张海鹏等均出席。决定:以王英、李守信两部为主力进攻绥远,李守信率伪蒙古军第1军部署于绥东兴和一带为右翼;德王率伪蒙古军第2军部署于绥化土木尔台以北一带,并以穆克登宝伪骑兵第七师驻百灵庙为左翼,以王英部进攻红格尔图,然后从百灵庙与红格尔图左右两翼同时进攻归绥,再分头进攻绥东、集宁、绥西、包头及问套。这样,南可直接威胁晋、察、冀,西可与日本在甘、青、新各省培植的傀儡分子取得联系,为实现各省的"特殊化"创造条件。日本还宣布:自10月至战斗结束,部队一律发给双薪,所需武器、弹药等补充均由日方负责。并发给德王、李守信、王英各30万元,卓世海、张海鹏各10万元做经费。

会后,日本即令伪满骑兵3000人,由热河东北部之北票,经赤峰开至察北多伦、沽源一带;令驻沽源的伪军李振铭部千余人开驻商都以西之羊群;令驻多伦的伪军4000多人西进至宝昌、康保;令宝昌之吕存义部300余人开驻商都附近;令伪蒙古军第2军宝德勒额骑兵800余人由公会西进,归李守信直接指挥;令李守信部、王振华师于11月上旬进抵商都;调集皮军衣、汽油等物资急运张北,供给李守信部;由多伦运至张北毒瓦斯弹及毒瓦斯发射器两具,另给李守信汽车数十辆,供其运送武器、弹药。同时,关东军派出多架飞机飞绥东及武川一带进行侦察活动。关东军的数辆坦克亦奉命协助王英部作战。是时,日伪兵力计有:王英部伪军1.3万人,李守信蒙军万余人,卓世海伪察蒙保安队及金甲三部约万余人,连同日本派到伪军中的各级指挥和特工人员,总兵力号称四万,大有倾巢犯绥、一举击溃守军之势。

　　傅作义侦悉敌进攻计划后,深感守土有责,筹划奋起抗击。但因绥省力薄势孤,乃于10月下旬随阎锡山前往洛阳进见蒋介石,陈述绥远局势紧张之状况,提出:为保卫祖国领土地,使绥省同胞免遭灾难,决心痛击来犯之日伪军,希望中央给予支持。蒋介石只派出汤恩伯第8军两个团兵力向绥赴援,又令"万耀煌师在洛阳布置防御工事",并令粤军调沪,湘军调集平汉线,准备以重兵保长江流域和黄河以南。南京政府外交部亦向日驻华大使提出严正交涉,并发表声明,指出侵犯绥察者"不论其为伪为匪或其他任何势力,同为国家民族不共戴天之大敌。于此应付之方惟有迎头痛击,唯有根本剿灭"。①傅作义返绥后,积极部署军事,激励官兵抗敌,并对各界人士发表谈话说:蒙奸德穆楚克栋鲁普和李守信、匪首王英等背叛祖国,出卖国家民族,认贼作父,在日本的指挥下,妄图进犯我绥蒙边疆,我们将不惜任何牺牲,坚决进行反击,我们一定要坚毅,沉着地做好一切准备,为完成我们抗战救国的艰巨任务而奋斗。②

　　11月5日,德王以伪察境蒙政委员会的名义通电傅作义,进行战争威胁,傅当即回电予以驳斥。

　　11月8日,傅作义在总指挥部召集营以上军官,商讨抗敌对策。与会人员表示:我们身为军人,誓死保卫祖国的边防,一寸土地也不可让日伪侵占。日伪胆敢来犯,定将其全部歼灭。傅作义要求部下必须讲求策略和很好地运用战略战术,才能克敌制胜。战略上要以攻代守,战术上要先发制人。他强调这次抗战任务非常艰巨,尤以我军在行进中上有敌机侦察,下有深雪挡道,要做到出奇制胜,必须进行迅速,严守秘密。要准备开路工具、防空的伪装白布,使地上积雪不能挡路,空中侦察不能发现。他还任命彭毓斌、董其五为绥东防守总指挥官和副总指挥官,刘长胜、孙兰峰为绥北防守总指挥官和副总

　　① 周开庆:《一九三六年之中日关系》,正中书局,1937年,第90页。

　　② 中国人民政治协商会议全国委员会文史资料研究委员会《从九一八到七七事变》编审组编:《从九一八到七七事变》,中国文史出版社,1987年8月,第601—602页。

指挥官,分别指挥保卫绥东和绥北的战斗。绥化民团也奉命奔赴前方,协助军队抗战。①

保卫红格尔图战斗是绥远抗战第一个较大规模的战役。红格尔图为绥远东部的门户,隶于陶林县境,是日伪犯绥必经之地。11月12日,王英率石玉山、杨守诚两骑兵旅、金甲三步兵旅和两连炮兵进犯红格尔图。日军指挥官和王英司令部设在土城子村。3架日机轮番轰炸红格尔图守军阵地,掩护伪军进攻。是时,守卫该地的部队,仅有第218旅第436团第3营步兵1连,第2骑兵团第2团两个连骑兵,另有当地自卫队百余名,由436团团副张署负责指挥。

13日夜,伪先头部队与守军发生前哨战斗,被击退。14日上午,伪军千余名在飞机、大炮的掩护下,再次发起猛攻。守军奋勇抵抗,激战至下午5时,将敌进攻粉碎。15日晨6时,因中隆吉亲自指挥伪骑兵第2师尹宝山部、王英部石玉山、杨守诚两骑兵旅、金甲三步兵旅共5000余兵力,在飞机、装甲车和重炮掩护下再次对红格尔图阵地展开猛攻,先后冲锋七次之多。鏖战至傍晚6时,敌被击退。当时,晋绥守军战斗情绪极为高涨,晋绥民众也积极地协助守军修筑工事,输送伤兵,搬运子弹,送水送饭,激励士气。是日晚,晋绥军骑兵第2团团长张培勋亲率两连骑兵,星夜驰援,阵地得到巩固。16日至18日,日伪军多次猛攻,均未得逞,守军抱着誓与阵地共存亡的决心,越战越强,敌军遗尸遍野。

敌我在红格尔图相峙,傅作义自集宁往前线指挥,并派董其五率部奇袭敌巢。董其五即令汽车队先赴卓贸山、集宁两地待命,同时令驻卓贸山的李作栋团、第211旅孙兰峰部、驻旗下营的王雷震团、第68师李服膺部的李团、赵承绶部骑兵第1师、彭毓斌部的周团、炮兵第25团的杨茂材营,分别由卓贸山、集宁两地乘汽车秘密前往红格尔图以西至丹岱沟集结。夜12时,董其五在十二苏木下达作战攻击命令;令王雷震、李作栋两步兵团各配属一连炮兵,由董亲自指挥,于19日晨2时向红格尔图东北的打拉村、土城子、七股地、二台子一带日伪军进行包围袭击;令骑兵团秘密迂回打拉村、土城子以东地区,截击溃退或增援之敌,并提出追击任务;其余为预备队随指挥部前进。各部队

---

① 中国人民政治协商会议全国委员会文史资料研究委员会《从九一八到七七事变》编审组编:《从九一八到七七事变》,第602页。

长立即传达部署,按时向打拉村、土城子之敌发起突然攻击。敌因事出不意,仓促应战,至拂晓,敌不支而向西北溃退。红格尔图守军也乘势出击,予敌以重创。至19日上午7时,敌全线溃退,傅部骑兵直追至察省辖地方罢。

红格尔图战役自11月13日开始,19日结束,激战七昼夜,粉碎了日伪军多次进攻,摧毁了田中隆吉和王英的指挥部,缴获甚多。战役结束后,傅作义为加强该地的防务,防止日伪军向百灵庙增援,特令董毓斌派李钟颐部接替红格尔图及附近地区防务,另派两连骑兵驻防土木尔合,余部均返原地待命。

敌伪军在红格尔图失败后,改以百灵庙为中心,进犯绥北。百灵庙系绥远省乌兰察布盟草原上一著名寺庙,地处绥远省会归绥城西170公里,地势显要,建筑宏伟,四周群山环绕,南通归绥、包头、东临察哈尔、西达宁夏,西北沿草地可抵新疆,北与外蒙古接壤。该地为绥远北部之宗教、经济与交通中心,庙东则为重要商业区。日伪军谋划固守这一重地,派王英部金宪章、石玉山两旅进占大庙,增强百灵庙外围防御力量;令伪蒙古军第七师穆克登宝部沿百灵庙山顶、山腰、山脚构筑坚固防御工事,积极备战;还派关东军要员来嘉卜寺召集田中隆吉、德王、李守信和王英等进行军事部署,决定再增派日本军官200余人,补充各伪军部队任指挥官,并拟调伪满及日军一部由赤峰开往多伦、商都、百灵庙等地,伺机犯绥东、绥北。11月23日晚,伪蒙古军数千人在日本指挥官及顾问率领下,由百灵庙向武川、固阳方向移动。

针对敌军动向,傅作义召开紧急军事会议,决定收复百灵庙。其部署是:令第211旅旅长孙兰峰为前敌总指挥,指挥所部张成义、刘景新两步兵团,第7师刘效增步兵团、孙长胜师一骑兵团、附山炮兵一营,苏鲁通小炮一队,汽车和装甲车各一队,以快速果敢之行动收复百灵庙;各部队限于11月23日下午6时前秘密集结于百灵庙东南附近二分子、分胡同一带,而后听从孙兰峰命令行动;各部队情况及时报告。各部队长奉命后,秘密率部向指定地点集结。

11月23日,孙兰峰在集结地点向连长以上军官说明敌方兵力配备、工事构筑等情形,并部署如下:(一)第211旅(少第422团)附山炮兵一营,苏鲁通小炮大队,汽车队和装甲车队为主攻部队,其所属第419团为左梯队,从百灵庙东西攻击,并调派一部先期至该庙东北角滂江的大道上,选择有利地形伏击敌人,断其退路。(二)刘效增步兵团为佯攻部队,由百灵庙以西地区先行向敌袭击,将敌之注意力吸引到该团方面,使主力部队易于攻击,便于左梯队取得联系。(三)骑兵团绕出于百灵庙东北地区,与步兵右梯队协同由庙北面发动攻击,占领北山,控制敌飞机场,并追击败退之敌。(四)步兵第421团第1营为预备队,位置于百灵庙南山东南大道以左高地附近。(五)各部队均须在23日夜12时到达攻击准备位置,向敌方发起进攻,并互相联系配合。

11月24日零时,总攻开始,傅军迅速突破敌多条防线。日特务机关长盛岛角方亲自指挥督战,并向女儿山阵地增调轻重机枪10余挺,以炽盛火力拼死阻击我军突击,战斗呈白热化。激战至拂晓,伪蒙军势衰不支,日本顾问烟草谷和伪蒙军师长穆克登宝首先逃窜,敌阵地随之全线溃退。上午9时,百灵庙全部恢复。是役,俘伪蒙古军300余人,缴获步枪400余支和许多粮仓、弹药等军用物资。24日下午和25日,伪蒙古军在日本飞机掩护下,向百灵庙多次反扑,均被击退,日机被击落3架。

日军不甘心失败,一面收拢残部,一面将李守信、王英部伪军300余人调至百灵庙以北80公里的大庙集结,由日人任连、排长指挥,企图以大庙为根据地,反攻百灵庙。12月2日晚,敌伪军3000余人,分乘载重汽车从大庙出发,以十余辆日军装甲车为前导,于3日晨6时向百灵庙发动攻击。严阵以待的傅军当即予以迎头痛击。至4日上午10时,敌伪军因死伤过多而退,傅军乘胜追击30公里。7日,傅军完成对大庙伪蒙古军的包围计划。此时,伪蒙军屡遭重击,军心动摇,王英部旅长石玉山、金宪章等于8日、9日两日率10个团先后反正,9日夜傅作义发出总攻大庙命令,10日上午,收复大庙。是役,除缴获大量辎重外,"敌伪德王的嫡系部队第七师全部被歼,王英的五个旅有四个旅长带部队反正"①。

大庙的收复使绥北方面趋于安定。绥东之敌在不断受挫后,亦退回原地。西安事变后日军改变侵绥策略。1937年1月8日,关东军"决定对侵绥事暂时趋向冷静"②。傅作义部也停止了对日伪军的进攻,双方相持到抗日战争全面爆发。

绥远抗战振奋了全国人心,全国各阶层人民踊跃掀起救援运动。北平学生救国联合会发起绝食一天和停火节煤运动,捐款援绥,并积极发动、组织全

---

① 中国人民政治协商会议全国委员会文史和学习委员会编:《文史资料选辑(合订本)》第31卷(总第90—92辑),中国文史出版社,2011年,第324页。

② 《时闻辑要》,《新中华》,第5卷第3期,1937年2月10日,第78页。

市各界组织支援绥远抗敌委员会。北平学生还成立了救护队、慰劳队、义勇队直抵前线。上海中华国产厂商联合会等 30 余团体,先后成立了各界援绥后援会。山西、南京、汉口、广州等地援绥运动亦如火如荼地展开。百灵庙收复次日,上海各界即派出以黄炎培为首的慰问团携款 10 万元,飞赴绥远,慰问抗敌将士。南京也有孙科、张继等上层人士发起的援绥抗日运动,并成立了“首都各界援绥后援会”。中共在陕北也号召“大家比赛!踊跃开展援绥的募捐”。全国各地团体捐献的物资堆积如山,现金达 200 余万元。全国人民的捐助形成了援绥抗战的热潮。

当日伪向绥远进攻之时,蒋介石正在指挥其军队围剿陕甘革命根据地的红军。蒋的执拗性是很顽固的,始终不愿放弃安内攘外政策。

五、西安事变与国内和平

日本灭亡中国的侵略使各阶级各阶层都觉醒过来,使各党各派都认为抗日战争无可避免,主张大家站在同一阵线对付共同的敌人。沿海各地所发生的抗日运动使国人睁开了眼睛,地处内地的西安也成为救亡运动蓬勃发展的一个区域,这应该说是蒋介石促成的。

红军到达陕北以后,南京政府将注意力集中于陕北。1935 年 10 月,张学良奉命率部 13 万人由河南、湖北进入西北,部队部署于陕北洛川、直罗镇、西峰镇一带。张被蒋介石任命为“西北剿总”副司令,蒋自兼总司令,张代行总司令职务。总部设于西安。西安长期以来为杨虎城的地盘。杨虎城,陕西蒲城人,出身贫苦,早年参加辛亥革命和护国战争。1922 年蛰居陕北后,结识社会名流杜斌丞、共产党员魏野畴等人。1930 年后任第 17 路军总指挥,西北绥靖公署主任,并曾兼任陕西省政府主席。1935 年 1 月,在蒋介石严令下,率部阻击红军北上,但半年之内,即有 3 个旅被击溃,实力受到很大的损失,其本人的地位也发生了动摇,并遭蒋介石的申斥。张到西安,很想在“剿共”战役中获得成果,他对他的部属在第 107、120、106 师讲话中,重弹蒋介石先剿共后抗日的老调,但结果遭到严重的打击。在接连两次战役中,他的部队都遭受到惨败,两个最精锐的师团第 110 师和 109 师被红军歼灭。张学良向蒋介石请求给予武器弹药补充,蒋介石不但不予补充,而且还将两个师的番号取消。这对张学良是很大的刺激,他开始怀疑蒋介石把东北军派到西北打红军之动机是要瓦解东北军,这时他接触了不少东北的爱国志士。11月,国民党四届六中全会在南京举行,他去南京参加会议,然后在上海会见了李杜、杜重远等人,增加了对蒋介石政策的不满。他研究了中国共产党和红军的过去历史,从那些被红军俘虏过去而又被释放回来的自己部属那里知道苏区的真实动态,特别是他的一位青年团长高福源被俘归来,对他影响很大。

严峻的现实使张学良、杨虎城感到,继续攻打红军,实力势必消耗殆尽,而红军深得人民群众之拥护,有坚强的战斗力,是"围剿"不了的。在民族危亡之严重关头,只有联共抗日,个人和部队才会有新的出路,中华民族才有希望。于是,他们开始积极寻找中共地下党的关系,要求与中国共产党建立联系。在中共抗日民族统一战线的号召下,张、杨终于走上了停止内战、一致抗日的道路,使红军、东北军、西北军三位一体的西北大联合得以形成。

张、杨密切配合,积极而又慎重地在西安开展活动。

1. 邀请红军代表帮助改组部队,1936年9月,中共中央委派叶剑英秘密前往,常驻西安。记者范长江在《陕北之行》中亦写道:"叶剑英曾应张学良之邀,秘密来西安,住张学良公馆附近,与张学良研究东北军的改造问题。叶对于东北军的政训工作提出意见,他的说法很使张学良受影响。"①

2. 听从周恩来之建议,在长安县王曲镇举办军官训练团。张、杨分别任团长、副团长。受训者为两军现任连长至团长级军官,每期一月。张学良在训练团开学典礼讲话时指出:"中国出路,唯有抗日","目前中华民族对日问题不解决,任何问题也谈不到。除了抗日以外,实在没有其他路子可走。""我们决不再蹈九一八事变时委曲求全的覆辙;我们宁肯因斗争而死,决不束手待毙!"②由于张、杨的躬亲领导,进步队长、教官的主持讨论,两个系统的军官相互有了联系,他们的抗日意识也增强了。

3. 杨虎城在第17路军成立抗日会,并积极开展活动。1936年11月23日,抗日救国联合会致书第17路军抗日会,高度赞扬他们的爱国精神;希望他们"迅速地完成团结本身的使命,使第17路军成为抗日民族统一战线的有力的一环,成为援救绥远、保卫西北的一个先锋。在今天应首先贯彻不内战的

---

① 长江:《陕北之行》,《国闻周报》,第14卷第27期。

② 张学良:《中国的出路唯有抗日》,《解放日报》(西安版),1937年1月5日,第3版。

主张,不分红白军,在未出动抗日前,各守原防,以修养兵力,积蓄锐气"[1]。

4. 热情支持陕西抗日救亡运动。杨虎城出资千元,赞助中共西北特支在西安建立救亡组织。1936 年 9 月 13 日,杨虎城赴上海医治牙齿并检查心脏,疗养期间,经常与杜重远、沈钧儒等人讨论抗战问题。回陕后与张学良一起抗日救亡,因而使陕西的抗日救亡运动得以较快的发展。同年 9 月,东北大部分学生到西安,听张学良讲话。适逢南京政府军政部长何应钦,责骂张学良过去有 65 万军队在东北不抗日,现在在西北只有 30 万军队却声言抗日。所以张学良愤怒地驳斥何应钦,对东大同学说:"九一八事变不抵抗责任不在我,将来只有历史事实证明,不必多辩。""过去无论是谁错了,今日不能再错了,非抗日国家民族不能生存。""我张学良爱国决不后人,自有主张,不能听别人摆布。"11 月 14 日,张学良在金家港召集闫宝航、卢广绩、黎天才、王卓然、王化一等座谈,做了长时间的讲话,明确表示,陕不参加内战,坚决联共抗日。

5. 张学良委派爱国将领黄显生赴华北任五十三军副军长,驻于石家庄,广收有志爱国青年,为实现直接对日作战进行准备。

6. 联合地方实力派。张、杨分别派人同广西的李宗仁、白崇禧,四川的刘湘,广东的陈济棠,新疆的盛世才,云南的龙云,山西的阎锡山等取得联系,向他们宣传停止内战、联合抗日的主张。

这一切都逃不出蒋介石的眼睛,他开始觉得有加以监视的必要。西安国民党的主要代表是陕西省主席邵力子,但没有兵力,只有少数特别警察和宪兵。邵看见张学良和杨虎城日益接近,大为惊异,而张的部队又和红军签订了停战协定,惊人的消息不断从西安传到南京。1936 年 5 月,蒋介石派驻西安特务发现了《活路》刊物,该刊是由高崇民、栗又文、孙达生编印的,宣传联合抗日,在东北军和第 17 路军中广为流传。蒋的特务机构密令逮捕数名在东北军中工作的中共地下党员。8 月 29 日,在张学良身边工作的北平学联代表、共产党员宋黎等人在西安被捕,但在押解途中被第 17 路军巡逻队截获救出。张学良对此十分震怒,又恐省党部藏有其他秘密材料,乃于当晚派兵包围,查抄特务档案。当查到其他省党部向中央告发"张学良等不可靠"的密电后,更加气愤。蒋介石当时忙于应付两广事变,只好隐忍不发,另寻机报复。

10 月 22 日,蒋介石处理了两广事变后,由银川飞抵西安,驻节华清池。

---

[1] 《保卫西北》第 5 期,1936 年 11 月 23 日。

是时,他对中共和红军的态度仍然坚持"此时不剿,更待何时?"认为"匪未肃清,决不可侈言抗日",一定要把红军消灭在"陕北这小小角落里",逼令张学良等进行"剿共"内战。当张学良提出应该抗日,不继续剿共的主张时,遭到蒋介石的训斥:"军人以服从为天职,我叫你向东,你就应该向东,……我叫你去死,你就得去死,不要问为什么!"之后,张学良再次申述"停止内战,一致抗日"的意见,并说明这是全东北军的主张。杨虎城则说,他个人服从命令没有问题,但是部队抗日情绪高涨,"剿共"士气低落,值得忧虑。蒋介石却说:"风吹草动,兵随将走。"重申,"剿共"势在必行,并说:"士气问题我来解决。"①

10月27日上午,在张、杨和邵力子的陪同下,蒋介石到王曲军官团训话。他说:"我们革命军人首先要明礼义、知廉耻,在家要尽孝,要孝顺父母;为国要尽忠,要服从长官。这是我们革命军人的本分。""我们革命军人还要分清敌人的远近,事情的缓急。我们最近的敌人是共产党,为害也最急;日本离我们很远,为害尚缓。如果远近不分,缓急不辨,不积极剿共而轻言抗日,便是是非不明,前后倒置,便不是革命。"②

11月1日,蒋介石到洛阳军分校训后,斥责联共抗日者为汉奸。张学良曾在《自述》(即《西安事变忏悔录》)中述及此事:"不料蒋公在阅兵后训话,痛斥共匪为大汉奸,主张容共者,比之殷汝耕不如。良聆听之下,犹如凉水浇头,良欲向蒋公陈请者,至是则绝望矣。沮丧万分,回至寝室,自伤饮泣。"③

蒋的训话,激起东北军和第17路军官兵的强烈不满。9月18日,《东望》杂志刊登东北军第129师师长书写的诗句:"白山黑水,念兹在兹,卧薪尝胆,誓雪国耻。"④11月11日,东北军第67军军长王以哲为《东望》杂志题词,号召所属官兵,"不徒东望,必须东归,不达不止,誓必我身而完成之,方不愧为东北健儿"⑤。同月,张学良抱着洗刷东北军"不抵抗"耻辱的决心,向蒋介石请求抗战援绥:"每念家仇国难,丛集一身,已早拼此一腔热血,洒向疆场,为个人盖一分前愆,为国家尽一分天职。""今绥东事既起,正良执殳前驱,为国效

---

① 西安事变史领导小组编写:《西安事变简史》,中国文史出版社,1986年,第32页。

② 申伯纯:《西安事变纪实》,人民出版社,1979年,第98页。

③ 刘朋主编:《中共党史口述实录》(第一卷),中国古籍出版社,2010年,第446页。

④ 原载《东望》,第五卷第23、24期,转引自房成祥:《西安事变史话》,陕西人民出版社,1980年,第46页。

⑤ 原载《东望》,第六卷第6期,转引自房成祥:《西安事变史话》,第46页。

死之时矣,日夕磨砺,惟望大命朝临,三军即可夕发。"①杨虎城在《告民众书》中亦坚决表示:"帝国主义的崩溃是必然的,最后的胜利终究是我们的!十年前守西安是我们最确实的印证,只要我们不怕死,能团结,肯牺牲,守一城与守一国没有什么分别的。虎城虽不敏,愿与我同胞坚持此志,御侮是存。"②

12月3日,张学良再飞洛阳,请求蒋介石"俯纳民情",释放上海爱国七领袖。并讲到"东北军将领有一种普遍的看法,与其剿共,不如抗日复土,所以情绪低落,可否请委座到西安分批训话,安慰并鼓励他们的情绪,我已是再拿不出什么理由去说服他们了"③。蒋答应亲赴西安,他在12月2日的日记中写道:"且东北军之兵心,为察绥战事而动摇,则剿赤之举,几将功亏一篑,此实为国家安危最后之关键,故余不可不进驻西安,以资镇慑,而挽危局。"④

蒋介石决心以处理第19路军的方式来对待东北军和西北军,他将数十万大军北调至以郑州为中心的一线;下令扩大西安、兰州的机场和地面设施;将20余名军政大员召去西安待命;任命蒋鼎文为西北"剿总"前敌总司令,卫立煌为陕甘绥宁边区总指挥。11月17日,蒋介石亲飞太原,安抚阎锡山。19日,又飞济南会晤韩复榘,并令韩向宋哲元转达他的"剿匪"方针。待这一切都部署就绪后,12月4日,蒋介石第二次来到西安,住在临潼骊山脚下的华清池,计划12月7日召开"剿匪军事会议"。他每天逐一召见东北军高级将领,答应给他们以金钱和位置,如果他们愿意继续内战的话。从临潼到西安的公路两侧的乡村居民限期走走,公路附近的村庄住满了密探,民工被征来修路,连路上的一个个小洞也得填平,西安顿时紧张起来。

蒋介石逼迫张、杨在两个方案中做出抉择:一是将东北军、第17路军全部开赴陕甘前线,进攻陕北苏区;二是将东北军、第17路军分别调赴安徽与福建,陕甘两省让给"中央军"去"剿共"。仿照他的计划,"预计将于二星期(至多一月内)可竟全功"⑤,蒋还表示:"无论如何,此时必须讨伐共产党,如果反对这个命

---

① 《绥东战争爆发后张致蒋请缨抗敌书》,《西北文化日报》,1936年12月15日。

② 《杨虎城告民众书》,《西京日报》,1936年11月28日。

③ 《张学良将军在西安市民大会讲话》,《西北文化日报》,1936年12月17日。

④ 秦孝仪主编:《革命文献》第94辑(西安事变史料)上册,中国国民党中央委员会党史编纂委员会,1983年,第66—67页。

⑤ 蒋介石:《西安半月记》,正中书局,1937年,第2页。

令,中央不得不给以相当的处置。"①

对蒋之决策,张、杨的反应是,一不再打内战,二不离开西北。决定先实行"苦谏",尽力说服蒋介石停止内战,一致抗日;"苦谏"无效,即采取"兵谏",逼蒋抗日。12月7日,张学良到华清池见蒋介石,痛切地陈述:日本侵略我国,步步进逼,继东北沦陷之后,华北名存实亡。最近,绥远又告警,国家民族的存亡,已到最后关头。非抗日不足以救亡,非停止内战、举国团结一致,不足以言抗日。继续"剿共",断非出路。与蒋争辩3小时,最后,蒋竟拍案厉言:"你现在就是拿手枪将我打死了,我的剿共政策也不能变。"②

8日上午,杨虎城去华清池谒蒋,表示抗日是人心所向,不抗日,国家没有出路,至于红军,宜以政治方法解决。蒋虽平心静气,但措辞却极为严厉:"红军必须听从政府的命令,缴出武器,遣散红军。我已叫邵主席(邵力子)拟传单,准备派飞机到陕北散发。如果共产党还要顽抗,我们将以数十倍的兵力,对付这些残余之众,消灭他们有绝对把握。现在我们东西南三面合围,北边我已令马少云(鸿逵,当时的宁夏省政府主席,第15路军总指挥)派骑兵截击,一举可以把红军打到长城以北沙漠一带,在那里红军无法生存,只有瓦解投降一条路。……如果有不主张剿共而主张抗日的军官,你放手撤换,我都批准。"③

杨虎城回到西安,向张学良简述了劝蒋不成之情况,表示应立即行动,不能再失去时机,失去人心。张学良也说:"我们为了国家,对蒋也仁至义尽了,现在只有干的一条路。"④张、杨一致认为:为了抗日救国,既使牺牲这两个团体也值得。两人商定,按原有防区分工,东北军负责临潼方面,西安城内由第17路军负责。

12月9日,西安青年学生为纪念"一二·九"运动一周年,举行爱国请愿。蒋介石下令镇压。为避免流血,张学良赶到去临潼路上的沪水桥附近,语重心长地对学生们说:"前面不是坦途。""请你们相信我,我张学良和你们是一样

---

① 《解放日报》编:《蒋介石的诺言与自由》,1945年10月,第123页。

② 申伯纯:《回忆双十二》,《冀中导报》,1946年12月13日。

③ 王菊人:《记西安事变前后的几件事》,吴福章编:《西安事变亲历记》,中国文史出版社,1986年,第140页。

④ 同上,第141页。

的思想、一样的心。你们的要求就是我的要求,也许我比你们的要求更迫切。你们的意见,我一定负责转达到,我去讲可能比你们更有分量。我保证一星期内以事实答复你们的要求。"①

10日,蒋召开没有张、杨参加的军事会议,确定了作战计划,拟好了逮捕的黑名单和解除张学良兵权的新闻稿:密嘱驻陕《大公报》记者发表以下之消息:蒋鼎文、卫立煌先后皆到西安。闻蒋委员长已派蒋鼎文为西北剿匪军前敌总司令,卫立煌为甘陕绥宁四省边区总指挥。陈诚亦来陕谒蒋,闻将以军政部次长名义指挥绥东中央军。但此消息不必交中央社及其他记者,西安各报亦不必发表为妥。

蒋介石计划新军令发表后乘火车离开陕西,但终没有搭成火车。张、杨与蒋的矛盾已到了短兵相接的地步。

12月11日夜,张、杨召开紧急会议,参加会议的仅13人,决议扣留蒋介石及其随员,以阻止新的剿共战争。杨虎城令赵寿山负责西安方面之行动,警备二旅孔从周部负责解除宪兵团、保安司令部、警察大队、省政府常驻的宪兵连和西安飞机场的驻军之武装,占领机场,扣留飞机;炮兵营警戒西安车站;特务营营长宋文梅率领特务营,负责逮捕西京招待所蒋系高级官员。张学良向第51军军长于学忠、第67军军长王以哲、第57军军长缪激流、第105师师长刘多荃、总参议鲍文樾、西北"剿总"秘书长吴家象、办公厅主任洪钫、第四处处长卢广绩、政训处副处长黎天才、抗日同志会书记应德田、卫队营营长孙铭九等人,部署兵谏方案。命令第105师师长刘多荃担任临潼行动总指挥,命令孙铭九、王玉瓒"去请委员长进城!绝对不能把他打死!"他还请刘鼎将此行动电告中共中央。而后,带领东北军将领前往新城大楼,与杨虎城一起协商组成临时秘书处,并以杨虎城公馆作为临时行动指挥部,彻夜坐等临潼之消息。

12月12日凌晨6时,震惊中外的西安事变爆发。东北军一部包围华清池,解除了蒋介石卫队的武装,扣留了蒋介石。侍从室主任钱大钧在枪战中被流弹击伤,副侍卫长蒋孝光被击毙。第17路军也控制了西安全城,在西京招待所逮捕了陈诚、蒋鼎文、朱绍良、卫立煌、陈继承、陈调元、万耀煌、蒋锄欧、蒋作宾、蒋百里、张冲等要员。国民党史料编纂委员会主任邵元冲因越墙逃走,被士兵开枪打伤,送医院后不治身亡。第17路军还占领了机场,扣留了所

---

① 西安事变史领导小组编:《西安事变简史》,中国文史出版社,1986年,第37页。

有作战飞机和飞行人员。

当日上午,张学良、杨虎城领衔东北军、西北军高级将领向全国和南京政府发出通电,全文如下:

> 东北沦亡,时逾五载,国权凌夷,疆土日蹙。淞沪协定,屈辱于前;塘沽何梅协定,继之于后。凡属国人,无不痛心。近来国际形势豹变,相互勾结,以我国家民族为牺牲。绥东战起,群情鼎沸,士气激昂。于此时机,我中枢领袖应如何激励军民,发动全国之整个抗战?乃前方之守土将士,浴血杀敌,后方之外交当局,仍立谋妥协。自上海爱国冤狱爆发,世界震惊,举国痛愤,爱国获罪,令人发指。蒋委员长介公受群小包围,弃绝民众,误国咎深。学良等涕泣进谏,屡遭重斥。日昨西安学生举行救国运动,竟嗾使警察,枪杀爱国幼童。稍具人心,孰忍出此?学良等多年袍泽,不忍坐视,因对介公为最后之诤谏,保其安全,促其反省。西北军民一致主张如下:(一)改组南京政府,容纳各党各派共同负责救国。(二)停止一切内战。(三)立即释放上海被捕之爱国领袖。(四)释放全国一切政治犯。(五)开放民众爱国运动。(六)保障人民集会结社一切之政治自由。(七)确实遵行总理遗嘱。(八)立即召开救国会议。以上八项,为我等及西北军民一致之救国主张,望诸公俯顺舆情,开诚采纳,为国家开将来一线之生机,涤以往误国之愆尤。大义当前,不容反顾。只求于救亡主张贯彻,有济于国家。为功为罪,一听国人之处置。临电不胜待命之至![1]

上述八项主张,成为西安事变的政治纲领和而后西安三方面与宋子文、宋美龄谈判之基础。

事变以后,张、杨宣布撤销西北"剿匪"总司令部,解散国民党陕西省党部,所有"剿共"工作全部停止。成立抗日联军西北临时军事委员会,张、杨分任正、副主任,指挥一切重要军政事宜。组成参谋团,计有王以哲、何柱国、董英斌、孙蔚如、李兴中等,以何柱国为召集人。不久红军代表叶剑英也参加进来,并立即将缪激流军、刘多荃师和孙蔚如师集中西安附近。

---

① 《张学良杨虎城等对时局通电》,《解放日报》(西安版),1936 年 12 月 13 日。

同时设立了设计委员会,研究一切善后问题,由高崇民、杜斌丞、卢广绩、应德田、申伯纯、王炳南、王菊人、黎天才、洪钫等人组成,高崇民为召集人。后来南汉宸、苗剑秋也参加了。该会第一次会议即研究了事变的性质、宣传工作和如何处理蒋介石的问题。

关于各级行政机构人选,由杨虎城负责改组陕西省政府,抗日联军临时西北军事委员会任命王一山代省主席,杜斌丞为省政府秘书长,续式甫为省财政厅厅长,李寿亭为省教育厅厅长,原建设厅厅长雷葆华留任。其余专员、县长或局等由省政府任免。

加强了部队的政治工作,取消东北军原有的政训处,改设政治处,以应德田为处长,下设组织、宣传、民运、总务四科,除原政训处留用人员外,由东北军学兵队抽调人员参加,共约150人。第17路军也改设政治处,以申伯纯为处长,下设组织、宣传、总务三科,各团均设立政治指导员。

封存中央、中国、交通、农民四银行在西安储备的银圆1500余万元。

调东北军主力部队置于渭南,负责陇海县之警戒,第17路军负责警戒蓝田、商县和蒲城、大荔两侧翼。一方面准备抗日援绥,一方面准备抗击中央军之进攻。

12月3日,救国会召开第一次大规模的群众大会,张学良发表演说,声称他愿意跟抗日战线上的武装同志站在一起,全国人民必须起来,奋力前进。有力的出力,有钱的出钱,让我们的血为保卫国家而流吧。西安全城笼罩着革命气氛,到处贴满了抗日标语,救国会和学生联合会在市内街头不断开会,宣传小队到附近的农村去组织农民,武装并训练农民。新出版的刊物如雨后春笋,达40余种,群众抗日救亡团体亦纷纷成立。在长安县的北曲、临潼县的新丰等地区,还出现了西北人民抗日先锋队、抗日义勇军等群众武装组织。还释放了政治犯,其中有300个被俘虏的红军士兵,54个红军妇女和33个红军儿童。西安广播电台开始用中英文广播西安的局势发展。

全救会及西北各界救国联合会等18个团体联名发表通电,拥护张、杨爱国主张,西北各界抗日救国联合会等30多个团体联名发表《致全国各政党、各团体、各机关通电》和《致全国各将领全体武装同志电》要求加强团结,共赴国难。

在全国各地,代表不同立场、不同见解之团体与个人,亦纷纷发出函电或发表宣言拥护张学良、杨虎城团结抗日的主张,希望事变和平解决。仅山西、湖南等 5 省,在事变后的 3 天内,即发出电报 1000 余封。北平学生救国会联合会在 14 日致电张、杨的电报中说:"今闻佳音,额首称快。尚祈公等早日召开救国会议,贯彻八项主张,克日誓师北上,收复已失山河,敝会等誓为后盾。"①但全国的主导舆论则是释放蒋介石。

西安事变之消息传到南京后,立即在南京政府中引起一片混乱,在如何对待西安事变的问题上,出现了讨伐张、杨和同张、杨进行谈判两种对立的主张。12 日下午,南京政府军政部长何应钦在自己寓所邀请在京的国民党党政军首脑交换意见。戴季陶、居正、吴稚晖、朱培德、叶楚伧与何应钦等人认为张学良劫持统帅,主张武力讨伐,而李烈钧、孙科、冯玉祥等则为蒋介石之安全担忧,主张和平解决。当晚,国民党中央常务委员会和中央政治委员会召开紧急会议,讨论对案。会上仍是两种意见,主张讨伐者以维护国家纲纪为理由,认为"不能过于瞻顾蒋公之安全,置国家纲纪于不顾"。主张和平解决者认为,应先弄清蒋介石在陕的情况,再决定"万全之策",并指出:"张、杨此举,如真只以抗日为范围,则在国策上,为时间上之出入,而非性质上之凿枘",因此,还有"说服之余地"。②如果立即进行讨伐,不但"内战蔓延,舆情先背,而坐弱国力。益以外患,国将不国,遑论纲纪?"③由于主张讨伐的居多数,两会决议:(一)行政院由孔祥熙代理院长,指挥调动军队由何应钦负责;(二)褫夺张学良本兼各职,交军事委员会严办,所部军队归军事委员会直接指挥;(三)军事委员会常委改为 5 至 7 人,并加推何应钦、程潜、李烈钧、朱培德、唐生智、陈绍宽为常务委员。(四)军事委员会会议由冯玉祥副委员长及常务委员负责。④国民党电召在德国养病的汪精卫立即回国。汪接电后,召集驻德、意等国大使,听取各国反应,于 12 月 20 日启程返国。

西安事变的第一天,南京就派出数十架飞机,一齐出动到西安侦察。并立即调遣军队,将原驻江浙豫皖的部队纷纷集中开赴陇海线,南京附近的部队也于 13 日尽数渡过长江。樊松甫部及其他部计 5 个师向潼关急进,准备进攻西安。何应钦也抵达郑州,以军政部长资格指挥作战。16 日,国民党中央政治委员会再次

---

① 西安事变研究会资料室编:《西安事变电文选》,陕西师范大学出版社,1986 年,第 166 页。

② 郭廷以、王聿均编:《马超俊、傅秉常口述自传》,中国大百科全书出版社,2009 年,第 111 页。

③ 中共中央党史研究室、中共中央党史资料征集委员会编:《党史资料通讯》(1982 年合订本),中共中央党校出版社,1983 年,第 378 页。

④ 西北大学历史系中国现代史教研室等合编:《西安事变资料选辑》,第 160 页。

开会,决定任命何应钦为讨伐军总司令,由国民政府发布讨伐令。任命刘峙、顾祝同为东、西两路集团军总司令。在潼关前线,中央军开始进攻,飞机轰炸渭南、富平、三原县城和赤水车站,西安因降雪,气候不利于飞行,未能轰炸。

宋美龄、孔祥熙、宋子文等则不顾何应钦、戴季陶等人的反对与阻挠,为和平解决西安事变,营救蒋介石而积极活动。12日晚,宋家姊妹弟兄在上海孔祥熙寓所开会,认为事变是政治问题,只能用政治方式解决,所谓军事讨伐,只能促成蒋介石的速死。次日晨,宋美龄、孔祥熙从上海赶回南京,宋美龄对何应钦等主张讨伐和12日晚国民党中央紧急会议所做之决议表示坚决反对。在她的《西安事变回忆录》中回忆当时之情况说:"中央诸要人,于真相未全明了之前,遽于数小时内决定张学良之处罚,余殊觉其措置太骤;而军事方面复于北时,以立即动员军队讨伐西安,毫无考量余地,认为(是)其不容诿卸之责任,余更不能不臆断其为非健全之行动。军事上或有取此步骤之必要,委员长或亦悬盼此步骤之实现,然余个人实未敢苟同。因此立下决心,愿竭我全力,以求不流血的和平与迅速之解决。是非得失,将付诸异日之公论。"[1]孔祥熙和宋美龄还请与蒋介石、张学良都有私交的端纳赴西安探明情况。

宋美龄还到处陈说用和平方式解决西安事变及营救蒋介石之重要性。强调除蒋介石外,没有别人可以领导全国,一旦"酿成空前之内战"则将给日本进一步侵略中国造成可乘之机。要求各方面"检束与忍耐,勿使和平绝望",在"推进讨伐军事之前,先尽力救委员长之出险"。[2]

14日,孔祥熙以行政院代院长名义召集会议,商议在讨伐之前和平营救蒋介石之问题,主战派无词拒绝,被迫同意进行和平试探。会议决定派黄绍竑等去太原,请阎锡山出面调停。国内各地方实力派如李宗仁、白崇禧及李济深等公开来电支持,表示"反对内战,主张确实建立抗日政府,举国一致实行对外"[3]。18日,李济深又致电各地方当局,"汉卿通电各项主张,多为国人所同情者,屡陈不纳,迫以兵谏,绝不宜以叛逆目之。而政府遽加讨伐,宁不顾国人责以勇于对内、怯于对外?况以国家所有军队,应用以保卫疆土,尤不应供私人图报复也。务望顾念大局,收回成命,国家民族,实利赖之!"[4]阎锡山则首鼠

---

① 宋美龄:《宋美龄自述》,台海出版社,2014年,第23页。

② 杨树标、杨菁:《宋美龄传》,浙江大学出版社,2010年,第87页。

③《李宗仁白崇禧通电》,《西北文化日报》,1936年12月25日。

④ 李济深著,文明国编:《李济深自述》,安徽文艺出版社,2013年,第66页。

两端,事变前他与张、杨有心照不宣之谅解。事变后,却又反对张、杨的兵谏行动,指责张、杨做出了"危国的行为"①。

12月14日,端纳在西安会见了张学良、杨虎城,随后,在张学良陪同下,与蒋介石见面,递交了宋美龄的亲笔信。宋美龄信中说:她正努力营救蒋介石,并准备为此亲自到西安。"南京的情形是戏中有戏"。当天晚上,端纳致电宋美龄,报告蒋介石在陕平安,转达了张学良邀请宋子文等到西安商谈和平解决办法等信息。19日,孔祥熙、何应钦、居正、孙科、叶楚伧、宋子文、王宠惠、宋美龄等在孔祥熙寓所会商,达成两项决定:(1)准宋子文以私人资格去西安,营救蒋介石。(2)将对西安方面的停止轰炸期延长到22日。宋子文获准去西安,表明了主和派力量在国民党中央内部占了上风。主战派在事变之初气焰虽然很高,但全国各地,朝野上下,反对扩大内战,主张和平解决的是多数,总的形势是和平力量大于战争力量,这是主张和平派取胜的基本原因。

12月20日上午,宋子文由端纳陪同飞抵西安,与蒋介石和张、杨分别晤面,次日返回南京。22日,宋子文又和宋美龄、端纳、蒋鼎文、戴笠等人再至西安,与"三位一体"进行释蒋之谈判。

中共中央收到张、杨12日发来之急电,从中华民族的长远利益出发,经过认真分析研究,确定了和平解决西安事变的方针,认为事变是"为了要抗日救国而产生的","是中国一部分民族资产阶级的代表, 也是国民党中的实力派之一部,不满意南京政府的对日政策,要求立刻停止'剿共',停止一切内战,一致抗日,并接受了共产党抗日主张的结果"。②事变的发动采取了扣留蒋介石及其一部分主要将领的方式,把南京置于西安的敌对地位,有可能造成对于中华民族极端危险的新的大规模内战。这是日本和亲日派所欢迎的前途。但是仍有可能争取西安事变和平解决,从而为结束"剿共"内战,实行一致抗日创造条件。这是全国人民和一切愿意抗日救国的党派、团体所欢迎的前途。中国共产党要力争避免前一种前途而实现后一种前途,因此,坚决主张用和平方式解决西安事变引起的问题,反对新的内战;同时主张用一切方法联合南京的左派,争取中派,反对亲日派,以推动南京政府走向抗日。中国共产

---

① 《阎锡山恳切劝张杨》,《国闻周报》,第13卷第50期。

② 中共中央文献研究室、中央档案馆编:《建党以来重要文献选编(一九二一——一九四九)》(第13册),中央文献出版社,2011年,第421—422页。

党同情张学良并准备在军事上、政治上给予积极的援助。这是 1936 年 5 月以来,中共公开放弃反蒋口号实行逼蒋抗日政策的继续和发展。

12 月 15 日,红军将领联名发表致国民党中央和南京国民政府电,表示支持张学良、杨虎城提出的八项主张,反对亲日派借机讨伐张、杨,发动大规模内战。重申了中共关于国共合作,化敌为友,共赴国仇之政策,要求南京当局"罢免蒋氏,交付国人裁判",联合各党、各派、各界,组织统一战线政府。

12 月 17 日,周恩来一行作为中共中央的代表,应邀飞抵西安。向张、杨转达了中共中央关于和平解决事变的方针。在综合分析国内外各方面的形势和反应后,周恩来建议可以明确提出"保证蒋介石安全"来稳定局势,争取多数,进而逼迫蒋介石接受停止内战、一致抗日的主张,还积极支持张、杨与南京方面的接洽。这些意见,与张、杨发动事变的初衷完全一致,因此,深得张、杨赞同。18 日,周恩来致电中共中央,报告外界对事变之反应,陈述个人对于解决事变的意见。中共中央为了建立抗日民族统一战线,根据周恩来的建议和对事变后形势的进一步观察,考虑到蒋介石被扣问题事实上成了南京与西安对立的焦点,考虑到国民党阵营中出现的"拥蒋"势头等情况,改变了在 15 日通电中对蒋介石的处置意见。18 日,致电国民党中央,"贵党果欲援救蒋氏,则决非调集大军讨伐张、杨不能奏效"。"贵党必须毅然决然立刻实行下列处置:(一)召集全国各党、各派、各界、各军的抗日救国代表大会,决定对日抗战,组织国防政府抗日联军;(二)将讨伐张、杨与进攻红军的中央军,全部增援晋绥前线,承认红军、东北军及第 17 路军的抗日要求;(三)停止一切内战,一致抗战;(四)开放人民抗日救国运动,实行言论、集会、结社的民主权利,释放一切政治犯及上海爱国领袖;(五)实现孙中山先生的三大政策。""如贵党能实现上项全国人民的迫切要求,不但国家民族从此得救,即蒋氏的安全自由当亦不成问题。"[①]至此,中国共产党和平解决西安事变的方针政策已完整形成。

12 月 19 日,中共中央政治局召开扩大会议通过了《关于西安事变及我们任务的指示》,指出事变有两个前途:"或者由于这一发动使内战爆发,使南京中派(民族改良派)一部或大部主观上与客观上走向亲日,削弱全国抗日力

---

① 中央统战部、中央档案馆编:《中共中央抗日民族统一战线文件选编》(中册),档案出版社,1985 年,第 321—322 页。

量,推迟全国抗战的发动","或者由于这一发动,结束了'剿共'的内战,使停止内战一致抗日,反而得到早日的实现"。文件具体提出了"实现第二个前途"的基本方针。①同一天,中共中央和中华苏维埃政府联名向南京、西安当局发表通电,进一步建议:"(一)双方军队暂以潼关为界,南京军队勿向潼关进攻,西安抗日军亦暂止陕甘境内,听候和平会议解决。(二)由南京立即召集和平会议,除南京、西安各派代表外,并通知全国各党、各派、各界、各军选派代表参加。本党本政府亦准备派代表参加。(三)在和平会议前,各党、各派、各界、各军先提抗日救亡草案,并讨论蒋介石先生处置问题,但基本纲领,应是团结全国,反对一切内战,一致抗日。(四)会议地址暂定在南京。"②

12月21日,中共中央致电周恩来,对西安事变发生后的局势和应采取的策略、谈判条件及对蒋介石的处置方法等给予指示:

(甲)目前局势是日本与南京右派联盟,企图夺取蒋系中派,造成大内乱,另方面是南京与各地左派企图调和,而中派在动摇中。

(乙)我们与西安策略,应扶助左派,争取中派,打倒右派,变内战为抗战。

(丙)请与张、杨商量立即采取如下步骤:(一)争取蒋介石、陈诚等与之开诚谈判,在下列基础上确定和平协议:(第一)南京政府中增加几位抗日运动之领袖人物,排除亲日派,实行初步改组;(第二)取消何应钦等之权力,停止讨伐,讨伐军退出陕甘,承认西安之抗日军;(第三)保障民主权利;(第四)停止剿共政策并与红军联合抗日;(第五)与同情中国抗日运动之国家建立合作关系;(第六)在上述条件有相当保证时,恢复蒋介石之自由,并在上述条件下赞助中国统一,一致对日。③周恩来正是遵照以上的指示,与张、杨商讨了同蒋介石谈判的具体事项。

西安事变不仅震动了全国,亦震惊了世界。

苏联对西安事变持严厉的斥责态度。其驻华大使馆临时代办司皮礼瓦尼克声明:苏联政府"判定张学良之行动,徒足以破坏中国统一,减少中国力量。苏联政府兹派本代办向中国政府郑重说明,苏联政府不但与西安事变始终无

---

① 中共中央文献研究室、中央档案馆编:《建党以来重要文献选编(一九二一——一九四九)》(第13册),第422—423页。

② 同上,第424—425页。

③ 中央统战部、中央档案馆编:《中共中央抗日民族统一战线文件选编》(中册),第337页。

任何联络,且自'满洲'事变以来,苏联政府无论直接或间接,皆未与张学良发生任何关系,……因此对于中国'共匪'之行动,不负任何责任"[①]。苏联《真理报》《消息报》等重要报刊都以大量篇幅加以评述,抨击张、杨为"叛徒""强盗","张学良之叛变纯为日在中国之新阴谋,其目的乃阻碍中国之统一,及日益普遍之抗日运动"。[②]这种主要是出于策略上考虑的"外交姿态"歪曲了事实,在客观上为南京政府攻击张杨提供了借口,但苏联反对中国一切形式的内战,力主和平解决西安事变的立场,仍然起到了积极的作用。

日本得知西安事变之消息后,《朝日新闻》《日日新闻》等报刊均以重要版面争相报道,表现出特殊的兴趣。日本政府认为"西安事变中之日本动向,将使中国全局有重大影响,欧美将极深注意,故有暂时静观形势进展之必要"[③]。英国驻日大使在给其政府的报告中说道:"日本的态度是等待和观望,同时怀有几乎不加掩饰的得意,认为全世界现在必定可以清楚地看到,中国正如日本早已指出的那样不可救药。"[④]日本之所以采取这种态度,一是对英美势力还有所顾忌,此时尚不愿与之直接对抗;二是日本政府清楚,这次事变的起因是为了抗日,过分介入只能是火上浇油,反而可能促使南京政府与张、杨妥协,甚至联共抗日。故此,一方面对南京政府施加压力,如陆军省在 14 日炮制的《西安事变对策纲要》中声称:"照张学良的起兵声明来看,往往会造成对日空气的恶化,恐怕会侵害帝国的侨民和权益。在这种形势下,应做好准备,可以不失时机地采取自主的手段。"[⑤]有田外相在 19 日对南京政府驻日大使许世英表示,"中央如在抗日容共之条件下与张妥协,日本决强硬反对",对第三舰队发出警备保卫训令,命驻华舰队紧急训练等等。[⑥]另一方面,极力拉拢何应钦等人。如日本暂时停止了在绥远之军事行动,提出恢复中断了的中日谈判,扬言将改变对华基本政策,放弃使用武力,实行"亲善提携"。南京政府下

---

① 李嘉谷编:《中苏国家关系史资料汇编(1933—1945 年)》,社会科学文献出版社,1997 年,第 35 页。

② 西北大学历史系中国现代史教研室等编:《西安事变资料选辑》,第 155 页。

③ 西安事变研究会资料室编:《西安事变电文选》,第 181 页。

④ 米鹤都:《促成西安事变和平解决的多方面因素》,《南开学报》,1987 年第 2 期。

⑤ 复旦大学历史系编译:《1931—1945 日本帝国主义对外侵略史料选编》,上海人民出版社,1985 年,第 210 页。

⑥ 西安事变研究会资料室编:《西安事变电文选》,第 181 页。

达对张、杨的讨伐令之后,驻华大使川樾即在会见新闻界时说:"即使南京政府没有了委员长(指蒋介石),中央政府看来也相当稳固","鉴于这种现实,中国应当面向新的光明"。同时,日本政府明确提出,"利用该兵变,以谋求对华政策之推进"。①

英美等国显然不愿其支持已久的蒋介石垮台,他们认为事变爆发的原因是联共抗日,在当时的历史条件下,这与他们的立场并非绝对不可调和,遂提出只要维持蒋介石的统治,这些是可以妥协的,因而积极支持营救蒋介石的活动。美国国务院星期日照常办公,以便随时听取中国方面的情况。15 日,美驻华大使詹森,会见国民党外交部部长张群,声称奉本国政府的训令,表示对西安事变的极大关切。英美驻华使馆接连不断地给其政府拍发关于西安事变消息的电报。12 月 15 日,美国《芝加哥论坛报》发表社论说:"中国在任何代价之下,均需要和平。"上海《字林西报》也发表社论说:"只要南京能够充分保持他们的最高权力,不妨在政治上同共产党采取某种联合的形式。"②在经济方面,英美两国给南京政府极大的支持,帮助南京政府稳定上海公债的市场价格,维持了事变期间的金融稳定。

23 日上午,张、杨同宋子文、宋美龄开始谈判,周恩来作为中共中央全权代表参加了谈判。周恩来在与张学良、杨虎城共同商讨并进行同南京方面的谈判中,进行大量卓有成效的工作。经过两天的谈判,达成六项协议:

(一)改组国民党与国民政府,驱逐亲日派,容纳抗日分子;

(二)释放上海爱国领袖,释放一切政治犯,保证人民的自由权利;

(三)停止"剿共"政策,联合红军抗日;

(四)召集各党各派各界各军的抗日救国会议,决定抗日救亡方针;

(五)与同情中国抗日的国家建立合作关系;

(六)其他具体的救国办法。③

六项协议得到了蒋介石的认可,但他提出领袖人格保证,不做书面签字,回南京后分条逐步实行。西安方面以民族利益为主,同意了这一点。

---

① 米暂沉著,米鹤都整理:《杨虎城》,中国青年出版社,1991 年,第 162 页。

② 黄元起主编:《中国现代史》(上册),河南人民出版社,1982 年,第 458 页。

③ 中共中央文献研究室、中央档案馆编:《建党以来重要文献选编(一九二一——一九四九)》(第 13 册)第 450 页。

12月24日晚,周恩来会见蒋介石,当面向其说明中共抗日救国之政策。对此,蒋介石表示:1.停止"剿共",联红抗日,统一中国,受他指挥。2.由二宋及张学良全权代表他与周解决一切商谈好的问题。3.他回南京后,周可以直接去谈判。[①]周恩来与蒋介石的会见,迫其再次重申停止"剿共"联红抗日,对于国共第二次合作具有重要意义。

12月25日,张学良亲自陪同蒋介石离陕返宁,西安事变终以和平解决告终。

西安事变之和平解决成为时局转换的枢纽。从1935年8月起,中共与爱国民众积极呼吁组织民族统一战线,共同反对日本侵略,中共还派遣自己的代表,多次和国民党谈判,但是都没有结果。"直至西安事变发生,在1936年底,中国共产党的全权代表才同国民党的主要负责人取得了当时政治上的一个重要的共同点,即是两党停止内战,并实现了西安事变的和平解决"。从此,十年内战的局面基本结束,国内和平初步实现,在抗日的前提下,国共两党实行第二次合作已成为不可抗拒的趋势。

西安事变的和平解决,是对日本、汉奸及亲日派的沉重打击。西安事变后,日方百般活动,阴谋挑起南京与西安之间的战争,以图渔人之利,达到"不战而胜"的目的。西安事变和平解决的结果使其阴谋彻底破产。

西安事变及其和平解决,国共合作实现及其抗日民族统一战线的建立,使中国出现了空前团结的局面,百年来未曾有过的对外抗战得以发动。从某种意义上说,西安事变缩短了中国革命历史的进程,缩短了中国人民遭受苦难的岁月。毛泽东评价西安事变和平解决时说:"这在中国史上开辟了一个新纪元,这将给予中国革命以广大的深刻的影响,将对于打倒日本帝国主义发生决定的作用。"张、杨两将军也因此成为中华民族的千古功臣,其英名永垂史册。

蒋介石回到南京后,极力掩盖西安事变之真相与结果,蒋写了《西安半月记》,宋美龄写了《西安事变回忆录》,把张学良扣留起来,并进行军事审判,旋予特赦,严加看管。对东北军与西北军采取了分化与调离的办法。中央军不仅未遵令东还,反而大量西进,计有第6、第10、第23、第28、第79、第95、第60、第14、第103、第83各师及教导总队等推进至潼关、华阳、华县一带,筑垒布

---

①《周恩来选集》(上卷),人民出版社,1980年,第73页。

阵,坦克、飞机也出动了。1937年1月6日杨虎城和东北、西北两军的最高将领向全国发出一个通电,其中讲道:"我们所要求的就是在蒋介石将军的领导下运用我们全部力量抵抗外国的侵略……你们记得蒋将军回京后命令中央军退至潼关以东吗?记得他离开西安前的话语吗:'在我未死以前,中国不会再有内战'。……现在十个师团已经集中,越过潼关,威胁我们的军队……如果这班人认为用人民的血汗钱买来的武器除了射击自己同胞没有更好用途的话,则我们也不惜献出自己的生命,因为我们对内和平,一致抗日的真诚的希望已成泡影了。"①张学良被扣,南京军进逼,或战或和,东北军和西北军内部产生了尖锐分歧。东北军中一些少壮派持强烈的主战态度,1月29日,他们在渭南举行了军事会议,达成了主战决议。西北各派别间的合作开始动摇。共产党人始终为争取和平而努力,周恩来、博古等费了许多时间向东北军少壮派耐心地解释共产党的政策,但没有显著的效果,反被误解,认为共产党人和红军是右翼。周恩来、杨虎城、于学忠、王以哲、何柱国,1月30日另在王以哲家中召开五人三方最高会议,决定采取主和方针,立即派代表同蒋方会谈,以制止顷刻发生的内战。而少壮派的极端分子竟于2月2日枪杀了主和的王以哲,形势顿时紧张起来,幸周恩来、杨虎城、于学忠协力合作,清除了极端分子,西北方面和南京方面的和平谈判得以进行,双方达成协议。东北军撤往甘肃,立刻退至靠近甘肃边境的邠州,仍以于学忠为司令。杨虎城的第17路军撤至渭水以北。撤退工作完成以后,南京政府军事委员会代表顾祝同进入西安执掌省政。

从1937年1月8日起,周恩来与南京政府代表张冲在西安进行了接触。10日,周恩来致函蒋介石,要求他制止一切内战,改组南京政府,再次声明:中国共产党在对内和平与对外抗战的基础上将全力助蒋。1月20日,蒋介石复信周恩来,对中共的合作态度表示欢迎,但要求共产党服从三民主义,停止宣传阶级斗争,红军不对国民党区域进行任何攻击,不打土豪,并服从国民政府之统一指挥,取消苏区,改为特别行政区,红军撤出陕北。

对于蒋所提各点,中共中央原则上表示同意,但要求蒋介石:1.保证和平解决后不再挑起内战;2.根本放弃"剿共"政策,保证红军最低限度之给养,其待遇每月至少应百万元;3.红军一部驻陕南,以解决陕北严重缺粮之困难,以

---

① [英]贝特兰:《一个西方记者眼中的西安事变》,林淡秋译,东方出版中心,2000年,第154页。

后可移驻他处;4.主力驻庆阳、合水、正宁、宁县、西峰、淳化、耀县、宜君、洛川、鄜县、栒邑、甘泉、肤施、清涧、宜川、瓦窑堡、安边、预旺等15县3镇;5.对东北军、17路军之防地分配和张、杨待遇须加爱护。中共中央还初步确定了与南京政府谈判的具体方针:1.在不放弃共产主义信仰的条件下,同意为实现三民主义而奋进;2.在坚持共产党政治上和组织独立的情况下,承认国民党在全国处于实际的领导地位;3.在不变更共产党在红军中原有指挥及政治工作人员、国民党不另派指挥及政训人员的条件下,红军可以改编为国民革命军,编制可改为4个师,每师3旅6团,计1.5万人,其全编某路军直属队,地方部队改编为保安队;4.在不变更原有领导和组织的情况下,同意改苏区为特区;5.对于阶级斗争,将遵守抗日救国共同纲领之规定,南京政府必须切实改善民众政治生活与经济生活。①

2月5日,蒋介石也确定了关于时局的新的五项方针:(1)对内避免内战,然一遇内乱,则不放弃戡乱安内之责任。(2)政治、军事应渐进,由近及远,预定3年至5年内为统一时间。(3)不说排日,而说抗战。(4)加强军队之训练。(5)各省物色品行方正之人才。②2月15日,国民党五届三中全会在南京召开,根据蒋介石的五项方针,讨论新形势下的国共关系和对日关系问题。

中共中央为巩固已获得之国内和平,推动全国抗日民族统一战线的正式建立,曾于2月10日致电国民党三中全会,指出:

> 西安问题和平解决,举国庆幸,从此和平统一团结御侮之方针得以实现,实为国家民族之福。当此日寇猖狂,中华民族存亡千钧一发之际,本党深望贵党三中全会,本此方针,将下列各项定为国策:(一)停止一切内战,集中国力,一致对外;(二)保障言论集会结社之自由,释放一切政治犯;(三)召集各党各派各界各军的代表会议,集中全国人才共同救国;(四)迅速完成对日抗战之一切准备工作;(五)改善人民的生活。如贵党三中全会果能毅然决然确定此国策,则本党为着表示团结御侮之诚意,愿给贵党三中全会以如下之保证:(一)在全国范围内停止推翻国民政府之武装暴动方针;(二)苏维埃政府改名为中

① 杨中州:《西安事变》,河南人民出版社,1986年,第233—234页。

② 李振民、赵保真:《中国抗日战争史纲》,西北大学出版社,1992年,第99页。

华民国特区政府,红军改名为国民革命军,直接受南京中央政府与军事委员会之指导;(三)在特区政府区域内,实施普选的彻底的民主制度;(四)停止没收地主土地之政策,坚决执行抗日民族统一战线之共同纲领。①

中国共产党上述五项要求,是积极的、合理的,为一切主张抗日的人们所赞成。四项保证又是对国民党及南京政府的重大让步,而这让步也是必要的。有了这样的让步,才能取消国内两个政权的对立,才便于组成抗日民族统一战线,一致反对日本侵略。但这一让步是有原则的:国民党必须抛弃内战、独裁和对外不抵抗之政策,中共则取消两个政权敌对之政策;在特区和红军中,必须保持共产党的领导,保持工农已取得的权利;在国共两党的关系上,必须保持共产党的独立性和批评的自由。超出这种限度是不利于团结抗日的。

中共《致国民党三中全会电》引起了极大的反响。2 月 15 日,宋庆龄、何香凝、冯玉祥等联名向会议提出恢复孙中山三大政策之提案,呼吁国民党"接受中国共产党的提议,国共合作,联合抗日,以救党国于危亡,以竟革命之功业"②。宋庆龄发表演说,尖锐地批评国民党的反共政策,指出:"令人万分遗憾的是,直到今天,政府中仍有个别人不了解救国必先结束内战的道理。在今天居然还可以听到'抗日必先剿共'的老调,这是多么荒谬! 我们要先打断一只手臂之后再去抗日吗?我们已经有了十年的内战经验。在这期间,国力都耗费在内争上面,日本军阀将我们的土地一块块地割去,使我们的国家受到蹂躏。每一个中国爱国志士现在都庆幸政府在这些痛苦经验之后已开始了解,救国必须停止内争,而且必须运用包括共产党在内的全部力量,以保卫中国国家的完整。"疾呼"内战必须不再发生。和平统一必须实现"。③杨虎城、于学忠等提交了关于西安方面八项主张的提案;李宗仁等提交了关于迅速组织民众、训练民众、武装民众,以为抗战动员之基础的提案;冯玉祥等人还提出促进救国大计案;汪精卫则向会议提交了一个坚决"剿共"的政治决议案草案,招致多数

① 中共中央文献研究室、中央档案馆编:《建党以来重要文献选编(一九二一—一九四九)》,第 14 册,第 38—39 页。

② 荣孟源主编:《中国国民党历次代表大会及中央全会资料》(下册),光明日报出版社,1985 年,第 436 页。

③《宋庆龄选集》,中华书局,1966 年,第 100—101 页。

与会者的批评,斥责汪之主张不但会使外侮日甚,内忧日亟,而且将使国民党本身在全国人民面前信用扫地,为党为国均系有害。会议经过激烈的争论,终于接受了宋庆龄等人的提案,否决了汪精卫的议案,通过了《关于根决赤祸之决议》《促进救国大计案》等,发表了宣言。这些议案表明,国民党的内外政策有了明显的转变。在对内政策上,表示要"以精诚团结共赴国难之意识普及于全国",承认"整个民族之利害,终超出于一切个人一切团体利害之上",和平统一"为全国共守之信条","此后惟当依据和平统一之原则,以适应国防,且以奠长治久安之局";在对外政策上,表示,如果忍耐超过限度,则决然出于抗战,实行自卫;在对待共产党问题上,尽管没有根本放弃反共立场,但在实际上确定了与共产党再次合作的原则。所规定的谈判条件与中国共产党提出的条件在原则上也是接近的。①22 日,蒋介石在大会上发言,承认在一定的条件下开放言论自由,释放政治犯,集中人才等。会后,他又命令所属,以后不得再使用"赤匪""共匪"等字眼。②

国民党五届三中全会是国民党最高当局由内战剿共、对日妥协向和平、抗日转变的重要标志,以国共第二次合作为基础的团结抗日的局面初步形成。

---

① 荣孟源主编:《中国国民党历次代表大会及中央全会资料》(下册),第 429 页。

② [美]埃德加·斯诺:《西行漫记》,三联书店,1979 年,第 179 页。

论西安事变后中共整军经武的历史

　　西安事变和平解决后,中共面临着动员全国人民巩固和平、争取民主、早日实现抗日的重要任务。为实现这一任务,12 月 27 日,中共向党内发出《关于蒋介石释放后的指示》,说明"蒋介石的接受抗日主张与蒋介石的释放是全国结束内战,一致抗日之新阶段的开始。但要彻底地实现抗日任务还需要一个克服许多困难的斗争过程",这个过程的快慢首先决定于抗日力量壮大的速度。为此必须努力扩大全国人民的抗日救亡运动,巩固红军与东北军、第 17 路军的团结,继续推动各地方实力派参加抗战。此外,还必须"继续督促与逼迫"蒋介石实现自己所接受的停止内战、团结抗日的各项条件。而后,为了敦促蒋介石履行承诺的 6 项条件,促进国民党早日实现联共抗日的政策,中共决定应蒋介石 1 月份的邀请,派中央代表直接与国民党进行谈判。自 1937 年 2 月至 7 月,中共先后派周恩来、叶剑英、林伯渠等同国民党代表顾祝同、贺衷寒、张冲和蒋介石、宋子文等在西安、杭州、庐山举行谈判。蒋介石的基本态度是,要把共产党、红军和陕甘宁边区置于国民党控制之下,不许共产党有独立性,不许人民革命力量发展,其真实目的是想以和平方法限制和削弱共产党的力量。周恩来等反复强调,为了真正实现国共两党合作抗日,国民党应承认共产党的合法地位和独立性;红军改编为 3 个师,朱德仍继续任总指挥;陕甘宁行政区保持完整,不容分割;国共合作须先确定共同纲领;立即命令马步芳、马步青等国民党军队停止对西路军的进攻,送还被俘人员等。由于蒋介石缺乏诚意,设置重重障碍,多方延宕刁难,致使两党的谈判进展缓慢。

　　是时的蒋介石,虽然立场开始转向抗日,但仍未完全放弃对日本的幻想,仍表示"热望调整中日外交"。另一方面,继续压制人民的抗日民主运动;继续进攻共产党和红军,围攻留在南方各省的红军游击队;继续查禁爱国书刊;继续坚持其法西斯的"五五宪草"和"国大代表"的制度,抵制广大人民群众的民主要求;继续无理审判抗日救国会的领导人;压制上海等地的反日罢工斗争;

背信弃义地将杨虎城、于学忠撤职,将东北军调至豫、皖,将第17路军撤往三原;任命顾祝同为国民党西安行营主任,孙蔚如为陕西省主席,王树常为甘肃绥靖主任,派遣蒋的嫡系部队进驻西安。

中共对国民党的错误主张进行了尖锐批评。为进一步推动国民党抗日,争取动摇分子,反对亲日派,发展抗日民主运动,3月27日,中共在延安召开政治局扩大会议,正确地提出了为巩固国内和平,争取民主权利,实现对日抗战而斗争的方针。同月,南京政府修改国民大会组织法及代表选举法时,周恩来代表中共发表了《我们对修改国民大会法规的意见》。4月11日,中共中央又发出了《关于修改国民大会组织法与选举法的通知》,要求国民党由一党专政的独裁政体改变为各党、各派、各军、各职业团体合作的民主政体,实现民主政治,以便迅速发动抗战。4月12日,中共就南京政府无理审判抗日救国联合会领袖一事发表宣言,要求立即释放"七君子",并呼吁南京政府彻底放弃过去的政策,彻底修改《危害民国紧急治罪法》,强调"真实之抗战准备,唯有给予民众之民主权利"。根据政治局扩大会议精神,中共中央在4月15日发表的《告全党同志书》中指出:在国民党三中全会之后,国内和平已经基本实现,中国革命的形势已经进入了一个新的阶段。这个阶段的任务,是巩固国内和平,争取民主权利,实现对日抗战。中共工作的中心一环,应该是推进抗日的、民主运动的发展。因此,每个共产党员都要"深入农村、城市、工厂、兵营中去,唤醒千千万万的同胞们,到抗日战争中来,并成为他们的领导者"。

为实现工作重心的转移,迎接由国内革命战争向全民族抗日战争的转变,中共于5月在延安召开了全国代表会议,毛泽东在会上作了《中国共产党在抗日时期的任务》的报告和"为争取千百万群众进入抗日民族统一战线而斗争"的结论,明确了"在为抗日民族统一战线和统一的民主共和国而斗争"的总的任务之下,红军和抗日根据地的任务是:(1)使红军适合抗日战争的情况,应立即改组为国民革命军,并将军事的政治的文化的教育提高一步,造成抗日战争中的模范兵团。(2)根据地改为全国的一个组成部分,实现新条件下的民主制度,重新编制保安部队,肃清汉奸和捣乱分子,造成抗日和民主的模范区。(3)在此区域内,实行必要的经济建设,改善人民的生活状况。(4)实行必要的文化建设。会议讨论并通过毛泽东的报告,批准了1935年遵义会议以来的政治路线,批准了红军改编为国民革命军、苏维埃政府改为民主政府,为迎接全国抗日战争的到来做了政治上和思想上的重要准备。

中共的主张得到了许多在野党派和民主人士的赞同,一些资产阶级代表人物和地方实力派表示支持和愿意同共产党合作,一批又一批的进步青年从全国各地来到陕甘宁边区参观学习。5月3日,冯玉祥发表了实行中苏联盟,扩大爱国抗日运动,保障全国公民自由,组织并武装民众,立即停止"剿共"行动等五项抗日救国纲领。山东的地方实力派和中共取得进一步联系,愿意共同救亡。第三党的代表亦在6月到达延安,表示同意共产党的抗日主张,并愿合作抗日。

此时,国共两党谈判开始取得进展。5月下旬,国民党中央考察团到达延安,考察了抗日军政大学,中共中央党校,武装部队,受到中共和各界群众的欢迎。国民党中央考察团表示,愿意将苏区各界对国共两党合作的愿望和诚意转达南京政府,以迅速促进对日抗战的实现。

6月上旬,蒋介石与周恩来在庐山谈判,蒋介石对中共提出的《民族统一纲领(草案)》置之不理,而建议成立国民革命同盟会,主张两党一切对外行动、宣传,统由同盟会讨论决定,由他担任拥有最后决定权的该会主席之职务,甚至还提出了请毛泽东、朱德"出洋"的无理要求。但另一方面,他又对周恩来表示,共产党可以根据以前的声明,发表与国民党合作宣言;南京政府在上述宣言发表后,即发表红军改为国民革命军3个师的番号,委任师长,3个师的人数4.5万人;陕甘宁边区的正长官,由中共推择国民党员担任,副长官由边区自己推举,可由林伯渠担任,边区的事由边区自己办理;国民大会指定的240名代表名额中,可指定共产党代表,对其他各党派国民党尽量选定;关押在狱中的共产党人,由国民党分批释放等等。周恩来坚决拒绝毛泽东、朱德"出洋"和国民党员任边区政府正长官之要求,而组织国民革命同盟会的问题,则须请示中共中央。这次谈判中,蒋介石虽仍然坚持削弱和控制中共活动、限制人民民主要求的态度,但上述承认国共两党合作的表示,毕竟有利于实现全国的抗战。所以毛泽东在当时说,国共合作的形势已渐趋明朗化。

这时,中共党的组织已经取得了明显发展,党员人数约计4万余人。各级组织认真执行遵义会议以来的正确路线,努力发动群众,积极扩大红军。至全国抗战爆发前,正规红军、地方红军、游击队和东北抗日联军已达10万余众。在新的形势和新的任务面前,红军各部队遵照中共中央和中央军委的有关指示,从政治思想、军队训练、组织整顿等方面,加强部队建设,掀起了整军经武的热潮。

在政治思想方面,中共采取有力措施加强了部队的思想政治工作。中共中央、中央军委和红军总政治部陆续印发了《中央关于西安事变和平解决之意义》《中央致国民党三中全会电宣传解释大纲》《国民党三中全会后我们的任务》(宣传大纲)《中央委员会告全党同志书》《党的新任务面前红军政治工作的任务》等文件和宣传教育材料,对红军指战员进行了以统一战线新政策为中心内容的思想教育,着重说明苏区改名为特区,但仍在共产党直接领导之下;红军改名为国民革命军,但仍然是共产党绝对领导下的为人民谋利益的军队;停止没收地主土地;新形势下,更要保障中共对红军的绝对领导,加强红军的政治工作,保持与发扬红军固有的特长及传统,使红军成为抗日武装力量团结的核心;和平统一后,红军的任务将更繁重,所以要保持高度的政治警觉性,忠实于民族解放的利益,忠实于劳苦人民的利益,忠实于共产党的路线和方针。

为确实加强部队的政治思想教育,各部队相继召开了党代表会议,对部队党的基层组织进行了普遍的整顿,改选了党的小组、支部和总支,健全了党的生活,严格了组织纪律,从而使广大指战员的政治水平和组织纪律观念有了明显的提高,党员的模范作用得到大大发扬。为了增强共产党内和红军的团结统一,中共中央领导全党、全军开展了反对张国焘右倾分裂主义的斗争,明确指出:过去红四方面军所犯的错误,应由张国焘负最主要的责任,号召红四方面军和整个红军,在反对张国焘路线的斗争中,像一个人一样,团结在党中央的周围,来完成党在当前的伟大任务。广大指战员通过对张国焘军阀主义、逃跑主义和分裂主义错误的批判,进一步认清了张国焘错误路线的危害,使共产党对红军的领导得到巩固和加强,全党全军的团结有了明显的增进。

为了使红军适应由国内革命战争向抗日民族解放战争的转变,并把红军建成抗日战争中的模范兵团,1936 年 12 月 7 日,红军总政治部下发了《关于在党的新任务面前红军政治工作的任务(草案)》,要求红军必须有计划、有步骤地进行军事、政治、文化的教育与训练。1937 年 2 月,红军前敌总指挥部发布训令,对新老战士、排、连长以上干部的训练,分别提出了具体的要求,为全面开展群众性的练兵运动规定了明确的方针、内容和方法。尔后,红军各部队积极开展以投弹、刺杀、射击为内容的军事比赛,以演讲"目前政治形势和我们的任务"及测验政治课为内容的政治比赛和文化、体育、娱乐比赛等。同时,结合军事训练,严格养成教育,建立和健全了部队的正规生活。通过举办教导团、教导队和各种轮训班,轮训基层干部、班长及参谋人员等,提高基层干部的组织、指挥能力和参谋业务工作能力。各部队还进行了扫盲教育,使许多战士学习了语文、算术和自然常识,提高了部队的文化素质。总之,为了适应伟大抗日民族解放战争的需要,红军整个部队变成了一个大学校。

在组织方面,红军大力进行扩军工作,动员根据地的贫苦农民和青壮年参军。至全面抗战爆发前,陕甘宁地区主力红军和地方红军的总数已达 7.4 万人,各种枪械 4 万余支。同时还对红军的编制、序列、组织机构进行了初步的调整,精简机关和后勤人员,充实前方的战斗部队,省(特区)、县、区三级分别设立了军事部,负责领导与指挥地方部队和赤卫队。

在干部队伍建设方面,毛泽东多次强调:"提高老干部的程度,创造许多的新干部,这是大红军大战争面前的迫切任务。"1936 年,他在给抗日红军大学的指示信中更加明确地指出:"要驱逐日本帝国主义出中国,争取抗战胜利,就必须大大增加抗战力量,改变敌我力量强弱的对比,才能达到这个目的。增加抗战力量的工作,方法很多,然而其中最好,最有效的方法是办学校,培养抗日干部。"在此时期,中共培养训练干部的学校主要是中央党校和中国人民抗日红军大学。

中央党校的前身是 1933 年 3 月在江西瑞金成立的马克思共产主义学校,自 1935 年 11 月始,正式定名为中共中央党校,校长董必武。同年 12 月开始招生,第一期以训练陕北干部为主,学习抗日民族统一战线的政策、方针。第二期主要是传达、学习中共中央瓦窑堡会议的决议和毛泽东《论反对日本帝国主义的策略》的报告。1936 年 6 月,中共中央党校迁至保安,设 1 个高级班和 8 个普通班,并增设了白区工作班和白军工作班,专门培训统战工作干部。10 月,党校迁到定边,与红四方面军党校合并。翌年 2 月,党校正式迁至延安。5 月,由罗迈接任校长。党校按学院学习的重点,分别编为红四方面军干部班、老干部班、少数民族班、白区学运干部班、抗大转学干部班等 13 个班。至 1937 年 7 月初,中共中央党校在极为艰苦的办学条件下,为中国革命培养了近千名学员。

中国人民抗日红军大学的前身,是中国工农红军大学,红军长征时,编入中共中央军委干部团。1936 年 2 月,干部团部分教、职学员与陕北红军干部学校合并,在安定建立了陕北干部学校。是时,为提高红军干部,特别是中高级干部的思想水平和领导艺术,中共中央决定以中共工农红军学校为基础,建立中国人民抗日红军大学。6 月 1 日,中国人民抗日红军大学正式举行开学典礼,毛泽东在开学典礼上指出,创办抗日红军大学是为了准备迎接民族革命战争的到来，"第一次大革命时有一个黄埔。它的学生成为当时革命的主导力量，领导了北伐成功，但到现在它的革命任务还未完成。我们的红大就要继承着黄埔的精神，要完成黄埔未完成的任务，要在第二次大革命中也成为主导的力量，即是要争取中华民族的独立解放"①。

抗日红军大学第一期共招收学员1063人，分为3科，一科主要为红军团以上干部，二科为营连干部，三科为班排干部和部分红军老战士。毛泽东任教育委员会主席，林彪任校长，罗瑞卿任教育长，莫文骅任政治部主任。第一科科长陈光，政治委员罗荣桓，学员38人；第二科科长周士第，学员225人；第三科科长周昆，政治委员袁国平，学员800人。7月2日，红军大学校部及第一、第二科随中共中央、中央军委移入保安县。第一期学员于1936年12月底毕业，分赴红军主力部队及全国各地，担负起"巩固国内和平，争取民主政治，实现对日抗战"的新任务。

1937年1月20日，中国人民抗日红军大学移驻延安，改名为中国人民抗日军事政治大学，林彪任校长兼政治委员，刘伯承任副校长，罗瑞卿任教育长，傅仲任政治部主任，莫文骅任政治部副主任，刘亚楼任训练部长，杨立三任校务部长，下辖第一校，林彪兼校长，第二校，刘伯承任校长，袁国平任政治委员。原驻甘肃环县木钵的红军大学第三科(庆阳步兵学校)后改为八路军随营学校。抗大第二期学员共2672人，先后编为14个队，第一队队长陈赓，第二队队长倪志亮，第三队队长谭希林，第四队队长韩振纪，第五队队长苏振华，第六队队长曹里怀，第七队队长贾若瑜，第八队队长方正平，第九队队长聂鹤亭，第十队队长边章五，第十一队队长何长工，第十二队队长刘忠，第十三队队长谢翰文，第十四队队长李干辉。抗大第二期除继续培养红军干部外，还把培养革命知识青年作为一项重要任务。毛泽东直接参与了学校的领导、教育和建设工作，亲自确定了抗大"坚定的政治方向，艰苦的工作作风，灵活的战略战术"的教育方针和"团结、紧张、严肃、活泼"的校训，还经常亲临学校演讲和授课。到1937年7月初，抗大共培训了军事、政治干部3800余人。此外，还举办了供给学校、卫生学校、摩托学校等，培训了大批专门人才，为迎接全国抗日战争的到来做好了干部上的初步准备。

原载《锲斋文稿》，中国社会科学出版社，2014年

---

① 《群众》，第4卷，第14期。

战时军事问题研究

关于卢沟桥之战的几个问题(上)

一、卢沟桥之战是日本的预谋

卢沟桥战争是日本预谋的,日本想再施九一八事变仅以百余人即占领沈阳的故技,一举占领北平,囊括华北,进而灭亡中国。日本侵略者占领我国台湾和东三省后,认为以鲸吞和蚕食、政治和军事手段交替使用,就可以将中国变成它的殖民地,其侵略魔爪早已深入中国各地。1936 年 8 月 11 日,日本首相、外相、陆相、海相和藏相五相会议,通过的《基本国策》便直截了当地讲:"每个时期的基本目的,均是以武力在亚洲大陆建立牢固的基地,并以武力建立对东亚的控制权。"日本政府为自己是武力侵略国家定了性,于是从九一八到七七事变前六年多的时间里,疯狂地肢解中国。强迫中国订立《塘沽协定》《何梅协定》《秦土协定》,在热河、内蒙古、冀东、察北建立起几个供其奴役的傀儡政权,大片华北领土变了颜色,平津两地成为中国北方对日的最前线。殷汝耕的所谓"冀东防共自治政府",首府设在通州。1936 年秋,日军又占领了平汉、北宁、平绥三路交会点的丰台。丰台、通州、密云成为日军进一步侵占华北的据点。日军选择了卢沟桥这一目标,如占领了距北平西南侧 10 公里平汉铁路上的这座铁桥,与丰台、通州形成掎角之势,就可置北平于死地,不战而取之了。

这次占领平津计划,和以往所施行的侵略手段也不尽相同:

第一,公然宣称要在华北挑起战争,并且谋划了具体时间。"驻华北日军司令部之少壮派,迩来颇倡准备第二'九一八'前夕之说"[1]就是明证。七七事变前一个月,东京就盛传日军要在 7 月 7 日发动战争,日本驻华大使馆北平

---

[1]《少壮派忽高唱"九一八"前夕说》,《中央周报》,1937 年 6 月 28 日,第 13 页。

助理武官今井武夫在其回忆录中讲:"那时候东京政界消息灵通人士之间,私下盛传着这样的谣言:七夕的晚上,华北将重演柳条沟一样的事件。"①这是当时的人写的当时的事。后来事情的发展和所传完全一致,日本一些人士硬要说日中战争是偶发的,显然是在掩盖日军的侵略阴谋。

第二,日本根据不平等的《辛丑和约》,极力强化华北驻屯军,增加驻军人数,平津一带各国驻军总数只限定8200人,而日军已派出7000人的队伍。1937年6月,日本华北驻屯军成立了作战课,由桥本、和知、大木、塚田、长岭等参谋主持。20日起在津军官偕行社做出了作战计划。21日在日租界明石街举行会议。"从25日起,沿北宁路线以平、津、丰、唐、通五地为目标,全军大演习三日,田代任总监,河边旅团长、牟田口萱岛为第一、二联队长、铃木炮兵联队长,分任指挥官。昌、滦、秦、榆一带驻军,24日起自唐山集中,采攻势。津、平、通驻军向丰台及津郊集中,取守势。"②驻屯军对参加演习的颁发了军旗,以此来验证其作战能力。可以说这是卢沟桥之战演习的序幕。华北驻屯军和关东军此时还做出重大决定:冀东伪组织归津军部管辖,关东军驻通州特务机关长细木调回长春。华北驻屯军归通州特务机关升格,由军部申斐原少佐担任机关长,殷汝耕偕其保卫处长刘宗纪、秘书主任孙荣彬秘密到海光寺驻屯军司令部接受田代训示。

第三,日军为准备战争到处搜罗战略物资。"数月以来,利用汉奸及日韩浪人,在我国各地收贮粮秣及废弃金属,贩运出口,以备军需之用。"③

第四,日本雇用汉奸在冀省内地及鲁豫两省边境,招诱劳工,出关工作,以天津为总汇地,由天津日租界大东、三共两公司,办理"入国"手续。"据查入春以来,出口工人,经北宁路运输出关者约十分之四。经水路转运大连者约十分之六。日船通济丸、日昌丸等,在最近数月,几以载运劳工为专门营业,截至现在(指1936年6月)止,先后运出达24万人。"④

以上事实说明日军早已准备大动干戈了,至今有的日本学者为日本发动侵略战争制造根据,企图逃脱战争责任,提出"谁在卢沟桥放的第一枪",真是可笑至极!

① [日]今井武夫:《今井武夫回忆录》,上海译文出版社,1978年,第16页。

②《平津等地日军大举演习》,《中央周报》,1937年6月28日,第13页。

③《防止粮秣金属资敌》,《申报》,1937年8月1日。

④《诱募劳工运走24万人》,《中央周报》,1937年6月28日,第15页。

二、华北军民的觉醒

日本侵略者对发动卢沟桥之战做的判断和估计是:给冀察政务委员会和守卫平津的第29军轻轻一击,就可以使其俯首就范。它认为华北已支离破碎,只要日军大军压境,明的和暗藏的汉奸,以及各类亲日人士就会呼应,就会行动起来,欢迎和接受日本的统治。日本的这一判断不是没有根据的。土肥原、南次郎、梅津、板垣等侵华急先锋所策划的华北自治运动已有成效。当时从南京政府到华北冀察政务委员中,不少人都害上了恐日病。汉奸们极力替日本宣扬包藏祸心的"中日亲善",以消灭中华民族意识。华北的确存在着遭日本吞噬的危险。

日本要把华北变成第二个"满洲国"的阴谋,展露无遗。中国岂能是侵略者所想象之"习惯于溃败与耻辱的民族",历史进程表明,中国从日本的殖民扩张计划中,已产生了强烈的民族生存感,认识到只有全国一致,共御外侮,才能保卫国土。1937年的中国,已非6年前的中国,华北也非6年前的东北,不抵抗主义已是历史的陈迹,"一二·九"运动已将中国历史推向新时期,日本惯用的"防共自治"的伎俩,在民族对抗矛盾演变中,已不灵验。华北存亡已成为救亡运动的焦点,中国工农红军到达陕北后,立即加强了对华北革命工作的领导。张闻天、毛泽东均有指示,1936年春刘少奇被派到天津,领导中共中央北方局;4月林枫被任命为中共天津市委书记,李葆华任中共北平市委书记,北平市委先后建立了工委、农委、文委、学委和五个区委。中共组织对华北这一领域的复杂现实作了正确的分析和判断,提出了适合于现状的策略,特别是对宋哲元和第29军的认识赋予了新的思想。1936年4月6日,北平学联发表了《致宋哲元将军的一封公开信》,赞扬宋哲元领导第29军在喜峰口的抗战,声明学联发动的3次游行,不是敌对的表示,乃是忠诚的劝告,血泪的呼吁,希望他能领导抗日。5月18日和6月13日,天津、北平两地举行了抗日大示威,反对日本增兵华北和武装走私,彻查海河浮尸事件。两次示威均喊出了"拥护第29军抗日!""拥护宋哲元将军抗日!"等口号。[①]8月中旬,毛泽东派张经武携自己亲笔函去宋哲元处,盛赞宋哲元确立抗日决心,独立支

---

① 中共北京市委党史研究室编:《北京党史专题文选》,北京大学出版社,1989年,第284页。

撑华北危局，"对华北民众运动，亦不复去冬之政策"，希望坚持此志，"全国民众及一切抗日力量均将拥护先生及贵军全体为真正的抗日英雄"。此时，在北方局领导下，杨秀峰、徐冰、张友渔、费松龄以及刘清扬等和华北各界人士进行了广泛接触，团结他们一致抗日救国。中共在北平郊外的南北营房均建立了支部。宋哲元及第29军受不断兴起的爱国主义运动和日本不断蔓延的侵略主义所激发，坚定了抗日的意志。第29军的组成中也有了共产党组织成分。1936年第29军在南苑开办的军训团，中共党员冯淇国、朱大鹏、曹洪勋、蒋旺成、范秋菊等人加入并担任领导职务。许多共产党员、民先队员和青年学生都到南苑学习军事。军训团团歌精神豪迈，其词如下："风虽恶，陡将沉，狂澜挽转在军人。扶正气，励精神，诚真正平树根本。锻炼体魄，涵养学问，胸中热血，掌中利刃，同心同德，报仇雪恨，复兴民族，振国魂。"在中国处于令人焦虑不安的时期，这样的歌声是很打动人心的，因为它反映了真实的时代状况，促使军人认识自己所肩负的使命，必须沿着严峻的道路，来实现"复兴民族振国魂"的伟大目标。

第29军的文化教养来自多方面，宋哲元曾聘请爱国志士郭凤惠协助他处理军政要务。郭将先秦诸子及历代民族志士爱国爱家的言论集成语录，印成小册子，发给第29军战士。斯诺当时在北平，目睹宋哲元的进步表现，他说："宋哲元的部下暗中鼓励某一些反日的团体和出版物。我发现他的兵士在北平城墙上诵读反日的文字，由宋津贴的《北平新闻》实际上对西安事变分子表示同情，他的主笔暗中赞成与共产党的联合战线。更稀奇的是，北平拥有全国最有力量的反日学生组织，到后来完全支持宋哲元。"[①]宋哲元对群众抗日活动的支持还可以从下面这一事实来体现。燕京大学教授顾颉刚所组织的通俗读物编刊社，以写作、绘画、弹唱等形式，编写抗日故事，印成小册子，销行华北各省，成为北平城民众的中心，由于李锡九、刘治渊诸耆老介绍推荐，冀察政务委员会聘请顾颉刚为顾问，月送夫马费1000元，给通俗读物社津贴1000元。在日本的压迫下，任何抗日的形式都是不许存在的，宋哲元则采取了各种特殊的方式表达自己的抗日思想，当时北平的抗日气氛比南京要浓厚得多。

1937年6月，日本派柴山军务课长考察了中国以后讲："第29军的上层虽然理解日本，但下层对日本有强烈反感，抗日派约占三分之二，冀察一般情

---

① 埃德加·斯诺：《为亚洲而战》，《斯诺文集》（第三册），新华出版社，1984年，第11—12页。

况与此相同。"这是经过深入的调查而做出的判断。为了给发动卢沟桥之战做准备,其作战部长石原、作战课长武藤又派公平匡武和井本熊男到华北各地考察地形,安插在冀察政务委员会任顾问的樱井也献计献策,他们一起特别察看了卢沟桥的地形,石原还特别提出要注意卢沟桥附近的局势。所有这些行动都说明东京将战争的发动地确定在卢沟桥是明白无误的。根据日方的资料记载,日方"视察天津、张家口、包头、大同、太原、石家庄、济南、青岛一带地形,公平少佐并视察了上海附近华中地区,于7月初返回东京。当时中国官宪曾百般阻挠视察,以致视察时多次感到身临险境,特别是在卢沟桥上视察地形,并听取宋哲元的军事顾问樱井德太郎少佐的说明时,几乎要被中国兵扣留。在卢沟附近,日中两军的冲突大有一触即发之势。①考察者发现抗日仇日思想遍布于中国人之间。这是历史的现实,更是历史的必然。

日本侵略者看到了中国人民强烈的民族意识,这是它未曾料到的。它认为它对华北的分离政策已经成功,已经打下了占领华北的必要基础,冀察政务委员会和第29军已是"臣属"的相关军队,可以被日军牢牢地支配和控制。1936年1月日本政府第一次处理华北纲要中就明白地讲:"不推行被人认为扶植满洲国之类的国家之政策,也不推行被人认为满洲国的延长之类的政策。因此限于在(冀察)政务委员会及第29军范围内,只用少数的日本顾问。"土肥原多次潜入华北,胁迫宋哲元、张自忠实现其阴谋,关东军司令南次郎则令关东军做好侵入华北的准备。日本认为中国将持续地沉沦下去,从东北到华北都将是它的领地。日本低估了从东北国难发生后,愤慨的中国人民不断表现出坚决抗日,推动执政当局抛弃妥协屈辱政策,力拒日伪势力蔓延渗透的强大力量。

从1935年12月16日冀察政务委员会成立到1937年7月底这一时期,担任冀察政务委员会主席和第29军军长的宋哲元是华北抗日前线的中心人物,他的政治态度关系着华北安危,他的言行成为当时衡量国家安全的一种尺度。冀察政务委员会成立时,土肥原预备给宋哲元100万元,促其"独立",成为"自治国",关东军并屯兵山海关加以威胁。宋在胁迫利诱下,犹豫不定,恰逢"一二·九"运动爆发,强烈的抗敌救亡运动席卷全国,反对华北自治,反对成立冀察政务委员会,收复东北失地,武装保卫华北,立即停止内战的呼声,响彻平、津。日本的阴谋于是落空,然日军并没有因此放松实现华北"明朗

① 《大本营陆军部》(摘译),《日本军国主义侵华资料长编》(上),四川人民出版社,1987年,第297页。

化"的计谋,不断给宋施以压力,迫使宋彻底实施《塘沽协定》《何梅协定》;第29军被准许在冀北驻扎1万人,不准建立永久性工事;强迫订立了经济提携条款,即"四原则,八要项",以掠夺华北。丧权辱国的协议,遭到国人猛烈的谴责,南京政府也不承认。宋失去了人民的期待和信任,隐于泥淖困境之中,决定接受南京的训令,中止了与日方的协议。此时日军又要在丰台和卢沟桥之间圈地6000余亩,要建立兵营和机场,宋难以应对,便回山东乐陵去"扫墓",以逃避日军的纠缠。冀察的政务交齐燮元、秦德纯等处理。

宋哲元处于错综复杂环境之中,他周围有坚定的抗日人物,也有亲日分子和暗藏汉奸,都在施以影响。他一方面对日本表示友好亲善,给日本很多希望,一方面又一再表明绝不做傀儡。宋对南京政府亦存有戒心,怕蒋介石消灭异己,同时又表示接受南京领导,极力调整和南京的关系,表示要在"整个国策下,睦外安内,守土卫民,以尽军人天职"。他是在日伪和南京之间求生存。斯诺对宋有一恰当的评语:"他是一个武士和爱国者,他的政治思想完全适合这城市的背景,他有他自己的策略,他以不变的客气和尊敬对待日本人,但他的计谋总比日本人先一着,他不是一个进步的统治者(在那种情况下是不能存在的),但他不是一个汉奸,也不是任何人的傀儡。虽然他只受过军事的训练,没有应付这最困难的外交地位的特殊才能,但在政治的折冲中,经过两年的时间,阴谋家虽然在事实上把他拥立,但竟不能如所预期地来操纵他,这不能不归功于他的善于应付了。"①应该说,日本的压迫,令宋哲元吃尽了苦头,才促使他较快地觉醒过来。日军在平津各地的军事演习,对第29军来说是难以忍受的侮辱。宋哲元和第29军的生存空间几乎丧失殆尽,只有奋起作战,才能够自存。日军这次发动战争,遇到了意想不到的坚强抵抗,就是必然的了。

三、卢沟桥之战爆发

卢沟桥跨永定河之上,有石桥和铁桥之分。石桥始建于金代,以后代代修葺,清初重修。桥长66丈,阔26丈,由11孔石拱组成,桥上两侧建有石栏,栏上有485只姿态各异、雕刻精美的石狮。意大利马可·波罗于元代初年来北京,路经此桥,称其为"世界上最美的、独一无二的桥"。西方人遂称此桥为Marco

---

① [美]埃德加·斯诺:《为亚洲而战》,《斯诺文集》(第三册),新华出版社,1984年,第8页。

Polo Bridge。石桥之北为平汉铁路之铁桥。石桥之东紧接宛平县城,再东为丰台,相距7公里。桥之西南是长辛店,相距6公里。由卢沟桥至北平广安门约10公里。宛平县治原在北平城内。在"七七"抗战开始"4年以前,宛平县始移治于此(卢沟桥),县治在桥西,城垣不大,但尚坚固"①。县城又称拱极城或肥城,城区面积很小,东西长620米,南北宽320米,人口1万人左右。其地势险要,可俯视卢沟桥。北宁路之丰台、平汉路之卢沟桥、平绥路之清河等重要车站,均在宛平辖境之内。

在如此重要地区担任国防重责的是第29军37师110旅219团。守宛平县城和卢沟桥的是第219团第3营,这支部队是一支颇具声望的爱国部队,师长冯治安,旅长赵登禹、何基沣,团长吉星文,营长金振中,都是坚定的抗战派,为国人所称赞。第29军中的3个师中,37师抗战精神最为旺盛,其在1933年喜峰口及罗文峪战役中,重创日军,威震中外。第219团团部驻地是长辛店,属丘陵地,人口约7000多户。第3营是一加强营,计有步兵4个连。轻重迫击炮各1连,重机枪1连,共约1400多人。这一上下一致、坚如磐石的群体,处于日本侵略四处蔓延的时期,时时受到威胁。6月,平津形势已很紧张,第37师师长兼河北省主席冯治安下令,从6月26日起,北平实行夜间戒严。第110旅旅长何基沣命第219团吉星文部监视日军行动。7月初,日军在卢沟桥一带日夜不断举行实弹军事演习。何基沣下令:"如日军挑衅,一定要坚决回击。"7月6日第3营营长金振中为侦察敌情,穿着便衣,扛着铁锹,走向铁桥以东500米左右的日军演习地,察看士兵动态,看到日军以卢沟桥为目标,进行演习和攻击,其炮兵在构筑工事。金见此情形,立即返回营部,召开军事会议,准备应战。

日军每次发动战争,总要捏造谣言作为借口。挑起卢沟桥之战的借口是诡称其军事演习时一名士兵失踪。参加演习的是日本华北驻屯军清水所部第1联队3大队8中队,其于6日夜实弹露营,7日夜展开攻势。据日军第1联队所发表的战报讲:"演习的内容是在龙王庙到东南的大瓦寨,向敌人之主要阵地,利用夜幕接近敌人,然后黎明时进行突击。"②第8中队长清水节郎在其笔记中有同样内容的记述:"昭和十二年(1937)7月7日下午,第8中队为了进行夜间演习,从丰台兵营出发,开向卢沟桥西北约1000米的龙王庙。当晚

---

① 《平郊发生重大事变》,《益世报》,1937年7月9日。

② [日]《现代史资料·日中战争》,みすず书房,1966年版,第431页。

演习的题目是:'黄昏时接近敌主要阵地,与拂晓时的攻击',预定从龙王庙附近的永定河堤,向大瓦窑进行演习。"①这里,肇事者将其策划挑动卢沟桥之战的阴谋说得清清楚楚,而为了掩人耳目,欺骗世界舆论却诡称它在卢沟桥演习时,忽闻枪声,当即收队点验,发现缺少一兵。日本松井武官于7日夜12时左右以电话将此事告知冀察当局,并要派兵进入宛平县城内搜查该兵。中方以时值深夜,日兵入城殊是引起地方不安;我方在卢部队,昨日竟日均未出城,该种枪声,绝非我方所致,婉加拒绝。松井又来电话,声称我方如不允许,日方将以武力保卫前进。实际上,日军此时已包围宛平县城。

第29军代理军长秦德纯拒绝日方入城调查是正确的, 随后在日方的压迫下,同意派员共同调查显然是错误的,就在调查中,卢沟桥之战真正爆发了。根据双方商定,日方派寺平副佐、樱井顾问,中方派冀省第4行政专员兼宛平县长王冷斋、外委会专员林耕宇、绥靖公署交通处副处长周永兴共同赴宛平县城内调查。这种调查为日军的奸诈罪行增添了新的内容。王冷斋详述了这一历史事实。他说,日方扬言一名士兵失踪,要进城搜索,并开枪数响示威。他接到各方面电话,即通知驻军金营长对于城防切实戒备,并令警察保安队代为搜索,历一小时毫无结果,即赴市府及外委会报告。又奉命赴日本特务机关部向松井机关长交涉。时已午夜2时左右。松井已得报告,谓失踪日兵已归队,但仍坚持要调查。王反诘,如何失踪只需询问该兵即可明了,而为周到起见,调查亦可。在前往调查途中,300余名日军由丰台开到卢沟桥一带,宛平城东北角沙岗距城半公里,已为日军占据布防,其士兵多数伏卧做射击准备。寺平遂阻止王冷斋再行前进,要王下令城内驻军向西门外撤退,待日军进至东城门内数十米时,再行谈判。王严词拒绝。寺平又谓平日日军演习,均可穿城而过,已有行例,何以今日不能进城?王又予以驳斥,谓绝无其事。寺平语塞,恼羞成怒,云"此项要求系奉命办理,势在必行,请君见机而作,以免危险"。继而让王观望日军阵容,枪炮并列,并说:"10分钟内如无解决办法,严重事件立即爆发,枪炮无眼,殊为君辈危。"这就是说如果不答应敌人的条件,即被杀戮。王不为所动,处之泰然。他谈到此时的态度和心情:"自揣身陷敌阵,备受威胁,但责任所在,生死早置之度外,当即严词拒绝。"②

---

① 《大本营陆军部》(摘译),《日本军国主义侵华资料长编》(上), 四川人民出版社,1987年,第300-301页。

② 王冷斋:《卢沟桥事变回忆录》,《大公报》,1987年7月7日。

236

双方调查人员到达县城时,系用绳子缒入城内,后以此法将日方人员送出城外。宛平县城门已经紧闭。正当双方代表在城内商谈调查办法之际,日方在龙王庙的演习部队,突然向第3营11连发动袭击,连长误以为日军仍是演习,示意其停止前进,而清水突然以指挥刀刺向连长,然后指挥潜伏的日军猛攻,11连官兵壮烈牺牲,敌人占领了龙王庙阵地。在城内的日方代表得知偷袭成功,态度更为蛮横,谈判中断。时任宛平县政府秘书的洪大中身临其境,对当天深夜日军怎样发动进攻,金振中等如何紧急部署力量进行抵抗,作了详细记述,这对于了解、研究卢沟桥事件的发生是很有价值的史料。譬如史料中有这样的记载,日军偷袭成功后,"开始了第二步行动,占领龙王庙的一个大队兵分两路,一路进攻长辛店,一路夺我卢沟古桥,攻打宛平西门,是时宛平城内对外通信线路全被破坏,求援无术,苏桂菁、金振中及县保安大队长孙培武乃紧急分工以力保县城安全,金振中率两个连出西门沿永定河两岸设防,阻止敌人前进;苏桂菁率一个连在城上巡逻监视敌人行动;孙培武率县保安队守卫宛平东门,时为7日夜1时许"①。

日军是8日晨3时20分左右发动猛烈进攻的。午夜2时以后清水队长与一木大队长会合,侦察了卢沟桥一带地形,发现中国兵在永定河堤上警戒。日军至距离宛平县城百米处,即以小钢炮及小过山炮袭击,自晨3时半起至晨7时50分止,枪炮声不停。吉星文团长和第3营长率军英勇还击。双方激战甚烈。日军占领了卢沟桥铁桥,吉星文受轻伤,"我方伤亡颇众,牺牲甚大","死亡六七十人,附近大井村,一农民且无故被日军斩首"。

8日晨10时,中日外交人员魏宗瀚、松井等开始交涉调停。一是日方派出的调查组在宛平城内谈判,樱井提出三点无理要求:1.宛平县城内中国驻军限晚6时以后撤退到西门外10里,以便日军进城搜查丢失的日兵,否则日方将以炮火把宛平城化为灰烬;2.昨晚日方所遭受之损失,应由中方负责赔偿;3.严惩祸首,最低限度处罚营长。樱井以为他有冀察政务委员会的身份,他的意见会被接受,未曾料到中国人已不再逆来顺受。金振中对其要求予以严厉驳斥,指出:1.丰台距卢沟桥8里之遥,又是雨夜,你们偏偏到我警戒线内演习,险恶用心已暴露无遗;2.你方丢失一兵有何凭据?何人作证?如真丢失,也应由你方带兵的负责,与我方何关?3.你方昨夜炮轰宛平城,民房被炸

① 洪大中:《卢沟桥事变之夜》,《团结报》,1987 年 8 月 4 日。

倒,军民被炸死,炸伤多人,惨不忍睹,应由你方赔偿我方损失。我军保卫国土,打击入侵之敌,何罪之有?你们才是祸首。"①这种犀利的言辞,使敌人无言以对,敌人得不到任何东西,于上午11时到12时和下午6时继续炮轰县城。

另一谈判在秦德纯、冯治安与全井及日军参谋长桥本之间进行,时间是8日下午,地点在北平,双方争执的焦点是撤兵问题。中方认为日军应撤回原防,中国原防即在宛城,实无处可撤。随后日方表示同意将宛平县城外、平汉铁路以北、永定河铁桥以北淤滩、永定河以西、龙王庙各地日军撤退,恢复8日以前状态。中方做出最大让步,决定宛平县城内除由石友三保安队驻守,城内原有驻军俟保安队开入后,向西移防,撤至卢沟桥以西、平汉铁路以南之永定河西岸之一村落,距城约1公里,至于平汉铁桥淤滩及平汉铁桥以北的我军,亦撤集该地。从以上几大协定中可以看到秦德纯又犯了无法弥补之错误,难道在自己的国土上,有撤兵退却的理由吗?

秦德纯的两次谈判,都是败局。考察他此时的抗日思想还是坚定的。8日,秦德纯、冯治安、何基沣向第29军发出命令:"卢沟桥可为尔等地境,应与桥共存亡,不得失守。"8日夜,金振中率部向平汉路铁桥敌军发动了猛攻,大刀和机枪并举重创日军,一举收复了铁路桥,9日清晨,永定河岸居民见桥上下尸积如叠,守桥的士兵又是第29军的战士了。是夜,何基沣率一团人由北平赶到长辛店来支援卢沟桥之战。

根据协议,9日上午9时开始,换防撤军,对中国来说这是在极屈辱的进程中进行的。宛平的冀北保安队300余人被日军阻击于五里店,保安队长李万杰、张世俭和队兵祁彬卿、袁吉田负伤,队兵程步云阵亡。日军只准50名保安队兵通过入城,且只准带步枪,每人只许带子弹30发,要扣留保安队所带之机关枪。保安队被阻挡一日,经北平再向天津日本华北驻屯军司令部交涉,始允许200名保安队兵入城,不准带机关枪。此时城内金振中营已撤至城外地点。而日军只装模作样撤退一部分,撤退时曾发炮数十响示威,200余名日军隐伏于县城东北1.5公里之大瓦窑高地,后撤退五里店。自大井村至五里店约2公里多,日军仍在布防,岗哨相连。10日,日军由丰台、通州增兵千余人,将9日已撤至五里店之200余人,复进至大瓦窑。由通县新到的日军300余人进至大井村,与五里店、大瓦窑之日军同时全面发动进攻,向龙王庙、卢

---

① 金振中:《宁为战死鬼,不作亡国奴》,《人民日报》(海外版),1987年7月7日。

沟桥猛扑数次，均被击败。丰台至卢沟桥由日军架设了电话线两条，日机还飞至长辛店、卢沟桥等处侦察。各处日军调动频繁。北平南郊西庄坞也有日军百余名出现。由通县开出的日军入驻北平市东郊关东甸，情势更严重的是关东军1万余名，约1个师团兵力由辽宁开赴北平市郊。日本撤兵是假，极力扩大卢沟桥的挑衅是真。

宛平县长王冷斋和县府秘书洪大中一直坚守着自己的岗位。县府于8日夜遭敌炮炸毁，即迁入一学校办公。为保卫城池，曾组织县警察中能射击者登上城墙作战。将被日军炮火破坏处所摄影存执、备作将来交涉根据。采购柴品食物，抚慰受伤难民。从王冷斋的行动看，真是一位信念坚定、头脑清醒有才干的县官。7月10日早6时，他和洪大中，还有日本顾问中岛由卢沟桥赴北平，向秦德纯、冯治安及冀察外交委员会主席委员魏宗翰报告事件经过，并请示善后办法。秦、冯对王此次维护国家立场，备至慰勉，并谕此后关于外交问题仍由王负责办理。王于10日晚即返县。在王赴北平之一日，城防交由保安队负责，城内治安，由警察负责，安排得有秩有序。

冀察当局于卢沟桥之战发生后，即电呈蒋介石详为报告。8日晨10时，日军挑衅消息已传至蒋介石避暑的牯岭。据报载："此间各当局洞悉此项消息后，均甚惊讶。唯因目前真相尚未十分明了，均取静观态度，暂不作任何表示。一般希望企盼此事件不再扩大，即日停止军事行动，以和平方式解决一切，盖中日间正进行亲善，此次事件如不谋妥善解决，颇足影响两国正在好转之邦交也。"①如果这种情况属实，当局对国事如此无知和疏忽，确实使人难以理解，作为国家的领导群体，对卢沟桥之战爆发有这样的认识，太危险了，日本节节进逼，要吞噬中国，怎么能判断出中日关系好转呢？幸而外交部人员8日晚8时得讯后即电询肇事真相，向日驻华使馆提出口头抗议，并声明保留一切合法要求，表明了政府的立场。

当天蒋介石与王宠惠二人也商讨卢沟桥日军挑衅事件。9日蒋令驻平汉路孙连仲第26路两师及庞炳勋、高桂滋部向石家庄集中。10日蒋两次致电宋哲元，一是希望"从速构筑预定的国防线工事，星夜赶筑"；一是讲"守土应具决死决战之决心与积极准备之精神应付"。这只是一般性的说教，他没有为卢沟桥之战召开会议，商讨战略和对策，也未公开谴责日军暴行，只是个人做

---

① 《平郊发生重大事变》，《益世报》，1937年7月9日。

了零星的决定。他邀社会名流参加的庐山谈话会,北京去的人较多,如胡适、梅贻琦是 12 日抵牯的,谈话会 17 日开始,内容是一般性的议论政治经济文化等问题,也论及华北局势,而没有集中力量群策群力,研究卢沟桥事件。

卢沟桥之战是 7 日深夜 8 日晨 3 时多爆发的,当时也称七八事件,或称宛平事件。事件爆发之日,在延安的中国共产党中央就发表声明,通电全国,呼吁进行全面抗战,武装保卫平津,保卫华北,援助第 29 军。全国各地纷纷致电宋哲元、冯治安等,声援抗敌。举几个例证就可以看出当时全国人民的抗日意志。"上海文化界洪深、周剑云、郑振铎……等 200 人,9 日集议,决组民族救亡协会,即席捐款百余元,慰劳吉团,并电宋哲元及 29 军将士,誓为后盾,愿本长城抗战之英勇,为中华民族开雪耻先声。又电石友三,望誓死守土,击破敌人之阴谋。9 日晚 9 时许,外滩公园内有群众唱救亡歌,一唱百和。捕方特派警备车赶到,捕去青年 6 人。"①北平教界名流李书华、李蒸、杨立奎、陆志韦等致宋哲元及秦德纯的电函是:"卢沟桥事件,衅自敌开,是非曲直举世皆明,钧座守土之责,亟宜趁此时机,将津寇巢扫荡廓清,以除心腹之患。兵法所说先发制人者也。若坐待寇至,实无异作茧自缚,噬脐何及。且敌心叵测,吾国中被毒计已非一次,覆辙具在,大可猛醒,长城战役,钧座英名伟烈,薄海同钦,切盼睿衷独断,迅赴戎机,为我中华民族争此人格,临电迫切,屏营待命。"②函电恳切,句句动人心弦,道出国人心声基于义愤。参加蒋介石召集的庐山谈话会的各界名流,如王云五、黄炎培、何炳松、吴贻芳等盛赞第 29 军的功勋及其使命的重大,其给宋哲元的电文为:"敌扰平郊,乍退又进,传将大举来犯,其为民族生死关头,我军将士矢志坚守,报载公训战士,华北即吾人坟墓,壮哉此言,闻者激奋。燕赵九千里河山,旧都七百年文物,平津四百万人民,共存共亡,千钧一发,夙钦大勇,伫建奇功,凡我同人,愿为后盾。"③上面这类电文,一字一泪,一字一血,满是爱国思想,满是对日本侵略者的仇恨,更是对第 29 军这一英雄部队的崇敬和期待。它真实地反映了当时中国人的同仇敌忾,第 29 军将士也第一次知悉人民愿全身心做他们的后盾。

卢沟桥战火唤醒了中国人。中国人举国一致,为国家和民族的生存而奋战,

---

①《民族救亡会电宋哲元为国雪耻》,《益世报》,1937 年 7 月 10 日。

②《各界纷请政府出兵》,《益世报》,1937 年 7 月 14 日。

③《国人对 29 军抱满腔热望》,《益世报》,1937 年 7 月 17 日。

誓雪近百年来的耻辱。"卢沟桥可为汝等坟墓,应与共存亡,死守勿失",这是多么悲壮;"宁为玉碎,不作瓦全",全国的意志如此坚强。中国人的民族意识、爱国观念,不亚于世界任何民族。一个新的历史时期出现于中国大地之上。

四、陷于日方和谈阴谋之中

卢沟桥之战爆发,日本举国若狂,日本内阁9日举行阁议,颠倒黑白,以征服者的姿态做出四项决定:1.今次事件发生之原因,完全鉴于中国方面的不法;2.日方当坚持事件不扩大之方针;3.希望中国方面速有反省圆满解决今次事件之态度;4.如中国方面无意反省而招来可忧之事件时,日本当以适宜之迅速方法处置之。日本首相近卫即时赴叶山,将阁议决定内容上奏裕仁皇帝。东京各报均以耸人听闻之标题,登载卢沟桥冲突,有的还印了号外。日本外务省发言人向外国记者宣布捏造的卢沟桥事件经过。外国记者提出了质疑。有人问:日军是否有在北平附近任何地方演习之权?也有人问:日军夜间演习是何用意?这两个问题击中要害,令日本处于被告地位。

日本军部9日晨曾召开会议,10日再邀各报记者,歪曲卢沟桥事件真相:"日方陆军中央部对今次事件,未认为系偶然之事件,其事实之根本原因,当归于中国政府之中央化之工作也,并由于排日反满继续潜在行使以来,其为必然之结果也。"①日本想以此证明战争的责任在中方,而正好说明了日本要把华北变成第二个"满洲国",遭到了中国人民坚决的反抗。

日军是不会放弃其侵略计划的。当其攻占卢沟桥受挫时,就以奉行不扩大方针进行谈判为幌子,麻痹中方,实际上其已动员国内外力量,开赴平津一带,并以"何梅协定"作为紧箍咒,威胁说:"要求遵奉业已实施之梅何华北协定,倘中国方面对日方之真诚意旨不加谅解,而继续每日之行为,蹂躏协定精神,再发生如何不祥事件者,则华北一带当有不可避免之恶化事态发生。果如是者,日方不得不持以重大之决意以对之。"②作为史料,这一段话是极为珍贵的,因为日本军国主义者肢解中国的罪行在这里说得清清楚楚。

从战争爆发后,8日晚双方就协议就地和平解决,给人一种错觉,似乎和

---

①《日本军部昨晚发表声明》,《益世报》,1937年7月11日。

②《日本军部昨晚发表声明》,《益世报》,1937年7月11日。

平有望。但每次停战谈判都是几个小时,战争不仅在卢沟桥、五里店、大井村继续发生,还扩大到北平郊区,日军不加收敛。五次口头协议停战,五次被日军破坏。10日晚6时起,中日就一度冲突;9时又继续接触,至12时仍在混战中。11日夜,日军已侵入北平西郊境界,开抵蒋家坟、清塔寺、古庙一带,距西直门已不足8公里。12日晨1时,与驻守西苑之37师何基沣旅相遇,双方激战甚烈。日军再度不支,向大井村方向退却。12日夜日军还向广安门外不足3公里的财神庙进攻。由古北口开到通县之日军,一部约600余名开到北平郊外驻扎,向南苑推进,一部绕至广安门。其时永定门、齐化门均有日兵出现。日军便衣队还潜入西部八宝山一带活动。徐永昌日记记述了日军此时以谈判为手段,扩大其军事行动的实况:"昨日(指11日)以来,日人时而表示和平商议,双方撤兵,时而背信来攻,其攻击范围亦已扩出卢沟桥附近,已达永定门之某处,系缓兵待援模样。"①从这里可以看到中国最高层领导中对日本所施的和平谈判是有警觉的。

在各方面的催促下,宋哲元11日由乐陵返津,径赴其在英租界的住所,他的言行备受关注。12日他发表了简短的谈话:"此次卢沟桥发生事件,实属东亚之不幸。局部之冲突,能随时解决,尚属不幸中之大幸。东亚两大民族,即是中日两国,应事事从顺序上着想,不应自找苦恼。人类生于社会,皆应认清自己的责任。余向主和平,爱护人群,决不愿人类作无益社会之牺牲。"②这样的讲话令国人难以接受。卢沟桥之战还在进行,敌骑已进至北平郊区,说些不明是非的话,有什么作用呢?幸好他于13日,通过与第29军驻南京代表李世军的谈话,表达了坚决的态度:1.希望日军勿一误再误,陷远东大局于不可收拾;对日军的各项行动,深有事故扩大之感;2.决不中日军缓兵之计,我国抱守土决心,因强敌非法进攻而益强,并指示所部,如日方一再进逼,决誓死与之周旋。③这种表态,弥补了前一天谈话的缺陷。

此时南京中央政府已将对日谈判的政策函告秦德纯:不准接受任何条件;不许后退一步;必要时准备牺牲。从公开的态度看,南京中央政府和冀察当局对日政策的认识是一致的。南京各部会的领导者于13日、14日相继离

① 台湾中央研究院近代史所编,《徐永昌日记》(第四册),1990年,第75页。

②《宋哲元昨发表谈话》,《大公报》,1938年7月13日。

③《中枢当局研商对策》,《益世报》,1937年7月13日。

牯岭返回南京，蒋介石中枢的核心人物何应钦于 10 日由重庆飞回,13 日开始在其住宅主持卢沟桥事件第三次汇报会。汇报会已于 11 日—12 日举行过两次。13 日汇报会确定的外交谋略是:"探其意向,如确有诚意,亦可与之谈判。"这说明对日还存有幻想。当时,日方增兵天津丰台,关东军声称要采行最激烈的手段,援助华北驻屯军,南满铁路职员已分驻于榆关至天津间铁路各站,以便照料日本兵车交通,日军已侵至八宝山、永定门外大红门,并向南苑方面进攻,在此情形下,还希望和平谈判,真是白日做梦。

国人时喜时忧,看到南京和冀察当局所展现的强硬姿态就兴奋,看到委曲求全就沮丧。据牯岭消息,"当轴虽愿将卢沟桥事件力求缩小范围,勿使扩大,但日方若提出无理要求,则决予拒绝,当轴甚赞成冀察政委会所持态度"①。冀察当局的状况极为复杂,宋哲元返回天津,就被亲日分子齐燮元、张允荣、陈觉生等包围,从 11 日起,日方盛传冀察当局已接受日方条件:1.道歉,并惩办此次事变责任者;2.取缔共产党、蓝衣社激烈分子的排日抗日等运动;3.永定河以东、西山(？)以西,不驻中国军队。但秦德纯致电牯岭,不承认有上述事实。外交部发言称,任何解决办法,未经中央政府核准,自属无效。随后上海也盛传已接受屈辱条件,商会电请宋哲元宣布真相。是否因日方利诱威胁,中了汉奸阴谋,又做出妥协这一事件,成为舆论关注的中心。宋哲元在会见英国领事及一新闻记者时,回答了这一问题,他说:"代表所签字承认之条件,系敷衍日方面子。日方兴师动众,非得一点凭据,面子不好看。现在日本全国仅20师人,用于平津者不过五六万人,现中央交 4 个师为我指挥,决不怕日军之压迫。"②如此解释是说不通的,当时华北之所以出现危机,就是妥协造成的,国家存亡问题,怎能说不答应日方一些条件,日方的"面子不好看"?上海商会的函讲得严正而沉痛,其文有:"卢沟桥为平津仅存之一线通道,此路若继丰台而不守,平津直瓮中捉鳖耳,即不为华北大局计,亦当为平津两市及附近各县千百万人民生命计,退一步言,亦当为 29 军全军生命计。29 军喜峰口一役,功在国家。明轩主席历年辛苦支撑,长城是倚,诸公亦皆公忠体国,为全国人民所敬仰,忽闻谣言,惊骇万分。"③

<hr>

① 《协议善后》,《益世报》,1937 年 7 月 9 日。

② 中国第二历史档案馆编:《抗日战争正面战场》(上),江苏古籍出版社,1987 年,第 213 页。

③ 《沪上盛传屈辱之谣,电请宋等宣布真相》,《益世报》,1937 年 7 月 19 日。

答应了日方条件是事实,这从 11 月日军开出黑名单,要缉捕抗日分子一事也可以说明。要逮捕的第 1 名是主持旧学联的张申府,第 2 名是编写通俗读物、积极宣传抗日的顾颉刚。顾于 7 月 11 日得到风声,立即远走绥远。

宋哲元返回平津后,有诸多失误之处,如果说 11 日协议是张自忠、张允荣答应的,他认可了。而 18 日,他亲赴海光寺,祝贺香月就任日本华北驻屯军总司令,则是一桩有辱国格人格的大事。战争已经开始两个星期,香月是侵华罪犯,他 7 月 11 日到天津任职,翌日即赴丰台指挥战争。对于这样的人,难道还要去祝贺一番?即使从外交礼仪上看,在平常日子也不宜去。而很荒唐的是,那天他向香月表示对 7 月 16 日死去的田代皖一郎的哀悼,担任翻译的陈觉生居然将吊唁死者的话,译成对卢沟桥事件的道歉,反被香月指为面部表情无道歉诚意,遭受了一顿奚落和揶揄。据日方资料记载:"18 日,宋哲元来到天津,对军司令表示遗憾,并作了旨在接受保障条款细目的回答。"[①]宋和香月谈了些什么,答应了什么,一直是一疑团,这在当时是全国人民关注的大问题。据徐永昌日记,"汤恩伯电云,宋哲元已与日妥协签字。宋电云今日到平,昨与香月作普通晤面,未谈任何";"张自忠到某某处与日人作道歉之寒暄"[②]。

冀察当局陷于迷茫之中,国人无不为之担忧。如汉口商会曾致电宋哲元,请其"力排异议,坚决主持能平则和,不平则抗,不可委曲求全,被万世唾骂",宋发表布告回答各方意见:"哲元对此事无处理,求合法合理之解决,请大家勿信谣言,勿误国家大事,只有静听国家解决。"[③]张自忠因被群众团体指名是亲日的、采取妥协政策的,于 7 月 23 日特别发表谈话,申明自己的立场,主要讲了 3 点:1.卢沟桥之战发生时他在北平,会同秦德纯、冯治安本着不丧权、不辱国的精神,与日方周旋;2.中国是整个国家,中华民族是整个民国,如属国家整个问题,应由中央统筹办理,仅系地方事件,当惟冀察政委会之命令是从;3.服从命令,捍卫地方,自信爱国尤向不后人[④]。宋哲元再次申明,决本国家立场、人民立场、中央意旨三原则,以期卢沟桥事件早日解决。冯治安也有两电致京,一系报告军情,一系对外传双方已签订和平协定予以否认,并称第

① [日]堀场一雄:《日本对华战争指导史》,军事科学出版社,1988 年,第 80 页。

② 台湾"中央研究院近代史所"编:《徐永昌日记》(第四册),1990 年,第 80 页。

③ 《宋委员长发表谈话,国家大事听国家解决》,《益世报》,1937 年 7 月 21 日。

④ 《张自忠昨发表谈话,服从命令捍卫地方》,《益世报》,1937 年 7 月 24 日。

29军全体将士在宋委员长领导之下，决本中央意旨，守卫国土。秦德纯称，"宋返平后，言及18日午晤见香月，除寒暄外，双方希望恢复卢事前和平状态，未及其他。至日方报纸登载种种，均系宣传作用，此间决无屈辱之事"，第29军几位领导者都表明了自己的态度，但回避了在和日方的交往和谈判中所承诺的细则协定。据日方讲，宋于"19日，就我方希望今后给予保障的事项主动提出了协定细则"①。注意，这里写的是"主动"二字，是日方有意歪曲事实，还是实际状况如此？从第29军的换防和随后几天香月公开的细则中又有屈辱条件看应是事实。

根据协议，双方在卢沟桥一带部队均后撤，中方的衙门口、八宝山、田村等地守军于7月21日下午撤防，由冀北保安队接替。日方卢沟桥以东部队，按约定应于22日下午6时前撤往丰台，但日方届时仅将五里店、大井村军队撤退一部，宛平城东门外日军始终未撤。中方担任北平市城防及其他防地之37师部队，22日晚自动与132师赵登禹部换防。赵师王旅23日已抵北平，冯师218团一部于22日晚7时半由北平乘平汉路车开往涿州。余部于23日9时15分由团副孙鸿演率部400人，开往良乡，11时10分由第2营营长周庆义率兵500人，开往涿州。第29军在战场上并没有失利，为什么在日方的压迫下换防撤军呢？以一系列的部队换防调动，且是自动先撤，向日方表示"诚意"，就使当时气盛的抗敌御侮，受到了沉重的打击。为了取悦于日方，步步退却，就给日军的进一步军事进攻创造了优势条件。不仅如此，据《盛京日报》载，冀察当局已经取缔华北学生抗日运动。国人对此现象忧心如焚是必然的了。

就在换防撤军的先一天，即20日，蒋介石关于卢沟桥之战的政策的言论，传到北平。蒋是17日讲的，19日由中央社电讯传去，其内容一方面说明中国始终爱好和平的苦心，一方面阐明中国容忍退让的底线：1.主权领土完整不受分割；2.冀察行政组织不容改变；3.中央所派官吏不能任人要求撤换；4.第29军驻地不受约束。这四条是对日本侵略做出的最强烈的反应，说明南京政府无法再坚持以往的不抵抗主义。蒋说"如果卢沟桥可以受人压迫强占，那么我们百年故都，北方政治、文化的中心与军事重镇的北平，就要变成沈阳第二。"可以看出，蒋已表示出从未有的抗战决心。这篇讲话是很有价值的。不过还应看到他还在讲，"在和平根本绝望之前一秒钟，还要谈判"。1935年11

---

① 《大本营陆军部》(摘译)，《日本军国主义侵华资料长编》(上)，四川人民出版社，1987年，第326页。

月国民党五全大会时,蒋有一句名言:"在和平未至完全绝望,决不放弃和平;国家未至牺牲最后关头,决不轻言牺牲。"卢沟桥之战已发生 10 天,他还在寻找最后关头,说:"如果战端一开,那就是地无分南北,人无分老幼,无论何人,皆有守土抗战之责任,皆应抱定牺牲一切之决心。"蒋将最后关头不是界定在卢沟桥之战爆发之日,而是平津沦陷之时。

正因为蒋介石还存在着求和思想,外交部一再向日方表示和平愿望。中国驻日大使 7 月 19 日还在神户宣称,国民政府对卢沟桥之战的方针是,使事态不扩大及循外交解决之途径。蒋的核心幕僚何应钦一直患有严重的恐日病,曾向美国使馆一武官讲:"中国现在是有些骄气,与日本开战,两个月内或能得个小胜,以后恐怕是支持不了。要知日本是准备了 34 年,中国军备才有几天。"①讲这话没有几天,即 7 月 19 日,日军喜多见何应钦时,以威胁语气要中国撤回开入河北省境之军队,否则战不能免。何仍主张谋求和平,南京政府申令冀察当局与日方折冲,仍以和平为宗旨。这和全国强烈要求南京出师御侮的呼声相去甚远。

反观日方,五相和内阁委员召开多次会议,已完成战争的准备。7 月 15 日,日陆军部正式宣布出兵华北决议。华北原有日军 1 个师团,13 日集中于丰台与北平郊外者已达 2 万余人,接着又从其本国和朝鲜调第 5、第 6、第 12、第 16 师团向平津开来。分三路猛进,一路由榆关开到津榆沿线,一路由古北口开到通州,一路由热河开到察北。7 月中旬,仅丰台一地就集中日军万余人,沿平通大道西至丰台,运输络绎,丰台人民逃避一空。天津已有日本飞机 50 余架, 东局子惠通公司机场停有日机 32 架, 八里台飞机场有日机 10 余架。这两处日机不断飞往北平、西苑、南苑、大红门、卢沟桥、长辛店一带侦察。日军在丰台东大窑占地 500 余亩,辟为机场,将地上树木用炸弹炸去,田禾则雇工割尽,每人发工资 6 角。这是战前日军花了半年多时间,企图占领而未能实现的,此时则成为事实。日军还在天津宜兴埠建筑机场,择地 30 余顷,每日以 7 角代价雇工 200 余人,将该地田禾平毁,和丰台新建机场同一天完成。7 月 17 日,日军在丰台设立了司令部,日兵营联队部设在丰台西方五里店,专负西北路指挥之责。丰台车站附近营园子驻有日军千余名,七里庄、泥湾、李庄子、金庄村、者丹村、韩家庄、康家庄、王家庄、皂家村、东管、刘村等地也有

---

① 台湾"中央研究院近代史所"编,《徐永昌日记》(第四册),1990 年,第 77 页。

千余名日军。北平四郊许多村庄均被日军占领。平西门头沟日军便衣队19日测量地形，广安门外青塔寺附近农田，被日军埋下了地雷。南郊南苑以西5里外民田被日军强占百余亩；青苗悉被割去，日军测地形，立标椿，拟在皂家村建飞机场。平北高丽营、板桥村、茶坞村、轿子村，均被日军占领。大井村东马路南北两翼，日军构筑了工事，四周田禾尽被割去，日军百余人昼夜在该村房上或隐避地内潜伏。永定河岸之龙王庙、东辛庄、八宝山及堤坝等地，中日两军一直对峙着。7月20日，停泊大沽口之3艘日驱逐舰菊、荻、葵号驶入塘沽，有陆战队千余人登岸。日本的军需物资或以汽车或以火车，由塘沽、山海关等地运至天津，一部运至东车站兵营，一部运至海光寺兵营，然后转运到丰台。这些物资包括野战炮、坦克车、高射炮、载重汽车、汽油、炮弹给养及马匹等。据7月18日电讯，日军在平北就拉民夫800余人到丰台，为其搬运物资。由唐山、丰润运到天津的粮秣部分是由大车运来的。

日军为所欲为地在平津一带部署兵力。北平已处于被日军包围状态。天津与战事占领地带相差无几。天津铁路总站，7月中旬实际上已被日军占领。日军一个中队擅自驻扎，总站附近公大纱厂进驻日兵，日军在总站与东站间布置军事工程，派兵进驻总站货厂，并挖战壕。北仓驻有日军千余名，日军第5师团板垣部是7月15日抵津的。日军肆意横行，由日租界海光寺出发开往丰台的日军，多次经过东南角、东马路、河北大马路、黄纬路，跨过旱桥，然后进入平津汽车路，沿途向天津人民示威。出发时，日租界日侨欢呼送行。日军在河北区还设立了粮秣处，征集粮食及饲料。天津成为日军的集散地，天津人民已在日军军事进攻中生活着。平津公路沿途田禾均遭日军军马任意食用，日军认为有足以躲藏军队的青纱帐，均由坦克车压倒，各村农民损失甚巨。

上述事实说明，日军已完成了战争的全部准备，平津已处于重兵包围之中，华北随时有被侵夺占领之危险。7月15日，东京召开地方长官会议，近卫文麿就讲，"今次之华北事件，和平解决完全归于泡影"，要求日本"各方彻底了解今次派兵之大义，促进官民协力，努力收真正举国一致之实，以应付时局"。杉山、广田、米内、贺屋马厂均讲话要"惩罚"中国。广田特别狂喊："凡我国民均宜早有觉悟也，凡我朝野上下对国论当取一致语调，一扫从来的疑惑。"[1]日本已经兴师动众，大动干戈，而中国外交部照会日本驻华使馆，还在

---

① 《陆军省宣布出兵决议》，《益世报》，1937年7月16日。

重申不扩大事态与和平解决之方针,南京政府一再宣称,中央仍以和平为主旨。蒋介石在牯岭发表抗日政策以后,从南京到冀察当局还在和日方谈判,这样的误国政策,必然导致战争的失败。

中国当政者在战和之间徘徊,痴迷于和谈,所产生的后果就其影响而言,危害性是不言而喻的。不去主动进攻敌人、破坏敌人的军事计划,致使敌人悠然自得地部署兵力,决定在什么地方打、何时大打,主动权完全操在日方手中;坐视日本军事的、物质的、精神的力量在壮大,来进攻自己,这是一个沉痛的教训。

原载《南开学报》(哲学社会科学版),2006 年第 6 期

关于卢沟桥之战的几个问题(下)

五、第 29 军的胜利和失败

事实说明,退让妥协没有带来和平,而是更大的灾难,就在冀察当局接受屈辱协定之时,日军于 1937 年 7 月 19 日到 20 日,向卢沟桥和宛平城发动了更猛烈的进攻。19 日夜,大井村北的日军以警犬搜索第 29 军阵地,大瓦窑日军将从附近各村捕获的野狗 100 多头纵出,驱至第 29 军阵地,随后日军 150 余名,以骑兵 40 余为掩护发动进攻,驻永定河西岸的第 29 军立即予以还击。日军从丰台开来一个联队,携带加农重炮 2 门,钢炮 10 门,坦克 8 辆,铁甲车 4 辆,以及马匹等猛扑,第 29 军沉着应战,他们毫不畏惧日军的锐利武器,以步枪、手枪、手榴弹和大刀与日军交战。据报载,20 日卢沟桥之役,非常激烈,企图占领铁桥之日军二三百人,全部被歼。向宛平县进攻的日军发动了 4 次冲锋,最后一次是白刃战,日军伤亡于大刀之下者甚众,日军的进攻被打退了。卢沟桥在这次战役中"残半被毁",宛平城东门城楼与城墙"悉被炮毁",全城民房,无一完好。"居民死伤,血肉横飞,惨不忍睹"。宛平城附近各村,均成焦土。部分幸免于难之灾民,均感无家无食。自从日军占领这一地区的一些村庄后,人民就生活在暗无天日之中,受尽凌辱。如天井村日军 40 人,于 7 月 17 日上午在附近驼店地方掳去妇女 4 名,一人后来逃回,日军继而向该村村长逼索青年妇女。"无辜百姓在城内被枪击者甚多,被捕者多被活埋,留头在地外,并毁房无数。"①

20 日战役是卢沟桥之战开始以来最激烈的一次,吉团及支持吉团的 222 团官兵打得非常顽强,非常悲壮,他们视死如归,保卫着国土,长江在《卢沟桥

---

① 《卢沟桥满目创痕》,《益世报》,1937 年 7 月 20 日。

畔》一文中报道:"敌人大炮使他们牺牲一批,第二批仍然和第一批一样雄赳赳地把守在前线上。刚才哨兵被人打死了,第二个哨兵会快乐地接近他生命的死亡线。敌我前线相去不到半里,我们的官兵毫无畏惧的在火线上谈笑。"长江亲登战场,深受感动,称赞第 29 军官兵在前线的表现,值得中华民族万世的讴歌和景仰。[1]长江还谈道,使人痛惜的是,这些无名英雄,死的死,伤的伤,战场上没有担架兵、救护队和野战医院,死的躯体暴露在原野中,伤的得不到及时救济。许多伤兵被人扶着从卢沟桥走近 3 公里的路到长辛店,完全不能行动的重伤员则用乡间之杆绳等物,将其不合理地抬到长辛店。长辛店是当时唯一的后方,平汉铁路医院的医师们自动出来做救护工作,而一个镇是承受不了这一重任的。

直到这时冀察当局仍未能走出和谈的怪圈,第 29 军只是在卢沟桥一带应战,其他地方的 29 军都按兵不动,而日军天天运兵运械至丰台,大小井村一带日军继续修筑工事,强迫农民排挖战壕。从 23 日起,日军由丰台向平绥路门头沟支线田村、八宝山等地,沿大道挖战壕直至枣林庄、吴家村,还筑有交通沟。25 日,大批日舰集中塘沽,塘沽各公司铁路码头全被日军占领,车站驻兵尤多,日军昼夜不停地演习。杨村也被日军占领,津浦路两站日军装甲车横冲直撞。

战争的主动权操在日军手中,7 月 25 日,日方传出 26 日日军将有大举动的消息,东京主战组织一片狂叫。果然,从 7 月 25 日夜起,重大事件相继发生。25 日傍晚,日军五井部队以修理廊坊附近的电线为名,开赴廊坊,于夜间11 时 30 分发起进攻。该地驻军为第 29 军 38 师 113 旅 226 团,团长崔振伦因未奉命令,未予还击。12 时,日军要强占车站,崔部始奋起抗战。双方交锋甚烈。日军由东局子、海光寺又抽调鲤登等部队 1 千多名,前来参战。日本飞机两批 17 架临空轰炸,投下燃烧弹。激战持续至 26 日上午 8 时,"华军全线旺盛出动,枪口直逼日军"。冀察当局为避免敌机轰炸之无谓牺牲和事态的扩大,命崔撤至廊坊附近各村,后撤到黄村。日军阴谋得逞,东京各报发了号外。

就在同一时间,中国外交部"对打开中日正常外交,仍在作最后努力,以冀在最后一秒之和平时间,不放弃机会"[2]。而日方在北平进行的谈判中继续

①《长江·卢沟桥畔》,《大公报》,1937 年 7 月 24 日。

②《大批日舰集中塘沽》,《益世报》,1937 年 7 月 26 日。

向中方施压,态度极为强硬。中方按其要求,换防了警卫北平的部队,日方却又不同意了。他们认为调防北平郊区的赵登禹部,前在喜峰口抗日最力。中方答复说,冯治安师调开北平已是最大让步,赵师实不能再离开北平郊区,这种答复也成为日军进攻廊坊的借口。日本认为廊坊崔团的奋起抗击是"侮日抗日的挑战行为",此时他们提出的无理要求是:1.除38师外,其余驻冀第29军均移驻保定以南;2.为卢沟桥事件,增加日军驻平津协防,以监视冀察当局之彻底取缔排日及实行防共;3.免戈定远、张吉墉职;4.允许日方在平津线附近建筑3个补助飞机场。① 很显然日本是要把平津变成它的领地,推行其统治。耐人寻味的是允许38师留在原地,那是因为它认为该师的领导是亲日的,可以被其奴役。

南京到这时才猛醒过来,认识到:"华北大局,因廊坊一战,已逼入最后关头。""日方对华北实具有重大侵略意图,非可就现局甘心,一线和平希望,日方殆已与之绝缘。"②

日本觊觎北平的野心不死,从各方面对中国当局施以压力。7月26日下午3时,以廊坊之战是"侮日抗日的挑衅行为"、单方对"订结之协定之实行事,完全缺乏诚意"为借口,向宋哲元提出最后通牒,即香月通告,内容是:1.限卢沟桥、八宝山一带驻军37师于27日下午前撤退至长辛店;2.限北平西苑驻军37师于28日午前撤退至永定河以西,并谓37师必须撤至保定以南。这一通告是由松井在北平发出的。松井要会见宋哲元,宋佯称胃病,予以拒绝,命秦德纯及第29军代表与其见面。宋接到通告后,一面致电并派人到南京请示,一面召开政务会紧急会议,于27日下午3时正式答复,拒绝日方的无理要求,决心为国家民族而抗战,28日晨3时发表了自卫守土通电。

配合香月通告,丰台日军500余名,集结到广安门外财神庙北,晚7时炮轰北平,炸毁城内西南路电灯变压器,造成广安门大街以南及菜市口宣武门大街一片黑暗。同时,约150名日军在政委会日籍顾问樱井地率领下,叫开广安门入城,甫入城一半,前行日军在汽车中开枪,城防守军独立第25旅第679团刘汝珍部立即闭城,阻其前进,双方展开激战,日军向广安门以南的牛街逃去,随后冲出牛街,越广安门大街,退至王子坟、报国寺以东。

---

① 台湾"中央研究院近代史所"编,《徐永昌日记》(第四册),1990年。

②《中日战端一触即发》,《益世报》,1937年7月27日。

从 26 日起，卢沟桥一带及北平四郊都受到了日军的进攻。南郊在团河附近，东郊在北平通县交界的宝珠市，西郊在八宝山、衙门口一带，北郊在高丽营、小汤山立水桥等地。南北苑战争最为激烈。北平通往各地的电线，除天津一条外，全被割断，日机飞至北平、保定、石家庄等地或射击或投弹。日军继续由关外和塘沽运兵至平津各地，势如潮涌，总数已达 10 万多人。

国家存亡，千钧一发，宋哲元发出作战命令后，各地第 29 军主动出击，一改过去被动局面。在津浦、平汉、北平通县间的战争，全是攻势作战。平汉线上是宛平、卢沟桥，津浦线上是丰台、廊坊，平通间是通县。日方此时除应对第 29 军进攻外，又集结兵力向北平近郊分三路猛攻，南面直向南苑、西面指向石景山、门头沟一带，北面是沙河，在直径不到 50 公里的周围地域内，同时发生战事的，有 10 多处。28 日，双方在卢沟桥车站及五里店、大小井村等地激战，日军受到重创，向南溃退，嗣经长辛店驻军往北突击，日军腹背受攻，不到半个小时，即狼狈退去，其中一部溃至西便门外跑马场，亦被缴械，平汉线原驻之日军已被肃清。

在开始时，第 29 军的确取得了胜利，丰台、廊坊一度被攻下，全国为之欢腾，南京各报还出了 20 多万份号外，倾销一空。据外国记者报道，28 日晨拂晓，第 29 军骑兵一部，由南苑向丰台前进，丰台日军立即出而应战，我骑兵佯作败退，折回南苑，日军乃大举来攻，我骑兵遂分两路围攻丰台，日军不支而溃散。晨 9 时，攻克丰台。然据孙连仲电，丰台之占领并无其事，是否收复了便成为疑问。《申报》特派员叔棣时在北平，他的记述较外国记者的叙述更具体："津浦线上我军确曾占领丰台车站 3 小时，至于敌人军营，因为电网、地雷和其他防御工事太坚，冲锋 11 次，总没有攻下，所以不久连车站也占领不住了。"[1]两篇报道，可以说都是信史。廊坊也是同一天 9 时一度攻克过的，第 29 军切断了铁路轨道，阻止日军从天津派兵支援从而获胜了。廊坊之南的杨村也收复了，津浦线上也显示了中国军队的力量。通州方面，因伪保安队长张庆余、张砚田两部反正，赵登禹部驰援，日伪占领了 20 个月零 3 天的通州，于28 日下午 1 时重见天日，冀东防共自治政府的人员逃到唐山。

一度取得胜利这一事实，还可以从下面这一信息得到印证。当时杨秀峰、张申府、张友渔三位教授曾见到第 29 军副参谋长张克侠，根据中共意见，提

---

① 苏棣：《沉痛的回忆》，《申报》，1937 年 9 月 24 日。

出利用这一胜利召开一次庆祝大会,动员群众支援抗日战争。但这一建议未能为宋哲元和冯治安所接受。

而失败和胜利是同时呈现出来的。日军拥有现代化武器,其进攻是非常激烈的。27日晚,日军已逼近南苑。该地驻军比较集中,有38师师部及不到一旅的人,有骑兵第9师师部及骑兵一个团,有特务旅、教导团、参谋训练班等,第29军军部和副军长佟麟阁也在这里,单位多,没有统一的领导。除了土圩子和战壕以外,没有什么防御工事。日军利用高粱地,自南方转向西北,包围南苑。守军在土圩子上狙击日军,敌将校伊藤和千叶南跃出阵前,身携炸弹,跃入城墙外之战壕,将炸药装置于城墙,城墙被炸毁。日机及安放于城外之大炮,也进行猛烈轰击,土圩子被摧平,南苑的通信设备也失灵了。当时出现了混乱局面,部下找不到官长,官长找不到部下,3000多名从未作过战的教导团队员,多是中学生,凭着血肉之躯,各自为战,和侵略者的飞机大炮拼命,结果死伤2000多人,只有少数一部分逃了出来。身兼教导团团长的佟麟阁以及冯玉祥之子冯国权、段祺瑞之孙段君相继阵亡。32师师长赵登禹在团河左近指挥作战时左臂受伤,未几腿部肩部亦受伤,后乘汽车到大红门时,遭敌截击身亡。28日南苑失守,损失惨重。西苑方面,何基沣旅作战最为勇敢,在日军飞机大炮袭击之下,始终坚守阵地,直至夜间宋哲元率部撤离北平后始撤退。沙河方面,石友三部队一连打了两次败仗,向南溃退。北苑驻军阮玄武旅则按兵不动,袖手旁观,并于30日降敌。

28日,北平四郊战局恶化,日军占领沙河镇南苑宛平县城,29日日军占领万寿山、玉泉山,北平成了危城。从胜利急遽转变为失败,国人承受不了,无不困惑。北平150万居民认为北平这座古都,是不会被轻易放弃的,第29军是一支坚强的爱国部队,是会和日军拼到底的。但局势变幻莫测,第29军28日就要离开北平,宋哲元和冀察政委会委员已经做出这一决定。

宋哲元28日下午计划到保定时,天津的战争猛烈地开展起来。驻津的38师副师长李文田,兼任天津市警察局局长,曾被认为是主和派,卢沟桥之战开始后根据张自忠意旨,多次和日军参谋长桥本群谈判。7月27日夜,接到宋哲元自卫守土的盛电,即召集各旅长、团长、总队长开会,112旅旅长黄维纲、独立26旅旅长李致远、天津警备司令刘家鸾、天津市政府秘书长马彦翀、天津市保安队长宁殿武和38师手枪团团长祁光远等均到会。驻津部队于28日晨2时发动攻击。凡日军所在地方,包括东车站总站、西站、东局子、以及日租界之四周,均发生了激烈的战争,首先收回了特四区,收复了东站总站、北仓各车站,包围了东局子飞机场,烧毁敌机七八架,进攻海光寺敌营,在六里台中日中学附近,发生多次争夺战,26旅678团夜袭敌20师团79联队,因敌人是钢筋水泥工事,久攻不下,伤亡较大,但并不因伤亡之多与武器之粗劣而失望。旭街(今和平路)北端日租界线处,交战非常猛烈,双方在街道构筑砂囊阵地,从住宅屋顶和窗口进行射击,展开了市街战,李文田等官兵受不断兴起的爱国主义的影响,被日军蔓延的残暴行为所激愤,坚定地表示"誓与津市共存亡,喋血抗战,义无反顾"。在进攻中取得了惊人的进展。

日本为挽救其失利的危局,陆军省特派日航空一团司令德川、参谋长金淬、陆军指挥仪我、参谋六贺于28日上午乘机赴津,陆海空三方在津指挥官立即召开紧急会议,企图大举攻我守地。日军到津飞机有100架,成立了航空司令部,决定对天津狂轰滥炸。被炸的地方,仅28日、29日两天时间,北宁路局售票处全部被毁,造币厂、地方法院起火,市府后楼片瓦无存,津浦电台及警察局全部被毁。择仁里、心田西里、庆现东里、民德学校、李公祠等地居民区也未能幸免。无辜市民遭杀害者无数。地处八里台的南开大学也是日机轰炸的重点对象。该校宏伟的教学楼秀山堂、木斋图书馆、教授宿舍及附近民房均被炸毁。因炸弹多属燃烧弹,炸弹到处,巨火随之而起。天津市烽火弥天,精华损失殆尽。驻天津的欧美记者7月30日曾视察各处被炸情形,记述了日军的罪状,他们"首抵河东老车站,时日军到达该站,较战事初起时,已增至数倍以上。站内外被炸之处甚多,一片瓦砾,左右前后并纵横人民及保警之尸体,为状甚惨。旋转赴华界,见市府、法院、老车站及三、四马路,保安司令部附近之被炸情形,大体与老站不相上下,其中有半死未治之人民,半皆一片呻吟,无人救护。其早经死亡之尸体,则任其暴弃。时街市之间保安队警,已相继奉命撤退,已是通衢寂无一人,成一种无政府之状态。至各处建筑物之破坏,以及有形无形之损失,当不可以数字计矣"①这只记录了日军暴行的极少一部分,只是讲轰炸造成的罪恶。日军野蛮的暴行是罄竹难书的。

因北平局势逆转,29日夜至30日清晨,李文田部相继撤出天津,向静海地区集中。大沽方面驻军是38师112旅224团,该团团长张宗朝率部于28日凌晨向日军发动进攻。战斗于大沽口炮台、造船厂及曹锟公馆等地极为激

---

① 《津保安队先后退出》,《益世报》,1937年7月31日。

烈,大沽兵营、葛沽兵营均被日机炸毁,冀东伪第三、第四保安队也来助敌攻击塘沽。因日方海陆空联合进袭,224团30日晨后撤,大沽被占。

平津沦陷之时,宋哲元、秦德纯、冯治安率部离平,乘日军步哨阵严重警戒之隙,经门头沟,赴保定。政委会委员长暨北平市长之职由张自忠代行。张自忠于29日下午3时上任就职。张之留平是自愿的还是受命的,一直是争论的问题。何基沣等人所写的《七七事变纪实》是这样写的:"7月28日夜,宋哲元偕同冯治安、秦德纯、张维藩离平赴保定,派张自忠代理冀察政务委员会委员长兼北平市长。"徐永昌1937年7月29日日记也有几句简短的记载:"9时3刻,郑、钱墨林来,谓29军离平,宋已到保,北平留张自忠负责。"而据萧振瀛忆"七七"事变一文则是另一种说法。萧引用宋哲元和他的谈话,宋说:"如此巨变,非所预料,本正与日方谈判中,潘毓桂、齐协民二贼忽然变脸恫吓,云日寇松井令余等转告,由张自忠代余,可了此局,我斥之。""不料下午3点荩臣(张自忠)突然来平到我处,威胁要我离开,他有办法。"当时社会舆论也都将宋的离平和张的逼迫联系起来,如苏棣《沉痛的回忆》中说宋"一直等28日夜里,张自忠的态度陡变,这才不得不仓皇遁走"[1]。上海《字林西报》也特别讲到日方如何青睐张:"日方向视张自忠为日本官员所承认之代表,张自忠现已转至北平,开始组织或恢复服从日方指挥之新治制。"[2]以上多种记载,责怪张的居多。

张自忠的思想感情此时特别复杂,让人莫测。29日晨,他有电到津致其七弟,内容是国家"养余20年,今当国家存续之交,决以身寄国,家事请弟照料一切,勿以余为念"[3]。这表明他是爱国的。他还通知张克侠,让军部及从南苑逃进城内的人员急速出城,追赶宋部撤向保定的部队,并说明天清晨日军就要进城,来不及走就赶快换便衣藏起来。张克侠得知日军即将不战入城,并首先"清共"的情报,迅速通知杨秀峰、张友渔、刘清扬等人转移,使数以万计的进步人士及时脱险。他自己也隐藏起来。但另一方面,张自忠就任市长后,与松井商议日军入城问题,打开城门,撤除警备,为日军入城铺平道路。中国北方重镇平津沦陷,国人无不叹息,张克侠在其补写的

---

① 苏棣:《沉痛的回忆》,《申报》,1937年9月24日。

②《字林西报赞美38师不附逆》,《申报》,1937年8月1日。

③《张自忠决坚守北平》,《益世报》,1937年7月29日。

日记中沉痛地讲："回思往事,不堪回首,雄兵十万,曾不能快然一击,使仇寇坐大,未战而丧师失土,国人夺气,此莫不太息痛恨于宋、张也。然二氏非当局之牺牲乎？"①

张自忠率兵未与日军一战,就将北平交给日军,这一点过去一直受到国人的痛恨与谴责。而其之所以如此,实有复杂的历史背景。美国艾格尼丝·史沫特莱1940年1月到湖北大洪山区张家集张自忠司令部访问过张自忠,对在卢沟桥时期的张有一客观的论述,今录之于后:

> 战争开始以前,他就在华北位居要职,而且和日本人有所接触。他一度还是对日本人进行交涉的一个代表团的成员。战争在卢沟桥上爆发时,他正担任北平市长。就在宋哲元将军的29路军奋起抗战保卫那座古城的时候,他却把它交给了日本人,他说他交出权力是为保全北平以免毁于战火。于是人民叫他汉奸。

> 可是,能够要求某一个人为一个政府的政策负责吗？在长达6年之久的时期内,中国政府一直在把日本人的每一起侵略行动都当作"局部事件",而以退让妥协的方式加以解决。而面对日本人的威胁,整个河北省几乎已经全部非军事化,张将军及北方所有的人,包括他所属的29军在内,已经习惯于被当作中国和日本之间的缓冲器对待。

> 在整整3个星期,就在29路军艰苦作战的同时,据报道,张将军一直留在北平城内,因而遭到全中国的唾骂。其实在这一时期的最后几日,他是躺在使馆区的一家德国医院里。一天,一辆外国汽车驶出北平,坐在前排的两名中国司机,有一名就是张将军,而德国医院里被认为是张将军的那个病人,则掀开被子,离开病房,扬长而去！②

第29军是一支威震中外的英雄部队,也是日军最畏惧的一支力量,卢沟桥之战爆发不久,有一外国人讲,日军畏第29军如虎。这支英雄部队以自己简陋的武器,重创日军。据日本陆军省公布,从卢沟桥之战发生之日起至8月4日止,华北日军共死364人,伤869人。另据日本华北驻屯军司令部公布,

---

① 《佩剑将军——张克侠军中日记》,解放军出版社,1988年,第3页。
② [美]艾格尼丝·史沫特莱:《中国的战歌》,作家出版社,1986年,第452—453页。

日军总计伤亡达 1238 人。①守卫卢沟桥的第 29 军仅一团人，日军 3 个星期也未能攻下，日方无可奈何地说，第 29 军的作战能力超过了他们的想象。

为什么这样一支受人敬佩，为国立了大功的部队，于全面对日作战后，两天的时间就溃败了，丢掉了平津，这是国人一直探讨的问题，也是永远无法忘掉的历史教训。如果卢沟桥之战开始之日，第 29 军动员群众，军民团结一致，"共歼彼虏"；如果南京政府也像日本政府那样，立即制定出方略，以全国的力量投入战争；如果不中日本和谈缓兵之计；如果宋哲元排除汉奸和亲日分子对自己的包围和诡计；如果南京政府和冀察当局不互相猜忌，破除对日本侵略者武力的迷信，都像保卫卢沟桥的部队那样，就不会出现平津失守的悲剧。当然还可以肯定地讲，如果 1931 年 9 月 18 日，日军进攻北大营时，就斩断其魔爪，就不会有卢沟桥战争了。历史的教训实在太多。

六、平津沦陷和抗战信念

日本以军事手段占领了平津，它的领土扩张计划又推进了一步，似乎就可以建立第二个伪满洲国了。这种侵略政策为日本近代史增加了新的罪行，也激发了中国人的同仇敌忾，团结起来，共御外侮，历史进入了新的时期。

日本按其故技，占领一地后立即将暗藏的和新物色的汉奸组成治安维持会，然后成立伪政权，派出大量顾问操纵。平津地区因此群魔乱舞，所有的汉奸或准汉奸的真面目都显露出来。这些中华民族的败类，被日本当作宝贝。在北平，江朝宗、冷家骥等人组成的维持会出现了，张允荣、张璧、贾德耀、李思靖、齐燮元 5 人构成冀察政委会，潘毓桂任北平市警察局长。在天津，曹锟时代包办贿选的高凌霨担任维持会会长，维持会下设立总务局、公安局、财政局、社会局，分别由孙润宇、刘玉书、张志让、王竹林充任局长，其中王竹林年已八旬多，并兼长芦盐务管理局局长。中国人都深知汉奸是日本的工具，是丧尽天良的人，所以当这类人一公开自己的身份，群众和他们的敌意也就产生了。以北平这几位位居高官的汉奸来说，原来他们都扮演着正面人物角色，和日方进行谈判，国人还对他们寄予很大希望；北平沦陷后，他们原形毕露，人们立即认识到，卢沟桥之战开始后 20 多天的谈判，屡谈屡败，和日本订立了

① 《日方公布日军死伤人数》，《申报》，1937 年 8 月 6 日。

丧权辱国的口头协议,出卖了民族利益,他们的罪过是说不完的。仅以北平陷落前后一两天他们的罪行就有:劝第 29 军自北平撤退;劝驻北苑的 38 师阮玄武旅向日军缴械 4000 余支;替敌人集资,遣散北平四郊的保安队;替日军办理种种粮秣车辆等,真是罪莫大焉!

至于张自忠,有一个星期完全迷失了方向。据当时新闻报道,他曾谋取北平维持会会长一职,运动甚力,因日本认为如第 29 军与冀察政委会的要人仍在新委员会中据有负责地位,则北平时局难期明朗,予以拒绝。张任命了天津市长,但不为日方和汉奸所承认。和张一起留在北平的两个旅,日方要将其改为保安队,天天接受训话。石振纲率领的 27 旅,宁死不屈,于 8 月 1 日胜利突围,走向民族解放战场,这对张无疑产生了影响。张在北平已被日方抛弃,没有任何权力,便托病住进医院,随后化装,逃出虎口,经天津到了山东,以后成为抗日名将。

8 月 3 日,日军河边旅团司令部由长辛店进入北平,日军亦陆续开入,占据永定、齐化、西直、广安等城门,各城门楼上均挂起太阳旗,市民出入城关均受严格检查,还得向日军鞠躬。到 8 月下旬,入城日军已有 2000 多,分别驻在铁狮子胡同、旗坛寺、天桥、南苑等地,开始了残酷的统治,市民遭捕杀者不计其数。日军于北平四郊乡间则抓捕壮丁,构筑工事,工事完后,应役者均遭枪杀。"至于乡间妇女,一任其奸淫轮宿,敌人每至一处,即强迫我地方征集妇女若干,供其奸用。年近花甲老妇或未满十龄之稚女亦均难脱其蹂躏……平西门头沟西南有一名刹,庙名潭柘寺,该处日前有两郊逃难妇女百余人,孰料竟为敌军所悉,当即全部截留,分配每三兵一妇女,全予奸淫。"①天津遭难的情况和北平一样或更甚之,"日军任意在街上开枪,捕杀行人,并在全市挨户搜查,凡遇壮年活泼者,即指为形迹可疑,当场牵出门外枪毙,故沿街尸身累累,伤心惨目"②。天津东站是流亡群众的鬼门关,每天总有三四十人被拉出去,装进汽车,运到一地拷问,回答有错,即被葬身于海河中。大清河上一民船载难民 20 余人,因内有人携黄色军装一套,被日军检出,立即将全船的男妇老幼驱至岸上,放火焚杀。此种惨绝暴行,比比皆是。日军播下了无法统计的仇恨种子。

---

① 《沦陷后的北平》,《申报》,1937 年 8 月 30 日。

② 《津日军挨户搜查》,《申报》,1937 年 8 月 6 日。

日军的凶横残暴使中国人的团结精神与抗战决心日益巩固并加强。卢沟桥的抗日精神不但没有消失，并且在生长和扩大，冯玉祥当时就讲："我看到听到许多同胞，无有一个不是在愤怒敌人的暴行，都在打算如何为国家民族的存亡而奋斗，我们看到平津一带的军队如何忠勇地牺牲自己的生命，抵抗敌人的进攻。虽然战争的结果，我们暂时小有失败，可是这一切表现，已证明我们能够抗敌救国，并且保证我们能够获得抗敌的最后胜利。"①胡适以前曾讲要国人静待50年，但他7月28日由北平赴南京时对记者谈北方时局，也盛赞第29军为捍卫国家和民族生存而战，并说现在是抗战起点，希望政府及全国各界共赴国难。中华民族只有经过壮烈的民族解放战争，才能够生存，这已是全国上下一致的认识了。实行坚强持久战争已成为响亮的行动口号。

　　中国的对日抗战迅速展开。第29军继续战斗于平津以南地带，南京政府开赴河北的部队也进入战场，八路军相继投入华北战场，中共北平地下党直接缔造和领导的抗日游击队、东北义勇军疏散部队所组织的游击队，以及联庄会均活动于北平郊区，这是历史上对日战争呈现的前所未有的壮观局面。日本的领土野心和野蛮残杀真正把中国人民动员了起来。改变中日两国历史命运的中日战争从卢沟桥之战开始，卢沟桥从此具有了特别的含义，成为中国反对日本法西斯主义的阵地。

原载《南开学报》（哲学社会科学版），2007年第1期

---

　　① 冯玉祥：《我们如何抗敌救国》，《申报》，1937年8月7日。

卢沟桥战争:中日两国历史命运错位之走向

　　1937 年开始的卢沟桥战争,一直打了 8 年,到 1945 年结束。战争改变了中国近代以来不断沉沦的走向,由受害者成为战胜国,洗刷了百年外敌入侵的耻辱;战争也改变了日本的命运, 由不可一世的侵略者一变而为战败国——受到国际法庭的正义审判。当前,日本安倍政权虽极力掩盖其战争罪行,但无非欲盖弥彰。在抗日战争胜利七十周年的今天,站于新的历史起点,重温这一段历史,具有极其重要的现实意义。

一、日本再次宣称要亡华

　　卢沟桥战争开始后,日本首相近卫文麿就发出要征服中国之狂言,宣称:"今日日本唯一之途径,为痛击中国使之屈服而不再有主战之精神。兹据自中国战场上返回之军官所言,此次中日战争将属长期,大约将展至明春,或竟至明年之秋。日本为克服中国抵抗起见,已决定调动大军赴华,故已定退休之大将 20 员现已奉令复职,而军队之力量今已增至 2 倍,后将增至 3 倍。并据目前之情状,山东及广州即将成为日本军用飞机之目的地。"①
　　日本侵略者幻想再像甲午战争那样,夺取中国台湾,还得到大量赔款;像"九一八"事变及肢解华北那样,不费吹灰之力,就占据了大部分土地。根据日本关东军特务松室少将情报:"帝国可以欣愉者,乃中国官吏普遍的慑于恐日病而不敢稍行违抗帝国也, 现在全华北约十分之七不能精诚团结联合应付,大都原自保主义维护自身之存在,在不违反帝国之原则下,苟延图存。此等个个孤立的小势力,其所关切者只此小集团之目前利益耳,当然虽抗帝国之攻击,故彼等自私的心理,实予帝国以非常的便利,竟可不战而胜,一言而获。日

---

　　①《近卫首相妄想武力征服中国》,《申报》,1937 年 8 月 30 日。

本内阁于 7 月 18 日所召开的五相会议,杀气腾腾,决定动员兵力,派兵侵华,可以一举而获大胜。"①日本天皇裕仁批准了战争的爆发,还每日听取战争进行的状况。

但是,日本这次的估计和判断完全与中日两国历史命运错位,致使日本走向了灭亡的不归之路。

二、中国人民的抗日呼声

日本发动侵略战争,将中国推向生死存亡的抗战年代。南京政府每日都接到海内外华人拥护抗战、请缨杀敌的函电。上海文化界救亡协会发表时局宣言,主要为 3 点内容:一是揭露了日本亡华的野心。"中国已到了生死存亡的最后关头,我们抗战则生,妥协则亡,从 7 月 7 日'卢沟桥事件'发生以后,敌人的铁蹄已经践踏了北平,敌人的炮火已经毁坏了天津。我们北方的军事、政治、经济和文化的事业,已经沦为敌人进一步灭亡我中华的新根据地了。敌人的野心,是无止境的,他们要灭亡我地大物博的中国,毁灭我几千年来光荣卓绝的古国文化。现在我们全国上下,都已认定已经到了最后关头。"二是中国人民的团结坚如磐石。"在敌人猛烈侵略之前,我中华民族精诚团结、上下一致的精神,也发挥得最为透彻,最为坚实。今日政府当局要抗敌救国,全国国民也要抗敌救国。政府当局已决心牺牲,全国国民也已决心成仁。政府与人民到今天已经是吻合无间,融为一体。"三是定能灭此朝食。"中华民族已将熔炼的像一团白热的火球,他将把敌人一切无耻的阴谋和残酷的进攻烧个精光。"②这些言论如实地表达了全国人民的抗日心声。抗争的思想已成为全民议论之主题,各地均弥漫着抗战精神。从后方几个省份的抗战情景就可看出卢沟桥的烽火,实为复兴中华民族之烽火。据《申报》记者讲:"'卢沟桥事变'刚爆发,一经当地报纸号外披露,辗转相传,不到多少时候,整个的昆明市便被悲愤激昂的空气笼罩了。第二天募捐劳军,自动贡献一日所得,加紧公务员及学生军训,焚烧抵制日货。有的青年在街头演讲。滇商李恒升立即捐款百万元家产,

---

① 日本防卫厅战史室编:《大本营陆军部对商议日本军国主义侵华资料长编》(上),天津市政协编译委员会译,四川人民出版社,1987 年,第 320—338 页。

② 《文化界救亡协会发表对时局宣言》,《申报》,1937 年 8 月 4 日。

李正堂输出 30 万元,报效国家。"①在成都,绅民自动在公园宣传,唤醒民众,督促政府,发动全民抗战。四川省主席刘湘表示"今日华北情势,险达于极点,敌已全线动员,我亦决心抗战,川省虽在后方,各项准备工作万不可缓。总之四川所有人力、财力均可贡献于国家,军队必开赴前敌。民众在后方策应,内外一致,以期尽四川人应尽之责。义之所在,赴汤蹈火,所不敢辞"②。

全国各地纷纷成立抗敌会、战时服务团,积极开展救亡工作。一些地区组成了妇女救护队、幼童义勇队。例如,"康藏地区,当地土著,迫于爱国心的驱逐,关怀着战事的发展。一般青年壮丁,均自动奋起,组织义勇队,以备随时效忠国家"③。同时,国民救亡歌咏协会成立后,教唱"起来,不愿做奴隶的人们,冒着敌人的炮火,前进"的《义勇军进行曲》,到处都可以听得见高亢的歌声。募金扑灭汉奸,训练民众等等活动,都增加了抗战力量。

在西安古城,以"西安事变"到卢沟桥战争开始这一段时间最为活跃,被称为后方的前方,抗战气氛特别浓厚。西安几份著名报刊,如《解放日报》《西北文化日报》《文化周刊》《老百姓报》等一直宣称结束内战、一致抗日,抗战口号宣传单贴满全市大街小巷。革命歌曲如《松花江上》《义勇军进行曲》《黄河大合唱》等不绝于耳。笔者那时在西安师范附属小学读书,音乐老师带领学生到南院门西京电台演唱《黄河大合唱》,班主任带领学生到西安南郊村落宣传抗战思想。西安剧团公演《保卫卢沟桥》。更引人注目的是,许多文化人士、教授、艺术家和青年学生及海外进步人士,都是经西安八路军办事处介绍,北上延安抗日的。因为日军不断轰炸西安,家家店铺门前都有水缸和沙袋,马路中心挖了 10 余尺的防空洞。西安古城墙很厚,也改成防空避难所。西安接近前线,更显示了这座古老城市抗战到底的决心和力量。

上海华侨青年以敌寇深入,困难急迫,爱国情绪异常热烈,特组织华侨青年抗敌后援会,以备从事战地各项实际工作,分向海外各地宣传,加紧华侨救国运动。上海艺术界人士发表声明:"此次暴日侵犯华北,举国痛愤。中央既具抗战决心,均产生有无中途妥协之严重表示,我民族存亡,系于此举,沪上艺术界同人,宁为玉碎不为瓦全,誓做政府后盾,共赴国难,以争取我民族之人

---

① 赓雅:《抗战声中后方情绪的一斑(一)》,《申报》,1937 年 8 月 17 日。

② 赓雅:《抗战声中后方情绪的一斑(四)》,《申报》,1937 年 9 月 2 日。

③《弥漫整个我中国领域,一片抗敌精诚》,《申报》,1937 年 8 月 8 日。

格,保全我历史光荣。"①

这种情景,正如《申报》时评《抗战的前途》所言:"卢沟桥的炮声一声响,抗战的呼声立即响彻了全国。我们不怕暴敌的威胁,我们不怕暴敌的进攻,敌人一切的凶横残暴的手段,只有使我全国同胞的团结精神与抗战决心愈益巩固而加强。"②

三、迟到的觉悟与三个战场的形成

卢沟桥战争爆发 10 天后,蒋介石方于 1937 年 7 月 17 日发表抗战宣言:"如果战端一开,那就地无分南北,人无分老幼,无论何人,皆有守土之责任。"但仍声称:"和平根本绝望之前一秒钟,我们还是希望以和平外交的方法,求得'卢沟桥事变'的解决。"那么,国民政府的最后底线是什么呢?按照蒋介石的说法就是平津沦陷。蒋介石讲:"平津之存亡,就是中国最后的关头,因为平津一被占领,则华北全局必至瓦解。我们以后就没有一处可为华北国防锁匙的地区,更无时间以从事国防的建设了。日本如果决心占平津,则中国必全力对日本作战。"③然而,事情并未如蒋介石所预期的那样发展,而是战事不断恶化。面对不断被动的局势,蒋介石认为,以武力抗日是唯一可选择的途径。他在 1937 年 9 月《巴黎晚报》的访谈中称:"目前的中日战争,乃日本蓄意侵略中国之结果……如日本在中国境内从事武力侵略一日不止,则中国抗倭之战争,一日不止。虽留一枪一弹,亦须坚持奋斗,直至日本根本放弃其侵略政策,并撤回其侵略之武力之日为止。"④

与蒋介石的认识同步,在中共和全国进步组织及人民的要求下,在日军疯狂的进攻屠杀中,各地实力派及军阀也逐渐认识到中华民族到了最危急的时候,于 8 月上旬,相继到南京,表示共赴国难。蒋介石宴请各路诸侯,中枢长官冯玉祥、何应钦、程潜作陪,马占山应邀出席,共商大计。在蒋介石宴请之前的两天,冯玉祥在中央广播电台演讲,题为"我们应如何抗敌救国"。他说:"我们要知道侵略中国是日本帝国主义,凶横残暴是日本军阀。至于日本人民,我

① 时评:《抗战的前途》,《申报》,1937 年 8 月 8 日。

② 同上。

③ 黄绍竑:《五十回忆》,云风出版社,1945 年,第 330 页。

④ 《蒋委员长对法记者谈话》,《申报》,1937 年 9 月 22 日。

相信大都还是爱好和平。对抗战政策须认清,发扬民族抗战精神,实行坚强持久战争。"①这篇文章实际上是代表国民政府宣布的抗战国策。

然而,更具有重大历史意义的是国共谈判成功,兄弟阋于墙而外御其侮。9月22日,中共发表宣言,决心和中国国民党一道共赴国难,并号召"全国同胞每一个热血的黄帝子孙坚韧不拔的努力奋斗","精诚团结,一致抗战",还愿"取消苏区现有政权,红军改编为国军,受军事委员会的统辖"②。9月24日,蒋介石亦发表谈话,号召国人放弃异见,精诚团结、共赴国难,并感言"国民今日皆已深切感觉存则共存、亡则共亡之意义,咸以整个民族之利害,终超出于一切个人一切团体利害之上也。此次中国共产党发表之宣言,即为民族意识胜过一切之例证"③。至此,国共合作,枪口一致对外,中国全民抗战的局面以三个战场的形式正式形成。

8年抗战中,有正面战场、敌后战场和东北战场。各个战场相互配合、相互影响,都是整个战局的重要组成部分。

(一)东北战场

东北战场是由冯仲云、周保中、杨靖宇、李兆麟等领导的抗日联军展开的。1936年,他们发表了抗日联军统一建制宣言,在中共满洲省委领导下,战斗在兴安岭上、长白山下、松花江畔,扒铁路、炸桥梁、攻据点,重创日伪军。卢沟桥战争爆发后,北满义军乘日本关东军调往平津之际,分头发动攻势。驻北满维持日伪局面之日军,如哈尔滨冈村部队辖下之各地驻屯军,遭义军袭击,几无宁日。1937年7月17日,在方正县南天门西方约7公里之史家崴子附近,有义军首领明阳、吉奉、周任等联合部众300余名,与日军佐伯部浦山交战,计达4小时,日军损失甚众。佐伯部之中泽部队步兵一等兵远藤荣三郎等15名被击毙,一等兵小林俊一等负伤者为数亦众。酒井部队于7月16日22时许,在宾县元宝河北方地区,与义军首领九洲等联合军交战3小时,双方均有伤亡。7月19日,藤林部队在巴彦达子营包围义军,义军奋勇突围,日军受创甚重。7月21日,义军炸毁满洲河铁桥,颠覆哈大线之列车。9月,义军在沈吉线破坏了海龙铁桥。日军在该地附近各村贴出标语,警告各乡民,勿为义军

①《我们应如何救国》,《申报》,1937年8月7日。

②《中国共产党宣言》,《申报》,1937年9月23日。

③《共产党宣言发布后,蒋委员长谈话》,《申报》,1937年9月24日。

利用,否则一经发觉,全乡村皆受炸毁。但义军仍活动如常。据一般估计,在满之日军约有 40 万人,但皆不如义军之惯善于游击战,大有疲于奔命之苦。①1939 年 2 月,据游击队领袖讲,热河境内已成立游击队第 12 军,属于抗日联军管辖,杨靖宇部且已扩至朝鲜境内。②

内蒙古境内之游击队在马占山、傅作义领导下,日益扩大,且有英勇的蒙古士兵协同作战。当地民众皆坚决拒绝替日军做走狗的伪政府一切法令。哈尔滨市的反日运动高涨,因反日嫌疑被捕者曾达千人,情况极度紧张。1938 年底,日军自津浦路经由山海关古北路、热河铁路运往关外者已达万余人。③日伪军数万围剿讨伐,抗联部队转入深山老林中神出鬼没打击敌人,最困难时以树皮、草根、野兽来充饥,但从未停止战斗。

(二)正面战场

在正面战场,国民党军与日军展开浴血奋战,重要战役有太原会战、淞沪会战、徐州会战、武汉会战、南昌会战、随枣会战、豫南会战、上高会战、长沙第三次会战、滇缅路作战、浙赣会战、缅西滇西作战、常德会战、豫中会战、长衡会战、桂柳会战、鄂西会战、豫西鄂北会战、湘西会战、桂柳反攻等,并派兵赴缅甸作战。每次会战,敌我伤亡都很巨大。中国是为了国家和民族生存而战,也是为世界和平与安全而战。在这场正义与非正义战争的较量中,中国军民付出了巨大的牺牲和努力,日军则是人类刽子手,其兽性暴露淋漓。以上海抗战而言,日本动员的兵力约 30 万人,中国先后投入兵力 70 万人。中央军参战人员占其总数的五分之三,还有广东、广西、湖南、四川、贵州等省军队参战,战争历时 3 个月。据著名战将第 17 师师长王敬久讲:"我为自卫之战,数十年来自甲午以迄今日,对敌人之忿怒,至目前始有发挥之机会,故全体官兵皆以必死之心,壮烈抗战。"④又据李宗仁讲,此役毙敌 6 万多,我军"每小时死伤辄以千计,牺牲之壮烈,在中华民族御外侮的历史上,鲜有前例"⑤。

徐州会战,也称"鲁南会战",进行了 5 个月,日军先后投入兵力约 40 万

---

① 《抗日义军活跃,东北局势紧张》,《申报》,1937 年 9 月 19 日。

② 《热河建立新军》,《新华日报(华北版)》,1939 年 2 月 17 日。

③ 《日军纷调出关》,《新华日报(华北版)》,1937 年 1 月 1 日。

④ 《王敬久师长谈夺汇山码头经过》,《申报》,1937 年 8 月 21 日。

⑤ 《政协广西壮族自治区委员会文史资料研究委员会》,《李宗仁回忆录》(下),内部发行 1980 年,第 659 页。

人,中国参战兵力约60万人,由李宗仁负责指挥,从1938年3月中旬开始先后在临沂、滕县、邳县、郯县、峄县等10余处展开。为了指导这次战役,蒋介石令白崇禧赴徐州协助李宗仁对日作战。白崇禧行前曾在武汉同周恩来、叶剑英商量战略思想。鉴于当时土肥原师团分布于津浦线及临(城)台(儿庄)线,板垣师团分布于临沂县及台儿庄,矶谷师团扼守邹城县,周恩来主张应结合运用阵地战、运动战和游击战,集中优势兵力,将日军歼灭在台儿庄一带。白崇禧将周恩来的这一战略构想转告李宗仁。[①]其后不久,周恩来、叶剑英又派张爱萍以八路军代表名义去见李宗仁,劝李宗仁先攻占济南以南、徐州以北的台儿庄、张庄一带山丘,利用有利地形与日军打一个大战,给日军以沉重打击。在以上战略思想指导下,李宗仁做了周密部署,积极应战。

1938年3月14日,张自忠、庞炳勋与板垣师团展开肉搏战,"我军以一当十,毙敌四五千名,并阵亡敌将数人,大批敌军狼狈溃窜,实为我抗战史上增无限之光荣"[②]。战局中心在台儿庄,在临台线上敌我双方都布置重兵。此役日本从平汉、平绥、关外青岛、上海等地急调其驻军赶赴台儿庄,还从日本神户调来两队化学兵。中国调孙连仲、汤恩伯、关麟征、孙震、王铭章师等参战。蒋介石亲到前线视察,对在津浦线上不战而退的韩复榘判处死刑。孙连仲到台儿庄内督战,命令池峰城师长要以士兵打完了要把自己填进去的精神率部死守,并表示:"你填过了,我就来填进去!"勇猛的池师将士一律手执大刀,腰中满插炸弹,与敌肉血相搏,在不到40平方公里的土地上往返厮杀,逐村争夺,即使伤亡官兵高达70%,士气仍丝毫不减。一位目睹战争实况的外国记者写道:"华军与日军板垣部队现正在鲁南前线做拉锯式之战争,昨晚(1938年5月3日)华军由屋内爬出,在墙上挖若干小孔,然后由孔内用火棒掷入日军占领之房屋,激战至今晨,华军卒将日军击退,遗下血迹遍身之尸首甚多。记者目睹华军奋勇闯向日军阵地进攻,并用燃烧之高粱,掷入日军居所。日军亦以燃烧弹反攻,华军房屋亦着火燃烧,华军因此受伤多人。至于日军之伤病员,大都皆由麦田中用绳拖至后方。余又目睹华军进攻郯城与邳县间之捷庄,日军虽以猛烈之机枪扫射守军,然今晨华军卒冲入庄内,与日军激战。最近5日来之战事,已较台儿庄之战争为猛烈,日军伤亡者已在3000人以上。"[③]这

① 居亦侨:《跟随蒋介石十二年》,湖南人民出版社,1988年,第152页。

② 《程潜谈战局》,《申报》,1938年5月7日。

③ 《外记者目睹鲁南战时惨烈》,《申报》,1938年5月7日。

一身临其境的战争记录,为鲁南战事的片段。

第 5 战区司令官李宗仁行抵运河前线亲自督战,指挥部队在临城台儿庄与韩庄之三角形内大举向日军进攻,收复了台儿庄一带村落。他做事果断,严令汤恩伯部至台儿庄附近,而汤部在姑婆山地区逡巡不前,他立刻下令:如再不听军令,贻误戎机,致使孙连仲覆灭而台儿庄失陷,当照韩复榘之前例照办。4 月 6 日,汤 36 部抵达台儿庄地区,日军撤退不及,被我 20 余万军队包围,我军发动全面进攻,日军退至峄县、枣庄一带。5 月,日军又从各地调兵包抄徐州。5 月 18 日,有大雾和狂风大作,李宗仁、白崇禧、汤恩伯等率部数十万人退出徐州,日军企图消灭第 5 战区主力部队的计划破产。指导徐州会战,是李宗仁一生中最为光荣的一页。

以后正面战场的对日会战,有胜利,但多数是失败。虽有失败,但抗日战争表现了中华民族为了生存而抗敌到底的精神。因为人们笃信,抗战的最后胜利一定属于正义的中国。

(三)敌后战场

敌后战场,是由八路军、新四军和华南抗日纵队等开辟的,开始时也有部分国民党军参加。

1. 八路军领导的华北敌后抗战。最先由陕西开赴山西作战的是朱德、彭德怀率领的八路军 3 个师:林彪、聂荣臻领导的 115 师,贺龙、萧克领导的 120 师,刘伯承、徐向前领导的 129 师。为了更好地领导敌后抗战,中共中央决定成立中共中央军事委员会华北分会,作为中共在华北敌后最高领导机构,朱德为书记,彭德怀为副书记,任弼时、张浩、林彪、聂荣臻、贺龙、刘伯承、关向应为委员。1937 年 9 月,八路军总部进抵太原。11 月,周恩来和阎锡山商定成立战地动委会,续范亭为主任委员,南汉宸为组织部长,程子华任武装部长。

八路军开赴抗战前线后,迅即根据毛泽东独立自主的山地游击战的战略方针发动对日作战,并旗开得胜,取得平型关大捷,赢得了国人的信任和赞扬。随着游击战争的开展,中共很快创建了晋察冀和晋冀鲁豫根据地。据一位英国人考察平汉津浦后讲:"日军虽占华北,但河北省之一半,山西之大部,及察哈尔之一部,仍在华军手中,该地中国当局已组织地方政府,每日与汉口用无线电通消息,政府之所在地为山西,在战前之地方官吏仍照旧行使职权。该区内之农民,仍耕种如昔。除无线外,区内设有电话与各地联络电话线,距日军占领之铁路线仅 5 英里。邮局仍然照常工作,自印青天白日之邮票。区内四周之公路,皆被破坏，以阻日军之进攻。区内之交通状况则极坏，汽车每小时之速度不能过 10 英里。当局对于教育仍极注意。区内虽无中学，但小学确有数所，各校学生均颇多。北平之商人亦时至区内贸易，均能安全出入，所携大宗款项亦无被劫之虞。该区之组织系以军事为主干，每周皆须受数小时之军事训练。"①

游击队的抗战声势很大。自 1938 年 5 月 5 日起，平津一带游击队分袭北平西部南郊，与日伪军激战，在天津南郊八里台及海河沿岸不时出没，打击日伪军。平津道上，日伪军用车屡屡倾覆。津东一带游击队常常夜袭日伪军海河沿岸各地据点等，使得自津至大沽间的日军运输船舶及所有小轮夜航完全停顿。"敌军尸体源源由津浦线运津，官员尸体在津海光寺焚化，士兵尸体运塘沽焚化，装轮运回。"②各地抗日游击队频频出击。在冀东，游击队在玉田、丰润等地活动，敌伪派往之人员逃避一空，伪县长不敢就职。在冀中，游击队克复河间、献县后，保定附近各县日伪军之联络曾断绝。有感于八路军的威胁，日军从 1940 年起采用"各处分散和蚕食战术"，并在占领区内建立据点网，配备堡垒和铁刺网。日军虽然在华北建立了一个个堡垒森林，但八路军仍在日军的堡垒森林穿梭活动。

1944 年，中外记者经过艰难呼喊和要求，终于在重庆国民政府准许下赴延安和晋察冀地区考察，并撰写了一系列考察论著。哈里逊·福尔曼即在《中国解放区印象记》一书中记述了抗日根据地的很多情况。其中，在谈到晋察冀边区时还特别记述了聂荣臻讲八路军是怎样战胜日军的："日本人好像很快地就完成了肥沃的华北平原的占领。于是我们决定要唤醒人民，组织他们，武装他们，帮他们能自助，这永远是一个游击队司令必须做到的一点。我们教他们如何制造地雷和手榴弹。我们教他们如何射击，如何破坏敌人交通线，如何保卫自己的家庭和田园。我们教他们新的技术——隧道战略、地雷战略、壕沟战略、麻雀战略，以及其他各种对付深居于坚强据点及堡垒内的敌人的作战方法。我们是出乎意料的成功。"③在国民党和日本双重封锁的压迫下，八路军紧紧依靠抗日根据地人民，不断发展壮大，华北抗日力量是日军根本无法加以阻止和消灭的。

① 《晋察冀三省大部均在我管辖中》，《申报》，1938 年 5 月 26 日。

② 《津东亦时袭敌军》，《申报》，1938 年 5 月 24 日。

③ [美]哈里逊·福尔曼：《中国解放区印象记》(中译本)，知识出版社，1949 年，第 118 页。

2. 新四军领导的华中敌后抗战。全面抗战开始后,在国共合作抗战的旗帜下,散布于鄂、豫、皖、浙、赣、湘、闽7省和40多个县的红军游击队改编为中国国民革命军陆军新编第四军,简称"新四军"。叶挺和项英任正、副军长,军部下设4个支队(每支队相当1个师),陈毅、张鼎丞、张云逸、高俊亭分任支队司令。新四军成立之初共万余人,后不断发展增至10余万人。其作战地区主要限于长江南岸苏皖地区的南陵、繁昌、芜湖、当涂、南京、江宁、句容、镇江、丹阳9个县市。在这一窄狭地区,日军设置了大量的城防、据点和碉堡,并布置了一定兵力。

在抗战险境中,粟裕率领新四军先遣队于1938年5月19日,即徐州沦陷之日,率先进入江南战场。其后,新四军主力相继开进南京、镇江、丹阳、句容、金坛、武进、溧水、高淳、芜湖一带,采取游击战和运动战相结合的方针,展开对日作战。1938年6月6日,新四军在镇江与句容间的卫岗地方展开首次战斗,击毙日军土井少佐等数十人,毁坏日军汽车,缴获大量枪支,取得胜利。其后,新四军将士不断整编各地自发组织的抗日游击队,恢复各地行政机构,把日军的后方变成前方,摧毁伪组织,破坏交通线,与日军展开各种规模的作战。据1939年1月10日《新华日报(华北版)》报道,在新四军领导下,江南游击战展开,"京沪杭线游击队数十万人,沪杭线游击队二三万人,上海以西10余县中,游击队有5万多,日军只龟缩在高高城墙保卫着的县城里,城外均属中国游击队之势力范围。浦东、浦南的中国游击队,声势更为浩大。日军曾于最近二日内,派遣有轻重轰炸机配合之部队5000人向浦东大举进攻,但结果日军伤亡达三分之二"。从1938年5月起,新四军与日军作战达百次,击毙日军2500名。①此外,新四军开展反"扫荡"、反"清乡"、反"蚕食"的斗争,江南解放区各阶层人民团结在新四军的周围,同甘苦、共患难,一致抗日。如盐城士绅宋泽夫、韩国钧绝不为日军服务,还到敌占区征收救国公粮,并劝说要事敌的原国民政府区长保持民族气节。在反"清乡"斗争中,华中各根据地发展民兵60余万人,各地民兵常在敌据点附近监视其行动,有时自己作战,有时配合主力共同作战。

新四军的不断发展壮大,竟然引起蒋介石国民政府的嫉恨,制造了"皖南事变",新四军受到巨大损失,叶挺和700多个新四军官兵被捕,4300多人牺

① 《在新四军领导下江南游击战展开》,《新华日报》(华北版),1939年1月10日。

牲在国民党的子弹之下。中共中央痛心疾首,并立即任命陈毅为新四军代军长,张云逸为副军长,刘少奇为政治委员,张鼎丞、粟裕、叶飞、谭震林等为支队长,继续率兵活跃在大江南北战场上,一直坚持抗战到底。

3. 抗日纵队领导的华南敌后抗战。1938 年 10 月,广州沦陷。其后,各种游击队相继出现,活跃于"珠三角"一带,展开对日游击战,收复了一些县城,袭击日军岗哨、巡逻队和海上敌船。当时,这支抗日力量还不完全为人所知。1944 年 7 月,美国《美亚杂志》刊登了斯诺写的《东江纵队与盟国在东太平洋上的战略》一文,其中讲道:"东江纵队是由两个主要支队组成的——第 5 营与第 3 营,在香港附近的宝安县和广九路上的东莞县,及在东江地区作战。他们得到本地居民们的信任与支持,使他们足以挡住日军的'扫荡',与中央军方面根绝他们的不断进攻。他们对其横跨广九路上的战略据点防御得这样好,以致虽然日军已控制了铁路两头两年多,但他们还不能使一列火车畅行全线。"①这里所讲的同曾生撰写的回忆东江纵队的战斗历程是一致的。东江纵队是华南抗战的一面旗帜,第 5 营是 1938 年组织起来的地方自卫军,第 3 营由曾生领导。1940 年,两营合并为广东人民抗日游击军团。

由于抗日游击战遍于敌后地区,所以斯诺发表于 1944 年 6 月 10 日美国《星期六晚报》上的文章讲:"抗战时期的中国分为三部分,一是在国民党统治之下,这个政权以蒋介石为首;另一部分是在日本统治之下,日本掌握南京政府;还有一部分是游击队中国,这个游击队中国包括许多根据地。"②正是基于抗日根据地的日益壮大,日军提出"'扫荡'重于进攻"的主张。当然"扫荡"抗日根据地并非是停止对国统区的进攻,而是集中兵力"扫荡"敌后,对正面战场则相机进攻,故出现了间歇的大战。

需要说明的是"游击队中国"——抗日根据地遭到日军封杀,这是必然的,而遭到国民政府的围剿,则是中国历史的悲剧。

四、胜利属于正义的中国

在长期抗战中,有进有退,是自然现象,不可以一城之得失来论断胜负。

---

① 新长城社编:《英美报章杂志论中国》,大连书店,1947 年,第 79 页。
② 同上,第 59 页。

战争的最终结果是,中国终因其广大之地区,雄厚之人力物力资源,坚毅之全国抗战精神,将日军打败,赢得了这场正义对非正义战争的胜利。其实,早在全面抗战爆发之初,在日军咄咄进逼,以及双方战事胜负未果的情况下,国际上的一些知名人士即曾对中日之战做过精辟预判:

巴黎大学著名历史学教授居肯在《资本周刊》撰文称:"目下远东方面之斗争非可以中日两国之武力优劣为评定,中国拥有四万万人口之众,苟能充分发挥其民族意识,纵使目下不能获得胜利,其前途实以未可限量。中国最近所获有之进步业已甚巨,经铁与火之锻炼以后,若其民族意识愈益发扬而坚强,则纵令日本占着北平、张家口以及上海一部分领土,并在华北各省及内蒙古建立缓冲国,与其在满洲所为者相同,然其最后结果,必非日本吸收中国,而将中国吸收日本。"①

法国诗人外交家克劳德曾在驻华公使馆任职多年。他在《裴伽罗报》发表评论中日战争时称,日本对华乃"武力与政治手段"并用,"务欲攘夺中国北部而后已。吾人倘在亚洲大陆划一直线,自天津取道蒙古,而达西伯利亚……至北平地方,以政治言,原系中国首都,以地利言,则又偏处一隅,其为中国政治中心,为时甚久。过去虽曾迁移数次,终能恢复首都地位。彼侵略国用意所在,乃欲利用此种地位,以便私图。抑知称霸于中国者必遭莫大之障碍,尤其是中国文化与精神,力量整体划一,实无法予以击破。日本定必遭受无形之抵抗,而欲克复此种抵抗,则非以极厚之兵力,极大之战争不为功。日本欲凭借军事优势,冀在经济上独霸中国,必为英、美、苏三国以及全世界各国所反对欤。要之,任何人凡曾与中国相经过者,无不谂知中国人禀性之明敏,及其消极抵抗力之巨大,他日全世界各国,若果一致声援,其抵抗侵略力之大,自更不言而喻矣"②。

美国龚斯德博士致函忠告日本国民:"我晓得你们对于中国之态度,不出于欺辱与畏惧二途,中国数年来之长足进步,是无可讳言的,你们素来是欺侮他们过甚,及见其进步,乃由转而为畏惧。唯此畏惧之一念,遂发生此次之用兵,你们以为此时若不忽起而制服中国,过了一时,中国太强,那就不可制服了,你们所提以上许多理由,皆是空泛之谈,唯此乃为真实之理由,你们要制

---

① 《中国发扬民族意识,前途未可限量》,《申报》,1937 年 9 月 1 日。

② 《法国诗人外交家撰文,盛赞我抵抗力量雄厚》,《申报》,1937 年 8 月 8 日。

服中国是很难的。我们以为你们欲制服中国,原有两条路径,一种是武力,一种是友好。现在你们已运用第一种了,这就是替你们自己结下一种永远不解之大仇。你们或说打到中国使之无力抵抗,虽有深仇亦何足虑,但我对于你们此说,实未敢相信,你们果然征服此四万万之大民族吗?"①

美国《孟却斯特导报》称:"苟日本继续侵略,则中国抵抗何时可止,唯中国能言之耳。""将来胜利终属弱者,纵日本北抵黄河,南据上海,然仍须继续作战,与初开战时无异,磐石上山,终将自坠,日本其将为其自己胜利所打到软。"②一位欧洲医生曾问斯诺中日战争的结局如何,斯诺稍想后回答:"在这个战争中,中国虽然一切战事都打了败仗,但他都站在赢的一边,你要我用一句话答复你,这就是它的答案。打败仗的将来是赢者,而获得最后胜利的将是输者。"③

日本发动侵略战争,是人类文明的公敌,在中、美、英、苏的合力打击下,1945 年 8 月 15 日,日本裕仁天皇决定接受《波茨坦公告》,无条件投降。上述抗日战争初期中外人士所发表的预言成为现实——胜利属于中国人民,正义战胜强盗,侵略者是无法避免自身灭亡命运的,这就是历史的无情结论。

原载《河北学刊》,2015 年第 3 期

---

①《美国龚斯德博士致函忠告日本国民》,《申报》,1937 年 11 月 21 日。

②《日本侵略中国,有如磐石上山》,《申报》,1937 年 11 月 5 日。

③陈鹏仁:《铁蹄下的亡魂(增订本)》,当代中国出版社,1997 年,第 44 页。

关于"八一三"淞沪抗战的几个认识问题

"八一三"淞沪抗战,在中国抗击日本战争史上占据着极重要的地位,承载着沉甸甸的历史,众多学者从不同角度,已撰写诸多文章书籍,我觉得还有些问题需要再评估再认识,这里提出以下几个问题:

一、所谓偶然论

"八一三"战争爆发时,有的报上讲,这是偶发的事件,虹口事件是不幸事件,这种表述是错误的。

侵占上海,是日本实现其灭亡中国的大陆政策的重要步骤,是有预谋的。从九一八开始,未费吹灰之力,占领了辽宁、吉林、黑龙江,接着又陷热河,成立冀东22县伪政府,制造华北特殊化,侵占丰台,发起卢沟桥战争,侵略的铁蹄从未停止过。它抄袭占领东北和平津的故伎,制造事件,作为借口,然后调集兵力。所谓虹桥事件就是日军精心策划出来的,于1937年8月9日,派其海军陆战队中尉大山勇夫率士兵斋藤要藏,乘车强行冲入机场,且开枪击杀守军士兵时景哲。守军开枪还击,击毙这两个进犯的敌军,这是正义的自卫行为,怎能称为"不幸事件"?论者常以此作为"八一三"的导火线,也是不恰当的,因为没有虹桥事件,也必然会发生其他事件。侵略成性的日军使用一切手段来发动战争,他们狂喊:"支那是日本的生命线","支那是我们获得黄金的泉源"。无论从什么角度讲,都不能讲虹桥事件是偶发的,是"八一三"上海抗战的导火线。

二、士气不振说不能成立

有的学者讲,"抗日战争初期,无论是正面还是敌后战场,尽管浴血奋战,都是败多胜少,从淞沪战役、徐州战役,到南京、武汉、广州战役,大都如此,可以说中国人士气不振"①。这篇文章前半部的论述是正确的,但以中国人士气不振来论断抗战初期诸战役,是不恰当的。

这里,仅就淞沪战役讲,战争进行了 3 个月,中国军队勇敢而坚强,以血肉之长城,抗拒日军之炮火,所有官兵,视死如归,前面的倒下去,后面的就赶上去,与日军展开街垒战与肉搏战,个个奋勇当先。从"八一三"至九月上旬,日本陆军开到上海的已达 7 万人,内有最精锐的久留米师团(即以前日军教导师,日本各师团中之机械化部队皆源于该师);海军方面,日本大小军舰集中 70 余艘,舰上正炮与边炮合计近 700 门;空军有新式轰炸、侦察、战斗等机 200 架以上,以如此庞大精锐之武力,为陆海空联合进攻,实行中央突破,欲速战速决。但在虹口、浏河登陆未成,战争扩展到吴淞、蕴藻浜及张华浜等地,每到一地都遭到中国军队的痛击。日军登陆面日渐延长,如川浜、柳林、月浦均成为日军伺机冲入之地。9 月 2—3 日,中国军队实行了猛烈的反攻,不少经历了那场战争的中外人士,记录了那场战争进行的实况,留下了珍贵的历史画面,现引一部分。

战争进行一个月时,美国记者铁尔特曼冒着战火到罗店、吴淞两地华军阵地考察,写出了感人的记述,其文讲:"卫守邻近上海长 40 里罗店、吴淞区战线之华军,遭遇机械化武力极重大之集合,而利用之者,复为以悍战闻名之日军,然仍不屈不挠,应付裕如,其英武与纪律,诚值得受最高之赞誉者也。""今日抵抗日军前进之师团,纵其炮火力量,远逊于敌,亦决不退却。""罗店境之战事,异常激烈,致余不能进抵华军在前线,余曾在某地点被迫委弃所乘之汽车,匿于沟内半小时之久,维时日军以开火炮轰击,外加尾弹,并偶杂重炮弹数枚,刘行区外附近一带,颇遭摧残。旋余往视吴淞阵线,见巨数华军安伏战壕,状甚愉快,盖顷方击退猛攻之敌军也。"②

罗店战斗中中国军队所表现的自信、英勇和视死如归的精神,是震撼中外的。胡愈之在《保卫大上海》的专论中是这样描述的:

---

①《这个时代还有没有敬畏?〈我的团长我的团〉背后的文化观察》,《中华读书报》,2009 年 6 月 24 日。

②原载《字林西报》,1937 年 9 月 20 日,见《申报》,1937 年 9 月 13 日。

吴淞、罗店、蕴藻浜、大场这几次战役战斗的猛烈,比之于欧战中马尔纳、松纳河诸役毫无逊色。可是就我军将士作战之勇敢与牺牲之壮烈来说,在欧战历史中都找不到先例。在欧战中无论哪一次著名的战役,双方的武器是对等的。在上海战争中,我们却以陆军,主要的是步兵队,来和敌人最精锐的陆空海三军搏击,鏖战两个半月的结果,敌军是进展了,但是进展所获得的阵地有多少呢?离开黄浦江北岸才不过 10 余公里而已。虽然我们为了保卫一尺一寸的土地,往往牺牲数千数百的健儿,可是敌人也必须付出同样的或者更大的代价,才能得到这一尺一寸的土地。①

中央社随军记者亲身目睹 9 月 29—30 日罗店西南东林寺敌我双方的肉搏战,具体地记录了实战的状况:

29 日拂晓敌人出动了大量的兵力,向东林寺猛烈进犯,一方面是敌人的火力非常猛烈,一方面是敌我的数量众寡悬殊,我们的阵地,先后被敌人突破了,我们的守兵个个挂了彩,甚至一个个倒毙了。可是仅存的几十个战士,还留着最后的一滴血,最后的一颗子弹,死守着和敌人拼。②

那时中外人士写下了不少称赞华军的文章,是我们考察上海战争有力的证据。如早在 9 月 15 日上海《字林西报》就以社论的形式写道:

华军遏止日军前进之战事,其代价显然重大。华军在战斗中虽无炮队之辅助,而飞机在天空之视察力量,亦不充分,不足抵制日军之海军炮与水上飞机。但其部队与机关枪手鏖战至一月之久,其坚毅力亦大足令人钦佩矣。③

11 月 3 日,战争已处于不利的情况下,一位曾参加过欧战的西方人士,到苏州河畔前线观察,得出的结论是:华军的英勇和沉重应战,在世界战争史上是无与伦比的,在西方是不可想象的。华军"军士战斗之勇,为欧西各国士

---

① 《申报》,1937 年 10 月 27 日。

② 同上。

③ 《申报》,1937 年 9 月 16 日。

兵所无,罗别根路附近两岸拼命厮杀,日步兵恃坦克车及炮火掩护,屡次迫近,图在南岸得一立足点,并集坦克车多辆于北岸,以平射炮不断对中国工事轰击,以当时火力之猛,若使欧西军队当之,决难立足,但华军决不轻弃寸土,当猛轰之后,该地似不能复有生人存留,然当日军侵渡之际,仍遭机枪扫射数小时后即被迫退走,其坦克车初尚滞河畔,顾不及华军觅得准确炮程,立即还击,遂亦退却,双方损失彼此均惨重"[1]。

所以引这些文章,在于说明华军在上海战争中受到了高度赞扬,无论在任何情况下,都没有畏缩、恐惧或逃避现象。士气不振说是绝对不符合事实的。一位日本人士中西均一,当时住在法租界八仙桥,这里邻接华军,又靠近大世界,是霞飞路的起点,他直接目睹和感受到中国人的爱国思想的高涨,以"中国民族起来了"为题,写道:

> 中国一般的热血青年,都愤恨日本人的行为,希望快点把上海化为战场,将日本人驱出上海,充满着欢迎战争的空气。大家都坚信中央已经完成了一切的准备。青年男女都兴奋高唱军歌。军歌中最流行的是《义勇军进行曲》,七、八岁的男孩女孩,也都高唱着:"前进!前进!进。"这可看到中国人的坚决与紧张。不论认识或不认识的人,在街上碰到,都说:"我要到前线去!"[2]

这就是上海战争的历史现实。

三、上海战争是谁挑起的

"八一三"战争是谁首先发动的,这本来不是问题。日本军队在中国领土上开战?还问谁先开战?不过事实上存在两种观点。

一种说法是中方。黄绍竑《五十回忆》中讲:"'八一三'事变的发生,是出乎日本意料之外的,亦可以说日本是被动的,而我国是主动的。最高统帅之决策是要以主动的姿态,先把上海之敌军根据地摧毁,然后再主动向华北作战,即使不能将敌人根据地铲除,亦须吸引其兵力到这方面,以扰乱其既定的计

---

[1]《大公报》,1937年11月4日。
[2] 向愚编:《抗战文选》第2辑。

划。"① 马仲廉也认为淞沪战役是中国军队首先发起的,主要根据是"8月11日21时,蒋介石命令张治中将所部(第87、88师)推进到上海附近。当日夜间,张部主力被秘密地用火车、汽车输送到吴淞、大场、南翔。张决定13日拂晓向位于虹口和杨树浦的日军据点攻击,但接到蒋介石不得进攻的电令而未能行动"②。

一种说法是日方。冯子超在《中国抗战史》中讲:"日本帝国主义之进攻上海,不是偶然的挑衅,而是侵华的蓄意的继续。"8月13日晨3时,"日军向我闸北横浜桥以东及青云桥一带守军开枪挑衅"③。这是符合事实的,从当时报刊记载,日军以上海公共租界为其军事根据地,恣意横行,不断挑衅,"八一三"前夜,战云已密布上海,日本从佐世保调来军舰载有大批军火和陆战队,日本的各种兵舰集结上海的已达30余艘,内有驱逐舰莲号、知床号、姆号、保津号、初春号、名取号、初云号、子日号、鬼怒号、若叶号,巡洋舰由良号,运输舰,还有航空母舰一艘。④12日,日军前哨及便衣队已经开枪挑衅。长江中下游各口岸如长沙、宜昌、汉口、九江、芜湖的日军、日侨,由日军第11战队司令官宫本统率炮舰、驱逐舰及汉口陆战队300名护卫,下撤至南京和上海。从这里就可以看出日本强盗,惯用贼喊捉贼手段以混淆视听,逃避其罪责。

担任京沪警备司令的张治中曾明确地讲,他的开战是对日军挑衅的回应和反击。他曾提出先发制敌计划,但又奉蒋介石之命,不要行动,等一等。张的通电如下:

> 13日下午,暴日侵沪,舰队突以重炮轰击闸北,继以步兵越界,袭我保安总团防地,我保安队忍无可忍,起而应战。治中奉命统率所部,星驰援应,保卫我先祖列宗筚路蓝缕辛苦经营之国土。⑤

因奉命进攻的时间为14日下午,所以张在揭开"八一三"淞沪抗战的序幕中有下面这样的论述:"实际上8月13日并未开战,不过是两军对垒,步哨

① 黄绍竑:《五十回忆》,云风出版社,1945年,第336页。

② 马仲廉:《论淞沪战役》,《军事史林》,1989年第3期,第42页。

③ 冯子超:《中国抗战史》,正气书局,1946年8月,第41、44页。

④《申报》,1937年8月13日。

⑤《张治中通电抗战到底》,《申报》,1937年8月15日。

上有些接触,而正式的开战是在 8 月 14 日。"①

许多新闻记者是战争爆发的见证人,他们的笔下记述,13 日已进入战争状态:"日本陆战队约七八十人,由便衣队前导,于昨日(指 13 日)9 时 15 分,自北四川路日本小学开出,全副武装,自虹山路口横浜桥,以轻机关枪向我驻军横扫,图越淞沪铁道,冲往宝山路,我驻防警察及保安队,当予猛烈还击。日本内阁于同日 9 时 45 分开会议决,要采取严厉行动。战争遂扩展到上海其他地段,天通庵路连续冲突,日军于午刻派出大队,自江湾路日军司令部背后,越大通庵车站火车过道处,经同济路,向我天通庵路八字桥等处警戒线袭击,另有 10 余日兵由分水庙南进,过临平路桥,入临平路物华路一带,袭击该地警察局分驻所。到下午 3 时,闸北各处,如引翔乡、江湾路、八字桥、青云桥及横浜桥一带均爆发了战争。"因八字桥战事最为激烈,是一场恶战,史书均以八字桥为"八一三"战争的开端。有一首诗,题为《抗战行》,其前面几句表达了战争爆发的真实情景:

> 八月十三战局开,吴淞江上敌舰来。
> 舰载飞机与重炮,欲使繁市化劫灰。
> 宝山路上陆战队,首先发难酿祸胎。
> 我军奋勇呼杀贼,刀光弹影动风雷。
> 敌人见之心胆裂,手颤机枪擎不得。②

日军是战争的罪魁祸首,这是铁的事实。

四、上海地区汉奸知多少

日本侵华恶毒手段之一是收买汉奸,扶植傀儡政权,它称中华民族的败类为其"合作者"。第 29 军军长宋哲元根据多年和日本打交道的经验,得出深刻的教训:"救中国只有中国人,亡中国也是中国人。"这句话在上海战争中也充分得到说明。

战争将人群分为两类,一类站在民族立场上,一类则成为日本亡华的工

① 《"八一三"淞沪抗战》,中国文史出版社,第 12—13 页。
② 《申报夕刊》,1937 年 10 月 8 日。

具。后者虽为少数,而为害极烈。老牌汉奸,人们早已恨之入骨,新生的汉奸,隐蔽于群众之中,难以即时被人识破。还有的人无知无觉地被敌人利用,危害了民族和国家的利益。

考察上海战争,日军抵沪时,屡次登陆,均未得逞。后来得到汉奸之助,突破了中国的防线,日军获得了立足点,其援军不断开来,战争形势因而逆转。

日军于8月25日以石洞口(即小川沙口)为孔道登陆成功了。石洞口江水距岸约三四里,平时泊有渔船140余艘。渔民对江边水陆交通极为熟悉,他们的民族和国家观念淡薄,受当地汉奸的煽惑,由日方维持其生活,全部渔船资敌利用,乘潮水大汛,水岸相接时,沙船登陆方便,乘黑夜偷渡登岸,随即向罗店镇进犯。该地为宝山县属首镇,距县城12里。双方在罗店展开激烈交锋,寸土必争。罗店失而复得数次。敌一部窜往浏河,另一部窜往宝山。从击毙之敌军官衣袋中,获得军用地图一纸,对于登岸之一带地势,绘述甚详。

11月5日,日军由杭州湾北岸金山卫附近之全公桥、金丝娘桥、金山嘴、柘林等地登陆,袭击淞沪战场侧背,造成上海成为孤岛,也是得力于汉奸的帮助。当地耆绅为敌通风报信,敌扣留、利用大小流船数百艘为其运输始能得逞。金山各地附敌者有数十人,伪维持会立即出现为敌作伥。

浦东大道伪市政府也成立了,其辖区包括闸北南市,计划将松江圈入。许多伪组织如大道市水巡总队、交通局、社会局、财政局、警察局扣留所、警察巡训所等人选都是日人安排的,一批无耻之徒,弹冠相庆。日人古川为汉奸造声势,组织起一个暗杀团,取名"正义团",专门杀害抗日人士。

为了消灭中国文化和民族意识,日本双管齐下,一面让文化汉奸粉墨登场,汪伪的《中华日报》出现了,以唐良礼为首拟定了一个"黑名单",将7名外国记者和8名中国记者列为驱逐或暗杀对象。陈公博女婿朱朴以《古今》杂志为阵地,为汪伪头目唱赞歌,造声势。一面镇压久负威望、根底深厚的不听其支配的报刊,杀害抗日和主张正义的人士。《大美晚报》《文汇报》《华美晚报》《上海时报》等报馆都遭到暴徒的袭击。《社会日报》社长蔡钧徒被暗杀后,其人头被挂在便道的电杆上,还贴上纸条:"此系抗日结果,凡属抗日分子,当知其所警惕。"据报载,《大美晚报》前经理张似旭及现任该报英文版本埠编辑袁伦仁,9日晚均接到由所谓"正义团"发来的恐吓信:识时务者为俊杰,以后君之工作,必须谨慎,如再有反日情绪存于其中,则君将与蔡钧徒同其命运。13日,各报馆继续接到恐吓信:"蔡钧徒结局如何,贵报岂不知之?务请改变作风,否则尚有意外事件发生。"面对如此毒辣残酷的屠杀手段,报人毫不畏惧,坚持报人的使命。《密勒氏评论报》主编鲍威尔是黑名单上的第一名外籍记者,遭暴徒以木柄手榴弹的袭击,幸未爆炸,逃过一劫。他在《炸弹与刺刀》的一文中,以自己亲历和目睹的情形,颂扬上海华籍报人宁死不屈的感人事迹:"中国的报人还是不顾外国租界当时正处于日军的包围之中,他们自身随时随地有被害的危险,仍旧效忠于自己的政府。"如《华美晚报》社9个报童和报社若干苦力被炸死,《大美晚报》编辑张君(Samuel H.Chang),在西籍记者中颇有名气,在公共租界南京路的一家餐馆喝咖啡时遇难。在鲍氏之笔下,既揭露了日军的残暴,又展现出中国人的正直和坚强。下面这段文字是很有价值的记录:

> 日伪在公共租界对新闻界的打击,并不局限于暗杀几个编辑和新闻撰稿人。他们占领了公共租界的虹口地区后,便控制了那里的中国邮政总局。继而立即对持有反对他们观点的报纸实行禁邮。可是尽管邮局里有日籍新闻检查官坐镇,但都吓不到忠于自己祖国的那些中国邮政人员,他们常在晚上趁日本人外出吃饭、睡觉或酗酒时,打电话通知报纸发行经理立即送报,然后迅速在报纸上加盖伪造的印章,造成这些报纸业经日本人审查认可的假象。有件事可以看出这些邮政人员的巧妙手段。1941年12月6日最后一期《密勒氏评论报》印好后,仅剩几个小时,日本人便要进入公共租界,在此紧张时刻,他们还是成功地把这最后一期报纸运出业已沦陷的上海,发往其他未被占领的广大中国地区。①

日人的屠杀政策扩张到各个领域。1938年4月7日,沪江大学校长刘湛恩因拒绝附敌,遭到毒手,公共租界督探长陆连奎因调查工作,也遭到黄道分子杀害。

汉奸为虎作伥。上海战争有军事的战场,还有一条看不见的隐蔽的战线,就是捕杀汉奸。淞沪警备司令兼上海戒严司令杨虎早就发出通告,依法严惩汉奸,取得一定的成效。但只要日军存在,就有汉奸作恶。对汉奸的斗争是一长期的艰巨任务。明显的汉奸都没有逃脱掉,受到了惩处。举例来说,沪西大汉奸常玉清之徒洪仁宝,平时为日方招募工人,依赖日人气势,横行不法,市民为之侧目。战争开始后,这一巨奸终于落网;大汉奸周凤岐,与日伪勾结,率

---

① [美]鲍威尔:《鲍威尔对华回忆录》,邢建榕译,上海知识出版社,1994年,第344页。

伪军为虎作伥,被日军视为华中领袖,计划命其担任华中日伪政权陆军部长,于1938年3月7日1时3刻在法租界被击毙。上海名律师俞希稷因附敌担任伪盐务局局长,其保镖王鸣垒出于义愤,将其主子杀死。一位青年因得知公共租界白克路湘人张祖文所开之太平印刷所,承印伪大道市府警察局调查户口表册,于1938年3月11日投掷手榴弹于这个印刷所。川沙、奉贤、南汇伪维持会主持人王丕显及日顾问5人在周浦举行会议时为一名叫董山棣的人击毙。诸多担任伪职者,都被抗日分子刺死,这些都是自发的。

日本军国主义存在一日,汉奸就不会消灭。汉奸表面上是很得意的,但其内心是恐惧的,前途是黑暗的。1938年4月3日,南京路上出现了一张传单,反对伪组织,要求下令通缉汉奸,标题为"反对华中政府伪组织成立告民众书",其结语谓:"全上海的市民们,我们应该准备用武力来消灭这群民族的丑类,誓死不和他们合作,不接受他们的伪政令,捣毁他们一切的计划,并要求国民党开除他们的党籍,和要求政府下令通缉,为了我们争取最后的胜利,为了全民族的生存,为了人类的和平与文化,我们应该用这些行动制裁这些汉奸和丑类,用团结和子弹来答复他们的成立。一切中华的战士们勇敢地执行罢,最后让我们举起拳头,共同喊出反对汉奸'华中政府',拥护国民政府抗战到底,通缉出卖祖国的汉奸奴才,江浙人民武装起来,收复失地。"[①]这一传单实是一篇讨贼檄文,也是一颗扔在南京路上的重型炸弹,使汉奸胆战心惊,坐立不安,尤其是那些具有国民党身份的汉奸。

五、全面抗战始于淞沪抗战是确切的

全面抗战开始的时间,有的文章讲始于七七卢沟桥战争,有的讲始于"八一三"淞沪战争,表述不一。

从卢沟桥战事发生后的进程看,"八一三"之作为全面抗战的开端更符合历史事实,或者说从七七到"八一三"这段时间,经过全国人民的奋力和抗争,全面抗战的局面形成了。

怎样才叫全面抗战?时论讲得好:

"全面抗战是集中全国的人力、物力、财力而发动的抗战。

---

①《申报》,1938年4月5日。

全面抗战是地无分南北,人无分老幼的剑及胜及的抗战。

全面抗战是在决心牺牲,抗战到底的意义下的抗战。

全面抗战是持久的有准备的抗战。"[1]

以这个尺度来衡量,七七抗战显然不是全面抗战。1935年11月,国民党五届一次全会,蒋介石讲"和平未至完全绝望,决不轻弃和平,牺牲未至最后关头,决不轻言牺牲"。这是南京政府对日的外交方针,目的是集中全力来消灭红军,这样可"使日本进得慢些,我们退得慢些"[2]。这一方针,使国土沦丧大半,卢沟桥战争爆发了,仍不觉悟。7月17日,蒋介石庐山谈话还说"万一到了最后关头,吾人当然只有牺牲,只有抗战"。那么什么时候是最后关头呢?蒋说:"平津的存亡,就是中国最后的关头,因为平津一被占领,则华北全局必至瓦解,我们以后就没有一处可为华北国防锁匙的地区,更无时间以从事国防的建设了。日本如果决心占平津,则中国必全力对日本作战。"[3]平津沦陷是1937年7月29日和30日,而蒋介石投入华北的中央军仅4个师,并没有全力以赴。

上海战争不一样了。胡愈之在《保卫大上海》一文中讲得非常明确:"在这次全国抗战中,上海显然居领导的地位。虽然在"八一三"以前,华北已有局部的抗战,可是真正的全国性的抗战,却是从"八一三"开始。敌人用陆海空全部武装进攻的,是上海。我国用最大的人力物力以防卫的也是上海。虽然我们的军队,在华北各处前线也显示了无比的英勇与壮烈的牺牲,但是为全世界目光所集中,而且具有左右整个战局的影响的,却无疑的是我们保卫大上海的战争。"[4]

上海战争爆发后,在中共推动下,抗日民族统一战线实现了,各种力量都凝聚起来,团结御侮,红军已改称为八路军,朱德、彭德怀任总司令、副总司令,随后又为第18集团军总、副司令。首战平型关获得大捷。报纸上还刊登朱德的照片,介绍八路军的作战。10月17日,中央社记者以"今日的朱德"为题,详细地介绍朱德的朴实平凡和作战的特点;各省军阀和爱国将领如龙云、阎锡山、李任潮、李德邻、白健生、陈铭枢、刘湘、方振武等都到南京,和中共的朱德、周恩来、林祖涵、叶剑英等互相握起手来。蔡廷锴、邹鲁等也来到上海;沈钧儒、李公朴、章乃器、邹

---

① 克予:《展开我们的全面抗战》,《申报》,1937年8月1日。

② 汪精卫:《最后关头的意义》,《申报》,1937年8月1日。

③ 黄绍竑:《五十回忆》(下册),云风出版社,1945年,第336页。

④ 《申报》,1937年10月27日。

韬奋、王造时、沙千里、史良七君子因主张团结起来,抗日救国而被捕入狱 8 个月,也保释出来,在上海齐唱《义勇军进行曲》。这是中国近代史上最大的转变。抗日已压倒一切,一切都进入战时状态。中共在南方各省的游击队,也以新四军的名义进入对日战场,游击队遍布各战区,全国战局发生了根本的变化。

六、上海战争的经验与教训

上海战争是中国人第一次组织起来,真正与国仇作战。3 个月的战争结束,各方面对这次战事的评价较多。路透社访员,走访汉方领袖(可能是蒋介石),得到的答复是:"华北与京沪线的失败,虽皆视为不可免者,但实现较政府任何员之预料为早。华北失败之主因,由于政治者多,由于军事者少,中央政府对宋、阎、韩之军队,从不抱多大希望,此辈旧时代之军人领袖,皆玩'骑墙'把戏,彼等对中央表示忠诚,而愿对日抗战,同时又对日方献媚。军兴之初,彼等皆袭陷于绝望之地位,既无组织,又无准备,致宋哲元被逐于冀省,刘汝明被逐于察省。今阎锡山亦失晋省地盘,韩复榘之不保于鲁,或可豫决。华北失败之另一原因,为营长以上之军官,除极少数外,皆不胜指挥之任,彼等未受新时代战争之训练,且泰半富有资产,故不愿捐躯疆场。华北大战诸役,皆由中央军队为之。南口由汤恩伯与卫立煌之军队防守,忻口由郝梦龄与徐源泉之军队作战。旧日之东北军,殆为中国军队中之最劣者。彼等去年 12 月在西安事变时,高唱'打回老家去'之口号,不意真正战事既尾,彼等不特不能尽责应战,且反累及他军亦不能战。万福麟之军队曾在固安叛变,致令日军得以侧击保定守军,刘多荃之军队(张学良部下之精锐)曾在德州叛变,致沧州守军被迫后退。刘军后又在苏州前线叛变,致京沪间之防线为之突破,殊为可息也。"该领袖又称:"此次华军精锐,损折奇重,尤以淞沪战线为最。"[1]从这段谈话中,可以看出,蒋介石把失败的责任都推给别人,他自己不承担任何责任。蒋是一位刚愎自用的人,为什么华北一些地方军缺乏战斗力,造成华北失败局面,根源应该是蒋介石"侈言抗日者杀勿赦"和歧视地方军造成的。他还对西安事变怀恨在心,对东北军"打回老家去"的口号也质疑起来。既然刘多荃有叛变行为,为什么还要安排在淞沪战线上的苏州阵地?苏州战线是他和

---

[1]《申报》,1937 年 12 月 11 日。

罗卓英指挥的。根据淞沪会战中央地区部队之兵团总司令张发奎记述:"蒋介石 11 月 9 日下令部队撤退,京沪线上部队非常混乱,没有一个部队做过有组织的抵抗,亦没有一个部队稳定地占领过阵地拒止敌人,吴县、福山、锡澄两线的既设阵地均无兵力加以利用,任令敌人毫无阻碍而从容地跨进了这两道南京的门户。"① 可见刘多荃的附敌说明京沪线的溃退,理由不够充分。

当时其他人的论述,是真正的总结上海战争的经验和教训,是抗战最好的文存。下面举几个例子:

李宗仁认为蒋介石犯了战略性的错误,"不应以全国兵力的精华在淞沪三角地带作孤注的一掷","当我方败征已见时,应作有计划的撤退,实行节节抵抗"。而蒋介石却固执至极,不考虑客观情况,"终于溃不成军"。②

《申报》社评《1938 年的春雷》,指出上海战争的错误在什么地方和错误的严重性,语言尖锐而深刻:

> 抗战八月越,我们有多少牺牲?在"英雄的"第一期抗战中,我们在战略上采取了挨打主义,在战术上流行的是"硬拼主义",在战斗上则普遍地流行着"轻生主义"。淞沪的大熔炉,告诉全世界说:中国军人不怕死!但同时也告诉人家,"中国军队不会打胜仗的"。那时我们不是在作战——按照真理而作战,而是在"赌气"。结果敌军被我扫掉数万人,但只促成江南平原,敌人歼灭战的几乎成功,这才叫泄气。……硬拼牺牲,在战略上则不断挨打,终于失败。③

将这些评语和蒋介石的言论相对照,再和历史的实际相考察,就知道蒋介石的言论既不真实,又掩饰自己的错误,其他人的文章则给人更多的思考。

从对外战争的角度讲,上海战争和卢沟桥战事都是里程碑式的事件,是永远研究不完的课题。

原载《民国档案》,2011 年第 4 期

---

① 广东省政协文史资料研究委员会编:《挥戈跃马满征尘——张发奎将军北伐抗战纪实》,广东人民出版社,1991 年,第 101 页。

②《李宗仁回忆录》(下),中国人民政治协商会议广西壮族自治区委员会文史资料委员会,1980 年,第 700—701 页。

③《申报》,1938 年 3 月 25 日。

《字林西报》等外报笔下的"八一三"淞沪抗战

《申报》是近代上海也是近代中国影响最大的中文报纸。"八一三"事变爆发后,该报及时翻译、选登上海外籍人士所办的英语报刊关于战争的报道和论述,丰富了信息的来源,使不懂外文的人们也能了解外人的立场和观点。

上海《字林西报》(*North China Daily News*)是英人在上海出版的最有影响的报纸,曾发表过大量干预中国内政的言论,为外国侵华行径辩护,打压中国人民反侵略反封建的斗争。1937 年"八一三"抗战开始后,该报一改过去的立场,盛赞中国人民的英勇抗战,谴责日军的暴行。现摘录该报及其他几份外报部分评语于后。

一、盛赞中国举国一致抗战

上海"八一三"抗战是我国大规模正面抗击日本入侵的战役,引起全世界注目。战事进行 3 个星期时,《字林西报》发表社论,称赞中国人觉醒了,认为中国人在改变自己的国家,献身于完全正义的事业,已提高了中国在世界上的地位。其文既是事实也是评判,写道:"无论数星期前中国之地位若何,而中国今日已团结一致,此非仅仅为矫揉造作之热诚,实为确切重大之因素,而团结华军之抵御力,在新时代中,中国从未若今日之一心一德者也。华军上自司令,下至士卒,皆坚决抗敌……中国男女平民之尽劳于国家奋斗,此在中国,亦属创见。"①

---

① 《〈字林西报〉社论,崇扬我抗战精神》,《申报》,1937 年 9 月 4 日。

二、盛赞华军英勇无比

罗店争夺战的激烈为淞沪战争中所仅有，中日双方均派出精锐部队参战，形成拉锯战，反复厮杀。中国方面由陈诚总司令、罗卓英军长指挥。敌从小川沙及石洞口一带登陆，纠同汉奸组织司令部，以优势兵力，采取昼战远战。华军利于夜战近战，士气之旺盛，实未曾有。罗卓英中秋时曾写诗一首："战火漫天战马腾，江波海浪涌层层。健儿争饮倭儿血，争挽酋头笑月明。"[①]表明抗战必操胜算。英国著名学者铁尔特曼著有《远东渐近》《未受检查之远东》等书，他为罗店战争所感动，于 9 月 11 日夜亲临罗店、吴淞两地近距离观察华军阵线，对华军的英勇作战给予极高的评价。其描述极有价值："守卫邻近上海长 40 哩罗店淞沪区战线之华军，遭遇机械化武力极重大之集合，而利用之者，复为以悍战闻名之日军，然仍不屈不挠，应付裕如，其英武与纪律，诚值得受最高之赞誉者也……华军之炮力，苟能与日军相埒，则此扼守战线重要地点之战士，必能有更伟大之战绩。"[②] 9 月 21 日，《大美晚报》刊登美国著名记者之文，称"自'一·二八'中国第 19 路军及第 5 路军所属之两旅对日英勇抗战后，中国士兵始为人民敬佩。中国士兵作战之勇猛、奋不顾身，实由痛恨日本军阀所使然，世界各国人士对之莫不同声称颂。中国民众因日本不断侵略，亦觉悟建设统一国家之必要。今中国已告统一矣，全国共有 200 万大兵，准备对日抗战到底，许多外国观察家认为日本军备，虽较雄厚，惟目前战争中，最后之胜利，终必属诸中国。同时中国人士深知苟不欲使祖国沦为日本之殖民地，则抗战殆为不可避免之事实，故近数年来，中国已积极从事准备，各项运动如新生活运动等，皆使中国人民之爱国热忱，为之激发。全国不论老少，均决定不问其代价若何，决不对日本有所屈服。日本此次起衅，就物质方面言，中国虽尚未达到准备完美之境，然就心理上言之，则每个爱国人民，均已充分准备。目前全国政见，业已益蠲除，全国人民，均一致愿在蒋委员长领导之下，与日本拼死作战，中国士兵，已第一次知悉人民之身心均为彼等之后盾也"[③]。这里，作者深刻分析了抗日烽火已成燎原之势，越烧越旺的深层原因，赞扬中

---

① 《战地中秋》，《申报》(二)，1937 年 9 月 24 日。

② 《外人视察淞沪前线，赞美我军战斗力》，《申报》(二)，1937 年 9 月 13 日。

③ 《美名记者评近代我国士兵》，《申报》，1937 年 9 月 22 日。

国人民同仇敌忾,英勇奋战的决心,为人类文明增添了光芒。

三、感赞红十字会志愿服务者

在激烈战争中,救死扶伤是最紧迫的要事。鉴于"一·二八"淞沪抗战时,因救护人员太少,影响了作战力量,这次战争爆发后,上海各界组成救护会。救护会成立时,中国红十字会总会朱振新、分会蒋茂锋、职业教育社姚惠泉、地方协会徐采丞、救护委员会王揆生和警察局代表原克武均出席。上海女新运促进会举办防护救护训练班,四马路青年会救济组与红十字会合作组织成立救护训练班及担架班。中国红十字会成立伤兵医院6处,并在南翔、无锡设立。太和医院也设立了伤兵医院。马相伯、林广侯、张翔、中国银行宋汉章等均出资相助。各慈善机构纷纷赶赴战场,贡献自己的力量。英人访员铁尔特曼曾赴罗店前线观察,称"中国红十字会志愿服务者之勇武尽职,亦至堪钦佩"。有一观察员曾参加过第一次欧战,"对于红十字会职员与志愿工作者之冒险拯救伤兵,办事不辞劳瘁,称美不置"。铁尔特曼对救护者的活动进行了具体的描述,是很感动人的。他写道:"余曾附乘一红十字会救伤车,助同自战地里载回重伤者30人,熄灯驶于为炮弹所毁之途中,状至可怖,沿途见改制粗劣之救伤车与军需车,因黑夜驶于仄道,不能辨明地位,而倾倒于道旁沟中者,共有20余辆之多。余等之车,在某地点亦险遭覆辙。余等在途,因见日飞机翱翔近处,曾两次停驶,至日飞机是否将误认余等车中载有子弹,而掷弹毙此受伤甚重奄奄一息之战士30人,不得而知。第因华军战线后交通不广,军需车与救伤车确易相混,职是之故,在白昼约80分钟可达之路程,竟延至近5个小时之久。余等抵沪时,东方已白,乃急将伤者送入医院。"铁尔特曼特别记录了一件事:"余至阵线之夜,异常黑暗,余坐于一堆物上,出啤酒一瓶饮之。初以为所坐者,乃米包也,15分钟后,方察觉乃尸体约30具。在阵线附近,虽欲擦一火柴,亦为士兵所不喜,盖彼等饱有经验,知日兵一见火光,即能开炮直击也。"像这样具体细致的报道,在我国战地记者的记述中是少有的。①

---

① 《外人观察淞沪前线,赞美我军战斗力》,《申报》(一),1937年9月13日。

四、赞华军有秩序地退出上海

"八一三"淞沪抗战从 1937 年 8 月 13 日开始,11 月 12 日华军败退,向西撤退,历时 3 个月。一般情况下,失败的撤退是很混乱的,而上海的撤退是有序的。《字林西报》根据外人目击者讲,"华军由沪西退走,全无惊乱之象,彼等整队委弃苏州河一带及铁路西面之防所,此举显出主将之命令,适在星期二晚,大炮怒鸣,炸弹如雨,落于极司非而路附近华军阵地之前实行,共约4000 人,列队徐徐向虹桥西进,其中伤者无多。彼等自移沪西作战后,即与英兵为邻,今称驻新阵地,仍不忘悽然与英兵作别。有华兵队长一员,曾与英军官一员结识为友,濒行,觅得其人,而与握手为别,继乃于大衣之下,摸出酒四瓶,赠英军官曰:请分饮贵队诸人,俾作友谊之纪念。监视退走之诸军官,直至全数兵士咸向西发,始尾随队伍而去"①。

五、痛斥广田演说

日本外相广田弘毅是侵华急先锋,从 1933 年担任外相起就制定出侵华的政策和行动,此时又大放厥词。9 月 6 日《字林西报》刊登题为"局部的解决"之短评,谓"广田之演说,以上海目前之危机,归咎于中国政府拒绝服从日本之力谋成立局部解决。此种似是而非之辩论,虽可使彼想象以为接受日本之主张可以免去甚大之损失与夫痛苦者之胸中发生反响,然不能欺骗世界也。日本之求区域或局部解决也,不特与其庄严表示认南京政府为中国中央政府之志愿相反,且使中国陷入难关,不得不屈服日本,任令零碎割占中国土地,而对于此种手段之结局,毫不能获有保障。假使中央政府屈服日本之条件,而将因卢沟桥发生之争案作局部解决,则众必责其所发抵抗任何继续侵略中国土地之质言,乃属虚伪"。这里断言局部解决之危害。广田诡称中国政府实行极恶的排日运动,该社评以嘲弄的语气说:"不幸其所挝之鼓,鼓上裂一巨洞,致不能发出动听之声,要知中国排日情感之最有效力的散播者,即为日本黩武主义之本身。与夫依附时,并失时狂悖宣布黩武主义之意志之善于

---

① 《外人目击者谈我军退出沪西情形》,《申报》,1937 年 11 月 11 日。

辞令的日本发言人也。"[①]

六、痛斥日机轰炸平民

日本依靠其空军优势,到处肆虐,狂轰滥炸,学校、医院、市场、铁路、车站、公路,凡有人群聚集的地区,都遭到袭击。1922年至1923年《海牙公约》第22条规定,"志在威吓平民,或摧毁非军事性质的私人产业,或伤害非战斗员之天空轰炸,一律禁止"。第20条第2节"禁止轰击不逼近阵地军队作战区域之城镇村庄房屋或一切建筑"。1932年军缩会总委员会通过"天空攻击平民,应绝对禁止"。而日本目无国际法,肆意妄为,1937年"七七"中日战争开始,即轰炸南开大学和陇海铁路。"八一三"战争发生,全国各地都有日军血淋淋的残暴罪行。在其轰炸上海南站和南京、广州后,世界舆论相继予以谴责,伦敦各晚报登载目睹广州被日机轰炸所发的报告,以大标题写道"从来未有可怖的天空袭击""平民骇极狂奔、尸横遍野""死于最凶狠天空袭击者数千人,日机扫射平民""广州突袭之浩劫""日本摧毁广州"。《自由党明星报》称:"吾人所习见之日本人狞笑,实仅死神之假面具而已。彼日本飞机轰炸南京、广州之行为,实乃野蛮之尤。"《每日电讯报》评论:"日本军队以重轰炸机袭击都市之举,绝非空中战争,实乃空中屠杀,此实有悖于战时公法之精神与文字。"纽约、伦敦《孟却斯德指导报》等指斥,"日军的残杀行为实为近代史上最凶恶的丑行,使文明战争中的一切立法,荡然无存"。国联咨询会用紧急程序,通过决议,"谴责日军轰炸中国并未设有防御工事各城市"。中国无辜平民惨遭炸毙,多数妇孺亦在其列,全世界人士莫不愤激而加以唾弃。《自由党新闻纪事报》发起伦敦市民大会,于10月6日在亚尔塔大厦举行,与会百余人,主席坎特白里大主教、1932年国联会满洲调查团主席李顿勋爵、伦敦市议会主席反对派工党领袖马利逊及中国南开大学教授张彭春,均同坐主席台并相继发表演说。大会通过决议,对日本轰炸中国平民暴行,表示愤慨。[②]纽约《泰晤士报》以"空前之野蛮行为"为题,对日本恫吓轰炸中国首都做出强烈的抨击:"此种恫吓在未经挑衅未经宣战之战事中,欲将一大城毁灭,已使全世界骇然,而明

---

①《〈字林西报〉痛斥广田演说》,《申报》(一),1937年9月7日。

②《伦敦举行市民大会,大主教谴责日本暴行》,《申报》(三),1937年10月7日。

了在中国进展之野心。"①

在上海,《字林西报》9 月 23 日刊登 Robert.L.Stewrt 文章,严厉指责中国无防城镇中成千成万之非战斗员、难民、医院、职员、妇女儿童之惨遭杀害,指出任何人聆听"日本官立无线电台之短波播音,即可知今日日本的一切,厥为报告轰炸惨举之如何得利,而以使人厌闻之详情铺张之",日军之"脑筋全同于森林中之野兽"。《大美晚报》称:"日飞机之轰炸南京、广州也,实违反吾人所视为文明的一切规则,彼等故意攻击人烟稠密之居民区域,致令多数无辜平民丧失生命。就日人在上海、南京、广州等处之行动观之,彼等今日顾然以摧毁非战斗员之生命与财产为其真正军事目的,'人道'二字兹姑舍而不论,然此种残酷的杀人战略,不仅无效果可言,且将获得与其心愿相反之结果。"②《字林西报》1937 年 9 月 21 日发表社论称:"假令战争继续延长,日军仍奋力从事欲使中国屈服之工作,而该问题终可设法解决,则近如痴人之说梦。"③

七、斥日本为一暴戾昏乱局促之侵略者

8 月 30 日,日机轰炸南站,日本首相近卫文麿宣告世界,谓日本须将中国击至屈膝,不再有作战之精神而后已,且请全世界于日本做施政行动时,旁立以观。《字林西报》立即做出回应,指出日军"违反人道之狂乱罪行,则不能不加以笔诛者也。……近卫决不能自欺欺人,以为能以此种恐怖主义之手段,击败一大国,使之屈膝。历史与心理告知吾人,全国团结一致,抵御外敌,出于蛮力不负责的恶言所激起,而不为其所摄,则无论为华人与否,具此精神,决不能压服也。……任意屠杀平民,有何效果可言乎,徒使华人益信日本最后之目的,乃在将中国人民降为奴隶。……在华外人,皆承认此次战争之根本原因,乃在日本以其国家之天良委诸武力之侵略"。该报还抨击英国外交大臣艾登以日本经济困难来解释日本的侵华,"不能因经济之故强夺他人之产业"④。

9 月 15 日的《第一幕》社论中讲,在世人的眼中,"皆觉日本为一暴戾昏

---

① 《英美舆论痛斥日军野蛮行为》,《申报》(一),1937 年 9 月 23 日。

② 《西报论调一致,痛斥敌机轰炸平民》,《申报》(一),1937 年 9 月 24 日。

③ 《敌欲我屈膝,正如痴人说梦》,《申报》(一),1937 年 9 月 22 日

④ 《〈字林西报〉痛论日机轰炸南站暴行》,《申报》(三),1937 年 8 月 31 日。

乱局促之侵略者"，日本虽未对中国宣战，"而复在沿海与内地各处，肆其威虐……各港口除青岛外，亦为日海军所封锁，故南至虎门炮台起，北至张家口至，已成燎原之势，上海不过为此浩劫之一部分而已"①。

八、重温上海战争的意义

上海战争在第二次世界大战中占有重要之一席。《字林西报》公正、客观地报道传播了这次战争的实况，既有宏观的论断，又有微观细节的叙述，使国际社会重新认识了日本侵略者野蛮残酷的罪行和中国人民争取生存的坚毅性。以往日本宣传家所惯用的名言：中国不是一个国家，只是一个地理名词。有时有意无意中，可以听到欧洲人一种同情的论调：中国太可怜了，一个这样大的国家，只有一个没有希望的未来。在卢沟桥事变以前，一般欧洲人的看法，中国只有一个注定了的命运。②

随着时间的推移，中日两国人民对上海战争似乎已经淡忘，但历史资料长存，提醒人们不要忘记历史。特别是日本一部分人士，将战争贩子视为他们的英雄，年年朝拜，他们能从思想和行动中学到什么呢？只能说明军国主义思想阴魂不散，这是国际社会应该警惕的。从这一角度来看，重温上海战争是有现实意义的。

原载《民国档案》,2012 年第 4 期

---

① 《〈字林西报〉论沪战似将延长》,《申报》(六),1937 年 9 月 16 日。
② 列山:《欧洲人眼中的中国》,《申报》第 3 版,1938 年 3 月 2 日。

论 1937 年平汉线战争

　　1937 年 7 月 29 日平津沦陷后,中日交战集中于平汉、津浦两线。一般书上多根据蒋介石或军事委员会如何下令部署军队阻敌前进来论战局的发展,但战场的实际情况常与指令有距离。我喜欢读战地新闻记者的文章,它记录了一些细节,更符合战场的实况。1937 年由华之国编纂的无畏等人写的《平汉前线》[①]就是一部颇有历史价值的资料。

　　《平汉前线》由以下篇目组成:

　　　　永定门失守前后

　　　　保定抗战经历

　　　　从石家庄到沧州

　　　　石家庄站上

　　　　平汉线上的血战

　　　　北战场的新形势

　　　　平汉路前线

　　　　平汉南段巡礼

　　　　血战漳河

　　　　漳河的防卫战

　　　　豫北血战记

　　　　汤阴行

　　该书作者从 1937 年 8 月下旬到 9 月下旬,在一个月时间内,经历了任丘、雄县、霸县、永清、固安、新城、容城等多次战役,亲见战争的发展情况,以通讯、特写、评论等方式,详细记录了战局的状态,堪称平汉线战争的书记员。

---

　　① 华之国编:《平汉前线》,时代史料保存社,1937 年。

一、永定河失守的教训

作者认为永定河的失守,关系重大,教训很多。他说:"日军从廊坊下车,固安对岸敌之渡河铁舟已陆续运到,欲过永定河的企图已经显明可见。此时,我扼守永定河的某部却是静静的,名为以逸待劳,实则是等着挨打,看看我方的布置,那种并没有顽强抗战的意象,真叫人疑虑。9月12日那天,我曾写信给一个朋友,我永定河的布置不像可以固守的样子,河北战线要漏气的,而绝未想到'花拉'得如是之轻快。"作者更进一步指出:"今日的中国军人说到打日本没有一个人不是勇往直前的。"他举了一例,说士气太可用了,"在16日那天,某部分有二连人,遭寇军2倍之众的包围,步骑炮还加之上空的威胁,战斗两小时,我军冲出来了,唯有一少尉排长、士兵9人与部队失去联络。他们10个人,生死同心,且战且退,直战到第3日,滴水未沾,犹是精神百倍、奋勇抗战。他们这种顽强性格使寇军惊异,于是寇机来侦察了,并且用机枪扫射,他们10个人有一架轻机枪,当时架起仰放射击,5分钟的苦斗,将寇机击落了,降在霸县的樊庄镇,事后他们10个人安全地归入部队。还有便衣队常出寇军不意,以寡敌众,而获胜利。在永清县境,某部以40人便衣队力量,采取游击战的方式,进袭到寇军预备队之所在,用步枪、手榴弹为武器,歼灭了敌人百二十余人。就是从前线退下来的队伍,他们的形态也并不如想象中那样狼狈,他们多是边行边歇息,想快点找到集结地,调整一番重返前方去,还是要打。这种抗战精神,真是气壮山河,可以灭此朝食"①。

那么为什么敌人能渡过永定河呢?作者引用军民的话说:"什么都不忙,先要把那作战不力的官杀他妈的几个,你再看,小日本会难打吗?咱们老总,还有那老百姓,谁不乐意和小日本拼命呀!""咱们的指挥官怎不下命令,他打固安,咱们永清得渡河打小日本的后路啦!""小日本的飞机多气人,他专炸我们老百姓,飞得那样低。""我们举目上望,看见寇机有如魔蝎,在高空盘旋","中国的飞机来个几架也是好的,别教小日本老是在天空耀武扬威,肆无忌惮的低飞自如,气煞我们"②。而南京政府则不见动静,使敌人得逞。

---

① 华之国编:《平汉前线》,第4页。

② 华之国编:《平汉前线》,第7页。

二、保定、石家庄之战

平津沦陷后,河北省府所在地保定成为北方政治经济军事中心。日军渡过永定河后,侵华老手土肥原亲自指挥进犯保定。沿平汉线南犯保定的计有第5、第6、第10、第20共4个团。我国守卫保定城的为中央系关麟征军刘峙,刘不战而退,随后孙连仲加入作战。津浦线敌仍由矶谷负责。

据当时报纸刊载:"敌人渡河南侵,华军作殊死战,以遏止日军平汉线南进之攻势,华军抗战极为有力,使日军不能达其包围华中之目的。日军从北平西南35里之良乡沿铁路向南推进,虽有所得,然亦甚微。房山及铁路以西之附近,日军虽自称占领,然华军现犹扼守山冈及房山东南村庄。惟日方则谓占领该山后,可控制山冈后面通往南面之大路,故可侧击琉璃河华军阵地。日军自星期二起,在较狭之阵线取攻势,已在左右两翼展开血战,从平汉路西之山间,经固安而至天津30里之某点,计此阵线长约70里。"①窦店、琉璃河、固安姚官屯一带都在激战中,这说明为争夺一个山冈或村庄,华军与日军反复冲杀。

日军企图在北平以南50公里之涿州包围华军5万人,但是华军在大雨中有秩序地撤离了,日军的包围计谋失败了。

保定方面,蒋介石命令要死守,南京已将飞机、坦克车与重炮运往华北作战,在沧州与保定南50里之间的铁路沿线构筑了防御工事,其战场巧藏于保定四周之高粱田地与树林中。日军则在保定北面建立12里阵线,从1937年9月中旬,日机频繁轰炸,保定车站、月台、站房、车皮以及车站旁的地洞均被炸毁,河北省府、52军部同时被炸,保定城墙也被摧毁一部分。保定无法再守。我军原有三个师兵力,伤亡过半,尤以第2师及第25师牺牲最大。返回之战斗兵不满3000人,官兵大多受伤。《平汉前线》的作者认为抗战之激烈,牺牲之悲壮,在平汉线为最甚。24日上午11时,保定陷于敌手。

保定战争的兵力都是蒋介石直接布置的。石家庄行营主任徐永昌日记多次记述:"蒋先生用兵不甚深思,且与僚佐声气不一,所以军队每苦于更调之烦","委员长所得有限而逢为指挥,结果可想",其部下对蒋的部署多有不满,"如此军队及如此配备皆不足守此阵线",而蒋则坚持自己意见,"且赏罚不

---

① 《华北我军壮烈抗战,敌军进犯难以得逞》,《申报》,1937 年 9 月 18 日。

明,官无斗志,言下认为此线必败","保定退下军队尚能应战者唯有孙仿鲁及马俊如两军"①。《平汉前线》的作者讲:"保定之不守,因早在意料之中矣。"作者有几句对保定失守的愤懑、悲痛和一定要收回的壮语:"11时左右我们集合在一起,由田各庄出发,沉默代表了最大的悲痛,大家都是寂静无言地走着。别了保定!我们祖宗筚路蓝缕,披荆斩棘,所开辟的土地,所建筑的城垣,我们要以热血来保护,也定要以热血来夺回的。再见保定!"②

徐永昌在9月26日日记中,还颇有感触地讲,我军失败原因在内外不一,即内心消极,表面积极,用兵时已留一手,又不肯白白吃亏,先不抢地而派兵,后不降志而增兵,为地派兵,然后为战派兵,结果地兵两失,如永清固安之兵出也,城防之无用,涿州保定其一例。③高官中这样的心理状态怎能作战,蒋介石一再下令"死守",也无济于事。

日军占领保定后,即向石家庄猛烈进犯。"10月8日,猛侵正定,我商震32军迎战,伤旅长二,死团长一,损失约1/4。宋师长声称可坚守半个月,在他这样讲后,六七个小时,正定就沦陷了。10日,日军强渡滹沱河,进犯藁城时,守军蔚文这时将滹沱河现在主力部队皆撤下向太行线及漳河线之预定阵地运动,以免损失,当以命令执行。又曾命令曾万钟第3军守备陈村(石家庄西北之沿河)至西北沿河某地,令其留一团在现阵地警戒,其余开往娘子关以南至九龙关一带布置。但被视作第二段命令并不留兵(此令本属不妥),亦不通知邻军。敌骑乘虚渡过陈庄一带。蔚文令邻近之12军派部驱逐,答以俟接近时当驱逐之,蔚文气极。"④根据这一记述,可知部署兵力欠妥当,部分部队又不执行命令,这就失去了战争的主动权,使日军得以展其计谋。

敌人继续南侵。"双十节时,敌我相持于滹沱河畔。敌渡河偷袭,凡过河之敌军,至我阵地附近,我军跃出战壕,将敌人包围起来,予以歼灭矣。敌吃了败仗,派了一个联队,沿着滹沱河向东行,在藁城县境,乘机渡过了滹沱河。"⑤

10月初,日军先后占领了望都、定县、曲阳、新乐等县城,"并猛烈轰炸石家庄,平民四处奔逃,其状甚惨。东西塔也发现敌骑,因为城关遭敌轰炸两三

---

① 台湾"中央研究院"近代史研究所编,《徐永昌日记》(第四册),1990年,第98、29、133页。

② 华之国编:《平汉前线》,第19页。

③《徐永昌日记》,第4册,第133页。

④《徐永昌日记》,第4册,第144—145页。

⑤ 华之国编:《平汉前线》,第41页。

次,各处电话已不通,形势极为严峻。在这生死关头,商震亲赴前线指挥,士气大振,我军使用锋利的大刀,与倭奴肉搏,激战甚残,倭奴援军陆续过河搭援,高升气球,窥测我阵地,作为大炮射击的目标,于是倭奴以 15 寸的大炮,一齐向我石家庄及阵地猛烈轰击,我军恃血肉之躯与敌相抗战,此时石家庄至各地的电报电话,均被割断,人民早已躲避一空。我军继与倭奴血战二日,往返争夺。我军悲壮牺牲甚重"①。这说明石家庄保卫战是很激烈的。

石家庄之所以沦陷,当时论者指出:"我们的守军重新坚守正面阵地,奋死抗敌,但侧面没有流动游击队的配合,不能牵制敌军的两翼及后路,现敌军得以在藁城渡滹沱河绝我后路,侵犯石家庄。此时津浦线上敌军空虚,仅有日军 2000 人,其余大部分是伪军。如果该线我军和平汉线上石家庄战争配合,由德州北上,夺取沧州,敌军香月就不能调到石家庄以北助战。"可能由于平汉和津浦属两个战区,没有统一的领导,使敌人钻了空子,调兵自如。战略上的错误,造成平汉、津浦两线的陷落。还使敌人得以进犯娘子关,影响到山西战场的吃紧。石家庄的失陷,根据日方的资料称:"当时敌将万福麟于涿州会战时即私通我军,此次同样由于我军的谋略工作,10 月 6 日开始退却,于是整个中国军队全线崩溃,第一军遂于 10 月 10 日退出石家庄。"②

我军退出了石家庄,日军继续南侵,至邢台时曾激战竟日。17 日,日军一部由邢台四出骚扰,一部分骑兵偷袭磁县,与我军激战一昼夜。敌受到很大损失,18 日,敌又大举进攻,激烈战争又开始了。

11 月 4 日,敌我激战于安阳,安阳附近之敌千余人,水陆坦克车 25 辆,向我安阳阵地猛攻,我扼守东八庄的一个营被敌包围,营长阵亡,全营壮烈牺牲,生还者仅 10 余人。守卫西北里许的郭应一个连,与敌进行殊死战,亦与阵地同归于尽。安阳阵地被敌突破,守军退至宝莲寺附近。

敌军占领安阳后"四出抢掠,天主堂的童贞女亦被装载而去""倭寇肆无忌惮,常三五人即闯入村镇,即入户搜寻妇女,各村之富有者多已逃走,而一般贫困不能逃亡之妇女,则悉罹惨祸。一般农民,目击其妻女,横被摧残。莫不目皆欲裂,乘间即以闷棍或菜刀将倭寇剁死"③。敌人之残暴,引起广大民众之

① 华之国编:《平汉前线》,第 42 页。

② 大本营陆军部摘译:《日本军阀主义侵华资料长编》(上),四川人民出版社,1987 年,第 367 页。

③ 华之国编:《平汉前线》,第 58 页。

激愤,豫北 10 余县纷纷成立动员委员会,武装民兵不下 30 万人,已陆续参加前线作战,冀东冀西冀北各地同胞,因不堪敌军蹂躏,愤起反抗者所在皆是。各种游击队,与敌拼杀,使日军胆战心惊,坐卧不安,鬼子变成真鬼。

此时,第 29 军已整顿改编完成,誓以恢复平津为己任,以数路同时动员,向石家庄、德州挺进。冯部已过冀县,趋河间任丘,宋部已过南宫,向石家庄进军,刘部前锋已越顺德、任县、内邱,攻取成安、漳德之敌,后路已断,新乡附近之敌被我包围,大名之敌,遭我痛击。敌将土肥原 1937 年 10 月 10 日到磁县指挥,敌总指挥香月分别在漳河、石家庄召集各部队参谋会议,敌第 26 铁甲车队在邢台、磁县间逡巡,山口联队调邯郸,企图向广平进扰。敌我双方都在寻找有利于自己的战机。也就在 10 日,我军收复了大名县属之德政集,俘虏敌军颇多。在冀南作战的第 29 军与 59 军一部分兵士在拂晓以前,乘黑暗袭攻磁县、顺德、双庙及涞河铁桥等处。据报道:"我游击队近在平汉线一带极为活跃,已先后收复任丘、高阳、蠡县、博野、安国、深泽、晋县、藁城等县,现距铁路线仅 20 余里。"

三、津浦线战争

自敌占领天津后,青县、静海、唐官屯也变了颜色,沧县以北的姚官屯成为主要战场。敌主力在姚官屯以北的高官屯,距我阵地只有 2 里。我第 29 军一部分调到后方休整,大部分仍在前方作战。9 月 20 日我部与敌血战,白刃尽赤。第 29 军的敢死队攻克姚官屯西北之李辛庄、陈家院及刘家院几个村庄。9 月 24 日,敌以大炮数 10 门,向我阵地排击,我正面阵地全被摧毁。我军不得已,乃放弃姚官屯。9 月 25 日曾与敌激战,敌以全力猛攻,咸河及砖河以北之南运河北岸被敌决开,我左翼部队被水包围,所筑工事被水淹灌,不得已,守军撤至泊头。9 月 25 日,沧州沦陷。

关于沧州失守的原因,当时舆论有种种分析:

《申报》以《津浦线我军放弃沧县原因》指出:"此次沧县退守原因:一为左翼水围,破坏工事;二为新换防部队阵地未十分坚固;三为保定不守,沧县战略受制。"① 这是一种说法。中央社战地特派员侍桁在《到前线途中》的通讯中

---

① 《津浦线我军放弃沧县原因》,《申报》,1937 年 10 月 3 日。

讲得很具体:"沧州失陷的主要原因有三个:一,军队的配合不好,各军少联络,于是在换防的时候吃了亏,其间亦难免有人事的摩擦;二,运河决堤的失策,决堤之后,敌军从后方运来各种船只上架机关枪向前冲,而天空上有气球指标,而我军毫无准备,士兵先头爬到树上作战,其后却只能利用木板了;三,便是汉奸在后方的捣乱。"①这两种记述有相同之处,也有不同处。明显之不同,是谁将砖河、西运河决开,报刊上说是敌伪决的,《平汉前线》一书说是自己人干的。

沧州是否进行过激烈的战争?《平汉前线》的作者作了肯定的答复,我军做出了英勇牺牲:

> 津浦线上,敌人沿着铁道和运河应用了 2100 米远射程的大炮、飞机轰炸,氢气球指挥作战,但我们英勇的官兵不顾强烈炮火的威胁,不顾暴风大雨的恶劣的气候,甚至不顾好多天来浸透在泥中肿痛的下肢,终于在沧州以北作了壮烈的牺牲。那时扼守沧州之线的部队,是冯庞刘等部。担任正面的冯军,受尽了炮火的威胁,不得不向铁道线旁的东南部退却,庞刘部又与冯部失掉了联络,沧州就在这样的情势下失守了。②

沧州沦陷后,敌由驻津驻屯军香月指挥,除驻屯军外,又增加一个师团,共 20000 余人,向南进犯,没有遇到什么大的抵抗,先后占领了泊头、南皮、东光、盐山,直至鲁北之德州、平原、陵县等地。敌骑每至一地,就抢劫牛羊肉、粮食,掠夺妇女。鲁北人民愤极,纷纷组织游击队,冀省民团也来助战,鲁省还成立了战地工作团,何思源任团长,余心清等任副团长,共设 3 个大队,每队 150人,各分 3 个分队,内有宣传、情报、经济、救护、慰劳各组,赴黄河以北铁路沿线及其东西各个县展开工作。

平汉津浦两路的丢失,"不是失败于战斗,而是失败于战略。中下级干部及士兵之英勇战斗与牺牲,终遭退败之命运,但就其本身言之,实无愧于其应有之职守也"③。这是记者铁君所讲的。

平汉津浦路北段的战争,坚持了 3 个多月,日军占领了两路沿线的广大

---

① 《到前线途中》,《申报》,1937 年 11 月 9 日。

② 华之国编:《平汉前线》,第 31 页。

③ 华之国编:《平汉前线》,第 30 页。

地区,但广大的地区仍是我们的。华北人民在一存一灭之间,奋起抗日。特别是八路军的出现露出了胜利的曙光。一个在山西作战的日本兵说,"这是当时中国人的普遍感情。他们的白刃战是非常勇敢的,神出鬼没。这不仅是士兵,连怎样被侮辱虐待,也不会完全屈服的一般中国人也是一样"①。

著名记者斯诺讲了很有哲理的话:"在这个战争中,中国虽然一切战斗都打了败仗,但他却站在赢的一边……打败仗的将是赢者,而获得最后胜利的将是输者。"②这是斯诺对一个日本兵久保美吉讲的。日本兵在侵华战争中也领悟到:"战争的最后本钱不只是科学武器、经济力、丰富的资源和战术;而是纵令剩下一个人也要坚持下去抗战到底的力量。事实上,再杀还是有层出不穷的游击分子神出鬼没的活动,令我们日军兵时时刻刻不得安宁。日军的焦躁和中国人有耐性的战斗实在是一个非常强烈的对比。"③中国的抗日战争历史,正是这样发展着。

四、长城国防线被敌攻破

1937年8月末,侵华老手板垣率关东军第5师团开展对山西省北部的进攻作战,"以便与河北省作战相呼应"④。9月12日,日军占领蔚县。10月1日,日军中央部决定攻占太原,"命令关东军司令官应使华北方面军作战易于进行,并将大致进入内长城线以南之关东军所属部队编入华北方面军司令官指挥之下。关东军部队由代州出发,10月4日攻击崞县,随后攻击原平,排除山西军顽强抵抗后,分别予以占领"⑤。中国地方实力派刘汝明部不战而退,或者说稍作抵抗即溃,使日军得以实现其战略意图。

就在山西战事日益恶化时,朱德、彭德怀率领八路军东渡黄河直至太原,一刻未息,奔赴前线。宋时轮支队北上途中,遇到国民党溃退骑兵,他们说:"我们骑兵还跑不及,你们这些步兵开上去顶什么事。"骑兵长官何柱国也说:"日本人不好对付,我们的炮弹落在他们的坦克上都毫无作用,我自己几乎送

---

① 陈鹏仁译著:《铁蹄底下的亡魂》(增订本),近代中国出版社,1997年,第102页。

② [日]久保美吉:《输与赢》,陈鹏仁译著:《铁蹄底下的亡魂》(增订本),第7页。

③ 陈鹏仁译著:《铁蹄底下的亡魂》(增订本),近代中国出版社,第46、47页。

④ 大本营陆军部摘译:《日本军国主义侵华资料长编》(上),四川人民出版社,第362页。

⑤ 同上,第389页。

了命。"①这些话说明国民党军队得了恐日病,已丧失了自己保家卫国的职责。这种病态,日本松室少将在关东军的秘密情报中早已察觉,他说:"帝国可以欣愉者,乃中国官吏普遍的慑于恐日病而不敢稍行违抗帝国也。现在全华北约十分之七不能团结联合应付,大都采自保主义维护自身之存在。"②

五、八路军开辟新社会的动态

八路军的口号是:坚持华北抗战,与华北共存亡。八路军到达晋东北,寻找战机。展开独立自主的山地游击战,不断传出奏捷声音。如 10 月 9 日光复曲阳、繁峙,129 师 769 团在代县阳明堡夜袭日军飞机场,炸毁 24 架飞机,26 日在平定东十亘村伏击日军 24 团的辎重部队,歼敌 400 余人。在平型关战役中,八路军和国民党李默庵领导的 14 军合作,取得了胜利。据报载:"徐旅(向前)收复平型关后,16 日晨向团城口、东跑池进驻,克复两地。宋支队(时轮)16 日袭击怀仁南禅房村、郑家堡及岱岳榆林村等,郑家堡铁桥被我炸毁,雁门关大同间路,被我破坏。我杨支队(勇)收复广灵后,17 日在广灵通蔚县路上,截击敌汽车 6 辆,当毁 1 辆。"③八路军参战,战局就发生了这样大的变化。敌人的武器不足畏,不像那些南逃溃兵所说的。平型关胜利,全国欢腾。《申报》以某路军通电告捷,记述了这一胜利的消息,其中讲道:"我右翼挺进部队恢复涞源后,于昨(15 日)在广灵灵丘间之冯家湾伏击敌运输队,缴获骡马 145 匹,大车 95 辆,步枪 19 支,手枪 2 支,俘虏运输员 32 人,衣物器材多件,毙敌 80 余人。我徐旅克复平型关后,其支队于 15 日在平型东北之小寨村,截击由灵丘东去之汽车 130 余辆。"该旅主力"于 16 日夜袭击平型关以西之团城口、东跑池,当将该地一举完全克复,缴获甚多"④。这种"聚而歼之"平型关式战略是华北战争第一次大胜利。当时第二战区战地动员委员会主任续范亭又称:"谨按平型关战役,八路军的大捷,其估价不仅在于双方死亡的惨重,而在于打破了'皇军'不可战胜的神话,提高了我们的士

---

① 红二方面军战史编辑委员会编:《抗日战争时期 120 师及晋绥军区战史摘》,1992 年 10 月铅印本,第 4 页。

② 国难资料丛刊编辑社:《日本大陆政策的真面目》,上海生活书店,1937 年。

③《晋北我军奏捷》,《申报》,1937 年 10 月 20 日。

④ 同上。

气。"①这些赞扬的文字,说明八路军为中华民族的解放树立了光辉的榜样,其影响是不可估量的。

原平战役是八路军和196旅旅长姜玉贞合作取得胜利的又一例证。美联社随军记者贝尔登10月21日自前线报道称:"华军变更战略,大举反攻,并以游击战术四出围敌之后,晋北全线已获空前胜利。日来晋冀、晋察、晋绥边境均有猛烈战争,华军各路并进,正面为太原以北80英里之原平,及东130英里之娘子关,两处皆为控制太原之要道。日军分道深入,沿路为保护交通起见,不得不分兵驻守,于是逐渐为华军所消灭。原平西北之南槐花,经华军自宁武突出袭击,敌军一旅团全部覆灭,且被俘虏三四百人,原平以北有敌军两师团为主力所在,亦经华军之善战部队围剿溃退,遗尸无算。其中竟有白俄甚多,但记者并未目击。同时华军之游击部队,则自雁门关以北丛山中断绝敌军之交通,以致日军之运货车百余辆不得不退往大同,而前线敌军苦力遂陷于苦境。大通至原平之交通既断,张家口至晋东之路线,亦因华军收复平型关而不能贯通。敌军骑兵欲向河北奔溃,复见阻于中国民团及队伍。同时华军游击队则沿晋边山径飞驰而下,平汉路之交通亦岌岌可危。"②这里记者用"善战"词语称赞八路军,生动地记叙了八路军游击战之威力。过去我们只知道八路军不断消灭小股敌军,这里指出消灭了敌人一个旅团,猖獗横行于华北的日军,在晋北却屡吃败仗。"日本发言人谈及山西作战形势时,已承认日军深受山地作战之苦。"③狂犬在哀叹,这是侵略者必然的恶果。

11月10日,129师在晋阳召开了干部会议,很有意思的是到会的干部一律穿缴获的日军的军服,扛着胜利品机关枪、穴口炮,乘着日本马,也有穿着日本高筒皮靴,披着日本长衣,挂上武士道刀。史沫特莱讲:1937年底,她正跟着朱德总司令,见到好几千名八路军穿上了俘虏过来的日本军大衣。刘伯承在会上讲:"我们要扎根山西,决不退出山西。"讲到游击战术,要游要击。他率72团到前线指挥作战,说:"游击战光游不击,不能获胜;光击不游,对我们不利,所以我们要一面击,使敌人守据点不敢动,我们走了,还有大部在昔阳以东游,九龙关、娘子关这些大道,汽车道被我们毁得不能过狗。这时期为民

---

① 转引自《聂荣臻回忆录》(中),解放军出版社1984年,第357页。

② 《晋北我军反攻大胜利》,《申报》,1937年10月22日。

③ 同上,1937年10月22日。

族独立而死守山西,与晋人共生死。"①就是在这种战略和策略的指导下,八路军不断开辟新阵地。

11月17日,八路军129师陈赓旅向正太路方面前进,准备到那里去打击从石家庄西进的敌人。10月24日在平定昔阳交界处因警戒疏忽遭敌袭击,吃了亏,此后不断伏击敌人,打了胜仗。如11月11日在群众帮助下,将赞皇县之敌打得大败。11月13日、14日两天,开了全师党员干部大会,决定把全师化整为零,分别到各地发动游击战争。随后,徐向前率769团、689团和曾国华第5队开赴冀南;陈赓率386旅主力进军平汉路两侧的冀豫地区,向豫北发展;陈锡联、谢富治率第385旅主力继续在正太路以南、平汉路以西地区活动,并相机向石家庄以东发展。刘伯承称这是一个中央突进、两翼配合的部署。就是这样背靠太行山,脚踩大平原,129师和115师创造了位于平汉、平绥、正太、同蒲四条铁路之间的晋察冀根据地和晋冀豫根据地。

六、朱德总结华北抗战经验

1938年9月,朱德由前方回到延安,出席中共中央政治局会议和六届六中全会。这次会议主要总结抗战经验,特别是华北抗战经验,规划未来的发展。朱德是抗战的实践者,其发言特别引人注目。朱德讲:"八路军虽然最初数量较少,但真正要抗战,非靠八路军不可,八路军在统一战线中起了模范作用。"②

为什么会有巨大作用,朱德对《文化报》造访者说:"只要守的肯守,攻的肯攻,晋北战争没有不可以挽回的。我们是最平凡的,没有三头六臂,也没有特别过人之处,我们的本领就是坚决秘密、迅速,敢深入敌人的后方去歼灭敌人,假使大家能这样干,日本并不足畏。"③

彭德怀论述了抗战以来国共的战略异同,批评了国民党战略上的严重错误,阐述了共产党的战略和战术:"敌军因为运输现代兵器的便利,利于沿着我们的交通要道前进。我方不分兵由侧面攻击敌人之弱点,一味地以大部兵力死守交通要道的城市,敌攻破一城市,即前进一步。有时敌军向我迂回,攻

---

① 杨国守:《刘邓麾下十三年》,重庆大学出版社,1991年,第26、27页。

② 中共中央文献研究室编:《朱德年谱》(中),中央文献出版社,2006年,第830页。

③《朱德谈平型关胜利经过》,向愚编:《抗战文选》,战时出版社,1937年,第127页。

我后路,我则一退数百里,侧面毫无准备,无法牵制敌军。这是华北战事失利的重要原因之一。国民党军队采取消极防御,使华北完全处于被动地位。八路军采取攻势防御,乘敌在运动中或敌立足未稳时集中优势兵力,以坚决勇猛迅速的手段歼灭敌人,减少敌军炮兵及其他机械化兵各种配合的效能,只有在运动中解决敌人,打击敌人,才是达到防御目的的最好手段。今后应多采取游击战术,技术弱于敌人的军队方面,奇袭,伏击夜袭,胜过正规对战,包围迂回胜过中央突击,在敌后方侧翼积极活动,胜过正面抵抗。"①

朱德还特别讲到平型关战事中,群众所起的作用。"我们由五台山向平型关附近进攻的时候,十分秘密,日本完全没有得到我们的情报。这是胜利的第一个原因,完全得力于民众接近我们,帮助我们,封锁了日本人的消息。作战时兵力不一定要多,用的得宜以少可以胜多。这次战事敌有一旅团之众,我只有两连。老百姓对八路军的认识是有个过程的。当雁门关吃紧时,平型关至五台山中的乡村人民多半逃走了。他们怕日本兵来残杀,也怕我国的散兵扰乱。当八路军向那边开走,乡间的土豪劣绅恐怕被'打倒',也望风逃走了。八路军到了以后,不但纪律严明,一点没有扰乱,而且一再声明在此抗战期间,已放弃了打倒土劣、没收土地的政策,令人民各自回家。八路军所需人民物件,一律发价,豪绅地主家若有大批存粮,也必须会同其邻居数家,启门取用,按市价给价交其邻居代为保存,待主人回家后转交,占住民宅,至少给主人留出房屋一部居住。兵士对同院居民严守应有礼貌,因此已逃走了的人民,近来都纷纷回家,对该军真是颂声载道。"②

八路军秋毫无犯,深得人心,不断派出部队到敌后游击,瓦解敌区保卫团,捉拿汉奸,更使人民兴奋的是打了胜仗。最突出的是平型关大捷,但也付出了巨大的代价。朱德说:"八路军在抗日战争第一年伤亡25000人,牺牲的占其中三分之一。伤亡之中,7000人是共产党员。那时,八路军部队的活动范围遍及全华北。西至山西山区,东至黄海,南迄黄河,北到内蒙古、热河,并且在热河建立了另一个山区根据地,与东北义勇军配合作战。他们甚至攻过山东省会济南,并且攻击过供应北平的煤矿和电厂。"③

① 《文化报记者鉴伯与彭德怀谈各种问题》,向愚编:《抗战文选》,第126页。

② 《朱德谈平型关胜利经过》,向愚编:《抗战文选》,第128页。

③ [美]史沫特莱:《伟大的道路——朱德的生涯和时代》,七十年代杂志社,1976年,第438页。

游击战是弱者对强敌的有力武器。1937 年 11 月 8 日太原沦陷后,毛泽东于 12 日在延安说,在华北,以国民党为主体的正规战争已经结束,以共产党为主体的游击战进入主要地位。这是历史发展告诉我们的。

　　　　　　　　　　　原载《南开学报(哲学社会科学版)》,2015 年第 5 期

《申报》首次展现八路军的雄姿

一、平型关战役胜利了

1937 年 9 月 25 日,平型关战役胜利,八路军的战绩进入上海《申报》的视线。该报于 9 月 28 日以显著位置刊登朱德照片,并发表来电如下:

> 申报馆鉴,9 月 25 日我八路军与敌万余人激战,反复冲锋,我军奋勇直前,将进攻之敌,全部击溃,所有平型关以北之辛庄关沙东跑地一带阵地,完全夺取,敌兵被击毙者,尸横山野,一部被俘虏,缴获汽车坦克车枪炮及其他军用品甚多,正在清查中。现残敌溃退至小寨村,被我四面包围中。

> 八路军参谋处宥印

为证明延安方面的新闻无误,该报引用太原方面的消息,称:"23 日晨我军大胜后,敌调大军来犯,我各路猛击,25 日午后克复蔡家峪,并重要山关数处,复分四路追击,敌溃不成军,斩获甚众。25 日晨出击平型关之敌,于 12 时克复关沟辛店东跑池等,俘敌 200 余人,斩无算,获装甲汽车 50 余辆,满载军用品,并断敌灵邱归路,现正向团城口以东追击中。"

延安和太原之战事报道都是消息。该报特别转载上海外人报纸《大美晚报》的评论,其中讲道"日军之战略,似袭行前在满洲所施者,日军仍在满洲沿铁路线前进,因华军未予抗拒,故能长驱而进,而将巩固所占诸地之工作,留待日后从容为之"。这里追叙"九一八"屈辱的悲剧,是因为"九一八"对中国教训太深。国民党当局采取不抵抗政策,把整个东北拱手送给日本。只是东北老百姓毫不畏惧地与日军肉搏,不浪费每一颗子弹向敌人发射,把自己仅有的一些长矛大刀,锹锄棒棍做自卫杀敌之武器。东北人民的抗日对全国产生了巨大的影响。经过几年痛苦的岁月,国难日趋严重。卢沟桥抗战爆发,中国已做出战争的准备。战争发生之初,日军呼风唤雨,占领了平津、张家口、大同、保定、沧州等地。日军认为中国军队不堪一击,于是不提防,不搜索,向前直进。但是日军这次判断错误了。《大美晚报》讲:"防守绥晋之战事今已有一些可注意之发展。晋冀边界之大战结束,已使南进图抵晋北山中华军防地的日军,在广阔之阵线,丧师过半。此军阀为板垣中尉所统之铃木队。""铃木之一股,因越山地前进,未能侦明敌方之情势,致遭遇艰险。据华方军事评论家言,我于该部分之日军,可称为'死军',似无再返回东京之机会矣。此军尚进图与沿平汉路线前进之日军相策应,但结果在晋省东北浑源与平型关之山中被围,而受重伤,已不复成军矣。据以接之消息,日军被俘者 2000 余名,阵亡者3000 名。"

对平型关的战果,因道路远隔,上海传说不一,《申报》10 月 5 日发表了八路军驻沪代表潘汉年根据八路军总司令部和阎锡山总司令部的来电,将各报未载之处,表述两点:(一)我军缴获敌方军用汽车 80 余辆,大炮 1 门,炮弹2000 余发,步枪千余,杀敌千余,敌军之高级司令部,曾被我军包围,缴获敌方秘密文件甚多,例如敌方在整个华北作战计划及进攻方向之日文地图。敌乘黄昏时候,突围逃走,未能全部消灭,诚属遗憾。但此战役之胜利,已将日寇进攻平型关计划击破,故敌军只能从雁门关一带进攻。(二)目前我军一部活动于灵邱、浑源、蔚县之间,蔚县已被我军攻下,缴获甚多。该报还报道,八路军一部克服朔县,一部在平型关、五台山之间向敌作游击战。还有一部进至北平郊区。这和亲自指挥战役的聂荣臻所讲的基本一致。聂说:"平型关战斗,我军歼敌板垣师团第 32 旅团 1000 余人,毁汽车 100 余辆,大车 200 余辆,缴获九二式步兵炮 1 门,炮弹 2000 多发,机枪 20 余挺,步枪千余支,战马 50 余匹,其他武器辎重甚多。还缴获了一批日军作战用的地图和文书。战利品还有给养、呢大衣、战刀、战靴、照相机、手电筒等。"①

①《聂荣臻回忆录》,解放军出版社,1989 年,第 355—356 页。

二、新闻记者笔下的朱、彭

那时在人们的眼中,八路军是很神秘的,有很多传奇的故事,为什么久驻华北的几十万大军节节败退,而八路军刚上前线,就打了胜仗,显示了决定性的军事力量。中央社王少桐等8名记者,为解开这一谜团,考察平型关战役的全过程,特别造访在前线作战的朱德、彭德怀总、副司令。其访谈的结果,以"今日的朱彭"为题刊登于10月17日—18日的《申报》上。这些记者和一批到八路军总司令部工作的青年共20余人,由太原出发北上,记者是这样讲旅途情况的:"一同北上的青年一路上他们唱着抗战的种种歌曲,歌调虽不合拍,声音是很雄壮的,精神是焕发的,却也唤起了行人的注目,破除了我们旅途的寂寞。车在黄土道上走了7个小时,将近傍晚,到了一个离太原二百数十里的县城,再由县城出发,在黑暗摸索中,步行了25里,翻过了两重山、一个山头,到了八路军总司令部。因为时间已晚,由副官处招待我们食宿,副官处长唐某陪我们谈天,谈的都是过去红军生活的经历,虽然我们有一天的劳顿,可是听了这富于兴趣颇有意味而且过去是十分不公开的历史故事,把我们的疲劳驱逐了,直到深夜才就寝。"记者是以感激的心情描述他们这快乐一天的。

在记者的笔下,朱、彭是平凡而伟大的人,谈话亲切诚恳。他们先是见到彭德怀:"戴着一顶无党徽军帽的人,坐在办公室前,翻阅电报公事。经介绍后,才知道他就是彭德怀,八路军的副总指挥。相互招呼了一下,我们的注意力也就集中在他身上。"记者的观察很仔细,他们抓住了所见到的特征。对彭的衣着、办公用具和室内的布置都做了记录。说副司令的"服装简朴,与他们的勤务兵是一样,也许还赶不上勤务兵的整洁"。看到"室内四壁满挂着军用地图,中央两张方桌拼成的办公桌,被一幅满沾墨迹油渍的布覆盖着。文具极简单,大概只敷他们每个人使用。坐的是几条长木凳,此外再没有什么了"。谈到吃饭,"勤务兵端上两盘菜和一盘烧面,把台布掀去一半,就是餐桌,彭停止了工作,开始早餐,同时开始和记者谈话,边吃边谈,没有一些客套,没有一些掩饰,态度带些浪漫,但是也很锐利"。经过一个多小时的交谈,记者辞出去时已近傍午。彭又悄悄地来到记者的寓所,随便地坐下,又随便地闲谈,不到半个小时,到吃午饭时,彭和记者一起吃两盘菜和一盘烧面,是照例的简单,却有富足的意味。

这天下午,记者又去总指挥部办公室,造访朱德,这次造访更是出乎他们意料。他们看到"一个穿士兵衣服戴眼镜满脸胡须的人,站在门口,我们几个人都没有十分注意,而跨进了门,可是他们参谋长立刻过去,向我们介绍,这位是朱总指挥,刚从前线回来,这时我们的内心真是无限的惭愧。可是这实在也难怪,他们没有符号,没有领章,更没有一般高级长官的派头,你说只一个不相识的人,如何分辨出谁是长官,谁是士兵,即使善于识别人的新闻记者,对此也技穷了。他开始和我们谈话,同样没有什么寒暄和客套,要谈他要谈的话,很缓慢而有力,态度是沉着而刚毅,言论间很少含有理论,好像一句话的出发点,都根据着事实上的体会或经验。到了五点多钟,就在办公室吃饭"。作为请客的晚餐,只是增加了三盘菜。

记者被朱、彭高尚的人格和道德所感动,敬仰之至,很感激,遂发出了肺腑之言:"记者和朱、彭两氏虽仅有一天的晤谈,他们起初给我们的平凡印象,已经给不平凡的谈话、特别的风度完全冲散了。的确,世界上有许多不平凡人常在一副平凡的外表下隐藏着。"①这样美好的评价,读之,敬畏之情必然油然而生。

三、朱、彭口中的八路军和平型关

朱、彭愉快地接受了记者的访谈,谈的内容很广泛,有过去的回忆,有现实的状况,有对抗战前途的展望,每一句每一字都打进记者的心。

谈话的主题是平型关战役,对敌我双方应对的策略、八路军的使命、战争的进行、所以获得胜利的原因等问题,都做了阐述。

朱、彭讲,"那次战事的发动,是 9 月 25 日,因为敌人看到雁门关既有天险做屏障,又有重兵把守,自然不易进攻。因此就想由我们右翼的平型关进兵。倘被突破,就可直进繁峙、代县,而将雁门关一线截断。敌人的打算,是很周到,也很毒辣,可是这种企图,我方早就料到,所以事前对付这方面兵力的配合,很为雄厚,傅、高(即傅作义、高桂滋)等部驻团口一带。八路军在冉庄、白崖台、关沟等地埋伏,只待敌人前进,就同时开始四面包围,一鼓而歼灭之。这次的布置是非常严密的,敌人完全不晓得这里的事实。25 日那天,敌人著名的板垣师团的第 10 和 21 联队(按:一联队相当一个团。板垣 1929 年任关

① 《今日的"朱彭"》,《申报》夕刊,1937 年 10 月 17 日。

东军参谋长,大佐军衔,是九一八事变主犯之一。因侵华有功,1937年卢沟桥战事时,升任中将)浩浩荡荡向平型关进攻。不料刚过小寨地方(按:小寨村以南的土沟为蔡家峪至平型关必经之路。两旁悬崖壁立,形同深谷),这里两面皆山,中间是一条沟道。八路军实由侧面出击,这是敌人梦想不到的,一时恐慌万状,真是进退维谷。但这正是我方的大好机会,八路军一举而将敌包围,居高临下,一齐用手榴弹掷去,敌人虽颇顽抗,可是在那狭隘的沟道,不能施展他的重兵器,又无法冲击,只有束手待毙了。敌人除当时伤亡甚多外,活活地被我俘获1000余人,夺得坦克车、装甲车及马拖车共74辆,并抄获敌人的高级司令部,得到重要文件及军事地图甚多。又发现一具穿着高级将领的制服的尸体。这些重要文件现在都运往南京了。70余辆车,因为无法运走,都已毁掉。为什么能够获胜,这是人们最为关心的问题。朱、彭讲,这次的获胜并不是偶然的,最大的原因是我们行军的秘密和神速,再利用山地进击,敌人无法施其技了。朱、彭还谈到国民党军未能配合作战:"美中不足的是一件事,就是其他三路,未能与八路军取得一致行动,致有一部敌人向蔡家峪方面逃去,倘若左翼我军同时包剿,则敌人此役之损伤,当在10000以上。单就这方面说,敌伤亡已在5000以上,不可不说是一次大胜了。自从敌人在平型关受创后,其后就未敢由这路进兵,改由茹越口进攻,不幸被其突破,以致繁峙、代县各县的失陷,这真是可惋惜的事。"这里所抨击的不配合作战的即阎锡山所属孙楚、王清国、郭宗汾等部队,迟迟按兵不动。

记者继又请朱、彭讲这次抗战的前景。朱、彭主要讲了两点,一是不能采取单纯的防御,要采取积极的防御,即进攻的防御,"就是要能乘敌人于运动中,或在敌人立足未稳之时,集中我们优势的兵力,向其猛攻,庶可歼灭敌人。决不能在一地死守,若只知在一地死守,无异帮助敌人发挥其现代技术威力,结果一个个是那样的死守,毋宁说是守死。过去的失败就是敌人能以其所长,攻我所短"。这就回答了国民党战场所以屡遭失败,伤亡又很严重的原因。二是要入敌人后方,发动游击战,建立许多小块根据地。怎样发挥游击战,"就是要首先发动民众游击,这与群众是分不开的。游击也就是群众抗战的最高形式"。此外,朱、彭还严厉批评了一些国民党军队,纪律败坏,骚扰百姓。"现在正是对敌抗战之时候,如果军队还有侵扰百姓的事情,真是可痛心的事。"当时八路军北上抗日,国民党军队却南逃,一批又一批的溃兵,用步枪挑着子弹、手榴弹和抢来的包裹、母鸡等等东西,像湖水般地涌下来,这是聂荣臻亲眼看到的,所以朱、彭特别讲到这问题,也可以说是一警告,有意让新闻记者传播出去。

四、新闻记者的感言和评论

记者是第一次见到八路军,特别是能与朱德、彭德怀交谈,感到异常兴奋,便颇有深思地讲到八路军的历史。"八路军就是以前中国的红军,他们在过去十年中,经过了五次大围剿,遭受了无穷的困难,而他们都能将各种困难一一克服,他们的部队,今天依然存在着。"为什么能够存在?记者经过考察了解,得到了许多有益的启示,譬如他们的部队此次参加抗日,他们每一个士兵平时早已都明了日本帝国主义的罪恶和侵略中国种种的野心,他们每一个士兵的脑中早已存在对日本非打倒不可的观念,无疑的他们在抗日战线上步调一定一致,精神一定团结,而且一定能产生伟大的力量。记者还以和十四五岁勤务兵的谈话来论证八路军每人都有很高的民族意识。其次,认识到八路军官兵平等,不分阶级,总司令也罢,勤务兵也罢,除了职务的区别外,平时是在一块娱乐,一块谈天。物质方面,完全是平等待遇,总司令今天吃肉,士兵也一定吃肉,士兵今天吃青菜,总司令一定也是也吃青菜。总司令服装和士兵没有分别,简直没有例外。这虽然是些小事,实际上物质享受的平等,还有转移精神莫大的作用。因为物质待遇的平等,可以使每个士兵精神上得到安慰,这个安慰却产生没怨艾没不平的结果。最后,八路军和群众打成一片。官兵关系、军民关系,这是区别军队性质的根本问题。八路军"他们无论何时何地,总是把群众摆在前面,他们把大部分的工作,做在群众身上,所以他们所到之处,都能得到群众的同情和帮助"。这是记者笔下的八路军。

平型关战役后,不少爱国人士提出:为什么八路军一上战场,就打了胜仗?我想以上的访谈,发表于《申报》,是很好的回答。

时人谈到由于八路军在山西战场上的出现,广泛地开展游击战,去消灭敌人,以独立自主的山地游击战,使敌人的优越武器大大减弱,使敌人遭受严重打击,敌人再不能像占领东北和华北那样容易地占领山西。山西已成为展开华北游击战的中心,成为华北抗战的中心,成为收复华北失地的根据地。①

---

① 张冰主编:《抗日游击战争的理论与经验》,上海中外编译社,1938年,第170—171页。

一些人士不了解游击战的历史作用,轻视游击战,不了解敌后抗战的历史发展,妄说八路军只打了两次战争,一是平型关战役,一是百团大战,这是违背历史事实的。

有的论者说,平型关战役,是国共军队合作的结果。从整体上讲,这样说是没有错的,原杨虎城西北军高桂滋率领的 84 师和敌人激战于团城口(位于繁峙县东北与灵邱、浑源两县交界长城上),部队牺牲严重。南京还派了 30 架飞机助战,飞临关沟敌阵地投弹。但实际在平型关消灭铃木联队的,则是八路军 115 师。全国各界祝贺八路军胜利的声音,在刊物上广播里、群众集会上此起彼伏,形成浪涛。蒋介石也发出函电:

朱总司令彭副总司令勋鉴:

　　25 日一战,歼敌如麻,足证官兵用命,深感嘉慰,尚希益励所部,继努力,是所至盼。

在南京的蒋介石接到国内外不少电贺八路军的电报,又致函朱总司令。

朱总司令玉阶兄:

　　电悉,接诵捷报,无任欣慰,着即传谕嘉奖。

八路军是全国抗战的楷模,平型关胜利是我国抗战开始以来的第一个大胜仗。在"恐日病"和"亡国论"到处流行的时候,八路军的壮举震惊了大地。皇军不可战胜的神话被打破了,全国人民看到了自己不可战胜的力量,这种影响是深远的。

国学大师钱穆曾说:"欲其国民对国家有深厚的爱情,必先使其国民对国家以往历史有深厚的认识。欲其国民对国家当前有真正的改进,必先使国民对国家以往历史有真正的了解。"这些话是深有道理的。我们今日重温平型关大捷的历史,无疑可以激励我们的爱国思想,在现代化的道路上,更加奋进。《申报》及时提供了广泛而准确的晋北战事,传达了八路军的精神,应该说为抗战立了一大功,其声誉也就更高,获得国人的赞扬。

原载《锲斋文稿》,中国社会科学出版社,2014 年

南京保卫战初探

　　在两军作战中,军事指挥官的智慧、才华、判断事变的能力及其应变方针关系着战局的成败,这是无数历史事实所证明的。1937 年的"八一三"上海抗战,坚持了三个月,证明中国军队是勇敢的,不怕牺牲的,然抗战的精神最后被司令部的迟疑、无能和庸懦所践踏。指挥战争的最高司令官蒋介石在部队应撤退时不下令撤退,又疏于杭州湾方面的防务。11 月 5 日黎明,日军陆军熊本第 6 师团、久留未第 18 师团、宇都宫第 14 师团、福山国崎支队组成的第 10 军,在海军第 4 舰队的护卫下,收买了这一地区的渔船船夫,驱使其引道,在浓雾中,登陆金山卫,包抄上海华军后路,从此淞沪战场不可收拾,军队溃不成军。11 月 8 日蒋介石开始下达撤退上海的命令。南京成为日军进攻的直接目标。

　　11 月 7 日,日军上海派遣军和第 10 军组成中支那方面军,松井石根为司令,日军各指挥官们争抢"攻占南京"首功。

　　日军趁中国军队溃退之时,继续追踪猛进,北起浒浦口及常熟至正义—青浦以西,南至嘉兴平湖迄乍浦,全长百余公里的战线,都出现了日军铁蹄。日军永野片相等部从百苑口附近登陆以后与佐藤高桥等部向浒浦以西一带进犯,11 月 17 日已进至广福镇,苏州以东的正义、唯亭也发生了战争。从杭州湾登陆的敌第 10 军由嘉善干窑镇直取王江泾,切断苏嘉铁路,其另一部沿沪杭铁路线之七里桥站直攻嘉兴,还有一部分沿公路线由平湖经新行新丰,威胁嘉兴。苏嘉线上的王江泾首先为敌突破,这一段地带湖沼、港汊很多,敌人用大量金钱收买太湖上的土匪和水警充当向导,故能长驱直入,沿湖各县镇都被日军占领。19 日,嘉兴方面守军刘建绪向杭州败退,该城失陷。常熟、苏州等地同时沦陷。嘉兴是战略要地,东行有嘉平路可以衔接沪杭公路;而北行有杭善公路,经石门、崇德、桐乡,可达杭州;西经南浔,可由吴兴、长兴以达南京;北行有苏嘉铁路及公路两线。南京曾在这一地区建立国防工事。嘉兴失守影响战局至

大。敌第 10 军团轻易地获得嘉兴,便提出了向南京进犯的计划:

一、军于本日正午占领嘉兴,于傍晚大致扫荡完毕。

二、军于 19 日晨下令以全力向南京追击,大致部署如下:

国崎部队经湖州、广德向芜湖追击,断敌后路。

第 18 师团经湖州、广德、句容向南京追击。

第 114 师团经湖州、长兴、溧阳向南京追击。

第 6 师团先向湖州前进。①

此后日军海空联军力量沿江犯江阴要塞及长江封锁线,沿京沪铁路直逼南京正面,第 10 军、上海派遣军的进犯路线是:苏州、无锡、常州、镇江、丹阳、句容、南京,循京杭大道窥视皖境。太湖南北都发生战争。华军在这一战场上明显地已失去战斗力。战事每日都在西移。敌在太湖中放入军艇,四处出击,又在环湖各县镇公路两旁之小河,乘汽船及帆船,抄袭华军后路。华军处于被动挨打地位,各部队争先恐后撤,师部和军部觉得退却的地方很广阔,唯恐再遭到歼灭,全军覆亡。因此太湖周围诸名城如东南之吴县、吴江,南面的吴兴,西面的长兴、宜兴,北面的无锡,短短几天内,相继沦于敌手。

据白崇禧讲,11 月 26 日,锡澄线失守后,在无锡线曾有节节抵抗的计划,因退兵秩序大坏而无法进行。②无锡战事只进行数刻即结束,日军从南门侵入,居民 10 万余多逃往乡间。

从 11 月 27 日到 12 月 3 日,日海军第 11 战队和陆军第 13 师联合进攻江阴要塞。这一要塞地势险要,是通往南京的门户,八一三战争开始前后,海军总司令陈绍宽就奉蒋介石之令,将江阴下游一带的各项航行标志一律毁除,抽调海军舰年龄较大之通济、大同、自强等 8 艘舰艇,及向国营招商局暨各轮船公司征集之嘉禾、新铭、同华等 20 艘,下沉堵塞。旋又征用公平、万宰、泳吉三商轮继续沉塞。稍后又抽出海圻、海容、海筹等军舰沉塞,先后大小军舰商轮 35 艘,合计吨数为 63800 万吨,另用民船盐船 185 艘,及从各地征用之大量石子,陆续填下,日人的 8 艘趸船也做了同样的用途。江阴还一带敷布水雷,以此构筑坚强的江上封锁线。③这一切曾延缓了敌军的进犯,而未能根

---

① 日本防卫厅战史室编纂:《日本军国主义侵华资料长编》(上),四川人民出版社,1987 年,第 382 页。

②《白崇禧回忆录》,解放军出版社,1987 年,第 117 页。

③ 高晓星编:《陈绍宽文集》,海潮出版社,1994 年,第 188 页,191—192 页,第 209—210 页。

本阻止敌军的前进。敌舰在张黄港外集中了30余艘军舰,向要塞开炮。更严重的是陆上之敌向江阴南7公里之南泽进攻,江阴东面之敌以坦克猛攻,因为常熟、无锡、武进均已陷落,江阴要塞外廓形势暴露,及敌军12月1日攻到要塞外围之君山山麓和香山附近,进抵江阴县城。刘兴指挥的要塞守军第102师和113师已无法坚守,便把尚未发挥充分威力之最新式大炮加以破坏,然后杀出重围,第102师沿长江北岸,退往浦口,第103师沿长江南岸退至镇江,于12月10日到达南京,江阴3日沦于敌手,南京失去屏障。

京沪线上镇江以东均遭到敌骑践踏,镇江原有居民30000多人,大半走避江北,江苏省政府于11月22日迁到江北淮阴。12月3日敌军已占领丹阳,溧阳之敌骑已到天王寺,防卫该地之粤军66军叶肇部向句容退却。

太湖以南之敌,除以一部开往宜兴、武进,与上海派遣军会合外,主力则西犯广德,欲经广德绕道宣城夺取芜湖,从长江上游截断南京中国守军的退路。川军饶国华所部145师奉命于11月24日到广德以东布防。11月26日,敌对广德城及附近的飞机场狂轰滥炸,随即出兵,坦克、装甲车混合向前推进,对广德机场发起猛烈进攻,27日机场失守,145师退至誓书渡。饶国华指挥所部,力战强敌,夺回机场,屡进屡退,和日军相峙于广德一带,战事之激烈为华军退出淞沪以后所仅见。

至12月初,华东战场的右翼在广德、宣城之间,中路在金坛、句容之间,左翼在镇江一带。南京已处于日军直接打击之下,中山码头一带等候过江者人山人海,有的在码头等候三天不得渡过。

其时,日皇已批准设立大本营作为军事最高机关以期日本在华军事行动,得达其最后目的。大本营每周开会一次或两次。在太平洋战争以前,它的发言不仅是参谋本部和司令部的,而且还是大本营首领天皇的发言。这一军事机构任命松井石根为华中方面军司令员,冢田改为参谋长,武藤章为副参谋长。下辖上海派遣军、第10军和第3飞行团。上海派遣军包括藤田进的第3师团,吉住良辅的第9师团、山室中武的第11师团,荻州立兵的第13师团。中岛今朝吾的第16师团和伊东政喜的第101师团。第10军团包括谷寿夫的6师团、牛岛真雄的第15师团、末松茂治的第114师团和第5团国崎率领的一个支队。松井早就对上海和南京附近的地形做过调查,对战南京做了实际的准备。现在松井就集中全部力量,扑向南京。

蒋介石于11月17日到18日,曾三次召开幕僚会议,讨论南京的弃守问题,参加会议的有何应钦、李宗仁、白崇禧、唐生智、徐永昌、刘斐、谷正伦、王俊以及德国总顾问法肯豪森等人。大本营作战组长刘斐、李宗仁、何应钦等都认为南京是守不住的,应自动放弃,保存实力。刘斐认为在上海会战中,部队已受到重大损失,亟须较长时间的整补;根据对日作战是持久战和消耗战的原则,不应强争一城一地之得失。惟南京是政府首都所在,不做任何抵抗就放弃也不合适,应做象征性防御,适当抵抗后即主动撤退。李宗仁也阐述了南京所以不能困守的原因。他说南京是个绝地,敌人可以三面合围,而北面又阻于长江,无路可退,以新受挫折之部队来坐困孤城,实难望久守,历史上没有攻不破的城堡,何况我军新败之余,士气颇受打击,又无生力军增援;而敌人则夺标在望,士气正盛,南京必被攻破。与其如此,倒不如我们自己宣布南京为不设防城市,以免敌人借口烧杀平民。而我们可将大军撤往长江两岸,一面可阻止敌人向津浦线北进,同时可拒止敌人西上,让他们徒得南京,对战争大局无关宏旨。①这些意见是正确的,多数人也都持这种看法,只有唐生智主张固守,他说:"现在敌人已迫进首都,首都是国父陵寝所在地。值此大敌当前,在南京如不牺牲一二员大将,我们不仅对不起总理在天之灵,更对不起我们的最高统帅,本人主张死守南京,和敌人拼到底。"②对这两种截然相反的意见,蒋介石很欣赏唐的看法,说:"孟潇的意见很对,值得考虑。"这是第一、二次会议上的情况。最后一次会议是18日召开的,唐生智再次表示南京非守不可,蒋介石固执专横,选择了坚守南京之主张,其他人不敢再发表意见。蒋又征求意见,问:"谁固守南京为好?"唐生智又自告奋勇。11月24日国民政府宣布"特派唐生智兼南京卫戍司令长官"。蒋介石之所以做出这一错误决定,一是他正和陶德曼进行谈判,估计日军不会进攻南京;二是怕丢掉南京,面子上不好看。唐生智是鲁莽无知勇夫,他很得意自己取得蒋介石的信任,可以显示一下威风。他认为敌人不会来南京,实际上内心也很恐慌。当时南京形势已很危急,南京政府已于20日发表宣言,迁都重庆,所有机关陆续西迁。官员们正忙着逃亡,争执着谁先逃命,要组建卫戍长官司令部都不容易,许多人都不愿留在南京,甚至原来在警卫执行部供职的也辞唐而去,自奔前程。卫戍长官司令只好临时凑起班子,以刘兴、罗卓英为副司令长官,周斓为参谋长,余念慈为

① 广西政协文史资料委员会编:《李宗仁回忆录》(下),广西人民出版社,1980年,第697页。
② 徐永昌:《徐永昌日记》(第四册),"中央研究院近代史研究所",1982年,第138页。

副参谋长。长官部就设在唐生智"百子亭"公馆内。参谋处处长寥肯,第一科科长谭道平,经理科科长林笃信,运输司令部周鳌山。司令部拥有的部队及各部队驻防的情况是:

桂永清的教导总队,共10000多人,多为新兵。这支部队是蒋介石根据德国军事顾问的建议而组成的,全是德国武器装备,按照德国操典训练出来,被认为是最精锐的部队。

宋希濂的第36师,该师在沪战中损失惨重,12月22日到达南京时,只剩下3000多人,又补充新兵4000多人,共7000多人,或称万人。指挥部设在挹江门附近。

孙元良的第72军,下辖一个师,即第88师,师长由孙兼任,两个旅。部署在雨花台和城南地区。

俞济时的第74军所辖的王耀武第51师及冯圣法第58师,在沪战中已被打得残破不堪,未经整训就调来参加保卫战。在南京补充了新兵,先在淳化镇和牛首山抗敌,后第51师转至水西门一带。第58师集结于城内。

宪兵副司令肖山令统率宪兵第2团,第10团,及教导第10团等,官兵总数为6450人。

从上海退却下来的还有广州部队叶肇第66军,下辖第159师,师长谭邃,驻防于汤山,第160师师长由叶自兼,部署于句容和麒麟门地带。

邓龙光第83军所辖第154师,师长巫剑雄,第156师师长李立,这两个师于12月7日始到达南京外围阵地麒麟门地带。

从武汉地区调来南京的有徐清泉第2军团,辖两个师,丁治磐第41师,部署在栖霞山到乌龙山要塞一带,徐继武第48师布防在尧化门地区。

担任镇江防务的第71军王敬久部所辖的第87师,师长沈发藻,于12月8日到达南京郊外,布防于紫金山南麓到光华门、红毛门、通济门一带。

此外还有一个临时成立的,由卫戌长官直辖的补充团,以及杜聿明的装甲兵团。

从番号及数量上看,以上兵力约十万人,不算少,且有最精锐的部队。从战斗力上看,多是从上海败退下来,未经过整训,或是没有经验的新兵。

唐生智受命后,将兵力做了部署:采取的不是主动出击,而是分兵把守的阵地战。以四个军的主力,组成以市郊汤山、栖霞、淳化、板桥等地为重点的外廓阵地,作为主要阵地;以三个师一个教导队的兵力,组成以城墙为依托的腹廓阵地;在教导总队工兵团的指挥下,动员了数十万民夫,构筑内外工事;由肖山令统率宪兵团和警察总队,在城内维持秩序。11月27日唐在中英文化协会招待外国新闻记者及留京外侨领袖时,发表了豪言壮语:"本人奉命保卫南京,至少有两事最有把握:第一,即本人及所属部队誓与南京共存亡,不惜牺牲于南京保卫战中;第二,此种牺牲,定将使敌人付以莫大之代价。"①他为了表示破釜沉舟、背水一战的决心,要交通部长俞鹏飞把下关到浦口的轮渡撤退,禁止任何军人从下关渡江,并通知在浦口的第1军,凡由南京向北岸渡江的任何部队或军人个人,都得制止,如有不能制止的,可以开枪射击。南京城中各处筑成战壕,街衢交通要点均置电网,城外各军事要点亦布置炮位,埋藏地雷。南京居民已大部迁离,南京城门,多用障碍物关闭,少数几个门通行。唐生智宣称,他可以"坚守六个月"。实际上,从11月20日他先行到职,到12月12日夜撤离南京不过3个星期。从12月5日日军向南京外围进攻到12月12日南京弃守,则只有1个星期。

蒋介石、唐生智估计日军当沿江而上,从下关登陆,攻占南京。而事实并非如此,日军采用迂回包围战术,自占句容后即分兵三路向南京东南近郊猛犯:一路约两个联队自句容以北,绕至汤水镇北九华山之背面,沿小路攻南京麒麟门;一路有三个联队和一个机械化兵团自句容正南22公里之天王寺,沿石子路进犯光华门东南12公里之淳化镇;第三路约两个联队自溧水向秣陵关进犯。各路日军未经激烈战斗,从5日至8日即先后占领了南京东郊汤山、半边山及汤山至龙王山一带的山地。在南郊,占领了湖熟、淳华镇和秣陵关。同时在西南郊外攻占了板桥和大胜关。京沪线方面敌军一个旅团也由官桥向华军攻击。栖霞山附近8日经过激战,也入混战态,芜湖也失陷了。南京外廓阵地至9日均被日军突破。华军损失惨重,有的溃退或溃散,有的被敌完全歼灭。

12月7日,松井石根起草了《攻占南京要领》,通告日军各师团:"1.若南京守城司令或市政当局留守城中,则劝其开城以和平占领。尔后,各师团分别由经过挑选的一个步兵大队(9日改为3个大队)为基干,率先进城,分区对城内进行扫荡;2.若敌之残兵仍凭借城墙负隅抵抗,则以抵达战场之所有炮兵实施炮击,以夺占城墙。尔后,各师团以一个步兵联队为基干,进城扫荡。"

12月9日,日本飞机共70架轮番轰炸南京城,松井石根在南京上空用

①《大公报》,1937年11月28日。

飞机散发《投降劝告书》，谓日军现已包围南京，将来大战开始，对于任何人皆有莫大的损害，若华军必欲抗战，则一切战争之恐怖将见于南京。限令唐生智于次日正午答复。这是日军对南京大屠杀之先声。唐生智在这危难时刻不为敌之恫吓所动摇，对敌之通牒置之不理，下令各部队与阵地共存亡。

　　日军兵临城下，蒋介石已于 12 月 7 日晚离开南京，当天晚上，偕宋美龄、钱大钧等人乘车至百子亭唐生智公馆，召集少将以上的守城将领会议，神情严肃地说："守卫国土是军人的天职，深望各将领率同士兵尽保卫国都之责，服从唐长官的指挥，奋勇坚守。"①随即乘座机飞往南昌，当夜随轿步行上了庐山。12 月 12 日蒋介石又致函唐生智、罗卓英、刘兴等人，说："我军仍以在京持久坚守为要，当不惜任何牺牲，以提高我国家与军队之地位与声誉，亦为我革命转败为胜唯一之枢机。如南京能多守一日，即民族多加一层光荣，如能再守半月以上，则内外形势必一大变。"②蒋介石又在重复上海撤退时所犯的错误，不现实地希望国际干预，扭转局势。

　　实际状况是，9 日日军一部已抵光华门，10 日向南京城发动总攻，步、炮兵协同作战，中日双方在雨花台、上新河、紫金山展开激战，城垣多处被敌炮摧毁，南京局势已极恶化。至 12 月 12 日拂晓，日军长谷川、冈木、竹下各部占领孝陵卫、雨花台等地，猛攻中华门为中心的一带城堡。他们在雨花台中腹斜面布置炮兵阵地，以重炮猛轰，先后占据南京兵工厂及火药库。依据城墙御敌的第 72 军孙元良 88 师战士顽强抵抗，在没有援兵和弹尽粮绝的情况下，做出了最大的牺牲。官兵 6000 多人壮烈捐躯。守城的 14 个师(或称 15 个师)在日军进攻的地方都有战斗，不管敌人多么凶残，军队都表现出英勇气概。

　　就在 12 月 12 日，蒋介石指令继续固守。这一天，"中国军队开始了总退却，许多军队从南门退入城内，许多士兵穿越难民区，但无越轨行动"。③

　　蒋介石一面说要坚守一段时间，一面又两次致电唐生智，令其相机撤退，而且时间是在 12 月 11 日晚上。"11 日晚，曾奉到委座两真电：如情势不能久持时，可相机撤退，以图整理而期反攻之要旨也。"④

----

① 居亦侨：《跟随蒋介石十二年》，湖南人民出版社，1988 年，第 149—150 页。

② 秦孝仪编：《中华民国重要史料初编——对日抗战时期第二编作战经过》(二)，第 219—220 页。

③ 田伯烈：《外人目睹日军暴行》，江西人民出版社，1986 年，第 8 页。

④ 中国第二历史档案馆编：《抗日战争正面战场》(上)，江苏古籍出版社，1987 年，第 413 页。

南京卫戍军突击计划（卫戍作命特字第一号附件笔一）

记附	队号	83A	66A 教总队 103D 112D	71A 72A	74A
一、第二军团应极力阻守乌龙山要塞封锁线，万不得已时，渡江向乌衣附近集结待命。 二、第三十六师应掩护各机关及直属部队渡江后开始渡江，向乌衣附近集结待命。	突围时地域区分	紫金山北麓—麒麟门—土桥镇—天王寺各相连之线上属右	《后教导总队103D》112D 66A之次序	飞机场东测—高桥门 淳化镇—溧水	铁心桥—陆郎桥 谷里村
	时期开始	13日6时	12日午后11时	12日午后11时	12日午后11时
	行军地境	83A 112D 主要道路属右 相连之线以下	103D 教导总队 字铺—宁国 县郎溪县 十	66A 72A 绩溪（溪）歙县	71A 74A 淳化镇—溧水
	集结地	四、83A 歙县附近 六、103D 112D 于潜附近	五、教导总队昌化附近	三、66A 休宁附近 二、71A 黟县附近	一、74A 祁门附近
	连络法	如附表第二之规定			

唐生智根据蒋的意图于 12 月 12 日早晨召集少数幕僚草拟了撤退计划，还通过南京难民国际委员会向日方提出休战问题，据田伯烈《外人目睹日军暴行》一书记载："唐生智将军曾请求我们向日方接洽暂时的休战，更被林君允许前往试探，但已经太迟了。"①

根据草拟的突围计划来看，撤退考虑是很周到的，从上表就可知。

然而以上纸上的计划，并不等于实际。南京撤退的混乱达到极度，比上海的撤退不知要糟糕多少倍。撤退令是 12 日下午发出的，有的接到了命令，有的则未接到。正面突围的第 66 军，从日军进攻的地方打出去，向着汤山、句容、溧水一线到宁国集结，途中也有交战和牺牲，最后成功了。这是南京撤退最好的一支军队。多数军队都向挹江门方面退却，希望从下关渡江。驻守这一地区的宋希濂第 36 师，因曾奉命不准任何部队由此过江，没有接到新的命令，多次拦阻向该地退却的军队，甚至发生相互残杀的惨剧。

不能原谅的是，12 日晚，唐生智、罗卓英等长官司令部的人都逃到江北，准备进行巷战的部队打电话找领队，司令部已空无一人。一支部队失去领导人，这支部队也就自然解体了。曾在中华门率军抗击日军的孙元良，在参加计划撤退的会议后，就没有再回到部队，而是脱下军装，穿上便衣潜入难民区。

---

① 田伯烈：《外人目睹日军暴行》，江西人民出版社，1986 年，第 8 页。

第 154 师和第 156 师师长巫剑雄和李江也乘船到了江北。他们所统率的部队,拥到江边一带,都被日军杀害了。

倒是肖山令在南京战争结束的最后关头,从容镇定,显示了自己的才能,展现了军人应有的品格。他指挥所属部队,抗击日军的前锋部队,下达突围部署。拥到下关的有第 66 军、第 74 军、第 87 军、第 88 师各部,数万军民争相渡江逃命。下关至浦口间原有两艘较大的轮渡,均已撤往武汉,仅剩数艘小火轮及 200 多条帆船。船少人多,秩序全无。人们挤上江边的帆船。因为载重太多,帆船倾覆了、沉没了,许多人就这样溺毙了。天寒水冷,苦渡无舟。肖山令曾令各部扎木筏渡江,但也遭到同样的命运。直到 13 日晨,仍有 2/3 的部队无法渡江,等待渡江的民众还有 10000 多人。

12 月 13 日,日军第 6 师团、第 114 师团首先从中华门侵入城内。第 9 师团攻入光华门。第 16 师团从中山门、和平门侵入。午后 2 时,日海军第 11 支队溯江而上,抵达下关,对顺江而下的民船进行射击。第 6 师团的一部分兵力也来到江边,水陆夹击撤退军民。肖山令在江边指挥部队与敌肉搏达五个小时,终因孤军背水,弹尽援绝,江边官兵无一生还,肖亦举枪自杀殉国。13 日午后 4 时,日军国崎支队沿长江北岸攻占浦口,南京宣告沦陷。

南京保卫战仅进行了一个星期就轻易地结束了,根本没有发生丝毫阻击和消耗敌军主力的作用。所能看到的是民众和士兵遭到的巨大的灾难。南京城内的军事物资也未及破坏,几乎原封不动地留给敌人享用和利用。本来,南京的惨重损失完全可以避免,或者把损失减少到最小程度,然而没有出现这样的局面。蒋介石、唐生智给日军提供了屠杀中国人的条件。南京失守的教训是惨痛的。如果蒋介石集团放弃南京,将市区军民转移到南京附近各县,按照后来新四军所采用的方针,以茅山为根据地,不断困扰南京日军,那当时的中日战争就必然是另外一种局面。

原载《江南学院学报》,1999 年第 2 期

台儿庄战役述论

今年是台儿庄战役胜利 60 周年。抗战 8 年,国民党军队的正面战场较大的战役有 23 次之多,有的战役在人们的追忆中已逐渐淡漠,有的甚至已不为人所知。只有少数战役人们仍然常常提及,特别是台儿庄战役,几乎是家喻户晓,可见其影响之大。

一

台儿庄原是一座小镇,位于运河北岸,津浦路支线临台路由临城经枣庄通车至台儿庄,该镇周围有砖石砌成的城垣,城内尽系土屋,居民 400 余户,人口约 20000。此地北距峰县 34 公里,西南距陇海路的运河口 46 公里,跨过运河距徐州 40 公里。中日军队在这里展开了大战,使这座小镇在历史上留下了光荣的纪录,因而闻名于世。

这次战役发生在最严峻的历史时刻。当时日军骄横不可一世,先后占领上海、南京;国民党精锐部队丧失大半,溃不成军;南京国民政府西移武汉,惊魂未定;弃守南京的唐生智也逃到武汉;军政要人多数悲观失望。1938 年 1 月 6 日,蒋介石召开高层会议,讨论和战问题。除蒋介石、李宗仁外,主和者颇多。军令部长徐永昌讲"全国无能战之军";张群认为"既不能战,即须求和,但敌人条件恐非我们所能堪,且共党方面、桂军方面反对必烈;若刘湘之反对,只他个人之势力地盘问题。……是明白者不愿负责,愚昧者相得便宜"。[1]白崇禧亦"不主德邻军力战,以为在一地纵力战亦守不了一星期,不如预留游击之力量为得计"[2]。汪精卫更是大谈求和,似乎不屈膝投降,日本便有吞噬一切之

---

[1] 转引自蒋永敬:《抗战史论》,台北东大图书公司,1995 年,第 300 页。

[2] 转引自蒋永敬:《抗战史论》,台北东大图书公司,1995 年,第 296 页。

势。在此形势下,李宗仁在台儿庄赢得了艰苦的胜利。此役安定了战局,扫除了悲观失望的逆流,提高了民族抗战的信心。显然,台儿庄战役对当时中国政治和抗战格局具有不可低估的影响,它告诉国人,只有坚持抗战路线,才是中国的出路所在。

二

日军占领南京后,其"陆军省、参谋本部认为中国事变中的军事行动已可告一段",而海军则主张夺取安庆,梅津次官主张占领徐州。"1938年2月16日御前会议做出以暂不扩大战局为一般方针,根据情况可实施所需要部分作战的决定。"[①]事实上,战争一直在不断扩大。日军荻洲第13师团,沿津浦路南段向安徽蚌埠推进。1938年1月18日占领明光(今嘉山县治),2月初又犯凤阳、定远、临淮关等地。在津浦路山东一段,华北第二方面军矶谷第10师团1937年12月27日占领济南后,亦未停止前进,而是乘韩复榘不战逃亡之机,于1、2月间攻克泰安、大汶口、兖州、济宁、邹县等地。日军板垣第5师团2月占领青岛后,沿济宁线西进。至潍县转南,经高密,循诸城、莒县一线,指向临沂,与津浦线上矶谷师团呼应,企图合攻徐州。占领徐州,是日军确定的一个重要战略目标。"华北方面军自1937年底以来,为使华北、华中联结起来,曾多次建议中央进行徐州作战,以及对武汉之敌施加威压,从而占据黄河右岸据点(郑州、开封等)实属重要。"[②]

3月13日,日本华北方面军正式下达了南进的命令,命第10师团进犯大运河以北地区,第5师团以一部分占领沂州后进入峄县附近,配合第10师团作战。津浦路大战展开了。津浦路黄河以北路段沦陷后,所属的以南路段归李宗仁第5战区管辖。1938年2月初,李宗仁在六安就任安徽省主席后来到徐州,驻节于此。他所管辖的地区包括山东全省、长江以北江苏、安徽两省大部,辖区广大。危难之际,最易显出领导者的才能。李宗仁竭尽全力,策划第5战区战略构想。起初,第5战区直辖兵力不足7个军,部队的番号和驻地如下:

---

① 日本防卫厅战史室编纂:《日本帝国主义侵华资料长编》(上),四川人民出版社,1987年,第420页。

② 同上,第425页。

第 31 军,军长刘士毅,辖第 131 师,师长覃连芳;第 135 师,师长苏祖馨;第 138 师,师长莫德宏。韩复榘部两个军,第 12 军,军长孙桐萱;第 55 军,军长曹福林。驻防津浦路北段山东境内。

第 57 军,军长缪澄流,下辖第 111 师,师长常恩多;第 112 师,师长霍守义。驻防苏北。

第 89 军韩德勤,辖第 33 师,师长韩德勤兼;第 117 师,师长李守维。韩部为江苏省保安队改编,原非正规军。

第 51 军,军长于学忠,辖第 113 师,师长周光熊;第 114 师,师长牟中珩。驻防青岛。

第 3 军团,军团长庞炳勋,辖 5 个团,驻防砀山。

以上这些军队都是杂牌军,兵额不足,装备较差,一向受到国民党中央军的歧视。他们在抗日前线浴血奋战,但又常常担心蒋介石及其嫡系部队的倾轧。根据经验和判断,李宗仁指出:"蒋先生一贯作风,却是假全国一致团结、共赴国难的美名,阴图将这些非他嫡系的杂牌军悉数消灭。"① 由此可见李的境遇和心绪的艰窘。

李宗仁极力扭转各种不利因素。对各部队领导,晓以民族大义,根据战局发展,重新部署兵力,调整津浦线南北防务,并积极吸取各种抗日军队以扩充实力。2 月初,淮河战局吃紧,李急调原驻青岛的第 51 军至淮河北岸,第 113 师会同安徽保安第二团,守备蚌埠至怀远北岸一带的河岸阵地,第 114 师守备临淮关北岸至西门渡河岸阵地,于学忠率军部驻守固镇。2 月 6 日,张自忠第 59 军也奉命由豫东商丘调至淮河一线。张自忠在北平沦陷后的第一星期,滞留北平为日军所利用,遭到舆论的猛烈斥责,乃逃险出走,决心洗刷这一历史污点。经李宗仁推荐,又回到旧部第 59 军任军长,以戴罪立功之心率部驰骋疆场。在津浦北段,韩复榘因不遵军令擅自撤退而于 1938 年 1 月 24 日伏法后,其队伍由孙桐萱率领返回津浦线。又调邓锡侯、孙震领导的川军第 22 集团军布防藤县等地。该军出征山西战场时,因不熟悉敌情,加之长途跋涉,装备较差,一投入战场即吃败仗。退却时军纪散漫,沿途遇见晋军的军火库即破门而入,擅自补给。阎锡山认为,川军是"抗日不足,扰民有余"的"土匪军"。蒋介石拟将其调入第 1 战区,被程潜拒绝。蒋竟说出一个统帅不应说出的话:

---

① 广西政协文史资料委员会编:《李宗仁回忆录》,广西人民出版社,1980 年,第 705 页。

"让他们回到四川去称王称帝罢!"只有李宗仁与众不同,他欢迎这支部队调到第5战区。原驻防海州的庞炳勋部则调到临沂,海州防地由驻苏北的缪澄流部接防。

中共党员郭子化以从延安回乡参加抗日为名去见李宗仁,向李阐述中共的抗日政策,李表示接受,并允许中共在徐州设立办事机构公开办公,礼聘郭子化为第5战区总动员委员会委员,该委员会组织部总干事是郭影秋。战区动委会和各县动委会成立后,各种群众抗日组织都得到激励,职工联合会、农民救国会、儿童救国团等在各地相继成立。战区动委会在当地农村动员所有18岁至45岁的农民参加自卫队,这就为群众性的抗日奠定了基础。

在战略战术上,李宗仁采纳了中国共产党的思想,使他的军事战略高于其他国民党高级将领。1938年3月初,白崇禧从武汉被派往徐州,协同李宗仁指挥战争。行前请周恩来和叶剑英到其在熊廷弼路的寓所,求教对敌作战的指导方针。周恩来讲:在津浦线南段,已令新四军张云逸的第4支队协同李品仙、廖磊两集团军,采取以运动战为主、游击战为辅的联合行动,运动于辽阔的淮河流域,使津浦线南段的日军时刻受到威胁,不敢贸然北上支援南下日军。同时在徐州以北又必须采取阵地战与运动战结合之方针,守点打援,以达到个个击破的目的。白崇禧深表赞同。白走后,周、叶又要张爱萍以八路军代表的名义去见李宗仁,表达了同一思想。李宗仁欣然接受。

在淮河南段,淮河流域的阻击战取得了胜利。于学忠部第51军、张自忠第59军于2月上旬和中旬,在淮河沿线从正面向日军发动进攻。周祖晃的第7军、刘士毅的第31军和张云逸的新四军第4支队对淮河以南上窑、滁县、定远、凤阳等地日军进行侧击,实施外线包围。这一地区民间各种组织风起云涌,游击队、红枪会、八卦教及武装民众,向日军防地薄弱之地进行骚扰。明光等地火车站都受到攻击,日军防不胜防。日军为解淮河南岸之危,被迫抽调淮河地区主力6000余人回援上窑、地河、定远等地。此时,廖磊领导的第21集团军已由江南开到合肥,从合肥东10公里处香埠向北至张八岭间约40余公里正面布防,对定远、怀远、和县方面警戒;另以一部沿淮河南岸布防警戒,配合第31军向淮河侧背的地河、定远等地发动进攻。北犯日军腹背受敌,进到淮河北岸的日军被迫全部撤退到南岸,中止占领徐州的计划。中日两军在淮河南北两岸形成对峙,战事呈胶着状态。

在津浦路北段,临沂和藤县战场上留下了"杂牌军"为民族争先的英勇标记。

2月下旬,日军第5师团长野、片野、粟饭原三个联队9000余人,向宫县、沂水进攻。庞炳勋率五团兵力节节撤退。3月5日,杨头镇、葛沟、白塔、相公庄等地相继失守。3月27日,日军进至临沂城附近的芝麻墩、兰墩、宋家埠各村,距城最近处只有2公里,临沂岌岌可危。庞迭次告急。李宗仁急调在淮河前线的张自忠部赴临沂增援,并派参谋长徐祖贻于3月7日到临沂前线指挥作战。张、庞原系冯玉祥部下,积有宿怨。1930年中原大战时,庞被蒋介石收买倒戈反冯,曾袭击张自忠部。然而,处此民族危急时期,张抛弃前嫌,毅然遵命赴临沂郊外与庞相约夹击日军。13日黎明,张亲自督战,暗渡沂水,进驻城东6公里的南房村,以大军团活动于日军侧背,迫近临沂之敌。日军匆忙后撤,集中兵力对付张部。庞部借机反击,于当夜11时占领相公庄,并派手枪队歼击城东南附近之敌。张自忠部击溃敌军后,继续向杨头镇追击。是役,日军共伤亡1500多人,张部伤亡1300余人,庞部伤亡500余人。板垣师团向莒县退却。

时津浦线正面吃紧,沂河西岸的张自忠部受命西移。日军乘机再犯临沂,并由胶东调来板垣师团酒井旅团参战。台潍公路沿途许多地方重陷敌手。随后,日军进抵沂河岸郁九曲附近的三官庙,又形成了兵围临沂之势。李宗仁再派徐祖贻赴临沂。3月25日,张自忠部重返临沂前线,以一部往郁九曲,协守东岸正面阵地,一部由西岸侧面强渡沂河,向台潍公路的桃源侧袭,截断三官庙的日军退路。三官庙日军陷入困境,又受到郁九曲的正面袭击,被迫后撤,临沂转危为安。张自忠部不仅解除了临沂之围,而且粉碎了板垣师团会师台儿庄的预定计划。临沂战后,中外记者参观团前往临沂慰问第59军时,张放声大哭,用眼泪代替了回答。他决心以抗战的实际行动表达对中华民族的忠心。

与临沂之战同样重要的是藤县之战。藤县位于山东省南部津浦线上,由第22集团军王铭章第122师驻城内防守,第124师在城外接应。3月14日,矶谷第10师团濑谷支队从邹县以南的两下店向界河香城之线发动进攻。14日,洛宁之敌也向微山湖东的张家桥、周湾移动。中日军队展开了激战。中国军队伤亡较大,退守藤县一线。15日,津浦线北段界河阵地因受日军骑兵夹击失陷。日军乘机由香城向藤县迂回,由东沙河、北沙河迫近藤县。第124师被打散,王铭章率部顽强阻击,朱道南、刘景镇领导的鲁南抗日自卫团积极配合王铭章作战。16日,日军反复攻击,先将东关包围,继而以大炮轰击。东关守军浴血苦战,与日军肉搏达8个小时,牺牲很大,被迫退入城内。驻界河的华军急由前线撤退,增援藤县。藤县守军这时共有30余连队3000多人。王铭章师长即以此兵力为基干,与敌周旋。藤县县长周同也率领警察及保安团协同固守。日军占领东关后,于16日夜向城内开炮,将城垣击塌两处。守军以保存的食盐千包堵塞缺口,其他各门亦以沙包填塞。17日,日军包围西城。以飞机、大炮做掩护,强行攻城。中国守军以手榴弹、机枪抵抗。此时,城内炮弹如雨,敌机轰炸不断,3000名中国将士生存者寥寥。王铭章率参谋长赵渭滨、团长王麟、县长周同等登城督战。战士们奋勇杀敌,前仆后继。17日,日军攻破西城,赵渭滨、王麟战死,王铭章腹部中弹后,见大势已去,危城难守,遂以手枪自尽,周同也牺牲。城内300余名重伤兵未及撤出,不愿受敌残杀,互以手榴弹爆炸而死。其牺牲之壮烈,惊天地而泣鬼神。

日军入城后,城内仅存的五六百名中国士兵顽强巷战,且战且退,冲出重围,途中又伤亡过半。18日,藤县失陷。第122师将士牺牲2000余人,日军也损失惨重。藤县城外,遗尸满野,血流成河。这场战斗迟滞了矶谷师团南下,为徐州、运河、台儿庄的布防创造了条件。

三

日军濑谷支队3月17日占领临城,20日占领韩庄和峄县,22日,第10团又命令其于23日从峄县出发,攻占台儿庄附近运河一线。23日晨,日台儿庄派遣队沿台儿庄铁路南下,当天晚上即进至台儿庄附近的北洛地区。

李宗仁对于台儿庄的军事部署已经完成。3月中旬,汤恩伯第20军团的主力先后到达鲁南。第20军团共辖第13、第52、第85三个军,实际上只有5个师和1个独立骑兵团。第13军军长由军团长汤恩伯兼任,下辖第110师,师长张轸;第52军军长关麟征,下辖第2师,师长郑洞国;第25师,师长张跃明;第85军军长王仲廉,下辖第4师,师长陈大庆;第89师,师长张雪中。该军团原属第1战区战斗序列,时正在河南休整,奉命兼程至徐州布防。最先开拔的是王仲廉的第85军,去藤县附近支援第22军团,掩护军团主力在运河以北地区实行战略展开。唯该军抵达指定地点时,藤县已经先一日沦陷。该军先头部队与敌由藤县以东向枣庄南下之濑谷支队第23联队发生激战。第85军遂集结于枣庄、临城之间,这一地区抱犊崮山,地势险要,易于隐蔽。第20军团后续部队第52军根据局势的发展,未向运河以北临城之线去迎击敌人,而是开到运河以南利国绎等地布防。此时,由郑州、洛阳等地调来的第2集团军已经到达。第2集团军名义上辖有两个军,即田镇南第30军和冯安邦第42军。唯因历年作战,损失甚重,第42军已成一个空番号,实际上该军团只剩下3个师,即第27师,师长黄樵松;第30师,师长张金照;第31师,师长池峰城。该军1938年1月由山西调豫南武胜关、潢川一带,一面整训,一面构筑国防工事,3月14日奉命担任黄河防务,接着又被调去台儿庄地区。孙连仲司令部是23日抵达津浦路茅村镇,后设其司令部于台儿庄以南约1.5公里的韩家寺。第80军军部设在花山子,第31师师部设在铁路南站桥下涵洞内,第30师师部驻顿庄,第27师防守台儿庄东北之赵庄、园上一带。先期到达台儿庄的第31师为保卫台儿庄的主力军,一部固守台儿庄城关,一部驻防泥沟、康庄、獐山等地。

因为孙连仲部到达,3月19日第5战区司令长官下达作战命令:1.命令新由郑州、洛阳赶至徐州的第2集团军孙连仲部及第2军团第110师接替第52军防务,沿运河南岸布防,扼守台儿庄正面阵地;2.命令第20军团主力第52、第85两军让开津浦路正面,在峄县东北之兰陵、向城一带集结。20日晚,第52军向兰陵、向城一带移动。22日又秘密向枣庄以东之勃鸽窝、郭里集一线挺进。

李宗仁确定的方针是诱敌深入:汤恩伯部在峄县山地隐蔽起来,待日军主力南下侵犯台儿庄时,潜行南下,击敌后背,然后和布防在台儿庄的孙连仲合围歼灭之。日军的情报是无孔不入的。濑谷支队23日已侦知:一、在峄县周围驻有第20军团(汤恩伯)、第13军(第4师、第89师)、第52军(第52师、第25师),正进入峄县东面地区。二、第5战区司令长官李宗仁命令汤恩伯军集结于峄县东北及北面高地,24日开始攻击前进,将日军压至韩庄、临城之间的微山湖予以消灭。汤恩伯22日夜宿于向城。濑谷支队长根据以上情报,于23日夜下达如下命令:一、支队决定以一部运往沂州方向策应坂本支队,主力确保韩庄及台儿庄附近大运河一线。二、24日沂州支队(步兵第10联队第2大队)从临城出发,向沂州方向前进,策应坂本支队作战。三、步兵第10联队(缺第2大队)以一部确保韩庄附近大运河线,主力集结于临城。四、步兵第63联队以一部确保台儿庄附近大运河线,主力集结于临城。五、支队司令部及直属部队集结于要庄附近。①敌人主力进攻台儿庄时,没有放松对临城和

---

① 日本防卫厅战史室编纂:《日本帝国主义侵华资料长编》(上),四川人民出版社,1987年,第428页。

峄县方面汤恩伯部队的防范。

3月24日,台儿庄附近战事激烈展开。敌军先以炮轰,继以坦克为前导,向前猛冲,随后是步兵前进。池峰城第31师在台儿庄各村落坚强抵抗,以血肉之躯,与敌炮火及坦克相搏斗,至死不退。敌人承认24日"黄昏以一部突破台儿庄城东北角,但受到反击未能成功。派遣队因弹药缺乏中止攻击,撤至台儿庄北面,准备以后的攻击"。①24日夜,敌军进至郭里集,25日黎明就遭受汤部围攻。

就在1938年3月24日这一天,蒋介石率领几位高级军政要员到徐州、台儿庄视察,并指留白崇禧、林蔚、刘斐、王鸿韶组成临时参谋团,协助李宗仁策划作战。在此之前,蒋介石是不同意李宗仁的积极进攻作战方针的。"蒋先生以为,敌占临城、峄县已三四天,工事已坚,攻之不能下,尔后又难撤退。日军又以一军攻鲁西,我无兵应招,陇海被截,徐州危矣,不如停止进攻,以待敌之来攻。"②

台儿庄已成为战事的中心,但日军前后左右都受到华军和游击队的打击,其后方运输线常被切断,这和日军占领北平、天津、上海、南京时战场的阵势完全不一样。所以日军几乎天天哀叹,通讯联络不好,补给有困难,战事无进展。

战役开始时,华军运用包抄战略,分三路反攻日军:左翼由孙桐萱、曹福林率两个旅由金乡、巨野渡过黄河,直取济宁、嘉祥,逼近兖州城郊外;右翼由张自忠、庞炳勋指挥,向临沂北汤头镇之日本援军进攻;中路正面由峄县南下的汤恩伯军与由台儿庄北进的孙连仲军,从两边夹击日军。这就使津浦前线呈现出复杂的状况:一方的大部分兵力在对方阵地之后作战,单位兵力亦多与其主力相隔离,中日两军为夺取重要城镇,屡进屡退,一个村落一个村落地争夺。左翼华军孙桐萱、曹福林部向大沽口、兖州、邹县、两下店、界河、藤县之敌奇袭,破击日军补给线。张北华领导的泰西人民抗日武装活动于津浦路附近,炸毁附近的铁路、公路、桥梁;中共邹县县委在邹县西南元埠、冯家庄一带二三十个村庄,以自卫团的名义发动组织武装,成立鲁南人民抗日自卫团,由冯起任团长,活动于邹西、济东。兖州地区,配合川军作战。刘星、陈伯衡、曹志

---

① 日本防卫厅战史室编纂:《日本帝国主义侵华资料长编》(上),四川人民出版社,1987年,第429页。

② 转引自蒋永敬:《抗战史论》,台北东大图书公司,1995年,第306页。

尚等在汶上、嘉祥一带组成应上县人民抗日自卫队,开展抗日游击活动,打击日伪军。因此,日军之后路被截成数段,每段铁路被拆毁数公里,大沽口至藤县间联络完全中断。在战事中心临台支线,枣庄煤矿工人组成一支3000人的游击队,非常活跃,不断夜袭敌军,在枣庄点燃了敌军汽油库,破坏了临城以北铁路。临城、贾旺等地的煤矿工人组成爆破队,炸毁了台潍公路。湖西人民武装抗日义勇队在沛县、藤县交界处有4个大队,每队100—200人,在临城、韩庄一带破坏铁路。3月26日,华军汤恩伯部攻克枣庄的3/4,仅中兴煤矿公司及1个碉楼未曾攻下。27日,汤部又收复了临城和津浦县及运河交叉处的韩庄。因枣庄和韩庄被克复,深入该地区的敌军被截断中腰,首尾不能相顾。又因运河阻其前,微山湖扼其西,山地峙其东,日军机械化部队难以横行,处处挨打。

　　进至台儿庄附近各村庄的日军,同样遭到痛击。在激烈的拉锯战中,敌人无弹药接济,又缺乏部队增援,仅能占据村庄抵抗。北路的日军进攻孙庄未遂,继而炮击三里庄、台儿庄及北站各地。北站和台儿庄为运河北岸两个据点,是台儿庄战役浴血之地。由兰城店南下之敌据城北刘家湖、邵庄一线,向园上、台儿庄攻击。园上陷敌后,池部迂回攻击敌人侧背,先后克复刘家湖、邵庄、三里庄。敌退至沧浪庙、边庄,少数仍据园上顽抗。29日,北洛、沧浪庙、边庄之敌向刘家湖反攻,以炮火将台儿庄寨垣轰破一个缺口,以战车掩护突入寨内,被守军击退。池师王震团长、姜常泰营长亦负重伤,官兵伤亡很多。[①]25日,孙连仲指挥所部奋勇攻敌,连克五六个村庄。26日,敌增机械兵种两个联队反扑,孙部未及赶筑工事,血战竟日,各村据点多被轰毁,后退回原阵地。27日,矶谷师团向台儿庄圩内猛冲,池师一部在台儿庄东北猛击敌背,另一部在坪内阻击。所有官兵一律赤膊,手执大刀,腰中插满手榴弹,与敌肉搏。自晨至夕,进入台儿庄北圩之敌尽被歼灭,台儿庄北圩外之敌亦被击退。当时,是全歼进攻之敌的最好机会,李宗仁曾命令汤恩伯军团迅速南下,而汤部在姑婆山区逡巡不进。汤考虑的是"一旦日军突破台儿庄防线,越过运河,那么在敌后并与敌主力胶着在一起的第20军团就有遭日军围歼的危险,所以不愿南下拊敌之背"。[②]李训诫汤说,如再不听军令,致误戎机,当照韩复榘前例严办,

① 刘凤瀚:《孙连仲先生年谱长编》(第四册),"台北国史馆",第2280页。
②《我的戎马生涯》,团结出版社,1992年,第196页。

汤部始全师南下,然台儿庄守军已伤亡殆尽。28 日,日军再次猛攻台儿庄。池师以大刀、手榴弹向敌阵猛冲,有进无退。敌机前来助战,却无法展其所长。因双方肉搏,大炮失去威力,坦克更难活动,机械化此时此刻已无价值。29 日,日军后路被截断,运输困难,便以飞机运送弹药给养。30 日,台儿庄以北 5 公里多的三四个村庄被孙连仲部围困。这时,由峄县南下占领临台铁路以东的汤恩伯军一部向台儿庄急行,分南北两路猛攻敌之左侧背。31 日,关麟征军占领临台铁路附近之北洛。台儿庄之敌被分隔于包围之中。然而,此时汤恩伯部后背突然发现强大的敌人,板垣师团片野支队两个联队沿临台公路向汤部背后袭击,已接近汤、关司令部。4 月 1 日,关部以一营步队向北来之敌逆袭,同时急调主力,经临台公路之东南,绕过敌人左侧,直抵片野支队后背,向临台公路上的作子沟、秋湖、爱曲等地袭击。经两天半战斗,日军被分段击破。片野支队一部离开公路线,西向绕过关军之北翼,在峄县东南一带会合矶谷之师,全力围攻台儿庄。4 月 3 日是台儿庄最危急的时刻,除城东半部被敌全部占领外,西北城角亦为敌所袭据,守军只保有南关一隅,全庄 4/5 已被日军占领。池峰城曾请示可否转移阵地,退往运河南岸,以免全军覆灭。李宗仁令其死守待援,孙连仲命池峰城以重赏把 500 名担架兵组成“敢死队”,于当夜偷袭敌营。孙要求池指挥敢死队当天夜晚必须把已失的阵地夺回来。“士兵打完了,你就自己上前填进去。你填过了,我就来填进去。有谁敢退过运河者,杀无赦!”[①]池指挥敢死队于深夜进攻敌营,攻击从收复西北角开始。排长尚斌率领57 名壮士,携带炸弹、大刀、短枪,暗自出城,绕至西北城外,以迅速的突袭,爬城而入与敌人展开肉搏,虽然牺牲了 40 多人,却夺回了西北城区。他们之所以成功,是因为当东半城陷入敌手,北门及西北角又为敌所占时,北城墙上一小段仍由张庆照连长率残部死守,使西北角之敌不能与东北角之敌连成一片,这样,就恢复了寨内 3/4 的阵地。

4 月 4 日,孙汤两部内外夹击日军,日军陷于苦战,濑谷支队、坂本支队已被分割,失去联系。战事中心集中于台儿庄周边地区如下四处:一处在台儿庄西北约四五公里,即临枣台支线之插花庙、彭家楼、范口、龚家园等村落,经两三日激战,敌人被击败,向板桥溃退;一处在台儿庄正北约 5 公里,即临枣台支线,华军向日军主要据点南洛、三里庄猛攻,使敌人遭到毁灭性打击;一处在台

---

① 《李宗仁回忆录》(下),广西人民出版社,1980 年,第 733 页。

儿庄正东约8公里,即临枣台支线以东之后堡、辛庄、五窑路、五圣堂、陶沟集、周沟桥、彭村一带,3日,华军向该处之敌猛攻,使敌受到重创;一处在台儿庄东北约20公里之洪山镇、兰陵镇、秋湖附近,该处之敌系由沂河西岸开来,经华军打击死伤大半,联队长千岛也被击毙。上述4处之敌人均受到重创。

4月5日,战况极为激烈。日军曾施放催泪毒气弹、燃烧弹,但不仅无进展,还呈现出败北状况。李宗仁致军令部密电中讲:"(1)台儿庄附近之敌,昨(江)晚企图由台儿庄东南黄林庄、石柱一带渡河,经我孙集团奋勇堵击及本军团抽军由岔河镇、王军由大良壁同时出击,故未得逞。周军已攻占肖汪,刻正向贺庄、小前庄东攻击前进,王军已先后攻占东面范墩、黄渊、郁庄、落虎山、鸾墩、蔡庄、大顾珊、朱庄,刻正向关庄攻击前进。敌因受王、周两军夹击,似有向西北溃退模样。(2)关军于本日(4日)先后攻占爱曲、秋湖,已令关军将兰陵镇东北地区残匪歼灭,即向甘露寺、柿树园、泥沟攻击前进。"①第20军团倾全力向台枣支线之敌进迫,并与据守台儿庄之第2集团军会师,对濑谷支队形成内外夹击之势。被围之敌计有:谷川、福井、中村、西村、木下、天原、能久、森平、铃木、长野、川村、加藤、赤柴等10余个联队。濑谷支队为逃脱全部被歼,决定暂时离开台儿庄,兵力向后方集结。

6日午夜,日军以猛烈火力意欲向外线突破一点,觅一退却出路。台儿庄圩内之敌700余人,在东城构筑坚固阵地,于各要点装设机枪,以图固守。池师王冠五旅穿越小巷,奋勇出击。除一部在城内正面压迫敌人外,以一部绕至城北,攻占各村,另则将敌所占之东门西门截断,自城外爬城,向城内进攻。城内敌弹药库爆炸,造成混乱。敢死队(或称奋勇队)英勇无比,迫至碉堡门户,先投掷手榴弹,将守门之敌击毙,后蜂拥而入,唤令缴械。敌欲作困兽之斗,敢死队横冲直撞,用大刀砍杀,将敌人全部歼灭。

6日晚至7日晨,日军沿临枣支线铁路两侧向峄县退却,占领峄县近郊之双山、曹庄、吴家林、乱沟、獐山、壕沟、卧虎寨、老虎山各要点,与原在枣庄临城间的部队会合,欲利用良好的地形,固守待援。

7日,李宗仁在铜山下达追击命令:汤军以一部肃清战场,以主力由台枣支路(不含)以东,沿夏庄、马山、九山、潭山以南地区向峄县追击前进;孙军指挥张轸师由台枣支路(含)向峄县追击前进;曹福林军应于峄县以北地区截击

———————————
① 中国第二历史档案馆编:《抗日战争正面战场》(上),江苏古籍出版社,1987年,第609页。

敌人。各路军队一直追击到峄县附近,日军大部退到峄县,一部退到费县。追击战中,敌人没有受到大的伤害,日方的资料宣称:"支队秩序井然脱离敌人,只因运输困难,以致烧掉一部分积存的物资。"①

日军企图一举占领运河、拿下徐州的计划失败了。台儿庄中国军队的坚强抵抗是日军未曾料到的。4月2日,路透社描绘台儿庄战役说中日两军经八昼夜不断之血战,损失皆异常惨重。运河水赤,市镇为墟,运河北岸台儿庄方面之华军,力能控制全局。②日军也承认:"目前之战事,为日军在华所经历之最激烈者。"③日军伤亡人数万余人。据日本华北方面军参谋部第3课编制的资料,日军第5师团从2月20日至5月10日死1281人,伤5478人;第10师团从3月14日至5月12日死1088人,伤4137人。④

中国在这次战役中,显示了自己的力量。战士们都抱着与阵地共存亡的决心,与敌人厮杀在战场上。孙连仲部4月5日及6日伤亡最为严重,截至6日,第27师仅余战员2000余名,第31师1400余名。该军团原有25000余人,伤亡总数约17000余人,即7/10。

作为战役的一个阶段,中国胜利了。但台儿庄战役并没有完全结束。日军第10师团4月8日命令濑谷支队、坂本支队:"在现驻地附近大力整顿兵力,搜索敌情,做好尔后进攻准备。"濑谷支队在峄县附近地区集结,坂本支队在郭里集南面地区整理部队。⑤

峄县成为战事的中心。汤恩伯军团和孙连仲集团军对峄县的围攻也占领了几个村落,但总的说来进展不大。

4月下旬,日本大本营按照既定计划,又开始了全面的进攻。

一次次的战役,显示了抗日战争的历史进程,有的成功了,有的失败了,总是给人以启示。台儿庄之战,中国军民所表现出的英雄事迹和悲壮情景,必将永远留在人们的心中。

原载《档案史料与研究》,1998年第2期

---

① 日本防卫厅战史室编纂:《日本帝国主义侵华资料长编》(上),四川人民出版社,1987年,第433页。

②《申报》,1938年4月3日。

③《申报》,1938年4月5日。

④ 日本防卫厅防卫研究所战史室:《中国事变陆军作战史》,中华书局,1979年。

⑤ 日本防卫厅防卫研究所战史室纂:《日本帝国主义侵华资料长编》(上),四川人民出版社,1987年,第433页。

反"九路围攻"和台儿庄大捷的历史思考

60年前的卢沟桥事变,打响了中华民族全民抗战的枪声,中国人民同仇敌忾,奋起抵抗,掀起了拯救民族危亡的高潮。

抗战初期,出现了两种完全不同的战略思想。国民党坚持军队抗战、不敢发动民众,国民党军在华北、华东等地实行阵地战、防御战,官兵虽作战英勇,战事悲壮但多失败。平津失守、沪宁沦陷,中国战场出现严重的军事危机。一股失败主义的暗流蔓延开来。

而中国共产党坚持全民抗战的方针,八路军依靠民众开展敌后的运动战、游击战。1938年1月,中共在敌后建立起晋察冀边区抗日民主政权,辖70余县、1200万余人。敌后游击队驰骋于广袤的山区与平原,连平津也处于八路军游击队的包围中。

1938年3月至4月间,发生在鲁南的台儿庄战役和晋东南的反"九路围攻"的胜利,则典型地印证了两种战略的优与劣。

国民党军队在台儿庄的战斗,为这个无名小镇带来了巨大声誉。当时坐镇徐州的李宗仁,举办游击训练班,请八路军做教官。李宗仁用运动战和游击战原则,以一批装备低劣的杂牌军如川军、旧西北军、东北军、滇军为主力,以中央军汤恩伯、关麟征部为机动部队,在鲁南战场上主动打击日军。一向被动挨打的国民党军,开始表现出非凡的勇与谋,如宋哲元旧部张自忠,在冀察政委会时期曾任天津市长,后滞留北平一周,声名不佳,但在鲁南战场上成为著名战将;担任台儿庄正面作战的旧西北军孙连仲、台儿庄防守司令池峰城,都率部誓死抵抗,寸土不让。堑壕中尸山血河,"决死奋战之状历历在目"。日军曾一度攻占台儿庄面积的80%,又被迫退到峄县,闭城固守。吃了败仗的日军矶谷第10师团和板垣第5师团都是侵华日军的王牌劲旅。这说明,只要指挥得当,弱旅同样可胜强师。可惜台儿庄战役后期,国民党军又重复单纯正面防守的态势。日军迂回包围徐州,李宗仁指挥30万大军突围,徐州失守,鲁南沦入敌手,中原门户洞开。仅台儿庄一役,国民党军就伤亡近万人。

和台儿庄战事相比,发生在同一时期的晋东南反"九路围攻"的军事价值似乎更大。1938年4月初,日军以下元熊弥第108师团为主力,纠集第16师团、第20师团和第109师团各一部共约30000人,在香月清司指挥下,分9路从同蒲、正太、平汉铁路和邯长公路的重要据点,合击辽县、榆社、武乡地区的八路军主力。朱德、彭德怀指挥第18集团军及中央军、晋绥军的新军和地方游击队等各种抗日武装,组织民众,实行"空舍清野",与敌周旋于太行山间。日军占领了一些县城,既无食物,又到处挨打,十分被动。刘伯承、邓小平、徐向前、陈赓、徐海东等诸将领,分赴各地指挥,抗日军民广泛出击,给进犯之敌以沉重打击。至4月20日共进行大小战斗数十次,其中第129师和第344旅在武乡以东长乐村附近的战斗,第94师、第169师在东西团城盘陀镇的连续作战,都重创日军并使其不能深入,第17军在沁源和屯留城,第83师和第47师在和川镇,曾(绍山)汪(乃贵)两支队在松烟镇,秦(基伟)赖(际发)支队在辽县,其4师在麻田以南的战斗,均取得胜利。此役共歼敌4000人以上,收复18座县城,将日军逐出晋东南地区,以太行山为中心的晋冀豫抗日根据地基本形成。

台儿庄和晋东南的战事,对中国战场的发展产生了深远的影响。对台儿庄战役,几乎无人不晓;而对晋东南反九路围攻,人们知之甚少。这是因为,一、1938年春,日军进攻的主要矛头在正面战场,舆论也聚焦于鲁南;二、国民党当局存有政治偏见,大肆渲染台儿庄大捷而不愿宣传八路军的战绩,以致晋东南反"九路围攻"的胜利没有得到应有的地位。

历史谱写了中华民族团结御侮的不朽篇章,台儿庄和晋东南的战事都表现出抗日军民不屈的意志和坚强的力量。所不同的是,前者以军队与日军硬拼,虽然悲壮,却不能改变正面战场溃败的趋势。后者代表了抗战的主流,开拓了广阔的敌后战场,改变了中国抗战的态势,内容更丰富,意义更深远。从此,晋东南成为八路军总部所在地和敌后的总根据地,太行山也成为中共抗战不可征服的象征。

原载《博导晚谈录》,天津人民出版社,1998年

1938 年武汉战役的探讨

半个世纪以前的抗日战争是决定中国命运的一次大战。中国经历了无数艰难,遭受了种种灾难,死伤 3000 多万人,最后取得了胜利,成为战胜国。历史是无情的,号称世界第一流的强国,被一个弱国打败了,这是一个奇迹,是中国对人类的进步和世界和平做出的不朽贡献。

抗日战争是中国有史以来最艰巨的战争。战争爆发后,南北战场上都有出色的抗击战役,如平型关、忻口、上海等战役,出现了诸如谢晋元率 800 壮士死守不退、宝山县姚子青营全部殉难的壮烈事迹,为中华民族解放史写下了光荣的一页。中国的抗战出现了两个战场,正面的和敌后的,特别是敌后战场,是日军始料不及的。当南京初陷之时,正面战场确曾出现过危机,而华北敌后战场正打出一个局面,为抗战树立了榜样。那时的中国,从北到南,无一不勇的部队,无一不战的土地,山西之战,敌人数路进攻,终被击败,山东台儿庄之战,日军遭到惨败,说明抗日战争的真正力量在广大人民群众之中,发动组织起来的群众,是牢不可破的堡垒,是无往而不胜的保证。

徐州沦陷之后,日军猛力向西推进,计划经郑州南下武汉,归德、兰封、开封相继失陷,郑州危机,蒋介石惊慌失措,以水代兵阻敌西进,炸毁花园口黄河大堤,河南、安徽数十县一片泽国。日军暂时受阻,改路沿长江西犯。

蒋介石对日军的进犯,仍然步步设防,而不是主动出击,将 100 万大军投入保卫战役,他这种军事指挥上的一误再误,使武汉保卫战只 4 个月,即以日军的取胜而结束。

日军沿江进犯武汉是从 6 月 12 日占领安庆开始的。

安庆至九江约 150 公里。九江以上,江北有大别山脉,自西向东南走,江南有幕阜山脉,由西南趋向东北。两者于黄梅九江附近,隔江相会,合成方形,沿途山势皆高峻绵亘,形成武汉东北与东南两方面绝好之天然屏障。武汉正东因两岸山脉接近而利于防守。过九江唯北岸大别山脉之东南末端,大致与江水平行,江滨与山麓相距约四五十公里。南岸则过鄱阳湖及其附近之平原后,地势又复隆起,不利于机械化部队之施展。马当要塞又居九江和安庆之间的长江中游,江阴沦陷后,代江阴而为江防重镇。此地为赣属彭泽县之一镇,有马当横江滨,对岸属皖省望江县境,江中冲积成洲地,面积极广,将江面划为二道;其左水道称别江,已淤塞不复通航;其右水道临马当山,山下为长江航行要道,江面甚窄,宽度不及半里,其地山多水窄,所以构成为军事上的险要,在马当山之右有太白湖,北部临江地带,山岭起伏,绵延千里,以迄香口。国民政府匆忙布置防线。海军总司令陈绍宽下令在九江以下布设水雷,于马当山要塞前后共布水雷 600 多个,在湖口方面布设 1000 多个,封锁了长江水面。“咸宁”号炮艇艇长李孟元及以下官兵在执行这一任务时,遭日机轮番轰炸,壮烈牺牲,沉没于江水之中。为便于海陆军协同作战,中国方面在马当山和湖口要塞司令部之上,又设马湖要塞指挥部,由陆军长 16 军李韫珩兼任指挥。李所部第 53 师主力、第 176 师及要塞守备,据守马当东西一带。马当要塞司令由王锡焘充任,湖口要塞由彭位仁充任。

李韫珩敌情淡薄,玩忽职守。到任后,举办抗日学校,调集所辖各部队官兵 2/3 入校受训,影响了前线战备。6 月 24 日,马当要塞爆发战斗。日方集结 20 余部, 以马当山以东约 30 公里之香口附近登陆, 一举占据香口附近之香山、黄山。随即又在华阳和黄山山麓设炮兵阵地,向马当轰击,其汽艇则冲入水雷区, 而第 16 军和马当要塞的各级指挥官都到抗日学校参加结业典礼去了。及日军攻藏山矶施放毒气,守军中毒者达 7/10,李不仅不将部队向马当增援,反将指挥部由马当移至马路口。藏山矶失守后,马当要塞遂无依附而陷于三面包围之中。马当守备司令王锡焘率 5 营兵力与敌应战,将后方有枪士兵尽调前方,前仆后继,李亦未派兵支援。曾在望江的第 53 师李旅之一部时已撤回彭泽,第 3 战区司令曾令该部驰援,该部也未移动,第 167 师驻湖口之一旅,原限两日赶马当,而该部巡回观望,7 天始到。李及其所部畏敌,不敢应战,极力逃避战争,致使敌人于娘娘庙登陆,一面迫近炮台,一面将藏山矶后路截断。马当守军弹尽粮绝,伤亡惨重。26 日,马当要塞和马当镇同时沦陷。

马当战事兴起之时,蒋介石曾下令:乘江河湖涨水之期,凡在我军作战有利方面,务处之构成泛滥,以利于我军作战为要。①第 53 师李旅计 24 日于华

———————————

① 中国第二历史档案馆编:《抗日战争正面战场》(上),江苏古籍出版社,1987 年,第 677 页。

阳附近之马华堤,由华阳镇起至马当对岸止决口6处,决延其水有4尺深。白崇禧并与张发奎、李品仙晤商,拟在江北增强望江、太湖兵力以确保马当,并决定以宿松之汪之斌师向宿松、太湖间地区前进,以策应望江、太湖,以第70军李觉布防于宿松、太湖,阻敌攻击兵团,俟机攻击敌人。关于江南方面,白崇禧电令马当东北之第3战区部队星夜驰往增援,着罗卓英率部前往指挥,俾挽救危机于万一。但是,凡此种种,均未阻止马当之沦陷于敌手。

马当的得失,关系到以后战局甚巨。马当一失,日军可长驱入九江,武汉当被摇动。为此,陈诚致电蒋介石,令罗卓英率第16军、第49军及第11师、第16师等部,务迅速恢复香山、马当山要塞阵地而确保之,并规定攻克香山及马当要塞区者各赏洋50000元。27日,罗指挥第49军第105师,在香山东北西南高坡地带夹击香口、香山之敌。28日,克复香山,随即向江边推进,袭击盘踞香口之敌。华军空军也飞往敌机场,毁敌机15架。然而,日军一部800余人突然迂回至马当西侧之青山坝、娘娘庙等地,还有数百名日军自安庆再度西进,并占领太湖,马当对岸之望江也为敌所有。

彭泽距马当约20公里,日军主力波田支队和101旅团集中于马当与彭泽之间,还有一日军集中于彭泽以西。防守彭泽的华军有第16师、第162师及第3战区的第60师和第106师。这些军队未和敌人交战就败下来。7月1日,彭泽沦陷。

7月2日,长江南岸日军继续西犯。为阻止其向九江推进,华军除湖口方面加强封锁禁止交通外,又在湖口及九江加筑江坝两道,同时派第34军团第26师进攻彭泽,破坏了彭泽与马当之间的日军交通线,收复了湖口以东约25公里之流澌桥。守湖口的野战部队原为第77师。因彭泽失陷,该师奉令恢复驻军彭泽,另由驻九江湖口间之第26师推进至湖口,不意敌陷彭泽后,复以汽艇绕至上游登陆,故彭泽未克而湖口已遭日军包围。奉令增援的第77师、第16师为敌牵制,迄未到达。第26师师长刘雨卿率部孤军奋战。该师完全是新兵,来自四川,武器又劣,重机枪全无,轻机枪仅及半数,与敌激战3昼夜后,所余人数不到1/3,不得不撤离。7月5日,湖口这一要地也沦于敌手。同日,日军又出现于湖口下游之火龙山与复兴镇。由于华军仍然采取堡垒战术,步步设防,而帅老兵疲,部队多是从沿海一带退却下来,尚未得到很好的补充和休整,又不去组织群众参战,结果日军仅投入7个部队共24000余人就迫不及待地长驱直入,占领了马当、彭泽和湖口约80公里长的沿江地带。日军常以小股兵力潜入华军后方,造成混乱,而华军指挥总是在自己的阵地应急时才仓促调兵支援,收效甚微。7月10日,日军进至九江附近,中日双方形成隔鄱阳湖对峙的局面。

中日双方都估计到,九江会有一场恶战。日军从杭州和南京等地抽调大量部队抵达湖口;日本飞机数队也由杭州飞抵芜湖和安庆,使长江一带日机达到300多架;在马当和湖口之间,日军新添炮舰不下50艘,集中到安庆至湖口的日军约9个师团,其中2个师团部署在湖口与彭泽之间。华军则调整集了10万多兵力,部署在九江地区。当时,由6月间新成立的第9战区司令陈诚统辖鄱阳湖以西、江西、湖南全省及鄂南地区,共计27个军担任长江南岸之作战,其第1兵团守备九江鄱阳湖西岸,第2兵团守备九江以西地区并沿长江拒敌。其中,李汉魂的第64军是最精锐的部队,部署于湖口以西鄱阳湖地区;王敬久的第25军部署于姑塘至星子之间;赵锡田的第3师部署于九江城南;张公侠的第155师部署于九江城东;张言传的预备第9师到九江坐镇。张于7月10日离开武汉,14日抵达瑞昌, 决定将总部设于马回岭附近,并命令大部分人员及有线、无线各通讯部队由瑞昌径开马回岭设置。他率少数幕僚到了九江,发现各部队虽已到达指定位置,但阵地构筑、后方设施诸未就绪;九江附近公路如九星、九瑞、瑞昌至阳新、瑞昌至德安、永修至箬溪以及南浔铁路北段已经破坏;九江市居民多已搬走,街上连蔬菜食物都买不到,军队的供给成为很大的问题。因此,他决定加以严厉的整顿,赶筑市内防御工事,动员菜民担菜到街面上卖,有些小食物摊铺也开始营业。为促成一些居民返乡参加抗战工作,在九江市内还成立了党政军联合办事处,这个机构和江西省合作事业处约定从南昌将日用品运到九江。九江在迎接着即将来临的战争。人们认为,日军沿长江南岸西犯的任何企图,必将遭到华军在九江的坚强抵抗。

但是,战局的发展与人们的期望相反。1938年7月下旬,日军在江南向九江及其附近地区、在江北以黄梅为目标发动新的攻势后,九江很快就沦陷了。

7月20日,日军向鄱阳湖入口处大孤山间即硅山进犯。日军飞机不断轰炸九江狮子山间之封锁线及两岸炮兵阵地, 同时九江新港屡遭日机轰炸,沿江阵地悉成废墟。23日晨3时,敌中小型舰只15艘,施放烟幕弹。在大雨中,波田支队七八百人于鄱阳湖西岸姑塘以北地区登陆。日机四五十架控制了姑塘附近全部领空。姑塘位于九江东南22公里处,属星子县管辖,在星子与九江之间,距湖口 15 公里。星子县当时有 90000 人口。守军预备第 11 师未能御敌,退至马祖山。24 日,敌人又占马祖山西之双尖塔顶山,继又占普泉山。九江星子之间的公路被敌切断。狮子山阵地既隔,九江便直接处于敌人打击之下。25 日,敌第 106 师乘巨型炮舰 4 艘附带汽艇百余艘,突由张家洲方面驶往九江以东 5 公里的洋油厂附近强行登陆。防守这一带阵地的李汉魂部与敌激战约两个多小时,终未能遏止敌军。26 日,日军又在九江招商局码头登陆,九江已处于敌人两面夹击之中。此时,扼守在鸦雀山和八里铺一带的守军和九江市区的守军一部分撤退到九江西南,一部分沿江西退。而守卫九江的一部机械化部队和重兵器已于 23 日晚和 24 日先行退出。蒋介石鉴于安庆机场未及破坏以致资敌的教训,急电张发奎破坏九江飞机场。张令所部第 81 师于 25 日破坏了九江江堤,水淹机场。张自己随部队经莲花洞、石门涧转移至马回岭。

九江就是这样仅防守 3 天便于 7 月 26 日被日军攻陷了。战后,张发奎曾总结了九江失利的六个因素:一、交通线破坏过早,阵地未能预先完成;二、运输不良,兵站设施欠缺;三、军纪不良,民众逃亡;四、联络不确,未能协同;五、警戒疏忽;六、高级将领缺乏自信心,中下级干部多无力掌握部下。这是张在九江指挥作战的实际感触,也是当时国民党军队作战的普遍现象。这些理由当然有一定的道理,但最根本的是各级将领贪生怕死的心理作祟,神经过敏,不去组织战争便轻易放弃了应该防守的阵地。再有,军民关系极坏也是失利的原因。如张所述,军队"沿途鸣枪拉夫、搜寻给养,不肖者且因而强奸掳掠,军行所至,村舍为墟。职由阳新徒步经瑞昌至九江时,满目荒凉,殆绝人迹,民众既失同情之心,军队自无敌忾之志。如此而欲其奋勇杀敌,自不可能"。[1]

日军占领九江后,继续沿江向西伸展。姑塘之敌策应九江,也往西北推进。这时,战事重心已经移至南浔铁路线上。敌军除以陆战队一部留守九江一带江赣外,福田第 116 师团的山路川旅团、松蒲第 136 旅及波田支队全力猛扑黄土岭、南昌铺、纱帽山和沙河等华军阵地。第 9 战区第 64 师、第 74 师、第 66 师等 7 支军队埋伏于德安庐山地区,及敌进入庐山西麓马回岭附近,双方激战于庐山以西南昌铺东北之纱帽山、正东的牛头山、马鞍山及沙河东面的老虎山、沙河西南在大天山一带。以上各山头之争夺战甚为激烈,不少阵地失而复得者六七次,双方均有重大伤亡。如大天山一度被敌占领,华军猛力反

---

① 中国第二历史档案馆编:《抗日战争正面战场》(上),江苏古籍出版社,1987 年,第 697 页。

攻,收复了南边山地,敌我双方各据其半。沙顺河洲上华军工事被敌毁坏无遗,守军两连坚不退去,全部殉难,河洲上失守。10 日,华军由左方向敌追击,未能得手。同日下午再次进攻,终于控制了河洲上的小高地。敌在南浔路北段的进犯遇到马当战争以来最顽强的抵抗。山地作战不利于日军,华军游击队又活跃于庐山山脉。此时,由九江退出后华军所呈现的颓势逐渐扫除,战地民众亦以前线形势好转,纷纷返回。曾赴德安和马回岭采访的一名路透社记者特别谈到华军的抗战精神:

德安原为热闹之市镇,居民约有 10000 人,今则随处荒墟。日军不断轰炸,居民均逃避一空。记者复乘马至马回岭巡视,路途极狭,两边均为稻田。时田中稻米已熟,乡村风景颇呈和平气象,青山绿水,野花盛开。唯再一转念,则觉此种美景将为战争所破坏。沿途军队甚多,彼等均由各省开到者,军心极为奋发,令人见之即联想其战斗之勇敢,及其抗战之决心。①

关于难民返乡问题,则可从庐山难民下山中看出,九江撤退时,退集庐山之难民很多,一时庐山人口达 25000 多人。庐山居民平时食粮赖山下九江、沙河、星子、德安等地供给。沙河为敌占据时,星子、德安居民也大半疏散山上,山上存粮告罄。此后,民众相继下山达 10000 余人。赣东北民众痛恨日军已极,纷纷组织起游击队在鄱阳湖两岸单独对敌作战。

日军在南浔路占领沙河后,即调兵西向,集中力量进攻瑞昌。敌第 27 师团沿九江瑞昌公路推进。敌波田支队于 8 月 10 日在九江上游瑞昌东北港口登陆,企图从两方面夹击瑞昌。守卫瑞昌附近的第 3 集团军孙桐萱部在瑞昌以东高地严阵拒敌。部队作战是勇敢,但疟疾磨难着这支军队,痢疾是另一颗难星,还有列拉,然而医药奇缺。敌人不断施放毒气,战区的百姓没有组织起来,地方行政官员都离乡避难,使部队作战遇到许多困难。最后,敌人从港口全部登陆,两个多小时就占领了望夫山、平顶山,并将战事推进到离瑞昌十余公里的丁家山。关麟征军曾援孙军,也未能阻止敌军的进攻。8 月 24 日,瑞昌陷落。

日军在九江地区获得立足点的同时,又进犯江北。欲驱其北岸部队与南岸之敌平行,后再齐头并进,以遂其窥伺武汉之野心。

7 月 19 日,日军第 6 师团发起攻势,26 日攻占太湖,继而突破凉亭一带

---

① 《大公报》,1938 年 8 月 7 日。

华军防线,8月2日占领宿松,3日攻占黄梅,使战争移至皖鄂的大别山地区。

黄梅、广济一带地势南低北高。沿江地带比较平坦,湖沼纵横。北方则为大别山余脉,山地丘陵绵延。李宗仁在日军攻占黄梅前4天曾建议,应充分利用内线作战原则,迅速集中绝对优势兵力,先于太湖、宿松、英山、广济间狭隘地带,将溯江西进之敌聚而歼之,然后转移兵力,再个个击破。此时,李因患牙病,赴武汉就医,将第5战区指挥权交请白崇禧暂代。白将徐源泉的第26集团军调至合肥以西,背靠大别山东麓与敌作战,其他部队则统一部署:左兵团指挥官为孙连仲,集结于商城,负责大别山西北东侧各隘口,并以大别山之游击根据地屯粮屯弹,组织民众,建筑工事,以期长期抵抗敌人;右兵团指挥官为李品仙,其任务是以大别山南麓为根据地,对长江北岸挺进之敌逐次侧击,以期消灭敌人于江北港湾错杂地区。白崇禧于7月20日起分别视察孙连仲部整训、士气与补充之情形,28日又将其长官部移至鄂东大别山西侧之宋埠,原因是该地居大别山之中心,便于指挥且易于与长江南岸第9战区联系。①此时,江北各地频频告急。7月27日,日军一部在九江对岸小池口登陆。守备小池口及失守。李品仙电令刘部增加兵力反攻,扼守小池口上游各点,如反攻无效,敌扩张正面时,即可在龙坪附近决堤泛滥。不久,刘部夺回小池口,但宿松、黄梅方面日军汹涌而来。29日,刘部仅留一个连队守备小池口,主力向北撤至孔垄镇以北沿湖警戒。随即,刘部在小池口、龙坪间决堤,江水向北泛滥,小池口和孔垄镇均被淹没。同时,第2军第57师施中诚部也在潘家湾决开大堤,决口后来扩大80米,水势浩大。8月5日,江水已流至黄梅城南,使黄梅日军被洪水所困,施部还先后在武穴西部新河和朱焕耀决口,泛滥区域极广。西自田家镇东面的武山湖、黄泥湖处,向东北延伸至黄梅城南直到江边小池口都成泽国,高水位时平地积水一二米深,各个湖泊之间之村落、稻田悉被淹没,陆路交通几乎全部断绝,当地居民大多移至山坡上避难,武穴、黄梅、广济一带汪洋一片。华军乘机由黄梅西及黄潜公路西区大举反攻,克复了太黄间公路要冲之凉亭河、黄梅东北之二郎河及花凉亭等地,包围了黄梅、宿松、太湖、潜山之敌,使之陷于困境。

敌为策应以上地区战争,曾于8月5日由安庆出兵占领桐城。至于后方联络线,则以小池口为中转站,利用洪水泛滥以橡皮舟运输弹药和给养至黄

---

① 《白崇禧回忆录》,解放军出版社,1987年,第141页。

梅。小池口以东,敌备有小汽艇及民船各 300 余只,并征集附近竹筏运载重兵器,还在小池口筑建飞机场。敌人并未因江水泛滥而后退,而是继续盘踞在已占领的据点上,设法突破华军防线,沿长岸前进。

鄂皖边战争相持一个多月,大别山天然屏障和沿江湖沼之险未能阻敌。日军攻势仍猛,沿江要地相继失守。战斗在鄂东一带的华军,因沿江地区湿气太重,久战疲惫,体力衰弱,极易受疾病感染。据白崇禧讲:

曹福林部患恶性疟疾者几达 1/3,虽勉强部署,每日死亡不少。8 月 6 日午后,敌军向曹部攻击。左翼兵团以第 30 军之一旅守固始。敌攻逼城郊,未半日而失守。固始失守影响后方预定工事甚大,各部队长因部队力量日减有积极意图者亦不多。①

在这种状态下,华军很难有效组织防御。自安庆沦陷后,安庆沿江各县以及北岸大部分县,如桐城、舒城、合肥、巢县、无为、含山、潜山、太湖、宿松等地相继沦陷,敌人沿江向武汉进攻。

安庆到九江,地势极为险要,尚未阻挡住敌人,九江与武汉之间,沿江多属平坦和湖沼之地,就更难以防守。武汉开始动摇,政府各个部门,都加紧忙着西去重庆。

10 月 25 日,日军一个纵队进到汉口郊野,华军最高当局,决定保存实力,撤出武汉。

单就武汉的撤退而言,较之上海和南京之撤退,损失要小得多。武汉原有居民 120 万人,南京陷落后,难民拥入武汉,遂增至 150 万人,经过疏散,会战中尚有 40 万人。最后未能撤离有 10 万多人。军队有计划撤退到武汉西南和西北的约有 100 万人。当此之际,形势不利,决定不在武汉决战,组织撤退,应该说是正确的。

探讨起来,假如当时当政者战略思想切合实际,指挥得当,武汉保卫战能坚持相当长时间。那时抗战形势是非常有利的,因为日军当时在长江流域集线路的兵力约为 9 个师团至 11 个师团,在第一线者约 5 个师团,在第二线者约 4 个师团,留在后方应援的不过一个半至两个师团。两军力量对比,华军仍占有优势,而对付日军最好的办法应该是把一部分精锐部队,开往敌人的后方,吸引住敌人,迫使其撤兵。战略上的错误,酿成了被动挨打局面。

---

① 《白崇禧回忆录》,解放军出版社,1987 年,第 145 页。

士兵在战场上表现勇猛果敢,论步兵作战能力,中国士兵的确优于日军,是用血肉筑成了新的长城。曾经发生过指挥官命令士兵从防守得很好的阵地下来的事,人们难以理解。

毋庸讳言的是某些指挥官,畏敌如虎,不敢作战,也有一己私念,着意保存个人实力,在敌人没有攻击本部之前,总是按兵不动,即使别部遭到攻击需要援助时,也不肯派援军。

武汉会战是在这一地区广大群众未被组织起来的情况下进行的,在这一点上,与敌后战场截然相反,为战役增加了难度。特别是当敌人采取分进合击战术,分小股兵力,骚扰华军后方,制造混乱时没有对应措施,影响战事甚大。

武汉会战的教训告诫中国人,必须坚持持久战,把运动战和游击战结合起来,这是敌后战场所采取的战略与策略。日本估计武汉易手后,中国将再无抗战能力,它未曾料到,正是在武汉战役期间,中国的敌后力量迅猛开展,敌占区普遍展开了游击战,日军穷于应付,日夜疲于奔命,在中国已陷入人民战争的汪洋大海之中,它在一天天地走向失败。

原载胡春惠主编:《纪念抗日战争胜利五十周年》学术讨论会论文集,香港珠海书院亚洲研究中心出版

1939年中日赣鄂湘战争评述

武汉战事结束，日军大本营和在武汉地区作战的第 11 军司令官冈村宁次决定休整部队，暂缓进攻。这是由于冈村宁次认为"武汉作战是长期艰巨的作战，因此，恢复各部队的战斗力量，尤其是补充干部、兵员、整备武器材料以及充实基本训练等，都成为当务之急"。据此计划，从 1938 年 11 月到 1939 年 2 月，武汉地区敌军皆补充了新兵，并进行了基本训练，特别是对中小分队长等下级人员进行的训练更为充分。旅团长澄田负责训练重炮部队，第 6 师团长今村负责在烟雾毒气弹下步炮协同作战的训练，坦克部队经过整备，编成坦克团。日军司令部还将其侦察到的航空照片及其资料发给各部属。后来敌第一线师团各部队在准备攻击中，又在集结地附近的民宅设置了毒气室，进行使用防护面具的基本训练，并在附近的沼泽地带，戴着防护面具，使用折叠船等进行划渡和突击上岸的集训。由此可以看出，日军非常注重综合训练和毒气的使用。

日军积极准备着向南昌、汉水以东和湖北发动攻势。

重庆国民政府于武汉沦陷后，作战方针有了新的调整。曾先后在南岳、武功召开军事会议，宣布撤销重庆、广州、西安 3 个行署，另设桂林、天水两行营，以统一指导南北两战场之作战；明确提出应采取消耗战、交通破坏战、持久战；陆续发动有限之攻势，策应敌后游击部队，袭击敌人。实施总体战、全面战，扩大占领区，迫使日军局限于战线，同时决定轮流整训部队，提高部队的素质。

游击战、交通破坏战是共产党在华北制敌取胜的法宝。国民党此时对游击战也有了新的认识，决定在南岳举办游击干部训练班，称"军事委员会干部训练班"，第 31 集团军总司令为游击班主任，叶剑英为副主任，随后蒋介石兼主任，白崇禧、陈诚兼副主任，汤恩伯改任教育长，叶剑英任副教育长，该训练班于 1939 年 2 月 15 日开学，为期 3 个月，第一期招收学员 1046 人，学员来自全国各战区部队,大部分为黄埔军校毕业,一部分为军校高级研究班、保定军校、云南讲武堂、东北讲武堂等军事教育机关的毕业生。中共在训练班的教官负责游击战的战略战术和游击战的政治工作两门课程的教授和训练,如叶剑英讲"游击战概论",边章伍、李伯崇、薛子正讲"游击战的战略战术",吴奚如讲"游击战的政治工作"等。此后,国民党军队也广泛运用游击战术。

重庆军事委员会对武汉周围地区的部队也重新加以部署。江北方面,李宗仁所辖的第5战区防地,计包括自沙市至巴东段长江的江防。北面包括豫西舞阳、方城、南阳、镇平、内乡数县。东面包括敌后的大别山和皖北、皖西、鄂东各县。第5战区的长官部设于湖北樊城。李宗仁将在武汉保卫战中打散了的部队约10万余人加以整顿,沿汉水构筑工事,在随县布防,以待日军来袭。李曾说过:"本战区所辖部队,大半都是中央所认为的'杂牌军',各军历史不同,习性各异,装备参差,作战能力也不免有强弱之分。对于这些部队的驾驭指挥,必须一视同仁,恩威并用,因势利导,掩其所短而用其所长。"①

江南方面,陈诚、薛岳统辖第9战区50多个师,该战区地形非山地即湖沼,极利于防守,而不利于机械化部队活动。战区的北部横亘于湘鄂赣边境者为幕阜山脉,西起通城、于江间,东迄阳新、瑞昌间,其主峰在湘鄂赣三省省界的交点上,海拔1420公尺。战区东有鄱阳湖及赣江,西有洞庭湖及湘江。由西向东注入鄱阳湖及赣江的有修水、潦河、锦江、袁水等,由东向西注入洞庭湖及湘江的有新墙河、汨罗江、捞刀河、浏阳河、修水等。1939年上半年湘北战场没有什么战斗,从1月间担任该战区司令的薛岳,在岳阳以南新墙河和汨罗江南岸之间,修筑了坚固的防线,以薛岳的别号伯陵为防线的名称,即"薛伯陵防线"。南昌方面,由第9战区前敌总司令兼第19集团军总司令罗卓英指挥。罗治军很严,秘书处秘书3人,除任本职外,因擅英、法、日文字,还搜集国内外广播及情报,其中有特殊价值者,便油印为参考资料,分送部属研究。他很注意军队与民众的关系,前敌总司令部所属之政工队、服务团帮助农民干活。在修水南岸修筑了长约8公里、纵深数公里的防御工事,其第一线阵地固守鄱阳湖西岸吴城经永修,由永修向西沿修水至武宁一带,第二线阵地是南昌外围以北约20公里的港下、樵舍、慈姑、长均,西北约30公里的万埠、长埠山地。

---

① 广西政协文史资料委员会编:《李宗仁回忆录》(下),广西人民出版社,1980年,第778页。

为了对付日军今后的侵略计划，桂林行署主任白崇禧于 1939 年 3 月 5 日至 10 日，在桂林召开西南各战区司令长官、各集团军总司令、各路军、各军军长、师长和各总司令部参谋长、各高级政治工作主任百余人参加的会议，商讨持久战的战略。在政治方面决定政治与军事配合运用，在经济方面决定采取坚壁清野方针，对日实施经济封锁，文化方面决定加强该工作，扩大宣传。

由此可知，双方都在为此后的战争做各种准备。从策划的状况看，日军处于主动的进攻状态，华方则仍处于被动防御状态，处于劣势。

3 月 17 日，日军进攻南昌的作战在修河开始了。进攻南昌的计划是日军占领武汉后就已拟定的。1939 年 1 月制定了作战纲要。3 月 15 日冈村宁次进驻德安前线指挥所策划进攻。日本天皇批准了这一计划，并派教育总监西尾寿造和陆军大臣板垣征四郎来华主持协调这次作战。

修水河又名西河，源出幕阜山东，流至吴城汇赣江入鄱阳湖，长 250 公里。吴城北隔湖与星子、都昌遥为掎角，为鄱阳湖之内口门户。罗卓英以第 19 集团军宋肯堂的第 32 军、夏楚中的第 79 军、刘多荃的第 49 军、李觉的第 7 军担任吴城镇、涂家埠及其以西修水南岸防务；第 30 集团军王陵基所部担任武宁方面守备，他们在修河河岸构筑了被认为是坚固的工事。但冈村宁次对这一地带的国民党军队战斗力估计不高，"是第一流的地方部队，其战斗力远远低于共军"，此时他曾讲道，"我少壮时代经常驻在中国，深知中国军队的素质，而当时参谋本部对中国军队的习惯看法，一般是我一个联队足以抵蒋介石嫡系部队的一个师，我一个步兵大队足抵非嫡系地方军的一个师"。[①]因为对国民党军队持蔑视态度，冈村宁次指挥第 101、第 106、第 116、第 6 师团 4 个主力师团的兵力以及重炮兵四个半联队，战车一个半联队和海军、空军一部，共十几万人，另有伪军 10000 多人，分 3 路向鄱阳湖西面国民党军各部发动全线进攻。敌第 101、第 106 师在 1938 年向南浔路进攻时曾吃过败仗，为了摘掉败军的帽子，冈村特别安排其为进攻的主力军。

日军的左路兵力为第 116 师团、海军陆战队一部，配以大小军舰 30 余艘，汽艇 50 多艘及飞机多架，由湖门向吴城进攻。守军曾戛初之预第 5 师和第 32 军的唐永良师一个团与敌展开激战，所有预备队都被组织到第一线作战。23 日，日军在松门山、荷溪垄、叶家洲等地先后登陆，向吴城镇进逼，在敌陆海空

① ［日］稻叶正夫编，《冈村宁次回忆录》，天津市政协编译委员会译，中华书局，1981 年，第 358 页。

炮火袭击下,原为江西四大名镇之一的吴城,悉成焦土。24 日,吴城陷落。

左路日军,以第 6 师团为主力,并以军直辖炮兵、战车和骑兵等,分由瑞武公路及箸溪向武宁东北进犯,守军彭位仁第 73 军、李玉堂第 8 军利用公路两侧丘陵,制敌前进,双方激战于武宁东北七八公里的大脑尖及棺材山、望人脑等地达 10 昼夜,双方皆有巨大伤亡。敌承认在武宁遭到打击,第 6 师团之 47 联队被全歼,国民党军第 89 团除 5 人生还外,皆壮烈牺牲。

中路日军以第 101 师团、第 106 师团为主攻军队,于 20 日晚在修河水北岸永修及虬津之间分四路强渡修水,一路由永修附近之狗子岭渡河,一路由刘庄渡河,一路由廖家庄渡河,一路由花园魏渡河,冈村宁次及其幕僚在前线直接指挥,这天下着小雨,敌机未能起飞。敌集中火炮 200 多门进行了 2 个小时猛烈轰击,并动用了 20000 只大烟雾喷射器发射烟幕弹,掩护兵力渡河。冈村宁次很得意自己这次的进攻部署, 说这样使用炮兵 “纵非绝后也属空前” “敌步兵渡河时,常施放烟雾,并混用毒气,以达其掩护及袭击之目的”。[1]南岸守军第 79 军王凌云第 76 师、第 49 军王铁汉第 105 师与敌交战,21 日拂晓,渡河之敌前进了约 2 公里,国民党军被迫撤至西面的山区。

构筑了半年多的防御工事,一夜之间就被敌军摧毁。日军便沿公路南犯滩溪,并以滩溪为据点,于 23 日分兵两路,一路由公路犯万家埠及安义,一路沿古火道向安义、靖安、奉新猛扑。各地公路未能预先破坏,敌的坦克群由石井指挥,22 日夜就单独前进了 120 公里。敌人组成的快速部队紧随其后,3 月 26 日,乐化、高安南下之敌迂回包围了南昌城。南昌守军兵力单薄,只有保安部队。罗卓英急令第 32 军由修水南岸涂家埠一线退守南昌,但至 26 日,只有两个团到达,此时敌又放毒气,从新洲及生米街渡过赣江,向莲塘及莲塘西南 15 公里的瓜山进犯,守军与敌展开激战。27 日,南昌沦陷。从敌人在修水发动战争开始后 10 天,南昌便告易手,浙赣铁路从此中断,原先由湖南经南昌运到浙江萧山的货物,以及从浙江运至湘江流域的军需工业原料,已不可能。

进攻武宁之敌第 6 师团,也进逼至武宁城下。武宁城垣,四面环山,为一盆地,且有修水绕其西南。28 日,武宁也陷于敌手。敌前锋侵至距城 15 公里之萧田桥。

南昌四周之战争,东南方面双方相持于抚河与铁路线间之剑霞圩及新村

---

[1] 中国第二历史档案馆编:《抗日战争正面战场》(下),江苏古籍出版社,1987 年,第 818 页。

附近一带,西南方面对峙于锦河北岸,敌据守靖安、奉新、安义附近各据点,此线以西多山地。南昌的北面有庐山游击队和岷山游击队,前者于4月敌围攻庐山时,被迫撤退,而岷山屹然不动。岷山位于赣北鄱阳湖西岸,界九江、德安、瑞昌三县之间,地区辽阔,山峰起伏,蜿蜒绵亘,北临大江,东倚鄱湖,南扼修水,西接幕阜,与庐山相毗连。游击队据此险要之地,与敌不断作战,敌人没有一次获胜。这里的游击队注重"政治重于军事"的原则,加紧民众训练,军队也协助农作;使其安心生产,在四面被围、日用品缺乏的情况下,又注意小手工业生产,民众也贯彻坚壁清野的政策,协助军队,打击敌人。岷山游击队实为赣北沦陷后,牵制敌人的一支重要力量。

整个赣东北和南昌陷入敌手后,国民党省政府退到太和县。鉴于赣北局势突变,蒋介石于4月上旬,命令第9战区发动攻势,以有力部队进攻南浔,切断敌后联络,再行攻取南昌,并命令第9战区前敌总司令罗卓英统一指挥。罗指挥所部于4月21日开始反攻,第49军、第74军等部自南昌西南方开始反攻,第1集团军代总司令高荫槐指挥第58、第60两军向南昌西北方进攻,宋肯堂第32军沿赣江两岸北上,曾在南昌以南的莲塘、向塘、谢埠、市汶街等地与敌展开激战,沿浙赣路前进的上官云相第32集团军第16师和预10师一部进至南昌城郊,因南海路未能切断,敌由上海抽调海军陆战队增援,5月7日,薛岳决定停止进攻南昌,从发动进攻到停止攻城,持续了半个多月。

冈村宁次在进攻南昌之同时,向鄂北鄂中也发动了进攻。

鄂中、鄂北地区,华军和日军在武汉沦陷后,对峙于京山、随县一带。日军第16师团、第19师团之一部,以及特种部队和伪蒙军第7路哈童柱部共25000多人,为扩大平汉线南边的防线,巩固其应山、皂市的据点,于1939年2月中旬在汉宜路方面,强勒民夫,赶修皂市、玉门关等地工事。在京山钟祥公路方面,3月初,进犯孙桥、东桥镇、牧马铺,然后分三路合击钟祥。第33集团军张自忠、冯治安部,在襄河东岸与敌激战,3月5日,钟祥失陷。日军占领钟祥后,即在襄河沿岸构筑工事,自钟祥至罗汉寺各渡口停放橡皮船,做继续进攻姿态。

张自忠、冯治安部共有6个师,还有特种部队,全体官兵都是燕赵健儿。他们沿汉水构筑了工事,李宗仁曾赴汉水西岸荆门张自忠防地检阅部队。这支部队有种陋习,就是军中烟赌习以为常,甚至张自忠本人及其部下师长刘振三等均有烟癖。李曾集合部队讲话,略谓:"我们军人在此困难期间,为国家、民族图生存,个人的生命均随时准备牺牲,难道我们还没有勇气与决心来维持军纪吗？但是烟、赌两项，实是军中的大忌，这两项如不能戒绝，我们还说什么杀敌报国呢？"①这次讲话产生了良好效果。张自忠令其副官将他的烟具拿出来，当众捣毁，上行下效，烟赌两项恶习数日之内，根绝无遗。军队纪律因此大振，军民关系密切了，战斗力自然也增强了。路透社特派员实地视察，对这支部队倍加赞扬："沿汉水之战壕，其工事非常坚固，且均掘有防空壕，与在随县所见者颇相类似，当时战壕只有少数哨兵驻守，主力部队则在后方休息，吾人当时所立之处，适在钟祥县城之对面，得清楚望见其城垣，该处之河面，阔逾一里半许，河水甚浅。亦不湍急，因河面之阔，加以岸上之机关枪火力，故日军屡次企图渡河，均遭失败也。驻守此区者，悉属华北军队，体格均极强壮，且因作战奋勇，此地居民均极予赞扬。彼等之纪律及设备，均极良好，惟对于重炮，则感缺乏，士气亦甚奋发。鄂北各地的军民，从未有任何沮丧之征象。"②因为该部纪律优良，抗日坚决，颇为群众拥护。农民自动参加破路阻敌工作，在钟祥金门公路上，"大批农民在较高之处开掘坦克车之陷阱，经过稻田之路面，则用水牛将路基耙坦于水中，而变成一片洼田。据云农人参加此种毁路工作，完全系出诸自愿，因沿公路各村，均遭日机之猛轰，故无须劝导，皆乐于自动踊跃参加也"。③汉水流域军民勇敢地阻止了日军的西侵，在5月随枣战役中也立了大功。

4月底5月初，冈村宁次指挥其江北部队大举进攻襄樊以东的随县、枣阳，希图围歼驻防这一地区的汤恩伯第31集团军和李品仙的第11集团军。从武汉失守6个月来，战事沉寂的鄂北和豫南又处于战火之中，日军藤山进的第3师团从应山、信阳向随县、枣阳东北进犯。小岛吉藏的骑兵旅团及配属的骑兵部队，由汉水东岸北上经枣阳以西地区向北迂回至新野、唐河。获洲第13师团、藤田惠辅第16师团由京钟路北犯。日军采取中央突破和两翼包抄战术，战线北自桐柏经随县而至大洪山，然后折至钟祥一带。

鄂北多山，第5战区司令官李宗仁决定凭借地形，采取内线作战战略，予以坚决抵抗。从4月下旬开始调整了部队部署，4月30日，李宗仁和副司令长官李品仙向蒋介石呈送第5战区作战命令中讲道："战区决以主力行攻势

① 中国第二历史档案馆编：《抗日战争正面战场》（下），江苏古籍出版社，1987年，第779—780页。

② 《申报》，1939年5月27日。

③ 《申报》，1939年5月27日。

防御,粉碎敌之企图,长久保持襄河东岸地区,一部渡河攻击,竭力牵制敌之兵力,俾我主力之作战容易。"①廖磊此时被任命为豫鄂皖边区游击司令,以大别山之立煌为根据地,主力向花园、广水间挺进,一部向信阳西进策应主力部队作战。第1战区以孙连仲主力进军桐柏一带作战。

5月1日,日军开始进攻随县西北及西南各地,对随县形成包抄形势。随县县城因屡遭日机轰炸,居民早已逃避一空,随县至襄阳之乡间,皆属麦田,对于机械化部队之活动,毫无阻碍。唯随县四周,群山林立,华军在日军进攻前,曾在这一地区构筑工事、机关枪哨位,建筑颇坚,不易轰毁,阵地后方,筑有坚固之防空壕,以供兵士躲避空袭及炮弹。后方山坳之中,有农民从事耕种。战事既起,郝家店、徐家店守军覃连芳84军第173师、174师首先遭到攻击,激战终日,郝家店、徐家店先后陷于敌。守军退至塔儿湾,敌又向塔儿湾进攻,塔儿湾阵地失而复得凡7次,双方伤亡均重,敌施用毒气,守军伤亡重大,遂退守溧水西岸阵地。敌人围击高城汤恩伯第31集团军张轸第13军第89师、第110师阵地,汤军不支,高城失陷。唯在天河口、向庙镇、厉山、江家河等地双方均争夺甚烈。因汤部主力未从桐柏山侧面出击,第84军无友军支援,7日,随县沦陷。

由钟祥方面北犯之敌,5月1日开始,沿汉水东岸疾进,攻钟祥北之张公庙、楼子庙张自忠部第37、第180两师所守阵地和第38师防守的流水沟。丰乐和长寿店先后失陷。敌骑兵1旅组成的快速部队约10000人,于7日攻占枣阳,并达距襄樊20公里的地方。10日陷阳湖镇及新野。12日攻陷唐河、南阳。襄河以东直至河南之信阳均遭敌骑践踏,南阳一带之镇市,多被日军飞机滥施轰炸,人命房屋被伤被毁者不计其数。豫南为之动,号称善战的汤恩伯之第31集团军未能御敌,就败退下来。战区决定留置第39军刘和鼎部于大洪山,第13军张轸部于桐柏山,其余部队向北撤退。敌曾在襄花公路构成多道封锁线,以为华军主力必向西移,计划消灭于封锁线上,未曾料到华军北移。

当第31集团军撤退之时,敌第3师团第29旅团由信阳奇袭桐柏,12月桐柏沦陷。

日军在鄂北和豫南已取得胜利,北犯随县,中自枣阳,南犯钟祥,对襄樊形成了半圆形的包围。冈村宁次所拟定的包围襄樊的战略计划似乎已经实

---

① 中国第二历史档案馆编:《抗日战争正面战场》(下),江苏古籍出版社,1987年,第827页。

现:"先以新增援之两师团主力使用于大洪山与平汉线以西的地区,吸引华军主力于桐柏山与大洪山之间,然后采取两点之大包围,左翼由钟祥沿汉水向北挺进猛攻。另以两联队编成迂回兵团,由信阳进逼桐柏,一举歼灭该战区华军之主力。"①但这只是地图上的胜利,因为华军的主力大部已撤出包围圈,并对日军形成了反包围。孙连仲率第2集团军第68军刘汝明、第30军池峰城等部救援败退下来的汤恩伯军,与日军第13师团、第16师团,骑兵第4旅团展开激战,14日收复唐河、南阳,16日克复桐柏,地方自卫队11日收复新野。日军已被逼到随县枣阳以北、桐柏新野以南。第3师是日方最精锐之部队,也吃了败仗。钟祥、汉宜两路华军张自忠部处处出击,占领多宝湾、瓦庙、岳口,进逼皂市,使天门、京山日军倍感极大威胁,日军后方联络无法保持,鄂东华军猛攻广水武胜关,破坏平汉路,袭击应山。日军已陷于四面楚歌之境,伤亡至少在7000人以上,进攻襄樊已不可能。

因为张自忠部在汉口至宜昌与京山至钟祥两路上的胜利,豫南孙连仲部克复唐河及桐柏两地后,也继续向南推进,唐河枣阳间已无日踪,19日枣阳克复。接着华军向枣阳东南70公里之随县推进,20日占领随县。枣阳、随县等地自卫队亦群起痛击日军,日军放弃之城镇,由华军重新占领。困顿于鄂北一隅之日军粮弹均行告罄,仅由飞机运送饼子接济。

5月20日以后,华军向淅河、应山、宋埠、京山、天门各地推进。平汉线以西地区已为华军所控制,上海日军发言也承认,"日军开始从鄂北撤退,原因是该区华军人数优越,同时地势多山,给养极感困难"。②其第13师因已撤退至武汉。进犯桐柏之敌军向信阳、应山退却。进犯大洪山之敌撤退到安陆。汉水北岸出击华军,猛攻钟祥,日军抽调随枣败退之军回援,仍不能阻止华军前进,双方阵线又恢复到原来状态。襄阳、樊城居民,前以日军逼迫多避居乡间,现均相率返城。鄂北战争暂告结束。

在鄂北、鄂中战事激烈进行时,粤汉路北段咸宁、蒲圻间,南昌外围及奉新的日军也作了牵制性进攻,均被华军击退。

1939年9月1日,欧战爆发,这对日本军国主义是一种刺激,认为侵略野火既烧遍了东西两半球,它更可以一壮声势,为所欲为。同时为了应付欧战

---

①《申报》,1939年5月30日。

②《申报》,1939年5月26日。

后的新形势,想尽快结束"中国事件";加强了对华的军事部署。日本大本营于9月1日发表设置所谓中国派遣军总司令部于南京,置华北方面军,第11军、第13军、第21军于其隶下,统率在华全部陆军部队,撤销过去的华中派遣军司令部。总司令官由教育总监西尾寿造大将担任,以前陆相板垣征四郎为参谋长。西尾、板垣来华后,即放出消息,狂言日本将攻取西安、宜昌、长沙、衡阳、北海等地,以完成所谓"板垣战线",迅速夺取长沙,遂成为新攻势的主要意图之一。如能成功,可将这一地区的国民党军压迫至黔桂边境,以动摇重庆抗战意志;还可以为卖国贼汪精卫一伙打气,统一汉奸政权,使其鼓如簧之舌,混淆视听。此时冈村宁次已制定出《江南作战指导大纲》,将第9战区的国民党中央军作为打击重点。湘鄂赣战争已不可避免。

根据日军此次作战方针和计划,第11军集中了斋藤、稻叶、甘柏、藤田、荻洲、田中、中井等师团,及特种部队与海军陆战队共10万余人,配以长江舰队300余艘艇,飞机百余架,分由赣北、鄂南、湖北、洞庭湖滨等地进攻。冈村宁次在战争前夕,乘飞机、汽车、汽艇到各作战兵团支队,作了具体部署,企图于9月30日以前一举占领长沙,歼灭防守这一地区的国民党军。日军的意图是以湘北为主攻,以鄂南、赣北为助攻,所采取的战术仍为一贯的包围歼灭,战线东至江西的锦江流域,西至湖南省的湘江,长达250公里。

9月14日,冈村宁次将前线指挥部设于咸宁,从赣北开始佯攻,以迷惑国民党军。日军中井第106师团第111旅团的第103联队,第147联队及木岛旅团的第123联队,第145联队,骑兵第106联队,野炮兵第106联队,工兵第106联队,辎重兵第106联队,斋藤第101师团第157联队,兵分3个纵队由南昌、安义、奉新等地,沿潦河北岸向西侵犯。罗卓英指挥第1集团军、第19集团军、第30集团军等3个军一个地方纵队,在这一地区御敌。南昌沦陷后沉寂半年的赣北战事又起。

战事一开始,日军攻势很猛,14日占领奉新西12公里之棺材山,17日占领奉新西北21公里之会埠,然后分兵两路,一路继续西犯,占领距奉新城30余公里之上富,企图经修水、铜鼓,直下平江、浏阳,与湘北日军合流;一路南渡潦水,进犯高安西北的村前街、高安东北之祥符观等地,三面包围高安城。第1集团军孙渡的第58军和安恩溥的第60军,在奉新高安间与敌激战,损失惨重。当这两支部队侧背已受到敌人威胁,处于被包围之中时,其集团军命令跳出敌之包围圈。第58军的新11师和第60军的第184师西撤至官桥、泗溪、棠浦等地,受到严重伤亡。守卫高安城的第 32 军,也于 19 日撤至高安城外。日军 19 日占领高安后,以千余步兵守备锦江北岸。

罗卓英命令第 58 军和第 60 军必须收复高安,孙渡督署新 11 师师长鲁道源率部猛攻数次,高安以南部队也参加反攻,22 日终于收复该城。安恩溥使用第 183 师收复杨庄,日军向奉新、南昌退击。

会埠方面之敌,已进至罗坊及上富附近之冶城、甘坊、找桥等地。第 60 军的 183 师和 184 师在甘坊阻敌西进,第 58 军的新 10 师、新 11 师在找桥与敌激战。甘坊在修水以南,铜鼓以北,它和找桥的得失,与湘北战局息息相关。鲁道源率新 11 师会同第 183 师及第 184 师向甘坊之敌猛击;经过一昼夜激战,于 9 月 27 日收复该地。新 11 师又猛攻找桥并克复之。日军经找桥出铜鼓入湖南会师的企图被粉碎。

鄂南甘柏第 33 师团,是新编师团,此时由崇阳、通城经麦市,向南直插,进犯平江、浏阳。第 9 战区司令部长官始料未及,急令杨森第 27 集团军、第 20 军由西向东侧击此股日军,通城、通山等地失而复得者数次。薛岳曾期望幕阜山能阻敌南进,因为由崇阳经麦市、龙门厂到长寿街,必须通过 159 公里之山岳地带,但日军 23 日占领麦市后绕幕阜山东侧经白沙岭,向南急进。湘鄂赣边区游击总指挥樊岭甫也加入战斗,协同第 20 军侧击日军。20 日,敌第 23 师团与从湘北南犯之敌,会合于三眼桥。

湘北是日军主攻方向。日军在此地主力为稻叶师团、奈良支队、上村支队和伪军李守信部,共 6 万人。从 18 日起在新墙河正面发动进攻,并以藤田第 3 师团一部,配合波田支队,分乘汽艇,从洞庭湖水路迂回,洞庭湖长约 105 公里,广 75 公里,面积约 1 万平方公里,湖水深浅不一,西南两岸极多浅滩,淤泥千里。敌人计划从营田、鹿角、磊石方面登陆,分袭粤汉路北段。担任这一地区防御的是:关麟征第 15 集团军,下辖第 52、第 79、第 37 共 3 个军和 1 个游击纵队。陈诚和白崇禧根据湘北战情,拟定了死守长沙和放弃长沙两个作战方案,请蒋介石抉择。蒋采取不守长沙方针,在其给薛岳的电文中说:"如敌进取长沙之动态已经暴露,则我军与其在长沙前作强硬之抵抗,则不如作先放弃长沙,待敌初入长沙,立足未定之时,即起而予其致命打击之反攻。"①薛岳对此表示反对,陈诚、白崇禧请蒋重新裁决,蒋终于决定按照薛岳提出的

---

① 中国第二历史档案馆编:《抗日战争正面战场》(下),江苏古籍出版社,1987 年,第 1030 页。

在长沙以北地区作战的意见行事。

从湘北岳阳沿铁路南下到长沙,约 150 公里,天然屏障很多,右有幕阜山、九岭山,左有洞庭湖,中有新墙河、汨罗江、捞刀河、浏阳河 4 条水系横贯其间,地形复杂,利于设伏。薛岳部署关麟征第 15 集团军及第 79 军守备新墙河阵地,第 70 军及第 95 师守备汨罗江与湘阴以北沿江岸阵地,第 4 军主力推进浏阳河南岸之枨市,第 59 师潜伏长沙及东南地区,突击南犯之敌,第 73 军及 195 师于福临铺、桥头驿以北地区潜伏,第 110 师守岳麓山。根据桂林行营命令,将敌人必经之地道路两旁 10 公里左右之民间畜生、粮食及一切食品搬运一空,实行坚壁清野政策。日军在进犯新墙河时,遇到了顽强的抵抗。从 18 日到 22 日 5 个昼夜,战事一直在新墙河以北进行。

日军进攻新墙河受挫,于 9 月 23 日开始更大规模的进犯,对洞庭湖东南岸之各河流及各山峰间 30 多座城镇滥肆轰炸,施放大量毒气弹并采取侧翼包围战略。在洞庭湖方面利用伪军和民船作向导,在鹿角、九马嘴湖面强行登陆;一部敌军 4000 多人便出洞庭,绕经湘江两岸汉港,进至湘阴县西北之荷叶湖门及两池湖,于湘阴以北距营田 5 公里之白鱼圻登陆。守军第 95 师与敌苦战,有一个团全部壮烈牺牲,23 日下午位于汨罗江口之营田陷于敌手。营田距湘阴 30 公里,为宋代岳飞用兵时之屯兵处,地势险要。据报道,日军在营川登陆前,曾有十数度之拉锯战,双方死伤皆极惨重。至于营田南 7 公里之湘阴,星期六与星期日两日之中,曾为日机完全炸毁。[①]

日军占领营田,就以洞庭湖为交通线,派兵至营田达 1 万余人,沿汨罗江东犯,25 日占领汨罗城、新市、归义等地。扼守新墙河及汨罗江阵地之国民党军被迫后撤。但没有退向长沙,而是向东南退至长沙东北之幕阜山,部署于平江、浏阳、株洲和修水等地的群山之中,计划侧击、伏击日军,只留第 4 军守卫长沙。这一地区的居民除少数仍从事耕作外,早已他迁,敌人侵入后,全部逃走。岳阳以南的天险失去作用,日军分兵 3 路迅速占领旷江、福临铺、金井、洋桥等地,进至长沙外围捞刀河附近。9 月 29 日冈村宁次亲自到前线指挥作战。平江是一座小小的县城,没有城垣,有一条小河从城南经过,然地位很重要,是湖南的门户,控制鄂赣两省的交通枢纽。1938 年 11 月曾遭日机多次轰炸,城内房屋尽成灰烬,人民好不容易在瓦砾中建立起简陋住房,如今则陷入敌手。

---

① 《大公报》,1939 年 9 月 25 日。

日军对长沙已形成半圆形包围,长沙危在旦夕。战前长沙有40万余人口、8万余住户、6万余幢房屋。1938年11、12月长沙大火时,居民逃走了9/10,剩下不到3万人,1万多幢房屋。此后人口又增加到30万人。商店都恢复起来,金铺特多。战局迫近,居民又多逃走,又剩下不到3万人,商人皆领有许可证,城中各商店货物亦皆他迁一空。第9战区司令长官部也由长沙迁往衡阳,薛岳率少数幕僚在株洲设立指挥部,湖南省政府迁至来阳。长沙已成一座空城,守卫长沙的第4军主力置于河西岳麓山,只有一个师在浏阳河与近郊守卫。

但是战局的发展常非人们所能预料,日军兵临长沙城下,却没有进攻长沙,而是于10月1日忽然全线后撤,国民党军尾随其后相隔一日之行程,至10月9日,日军已退到9月18日前的原阵地。至于为什么撤退,冈村宁次解释说:"军之主力既已进入长沙平地,长沙又在眼前,如乘势进攻,占领长沙并不困难。但根据本次会战之目的,在大量击溃敌军后,不得不回师原地。"①这种解释,理由不够充分,因为日军调动了那么多军队,也有严重伤亡,即将到手的东西,岂能放弃?退却的主要原因是因为第9战区改变了战术,不和日军进行大的决战,而是利用赣北、鄂南、湘北的山地,不断侧击伏击敌人。由岳阳到长沙的大道路都被破坏无遗,就是手推车,也不便行驶。而水塘随处皆是,坦克重炮无法行动。日军的后方补给困难极大,所带干粮,最多只能吃一个星期,鉴于以上因素,因此做了"体面"的撤退。

这次战役,日军的残酷和破坏仍是惊人的。第9战区司令长官部军务处处长贺执圭对湘北部分地区进行了调查, 他说:"战后我曾随薛岳前往湘北、赣西各地巡视一周。据我所知,单就湘北上杉市、福临铺、麻林桥、青山市、粟桥、高桥、金井、长乐街、新市、汨罗、营田、长寿街、龙门厂、瓮江等处而言,被日军烧光的市镇村庄就有270多个,被惨杀的民众达8000多人,被强奸的妇女不计其数,其中包括8岁的女孩和83岁的老姬。又据湘阴、平江、岳阳、华容(岳阳县新墙河以南;华容虽未经过战事,但被敌洞庭支队抢走的粮食不少)等县的报告,此次日军逃犯,除抢走了约50万石粮食外,在撤退时,还将运不走的粮食和未收割的晚稻都付之一炬。"②

---

① [日]稻叶正夫编:《冈村宁次回忆录》,天津市政协编译委员会译,中华书局,1981年,第406页。

② 贺执圭:《会战的作战方针与战斗经过》,《湖南四大会战》,中国文史出版社,1995年,第29页。

中日双方都宣称自己是战争的胜利者。实际上,经过以上 3 次战役,日军部分地实现了战略意图。中国各战区在作战原则上有所改进,因无根本的转变,所以不能扭转被动挨打的局面。沦陷区扩大了,许多地方遭到日军的掠夺和洗劫。值得提出的是民众的动员工作较以前进步了很多;军队的战斗精神是旺盛的。日军承认在长沙战役中,"在部分战场上,部分战况之激烈超过了诺门坎。中央直系军队的战斗力,尤其是中坚军官强烈的抗日意识和斗志,绝对不容轻视"。①

原载《南开大学历史系建系 75 周年文集》,南开大学出版社

---

① 日本防卫厅战史室编纂:《日本军国主义侵华资料长编》(上), 四川人民出版社,1987 年,第501 页。

抗战时期怒江战争的若干思考

抗日战争胜利 60 周年之际,在人们的记忆中,1942 年 5 月至 1944 年年底的滇西抗战烽火,再次燃烧起来。

我对滇西抗战具体史实及其发展知之不多。抗战时期我在西安读高中,怒江前线战事的一点印象是当时报纸留给我的。20 世纪 90 年代我阅读了中国文史出版社出版的《远征印缅抗战》,又为张家德撰写的《保卫滇缅路》写了短序,还读过一本 *The Stilwell Papers*(纽约出版),增加了一点滇西抗战知识。心中常有亲去追寻这段历史的愿望。对历史工作者来说,实际考察是极为重要的,它能将书本上的知识和亲眼所见的客观情景融合起来,加以对照,让你深化认识,加深思考。

2005 年 9 月中旬, 我到昆明参加悉尼科技大学举行的博士硕士生学术论文研讨会后,蒙冯崇义、于燕京、叶文、柳景等朋友的支持和安排,以及朱厚泽的鼓励,9 月 20 日,我、王黎、沈娅 3 人由昆明乘飞机到保山。保山的朋友张国庆派陈新潮驾车,沿史迪威公路,翻山越岭至腾冲。腾冲朋友邵维代做向导。后又由腾冲经梁河到芒市,返回昆明,两天时间,只能说是走马观花,但思想上的收获却极为丰富。

一

一走进保山就感受到滇西的风土人情,此地四周皆山,抗战时期两年多时间曾是我国西南地区的最前线,远征军长官部、美国第 14 航空队基地均设立于此。我向张君询问这里的气候、市区及市县的人口、人民的宗教信仰、中缅边境上两国百姓的交往等问题。

由保山到天险怒江 70 多公里,怒江穿流于怒山与高黎贡山之间,两岸高山对峙,一到这里就联想到历史上可怕的瘴气,人们称这一地带为"瘴毒之区"。中国远征军不少死于此自然灾害。如今两岸梯田及江滩种植诸多经济作物,如甘蔗、芭蕉、荔枝、芒果、咖啡及稻谷等,瘴气消失了。当年唯一的天险通道惠通铁索桥,位于现在怒江大桥曼海大桥的下游。过了怒江就是横断山脉的高黎贡山,其最高处海拔4000多公尺,山高坡陡,公路沿着山腰弯弯曲曲,弯道多,且多是急转,经常发生翻车事故,俗称"死亡之路"。公路未修前,史书以"山高路险""羊肠小道"形容这一段路程,就是这一崎岖的山路曾是商旅的茶马古道。路是人走出的,自开辟以来,一代一代的人,穿过了高黎贡山,沟通物资和文化。

从保山到腾冲约100公里,路不是很远,车行了3个小时,在怒江边曾停留片刻,观看山势水势,在古城寺稍事休息,欣赏高黎贡山风光,当车继续前进时,前面一辆运货大车翻了车,路不通了,等了一个多小时,车才通行,及傍晚到达腾冲。

腾冲古称"极边第一城",也称"翡翠城",是一小平原,四周皆山,西边隔一座大山就是缅甸的密支那和八莫,这里距密支那200公里,是中缅通商古道。我们驱车环城走了一番,然后寄宿于滨河大酒店,窗外即叠水河,风景优美秀丽,令人心旷神怡。这座城市原是明代戍边将士用石头砌成的,仅1公里见方,如今看不到旧城的遗迹。1944年以前,城南是商业区,东城外是帮办衙门,西城外是英国领事馆所在地,北城外是一片稻田。60多年的沧桑变化,旧的图景不复存在,现在展现在人们面前的是一座新兴的城市。

二

我的目的是考察抗日战争时期腾冲沦陷和收复的历史,第二天就将目光集中于国殇墓园和滇缅抗日纪念馆。前者位于叠水河瀑布一侧小团坡上,是我国建立最早的抗日烈士纪念馆,于1945年抗日战争胜利前1个月建成。后者位于和顺桥乡,馆址就是1944年攻占腾冲的第20集团军司令部所在地,是2005年7月7日正式开馆,是我国第一所民间策划而成的博物馆。两个纪念馆保存展出许多珍贵的文物和遗迹,给我们民族留下了丰富的物质和精神遗产。

走进国殇墓园,庄严肃穆之情油然而生。远征军第20集团军克复腾冲阵亡将士纪念塔矗立于小团坡顶。自纪念塔至山脚间排列着9行上圆下方的小块墓碑。骨灰墓碑 9000 多个,其中 3346 个有碑文,他们为国捐躯时平均年龄不到 20 岁。坡脚是国殇大厅,悬有于右任题写的忠烈词。李根源刻于碑石上的《告滇西父老书》,张问德的刻于碑石上的《答田岛书》,特别引人注目。还有 1945 年 7 月 7 日国民政府军事委员会关于保护国殇墓园的布告,也成为历史文物。让人惊异的一件事是,进入园内门后一个角落里有一倭冢场,埋葬着侵腾日军 148 联队长藏重康美 4 具日军尸骨,这在世界各国烈士陵园中是绝无仅有的。怎能将敌人的尸体埋在这里呢?深思一下,当年做出此决定的人是很有见地的,这表明了侵略者的下场,也突显出中国人的人道主义。

国殇园内的腾冲抗战图片展和滇西抗战实物展,是历史活的见证,许多文物均为外界难得一见,就连《腾越日报》内地也未见过。滇缅抗战博物馆,按历史顺序分山河破碎、悲壮远征、沦陷岁月、剑扫烽烟、日月重光 5 部分展出,藏品有 5000 多件,包括远征军、盟军和日军的。属于中国的珍贵文物的如抗日县长张问德手稿《偏安腾北抗战录》,李宗仁赠张问德的红藤杖,上面刻有"抗战到底,步步前进"缅甸作战地图,《保密公路外段工程生活纪实》等。属盟军的如"飞虎队"的全套徽章,用机枪弹壳制成的"和平战胜死亡"铜徽,刻有作战地点的军用水壶,牺牲了的飞行员的戒指及飞虎队的血幅。属于日军侵略罪证的有:日军在滇西使用细菌战毒气战的细菌培养盘,芥子气炸弹,屠杀中国人的锯齿及军刀,日军第 643 部队的印,日军制作的《圣战回忆录》等等。这些藏品除少数外,都是一位银行职员段生馗,花了 20 多年时间,散尽家产收集起来的。

两个纪念馆收藏保存如此丰富的文物遗物和图片,把抗日战争时期那一段悲惨雄壮的历史引入人们的生活中,再现了历史的真实,这是很有价值的。它给人们很多启示和思考。

三

每个人都是凭着自己的想法去思考,由于对事物的理解和看问题的角度不同,思考也就不完全相同。一些学人已写出滇西抗战的血的历史,我也萌生了一些想法。

思考之一。滇西 1942 年 5 月陷于敌,是很突然的,是国人难以接受的。根据 1941 年 12 月《中英共同防御滇缅路协定》,1942 年 2 月中国派出 10 万远征军入缅作战，先后在同古、斯瓦、仁安羌、棠吉等地，重创日军。只因盟军领导意见不一，低估了日军的狂妄计谋，而英军又一味退却，畏敌如虎。5月战局逆转，日军占领缅甸全境，远征军后路被切断，损失惨重，一部退到印度，一部退回滇西。日军第36师团乘胜急进，侵入我国境内，5月3日畹町沦陷。5月4日，遮放、芒市、龙陵沦陷。5月5日，日军一部侵犯至怒江惠通桥，守桥部队炸桥阻敌。5月10日，又一部日军299人未费一枪一弹占领腾冲，怒江以西变了颜色。由缅退回滇西的张珍部第66军不战而逃，日军2000到3000人已过了怒江，侵略矛头指向保山和昆明，西南各省突然出现危机，蒋介石急调远在川康的第21集团军至怒江前线，先期到达的第36师和后续部队与日军激战，中国空军和飞虎队轰炸滇缅公路，轰炸畹町、龙陵至怒江西岸之敌，终于将敌大部分歼灭，少数日军溃退到西岸，中日隔怒江形成对峙局面。值得深思的是：抗日战争已进行了5个年头，滇西广大地区竟无国防设施，任敌纵横。这不是很离奇吗？

思考之二。日军铁蹄践踏我国领土时，不少地方官员弃城而逃，滇西地方也不例外。腾冲边区行政监督龙纯武，县长邱天培，警察局长周维淮，于关键时刻携款潜逃，丧权辱国。一些军队则乘机抢劫民间财物，驻防保山的云南第6旅旅长龙奎垣率部在城内大肆掠夺，然后逃至昆明，这种现象在全国屡见不鲜，如果将全国临阵脱逃的官员和军队的行踪记录下来，汇集成册，作为反面教材，对国人也是一种好教育。这种可耻的罪恶，教育可能也更为深刻。

思考之三。当民族存亡之关头，必然会涌现一大批爱国志士，奋起抗战。他们充满着复仇的情感，决心百倍地回敬企图灭亡自己祖国的敌人，腾冲这块热土上，各民族各阶层的人们，面对历史的巨大不幸，利用高黎贡山有利地形和空间，和日军展开殊死搏斗。云南监察使李根源就是一位最著名最有影响的抗日英雄，他力主建立和坚守怒江防线，反对后退，发表了告滇西父老书。他团结各地土司及名流一致响应抗日的号召，影响很大，提高并强化滇西人民的民族意识，其丰功伟绩已代代相传。抗日县政府县长张问德，受命于危难之际，与爱国人士刘楚湘、吴宝泉等人组成敌后政府，坚守腾冲北部，与敌周旋，令敌人不得安宁。此时各方抗日力量都动作起来，有的是经过动员的，有的是自发的，有的是集体行动，有的是单独活动。游击队的名称很多，如朱嘉锡、常绍群等人组成的龙潞抗日游击队、滇西边区自卫军潞江支队，福碧泸练民众抗日自卫队，陇川自卫队，耿沧抗日自卫队，芒允自卫队，护路营，滇西兄弟民族女护士队等。它们是由汉族、佤族傣族、拉祜、布朗、景颇、粟傈、回、藏和白族共同组成的。从士绅名流、土司到普通老百姓都参加进来。预备第2师也来到怒江西岸,整个高黎贡山成为一个特殊的游击战场。日军无可奈何,屡屡受挫。日驻腾冲行政班本部长田岛寿慈生出一计,于1943年8月,以金钱和地位为诱饵,致函抗日政府县长张问德,要求和谈。张问德函复田岛,怒斥日军暴行,对日军表示了极大蔑视和愤恨,最后以"予关切于阁下即将来之悲惨末日命运"之语相告,铁骨铮铮,充分表达了中国人的气概。即使今日读一读这封信,也给人一种势必战胜日军的精神力量。日军野蛮残酷的屠杀,教育了滇西人民,因国土沦丧而受到的屈辱和苦难所发出的悲号,不是恐惧和胆怯,而是用不枯竭的反抗力量,这是历史过程中的必然。

思考之四。日军在滇西的暴行,仅用烧杀放火、奸淫掳掠等字眼是不足以描绘的。他们在江边屠杀难民,在各地烧毁村庄,强奸妇女,使用细菌战,撒放鼠疫菌,毒死滇西人民2000多人,将和顺人寸长宝和李光华的心肝掏出来炒着吃,在保家乡,将捕去的群众脱掉裤子,挂在甩干尖,把肠子从肛门拉出,使其致死。在明光、妈站、江苴等捕去中国战俘,捆绑在树上,用带锯齿的锯锯死。两位农民因运粮帮助远征军,被活活钉死在树上。种种暴行,罄竹难书,在人类历史上是绝无仅有的。两国交战,互相厮杀,血流成河,都在消灭对方作战能力,除此以外,一切非必要的生命与财产之破坏,都为人道和战争法规所不许。日本执政者极力美化其侵略战争,掩盖其暴行,使众多日本人对日军的海外罪恶,毫无所知。应将日军的所作所为,告诉全世界,告诉日本人民,使全人类都认识到,如果日本军国主义再度兴起,那人类的文明不知又要遭受多大的灾难。

思考之五。1944年敌后广大战场捷报频传之时,正面战场却迭遭失利。日军占领了福州、衡阳、梧州、桂平、桂林、南宁等地,并进犯贵州宜山,震动了重庆。此时只有卫立煌统率的远征军在滇西战场取得了胜利,立下了不朽功绩。

这次组成的远征军和第一次入缅的远征军有所不同,不只是主帅易人,参战人数也增加到16万人,且全是美式装备,从司令部到集团军,军、师、团,都有美国参谋联络组。他们并非指挥,只是介绍与建议。战争的目的是出兵滇西,策应驻印盟军进占密支那,打通中印公路。

卫立煌是一位爱国将领,有丰富的战争经验,治军极严,他指挥第20集团军及第11集团军,共20个师,于1944年5月11日,在北起泸水,南迄滚弄约 150 公里的前线,强渡怒江,向腾冲、龙陵方向进军,美国第 14 航空队协同作战。

攻击的难度很大,驻在这一地区的日军第 156 师团,擅长山地战,分布于腾冲、松山、龙陵和高黎贡山一带,于两年多时间里修筑了许许多多坚固的堡垒群,譬如在松山筑大堡垒 16 座,小堡垒 5 座。各堡垒间有隧道相通,松山的隧道长约 10 公里,有充足的粮、服、弹药储存仓库,日军居高临下,处于隐蔽处,不及 200 公尺甚或 50 公尺以内绝不射击。远征军兵力雄厚,背水仰攻,外线作战,摸不清日军的防御实况,每攻占一个山头,总要付出巨大代价。加以山地瘴气疟疾猖獗,又逢雨季,阴雨绵绵,远征军兵站的供应难以保证,依靠空降补给,又受地形和气候变化无常的影响。一位第 71 军第 88 师少校翻译官何自强(新中国成立后任教南开大学经济系,现居美国)讲,他所在的部队是攻打龙陵的,有两天吃不上饭,只吃美国造的巧克力,吃一块,可维持半天精力。多数部队战士有几天以野菜、竹根、树皮充饥。饥饿严重到这种程度,有一位战士挖泥土去吃,山上又极冷,山风寒冷刺骨,特别是攻打腾冲经过北斋公房附近的冷水沟,数百战士被冻死。即使这样,他们依然前仆后继,义无反顾,为了民族和国家的生存和独立,视死如归。他们的生死观是:"我们宁可血染黄沙,也决不贪生怕死,不把敌人彻底消灭,不能算是中华民族的好男儿。"①就是以这种思想和精神,腾冲、松山、龙陵相继克复。

腾冲是经过 41 天攻坚战而于 9 月 14 日克复的。该城高约 7 公尺,厚 4 公尺,日军在城墙之上及城内街巷均筑有堡垒。第 20 集团军以大于敌人 10 倍的兵力,在美国第 10、第 14 航空队的协助下,B-25,P-40,及 P38 炸毁了城垣 10 处缺口,并登云梯入城内,逐街逐屋厮杀,使用最新式的火焰喷射器,最后将日军第 56 师团 148 联队压迫至约 40 平方米的一隅,全歼敌联队长藏重康美以下 3000 余人,俘虏 50 余人,还俘虏了 13 个韩国和中国台湾地区随营妓女。9 月 20 日,东京大本营无可奈何地衰叹:"全员壮烈战死。"

松山攻坚战始于 6 月 4 日,结束于 9 月 7 日,共经历了 90 余日。这一地区以松山地势最高,海拔 2260 公尺,控制着怒江的腊猛古渡。日本人称部署在这里的第 113 联队 3000 余人为"腊猛守备队"。第 11 集团军屡攻屡挫,损失极大,卫立煌亲赴战地研究策略和战术,终于全歼守敌。日本人本营广播

① 赵雨林:《射峙中的战斗》,《远征军印缅抗战》,中国文史出版社,1990 年,第 316 页。

说:"我腊猛守备队于 7 月 7 日全员壮烈战死。"

松山和腾冲克复,远征军便集中兵力于龙陵。惠通桥至龙陵约 77 公里的滇缅路已无敌踪,滇西战局的发展已经明朗化。敌阵中日军记载,7 月 25 日和 8 月 14 日,广林坡、老东坡争夺战中,日军已受到重大伤亡。日军自恃其兵力坚强,松山被远征军占领后的第二天,日伪的报刊还在炫耀日军的武力,说什么"龙陵地区之敌军(指远征军)5 师,自 7 月 7 日以来,倾其总力,企图夺回龙陵,但在日军的猛烈抵抗下,死亡枕藉,夺回龙陵之希望终成画饼。日军在怒江战线之作战,实负有极大的任务"。[①]日军"要把美式装备的远征军打回其原形"。而实际上, 这只是装腔作势, 等待他们的是失败的命运,11 月 23日, 第 11 集团军第 3 次围攻龙陵,将日军第 56 师团工兵联队、炮兵联队及后援的第 2 师团第 16 联队、第 29 联队大部歼灭,敌军残部退逃到芒市。

芒市是日军第 36 师团本部所在地, 其地势较龙陵低 600 公尺, 远征军10 万人于 11 月 10 日越过龙陵芒市间最高的张金山,进兵芒市。日军炸毁芒市向畹町方向退却。

从芒市到畹町不足 100 公里,日军还在节节顽抗,经过几番恶战,日军或溃或亡。1945 年 1 月 2 日,畹町收复了。日军退到缅甸。滇西全无敌踪。

综观滇西战役,从 5 月 11 日渡过怒江至畹町克复,其经历 7 个月又 24 天。

原载《历史教学问题》,2006 年第 3 期

---

① 伪《申报》,1944 年 9 月 10 日。

国统区研究

抗战初期中国人口大迁徙

卢沟桥事变后,中国沿海各省陆续遭到日军铁蹄的践踏。这些地区的人民为了逃避日军的烧杀奸淫掳掠,也为了不做亡国奴,尽可能地四处逃难,有的逃往内地,有的逃到香港,有的躲避至临近的偏僻乡村,有的则在一个地区中辗转逃亡,出现了中国历史上规模最大的人口迁移。美国白修德和贾安娜在其所著《中国暴风雨》一书中称,这次人口迁移"是游牧时代以后绝无仅有的,但迁移的有多少人,他们从哪儿出发,重新定居在哪里,都并无记载"。这话有其道理,的确缺乏完整的记载,有的数字也是估计的。

1937 年战争爆发到 1938 年春, 就有人估算过当时人口迁移数为 8000 万人或是 2500 万人,有的则说是 2000 万人,或者说是"几千万人",没能留下一个确切的数字。应该说,在当时情况下,也不可能有。王卓然在《救济难民问题》中的估计数字是最低的估计,可能比较近实际:"自去年 7 月 8 日卢沟桥事件发生后,宛平人民起始,至今受祸国人,家室荡然,妻孥离散者,约计在 2000 万人以上。"该文还论及难民的流向:"此 2000 万人之脱离虎口,逃到后方者不到 1/10,而此 1/10 之幸到武汉、南昌、长沙、宜昌、重庆或其他城市者,约计有 10 万余人(只计算无办法之难民,公务员与商人不计)。"[1]这是 1938 年春的状况和数字。随着战区的扩大,移民人数还在增加。

如果我们从难民逃亡的规模来考察,以弥补统计数字的缺乏,也是有意义的。逃亡是从平津开始的,接着是上海和江浙,随后是安徽、山东以及福建、广东沿海居民。迁徙随着日军对一个一个城市的轰炸和对一个一个地区的侵占而展开的,以致形成当时中国人口的大迁徙。

平津等地人民流亡从 1937 年 8 月初开始,这里除平津各界人民外,还包括"九一八"后由关外逃来的流亡者。当时因平汉、津浦两铁路北段已不通车,人们

---

①《大公报》,1938 年 3 月 23 日。

多经天津乘船到烟台或青岛,转赴济南,向南迁移。文学家老舍真实地记述了这一迁移的情景:"我是 8 月 13 日到的济南。城里所逃走的人,已去了许多——据说有 20 万人左右。14 日,青岛紧张,于是青岛的人开始西来,到济南的自然不少。这时候也正是平津的人往南逃亡的时候,有的本无处可归,便停在济南,有的在此驻一驻脚,再往别处去。专就留亡的学生说,由此经过的大概有五六千人之多。因此济南虽已走了 1/3 的居民,可是经过这样一补充,便又热闹起来。"①这段文字既记载了滚滚南去的人流,也记载了那无定向的无组织的奔逃。

1937 年 10 月初,日军占领德州,侵入山东,随即轰炸济南,济南人又开始迁徙。这次比上一次的迁徙要彻底得多。从青岛逃来的人,有的又折回青岛,搭轮船南去上海。绝大部分人沿津浦路南下,一时津浦路上难民拥挤不堪,有汽车、马车,也有 18 世纪的独轮车。津浦路火车站上,从站内到站前,挤满了人。济南市民,加上外地逃到济南的人,都拼命向南逃。

青年知识分子在众多难民中,头脑最清醒,他们处此国难之际,纷纷投笔从戎。到鲁西第六区范筑先司令部政训处做救亡工作的有 200 多名,其中有北平的大学青年教授,有刚从日本回国的留学生,有平津以东及各地的学生,或者是从事文化事业的工作者。到李宗仁的第五路军政治工作人员训练班的有七八百人。投向南京和武汉战地服务团的人数更多。中共北方局林枫等人曾在济南将一大批流亡学生输送到冀南、山西、延安和武汉。

济南原有居民 60 多万人,经过上述两次人口迁离,差不多成了空城。剩下的是实在无法或无处去的人。

北方另一股人流是山西雁北、太原等地难民,经潼关逃向西安,没有经济条件的和不愿意离开家乡的,逃到附近的山中。太原城经过日军 20 余日的轰炸,居民已逃避一空。

河北省沿平汉线及豫北一带的难民逃向是太行山里和豫南、西安、武汉等地。青年人也有加入孙殿英部队的。保定附近的 25%的农民都已逃走。许多资料记述了这一地区人民逃难的惨状:"在正太路车站和石家庄车站之间的空地上,以及石家庄车站整个的月台上,有满山满谷的难民在拥挤着,他们是从保定方面逃来的。"②逃向何处,他们自己也不知道。碧野记述磁州人民的

---

① 老舍:《三个月来的济南》,《大公报》,1937 年 12 月 4 日。
② 华之国编:《平汉前线》,时代史料保存社,1937 年,第 26 页。

逃难："城里和四乡的难民朝西边的太行山逃难，男的吃力地推着独轮车,女的抱着弱小的婴儿,老的跌跌撞撞。破烂的被盖和棉衣是他们可怜的财产。在他们疲瘦的脸孔上,透露出惊恐与憎恨。"①这可以说是平汉线人民逃难的写照。冀南、豫北人民也在逃命,平汉线许昌以北各车站都是大批的难民拥挤着。曾有一位新乡农民诉说着："敌人来了,奸淫掳掠,老百姓不能生活,如果要命,只有逃亡这一条路了。然而,谁有余钱?好容易逃出来了,以后的生活又没有办法。讨饭,这年头是不容易。当匪,我们又不敢,也不肯。最后只有等待饿死了。没有法子,逃出来,又得逃回来。②这是老百姓逃难的心态。

一大批平津流亡学生在郑州参加了第一战区司令长官部领导的抗日救亡工作。

上述情况,尚属人口大迁移的前奏,更大规模的人口迁移出现在上海和江浙一带。这一迁移从沪战爆发就开始了,1937年11月至12月间形成高潮。

沪战开始,上海居民先后逃到浙江的有二三十万人。也有部分人逃到香港。然而,当时上海人口却不见减少,反而增加到350多万。原因是沪南、沪西、浦东、南市以及江苏各地相继陷落,这些地区的人民流离失所,纷纷逃往上海,认为上海租界是可依托之地。于是租界便人满为患了。据国际救济委员会1937年底报告, 上海共有难民25万人, 计公共租界9万人, 法租界94000,南市难民区66000人(贫苦住户未计入内)。全市收容所亦多设在租界内。296所中,公共租界占152所,法租界占40所,南市难民区有104所。③这里应该说明,不是所有难民都能住进收容所,街头里弄流浪的难民,也不在少数,加在一起当有30万人之多。还有,沪战开始后陆续被遣送离上海的约30万。中华慈幼会当时调查过,全市难民总计成人为206487人,儿童约101342人。各慈善团体和同乡会帮助遣回原籍的成人为206708人,儿童为101820人。国际反侵略中国分会致电世界和平运动大会主席薛西尔子的电文中称,中国人民遭受战争之祸害者,为数已在12500万人以上,约占全国人口1/3。其中沦为难民者在60万人以上,集中上海者在50万人以上。其由战区迁居内地的广大避难群众,不在此数之列。④上海《字林西报》也讲："本埠各收容

① 碧野:《磁州的一日夜》,《大公报》,1937年11月15日。
② 惜梦:《北战场上》,《大公报》,1937年11月21日。
③《申报》,1937年12月2日。
④《申报》,1938年2月11日。

所,现有失业而贫困无告者 126000 人,至少需供应彼等半年之久。此外尚有 60 万左右,仰给予慈善之亲友。但此辈亲友,经济已见窘困,必难持久。据法租界调查,界内衣食无靠而露宿街头者,共有 48000 人,公共租界尚未查明,大约有 8000 人左右。①综合各方面的估算与统计,上海难民当在 60 万人左右。

进出上海的难民川流不息,虽然各机构不断遣送,但拥入的比迁出的更多。这是因为上海周围各县,日军的暴行不止,增大了人流。比如,浦东移入浦西的难民,在炮火停止后,相继回去看望自己的家乡。然而回去之后,少壮者被迫充任伪警或筑工事,老弱者因财物尽失,无法谋生,又渡浦西,沦为难民。沪南与闵西一带日军,烧杀不已,该地区的贫苦劳动者不得不纷纷携妻女,逃入租界。江苏各市镇的居民也继续流入上海,如苏州原有居民 20 多万人,起初逃到附近四乡,然四乡盗匪蜂起,逃至乡间之民众,又逃至城内,而城内已由日军控制,并强征青年男子,充当兵役,青年女子慰劳兽军。因之自杀者日有所闻。居民夜间闭户,不许上锁,须任日军随时侵入搜查,骚扰不堪。人们处于暴敌铁蹄之下,不能安居,又相率外逃避难。逃入上海的很多,留在苏州的只有 5 万人。

各慈善团体不断增设收容所,也说明拥入上海的难民在增加。上海慈善团体救灾会称:"自收容难民以来,除遣送、自动回籍者外,现尚收容五六万人。收容所达 50 余处,均告人满。而陆续待救者,为数甚多,特增设运社、铜德二收容所,以资容纳。"②上海第一特区市民联合会救济难民委员会致各公团的信也谈道:"自沪战发生,战区日扩,近市各县城镇难民,莫不麇集沪埠,各慈团收容所均感人满为患,而暮宿街头之难民,尚触目皆是,流离惨状,不忍目睹。本会受组织救济难民委员会,并已在天潼路万茂里六号设立收容所,积极收容沿街流浪难民。"③

上海四郊的难民并不是都拥入上海一地,也有无数的人没有经过上海,直接向内地各处逃难去了。也有的逃到上海附近既无铁路,又无公路的偏僻地方避难。如南翔、嘉定一带难民逃到青浦县属的观音堂、重固、章堰三地。这里距上海约 30 公里。

---

① 《申报》,1937 年 11 月 21 日。

② 《申报》,1937 年 12 月 11 日。

③ 《申报》,1937 年 12 月 12 日。

再看看京沪铁路镇江以东丹阳,常州、无锡等地的难民状况,有钱的逃到香港和内地,绝大多数以江北为避难所。当战争逐渐西移时,人们又不断向北迁徙。江北如皋、靖江、南通等县每一个小村庄,无不有江南人在那儿驻足,庙宇和街头巷尾也都住着难民。经济条件稍好的,迁到兴化、淮阴等地。这一人流,当时估计有百万余人。如丹阳,"邑人大都逃集于访仙桥、延陵、黄墟等处,亦有间道奔避江北各处者,在兴化人数较多。他若盐城、扬中亦所在皆有。商会主席胡尹皆,红十字会常务理事刘哲民则避难宜昌"①。无锡原有居民 30 万人,留下来的不过 1 万人。江阴"稍富有的居民均预先向江北及西乡避难,西门及南门之居民,十有八九均逃往芙蓉镇、马甲河及泗河口一带"②。其他各县也大略相同。

太湖东南及京杭公路线上的居民,多在其原籍附近择地逃难。如嘉兴"城内居民,避在新胜、乌镇、溪院等处最多"③。湖州居民多逃至湘西妙西稍康乡。太湖洞庭山之奚坞、西坞两山谷中逃难者,则多是殷实之家。

杭州,原有居民 60 多万人,沪战爆发后,有 2/3 逃到乡下。一些富户认为莫干山是安全去处,遂挈妇携幼,络绎登山,竹林深处,俨然世外桃源。及湖州吃紧,山中人又向杭州逃。12 月底,日军逼近杭州,人们再次外逃。目击者讲:"箱子、网篮、铺盖、车子、轿子、背负的、挑担的、男的、女的、幼的、士兵、军官、老百姓、委员老爷,如蚁阵一样都摆在江滩上,眼看轮渡是绝望了。唯一的逃生的寄托在十百只用帆的小船上。没有人再理会自己的行李,只有逃命的意念在浮动。叫号的、哭呼的、推的、挤的,践踏而过的,谁有机会过江的,谁就留下了生命。"④这里写出了人们逃难过钱塘江的心态。留下来没有离开的不到 10 万人,仅 1/6。

南京,原有居民 100 万人。逃到内地的很多,也有一部分逃至安徽和县、庐江等地。日军入城后屠杀了 30 万,所余的只有 30 多万人。

京沪杭三角地带,据中外战地通信的估计,已有 1600 万人以上向西逃走。⑤

---

① 《劫后江南》,《申报》,1938 年 2 月 12 日。

② 《劫后江南》,《申报》,1938 年 2 月 11 日。

③ 《劫后江南》,《申报》,1938 年 2 月 10 日。

④ 曹聚仁:《杭州陷落前后》,《东方杂志》,第 35 卷第 2 号,第 37 页。

⑤ 阿特丽:《日本在华的赌博》,光明书店,1939 年,第 196 页。

南京沦陷后,人口迁移蔓延到更多的省区,北至山东,南到广东以及安徽等地的人民都离乡背井,辗转流离。

先讲安徽,1937 年 12 月 7 日日军越过太湖盆地,侵略到皖南,广德、宣城、郎溪、芜湖、当涂、南陵、繁昌等地人民,相继挥泪告别祖辈相传的家园,开始流亡。据记载:

"自芜湖西去的路上挤满了难民群,芜青路是黑压压的结成一条线,向西蠕动着。伤兵和落伍兵也夹在中间,无声无息赶着渺茫的前程。长途的流亡,到底逃到哪里去?那沿路用红纸写的:无路可奔的难民,赶快到江西去垦荒。署名是战区难民移赣垦殖团,指示难民的出路是在那里。是的,江西宁都一带确需要大批人口移过去,但这漫无组织的一群,到了江西以后又怎样?"[1]这样庞大的逃亡人群,究竟有多少数量,难以估计。仅芜湖市就有 17 万人在逃亡。逃亡的去向,并不一致,也有近距离的。繁昌县农民逃难的,每人衣角上都挂着难民条子,挑一担米,提一个包袱,携了妻子与耕牛。他们是到繁昌县山里去避居,有的是做暂时的打算,有的因为房子被烧,根本就不知何时才能返回。

津浦路从浦口到蚌埠一线,人们从 1937 年 12 月下旬就开始逃亡。蚌埠、淮南、寿县一带的人民,1938 年 1 月也在逃。以寿县为例,全县人口有六七十万,有钱的迁到香港、汉口,稍微富裕的逃到六安、霍山,剩下的都是穷得无法移动的难民。长江所写的《皖中战影》,深深地刻画出当时的景象:"我们从淮南到皖中,沿途遇到许许多多的战区被难同胞,妇女尤占比较多数,看衣服和面貌,逃难者多中人以上家庭,向日皆在家安闲自在,而今亦被迫在道途上转徙。交通工具是谈不到的,纵有,也不过独轮小车几辆,上面可以放些行李,甚而至于完全无代劳工具,重重的行李,通通自己背上。小脚老妇,黄发儿童,也得在地上徒步,红颜少女,多也执绳拖车。当然,他们一天不会走多少路,而且他们究竟能走到什么安乐地方,走到哪里去生活,他们通通没有把握。他们只是尽可能带上一些路费,向距离敌人较远的地方跑,避免目前的残杀与奸淫。"[2]

山东沿海地区烟台、青岛、莱阳等地人民多向鲁南临沂、鲁西单县等地移动。

苏北淮安、宝应,高邮等地县城的居民,都搬到乡间。崇明被敌占领后,县城居民万余迁到县西庙镇,一些人栖宿庙宇。

---

① 《大公报》,1937 年 12 月 19 日。

② 《大公报》,1938 年 3 月 12 日。

浙江宁波居民,从 1937 年 11 月 12 日宁波江北被炸后,十之八九的人都移到乡间。从余杭逃到新登、临安之姜女山的难民有 4 万多人,席地露宿,借树荫以避风霜。

东南沿海被敌封锁后,福建之永乐、连江、闽南之惠安渔民四五十万人被迫迁到闽北崇安泰宁、建宁等地生活。

金门陷落后,该县居民逃往厦门、漳州、同安各地者达万余人,其中与南洋华侨有戚属关系的,相继搭船前往南洋谋生。大嶝岛有居民 7000 余人,5000 多人逃到大陆来,散居于厦门、同安、莲河、马巷一带。

广东中山县三灶岛陷落后,当地居民 2 万多人,颠沛流离,沦落澳门的约万余人。

全国所有日军即将侵入各县、各乡镇以至于小小的村落都麇集着无数的难民。他们漂泊流离,在生死线上与命运作最后的挣扎。

以上是从地域上说的,其表现特征,基本上是无组织的群体行动。

在迁移中,有许多知识分子、文化人甚至教授,他们都是只身逃亡的。历史留下了他们跋涉的清晰足迹。他们从四面八方奔向武汉、长沙、重庆、西安、延安、香港等地。

武汉当时已成为中国政治经济的中心,交通四通八达,逃难者绝大多数先向武汉集中。武汉人口突增,原有 100 万人,到 1938 年春,就达到 150 万人。重庆也是逃难者向往之地,人口由三四十万人增加到七八十万人。

国民政府为救济难民,于 1937 年 10 月成立难民救济总会,各省市成立分会,各县市设立支会。至 1938 年 1 月已成立分会的有 21 处,支会 262 处。其中收容所共计 570 处。救济办法,由各支会就地与各工厂矿山农场及筑路机关商定收容难民办法及配置,而以开垦为中心工作。武汉是难民最集中的地区,设有难民收容所 100 多个。其中 78 所在汉口,武昌、汉阳两地有 13 所,5 所为救济会经办,2 所为红十字会经办,2 所为汉阳慈善堂经办, 其他属华中万国红十字会委托天主教堂主办。难民救济会和各慈善团体以及民间组织每日每时接待着来自各地的难民。分散的、无组织的人群来到武汉,有投亲靠友的,有流浪街头的,多数则进入收容所。进入收容所,流浪生活就暂时结束,生活得到保障,每人每日伙食费为 1 元 1 角。国民政府行政院曾拨款 3 万元救济人民,华中红十字会亦捐款 2 万元,办理救济。对源源而来、尚未抵汉的难民,由基督教协会发起,从 1938 年 1 月起,警备派员分赴长江下游九江一带,及平汉路郑州以南各地,为来汉避难人民,料理一切。救济难民工作逐渐步入正轨。

武汉对难民主要采取收容、寄养、疏散、移垦四种办法。

移到武汉的以江浙人最多。江浙各地同乡会这时显示出突出的作用。江苏同乡会到1938年1月止,设立了6个收容所,收容难民2100多名,其中以无锡、常州人为最多,其次是镇江、上海、太仓、常熟人。最先来的是知识分子,其次是商人,后来是农民。他们的老家都在铁路或公路附近。江苏经办的第一收容所,起初收容了1860名流亡者,以无锡、武进人最多,浙皖次之。一些人安置了工作,介绍到兵工厂、民生纱厂、亚华制绸广、冠生园做工。一些人自动离开,到1938年1月,剩下1128人。

没有进入收容所的,有的投靠亲友暂住,有的典质赁屋暂且存身。如南京江宁籍到汉难民约五六百户,2000多人就是这样。

流亡难民如欲从事工商,只要有确定地址,有殷实的保证人,而确为从事小本工商者,则可到汉口小本借贷处借款经商。

寄养,分认养、领养两种。认养不限人数,每月每口缴口食3元。领养须不分离其父母子女及亲属,且不准领养只身女子。

疏散是当时最大任务,因为来武汉者不绝于途,住宿、供应都很紧张,敌机又不断轰炸,湖北难民救济会和各方磋商,湖北省政府指定潜江、石首、公安、松滋、枝江、江陵、宜昌、宜都八县为移民区。唯因交通工具缺乏,不克迅速迁移。又指定汉川、嘉鱼、黄陂、孝感、云梦、密城为疏散地带,可以徒步前往。难民旅途伙食,每人每日3角,8岁以下减半。

国民政府行政院又命令川湘等省接收难民,以减轻武汉的压力。在云贵川湘等省,设立难民垦殖区,移送集中于武汉的难民,前往西南各省。

对于各地逃出的教师和学生,特别是中小学教师,采取特殊政策。经过登记、审查,即分配工作。1937年11月曾在河南开封、许昌设立收容所,收容平津冀察晋绥战区的师生员工,同时武汉、长沙也设立起收容所,收容京沪、苏、浙、皖等省的教职员和学生。截至1938年1月中旬,来自长江下游地区的登记者有2000多名,审查合格的教职员有536名,派到四川服务的有223名,派赴贵州服务的有308名。合格的学生1510名,派入四川临时中学的1037名,派入贵州临时中学的473名。其余的,派往中小学教师服务团,分赴各地办理民众组织与训练,以及民教义教等工作。1938年2月至3月,国民政府教育部又举行战区员生登记,可于重庆国民政府教育部、湖北、湖南、江西、陕西、广州等省教育厅登记后,即分配工作。大学教员被指定特种研究或担任翻译。中小学教员,以一部分调配为中小学教员,其余的组织教师服务团。

那时,战地服务团很多,有国民党经办的,有共产党经办的,如陶铸负责的战地服务团训练班,有东北救亡总会阎宝航负责的战地服务团训练班。一大批青年报考了这些组织,经过短期分训练,配到各地工作。

中国儿童在这场灾难中,命运也极为悲惨。被日军杀害或掳去的,已无法计数。在绝境中被迫抛儿弃婴的也不少。为收容战区难童,武汉成立了3个组织机构,一是难童教育委员会,一是难民儿童教养团,另一个规模最大的是难民儿童保育会。难民儿童保育会是由宋美龄、李德全、邓颖超、郭秀仪等人组织起来的,以武汉为集中地,于川滇黔等地设立了40个儿童教养区,对所有战地儿童、教师、保姆,均施以教育,以年龄大小分婴儿、幼童、小学三部分,收容12岁以下儿童。

武汉的难民工作,取得了显著成果。其他各省各地和武汉所采取的办法一样,只是难民人数有所不同罢了,如甘肃省安排了50万难民垦殖。

安置难民是一项复杂而艰巨的工作,国家和民众都付出了相当大的代价。假如从历史角度来看,它也显示了中华民族坚忍不拔的爱国精神,反映了中国人民誓死不做亡国奴的坚强意志。

时隔半个世纪多,直至今日,中国人发现,这场痛苦的人口大迁移对民族的历史发展,客观上也产生了积极的作用。

移民队伍,无疑是一支巨大的宣传队,许多地区的民众因此知道了抗日战争已经爆发,松花江上的流亡歌曲和义勇军进行曲,把人们都动员起来,激发了群众的抗日意识。

沿海城市文化和内地文化的隔膜被冲破了,沿海一带较高的文化播种到西部去,弥补了文化发展的不平衡,冲击并打破了内地封闭的观念心态,为落后地区带来了发展的强大推动力。

科学技术随着人才的流入,渗透到内地广大地区,冲击着中国西南和西北。一大批科学家和文化名人,起了振聋发聩的作用。这些地方顿时出现了新文化的欣欣向荣景象。人们乐于接受这种新鲜的、对他们极需要的知识与智慧。闭塞、落后与科学、先进在交融着,开发西部已由议论、呼吁变为现实。

人们思想观念的变化也不能等闲视之。中国封建的地域观念应该说是有历史根源的,较为顽固的。但在那不同籍贯、不同语言、不同生活习惯、不同年龄、不同出身的人,因为敌人的入侵而走到一起,成为一个大融合体时,狭隘的地方观念受到巨大的冲击。

语言方面也有了进步,普通话得到推广,词汇更加丰富。

婚姻风俗上也发生变化。沿海和内地人,结为伴侣的很多。近亲结合的婚姻,有所改变。不同的家庭生活习惯和生活意识不断地在融合。

许多城市,此时跃进了繁荣时期,其繁荣程度,是城市发展史上前所未有的。还出现了许多新的中小城镇。

延安,这一革命圣地,吸引了成千上万的流亡者,成为一座最活跃的城市。从全国各地来的多方面人才,在革命熔炉中,锻炼成钢,分赴于敌后抗日前线。

从人口大迁移,可以看到中国人民的锐气和骨气。民族的大悲剧,也孕育了革命力量。

《中国史论集》,天津古籍出版社,1994年

抗战初期国民政府的经济政策透视

在近代,经济是战争胜利的关键,交战各国在战争爆发后,为增强自己的实力,都迅速采取经济统制,将平时工业生产转为战时经济体制。国民政府在抗战中是从"八一三"沪战起,开始将中国经济导入战时轨道的。

从国民党要人的言论和讲话看,他们对经济与战争关系的认识是清楚的,如蒋介石曾说:"现代战争,无论装备给养,均须仰赖工业。"[①]"现代战争起因往往在经济掠夺,而成败胜负也往往以经济能否持久为决定因素。"[②]担任行政院长的孔祥熙讲:欧战德国的失败,不在军队的不继,而由于经济上无法支持,我们欲求抗战胜利,必须有经济上的持久办法。国民政府在"八一三"沪战爆发的头一个月及其以后的时间内,连续颁布了管理金融、统制粮食、增加税收、统制贸易的许多法令,都有明确的目的,如8月17日公布安定金融办法七条,限制提存,防止资金外逃;8月20日颁布粮食管理五条,禁止面粉出口;8月27日公布贴放办法,命令中、中、交、农四行于汉口等12处成立联合贴放委员会,收受农产品、工业品、矿产品和中央证券的抵押,尽量流通内地农矿工商各业的资金;8月31日公布禁止粮食资敌十条。9月又公布发行救国公债5万万元,颁布金类兑换法币办法七条。10月和11月间,颁布非常时期印花税办法,增加土酒税,举办烟丝税。12月22日公布战时农矿工商管理条例,由军事委员会依此条例管理,军事委员会下设贸易调整委员会、农产调整委员会、工矿调整委员会。翌年3月又公布办理外汇三项、购买外汇核准规则六条,将外汇的买卖集中于政府所在地的中央银行。4月发行两种公债,一为国防公债5万万元。一为金公债,金公债中,英金公债1000万镑,美金公债5000万元。6月7日公布工业奖励法、特种工业保息及补助条例两工业法规。

---

① 《蒋介石在生产会议上的讲话》,《东方杂志》,第36卷12号。
② 《蒋介石在国民党五中全会上的讲话》,《申报》,1939年1月28日。

法令很多,可以汇集成一巨册,只是它们都是在灾难笼罩着全国,沿海城市失陷,国家经济状况严重混乱情况下产生的,有的有效果,有的则未能付诸实施。如公债,"因为全国一致拥护抗战,因此购买救国公债的人,已不限于一部分比较开通的几省,而是全国每一块土地,每一个人"。①如限制提存办法的规定,并未能堵塞殷富逃避资金的蹊径,一些人将资金转到外国银行,甚至国外去。1938 年 3 月公布的关于外汇的管理办法,本为对付日伪的货币侵略政策,是正确的及时的,但它却被国民政府同时所采取的支持上海租界外汇黑市的错误方针所抵销,外汇黑市成为日伪套取外汇之中心,他们把攫得的大量关税、盐税及以物资、伪联银券换取的巨额法币,推向上海黑市套购外汇,1939 年曾引起外汇市场数年间从未有过的激变。外汇的被套购,使法币的准备金大量流出。法币准备金存在伦敦和纽约英美银行的,共 8.31 亿元,1937 年 8 月至 1938 年 8 月中国由香港转送金银出口以充外汇基金的,又约有 5.16 亿元。这样巨额准备金,不少都没有用于经济建设和购买军械,而消耗于黑市外汇和贸易入超上,削弱了中国的经济力量,不能不说是国民政府经济政策上的一大错误。

更严重的是,国民政府将沿海工业几乎完整地留给了敌人,这和蒋介石、孔祥熙等关于战时工业重要性的讲话显然很不一致。沿海工业占全国工业的 70% 以上,战事爆发前已缺少应付战争的准备和配备,七七事变后又无有力的紧急处置,国民党军队撤退时,更没有采取坚壁清野政策,以致落入敌人手中,敌人得以立即利用,生产军需品或生产其他商品。天津"久大永利之财产已被兴中公司霸占,继续经营,其他平津各地稍有规模之工业不被接收,即强行侵占"②。"太原的工业,西北火柴厂、面粉厂、洋灰厂、晋生纺织厂、女子职业工厂、晋华卷烟厂,统在日人'军管理'名义下开工了。山西兵工厂,具有 40 年的悠久历史,规模宏大,山西炼钢厂,是事前刚落成的,日人也开始利用。"③"江南沦陷区,如南京、芜湖、镇江、无锡、苏州各地工厂的恢复都是事实。"④沦陷区所有的矿山、铁路、航业、交通、银行都变为敌人进攻中国的物质力量。

纺织业和面粉业是中国民族工业的花朵,华商纱厂,战前全国有 94 家,

① 《东方杂志》,第 35 卷 12 号。
② 《申报》,1938 年 3 月 1 日。
③ 《申报》,1938 年 8 月 1 日。
④ 《申报》,1940 年 1 月 1 日。

陷于敌占区的有 61 家,余者除去因战争蒙受损失不能开工的厂数,日人占的纱厂实际在 85% 以上。面粉厂,华北共有 50 余家,占全国的 50%,全被日军占有,上海的福新等 3 个厂、无锡的九丰、南京的扬子江面粉厂都归日军所有。

搬迁重要工业设施是完全可能的,即使战事已经爆发,也可进行。沪战前夕,国民政府曾做出迁移上海工厂的决定,资源委员会派"林继庸赴沪与厂家洽商,劝导迁移,并约厂家派代表来京共商办法"。[①]上海资产阶级的爱国精神显然超过了国民政府的估计,机械、化工、冶炼、造船、纺织、印刷等行业都要求迁入内地。胡厥文赴南京时力陈迁厂的必要:"上海机器厂家感于国难严重,自愿将各厂机器迁移内地,以应军事制造之需。"[②]荣宗敬等人也上书:"认为政府自应力助各厂,设法迁移安全地带照常工作。"[③]但国民政府行动迟缓,举措失当,只迁出了五金、机器等少数工厂。《申报》有这样的报道:"上海铁工厂、机器工业等同业公会,也曾有人建议将虹口的铁尽可能搬出,因环境的困难及负责者的因循踌躇,直到战争展开,除上海机器厂、中华铁工厂、中国铁工厂、新民机器厂等 40 余厂事前已设法移入内地外, 余则 4/5 以上钢铁工业,皆毫无布置,已移动的铁件内较笨重的铁质工具,亦多因时间仓促而无法迁出。"[④]虹口的铁落入敌人手中的达百万吨以上。杭州、福州、南京也只是迁出了一些与军事有关的工厂的机械设备。

国民政府经济前线的失败, 是因为多年来只知打内战, 没有进行国防建设,或者如蒋介石所说"对于国防工业注意不够"[⑤],待到战争打起来,又寄希望于打一两次硬仗,结束这场战争,继续苟安下去,没有持久战的思想和准备。

东南沿海和中部省份的失陷,迫使国民政府觉醒起来,蒋介石似乎也有所反思,他说:中国工业为畸形发展,多集中沿海城镇,是一失误。他们开始把眼光转向资源丰富、人口稀少、经济落后的西南和西北,改变了战略,提出"自力更生,建设西南"的口号。于是开发西南的呼声高涨起来。

国民政府发动了一次西进运动,除协助民营工厂内迁外,鼓励金融界、海外华侨踊跃投资,吸引沿海城市,特别是上海的资金和工业流向内地。

① 《抗战时期工厂内迁史料选辑》(一),《民国档案》,1987 年第 2 期,第 36 页。

② 《抗战时期工厂内迁史料选辑》(二),《民国档案》,1987 年第 3 期,第 20 页。

③ 《民国档案》,1987 年第 3 期,第 36 页。

④ 《申报》,1938 年 2 月 15 日。

⑤ 《蒋介石在生产会议上的讲话》,《东方杂志》,第 36 卷 12 号。

西迁是以西南为方向,西南以川滇黔三省为主,川滇黔又以四川为重点。四川所以受到高度重视是因为地势险要,物产特别丰富,号称天府之国。

迁入内地的工厂计有机器工厂22家,化学工厂10家,纺织工厂7家,印刷、电器工厂5家,陶瓷工厂3家。迁川的工厂占内迁的2/5,1938年已迁到机器厂5家,冶金厂23家,动力与无线电制造厂5家,化工工业制造厂10家,印刷厂7家,织造厂8家,其他工厂2家。在四川新安顿下来的工业是十分简陋的,钢铁厂的梁柱用竹竿搭成,炼铁炉用的煤,是一筐筐担来的,炼铜厂用的是从农民手里收来的铜圆,但它们却都开始了紧张的生产。从内地经济发展的角度来看,几百个工厂是一笔巨大财富,赋予落后地区以新的活力与生机。

经济部和四川省政府合办了酒精厂、万县水电厂、重庆榨油厂。化学工业的硫酸、硝酸、阿比尼亚等,邀请素有经验的永利公司主办,久大精盐公司在自流井设立了一个大规模的精盐厂,1938年9月起,月产量由28015841市担增至42771707市担。造纸厂、玻璃厂相继建立起来,供应各种工业之用。

据1939年8月29日国民党《中央日报》所载,川滇黔三省资本在2万元以上的新工业数目为:

业别/省份	川	滇	黔	合计
木业	2	3	2	7
机器五金	61	1	5	67
运输工业	12	5	5	22
砖瓦玻璃	9	4	2	15
电气电料	25	1	5	31
化学工业	109	7	14	130
纺织业	21	4	4	29
制革	7	4	2	13
饮食烟草	85	7	4	96
造纸印刷	51	5	6	62
共计	382	41	49	472

对内地原有厂矿,采取了投资、充实、改造的方针,据1938年统计,曾向重庆电力公司、自来水公司、水泥公司、民生实业公司,广西的糖厂、油厂、酒精厂,云南的纱厂等提供3600余万元资金。

西迁的高潮基本结束后,工业的经营和管理被摆在重要的地位,国民政府采取工矿并举,国营民营并行的制度,原则上重工业及国防工业以国营为原则,轻工业以政府奖励民营为原则。资源委员会负责内地各省国营各种重工业、钢铁、化工、电力、机械以及矿冶等，它直接经营8个煤矿，计川、湘、滇各2处，赣、桂两省各1处。在滇省还设立中央机器厂和滇省钢铁厂。在滇桂两省设立电气用具制造厂，生产钢铁、电线、电灯泡、无线电真空管、军用及普通电话、马达、发电机、变压器及电池。统制发电厂15处，计川省5处，陕省3处，湘省2处，青海、甘肃、西康、贵州、云南各1处。

民营以发展轻工业为主，国民政府明文规定，凡是充实内地人民生活及加强国家抗战力量的一切产业，政府决不与民争利。对经营有成绩的化学、纺织、食品、造纸等工业，采取保息补助等方法协助鼓励。

国民政府很注意因地制宜，发展地方经济。在新式工业还难以建立的广大地区，提倡建立作坊发展手工业，绥远和甘肃均致力于纺织及日用品肥皂等的生产，土制工业品应运而生。

工业发展中，有一支极富生命力的力量——工业合作社。它是新西兰作家路易·艾黎组织的，得到宋庆龄鼎力支持的生产组织，其成员约25000人，多来自沿海城市，有不少各式各样的人才和熟练技工，他们分别在600多个合作工厂工作，自己管理自己，从事纺织、织毛巾、织军毯、制革、造纸等轻工业，有的还淘金沙、开煤矿、开铁矿、造船、造车、制造轻机枪等，非常活跃，被视为抗战中新经济的主流。

铁路和公路的建筑，改变了内地地理面貌，为经济发展创造了先决条件。铁路建筑系英、美、法、比四国投资，法国投资于川黔、川滇、滇缅铁路，为数最多，比利时的投资，用于陇海路的延伸，英、美投资于湘桂铁路，短期中均取得了最好的成绩。公路对经济发展也有很大贡献，西安成都公路使川陕两省经济发生了显著变化，四千年来，川省与西北交通始终为川陕边境高插云霄的秦岭所阻隔，陕省是产棉区，棉花运往四川要经过汉口，改用船经三峡入川。滇缅公路成为西南国际干线。

西迁运动使一批新兴的工商业城市出现了。

重庆，以往已有一些工业，如纺织、制革、面粉、火柴、肥皂等，沿海工厂的迁入，使重庆格外繁荣起来，嘉陵江沿岸成为工业区，烟囱林立，钢铁厂、机器厂、化工厂、面粉厂以及庆新、裕华、豫丰、大成等纺织厂都建立起来，至1939年1月，迁入的工厂已有50余家，"各种新事业工厂，有如雨后春笋"，贸易上也为最大商埠，是桐油、猪鬃、丝、茶、药材、皮革、夏布等的集散地。

昆明，欣欣向荣，工厂"迁到昆明附近的为数颇多"，有飞机制造厂、小型军火制造厂,还有钢厂、纱厂等。昆明是滇越、滇缅公路的始点,繁忙的运输给它带来新时代的气息。

贵阳,1938年至1939年两年中,外省迁来厂商101家。

兰州,成为西北实业和运输的中心,1866年左宗棠在兰州建立的兵工厂,已得到整顿与改进,成为军需品重要供给地之一,还出现了飞机制造厂和机件制造厂,中国、美国和苏联的许多航空工程师在这里工作。

宝鸡,1938年迁来纺织厂、织布厂5家,面粉厂2家。

西安、成都、遵义等城市都呈现出生机,商店、货栈、旅馆、饭店较战前增加数倍。

就农业而言,国民政府把粮秣充实视为长期抗战的必要条件,鼓励农民生产,通过银行向农民贷款,设立县合作金库,举办农业仓库投资,在四川、陕西、甘肃等地兴修水利,改良品种,曾引进美国德克萨斯的棉种1万担。川、黔、湘、桂、滇等省还设立农业实验工作站,扩大稻、麦、杂粮、棉花、桐油、核桃、丝、茶、牲畜的生产。宁夏各县1939年试种棉花14000亩,收获颇丰,证明适宜植棉,"农民大悦"。农业的改进和气候的赐予,1938年至1939年,农产量都有所增加,陕西的麦1938年较1937年增加1200万担,四川的棉1938年约增加90万担。农业的最大成绩是扩大了耕种面积,禁种鸦片改植粮棉是国民政府坚决果断的一项措施,很有成效。云南广大区域中已经种植谷类,"以代罂粟",贵州提前一年禁绝,3100万亩完全改种农产品,稻、麦、玉蜀黍、高粱等年产量达7500万担。四川禁种鸦片也雷厉风行。

畜牧业以新疆为重点,认为"新疆之真正前途,厥在农牧业",国民政府投资4000万元,设立模范农站,用于畜牧业的有2000余万元。

桐油、茶叶、猪鬃、锑、钨、锡是国民政府抗战的经济支柱,是与美国、苏联订立以贸易协定或偿还外债的担保品。除茶叶70%出口苏联外,主要销往美国。桐油是近代军需工业必需的原料,重要性不下于棉花和钢铁,中国年产量200万担以上,占出口的第一位,猪鬃出口每年可换外汇2800万元之巨,最大的买主均为美国。锡矿每年输往美国的也有3000吨之多。国民政府依靠这些物资换取和购买军火。据美国所发护照统计,1939年购买美国军火价值5062617美元,其中2311500元用于购买飞机。[①]1939年11月向美国佛尔蒂

---

① 《申报》,1940年1月29日。

飞机厂订购轰炸机装配器一套及 25 架所需之附件,即花费美金 100 万元。

沿海失陷后,与国际的交通口岸,仅赖西南、西北两个孔道。西南的拉霸、龙州、雷州、蒙自成为边界上最重要的贸易中心。蒙自一关 1938 年输入贸易达 73165025 元,军火输入尚未计算在内,输出达 28810629 元,以锡和云石为大宗。西北公路是苏联供给中国货物和中国出口苏联原料必经之路。华南战争未爆发前,苏联输入的重兵器除飞机外,一部由香港转运,一部经滇越铁路输运。

西南、西北出现了如此巨大的变化,体现了中华民族坚强的向心力和凝聚力,抗敌爱国精神激励全国人民忘我奋斗。寄居海外新加坡、爪哇、菲律宾、苏门答腊、缅甸、英国、美国、加拿大、夏威夷、澳洲、新西兰等地众多的华侨,也为充实抗战的经济力量,踊跃捐输,1938 年就汇款 6 亿元,其中属捐助的 1 亿元。陈嘉庚、胡文虎等著名华侨领袖都投资西南,为祖国抗日做出了贡献。

内地工业的迅速发展。是国民政府西迁政策的结果,应受到历史的称赞,但也不能不看到国民政府失策之处,国民政府在号召西迁之时,本应创造一种良好的投资环境,给西迁者以优厚条件,事实相反,如前面提到的他们采取了支持上海外汇黑市的错误政策。这种举措失当,既减弱了西迁的吸引力,也为投机者开了方便之门,不少工商业者和富户选择了上海而不是西南。他们认为上海租界是安全地带。保险系数大,有利可图。江浙沦陷区涌入租界的银行就有 28 家:中南银行、交通银行、上海银行、金城银行、浙江兴业、中国银行、浙江实业、中国农民、中国农工、中国国货、中国实业、四行储蓄会、四明银行、中国实业、中国垦业、中国通商、浙江地方银行、浦东银行、国华银行、江苏银行、江苏农行、大陆银行、中一信托、中孚银行、绸业银行、新华银行、嘉定银行、嘉兴义盛增钱庄。他们在那里倒卖外汇、股票、囤积各种商品、经营房地产,也发展工业,1938 年底,租界内的工厂达到 4700 家,超过战前两倍多,纺织业的发达为历史上所未有。孕育出一种异常的繁荣,对西南建设是不利的,是一种严重障碍。

还应该看到,在西南建设中,以四大家族为代表的势力,急剧膨胀,聚敛国家财富,也成为中国经济发展的障碍。国家资本受到严重侵蚀。国家资本从形式上和外壳看,是国家的,从实质与属性上剖析,则是被官僚所占有、控制和利用。抗战开始,国民政府曾有这样的决定,即"财政部为巩固金融,健全战时金融机构,经国防最高委员会通过,由中、中、交、农四行合组联合办事处,负责办理政府战时金融政策有关各种业务,并以全力稳定外汇等"①。这一决定,一是金融大权集中,一是将大权交给中、中、交、农四行。金融大权交给四行就是交给了四大家族,因为四行是控制在四大家族手中,中、中、交、农合组的联合办事总处的职和权,也就当然地落入四大家族手中,于是"由中国农民银行理事长蒋介石任总主席,中央银行总裁孔祥熙、中国银行董事长宋子文、交通银行董事长钱新之为常务理事"②。从此,战时金融统制到那里,四大家族的势力就伸展到那里。

四大家族是国家经济的主宰者,又是中国金融商业最大的经营者。孔祥熙以行政院长、财政部长、中央银行总裁的身份,公然经营工商业,如1939年8月开办兴业公司,设总行于重庆,各主要城市都设有分公司,自任董事长,资金1200万元。对其经营,性质与规模及资金来源,报端曾有披露:"其目的为开发实业,允其注重机器、进出口货及钢铁工程等……月内将有大钢铁公司出现。""此类组织均有政府之资助。"③这就是国家资财源源不断流入私囊、形成垄断的原因。

宋子文,抗战期间居留美国时间颇多,偏重在美国投资,但并未忘记在国内发国难财,他的华南米业公司和其他企业,虽因广州、汕头沦陷停止营业,在重庆的实力仍很雄厚。宋掌握的中国银行最大的实业为豫丰纱厂,1938年豫丰之所以能迁出全部机件,分设重庆、四川等地,1939年开足了1万纱锭,就是依靠中国银行贷予1800余万元。豫丰存棉最多,总是占重庆纱厂存棉的半数,纱锭4万锭,也为四川之冠。中国银行为保证豫丰原料充足,为它购买运棉卡车50辆,成立运输部,还办了几个酒精厂,以供应原料,可见势力之大。宋的南洋兄弟烟草公司,沪厂毁于"八一三"炮火,迁到重庆的继续发展,分机制与手工卷烟两部分,是内地屈指可数的大企业。

宋的弟弟宋子良,在商货运输中心昆明成立了西南运输公司,是交通部公路局以外第一家私营运输公司,有长车数千辆,垄断着西南运输,《申报》曾载:"组织运输业者多至二百余家,其中运输公司最宏伟者为西南公司、中兴公司、联运公司,此三公司皆当今某显要者所组织,专门经营运输出口货物,

---

① 《申报》,1939 年 9 月 10 日。

② 《申报》,1939 年 9 月 10 日。

③ 《申报》,1939 年 8 月 17 日。

故政府及西南各省机关需用之五金器材原料与交通车辆,均由该三公司包办采运,故每月赚利不可数计。"①同一篇文章还揭露了滇缅公路上贸易运输的腐化现象:必须凭借权势的保护,"勿论其公司之大小,必须挟有一部分之军事或政治力量为之背景,始能经营无碍,否则所有车辆若不被有力者加封,亦必被机关所借用,徒见其自招损失而已"。这只是一个例证,所有经济领域莫不如此。

陈立夫、陈果夫不像孔、宋那样有雄厚的财富,其财产多是由掌握的国家税收、金融机构及企业中获得的。

蒋介石的财产,人们知之甚少。据当时了解内幕的人讲:"蒋介石的财产大部分与孔合作,蒋夫人是通过孔夫人而经营其财产的。"②蒋介石在国民政府中有一笔无限制的"特别开支",是一个要什么就有什么的人。

四大家族于民族战争中,利用手中掌握的国家机构,谋取私利,操纵金融,垄断工商业,控制原料及运输,使民营工业无法迅速发展。他们的行为破坏了他们自己制定的奖励民营工业的政策,也腐蚀了国家机体本身。

1939 年开始的通货膨胀,更暴露了国民政府经济的种种弊端,用增发钞票来支撑政府开支,结果物价跳跃式地上涨,人民生活动荡不安,怨声四起。而囤积居奇的商人及"非商人的有力者"继续兴风作浪,前进中的西南和西北经济,出现了波动和曲折。

振兴经济的口号逐渐失去活力。

原载《民国档案与民国史学术讨论会论文集》,档案出版社,1988 年

---

① 《滇缅公路的运输业》,《申报》,1939 年 8 月 22 日。

② 江华:《大后方官僚资本简述》。

抗战初期工厂内迁的剖析

抗战时期,中国采取边打边建方针,国民党在大后方,共产党在敌后,都从事着艰苦的建设,创造了一定的财富和物质基础,中国现代化的进程并没有因沿海城市的沦陷而中断,只是速度缓慢了,现代化的地区改变了,不再在沿海,而是在广大的中西部和东部的山岳地带。从这时起中国现代化建设开始有计划地进行。当时工业和人才技术的西移,是现代化得以持续的重要因素。在中国几千年历史上,人口的移动已有多次,工厂的迁移这还是第一次。

一

中国的工业不是有计划地发展起来的。南京国民政府在抗战前从未研究过工业发展的布局。自发成长起来的工商业主要集中在沿海各城市,内陆地区一些省份几乎没有现代化企业,沿海工业占当时全国工业 70%,如沿海面粉厂占全国的 62%,纱厂占 77%,火柴厂占 53%,国防工业的碱酸工业更是全部在沿海。[①]据 1936 年初统计,江苏、浙江、山东、福建、广东、上海、南京、青岛、威海卫、天津等市的工厂共 3178 家,占全国已登记工厂的 70.75%;资本额 278027000 元,占全国资本总额的 70.49%;工人有 352518 人,占全国工人总数的 76.99%,其中,上海的工业最为集中,已登记的工厂为 1235 家,占全国已登记工厂的 31.39%;资本额 148464000 元,占全国资本总额的 39.73%;工人有 112030 人,占全国工人总数的 31.76%。工业如此集中,遇有战争状态是非常危险的。1932 年"一·二八"沪战后,许多有识之士都在呼吁工厂应该内移,而政府却没有举措。

"七七"全国抗日战争爆发,许多有识之士再次呼吁沿海工业应该搬到内

---

① 徐盈:《中国的工业》,《大公报》,1939 年 3 月 11 日。

地,政府应给战区工厂想想办法,南京政府未能立即采纳。随着战争的扩大和发展,工厂内迁的呼声更高。7月22日,国民政府设立国家总动员设计委员会,决定急需将粮食、资源、交通等统制起来。根据这一设计,资源委员会副主任钱昌照上一条陈,要求批准两件事:一是资助拆迁上海主要民营工厂移至后方生产,以利继续抗战;另一是紧急拨款抢购积存于青岛等沿海城市的战略物资如水泥、钢材、木材等,以供防御之需。以上两事均得到批准。①钱于24日召集实业部、军政部、财政部、经济委员会、交通部、铁道部筹商如何统制资源时,提出内迁沿海工业,得到与会者的赞同。当时,共分8个组讨论,即财务、矿冶、燃料、机器化学、棉业、建筑材料、牲畜毛革及专门人才。其中机器化学组第一、二次会议决议事项中有"调查上海各华厂现有工具机器并接洽有无迁移内地之可能,估计其迁移及建设费用或询明收买之价格,由资源委员会担任调查"的内容。资源委员会专门委员林继庸参加了机器化学组会议,随后,林及庄前鼎、张季熙3人奉命赴沪调查接洽,29日,约请上海公用局长佩璜及工业界各领袖胡厥文、项康原、薛福基、吴蕴初、支秉渊、颜耀秋等商讨工厂内迁问题。

机器工业界领袖迁厂的热情比政府要高,他们立即行动起来。30日胡厥文召集上海机器五金同业公会执委会专门讨论工厂内迁问题,林继庸应邀与会。会上大鑫钢铁厂余名钰、上海机器厂颜耀秋、新中工程公司支秉渊、中华铁工厂王佐才等都表明了强烈的迁厂愿望,其态度非常坚定,爱国思想溢于言表,林继庸记述了这一情景:

颜耀秋、胡厥文等称:"上海机器厂家感于国难严重,自愿将各厂机器迁移内地,以应军事制造之需。各工厂种类为翻砂、打铁、冲压、电器及各种五金机器之属,其机器数目,约有2000部,连同工具等项,可值400万元,并表示各工厂之技术工人亦不难设法随同机器前往工作。"

上海大鑫钢铁厂"存有废钢铁原料约2000吨,其所处地点,适在日人势力范围之内。厂中设备,有炼钢电炉4只,每日能出各种钢20吨以上。现该厂愿将上项原料2000吨及其设备3/4,先行移至内地"。

"中国炼气公司愿将制造氧气机械之半数迁移内地,每小时约可产氧气30立方米,另备钢瓶1000只,运往政府指定之地点。""该厂所出氧气,于机

---

① 孙果达:《民族工业大迁徙》,中国文史出版社,1991年,第1页。

械电焊及医院救护,均甚需要。际此国防紧急时期,诚属亟应办理之事。"

"大中华橡胶厂愿将厂内机器一部分,足供每日生产汽车内外胎150套,飞机内外胎20套及军用胶底布鞋2万双之设备,迁往政府所指定之地点。其地点须能供给该厂1200匹马力之电力。希望政府商由银行借给搬运、购地、建筑等费用。""现在我国内地,尚无橡胶厂之设立,该厂为国内最大之橡胶工厂,若能迁入内地,则对于各种橡胶用品及防空面具之供给,当有补益。"

"康元制罐厂为我国最大之制罐工厂,其设备有印刷机9部,制罐机器约200部,每日能出各种罐头5万只。厂址在日人势力范围下之虹口华德路,现愿迁往政府所指定之地点。"

"民营化学工业社,专制防毒面具,每日可产金陵兵工厂式防毒面具500具。拟迁往内地,并希望政府商由银行借给搬运、建筑、设备各项费用。"①

以上各厂、社均具体提出请政府资助所需运费,由政府派员监督使用。息金归厂方自付,以10年为限,按时还清。还提出政府应拨出奖励金,以资奖励。

8月10日,行政院第324次会议对各厂所请议决:"奖金暂从缓议,余通过。由资源委员会、财政部、军政部、实业部组织监督委员会,以资源委员会为主办机关,严密监督,克日迁移。关于印刷业之迁移,由教育部参加监督。"②

行政院决议的当天,资源委员会请财政部、军政部、实业部立即派员组织监督委员会,由财政部派会计司长庞松舟,军政部派军务司整备科长王祎,实业部派科长(代理工业司司长)欧阳仑协商,议决由林继庸与三部所派人员组织监督委员会,赴沪接洽工厂迁移办法。

8月11日,"上海工厂联合迁移委员会"组成,委员共11人。他们是:上海机器厂颜耀秋、新民机器厂胡厥文、新中工程公司支秉渊、华生电器厂叶友才、大陆机器厂严裕棠、大鑫钢铁厂余名钰、中新机器厂吕时新、中华铁工厂王佐才、电机公司赵孝林、康元制罐厂项康元、中国制钉厂钱祥标。委员会主席为颜耀秋,胡厥文、支秉渊为副主席。③这一机构担负起策划工厂内迁的繁重任务。上海沦陷后,他们的使命也随之结束。工厂可否迁移的决定权在监督委员会,林继庸是最忙碌的人,他根据自己的权限,尽了最大的力量来批准谁

①《抗战时期工厂内迁史料选辑》(二),《民国档案》,1987年第3期,第20—21页。

②《抗战时期工厂内迁史料选辑》(二),《民国档案》,1987年第3期,第21页。

③张朋园、林泉:《林继庸先生访问记录》,"中央研究院近代史研究所",1983年,第32页。

是迁移者。

上海企业界的思想情绪是很复杂的,可分为愿迁移者、不愿迁移者和反对迁移者三类。

愿迁移者以五金机器业一些爱国企业家为先锋,率领其行业,并影响其他行业,形成了工厂内迁的热潮,"各工厂愿迁移者众多",按规定只批准与国防工业攸关的企业迁移,许多企业并非国民政府所确定的迁移对象,由于他们一再陈述理由,也加入了内迁行业。如江苏嘉定人吴蕴初所办的天原电化厂、天利氮气制品厂为我国素有之基本化学工业厂,申请后即成为内迁对象。天厨味精厂、天盛陶器厂不属内迁对象,却同属吴蕴初所办,号称四姊妹工厂,就一起自费西迁。造船业开始也未包括在内,因三北、公茂、和兴、中华、恒昌祥、中乙、鸿翔兴、鸿昌8家造船厂联合申请,并述说他们有工作机约百部,机械、冷作、电焊等工场工具附件俱全。钢板原料约500吨,技术工人约700名,所以提出请拨装箱费约6000元,运费约35000元,川资、旅费、津贴等约35000元,临江边地皮约60亩,又请建筑费约25万元。林继庸以这些工厂深宜制船、桥梁、锅炉、大号机件、钢甲等项制造,上报南京,恳请批准。其他像美亚织绸厂、商务印书馆、中国植物油料厂、新亚药厂、中国化学工业社、中华珐琅厂、家庭工业社、中法药厂、亚浦耳电器厂等企业也自愿内迁。纱厂、面粉厂、火柴厂等轻工业也不在南京政府内迁的范围之内。南京国民政府目光短浅,所考虑的只是少数重工业工厂,置上海大多数轻工业于不顾,而这些工业也是抗战的重要物质力量,荣敬宗等人为此发出了沉痛的呼吁,促使政府重视生产事业,纠正各种错误的不良现象:

> 全面抗战应有长期计划,以便与敌持久周旋。以此进行总动员计划时,首在恢复一般生产事业以蓄国家实力。工厂为生产事业之基础,目前尤应加紧制造,设法流通,以应全国需要,可迁移者固应从速迁移,可复工者更当迅予复工。唯自抗战以来,言经济则以金融停滞,工商因款同受限制,各厂无法调度,大都出于停顿;言交通则军运频繁,各路阻塞,原料货物无从输运。值此棉稻秋收,内外隔绝,影响农工,尤非浅鲜。长此生产机能听令继绝,每一念及,辄用痛心。同人利害切身,公私交顾,因于今日集议,认为政府自应力助各厂,设法迁移安全地带照常工作,输运务求灵活,捐税或减或免。又念目前唯一生路,尤望增发法币,扩充放款,以通工

业上生产之资金;减低利息,以轻工业上生产之负担;实施中央储备银行法,采用货物准备,以固工业之基础。同时,发展交通工具,使工农生产能动、能流,以沟通内外之机能,适应供求之需要。凡此,实为国力生死所系,在总动员计划中,各部职责所在,应首先施行。倘酌召实业界同人切实商决,迅予实施,尤所企盼。①

从这里也可看出,南京国民政府的设计和上海企业界的要求相距甚远。

不愿内迁的也大有人在,特别是纺织界多数人不肯移动,留恋上海的优越条件。也有的感到搬迁困难重重,易地营业,运输、原料、动力、资金流转诸问题均无着落。有的则是苟安心理,认为把工厂从闸北搬到法租界就安全了。

反对迁厂最力的是龙章造纸公司常务董事傅筱庵,他和日人有勾结,后来成为日伪"上海特别市政府"市长,公开说多少日本人都是我的朋友,他们一定能帮忙的。"②

以上情况,主张迁厂的是主流。使主流声势更大的原因,一是9月初资源委员会秘书长翁文灏从欧洲回国,与钱昌照共同拟定了迁厂的整个计划,扩大了迁厂的范围;一是虹口区域内许多大规模工厂不能生产,如申新五七厂停产,华成烟公司被毁,五和织造厂以及南洋烟公司被炸毁,促使一些企业下决心走迁厂的路。

二

上海工厂迁移失之太晚,但终于启动。各厂职工拆迁行动可歌可泣,当时出版的《工程月刊》第一卷第一期有这样的报道:

在炮火连天的时候,各厂职员拼着死命去抢拆他们所宝贵的机器。敌机来了,伏在地下躲一躲,又爬起来拆,拆完就马上扛走。当看见前面那位伴侣被炸死了,喊声嗳唷,洒着眼泪,把死尸抬过一边,咬着牙仍旧

---

① 《抗战时期工厂内迁史料选辑》(二),《民国档案》,1987年第3期,第30页。

② 徐盈:《中国的工业》(下),《大公报》,1939年3月13日。

向前工作。冷冰冰的机器每每涂上热腾腾的血!白天不能工作,只好夜间开工。在那巨大的厂房里,暗淡的灯光,常常笼罩着许多黑影在那里攒动,只有锤声,轰轰的声响,打破了那死夜的岑寂。[1]

在战争激烈进行中,将机器及物资运出上海,是很困难的。长江下游镇江以下江面8月14日已经封锁,陆路运输也不可能,火车尽被军队征用。唯一的运输路线,是用木船装载,由苏州河至苏州,再以小火轮船拖运至镇江,然后再转轮驶往武汉。上海工厂联合委员会迁移委员会在镇江设有办事处,由金履瑞、邵仁里协助各工厂转运。他们把运输料理得很妥帖。8月27日,马雄冠的顺昌机器厂、颜耀秋的上海机器厂、胡厥文的新民机器厂、胡叔常的合作五金厂4家的机件及技工160余人,由苏州河运出。30日,余名钰的大鑫钢铁厂、支秉渊的新中工程公司、沈鸿的利用机器厂、胡允甫精一机器厂、李翊生的启文机器厂及姚兴昌铁工厂之机件及工人,也陆续运出。循此路线,各迁移工厂历尽艰难,运出了大部或部分机件,如大鑫钢铁厂的物资分3批内迁:第一批260吨,装木船6条,于8月30日启运,随迁工人30名;第二批354吨,装木船5条,于9月25日运出,随迁工人150名;第三批装船2条,于10月22日起航,随迁工人10余名。所有木船都是到镇江后转轮赴汉口。由于运输困难,该厂物资只运出了3/4。天厨、天原、天利、天盛拆迁也很早,遇到的困难不仅是敌人方面的,也有来自国民党军队的祸害。据载:

> 廿六年八月十三日沪战起后,本厂等为保全生产实力及避免物资资敌计,乃遵照政府命令决计内迁,漏夜拆卸机械,觅船装运。唯敌人亦深知天原、天利二厂为吾国本项工业之嚆矢,而为吾国工业之命脉,且对于国防则均为重要之基本工业,故先则警告勿迁,后则时肆轰炸,备极蹂躏。且当时交通已失常态,所有车舟几全征作军用或借以搬运公物,影响迁厂之速度与工作甚巨。本厂等已拆卸之机械,因此亦稍有(颇多)不及运出者。迄十月二十七日,天原装妥六艘,天利装妥六艘,天盛装妥四艘,天厨及天原合装八艘,先后各由苏州河及南黄浦西驶。该时国军已由闸北南移,致有天原厂二船,天利厂三船,在沪西北新泾被国军扣阻,用作

---

① 徐盈:《中国的工业》(下),《大公报》,1939年3月13日。

浮桥,事毕仍拒放行,旋被炸沉。(该项机械行前本已向中央信托局保妥兵水险,事后中央信托局竟一再饰词卸责赔款,交涉迄今,犹未解决。)天原厂房亦被炸毁,余船均在枪林弹雨之中逃出沪埠,途中且有被敌兵追及而被劫被查者。经镇江时,鉴于敌军西进迅速,深恐再行遭灾,乃多方设法,出昂贵代价雇得拖轮三艘,将天原三船、天利三船、天原天厨合装之七船拖抵汉埠。余船仍赖风帆西驶。天盛四船除一船避难江北仙女庙旋失音讯外,余者经彭泽时又被江防当局扣留,拟作封江之用,嗣经多方设法与之交涉,始准释放。先后由拖轮抵汉埠,迁移工作乃告第一段落。[①]

吴羹梅在讲到他所经营的中国标准铅笔厂内迁时的状况说:

> 我与全体职工在敌机轰炸、炮火连天的危险时刻,争分夺秒,随拆随运。我们将拆下的机件,装上木船,在船外以树枝茅草伪饰,掩蔽船内物资。各船沿苏州河前行,途中遇到敌机空袭,就停避在芦苇丛中,空袭过去,再继续前进,终于经镇江运达武汉。[②]

由于南京政府对内迁预先没有统一的规划,仓促提出内迁对象以军事工业为主,这就造成内迁过程中公文往返频繁,贻误了时机。结果,环境日险,搬迁困难。原计划内迁的,也都踌躇起来。

机械业是内迁的重点。上海重要的铁工厂、小规模机器厂十之六七集中于杨树浦、江湾、虹口一带,而实际内迁的仅40余家,八成以上的钢铁工业没有移动。1938年2月15日《申报》(汉口版)有一则报道,记述了实情:

> 当"八一三"沪战爆发之前一周,本市铁工业机器业等同业公会曾有人提议,将虹口之"铁"尽可能搬出,但因环境困难及负责者之因循踌躇,结果待诸战事展开,除上海机器厂、中华铁工厂、中国钢铁工厂、新民机器厂等40余家,事前已设法移入内地外,余则2/5以上钢铁同业,皆毫

---

① 重庆市档案馆、重庆天源化工厂合编:《吴蕴初与中国天字化工企业》,科学技术文献出版社重庆分社,1990年,第75—76页。

② 孙果达:《民族工业大迁徙》,中国文史出版社,1991年。

无布置。已移动之铁件内,较笨重之铁质工具,亦多因时间仓促而无法迁出。战事暂时离开上海后,不少铁业中人曾设法进入区内探视"劫后"的产业,除遭炮火毁灭者外,其未为炮火所毁厂房,内存铁质器具,上自构造复杂之大机器,下至零件,甚至连虹口招商码头等堆栈地上铺之铁板,皆被敌人运走了。猬集于苏州河北岸之铁行,在战前乃上海原铁市场之中心点,战事发生时,各行未及搬出之生铁尚有 10 万吨以上。据各方面报告,现亦先后被暴敌一批批运出口了。据铁业中人大概估计,在此次"变动"中,虹口区内被"移出"之成铁,数量至少在百万吨以上,可炼制枪炮子弹几千万发,亦一惊人之事实也。又据关系方面调查,本市机器厂及铁工厂战前已迁移内地者,计有机器制造厂 33 家,电器制造厂 14 家,钢铁五金厂 11 家,翻砂厂 6 家,重要厂家为大鑫钢厂、上海机器厂、顺昌公司铁工厂、新民机器厂、远大森记铁工厂、姚兴昌机器厂、中华铁工厂、中国钢铁工厂、慎昌钢铁铸工厂、镐 X 铁工厂、大公机器厂、中兴铁工厂、三雄铁工厂、铸启铁工厂、大昌铁厂、维 X 机器厂、华 X 机器厂、茂昌机器厂、新昌机器厂、达昌铁工厂、北洋翻砂厂、大来机器厂、合众铁工机器厂、利用钢铁厂、合作铁厂、启文机器厂、民兴翻砂厂、求新铁工厂、中国机器厂、新大机器厂等数十家。

到 12 月 10 日镇江失守前,由上海迁出者仅 146 家,机件约重 14600 余吨,技工 2500 名,余皆为敌人所毁或占有。

南京国民政府最初决定迁厂,是仓促做出的,没有制定出统一的产业布置规划,从策划先向武汉集中这一事实看,也没有长期作战的思想(尽管口头上也讲持久战),武汉 1938 年 10 月也沦陷了,造成了又一次迁厂活动和重大损失。

关于内迁工厂集中武汉一事,资源委员会曾派李荃孙、吴至信前往武汉,物色房屋、堆栈及工人住宿处所,以便上海购置物资或迁移工厂运到武汉后得所安置。他们在武汉物色得旧厂房、庙宇及空地数处,期望设立一工业区:(1)毡呢厂,约 2000 方尺;(2)武昌文佛禅寺,2000 余方尺(可住工人);(3)燮昌火柴厂,约 3000 方尺;(4)大兴公司空地,约 10 亩。迁到武汉的工厂,先以武昌徐家棚为集中地点,然后再行分配地区,继续迁移。

如此众多的工厂一齐涌入武汉,使武汉的地皮问题成为热点。9 月 27 日成立的工矿调整委员会曾决定在武汉大规模征地,并于10月14日派工矿调整处处长林继庸到武汉寻找工业新基地,选中武昌城外的洪山与簸箕山附近的荒地,计划征收、购买,却遭到地方势力的反对,使工厂厂址难以落实。而已落实的厂址,也无法满足需求。如余名钰的大鑫钢厂于9月16日抵达武汉,圈定武昌洪山簸箕山基地50余亩为厂址,着手平地建厂,发现当地电力严重不足,暨发电厂难以供给大鑫所需的电力。余请当局解决。因空军缺乏炸弹,奉命将炼钢设备迁移大冶从速炼制钢壳,乃赶程至大冶布置电炉地点,筹划用煤借电等问题,并将电炉炼钢设置重新装箱着手起运,其时南京沦陷,仓促之间,余遂决定将工厂转迁重庆。①天利天原等4厂全部机件抵汉后,在汉口刘家庙附近购买厂基250余亩,期于3个月内完成建筑,规划复工。重要原料盐酸一项,拟暂用巩县兵工厂之出品,以待天原汉厂之开设。但不久巩县兵工厂因豫局变化而内迁,天原电化厂亦奉命迁渝开办,天厨汉厂被迫停工。许多工厂都无法在武汉设厂经营,只好他迁。当时四川省主席刘湘正在汉口养病,表示欢迎各界共同开发四川:"四川有原料有人力,但是缺乏资本缺乏技术人才。四川不仅宜于各种工业的发展,尤其适于国防工业、动力工业的建设,我可以代表四川同胞欢迎全国企业家,民族产业家,华侨资本家及一切技术专家在四川投资建设。"②四川省政府并做出"凡迁川工厂厂地印契准免收附加税三成"的优惠条件。湖南省主席张治中也表示欢迎工厂迁入湘境,公开发表谈话说:"湖南为一资源劳力丰富之区,上海各厂家若决心将企业从战区移来,原料人力之取给,较前便利,如果再有困难,本省政府当令财、建两厅尽力帮助,总期各项企业得以合理进行,构成全民族抗战之坚强战线。"③多数工厂迁入四川,其次是湖南和贵州、云南、陕西等省,迁入川、湘两省最多,这除了地理条件外,两省的欢迎,也是一个重要因素。也有的工厂,先迁到陕西尚未开工因日军铁蹄侵至黄河,国民政府一味慌张逃避,又令其迁至重庆。

---

① 重庆档案馆等编:《抗战后方冶金工业史料》,重庆出版社,1988年,第392页。

② 刘湘:《长期抗战中的四川》,《大公报》,1937年12月31日。

③《大公报》,1937年12月12日。

三

从总的情况看,抗战初期民族工厂企业的内迁以上海居多,其他各省迁入内地的工厂甚少。主要原因是,南京政府没有认真对待这一问题,再加上时局发展迅猛,使很多工厂内迁已不可能。实业部长翁文灏是一勤于职守的部长,竭尽全力,抢救了一些工厂,有成功的经验,也有失败的教训。从沿海各省企业内迁情况看,更可说明内迁极为有限。中国新工业70%都遭到毁坏或陷于停顿。下面分述各重要省区工厂内迁情况:

江苏省:

沿京汉铁路线各地,工厂较多。南京政府采取有限制的迁移政策,指定只迁移若干家,对大多数工厂不准迁移。1937年11月1日,工矿委员会派员与江苏省主席及各主管人员谈话,确定迁厂对象时说:"锡、常一带设备较精之机器厂可酌量选至数家,迁至武汉以外较有需要之城市""对纺织业应先注重纱厂,但不必全部迁移""火柴业不必迁厂"等等。他们拟定迁移的工厂名单为:

纺织工业:无锡的申新三厂(先迁动力设备及扩充之纱布机)、庆丰纺织染厂(先迁第二厂)、丽新纺织染厂(先迁纺织部分)、广勤纺织厂(先迁一部分较新机器)、豫康纺织厂(先迁一部分较新机器)、协新毛织厂、庚豫毛织厂。武进的大成纺织染厂(先迁第二厂)、民丰染织厂(先迁动力设备及较新之一部分机器)。南通的大生纺织公司第一厂及副厂(先迁移一部分)。启东的大生纺织公司第二厂。江阴的利用纺织厂。太仓的利泰纺织厂。吴县的苏纶纺织厂、美纶织造厂(先迁纱罩及宽紧带部分)。

针织工业:无锡的中华针织厂。

缫丝工业:无锡的华新缫丝厂、永泰缫丝厂。

面粉工业:无锡的广丰面粉厂、吴县的泰和面粉厂。

造纸工业:无锡的利用造纸厂、吴县的华盛造纸厂。

机器制造工业:无锡的公益铁工厂、公艺机器厂、广勤机器厂、震旦机器厂;武进的万盛机器厂、厚生机器厂。①

---

① 《民国档案》,1987年第4期,第58—59页。

实际上，由于苏、锡、常等地迅速沦陷，上述工厂只迁出少数几家，如公益铁工厂、震旦机器厂、庆丰纱厂、大成纱厂和南京的几家工厂，还有未经工矿调处协助而自行内迁的几家企业，如金华化学工业社、公昌机器厂、中国窑业公司火砖厂、宜大昌机器厂、中益电工机器厂等。

浙江省：

浙江全省拥有较大工厂781家。杭州沦陷时，省主席黄绍竑拟开一次各工厂负责人参加的迁厂会议，已召集不起来，遂下令各工厂不自动搬迁，就派工兵来炸毁。有的遵令自动搬迁，有的是省政府强制他们搬迁。然因交通工具缺乏，时间又迫促，好多笨重的机件虽已拆卸下来，仍是搬不走。[①]杭州5家较大的民营机器厂武林、大来、协昌、胡金兴和应镇昌内迁，省建设厅拨款10万元作为迁移补助费。不料，机件运抵钱塘江码头边时，日军已到杭州市郊。大批国民党溃兵和难民拥向钱塘江，内迁工厂找船困难，仅运出50余箱机件，其余全部丢弃。运至高阳时，日军亦追踪而至，内迁工厂只得将这些机件连夜赶运南溪，然后再改由陆路运入浙江腹地。杭州的林长兴织带厂等6家纺织厂自动联合内迁，在杭州失陷前安全运出，后辗转迁入四川。杭州有名的景纶衫袜厂也将部分机件迁到重庆开工。

除杭州外，宁波、温州等地也有一些具备相当规模的工厂。省政府建设厅原拟将宁波顺记铁工厂、温州大华针织厂和毓蒙铁工厂等内迁，并建议由省政府出资，把一些工厂合并组成联合铁工厂，遭到厂商的反对。结果，在浙江省政府的压力下，这些工厂只好把机件作价卖给省建设厅。

1938年春，浙江省政府强令拆迁沿海一带民营工厂，由永嘉、瑞安等地迁移铁工厂17家、棉纺织厂7家、印刷厂33家、锯木厂29家。另外还拆迁了东瓯电话公司电话机272架，交换机1座，淘化罐头食品公司机器19部，光明火柴公司75匹马力引擎1部等。这些工厂规模都很小，有的类似工场，全部迁往浙江省腹地。对一些较大的民营工厂，省政府则像对待宁波的铁工厂一样，设法予以吞并。

河南省：

1937年11月，工矿调整委员会派员前往郑州商定内迁事宜毫无结果。同年底，日军侵入河南。焦作中福煤矿公司将锅炉、发电、鼓风、抽水、起重等

---

① 黄绍竑：《五十回忆》(下册)，云风出版社，1945年，第360页。

关键设备以及煤车、钢轨、机件、器材等物资,连同职员 300 余人,工人 700 余人,分乘火车沿平汉路南迁。以后,中福公司把一部分机件运往湖南湘潭谭家山煤矿,作价 98 万元,资源委员会投资 102 万元,合作开采。同年 9 月,湖南告急,该煤矿停办,又将机件拆运安庆。中福公司的另一部分机件西迁四川,与天府煤矿合作,后又协助嘉阳、石燕、威远等煤矿使用较为先进的开采方式采煤。

河南郑州豫丰纱厂于 1938 年 2 月开始拆迁。经过两个月的努力,豫丰拆下了全厂的纱机 56448 锭,并线机 5600 锭,布机 224 台,发电设备 3500 千瓦及锅炉、机件等,共重 8150 吨,沿平汉路南下,于同年 4 月底到达汉口。

河南省还有些中小工厂自动进行内迁。如许昌的泰记和合面粉厂、三泰面粉厂,郑州的光华机器厂、全盛隆弹花厂、和豫中打包厂,孟县的华兴铁工厂等,全部迁往陕西。

山东省:

共有 228 家工厂。因南京政府没有过问工厂内迁,所以迁出者很少。

1937 年 9 月中旬,军事学者蒋百里致函蒋介石,认为山东潍县等地铁工厂很多,应设法迁移。蒋介石侍从室把该函转给资源委员会,要它在内迁工厂时注意这一点。但是,国民党政府迟迟未予办理,以致山东沦陷时,迁出的工厂仅有青岛的华新纱厂、冀鲁制针厂,济南的陆大铁工厂、成通纺织厂以及枣庄中兴煤矿的 720 吨机件。

华新纱厂是青岛唯一的华商纱厂。抗战开始后,周志俊即决定拆迁。仅拆迁了一部分,青岛即告失守。拆迁的机件运抵上海租界,兴办了信和纱厂、信孚印染厂和信义机器厂,以后又计划内迁,未能实现。

冀鲁制针厂以制针技术著称国内。青岛危急时迁往上海,以后又迁至重庆。

陆大铁工厂属自动内迁,共迁出机件物资 103 吨,随迁工人 64 名,经由津浦、陇海、平汉 3 路到达汉口。因汉口无法建厂,遂于 1938 年 1 月西迁重庆。

成通纺织厂的机器制造部有一部分机件内迁陕西,但沿途损失严重。

河北省与天津市:

工矿调整委员会仅派员指导办理正太路及平汉路重要煤矿设备的南运事宜。天津只迁出久大盐厂和永利碱厂的机器和重要文件。七七事变的次日,驻塘沽日军即派兵看守,威胁两厂工人。日本兴中公司派浪人出面,胁迫利诱两厂与之"合作"。时两厂创办人范旭东因事滞留南京。李烛尘与敌周旋,严词指出："尔等此种行为,系抢中国人财产,即是土匪。世间岂有土匪劫人财物,还要物主签字之理。尔等未免太无勇气。尔等要拿即拿去好了。不过尔等要记住,今日尔等系完完整整地拿去,异日须完完整整地交回。"李烛尘抱定宁为玉碎不为瓦全的决心,在1937年12月中旬日军接管两厂时,已将重要图纸文件和全部技术人员撤走,辗转入川。

至1939年1月共迁出工厂304家,都是经历了千辛万苦而搬迁到后方的,其遇到的艰险是历史上前所未有的。

四

沿海地区工厂西移,在西部地区开始重建现代化工业基础。

工厂内移不仅包括机器和物资,还有具有现代化意识的企业家、工程师及技工约1万多人。他们的科技水平,是此后工业得以发展的保证。

就是依靠这些人和机器,一座座工厂建立了起来,有重工业,也有轻工业。如规模较大的大鑫钢铁厂,在重庆平山建厂,1938年7月即开工生产,1939年1月4日已经出货。江南、黄埔诸厂沦陷后,全国唯一的机器造船厂民生造船厂,汇集了全国的造船专家,制成轮船。豫丰纱厂花了7个月时间,把3丈余高的山巅铲平,建立起厂房,开了工。重庆近郊工业区纺织工厂除豫丰外还有裕华和庆新,豫丰和裕华有5万纱锭,庆新有2300纱锭,每个纱锭能产20号纱0.8磅,纱织工业属民生工业,在战时和炼钢、炼铜一样有国防意义。到1939年3月,内迁工厂123家中,复工的有77家,至8月底,基本上都开工了。

工厂的重建带动了相关事业的发展,电机工程、机械工程、土木工程都启动了。到1939年春夏之时,已建立了15座电厂。矿冶研究所积极研究开发动力和资源;各种原材料资源开始开采,綦江铁矿开发了内地旧有的铁矿,也逐渐现代化。物理、化学、化工、地质、经济学家无不忙碌起来,为工业的重建贡献自己的力量。220余名工科大学毕业生先后被派遣到新建工厂见习,帮助其成立,青年技术家也因此得到了锻炼。

工矿调整处以低利贷款鼓励人民投资实业,力图自制动力机、工作机、化学及五金原材料自给,使生产技术得到改进,一个新厂的建立都经过诸多不懈的努力,失败常常伴随着成功。

中国在经受着战争破坏的同时,也在从事着建设。中国所以能坚持抗战,取得最后胜利,一个重要因素就是在西部建立了工业基地,在敌后根据地建立了小型工厂,生产出众多产品,满足了军民的需要。

原载《南开学报(哲学社会科学版)》,1999 年第 5 期

关于1937年国民政府迁都重庆的几个问题

在抗日战争中,因为重庆成为中国的首都,这一山城自然成为国际重要都市之一。如何认识这一问题,是历史学者关注的课题。随着时间的推移,人们的认识也越来越深入。

一、迁都的决定

1937年10月20日,国民政府发布迁都重庆宣言,22日,行政院长孔祥熙阐明国府移渝的重要意义。宣言和阐明有三点要义:1.痛斥日本穷兵黩武,侵华毫无止境:"自卢沟桥事变发生以来,平津沦陷,战事蔓延""迩者暴日更肆贪黩,分兵西进,逼我首都,察其用意,无非欲挟其暴力,要我为城下之盟"。2."为国家生命计,为民族人格计,为国际正义和世界和平计,即已无屈服之余地";"全国民众,敌忾同仇,全体将士,忠勇奋发,被侵各省,均有极急剧之奋斗,极壮烈之牺牲,而淞沪一隅,抗战亘于3月,各地将士,闻义赴难,朝命夕至,其在前线以血肉之躯筑成壕堑,有死无退,暴日倾其海陆空军之力,连环攻击,阵地虽化灰烬,军心仍如金石,临阵之勇,死事之烈,实足昭示民族独立之精神,而奠定中华复兴之基础";3.坚持长期抗战,最后胜利必属于我。"移驻重庆,此后将以最广大之规模,从事更持久之战斗,以中华人民之众,土地之广,人人抱必死之决心,以其热血与土地,凝结为一,任何暴力不能使之分离";欧战时法都都已受威胁,能获得最后胜利,"纵敌人逞其暴力,如深入我内地,终必为我摧毁"。中国的土地必定成为日军之坟墓。①

四川省政府随即发表声明,欢迎移渝,知为适应战况,统筹全局长期抗战

---

① 《国民政府迁重庆》,上海《申报》第2版,1937年11月21日;《孔祥熙阐明国府移渝重要意义》,上海《申报》第4版,1937年11月23日。

起见,移置重庆,即时召集各机关首长会议,将租寻办公地点及维护治安等问题商决,22日并商议筹备欢迎事宜。

为何选择重庆作为迁都地点?据邹鲁讲:"国防会星夜召集紧急会议,筹商迁都事宜。关于应迁至何地,议论极多;有的主张西安;有的洛阳;有的汉口;甚至有主张广东的;唯蒋先生主张迁到四川的重庆。"蒋说:"对于首都应迁至何处,我曾有周详的考虑,前因'剿共'到四川,觉得那儿是最好的地方;四境都有险可守,而且人口众多,物产丰富,可为我们争取最后胜利的抗战根据地。"蒋介石提出之后,国府主席林森首先赞同。他说:"我们迁都,只能有一次,决不能有第二次。迁都到重庆,我们就可以抗战到底,不必再迁了。"[①]迁都重庆就成为决议。无论从什么角度看,那时迁到重庆是正确的。

二、混乱的迁移

当淞沪战事失利之时,南京已出现混乱,由于日军时常轰炸,政府会议在张群家里开,因为那里有防空洞,政府人员成天东奔西跑,有的机构和人员已在分散,有的撤到汉口,有的撤到湖南和广西,许多下级人员留职停薪,每人发一点疏散费,这些人等于失业了。正式宣布迁都时,行政院政务处处长何廉拟出了行政院各部撤退计划,各机关陆续迁移,各办公处各工厂所有贵重设备,皆拆卸净尽,医疗器具、工厂车床以及各种机械刻俱移去,故此城仅剩空壳,此间绝无民间纷乱或倾溃在即之象,华人中一般舆情,咸具抗战到底之决心,反对屈服妥协之情感,甚为坚强。[②]

搬迁时,各部争先恐后,出现了混乱局面,不像一个有组织的集体。长江在《感慨过金陵》一文中描述了当时的乱象:"可叹的是若干政府官员,不了解迁都的正确意义,不了解最高统帅的决心,而认为是'逃亡',丧失了宁静,丧失了理智,弄成动摇人心、贻笑外人的现象。下关各码头堆着千千万万的箱笼,没有秩序,没有区分,没有适当的管理,这一部,那一署,通通挤在江岸上。公物固然有些,而其中最大部分,都是官吏私人的家具和行李,成包的箱柜不用说大小悉搬,似乎还顾虑内地物质缺乏,钢床、沙发亦在急运之列。许多人

① 邹鲁:《回顾录》,独立出版社,1946年,第484页。

② 《国民政府迁重庆》,上海《申报》第2版,1937年11月21日。

同声太息的是,各码头都有不少的桌椅、澡盆、梳妆台。天上不断地下雨,如山的什物都在露浴之中。保护得最好的是私人行李,而公物则听它们自己的造化。"①黄炎培在《抗战以来》一书中也讲到南京某机关,先期包定大船一艘,长期停泊着,专等着必要时运送本机关大员到安全地方去,不用时暂准短程运送公物。

林森率领文官、参军、主计3处人员800余人首先西迁重庆,他们乘"永绥"号军舰离宁西上,11月19日至汉口,22日至宜昌,换乘民生公司之"民风轮",其随员分乘"民贵轮"跟进,两轮昼行夜泊,24日宿万县,25日泊涪陵,26日,"民风轮"抵达重庆,12月1日,国民政府正式宣布在渝办公。

三、武汉成为临时首都

各部署迁出南京后,有的到了重庆,有的到了长沙,多数则集中武汉,并没有立即进入四川。原因是湖北宜昌到重庆,万山重叠,削壁千仞,江底多暗礁,流水作旋涡,江面狭,水流急,船行多不方便。所以国民政府各部入川人员仅1/5,其他多数留在武汉,在武汉设立办事处。军政各界、银行、工厂、工商业以及文化界人士都集中于武汉。国民政府财政部、外交部、内务部于11月26日开始在武汉办公。国民党中央党部、经济委员会、建设委员会、侨务委员会、邮政储金总局,也都先后迁到武汉。国民政府军事委员会和总司令部也迁到这里,其重要人物蒋介石、汪精卫、冯玉祥、于右任、孔祥熙、张群、孙科、何应钦、陈诚、白崇禧、王宠惠、陈立夫、邵力子等也都来到这里,多半住在汉口英租界地内。蒋介石夫妇住在武昌旧城里,武汉成为临时政府的所在地。行政院的内阁会议就是在武汉召开的。八路军南京办事处于1937年12月中旬搬到武汉,与八路军武汉办事处合并,设在原日租界中街大石洋行,钱大光为处长。

武汉成为全国人才荟萃之地,各地分散的民主力量现在聚集在一起,形成了大团结的局面。中共代表周恩来、董必武、陈绍禹、叶剑英等,以此地为据点,开展抗日统战工作,形成了广泛的抗日民族统一战线。第三党的章伯钧、彭泽湘,救国会的沈钧儒、杜重远、邹韬奋、李公朴、沙千里、王造时、刘清扬,

---

① 长江:《感慨过金陵》,《全民周刊》第1卷第1号,1937年12月11日,第16页。

东北救亡总会的高崇民、闫宝航,文化界的郭沫若、茅盾、巴金、老舍、田汉、阳翰笙、曹禺等也都出现在武汉3镇,仅从天津、上海来的文化人,就有四五百。全国剧界人才,几乎全部集中武汉,留汉剧团达11个。生活书店将上海总店的出版刊物,完全移到汉口。武汉的刊物,到1937年12月,已有30余种,有从上海迁来的《抗战三日刊》《七月》《新学识》《中国农村》《战时教育》《世界知识》《妇女生活》《文摘》等,从南京迁来的《战斗周报》《创导》《中山周刊》《东北周刊》等,从北平迁来的《艺术信号》,从天津迁来的《大公报》,中共的《新华日报》、中共机关刊物《群众》也于1937年12月11日在汉口出版。素被人们称为"沙漠"的武汉,变成"绿洲"。

文化思想是推动社会进步最活跃的力量。既然云集了这么多的忧国忧民的志士,武汉的政治气氛立即发生了变化。八路军武汉办事处是传播进步思想的中心,周恩来等每天都接待许多进步人士和中外记者,利用各种机会,宣传中共的各种政策、八路军英勇抗日的辉煌成果。东总和救国会诸人,都是在周恩来领导下开展抗日救亡运动的。乡村建设派领袖梁漱溟也于1938年1月访问延安,8次会见毛泽东,加深了对中共政策的认识和理解。

集于武汉的爱国人士,以极大勇气开展抗日民主运动,以集会和声明的形式,制造声势,抨击时政之弊,推动国民政府走向进步,坚决抵抗日本的侵略。民族战线孔庚、邓初民、黄松龄、马哲民、孟宪章等于1937年11月29日举行武汉文化界座谈会,与会者一致表示:"中国今日已处万分紧急关头,文化界应急起领导民众运动,以充实抗日力量,使能动员全国,以应付目前之危机。"[①]11月30日,以沈钧儒为主席成立了抗敌救亡总会,明确提出其基本原则是:"第一,为促进战时政治之改新;第二,为全民族抗战之发动。"[②]抗战教育研究会、战时教育社、战斗旬刊、民族战线4团体曾致电国民政府,沉痛指出:"目前对日抗战已至最严重关头,华北沦陷,江浙大部被占,华中已朝夕不保,要挽回此千钧一发之危局,唯有急速发动民众,支持抗战,发展广泛的游击战斗,以争取最后胜利。"[③]《大公报》也比较直率地向国民政府提出忠告:"第一,最高统帅,主持军事外交,已经够忙,断不堪再分心于一般政务,所以

① 《武汉文化界谈话》,汉口《大公报》第2版,1937年11月30日。

② 《各方到武汉领袖昨筹组全国抗敌救亡总会》,汉口《大公报》第3版,1937年12月1日。

③ 《实施抗战教育》,汉口《大公报》第3版,1937年12月2日。

国家战时政务,应当另有专心负责者。换言之,亟须将行政院充实健全,担当推动及解决一切后方问题之责任。现在行政院长是副院长代理,以总揽国家行政的中枢机关,而常这样沿用代理的局面,院长是军事统帅,不但不能专心政务,且不能在一地办公。这显然证明行政院只能维持现状,不能积极地担负指挥全国战时行政的职责了。第二,自战兴以来,政府极力做全国团结集思广益的功夫,但是所注重的是征求意见,参加讨论,而许多人现在都已不安于坐而论道,而急欲担任些援助抗战的实际工作。"①在社会舆论和各党派的呼吁下,国民政府进行了改组工作。

国民政府改组的特点,一是政府的实权,始终围绕着蒋介石转;二是将原来的人马换换座位而已。蒋介石总揽大权,其参谋部——侍从室,在一切领域中都居于重要地位。

根据 1938 年 1 月 1 日国民党中央执行委员会常务委员会决议,新政府仍按政府原有的条条框框组织起来,蒋介石辞去行政院长职务,专任军事委员会委员长,由孔祥熙出任行政院长,张群任副院长,魏道明为秘书长,翁文灏为经济部部长,该部包括从前的实业部。如此而已。以上所述,都是促进派,是当时的主流,就救亡运动的发展讲,其规模是空前的。武汉抗战,在中国抗战史上占有重要地位。

四、人心动摇

在抗日战争这样宏大的历史转变期,总会出现形形色色的问题。因为日本将沦陷区数十亿法币驱赶到国统区,并以法币套购战略物资,因为通货膨胀,物资缺乏,加上官员的贪污腐化,官商勾结占有资源,抗战时期的国统区经济与社会危机日益严重。

张西曼曾描绘了抗战初期武汉的社会面貌:"国民政府重要行政各部连同大批人员都纷纷退到武汉。所有军阀、官僚、奸商、买办,都认为大势已去。其时,开始恶性膨胀的通货,对于他们这帮奸猾之徒,首先失去了信用。于是他们都在利用权势,抛弃纸币,套存黄金、硬币、美钞、港币。"②在国难中,这群

---

① 《现在亟需做几件事》,汉口《大公报》第 1 版,1937 年 12 月 3 日。
② 张西曼:《历史回忆》,东方书社,1949 年,第 66 页。

人不仅仅失去了对民族的信心,而且原形毕露,成为社会的蛀虫。张西曼一面鞭笞这群人,一面盛赞马寅初的爱国情操,高尚的道德和其坚守的毅力:"一个精通中国财政金融实际状况的学者马寅初,以大学教授、立法委员兼领了中国经济学会会长的头衔,除了个人节余的数万元外,还负责保管着学会十来万元的基金。一般银行界的朋友和学生们也曾不断地来好意劝他放弃傻瓜的痴情,赶快把这些存款变成现货或外汇。"可是这一切诱惑都不能动摇马寅初的爱国热诚,他理直气壮地说:"国家危亡到此地步,我们要爱国,就得尊重国家的货币制度;如果大家都来学贪官污吏套购外汇,就无异表示我们首先不爱祖国,表示不信任政府,那还能期望民主国家对我们的友谊声援么!"马寅初虽然抱着这种伟大心情期待官僚群的天良激发,最后还得"满含热泪地亲眼看到世风的江河日下"[①]。这是一篇令人悲痛的文章,国家像一座大厦,正处于风雨飘摇中,外有暴日入侵,内有政府腐化。

马寅初、张西曼等优秀人士,对国家抱有充分的信念,他们协力奔走,为民族生存呐喊,这种爱国精神是国家之元气,他们出淤泥而不染,敢说实话,对历史负责,因此名留青史,而那些贪官污吏则是历史的罪人。

五、重庆现象

大后方的重庆,得天独厚,成为中国战时首都和正面战场的支撑点,沿海沦陷区城市各种力量都汇集到这座山城。就工业而言,战时大后方有工厂1300多家,重庆就有450家,战时国统区共有机器制造厂948家,重庆就有394家。直属国民政府军事委员会兵工署、军需署管辖的兵工厂、军需厂先后迁到西南大后方。重庆的机器工业,以及纺织、化学、制药、造纸、面粉等工业,都有巨大发展。政府以此为基础,极力扩大与充实生产力,以供应战争和社会的需要。军需物资,特别是兵器,一部分由迁移到大后方的金陵兵工厂和汉口兵工厂制造,大部分还得从外国购买,如从德国、意大利、法国、美国购进,以输出茶叶、桐油、锰、镁、钨及其他物品作为支付的代价。英国记者阿特丽写道:"我见过一艘挂英国旗的船只,船上的大副是英国人,船主人是寓居香港的几个法国尼姑,船长是美国人,而工程师和二副则是日本人,这艘船从苏联

---

① 张西曼:《历史回忆》,东方书社,1949年,第67页。

国境敖德萨地方载来了一批军火,这种情形,可说是航运事业——或者也可说是军火事业——上的'国际主义'吧。"①贩卖军火一般是较隐秘的,像这样的"国际化"也是一个特例吧。

重庆的国民政府是一个独裁政权,如果说,武汉时期还有民主的话,到重庆后民主就日渐减少了。国民政府的权力集中于蒋介石手中,蒋介石身兼82个职务:国民党的领袖、国民政府主席、军事委员会主席、海陆空军大元帅、国府委员会主席、最高国防委员会主席、中央计划委员会主任、中央训练团团长、中央政治学校校长等。②董必武讲:"世界上,蒋介石可以说是最独裁的独裁,恐怕世界上,再也没有人像他那样子的吧?"③美国记者斯诺说:"一个完全独裁的政权;在它20年的历史中,人民连选择一个地方上的官吏的权利都被剥夺;而这个政权,我们知道,在军事上无能,在政治上腐败,在道德上无从辩护。"④

这种论断的正确性,可以从三届三次国民参政会参议员的发言得到证实。《大公报》揭露了政府的财政报告和询问的情况,指出:"财政部统制政策的不合理,美金储蓄的黑市,政府的停止出售黄金,专卖机关的贪污事件,花纱布管制的毛病,中央信托局运输课的情形,财政大员种种费用向中央银行开支,有特殊背景若干银行商号,等等。"⑤官府贪噬民捐,蝇营狗苟,这是真实的写照。

战时兵役问题始终是一个严重问题。战争开始时,采取征集、募集、抽调办法,以充实兵源,接着公布了《战时兵源补充方案》《战时兵源补充实施办法》《战时兵源后方补充实施办法》,采取征募并行制。1937年8月明令征集"国民兵",12月又命统一兵源征募及补充方案。1938年1月制定公布《战时征兵统制办法》《战时募兵统制办法》《战时兵源补充办法》,规定战时补充兵源,由军政部统筹,将所需兵额,依照各省人口多少分配。法令一个接着一个,

① [英]弗雷达·阿特丽:《扬子前线》,石梅林译,尊闻校,彗星书社,1940年,第4页。

② [美]白修德、贾安娜:《中国暴风雨》(上册),以沛、端纳译,风雨书屋,1947年,第127页。

③ 董必武:《大后方的一般概况》,中国现代史资料编辑委员会,《抗日战争时期国民党统治区情况资料》,1957年,第137页。

④ [美]白修德、贾安娜:《中国暴风雨》(上册),以沛、端纳译,风雨书屋,1947年,第2页。

⑤ 焕维:《三届三次国民参政会摘记》,中国现代史资料编辑委员会,《抗日战争时期国民党统治区情况资料》,第16页。

方针政策也都正确,但实际执行情况,令人难以忍受,主要采取抓捕手段,《中国暴风雨》的作者是见证人,其书中有如下披露:"实际上,中国人并不怕为国家出力卖命,人民的爱国心是从来没有低减过的。只是他们个个都深知道壮丁营是个什么样子。政府的规定就可以作为最有力的反证。政府的规定是:'官员不得在壮丁食米中掺杂沙砾,不得掠夺壮丁带来的衣着、被服,或私人用件,不得对壮丁私刑拷打或夜晚禁闭牢房等,并且不得向壮丁家属勒索壮丁制服费或给养费。'战斗部队的情况是够可怕的,但是与壮丁训练营比较起来,前者就成了天堂。""壮丁吃到的比挨饿度日的士兵还要少些,有时他们连水都喝不到。他们当中许多都被剥了衣服而睡在泥地上;他们被鞭笞;死掉的壮丁的尸体可以放在那里几天不管;在许多区域里,最后能到达前线的壮丁还不及入伍总数20%。"①作者严厉地指出征兵之残暴野蛮,冷酷无情,以及贪污舞弊,在中国的最黑暗的史迹上也要算是恶劣透顶的了。"许许多多的人都用金钱来避脱了兵役,保甲长之流就无法征足额的兵。于是为了要供应足够的'人肉'就出现了有组织的巡逻队,逡巡四乡,绑架路上行人,再把他们出售给村中大亨。军官在他们自己范围内也做着同样的交易,所以对于壮丁的体质衰弱等,也没有了怨言。在成都,一个黑市的壮丁——被这种巡逻队绑架而去的肉票——可以卖5万至10万法币,相当于买5袋白米或是3头猪的价格。"②抓壮丁是最普遍的,抓住后就捆绑起来,我在陕西长安县乡间多次见到这种现象。据我所知有钱人和保甲长的亲属是不当兵的。参议员从士兵的待遇方面也提出了质疑和批评。CC分子黄宇人等提出:"数百万与敌浴血苦战之士兵,其生活水准,更不如后方大户人家之猪狗,古今中外不平之事,恐无有过于此者。"军队的待遇,军政部长讲:"较战前涨了20倍,实际生活费贵了500倍、1000倍!照这样待遇,士兵生活不如猪狗,花纱布局的小职员待遇超过上将,军官自然要吃空额,士兵自然要扰民。"③

　　1940年11月13日,国民政府采取田赋征实,这保证了军粮的供应,节省了政府为购买粮食支持的巨额法币,增加了财政收入。但在征实中,军事和地方当局以一切手段来勒索赋税,各县政府要求农民缴纳的谷物,要比他田里

---

① [美]白修德、贾安娜:《中国暴风雨》(下册),以沛、端纳译,海洋书屋,1949年,第229页。

② [美]白修德、贾安娜:《中国暴风雨》(下册),以沛、端纳译,海洋书屋,1949年,第228页。

③ 焕维:《三届三次国民参政会摘记》,中国现代史资料编辑委员会,《抗日战争时期国民党统治区情况资料》,第16—17页。

实际出产的谷物还多。有的地方农民变卖牲口、家具以及土地,得钱买谷,以缴纳税项。还有收税时的贪污,白修德特别讲了一个故事:"我们曾和某区的一个军官谈话。他奉令本年度征收谷物 40 万斤,但是该区的总收获量只有 35 万斤。"他在没有任何官员在场时和老百姓谈话,多次听到同样的呼吁:"停止征税吧;饥饿我们受得了,但赋税我们吃不消;只要他们停止征税,我们是能够靠树皮和花生壳活命的。"①真是苛政猛于虎,虽求一饱,竟亦难得。

黄炎培 1939 年走访了苏、浙、皖、鲁、豫、鄂、皖、湘、粤、滇、川、康等 14 个省,发现"从没有听到一时一人一句对抗战的怨言。我走到某省,他们的标语,除掉要求办理公平以外,表示绝对不反对征兵和派款。我走了后方许多省,他们除掉反对商人假公济私,压迫平民以外,绝对不反对政府因抗战需要而统制。"②这是群众真实的立场和呼声,证实了《中国暴风雨》作者的见闻和论断。还可以陈嘉庚在重庆亲眼看见重庆政权的腐败为例,少数官员与工商业者垄断了财政经济命脉,官商结合,凭借政治做生意,大发国难财为证。他特别指出孔祥熙经营的嘉陵宾馆,认为至少西方资本主义国家是绝对不允许的。"重庆诸要人挥霍无度,重庆社会上长衣马褂,唇红旗袍,官吏营业,滥设机关,及酒楼应酬,诸有损无益各项,比比皆是。"③政府已掉进贪污腐化的深渊,不能自拔。

由于国民政府一些官员贪污腐化,四大家族巧取豪夺,官商奸商囤积居奇,1939 年物价开始快速上涨,法币 50 元的票面发行不久,100 元的也出现了。法币 100 元可买的物品,1937 年为 2 头牛,1938 年为 1 头牛,1941 年为 1 头猪,1943 年为 1 只鸡,1945 年为 1 条鱼。这是美联社 1947 年 7 月 24 日公布的一份材料。董必武那时生活在重庆,讲到当时的物价:"青菜和柴薪每斤五六元,食盐每斤四十元,油每斤二百来元,米六七千元一市石。平均每人每月需洋三四千元,才能维持生活。"④老百姓的生活是很苦的,吃穿都成了问题,国民政府实行了专卖和平价政策,把关系人民生活的糖、盐、火柴、卷烟、棉花、棉纱、棉布,都实行专卖。在经济普遍短缺的背景下,依然难以阻止物价上涨,从而引起人们普遍不满。

---

① [美]白修德、贾安娜:《中国暴风雨》(下册),以沛、端纳译,海洋书屋,1949 年,第 145 页。

② 黄炎培:《抗战以来》,国讯书店,1942 年,第 106 页。

③ 陈嘉庚:《南侨回忆录》(上册),南洋印刷社,1946 年,第 132—133、162 页。

④ 董必武:《大后方的一般概况》,中国现代史资料编辑委员会,《抗日战争时期国民党统治区情况资料》,第 142 页。

国民政府特别专制,不准任何人指责其错误。1943年2月,重庆《大公报》因登载了河南大灾荒的真相报告,就被勒令停刊3天。陈嘉庚批评了重庆的腐化,称赞延安政治清明,蒋介石、李宗仁、白崇禧等当着陈面大骂共产党,蒋还诬蔑陈为其党,派国民党海外部长吴铁城到南洋去活动,运动英国政府不准其回新加坡。而陈嘉庚是一个正直高尚的人,毫不畏惧。《大公报》记者称:陈嘉庚是抗战3年来第一个敢说公道话的人。陈向蒋介石讲:"余所言乃据所闻所见事实,他等已改行三民主义,凭余良心与人格,决不能指鹿为马也。至若欲消灭共产党,此系两党破裂内战,南洋千万华侨必不同情。"①重庆《新华日报》批评了时政的若干错误,就被认为大逆不道,在1938年12月到1939年1月国民党中执委秘书处的密函中称:该报"日益放肆,如抨击英、法,诋毁意国,骂希特勒为畜类,此足以影响于外交者也。再如,申述保甲制度施行之黑暗,青年运动垄断之不公,抗战书报禁止之无谓,救亡团体封闭之失策,此足以阻碍现行之法令者也"。②《新华日报》对限政、精政、役政多有批评。这些事实正说明《新华日报》是指路明灯。国民党一些官员对《新华日报》和《群众》实行严密封锁。这两个报刊所在地的周围特务密布,广设岗哨,并有一团兵力驻守庞家岩和虎头岩,构筑如蛛网的碉堡来包围和监视报馆编辑部。买卖阅读这两个报刊的都要受到威胁和毒打。这种白色恐怖笼罩着整个国统区。那时我在西安郊区兴国中学读书,每周一举行总理纪念周,有一位校长叫范重仔,总要大骂共产党一顿。国民党三青团则横行霸道,迫害进步人士。西安各地饭桌上总有一个小牌子,上面写着"莫谈国事"。在这种环境中,进步组织只能以隐蔽方式和反动势力搏斗。实际上在历史发展的道路上,蒋介石一帮人的政治观点,已走进死胡同,人们向往的是延安。重庆和延安,这两座山城,一方代表着衰老,一方代表着新生,这是抗战时期形成的。

六、蒋介石抗战中的功与过

重庆是个大熔炉,开始其烈融飞腾的锻炼作用,产生出新的优秀的国民,

---

① 陈嘉庚:《南侨回忆录》(上册),南洋印刷社,1946年,第191页。

② 重庆市档案馆、中国第二历史档案馆编:《白色恐怖下的〈新华日报〉:国民党当局控制〈新华日报〉的档案材料汇编》,重庆出版社,1987年,第15页。

肩负起抗战救国的责任。1939年,国民政府开展了全国国民精神总动员,颁布了国民精神总动员纲领和国民公约誓词,蒋介石还讲了话,强调抗日和救国。还在1938年"八一三"抗战一周年时,蒋介石就表白了自己的爱国思想和应负的责任,他在《告沦陷地区民众书》中讲:"沦陷区的同胞们,你们为国家而牺牲,为民族解放而受难,你们虽在水深火热之中,你们的牺牲是有代价的,这代价就是国家民族的自由独立。但是中正身为最高统帅,却不能不躬负其责。中正现不能忘记,你们为国家民族所受的牺牲,你们的痛苦就是中正的痛苦,你们的痛苦艰难一天没有消除,中正就一天不能自遁其责任。"[1]因为有这样的认识和思想,所以,国民政府尽一切力量把一切都纳入抗战的轨道,使重庆和西南地区都活跃起来,都有了大发展。

金融是抗战的命脉,蒋介石、宋子文、孔祥熙等把持了中、中、交、农四大银行,组成联合办事处,简称四联总处,在其控制的地区设置了200多所分支机构,形成了金融网。四联总处主席是蒋介石,每周开常会一次,议论金融、经济大政及具体资助项目,强化中央银行的地位,使其成为银行之银行,以发行钞票作为支持财政的主要手段。初期也起了作用,各方面都需要资金,四联总处或投资或贷款给国营和民营工矿业,重庆及其附近钢铁厂获得资金,先后开工。也扩大了对农产的贷款。"鉴于'民以食为天'之古训,认为粮食不可缺乏,即农业不可弛。现在农贷一项,已由各分区办理之过程改由农行集中办理。唯以过去一般农业合作社为贷款对象,效用甚少。至水利贷款,可使硗薄之地,一经灌溉,生产增加,其实际收效较宏,今后仍当特别注重此点。"[2]

国民政府采取了各种办法,但收效甚微,因为少数当权者私欲膨胀,不顾国家政策。1942年3月20日,徐柏园在《四联总处工作之回顾与展望》一文中,直指这种现象:"余以为政府金融机关,务应明了政府政策,在战时尤应有战时精神,惜乎事实不然,中、中、交、农四行主要人员,有3/10明了政府政策,已属难能;1/5能实行战时精神,更为可贵;大部分银行大人先生,闭门自乐其乐,所谓世界、社会、国家,一若与彼毫无关系。"[3]这些人实不应担当国

---

① 《蒋委员长发表告沦陷地区民众书》(下),香港《申报》第2版,1938年8月15日。

② 刘攻芸:《四联总处之任务》,重庆市档案馆、重庆市人民银行金融研究所,《四联总处史料》(上),档案出版社,1993年,第63页。

③ 徐柏园:《四联总处工作之回顾与展望》,重庆市档案馆、重庆市人民银行金融研究所合编:《四联总处史料》(上),档案出版社,1933年,第59页。

事。他们利用自己的权力搜刮民财,大肆挥霍,天怒人怨。

更使国人愤怒的是一党专政一人独裁,过去还有林森任国家主席,1943年8月1日,林森逝世,权力完全集中在蒋介石手中。蒋介石对共产党和进步团体或明或暗地采取封杀镇压手段。1941年制造的皖南事件是最好的证明。那时连《义勇军进行曲》都不准人民歌唱。在西安的黄埔第七分校毕业生分配到已经改编的杨虎城部队,专门监视搜查部队的进步力量,称还在服役的旧军官为残渣余孽。蒋介石又抗日又反共,这是他的基调。阿特丽讲得好:"中国平民的惊人的顽强的抵抗力,中国兵士、农民和劳工的勇敢和坚忍,已经使中国继续抗战了两年了。""蒋介石将军是否仅仅是一个'将军',是否是一个贤明的政治家,民族利益能否超越狭隘的阶级利益,都还得由历史来证明。"①蒋介石是一个复杂的人物,简单地肯定或否定,似乎都不妥当。

原载《史学月刊》,2016 年第 9 期

---

① [英]弗雷达·阿特丽:《扬子前线》,石梅林译,北京新华出版社,1988 年,第 232 页。

1938年羊城遭燹的罪责和教训

1938 年 10 月 12 日,日军登陆大鹏湾,9 天之中,占领了广州(羊城)及附近之惠州、博罗、增城、南海等城市,世界为之惊异,此乃中国抗日战争史上一大悲剧和耻辱。

日本决定进攻广州是 1938 年 9 月的事。月初,日方在华南的特务人员曾在台湾举行会议,策划进攻事宜。后来阴谋家土肥原亦由上海南下,至台湾、厦门一带,秘密商洽。19 日,日本大本营最后做出决定:"意图在进攻武汉之先后,夺取华南敌之重要根据地,并为切断其主要对外联络补给路线,占领广州附近要域。"[①]并发出指令,任命古庄干郎为司令官,组成第 21 军,统辖第 108 师团、第 18 师团、第 38 师团 3 个师团,使其付诸实施。日本的舆论也大叫大嚷,说欲早些攻下武汉,必须同时进攻广东,欲摧毁中国今后抗战之根源,必须立即占领广东。

日本所以选择这一时机扩大战局,是受到这一年 9 月慕尼黑会议的鼓励,这次会议英、法对德国采取让步政策,牺牲了捷克,日本看清了这一事实,认为它入侵英、法利益较大的华南,也不会遭到干涉。它还估计到苏联已把注意力放在欧洲危机中,再不会出现日、苏张鼓峰战争,无须再在中国东北屯聚大军,可将这部分兵力调往华南发动战争。

事实上,日本侵粤,早有计划。"八一三"上海战争后,日本的飞机就不断轰炸粤省,其海军封锁了粤省海岸,占领了南澳、万山、三灶、涠洲等岛屿,在这些岛上建筑机场、船坞,以为海空军基地,使沿海渔民船户无法出海谋生,造成二三百万渔民失业,还收买一些无知渔民作间谍,侦察沿海防务。1938 年 5 月,日军占领厦门,侵粤行动更为嚣张。到 9 月,日军的炮舰、飞机侵扰,几乎无日无之。日本驻中国台湾的"鹏岛"号航空母舰于中日全面战争开始

[①]《现代史资料(9)日中战争》(二),みすず书房,1976 年,第 282 页。

后,从未参加过战役,此时也驶入粤海。日军跃跃欲试,华南战云密布。而武汉国民政府发言人则认为这是虚张声势,不足为虑。蒋介石及其顾问天真地认为英、法在华南拥有很大利益,日军不会在这一地区轻启战端。并且认为,如果要在华南发动战争,就必须集结兵力10万人,日本当时抽不出这么多兵力。蒋介石忘记了华南,将兵力全放在保卫武汉的战争中。

粤省政府主席吴铁城和掌握粤省军政大权的余汉谋面对日军的入侵态势,讲了许许多多很动听的话。余说"为保卫疆土已做好充分准备"。吴于1938年9月初在香港讲得头头是道:"广东为华南重镇,而广东人族性之坚强,不为任何威胁利诱所屈服,此种精神,人所共知。方今敌人谋侵略我疆土,吾人已加意防卫,一方面为国家而巩固广东,一方面为广东而巩固广东。广东在余总司令领导之下,一年来关于保卫广东工作积极准备,准备之中发动全省武装民众,在历史上广东民众之力,至为强大,人民自卫武装,全省有五六十万人,此点实为广东之特色。"①报上也宣传广东是有准备的。从吴铁城9月7日给蒋介石的密报看,对日军即将侵犯华南是有察觉的:"据香港英国军事情报机关所接台湾厦门敌情及在港所侦日人消息,敌于本月14日在大鹏湾有所举动。"14日又密报"前报敌于寒日在大鹏湾有所举动,兹据原机关所得最近情报,敌因长江方面无进展,遂有展缓意。敌派驻港活动之矢野公使已赴河内"。②然从随后的事实看,无论是蒋介石还是吴铁城、余汉谋等都在玩忽职守中度日。在此紧急关头,未采取任何具体措施。既没有令军队处于战态,也没有研究如何打法和怎样取得胜利等问题。

10月初,大鹏湾形势更为紧张,日舰来往频繁,已集中了120多只船舰,对登陆地点做了周密调查。日机对惠州、淡水等地不断轰炸,而守卫这一地区的驻军第151师师长莫希德却充耳不闻,视国防为儿戏。10月11日夜日军计划登陆,香港各外国通讯社已发出信息,广东省政府却发电否认。莫希德则在淡水置酒兴会。

是夜月光明亮,风平浪静。日军船上灯火完全管制。每一敌兵紧着软靴,头上戴着铁盔,背负装有军靴防暑帽之背囊,并携行露宿时所用之防蚊覆面、防蚊手套和两日之给养,橡皮艇往返将其运至岸边。在古庄干郎和海军指挥

---

① 《申报》,1938年9月2日。

② 《吴铁城致蒋介石电》,国民政府军令部战史会档案七八七8433号,中国第二历史档案馆藏。

官盐泽幸一的指挥下,由汉奸导引,小池快速部队及野副、长谷川、真渊、竹下、单田等部约5000人,于12日晨4时,相继在大鹏湾沿岸之下浦、平海、稔山、澳头等地登陆。香港《中华邮报》特派员曾飞往日军登陆地点观察,得到的实况是"日军显未遭遇任何抵抗"①。汕头海陆丰海上日舰也驶往大鹏湾。日机呼应陆军作战,120多架猛袭粤汉、广九两路,悦城、佛山、汕尾、海丰、陆丰、广州白云山等地,以惠州被炸为最重。当天日军登陆达1万多人,其主力不是指向广九路,而是向淡水、平山急进,直指惠州。

广东当时有一个空泛的防御计划,该省有10个师1个独立旅,其半数调到长江作战,省内所留兵力只5个师及新兵3个旅,约8万人。这8万人部署于从海南岛到潮汕间漫长的广大地区,兵力单薄,可想而知。余汉谋以广州为中心,在粤东也设立了三道防御线,大鹏湾至惠州约30公里为第一道,这一带有崇山峻岭,地理条件颇占优势。第二道防线设于博罗、增城之间,自惠州至博罗间道路平坦,博罗以上山路崎岖,部署有陈勉吾机械化部队独立第20旅及曾友仁第156师,筑有几道阵地,战线绵长约40公里。增城到广州间河流纵横,也配备了一定兵力。

第一道防线本来有险可恃,结果是形同虚设,日军登陆时,未遇到任何抵抗,登陆后日军沿着从下浦到淡水的公路长驱直入,如入无人之境。13日淡水陷落,然后日军又分兵三路,进犯惠州:第一路1000多人,于大鹏湾之西经平山圩进犯马鞍圩;第二路约1000人,于大鹏湾之北进犯三栋及冰水坑;第三路约6000人,于大鹏湾东北进犯镇隆。日军飞机大肆轰炸,惠州城被炸成焦土,居民伤亡甚多,逃往公路上的,日机复于公路上空俯冲下来扫射,连三五成群的难民亦不能幸免。惠州为粤东天险,人口8万多人,与石龙同属东江货物集散地,有重兵把守。如此重镇,于10月15日竟陷于敌手。日军登陆仅3天就轻取惠州以南广大地区,此地一失,对广东战局影响极大。莫希德师为何一味退让闻风即逃,不去利用山地阻挡敌人前进?后来一新闻记者质问该师一旅长,他瞠目结舌,无言以对。莫希德贪污腐化,只知敛财,致其军队毫无斗志,更有甚者,据当时消息,他受日方200万日元之运动,假作抵抗便退,事成后日方允任其为傀儡政府之主任军事长官。②

---

① 《申报》,1938年10月13日。

② 镜如:《日本进攻华南》,东方杂志第35卷22号,第62页。

余汉谋于日军登陆后,也曾调驻守海丰、陆丰之曾友仁第 156 师向西边惠阳方向移动,珠江三角洲之张瑞贵第 153 师向广九路樟木头等地移动,但并未认真对待。据当时新闻报道:"此间(指广州)军事当局因敌兵力有限,审慎应付,并未过分重视。"① 对广东前线的战事,余汉谋茫然无知。令人费解的是,广东官方还在讲:"广州的外围防御,极为巩固,日军进攻广州须先经过丛山森林地区,故日军不但无法深入,且将失其归路也。"② 14 日,余汉谋所发表的《告粤省同胞书》更是自欺欺人,其中讲:"我全省军民应知此次敌人之向沿海进取,其预定计划,已为吾人所深知,我方于防卫军事策划布置,亦经一年来的准备,我将士民众抗战意志之坚决,情绪之激昂,尤能发扬蹈厉,奋勇牺牲,当必在统一指挥之下,不容日人以少数兵力,占我存土。"③ 汉口国民政府就日军得已登陆极力自我辩解,告诉路透社记者说:"日军登陆时,殊难作任何抵抗,唯日军深入内地,必遭强烈抵抗。"

而不幸的噩耗接二连三而至,日军占领惠州以后,迅即渡过东江,自惠州对岸之白沙堆向博罗进犯。16 日,由淡水向西猛扑之敌占领平湖。17 日,博罗沦陷。从 14 日起,东江一带暴雨,河水猛涨,也未能阻止住敌人。第二道防御线的战斗开始了。第 186 师在惠州增城之间节节抵抗日军,第 154 师及一部分民团守卫增城及其附近,陈勉吾第 20 旅向正果前进,掩护增城左翼。中日两方在博罗以西的桥圩及增城以东 8 公里的罗浮山曾展开激战。日军前进之时,其空军之轰炸,占重要地位,为步兵扫除障碍。中国空军也临空助战。余汉谋也到前线督战。此时粤军高射炮在广州郊区击落日机两架,驾驶员 3 人毙命。6 人堕毙,5 名以降落伞逃入山中。与惠州以南的战局大不一样。如果余汉谋真有现代战争知识,并能动员广大群众参战,四面出击,是可以挽回颓势的。惠州陷落后市民要求发枪,当局则置之不理。这样又是 3 天时间,日军渡过增江,于 19 日占领增城。广州直接受到威胁。日军很得意,登陆 7 天,就占地 45 公里。

增城沦陷后,增城以西阵地守军已处于混乱之中。日军一部于 20 日晨从增城沿广汕公路西进,午后即攻占了南香山西北 1 公里的要地郑冈屯,一部

① 《申报》,1938 年 10 月 13 日。

② 《申报》,1938 年 10 月 15 日。

③ 《余汉谋告粤省同胞书》,《申报》,1938 年 10 月 14 日。

敌军包括吉田、大岛、西山、土井川绮、乾各部北犯从化,对广州形成包围形势。第三道防御线未发生任何作用。

广州当时有大小报纸 10 多种,如《中山日报》《国华报》《环球报》《救亡日报》等,只有《救亡日报》派出战地记者草明和胡危舟,写过战地通讯。因为当局严密封锁消息,任何报刊都得不到战局的实况,连近在咫尺的增城的沦陷也不知道,在人们的意识中,日军打到广州起码也得 3 个多月,万万没想到仅 9 天,日军竟兵临城下。

从 16 日起,广州与外界的联系已经中断,逃难的人从日军大鹏湾登陆时就开始了,先是外侨和国民党官员的家属迁到香港,接着是各阶层的人群离开广州,有的逃到广西,有的迁到粤北清远等县,有的避居广州四郊,官方估计准备迁到安全地带者有 40 万人。整个社会发生了剧烈震动,人心惶恐不安。

具有讽刺性的是 17 日这一天,余汉谋召集各将领开会,诉说广东兵力不足,难以对付日军,决定放弃广州,敌伪报纸刊登出他的发言,其中讲:"日军业已深入广东,吾等广东军,兵力脆弱,武器缺乏,空军无有实力,又加经济亦极困难,事已至此,中央对广东防御,尚无任何具体办法,不与以充分之援助……吾等既负广东防卫重大责任,而今竟不得已放弃广东省者,无颜再见省民。"①将败局完全归之国民政府。也就在这一天,广州 7 万人民举行示威,高呼保卫广东,保卫家乡,打倒日本帝国主义的口号。广州青年男女报名参加为保卫广州而战的达 9 万多人,吴铁城、余汉谋在示威集会上信誓旦旦地说,誓与广州共存亡,他们阳一套,阴一套,不说实话。吴铁城为了愚弄人民,在 19 日还说"敌军南犯,实于抗战全局有利"。

广东局势急剧恶化,香港的中文报纸无法再忍耐下去,纷纷抨击广东当局,有的要求国民政府速派大军南下,有的指责广东当局不该因循敷衍,误此大事,有的"严厉谴责广东最高指挥官余汉谋无能,未能抵抗日军登陆,要求他辞职"②。武汉时期国民政府外交部长陈友仁著文,怒斥蒋介石牺牲广东来保卫武汉,指出广东面临的危机应该负责的是蒋介石,而不是广东军队和人民。"广东的精锐部队和空军被蒋介石调走,已无力反抗日本侵略,来保卫广东。""日军进犯甚速的事实,证明蒋介石作战计划的失败,犯了重大错误,应

---

① 《盛京时报》,1938 年 10 月 21 日。

② *Peking and Tientsin Times*,1938 年 10 月 20 日。

立即纠正,亟须采取政治和军事的各种手段,以缩小悲剧的影响。"①

迫于舆论,广东军奉命回师援粤,抵达广东时,已是 11 月,然为时已晚。

10 月中旬,广州各机关已忙着向连县撤退,主要交通工具全被征去,广州居民已逃走大半。一些文化界人士凡有合法身份与职业,能随余汉谋司令部和省政府撤离者,先后撤到韶关一带,如尚仲裔、钟敬文、郁风、司马文森、黄新波等均参加了动员委员会而北上。巴金是广州沦陷前一天离开的。几十万尚未逃走的市民此时毫无秩序地外逃,没有一定的方向,谁也不知进向何处。码头上候船的人如潮涌。可谁也等候不到船只。广州已处于瓦解和混乱之中,各阶层人的内心都充满了悲愤、沮丧和抗议。它像一场噩梦一样留在人们记忆之中。身临其境的一些人,记录下当时悲惨的情景。

巴金的《从广州出来》一文记载了他离开广州逃到广西时的心情:"我有一种感觉,许多人也都有这同样的感觉,广州市是一天一天地逼近那陷坑,它的陷落只是时间的问题,至于完整或破碎,那早不是我们所关心的事。这种感觉是奇怪的。但它却是十分真实的,我们爱这个地方,但离开它时就似乎永远不能够和它再见。我故意留下一些破旧的书,让我自己临别时能想到我不久便可以回来,这种带着深深的怀念的心情也许是别人不易了解的罢。"②

由郭沫若创办、夏衍主编的《救亡日报》诸同人如林林、潜修、文津等 12 人是 21 日早晨散发了当天的报纸后离开的。此前夏衍写了一篇文章名为《广州最后之日》:"看模样,广州的失陷已经是时间上的问题了。当局好像早已决心放弃这个中国仅有的富庶的城市了。警察无秩序地驱逐市民,在仓皇地逃避了的市民后面,他们就从容地收拾了他们剩下的东西!对于战争,任何机关都守口如瓶地不发表一点消息,而一切公用机关、邮政、电报、银行都已经自动地停止了工作。整个广州像被抛弃了的婴孩似的,再也没有人出来过问。保卫大广州的口号也悄悄地从那些忙着搬家眷的人嘴里咽下去了。我贪馋地想多看一眼这使我留恋了 7 个月的城市。"③

21 日离开广州的人数是数不清的, 一位目击者曾详细地讲述了从大鹏湾日军登陆到广州沦陷时广州的社会动态,其中讲道:"到 15、16 日,不知从

① *Peking and Tientsin Times*,1938 年 10 月 20 日。

② 巴金:《从广州出来》,《大公报》,1938 年 12 月 25 日。

③ 夏衍:《懒寻旧梦录》,三联书店,1985 年,第 417 页。

何而来的谣言,纷纷流布,人心是非常动荡了,成千成万男女老幼争先恐后惶急逃难,社会安定完全丧失,恐怖气氛弥漫全市,等到 18、19 日两天,情形更加险恶,日军到底进展到了哪里,无人深知,汉奸地痞,更乘机造谣,政府各机关都开始撤退,站岗的警察更在马路上劝人速逃,但这时候交通工具极感缺乏,汽车、轮船大部分给各机关征发去。几十万未逃的平民,便东奔西窜,走投无路,在码头上候船的人如潮涌现,可是谁也等候不到,于是许多人只好扶老携幼,徒步出行,拖长的行列,绵延不绝,而这些的东西只好完全抛弃,就连怀抱中的孩子,也被挤落,跌死踏死的不知凡几,情形凄惨,难以尽述。至于各渡口的渡客,因人挤船少而翻落河中溺死的,接二连三,只听见一片哭喊声和呼救声,却没有一个人能从容救人,也没有一个人能够幸被救起。"①

在最后撤出的难民中,有两支不为人们注意的力量,是有方向和目的的,一是夏衍领导的《救亡日报》同人,他们经三水、肇庆、柳州,于 11 月 7 日到达桂林,继续出版救亡日报。一是广州抗日先锋队队员,约 500 人,他们走到长堤,挤到黄沙码头,乘小艇到了广州市对岸的芳村,开会商议将队伍分成东江、西江、北江及中区 4 个区队出发。东江区队约 200 人,中共党员较多,是到敌后去的,分乘小艇在珠江上绕道前进。其余 3 个区队沿着广州三水铁路西行至四会县境分手,走向各自确定的地区,开展抗日救亡运动。②

21 日拂晓,广州驻军西撤。随后炸毁了各战略要所,烈焰飞腾,黄沙、东堤一带已成废墟,南堤二马路以北各马路成为一片瓦砾,维新路南行至高第东路附近平民宫一带惨遭焚毁,海珠桥畔之电灯厂则整个毁坏。古塔古寺全付一炬,摩天大厦已成瓦砾之场,其状为 1812 年之莫斯科。11 时 30,日军先头部队侵入广州市,4 时左右,其主力侵入市东北地区。蹂躏广州的有小池快速部队和野添、长谷川、马渊、竹下、平田等部。日本宣称:"星期六夜晚,仅仅200 多日军就占领了这座有 150 万居民的抗日根据地。"③日军在全市建立了四五个据点,据点外墙张贴着布告:"这是皇军的财产。"驻市区的日军为数不多,集中于沙面西关之间。其在马路巡行或守望者,多为东北伪军及台湾地区、朝鲜士兵。凡驻有日伪军之马路附近,行人不能经过,马路中间,则以竹杉

---

① 《广州失守的真相》,《申报》,1938 年 11 月 2 日。

② 李超:《回忆广州青年抗日先锋队》,《战斗的历史》,中国青年出版社,1959 年,第 76—77 页。

③ *Peking and Tientsin Times*,1938 年 10 月 20 日。

相间,犬牙交错,以作防御线,如误入者必遭性命之危。在永安路一带,强迫市民将墙拆除,改建防御工事。商店民居,悉遭抢掠,十室十空,先施、大新等百货公司货物,均成日军的战利品。据美联社记者讲,他在城中巡视,在太平路遇见一日本军官谈道:"彼入市后颇为失望,盖市内居民,几已绝迹,途中所遇之日兵,或携鸡果,或抢猪牛,想必系由华方抢来。"[1]

汉奸地痞乘机将抢到的衣物在西关一带设摊叫卖,新皮鞋每双2角,绉纱棉袍每件3角。日军的暴行,层出不穷,随意杀人,沙基一带堆着无辜的被杀者。奸淫事件,日有所闻。美联社11月4日报道,在过去24小时中,外人曾见日军在广州的种种暴行,有华妇一名,于昨晚及今晨被日军强奸6次。经医生检验并充分证实之强奸案件,已达23次。美联社记者在此间外国医院中见到华童一名,手部及胸部均被刺刀所伤。他称,当其母亲被强奸之时,其父被击毙命,他乃于阻拦日军之时被截伤者。据沙面外人报告,曾见苦力一名,因未向日哨兵低首鞠躬,以致被日军殴伤甚重。另有日方哨兵一名,走进美人产业隔壁之闯者,摔之地上,拳足交加,直至该闯者肋骨折断多根,不省人事。企图向前说项之美人,并被日军以刺刀威胁,该华人旋被送外国医院中医治。美联社记者并见有日本军官3名及士兵9名,在街上殴击一中国苦力,以手枪刺其喉部以为威胁,待其人手指折断受伤甚重,始释放之。今日日方强迫粤人通行日军钞票,并在沙面对岸强贴布告,谓军用券百元等于港币百元,沪币二百元,粤币二百元。[2]革命策源地的广州,顿成人间地狱。

驻于郊区的日军较多,其在东北郊者如沙河、石井以至江村、小坪一带,多为流动性,常被调往粤汉路线及小北江各处作战。在河南者,则驻小港方面,常被调至广三路线及佛山、三水各处作战。

日军以广州为中心,极力扩展其占领区。因为没有遇到抵抗或很少抵抗,日军便狂言"彼等自大鹏湾至此(指广州),沿途未鸣一枪,所苦者只为蚊蚋之扰人而已"[3]。余汉谋的部队仍一味败退。在广州东北,日军长野、村田、山口、片山各部队,于惠州上流约20公里横沥圩渡过东江北上,与由增城向北方进犯之吉田、大岛、西山、土井川崎、乾各部队,于10月24日占领从化。该地距

---

① 镜如:《日本进入华南》,《东方杂志》,第35卷22号,第62—63页;《申报》,1938年10月24日。

②《广州日军的暴行》,《申报》,1938年11月16日。

③ *Peking and Tientsin Times*,1938年10月20日。

广州 39 公里。广州以南,日海军于 10 月 22 日侵入珠江口。珠江入口处有川鼻角岛、大角岛、亚娘鞋岛、横档岛,四岛之上筑有坚固炮台,特别是川鼻炮台最强有力,是广东防务之重地。当日军驱逐舰进入有效射程时,岛上守军予以猛烈炮击。日航空飞机和海军相呼应,炸毁防御工事,日海上陆战队又侵入虎门要塞对岸的大角岛,要塞腹背受敌,23 日陷落,要塞司令郭思演潜逃,部队撤退到东莞县。

日军很快形成了对广州远距离的防御线,主力集中于惠州、增城、从化三个据点,并控制了珠江航道。日运输舰经虎门进入省河后,直趋河南大阪仓。

广州沦陷后的第四天,武汉也沦于日军之手。

广州、武汉、上海、天津是当时中国四大金融贸易商业中心。上海、武汉曾进行了英勇之保卫战,就是天津也有两天的抗战史,唯独广州因余汉谋要保存自己的实力,拱手让给日军。这不能不引起全世界的关注和惊异,国内外报刊纷纷发表评论。德国、意大利官方报纸,为日张目,极力称赞日军的军事胜利。英、美、法、苏、比利时等国,既表示惊异,又对中国未来抗战充满信心。《泰晤士报》著文抨击广东方面的溃败不仅可异,抑亦可耻。侵犯华南之日军,据传只有 2 个或 3 个师团,决不应长驱直入,一如今日之情形,此事之惊人性质,实予日人以政治上及军事上之便利。但又指出,"日本国所觅得少数傀儡,在广东组织伪行政机构,而粤省全体人民定能证明其倔强不屈,而予一二失职将领被处之后,起而对于日方之续进,作坚决之抵抗"。[①]美国多数军事观察家认为中国抗战力量仍大,"广州之失陷,及汉口之行将陷落,并未能使中国之抗战崩溃"。"即在目下,日本亦仅占中国 1/4 土地,而其占领亦似不甚巩固","倘中国采取大规模之游击战,余相信彼等必可使日军连续受极大打击,此种策略由华人及中国采用之,似特别适合"。这些军事专家还以当年红军长征的胜利来论证其看法的正确,讲道:"红军长征之成功,多靠南方军队之力,此种长征仍被认为历史上之伟大战术。"[②]比利时各种报纸对中国抗战前景看好,其晚报讲:日本占领广州,并非一种胜利表现,中国有数千年文化,战争发生以来,人民爱国心日高一日,日本最后恐怕疲于奔命。[③]《莫斯科真理报》称:

---

① 《申报》,1938 年 10 月 23 日。

② 《申报》,1938 年 10 月 26 日。

③ 《新华日报》,1938 年 10 月 26 日。

"中国抗日阵线之存在,使中国全体民众及军队确信抗战不论如何困难,最后胜利必属中国。"中国各界无不气愤,由上海迁至重庆的超党派色彩之《时事新报》认为广东全省军务人员,"其怠忽职守之罪,实已无可逃避",应予严惩。

日本此时放出谋和的烟幕弹,国内外都有呼应。在国内,即将投敌的汪精卫宣称,如日方条件不危害中国国家存在,则中国可接受之。日人对汪的谈话,颇为欣喜。国际上也在酝酿东方慕尼黑会议,伦敦一家报纸讲,中国对于甚刻条件,或可于危难中作荣誉之接受。媾和之声甚嚣尘上。然中国不是捷克,中国舆论猛烈抨击妥协论,强调必须坚持抗战到底。国民政府各部院在重庆开会,商讨未来途径,政府发言人称:"中国如在现状下媾和,将丧失一切,但如继续抗战,则可获最后胜利。"①至于中国因沿海口岸失陷,似乎已成内陆国家,中外报刊明确告诉日本,中国在西部已开辟了新的国际路线;其主要路线与苏联相通。

蒋介石及其幕僚于失败痛苦中,关于广东问题做出两项重要决策:一、为申纪律,平民愤,决定改组粤省军政领导,调粤籍抗日爱国将领张发奎为第4战区司令长官,掌握该区党政军大权;调李汉魂为粤省政府主席。对失职军官分别予以处分,计革职留任者有总司令余汉谋;军长兼师长莫希德撤职留任,听候查办。师长李振作战不力,记大过一次;师长梁士骥记过一次;广东宪兵司令李江,未见日迹,先行撤退,又复畏罪潜逃,通缉归案究办;旅长叶植楠、李如枫扣留。旅长陈勉吾、何职芳撤职留任,戴罪图功。虎门要塞司令郭思演通缉。工兵指挥郭汝津、城防司令李思言均通缉。此外尚有团长数人亦受处分。②二、以北上抗战而返粤的粤军为主力,采取新战略,围攻广州。这两次决定,对鼓舞士气,扭转战局极为重要。余汉谋在致其友人的信中也表示:"余拟阵亡前线,以赎前愆。"

北上抗战回师援粤的有薛岳、李汉魂、吴奇伟、叶肇、邓龙光等部,分四路南下,曾在衡阳召开军事会议,讨论整个作战计划。其前锋队伍叶肇部于1938年11月22日已越过花县、清远向军田猛进。作为殿后的薛岳部亦于22日行抵曲江,又连续在曲江、连县等地开会,研讨收复广州的军事计划,决定分兵5路,即北、中、西、东、南路,同时进攻。北路以张发奎为总指挥,以第5

①《申报》,1938年10月27日。

②《申报》,1938年12月9日。

师及第 4 路军之曾友仁、李振球各师暨保安队为中坚,兵分两路,一路由花县前进,一路由从化前进。中路以李福林、邓彦华为正副总指挥。策动广州南海顺德各属自卫团游击队等,西路总指挥为蔡廷锴,负责两江战争,有桂军二师及第 19 游击司令谭启秀助之,东路总指挥为谭邃,以叶肇、邓龙光、王德金等部为反攻主力,由北江折入东江与东路,与布防在潮安、河源、兴宁的黄涛部联合,以反攻惠州。广九路则由张瑞贵部及第四游击司令蒋光鼐负责。南路则由桂军黄冈及粤军陈章等防守,以黄冈为总指挥。5 路之中以北路、东路力量为雄厚。叶挺亦奉命统率东江各军及游击队,于 1938 年 12 月初抵香港,经 5 日偕东江总指挥谭邃到东江履任。

东江地区遍地皆有武力,游击队众多,特别活跃。属于共产党领导的,有古大存、张鼎丞等所有前在东江、韩江活动的红军,全数集中于白芒花、稔川、平山各山间。曾生领导的海员游击大队(后改名为惠宝人民抗日游击纵队)包括香港工人、南洋华侨、当地农民和学生,在更广泛的范围活动。来到东江的广东青年抗日先锋队则在各地动员群众开展抗日斗争。属于群众自发组织起来的如惠州武装卫乡决死团,成立于淡水,每一村庄组成一队,他们提出有力的出力,有枪的出枪,有谷的出谷,地主富翁如不肯参加,即以汉奸论罪,其组织分巡察、宣传、交通等。他们不离开自己的村庄,类似联庄会,村与村之间守望相助。属于县长领导的有平山游击队,还有各县的自卫团也都行动起来。在张发奎指挥政府军策划围攻广州以前,以上的群众武装组织和东江沦陷后徘徊于敌后的部分军队,已开始攻打日军,11 月 3 日克复平山。8 日克复淡水。日军急集坪山圩、龙岗圩、鸭子步、镇隆,企图保持住其登陆时的交通要道。而此时张瑞贵部及泰尼、七女湖等地的游击队和民团又于 8 日、9 日包围了惠州博罗。日军从东江水道运往惠州的枪械,多次被截获。东江下游为我方所控制,从东莞登陆之日军始终不能与其石龙之据点衔接。石龙日军仅数百人,无力应援惠州、博罗。淡水、稔川、鸭子步、白芒花、三多视各地,已被共产党领导的游击队和民众武装谭炳光、林振雄及防军自卫团所控制。各地日军均龟缩于城内,不敢外出。日军为打通惠州之路,改由东莞县太平边宵抄出北栅西进,再由宝安县沙井登陆,跨过广九路至鸭子步,日军还从虎门大虎企图登岸,经过 5 次冲登,始侵入沙井。太平人和圩日军百余人,冲入北栅、荫下两乡,遭到伏击,无一生还。随后日军由太平加调 200 余名开往北栅,被击毙百余,残部退回太平。在东江北岸,11 月 12 日,龙门、福田也收复了。日军到处被动挨打,一方面急从南澳调来800人参战,从台湾调来更多兵力。一方面诱骗群众为其修筑防御工事。诱骗的新花招是让老百姓到维持会登记,说可以领到若干大米,一经登记,就押赴到前线做苦力。虽然如此,仍保持不住其交通线,从大鹏湾到广州已被截成三段。大鹏湾至鸭子步为一段,东莞太平、虎门为一段,石龙、增城至广州近郊为一大段。除各据点外,日军所到之处寸步难移。群众武装的抗敌意志比正规军还坚强,为广东战争获得了荣誉。

新战略突出之点是正规军和游击队密切配合,游击队将敌人的后方变成前方,为正规军前进开辟了道路。东江地区战争使日军疲于奔命,大伤脑筋,12月上旬,叶挺和原在闽粤赣边界活动的红军,被调赴粤,转入东江,担任游击工作,他们不仅有极丰富的游击经验,尤熟悉粤东粤北的地理,广东各地的人民武装自卫团,因有了有经验的游击队的率领,气势大振。新四军和当地驻军张瑞贵部,深入日军后方,发动人民自卫武装,四处出击,后谭邃因病辞职,由叶挺任副指挥,在新四军干部指导和发动下,游击队数量大增,正规军和游击队联合作战,相继克复了惠州、博罗、平山、淡水、长宁、福田、新作塘、岘富湖镇、梁花图等许多重要据点。日军因兵力不支,便缩小防线,退守增城,将其主力移向广州,企图完全控制广九路与珠江航道,其军运集中于珠江一线。广东军东路与粤北部队开始合力围攻广州。日军强迫平民在广州四郊赶筑工事,给养军需等亦由四郊运至城内,日舰50余艘驶往广州增援。

张发奎直接指挥的粤军采取主动制敌的战术,对敌施行机动性的攻击,以一部在粤汉铁路正面,以一部进出广、花、从间地区,主力集结于英翁线之山岳地带机动使用。因为灵活机动,迂回南进,或从敌人间隙穿过,切断敌之后路,冲乱敌之战线,于12月中旬克复从化县,与日军第5师团反复战于从化西南20公里的太平场。此时,清远、花县、从化、英德各属游击队,大显身手,四面袭击敌人。广州四郊人民抗日情绪,甚为高涨,如大涌口、芳村、河南一带村民均武装抗敌,民众运动蓬勃发展。东北郊之游击队亦随时袭击市区。而游击队、便衣队、敢死队、铁血团等,潜入市内。日军深感草木皆兵,日夜戒备,晚7时至晨4时,路禁行人。多次大搜查,被捕杀者甚多。日高级军官多在日舰住宿,以防意外。时市内居民仅剩5万人,多为贫苦工人。日军命令汉奸到设在岭南大学、五一学院、哈克特氏纪念医院等地的难民区,以及四郊,诱骗难民返回,然收效甚微,广州已成一座死城。

日军迫于形势,除集中兵力据守广州市区外,转移其战事重心至广九铁

423

路与珠江口方面。因为这两条水陆交通线,是日军后方交通之命脉,亦为掩护广州之理想据点。11月20日,日军沿广九路开始南攻。该路全线多为东江方面游击队所控制。日军占领东莞后,又于22日占领石龙,一面派遣大批工兵,修理自广州至石龙段之路轨,以便军运;一面派队向樟木头及深圳推进。游击队根据自己的战术向铁路两旁散开活动。25日,日军侵深圳,守军1500余人退至沙头角,深圳居民,早已逃避一空,大都随深圳一带难民,共约15万人,退至香港之新界范围内,日军将深圳洗劫一空,于11月30日退出,急回广州助守,因中方军队围攻广州,其势甚锐,日军防守力量不敷分配。

潮汕地区群众预感其不久将成为广州第二,纷纷迁移,携带家畜及生活必需品,雇用小舟搬徙,或肩挑步行。该地军政领导接受大鹏湾日军登陆教训,通过抗敌后援会,动员全体壮丁,参加游击队,监视海外日舰及奸人活动,组织工程破坏队,将各公路桥涵炸毁,下令公务员准备应战,不得临战退缩,不得擅离职守,不得妖言惑众,不得泄露机密,不得骚扰民众,不得借故请假,一切进入战争状态。

广东东江、北江、西江已形成抗战局面,使日军的每一次进攻都要付沉重代价。

战区司令长官的思想和作风对战局的发展影响至巨。吴铁城、余汉谋的失职,就造成羊城遭燹,广东危机。张发奎雷厉风行,善于作战,回粤一个多月,恢复发扬了广东人的革命精神,洗雪了惠州、广州沦陷的耻辱。张1939年元旦正式就职时,根据战局的态势,确定了自己的作战思想,以稳定第一线和整顿后方工作为主题。"在作战计划方面,以确保粤北,占领英、翁线暨设阵地为守势作战方针,以加强阵地工事,调整部署,训练部队和整理其他地方上与后方诸业务,为作战准备。"[1]他严于治军,将守卫惠广前线失职的第151师师长莫希德送交重庆军法执行总监审办。他积极提高干部的素质,在南雄修仁成立了第4战区干部训练团,训练党政军各级干部。他注意政治思想教育,成立了一个政治干部训练班,招收了许多青年学生,施以军事训练,以备在战地组训民众及协助部队作战的政工工作,这一思想是他在以往国共合作时所得到的最大启示。他为坚持持久战做了很多坚实的工作。

在敌人后方,张发奎也留了一部分主力与敌周旋,但他主要方针是把朴

<hr/>

① 张发奎:《抗日战争回忆记》,《挥戈跃马洒征尘》,广东人民出版社,1990年,第126页。

实的农民武装起来。华南战场开展以后,东江纵队、珠江纵队以及粤中和南路的人民抗日游击队,在战火中成长壮大,成为抗日的中坚力量。说明民众的精神是征服不了的,是可以抵拒任何挑战的。民众参加抗战,是战胜敌人的一个基本因素。

从广州沦陷及其沦陷后战局的发展,我们认识到:总想依靠外国的干涉来制止日军的进犯,那是一种愚蠢的幻想。中国疆域广阔,海岸线很长,执政者应时刻规划国防前线,疏忽了这一问题,就会造成灾难。应该不断提高军队的素质,从最高指挥官到普通士兵都应具有守卫疆土的爱国情操。弱国打败强国的一个重要法宝,就是动员群众参战,开展游击战,使军政民一起,团结御敌。历史的教训,中国人是不会忘记的。

原载《广东社会科学》,2003 年第 3 期

陈嘉庚笔下的延安与重庆社会

重庆和延安这两个山城,在抗战时期是统一的,又是对立的,是全国和全世界人士所注目的地方,所发出的声音,都关系着中华民族的命运。

根据国共两党携手抗日的协议,延安是国民政府管辖下的陕甘宁边区政府的首府,然而它一直受着不公正的待遇。自1939年起,重庆从四面八方把延安封锁包围起来,还制造各种谎言,欲置之死地而后快。

这时,谁能将延安的状况如实地告诉国人,谁就能得到人民的拥护和尊敬。南洋爱国华侨陈嘉庚肩负了这一使命。他冲破了种种阻力和障碍到了延安,将其所见所闻传播开来,其作用和价值可以和斯诺的《西行漫记》及1944年中外记者对延安的报道相提并论。

陈嘉庚率南洋华人慰劳团于1940年3月下旬到达重庆后,"常闻陕北延安等地,人民如何苦惨,生活如何穷困,稍有资产者则剥榨净尽,活埋生命,极无人道"。"人民田宅、产业、钱财、商店,均被政府没收。私人无产业,男女甚混杂,妇女为公妻等事。"[①]对此,陈嘉庚疑信兼半。和蒋介石会见时,蒋"大骂共产党,无民族思想,及种种口是心非,背义无信"。这一切促使他非访问延安不可,以了解究竟。

陈嘉庚访问兰州、青海和西安后,于6月初到达延安。七八天的延安见闻,征服了他的身心。他了解到延安社会和重庆的宣传完全相反。他在《西北之观感》中说:"及至两三天,已明白传闻均失实。田园、屋宅、财产,仍民众私业,未有变更。商贩店行,亦民众自由经营,一条衢街百多家,大小资产概属私人所有,政府绝无干预。""至于公妻灭人伦则绝无其事,若男女混杂,以余所见所闻,凡男女往来起居,甚有秩序,虽多人同坐,未闻有不正当戏言,唯恋爱

---

① 陈嘉庚:《南侨回忆录》,南洋印刷社,1946年,第163、186页。

自由,结婚礼节极简单,只向政府登记便完。"①

陈嘉庚将延安和重庆作了对比,重庆诸要人挥霍无度,重庆社会上"长衣马褂、唇红旗袍,官吏营业,滥设机关,及酒楼应酬,诸有损无益各项,在延安都绝迹不见"②。在延安,男女衣服均极朴素,一律无甚分别,女衣较长些,人人如是,又无无谓应酬。

在陈嘉庚看来,更严重的是重庆政权的腐败。在那里,少数大资产阶级与大官僚垄断了一切财政经济命脉,官商结合,一些人凭借政治做生意,大发国难财,闹得民穷财困,其税金至少 1/3,不入国库,而被财政部长饱了私囊。他特别指出孔祥熙经营的嘉陵宾馆,认为这是西方资本主义国家绝对不允许的。他说:"英国政府公务员,不但不得私设营业,亦不得买卖公司股份,虽地皮产业、银行及政府债票亦然。防弊甚严,违者立即开革科罚。"③

延安的政治是民主的,人人平等,县长民选,无苛捐杂税。"各官吏如贪污50 元者革职,500 元者枪毙,余者定罪科罚,严令实行,犯者无情面可袒护优容。"如果发现新官僚新劣绅把持政权机关,鱼肉人民,即绳之以法。譬如对贩卖仇货和鸦片的人都予以法律的制裁,交法庭严办。

陈嘉庚在四川、甘肃、陕西等地看到妇女缠足的陋习,他说这实出海外华侨意料。而延安未见有缠足者,边区政府还颁布了禁止妇女缠足条例,不但禁止女童缠足,就是四五十岁的妇女概须解放,违者科罚。

陈嘉庚的公正直言,使重庆畏惧起来,重庆最怕有人说共产党的好话。蒋介石、李宗仁、白崇禧等当着陈之面,大骂共产党。蒋还采取各种手段,压迫陈嘉庚转变看法,诬他是共产党,派国民党海外部长吴铁城到南洋去活动,还运动英国政府不准其回新加坡。但陈嘉庚是一位正直高尚的人,没有丝毫奴颜和媚骨。《大公报》记者范长江称,陈嘉庚是抗战 3 年来第一个敢说公道话的人。陈向蒋介石讲:"余所言乃据所闻所见事实,他等已改行三民主义,凭余良心与人格,决不能指鹿为马也。至若欲消灭共产党,此系两党破裂内战,南洋华侨必不同情。"

原载《北京日报》,1998 年 7 月 12 日

① 陈嘉庚:《南侨回忆录》,南洋印刷社,1946 年,第 186 页。

② 陈嘉庚:《南侨回忆录》,南洋印刷社,1946 年,第 162 页。

③ 陈嘉庚:《南侨回忆录》,南洋印刷社,1946 年,第 133 页。

抗战时期高等学校的内迁

　　全国抗战爆发之前，在国民党统治区，国立、私立及外国教会办的各种高等学校共有 108 所。其中绝大部分分布于东南沿海、沿江地区，尤其是集中在北平、天津、上海、南京等大城市。战争爆发后，随着北平、天津、上海、南京等地的失陷，高校也遭到敌人的严重破坏。因此，国民政府下令，沿海名高校内迁，计划在西南、西北地区建立抗战教育基地。

　　抗战爆发后，中国高等学校纷纷内迁。国民政府教育部令清华大学、北京大学、南开大学迁往长沙，合组国立长沙临时大学；北平大学、北平师范大学、北洋工学院迁往西安，合组国立西安临时大学。另有高等学校 33 所分别内迁：中央大学、东吴大学、金陵大学、金陵女子文理学院迁至四川；政治大学、复旦大学、暨南大学、大夏大学迁至江西；唐山工学院、江苏医学院、江苏教育学院、戏剧专科学校、体育师范专科学校、无锡国立专科学校迁至长沙；东北大学、民国大学迁至开封；河北女子师范学院、焦作工学院迁至西安，后并入西安临时大学；三汇文理学院、辅成法学院、边疆学校迁至安徽；同济大学迁至金华；浙江大学迁至建德；山西大学、铭贤学院迁至晋南；厦门大学迁至长汀；广东文理学院迁至广西；广西大学迁至柳州；江西体育师范专科学校迁至吉安；中山大学内迁；齐鲁大学内迁；岭南大学迁至澳门；北平艺术专科学校迁至湖南。1938 年后，一些大学又继续迁移、调整，如国立中央大学、政治大学、交通大学、复旦大学、私立东吴大学法学院迁至四川重庆。国立武汉大学迁至四川嘉定；国立东北大学迁至四川三台；金陵大学迁至四川成都；私立大夏大学迁至贵州贵阳，浙江大学迁至贵州遵义；济南大学迁至云南昆明；武昌华中大学迁至云南大理；国立北京大学、清华大学、南开大学迁至云南昆明，合组国立西南联合大学，国立北平大学、北平师范学院、北洋工学院、河北省立女子师范学院迁至陕西汉中，合组国立西北联合大学。

　　在高校内迁的过程中，广大知识分子表现出了崇高的爱国热情和艰苦奋斗精神。这些人在路途中辗转奔波,离乡背井,饱尝"流亡大学"之苦;内迁后大多校舍简陋,图书设备十不存一,且常受敌机轰炸之苦;再加上物资奇缺,教师薪金锐减,生活难以为继,学生更是清贫不堪,入不敷出。然而,广大师生的爱国热情并没有因困难而减弱,高等教育也没有因战火而中断。内迁师生自强不息、艰苦奋斗,为中华民族创造了宝贵的精神财富,为适应抗战的需要,内迁高校增设了一些科系与研究所,一些学校增设了国防教育课程,开办了各种形式的短训班和专修科, 并与工厂结合起来进行战时科研与战时生产,有效地支援了抗日战争。内迁高校还充分发挥了自己的优势,克服了重重困难,不断提高教学与科研水平,如国立西南联合大学,融北大、清华、南开三校精华为一体,名师云集、阵容强大,文、理、法各科均比战前充实、完备,许多课程和科目都达到了较高的水平并取得了突出成就。

规模空前、意义深远的高校内迁运动,在中国抗战史上写下了光辉的一页。通过内迁运动,保存了高等教育的基本力量和科技精华,促进了大后方教育事业的发展,尤其是西南地区高校林立,人才荟萃,文化教育呈现出空前的繁荣。以内迁高校的高等教育培养了大批抗战与建设所需要的经济、政治、文教、外交等各方面的人才。

原载《档案史料与研究》,1996 年第 4 期

抗战时期工合运动的力量

日本侵占了中国大片领土,使中国遭受了严重的灾难,但战争也促进了中国的进步。中国到处都显示出了反抗日本的力量,工合运动就是这个时代所产生的。工合创办人之一斯诺明确说:"到 1938 年时,中国如果不是沦为一个只有农业和牧业的国家,那么,我们也不会想到要创办工合。"

一

工合的创始人路易·艾黎、尼姆·威尔斯和埃德加·斯诺,为了增强中国抗战的经济实力,决定把逃到后方的难民组织起来,进行生产,便发动工合运动。这一运动得到宋庆龄、周恩来和当时美国驻华大使阿奇博尔德·克拉克——卡尔的支持和鼓励。卡尔大使写了介绍函,将工业合作的计划介绍给蒋介石、宋美龄及行政院长兼财政部长孔祥熙。蒋介石的顾问端纳看到这个计划也表示赞助工合,国民政府行政院拨款 50000 万元,作为推广工合的经费。1938 年 7 月艾黎被任为工业协会技术顾问,他迅速集合了一批有才干的年轻人,建立起机构,设在汉口,后迁至重庆,以合作专家卢广绵为总干事,孔祥熙为工协理事长。[①]

工合是一种生产救国团体。按照他们拟定的计划,工合分三道经济防线,第一道为最大的单位,设于中国的西部、西南部和西北部,每个合作社都利用较大的机器,雇佣多数工人从事生产。第二道防线,设在战区和大后方之间,组织单位较大,利用半手工半机械从事生产,发展轻工业。第三道防线,设在战区,组织单位最小,利用比较容易移动的工具或机械,活动于战区之间,以发展手工业和家庭工业为主,也称为游击式的合作社。这种合作社有两种特

---

① [美]埃德加·斯诺:《我在旧中国十三年》,夏翠薇译,三联书店,1973 年,第 99 页。

殊的功用,即:1.能够供给军队或游击队所急需的物品;2.成为各种经济组织的中心,将制造品供给农村民众,以防止接敌区变为日本货物的市场。他们设想,以第二种组织为主体,在全国建立3万个工业生产合作社。

工合是很吸引人的。从1938年8月第一个合作社在陕西宝鸡成立,半年时间就建立起西北、西南、川、康、云南5个办事处,成立了197个合作社,参加合作社的社员达6000人以上,贷款120万元,合作社的门类有50多种。到1940年6月,工合区域已遍及16个省份,在陕、甘、晋、豫、鄂5省成立了14个事务所,3个指导站,组织合作社361个,社员4528人;在湘桂黔3省,成立事务所13个,指导站2个,合作社187个,社员2201人;在赣、粤、闽、浙、皖5省,成立事务所20个,指导站3个,合作社299个,社员3690人;在川、康两省,成立事务所15个,指导站5个,合作社467个,社员6378人;在云南,成立事务所3个,合作社40个,社员475人。在全国广大地区,都可见到有三角形的工合标志。据斯诺考察:"到了1940年10月初,工合在16个省建立了2300个小工厂,有7个工合分部对这些小厂进行技术指导。从游击区到敌人的后方和中国的极西,从蒙古高原到云南高地,都分布了这些小工厂。首先建立起来的是手工业、纺织、印刷和交通运输合作社,后来又办起了小铁矿、铸造场、煤矿、金矿、简陋的机器厂、面粉厂、造纸厂、制糖厂、煤油厂、化学品厂、玻璃厂、出版社和电器厂,以及制造药品、军服、手榴弹、畜力车和帐篷的小工厂。有25万人依靠在合作社里劳动为生。此外有4万人在家里从事劳动替工合制作毯子,供中国士兵使用。"①艾黎1941年7月到香港时所描述的工合状况,在工合发展的数目上和斯诺所讲的稍有出入,减少了100个,在区域上则扩大了两个省份。艾黎说,工合事业全国现分布及于川、康、云、贵、湘、桂、赣、闽、粤、浙、皖、陕、甘、青、宁、晋、豫、鄂18省,共有事务所及指导站80余所,合作社2200余所,社员总数约5万人,连同工人雇员,及各级工作人员,共有20余万人。各区现有资金总数约1000万元,每月之生产总值已达2000余万元。这两者相比较,数目不尽相同,但都说明了工合组织的惊人发展,大约一个星期以25所的速率出现着。到1943年年底,全国工合组织约3000个。这个数字距原计划3万个的目标甚远,但已显示出它的力量。各种

---

① [美]埃德加·斯诺:《我在旧中国三十年》,夏翠薇译,生活·读书·新知三联书店,1973年,第113—114页。

不同行业和规模的作坊和工厂,大体可分以下几类:

1.纺织染工业——有织布、纺纱、麻织、丝织、毛织、毛巾、毛编织、毛纺、线毯、缝衣、织袜、针织、织带、漂染、毛毡、棉线、丝线、刺绣等项。

2.机电工业类——有机械、铁器、织布机、铜器、五金等项。

3.矿冶工业类——包括翻砂、钨铁、炼铁、铸锅、铁矿、煤矿、锡砂、采钨、淘金、硝磺等项。

4.化学工业类——包括造纸、制糖、中药材、烛皂、油墨、油漆、酒精、松脂、卫生材料、西药品、硝酸、榨油、代汽油、制革、电池、火柴等项。

5.陶瓷工业类——包括陶器、瓷器、玻璃、砖瓦、石灰、耐火砖等。

6.食品工业类——包括糕饼、面粉、碾米、糖果、酿造、罐头、制盐、豆粉等。

7.交通工具类——包括造船、运输车等项。

8.其他工业——有印刷、笔墨、度量衡、藤竹器、木器、建筑、木炭、卷烟、雨具、伐木、弹花、油篓、牙刷、蚊帐、制绳、染纸、油纸、药棉、布鞋、油灯、油漆、布、轧花、锯木、服装、麻鞋、粉笔、制帽、织席、纽扣、棕器、皮箱等项。[①]

工合生产合计大小业务 140 余种,其中纺织染工业约占 1/2,化学工业次之,约占 1/7,冶矿工业约占 1/15,食品工业约占 1/4,杂项工业中的鞋袜服装等约占 1/10。总的比例是,以较小工业为主体,日常必需品占 1/4 以上,规模较大的矿冶机电等工业不过 1/10。

工合组织所以有了这样突出的成绩,是因为它聚集了 1000 多名受过训练的工程师、经济学家、科学家、会计员、各种技术人员和组织者,共同推动着这一事业。它把失业工人、流亡难民、荣誉军人以及抗战家属组织起来,利用当地原料,进行加工制造,使人尽其才,地尽其利,来满足军用和民用之需要。这不仅使农产品获得销路,也使工业引发了农业,促进了农产品与工业品的相互发展,既稳定了社会,也充实了国防经济力量。

组织工业合作社的手续既简便又严格,依法定有 7 人即可向工协会办事处接洽,经工协会负责人分别考核,认为确可以从事于某一种工业者,即由工协会领导。在开成立会、选举经理负责人之后,即进行缮成业务计划书,内容包括该社组成,每月需若干原料,可出品若干,能得多少利益,开办时需购若干工具。经工协会技术、合作、会计 3 股审查,始进行贷款,按各合作社的性质

---

① 千家驹:《抗战以来的经济》,《华商报》,1941 年 8 月 20 日。

及需要决定数目,年息 8 厘,分长短两期。贷款成立,即需取保,并向当地政府立案,工协会也派指导员赴该合作社协助一切。经过这样一个过程,一个生产单位才算圆满成立。工合赚得的利益分给社员,大伙都是合作社的主人,也都是股东,自己管理自己,社员都具有健全的独立精神。

二

工合协会的基金来自各方面的捐助和政府银行的贷款。1939 年 7 月,工合国际委员会在香港成立,宋庆龄为名誉主席,香港英籍主教何明华为主席,斯诺、艾黎、普律德和港澳爱国人士钟秉锋、郑铁如、何东及国府要员宋子文等 20 多人为委员。陈翰笙任秘书,陈乙明为会计。他们在国外开展募捐活动,以支援中国人民的抗日斗争。在纽约、伦敦、马尼拉,我国香港也都成立了工合推进委员会或称工合促进社。纽约委员会的名誉主席是时任美国总统罗斯福的夫人。①工合曾得到美、英、新西兰等国人民和海外华侨的捐款。据 1940 年 10 月出版的《实业通讯》记载,菲律宾华侨捐助法币 21.5 万元,英国伦敦中英合作事业促进会主席白尼斯募集英金 10 万镑,爪哇巨商华侨林氏捐助 10 万元,美国救济中国平民顾问委员会及美国基金团各捐法币 2 万元,继又捐助法币 2.5 万元,总共收到海外援助基金 38 万元又 10 万镑。国民政府中、中、交、农 4 行的投资为,贷东南区 100 万元,重庆中国银行贷四川工合 200 万元,陕西金城银行及甘肃省银行、甘肃中国银行及农车局工合金库等贷西北区工合款数为 293.5 万元,广东省行贷粤省工合 200 万元,工合基金总数达到 3000 余万元。

国际热心人士的捐款,截至 1940 年已有 500 万元之巨。本来指定这批款项的 2/3 用于敌后游击区,特别是敌后根据地,但许多捐款都被国民党方面扣留,没有运到敌后。国民党内的 CC 派头子陈果夫和陈立夫把工合运动当成一种威胁,起初以为工合成不了事,未曾料到工合竟发展成为一个很大的组织,因此大为不快,说工协总部安插了赤色分子,说艾黎、斯诺也是赤色分子。孔祥熙为改变工合性质,掌握工合领导权,把所谓簿记员和会计员塞进工合,许多工合组织很快就形成反差极大的两批工作人员,一批是真正做工作的,另一批却是拼命喝酒、制造政治谣言、向陈立夫和戴笠打报告的。"工合"

---

① 陈翰笙:《四个时代的我》,中国文史出版社,1988 年,第 68 页。

中的许多工作人员遭到逮捕甚至杀害,如在宝鸡的西北办事处,就先后有18个"工合"妇女工作人员被捕,被关进西安集中营。因为国民党内顽固分子极力破坏工合,一些地区的工合为了生存曾付出了血的代价。工合所走的路也是一条充满崎岖的路。它是在斗争中前进的,现按1939年工合所划分的4个区域,分述于后:

(一)工合西北办事处。该处工作区域为陕、甘、宁、青、绥5省,下辖15个工合分部,即西安、南郑、凤翔、天水、兰州、沔县、双石铺、陇县、宝鸡、榆林、安康、韩城、耀县等。截至1940年底,共有524个社,社员10245人,贷款为304万元,每月平均生产总值为724.9万余元,参加工作的雇员,工人共有113407人,其中包括技师706人,雇工76298人,雇员8402人,练习生30000人。1941年,工合西北区又与陕西省动员指挥总部合作成立陕西省动员实验县,划定洵邑、淳化、商南、韩城、耀县为实验县,在这几个县中,推行生产有关前方将士需要的工业产品,及当地民众日常应用品,并加生产工具的制造。

凡具有工合的地区,这个地区的经济就活跃起来,人们的生产观念也发生变化。

西北地区的工合是最活跃的,其贡献也最大,所生产的产品,占全部工合产品的半数。在西北,宝鸡和汉中之间的工合,特别兴盛,出现了几座工合城。

宝鸡那时是陇海路西端的终点站,从山西、河南逃来的难民很多,从武汉撤退到西北地区的工人,也多集中于此。卢广绵和流落到武汉的一位上海技工夏威,由武汉经西安到达宝鸡后,住在一个鸡鸣的小客店中。他们见难民们在小土坡上搭着席棚,安下灶,居住着,但生活没有着落,许多人有一技之长,也没有办法。人口增加得很多,市场商品又极度缺乏。卢感触很多,夜不能寐,思索着如何在这里组织工业合作社。次晨,在客栈两旁看见十几个河南来的打铁工人,各自独立地在打铁,制造农具。卢广绵便启发他们,问他们愿不愿意团结起来合作,"如果你们能够集中起来合制、合卖、合做饭,那么工合协会可以解决你们当前的最大困难"。铁匠们立即表达了愿意合作的心愿,成立起铁器合作社,这就是中国工业合作协会组成的第一个合作社。合作社成立后,联合盖房,协力工作,工协对其制品加以改良,使其不仅能制造农具,还可以供给军事需要。[①]卢每一天从早到晚,在难民们面前演讲,在大街小巷里贴上

---

① 徐盈:《巩固工业经济国防线》,《大公报》,1938年12月14日。

标语:"中国工业合作协会是难民的伙伴""开发西北富源""努力生产"等等,这样一来,访问者都蜂拥到鸡鸣小客店来了,卢应接不暇,不到两个星期,织袜合作社、制皂合作社、炼铁合作社、药棉合作社、印刷合作社等,相继成立。由于宝鸡县县长王丰瑞全力支持,东北救亡总会的一些青年人(主要是东北大学学生)的积极帮助,陕西省银行经理李维诚给工业合作贷款5万元,金城银行周作民也同意贷款,西北工合因此获得了发展的良好机会。不到两个月,已成立80多个合作社。不到一年,许多作坊和工厂已能制造鞋、帆布袋、衣服、机具、肥皂、颜料、电器用品、粮食、军装、帆布床、帐篷、毯子等。合作社有自己的商店、批发部和零售部,出售200多种不同的货物。还有自己的学校和训练班,以及它自己的装着,本地仅有的淋浴设备的俱乐部。宝鸡遂成为工合运动的发祥地。

宝鸡各种合作社生产的产品通过商店出售,营业额很大,平均每天零售5000元,批发生意更大。1940年斯诺在该地小住时,军队方面就买了10万元的药水纱布和2.4万元的布定,随后又订制了25万条羊毛毯子,3万磅绷带,3万磅药水棉花,几千件大衣和担架。

双石铺的工合,特别繁荣,有50多个合作社,该城中有一条路改名为工合路,开办了工合小学、托儿所、保健所,还有一个技术训练学校。保健所,即工合医院,规模不大,仅有6张床位,是该城仅有的一所医院。医师唐文和是一位教会学校出身的青年。这所医院曾给几千名工合工人和他们的子女,以及几百个乡下人种牛痘、打预防伤寒和预防霍乱的针。在该城附近有一家合作社机器厂,主要从事纺织机器的制造,曾为其他合作社制造了许多机器,也制造过盒子炮和步枪,一个月内造了7万颗手榴弹。后来,国民政府禁止它制造军器,工厂的机器被运到南方去了。该工合分部还包括一些煤矿、运输、皮厂、羊毛织物厂和一家造纸厂。造纸厂是当时最大的一个。

工合汉中分部在中共党员李华春的领导下,颇有声势。李是东北大学政治系毕业生,时年27岁。他和他的职员18个人,包括会计人员、技术人员和组织人员,依照合作办法,同住在一个宽大的宅子里。这些人的工资很微薄,生活条件艰苦,但他们有自豪感,精神昂扬,以全力指导着这一地区的工作。成立不到6个月,就组成了51个合作社,制造棉布、绸、皮件、墨水、纸张、肥皂、蜡烛、机器、机器零件、玻璃、编织物、衣着、化妆品,以及足够摆满一家百货公司的零星杂货。汉水两岸用原始办法从流沙中淘金的人们,多数也组成了合作社,共有 467 个。1940 年,金子在重庆卖 500 元一两,当时由于中国银圆跌价,使淘金工作获利甚丰。

工合总是将社员的利益、生活状况、生存条件与国家民族的利益密切地结合在一起。汉中附近有一个以江浙工程合作社命名的小木厂,社员只有 7 人,都来自江浙。他们的借款股本共 2400 元,经营了 5 个月,每个月都做 1000 元的生意。当时到苏联去的西北公路上,需要中俄文路标牌子,他们愉快地承担了建造任务,认为这是一件很光荣的事情。斯诺曾考察过江浙工程合作社,记录下这个工合的状况:

社员们共同住在一个清洁的宿舍里,床是双层的,隔壁一间是俱乐部,它把读书和娱乐的设备合在一起,有一个合作书籍的小图书馆,和一个该区合作报纸的订存册子。一天的工件表和社中的规程一同陈列在显著地位,墙上挂着通常的劝勉性质的标语:

工业合作社是真正工人的工厂!
工业合作社是抵制日货的方法!
清洁就是卫生,康健才可做更好的工作!
工业合作社是民主主义的实行!
在我们的社会上,只有做工的才得吃饭![①]

这些标语表达了工合的精神和工合的职责。

上述三个城市的工合是很出色的。其实,每个地方的工合,都按照自己所处的情势的特殊条件,在工合道路上猛进。譬如青海、甘肃的北部和陕西的北部,是羊毛的出产地,工合在这几个地区就发展毛纺工业。全国军用军毯也大都由这些地区的工合来承制。榆林毛纺织业的发展最能说明问题。该地是塞上汉蒙贸易的一大中心,茶、马、羊毛、皮革等交易很盛,特别是羊毛贸易。但毛纺织业一直很落后,仍停滞在数世纪以前的原始状态中。1939 年 8 月,工业合作社榆林事务所成立,榆林工人开始贷款组社,很快成立 3 个毛织合作社,1 个皮革工业合作社,2 个制鞋合作社。3 个毛织合作社共有毛编织机 16 部,每日可织军毯 6000 余条,这就部分地改变了以往落后的生产状态,榆林

---

① [美]埃德加·斯诺:《斯诺文集》,宋久、柯南、克雄译,新华出版社,1984 年,第 180—181 页。

和外界的贸易也增强了。当时西北区工合承制百万余条军毯,全国工合协会便和贸易委员会商妥,将贸易委员会设在榆林的专卖处所收买的羊毛,转售工合协会,榆林工合事务所收发当地汇集收买的羊毛,运送至西安交货取款,于是巨量的塞外羊毛,一批一批地在骆驼的背上,从蒙古沙漠,搬到西安的毛织厂里。[①]

因为工合的建立,科学技术也得到推广,例如工业合作研究所兰州分所,从骨中提取阿摩尼亚和磷酸盐,制造制刷和制钮用的净骨。硝及制革的方法也有了很大改善。工合国际协会捐款在西北建立的机器社,制造了许多改良的机器,特别是军毯社所用的梳毛机和纺织机,用来帮助其他工合的技术改进。梳毛机是引用水力或木炭引擎发动的,纺织、压光和漂染的方法,改进得很多,所制出的军毯,非常精美。

工合西北办事处的显著特点是设立供销机构,组成合作社联合会,互相帮助,解决疑难问题。他们制造的许多东西已代替了舶来品,如干电池、电筒都能自己制造。

西北工业合作协会设立了妇女工作部,伦敦经济学校毕业的任珠明为主任。她认为,把逃难到大后方的妇女和儿童组织起来,可以成为国家的一宗资产。她和她的助手共5位姑娘活跃在陕甘两省的广大土地上,办起了17所小学,招聘义务教师,除了教儿童识字以外,还教数学、地理、简易卫生学、战争发展、自由歌曲和合作原理。通过儿童获得妇女的信任,又通过妇女取得社会的信任。她们组建了两个妇女训练学校,教会1000多位妇女运用改良纺车和布机的方法,吸引了6000多名妇女参加到21个合作社中。她们还办了一所高级的训练学校, 教授妇女关于纺织业技术方面的知识和组织合作社的方法。甘肃省为军队制造军毯、纺毛的工作,就是该妇女部组织荣誉军人、日军俘虏和农村妇女们担任的。

西北工业合作协会与工合联合会还组成合作金库,把他们的全部财产都储积在金库里。西北工合开展得有声有色,在当时获得了全国的称赞。

(二)工合西南区办事处。该办事处设在湖南邵阳,所辖的范围是湖南、广西和贵州三省。后来该办事处又划为湘桂和滇黔两个办事处。自从原在上海电力公司任职的赖福裕领导着工业合作委员会的技术班来到湖南西部查勘

---

① 《榆林的毛织工业》,《华商报》,1941年11月7日。

该地原料时起,湖南的工合就开始了。这一地区的合作社组织分两大类,一类是合作厂,是规模较大的组织,如火柴合作厂、玻璃合作厂、造纸合作厂、紫棉合作厂等。其中,火柴合作厂系租用前长沙和丰火柴公司机器,工人约有六七十人。另一类组织是合作社,规模较小,分城市组和乡村组两种。城市组所制造的是各种日用品,像毛笔、自来墨水笔、纺织、印刷、草鞋、缝纫、手巾、布袜、皮件、皮革、干电池、洋蜡、肥皂等。乡村组设立于乡镇,大都从事纺织和缝纫等工作。除此之外,办事处还做了三件事情:1.组织妇女手工业训练班,先在邵阳举办织布、织巾两组,训练3个月。后又开办荣誉合作社,以救济失业妇女;2.在邵阳创办小规模的托儿所一间,代各合作社妇女抚育幼童;3.组织各合作单位成立合作社联合社,以期增强生产力量,规定每一联合社包含17个合作社。①

西南区办事处自从划分为湘桂和滇黔两个办事处后,在桂林、柳州、全县、新化、贵阳、昆明、大理等15个地区建立了事务所。湘桂区的合作社最多时有300个,滇黔区有100多个。

(三)工合东南区办事处。该办事处设在江西赣县,所辖范围包括江西、浙江、安徽、福建和广东5省。在办事处之下,又设许多分办事处。如江西雩都、宁都等地都有办事处。浙江、安徽地区在金华、丽水、衢县、临海、嵊县、浙西、屯溪、经县、潜山、立煌等县,推动棉纺织、造纸、水产、榨糖、樟脑油、煤铁、榨油、丝织、麻纺织、制革等工业。广东省工合在曲江、南雄、始兴、乐昌、连县、罗定、德庆等18县,成立事务所。闽省工合在旅菲侨胞援助下,在连城、邵武、德化、建阳、上杭、永春、龙岩等地组织7个事务所。东南区工合在1939—1940年间共有28个事务所,组织的工合最多时有700多个单位,社员8000多人。对这一地区的经济发展,颇多贡献。如韶关的机器社制造了不少农具和碾米机、磨面机、印刷机,使许多工业合作社由手工业生产转为机器生产。

(四)川康区和云南区办事处。该办事处成立较晚,但重庆、荣昌、成都等地的工合运动一出现,就颇引人注目,发展很快。在重庆成立的有紫棉制造、印刷、五金等合作社。万县有志中肥皂工业合作社,盘溪有代汽油工业合作社。荣昌县工合成立仅6个月,就有53个合作社,制造麻布衣,从事印刷业务等。成都的工合组织,因为有金陵大学一些教授和学生的协助,发展更为顺

---

① 何俊:《一年来的中国工业合作运动》,《东方杂志》第18号,第34页。

利,如工合织物合作社能接受 150 万条羊毛毯的大批订货。成都及附近各村,1940 年约有 5000 多妇女在纺羊毛。当地工合的职工,每天能出产 1200 条毯子。成都附近的一个合作机器厂,有 150 个工人,主要从事布机和纺锤的制造,以满足羊毛工业的需求。

三

工合在陕甘宁边区和敌后抗日根据地的建立,由于受到各种条件的限制,是很不容易的,但经过艰苦努力,还是发展起来了。特别是陕甘宁边区的工合运动,颇有声势。1939 年 3 月,西北工合延安事务所正式成立,曹菊如任主任,黎雪任技术股长,努力推动工合运动。在边区各地先后开设纺织、榨油、造纸、肥皂、缝衣、鞋子、植物油、运输、木工、煤矿等工业合作社数十处,并计划将原有的 137 处生产合作社一律改称工业合作社,直隶全国工协西北办事处。延安工合呈现出蓬勃发展势头。因为工合很注意技术的改进,所以各类工合产量都在不断增加。如安塞振华造纸工业合作社过去因原料缺乏,产量日出只 2000 余张。工合后,为适应边区的实际需要,特大量购置稻秆、麦秆草、破布、蓬草、小米秆以及山上的野草等造纸原料。在技术方面,对碾浆、选料、拣料、提浆、拟纸、晒纸等,悉心改良。不仅出品质量提高,每日产量也增至 1 万余张。安塞王家河纺织工业合作社,是 1939 年 7 月成立的,有纺织机 3 部,每人可产纱 2 斤, 每人每日可织袜 8 双至一打, 每天每人能织布一丈左右。1939 年 9 月,中国工业合作国际委员斯诺、全国工业合作协会委员孟用潜到延安视察工合运动,对边区工合取得的成绩,倍加赞许。孟说,边区一地,工合数目已占全国总数 1/6,为工业合作服务之人员亦最多,唯贷款一项,边区占全国 1/400。斯诺答应在国际委员会的捐款下拨款帮助边区工合发展。1939 年底,在国民党压力下,重庆方面断绝拨给管理经费,边区工合事业面临危机。此时边区政府给以大量资助,国际工合拨出马尼拉华侨的捐款 10 万元,也由西北工协转来,出现的紧急情况才得以度过。

1940 年 1 月中旬,艾黎来到延安考察。1939 年他已来过一次,前后两次都见到了毛泽东,毛泽东对其推进工合,予以极大鼓励。此次艾黎参观了工合延安事务所所属的化学、制纸、鞋袜、油灯工业合作社,然后讲道:"时只一年边区工业大大发展,所有成品如肥皂、毛巾、布疋等较诸外面机器工业出品品质尤为精良。"继之谈到此后边区工业合作事业发展的方向与前途：

> 边区矿产丰富,如煤、铁、石油极应开采,他如三边之毛产亦丰,毛织工业亦急需建立,虽边区经济困难,但有优良的政治环境,应继续努力,前途大有希望。工业合作事业在全国其他各地正蓬勃发展,但仍时时受有某些方面的阻碍。事实证明,一年来工合在全国各地曾组织了大批的伤兵与难民参加了工业生产,建立了 1400 处小型工厂,部分地供给了抗战需要,支持了长期抗战。现在,敌货仍在某些地区充斥,一方面抗战,一方面又大量购买敌货,这真是矛盾的事。目前中国应大量从事小型工厂的建立。①

艾黎对根据地的赞扬,对国民党政府的尖锐批评,对中国的热爱溢于言表。

在晋东南,首先在阳城成立了事务所。1940 年,又在晋城成立了事务所。同年10月,这两个事务所合并,孟用潜为主任。这一地区的合作社发展到 44 个,贷款 20 万元,培养技术工人约 500 多个。工合的种类有:造纸 6 个,纺织 5 个,煤窑 5 个,印刷 2 个,军服 2 个,肥皂 5 个,制鞋 4 个,运输 1 个,造丝 2 个,磨面 4 个,食品 1 个。工合曾供给军队 15 万双鞋,纸厂每天出纸 56000 张,每月出纸 280 万张,解决了阳城、晋城、济源一带的用纸问题,毛巾肥皂也能保证自给。1941 年 9 月底,鞠抗捷率领工合协会晋东南事务所一行 16 人,进入太岳根据地内。年底,在沁县、沁源组织 30 个工业生产合作社,以及与工业有关的运销合作社。首先发展纺织业,再发展造纸、肥皂等化学工业。②后又派东复到太行区辽县开展工作,组织了 21 个合作社,有 200 多个工人。工合在晋东南根据地的发展过程中,太行工商管理局和冀南银行给予了很多赞助。

在苏浙皖地区,江西有遂川工合事务所,安徽有茂林事务所,曾帮助新四军制造手榴弹,修理卡车、机器等,受到叶挺的称赞。

工合在全国各区成立了 5 个培黎纪念学校,其使命在训练青年以工业技术和组织能力。

根据地的工合运动,所以得到发展,在北方是因八路军的保护,在南方是

---

① 《新中华报》,1940 年 1 月 20 日。

② 杜直先:《工合在太岳》,《新华日报》,1942 年 1 月 17 日。

因新四军的保护,而全部经费是由海外华侨和美国人士的供给。寄给延安的捐款,是由陈翰笙通过廖承志经由上海银行转去的。延安方面经手收款的是李富春,每转去一笔钱,都会收到李富春签收的回条。①工合是在征服了许多难以想象的困难后才坚持下来的。

和晋东南相连接而属于河南省的几个县,以及河南西部的几个县,为济源、孟津、禹县、洛阳、鲁山等地,到 1941 年时,也组织了 130 多个合作社,社员 2000 余人,每月产值约 40 万元。

纵观各地工合的发展,是很不平衡的,有先有后,有起有落,甚至遭到破坏和摧残。在历史的动荡的痛苦的进程中,工合运动应该说是利国利民的大好事,表现出了神奇的力量,但是就是这样的组织,也触动了国民党内顽固派的神经,使其未能顺利地发展,距离它要达到的目标相差很远。

原载《史学月刊》,1997 年第 4 期

---

① 陈翰笙:《四个时代的我》,中国文史出版社,1988 年,第 68 页。

抗战时期中国西部地区的开发与进步

中华民族在抗日战争中经受了严峻的考验,显示出自强不息和团结奋进的优秀品质。这一时期,有战争,也有建设;有说不尽的灾难,也有民族精神的发扬;有落后,也有进步。历史的内容是极为丰富的,深深留下了时代的烙印,开发西部地区结出的丰硕成果,就是突出事例。本文分三方面谈谈抗战时期西部地区的开发与进步。早在1939年英国《孟却斯德指导报》就载文指出其巨大的历史意义:

> 中国政府发展西方诸省之决定,中国移民西方之特殊情形,在范围与经济关系上,可以19世纪美国西进大运动相喻,而重要过之。因其颇有欧洲文艺复兴运动之性质也。①

一

西部地区,包括西北地区的陕西、甘肃、青海、宁夏、新疆5省和西南地区的四川、贵州、云南、广西、西康、西藏6省,总面积612万平方公里,人口约1亿人。其中四川人口最多,约5400万人,其余各省则地广人稀,甘肃约600万人,西康仅300万人。自唐代以后,西部地区一直发展缓慢。

进入民国时期,中国东部沿海各省开始发展工业之时,西部仍处于沉睡状态。抗战初期,沿海各工业城市相继沦陷,人口大量西徙,工厂纷纷西迁,金融业随之西移,形成民国史上政治、经济中心整体西移的现象。这种现象在历史上是少有的。人口、工厂和金融共同迁移,迅速改变了迁入地区的经济结构与社会面貌。于是,开发西部特别是开发西南以适应抗战需要的呼声,应运而生。

---

① 《申报》,1939年4月23日。

抗战初期,国民政府对开发西部尚不主动,缺乏得力的措施。武汉、广州沦陷后,政府开始制订开发西部的计划,西部各省相继发表年度施政方针,把发展省区经济放在首位。有关经济建设的会议频频举行,报纸连篇累牍地谈论开发后方经济建设,形成开发西部的舆论热潮。

1939年1月初,蒋介石召集川、滇、桂、粤等省主席,商讨西南经济关系的联络与统一。20日又向全国通电,号召地方士绅积极参与当地经济开发:

> 吾人正应乘此时机,矫正过去专力都市建设的错误,以有计划、有组织开发内地之资源。①

5月,国民政府在重庆召开生产会议,商讨经济建设方针、建设重点以及资金筹措等问题,指出"战前,国家的经济政策在东部,在战后若干年之内,国家的经济重心将在西部。为增强抗战实力,对全国生产能力,统筹规划。各种生产事业间,需要紧密的联系,使整个国家经济生产,成为有系统、有组织的整体"。孔祥熙在讲话时特别强调自力更生,实行计划经济,发展区域经济,结合实际,注重实效,动员一切力量,增强国力。他说:

> 已往经济的发展,未能按照计划进行,今后自应力加矫正。现在政府已斟酌西南各省的资源及交通,决定在四川境内选择适当地点,为第一期要发展的工业区域,从事于煤矿、煤油及煤气之开采,并已设立酒精厂、发电厂、化学工厂等,尚在计划中的有造纸厂及制糖厂等。此等区域经济计划之厘定,为目前经济中的大要点。②

国民政府检讨过去的错误,决心以经济建设为主要内容,推动西部地区开发,根据西部地区的特点和优势制定政策,避免盲目投资和浪费。这时,国民政府在经济建设方面的筹划,比南京时期更加务实,也聪明多了。

西部地区的开发,是在统一和有计划的政策指导下进行的。在开发步骤上,西南又优于西北。为此,政府专门设立了西南复兴委员会,加紧致力于西

---

① 《申报》,1939年1月21日。

② 《申报》,1939年5月16日。

南地区的开发与建设。

显然,国民政府将西部地区视为抗战的后方基地,对其经济建设给予了极大的支持。1938年初,政府曾拟定《西南西北工业建设计划》,正式确立以西南为中心的大后方经济发展战略。武汉会战结束后,国民政府迁都重庆,对西部地区开发愈加重视。为适应战时需要,经济部长翁文灏反复筹划,重新调整政府经济领导机构,在经济部内设总务、农林、矿业、工业、商业、水利6司,同时设立农产工矿贸易三调整委员会及三调委会运输联合办事处。以周作民为农产调整委员会主任,翁文灏为工矿调整委员会主任,陈光甫为贸易调整委员会主任,卢作孚为三调委会运输联合办事处主任。三调整委员会总揽经济发展,其使命是:

第一,在调剂农村经济,凡国办各种主要农产品过剩之区,或不足之区,委以政府之力,为谋合理之消纳与适当之供给,或利用原有国营及商营机关,助以资金,从事贸迁,或即由各该调(整)委员会办理,自收买运输储藏转卖以致运销国外莫不力求适合当前之环境,俾各得充分之协助,务使一方农产价值,赖以提挈;一方农产销场,照常疏通,维护农村之经济,即所以长养生产之民力。第二,在保育实业生产,我国一切工业矿业之进程,本属比较落后。近数年来,虽已逐渐发展,然能力尚欠充实。今则无论国营或民营之工矿企业,亦无论其为原有设置或新煤创办,凡需要增加力量者,但在合理计划之下,自发动资本,以逮工厂迁移,出品疏销,莫不予以积极之扶持,务期国内一切工厂实业,能获继续之发展,所有技术员工,仍得贡献其才力。第三,在保持国际市场,我国出口主要物品,如丝、茶、棉花、皮、毛、冻蛋、矿业品、矿(工)业品、植物油等,向在国际贸易市场,均占优越地位,每年输出抵补超,关系国际整个民生经济,至为重要。今即由贸易调整委员会综其责成,绸缪设计,萃合商营国营之一切机构,加以管理,予以援助,资以便利,畀以保障,务令我国产品,继续畅销于国际市场,保持勿坠,一方消化过剩之生产,一方抵补输入之损失。[①]

在整个战争中,他们的权力很大,所发挥的作用,也是很突出的。

在政府的推动下,开发西部地区的经济运动迅速启动。社会上一切可以动员的力量都行动起来。科学家、企业家、银行家、华侨、工人和农民都积极地贡献自己的力量,共同开发建设西部,造成工业化的基础,架设起通往现代化

---

① 《大公报》,1937年11月8日。

的桥梁。

西部荒原沸腾起来了。许多工厂拔地而起,大批农民变为工人,机器轰鸣打破了自然的沉静。这场巨大的变革,引起了全世界的关注。当时,在华的西方人称赞说:

西部诸省在实施新经济计划,中国人有勤劳工作的特性,其收获足以抵偿有史以来最大悲剧之一所引起的损失而有余。[1]

显然,对于西部而言,这是历史的赐予。

二

开发必须有资金。资金是建设开发的关键,与所有经济部门都息息相关。

战前,中国金融机关集中上海,并且很少向产业资本发展。西南和西北各银行的总、分行数,仅有254个单位。战时,银行多随国民政府撤退到西部地区。国民政府财政部为谋贯通内地金融脉络,发展经济力量起见,经订定完成西南、西北金融网办法,凡与军事、政治、交通及货物集散有关,以及人口众多之地至少应筹设行,以应需要,计划分二期完成。截至1940年春,已经完成167处,四川省60处,滇省25处,黔省21处,桂省22处,粤省4处,湘省5处,陕省15处,陇省11处,青海2处,宁夏1处,西康1处。其第二、三期计划再建17处。截至1940年度止,已达245处。计中央银行69处,中国银行85处,交通银行37处,中农银行54处。[2]各省还有省立银行、私人银行及银号钱庄。截至1941年上半年,西部新增设银行达543家,其中除33家裁外,尚有764个单位,较战前增加约3倍以上。银行分布的区域为,西南五省610所,西北四省153所,[3]川滇两省的重庆和昆明较为集中,川、滇、黔较为繁荣的县分,均有现代新式银行设立。以四川为例:

成都市计有14行:中央、中国、农民、交通、金城、上海、省行、汉口、聚行、川康、重庆、和成、川盐、成都市民。万县市计有10行:中央、中国、农民、交通、省行、美丰、聚行、川康、重庆、川盐。内江计有9行:中国、农民、交通、省行、美丰、聚行、川康、重庆、川盐。自流井计有9行:中国、农民、交通、省行、美丰、川

① 《申报》,1939年4月8日。

② 重庆市档案馆等编:《四联总处史料》(上),档案出版社,1993年,第194—195页。

③ 姜庆湘:《中国战时经济教程》,科学书店,1943年,第123页。

盐、重庆、川康、裕商。乐山计有 8 行:中国、农民、上海、省行、美丰、川盐、川康、重庆,将增设和成 1 行。庐县计有 8 行:中国、农民、省行、美丰、聚行、川盐、川康、重庆。宜宾计有 6 行:中国、农民、美丰、省行、重庆、川康,将增设中央 1 行。涪陵计有 4 行:中国、省行、美丰、和成。三台计有 3 行:中央、省行、美丰。绵阳计有 2 行:省行、美丰,将增设中央、交通 2 行。太和县计有 2 行:省行、美丰。遂宁计有两行:省行、美丰。新都计有 5 行:聚行、上海、川康、重庆、成都市民。南充计有 4 行:农民、省行、美丰、和成。合川计有 2 行:省行、美丰,将增设中国 1 行。资中计有 2 行:中国、农民,将增设省行 1 行。石棉计有 2 行:中国、省行。隆昌计有 2 行:中国、省行。广元计有两行:农民、省行。永川计有 1 行:农民。巴中计有 1 行:省行。江北计有 1 行:川盐。江津计有 2 行:川盐、美丰,将增设省行 1 行。富顺计有 1 行:省行。叙永计有 2 行:省行、美丰,新津计有 1 行:省行。娄阳计有 1 行:省行。合江计有 2 行。川盐,将增设省行 1 行。綦江计有 1 行:省行。广安计有 1 行:省行。遂县计有 1 行:省行。奉节计有 1 行:省行。①

四川共有 129 县 3 市,银行没有普及到每个县,但和战前相比,的确增加了不少。

银行重要职责之一是向农工商矿贷款, 这是 1939 年 3 月召开的第二次地方金融会议提出的。同年 4 月末,财政部公布的改善地方金融机构办法十条,特准各地方金融机构向中、中、交、农四行领用一元券和辅币券,以办理农工矿有关业务,鼓励其向农工矿方面迈进,以矫正往昔偏重商业之失。四川联合办事处还合拨基金 1 亿元,在各重要商埠,办理工商业贴放,以活泼内地金融,扶助生产事业,并筹拨贸易、工矿、农业调整基金 6000 万元,分设机构,主持农矿工商之调整事项,是为政府银行之投资放款业务,配合经济政策之开始。但其结果,4 行联合贴放,多为商业银行及大公司商号所获取,真正需要资金之中小工商业,不易沾得实惠。而三调整机关,亦因资力人才之限制,及业务方针之屡次变更,未能达到理想之目的。故战事初期中,政府银行之放款投资,虽曾规定一种政策,实际成效,似尚未著。②

实际上,所有银行都在利用困难时期,进行黄金外汇的投机,并不是全力

---

① 《大公报》,1939 年 3 月 1 日。

② 重庆市档案馆等编:《四联总处史料》(上),档案出版社,1993 年,第 283 页。

支持、发展生产。这种情况愈演愈烈,中小工商业都在挣扎中求生存。

在困难条件下,众多的工矿企业还是相继建立起来。战前,除四川省稍具雏形的工业外,其余各省都停滞在农业社会时代,几无工业可言。战时,西部各省积极推动工业建设。长江中上游的部分西迁企业在长江上游找到了落脚点,重建工厂;各省还新建一批厂矿。1941 年 7 月,经济部长翁文灏曾言:

> 从战区搬到后方的厂矿已达四百五十个单位。新建设的较有规模的厂矿亦有二百几十个单位。此外设备较简、但合于新式工厂定义的亦有七百个单位左右。政府自办的重工业,也达到相当数目,其中规模较大的计工业三十二个单位、矿业三十二个单位(包括管理的部分)、电业十九个单位。[1]

在工业建设方面,内迁与新建同时并进。新建厂矿多侧重于国防工业和重工业,内迁的工矿数目,包括钢铁工业 2 家、机械工业 230 家、电工器材 40 余家、矿产 8 家、化学工业 60 余家、纺织工业 110 余家、饮食工业 40 余家、教育文化工业 80 余家、其他 50 余家。分布区域以四川最为集中,占 250 余家;其次是湖南,约 220 余家;余者分布于滇、黔、桂、陕等省。

四川省地理条件优越,农矿业资源丰富,金、银、铅、锡、汞、煤、铁等无不具有,工业所需要的农产品特别发达,可谓得天独厚,自然成为工业建设的中心地带。据 1939 年 7 月统计,已有机器五金业 61 个、运输工具业 12 个、砖瓦玻璃业 9 个、电气电料业 25 个、化学品工业 109 个、纺织业 21 个、制革业 7 个、饮食烟草业 85 个、造纸印刷业 51 个,总计 380 个。

重庆是西南商业贸易吐纳的巨埠,加之又是战时的陪都,自然成为四川建设的中心。战前,重庆只有两家较大的公司,即民生责业公司和华西实业公司。到 1940 年,造纸厂、炼油厂、化学工业、机械工业、钢铁工业等纷纷在嘉陵江畔建立起来。

重建或新建工业速度很快。规模较大的大鑫钢铁厂、天原化工厂等,机器很快开动,1939 年至 1941 年相继出货。豫丰纱厂每天用 3000 多工人,花费 7 个月时间,把 3 丈余高的山岭铲平,建起厂房,迅速开工。重庆钢厂新式的小

---

[1] 翁文灏:《以农立国,以工建国》,《大公报》,1941 年 7 月 7 日。

型炼铁炉所需的耐火砖,是专家踏遍四川盆地寻找到最好的滑石制造的。

许多工厂开工,致使燃料供应尤显紧张。经科技人员考察,发现大片煤田。经济部在川南屏山、威远、川北昭化、广元4县,各创办大规模国营煤厂1所。在划定的国营煤厂范围内,所有民办煤矿均作价征收。煤矿公司资本以官股为主,并招商股,由翁文灏任董事长,卢作孚等任董事。①

重工业是国防的基础,均由政府控制。各地都有所建造。如在滇设立机器厂,资本500万元,制造工业机械、工具及发动机。在滇桂分设电工器材厂4所,资本500万元,制造电线、电话、收发音管、灯泡、电池、变压器等。在川设立酒精厂,制造高成分酒精。与桂省合办平桂矿务局,资本500万元,以增加产锡量,年约千吨。在兰州、万县、贵阳等地增加电力。在沅陵、昆明等地设办发电厂,投资300万元等。

贵州一向被视为落后的地区,这时也建立了贵州企业公司,资本总额600万元,分为6000股,每股1000元。国民政府和贵州省府认购2500股,余则招募商股。业务范围涉及机械、化工、矿产、信托、运输及其他有关的经济建设。黔北的思南、印江等20余县金矿丰富,尤以梵净山为最著,便设立梵净山金厂,资本10万元。该省省溪、铜仁、三合、印江、遵义等20余县汞矿存储量居全国第一位,资源委员会与黔省合设矿务局,资金60万元,资源委员会承担70%,黔省承担30%。水泥厂、煤厂、糖厂、面粉厂等均相继建成。

上述状况大体反映出西部地区工业化的程度。1939年3月19日《大陆报》重庆通讯,生动地描述了西南地区的这种发展态势。其中讲道:

川、滇、黔、康诸省资源与原料极为丰富,中日军兴之前,罕有人问津。今者国营与私人工厂陆续成立,其数日增,此可为中国西南部渐趋工业化具体例证。去年十月起至本年三月以内,政府机关已设大工厂不下十二所,资本总额达数千万元,尚有其他若干工厂,不久亦将开办。此外新自海外与华中诸省迁往之工厂与工场至少有三百所之多。按此僻远、内地诸省享受和平与安谧,已阅若干世纪,今日则此传统的宁静,已为机器之吼号与工人之活动所侵入,此种行动在川省尤为显著。盖中国之建造工厂程序,在该地已成绩可观也。内地诸省设立之工厂,其最重要者,厥为川省西

_____

① 《大公报》,1938年12月22日。

部与东部之若干国有水力厂、兵工厂、汽油与酒精厂,及其他战事工业;私有工厂中之最伟大者,为离渝不远之重庆铁公司,及经济部与省当局合办之企业四川养蚕公司,其资本为四百万元;今在建造中者,有半官性质之炼糖厂,资本为三百万元;川康羊毛厂初创资本三十万元,织造质地高尚布匹之棉织厂;以及酒精制造厂,出产更多之酒精与混合汽油。至于边省云南之繁盛实业,则集中于开矿工作。经济部全国资源委员会与省府组织之滇北开矿管理处,业已采用新式采矿法,在中国最大产铜中心地增加铜之出产;同时,管理处正在该省建造水力厂,二年后落成时,将以电流供给滇省全境,此使滇省全境电气化之广大程序,需费六百万元。滇省素以产锡与铅闻(世),仅数月以前,犹用数百年之旧法开采,今亦应用科学方法开采之。最近将来,且有南洋华侨投资五千万元,从事设立开发公司,此边省之开矿实业,可望大为发达。①

就工业生产总值而言,1940 年约 105060 万元。据翁文灏报告,私营工业约占 25560 万元,其中金属工业 4260 万元,机械工业约占 2100 万元,电气工业约占 1180 万元,化学工业约占 2130 万元,食品工业 3890 万元。政府所经营的工厂约占 5500 万元。至于矿产一项,产量总值约为 74000 万元,其中属于一般金属及煤铁等矿约占 37000 万元。②这说明,西部工业在短时期内已经产生效益,在国民经济中发挥出积极作用。

值得一提的是,在西部开发运动中,有一支非常活跃的力量,这就是艾黎、斯诺等国际友人所推动的工业合作运动。"工业合作社"是战时出现的新名词。以前,中国只有生产、消费、信用、运销等合作社。中国共产党在江西时曾有过小型的工业合作,制造工业品供给简单的需求,苏维埃撤销时,已设合作社都遵照国民政府所公布的法规,加以改组。抗战爆发后,中国第一个制造蜡烛和肥皂的工业合作社在陕西宝鸡成立。此后,工合运动迅速发展。"1940年 10 月初,这些袖珍工业有 2300 所以上,分散在 16 个省中,在 70 个分部技术指导下"。③1943 年,工合组织遍布川、康、云、贵、湘、桂、赣、闽、粤、浙、皖、

---

① 《申报》,1939 年 4 月 4 日。

② 李德明:《自由中国之经济建设》,《大公报》,1941 年 4 月 21 日。

③ [美]埃德加·斯诺:《斯诺文集》,宋久、柯南、克雄译,新华出版社,1984 年,第 153 页。

陕、甘、青、宁、晋、豫、鄂18个省,约有3100多个。有面粉厂、造纸厂、制糖厂、制革厂、煤油厂、化学品厂、玻璃厂、电器厂、机器厂、金矿等50多种类,供军需和民用。国民党军队所用全部毛毯,是4万个工合纺织工人制造的。工合的规模一般都不大,却是一支生力军。在工业建设上,发挥了巨大的力量。

农业方面也有明显成绩。农业是中国经济力量的根本。战时农业建设的目标是增加生产,尤其注重对外贸易的农产品,以获取外汇。农本局经理和农产调整委员会副主任何廉,极力"对农民提供贷款,购买改良的种子、肥料和牲畜,以增加作物粮食生产的能力",将农产调整委员会的2000万元资金,主要拨用于水利贷款和帮助农民生产某些经济作物,如木材、油料、蚕丝、茶叶或甘蔗等的生产贷款。[①]就对外贸易而言,生丝、羊毛、苎麻、茶叶、植物油、牛羊皮、肠衣、猪鬃、五倍子、芝麻、烟草、蛋产品以及桐油等都是国际市场所欢迎的。

西部除四川外,粮食产量多不能自给。整个西部生产技术落后,荒地很多,鸦片烟又占去大片良田。贵州、云南、陕西、甘肃等省都是如此。

四川为天府之国,农产品种类繁多,尤以米、麦、玉蜀黍、桑、麻、烟为大宗。米的产地以成都盆地为中心,供本省以外,尚有输出。玉蜀黍的产量,冠于全国。桑蚕之利,普及全省,以岷、沱、嘉陵等江沿岸为主要产地。麻的质量极好,市场上的川青颇负盛名。烟草产于成都、金堂一带。茶产于峨眉山,多销于陕、甘、康、藏等省,其名山县蒙顶之茶,色味俱佳,堪称精品。柏、楠、松杉,桐、漆为需求大宗,产地都在川鄂、川陕一带。因计划兴建的铁路很多,木料需求激增,于是着手砍伐峨眉山的沙平地面等地林木。牲畜方面,牛、马、猪、羊都有,其中猪鬃为四川出口货的大宗。

四川尽管资源丰富,战时仍然有很多问题。当时四川农民按平年计算每人得到粮食为267斤。实际每人年需粮食328斤。大部分人吃不上米麦,终年以红薯度日。工业所需要的农业原料很多,也不能完全满足需求。如棉花在西南各省很少生产。举凡粮食作物、工艺作物、畜牧、兽医、病虫害、森林果木、农业经济、垦殖工程都需改进,以增加生产,供给城市,发展国内外广大市场,刺激工业生产。

政府提出的方针是:西南增加棉花生产,西北增加粮食生产。

每个省都成立了农业改进所,用科学方法改良生产技术和种子,提高农

---

① 《何廉回忆录》,中国文史出版社,1988年,第151页。

产品产量和质量,尤其注意到对良种的推广。省政府十分重视农田水利建设,维护和兴办水利工程。陕西水利工程较多,其中泾惠渠灌田23万亩、渭惠渠灌田60万亩、洛惠渠灌田50万亩、褒惠渠灌田14万亩、黑惠渠灌田16万亩。[①]甘肃洮惠渠灌田5万亩。西南诸省注意改造旱田,四川开辟可灌田20万亩,广西19万亩。云南兴办马料河工程及民家地水利工程,灌田4万余亩。每个省都兴办了农业贷款、生产贷款等项目。

农业上的一个很大的成就就是禁种鸦片。在军阀统治下,西部广植鸦片,占用大片良田。四川出产的鸦片大约是全国产量的一半。抗战时期,由于禁种鸦片,扩大了产粮田面积。据记载,贵州将烟苗田改种小麦和油菜,四川将烟田改种为稻田,甘肃将烟田改种为棉花,陕西改种为小麦。美国浸礼会外国教会协会干事台克博士1939年曾游历滇川两省,历程2000里后到上海。他说:5年前曾游中国西部,见"川滇两省中所种罂粟,触目皆是……惟至今日,田野中罂粟几近铲除,代之者乃生活所需之新谷类"。《大陆报》记者转述台克的话称:"侵占区之日当局刻正繁殖毒物罪恶,而国民政府直接管理下之自由的中国,则正迅速使人民解脱毒癖。渠全程所经过前中国最著名种植罂粟之区,几绝未见红色之罂粟花,仅往滇东某多山区中,曾发现犹植罂粟,盖其地确为政府当局所不及,或未受政府禁毒教育程序之影响。"[②]这一举措,大大增加了粮食产量。如陕西原粮食产量不能自给,1938年禁烟后, 粮食产量增加到31329634市担,麦田增200万亩,产量较一年前增加1200万担,除本省食用外,还行销其他省区。贵州省每年产粮食77500万石,虽不能充分自给自足,也不需要大量输入了。

农业开发取得的成就,还受益于一些农作物通过实验谋求发展。要开发的农作物能不能在某地生长,如何发展,这是首先应该考虑的问题。中央农业实验所承担了这一重任,采取稳妥的办法,在川黔桂滇设立了5个工作站,分别进行调查研究。各划出一块区域,称实验区或实验县,有了好的结果,就加以推广。这样做颇有成效。川黔举行种棉试验,适宜种美棉的地方种美棉。黔省在东路和西路试验种棉,云南增植长绒木棉。四川推广金大2905号小麦,品质及产量均较一般为优。桂省也推广这种小麦。杂粮中的玉蜀黍、甘薯、马铃薯是主

---

① 《陕西省水利局施政总报告》,1948年6月。

② 《申报》,1939年4月19日。

要食品。1938 年实验所从美国选来 40 多种玉蜀黍进行试验。广西增植甘薯等农作物,以补稻麦的不足。桐油为主要出口品,四川、贵州都积极生产。丝与茶也是出口品,川滇两省不断改进蚕丝计划,予以推广。两省又是著名的产茶区,云南 1939 年产茶 4 万担以上,在种植、焙制和运销方面都得到积极改进。

农业上的这些成就,是中央和地方协办并进取得的。

要改变一个地区落后的面貌,不仅需要发展农业和工矿业,还要发展交通运输业。许多地方落后,是因为交通闭塞。西部地区在抗战时期改换面貌,很重要的一个原因是公路铁路的突飞猛进。交通运输事业与农业和工矿的发展联系在一起,互相发挥了促进作用。

交通网在抗战期间初步形成。省与省间、县与县间有了公路或铁路。公路建设很快。据 1939 年统计,已有公路 72000 余公里,西南各省约 4789 公里,西北各省约 3400 公里。汽车约 70000 辆,大致每公里有汽车 1 辆。

各省间的干线主要有:川桂线、桂闽线、湘桂线、川湘线、川滇线、粤赣线、桂滇线、川鄂线、陕康线。其中陕康线自汉中经广元、昭化、绵阳、新都、成都、雅安、泸定至康定,将西南和西北联系起来,是一条重要的通道。

沟通国际路线的有西兰新路和滇缅路,前者是西北国际路线,西安到新疆星星峡, 是在 19 世纪六七十年代左宗棠主持修筑的陕甘新驿道的基础上修建起来的。星星峡属甘新两省的接合部,是一座荒山。新疆境内哈密—乌鲁木齐—伊犁公路于 1935 年动工,1937 年建成。七七事变后,又向东延伸至星星峡,从而成为通往苏联的西北公路通道。后者是西南国际通道,也是在古驿道上开辟出来的。从昆明起,贯通滇西横断山脉,直达中缅交界的畹町,而后分道北达伊洛瓦底江的八莫,南通缅甸的腊成,全长 1140 余公里,中国境内约 900 公里。由该路通仰光,可达南洋和欧洲。滇缅路于 1937 年 12 月修建,1939 年 7 月正式通车,沿途多崇山峻岭、急流大川,桥涵石砌,工程异常艰难,最高处海拔 2600 公尺,共动员 300 万以上民工。[1]1939 年美国《芝加哥日报》驻华访员史蒂尔曾经过该路全程,称之为“现代工程最可惊异的伟绩之一”。[2]英国《泰晤士报》载文称“该路之成功,殆为近年来最大之工程上事业”[3]。

---

① 张肖梅:《云南经济》,中国国民经济研究所,1942 年。

②《申报》,1939 年 6 月 24 日。

③《申报》,1939 年 1 月 15 日。

铁路建设也在进行,计有湘桂路、滇缅路、叙昆路、黔桂路,一共4条。其中云南境内有2条:一通缅甸,一通叙府。有的因战争关系,只是部分通车。

公路和铁路的畅通,使西部地区的工商业和农业有了长足进步,呈现了繁荣的景象。1939年8月,"每日往来于滇缅路上的货车约五六百辆,其运输之盛旺,殆可想见。凡车辆及货物运抵昆明后,多转移驶重庆,或转驶贵阳,其转运入桂者,为数较少。盖桂省货物出入口,除以滇越、滇缅两路为输运外,尚有北海之广州湾两口岸为转运也。昆明既为商业运输之中心,于是组织运输业者,多达200余家"。①至于广西的特产输出,因运输线已形成,铁路和公路可以连接,有一个时期,如矿产、桐油、桂油、茴油、蓝靛、牛皮、禽兽、羽毛等均由湘桂铁路向镇南关输出。整个西部经济都被带动起来。中国的钨、锡、桐油、茶叶等源源不断地输往外国,外国的军火、机器、车辆等流入中国。蒙自、龙州、腾越、思茅等成为西南贸易的口岸。

中国西部在战争中获得了生机,在战争中开始向现代化迈进。当时印度教士孟杜尔畅游西南后,盛赞华西的进步:

> 幸有战争,华西之新生命乃得蓬勃滋长,该部分进步落后,昔当不易到达,现已充溢新的生命矣,数万手足,刻正勤劳猛晋,雄健复兴之新中国,刻正迅速建造中,许多机关与戒严,已自济南区内迁徙此等多山之险要地区,人民虽饱经忧患,家产荡然,但其灵魂未因以感受苦痛,吾人见彼等勇毅不屈,抗战到底之精神,油然起敬。②

这种描绘是真切的。

三

开发是一种创造、进取和追求。而对于新事物的追求,往往是进步的源泉。抗战时期西部地区的开发就是这样。它凝聚着中华民族的聪明、智慧和力量,反映了该时代中国人为救亡图存不挠不挠积极奉献的精神风貌。

参加西部开发的有银行家、企业家、科学家、工人和农民。他们从不同的

---

① 《申报》,1939年8月22日。

② 《申报》,1939年4月8日。

地域汇聚到一起,带着强烈的民族情感,关注着国家的命运,开发西部,建设西部,谱写着抗战和中国建设的新蓝图。在这一历史过程中,科学家的贡献尤为突出。

几乎中国所有的科学家都来到西部地区,把理论知识应用于实际,不断开发地上和地下的资源,推动了西部工业的建立与发展。

从一定意义上,当局已认识到:中国要跃进为近代国家,科学家要负有大半之责任。

地质学是科学界中光辉灿烂的一朵奇葩。国民政府掌握开发地下资源的机关是经济部地质调查所。该所在昆明、桂林、重庆设立了3个工作站,四川、湖南、江西等地还有省立地质研究所。中央研究院也有一个地质研究所。1940年春,地质调查所与地质研究所合组地球物理工作委员会,后又与西南矿产调查处合作,开发颇有成绩。地质工作者在深山和旷野中探寻宝藏,推动了矿产探测。如在云南、四川、贵州等省发现了大量矿藏。仅云南金属矿就有金、银、铜、铁、锡、铅、钴、锌、钨等,半金属矿有锑、铋两类,非金属矿有煤、硫黄、石棉、石膏、水晶、大理石、瓷土、明矾、滑石、天然碱、颜料石、岩盐、硝酸盐等。[1]

地质是矿冶的先锋。在地质调查的基础上,矿冶研究所积极开发冶炼事业。在简陋的化验室中,技术人员化验各种矿石,多是就原有的土法采选冶炼,再加以技术的改良。所使用的设备,以国内能自制为原则。对于抗战需要的矿冶原料,有关国际贸易及金融的矿产,首先做调查、化验。对于煤、铁、铜、锡等均采用现代化方法开采,在技术领域中有很多发明,如土法洗炼焦技术的改良,新式小型炼铁炉的制造,坩埚炼制合金钢,纯铁冶炼及电解铜锌生产技术等。[2]

中央工业实验所和农业实验所也集中了大批专家,为开发西部,建立中国的现代工业和农业而奋斗。他们的艰难创业,受到社会称赞。1939年3月1日的《大公报》,在《工业的新发现》一文中指出:

今日的工业,因为受环境迫切需要的影响,新产物乃陆续倍出,千百科学家各站在本岗位上努力奋斗,功不可泯。

---

① 《申报》,1939年6月2日。

② 重庆档案馆等编:《抗战后方冶金工业史料》,重庆出版社,1987年,第30—636页。

该文讲了几则新发现：

　　(1)油脂分解的新方法。油脂分解,可得脂肪酸及甘油。黄海化学工业研究社已研得最为适用之分解方法,用一种能受高温的分解剂和一种沸腾促进剂,使油水适当配合,置于分解器中,加热 4 小时,可得油量 96%的分解。此种新法,简便迅速,极适于肥皂工厂和制烛工厂,以收回油脂中之甘油。所得之脂肪酸,可不需烧碱,而直接用纯碱碱化以造肥皂,成本可大为减轻。(2)由动物胃液提酵素。中央工业实验所发酵室,研究由动物胃液,提取酵素。……(3)土产植物的染料。本市利昌染织厂,研究本土产植物染料。顷已能提取黑黄蓝三种结晶。经济部曾与之接洽,用以染制军服。(4)麻醉性毒药的提取。北碚理化研究所生物化学研究室,研究中国药物,近采国产乌头数种,提取成分,已行成功。按乌头为国产跌打损伤药之配剂,国外药物专家对之已有研究,据闻其有效部分,具强烈之毒性云。类似的科技发明在抗战时期很多,它们都是对抗战和开放西部的参与和支持。

　　科学家的创造与工人的苦干联系在一起,取得了巨大成效。被誉为现代工程奇迹的滇缅公路就是由工程师悉心设计、约 16 万工人参加修筑的。沿途民工参加人数约 300 万人以上,南洋华侨技术工人也回国携手共同修筑。

　　一部分颇有见识的企业家,在开发西部中也是功绩卓著。如中国化学工业巨擘的永利久大公司创办人范旭东到重庆,主持盐碱事宜。该厂自塘沽迁入内地后,范氏深感国防工业不应设于沿海,而应设入内地,故自湘入川,在自贡等地积极复兴。工程师侯德榜前往欧洲,从事机械之监制,并将其运至后方。从形式上看,该厂是迁入,实际上是创造。范为华西奠定了化工基础。著名企业家刘鸿生在西部投资的企业计有火柴厂和火柴原料 9 家,毛织厂 3 家,水泥厂 3 家,给水、电磁、制帽厂各 1 家,还有一些零星的工商业。沿海西迁的企业家和内地兴起的企业家的共同努力,使中国抗战时期出现了 15 个向工业化迈进的城市。

　　抗战时期,对中国西部地区的开发是有成绩的。但是,也存在着很多问题,距离国人的期望仍相差很远。在民族危难中,总有那么一些人利欲熏心。

相当多的企业家迷恋上海的生活,不肯迁到内地,帮助后方生产。这是应该受到历史谴责的。即使迁到内地的金融业和企业也不是完全从事工商业。有的在投机市场上兴风作浪,有的在商品流通中囤积居奇,活脱脱勾勒出一副副自私自利的丑态。这是战争时期必然出现的社会现象。可怕的是,在此基础上又出现了官商勾结、大发国难财的现象,更加导致了社会动荡。

中国人具有世界上最尖刻的幽默感。因为担任战时行政院长兼财政部长孔祥熙一家都涉嫌贪污。对孔的批评,在战时重庆成为广为流传的政治笑话。

西部地区开发最大的启示是,必须有一个强有力的廉洁的政府,把社会的各种力量聚集起来从事于有计划的建设,才会无往而不胜。具备这一点,实现现代化就不再是遥远和高不可攀的幻想。

原载《纪念七七抗战六十周年学术研讨会论文集》,"台北国史馆",1998 年

抗战时期的华侨捐输与救亡运动

八年抗日战争中,除正面战场和敌后战场外,应该说还有一个由世界各地华侨开辟的、范围更为广大的"海外战场"。虽然它不像前两个战场那样炮火连天,与日军短兵相接,但斗争也极为激烈,是抗日战争的重要组成部分。

一

华侨之所以能成为一支巨大的抗日力量,这与其遍布世界各地有着直接的关系。

中国旅外侨民因历史的渊源,其数量之多,是任何国家无法比拟的。他们中间流行着这样一句话:"凡是海水所冲击的地方,都有我们中国人。"世界大国各大都市,如伦敦、纽约、旧金山、巴黎、莫斯科、东京、横滨、温哥华、多伦多、悉尼等地都有华人聚居区,多数设唐人街,保持着华人的文化传统,其他如瑞典、挪威、荷兰、丹麦、智利、墨西哥、秘鲁、南非等地也莫不有华人群体。

关于抗战时期华侨的总数,国民党侨委会根据各使馆之调查报告及当地政府所发表之文件,统计华侨总数为 8700804 人。[1]其中,亚洲为 8357673 人,各地具体数目如下:

国别(地区)	华侨数目	国别(地区)	华侨数目	国别(地区)	华侨数目
越南	462466	菲律宾	117463	阿富汗	5000
缅甸	193594	葡属帝汶	3500	土耳其	7000
暹罗	2500000	香港	923584	麦加	6100
英属马来西亚	2358335	澳门	157175	日本	18811
沙捞越	86000	印度	17314	朝鲜	27796
英属东印度	1344809	锡兰岛	1000	台湾(收复前)	59692

[1] 以下 4 个表的内容引自国民党侨委会编《侨务十五年》,1947 年印行,第 26—27 页。各地华侨人数加总后的数字与各洲及全世界华侨总数不符,但笔者不便更改。特此说明。

欧洲为55364人,具体数目如下:

国别(地区)	华侨数目	国别(地区)	华侨数目	国别(地区)	华侨数目
英国	2546	瑞士	41	意大利	500
苏联	29620	西班牙	44	罗马尼亚	16
丹麦	900	德国	300	其他各国	21397

美洲为209039人,各地具体数目如下:

国别(地区)	华侨数目	国别(地区)	华侨数目	国别(地区)	华侨数目
美利坚众国	80613	巴拿马	2000	智利	1500
加拿大	46000	古巴	32000	阿根廷	200
墨西哥	12500	多米尼加	362	巴西	592
危地马拉	745	海地	40	乌拉圭	55
萨尔瓦多	167	英属千里达	5000	哥伦比亚	550
尼加拉瓜	1500	英属占买加	8000	委内瑞拉	1500
哥斯达黎加	600	荷属库斯撒俄等六岛	700	厄瓜多尔	800
安都拉斯	400	秘鲁	10915	圭亚那	2300

大洋洲为63835人,非洲为14893人,各地具体数目如下:

大洋洲				非洲	
国别(地区)	华侨数目	国别(地区)	华侨数目	国别(地区)	华侨数目
澳大利亚	17000	萨摩群岛	2198	埃及	64
新西兰	3400	那鲁岛	5000	南非联盟	4000
夏威夷群岛	29237	大溪岛	5000	东非	500
斐枝群岛	2000			印度洋群岛	10329

这里将台湾、香港、澳门也列入其中,是不妥当的,只考虑到当时其地在外人统治之下,没有考虑到仍属中国的版图。另外,各地华人总数目前尚无一致的说法。如陈嘉庚在《南侨回忆录》中讲,仅南洋华侨就有800万人[1],有时则讲是1000万人[2],在对洛阳记者谈话中又说南洋华侨有1100万人。[3]也有

---

[1] 陈嘉庚:《南侨回忆录》,南洋印刷社,1950年,第56页。

[2] 陈嘉庚:《南侨回忆录》,南洋印刷社,1950年,第119页。

[3] 《陈嘉庚先生莅延》,《新中华报》,1939年6月4日陈嘉庚讲的南洋华侨有1100万人,其根据是:驻新加坡、暹罗总领事告诉他暹罗华侨最多,约500万人;其次为英属约400万人,其中马来西亚230余万人,香港地区100余万人,缅甸40余万人,婆罗洲20余万人。其他:荷印160余万人,法属安南40余万人,美属菲律宾十三四万人。(《南侨回忆录》,第105页)实际上关于暹罗华侨人数没有确切数字,暹罗国籍法规定,凡出生地在暹罗者均为暹罗人,当时该国人口1400余万人,据统计其中纯粹中国人约300万,泰族人约300万,中暹混血者约800万人。(鲁君:《暹罗与暹罗华侨》,《大公报》,1939年8月18日)此处讲有500万华侨,可能是最高的估计。

的文章讲旅居南洋的侨胞总数在 500 万人以上[1]，还有人讲全世界华侨有七八百万人。[2]各种记载，莫衷一是，但其中南洋华侨最多，则是无疑的。

南洋这一地理概念，范围极广，有菲律宾、爪哇、苏门答腊、婆罗洲、马来西亚等地，缅甸、越南、暹罗(今泰国)属陆地也包括在内，甚至香港地区亦属其范围。

让我们观察一下南洋华侨的分布及其职业：

马来西亚、新加坡、印尼属于华侨最集中之地。马来西亚 1941 年末总人口为 5561063 人，其中华侨有 2288858 人，占 40% 以上。有的城市华侨是人口的主体，如槟城一地人口 16 万人，华侨就有 11 万人。[3]华侨以福建、广东人为主，分散于各个阶层，从资本家到工人，从大商人到小店员，从树胶园业主到树胶农民。树胶和锡矿是该国经济两大支柱，英人在政治上占统治支配地位，华人则在经济上相当重要。由槟城至马六甲一段铁路两旁绵延数十英里的大树胶园，主要是华侨经营。1940 年调查大树胶园所有权情况是：

所有者	园丘数	面积(英亩)
英人	988	1578041
华人	1051	351937
印人	396	93819
其他	89	96064
总计	2524	2119861

关于华侨投资锡矿的情况，1940 年新加坡银行经济研究室调查的结果是：

经营者	工场数	投资额	占投资总额比重
英人	93	146126000	68%
华侨	800 以上	58427330	27%

资料来源：华侨联合会：《马来亚华侨问题资料》，联合书店 1950 年版，第 110 页。按：除英人和华侨之外的经营者，其投资占投资总额比重约为 5%。

马来西亚盛产黄梨(即菠萝)，占世界黄梨生产第二位，每年输出总额为七八万吨，从种植到制成罐头输出，均为华侨经营。椰油厂、锯木厂也操在华侨手中。

---

[1]《南洋华侨近况》，《新华日报》，1939 年 12 月 9 日。

[2] 方绥：《活跃在西北前线的华侨服务团》，《新华日报》，1939 年 2 月 13 日。

[3]《南洋华侨近况》，《新华日报》，1939 年 12 月 9 日。

新加坡人口约 76 万余人,华侨占 59 万人,闽南人居多,主要经营木林、布匹、洋杂货、瓷器等商店,土产则以经营树胶、咖啡、茶、糖、槟榔、菠萝、棕油为大宗。①

印度尼西亚的苏门答腊有华侨 40 多万人,其首府棉兰,商业颇盛,多在华侨手中,巨港、占碑以及日里属下的诸小商埠,商业也甚兴盛,同样多为华侨经营。爪哇华侨约八九万人,市面商业多属华侨经营。②

菲律宾华侨数目有各种记载,有的说是 7 万人,有的说约 10 万人,有的说有 13 万人或 14 万人,乃至有人估计为 20 万人。据 1940 年全菲人口调查委员会统计:"全菲华侨为 117487 人,这个数目比较正确。华侨大多数集中于马尼拉,占 46233 人,约为 40%,其他宿务、黎东、三宝颜、地耶拔、纳卯、怡朗等地占 71254 人,约占 60%。"③他们经营零售商店、出入口贸易、布匹、椰产、麻产、木业、烟业等,也有的任职经理、书记、行员,还有当学校教师的。

缅甸华侨约 30 万到 40 万人④,上缅甸华侨多属滇籍,经营谷米、杂粮、宝石、玉器等;下缅甸华侨多属闽粤籍,经营柚木、谷米,开采铁矿、锡矿等。全缅的押当业、屠猪业、酒业几乎全部为华侨经营,所有城镇都有华人街。仰光的华侨有 3 万多人,该市共有碾米厂 30 余家,华侨创办的就有 20 家,华侨经营的锯木厂有 22 家、肥皂厂七八家。华侨在全缅经营米厂、油厂业十分普遍。据1936 年调查,全缅华侨创办的工厂有:米厂 107 家、铅木厂 28 家、电气厂 10家、船厂 1 家、其他 36 家。⑤商业方面,最突出的是全缅华侨经营的贩谷商号,有数百家,他们都自己派人到乡间去收买,以此起家致富者不少。华侨在缅甸的经济力量,约占整个缅甸经济力量的 1/5。⑥

越南有华侨 40 多万人,集中于南圻的有 30 多万人,北圻有三五万人。⑦闽粤籍各占半数。潮州人多经营谷米业、胡椒业、渔业、砖瓦业、钢铁业、建筑业;客帮多经营理发业、药材业;海南人多经营旅店、茶店、餐室业。在这些行

① 《南洋华侨动态》,《申报》,1939 年 8 月 17 日。

② 陈嘉庚:《南侨回忆录》,南洋印刷社,1950 年,第 342 页。

③ 陈立人:《菲律宾华侨之经济地位》,《华侨评论月刊》第 8 期,1946 年 9 月。

④ 陆诒:《华侨在缅甸》,《新华日报》,1941 年 1 月 3 日。

⑤ 姚枬:《中南半岛华侨史纲要》,商务印书馆,1945 年,第 34 页。

⑥ 陆诒:《华侨在缅甸》,《新华日报》,1941 年 1 月 3 日。

⑦ 姚枬:《中南半岛华侨史纲要》,商务印书馆,1945 年,第 12 页。

业中由承造建筑业、谷米业、运输业、木材业、渔业等起家的最多,有多位富侨,家资千万或数百万元。全越9/10的碾米机器均为华侨所拥有。圻岸、南圻等地的盈千累百的织布业也几乎全是华侨经营。[①]

柬埔寨华侨有10万人[②],多经营胡桃园、零售商店及鱼干等业。

暹罗(1939年6月24日改称泰国)华侨约250万人到300万人[③],经营工商业的很多,特别是米业,由种植起,经运输到商贾贩卖,大多是华侨。华侨企业家还从事树胶园的开辟。

澳洲有华侨8万余人,以广东、山东两省人民居首,其次如福建、浙江、江西、安徽、江苏等省人民亦属不少。他们多经营菜园、餐馆、批发及零售蔬菜、水果、油、糖、杂货、中药铺、抽纱、手工纺织品等。[④]及至战争爆发,该地华侨"以祖国此次抗战为世界史中不多见(之)奇迹,除踊跃捐输巨量款项外,并重新树立对祖国之认识,一致努力推销祖国特产,同时又以积极举动介绍著名特产于彼邦人士,故(中国)对澳贸易异常发展"[⑤]。

香港地区华籍居民人数,有的资料讲有180万人;[⑥]1941年春香港防空当局调查统计为142万人,包括15万多渔民在内。[⑦]其中闽粤人居多,仅粤人就有七八十万人,多为劳动界。华北沦陷和长沙大火后,拥向香港地区的富裕难民较多,出现了房地产热。该地工商业界及拥有不动产之富裕华人,比南洋任何大埠都多。

从以上所述可以看出华侨在南洋的经济地位。当时人已有这样的描述:他们的经营"大至极大的树胶公司、银行、饭店,小至街头货摊和小贩,无不应有尽有,中小规模的商店自然居多,而拥有几千万资本的巨商也不在少数。国内一向所熟知的华侨巨子如胡文虎、陈嘉庚,都不过是其中之一二"[⑧]。

---

① 向明:《越南华侨的命运》,《华商报》,1941年10月14日。

② 姚枬:《中南半岛华侨史纲要》,商务印书馆,1945年,第12页。

③ 《致泰国当局》,《大公报》,1939年8月21日;鲁君:《暹罗与暹罗华侨》,《大公报》,1939年8月18日。

④ 庄雅各:《澳洲华侨》,《华侨评论月刊》第8期,1946年。

⑤ 《马来华侨爱国情殷》,《申报》,1939年8月16日。

⑥ 奇卓:《星洲来客话香港》,《华商报》,1941年4月11日。

⑦ 《全港各籍人口一百四十四万》,《华商报》,1941年4月20日。

⑧ 《南洋华侨近况》,《新华日报》,1939年12月19日。

南洋以外,华侨最多的地区是美洲,有的资料说有225万人①,较侨委会的统计多一些其中美国有8万—10万人,美国西部华侨最多,约六七万人,多集中于旧金山、洛杉矶,仅旧金山就有1万多人;蒙他那州位于西北部,在美国开发西部时期,很多华侨来此开矿修路,至今当地人仍称颂不已,现在该州还有一些华侨;就是爱荷华州路易斯塘这样的小地方,也有三四家广东侨民开的餐馆。②在美国的中部有华侨1万多人,东部有2万多人,他们多经营餐馆、洗衣店和杂货铺。各地唐人街的商店,亦多属小本经营。

加拿大华侨约5万人,原先多业采金,继之多应铁路公司之招作苦工,以后多做木瓦工。加拿大有木瓦厂160多家,华人在这一行业中有两三千人。开杂货店、小餐馆的也不少。

巴拿马有华侨约3000人,以广东花县、鹤山籍人居多,多数以小商业、酒吧、小规模种植为生。③

古巴华侨有1.8万人到3万人左右。据1937年3月3日旅古中华总商会发表的调查报告,华人经营的工商业状况如下:粮食杂货店1808家,生果店799家,西餐馆312家,洗衣馆656家,洋货店17家,生肉店29家,雪茄烟厂5家,中西杂货店44家,糖果店32家,理发所21家,咖啡馆23家,熟烟厂5家,报馆3家,中药店3家,面包厂4家,鸡蛋店5家,纸料店2家,瓜菜店13家,鱼店49家,酱园3家,戏院3家,靴鞋店16家,照相馆3家,卖花店1家,制帽厂2家,制木厂、炒咖啡厂2家,白铁店1家,鸡鸭店17家,洋货车衣店8家,钟表首饰店7家,蜡烛店2家,总计各种商店3889家,资本总额为3924677元。④

墨西哥有华侨万余人,分居在墨西哥城等几个大城市。一般主要经营餐馆、农业、杂货店、百货店、洗衣铺等,其中尤以经营餐馆与农业为最多。⑤

牙买加也有一定数量的华侨,根据1943年统计,有华侨7000人,多在糖厂、食物店工作。⑥

---

① 友渔:《华侨不是摇钱树》,《华商报》,1941年4月9日;《邝炳舜谓侨胞拥护抗战》,《新华日报》,1941年2月27日。

② 笔者1993—1994年在美国调查所得。

③《巴拿马排华愈恶化华侨纷迫回国》,《华商报》,1941年6月16日。

④ 潘楚基:《旅古巴华侨经济商务概况》,《华侨评论月刊》第6期,1946年。

⑤ 罗金水:《墨国华侨生活》,《华侨评论月刊》第6期,1946年。

⑥ 黄泽光:《牙买加侨胞奋斗史》,《华侨评论月刊》第14期,1947年。

欧洲有华侨5万多人,以工人、学生居多,也有部分人经商。以丹麦为例,有华侨三四十人,因战争年代找工作非常困难,华人只好从中国进口小东西卖给小商店或挨门出售。20世纪30年代末禁止进口,华人做点小工艺品出售,如皮包之类,有的人开了小铺子卖烟或报纸,也有人跑堂或在酒吧打工。还有人以杂技糊口。个别的在北区开个小小的但还像样的巧克力和冰淇淋店,或编织篮篓。那时还没有中国餐馆。[①]1939年从欧洲回国的人很多。

东北亚地区的日本、朝鲜也有一些华侨,"七七"抗战后,一部分回国,还有一小部分留在日本和朝鲜。俄国赤塔有华侨1万人。

总的来讲,华侨总数为1000万人左右是可信的。

各地华侨艰苦创业,对所在地区的经济繁荣起了巨大的促进作用,成为其社会的一部分。然而因中国当时是一弱国,华侨也莫不备受欺凌,主客观的因素使他们对祖国复兴的期望格外急切。中国的抗战激发了他们固有的祖国观念和爱国热情,不遗余力地为中国的独立和自由奔走呼号,贡献自己的力量。

抗日战争的巨浪也化解和扫除了华侨各帮派间的嫌隙。以往闽帮、粤帮、潮州帮、广肇帮、海南帮、客帮等各帮地域观念严重,各帮派之间相互对立,水火不相容,抗日战争的浪潮冲击和打破了这一观念。如南洋各地闽侨有两大集团,一个是福建同乡会,一个是福州同乡会,前者是说厦门话的闽南人,后者是说福州话的闽北人,因语言隔阂和传统习惯各异,两者畛域分明。此时,为了救乡、救国,他们成立了闽侨救济民食联合会,囊括所有的闽侨团体和侨领,过去的畛域和隔膜渐趋消失。

以往,各地华侨的组织比较凌乱,此时,各地统一的救亡团体纷纷成立,许多地区都称华侨筹赈会,如槟榔屿华侨筹赈大会、香港各行业赈济会等。在不便公开活动的地区,华侨则以慈善机构的名义开展工作,或以半秘密半公开的组织形式掩护自己,以求救国之道。如在加拿大,1937年华侨捐款救国的组织名为筹饷局,1938年易名公债会,1944年以后又改称义捐救国总会。欧洲大陆的华侨,因吴玉章等的推动,早在1936年9月就组成了全欧华侨抗日联合会,会址设于巴黎,其成员包括法、英、荷、德等国华人。各重要城市也均有抗日救亡组织,如巴黎抗日会、里昂华侨救国会等。

美国各大城市均有华侨抗日群众组织,如纽约华侨筹饷总会、堪萨斯州

---

① 1994年笔者在哥本哈根调查所得,提供资料者是 Dr. Rodevt 和 Dr. Mette。

华侨救国统一会、芝加哥华侨救国后援会、费城华侨抗日救国会、旧金山加省华工合作会等。也有以会馆名义或行业联合会名义开展抗日活动的,如纽约的洗衣店。这些组织中最有影响的是司徒美堂发起组织的纽约华侨抗日筹饷总会。美洲洪门是这个组织的基础。洪门遍布美洲各国,以堂、党、会、社的名义存在,共200余个机关,10万人。美国华侨3/4均属洪门兄弟。1939年全美洲洪门恳亲大会召开,议决组织美洲洪门总部于纽约,司徒任总部总监督。纽约华侨抗日总会成立时,司徒又自任筹饷总局总监督。这种双重领导身份,增强了他的号召力。

南洋一带,抗日救亡组织更是蓬勃发展,如新加坡、马六甲、槟榔屿吉隆坡等地,原来都有中华商会,抗战开始后各商会又都另行组织了一个筹赈会,专做救亡工作。马来西亚原分12个区,即有12个筹赈会。此外还有如马来西亚各界抗日后援会、中华民族解放先锋队、中华少年先锋队、青年会、客族商会等。各学校有校友会,各地方有戏剧社,如马六甲的晨钟戏剧社、文东的锋岗戏剧社等。

新加坡华侨,在陈嘉庚、侯西反、郭新、符致逢等人的推动下,组成新加坡华侨筹赈祖国难民委员会。除此之外,还有各种公开合法的群众组织,以及半公开或秘密的社团,如华侨抗敌后援会、援八(八路军)委员会等。援八委员会于1938年11月成立,有13个团体参加,他们称赞八路军是抗日战争的"忠实的执行者",是中华民族最优秀的儿女,是坚持抗战的"铁军",号召侨胞伸出手来踊跃援助。[1]

印尼巴达维亚(今雅加达)在司徒赞等人的推动下,组成捐助祖国慈善事业委员会,随后万隆、三宝垄、梭罗、玛琅等地也纷纷成立了慈善会。

越南西贡有抗敌救国总会、缩食会、西贡唤群茶店工会、五四阅报社等,主要负责人是张长、顾子俊、陈肇基、陶笏廷,除张长外都是殷实富商。

缅甸有全缅救灾总会、抵制仇货委员会、船只建设协会等。

菲律宾有中华抗敌会、中国之友社、航运会菲分会、福建难民救济会、国防剧社、"八一三"话剧团、中华嘤鸣社等。

暹罗亲日排华,华侨难以开展救国活动,即使如此,在旅暹华侨文化界与教育界一部分先进人士的努力推动下,还是成立了筹赈会、华侨学生界抗战

---

① 《星洲侨胞发起广大援助八路军运动》,《抗战报》,1938年11月15日。

救国联合会等。抗战救国联合会是半秘密组织,在其领导下,各种各样较公开团体,如文艺研究社、戏剧社等相继组织起来。据国民政府侨务委员会统计,截至 1940 年底,海外华侨组织的大型救国团体有 649 个。

几乎所有的华侨报刊、学校和社团都动员起来了。如巴黎的《救国时报》,纽约的《华侨日报》《五洲公报》《大美晚报》《新报》《先锋报》《民气日报》,旧金山的《世界日报》,都很有影响。新加坡的文化事业也很发达,报纸有《星洲日报》《星中日报》《总汇报》《南洋商报》《新国民日报》。菲律宾马尼拉的报纸有《中山日报》《华侨商报》《新闻日报》《新中国报》和《公理报》等。全世界华侨报纸总数在 70 种以上,其共同特色就是突出地报道了祖国的抗日动态,把"祖国消息"和"华侨救亡运动"辟为专栏,特别是香港,成为华侨报纸的总汇,共有 10 多种。

二

侨胞在抗战的各个领域中,都显示了他们的力量;最集中地表现在踊跃捐输、抵制日货和回国服务等方面。

侨胞发动赈款,捐赠方式多样,有私人自由捐款、团体捐款、常月固定捐款、各种义卖活动以及公债等。概括地讲,捐输可分三种,即特别捐、(常)月捐和义卖。

特别捐,多半是侨胞中家资富有者参加,种种特别捐月月都有,一次特别捐最多可出到数百万元之巨。如胡文虎 1941 年 2 月由海外抵渝,一次就慨捐法币 200 万元,以 30 万元捐赠负伤将士,30 万元教养殉国将士遗族,30 万元兴筑平民住宅区,10 万元救济难民,而另以 100 万元用作收容抚育战区敌后之流浪难童。

常月捐是一种长期固定的捐款,南侨筹赈总会根据各地区人数和经济状况确定月捐数目, 在新加坡召集南洋侨领开会时, 认定新加坡常月捐 40 万元,马来西亚 130 余万元,东爪哇泗水 15 万元,苏门答腊 6 万元,缅甸 30 万元,越南将近 20 万元等(以上均为国币)。各地区动员各机关、社团、工厂、商店职员,依据自己的经济状况,捐出自己的部分薪金;一些地方的救亡团体还派员调查各华人商店薪水之多寡,来确定月捐数量的标准。从最大的实业家、银行家,直到工人、小贩都参加到这一行列中来。历史记录下了他们的业绩:"在南洋,谁没有缴纳筹赈会的月捐,谁的襟前就没有月捐牌。各报就会把他的大名登载出来。无论是劳动阶级、薪水阶级,按入息缴 5% 以上的月捐。从抗战开始至今,没有间断。陈嘉庚先生全部精神花在筹赈工作上,最近且卖掉了仅有的饼干厂来偿清他老人家每月认缴的 600 元叻币的月捐。各州府、各山邑,为了负责筹赈会的工作而卖掉树胶园,卖掉汽车,甚至于倾家荡产的动人事迹,在南洋看得很平常了。"①

荷属东印度华侨捐款,仅巴达维亚一地,自军兴至 1939 年 5 月,已有法币 450 万元。"荷属东印度之其他大城市华侨,热忱输款,亦无逊色,如泗水约 200 万元,班唐约百万元。"②

在菲律宾,最先是由华侨援助抗敌委员会领导着各种救亡工作,"菲岛侨胞对祖国经济之援助,尽过最大的力量,他们的捐款是长期性的,各机关、社团、学校、工厂、商店的职员,他们都乐意拿出 20% 的薪金贡献国家。虽然近年由于生活程度高涨,减为 10%,但整个捐款之数量只有增无减,因为募款方法虽没有限制,但并不是没有组织。例如一般资本家的捐款,较过去就又增加了一倍"③。

缅甸华侨每月都自动认定月捐及特别捐。

暹罗华侨的许多商店则是有组织的按月抽薪水 5%。

香港最初没有筹赈会组织,月捐起步较晚。1938 年底,每月月捐总计法币 2 万余元。④

美国华侨从抗战第二年起,制定出严密的长期捐输办法,即规定每人每月购买公债 5 美金,折合当时法币 70 元。

加拿大华侨"汇寄回国接济抗建之款项,共有 83 次,计有法币 3843464 元、港币 57735 元英金 38778 镑、美金 290504.66 元"⑤。

古巴华侨每年汇款回国的数额也在 100 万美金以上。⑥

月捐带有强制性,因为这是衡量一个华人爱国不爱国的具体标尺,所以比较容易实行。而在各种捐款形式中,声势最大,也颇有成效的则是义卖和举

---

① 奇卓:《星港来客话香港》,《华商报》,1941 年 4 月 11 日。

②《荷属东印度群岛华侨踊跃捐款汇寄祖国》,《申报》,1939 年 5 月 22 日。

③ 炎川:《菲行夜话——记黄炎培先生谈片》,《华商报》,1941 年 10 月 4 日。

④《新华日报》,1938 年 12 月 12 日。

⑤ 朱光耀:《驻温哥华加拿大华侨义捐救国总会领导侨胞捐款协助抗建之经过》,《华侨评论月刊》第 12 期,1947 年。

⑥ 潘楚荃:《旅古巴华侨经济商务概况》,《华侨评论月刊》第 12 期,1947 年。

行游艺会等。义卖救国运动,1938 年 8 月 17 日开始于香港九龙各区,随即便如火如荼地开展起来。其形式以果菜、鲜鱼、肉类三行业义卖及各商铺义捐为主,参加者则以小贩、工人为主;有以 50 元港币购花一束者,百元买龙眼果一颗者,嘉顿糖果公司以 200 元购金鱼一尾,港电力公司工人与大三元酒家伙友竞相义捐,由 200 元互竞至 1150 元,电力公司又增至 1500 元。①

1939 年四、五月间义卖由香港传到新加坡,义卖鲜花得到热烈响应。好多商店门前插着以几十元、几百元买来的一朵花,每个花篮起码 5 元叻币,多则 50 元、60 元乃至 500 元。女工、女理发师、妓女、女佣组织了卖花队,每逢节日便到街上去劝买,有钱的人都热心捐助,所卖的钱全部交给祖国。

义卖内容广泛,各行各业都卷进这一浪潮:报贩义卖、油条店义卖、专供苦力吃食的小贩摊义卖、音乐会义卖、篮排球赛义卖、书法义卖、孙中山画像及抗战将领像义卖、旅行船票义卖等。《申报》有一篇特约通讯,对马来西亚的献金运动有一段目击的真实描写:

> "有钱出钱,有力出力",这是在抗战期中每个中华儿女应负的职责。而马来西亚的侨胞更切实地负起这种使命。除购千五百万元公债(照财政部分配原额,马来西亚为 1000 万元,结果超出 500 万元)和每月捐约有 200 多万元以外,还有继续不断的特别捐献一日薪,小贩、咖啡店、炒卖店、酒馆一日所卖全数报效筹赈。至于学生是推动着一日一元运动捐。在新加坡的大世界游艺场,每逢星期六、星期日两晚更举行义卖赈济难童。还有快乐世界和新世界游艺场,每两月必报效三天,将所收入的钱,尽献给祖国。每次成绩约有 10 万元、5 万元不等(国币)。

> 遇到节日或纪念日,街头巷尾都贴满了警惕标语、漫画、宣言,雄壮的歌声到处飘扬,动人的话剧在山巴(农村)、在马路旁演着。一队队的青年学生、工人,拿着一朵朵的血花、救国花、国耻花,向行人、商店、工厂、住户义卖,每一次奔走的队伍,约八九百队,每队约有 10 人或 8 人不等。他们在强烈的阳光下,努力的(地)活跃着花的世界,布满了全市,每次的成绩总在法币三五十万元左右。②

---

① 《港九侨胞小贩救国热》,《大公报》,1938 年 8 月 24 日。

② 杨扬:《救亡运动在马来西亚》,《申报》,1939 年 6 月 29 日。

这一通讯,充分反映了马来西亚华侨强烈的救国情感。其救亡运动在陈嘉庚、侯西反等人的推动下蓬勃开展,一切活动都被纳入援助祖国的计划中,穷苦的讲报人将他们讲报所得之钱捐献出来,每年九皇爷庙的香火余款,也全数交给筹赈会。更值得赞扬的是,儿童将旧历新年大人给的红包,都捐助出来。

只要是为了祖国,任何活动都会获得华侨的支持。武汉合唱团在陈嘉庚的帮助下,在马来西亚等地演出 60 余次,获得 10 万元法币。在新加坡演出时,万人空巷,戏院场场爆满。陈嘉庚以百万元购票一张。金山、王莹所率领的新中央剧团为扩大海外抗战宣传,协助侨胞救国工作,曾在香港及越南举行多次大规模筹款义演,宣扬抗战戏剧,救济祖国难民,成绩卓著。1940 年 6 月该团赴马,南侨筹赈总会与之合作,主持一切义演事宜。历经柔佛、马六甲、森美兰、雪兰峨各区 20 余地,为期 6 个月,义演 27 次,大小 80 余场,筹得赈款达叻币 100 万元。[①]

名画,华侨极为喜爱,著名国画大师徐悲鸿在新加坡等地多次举行画展,均极成功。1939 年 3 月在新加坡的画展,收入 13700 叻币;1941 年 2 月在吉隆坡的画展,收入 17800 叻币,合法币 15 万余元;1941 年 3 月在怡保城举行画展,收入叻币 1 万元;1941 年 4 月在槟榔屿举行画展,收入 12000 叻币。徐悲鸿将其全部收入(合 50 多万元法币),扫数捐助难民,其收入创我国个人画展之空前纪录。这固然因为其艺术造诣超群,为各界人士所景仰,也因侨胞热心救国,踊跃捐助。至于徐的私人旅费、生活费,乃至诸画之裱工等,皆由他自己筹捐。这种精神在中国艺坛树立了光辉的榜样。[②]

义卖运动由香港传到马尼拉,并立即扩大到菲律宾各省县。理发一次千元,一顿几角钱的饭,常常可卖到 5 元到 10 元,一包花生米可卖到二三十元,一个面包 20 元,一碗炒面 50 元。华侨店员救亡协会所主持的奶牛义卖,在短短的 4 天售得法币 1 万余元。国防剧社为慰劳前方抗战将士义演国防名剧《凤凰城》,在 3 天之内动员全社社员售券得菲币 1500 元,义卖在人们心目中成为神圣的事业,因此成绩惊人。据统计,菲岛华侨捐助祖国的战费每人平均超出 100 元法币。[③]

---

①《新中国剧团努力海外宣传》,《新华日报》,1941 年 2 月 10 日。

②《徐悲鸿在南洋》,《申报》,1941 年 5 月 13 日。

③ 郭汐江:《菲岛华侨的救国运动》,《新华日报》,1939 年 10 月 20 日。

各地区的捐献形式都有自己的特色。据《新华日报》1938年12月2日一则消息说，美国侨胞捐款救国认购公债及汇回救济、购机、购药等款，已达美金500万元，约合法币1500万元，平均每一侨胞约捐法币250元。加拿大侨胞约捐300余万元。

中美洲华侨人数较少，唯捐献并不落后。秘鲁筹款的办法，以演戏为大宗，每月举行两三次，并由各热心侨胞捐赠物品，售券开彩。此外还举行月捐、展览捐款。墨京侨胞有力捐款者仅500余人，华侨抗日救国后援会1938年成立以后的16个月，举行义捐1次，劝募公债7次，筹款救济伤兵难民5次，并为广东筹款购机，劝募"七七"节食费，又举行"黄灾"一日捐、救灾奖券等，平均每月筹款1次，总计筹得墨币18万余元，平均每人约捐170元。[1]在古巴、墨西哥及其他中南美洲国家的侨胞，约捐100万元，共计法币1200万元。

总计全美洲侨胞赈款捐款，已达法币2700万元。另据旧金山华侨商会主席、全美华侨统一义捐救国总会负责人邝炳舜讲，抗战以来至1941年初，美洲华侨对祖国捐输达美金1500万元。[2]

各地华侨在征募寒衣、医药、车辆、飞机等方面也不遗余力。巴达维亚中华总商会主席丘元荣，平日热心救国工作，自抗战军兴后，主持筹捐事宜，兼任该埠筹赈会主席，出钱出力。他自己已捐数十万元，1940年又发动印尼华侨捐献金鸡纳霜丸，获得595万粒，计装119箱，寄香港中国红十字会转交祖国。旧金山华侨捐助医药合12.5万美金。美国、加拿大、古巴及南洋各地侨胞在捐助寒衣及车辆方面，都很突出，如1939年10月加拿大安大略省华侨捐军毯万条，1940年缅甸华侨捐献汽车百辆等。

世界各地的华侨为抗日救亡捐输财物的爱国义举，汇聚成为华侨历史上最伟大的一次运动。当时国民党中央社评述说："各地捐款最多者为马来半岛，人数少而捐款多者为英国、菲律宾及南非三地侨胞。个人捐款最多者为胡文虎，最热心者为仰光侨胞叶秋莲女士。该女士尽将所有首饰财产变卖，以捐助政府，而自己则入寺为尼。团体最热心者为侨美致公会，该会曾以会所6处拍卖得价全数捐政府。此外，爪哇万隆埠侨胞40人，合购债券6.8万元；加属之占尾、利市两地侨胞，每人平均捐650元。美国匪匿埠平均每人捐500元。

---

[1]《墨京侨胞捐款救国热》，《华侨先锋》第1卷第8期，1939年。

[2]《邝氏谓侨胞拥护抗战》，《新华日报》，1941年2月27日。

香港侨胞捐款情形,尤为热烈。该地之捐款,初起系由苦力及小买卖发动,以后渐次推行于各大商店。现在各大小商店一致尽力捐款。各商店之捐款方法,尤为别开生面,将每日之捐款,悬诸店门前,以昭众信。此种海外侨胞热烈捐款情形,殊值国内之注意。"①许多资料都表明,中下层侨民比巨富更为踊跃输捐。

历史留下这些可靠的捐献数字,使我们可以洞观当时华侨节衣缩食所做的贡献。

国民政府海外事务委员会讲,自 1937 年 7 月至 1939 年 2 月,海外华侨至少已捐款法币 1 亿元,充实中国军费,由委员会经手者,占此数中之 6850 万元。海峡殖民地②与荷属东印度两地华侨较多,所捐之数,占数亦最巨。总数之中计海峡殖民地华侨捐 2600 万元,爪哇 100 万元,菲律宾 450 万元,苏门答腊 350 万元,缅甸 250 万元,英国 25 万元,美国 278.7 万元,加拿大123.8万元,夏威夷 40 万元,澳洲 35.7 万元,新西兰 53.4 万元。③而据另一资料讲,1938 年全年侨胞汇款达到 6 亿元。④

陈嘉庚根据 1939 年到 1941 年南洋各属华侨逐月捐输,得出的平均数是:菲律宾每月法币 70 万元,每人 5 元;马来西亚每月 420 万元,每人 1.75元;缅甸每月 54 万元,每人 1.2 元;荷印每月 160 万元,每人 1 元;安南每月 20 余万元,每人 0.5 元;英婆罗洲及暹属小埠,每月 10 余万元。以上各地华侨 500 余万人,每月平均捐输法币 734 万元。⑤

华侨输捐总趋势是逐年增加的。以南洋来说,1938 年汇水定新加坡币 30元合法币 100 元,全南洋月捐法币 400 余万元;1939 年各属所汇为 7300 余万元;1940 年汇水大降,全年各属汇出 7300 余万元。马来西亚中国银行存坡币 300 余万元,折合法币 3000 万元。因为当局规定每月只准汇出赈济坡币 50万元,从 1938 年 10 月至 1940 年 12 月止,各属汇出的捐款共 14445.6 万元。这里不包括购药、救灾巨款和捐购卡车等项。

国民党新运总会 1940 年春发起征求伤兵之友运动,一年时间,海外加入的社员有数十万人,捐款达 400 余万元,计香港地区、马来西亚、东印度、菲律

---

① 《侨胞踊跃输捐总数超过万万》,《新华日报》,1939 年 1 月 22 日。

② 当时海峡殖民地包括马来西亚、新加坡、马六甲、槟榔屿等地。

③ 《海外华侨捐款总数》,《申报》,1939 年 4 月 28 日。

④ 《华侨汇款回国本年可达六亿》,《大公报》,1938 年 12 月 26 日。

⑤ 陈嘉庚:《南侨回忆录》,南洋印刷社,1950 年,第 344 页。

宾、越南、印度、缅甸、暹罗、檀香山、美国、加拿大、墨西哥、秘鲁、澳洲、葡属帝汶、新西兰、非洲、巴西、毛里西亚及其他地方，统计捐款为法币 344773.6 元、英金 2450.31 镑、荷币 286.55 盾、美金 1000 元、法币 100 法郎、叻币 459.5 元、港币 11094.3 元。[1]

华侨汇款回国，多经中国、交通等银行，寄至重庆政府。中国银行在新加坡、巴城、仰光设有分行，并在英荷暹各属委托各汇庄信局为该行汇兑代理处，约达 50 余家。少数捐款是给延安和八路军的，如菲律宾即有"今日中国店员救国协会汇洋 8000 元予宋庆龄女士，指明该款系捐助新四军，请宋女士转交"之事。[2]

华侨的捐助在充实战时中国金融财政方面起了巨大作用。如截至 1939 年 5 月，"荷属东印度华侨助款回国，指充军费者，已达 1000 万元之巨"[3]。何应钦在国民参政会上报告说，1939 年全年战费，共计法币 18 亿元，而华侨义捐可当 1/3。孙科讲 1939 年华侨汇款回国达 11 亿元之多，南洋华侨 7 亿余元，美洲及他处 3 亿余元。[4]

华侨对其家属的寄款也数目巨大，多先寄至香港，继而将各国货币变为港纸，再以港纸变为国内通用之货币。汇票既以港纸为单位，就形成了一种港汇买卖市场，广东之四邑，汇票买卖繁荣。

汇款从海外四面八方涌向祖国，这是一支巨大的经济力量。

三

华侨不仅在捐献方面做出巨大贡献，他们还利用经济武器直接给日本以经济打击。

世界五大洲通商口岸的华人在其港口有轮船向日本运输战略物资时，往往举行罢工，阻止不道德的贸易，开展不买日货，不替日本运铁的活动。1938 年 12 月，旧金山华侨组成 2000 多个纠察队，不少美国工人、教士及爱好和平的人士也参加进来，阻止该埠轮船运输军火赴日。这一壮举，产生了巨大影

① 《新华日报》，1941 年 1 月 10 日。

② 《旅菲华侨捐款新四军》，《申报》，1939 年 5 月 5 日。

③ 《荷属东印度群岛华侨踊跃捐款汇寄回国》，《申报》，1939 年 5 月 22 日。

④ 洛起：《南侨总会会员大会记》，《华商报》，1941 年 4 月 15 日。

响,"许多往日本去的轮船,经阻止后,已不能开出。全埠的航行,有停顿的趋势。运动大有普遍于美国西部整个海岸的趋势"。①随后美洲太平洋沿岸各埠均开展了禁止运输军需品至日本之活动,有时是中美人民共同举行,如匹斯利亚港"有废铁一批,准备运往日本,多数市民闻讯之后,即结队举行示威运动,阻止装运出口,其口号为制止日本屠杀中国无辜平民","示威时并有多数中国妇孺参加其间"。②这种举动,这种抗议,打破了日本在全世界搜刮战略物资的计划。

抵制日货最激烈、最彻底的是南洋一带。这一地区数十年来已成为日本重要市场。日本仰给于南洋的原料很多,在南洋各地经营着巨大的商业,开设着各种工厂,利用种种方法攫取了马来西亚、柔佛、吉宁丹、了加奴等地的铁矿开采权,每年取之于此的铁矿砂达 150 余万吨。然而那里每一工厂的工人差不多全是闽粤两省的华侨,大部分的零卖商也是华侨。全面抗战爆发后,龙运矿山 3000 名工人不再为日本人生产制造杀害自己同胞的利器,举行罢工。该矿厂不得不宣布倒闭。麻埠、巴抹巴辖、柔佛、新山等地的日人矿山,也完全陷于停顿。新加坡发动的大规模"抵货"运动,风声所播,弥漫全马。

"抵货"运动以商会为执行的最高机关,而以广泛的群众为推动力量。凡私卖日货的商店,都要被处罚,罚金自法币 300 元至 2000 元不等,所有罚款,都拨充救国捐款。这一措施执行得非常严厉而有效。无数救亡的爱国青年,整日活跃于城乡各地。在山邑,他们在热闹地区讲演、演剧、唱歌、壁报、漫画贴遍了任何一个角落。在码头上,如发现一批日货到了,立即调查承购的商店,先给以书面警告,随即到商会去告发,请执行罚款,商会即派代表去和该商号交涉,如该商号老板置之不理,那商号的招牌便马上被群众扯下来,涂上黑煤油,这个商店的买卖也就做不成了,无人再去买他的东西。如仍执迷不悟,便有被割去耳朵的危险。1939 年 2 月 26 日路透社通讯说:"两星期内,新加坡华侨 4 人被割耳,内有二起系同夜发生,闻华侨秘密团体决定使新加坡全体华侨一致采取强硬反日态度,采取割耳行动,以为警戒。"③至 1939 年,尝过这种滋味的在马来西亚已有二三十人。暹罗一些有血性的青年也组织了秘密

---

① 《侨胞在开展援华制日运动中的作用》,《新华日报》,1938 年 12 月 23 日。

② 《新加坡华侨抗日情绪》,《申报》,1939 年 2 月 27 日。

③ 《新加坡华侨抗日情绪》,《申报》,1939 年 2 月 27 日。

团体,监视奸商的不法行为,对情节严重、不听劝告的,采取直接行动,"所以抗战以来,奸商的耳朵被割,或面部被砍,或甚而至于生命被结束的,已成为数见不鲜之事"①。

"抵货"运动产生了巨大的效果,新加坡英国商会委员会向英国海外贸易部提出的报告说,以 1937 年和 1938 年作对比,日本贸易受到重大打击,日本在世界市场上损失最大的,以英属马来西亚半岛为第一位,约减少 75%。"马来群岛华侨甚众,厉行抵制日货颇著成效,日货输入马来群岛者,其价值以新加坡货币计之,在 1937 年为 40482000 元,至 1938 年即已减至 12426000 元,其中煤炭减去一半,水泥减去 2/3,石棉自 1229 吨减至 1 吨,棉纱与棉织品价值自 7406000 元减至 2787000 元,毛织品价值自 652000 元减至 218000 元,丝织品价值自 3492000 元减至 1021000 元,钢铁与钢铁制品价值自 3361000元减至 305000 元。"②菲律宾侨胞"对于仇货不贩不卖不运,给予敌人以致命的打击,就海关数字稽考,日本运菲的面粉、鱼类、棉织品大为减少,日本在菲的百货公司因此不支倒闭"。③自抗战开始至 1939 年底,两年半中,日本对南洋群岛的输出一落千丈,日本大藏省哀叹对南洋的输出已不及战前 1/3。日本从马来西亚输入的铁矿减少达 90%以上。以经济侵略为主的三菱洋行和三井洋行,遭受沉重的打击,先后宣布倒闭。

四

为了祖国的解放,华侨将资金和技术带回中国,以开发资源,充实经济力量。国民政府此时也极力吸收华侨资本,1938 年颁布了非常时期华侨投资国内经济事业奖励办法,1939 年 5 月又加以修订,欢迎华侨投资,开发宝藏。其中较有影响的,如马来西亚华侨领袖陈嘉庚与掸国华侨领袖陈守明等联合其他各地侨商,投资 500 万元,组织华西垦殖公司,从事各种农、矿业的建设。以虎标药品发迹的华侨巨子胡文虎曾组织滇边实业考察团,聘请探矿专家,配备最新式探矿机,在思茅附近探矿。他还建立滇边华侨实验模范区,其面积有

① 鲁君:《暹罗与暹罗华侨》,《大公报》,1939 年 8 月 13 日。

②《马来西亚华侨抵货著效》,《申报》,1939 年 7 月 27 日。

③《菲岛侨胞爱国热》,《大公报》,1939 年 1 月 9 日。

10 余县之广,金、银、锡等矿产资源极为丰富。①他还和国内外实业界合作,集资 1000 万元,于 1941 年在重庆创设中国开发公司,经营农工矿各种实业的港华实业公司,系南洋华侨所组织,之前在荷属东印度、马来半岛等地多设有分公司,并有工厂,经营树胶事业,因感祖国抗战,实业亟待开发,便在昆明、重庆、贵阳、上海设立 4 个分公司,先办理进出口贸易,在当地树立根基后,即着手经营工矿业。②

为了祖国的解放,海外华侨派了许多专门技术人员回国,帮助建设。如新加坡组织机器工程回国服务团,一行 25 人,于 1939 年 3 月 22 日抵达云南。又如,菲律宾等地有 200 名汽车司机、50 名内、外科医生,特别是巴达维亚救护队有 9 辆救护车和 7 名医生,还有两位荷兰人,一起到湖南、广东前线服务。③菲律宾侨胞还组织回国服务团,第 1 队 6 人,于 1939 年 4 月 21 日抵达福州。菲岛华侨青年组织的救国义勇队回国随军服务团,大部分进入敌后。在香港组成的有义赈会青年回国服务团、远东青年回国服务团、中国青年救护队、中华救护团、惠阳回乡工作团、东江回乡服务团、琼崖回乡服务团等。还有一支华侨西北服务团,他们把带回来的救护车一部赠给八路军,一部赠给新四军,驾驶其余的一部,从九龙半岛一直驶到延安,全程 3500 多公里。随后又到了晋东南,并深入到许多游击区的腹地去。在延安这座城市有不少回国的华侨,他们是踢开了抗战的绊脚石后实现自己愿望的。

华侨义无反顾地支援抗战,时常受到所在地当局的限制和阻难。英国海峡殖民地总巡抚赖得对此供认不讳,他说:"在过去一年中,海峡殖民地之华人及在海峡殖民地出生之华人,事实上已成帝国公民,因为爱国心的驱使,常对中国表示同情与支持,常做种种示威运动及抵制日货之运动,常与殖民地警务人员发生冲突。颇使殖民地政府陷入为难之地步。"④更严重的是,暹罗亲日排华,1938 年 2 月曾在一夜之间大捕华侨 1 万人左右,后因曼谷所有拘留所毫无容身之地,始行罢手。此 1 万左右的被拘华侨,后来只有一部分保释,其余一概被解出境。这种排华行径,未能镇压住华侨爱国之心和爱国行动。1939 年"七七"献金,就有 140 多万元,由华侨、广东两银行代收捐款。对少数

---

① 《侨胞胡文虎先生最近的救国抗战》,《华侨先锋》第 1 卷第 8 期,1939 年。

② 《海外华侨热烈拥护祖国抗战》,《申报》,1939 年 4 月 1 日。

③ 《林禄如谈华侨状况》,《新华日报》,1938 年 12 月 12 日。

④ 《申报》,1939 年 8 月 16 日。

贩卖日货的华侨奸商,则课以献金的制裁。暹罗当局对此极为恼火,搜查华人团体各会馆及商会,7月27日更搜查华侨、广东两银行,掠去大批赈款收据,说他们不应该收汇侨胞的献金和捐款,日本的特务机关还开了一张华侨重要爱国分子的名单,命令暹政府逮捕,非法被捕的达3000余人,华人报馆全被封闭停办,华人学校40余所被查封,造成华侨社会风声鹤唳,迫使华侨纷纷回国,移居云南等地。

在海外因抗日而受到迫害,这是华侨所能预料到的,而未曾预料到的是国民党内的顽固分子制造摩擦,分裂华侨阵线。吴铁城被派到南洋,由香港而至菲律宾、荷印、新加坡、马来西亚等地,到处游说,拉帮结派,攻击陈嘉庚和南洋总会及所有进步人士,原因是他们为共产党说了好话,抨击了重庆政府的腐败。南洋华侨不畏威胁,不为利诱,痛斥少数民族败类,继续坚持抗战大业。1941年3月底,南洋华侨筹赈祖国难民总会举行首次会员大会,有46个单位、156人参加,他们不分党派,不分帮别,不分贫富,不分长幼,坚决拥护陈嘉庚连任主席,绝对一致热诚接受陈嘉庚一向所坚持的团结抗战的主张。在日本占领南洋以前,南洋华侨始终是援助祖国抗战的坚实力量。

原载《近代史研究》,1999年第6期

抗日战争时期我国西南、西北交通运输开辟的历史

　　武汉、广州失陷后,我国工商业大都会大多沦陷,对外交通受阻,往来贸易基本断绝。日本认为中国出入口贸易已经无法进行,也不能得到国外军火,已可置中国于死地。它没有料到,中国在自己的西北地区迅速开始了经济建设,建立起运输网络,交通线也打通了。

　　中国东西部差别很大。东部沿海地区在近代有了长足发展,而西部地区地广人稀资源丰富,很少发展。从唐宋以来,处于停滞状态,东西部之间似乎有一条鸿沟。战争改变了这种状况。沿海地区沦陷后,中国的经济活动一是转向敌后根据地,一是转向西部。那时有一个响亮的口号是开发西部特别是开发西南。西部地区从沦陷中苏醒了。这是以往历史从未有过的事情。

　　原西南国际交通大动脉的滇越铁路,属于窄轨。从昆明到宜良以后,进入哀牢山脉,车依着南盘江走,两岸都是石山,中间夹着一道湍急的滔流。山洞渐渐多了,每经过 1 公里和 500 公尺甚至 300 公尺就是一个涵洞。1939 年是滇越路最繁华的时代。那时专运军火及国营矿产、桐油等出口,日用品的进口统统由这边经过,每日出入国境线的驼马多以千计。

　　随着军运和商路的畅通,西南各海关如蒙自、龙州、腾越、思茅等成为重心,战后输出反较战前增加。大批桐油、茶叶、动物及农作物产品、矿砂、纺织纤维等,由以上各关出口,集中于香港,再转运至各国。如龙州 1938 年 8 月出口 37000 元,1939 年 2 月为 2128000 元;蒙自 1938 年 8 月为 1312000 元,1939 年 2 月为 1982000 元;腾越 1938 年 8 月为 171000 元,1939 年 2 月为 606000 元;思茅 1938 年 8 月为 3421000 元,1939 年 2 月为 4460000 元。1939 年全国对外贸易,进出口均见增加。1938 年进口为 886199569 元, 出口为 762641058 元。1939 年进口净值 1333653896 元, 出口土货净值 1027246508 元。[①]其中对美输出激增,占第一位。

---

① 《申报》,1940 年 1 月 22 日。

中国边境城市河口,人口约 5000 余人,80% 为广东人,其余为云南人和越南人。个旧的锡、普洱的茶,以及其他省的土产,大都从这里输出,洋货也多于此转运各地。该路是法国为侵略越南,于 1909 年建成的,此时成为输入军火支持抗战的交通要道。据当时报载:"从滇越路输入的军火,计有英、美、法、苏 4 国的。各国都把中国订购的军火,从海道运至越南,再由海防起卸,装至滇越车上,越过万重山峦,到达昆明。"苏联的重兵器除飞机外,在华南战事爆发前,一部由香港转运,一部由海防转运。现在则全部依靠这条铁路了。日本《朝日新闻》曾论及滇越路,谓中国现在除掉苏联的新疆线以外,要再找一条能够满足他欲望的路线,就只有云南的滇越线了。这条在海防起岸而转入中国的军输品运输路径,将成为中国获得外国军火的最优越路线了。因为外国军火到了海防, 只要费 3 天的时间就可运至昆明而转运至中国的抗日战线。"军火及军需品到了昆明,必须经过公路运到前线,在这条公路上,每天有美国和苏联的大规模运货车,载了累累的军火向前线去,这是够让人兴奋的。"①但是,这条国际路线于 1940 年 9 月越南陷落后中断了。

事实上,1939 年滇缅和西北两路建成,逐渐成为主要的运输线。

滇缅路起自昆明,贯通滇西横断山脉,直达中缅交界的畹町,而后分道抵达伊洛瓦底江之八莫, 南通缅甸铁路之腊戍, 全长 1140 余公里, 中国境内 900 余公里。这是 13 世纪马可·波罗返回欧洲时所走的路线。1937 年 8 月 15 日,云南省政府主席龙云和蒋介石商议修筑滇缅路,费用由地方负责,中央政府交通部予以补助。龙云一面电商交通部会同办理,一面饬令沿途各县立即动工,限 4 个月内完成。该路由昆明经安宁、禄丰、广通、楚雄、镇南、祥云、弥渡、风仪、下关、大理、漾濞、永平、云龙、保山、龙凌、潞西,至滇缅交界的畹町,沿途多崇山峻岭,急流大川,桥涵石砌,工程异常困难。公路总局会办杨文清与各方面商议,决定分两段毕行,动员大批工程师和 20 万工人修筑。按照世界公路建筑标准,路面宽度为 3 种:甲种 12 公尺,乙种 9 公尺,丙种 7 公尺。滇缅路按 9 公尺标准修筑。中央交通部先后拨款 320 万元,1939 年 2 月又由中美桐油借款协定 2500 万美金,大半用于维持滇缅路,从而解决了修路的经费问题。该路由昆明至下关段,长 40 余公里,虽于 1935 年完成通车,但因经费困难,沿途桥涵多用木料建造,且自禄丰以下未铺填路面,一至雨季便道路

① 杨公怀:《军运频繁的滇洄路》,《申报》,1938 年 11 月 20 日。

泥泞,汽车无法通行。为图长久之计,1938 年对该段所有未铺路面 300 余公里、木质桥涵约万座,分别铺填改造。其中最大的工程,当属禄丰至平浪 20 余公里,大半以石砌,用费较多,先后耗时两年始完成通车。由下关至畹町,长约 550 余公里,自 1937 年 12 月动工,至 1938 年 5 月土路和便桥便洞大体完成通车,以后陆续铺填路面,修整路基桥涵,为时 1 年,沿途各处每天都有十数万民工在路上工作。其中沧江、潞江两岸之石砌,及潞江、沧江、漾江之桥梁为此段最大的工程,所修的功果桥和惠通桥,每桥长 250 英尺,惠通桥离水面最高 30 英尺,功果桥则离水面甚低。全路桥梁 89 座、涵洞 1959 个,各新桥梁均能载重 10 吨以上。最险要处是距下关 60 公里的地方,最大的倾斜度为 8%,最短弯角之半径为 50 公尺,最高处海拔达 8520 公尺。这一艰巨的工程,是沿途各县 300 万以上民工修筑完成的。他们都自备粮食,昼做工夜露宿,无论如何艰苦,均努力从事不懈。所以,1939 年全路告竣,举世称赞。美国《芝加哥日报》驻华访员史蒂尔曾经过滇缅公路全程,称该路为“现代工程最可惊异的伟绩之一,建造后的雇佣苦力 16 万人之多”。①英国《泰晤士报》访员途经该路后,著文详述对于中国工程良好成绩的印象,对华人的决心和毅力,表示无限敬佩。文章讲:“中国境内由下关至边境之 367 公里公路,于 1937 年 10 月开工,该处之高度在海拔 2000 尺到 8000 尺之间,但历时 14 个月,已建成竣工,可供较轻车辆之交通矣。该公路以由龙岭至萨尔文山谷之一段为最恶劣,须经过 1800 尺之山岭,有险峻之斜坡与弯道,公路之外侧更临深达 2000 尺之陡峭山壁,目下在此段公路中已费去无限之人工,但终因地质关系,常发生山崩情事。横跨萨尔文山谷之吊桥,高达 280 尺,预于最近完工,现已重新改造,以供较重车辆之通行。”②当局以该路崎岖,司机人员非富于经验不能胜任,而国内缺乏此技术人才,故函电南洋华侨总会代募司机及修理人员 3000 人,由越南入滇,略受一两个月军事训练,然后派往该路及西南各线服务。1939 年 4 月 16 日《申报》曾登载:“《泰晤士报》仰光访员电称,近有华人货车驾驶员与机匠 400 人,由马来爱国华侨捐资遣派回国服务,现已由新加坡抵仰光,将在滇缅公路上驾驶货车以利运输。此辈皆穿蓝色制服,举动敏捷,甚惹人注意。”可见滇缅路凝聚了中华民族儿女的心血。

---

① 《申报》,1939 年 6 月 24 日。

② 《申报》,1939 年 4 月 13 日。

滇缅路通车后,运输为军运和商运两种。军运由西南运输局负责,商运归滇缅公路运输管理局主持。云南汽车公司及汽车营业处之车辆,亦照旧行驶,每日往来百余辆。中国的桐油、钨矿等由此路运至国外,又沿此路从国外进口飞机、大炮、汽车、汽油等。1939年雨季,大雨倾盆造成过去未有之纪录。当时缅甸之铁路亦暂告停顿。滇缅路某12公里处发生山崩之险情达四五十起,但路上交通仍畅通无阻,大批货物照常由该路运入。一些传教士也循此路来华。不过,由于路政腐败,运输管理极为混乱,南洋华侨总会屡接华侨司机函告。1939年冬, 该会派遣对车辆和运输极富经验的刘牡丹由仰光入滇, 沿途视察。以后,南洋华侨总会主席陈嘉庚也两度赴该路视察,所得的印象是一致的。刘列举的缺点是:甲、停车站极缺乏设备;乙、卡车停站绝无秩序;丙、卡车绝无洗涤与保养;丁、各站未设经常检验卡车机车之人员;戊、各车原有修机器具不许随带;己、卡车在中途停顿,司机惨受饥寒,往往需等待两三天;庚、司机要领数角伙食费,手续繁多,消耗时间,延阻工作;辛、疾病无医等;壬、睡眠无宿舍;癸、全路无电话。刘虽将上列问题呈报昆明当局,陈嘉庚也向重庆军事委员会及西南运输当局提出意见,但积弊难改。[①]该路运输机关纷杂,有西南运输处交通部、中国运输公司、红十字会贸易公司、资源委员会等。各机关自立门户,司机人员亦各自招牌。卡车在公路行驶。多不遵守行车规范,任意左右,过速不肯避让,甚至横据道中,阻塞他车,以快己意。由于屡生惨变,翻车损失和物品牺牲不可胜计。卡车寿命通常可用七八年,而在滇缅路上只用六七个月。自1939年夏迄1940年冬,不足一年半,新购卡车3000辆,损失已2000辆,实际可用仅1000辆,这就使积存于缅甸仰光、中国香港、菲律宾的物资迟迟不能运入,滇缅路也未能充分发挥应有的作用。

中苏之间的公路,通称西北公路。这条道路循中国古代以来的丝绸之路,横断新疆,转苏联西土铁路,18世纪以前,中国向不采取海运,而是循此路线,将生丝、丝绸、瓷器运至近东各国及欧洲各地,日本封锁中国沿海,使丝绸之路复活起来。这条干线从西安到兰州约704公里,从1935年开始修建,总工程师为刘如松,当时成立了西安兰州公路工程处,在咸阳、邠县、平凉、兰州分设了工务所,分段督导永寿、乾县、灵武、泾川、静宁、界石铺、华家岭、定西、甘草店等各工务段工程之进行,沿途各县民众日夜赶修,到1937年路基基本

---

① 《华商报》,1941年7月21日。

筑成,多为碎石路面。只有华家岭还是黄土路面,可以勉强通车。人们称之为稀烂公路。抗战军兴,苏联援助物资,急于运到中国,国民政府加强改建。至1939年始成为平坦的西兰大道。由兰州到甘肃新疆交界的星星峡,通称兰星路或称甘新路,计1350余公里。这一地区绝大部分是人们习惯上所称的河西走廊,有广阔的戈壁和沼泽地,以及随风移动的流沙,人烟稀少,如瓜州县,百里不见人烟。这条道路从兰州到红城子段也于1936年完成,约40公里。甘肃省政府设有甘新公路工程处。1937年国民党中央政府军事委员会,拨款180万元,决定修建这一公路,甘肃省政府即时组成甘新路工程总队。曹士诚任总队长,秦诚至为总队副,下设3个大队,由曹率两个大队整理由兰州至酒泉间的道路,秦率1个大队整理由酒泉至星星峡间的道路,因河西地方大部分在马步青、马步芳统治之下,马步青被任命为公路督办,他们动员了兵工及民工两万余人,就原有大道加以整修,勉强可以通车。

原有大道,即19世纪60年代左宗棠督修的陕甘新驿道,可通行马车。1938年夏起,分段改善,年底始告完成。因为苏联援华物资经过这一路线,这条道路顿时热闹起来。如安西县城聚集了空军招待所、汽油站、驿运站、工程总队等单位。这一干线在新疆境内的修筑花了两年时间,即哈密—乌鲁木齐—伊犁公路。由乌鲁木齐至伊犁的公路,是1935年由东北经苏联转到新疆的东北义勇军为主修筑的,盛世才此时表现出亲苏立场,积极支持筑路,并使之于1937年建成。七七事变之后,新疆当局又将乌鲁木齐至哈密的公路向东延伸到星星峡,以与兰星路相接,遂使西北公路通联成网。星星峡是沙漠中的一座荒山,一棵树都没有。因属于甘新两省的接合部,这里有电报局、新疆省政府办事处、哈密驻军的一个排、一个汽车站和一个招待所。另外还有一座关帝庙和一个盖氏墓。盖氏是一个伊斯兰教徒,要去内地传教,在旅途中病故于此。

中苏间的国际运输路线畅通后,从1937年10月到1939年9月,苏联援华的985架歼击机、80辆坦克、1300门大炮、1400多挺机枪,以及大量弹药,均循此线运至国民党抗日前线。苏联的汽车队,每次约三五十辆或一百辆不等。1939年6月16日,中苏商约正式签字,西北交通线上的运输更加忙碌。

国际交通线是与国内交通线联结在一起的。当局为了开发西部,不遗余力地开辟交通,建设了许多公路、铁路、航运、航空和驿运等,使其互相连接,以运输货物。

公路方面,据 1939 年春统计,西南西北公路与汽车路,包括上述两条国际路线,共 72000 余公里,汽车约 70000 余辆左右,大致每一公里有汽车一辆。公路已似蜘蛛网,四通八达,并形成五大公路网中心:以兰州为中心,计有甘青、甘宁(由兰州经靖远至宁夏)、甘川(由兰州经临洮、岷县至成都)、华天双路(由华家岭经天水至双石铺);以成都为中心,计有川康、川陕、成渝、川鄂等线;以重庆为中心,计有川湘、川黔、川滇等线;以贵州为中心,计有滇黔、湘黔、黔桂等线;以衡阳为中心,计有衡渝、湘桂、衡曲、来吉等线。此外,通陕北晋绥者,尚有成榆线,通豫者尚有陕豫线。由汉中至白河,也有公路通车。这几条路线,除衡阳一地接近战区外,其他四大中心均在西南、西北腹地。[①]当时,公路是交通的主要类型,修筑起来比较容易,所以各省都重视这一工程。以接近战区的湖南为例,战前交通比较发达,战后又不断扩充修建,从而形成七大干线:湘粤线,由长沙起,经湘潭、衡阳、耒阳、宜章至广东坪石,全长 415 公里;湘桂线,由衡阳起,经祁阳、永州至广西全州,全长 195 公里;湘黔线,经由湘潭起,经宝庆、洪江、黔阳、芷江、晃县至贵州镇远,全长 582.5 公里;湘川线,由湘乡起,经新化、溆浦、辰溪、保靖至四川酉阳,全长 550 公里;湘赣线,由长沙起,经浏阳至江西万载,全长 150 公里;湘鄂东线,由长沙起,经平江至湖北通城,全长 110 公里;湘鄂西线,由长沙起,经益阳、常德、津市至湖北沙市,全长 47.5 公里。此外,尚有常洪、沅衡、零武等 12 条支线,形成了颇为可观的公路网。西南方面筑路所以完工极为迅速,得力于旧路者不少,此等老路路床多为石条,数世纪以来,人们利用之以驱策牲畜、载人货运。兴筑公路时,将石条掘起,分置两旁,然后铺以碎石、细沙,汽车即可通行。

为增进公路运输效率,1939 年 8 月曾聘请美国公路运输顾问团薛恒、白熙、范百德等来华,视察西南各公路。该顾问团曾建议集中公路运输机关,研究公路夜间行车,对于提高运输能力,颇多切实意见。1940 年 1 月,该任务告一段落。薛恒返美,白熙、范百德留华,考察西北公路。

在铁路方面,共有新建或正在兴筑的铁路 4 条:第一条为湘桂铁路,自湖南衡阳经桂林、南宁直达今友谊关。该路分 4 段兴筑,一由衡阳至桂林,一由桂林至柳州,一由柳州至南宁,一由南宁至龙州之今友谊关。前两段约 540 公里,1938 年已建成通车。为谋军事上之运输便利起见,广西当局征集民工 20

---

① 姜庆湘:《中国战时经济教程》,科学书店,1943 年,第 186 页。

万人,日夜加工兴筑后两段路线,其中工程最巨者为南宁至今友谊关之一段,自邕宁经扶南、绥渌、思乐、明江、宁明、凭祥而出今友谊关,其路线到宁明后,另筑一支线以通达龙州。此段路线之所以绕经左江南岸之思乐、宁明,在于避去北岸之崇善、雷平、龙州一带之石山及峻岭,减轻开凿工程,节省时间经济,故以支线透出龙州接驳,唯宁明贯通凭祥之桥梁工程,亦颇浩大,且正在加紧兴筑之时,日机不断飞来侦查轰炸,影响了施工的进展。第二条为昆叙铁路,由昆明直达四川叙府,全长 774 公里,中经马龙、曲靖、宣威、盛宁、彝良、盐津等地,1939 年 8 月由昆明通车至宣威,1940 年通车至盛宁,1941 年全部通车。第三条为滇缅铁路,由缅边腊戍直达昆明全长 860 公里,1938 年初开始测量,年底动工兴筑,完成之时因太平洋战事中缅甸失守而失去作用。第四条为黔桂铁路,由广西柳州至贵州贵阳,为贯通湘桂黔渝四省的交通要道,于 1939 年 4 月开工,至 1941 年春完成 160 公里,其中由柳州至黔边之全城江一段于 3 月间已完全通车。

水道运输方面也有很大进步。由招商局与各轮船公司合组之内河航业联合办事处,与由各商埠航政局成立的内河航业联合办事处,支配着江海各轮与内河小轮之航务。截至 1941 年下半年,新开辟轮船航线 1900 余公里,木船航线 2200 余公里。过去内地水道因淤塞或水流湍急,很难通航。这时,几条重要河流都添置了机器绞滩的设备,使多年不能航行之道可以自由行驶汽船了。以四川为例,长江为最长,嘉陵江、岷江、沱江次之。长江在屏山以下通民船,屏山以上至蛮夷可通皮船。宜昌以下水量泽宏,可以通行轮船。嘉陵江自陕境略阳以下就通舟楫,在合川重庆间且通轮船。岷江自成都以下,沱江自内江以下,都可通航。其他像乌江的安全通航,金沙江的开通,都是抗战中航业交通上的奇迹。

航空事业,由中国与欧亚两航空公司添购飞机,随时依战局改变航线。西南、西北各省会都有飞机往来。如渝昆线、渝汉线、渝筑线、渝长线、渝桂线等。即使与苏联首都,也有直达航班,由重庆经兰州、哈密、乌鲁木齐而至莫斯科。

电报线路,各省也均有架设。省与省之间增设了许多联络,长途电话亦添置不少。1938 年至 1939 年 1 年间,所用之铜线超过以往 10 年间所用的总量。国际无线电,可与欧美各大都市直接通报。邮政方面,也建立了许多邮局代办所、村镇信柜、村镇邮站或信箱,新开邮路约万余里。

古代的驿运制度也在恢复。驿运不及机械化的现代交通工具迅速,但在汽油奇缺、铁路建筑工程浩大而不易普及之年代,利用人力畜力,推行驿运,以补助机械化之不足,亦不失为有效的措施。据1941年统计,抗战以后开辟的驿站,包括陆路与航运两种,干线共长29000公里,分布于西南、西北15个省区。这些新建立的驿站,对于战时运输的帮助,并不亚于其他工具。据当局公布,1940年8月至12月共4个月中,由驿站运输的物资至少在2000万左右。

随着新交通线的开辟,沉睡的中国西部开始活跃起来。

原载《近代史研究》,1999 年第 6 期

沦陷区研究

沈从文:1937年北平沦陷的一天

　　近代日本是一个富于进取的民族,也是一个富于侵略的民族,对中国一贯采取蚕食与吞并交替使用的政策,由灭亡朝鲜而占我台湾,继又占我东北,而入长城,搞"华北五省自治",进而发动卢沟桥战争,企图吃掉中国。

　　日本"蚕食"政策之所以成功,实由于国民政府首脑蒋介石的误国政策,他提出"和平未至绝望时期,决不放弃和平,牺牲未到最后关头,决不轻言牺牲"。而以其全部精力,围剿中国共产党。日本就利用他的这一危害国家和民族的思想,提出了"共同防共、经济提携"的政策,以获取更多的利益。蒋介石顺从日本的意旨,日本让他怎么做就怎么做。

　　20世纪二三十年代,为征服其他民族,日本向其他国家派遣了大量间谍。日本的大型企业、研究机构、文化交流,都在搜集情报。"满铁"调查资料表明内容涉及日本侵华和占领中国的战略策略手段、机构、人员及其演变等,内容还涉及中国政治、经济、军事、社会、文化、历史、地理、风俗、交通等。

　　日本还安插了间谍在蒋介石身边,如南选文子(化名廖雅权)潜入国民党国防部,凭色情勾引了一些国民党高官,窃取了重要情报。川岛芳子于1932年一·二八淞沪抗战后,以舞女身份作掩护,潜伏在上海,和国民党高官鬼混。时任国民政府行政院院长孙科也陷入川岛芳子组织编织的情网中。孙科以川岛为自己的贴身秘书,使其有机会窃取行政院的机密。这几个间谍与发动九一八事变和卢沟桥战争的土肥原相勾结,呼风唤雨,兴风作浪,不断制造事端,使华北陷于混乱,其魔爪伸入华北各个角落。日本对华北确立了三原则:"一、贯彻经济提携;二、以地方政权为交涉对象;三、要求中央承认华北特殊地位及权益。"[1]日本以此达到了"华北五省自治"的诡计,从"蚕食"到吞并的条件已成熟,经天皇批准,便发动了卢沟桥战争。

---

　　[1]《益世报》,1937年6月16日。

日本外相广田为其发动卢沟桥战争辩解:一是因为中国排日;二是因为中国不接受局部解决问题。上海《字林西报》对此进行了痛斥:

　　　　归咎于中国政府拒绝服从日本之力谋成立局部解决,此种似是而非之辩论,虽可使彼想象以为接受日本之主张可以免去甚大之损失与夫痛苦者之脑中发生反响,然不能欺骗世界也。日本之求区域或局部解决也,不特与其庄严表示认南京政府为中国中央政府之志愿相反,且使中国陷入难关,不得不屈服日本,任令零碎割占中国土地,而对于此种手段之结局,毫不能获其保障。假使中央政府屈从日本之条件,而将因卢沟桥发生之争作局部解决,则众必责其所发抵抗任何继续侵略中国土地之质言,乃属虚伪。因是就政治与军事而论,在何地抵抗最为合宜之问题,遂发生矣。①

　　日本在华北和上海发动了侵略战争,所散布的排日和局部解决论,绝不能欺骗全世界。《字林西报》又指出:

　　　　广田绝不悟彼非在 1932 年发言也,当时流行的辩词,大可激动人心,而今日则大异于昔,盖全世界皆能察知日本军国加于中国政治全体之压力也。例如广田抨击中国政府实行极恶之排日运动时,不幸其所指之敌,致上裂一巨洞,致不能发出动听之声,要知中国排日情感之最有效力的散播者,即为日本黩武主义之本身,与夫依时失时狂悖宣布黩武主义之意思之善于辞令的日本发言人也。

　　这样淋漓深刻的批判,剥掉了日本的画皮,使其原形毕露,侵略国这个烙印已经深透了日本的额骨,无论怎样是掩饰不了的了。

　　卢沟桥战争发展到 8 月 18 日,蒋介石始发表声明:"中国决不放弃领土之任何部分,遇有侵略,唯有实行天赋之自卫权以应之。"②这说明,蒋介石认识到这次挑衅和以往不同。蒋介石在庐山会议上始讲:

---

　　①《申报》,1937 年 9 月 12 日。

　　②《中国近代对外关系史资料选辑》(下册),上海人民出版社,第 11—14 页。

平津的存亡,就是中国的最后关头。因为平津之被侵占,则华北全局必至瓦解,我们以后就没有一处可为华北国防锁匙的地区,更无时间以从事国防的建设了。日本如果决心占平津(如果从字义上是假设,战争已开,还这样讲,不妥),则中国必全力对日本作战。①

平津沦陷,国人无不唏嘘、感叹,发出疑问:

为什么英雄的 29 军在长城喜峰口战役中,以大刀片武器战胜了日本强盗,而平津战争时却不战而退?

于是提出了这样的问题:宋哲元到底是好是坏?29 军是好军队还是坏军队?论者认为这次溃散最大的致命伤,自然还是在于它内部意见的不统一,秦德纯、冯治安是主战派,张自忠以及少数亲日分子是主和派,刘汝明、赵登禹是没用主见的。此外再加上宋哲元的优柔寡断,汉奸的挑拨,这就形成溃散的先兆。

作家沈从文时在北平,身临其境,具体而真实地写了《忆北平》一文,写出了 1937 年 7 月 29 日北平陷落的实情,刊登于 1946 年 8 月 11 日的《大公报》上。沈从文谈及北平沦陷的回忆,有三点值得提出。

第一,讲黄寺弹药库被炸时,北平军民携手救灾的情景:

民国二十六年七月,卢沟桥事变发生,北平故都沦陷前夕,城里远近炮声十分激烈,我住在北平后门外国祥胡同,约下午 4 点左右,上街探望战事消息,到鼓楼附近时,恰值城外黄寺弹药库爆炸,轰然巨响,一股黄烟直上天空,数千尺烟柱还夹杂有一堆堆紫黑火焰。街上齐集数千人不知所措。因为这个堆积物要向下掉的。若是一小部分向城里坠落,即必然将做出巨大的损害,其时宋哲元部下兵士约一连人,全是十六七岁的小伙子,正满头满身血污泥土,跟跄退入城内,群众于是全忘了本身风险,呐一声喊,即一切向前迎接上去。鼓动人的还是那一群从景山来的男女中学生,带了大饼、茶水预备劳军,也冲入队伍中,到大家混合一处时,都无话可说,每人眼中都充满了热泪。一个美国老太太,满头白发如银也

① 黄绍竑:《五十回忆》,云风出版社,1935 年,第 336 页。

插身其间,万分激动地大声说:"年轻人你们好,你们好。"说时也不觉得热泪盈眶。

作者选择几个典型事例,表述处在战争状态下军民的生活。弹药库遭炸是日本蓄意制造的,日军凭其空军优势狂轰滥炸。28日,对平郊发动总攻,南面对着南苑一带,西面在西郊一带,北面是沙河一带。据《申报》特派记者叔棣报道:

> 当天在直径不到一百里的圆圈地域内,同时发生战争的,几乎有十处左右。这一次,双方所用的战略都是非常厉害的……这一天,我们在平汉线上作战的是三十七师冯治安部下,在津浦线上的,是五十三军万福麟部下,加上冯治安之一部,向通州方面进攻的,是赵登禹部下,在南苑应战的,是成立训练不久的教导团,在西郊的是冯治安部下的何基丰旅,在沙河方面应战的,是石友三的冀北保安队。总计各处战事,我军取攻势的三路,平汉线无大胜负,津浦线上我军确曾占领丰台车站三小时。至于敌人军营,因为电网、地雷和其他防御工事太坚,冲锋十一次总没攻下。

可见战争是很激烈的,牺牲在所不计。不幸的是,一营人住在通州区西门外,被敌人吃掉,在沙河指挥作战的赵登禹,身负重伤,为国捐躯。

关于平津战争的发展,宋哲元有一陈述:

> 哲元受命主持冀察军政以来,自维责任重大,日夜兢兢,原期为华北巩固政权,为中央掩护建设,是以对平津两地之保持,曾不稍遗余力,乃不幸我军事准备未完,兵力集结未毕,而日人已先发制我,自七月七日卢沟桥事变发生,我三十七师自卢沟桥以迄八宝山一带,与日抗战二十余日,我团长吉星文受伤不退,我兵伤亡在千名以上,至二十六日廊坊事变复起,我三十八师刘振山旅驻防该地,与敌抗战,屡进屡退者数次,官兵伤亡约五百余名。同日敌复向我广安门袭击,经我守兵击退,至二十七日我通州及团沙河驻军,均受敌压迫,伤亡亦甚众。至二十八日,敌以大量飞机、战车及各种机械化部队,分向我南苑、北苑黄寺及沙河等处进犯,南苑为我军部与其各部队,及三十八师三团,由副军长佟麟阁、师长赵登禹并力指挥,与敌激战终日,是役我官兵伤亡在二千名以上,副军长佟麟

阁、师长赵登禹以身殉国,北苑黄寺一带驻军为我石友三、阮玄武两部,伤亡亦在千余以上。至二十九日,敌犯我天津,我三十八师驻津部队与敌抗战两日,伤亡亦千余名,其余军需品无算。①

战争最大的教训,记者叔棣对南苑未设防一事,进行了严厉的抨击:

二十八日,敌军进攻南苑二十九军军部所在地,该地一点防御工事都没有,驻在南苑的教导团,立刻陷于手足无措的状态。土围子在大炮、飞机轰炸下,不久就摧平了。部下找不着官长,官长找不着部下,于是这三千多名从没有作过战的教导队(他们都是高中或初中毕业的青年)就只有凭着血肉之躯,各自为战,和敌人的大炮飞机拼命了。结果,死伤了两千多,逃出的是很少的一部。而身兼教导团团长的佟麟阁,以及冯玉祥公子冯国维君,段祺瑞的孙公子段君,也跟着葬身在内。②

作者不是简单的报道,而是进行了深入的思考,使人们对战争的发展有了真实的了解。

第二,记录了 29 军撤出北平后,人心的动荡不安,对 29 军产生的希望与失望。文中说:

第二天,城外炮声全息了,人人都觉得稀奇。我依然出门探消息,只觉得街上冷清清的,一切为巷战做准备的沙包和其障碍物,不知夜里何时都已搬去,守工事的武装兵士也不知何处去了。走了半条街,只发现一顶旧军帽搁在路旁。将近鼓楼时,见街口电灯柱下有个徒手老警官,起脚在那里撕毁昨天学生贴的劳军红标语。迨走近他身边,似乎已看出我的用意,嘴角抽缩了一会儿,方轻轻地说出声来:"先生,快回家去,不要再上街。我们打了败仗,免轰炸军民,军队全退出城了。"皱纹中叠的眼角,含着两滴眼泪,恰如为了职务上的尊严勉强忍耐住,整整腰间皮带,大踏步走开了。从那群年轻士兵和男女学生市民群众的视角,从一个友邦的

①《申报》,1937 年 8 月 5 日。

②《申报》,1937 年 9 月 14 日。

老太太眼界,从那位老警佐眼角,正反映出困住北平的一百二十万中国人,如何在沉默痛苦中接受这个新的日子。

作者观察得如此细致,将历史体裁和文学笔调结合起来,文字优美,刻画的情景是很感人的。

第三,以7月29日为分界线,将北平分为两个世界,一夜工夫,北平就由美丽的城市变成人间地狱,作者沈从文跑到街上,仔细地观察到社会各阶级和阶层的动态和表情,记录下了这一悲愤痛史。还在此之前,也是一位目击者写的,其中讲道:

> 这一天(指7月29日)为什么和往日不同呢?似乎在人们的感觉上引起特殊的印象。这一座庄严的古城已经失掉美丽而可爱的面孔了,死气沉沉的,好像丧失了它的灵魂。二十九军为什么不见了?警察和宪兵为什么不见了?军用大汽车不再在大街上跑了……西单大街的沙袋已经撤了,玄武门、和平门、西直门以及所有的城门都打开了,任着人们可以自由走来走去,无论是汉奸和盗匪都在任意地活动,国家统治的力量已经失掉了,变成了无政府的状态,二十九军退却了吗?[1]

人们对29军寄予厚望,得到的是失望和绝望。张自忠是冀察政务委员会代理委员长,张原为天津市长,"日人向视张自忠为日本官员所承认的代表也。张自忠现已转至北平,开始组织并恢复从日方指挥之新制。"[2]对张自忠调至北平,有各种说法,有的说这是张自忠逼迫宋哲元离开,他来主政北平,日本就可和谈,但据《徐永昌日记》记载:

> 宋明轩处据云南苑损失太大,佟副军长阵亡,赵师长受重伤,下落不明,平津随处皆遭攻击,不得已令张自忠代理冀察政务委员会委员长兼北平市长,留赵师两团及阮玄武二团,维持平市秩序。[3]

---

① 白曙光:《北平城失陷的一天》,向愚编:《抗战文选》(三),战时出版社,1937年,第71页。

② 《申报》,1937年8月1日。转载自《字林西报》。

③ 《徐永昌日记》(第四册)(1937年1月—1938年12月),"中研院近代史研究所",1937年,第91页。

这一记述,可能符合实情。

张自忠主政北平后,受日本及汉奸的操纵,其入城之部队,多已改为保安队,每日早昏均由日人训话。张下令拆除防御工事,解除了自己的武装,令29军不战而退,29军退却了吗? 每个人心里都发生了这样的疑问,由疑问渐渐证实了:

> 人们互相疑问着,探听着,推论着,由一条大街走到另一条大街,由一个角落走到另一个角落。许多的市民都聚集在一起,有些纷乱起来,消息随着每个人的嘴,渐渐地证实了。

这位作者目击了当时的现象,洞察了人们的心理,所以写道:

> 市政府的办公员已经停止办公了,铁路工人也停止工作了。北宁、平汉、平绥已经停车了,长途汽车也不向外埠开了。许许多多要走的人都起了恐慌,仿佛有天大的灾祸将要降临到自己的头上一样,由失望而渐渐地变成绝望起来。人们预料着日本兵将要进城,竖立起汉奸的政权。当日本兵进城的时候,一定对于抗日分子实行一次屠杀,有些知识分子恐慌起来,停止了救亡工作,烧去了抗战的宣言、传单、名册、书籍,不知有几万书籍同在这一天烧毁。离开了学校,化装潜入民宅,准备着逃亡,一些小市民也感到不安起来了,他们为着一个无凭借的谣言迷惑起来,大批地搬家,在街上乱跑,没有目的沿着马路的两旁奔驰。[①]

将白文和沈文同时来看,就可以了解7月29日北平的全貌。如果当时张自忠主战,就不会出现以上的局面。

天津也是7月29日沦陷的,和北平不同的是,在日军轰炸南开大学、中学、女子师范学院等文化机关,并纵火焚烧之时,守卫天津的29军38师副师长兼公安局局长李文田:

> 不忘彼等为中国军人,负有保卫国家,抵抗侵略之责任也。通县之队伍,以此精神拒绝日本军官缴械之请求,而受日飞机之轰击,致陷于军械

---

① 白曙光:《北平城失陷的一天》,向愚编《抗战文选》(三),战时出版社,1937年,第72页。

有无不足为重之地位,但其代表中国主权,永远抵抗无勇绩,已留于青史矣,第三十八师其他队伍,亦不承认其领袖所受日本宠惠之利益,而表明一种倾向,其行为一若宁夺日人之地位,而不愿与之为伍,彼等已伸其志,而甘受不利,甚至不惜牺牲其生命,但彼等已引起一般人士注意其所抱之思想。①

李文田是张自忠的亲信,卢沟桥战争爆发,还与日军参谋长桥本群折冲多次向主和平主张,此时,彻底摧毁了张自忠的亲日政策,举起义旗,进攻占之东局子及日租界,日本驻津总领事堀内平城在给日本大使馆参赞森岛等人的电报中哀叹地说:"由于中国方面的攻击,我方处于极为危惧的状态。"②

平津沦陷,两地汉奸群弹冠相庆,江朝宗、冷家骥所领导的伪平市地方维持会出现了,张允荣、张璧、贾德跃、李思浩、齐燮元构成"冀察五政委",并由潘毓桂任"平市警察局长"。在天津,9月1日,"治安维持会"成立了,"委员长"是曹锟时代贿选的高凌蔚,"委员"有钱业善等一班人,下设四局,"总务局"为袁世凯时代的秘书长孙润宇,"公安局长"为程克时的公安局长刘玉书,"财政局长"为旧直系智囊张志谭之弟张志澂,"社会局长"为近任商会主席之王竹林。王已80多岁,乃竟出为傀儡,并兼"长芦盐务管理局局长"。司法机关河北省高等法院与地方法院,均由方若充任,办公地点设在日租界。安福系成员曹汝霖为日本成立的"联合准备银行主席",物色了几位北平著名的银行家建立起"准备委员会",真是群魔乱舞,丑态百出,民国初年军阀时期的残渣余孽又都泛滥起来。

在日伪统治下,平津暗无天日,日军残暴万状:

敌人每利用各旅店、饭馆等下流社会之侍役等,充当侦探,并收买一般吸毒之人,分赴各线刺探我方军情,故平时向无正业之地痞,更乘机大肆活动,到处骗诈,甘为敌充眼线,暗查我市民,是以反稍有反日思想或行动,经此辈汉奸闻之,即向敌方告发,因之汉奸地痞之流,随地向市民骗诈之事,比比皆是。③

---

① 《赞美三十八师不附逆》,《申报》,1937年8月1日。转载自《字林西报》。

② 《益世报》,1937年7月29日。

③ 《申报》,1937年8月30日。

枪杀居民,更属惨无人道,据当时报纸报道:

曾有人在北平南部发现民尸七具,手均反绑,其中二人之头,且被砍去,显系为日人所残杀,其他残酷行为更不胜枚举,即老弱妇女亦所不免。①

平市四郊乡间,凡敌人所至,奸淫抢掠,任意屠杀,我无辜乡民,几无一幸免。所有平市四郊及平汉、平绥、北宁沿线,敌军均构筑工事,地方壮丁,均被征去应役,及至工事完成,则此项应役壮丁,均遭枪杀。至于乡间妇女一任其奸淫轮宿,敌人每至一处,即强迫我地方征集妇女若干,供其奸用,虽年近花甲老妇或未满十岁之稚女,亦均难脱其蹂躏,所有民间水缸,均被敌用为浴盆,更逼令我妇女为其擦背,浴后即奸污之。此种情形,竟无处无之。平西门头沟西南,有一名刹,庙名潭柘寺,该处目前有西郊逃难妇女百余人,孰料竟为敌军所悉,当即全部截留,分配每三兵一妇女,全予奸淫。可怜此百余妇女被其奸毙者大半,其未毙者亦于奸后杀之。②

在天津,"日兵、浪人,极为横行,勒索钱财,强售毒品,更奸淫妇女,强架少女,城区近郊村庄青年妇女被蹂躏极多"③。日军还在和平路四面钟对面设一妓院,将捕获之妇女作为慰安妇,供其性奴役。

敌人的奴化教育也极为猖獗,北京大学、北平大学、师范大学均成为敌人的兵营,敌人在平津两市搜查行人,搜查户口,任意捕人强杀:

平市各校同学被捕失踪日必数起,最近燕京大学亦遭搜捕,一次捕去同学 28 人之多,至今生死不明。该校长司徒雷登交涉,毫无结果。④

国旗党旗、三民主义等书当即毁禁,机关学校及公共场所之总理遗像均

---

① 《申报》,1937 年 8 月 1 日。

② 《申报》旬刊,1937 年 8 月 30 日。

③ 《申报》,1937 年 10 月 25 日。

④ 《申报》,1937 年 10 月 20 日。

一律烧毁，中小学课本的内容由日人审定，被认为"有碍邦交"的，都得取缔，换上"中日亲善、东亚新秩序"的内容，各校必须开设由日人担任的日语课。在天津日租界及东马路一带居民还必须悬挂日本太阳旗。[①]日本的罪行是说不完的。今日，日本安倍晋三及其阁员参拜靖国神社，崇拜日军的"战功"，美化日军军国主义对外侵略和殖民扩张的历史，中、韩两国饱受日本殖民统治，应不断发出警惕声音，亚洲其他国家不应忘记被日本奴役的历史，就是美国也不应忘记日军偷袭珍珠港的教训，应采取实际行动予以制约。

沈文第三点讲："我们还未真正打败仗。"宋哲元发表告 29 军官兵书，就说明该军退出北平，但仍继续战斗：

> 一、我们为"中华民国"之军人，应尽护国卫民之责任，要始终贯彻我们精神，奋斗到底。二、本军现在一切已整理就绪，仍本一贯精神，照样积极动作。三、凡我官兵应知我国家已到生死存亡最后关头，我不杀敌，敌必杀我，大家应一致振作起来，本不屈不挠之精神，和再接再厉之奋斗，前仆后继，死而后已。

平津沦陷后，保定成为河北唯一政治军事中心，冯治安到保定指挥战争，于 8 月中旬，偕门致中、刘毓芬、雷嗣尚、陈继淹、王冷斋等离保定赴前方视察。外国记者盛赞 29 军的抗战精神：

> 曾至杨柳青、静海、陈官屯及津浦线以东小王庄、潮宗桥、洋闸等地，踏察前线战争实况。经过两个星期与前方士兵寝食共处两昼夜，又在以上各地与军事长官会晤多次，发现战士对敌来犯，均能以最高热情猛烈还击，尤其二十九军士兵因雌伏四载，愤激异常，虽自津变后二十五日内食宿无着，且雨后泥泞没在股际，然对援军尚能鼓其余勇，不愿换防，皆具粉碎敌军，灭此朝食之决心。

该记者还谈到他们看到民众的助战，感动得泪水夺眶而出：

---

①《申报》，1937 年 8 月 15 日。

前方民众亦皆供应如常,近因农事不忙,多至后方助军队运输及掘壕工作,当局对彼每日发工资两角,但大多数农民拒不接受,或声请以此款捐助战费。[1]

平汉、津浦战争均极激烈,平汉线的窦店琉璃河,津浦线在姚官屯、沧州等地。敌曾声称占领沧州就建立"华北国",但敌付出巨大代价,沧州一直处于拉锯战,敌之阴谋未逞。张自忠和宋哲元都曾走入日本设置的陷阱,受到汉奸的包围和戏弄。张自忠主政北平没有几天,就托病住进德国的医院,然后化装逃出北平市。当时对其离平有各种说法:

8月2日日方通知张自忠,令阮部即时解除武装,开往黄寺待命,致张赤手空拳,无法负责,旋于5日被迫离职,地方遂呈无政府状态。[2]

因日方压迫其取坚决立场对付南京,自知地位不稳,乃辞职而去。[3] 张自忠初握冀察政权,正在力求某方许可及赞助之际,江朝宗、冷家骥辈所领导之伪"平市地方维持会"亦谬然出现,双方对于政权,确曾一度争夺。同时张允荣、张璧、贾德跃、李思浩、齐燮元五人,则构成"冀察五政委",并由潘毓桂充"平市警察局长",中间曾经一度之演变。张自忠首先知难而退,但欲速行而又不可能,遂托病入某外国医院。[4]

不管什么理由,对张来说,是他觉悟走错了道路,猛然觉醒。然后参加了1938年3月的台儿庄战役,立了战功,1940年5月在湖北枣阳、宜昌地区,以第33集团军司令身份率领两个团和直属特务营2000余人,抗击15万日军,告谕自己部下:

国家到了如此地步,除我等为其死,毫无其他办法,只要我等能本此决心,我们国家及我五千年历史之民族,决不致亡于区区三岛倭奴之手。

---

① 《申报》,1937年9月5日。

② 《申报》,1937年11月2日。

③ 《申报》,1937年8月7日。

④ 《申报》夕刊,1937年8月30日。

我力战而死,自问对国家对民族可告无愧,你们应当努力杀敌,不能辜负我的志向。

5月16日,他在襄河前线,身负重伤,为国捐躯,成为一代英雄,其声名光耀千秋。北京东城有一条街,名叫"张自忠路",就是最好的说明。宋哲元也曾主和,当丰台战起时,宋出城视察,北平汉奸齐燮元、张璧、潘毓桂等开会,打算拒绝他的返平。在天津,他去拜访香月,说的是吊唁田代死的话,而担任翻译的陈觉生,把它翻译成了卢沟桥事件的道歉,遭到香月的揶揄。他从天津乘火车赴平时,日军曾重施皇姑屯的故技,未果。他受到侮辱,仍未觉悟过来,当南京中央军孙连仲指挥26路军、30军与42军及一个独立旅北上,由保定开到琉璃河、长辛店、良乡一线,与冯治安、秦德纯相见。孙都与敌军接触,敌人用战车掩护作战,我军用壕沟对付战车:

> 正逢秋收之际,遍地高粱,给我军以很大的方便,弄得敌人毫无办法,我部攻下山头,又攻入良乡城内。但南门与北门的敌军死守不退,我们火力不够强,只好撤退。这时敌人主力攻我左翼,集中所有大炮、飞机、战车,攻他们失去的山头,一日之间,我的一团人,伤亡大半,我亲自到阵地视察,用望远镜看得敌人的攻势。我决定山脚左右两边,各布置步兵一连,以防敌人之侧击,并用大部队监视敌人。①

孙部在良乡城南防守的是南北高地,与敌军展开殊死的争夺战,机械化之敌军不足惧。据当时报纸讲:

> 华北华军虽然少坦克车与飞机、重炮,然现在进行殊死战,以遏止日军自平汉路南进之攻势,日军声称,在距天津三十哩内展开之左翼,稍有前进,唯就形势察之,该方面华军抗战,极为有力,使日军不能达其包围华军之目的。日军从北平西南三十五哩之良乡沿铁路向南推进,虽有所得,然亦甚微,房山及铁路以西之附近山地,日军虽自称占领,然华军现犹扼守山冈及房山东面村庄,唯日方则谓日军占领该山后可控制山冈后面通南面之大

① 刘凤翰编:《孙连仲先生年谱长编》(第四册),"国史馆",1995年,第2267—2268页。

路,故可侧击琉璃河华军阵地。日方且预料不久可攻陷琉璃河与涿州,日军自驻期二日起,在较狭之阵线取攻势后,已在左右两翼再开血战,从平汉路西之山间,经固安而至距天津三十哩之某点,计此阵线长约七十哩,日军在此方面自称占有若干小村镇,日军渡越运河后,在最初二十四小时之恶战中,已深进四哩至九哩不等,估计华军力战以掩护退军者逾十万人,以与机械化之日军相抵抗,在掩护退军之际,常有整个中队完全战亡者,这种壮烈抗战精神,可歌可泣。据日方消息,良乡阵地之华军,系孙连仲部下,而在固安阵地之华军,则归万福麟指挥。晋省现已降雪,战事愈殊困难。[①]

战争是很激烈的。1937 年 8 月 20 日,在良乡房山区境之煤儿巷、鲁滩及平顶山北车营南梨园一带于 23 日击退日军。时敌人以步骑联合兵力向房山县边境之马各庄、羊头岗阵地猛攻,敌还向大灰厂方面向南罐 80 亩地一带进犯,我军给敌以重创。嗣以敌军炮火猛烈,我方阵地俱被摧毁,不得已乃引后退。8 月 27 日,敌板垣征四郎指挥 3 个师团之众,于 9 月 14 日,由固安方面渡永定河,永清发生激战。15 日固安失守,17 日孙连仲率部由琉璃河转进,18 日在涿州市与敌激战,9 月 2 日,徐水东西两县之前进阵地,被敌突破,24 日保定遂告失守。10 月 10 日石家庄沦陷。孙部转进赵城,嗣又移往临汾。

孙连仲是第一位指挥官率领中央军北上的。宋哲元曾希望中央军不要来,原因是蒋介石一直歧视、挤压西北军。这是他这一思想的根源。但他把这一想法让张自忠转告给日方,是大错特错的。

津浦铁路沿线的拉锯战在杨柳青、静海、唐官屯一带,敌除津驻屯军外,又增加一个师团,共 2 万余人,由香月指挥。9 月 10 日,我军已克服子牙镇王庆坨等地。平绥战争 9 月下旬在固城、凉城一带展开。敌系铃木兵团配合蒙古伪军,经过血战,9 月 13 日大同失陷,23 日丰镇陷落。

当中央军北上支援,到了石家庄时,宋哲元曾阻止其北上,并会张自忠转告日本。他想在南京与日方夹缝中求生存,但战争打破了他的迷梦,他决定到南京述职。战是生路,和是死路:

卢沟桥头的一场血战,已警醒了全中国的大众,中国是站起来了,不

① 《申报》夕刊,1937 年 9 月 17 日。

再步步退让,敌人至此大概也十分觉悟威迫欺骗已不能顺利地来完成其巧取的侵略政策。说真的:除非华北化成焦土,中国已决心用血肉来阻止敌人侵略触须。①

卢沟桥战争是复兴中华民族的烽火。《申报》特别标出:

我们要抱定国存与存,国亡与亡的决心。

德国陆军退伍中将著文讲:

最近六星期以来,中国军队在上海、北平、天津一带,从事抗战,不屈不挠,足使欧洲人士,为之惊异。②

美国名记者郝富纳称:

中国人士深知苟不欲使祖国沦为日本之殖民地,则抗战始为不可免之事实……全国不论老少,均决定不问其代价若何,决不对日本有所屈服,日本此次挑衅,就物质而言,中国虽尚未达到准备完美之境,然就心理上言之,则每个爱国人民,均已充分准备。目前全国政见,业已捐除,全国人民,均一致愿在蒋委员长领导之下,与日本拼死作战,中国士兵,已第一次知悉人民之身心均为彼等之后盾也。③

法国诗人、外交家,前驻日、美大使,曾在驻华公使馆任职多年,近在《装伽罗报》发表一文,评论中日争论:

日本对华乃武力与政治手段并用,务欲攘夺中国北部而后已,吾人倘在亚洲大陆划一直线,而以中国北部为出发端,必有一日可循此直线,

---

① 西民:《国防前线上的石家庄》,《申报》,1937 年 8 月 13 日。
②《申报》,1937 年 9 月 7 日。
③《美名记者评述近代中国士兵》,《申报》,1937 年 9 月 22 日。

自天津取道蒙古,西达西伯利亚……至北平地方,以政治言原系中国首都,以地利言则又偏处一隅,其为中国政治中心,为时甚久。过去虽曾迁移数次,终能恢复首都地位。彼侵略国用意所在,乃欲利用此种地位,以便私图,抑知称霸于中国者定必遭莫大障碍,尤其是中国文化与精神、力量整体划一,实无法予以击破,日本定必遭受无形之抵抗。而欲克服此种抵抗,则非以极厚之兵力,极大之战事不为功……任何人凡曾与中国相经过者,无不稔知中国人赋性之明敏,及其消极抵抗力之巨大。他日全世界各国,若果一致为之声援,其抵抗力量之大,自更不言而喻矣。[1]

英国报刊指出:

日本侵略中国,有如磐石上山,暂时前进,终必自坠。[2]

这就是中日战争的现实。东北是我们的,华北是我们的,台湾是我们的。中国必胜,日本必败,这就是历史的结论。

原载《历史教学(高校版)》,2014 年第 4 期

---

[1]《申报》,1937 年 8 月 4 日。
[2]《申报》,1937 年 11 月 5 日。

联合国统帅部笔下的南京大屠杀

　　最近 20 多年，中外披露和出版了颇多的日本侵华档案文献资料和著作，特别是关于南京大屠杀的史书。[①] 这些已封尘了 70 多年，有的深藏于图书馆，有的握于私人手中，有的存在于人们的记忆中，现在一并呈现出来，其目的是回应并反击日本部分朝野人士的挑衅，给全世界人们讲述一个真实的历史。

一

　　1945 年，参加对日作战的 11 个国家，组成远东国际军事法庭，审判日本从 1928 年至 1945 年 8 月所犯的种种罪行，包括破坏和平罪、战争犯罪、反人类罪。经过两年半的时间(1946 年 5 月 3 日—1948 年 11 月 12 日)，形成了《远东国际军事法庭判决书》，日本国民视为其民族英雄的统治者，都被确定为战犯，绳之以法，史称"东京审判"。日本一批政要费尽心机一直要否定这一历史，而这是永远无法改变的，历史就是历史。

　　远东国际军事法庭开始审判日本战犯之时，联合国统帅部发表了《太平洋大战秘史》[②]，这是那个时代最早问世的一部日本侵略史，是一部珍贵的史

---

　　① 此类书籍已出版者很多，如《侵华日军南京大屠杀档案》(江苏古籍出版社、中国第二历史档案馆、南京大屠杀史料编辑委员会编，1987 年版)、《南京事件资料集》(南京事件调查委员会编译，青木书店，1992 年版)、《南京大屠杀》(本多胜一集 23、朝日新闻社，1997 年版)、《南京大屠杀史料集·东京审判》(胡菊蓉编，江苏人民出版社、凤凰出版社，2006 年版)、《拉贝日记》(江苏人民出版社，1997 年版)、《南京大屠杀的历史见证》(章开沅著，湖北人民出版社，1995 年版)、《东史郎日记》(江苏教育出版社，1999 年版)、《东京审判》(梅汝璈著，江西教育出版社，2005 年版)、《南京大屠杀否定论》(南京事件调查委员会，1999 年版)、《南京难民区四百日》(笠原十九司，岩波书店，1995 年版)、《南京事件件の日々》(冈田良之助、伊原阳子译，大月书店，1999 年版)、《侵华日军南京大屠杀史稿》(江苏古籍出版社，1987 年版)等。

　　②《太平洋大战秘史》，改造日报馆，1946 年，共 101 页。

料,与两年后发表的东京判决书的观点是一致的。

《秘史》共分5章:一、第二次世界大战序曲;二、国际的火药库;三、中日战争与日本的军阀独裁;四、欧洲危机扩展到大战;五、太平洋战争。以此5个题目,刻画出军国主义所铸造的日本民族的灵魂,剖析了军国主义所倡导的日本民族主义的实质。

这部《秘史》追溯第二次世界大战之源头:从日本侵占中国东北开始的,所以开宗明义就讲:"全世界被卷入旋涡的第二次世界大战于世人不甚注意之中,竟在远东开始了。1931年间,燃烧起来的星火,逐渐蔓延,中国的民族主义与日本的帝国主义之间,发生不断的摩擦,终至酿成灼热的火焰,这火焰,就是所谓'沈阳事件'。"(该书第1页)

该书告诉世界,日本惯用的侵华手段,一是伪造事端,在沈阳郊外南满铁路上安放了地雷,并引爆之,诡称是中国游击队所为,"是对日本军总攻击的第一步,这一事件发生后,不出几个钟头,东北的日本军与朝鲜驻军,就向那由长春到大连间的南满铁路全线,开始行动了"。(该书第2页)二是不断制造伪政权,肢解中国,在东三省"采用日本命名的'满洲国'","在表面上看来,新国家是中国人的,但是政府各部的日本'顾问',却是对日本占领军司令官兼'驻满大使'负责的。'新国家'成立后,尚未满一周年的时候,日本军与'伪满洲军',就侵占了热河省,又进而占领长城,将中国军队驱逐于长城线外,使其不能侵犯这个'新国家'"。(该书第2—3页)日本并不以此为满足,接着又制造"华北自治运动"。该书突出两点内容,其一是"日本对华的侵略,逐渐实现,数次强迫中国当局,缔结协定,其内容多带秘密性质,常有经过数月或数年后方予以发表的",这是最新的一招。其二,"日本为充实新帝国的内容,在长城以外,设立了许多的公私机关,继续活动,以期前进。到了1937年春季,只要中国略一想在华北维持一点残存权益,必遭受日本军阻害,不是说与日本的'和平进驻'相冲突,就是说中国要与日本军挑战,日本侵略工作范围广泛到何种程度,真令人难以想象。"(该书第8—9页)这种叙事和判断是非常深刻的,既鞭挞了中国国民政府官员的丧权辱国,也揭露批判了日本征服者的疯狂心态。日本正是利用中国当局的畏惧心理获得了极为满意的《塘沽协定》及其附属的《秘密议定书》。在1935年至1936年间,日本对华北的经济及政治的侵略,大有进展,根据以军事行动为背景而强迫成立的"梅津何应钦协定"及1935年6月的土肥原、秦德纯协定,河北省察哈尔省的中央军及中央政府各机关,都被驱逐出境了。(该书第 12 页)其三,日本在改变着中国地图,占领了大片土地,却一再宣称"无领土野心"。看看,这段历史所展现的惊人现象,就可以了解我们民族的悲剧和耻辱是怎样产生和演变的,可以看到日本要灭亡中国的狠毒手法,已发展到无与伦比的阴险程度。从战后几十年的历史看,日本一批政要是很怀念这种犯罪的旧业的,从不反省其邪恶行为。

二

这部书高度浓缩,突出了南京大屠杀的历史,以"南京大屠杀""将校也有罪""日本的虚伪宣传"3 个标题,概述了大屠杀的全过程,留下了历史真实的骨架。

为什么会出现南京大屠杀? 该书写道:"12 月 7 日,日军开始攻击南京的外围阵地,一星期之后,日军在上海遭过华军猛烈抵抗而饱受的羞怒,就在这里爆发,而干下了可怕残忍的行为,这是近代史上最大的屠杀事件⋯⋯4 周之间,南京化为血市,肉片横飞,日兵在其中加紧发挥其狂暴性,使一般市民饱受了杀戮、暴行及其他一切痛苦。"以确凿的事实为根据,三言两语,就描述出大屠杀的起因和全景,有分析,有论断,有批判,其叙述极为切当。

日军疯狂的奸淫烧杀抢掠暴行,即使倾地狱里所有罪人之全力也不能达到。正因为如此,日本竭力封锁消息,掩盖事实,《秘史》写道:"日军深恐恐怖事件外泄,乃加紧检查一切新闻来源,但消息终于传到外界,日军纪之紊乱,节操之荡然,遂暴露无遗了。"(该书第 30 页)

日本的新闻封锁,布下天罗地网,但封锁不住正义的声音。在京外侨美、德两国人员 20 多名,无不目日军为国际盗寇,世界公敌。是以将其暴行由军舰电达上海,电达自己国家,传播到全球。[①]上海《字林西报》于 1938 年 1 月 21 日社评:"斥日军军纪驰荡,任意屠杀市民,迄最近遇难者已逾万人,自 11 岁之幼女至 53 岁之老妪,均不免玷污,被强奸者大概有 8000 至 20000 之数,抢劫事件更不胜述, 在一星期内尚有此等事件发生, 故未可诿为一时现象。"(1938 年 1 月 22 日《大公报》)这是屠城开始时所获得的信息,而京敌仍在狂

---

① 据藤原彰《南京大屠杀真相》,《芝加哥日报》的史蒂尔于 12 月 15 日从南京发出的报道《日军在南京的屠杀和抢夺》,《纽约时报》驻上海特派员阿边特于 12 月 19 日发的《俘虏、老百姓和妇女、孩子的杀害》的报道,《纽约时报》的窦奠安从 12 月 18 日以后,由汉口发出去的详细报道等。1938 年 1 月至 2 月,许许多多有关日军的屠杀行为的报道则出现于世界的报刊。

肆屠戮,遇难数字在不断增加。英国《曼彻斯特导报》记者田伯烈根据《字林西报》,并参以其南京友人①所得南京消息,也发一新闻电,被日方检扣,日军惧怕这些报道,不胫而走,传遍全球,就于当日在上海召开外国记者招待会,否认《字林西报》社评所述事实。诡称《字林西报》"恶意地夸大内容,无从证实,且兼诬蔑日军名誉"。日方未曾想到,当场引起了一场唇枪舌剑。田伯烈谓南京暴行消息均可证明《字林西报》所述无误,并质问为何要扣发他发出的新闻。日方发言人语塞,外国记者请田伯烈对南京的形势继续做详明报告,日方不允。田伯烈又询可否准许少数外国记者赴京视察,亦被拒绝。日检查官曾以电话要求田伯烈将原电撤回,遭到拒绝。日军播下的罪恶种子,是掩盖不了的。田伯烈的电文是对日军暴行最有力的控诉。原文如下:

> 自余返上海后,余曾设法调查日军在南京及其他各地残暴行为之真相,据目睹者之口述及极可靠方面的函述,日军行动的暴虐,较中世纪匈奴之残暴犹有过之②,在长江下流一带被日军残杀之中国人民,达三十万人。至于日军其他之奸淫掠夺之行为,更不胜枚举,即中年妇女,亦不免被奸。此种残暴行为,在日军占领已数星期之地方,仍极盛行,被杀之华人,亦与日俱增,此种行为,皆为日军之羞。高尚之日人闻之,皆无以自容。③

这些正义的言论震惊了记者招待会,加速了日军暴行的传播。1938 年 1 月 22 日至 23 日《大公报》,1938 年 1 月 24 日《申报》公布以上新闻。1938 年 3 月田伯烈所著《外人目睹中之日军暴行》出版。这是当时第一部系统记述日军在南京及其他各地所犯罪行的书籍,是记载日军暴虐的黑暗时代最有价值的一部史料。

日军的暴行,笔不胜书,1938 年春,已传播全世界,从日军虎口逃出的南京难民,历述日军的残酷暴行,《大公报》于 2 月下旬至 3 月初以"敌寇万恶录"

①南京友人指金陵大学教授贝德士,章开沅《南京大屠杀的历史见证》(湖北人民出版社)一书中,引贝德士 1938 年 4 月 12 日从上海发出一封信,这封信详述了田伯烈所依据的资料来源。见章著第 109 页。

②东京国际法庭起诉书中,也以匈奴之虐杀为例来形容日军的暴行,其文为"大群狂暴火把、枪刺及机关枪所肆之恐怖暴行,自西历纪元第五世纪,匈奴王阿提拉以来无可与之比拟"。

③《申报》,1938 年 1 月 24 日。

"暴敌兽行闻见录"等醒目标题,揭露日军在京沪的罪行。《申报》在同一时期,刊登了"京敌军暴行""南京痛语"等文章,历史悠久的两报留下了南京大屠杀永久的记忆,处于战乱年代,作为历史的见证者,这些陈述极有历史价值。

为使世界更多地了解日军的暴行,两报刊都以"敌在京暴行又一铁证"为题,记述两位外侨的目击见闻,一为德侨,一为美侨费奇写的一封短信,清楚地记录下日军的罪恶。德侨的叙述特别讲到的几点是:一、南京近郊作战发展之速,实堪惊人,华军指挥颇有失当之处,结果乃形成退却时,惨绝人寰的极大惨剧。二、日军夺取南京之时,即残酷屠杀之日。无辜之民众惨遭掳掠,凌迟之惨,呼天不应,呼地不灵,两周以内,各难民收容所被轮流搜索不已,自其中提赴下关执行屠戮者,数达6000以上,而中国难民,从未向日军放过一枪者,亦惨遭屠杀。日军入城时,见人即杀,掳掠时均上刺刀以行事,屠戮之惨,古今罕见;三、妇女遭受最丑恶的凌迟兽行,凡妇女之抗拒日本人者,则将其钉于墙上,剖腹示众,或以尖巨木棍刺入两腿中间,深深打入后,抛弃街上,以使其他妇女知所惧,而从顺其欲,凡属日军住处,妇女必须裸体横陈,覆以薄毯,及至不堪承受时,则掷此半死之妇女于街上,听其婉转呼号至毕命;四、日军在乡间之暴行,更甚于都市。这样批判性的论述,更可以帮助中外人士去审视日军在南京的所作所为。

一般论述南京大屠杀,多以6个星期来计算,实际上到1938年3月上旬,屠杀仍在继续。《大公报》曾以"敌仍狂肆屠戮,京中气象凄惨"来描绘这一惨景。

三

日军的暴行绝非偶然一时现象,也非仅仅是所占领的一个地区的事态,更不只是其下级士兵的放纵行为,而是其陆军有组织有计划的整体罪行。其奸淫掳掠每有官长为之首导。《秘史》用"将校也有罪"作为题目,所含的意义是深刻的,指向是鲜明的,这就接触到问题的本质,指出将校指挥屠杀抢掠的普遍性,直陈其恶魔面目:"和保定等华北敌占都市一样,南京的残暴事件,由将校煽动者也很多,也有人目睹将校亲自指挥抢劫路上商店。他们又捕获不及撤退的中国兵,四五十人捆在一起,加以死刑。这样的事件,也是将校在指挥。"(该书第30页)这和两年后远东军事法庭判决书的结论是一致的。判决书写道:"德国政府从它的代表者得到报告说,这不是个人的而是整个陆军,即日军本身的残暴行为”，并称“日军就是兽类的集团”。①日军的暴行是难以笔墨形容出来的，“妇女们在街上以及家内，到处受到暴行”，“红十字会职员也惨遭斩杀，他们的尸体堆积在他们本想来收拾的尸体上面”。“男人们被拖到医院的后院，供练刺杀之用，每两人一对背靠背地绑起来，教官在眼前指点刺哪个地方最好。”(该书第 20 页、211 页)因为有军官指挥，这就不难理解为什么整个侵略军都在疯狂行凶，为什么肆意破坏和各种暴行毫无拘束地持续不断，为什么南京屠城，死难者达 30 多万人。

《秘史》特别指出日军在华北各地的暴行，也是由将校指挥的。田伯烈在《外人目睹中之日军暴行》一书中，根据各地基督教会人士的报告，有根有据地记述了日军在保定及各地的暴行。《大公报》和《申报》此时登载了许多日军在城市在农村野蛮化的事实，保存了丰富的资料。在外国人足迹所到之地，暴行曝光较早，外国人足迹不到的地方，日军的丑行恶迹，更是一般人难以想象的，中国的媒体补充了这方面一些空白和欠缺。②

日军在京沪一带约 20 万人以上，这么多的侵略军都成了出笼的野兽，所

---

① 《远东国际军事法庭判决书》，张效林译，北京五十年代出版社，1953 年，第 456 页。

② 关于日军在华北的暴行，报刊上登载的很多，仅举例如下：

中央社记者侍桁在《战地插话》中讲：“沦陷于敌军手中的城市的人民，备尝敌军惨无人道的蹂躏。大名为敌占据后，敌军装载了 8 车的青年妇女而去，其中有 2 车是天主教堂的修道女，称‘白姑娘’。敌军怎样处置这 8 车的青年妇女，是不难想象的。敌军侵占成安时，连一般青年童子也都被他们鸡奸了不少。”(1938 年 1 月 8 日《大公报》)贯基在《敌寇在晋北的暴行》中记述：“敌军一入朔县境，便专找寻公务人员和知识分子，二三日内，就屠杀了七八百人。杀的方法，挖眼割鼻，水煮火烧，奇惨无比。对于妇女的杀害蹂躏的方法，真令人不忍述。越是识字、剪发、天足的女子，他们越不肯放过。”(1938 年 3 月 20 日《大公报》)张向远在《沦陷后的安阳》中记述：“1937 年 11 月初，日军侵占安阳，入城时从小西门入，沿小西门一带的商民，均遭惨死，某一个挂面铺竟堆积了 20 几个死尸，血流满街，腥臭四起。日军驻到乡村后，即奸淫掳掠，无所不为。老百姓以为掳掠东西，尚是小事，强奸女人，实在痛心。某村童家一中年妇人与一雇工在该村东地折棉花，5 个日军来到，轮流强奸该妇女约 2 小时，犹以为未足，又将该雇工裸体拉到该妇人身上，强迫玩耍，5 个日军拍掌哈哈大笑，尽兴而去。在丰乐镇车站奸淫一 70 岁老妪，奸后又处死，置于河中。即吊打男人，迫令寻求。”(《大公报》1937 年 11 月 23 日讯；《豫北安阳临清等地民众苦痛情形》)周立波在《晋察冀边区印象记》一书中有一文题目为《封建受难和解放》，专题记述日军蹂躏妇女的暴行，其中讲到 1937 年底，武安县长把县城献给敌人，日军司令官发出的第一道命令，要 100 个姑娘，伪县长几天之内搜索到 70 多人，还缺 20 多人，于是搜索又搜索，终于凑足了数目(周立波著《晋察冀边区印象记》，汉口读书生活出版社，1938 年 6 月版，第 70 页)。这一事实，20 世纪 80 年代，我和晋冀鲁豫边区副主席戎子和多有接触，戎也证实过。

造成的恐怖和惨状是写不完说不完的。一些人已写出了自己的见闻,有的当年参加暴行的日军也写出了忏悔录,但人们不能把每个侵略军的暴行都掌握到。根据已有资料,历史研究只能低估,不可能高估了日军的罪行。日军在人类历史上所犯的罪恶是淡忘风化不了的,曾参与制定侵华政策的日军高官堀场一雄说了一句真话:"攻占南京的结果,造成了多年的仇恨,败坏了日本军队的威信。"①

日本军国主义善于制造谣言,善于欺骗舆论。《秘史》以"虚伪的宣传"为题写出了日本所使用的伎俩,让世人更好地了解南京大屠杀的真相,洞察日本野蛮的"辉煌"和残酷的侵略。该书讲:"日军一面从事大屠杀,一面从空中散发传单说:我们对回家来的良民,给予粮食衣类,除了被蒋介石利用的人以外,我们希望和每个中国人做善邻。"这是多么漂亮的言辞!"亲善"是日本多年来高唱的语调。九死一生逃出南京的难民,信以为真,从城外回到被炸毁的自己的家园。善良的人们怎能知道这是为捕杀他们而设的圈套和陷阱。结局是,"母亲遭受了暴行,孩子在旁边哭叫着。在有的家里,三四岁的孩子,惨遭刺杀,家族被关在一室活活被烧死。南京地区的官宪,后来调查的结果,推定受辱妇女至少达两千人"。(该书第 31 页)这就是日本所宣扬的要和每个中国人做善邻的真实景象。《秘史》"以从天空中而来的甜言蜜语,也就白白地给地上部队的凶行糟蹋了"来痛斥日军的卑鄙手法。

日本侵略者所制造的伎俩不只使用于中国难民,也以这种手段哄骗日本人民,欺骗世界舆论。《秘史》讲:"除夕那一天(指 1937 年底)中国难民区的职员,被唤到日本大使馆,大使馆官员对他说,明天要举行庆祝,希望各人赶制日本旗,拿旗游行,在本国的日本人,如果看见日军怎样受欢迎,一定很喜欢哪。"(该书第 31 页)这是日军惯用的手法,每占领一大城市,就命令汉奸组织所谓的"庆祝游行",多是小孩,给以糖果。在南京所不同的是,由使馆官员直接出面组织,实是卑鄙无耻之尤。

日军的暴行,已激起世界的仇视和痛恨,为转移视线,掩盖事实,3 月里,官方的东京电台向全世界广播了这样的荒谬消息:"这样多的中国人被杀害,是不良中国人的所为,破坏私有财产者已遭逮捕,处以死刑。他们中大部分是不满于蒋介石阵营的散兵游勇。"(该书第 32 页)这样的伪造事实,能够摆脱

---

① [日]堀场一雄:《日本对华战争指导史》,北京军事科学出版社,1988 年,第 81 页。

日军的屠城罪行吗？战后，曾参与制定侵华作战的堀场一雄论述南京大屠杀时操着同一语调，只是多说了一个因素，他这样写道："攻击兵团尽管仅仅各有一部进入城内，但由于上海善战的反作用和编入了征召不久训练不足的新兵，所以出现了一些破坏军纪的情况，再加上中国溃散的散兵游勇和不良民众的无法行为。"①企图以此开脱日本军国主义的本质，挽回日本军队的名誉，这当然是枉然的。因为屠杀是有计划的整体行为，抵赖无用。《秘史》讲得好："死者无言，但日本人可以由他们自己所有的照片充分证明可怕的罪行。"

四

日军摧毁了南京，实行大屠杀，但它摧毁不了中国人民的民族意识和民族精神。《秘史》有一有力的论断："这次南京的残酷行为，终于使中国走上了抗战到底的道路。"这是千真万确的，是再贴切不过的描述。南京大屠杀促成了中国的大团结，清除了当政者许多人的苟安、非战、和平的迷惘观念，这从武汉抗战精神的形成，就可以看到。

中国执政者有了沉痛的反思，树立起了联合全国的力量进行长期抗战的思想。中国共产党提出的抗日民族统一战线实现了。聚集了武汉国民政府各机关，朝野的各政党和派别领袖，大量的知识分子和工商界人士，以及广大群众，莫不义愤填膺，要抗战，要继续奋斗，要昂然地走向抗战的道路，形成了巨大的抗战洪流。国民党感染于这种力量，1938年4月召开了临时代表大会，制定了抗战纲领，全面抗战周年之日，国民参政会成立了。国民党开放了一些空间，八路军办事处积极展开活动，《新华日报》出版了，新四军组成了，国民政府军事委员会第三厅共产党和其他党派人士参加了。各地救亡团体风起云涌，中国出现了前所未有的团结，特别是敌后游击战的普遍开展，已经出现了正面战场和敌后战场的战争形态。到1938年6月，日军在战场上丧命的已有225000人。反侵略大会代表浦立德视察中国抗战及民众组织后，获得了深刻的印象。他发表的观感，有三点颇引人注目。第一，"中国军民，上下一致，精诚团结，共御外侮，此种坚强结合，为从来未有之现象。而广大民众，亦深切觉悟抗战之重要，吾信日本之瓦解，将在征服中国以前。吾亦信最后之胜利一定属

<hr>

① ［日］堀场一雄：《日本对华战争史》，北京军事科学出版社，1988年，第81页。

于中国"。第二,"此次中国抗战以后,不但促成军政各领袖谋得密切之合作,共御强敌,同时知识分子,亦多深入民间,从事宣传工作,对于抗战力量,将有甚大的影响"。第三,"日本军队,仅占据交通道路及少数重要城市,而广大有组织的游击队,散布于郊外与乡村,时予日军以威胁中"①。英国战地通信员阿特丽②在其著作《扬子前线》③序中也称赞说:"中国的游击队并不劣于新英格兰的民团,而且中国的团结比18世纪美国十三州的联合更为巩固。"新西兰女作家威尔金笙在考察了沪粤汉各地后,盛称中国各民众团体之爱国活动,组织周密,情绪热烈。在谈到对中国抗战前途的意见时称:"渠抵华后,既悉日方之无厌野心,并见日军之行动残暴,与贵国之英勇御敌,深信贵国非仅为本国民族生存与国家独立而战,实为太平洋之安定势力,全世界之和平幸福而战。"④以上3位西方人士所观察到的,符合当时的历史现实,也可以说是中外的共识。

战争把中国动员了起来,中国人不再是一盘散沙,而且充分地组织起来,以集体力量,与世界现代化的强盗展开长期的搏斗。中国的抗战精神,再不怕屠夫的凶险,也不再怕虎狼的残暴。日本哀叹:"全中国都是我们的敌人。"经过了8年的全民抗战,终于打败了日本。南京大屠杀的首犯松井石根被远东国际军事法庭处以绞刑,谷寿夫被中国国防部军事法庭审判处于死刑。

中日两国关系中的这段历史,对两国都有深刻的教训,正确认识历史,是衡量文明国家的一种尺度。日本曾是侵略国这个烙印,无论如何也是洗刷不掉的。

原载《民国档案》,2008年第2期,第125—129页

---

① 《申报》,1938年6月。

② 阿特丽所著《泥足之日本》风传一时,为在欧洲促进援华运动,其于1938年7月上旬来中国搜集抗战史料。

③ [英]弗雷达·阿特丽著、石梅林译,新华出版社,1988年。

④ 《申报》汉口版,1938年4月26日。

南京沦陷时日军在宁沪杭地区的暴行

在近代,日本的国策曾是征服并灭亡中国,其在华屡施暴行,罄竹难书。

1937 年 12 月至 1938 年 2 月的南京大屠杀, 由于南京外侨冲破了严密的封锁,将目击耳闻送达出去,上海外人所办的报纸也一再记载,终于引起了全世界的公愤,包括德国在内的新闻舆论,无不谴责日本。

一

近代日本军人以狂妄的大和民族主义为中心,承袭了封建旧习,再加上好战嗜杀的训练,渐渐养成了残暴的习性,日本对华实行屠杀政策,并非始于南京。这是日本军国主义对外扩张所奉行的一贯政策。

从甲午战争时,日军在旅顺就大肆屠杀。九一八事变后,日军占领东北三省,用残暴的手段镇压东北地区的反日活动。七七事变后,日军在业已占领的地区,莫不杀戮、奸淫、抢掠、焚烧。这种暴行似乎成了日军占领区的伴生物和耻辱的标志。在河北、在山东、在山西、在黄河两岸、在大江南北,日军暴行举不胜举。

现就南京沦陷时,日军在宁沪杭地区犯下的滔天暴行做一披露。日军罪恶的行为无所不在,宁沪杭地区的许多城镇,都留下了日军暴行的印记。

江南地区是中国最富庶的区域,工业和农业较为发达。日军在侵华过程中,先是滥施轰炸,占领各地后又杀人放火,抢劫财物,强奸妇女,使江南昔日人口稠密的区域变成一片焦土。上海至南京间铁路沿线大小五六十个车站,无一不被破坏。沿路两侧所植的杨柳以及民有的桑树一律被砍。靠近铁路的民房也大都被拆毁。日军每到一地,便借搜索之名,将房屋焚烧,甚至用大炮轰炸村落。由上海至杭州共有大小 23 个火车站,均遭敌机轰炸,基本成为一片瓦砾。沿路到处竖立着没有屋顶的残垣断壁,田野中不见一物,所见的尽是废墟、荒田及野犬。从下列城市被毁之凄惨景况,可以看出日军在南京以外的宁沪杭地区所犯下的暴行。

先从上海县说起。该县是市县划分后一个新兴的县份,包括6个区,即闵行、曹塘、颛桥、北桥、三林、陈行。一至四区在浦西,五、六区在浦东。淞沪战争爆发后,日机每日轰炸该县数次。1937年11月14日,日军从漕河泾方面侵入县境,焚烧抢劫,无所不为。居民仓促奔走,死于沪闵和上松路上的约三四百人。妇女因遭蹂躏而溺毙在河浜中的不计其数。日军占领县城所在地北桥镇,等了3个星期仍然无人为其服役,便到处焚烧,使北桥镇成为瓦砾场。省县合办的教育实验区、职业教育社所办的农村改进区也成了一片废墟。

嘉定于1937年11月13日陷入日军之手。城内邑庙玉川桥一带,尽成白地。日军组成伪"自治委员会",设于孩儿桥弄钱宫詹故宅,其对面之济云坛,被辟为妓院。日军驻扎者有协坂部队、小林部队等数千人。[①]日军巡逻队常至县城附近村落,搜索抢劫现钞、衣被、粮食、鸡鸭等,使农民难以为生。

太仓地处锡沪、昆太、太浏3条公路交汇点,是一座军事重镇。1937年11月11日,日军循锡沪、太浏公路侵入城中,假名搜索,挨户抢劫。因为中国军队突然撤退,民众避难出城时未及多带东西,这就给日军以肆行劫掠的机会。日军疯狂抢劫金银首饰、现钞、古玩、书画等。两天后,日军又胁迫大批农民进城,把抢劫后余下的东西,如衣服、器具等,令农民搬走,并用摄像机一一摄入镜头,作为掩饰其抢劫罪行的"证据"。有的农民不愿参与,就被日军用枪打死。日军占领太仓10天,见无人出来组织"维持会"为其服务,便恼羞成怒地在城内大肆焚烧。太仓的精华所在地从东门起至飞云桥止,所有的房屋几乎全数化为灰烬。随后,日军又到各乡镇和四邻村庄强奸妇女,抢劫耕牛、猪、鸡、鸭等,稍有反抗,就放火烧毁民房,枪杀无辜村民。

昆山为京沪路上的三等小县,因地理环境等因素,在军事上有着重要价值。1937年11月14日,日军占领该县,将全城主要建筑物毁坏殆尽,尤以昔日最繁华的大街破坏最甚。朝阳门至老县前,房屋所幸存者,仅万源斋书店等三四家,然亦雨漏光穿,有倾覆之势。据原居昆山东门外1938年1月由沪回昆探亲人士目睹,"昆山河内尽浮尸,秽气四溢","卫树春宅、龚义盛米行、德兴大米行、卫德兴米行、杨恒源桐油行、同泰昌南货店、蒋姓房屋(即万成丰栈

---

①《劫后江南》,《申报》,1938年2月9日。

房屋及杨姓住宅)、陶洽丰范姓房屋及杨恒源杂货店均全毁。玉龙桥无恙,桥西张信盛香山堂、陆宅、同裕顺绸布庄、救火会、马义丰绸布庄均毁。在西上岸自马姓茶馆起,至郁姓房屋止,下岸自胡万顺南货店起,至新茶园馆止,亦已成为一片焦土。绸船湾第一电力碾米厂及王志南住宅全毁,邮政汇业局仓库被毁一部分。巡视全市,仅见有四人为敌军执役而已"①。城内居民于战乱之际,都趋避四乡各镇,以角直陈墓为中心地点,但也难以摆脱日军抢掠。真义镇为昆山首镇,全镇房屋千余幢,火毁大半,满目疮痍,一片凄凉景象,昆山不是商业区域,又无工厂林立,人民生计大都依赖农业。沦陷后的农民惶惶终日不能安于农田,其耕牛多为过路日军宰杀烹食。耕牛本昆山农民耕稼之原动力,举凡犁田、播种、车水、磨谷均须仰赖畜类。耕牛缺乏,影响农事甚大。以往农事,素来是男女合作。战后敌骑纵横,女子耕耘田野经常发生危险,大都不再下田。在人力方面,也损失将半。

苏州商业繁盛,人口约 50 万人。"八一三"战后,日机不断轰炸,居民络绎迁避,至失陷时留城不满千人。龙街房屋被毁 2/5。11 月 19 日,日军循苏嘉公路由盘门入城,大肆烧杀抢掠、强奸妇女,渐及附近各乡村。不久,大队日军沿苏福公路抵光福镇。当时,苏州民众大都在该镇避难。日军司令官松井石根抵苏后,即派所设宣抚人员山本赴光福,物色汉奸,组织伪"自治会"。日人初颇属意于苏州名流张一尘和商界世擘刘正康。张、刘闻讯,当即避居山中。日军便另找汉奸为其利用,先是打开各银行之银库攫取法币,继而征发各巨室富户之细软。日军在抢掠时,曾诱使当地莠民参与抢劫,历二三星期之久,至十室九空后始已。其间,日人随军之新闻摄影班一再驱集行劫之华人,勒令表演种种抢劫之动作,由日人摄入电影,备作对外宣传资料。

无锡沦陷后,敌军即行纵火,共达 10 余日之久。罹灾区域,城厢为彩官牌楼、仓桥、打铁桥、老北门、莲蓉桥、卯桥、三里桥、北帼条、亭子桥。东段新世界至汉昌路之玉和春茶楼,新世界对面无锡饭店至交际路,玉和巷汉阳路口第一旅馆至复兴教门馆、太平巷、黄泥桥街、石皮巷口蒋、蔡、朱诸家,复兴路中山小学、大雄宝殿、中南戏院及其对面一家,并各纱厂等处。四乡则塘头黎花庄、洛社、石塘湾、堰桥、塘头桥、胡家渡、八十桥、张泾桥、长安街、南门大公馆、大房庄、南桥、东亭镇等处,均已化为焦土。日军纵兵为盗,城中抢劫时有

① 《申报》,1938 年 2 月 9 日。

所闻,四乡尤甚。在外避难者所留器物,悉被掠去。各机关、各报社所有物件,各布厂留放布匹,各商店所存货物,各旅行社之家具,均被抢劫一空。典当什物,任凭携取。各纱、铁厂五金机器等物,重要者先行抢去,其余封存,准备运往日本。丽新、协新、申新、福新、茂新各厂房被改充敌军野战修理厂。无锡西南乡之南方泉、许舍里、鼋头渚一带,本为难民区,也被抢劫。①奸淫屠杀事件,数见不鲜,城中青年妇女多逃乡间,匿于楼阁暗处,或米屯柴堆中,而被强奸者,无日无之。日军曾"向无锡'维持会'月索米 3 万石,已照办。续索营妓两千,仅允设法"。②人民遇敌军须受检查,其认为可疑者,即遭残害。

常熟于 11 月 16 日沦入敌手。日军入城时,以伪军若干为先遣队,在城内搜索。时各机关团体人员均已后撤,所余者亦急避四乡安全地带。唯小说家姚民哀,时任常熟县抗敌后援会常委,服务故乡备极努力。敌军入城时,友人劝其暂避,姚不应,谓常熟是文化之邦,我系虞人,目睹虞人奔避不遑,并无一人死节,实为人杰地灵之虞山惜,今余志已决,纵不成功亦当成仁。未几,伪军已至其所居之西泾岸,搜索至其宅,初亦不知其详,仅执之。姚乃厉声曰,汝等谅不识余,余乃本村抗敌后援会常委姚某,既被获,唯死而已。旋敌军来,遂毙之。虞城既陷,火患遂起,大东门外上塘等街,毁灭无遗。城内则市前街自牌档起至赵弄山,一片焦土。南市心、北市心亦焚毁殆尽。南门外坛上,被焚毁 2/5。统计城内居民死难者在 5000 人以上。敌军驻常熟有数千人,司令部设在中国银行。其在浜江之浒浦、福山、白茆等处亦驻有不少敌兵,以警戒对江之南通。③

江阴社会经济之活动,以纱布业为主。举凡城镇乡村工商百业,一切经济活动及金融之中心,无不以此为枢纽。战争发生后,素称繁荣的东大街、北外大街及织布工业区域,沿锡澄路之南闸、青旸大乡镇均遭轰炸焚烧,成为瓦砾废墟。东南乡之祝塘、长寿、郁家桥等处,损失也极惨重,一切社会经济建设被摧毁殆尽。日军于 1937 年 12 月 2 日午夜"由锡澄公路攻陷该县城垣后,即从事搜索,遇有形迹可疑者,立即枪杀,年轻力壮者更无一幸免。沿徽存中学之河内满布尸体。城内除吴汀路西式大厅巍然独存外,自东城门起,至东大街民

<hr />

① 《无锡成废墟》,《申报》,1938 年 2 月 16 日。

② 《大公报》,1938 年 1 月 29 日。

③ 《申报》,1938 年 2 月 20 日。

众教育馆址,均已成为灰烬。它如大昆巷、小昆巷、东横街、杜康桥、茶巷等处俱十毁八九,虹桥西大桥县湾,尚存 2/3。西门被焚。新桥至汽车站一段,南门板桥、石子街、高桥被毁 2/3。北门吊桥起至澄江桥,已无完栋。大弄口之沙泰来茶栈大厅,已毁于炸弹,损失甚巨。北门外利用纱厂及城内华澄染织厂,东门同丰染织厂机件、马达悉数被运去。现城内无一居民"。①江阴金融业极为发达,有江苏省农民银行、中国银行、上海银行、江苏银行和三家钱庄。银行设有仓栈,专办储押事宜。省农民银行仓库被焚毁者有该行附设之布匹储押处及南闸仓库之全部,月城桥仓库之一部。其储押物资被抢劫及日军搬走者有西门桥、杨库、太平镇、陆家桥、中桥、柏木桥、正东圩、璜塘各仓库。各行损害情形各有不同。中国银行于江阴工商业中执金融之牛耳,放款除商号之往来透支外,还向利用纱厂、天纶布厂、民丰新面粉厂大宗放款。三厂中天纶布厂损失最重,其他两厂较轻。江苏银行特约办理之丰和仓栈房屋全部被毁。上海银行青旸仓库之储押物,除被抢劫外,并被焚烧一部。城内济美典当铺被日军焚毁一空。江阴之织布工厂不下数百家,除上述天纶布厂外,南闸镇各厂损失最重,有瑞丰、茂丰等数家。布号营业范围大者有洽和祥、广丰及华墅之孟粹记等数家。规模较大的纱布号均与各布厂有密切联系,平时往来采取赊欠制度。战祸降临后,商业债信秩序被打乱,各纱厂损失尤巨。另外,江阴之碾米厂、油饼厂等,其规模较大者如南外之广昌元、北外之源益,以及江阴米码头著名的陆家桥各米厂,或因厂房机械被毁,或因资金无法活动,大都停业。江阴最繁盛之商业区域,在城厢为城内之东大街及北外之北大街,在乡间为沿锡澄公路之青旸、南闸等镇,以及东南乡之顾山、长泾、祝塘、华墅、后睦等乡镇。上述区域之商业,除华墅、后睦未受损失外,均被轰炸焚毁。其中,城厢内外商店于战前将商品运出者仅有日新恒、惠澄等数家。其他各商店均未搬出,致受抢劫轰炸,焚毁一空。江阴战区农民不特房屋庐舍成为废墟,且农具杂物毁损殆尽,耕牛猪鸡亦被日军食用。日军经常结队赴各乡,任意抢劫残杀。民命朝不保夕,故不能专门于农事,往昔织布副业也被破坏。民众生活惨苦不堪,尤以城厢农民为最。

常州从沪战爆发起,即遭日军飞机不断轰炸,其主要目标为戚墅振华电厂及机修厂。10月,电厂重要机械被炸毁,以致锡、宜、溧各县所用电概告断

---

① 《申报》,1938 年 2 月 11 日。

绝。11月末沦陷前数天,凡武邑火车站、商业区南北两大街、住宅区青果巷,被日机终日轰炸,全城精华几近毁灭。殆沦陷时,凡不及逃走者被杀无数。西瀛里、千秋功、局前街、钏楼下,所有最繁华的区域均付一炬。

丹阳自1937年11月25日遭日机轰炸,先是南河桥边关帝庙一带毁房屋数处,继之为中市大街江恒昌被炸起火,延烧数处。居民因此纷纷出城。被灾最惨重之处计为:中市大街东自贤桥,西至四牌楼,东门大街自贤桥以至斜桥,均成一片焦土;后街白云街一带,满目断壁残垣;麻巷门、草堰门、北河路、北草巷等处,被灾亦重,存屋无多。在东区比较完全者仅东河路,因天主堂所在地而得以幸免。西区尚属安全,虽有数处焚烧。未曾蔓延。韩景琦、刘哲民、董肖骞等住宅均遭焚损,如太平桥邑绅姜证禅住宅前段被焚,后段犹存。县政府、商会、鸣凤学校、正则女楼均付一炬。泰兴当在中市大街,未获幸免,泰裕当远在西陲,亦遭匪徒焚毁。全城精华,几近摧毁。西乡全州镇、厂庄村、柳茹村、南乡麦奚村、北乡长川村、山芋墩、王家村、前艾庙等大都焚毁,人民死难者亦众。距城5公里内之村庄,已无净土。当城中大火冲天之际,邑人大都逃集于访仙桥、延陵、黄墟等处,亦有间道奔江北香处者,在兴化人数较多,盐城、扬中亦所在皆有。①

镇江于1937年11月25日起,连遭日机轰炸3天。南门一带受灾最重。12月8日,日军由林隐路及南门入城,镇江中学和许多民房屋悉付一炬。所烧民房经山巷、鱼巷、柴炭巷、天主街、日新街、北固山为最惨。万全楼、名利栈、万华楼、中西药房等,东坞街之苏报馆、交通银行旧址、大中公司、鱼巷内之福记号、裕兴祥、源丰、乾泰恒,小鱼巷之杨万顺,柴炭乡之保保众善救火会一带,及山巷全部大六桥一带,均成瓦砾场。姚一湾之大昌丰至吉盈丰一带,小街夏芹芬、宋纬成宅一带,伯光路屠家驹住宅,宝塔路唐子斌一带,省旬路勤益村,中山路、五条街、唐一斋一带房屋,颐和山洋房、银山门之德和祥、五洲三山、天主堂、孚美街、上海银行、交通银行、元生东均被毁。各店存货及住宅应用衣物被掠一空,被害之死尸由万字会掩埋者达3000余具。

吴江本为江苏省内三等县,苏嘉铁路兴建后行经此县,从此一跃而成为军事要区。1937年11月15日,日军进至吴江县境苏嘉铁路中心点之平望,屯驻重兵横截苏州、嘉兴间的交通。17日,日军自平望出发,沿平湖公路突出

①《劫后江南》,《申报》,1938年2月12日。

浙江省境的湖兴,沿途肆意烧杀,所经各城镇乡村均遭大火,日间烽烟处处,夜晚火光冲天。此大火,延烧六七日始熄灭。昔日繁华的市镇,无一不化为瓦砾。吴江之同里、平望、盛泽、王家泾等处,无不受到日军践踏。各地伪自治会成立后,强迫居民领取良民证。盛泽良民证每个索要 10 元以上,成为伪组织一笔经济挹注的来源,也是日军特务部一笔额外收入。盛泽出产丝绸,与湖绉杭纺鼎足而立,经此浩劫,丝绸市况濒于绝境。全镇精华之北大街长庄坊等处,断壁残垣,一片焦土。

二

平湖为浙西富庶之地。沦陷时,居民仓促避难,大都暂栖于新埭等处,十分之三四远走浙东金华、永康、新登、诸暨以及湖属一带。商业荟萃之市中心,如后街、横街、东门大街、小街、官河里被炸成一片废墟,仅西门外、北门以及各小巷得免罹及。日军到平湖,最多两师团,留住不久,随到随走。先遣队抵达时,官河民众殉难者最多,河水尽赤。南河里、大南门城下,多为日机投弹炸毁。伪"维持会"成立后,又大肆搜刮,平湖遂成盗匪世界。葛词蔚家中原珍藏罕有古籍如方志之书,古玩字画也很多,均被焚毁。

松江素为人文荟萃之区,图书、民众两教育馆所藏中外书籍甚丰,私人藏品也有稀世珍品。日军进占该地区后,任意糟蹋,不特将古书珍籍弃置马厩中,且将珍贵物品运往日本,以致所有公私学校书籍荡然无存。桐庐袁爽秋所购图书,如世间罕有之经史方舆志籍多有珍存,亦被破坏。藏书楼六大间被放火焚烧。西外韩姓有祖传珍秘书籍,并有大理石插屏,苏东坡书《赤壁赋》于其上,为当时姚令仪川藩任上所得,后流传于韩氏,也被日军抢走,运到国外。松江中山路房屋倾倒甚多,节孝祠以西至秀野桥,存者无几。

嘉兴是浙西一座巨县,土地广袤,人烟稠密,盛产丝、米。1937 年 11 月 3 日,日军由金山登陆,经新丰直扑嘉兴。新丰居民猝不及防,被杀者达七八十人。西塘桥一段大街悉毁于火。城内有陆氏新建大洋房一座,市民认为安全,约十余人避难于此。日军打破门窗,居民逃入事先开出的地穴。日军架起机枪扫射,地穴中无一人生还。以后,全镇被日军劫掠一空。该地成为日军出没之大道,平嘉湖公路数百村落,焚毁殆尽。

余杭自横街大桥城门口起至葫芦桥止;直街观音弄起,奇面至宏裕布庄止,偶面至盛种德堂药号止;圣殿起至久和弄北佳弄止,及西南部尹坝一带;城内土桥城门起至育婴堂止,西至孔庙止,全部成为瓦砾。

吴兴即旧湖州,所产丝绸,闻名全国。而其东南所属之南浔镇,更富甲全国。该地沦陷前,人民多已迁走。自 1938 年 11 月 18 日至 24 日沦陷止,有日机数十架每日轮番轰炸。马军巷在统捐局一带被焚毁数宅,衣裳街自黄沙路口焚至胡锦 2 套鞋店,自三余社以西焚至仪凤桥,小西街炸损房屋极多,迥龙桥高宅对过凌宅被炸最重,北门外尤甚。11 月 24 日,日军进城时,当地军民死亡为数至少在千人以上。在朱家桥与潘家桥一段被掩埋的死尸就有 72 具。日军在城内设有 4 所妓院,敌兵士入内,限在楼下,军官入内,限在楼上。妓院内由敌宪兵维持秩序。

湖州乡村也呈现出恐怖景象。日军常出城骚扰,村民正在吃饭,就丢了饭碗四逃。有不及逃避的女人,就被奸污,青年男子则被枪杀。有时,全村的房屋被烧光,劫后的农民或因房屋被毁,或因全家失散,或因惨遭日军杀害,因而田荒地白,到处皆是。①

长兴城于 1937 年 11 月 24 日陷落。市内房屋被毁约 1/2,居民大部避迁于他处。长兴附近各镇如泗安、虹星桥、和平、梅溪等地焚毁约 9/10。虹星桥、和平被杀者各百余人。长兴城内及泗安被杀上四五百人。李家巷镇焚毁房屋十分之四五。大中兴三石俱遭焚毁。②

以上所述,只是江南部分城市的惨况,且偏重于焚毁的情况。实际上,还有许多城镇遭到洗劫,其残酷难以笔述。日军奸淫掳掠烧杀,无所不为,惨死者难以数计;妇女被污辱致死自尽者也无法统计。日军每到一地,总是挨门挨户地搜索,城内妇女虽老媪、幼女亦难免其辱;少壮男子常被肆意枪杀;或掠夺财物,勒索金钱等,稍有不遂,非置人于死地而后快。日军还在占领地大肆设立烟馆、赌场、妓院,采取一切毒化政策,以期消灭中华民族及其文化。

原载《历史教学》,1997 年第 6 期,第 11—15 页

---

① 《申报》,1938 年 10 月 26 日。

② 《劫后江南》,《申报》,1938 年 2 月 13 日。

探索华东共和国的历史地位

　　1933 年 4 月,东北抗日前线诞生了一个特殊的抗日政权,称"华东共和国",只因日军严密封锁,南京国民政府又对东北人民抗日斗争冷漠对待,置若罔闻,"华东共和国"鲜为人知。在那民族灾难惨烈,民众拼死抗争的时候,竟有此一振奋人心的抗日政权成立,是不应该被遗忘的。

一、华东共和国进入国人视野

　　要了解这一抗日政权产生的梗概,可翻阅 1933 年 7 月 23 日的《申报》。《申报》是根据东北去上海的人士所携带的伪满《大同日报》6 月 14 日至 15 日所载信息,刊登这一惊天之事的。报道的题目"异哉所谓华东共和国"虽以疑问口气出现,副标题却用三行字标明:

　　　　声明本民族自决积极抗日
　　　　采开放主义欢迎各国赞助
　　　　订定约法并决定实行民治

　　还用两千余字的版面介绍其组成和首脑人选及《告民众书》《告各国书》《临时约法》。7 月 26 日,天津《益世报》根据同一来源,以"何来华东共和国?"为题刊登这一信息。并以三行字的副标题对这一政权的性质作了明确的表述,即:"设于三省东部山中标榥抗日;声明民族自决,欢迎各国赞助;祖国收复失地后即来归。"读之令人领会其有双层含义,一是以提问表示不熟悉这个政权,一是肯定它的合理存在,其产生是必然的。这比《申报》的启示性前进了一步。随后 1933 年 8 月 21 日《中央周报》登载同一内容,题目为"可注意之华东共和国",表明对这政权有了初步的理解和认识。据 23 日《申报》载称:"东部山中抗日军及旧吉黑军组织'华东共和国'并称该共和国业以华东共和国元年名义,张贴布告,宣传反满,且发行《华东政报》登载文件甚多,以启发民众抗日。"①1933 年 8 月 14 日出版的《国闻周报》鉴于已刊出的《华东共和国约法》不够完整,乃将获得从东北归来之人士手中之全文,予以特别转载。《约法》七章,分总纲、人民、政党、政府、生计、教育、附则,共 60 条。《国闻周报》编者对此作了扼要说明和论述:

此种组织,显然因东北民众不堪日伪重重压迫剥削,经长期之酝酿而产生者,察其所颁约法,殊合近代国家组织之思潮,对于人民权利,国家义务,规定纂详,有仿照德国现行宪法之精神,而于农村矿产之收归国有、人民职业婚嫁等之新奇制度,又似有社会主义或无政府之风味,于此可鉴绝非日人宣传流荡之土匪集团所克臻。②

《约法》和《国闻周报》的说明,阐释了该政权的性质,令人认识日伪统治下东北人民的理想、意志和其强烈的民族意识。"华东共和国"坚信自己所走道路的正确性。

1933 年 10 月 10 日,《大公报》更以"东北民众成立'华东共和国'继续奋斗坚决抗日"为题,刊登了"华东共和国"致巴比塞调查团的公函。《大公报》上海记者以其尚不为人知晓,或者说媒介刚刚开始考察宣扬这个政权,做了比较透彻中肯的论述:

东北民众两年以来遭受日人之压迫蹂躏,已达极度,然反抗运动始终未已,并于本年六月一日宣布成立"华东共和国",继续奋斗,以示否认伪"满洲国"及日人统治之决心。月前巴比塞调查团抵沪时,更派专员携带公函南来,托中国领土保障同盟会转交马莱博士。该项公函钤有华东国玺,并附英法文译本,此外更有《华东共和国对外宣言》《约法》《疆域图解》《国旗图解》各一件。

媒体的报道,是人们认识东北抗日形势的钥匙,这样的记载展现在人们的面前,事情就更清楚了。

---

① 《中央周报》第 269 期,第 10 页。

② 《国闻周报》第 10 卷第 32 期,附录第 4 页。

二、建立共和国的目的

　　根据《约法》,"华东共和国"的首都设于东宁县治的中京,国旗定为绿地中缀以黄色之土星。辖区包括5个省区:中央区包括旧日"中华民国"吉林省属之东宁、虎林、密山、宝清、宁安、穆陵6县;吉东区为旧吉林东部,除中央区外之13县;黑东区为旧黑龙江省东部之11县;辽东区为旧辽宁东边18县,及韩国之西北6郡;远东区为□□暂让借之远东省。①

　　从历史实际看,所辖区域为义勇军的实际控制县,多为山区,远离大城市及主要铁路沿线。这说明1933年6月间,东北义勇军仍是一支不可忽视的力量。

　　《约法》规定:"共和国以'华东共和党'一党专政,政府的主要官员必须是党员。政府设立法委员会,设教育、工商、理财、外交四部。总司行政者称总裁,五省区之司行政者为执政。中央设军政院长由总裁兼,院内设参谋、陆军、海军、空军四部。"政府机构是完整的,但政府各部门负责人因属军事机密,尚未全部透露,仅限于下述程度:"政务总裁闻为何某,立法委员为邰某,陆军部长兼国防第四军长为高索夫(苏籍),外交部长为勒木亭(丹麦籍),理财部长为威烈谟(似为英美籍),尚有若干外籍人员。至于国防江防各军长,亦均委定,似有大规模的政治组织。"②

　　东北居住着诸多外国侨民,特别是哈尔滨为一大都会。他们对日本的野蛮侵略和统治也强烈不满,参加到这一抗日政权是很自然的,这就形成了国际统一战线。为安全计,政府中一些人的姓名公开,一些人的姓名隐蔽而不为外界所知,所以无法知道全部人选。

　　"华东共和国"发布的《告民众书》和《告各国书》中,宣称了其建国的目的。

告民众书

　　我东北民众,前苦于军阀之淫威肆虐,后苦于强邻帝国主义摧残,而使我神明贵胄黄帝之后裔,乃隶于奴使犬羊之地位。锥心泣血,握拳透爪,爰起义军,驱逐丑虏,转战经年,食尽弹绝,筋疲力尽。我东北民众,痛

---

①《国闻周报》第10卷第32期,附录第1页。

②《中央周报》第269期,第10页。

大难之未已,愤国亡之无日,于外交政治上另辟新途径,本民族自决精神,于本年六月一日,独立新国,奠都中京,命名华东。

告各国书

我中华民国之东北九省民众,感于日本帝国主义之无端压迫,以伪民意造成傀儡之"满洲国",我民众绝难承认。复感于祖国中华民国目前之孱弱,无力收复此广大之失土,爰于 1933 年 6 月 1 日,[①]本全体民众意旨,以民族自决精神,及基于国联调查团报告书之根本原则,承友邦以好意的援助,成立"华东共和国",订定《约法》,实行民治。以民族独立之精神,解决远东国际之纠纷,完成世界和平之使命。[②]

从这一陈述内容看,力陈建国的必要性、合法性和正义性,及其和东北义军所从事的事业的连贯性,没有哀叹、没有悲观、没有民族失败论,有的是自信和力量,相信未来,建立共和国是为更好地有序地组织抗日力量。这是"华东共和国"领导者的思想和内心世界。

当其时,日本认为其侵略已经成功,用了两年时日,消耗了 3 万万元巨费,已征服了"满洲",其陆军首脑部以"满洲国"的基础渐渐巩固,将其侵略军改为侵华常备军,将其常备军的半数移驻朝鲜和"满洲"。驻"满洲"兵力为 5 个师团与 1 个特别守备队。[③]日本还改编了全部伪军,掌握其全部兵权,以确保所谓"满洲国"之治安,将奉天分为 8 个警备区,吉林 4 个警备区,黑龙江 8 个警备区,热河未定。常备军总数为 108264 名。日本将 200 名官佐配置于伪军中。[④]侵华陆军以军犬监督溥仪。日本还公布了所谓"开发满洲十年计划",其魔爪已深入社会各个层面。

民族危机如此,更显示华东共和国在抗日战争中的特殊地位。

---

① 原文如此,实际日期为 4 月。

② 《申报》,1933 年 7 月 23 日。

③ 《申报》,1933 年 7 月 10 日。

④ 《申报》,1933 年 7 月 28 日。

三、义军的声威

"华东共和国"致巴比塞调查团的公函中,以见证者的身份论证了日本制造伪"满洲国"的罪行,论证了东北义勇军反抗日军的英雄伟绩,其战死沙场、为国捐躯者数十万人,在人类历史上树立了光辉榜样。全文如下:

> 1931年9月18日,日本军阀为实行帝国主义侵略手段,忽以重兵压迫中华民国之东北地区,驱逐守土之军队,而攫得各重要市,假造伪民意成立所谓"满洲国",中华东北民众之得脱出于日本军警之下者,乃与各守土军队联合,藉辽宁、吉林、黑龙江各省区东边山林之险地,以与日本帝国主义之军队对抗。北方军队仅携出不精良之武器,民众仅持其平日防匪之枪械,人多于械,于是古代之长矛大刀,亦充武器,甚至农荷其锄,工举其锤,商散其货,士运其智,与携有最新式杀人利器之暴日,抵抗凡二十逾月,为争正义人道而牺牲者,不知其几十万人。在世界民族革命史中,占空前之篇幅。[1]

通过"共和国"的函件,人们清晰地领略东北人民"九一八"后的抗日真实情景,国土沦丧,人民无不义愤填膺,这与当时报刊记载是一致的。据报载,东北民间中等以上人家,均备有枪弹自卫,少者三四支,多者数十支不等,义旗所至,万山皆应,各地义军如雨后春笋,遍地皆是,义军所到之处,民众无不箪食壶浆以迎。义军威望颇高,无论给养弹药,均乐意援助,呈现出军民一家景象。在辽南,义军总部发给民众捐物收据,以备东北收复后归偿。义勇军以坚定的爱国主义指导着自己的行动。

"华东共和国"文件公之于世,其中特别提及并肯定了义勇军的历史地位。而实际上,此前义勇军的抗日斗争又成为"华东共和国"成立的背景。

九一八事变后,"战争进入每个家庭,男妇倘不为义军,即遭日军惨杀。因之有枪者拿起枪支,无枪者练习大刀。义军可分两类:一为正式军队,即原东北军;一为民众武装,如救国义勇军、自卫军、红枪会、大刀队及众多游击队。

---

① 《大公报》,1933年10月10日。

就义勇军领导的成分讲,有的系地方绅士,有的系民团首脑,有的系绿林领导,有的系退伍的官军警官,大多数加入国民救国军组织"①。他们自觉地肩负起民族解放的重任。

各路义军首领在患难和屈辱的岁月,异口同声地表述了他们的思想。如王德林誓言"宁作奋斗爱国之鬼,不作任人宰割之奴";李杜蓄长发,非驱逐日军不剪,宣称"宁愿为国牺牲,决不奴颜屈服,决与吉林现存 22 县共存亡"。唐聚五于 1932 年 4 月 21 日举行的誓师大会上,破指以血写成誓言:"讨贼杀逆,救国爱民"等等。为唤醒同胞,为增光祖国,他们作肝脑涂地之战,与日伪周旋疆域之间,其动人而真挚的激情,推动着抗日战争不断向前发展。

四、时人笔下的共和国

"华东共和国"的出现是一件惊天动地的大事,20 世纪 30 年代,诸多出版物对这一政权从不同角度都有论述,是我们认识这一新鲜事物的重要文献。

这一政权是在东北抗日义勇军的基础上建立起来,是在义勇军的作战中成长的。和以往战争不同的是以国家的形式举起抗击日伪之旗,这就克服了以往缺乏统一领导,各自为战之弱点,表明东北境内的斗争已进入新的时期,为更有计划地开展。

从当时论述中,可以看到"华东共和国"的历史真相和显著的特点。

1937 年 10 月出版的《外交大辞典》中有"东北义勇军苦战"一目,讲:"二十一年冬,马、苏、王、李退入俄境后,郭道甫等继起抗敌,于二十二年九月成立'华东共和国'之组织。及是年秋,辽、吉、黑各地民众,相继起而抗战,并以无统一之组织与充分之接济,而不能持久作战。即在日军铁路下四年有余之今日,义勇军采取公开或潜伏而活动者,实力犹盛。"②这里指出新政权的领导者为郭道甫,肯定马占山等离开后,义勇军仍继往开来,为国家的独立而战。1936 年出版的《还我河山》一书讲道:"'华东共和国',在无力扫灭时,暂取默认态度。该组织纯为国际流氓,即在华东之义勇军所凑成,有瑞典之传教士,及前在富锦火犁公司之美国人,其地点在哈绥、哈满两路之间,密山虎林一

---

① 《益世报》,1932 年 7 月 5 日。
② 王卓然、刘达人编:《外交大辞典》,中华书局,1937 年,第 11 页。

带,现已拟定宪法,印出邮票,其政府所在地点,恐为行动不定,或时聚时散之机关也。"①这里,明确提到新的政权是一国际性的组织,有多国人士参加,隐藏于深山老林之间,游击作战,日伪无可奈何,所以只能默认其存在。让人难以理解的是,为何又定性为"流氓"组织而贬之。

对这一政权存在的价值和历史意义,1933年出版的《时代公论》时事述评《华东共和国成立》一文,是一绝好的文章。该文谈到一些历史细节,如果不了解内情是写不出来的,现录之片断于后:

> "华东共和国"已由酝酿而告成立了。观其活动之初"为避免割据领土,破坏主权之责任,故迟迟未即成立",现在真相虽未大明,但以其领导得人,在民族自决的口号下立国,在技术合作的方式下与国际周旋,组织重军事,政治重地方建设,井然有序。当此国内纷乱,边防疏懈的时会,在东北方面有这样一个新兴的组织,也未始不是新气象的表现。
>
> "华东共和国"的组织,有义勇军在内,这当然为东北的形势展开一个新的局面,其对抗的目标,又似乎是"伪满洲国",暴日姑不论,虽然,中国是否有这能力与手腕来运用这副"盾",还是问题。但平添牵制,为日伪眼中之钉,那也是必然的。观于日伪曾先之以饵诱,继之以侦察,终之以威胁,可以了然……
>
> "华东共和国"的成立,决不能固执破坏领土主权的完整之说,而忽视其意义。
>
> 不过,倘若中国忽视自己的地位与东北的形势,不予以注意与联络,时间迅迫,稍纵即逝,组织尚属脆弱,根底尚欠稳固的"华东共和国",要不是受敌人势力之胁迫,终归于溃毁,便是另受第三者的诱致,而供他人利用,过去外蒙独立国的历史,便足以作为明鉴。这关系着东北未来形势的转移,而亟待着迅捷灵敏的手腕处置的。②

这篇文章,是作者以深厚的感情写出来的,不像其他刊物,只是客观地报道"华东共和国"的存在。与其称为一篇文章,不如称其为宣言,作者忧国忧民,引用

---

① 时敏编:《还我河山》,中国自强学社,第63—64页。

② 《时代公论》第72期,"时事述评"第2—3页。

中外历史,说明国家被肢解之痛,期望南京政府利用这一"盾",收复东北失地。

1933 年《新中华》杂志刊载的《华东共和国推翻伪国计划》,也是一篇不朽的文件,其内容包括行政区划的思考;摧毁日伪的步骤;未来发展的蓝图,一定要建立众望所归的新政权等,掌握自己的命运。其文如下:

> "华东共和国"所划五区,计:一中央区、二吉东区、三黑东区、四辽东区、五远东区。此五区并非共和国确定之领域,乃为军事上暂时之划分,以便分别负责推动共和国成立之原子,不止让我中华民众,凡远东被压迫民族均经参加……其步骤分两个时期,每期定时三年。第一期将东北山地建设完成,推倒伪国组织与建设,同时消灭日本在东北一切军事政治之势力,组织真正民意国家,解放一切被压迫弱小民族。至一九三六年七月一日起为第二期,乘第二次世界大战爆发,取得参战资格,并以大战总不出三年即可结束,彼时共和国之领域,可占有现在德国两倍之大,本最大之努力,与朝鲜民众决可达到解放目的,然后即可从事建设。[1]

五、孤军奋战,力除日伪

"共和国"是在逐步实施自己的计划。1933 年 7 月 5 日,辽东义勇军歼灭桑原部队,第一次攻击安东间岛。潜伏于凤凰城的义军,活跃于沈阳以南的三角地带。营口、牛庄等地的日军时受打击。1933 年 8 月下旬,义军和日伪军血战于呼兰、哈尔滨及阿什河三角地带。整个东北地区都在战争中,这是马占山等离境后所呈现的第一次对敌进攻。媒体报道日本"对伪国治安之前途仍抱不安,谓大队出门皆有凯旋之报,小队出门则一往不返"。[2]义军善于捕捉战机,使敌胆寒。从"共和国"印刷的邮票一事,在自己占有和影响的地区通邮,展示了它的权威。

上述论述,有的是经历过"华东共和国"的人的历史记忆,有的是当时人

---

① 《新中华》1933 年第 1 卷第 16 期,第 86 页。该刊创刊于 1933 年 1 月 1 日,由周宪文、钱歌川、倪文宙等编辑,是一权威性杂志,郁达夫、巴金、舒新城等人的小说均在此刊登。

② 《申报》,1933 年 7 月 23 日。

的实际调查研究,经刊物的传播,打破了日伪的封锁,从其中可以觉察到共和国领导者的智慧状态。

可惜,南京政府不去运用这支"盾",不理睬东北人民的呼声,对东北的生存熟视无睹。在蒋介石思想中,共产党是他不共戴天的仇敌。蒋的思想世界,是坚持安内攘外政策,还加重了一条,即奢言抗日者杀无赦。在全国捕杀共产党和进步抗日人士。他自兼"鄂豫皖剿匪总司令"指挥50万大军,实施罪恶的计谋。他非常忙碌,1932年11月7日飞樊城,8日飞汉口。汉口一时成为剿共之中心,蒋介石召集军政长官训话,要求全力捕杀共产党人。江西国民党军队要求抗日,蒋说:"共匪未清以前,不谈抗日。"在告"剿匪"(区)将士书中讲:"匪且不清,何言侈谈抗日。"[①]他表白他自己的思想,不肃清"赤匪",决不回南京。

蒋介石趾高气扬,想干什么就干什么。他以丧失东北、屠杀同胞,获得了自己的"胜利"。红四军被迫离开了鄂豫皖根据地。从民族立场来讲,这不是光荣,是罪过。对东北战场未遣一兵,未发一矢,身为中国人,位居国家首领,良知哪里去了。有的学者从蒋介石日记中看到蒋自称"九一八"时很激愤,充满爱国思想,竟服膺了。对蒋的日记是不能全信的,现在只说起码是对1937年前他的抗日思想和姿态的自述。以历史论历史,应该是其所是,非其所非。蒋实际行动上是帮了日本的大忙,使日军得以肆无忌惮、得寸进尺、横行于中国,直到1937年。

当时国人对南京政府表示强烈不满,予以抨击,东北协会《告东北父老兄弟书》这样写着:

> 东北一日不恢复,我们的国家安危,民族存亡即一日没有保障。所以我们绝对认定,东北真亡,中国必亡。恢复失地,不是为个人问题,也不是地方问题,实是为卫护我中华整个民族的存在。

我们现在要郑重宣誓,在暴日未还我东北领土主权以前,国内任何方面,敢有和他同谋妥协的,皆是我们的敌人,当与国人共弃之。[②]

还有一位义勇军发表声明:"请为他们转达我们那些在南京、北平、广东

①《益世报》,1933年5月10日。

②《益世报》,1933年5月13日。

自称为领袖的人们,我们不管给人怎样的叫作东北义勇军,叫作匪贼,我们是恨死了他们!请你们想一想呢,一国政府的领袖竟然会不知道敌人怎样的在摆弄我们!打倒这些无耻的领袖。"①

中国历史上出现了一种特殊现象,东北有日伪对义勇军的"讨伐",南方有南京政府对红军的"围剿",两者相互呼应。

所幸,1933年东北战场上又出现了一支由中共直接领导的东北抗日联军。这两支大军从事着伟大的解放事业,使关东军司令武藤与关东军各首脑难以对付。经过中国举国抗战,和世界反法西斯战线的共同努力,日伪受到了最后的审判。华东共和国的愿望实现了。

"华东共和国"的历史是应纳入教科书的,这是民族的光辉遗产。②

(附说明:哈尔滨师范大学社会与历史学院李淑娟教授提供部分资料,在此表示感谢。)

原载《抗日战争研究》,2012年第1期

---

① 《不能启动的历史》,复旦大学出版社,2005年,第7页。

② 《大同日报》(1932—1945年)为伪"满洲国"机关报,创办于长春,社址在东六马路(今大马路与上海路附近),后改称《康德新闻》。郑德荣研究生黄伟查询东三省各图书馆,均未找到刊登"华东共和国"消息的1933年6月14日至15日的《大同日报》。唯在邵宇春撰写的《民族老英雄王德林》一文中[谭译主编:《东北抗日义勇军人物志》(下册),辽宁人民出版社,1987年,第30页]看到有这样的记载:"华北旧军阀官僚正与日本政治特务相勾结,从事组织'华东共和国'。"周保中撰写的《东北抗日联军第一路军第三方面军指挥陈翰章将军传略》中也讲道,陈"一九三四年初,奉命赴天津、北平进行扩大民族统一战线的政治活动。曾揭穿日本特别机关当时酝酿制造'华东共和国'的阴谋"。[政协敦化县委员会文史资料研究委员会:《敦化县文史资料》(第一辑):《陈翰章将军抗日斗争事迹》,内部发行,1984年,第2页]。从目前掌握的资料来看,这种记述显然是错误的。

抗战时期孤岛的社会动态

    上海旧称十里洋场,是外国人心目中的"冒险家乐园"。1937 年 11 月 12 日,上海沦陷,英法租界处于日军四面包围之中,成为孤岛。1941 年 12 月 8 日太平洋战争爆发,日军占领上海英法租界,孤岛不复存在。孤岛这个词,不知何人首先提出,从华军撤退后,就广泛使用起来,报纸上经常出现孤岛通讯、孤岛杂讯、孤岛见闻、孤岛文化、孤岛教育、孤岛遐想、孤岛天堂等标题。人们在通信和文章中,也使用这个词。

    租界向来被视为永远安全的乐土。事实上,既不安全,也不是乐土。

    租界当局宣称自己是中立的,实际上,它的所作所为都是顺从日本的意旨。对日本的各种要求,虽也有所不满,但最终还是做出了让步。

    1937 年 11 月 13 日,英文《泰晤士报》就刊出租界工部局总裁费信的谈话说"工部局当以全力维护租界之中立地位;同时,吾人亦须将激烈团体使之入优美之秩序,其中尤以各种反日宣传品为尤甚"。随后工部局发出布告说,凡是妨害武装军队(指日军)的人,都要移交给被妨害的武装军队,以此来保护日军的横行镇压,中国人民的抗日活动。文化界是日军首先注意的对象。日军曾开出 40 余人的黑名单,要工部局加以逮捕。工部局屈从日方,屡次警告华文报纸,称此时此地不应刺激日人过甚,否则将给予停刊一星期或一个月,乃至吊销执照处分。

    1937 年 12 月 13 日晚,日方报道部即直接发出通知,一方面,从 12 月 15 日起未经检查的新闻一概不许刊登;另一方面,各报要与检查所合作,替日方推行新闻政策。上海日报公会接到通知,立即召开会议讨论对策,一致决定不送报去日方检查,如果因此而被施加压力,便一致停刊对付之。《大公报》《申报》于 12 月 15 日毅然停刊,移其事业于内地。《民国日报》《时事新报》等也停刊了。浦东出版的《新浦东》《浦东星报》《浦东评论》等也遭到同样的命运。《大公报》在最后一天发表了停刊宣言,题为"暂别上海读者",全文正气凛然,其中讲道:我们"有一个牢固的信条,便是:我们是中国人,办的是中国报,一不投降二不受辱。哪一天环境上不允许中国人在这里办中国报了,便称是我们为上海三百万同胞服务到了暂时的最后一天。……"①可是,《新闻报》《时报》破坏了日报公会的决议案,每天送两份报纸去接受检查。该报的进步记者陆诒在"八一三"后就脱离该报,赴前线采访;老编辑郭步陶等愤而辞职,宁愿失业而保持了民族气节。而该报经理汪伯奇兄弟二人,却认为各报停刊,《新闻报》独出可以盈利百倍。但是,《新闻报》却为人们所唾弃,由销数6万余份骤降为3万份左右。1938年1月28日,该报馆还尝到了炸弹的警告。

日本驻沪陆海军当局及其驻上海总领事三浦访问工部局时,向总董樊克令提出,要肃清公共租界内的抗日分子,扩充工部局日警势力,在租界内实行大检查。日军还要求搜查各书局,禁止升"中华民国"国旗,保护汉奸组织等。这些工部局都满足了日方的要求。工部局特别探员、政治探员会同日方便衣队人员10余人,分头在四马路各书店及杂志公司搜阅各种书籍。上海杂志公司等店代售《日本间谍》一书,全数被搜去,其他各种杂志则各取一两本。由谢晋元率领的四行孤军撤至租界时原先租界答应停留10日左右,但后来对其加以种种限制,等于扣留起来,孤军400余人每天坚持高升国旗,英国人带着几卡车白俄巡警,包围营房,冲进升旗现场,要将旗杆锯掉,双方展开搏斗,互有伤亡但国旗从此不能升了。至于汉奸组织,则利用租界为据点大摇大摆地展开他们的卖国活动。

由于日军的封锁和包围,孤岛的生活也很困难,吃和住成了最大的问题。"八一三"之后,四方人口聚集于租界,外埠沦陷区的商人,亦多来沪开设新店。后来犹太人在欧洲遭到希特勒迫害,也移民于此。这使孤岛人口骤增至420余万之众。原先空闲多年的房屋,这时都住满了人。新拥进来的江浙难民,许多人就露宿街头。房地产由此也热了起来。

由于缺米,米价大涨,贩运米粮的商家因此大发其财。而绝大多数人生活极为困难。许许多多的难民都是以上海为暂时的避难处。他们不从事任何行业的生产,因战争延长,他们的财力随着每天生活的支出,渐渐地拮据起来,最后的出路就是典当东西。上海的一般市民也都在穷困中挣扎着。他们把所有值钱的东西都典当变卖,以维持生计。故孤岛的典当业畸形发展起来,1938

---

① 《大公报》,1937年12月15日。

年 11 月有 350 家当铺，日本人和俄国人也开设了几家当铺。

人们的正常生活脱离了轨道，一些反常现象出现了。租界内的旅馆业、饮食业、跳舞厅和其他娱乐场所特别繁荣，舞厅原来不过 10 家，猛然增到 27 家，其中 22 家在公共租界，其余在法租界。幻瓜在《今日的上海》一文中讲："电影院和舞场又兴旺起来，一部分的人们大概忘记了'国难'两字了。"[①]京戏院的生意也好到了极点，越剧也是这时在孤岛崛起的。以电影院所公演的电影来说，荒谬的"神怪"、无稽的"鬼魂"、低级的淫欲，可以说占主导地位。舞场则通宵达旦，纸醉金迷，有青春少年，也有龙钟老者，蹀躞婆娑其中。

人们的思想是很混乱的，日本人、汉奸、亲日派大造谣言，散布中国必败的谬论。一些无耻的文人，也出来为敌人颂扬功德，如刘敏中的《平宋录》，公开为日军唱赞歌。也有的人抗战开始时曾站在抗战营垒，南京失守后，即摇身一变，为虎作伥。街头巷尾似乎都有政论家，他们发出许多奇想。有的已超出敌人的阴谋之上。要想对中日战争进程获得正确的了解已不可能。内地的报纸刊物都是违禁品，一旦搜出，便凶多吉少。汉口出版的《大公报》和汉口、香港出版的《申报》，如进入孤岛就成为珍品。人们小心翼翼地你传给我，我传给你。日本军部办了《新申报》，一切为日方张目；《生活日报》《神州日报》《晶报》等报的基调是"宣传'和平'，主张'亲善'，反对再作'无谓的牺牲'，以悲天悯人的腔调，唱着投降的曲子"。[②]唯一能报道真实情况的是英文《大美晚报》和《华美晚报》，因不受检查，销路大增。1937 年 12 月 22 日，《大美晚报》揭发了日军在南京的兽行后，更是得到大众的拥护。隔了两天，《字林西报》也不得不登载了同样的消息，《泰晤士报》则始终一字不提。

面对这一严峻形势，中共江苏省委书记刘晓和 1937 年 9 月从陕北到达上海协助工作的刘长胜，很快恢复并重建了上海地下党组织。他们二人在上海团结一切进步团体和个人，殚精竭虑地筹划如何积蓄力量，如何开展斗争。

文化思想方面是当时的主要阵地。由孙冶方领导的文委成立了，孙冶方和梅益、王任叔、林淡秋等研究如何冲破敌人的新闻封锁，开展抗战宣传工作。左联时期的梅益一直和上海进步的出版界保持着经常的联系。中共东北局宣传部长姜椿芳 1936 年到达上海，也通过夏衍接上了组织关系。他们商议

① 《大公报》，1938 年 1 月 21 日。

② 徐铸成：《报海旧闻》，上海人民出版社，1981 年，第 26 页。

创办一份报纸,因为开办有自己的言论和新闻的公开报刊根本不可能,就决定把外国通讯社和在租界出版的外文报纸上发表的一些有利于抗战的材料翻译出版,这样既可冲破新闻封锁,又可不负政治责任。经过短时间的筹备,《译报》在上海出现了。但《译报》出版不到一个月,就被迫停刊。他们又采取由英国人经营的方式,以英商孙特司、裴士的名义在租界登记,改名为《每日译报》于1938年1月21日继续出版。《每日译报》不是完全刊登译文的报纸,它有自己的社论、新闻、专稿,还有名为"大家谈"的副刊,王任叔为主编。还出版丛书,每旬出1册,每册约4万至6万字。如华北官僚群像、女战士丁玲、中国西北新社会、中共抗战战略检讨、托洛茨基派的国际活动等。毛泽东的《论持久战》《论新阶段》两部书也作为时论丛刊由其出版。因其宣传抗日,为日方所忌,屡遭敌伪掷弹警告。但该报报格坚贞,不为威武所屈照常出版。

1938年1月25日,《文汇报》也创刊了。这是沪宁、沪杭两铁路局的一批职员创办的,带头的是江苏吴江人严宝礼。他们旗帜鲜明,报道了抗日战争的真实消息,不断抨击汉奸卖国贼的罪行,深得人民的拥护。特别是柯灵主持的副刊《世纪风》,唐、周黎庵、文载道、周木斋、巴人等为主要的作者,他们运用各种短小精悍的文艺形式,把投枪向日军袭去。[①]1938年10月10日,《申报》用美商哥伦比公司阿乐满名义向公共租界工部局登记注册,也复刊了。复刊申明"仍以正义为依归,作中国人民之喉舌,并一本以往不屈之主张,与难苦环境相奋斗"。

1938年4月,梅益等以外商名义出版《导报》,重要新闻的标题排成红色,颇引人注目。

当时,华文报纸找一个外国人出面为报馆的老板,向工部局注册,改称英商或美商报就可以不受日方的检查,这是孤岛时期的特殊现象。日军曾向工部局提出,日文报也载出狂论,要求取缔洋商报纸,而报界不受恫吓。

具有爱国思想的报纸销路都很好,《新申报》《神州日报》等汉奸报纸几乎无人过问。

到了1939年5月,租界当局和敌伪串通一气,以"宣传抗日,言论激烈"为由,扼杀了《文汇报》《每日译报》《导报》《大英晚报》。此后,挂着美商招牌的报纸继续出版。它们是《申报》《大美晚报》,还有一张由"CC分子"主办的《中

---

① 《巴人杂文选》,人民出版社,1985年,第450页。

美日报》，后来国民党地下市党部还创办了《正言报》。这几家报纸一直出版到孤岛沦陷。[①]

孤岛时期，内容比较充实而纯正的刊物有《华美周刊》《现实报周刊》《孤岛》《西风月刊》《青年学生》《时代生活》《青年大众》《杂志》《少年读物》等。胡愈之创办了一份刊物，名叫《集纳》，是摘译外国人的中文杂志，由国光印刷所出版。梅益创办了《时论丛刊》，由新知书店王益负责出版，第一期是从延安《解放》周刊和《新中华报》上选摘的。阿英和李之华创办的风雨书屋，编印出版《文献》月刊，举凡抗战建国、忠勇壮烈、国际动态、文化教育、社会生活、群众运动、沦陷区域及汉奸傀儡等各种史料，搜集无遗。1938年10月10日创刊号的内容有，蒋介石抗战言论特辑、八路军朱德总指挥论第三期抗战及陕北抗战教育生活特辑、保卫大武汉、被牺牲之捷克、九月的沦陷区、甲午之战与中国文学，以及剧作家于伶的最近创作《花溅泪》等。风雨书屋还出版了《西行漫画》，这是黄镇在长征途中的25幅速写。巴人创办了《鲁迅风》。

在出版事业中，值得提出的一是1938年《鲁迅全集》的出版，一是翻译工作特别发达，每份报纸杂志，几乎都有翻译的作品。在有些刊物上，译文的质量很好，而单行本的书中，译本比一般的创作还要畅销。斯诺的《西行漫记》、勃脱兰的《华北战线》和肖洛霍夫的《静静的顿河》，都是脍炙人口的；李健吾重译罗曼·罗兰的《爱与死的搏斗》，也颇有现实意义；胡愈之组织翻译出版的《西行漫记》，影响更大。

"八一三"抗战后，胡愈之在上海文化界救亡协会中成立了一个国际宣传委员会，任务是向国外宣传中国抗战的真实情况，争取国际上对中国抗战真实情况的了解，以及对中国抗战的同情和友好。他因此结识了不少中外进步记者，其中一位就是伦敦《每日先驱报》在远东的首席记者埃德加·斯诺。1938年春，斯诺将其由伦敦戈兰茨公司1937年10月出版的《西行漫记》即《红星照耀中国》交给胡愈之。胡和王任叔、梅益以及他的两个弟弟胡仲持、胡学恕在两个月内翻译完成，用复社的名义出版。该书第一版印了1000册，很快售完，接着又印了几版，成为最畅销的书籍，对中国文化思想界影响极大。许许多多的人是读了这部书认识并崇拜中国共产党，从而走向革命的。

上海有自己特殊的文化力量，留在孤岛的文化人，以各种方式开展抗日

---

① 徐铸成：《报海旧闻》，上海人民出版社，1981年，第272页。

活动。他们用联谊会、俱乐部、读书会、同学会等组织形式,在租界内取得合法地位,成立了歌咏队、剧艺社、诗歌会,举办文化补习班、职业夜校、消费合作社、互助储金会、图书馆等,来灌输爱国主义精神,提高民族觉悟和民族自尊心。如王任叔负责上海社会科学研究所,在进步青年中宣传马列主义,鼓励爱国热情。中法联谊会戏剧组主办的上海剧艺社,演出吴祖光的《正气歌》,中旅上演魏如晦的《洪宣娇》,天风演出《恩与仇》(此剧原名《红粉喋血记》,是于伶原作,由吴琛改编)等等。这些话剧都产生了积极的影响。

在抗日的大旗下,许多不同职业、不同层次的人都走上了抗战、团结、进步的道路。当时很活跃的一支力量是胡愈之组织的星期一聚餐会。它包括了各界爱国人士,文化界有刘湛恩、韦悫、郑振铎;新闻界有王任叔、王芸生、萨空了、梁士纯;工商界有陈己生、孙瑞璜、肖宗俊;海关有丁贵堂、陈琼昆、孙一民;银行界有徐新六、胡宗淇;宗教界有吴耀宗、沈华兰;妇女界有王国秀。当时,在工部局工作的陈鹤琴和严景耀,国难教育社的张宗麟,也是聚餐会的成员。他们每星期一聚会一次,讨论国内外形势和上海地方情况,研究如何开展地方工作,如何维持士气,增强抗战信心等问题。座谈会最初由沪江大学校长刘湛恩主持,刘遇难后由胡愈之主持。

聚餐会解决了沦陷后的上海一部分青年学习问题,把原来李公朴在上海办的量才补习学校改名为上海业余补习学校推卢广绵为校长,招收中学程度的青年,还办了一些社会科学的夜大学,由梁士纯、郑振铎负责。

孤岛人民的斗争是多方面的。除了少数汉奸靦颜事仇以取荣禄,为日军铺道外,绝大多数人蔑视敌人。日军组织了所谓"大道政府",但其"威信"所及,万民"摇头"。日报组织了一个市民协会,说是商办的。沪商会、地方协会、总工会、教育会、农会、中国文化建设协会、各中学校教职员联合会、一二特区及沪南、闸北、沪东、沪西各区市民联合会留沪负责人员于 1937 年 12 月 31 日召开联席会议,一致认为这个组织是非法的,劝告全市人民勿与该组织合作,忠告报载的参加分子,责以莫自绝国人,自毁人格,并成立了各团体联合办事处与敌人进行斗争。1938 年春,日伪企图"接管海关",广大职员和海关上层人士一致反对,影响遍及租界,掀起了一场颇具声势的护关、护邮、护院(法院)运动。日军以其侵略行为到处受阻,便从本国派遣了不少文化人士到上海,找他们旧日的中国同学,用极平淡的经济、政治、文化各学术部门的研究的名义,招致文化界名士,从而进行文化侵略的间谍工作。但是,只有极个别的人陷入圈套。

在反对日伪的斗争中,涌现出许多爱国的志士仁人。上海沪江大学校长刘湛恩就是其中之一。抗战开始后,刘湛恩担任上海各界救亡协会理事和中国基督教难民接济委员会主席,积极从事救亡工作。1938年初,汉奸温宗尧为了拼凑"维新政府",以"教育部长"为诱饵,拉刘下水,遭到严词拒绝。日伪恼羞成怒,指使暴徒将其杀害。许多报人经常接到恐吓信,并附有"人手"之类的"礼物",但他们依然保持着民族气节,在自己的笔下放射出民族的朝气。上海当时许多除奸队出现了。北满抗日联军京沪特务团的组织曾发出通告。《大美晚报》说,"彼等决将南京伪共和政府领袖梁鸿志、温宗尧等汉奸处死,又主张继续抵抗日军"。①在诛杀了维新政府的外交部长陈录后,所有伪机关中之大小傀儡无不到处躲躲闪闪,慌慌张张,虽至亲好友间亦多不敢露面。有的爱国团体对那些不顾国家民族利益甘心附敌的奸商则予以严惩,如烧毁了公共租界法华路上的硝皮厂,因该厂主将货品卖与日人;对法租界协大祥棉布庄投掷炸弹,因该庄战前以推销仇货改头换面为营业中心,战后为敌大量倾销,直接予敌以援助。

中华民族文化的凝聚力,成为抗战的一种动力。上海市《牧羊会》的成立宣言也说明了这一事实:"孤岛上中华民族的儿女们,以及各地魔窟中的儿女们,我们目前的生活,固然万分惨苦,但是为了我们民族的前途计,为了我们的子孙生存计,我们唯有艰苦忍耐,努力挣扎。苏武留胡十九年,不为威武所屈,不为富贵所移,宁可在风雪中牧羊以全节,这是我们目前生活最好的榜样。因此,为纪念先烈这种全节不屈的精神以鼓励我们继续奋斗的勇气计,我们乃有此牧羊会的组织。深望我们处于魔域中的伟大的中华民族的儿女们,大家携起手来,死力挣扎,挣扎以待光明的重临。"②宣言最后号召:决不出卖灵魂,去做为虎作伥的无耻汉奸,继续努力奋斗,来完成民族革命的大业。

孤岛中正直的中国人,没有迷失方向,他们心中充满着战斗的气概。

原载《学术研究》,1998年第5期,第79—83页

---

① 《申报》(香港),1938年4月2日。

② 《申报》(香港),1938年3月11日。

1939年华北大水灾述评

　　1939年8月冀省全境和豫北、鲁西的水灾,是20世纪前半期华北最大的一次自然灾害,也是1801年(嘉庆六年)以来最大的一次洪水。华北地区灾荒的周期差不多是10年一次,有时更短,如1900年、1917年、1920年、1927年、1939年、1949年都曾发生过,水灾、旱灾和蝗灾等轮番出现,甚至数灾并袭。每次灾荒(除了1949年情况好一些外),破坏性都极大,总是造成田禾被毁,庐舍为空,民间财富荡然无存,哀鸿遍野,饿殍枕藉;要恢复元气,那总要三五年甚至更长的时间。这种周而复始、带有周期性的灾荒,是华北社会经济发展缓慢、经常出现间歇,甚或停滞倒退的重要原因之一。

一

　　就水灾而言,1939年的灾害比1900年和1917年都要严重,当时的论述称其为"百年仅有的水灾""八十年来所仅见"。

　　这次灾害之所以发生,是因为太行山地区下了10多天暴雨,山洪暴发,河水猛涨,河北全境处于各河下游,必然遭灾。河北、豫北各地自7月起一连三四十天,阴雨不断,灾情扩大。日伪军在沦陷区和游击区大肆掘河放水,推波助澜,在冀中安国县南的北流罗附近掘开了潴龙河,在安平县的满镇附近掘开了滹沱河。永定河北堤、南北拒马河和唐河等也被日伪军掘开;冀南日伪军在德州、隆平、平乡、东光等地用机枪扫射修补河堤的民众,仅德州一地饮弹而亡者即达50余人,滏阳、运河、浽河、槐河、沙河、卫河等河堤,均被掘开,滂沱大水一泻千里。在豫北武涉日伪军也掘开了沁河,万里沃野尽成洪流。日军所以采取水淹毒计,一是一年来对华北的"扫荡"毫无成效,便企图以水淹八路军抗日游击部队,来制造恐怖和骚乱,缩小华军机动周旋地区,以利其寻找主力而扑灭之;二是想保住日军在华北的侵略基地——天津,保住日军通

536

向南方的主要通道——津浦路。

河流曾抚育了华北文明,如今却成为灾难。河北军民在遭日军"扫荡"后,复遇此劫,惨状空前。

冀中的 35 个县没有一块地方有干地。据朱德、彭德怀致重庆国民政府电,灾情最为奇重者为高阳、蠡县、安国、任丘、肃宁、安平、文安、深泽、饶阳等县。河北省主席鹿钟麟将冀中各县灾情程度概述为:"十成灾者有文安、雄县、安新、新安、新镇 5 县;九成灾者有安平、青县、深泽、任县、清苑、高阳、霸县、永清、安次、新城 10 县;八成灾者有武强、饶阳、交河、新乐、无极、博野、任丘、固安 8 县;七成灾者有献县、定县、安国、大成等 6 县;六成灾者河间 1 县;四成灾者徐水 1 县;二成灾者深县 1 县。总计被灾成数为八成以上,共计淹田 153852 顷,被灾村庄 6752 村,被冲房屋 168904 间,损失约 16000 余万元,现无衣无食之民众已有 1912800 名,且逐日增多。"[1]

冀南 50 多县,被灾范围更广。冀南行政主任公署正副主任杨秀峰、宋任穷勘查灾情后,于 8 月 19 日电请重庆国民政府赈济,其中讲道:"除少数县份以路途遥远阻隔尚未勘验外,计隆平被淹 9/10,清河被淹 4/5,宁晋被淹 1/3,平乡被淹 2/5,巨鹿被淹 1/5,柏乡被淹过半,任县被淹 90 余村,南和被淹 40 余村,南宫被淹 20 余村,威县尧山被淹各 10 余村,禾付洪流,房屋倾圮,水势浩大,后落无期,灾民之目前生活,濒于极端危急。"[2]因灾情奇重,惨状空前,9 月初又通电全国,呼吁救济。电文中讲:"灾情之最奇重者除冀中外,莫如我冀南。……灾民数逾百万。"[3]

冀南行政主任公署的调查很具体。如调查广平、曲周、肥乡、平乡、南和 5 县,统计受灾村庄共有 364 村,田地被淹 6441 亩。冀南第 3 专区枣强、东光、衡水、阜城、景县、武邑、故城 7 县受灾面积平均为 60%,其中最重的固城为 90%、东光 80%、衡水 75%,较轻的阜城为 25 %。被灾共 1464 村,被灾人口衡水 12.5 万人,景县 16 万人,东光 7 万人,阜城 2.3 万人,武邑 12.4 万人。滏北区宁晋、束鹿、晋县、赵县、藁城、栾城 6 县的灾情状况是,除宁晋东区外,全被水灾。束鹿淹了 40%,晋县 35%,宁晋 70%,赵县 20%,藁城 70%,栾城 20%;

---

① 《大公报》,1939 年 9 月 14 日。

② 《新华日报》(华北版),1939 年 8 月 27 日。

③ 《新华日报》,1939 年 9 月 5 日。

受灾人口约 30 万人。①

当时,鹿钟麟根据勘灾报告,也讲到河北灾情严重,其中受灾最重和损失最惨的有衡水、清河等 27 个县,被灾村庄 3143 村,被淹耕地 54610 亩,灾民75891 人。②

从各种调查资料可以知道,巨鹿、平乡、隆平、任县、新河是重灾区。

冀西灾情也很严重。单就沙河、内邱、临城、高邑、元氏、获鹿、井陉 7 县统计,被灾村庄共 519 村,被淹耕地达 16 万亩,损失资产达 210 万余元。在这次洪水中,山地沟田遭冲洗浩劫,台屋地带上农民数十代用血汗所铺石田也被冲毁。1939 年秋收不及常年 1/5,冀西所属各县秋收不及常年 2/3。

河北全省 108 县,有 94 县均遭到了灾难,洪水冲击了 20 万石存粮,冲去了庄稼,使广大人民和抗日战士陷入困境。

水灾并不限于河北,豫北的安阳、临漳、内黄等县,8 月中旬连降大雨,各河决口,秋禾尽淹。山东夏潦秋旱,风雹虫蝗,相继成灾,滨海诸县,尽被海啸席卷。鲁西运河、卫河、大清河决口,馆陶、临清、武城、恩县、夏津、东平等县首当其冲,一片汪洋。鲁北黄河故道泛滥,两岸村庄被淹没百余,昌乐 5 区、安丘6 区、莒县 5 区、诸城 3 区、日照 3 区,冰雹为害,小者如鸡卵大者如人首,300余村尽遭狂击,人畜马兽伤亡者不计其数。秋来阴雨连绵,雨水为灾,广阳平地,水深数尺,田禾荡然。鲁北小清河沿岸各县,蝗虫遍生,食禾殆尽,而全省各县,自春至夏,未曾落雨,旱灾遍及,灾区之广,灾情之重,前所未有。据以上各县灾区统计,灾民共有 130 余万人。③

洪水也殃及华北最大的城市——北平周围。"北平与保定之间,完全成一大湖,淹没县城达 14 县"。④通县被淹,门头沟煤矿区浸水,矿洞多处倒塌,平津铁路两侧也是一片汪洋,路基屡为水冲断。

上海《申报》曾以醒目标题报道了水患的广泛和严重性:"冀鲁豫等地,几成一片泽国,80 年来仅见之灾情,无家可归者数百万人。"⑤

---

① 伯禹:《冀南的水灾》,《新华日报》,1939 年 11 月 19 日。

② 《大公报》,1939 年 9 月 14 日。

③ 《新华日报》,1940 年 4 月 30 日。

④ 《申报》,1939 年 9 月 2 日。

⑤ 《申报》,1939 年 9 月 2 日。

二

因水灾区多是日军占领区和抗日游击区,灾情鲜为局外人所知,但当平汉线难民拥向北平,当天津这个大都会8月20日(阴历七月初六日)开始遭洪水洗劫时,华北水灾就成为震惊世界的新闻。

天津的社会经济状况因战事与封锁,已经萧条;水灾进一步摧残了这座城市。流经天津市区的海河是当时华北五大河入海的唯一尾闾,其流域面积达8.8万余英方里。上游各支流挟带泥沙而下,造成海河淤积。1928年8、9月间天津下游20里以内,河床淤高已七八尺,断面面积减少约2000方尺,淤泥体积已达200万方左右。此后,淤塞情形,每况愈下。日军占领天津后,极尽侵略剥削之能事,而未曾疏浚河道,及至洪水涌入天津,河水宣泄不通,致酿成大患。

8月中旬,天津附近地区水已成灾,杨柳青附近已全被淹,静海一带数十里洪流一望无际。杨村以西,永定河、北运河、龙凤河已连成一片。天津水势也日益严重。11日、12日北大关、大胡同均已浸水;关上一带尽成泽国,水已3尺深;关下、三官庙及西沽等地河水上岸,被淹地居民群向南逃。海河已平槽;英法租界水距岸不及1尺。13日阴雨,水势益涨。16日《大公报》报道:"英租界大街为水淹没,海河水位已超过特三区沙袋所筑成之堤岸,进入市区。"不仅如此,水还从阴沟中不断涌出,人们已受到水的威胁。一些商店和住宅在门前堆置沙袋或建筑砖墙。英、法租界均开动抽水机抽水,法租界还赶筑界内泥堤,许多外侨妇孺包括英军眷属,相继被运到秦皇岛,英国特种部队沿英租界周围警戒巡逻。日租界也在防范。

天津将被水淹,已不可避免。19日下午1时许,大直沽也成泽国,3时水由贾沽道村向西逆流,将大直沽各村完全包围。该地商民数千余人奋力抢堵,因水势过于汹涌,东北方两处堤埝被冲毁,洪涛浊浪直向药王庙、田庄、刘家台及大直沽街中冲灌;未被淹的仅天后宫一地。晚10时,海河水利委员会发出通告,南堤业已溃决,特一区即将浸淹。一些商店将货物迁至较高地方。20日午前,郊区富户难民5万多人乘坐小船、舢板或牛马车,携带各种家具,还有五六百头奶牛,通过日军的封锁线进入英租界,一日拥入这么多的灾民,增加了天津的紧张和恐怖气氛。这些灾民以为到了安全地带,未曾料到天津已处奇灾大难阴影中,天津立即要变成"泥海"和"死城"。

流经天津的南运河在杨柳青以东 3 里的马家庄也进入开洼,开洼里一望无际,天水相连,所有民房都被巨浪冲击。20 日,洪水冲破天津市区西南部的大兜湾及万德庄两处堤岸,水速以每秒 2 米之势沿南门外大街、鞍山道、沈阳道浸入南市、日租界和英法租界。天津全市 14 处堤岸先后决口。

20 日中午,当洪水突然降临南市时,水势甚猛,且惊雷暴雨倾盆如注,该地居民乱成一团,群向南马路较高处奔逃,或者向东站方向逃难。下午 3 时左右,洪水由南市向日租界流去,日军工兵曾赶筑御灾工事,但毫无作用。5 时半,花园街(今山东路北段)水已 5 尺,芙蓉街(河北路北段)水已 4 尺 9 寸,桔街(蒙古路)4 尺 5 寸,旭街(和平路)3 尺 5 寸,春日街(河南路北段)4 尺 2 寸,明石街(山西路北段)3 尺 8 寸,荣街(新华北路)3 尺,须磨街(陕西路北段)2 尺,淡路街(甘肃路)3 尺 3 寸,福岛街(多伦道)3 尺。日租界全部陷于大水之中。当晚 8 时左右,洪水冲破日法租界交界的秋山街(锦州道)数处之隔铁扉,流入法租界。法租界当局所赶筑之泥堤未能御之,万国桥(解放桥)大街被水淹,街旁天升商场进水。然而洪水并未从这里流入海河,而是流向英租界。

此时,从土城及陈塘庄村流入的洪水,淹没了特一区的许多村庄,也向英租界流入。土城村位于市区东南边际,居民多以园圃劳工为业,所居大半为土房,一经水浸立即倾塌,全村无一幸免,民众逃亡一空。挂甲寺、贺家口两个村庄居民很多,也被淹没;东楼及下瓦房一带那时是繁华之地,水深已及房顶,桥梁都被淹没;西楼及小王庄地势较低,水深达七八尺,所有土房都塌毁,居民多逃避他处。谦德庄被水冲洗,陆沉下去。佟楼附近的英国赛马场、乡艺俱乐部,剑桥路(重庆道)均被水淹,马场道水深已一尺半。20 日下午 3 时,英工部局水电厂被淹,水电供给中断,只得依靠供给法租界的比国水电厂接济。

21 日,海河水深续涨数分,海河两岸除法租界和意租界一部分外,均成泽国。美国海军陆战队营房上午为水所淹,比国领事馆亦然。英、日两租界电流中断,英租界已无水可饮。河东居民以为该地东有墙子,西有铁道,南有海河,20 日又在旧北墙子外新筑一道新埝,无论如何洪水不会浸入;然 21 日唐家口被水四面包围,铁道里的水由新地道向外奔流,非常汹涌。该日,天津全城已被淹没,水深 1 尺至 5 尺不等,英日租界被灾最重,无线通信因电力不足时受障碍。日军统治天津后,从新兴路一直到小刘庄建立了一条封锁线,以包围英、法租界,并在封锁线和其租界边界驻满岗哨;因洪水关系,日军除万国桥以外,余均撤除封锁。

22 日,英租界中街水深已达 2 尺,法、日租界之水深达 7 尺。各商店被水,商业完全停顿。22 日早晨,河东一带新的水流从北方灌入,沈庄子、王庄子、郭庄子、旺道庄、姚家台均被水淹,水已 3 尺多深,居民都在没腰水中向外挣扎。街巷中的泥土上坐满妇女和小孩。地道旁拥满待渡的人群,地道孔洞中有两只救济船,船一到岸,灾民们争先恐后。逃出险境的人,有的到小树林、陈家嘴子或铁道内街上露宿,有的到铁道的路基上栖息。金钟河岸的灾民更多,意租界地势较高,未被水淹,然租界当局将各路口隔绝,只留三马路一处通行,进入该租界受到限制。

从 23 日到 25 日,又连续暴风雨,平均每日水涨 8 寸,海河于法租界水面已在英租界处相连。英法租界 24 日一昼夜水涨 8 寸,水深处已达八九尺,最浅者亦三四尺。英租界耀华学校水深 6 尺,墙子河水位高过堤 1 尺,旭街、海光寺一带水深已达 1 丈,洪水吞没了日军营房。中原公司大楼亦见水,八里台成了水的世界,南开一带街市水深最高为 8 尺。

1917 年天津水灾只南市一地被淹,此次水灾则包括南市、各国租界,以及东至关老街,南至卫津河,西至九区分界,北至铃铛阁街。具体范围大致为由新大红桥西横堤外至自来水公司西市是交界;三条石普乐大街由南口至北口、河北关下三官庙街、普乐大街、北开仙源里及北营门;北营门东大街由北营门东至小闸口街一带;小闸口街由南口至后河沿渡口;沈家庄之李公楼,杨族至新货场;大直沽之小孙庄,除旺道庄一处外,均被水淹。被淹区域,几占全市 7/10。其未被水者,只河东特三区、意租界、特二区、河北大马路、二马路、三马路、河北大街、估衣街、侯家后、针市街、大伙巷、太平街等处。①

28 日水位开始低落,较水位高时降低 4 寸。9 月初,有时白天涨一点,晚上又落下去,总的趋势是在下降。白露前后西北风大作,水势骤退。10 月水位又下降 4 寸多,较前最高时降低 2.5 尺;南市、日租界、英法租界、墙子河水深仍达四五尺。

遭遇了这场大灾难,天津已面目全非。从前的大道、田圃、小河、短桥都没有了。一切都停顿了。房倒屋塌,人们的生活失去常态,全城荒凉寂静,街上只有少数华商乘着小船,荡漾波中,来往兜售货物。夜晚水区尽成黑暗世界,洋

---

① 《津市警察三日刊》,1939 年 9 月 6、9 日。

烛、手电、油灯成为唯一需要品。当时人写了不少诗,描述灾情的严重。如"一朝河决出桑乾,横流泛滥遍畿辅,银涛万叠溢津沽,繁荣一变为水府"。"屋顶酣睡成卧榻,忍饥隔宿身萧瑟,楼窗开处可登舟,远望俨然如燕。"还有"洪水逛名城,小民不安宁,人在房顶睡,船从桥上行"等。

水灾开始几天,除浅水处尚有人力车外,绝大部分地区已无任何交通工具。24日开始有木筏往来,渐次有小船运到,而船资猛涨,人们多无力乘雇。多用舢板、破床、木门、木盆作筏,或以汽油桶做成之浮筒,或以皂箱相系成筏,五花八门。英国军船"珊德威多"上的小汽艇均已取下,由英兵驾驶,往来于英租界之中。北平各公园的游艇均被征用,运到天津。

天津周围亦然。天津与大沽之铁路已告阻断,张贵庄铁桥被冲毁;大沽沙洲亦已淤塞,不能通航。9月初大沽与塘沽间又发生海啸,两沽均淹没水中,居民均登船避难。

自天津至石家庄"均成汪洋",仅露出少数较高的城镇"宛如孤岛",由天津至任丘间,由唐官屯至天津均在陆地行舟。①

因田禾尽毁,运输中断,物资特别缺乏,物价飞涨。8月中旬,大米每包已达38元,面粉每袋8.5元。8月底大米售到40余元,面粉达10元以上,玉米面每斤亦卖到0.25元,每张不及6两的大饼售价0.2元,猪肉每斤1.4元,牛肉每斤1元,花生油每斤1.2元,芝麻油每斤1.6元,豆酱酱油每斤0.3元,韭菜每斤0.3元,煤球每元35斤;蜡烛每包1元,零售更贵。当年73岁的莲塘老人,将这时的物价和清末光绪年间作一比较,光绪年间"麦面每斤制钱不过百文",山西大旱"斗米800文,未有如今日之昂贵者也"。物价飞涨,一是物资突然短缺,一是一些商人乘机渔利。住在英、法租界的中国居民有的以土豆为生,有的依赖红米、洋葱和土豆维持;浙江公墓土埝上的难民三四百者,多以树皮为生。

天津墙子河水向来恶臭,臭水溢出,加之沟渠的粪便、仓库的糖碱、淹毙之人畜、腐朽之货物,皆溶化漂浮于水中,烈日暴蒸,臭气冲天。胃弱气虚之人,此时多呕吐不能进食,强健者亦多目眩头痛;涉水者身肿皮落,患各种皮肤病以及霍乱、疟疾的人极多;而药价飞腾,西药有涨至十数倍至四十倍者,中药汤剂每服亦需0.6元至16元不等。

---

① 《大公报》,1939年9月5日。

天津变成了极为可怕的社会，被水淹死者不知凡几。还有的因患各种疾病而死，有的吃了有毒的食品而死，有的触电而死。洪水第一天就淹死了1000余人，总计死亡在10000人以上。

要逃出这个社会是很困难的，日军设立了很多岗哨禁止华人通过，到东站必须经过万国桥，日军在这里的岗哨，每小时只放行一二人。租界居民之无家可归者，拟到华界投宿亲友家，守候检查，往往一二日不得过。[①]上海《字林西报》载一外侨由津到沪，讲天津水灾惨烈，"日租界中情况可怖，该地居民所受苦恶较津市其他人民尤甚"。[②]

天津市人口约150万人，灾民人数据日方防卫司令部8月24日公布的数字，华界进水户数15.2万户，受灾总数53万人，含天津周围避难者实达58万人之多。日租界的日本人有5660家浸水，计26391人；中国人1777户，15771人；加之其他国籍者，共计达6438户，42710人；日本人中只有60户300人未遭此劫难，已赴天津郊外避难的中、日人数约3万人。[③]24日以后，灾情逐步扩大，灾民总数达到65万人。据敌难民处理部浅海大佐布告，向外移动及自动离津者约13.3万名。

灾前天津中国城区共有255007户，灾后138832户，（附住）难民人口123651名。市区人口集中，灾民多。各村庄较分散，灾民数相对少些。

中国人生命财产损失是巨大的。洪水也并没有优惠日本人。

1939年9月6日《申报》有这样的记述："此次水灾所受之损失以日租界及特一、二、三区、南市、八里台一带最重。自英法租界被封锁后，所有日方商店、工厂、货栈均集中以上各地，尤以棉布、砂糖、海味、纸张为多，计约损失总额在4万万元以上，其他日军之汽车、洋灰、杂粮食、金属及肉皮用品损失数字无从统计，至英法租界内之面粉及其他各业所受损失，亦在2万万元以上。"据日方宣布，天津共损失约4亿元，其中英法租界2亿元，日租界1.5亿元，中国方面及其他0.5亿元。海河河畔的仓库堆满各种货物，以棉纱布为主，悉葬洪流。[④]也有的估计为6亿元。特一、特三两区的仓库及公大纱厂、天

① 莲塘老人：《水灾见闻录》，第7页。

② 《申报》，1939年9月9日。

③ 《盛京时报》，1939年8月26日。

④ 《盛京时报》，1939年8月27日。

津造纸会社等浸水 4 尺至 8 尺,机器已被毁。日本人在天津所经营的纱厂很多,损失也最大;除公大外,正在建造的上海、吴羽、仓敷、双喜等纱厂,因厂址浸淹,机件毁损,都无法兴办。不仅如此,日本军用飞机被水所毁的达 130 架,只剩下 20 架可以用;还损失了 3 个月的军用汽油和大批军火给养等军用品。这是美联社记者调查后的报道。①种瓜得瓜,种豆得豆,日本受到了应有的惩罚,它所得到的是,所储的大量军需均已毁坏,日租界房屋数百栋必须重建,许多新建的工厂无法生产,数千日籍小商人资本尽失。日军侵华用以引诱日商界之饵是华北棉田, 而水灾使冀南棉收全毁, 日商只能望水兴叹,无不悲观忧郁。

三

灾情发生后,各方面开展了救济工作。这次赈济比任何时候都要复杂和困难。因为正处在战争状态,不少地区是日军占领区,更多的地区是游击区,敌我犬牙交错。即使是英、法租界地区,也因为日、德已成轴心国,推行反英活动,而困难重重。

在天津,英、法租界当局曾向灾民提供避难场所,如耀华中学、法汉中学和赛马场等,各收容难民数千人。英租界警察免费发给难民食物。8 月 28 日英租界还征集自愿服务中外医师,参加水灾救济工作。

天津市各社会团体、学校及慈善机构,都展开救济工作。商会、民众教育馆、红十字会、佛教会、青年会等,以影院、学校、会馆等为场所,设立收容所,发放救济粮,下表是商会赈济数目统计(见统计表):

从表中可以看出,商会每天救济人数最高可达 2.5 万余人,而这只是极小的一部分。据统计,全部收容难民达 10 余万人,露宿街头者无法统计。如东马路及北马路难民均满,法租界海河岸边难民就有数千人,东站难民更多。中原公司、中原银行自动组成中原公司赈灾会。制备面卷菜品饮料,每日装载大船一艘,分赴各灾区施赈,上海商会仁记路华洋义赈会将防护等药物装箱寄往天津。

---

① 《申报》,1939 年 9 月 10 日。

日期	收容所数处	难民人数				发放救济粮数目			备考
		男	女	小孩	合计	馒头(个)	面粉(袋)	小米(包)	
8月21日	6	1218	2557	1077	8117	11104	16		
22	11	3322	191	1968	13356	22620合4679斤	16		
23	18	961		312	25371	38825	16		
24	26	493	1038	773	17661	26366合5579斤	8		
25	23	1170	827	690	15418				
26	10	984	59	848	15208	34759	50	100	共重6186斤
27	10	527	144	566	5633	7357合1299斤	121		
28	7	40	336	146	1267	2658合473斤	410		
29	10	4095	1432	3154	21385	13824合1889斤	568		
30	9	4062		2344	6397	28340	38		共重3919斤
31	1	1047		1080	2127		19		
9月1日	2	1021		1109	2130		29		
2	1	1021		1109	2130		319		水灾救委会借300袋
3	2					5000	20		
4	2						140		社会局120袋
5	2	108			2299		240		社会局领220袋仍有存粮未发
6					2299				
7					2299				
连同前共计147701人,馒头212389个合1475斤,1990袋,小米100包									

资料来源:天津市档案馆等《天津商会档案汇编》,第3辑,天津人民出版社,1997年版,第1517页。

一些慈善团体、教会和传教士等也曾设法救济,中国红十字会展开了赈济活动,唯该会费用不足无法救济多人。各外国教会亦已至无法继续支持之境,在保定设粥厂的有圣公会、长老会、天主教会及救世军等,每日就食者约1万人,每人可得粗粮一大碗及素菜一碗,某教会因无法维持,将素菜取消,每人可吃粗粮一碗,难民群至郊外挖掘野菜充饥。保定当时成为乞丐城,因水灾而逃来之难民约25000多人,日方"对于此等难民,并未予以救济","日军以冀中为游击队活动之地,仍禁止人民运送粮食运往该区,致灾情极为严重","自保定迄天津各地之人民,有成饿殍之虞",至1940年天津到保定一带又遭旱灾,人民则"食草根树皮,即树皮每磅须售价9分,柳叶售1.2角,草根则售1.5角,灾区内的树木光皮者已占其半"。①美籍教士曾在高阳东北之处设施粥厂,灾民均感其德,日方则禁止人民前往就食,且于3日后令当地负责者设法将其关闭。②日军的残暴还可从下面这一事实中看出,因水灾逃到北平而后返乡之农民,时受日本人虐待,凡身藏有法币之农民,均被日本人凶殴或竟处死。

日伪也施放馒头,动员民间医师,组织医疗队免费诊疗。其目的在于推行"治安强化"运动。日军6月14日封锁了天津租界,封锁线日兵岗哨四周筑有土墙。"滔滔浊水泛滥中,日军依旧俨然不缓检关之手。"天津及平汉北段各县难民纷纷逃往北平,日伪当局在各城门及车站对入城难民万般留难,各城门被阻入城者各有数千人之多,露宿城墙下。这几桩事实都说明日军对灾民的根本态度,绝不是日伪所宣传的"日军活跃救灾民"。

日军特别强化户口登记及管理。《水灾见闻录》一书中提供了这样一件事实:"北京、唐山方面,非有旅行许可证,不得在津下车,盖亦恐不逞分子之乘机扰乱也。水区居民之旅居外埠者,悬念父母妻子,不知是否逃出,欲归不得。"③从这里可以看出日军在做什么文章。

严重的灾情也的确为日军强化其统治提供了机会,日伪的"联银券"是华北人民所厌恶的,商民均曾拒绝使用。此时日伪又发出通告,凡到京津一带逃难,携带硬通货者,准每人得以中、交两行发行之北方券及山西、山东省票共200元,按6折换"联银券"。日军华北军指挥官杉山是屠杀中国人民的刽子手,也装模作样地拿出50万元伪币,作为义捐金,以占领货币市场。在冀中高阳、蠡县一带,敌伪声言,先拨100万散发急赈,大村3万元,中村2万元,小村1万元,每亩地可借给3元,于是不值钱的各种伪币,如伪造的中央5元票、中农5元票等,都流入广大的农村。

更应提出的是,日伪以救济难民为名,于8月成立了职业介绍所,以微小的安家费骗取困苦的灾民到伪"满洲"劳工协会、伪"满洲"采金株式会社、伪本溪湖煤铁公司、伪"满洲"炭矿株式会社、伪东边道开发会社、伪昭和制钢所、伪"满洲"矿山会社等处去做工,以增加日本征服中国的军事力量。伪"蒙

① 《新华日报》,1940年4月28日。

② 《新华日报》,1940年4月29日。

③ 莲塘老人:《水灾见闻录》,第7—8页。

疆政府"也计划前来招 10 万苦力。日军在河北平原的许多县份设立了招募处。在隆平凡招募 1 人,发伪钞 18 元。津浦线铁路上每天都有十几车壮丁被逼迫着走上火车到关外去。一些女汉奸还收买小孩,其价格为 6 岁至 8 岁的每岁 1 元,8 岁至 15 岁的每岁 5 元。天津的灾民,一小部分被收留到收容所,"余则由警察强迫送至车站,将难民载至唐山关外,往往夫去而妻留,致一家流离失散,不知音信者甚多"。①

日伪还乘机建立"皇协新军",于 10 月在华北各地招募青壮年,其中在北平及附近各县招募 3300 名,天津及附近各县招募 1650 名,开平及附近各县招募 3300 名,保定、石家庄、济南三地及附近各县按三地计均各招募 1650 名,规定上等兵 18 元、一等兵 16.5 元、二等兵 15 元。②如清河一带用 10 元伪钞的安家费来诱骗青壮年去当"皇协军"。

为力谋"治安强化",敌冀省分道于 9 月到 10 月召开了警政会议,保定道在省公署、冀东道在唐山道公署、津海道在沧县道公署、冀南道在邢台道公署分别举行。

事实说明,日军名义上赈济,实别有用心。一心要灭亡中国的侵略者,是不可能真有慈善心肠的。

四

河北广大灾区是晋察冀和晋冀鲁豫抗日根据地的管辖范围,敌我势力交错存在,有的县份敌我各占一部分,有的地区敌人只占领县城及其附近,更多的地方是游击区。有时在一个村庄里游击队和日伪军共饮一口井的水,与敌相持,几进几退,这样复杂的形势,给救灾工作带来极大困难。

中共华北局机关报《新华日报》8 月 7 日即在头版刊出"敌寇惨绝人寰,水淹河北平原,数十万灾黎待赈"的木刻画,并发表"赈救河北灾黎"的社论。9 月 5 日又发表题为"再为河北呼吁"的社论。《大公报》8 月 31 日发表"速救北方灾民"的社评。《申报》9 月 16 日的社评是"河北之灾"。这几篇社论均呼吁集全国各阶层之力,共谋救济,号召海内外悉力以赴,期望超越国界之慈善机

① 莲塘老人:《水灾见闻录》,第 4 页。
② 《津市警察三日刊》,1939 年 10 月,第 192 页。

构,见义勇为。

重庆国民政府先后拨款180万元。其中第一次拨款30万元,以20万元赈冀灾,以10万元赈鲁灾,由余心清带到华北施放。10月16日成立华北水灾急赈委员会,专司其事。还发行华北水灾救济公债300万元。这些赈款对如此广大的灾区只是杯水车薪。

敌后根据地政府,立足于自己,制定出切实可行的对策。晋察冀边区政府拨出10万元急赈,将救国献金移为急赈金。并组织调查团、慰问团分赴各县调查灾情。8月30日发布《关于救灾治水安定民生的具体办法》,其要点有三:(一)筹款救济,安插灾民。决定拨款10万元办理急赈,其中冀中6万元,冀西、晋东4万。成立"灾民工作介绍所",安插灾民充任工友勤务,参加生产实业等。(二)解决灾民的粮食问题。号召部队每人每日节省米1两,每马每日节省花料1斤;政权群众团体工作同志照部队战士发给米数,每人每日节省4两,一般每人每日节省2两为原则,特别劳动者节省1两。把节省的粮食用来救济灾民。另外,能当粮食充饥者,如红枣、柿子等,一律限制出口。尽量利用果食、动植物、树皮树叶、地下茎及鱼类等代替粮食。(三)广泛开展生产事业,切实改善人民生活,彻底救灾治水。要鼓励农民迅速休整被冲毁田地,尽量补种秋季作物与下年早熟作物,组织发展农村手工业和家庭副业,以增加其收入。

冀中区为度荒救灾节衣缩食。所有用粮部门无论政府机关、部队、团体,由过去每天三餐改为二餐,每人每日定量由2斤缩减为1.6斤(16两为1斤),后再减为1.2斤。党政工作人员取消津贴费,减轻人民负担。

冀南行政主任公署于8月21日召开扩大行政会议,所辖各专署、各县均派代表出席,由各专区办事处代表分别报告灾情,并由各县、各群众团体及士绅代表,分别补充,然后大会讨论如何组织灾民和如何调剂粮食等问题,最后由杨秀峰归纳总结,决议全冀南实行戒酒戒烟,节衣缩食救济灾民,发起1元救灾运动,各县设立灾民粥厂或斟酌发粮,设立灾民收容所,疏散灾民,灾民乘船免费。还派出冀南水灾呼吁团到重庆,一面呼吁救灾,一面宣传敌后游击战。

1939年10月冀南行政主任公署所发表的生产建设度过灾荒的命令中讲:"本年各地水虫为灾,部分之民众生活极感困难,军事供给更感无米为炊,是以非积极提倡生产,奠定自给自足之经济基础,不足以应当前之急,本署有

548

鉴及此,着量各县情形,拟定 8 个月生产计划,随令颁发。"①

整个华北军民都积极行动起来,积极赈灾。八路军各部纷纷出动,打击敌人,以战斗慰问华北同胞,并将自己的伙食费,尽量捐输。如 129 师 386 旅全体指战员节食赈灾,共捐洋 517 元 6 角(又河北钱 90 枚,山东钱 500 枚)。各县区乡都很活跃,如"隆平、柏乡筹粮 300 余石,赈济西潘北寨等 20 余村 800 余户 3000 余人,并减免田赋,疏散难民,设立粥厂甚多"。②辽县桐峪镇民众 3000 余人,于"九一八"举行纪念大会时,发动救济河北灾民的募捐,一时无论男女老少都把他们平素积蓄的钱拿出来,共募捐了 100 元。太岳长子四区发动了 200 元募捐运动。陕甘宁边区政府捐出 1 万元。

救灾最好的办法是加强生产,开展游击战争,以改变历史的悲剧,敌后两个根据地政府不遗余力地以适合的方式医治创伤,推动着社会的发展。

历史的结局常常和侵略者的愿望相反。当时《字林西报》有一精彩的论述:"日本自夸洪水可以逐出游击队,然彼等自身亦被逐走,洪水根本无助于日军也。"③日军将被驱逐出河北,逐出中国。这是日军面临的必然命运。

原载《史学月刊》,1998 年第 5 期

---

① 魏宏运主编:《抗日时期晋冀鲁豫边区财政经济史资料选编》(第二辑),中国财政经济出版社,1990 年,第 311 页。

②《新华日报》,1939 年 10 月 25 日。

③《申报》,1939 年 9 月 14 日。

华北北部敌占区 1943 年的饥荒

1943 年华北出现了亘古未有的大饥荒,特别是在敌占区尤为严重。日伪曾以天旱、农业歉收为由,掩盖其疯狂的掠夺政策。事实上饥荒正是日本侵略者造成的。日本发动全面侵华战争以来,整个敌占区惨遭战祸,广大田园尽成战场,农民流离失所,农业生产破坏殆尽。太平洋战争爆发后,日本更以华北为其兵站基地,对华北的掠夺愈加野蛮,对占领区人民的奴役和统治愈加残酷。本文拟对此进行概括论述。

一、日军以华北为其兵站基地

1941 年 11 月 8 日,太平洋战争爆发。日本提出以中国华北为其兵站基地的思想,就是说它所进行侵略战争的一切人力和财力都要由华北承担。当时日本国内已经出现粮荒,粮食是当时最急需的战略物资。为缓解国内和战争所需,他们将掠夺的目标指向华北。日本大东亚省大臣在东亚经济恳谈会上公开叫嚣:日本国内粮食之差额完全依靠"满洲",以达到确保"日满"粮食自给,并以"满洲"及华北为增产钢铁煤之主要地区。东京的报刊也宣称:"为协助大东亚战争,已跃入集中全力以增强对日贡献之阶段。"①日本华北派遣军司令官畑俊六于 1943 年新年讲话中称,要"中、日两国(指汉奸政权)同舟共济,紧密协力",中国人"应以不咎既往之精神,来和友邦及其人民相处"。这就是说,华北沦陷区人民应该俯首听命,任其宰割。汉奸汪精卫、王克敏、朱深之流,效法法国贝当投降纳粹德国的行径,立即执行日本的意志。汪精卫说,他于 1942 年颁布的新国民运动,主旨就是"以同甘共苦的精神,贡献于大东亚战争","今年的一年(指 1943 年)将进一步以'同安共危、同生共死'的精神,

---

① 《每日新闻》,1943 年 1 月 7 日译文载《申报》,1943 年 1 月 15 日。

使'大东亚战争'得到最后胜利"。为此,"要保障治安,增加生产"①。一时间,大小汉奸都在狂喊"对日增产增送","以完遂'大东亚战争'"。他们甘当日本的鹰犬,还要中国人永沦奴籍。日本在汉奸政权的配合下,加紧实施经济封锁政策和"堡垒政策",以达到封锁根据地和确保对占领区的血腥统治。为支持其侵略战争,解决本国内粮荒,他们在华北的掠夺达到疯狂的程度。

粮食始终是日军掠夺的重点,1940年日军在晋东北的代、崞、定、忻等县就实施所谓"屯粮政策"。太平洋战争爆发之日,日军正值推行第三次"治安强化运动",其中心内容之一就是掠夺粮食,并提出"粮场制度"和"物品配给制度"。前者是在敌占区各村庄指定打谷场、打麦场,强迫老百姓将粮食限期交"仓库""保管",自己只能留下一个月的口粮;后者则限制老百姓每日用度,实行"计口授物"。到1942年10月至12月,日伪实行第五次"治安强化运动"时,因粮食极端匮乏,遂提出"保护农产,减低物价""安定民生"等口号,开始了更大规模的掠夺。各地大商家的资产被强迫没收,市面萧条,百物昂贵,商人无货买卖,民众食用两难。敌人抓丁抢粮,闹得各地鸡犬不宁。他们不仅加紧榨取,还大量调走占领区的经济资源。华北敌占区成为非常恐慌的社会。

在河北、山西、察哈尔、热河等地方,日军实行"绝缘政策",制造无人区,毁灭了无数村庄,造成一片荒凉。在许多地区推行"并村政策",建立"人圈"。如1941年9月,在阳曲把大盂等16个村编改为8个,指定为"始安区"和"治安线",够140户的编为"治安村",不足者即废为无人区。"治安村"内划定10户供奉"太君"。这10户的一言一行、经济生活,都得遵照"太君"的意旨和法规,生存的权利、希望,都被剥夺无余。②日军还抓捕壮丁,运到东北做劳工,5年来达560万余人。农村中见不到30岁以下的青年。他们或被抓捕编入伪军,或送到东北充当苦力,或者逃亡。于是,土地愈加荒芜了。

日本华北派遣军参谋长安达很自负于"在华北建筑了7700座堡垒,筑成了11860余公里长的封锁沟,其长度达中国万里长城的6倍,相当于绕地球一周的1/4,平均每三四里长的封锁线上有一座碉堡"。③这就是说,丰美的田园都被炮楼、封锁沟和公路所占有。聂荣臻在《暴行与惨败——论敌寇第五次

---

① 汪精卫:《今年新国民运动之重点》,《申报》,1943年1月1日。

② 赵超山:《敌寇并村的惨败》,《晋察冀日报》,1941年12月24日。

③《新民日报》,1943年2月3日。

治强的失败》一文中，具体揭示了敌人挖沟、修路、立碉堡毁坏良田的真相："敌人到处修路、挖沟、筑墙建碉堡、起岗楼筑电杆、开飞机场，不知道毁去了我们同胞的多少美丽的家园。据不完全的统计，现实敌寇在华北修成的铁路至少占地 1800 方里，修公路汽车路至少占地 35000 方里以上。铁路两旁的护路沟占地至少有 5000 方里，铁路公路与护路沟之间的土地面积至少有 2000方里，封锁沟占地至少有 5000 方里，这 6 项合计至少有 85800 方里以上。其他如敌人普遍建筑的岗楼、碉堡、电线杆以及飞机场等，占地面积尚未计算在内，而这些土地大部分都是以原来民间上等的好地或是我们无数同胞的房屋，现在都被敌寇所强占所摧毁了。""在我们晋察冀的北岳区周围地方，据四专区的统计，敌寇在两个月间就破坏了我们老百姓的良田 73440 亩之多。在定县南部敌人最近修筑的 71 座炮楼，连同周围的公路和新挖的'封锁沟'就占去了当地农家良田 17880 亩，被毁的庄稼计粮食约 1500 余石，等于 1 万多人 1 年的口粮。"①仅冀中地区，"日军造起的沟路达 25075 里长，只深束一个小地区，1942 年就毁 100 顷以上，以每亩地 3 斗的最低产量来计算，就减产了 3000 担粮食。望定县全县 131 个村庄，就有 19 个大据点，公路和'封锁沟'密如蛛网。以留早为中心据点，从留早分播出来的'封锁沟'有至清风店、至王京车站的一条，至大辛庄的一条，至东市邑的一条，至王家町的一条，至望都城的一条，至于合营的一条，每条沟附近都有汽车路，汽车路两旁 2 里路以内的庄稼都被割去。仅定唐县被毁的庄稼有数十顷，定唐县下素一村就被毁300 亩。云彪县敌人在第五次'治强'中，就修筑炮楼 42 个。每个大炮楼占地8 亩至 9 亩(也有占地 15 亩的)，小炮楼占地 3 亩至 4 亩，共占地约 245 亩，用木柱 862 根，每根长 1.2 丈，木材 1200 块，每根长 7.5 尺，土坯 198000 块，每修好一个炮楼用伕 2000 个至 2500 个，共用 295000 个工。"②定县敌人1943 年 2 月到 4 月 90 天内，强迫当地人民修筑定曲路和护城河，以及每隔100 米一个小炮楼。路 3 丈宽，护城河 3 丈宽、5 丈深。凡达到 5 亩地的人家，每天出伕 1 名，没有足够伕的人家，每天出 5 元伪钞去雇伕。那时有一首民歌唱出了日军毁坏农村，人们生活在刺刀戮杀下的情景："山药蛋饭稀汤，从早到晚把伕当；不去，用枪挑，晚了，跪沟旁；亡国奴，真难当。有家没法住，天天

①《抗战日报》，1943 年 1 月 7 日。

②《新民日报》，1943 年 2 月 17 日。

552

净出伏,砍光村边树,好地开汽路。"①在寿阳,日伪以所谓中心村为单位,修筑厚 8 尺、高 2 丈的围墙,并在寿阳与盂县之交界处,修筑东起塞头山,西至盂县小东村,全长 104 里的围墙。这里所讲的并非个别现象,整个华北农村无处不是如此。日本制造的兵站基地,就是一个饥饿亡命的恐怖世界。日本所宣称的"安定民生""提高农业生产"的真实景象就是如此。

二、抢粮的种种手段

日军的掠夺罪恶擢发难数,1942 年至 1943 年在华北占领区的全部施策就是"抢粮"和"抓丁"。1942 年抢了 3200 万担粮食,相应的是滥发伪币 40 亿元以上,其心境之野蛮和手段之残暴远胜于猛兽洪水。他们不断召开会议,发布命令,布置掠夺计划。可悲的是,伪"华北政务委员会"唯命是从。1943 年 5 月 5 日,伪组织以公告方式发布:凡持有粮食者,须一律申请登记,并按"适当价格"将其"收买",6 月 6 日又发出明令,按照高价收买。6 月 11 日,该组织还召集华北各产业"中心道尹""县知事"参加的物资物价恳谈会。12 日伪"华北物资协力委员会物价协力会议"、伪"合作总会召开合作会议",目的都是实行战时华北农村经济统制政策,其中重点是统制食粮。华北日军派遣军和盐泽"公使"一再发表声明,支持傀儡政权的粮食政策,称"粮食问题于日军之任务与华北之安定上,亦有重大影响"。②6 月 26 日,南京伪"最高国防会议"通过华北扰乱经济统制治罪条例 20 条,杀气腾腾,欲以镇压手段实施抢粮计划。

日伪用尽一切力量,加速他们的抢劫,并取消原"防共"委员会与"治强"总部,成立了更严密的各级"剿共"委员会。1943 年 4 月 8 日,日本占领军最高顾问铃木主持召开"新民会"日系顾问会议,宗旨是借"新国民运动"抓捕青壮年,借各级"剿共"委员会,特别是村级"剿共"委员会搜刮人力财力。会后,日系顾问分赴各地,驱策各地"新民会",实施各项掠夺计划。

日军为不惜一切代价以实现其掠夺政策,于 5 月 20 日在中国土地神圣的地方——北京太庙举行日军阵亡将士慰灵祭,祭奠因在华北屠杀中国人民终

---

① 裴瘦松:《定县敌占区在饥困中》,《晋察冀日报》,1943 年 5 月 20 日。

②《申报》,1943 年 6 月 24 日。

为八路军击毙的日本兵。汪精卫为表示效忠，派其陆军部次长李宣倜代表祭奠，并赴医院慰问日军伤病员。日本天皇还特为王克敏、朱深等汉奸颁发了勋章。5月25日，日本假北平敌大使馆举行"传达式"。盐泽"大使"致辞："阁下策成亲善，劳绩巍峨。"王克敏答词："圣赍殊荣，永宜铭篆。皇恩浩荡若斯；今后益当勉力新供。"心灵如此罪恶，更陷华北敌占区人民于无穷无尽的灾难之中。

就抢粮来讲，其掠夺方式很多。依日军对各地的统治程度而有所不同，大体说来，有以下诸多名目：

其一，强征田赋。通过伪组织直接分配，按银两、按地亩、按户口、按间缴纳。如行唐每亩强派伪钞 6.4 元，规定以小麦按市价折交田赋。峄县强征粮食1200 吨，每人平均 40 多斤。易县要老百姓出预备地亩捐，每亩 42.6 元，以 1.8元折合 1 斤小米，而市价每斤小米 7.3 角，要米不要钱，分两次交完。冀中属于敌新占领地区，强征 5 年以来的田赋，为推销伪钞，规定一律交伪"联银券"，无伪钞者折交粮食。粮价定得很低，1942 年 7 月在博野一带规定小麦每斤 3.5 角，红粮每斤 2.5 角。

其二，摊派、强征和代购。1943 年春，日军在晋察冀第五专区抢得粮食 10万石，最初向各县按银两摊派。在建屏 1 两银子派 470 多斤。在五台，向各村直接摊派。各村无法如数交足摊派数量，只交一部分，而余者就按照市价折合，限3 日内将款交清。并说："这样你们并不吃亏。你们既交不足，由我们代购，不按市价如何能买来？"老百姓非但领不到钱，反而还要交一大笔钱。及至将款凑足送去，依然领不回粮价，只给一些大烟、纸烟等毒品和消费品，而所定价格高出市价一倍。有时，其所发的东西，除抵顶粮价外，还勒令再返交超出的烟价。在峄县，从 1942 年秋到 1943 年 1 月，敌人强征粮食 3 次，每次每间强派 30 大石。群众拖延不交，日伪即强行搜抢。在繁峙，日军组织伪"先锋队"、伪"整理委员会"等，往各村调查地亩及产量，分为四等征收：甲等村出 600 石，乙等村出400 石，丙等村出 200 石，丁等村出 100 石。[①]"寿东日伪第五次征粮，每间硬派1 吨(1689 斤)，并索要治安费 60 元，还要各种税牌。蔚县一区敌人于 5 月在八大乡内强征麻 500 斤、大黄米 10 大石。正定预定征收 33800 石，不管收成如何，一律按地亩分配。举凡米粮、麦子、高粱、玉米、豆类，均在征收之列。"[②]在

---

①《抗战日报》，1943 年 1 月 1 日。

②《抗战日报》，1943 年 1 月 1 日。

冀中地区,日伪在强征前,总是将伪村长叫去,调查小麦产量,然后就规定最小的村庄也得卖给他们 25 石,表面上规定给伪钞 3 元,实际长期记账,等于空头支票。在许多地区,日伪以"救济灾民"名义,开价代购粮食,迫令老百姓交送,限期如交不出,即加以违抗不交的罪名,然后动手抢粮,也抢夺各种物资,如废铜破铁、皮毛、胡麻子等。

其三,禁止民间存粮。除少数计口粮外,其余必须全部归"仓"交"库",此称之为"保管粮"。1942 年 11 月,日军在代县强迫老百姓交"保管粮",第一次每户只准留 5 天口粮,其他一律交库。有的村庄每户可以留 1 个月粮食,其余归库。"崞县平川敌严行'保管粮'制度,强令每闾集中粮食 40 石,一半送往敌据点,一半存放村内。""5 月 8 日,敌人将集中在黄牛据点的 18 个村子的'保管粮'全部没收。存放各自然村内的'保管',敌人也令每闾限期交出 100 斤"。[①]"定唐、正定、平山、建屏等地敌人强收一切食品,尤以铁路附近地区为甚,各种杂粮以及山药蛋、萝卜、栗子、蔬菜瓜果等均在强迫收买之列。"[②]"1943 年 3 月中旬,平山建屏一带还召开伪乡保长及伪新民小学教员会议,宣布老百姓无权存粮食,所有粮食一律交公仓或卖给城里,如不听命令,查出后全部没收,人枪决。"[③]除了配给 7 岁以上、60 岁以下的人每天半斤粮、半斤糠以外,其余粮食统交"公仓"保管。敌人还在繁峙地区多次抢粮。伪县公署召开会议,决定征收 1943 年夏季保管粮和代购粮 8000 吨。伪县公署顾问讲:"粮食是我们的生命,所以今年的粮食我们一定要把它保管干净。"沙河区敌人于 7 月 9 日召开伪村长会议,布置征收保管粮,征收办法是先调查种麦亩数、每亩产量。每打 1 石粮食,要交 8 斗保管粮,并在据点实验,先丈量 1 亩小麦,收割下来,放到官场,看能打多少,作为产量标准。各村报了亩数后,即按实验产量索要。7 月 13 日前后,敌在东河南曾发"入库粮",规定唐河以北村庄,每发 1 石,让领户开 2 石的收据,秋后按收据交粮。8 月,繁峙日军下令各户除留下 3 个月食粮外,其余全部交出。9 月,繁峙城、大营、沙河等据点敌人召开区村长联席会,令老百姓把当年收获的粮食全部交库保管,违者处以死刑,并在繁峙派代购粮 3800 吨。

---

① 《抗战日报》,1943 年 6 月 24 日。

② 《抗战日报》,1943 年 1 月 28 日。

③ 《晋察冀日报》,1943 年 4 月 18 日。

其四，禁止私卖粮食。只准按官价卖给日本的三井、大蒙、兼松、正华等洋行，违者没收粮食，还要重罚。如安塞株式会社在安新、文新、任丘3县收买稻子，高阳之棉业组合收买高阳、蠡县一带的棉花。但是，这样并不能操纵市场，遇到敌占区人民的抵制，三井洋行在保定就买不到粮食。日本此时想出了许多新花招，于5月打出了公私合营的招牌，命伪"华北政务委员会"制定出各省市食粮采运社规则，强令资本在15万元以上的中国粮商加入"采运社"，逼迫这些粮商向农村采购粮食，并即时按照指定地点移交"食粮管理局"，实际上采运社仍操在日人手中。北平的采运社有20多家日本商社经营。天津、保定、青岛几个大城市也有200多家日本大商社主持。

其五，统治一切货物。在完县、易县、安新等地大乡成立伪"合作社"，强迫村民入股，再在各村成立"合作社"，向大乡"合作社"买东西，规定要用粮食交换。凡未入社的，就强迫以食粮入社。在桑干河畔，强迫村民将所有粮食都送到"合作社"，再由"合作社"以高价卖给村民，美其名曰"红粮"。在平山，敌人下令一定要把粮食卖给合作社，否则不配给盐、布、油等。再不卖，"皇军"就亲自动手抢夺。他们还恐吓中国人经营的小粮食店及小盐商，不准与"合作社""采运社"竞争收买。"在太原，农民因'合作社'扣住稻米概不给价，乏食者甚多，以故家家受困，人人受窘，年关已到，更为紧迫，人民生活程度危险已到极端，有岌岌乎不可终日之势矣。"①

其六，以配给品换取粮食。日军第三次"治运"时开始采取了"粮场""公仓"和"配给"等制度。在农村的"配给"，主要是每月每户配给几两盐、几盒火柴，一年配几尺布。1943年5月，日伪宣布停止各种生活必需品的"配给"，只能用粮食去换，规定官价每斤小米4元，并且限六成换东西，四成给钱。灵寿县配盐，除要盐价外，每斤盐要交4两米。

其七，以"适正价格"套购。日伪以低价和高价收买政策交替使用，夺取粮食，在行唐就是如此。各地粮价高涨不已，一日数倍。这时，他们又提出新的掠夺办法——"适正价格"。就是按照生产成本定出价格。伪"新民会"派遣一个农产物生产费用调查团，调查了一些农作物的生产费。山西日伪定出的"适正价格"为：小麦、大麦、莜麦每担（合100斤）19.4元，小米31元，谷子19.4元，黄米32.6元，玉茭19.3元，高粱19.2元，黑豆20.2元，绿豆17.9元，胡麻

① 刘大鹏：《退想斋日记》，山西人民出版社，1990年，第577页。

28.4元,菜籽27元,蚕豆16.4元。[①]用如此低廉的价格,迫使老百姓售出粮食。在平大路沿线及子牙河两岸,利用奸商,设立坐庄,仍以高价收买。在白洋淀新安等地收买麻、席、麦、米。在平汉线清风店火车站等地引诱商人卖粮,还派青年艳装妇女诱骗。诱骗不成,就将人绑去,强迫以粮赎回。

其八,公然抢夺。日伪经常包围村庄,公开抢粮。每到一村,即挨户搜索,刨地挖粮,连罐子里的沙土都倒出来。藏粮一经发现,即被一抢而光。有时到村里搜索半天,也搜不出二三升粮食。浑源青瓷窑日伪军专制了榆木棒、杏木棒来敲打村民,榨取钱财。无论牛、羊、粮食、女人,什么都抢。寿阳日伪军借口人民不按数交纳粮食,仅在一姓张的富户家就抢去三四十石粮食。他家被抢得颗粒无余,立即陷入饥饿之中。此事为北沙沟士绅郭树平所闻,次日郭即将家屯存粮100石尽数分给村中贫户或被敌掠夺一空的人,随即服毒自尽。[②]在完县敌占区日伪下乡找不到成宗的粮食财物,碾子上正在碾着的一点玉米面也要扫去,锭子上纺着的半个线穗也要卸走。日军到山前朝阳塔一带挨户抢粮,不论米糠、麸子、杂面,完全抢走。繁峙敌伪于5月召开伪村长会议,敌首席参事士井三郎说:宁饿死100个中国人,不能饿死1个日本人,中国人没有吃,可以吃树皮、草根、黄土。会后,日伪军即在城街与乡村大肆抢掠。

其九,"督励""督导"。华北敌伪为贯彻抢粮,组织收买小麦"督励队"和"督导班"深入乡村强迫农民供出小麦,并经常包围集市,以求其逞。在晋东北,敌伪在各城镇遍设集市,规定乡民买卖均需前往该地,并且都要用粮食交易。1942年底,敌人接二连三抢掠建屏蒲吾集、平山四舍集。1943年1月9日,又抢了平山康家集。20日左右,平山城敌人20余名乘汽车2辆,再次开到康家集上说:"大米麦子是军粮,买卖不准。"动手装车时,把小米、豆子、玉茭子及一切可食物品尽数装去,老百姓还挨了打。徐定敌人公开抢掠杨村集市,漕河敌伪军将集市包围,只准空人走出,粮食货物全被抢走。

其十,强派证券。因为伪"联银券"已发行50多亿并一再贬值,敌人又别出心裁,于1943年6月发行一种物资交换券"食粮证券",达5亿元,派给中国粮商,以减轻伪"联银券"的恶性膨胀。敌人担心人民拒用,便由伪"物资物价处理委员会"通令各地,用"配给"消耗品、奢侈品的办法,来套取人民手中的粮食。所"配

---

①《晋察冀日报》,1943年9月17日。

②《新民日报》,1943年3月5日。

给"的物品有砂糖、纸烟、罐头、蜡烛、人造丝制品。"配给"办法为每交 1000 公斤小麦,"配给"150 元左右物资,交不起 1000 公斤的,可联合数家合并计算。

凡此种种,不一而足。

日军野蛮的抢粮计划,在一些地区,如晋察冀边区一专区五台等县超额完成了,在另一些地区则未能实现。所抢的粮食,部分运到日本,部分归他们挥霍。敌占区人民则蒙受了不尽的屈辱,生活在饥饿线上,挣扎于悲哀苦难之中。

三、饥荒的惨状

日伪的抢粮造成了惊人的大饥荒。1942 年华北又遇旱灾,冀中收成不过五成,冀西山区约三成。被日伪以各种方式夺去的粮食最少者为全年之一半,一些地区全年的收成全给了敌人还不够。粮食奇缺,物价高涨,伪钞泛滥,成为敌占区的普遍现象。敌伪发动了五次"治运",而社会动乱却一次比一次严重。以北平的粮价而论,第一次"治运"时,白面 10 元 1 袋;第二次 15 元 1 袋;第三次 20 元 1 袋;第四次 30 元 1 袋;第五次 70 元 1 袋。米价在太平洋战争爆发时,1 包不到 100 元,1942 年底 200 元左右,1943 年 5 月涨到 550 元以上。据敌伪报纸公布,北平小米已合伪币 2.2 元、玉米 1.8 元、花生油 2.94 元,天津高粱 2.3 元 1 斤,石家庄小米 2.6 元 1 斤,这还是日伪报纸公布的价格,实际市场价格要高出数倍。当时一般伪职员每月薪金 20 元至 30 元,每人每天至少要吃半斤玉米,需伪钞两元五六角,每月得花费 70 多元。一家数口人依靠微薄的薪水度日,怎能生活下去!1942 年 12 月开始实行"配给"时,10 天内每人"配给"棒子面及小米 4.5 斤,领购粮食二三日后,日伪军即到各家检查,如发现谁家粮食稍多,除没收外,还要以囤积居奇为名,严重处罚。市民生活在饥饿线上。有不少居民极难度日,更因敌人统制贸易的结果,市面格外萧条,乞丐充斥。到 1943 年春,北平、天津等城市,米糠和麸皮竟成为饥民续命之宝。

就是这种以花生壳、树皮磨成的粉,及以前饲猪的豆饼等成分的杂合面已是每斤 3 元多,半夜排队去买,有时还买不到。人们相见总是互相问候:"今天吃饱饭没有?""买到粮食没有?"《申报》1943 年 5 月 3 日北平通讯描绘了这一惨状:"华北最大的都市平津两市发生空前的饥饿的恐怖,小康之家及中等以下的薪水阶级,生活陷于恐慌,多数机关小职员、小学教员,昼间办事教书,夜间驾三轮车,兜揽乘客,以求补助。拖着乘客跑的黄包车夫,随时有晕倒街头一瞑不视的,原因是腹内空空,力尽气绝。据调查,3月份内,平津两市,每日各有二三百人因饥饿而死。""至于华北乡间的饥荒,更为惨痛,距离北平以北30里的汤山一带,居民即以草根、草籽、树皮为粮。山西、河南、河北,有些地方连草根、树皮都吃光了。"①及至5月,天津市沦为乞丐而流浪街头者达25万人,北平市民每日死亡人数由300多人增加到500多人。伪《申报》有一篇文章作了纪实性的描述:"此次粮荒受苦最惨痛者莫过于斯文阶级,政途渐狭,文人生活,因而日窘。但文人尚重体面,唯恐见鄙于邻里,故目下住东城者,乞食于西城,住西城者乞食于东城。劳动阶级大都以拉车为生,丁兹粮荒,生意一落千丈,不得已,唯有放下车辆,沿街求乞。其房东阶级,因近一年来,房租虽已增加,而所增之数远不及生活必需品所需要者,于是收支悬殊,此种人均已无法资生,流为乞儿。"②由饥饿而沦为乞丐的不计其数。

农村的情况更加悲惨。粮食被日伪抢光,因饥饿而死者,难以数计。在各地路旁和封锁沟边,可以看到不少死在路途的饥民。在村庄里,人们为攫取已经稀少的两三片树皮,爬上白杨树的顶端。他们没有力气,一阵风刮过就掉在地上死去了。真是哀鸿遍野,饿殍载道,家家户户都传出了饥饿的叹息。冀中深县小米卖到200元,土地没人买,荒芜了,人民没法生活,大多逃亡。东李各庄共130户人家,逃亡者达2/3。深南、深束一带,老百姓吃着剥掉皮的秫秸瓤,因有毒素,许多人肿胀而死。大清河北草根都吃光了。白洋淀的文安洼,日夜挤满数十万人挖掘地梨。地梨野藕掺和着"拉拉苗""刺儿菜"成为人们的主要食品。在保定,麻糁(即豆饼——笔者注)和野菜是维持生活的仅有食物。城里人每天成群结伙到城外搜寻野菜。城内菜市上,榆树叶子卖到1角钱1斤,湿的玉茭面每斤2.5元。徐定路以东许多中上等人家在1942年除夕夜,一点吃的也没有。有的三更半夜跑出几十里外,到安新县境刨地梨,两天一夜才刨出2升;有的到白洋淀挖野藕。正定人因无法生活,富有之家把祖宗留下的家具扛到集市上叫卖;妇女们变卖自己的首饰,但鲜有人问津。望都全县120个村庄,19万余人口,1942年秋收后就被日伪掠走小米和大麦200万斤。老百姓手中没有存粮,特务与汉奸却每天到村中吆喝"任你们卖儿卖女,去开窑子、做娼妓,也得纳捐完粮"。"限5天之内交完粮,不交,我们就抢。"许多人家

---

① 《申报》,社评《再为华北灾荒呼吁》,1943年5月19日。

② 学子:《北京的食粮问题》,《申报》,1943年5月21日。

在饥饿的死亡线上挣扎,忍痛到关帝庙前卖儿卖女。①代县北大兴原是富庶村庄,全村 600 余户,300 多人沦为乞丐。代县敌伪"合作社"也都没有物品。较小商铺的掌柜,每天吃硬糠,普遍流行"硬便症"。灵寿人民 1943 年将荞麦秸、粗糠面、野菜汤作为果腹的食品。人们饿着肚子,还必须到炮楼服夫役。北燕川青壮年不足 50 人,炮楼要夫 150 人,连 8 岁的孩子也得去干活。东柏生村 80 户人家,60人卧病不起。这里所记叙的只是例证,整个华北都是这种景象。

暴敌的罪行旷古绝今。还在 1941 年,日伪就在石家庄设立人市,拍卖在秋季大扫荡时从根据地掠去的大批妇女,强迫稍有姿色者充当妓女,余者运到人市上,采取抽签的方式拍卖,每人标价数十元。到 1943 年,保定、张家口和许多县镇也建立了人市,妇女论斤来卖。被饥饿所迫的家庭,忍痛卖了儿女,换点伪钞,以苟延生命。据报载,日伪军"在张家口设立人贩集市,把妇女不论老少编成号码出卖,每人售价 20 元,买者不许挑选,只能抽号码。有个老乡花了 20 元,买了一个 50 多岁的老妪,弄得啼笑皆非。他又花了 20 元钱,结果抽出来的是这个老妪的女儿。母女相见,抱头痛哭不止,凄惨万分"。②

粮荒达到如此程度,伪"华北政务委员会"主席也不得不承认"粮价飞腾,日亟月增,前所罕见,在素丰之户亦感难支,而无告之民,更苦断炊"。③灵寿"伪新民会"的成员讲得更接近事实:"1943 年入春以来,虽地主富户,亦感粮食恐慌。人民以树叶、野菜、草根而充饥者,比比皆是。至于老弱无力谋生,讨之不得,因而饿死者,时有所闻,凄惨异常,民不聊生。"④

日军所犯下的抢粮罪行,和南京大屠杀一样,是永远洗刷不掉的。

四、敌占区人民的反抗

根据地的发展,使敌人的抢粮计谋未能如愿以偿。八路军和游击队时有针对性地出击,使日伪军大为恐慌。如灵寿 1941 年底,日伪军赶修损坏的城墙,紧靠城外缘挖掘护城河,既是为了防遭袭击,又怎敢轻易出城抢粮。当时晋察冀边区政府通过各种渠道,能了解日伪的抢粮计划,不断做出对策,告诉

---

① 李巍:《敌寇掠夺下望都敌占区人民生活惨象》,《晋察冀日报》,1943 年 3 月 13 日。

②《张家口设立人市》,《晋察冀日报》,1943 年 8 月 14 日。

③《晋察冀日报》,1943 年 4 月 29 日。

④《晋察冀日报》,1943 年 6 月 12 日。

人民,怎样进行反抢粮斗争,号召根据地人民藏好粮食,防止被抢,号召敌占区人民不交粮、不卖粮给敌人,并组织力量打击敌伪抢粮队。在游击区,则充分利用两面政策,"迷惑敌人,欺骗敌人,如我方假攻、假运、假报(老百姓对敌谎称,粮食被八路军弄走了),造假情报,实行谣言攻势,使敌不敢出动,不得已时交出小部,多掺沙秕等。[①]晋察冀边区政府于1943年1月30日做出严禁粮食资敌六项办法,其第一项就是:"奖励游击区粮食运入巩固区出售或存放,巩固区粮食绝对禁止出封锁沟,私运粮食出封锁沟均以资敌论罪。"依照根据地所颁发的文件和斗争策略,反抢粮斗争总的包括"进攻"和"防御",按地区环境的不同,采取多种多样的形式。这就使反抢粮斗争进行得有声有色,获得了明显效果。

敌占区一些地方的人民不堪忍受日伪的压榨,相继拥入根据地,更多的人参与了以保卫粮食为中心任务的斗争。他们宁肯战死,不愿饿死。敌人纵然把粮食调查出来,也很难抢到手,更难运到据点去。这样的事例很多。

伪"华北物资物价处理委员会"以"华北政务委员会"头目名义发出布告,限定各城市商民,申报存粮,以便收买。及期限已到,并没有多少人申报。敌伪高喊要"协力",所得到的结果是普遍的不协力。日伪曾强令各地恢复集市,或将集市移至其据点以内,结果是有行无市,行唐、阳曲等地无人赶集籴粮。定襄敌伪向各村掠夺保管粮、代购粮,群众怒不可遏。4月18日,一、三、五各区群众在八路军协助下,将中霍、芳兰两地之保管粮全数夺回,计中霍350石、芳兰镇8石。五台豆村有敌粮库一座,屯集粮食10万斤。五台军民于4月10日夜袭,夺回粮食2000余斤,其余全部焚毁。满城与保定交界之地,伪"新民会"、伪"合作社"向各村强制"收买"小麦,每斗只给10元,村民拒不交纳,群起反抗。白洋淀地区一位80多岁的士绅,对日军的抢劫,愤怒至极,曾赋诗一首:"事有本末物有终,人间地狱几时穷。倭寇未灭人已老,匹夫有责必报功。"[②]充分反映了敌占区人民对日军压榨、奴役和非人性统治的心声。

反抗的意识发自于人民内心,这是历史的必然。民族的生存高于一切,反日的仇恨和力量在1942年从华北敌占区广泛地传播开来。

原载《历史档案》,2005年第4期

---

① 张明远:《从思想和领导上把反抢粮斗争更加提高一步》,《晋察冀边区财政经济史资料选编(财政金融编)》,南开大学出版社,1984年,第634页。

② 《晋察冀日报》,1943年7月26日。

三四十年代①日本的鸦片侵略政策

20 世纪三四十年代日本对华实行的鸦片政策，是日本军国主义侵华指导思想的重要组成部分。近年来中日有些学者将研究视线集中于这一方面，发掘出一些资料，撰写了论文。但如果想在叙述日本鸦片侵华的全部历史过程，为时尚早。因为鸦片的生产和贩卖活动是极秘密地进行的，经营鸦片的公司和洋行的档案资料，有的在 1945 年日本投降时已经被毁，有的尚未公开。我国的资料又显得零碎，缺乏统计。尽管如此，目睹者尚能记忆犹新，一些资料已公布于世，报刊书籍中也有所揭露。日本经营鸦片的罪行还是被记录下来，概括地有侧重地叙述这个问题，还是有条件的。在这里，我想谈五个问题。

一、继承英国的衣钵

利用鸦片贸易进行侵略是近代帝国主义侵华最毒辣的一种手段。英国扮演了鸦片侵华的首要角色。日本推行这一政策，比英国要晚一些，但在 19 世纪末和 20 世纪初已积极参与对华鸦片贸易。当 20 世纪初英国被迫放弃鸦片政策时，日本便取代英国地位，充当了鸦片侵华的主要角色。

大体上说，日本继承英国的衣钵是从 1917 年英国被迫放弃鸦片政策开始的。1840 年英国用鸦片战争打开了中国的大门，从此东印度公司的鸦片(简称印土)，就源源不断地流入中国。中国白银外流，肥了英国，中国则日益贫弱，物质状况和精神状况恶化。广州和上海是鸦片最大的吞吐港。鸦片入口后，归海关设立的洋药局管理，著名的英国洋行，如上海老沙逊洋行、新康洋行，无不经营这一肮脏贸易。凡是租界地和通商口岸，烟馆土膏店林立，贩者如蚁赴膻。由广州输入的鸦片种子，很快传到福建、贵州、云南、四川、陕西等

---

① 指 20 世纪三四十年代。

省,纷纷种植罂粟,致使中国无地不受鸦片之害。从城市到乡镇,到处都有鸦片烟馆,无数人过着烟鬼生活。鸦片馆的纳捐成为殖民统治机构的经济支柱。以上海为例,自 1840 年以来鸦片馆之捐款为工部局入项之大宗,其数逾万。1907 年此款增至 6.1 万两之多,此后两年捐数减少,每年约 4 万两左右,"是时鸦片馆停止而鸦片店乃接踵而起",[1]法租界之烟馆土栈达 186 家,可见租界是罪恶之渊薮,中国有识之士,纷纷结为团体,自动禁烟,成为一支巨大的力量,清朝统治者看到民气之不可侮,便于 1906 年与英国磋商取缔吸烟试办 3 年,海内人民欢声雷动。禁售禁种禁吸等项次第并举,成绩昭著,3 年期满,举国人士呼吁清廷,要求英国废除罂粟,英国即禁运印土入口,并许清政府增加烟税。清廷见利忘害,竟与之订约,将烟禁之期延至 1917 年 3 月 31 日为止。辛亥革命以后,北洋军阀争权夺利,兵连祸结,一些官吏一再以毒物为生财之妙法,不愿弃此大利,但举国上下莫不痛心疾首,决心灭此毒人灭种的政策。1914 年成立的全国禁烟联合会和各地拒毒会的成员奔走呼号,积极推动这一运动。人们期望鸦片禁绝之期,中国不再有一两洋土进口,不得有一寸种烟之地,不存在一家卖烟之店铺,不再出现一个吸烟的烟民。经过不懈的努力,到 1916 年前后,全国 16 个省份已禁绝鸦片。苏、赣、粤为最后禁绝省份。当时禁烟措施是很严厉的,如上海县署多次发布通告,也有白话文写的。1917 年 3 月 17 日的文告讲:"嗣后遇有私种罂粟不服铲除,军警前往逮捕,敢于恃众抗拒者,格杀勿论。"[2]东北海城知事采取了更严峻方法以除鸦片与吗啡之毒:凡有烟癖或吗啡瘾而不戒者,一经察觉即送入戒烟所并掘一大穴以示众人,凡在所中因戒烟而死者委弃穴中,俾众人知之。不少地区都是雷厉风行的。铁路、车站、港口、码头等地都严密检查,上海地检厅、军护使署均将查获烟土焚毁。上海海关 1916 年 12 月连续 3 次焚烧烟土,总计 14937 斤 2 两,烟粉及罂粟子 53 斤 10 两。[3]天津常关海关也烧毁了烟土,禁烟运动以急进步伐前进。上海公共租界英美工部局于 1917 年 3 月 31 日吊销了烟膏土店执照,法租界土栈膏店也一律关闭。印土不准再进口。英国对华实行鸦片贸易政策持续了 70 余年,终于结束。

---

　①《申报》,1917 年 4 月 3 日。

　②《申报》,1917 年 3 月 8 日。

　③《申报》,1916 年 12 月 17 日。

但是烟土禁绝之期，烟土并没有根除。原因有二：一是沪上洋商土行以沪地存土尚有 3000 箱，坚持展期禁烟。北洋政府总统冯国璋拟购买大宗烟土，因遭到舆论谴责而作罢，其财政总长王克敏又勾结外商，重订收购大宗烟土，牟利毒民，并给贩运鸦片者开绿灯；二是日本趁中国人民把矛头对准英国之时，利用治外法权，向中国大陆大量倾销鸦片、吗啡，台湾生产的鸦片、吗啡和白面，主要运往中国大陆。1916 年朝鲜被日本吞并后，日本便在朝鲜境内以制药为名，鼓励种植鸦片，大量发放官许种烟执照，凡拟种鸦片者，发给特许执照一纸，每张日金 50 元，每人准领一照，不限地数。不准两人合用一照。至烟土成熟时，日本宪兵现场监视收割烟土，收割之土必须一次如数交给殖民地官署。日本将汉城和新义州变成毒品制造中心，向东北各地，以及天津、青岛、上海各地贩运。东三省被视为最大的市场。1916 年万国改良会会长丁义华调查的结论是："吗啡在东北三省销路极畅，南方各省近来时有发现。"上海自禁烟土后，吗啡盛行，当时人们已看到日本吗啡的势力将继鸦片而奋起，指凡"试观津沪两地查获吗啡犯之案，几乎无日不有，热心禁烟者，辄足切齿于某国人之无畏，毒我民以自肥其国"①。

日本比英国更毒辣之处是，在其势力范围内，遍设烟馆、吗啡店、赌场、妓院，强迫农民种植鸦片。它的步骤和它的大陆政策相一致。先把中国的东北和内蒙古变成黑色世界，继之，将其毒华政策推行到华北、华中和华南，凡被日军占领的地方，从占领时起到日本投降时止，鸦片和各种毒品都日益增多。20世纪三四十年代，日本是世界上最大的烟毒犯，世界上 90% 的非法的白面麻药都出自日本之手，经常是由日本人或在其监督之下，在天津日租界、大连和"满洲"的其他地方制造。

二、中国东北成为黑色世界

日本大规模地毒化东北，是从 1931 年"九一八"开始的，它之所以能迅速在东北滋长毒物，是因为在此以前已经开辟了一条鸦片侵华的途径。九一八事变只是为其罪恶的经营敞开了大门。东北的鸦片及吸食者的数量达到了前所未闻的程度。

---

① 《大公报》，1918 年 2 月 26 日。

无论是"南满"或"北满"的鸦片史都可以证实,日本在 20 世纪初就贪婪地经营鸦片,哈尔滨之鸦片在 1917 年前后为俄国人和日本人经营。烟土来源有 3 种:一、土产自绥芬、东宁、富锦、饶河一带;二、红土又名红皮子,产自朝鲜、中国台湾等地,经日本化学改造过;三、大土,即印度所产的黑土。各种烟土输入之路也有 3 条:一、由五站之中东路输入。由此路之贩运者,华人固属不少,然华人之大资本家尚不肯做此事,以一经败露,于名誉上大有妨碍,贩卖此货者乃系一般市井流氓;若日人与俄人,即大商家,均以贩土为正业。如日行一巨商及俄之沙木桡为池等资本家均派有专人驻守五站收买。二、由富锦之水路输入。骁力沟长约千里,全种鸦片,外人赴富锦等地贩运者,为数亦不少。三、历"南满"之输入红土、大土二种,尽系日人所贩运。烟土既多,烟馆亦不少,从前皆设于租界之内,近则如桃花巷、太古街等处亦所在多有。上等烟馆皆系日本人为之来撑持门面,门前悬以日本人之招牌,前面站以某国之流氓,而其后屋之内颠三倒四,一榻横陈,吞云吐雾,直达街市,如此类者,多至 20 余家,其余者亦均有护符,且联络一气,缔结团体。

"北满"尚且如此,"南满"是日本的势力范围,租界之地又很多,就更不说了。日本早已把"南满"铁路线及各站变成罪恶的渊薮。奉天的烟土,有从北面俄国境内运来的,也有从朝鲜运来的,"南满"火车站为囤积之所,然后运入沈阳城内。《大公报》提供了实际的资料:

"南满"车站有平康里计妓寮十五六家,开灯供客,烟民视为世外桃源。至于各大客找如天合东、天泰、悦来、盛奉台旅馆等,又有土贩常驻其间,每遇北来火车到站。无论大宗或零星烟土,概归该土犯等分购,然后密运城内售卖,来势如是畅旺,无怪烟民不思戒除此毒害也,该站又为我权力不及之处,故各土贩得以明目张胆为之。以求厚利……"南满"沿线各车站均有此等半明半暗之烟馆,大连埠内公然有小卖切。①

用毒物占据要地,毒化中国人的灵魂,造成可悲的环境,这就是日本所要创造的文明。鸦片泛滥到这种程度,安东、抚顺、本溪等地都是烟馆林立,各日、朝鲜娼妓处所,都代售吗啡白面等毒品。

由于日本的诱导、包庇,东三省各地鸦片种植成风,如黑龙江的密山、虎林、饶河、马鞍等地,种五谷者绝少,除去烟苗,别无他物。

---

① 《大公报》,1918 年 11 月 1 日。

以上所说的，还只是局部现象。"九一八"后，整个东北，再加上热河，全成为黑色世界，1932年11月30日，日本操纵伪满傀儡政府公布了《鸦片法》和《鸦片收买法》，宣称："出售鸦片以及制造鸦片烟膏与药用鸦片，均由政府专行之。"明目张胆地要实行鸦片买卖，经营鸦片的输出和输入。《鸦片法》第10条规定："经政府批准之栽种罂粟所生产之生鸦片，应缴纳于政府，但暂时得卖交政府指定之收买鸦片人，收买鸦片人所收买之生鸦片应缴于政府。"[①]这说明日伪军是积极支持种烟的。统制鸦片之种植与贩卖办法，完全模仿台湾的鸦片专卖制。专卖局设于长春，有人员900余人，其中400人为日人，下属分局10处，购买处20处，管理局80处，可见机构的庞大。购买局收买各县鸦片，各县设鸦片委员会，征收鸦片经专卖局日人监收，由日本大东号收买或将鸦片送往沈阳鸦片工厂，由该厂分成等级，打成包裹，再重新分配于各专卖分局，卖给领有执照的零售者，零售者之执照每年须缴纳500元，想吸食鸦片，都可到禁烟局去吸食。1935年中国国民拒毒会对辽宁三角洲的鸦片吸毒情况进行了调查，沉痛描述了日本毒化东北安东等地的罪行：

安东于九一八事变后，租界地之烟馆突增，一般汉奸走狗作其投机事业，于昔日所谓中国地如前后聚宝街、中富街、六道口等处，亦均开设烟馆，致鸦片公卖所、零售所、小卖所等字号，花样翻新，层出不穷。最可笑者竟有标禁烟所之字样者，而实则大谬不然。凡所谓大烟馆者，招待均男子，其余则俱男女招待。傀儡政府制成后，新产生之售烟所，多属此类，1933年日伪军警来安埠，人口增加，醉生梦死之官商，竟以烟楼为应酬交际场所，终日流连，前后接踵。1933年秋重要村镇也来往通行，烟馆开设遂散至各地。安东昔日海关署，也悬挂起"鸦片专卖署"招牌。

安东烟馆以惊人的数字急剧增加。1932年7月，不包括租界地，有80余家。1933年春，全市烟馆800余家，其中租界地内有680家。据统计，1932年前后，全市人口，包括日、鲜人在内，约13万人，染有烟毒者达2万余人，占全市人口的1/6。1933年安东人口增加到16万人，在所谓租界地内烟馆已达800余家，非租界区增至300余家，染有烟癖者达4万余人。

凤城，傀儡政府成立后，大批日伪军警往来，日、朝浪人及汉奸，奔走安凤途中，创办烟馆。九一八事变前，县城人口不过4万人，及1933年春增至5万

————————
①《盛京时报》，1932年12月2日。

多人,染上烟瘾者达 7000 余人,约占全城人口的 1/7,1932 年县城及各区烟馆共 400 余所,全县人口 30 余万人,嗜好成癖者达 4 万余人。

岫岩,"九一八"后在日本人支配下,鸦片畅销。1932 年自由种植鸦片,吸食者陡增。1933 年全县 15 万人口,吸食者万余人,全县农民家庭中十之八九均有烟具设备,1935 年全县人口仍为 15 万人,嗜好成瘾者达 4 万余人。

庄河,九一八事变前,鸦片就很流行,事变后,毒祸益形剧烈,县城原有烟馆 40 余家,1933 年 1 月增至 150 余家,全县人口 27 万人,中毒者 3 万以上。

以上 4 个县城吗啡的销售量也很可观。制造与批发均操在日本人手中,如安东市人民嗜吗啡者约 1 万人,其余如浪头、汤山城、五龙背等地,嗜此者不下 5000 人。凤城吗啡之贩卖较鸦片为剧。日人经营的平并药房为总批发机关。干河沿之赌娼均以此为副业,各旅馆内十之八九秘密出售,沿铁路各处则公开出售,尤以鸡冠山、四台子、通远堡等地为最盛,中毒者达 1.7 万多人。岫岩从 1932 年冬日伪军队驻扎县城,娼妓增多,吗啡馆便普遍流行。庄河县城乡村均有代售所,嗜者达 2 万余人,较吸鸦片者尤多。

白面的流行,也以安东为最剧,凤城、庄河次之,岫岩又次之。贩卖地点多附设于鸦片及吗啡之售卖场所,除县城外,安东之九连城、大东沟,凤城的鸡冠山、通远堡,庄河之土孤山为最多。

各种毒品像狂奔之马,不可遏止。据英国《泰晤士报》记者彼得·佛勒敏(Peter Fleming)到东北四省旅行调查所得,1934 年至 1935 年种烟面积达 100 万亩,每亩烟地纳税 5 元,种烟区域在热河及吉林东北。吉林烟名为东土,热河烟名为西土[①]。854 实际上,种烟的区域是很广泛的,遍地是罂粟,这从 1932 年 12 月日伪确定 10 个区为鸦片批发区可以得到证明,10 个区是奉天、辽阳、锦县、兴安、辽原、新京、吉林、滨江一区、滨江二区、龙江。每个区都有很多县,最少辽阳区 6 个县,最多的是滨江第二区有 44 个县城及地方。随后,日伪将种植鸦片限定在一定范围内,如黑龙江银定在松花江和乌苏里江之间的富锦、抚远、饶河、宝清、虎林等地。就烟馆来讲,单是哈尔滨和傅家甸两地,就有公卖的烟膏店 100 多家,海洛因的商店 1000 家。吉林市有烟馆 900 家。齐齐哈尔有 500 家。东北各县镇普设鸦片零售所。1935 年 1 月伪满发表的公报承认,东北境内吸食鸦片者有 90 万人,其中仅有 8.2 万人持有执照,这就是说持有执照的烟民仅及全

---

① 《大公报》,1935 年 1 月 4 日。

数 10%,当时国联禁烟处指出,全境烟民 90 万人,每年鸦片消耗约达 1646 吨,而持有照之 8.2 万人一年所耗,不过 151 吨,超出管理以外的毒物达 1491 吨之多。1935 年东北各大城市因毒发而死的有 600 多人,没有人收殓。

日本对中国东北的统治每加重一步,鸦片毒害也就加深一步。

三、华北的毒品洋行

日本的毒化政策是与日本的武力侵略同时并进的, 日本毒化东北后,又向华北推行这一政策。最明显的事实是侵占了察哈尔北部后,立刻强迫那里的人民种植鸦片。1933 年《塘沽协定》,冀东被划为非武装区,冀东的走私和鸦片就猖獗起来。日、朝鲜浪人以领事裁判权为护符,跑遍了冀东所有的穷乡僻壤,至 1937 年抗战前,日本人 950 户 2880 人。分驻于山海关、台头营、抚宁、北戴河、留守营、昌黎、迁安、卢龙、秦皇岛等地。开设白面馆洋行,大批贩卖毒品,平均每个县有百几十家,几乎每市每镇每个村都有染上烟毒嗜好的人,许多人因此味倾家荡产。许多妇女一染上嗜好,就堕落为娼,换白面吸,打吗啡针,洋行(白面馆)、俱乐部(赌场)、庄会、娼妓、女招待一齐袭来。英国反帝国主义女界领袖赖斯特在 1935 年曾去昌黎旅行,得到最深刻的印象是,日、韩侨民在该地经营毒品,昌黎共有贩卖毒品的机关 213 处, 其中日人经营者共 166 处,韩人经营者共 47 处。各机关均称洋行,其中 1934 年始设立者 65 家,该县城厢一带共有贩卖毒品之洋行 36 家,22 家为日人经营,14 家为韩人经营,城内只有韩人经营者一家,因城内居民不愿以房屋赁给韩人贩卖毒品。①

昌黎的毒祸和邻近各县比较起来,还不算重,像唐山、山海关、滦县、开平、古冶、秦皇岛等地都很严重,譬如唐山到处是洋行,各有各的名称,共有 467 家白面馆和烟窟。唐山附近的农村,其数量并不亚于唐山。

日本军的先锋浪人和朝鲜毒贩分子还把大量毒品通过冀东殷汝耕伪政权管辖地区运到通州,然后再运销到华北各地。天津是华北贩毒的中心。"天津日租界蓬莱、福岛、伏山、侨立等街,白面馆林立,总数共有 173 家之多,而每家都悬有××洋行的招牌,平均每一洋行至少一日要吸引 80—150 名吸客。"②过去吸食白面,需要器皿燃灯,或以纸烟吸食,这时用鼻嗅。白面种类也很多,有黄

---

① 《大公报》,1935 年 5 月 4 日。

② 《解放》,第 12 卷第 11 期,1937 年 7 月 19 日,第 19 页。

灰白等色,天津的走私商行有283户,有中日合资的,有中韩合资的,有韩人经营的,有华人经营的,大多从事毒品贸易,但无论华人或韩人经营,无一不由日商进口商行批购货品。

不只在大城市制毒,在小城市也设立了制毒机关,如张家口就有如表:

字号	主办人姓名	资本数量	机关地址	每日出量	每个重量及价格
坂田组	中村新太郎	10万元	曹家胡同	80个	每个千瓦值400元,现售800元
日本旅馆	渊茂	5万元	大马路	30个	同上
泰丰洋行	田中吉良	3万元	铁路街	15个	同上
德隆洋行	明石	2万元	马路头条	10个	同上
林田洋行	林田	2万元	东太平街	5个	同上
福隆公司	田中	2万元	土儿沟	5个	同上
中原商会	中原	1万元	怡安街	5个	同上
德胜洋行	大国	5000元	土儿沟	5个	同上
石川商会	前田	5000元	曹家胡同	5个	同上

其余如零售的白面馆亦约有百余家之多。①

各种名义的洋行将毒品运至华北各地,郑州的鸦片是日本特务机关直接操纵的。运销毒品至山西的是义泰洋行,天津生产的毒品还运销至东南亚和美国,据伦敦《泰晤士报》记载,世界白面的来源90%来自日本势力侵占下的伪蒙和华北各省。国联关于鸦片及危险毒品贩卖问题顾问委员会和美国代表孚勒(Fuller)、埃及代表巴沙(Russal Pasha)有一段描述:

河北省,包括天津、北平和所谓非战区,已经成为全世界制造违禁毒品最多的地带。北平、天津和冀东的情况惨淡到不能形容的程度。在河北省这买卖是由日本人和高丽人经营管理的……②

巴沙曾引述一位目击者的话,说天津:

毒窟中情况之可怖令人厌恶,实不能以言语形容。窟中黝黑无光,污秽令人作呕,情景令人悚惧,其中除华人外,尚有俄人及他国人民,横陈于不洁之床板上,并有小儿仅二三龄,已变成蠢笨之烟民。毒液之注射,亦以自制不洁之针为之。因之,疾病传播,不知所止。③

---

① 谢运达编:《日本特务机关在中国》,新华日报馆,1938年,第47—48页。

② 转引自阿特丽:《日本在中国的赌博》,光明书局,1937年,第27页。

③《大公报》,1937年10月16日。

东京审判时,当年驻北平英国公使馆地区警察署署长彼德·杰·劳伦斯出庭作证也讲道:

> 我在英租界曾经检查过鸦片窟。根据调查弄清,鸦片、麻醉药品是从日本租界买进的。1935年以后,英租界进了朝鲜人、日本人。鸦片、麻醉品交易非常兴旺。主要由中国人、朝鲜人进行贩卖。鸦片在天津下层阶级居住区的鸦片窟卖,吗啡、海洛因在天津市里卖。朝鲜人用针筒给码头附近的苦力注射,针头不消毒。[①]

其实,毒品生产不只是在华北,在汉口日租界内也有日本所设的制毒厂3处,专作毒化华中之举,其中一厂制造海洛因与吗啡,资本为10万元,每日制吗啡七八十盎司。该厂大门有日本警察长期驻守。另一厂制造海洛因与吗啡,日出40盎司,由9家商店销于武汉,并运往河南、江西等省发售。还有一厂制造红丸,除天津外,此为最大的红丸厂,每日能制100盎司。该厂雇有制造师9人,推销者皆由日本领事馆保护,活动范围已深入武汉四周各乡区。在华南各地,日本也利用领事馆裁判权之便利,广设烟馆。据1936年统计,福州一地的日"台"籍烟馆便有390多家。

历史记录了:凡是有日本领事馆和特务机关的地方,必然有鸦片和鸦片烟馆,洋行越多,鸦片也越猖獗。

四、日军占领区的罂粟和烟馆

日本政府和洋行,利用毒品,吸吮中国人民膏血,发了横财,也获得了侵华的经费。不仅如此,日本军方还以鸦片白面毒物,收买汉奸,获取军事情报。1937年7月,中国全面抗日战争开始,日军对提供军事情报的汉奸,贿以重金,每人每天20元,鸦片白面管饱吃。如情报属实,目标确为日军炮火击中,还奖洋1000元。鸦片已成为日本军事侵华的直接工具。

整个抗日战争时期,日本在中国散布烟毒到了无以复加的地步。在其占领区的农村,主要在热河和华北,强迫人民种植鸦片,在城市诱惑人民吸食鸦片。

[①] 东京审判记者团:《东京审判》,河北人民出版社,1988年,第103页。

热河全省的平地山冈以及高地,满山遍野,充满红白罂粟花,麦田都改种成鸦片。栽种罂花最盛之区是赤峰,农民将所采集之鸦片浆售予烟政局所指定之经纪人,经纪人将浆制成烟土,交与烟政局所指定之鸦片制造所,制造所制成各种鸦片药品,直接运送奉天、大连出售。

1939年日军勒令原绥远境内仓萨托等县人民广植烟苗,成熟之时,日伪下乡,每亩烟抽税70元、50元或30元不等。[①]在察哈尔,伪宣化省土药总组合强迫各地成立土膏收买处,强制廉价收买察南各地鸦片。伪蔚县"政府"强令各区村种烟,规定水田每亩割50两,旱田每亩30两。各种烟户要缴送烟土并规定价格,特等烟19元,较市价低30元;头等烟19元,较市价低22元;二等烟16元,较市价低19元,三等烟14元,较市价低15元。伪山西"省公署"划定雁北13县及冀宁边9县为种烟地区。伪繁峙"县公署"1942年令全县种植大烟4000亩,仅沙河一区要种762亩。在应县,日伪1942年征收烟税1300两,制发了种烟许可证和种烟规约,"县公署"还规定了种烟奖励办法,对种烟积极的村公所提出6000元作为奖金,规定一等3000元,二等2000元,三等1000元,四等500元,五等300元,六等100元。雁北各县把剩下的烟土除纳税外,要全部交给晋北土业总合,再由组合配给土膏店和烟馆。在晋西北偏关,日军从外地运来罂粟散给民众,强迫种植,收割后,即成立官膏局专门买卖大烟,诱引民众吸食。这就造成偏关和楼沟堡附近10里内种烟土地有450余亩之多,有些村庄吸食大烟的户口竟达全村总数2/3。[②]

城市和穷乡僻壤的烟馆之多,使人惊愕。下面是抗战初期几个大城市烟馆的统计数:

天津,1938年计有烟馆500多家。

北平,开设土行烟馆的条件是缴税,1938年10月烟馆约300家,1939年3月增至500家以上,海洛因在该城许多地方出售。

济南,1938年9月底出售生土的土行4所,出售熟膏者40所,同年11月熟膏的土行增至136所,

上海,日军在租界外地区大开烟禁,由日本特务机关长楠木和西村二人主持,出面包揽者为佐佐本。他们把贩卖黑货交给盛幼庵办理,盛原在沪办宏

① 《新中华报》,1939年8月4日。

② 《抗战日报》,1942年3月7日。

济善堂,蕃堂成了贩卖烟土的专利机关,南市九亩地一带到处有"燕子窝"。烟馆老板组织了特业公会,视范围之大小分为大同行、小同行,共有 200 多家,公开领照营业,并雇用日本浪人把门保护烟商。每家每月需纳印花税,每日须纳灯费。当时售卖的云土、红土,每两纳 1 元半,川土每两纳 1 元 2 角。据估计,1938 年底上海每日消耗鸦片量约 5000 两,其中伊朗鸦片占 2000 两,1939 年 2 月毗连公共租界和法租界各区,以及苏浙皖各省日军控制的大中城市,鸦片与其他毒物,随意出售。

南京,城内及毗连城垣各区,共有人口 48 万人,所设售烟所不下 30 处,烟馆 175 所。旅馆之供人吸毒者 14 所,均领有执照。所有鸦片都由禁烟局供给,烟膏大多来自伪满,其次为伊朗土,均由日人购运进来。海洛因系由日本浪人护送,自大连和天津循津浦路运来,并由军队全力保护。南京贩运海洛因有 4 人,吸食海洛因者有数万人。

汉口,鸦片由日本卵翼下的武汉"维持会"禁烟局主持出售。1939 年 1 月 28 日公布管理武汉鸦片出售与吸食条例,对鸦片贩卖者、霉售者、吸食者发执照。1939 年 1 月,汉口登记烟馆数 70 所,3 月末,增至 400 所以上。

广州,市内商业萧条,唯独烟赌馆呈现繁荣景象。日军曾运来大批海洛因与厦门烟条等毒品,吸食红丸之风盛极一时。各俱乐部、娼寮和烟馆等处都出售红丸。有的还在门外大书"附设打波场女员招待"字样,以广招徕。

各大城市都是贩毒中心或集散地,仅伪"南京维新政府"每月得鸦片约 200 万盎司,每盎司收费 3 元,每月从鸦片中收入 600 万元。在一些乡镇也设海洛因鸦片公司,如在豫北白道口的鸦片公司以毒品向商贩换取粮食。

日本的鸦片倾销无孔不入,敌后根据地和国统区经常缉获由敌占区贩来的鸦片,譬如《新华日报》1942 年 12 月 10 日报道左权县的毒犯情况时讲:"本县麻田、柴城、芹泉、拐儿等地,吸毒现象甚为严重。据县府司法科统计,各种案犯以贩卖烟土为多,去年烟毒犯人共 171 名,没收烟土 507 两 6 钱,毒品 1115 斤。今年 10 个月处理烟毒 98 名,查获烟土 125 两 6 钱。此种毒品,大半由武安、沙河敌占区运来,一路经涉县到麻田、柴城、王开沟一带,一路经冀西到拐儿。"安徽的界首则是日本将鸦片运往中国西北和西南的孔道,大量的毒品经过这里被运至内地。当时陇海铁路上经常查获毒犯,最惊人的是有的贩毒者将物品放在婴孩的尸体内进行贩运,成为那时最大的新闻。因此禁烟是抗日战争时期和日本进行斗争的主要内容之一。

五、日本军国主义者扮演的角色

对华实行鸦片政策是日本的国策。1937 年以后与鸦片买卖有关的是日本的陆军、外务省和兴亚院。日本的一些大公司都是在日本政府指挥和安排下经营鸦片的,如三菱商事公司和三井物产公司,俨如东印度公司,曾从伊朗采购,大量倾销鸦片,目的是增加侵华战费,根据远东国际军事法庭判决书记述:"这两家公司在 1938 年 3 月缔结了关于鸦片输入地和划分鸦片贩卖区的协定。由三菱办理对日本及伪'满洲国'的鸦片供给,由三井物产办理对华中、华南的鸦片供给,对华北的供给由两家公司平分。每年的鸦片购入额由日本、伪'满洲国'和中国的'官厅'决定后通知这两家公司。"[1] 由一个国家政府精心策划鸦片买卖,这在世界上是少见的。

鸦片的生产和贩卖活动是极秘密地进行的,由侵华日军在各城镇设立的特务机关办理,经营鸦片的人都获得了大笔收入。伪"兴亚院经济部"指定华北、华中及华南的鸦片需要量,并管理其分配。在中国东北经营鸦片的是伪满"财政次长"难波。在华北经营鸦片的是"兴亚院"驻北平的长官盐泽中将。此人后来成为"大东亚省的公使",他从经营鸦片中发了横财,时常从利润中分出一部分,用飞机送金条给东条英机。在华中和华南是由华中日军司令部决定的。

遍布中国各地的戒烟局,都受"兴亚院"领导。在京沪一带,凡设立烟行,都要预先交保证金,保证金存在台湾银行,台湾银行出具收条,其保证人是日本政府的大藏大臣。汪伪政府要向其主人日本借款,日本就从鸦片进项中提出来,用负责人的姓名存到正金银行。这些负责人扣留一部分,有 3 万万日金并未交给伪组织。1945 年日本投降,签字投降的重光、前大东亚相青木、前藏相石渡、前外相东乡、前首相阿部、前驻伪组织大使谷正之,都偷偷地从银行中提出鸦片所分赃的那一部分。这些嗜血的野兽都露出了真面目。

鸦片肥了日本军国主义,肥了战争贩子,肥了日本的大量商行,他们真是利欲熏心,但历史记录下军国主义的种种罪行。他们曾痴心以鸦片灭亡中国,结果是随着 1945 年日本帝国的灭亡,鸦片侵华政策寿终正寝。这就是历史的总结。

原载《档案史料与研究》,1993 年第 4 期

---

[1]《远东国际军事法庭判决书》,五十年代出版社,1953 年,第 346 页。

魏宏运文集

抗日战争与中国社会 下

魏宏运 著

南开大学历史学院 编

天津出版传媒集团

天津人民出版社

《魏宏运文集》编选组

总负责人：

江　沛　邓丽兰　李金铮

分卷负责人：

《中国近代历史的进程》:杜恩义

《抗日战争与中国社会(上)》:刘依尘　王　希

《抗日战争与中国社会(下)》:冯成杰　王　希　刘依尘

《序跋与书评》:何悦驰

《忆往与治学》:张耀元

《魏宏运年谱》:王　希　张耀元

敌后抗战研究

抗战初期范筑先的爱国情操

抗战初期华北的地方社区规划官吏,大都患着沉疴般的恐日病,抱着所谓不抵抗主义,敌军来到,有的逃跑,有的当了汉奸,山东省主席韩复榘都率部逃走了,使日军得以横行无阻。1937 年 12 月 24 日,日军占领了济南。青岛市长沈鸿率领海军陆战队也逃走了,烟台、青岛、威海卫也都相继沦陷,敌人侵略的声浪,终日终夜传播着,汉奸又兴风作浪。人们都抱着惶骇的心情,时时关切地探听着当局的动静和敌人的消息。当时只有鲁西北即黄河以北津浦线以西一带还是一片干净的国土。

这一片干净的国土,以聊城为中心共有 20 多个县。聊城是山东第六区行政督察专员公署所在地。第六区行政督察专员管辖有 12 个县,行政专员同时兼保安司令。这 12 县是聊城、茌平、博平、堂邑、冠县、朝城、观城、濮县、范县、阳谷、莘县和寿张。日军进犯山东时,山东各行政专员于 10 月 17 日均被委以游击司令。范筑先保安司令也改称游击司令。

范筑先(1882—1938),山东省馆陶县人,出生于一个贫苦农家,少年辍学,曾给贩粮人推车,以养家糊口。后来卫河泛滥,无法维持生活,范遂离家从戎,1907 年到天津马厂,入北洋陆军第 4 镇炮兵第 4 标第 3 营右队第 1 棚当备补兵,继到第 4 镇随营学堂学习。辛亥革命时范任第 4 镇连长,随后任营长、师参谋长、补充团长、旅长,隶属浙江督军卢永祥部。1929 年投入冯玉祥西北军第 13 军军长张维玺部,任高级参议;“九一八”事变后,任山东第三路军少将参议;1932 年冬至 1936 年 5 月先后任临沂、沂水县长;1936 年 11 月始调聊城。

范是一位正直廉洁的爱国人士。1937 年 4 月,周恩来派彭雪枫到山东省开展工作时,已明确表示,应争取范接受中共抗日主张。范愤恨国民党当局的丧权辱国,有和共产党合作的思想基础。抗战开始,中共山东省委派在专署任职的张维翰、赵伊坪和范联系。10 月上旬,张维翰、姚第鸿率第三路军政治工作训练班学员 240 多人到聊城范部工作。"这 200 多青年,有的是在北平的大学教书的教授,有的是刚从日本留学回国的留学生,有的是平津的学生或是从事文化事业的工作者。"①

1937 年 10 月 16 日,日军占领临清、高唐,山东省主席韩复榘下令津浦路以西、黄河以北的专员和县长限期完全撤退到黄河以南,许多官吏都不得不遵命而行。范筑先曾率领部属向黄河以南撤退,委张维翰为聊城县长,配给 27 支枪。范率部南下,经两天抵达齐河县官庄,没有过河。刚刚到达聊城的 240 名政工人员也随军行动。据孙思白回忆:"这件事的发生使我们这些无经验的青年人感到不知如何是好。一阵议论之后,我们中的大多数茫然地跟随他沿着来的路又往回走。"②在齐河,范召集部属开会,决心班师。这时,张维翰也赶来了。张守聊城仅一日,就被从前方溃退下来的齐子修部骗开城门,缴了械。范因此更坚定了回师的决心。他说:"大敌当前,我们守土有责,不抵抗就撤走,何颜以对全国父老。我决心留在黄河以北守土抗战,愿随我回去的就留下,不愿回去的就渡河南退,决不勉强。"随后,他给韩复榘打了电话,表达了回聊城的决心。

经过这次撤退和返防,范受到教训,表示今后不论再遇到什么紧急情况,决不再退。为了激励部下,他慷慨激昂地表示:"国家兴亡,匹夫有责。大家要效法历史上的民族英雄,力挽狂澜,救民水火。要誓死守土,抗战到底。不论何党何派,抗战者一律欢迎,不抗战者,即我亲兄弟亦所不容。"

韩复榘匆匆南逃时,再次命令范筑先撤退。范当时正在博平西关,思绪万千,不能成眠。此时,中共山东省委代表张霖之已来到聊城,帮他分析形势,剖析利害。他又一次拒绝了南撤命令,并决定通电全国,表明心迹。回聊后,他主持会议,11 月 19 日发出通电,庄严宣告:"既自倭奴入寇,陷我华北。铁蹄所至,版图易色。现我大军南渡,黄河以北,坐待沉沦。哀我民众,胥蹈水火。午夜彷徨,泣血椎心。筑先忝督是区,守土有责,裂眦北视,决不南渡,誓率我游击健儿武装民众,与日寇相周旋。成败利钝,在所不计,鞠躬尽瘁,亦所不辞。所望饷项械弹,时予接济,俾能抗战到底,全其愚忠。引颈南望,不胜翘企。"这

---

① 北鸥:《山东的西北角》,《大公报》,1938 年 2 月 17 日。

② 孙思白:《鲁西北抗日根据地初创时期的见闻与断想》,《中国抗日根据地史国际学术讨论会论文集》,档案出版社,1985 年,第 141 页。

一电文名曰"皓电"。

鲁西北当时有土匪、民团二十几股,少则数百人,多则一两千人,大股的更有四五千人。还有一些国民党溃兵,打着抗日旗号扩充势力,范的部下仅有一个保安营,形势很严峻。范紧紧依靠共产党,一面建立反日武装,一面发展抗日政权。

共产党在鲁西重组鲁西北特委,由赵健民、徐运北先后任书记,还派张霖之以省委代表身份,赴聊城领导鲁西及鲁西北工作。赵健民、张霖之、王幼平都在范部政训处任职,张郁光、张承先、齐燕铭、任仲夷、成润、牛连方、袁仲贤等先后到范部工作。

为恢复和建立抗日政权,他改革了行政机构,亲赴各县视察,先后委任有所作为的青年共产党员担任冠县、莘县、寿张、濮县、阳谷、范县、馆陶、邱县、齐河、高唐、汶上等县县长。每县都设有政训处办事处,极力刷新县政,推行廉洁制度,铲除贪污,注意改善人民生活,废除苛捐杂税,切实执行合理负担,积极提倡民主与开展民众运动,各种抗日群众组织都发展起来,如聊城妇女救国会、聊城战地服务团、聊城青年救国会、聊城儿童救国团、儿童剧团、冀鲁青年记者团等。各种报刊也出版了,如《山东人》《抗战日报》《先锋月刊》《战地新闻》《战地文化》《战线》等。为培训干部,范在博平办起军事干部训练班,在寿张办起政治干部训练班,还成立了政治干部学校,范自兼校长,张郁光为副校长,齐燕铭为教务长;成立了军事教育团,袁仲贤任教育长、胡超仓任训育长;还办了随营学校。这种革命气息在当时的山东是绝无仅有的。

范以惊人的力量,处理自己面临的复杂局势。他的基本观点是,在全民族抗战中,有血气的中国人都不愿当亡国奴,都可以成为抗日的力量。他因此努力扩大抗日武装,收编了大批游杂人员,在返防回聊途中部队扩大为 5 个营,2000 多人,其中包括一部分窜入聊城的齐子修部,并抽调二三十名政工人员编成青年政工队,随军行动,负责侦察、联络、通讯等任务。

范筑先有勇有谋,在收编溃兵和绿林过程中,表现出非凡的才干和胆量,如收编齐子修时,对方摆开阵势,架起机枪,杀气腾腾,如临大敌。而范只身骑着自行车前往,与齐见面就说:"你们这点人马跑来跑去,还不叫鲁西北的民众把你们吃掉吗?我们国家民族已经到了生死存亡的关头,正是为国效劳的时候,不要乱跑了,跟我抗日去吧!"齐子修无言以对,遂同意范将其收编为抗日游击第 3 营。在收编绿林方面,更有许多传奇性的故事,他多次先用兵包围,而后单人入虎穴。冠县土匪武装韩春沙被编为范的第5支队,就是采取这种办法。范仅带卫兵20余人。韩的传令队六七个人,皆手持匣枪,大张机关,气氛紧张,其他部队也待命行动。范一见韩就说:"我是来救你们的!你们要学民族英雄,抗御外侮。要归我收编为抗日部队,走抗日救国的道路,当土匪是没有出路的。"当时,韩部正围攻李辛村,韩提出要李辛村投降才受编。范当即正告说:"你们现在是土匪,民众才抗击你们。成了抗日军队,严守军纪,任何村寨都欢迎你们。"韩部终被收编为抗日游击第6支队。就这样,范收编了散杂武装和土匪约5万人以上,共组成35个支队。

此时,由中共党组织直接建立的武装是堂邑县第一游击大队。该支队全是由青年政工人员解彭年、李福尧等人领导组成的。该支队最初只有几十人,都是学生,后发展成为范部的第10支队,完全按照八路军的风格组成,张维翰兼任司令,王幼平任政治部主任,是范的一支主力军。

范仿照第10支队的办法对其收编的部队,普遍建立了政治工作制度。他严格约束那些接受改编的土匪、民团头面人物,对遵守军纪作战有功者给予提升和重用,对畏敌不前、违反纪律者处以严罚,对心怀二志不积极抗战者予以撤换,使各部队较快地步入了抗战轨道。

大批政治工作人员都被派到乡间去巩固游击战争的基础。不到一个月的时间,游击队的组织在鲁西北广泛展开,并且开始迎击敌人。1937年11月以后的两个月,他们接连伏击了从临清南下的高桥联队,从津浦路来的日军步、骑混合队,先后经历了堂邑境内梁水、界牌、柳林战斗,博平境内徐河口战斗,茌平境内南镇战斗。从1937年11月到1938年2月,游击队共经历20多次战斗,其中以南镇战斗最激烈,打了4天,歼灭了来犯之敌,获得军马、汽车、摩托车、枪支、地图、军用品极多。1938年春,濮县血战三次败敌,夏季东阿、临清之役击溃敌人收复临清,肃清了伪军。在与伪军激战堂邑、馆陶、高唐、万堤等地,结果肃清了伪军。在反攻济南时,令其幼子亲率连队,直扑敌营,致落于难。这些战斗规模都不大,但影响很大,表明山东的西北角不是日军可以随意横行的。

鲁西北本多平原,并无天险,而游击战争在短期内在20多个县都展开了。游击武力有三种:一是游击支队,约6万人,有步枪、机关枪、迫击炮,在全区内展开战斗;二是县游击队,人员约6000人;三是自卫团,即各村镇的民团、红枪会所组成的自卫组织,只在家乡而不出动游击。这种人数极多,有数十万,只是枪支并不齐全。这一地区是大刀会、红枪会、梅花拳最活跃的地区,绝大多数民众这时都走上了抗日道路。

组织起来的群众,拿着枪在田野里、在草垛旁,机警地潜伏着,英勇地不断同敌人战斗。尤其是范筑先,每当战斗最激烈的时候,总是不顾性命地在敌人的枪林弹雨中来去,猛烈地冲锋。柳林一役,他亲自在火线上指挥作战,敌人冲过来了他仍然镇定沉着地指挥。

鲁西北素来贫瘠,人民生活很苦。这些军队和游击队都是就地筹措军粮。他们没有薪饷或只发零用钱,生活非常艰苦,吃的是苞米饽饽、地瓜或苞米做的稀饭之类,穿得也很困难,有的到 12 月还穿不上棉衣。但在抗日第一和争取民族解放的口号下,为了保卫祖国和家乡,他们创造出一个全新的生活环境。

农民看到范筑先及其军队的爱国表现,理解了游击战争。军民因此联合起来,打成一片。每当六区游击司令部运输子弹经过乡村稍有逗留时,当地的乡长或村长便立刻召集壮丁放哨保护。六区游击司令部或者六区游击司令部的战斗员,过任何乡村的时候,农民无不热烈欢迎,诚恳款待。比较富裕的农民自动地把埋藏在土地里的粮食拿出来供游击队做给养。

游击队每次获得胜利品,总要分发给当地民众。当民众晓得敌情时,也总是通风报信,告诉游击队。群众已成为部队活动的耳目。

范筑先和中共合作,携手抗日,还表现在 1938 年 6 月 14 日他到冀南会见徐向前,商谈抗战问题。冀南和鲁西北力量从此连成一片。①

1938 年 1 月 13 日夜,沈鸿烈继韩复榘任山东省主席。沈是一名反共分子,以政府名义逼迫范县、寿县政权,让复兴社分子接管政治部,解散共产党领导的所有支队,编入保安旅;1938 年 7 月设立鲁西行署,先驻聊城后移寿张县秋镇。"沈鸿烈军设鲁西行署的目的,起初是基于对范筑先的不放心,掣肘范筑先的亲共活动,对分化瓦解范的部队,破坏范与共产党的统战关系,起了很坏的作用。"②在反共的恶浪中,一股民族败类的土豪劣绅,组织了所谓"忠孝团",提出反对第六区的口号。范筑先在内外敌人和恶势力的围攻中,毫不畏缩,始终坚持抗战路线,成为抗日战争的一面光荣旗帜。

范筑先的伟大,更表现在他在危难之时对生死所持的态度。

---

① 宋任穷:《宋任穷回忆录》,解放军出版社,1994 年,第 140 页。

② 吕伟俊主编:《民国山东史》,山东人民出版社,1995 年,第 584 页。

1938 年 1 月 13 日夜,敌伪军千余人配合飞机大炮,向聊城、临清、南宫等地进犯,各地游击队、保安团当地布置防御,与敌抗争。因敌军炮火猛烈,各县城相继沦陷。进犯聊城之敌伪军,迂回将县城包围,于 15 日拂晓以 3 架飞机掩护,装甲车 20 余辆猛攻。①范筑先率领卫队走上东城,在城墙上督战,张郁光率领青年把守南城,城的四周都开始了激烈的战斗,范部一面向空中射击日军的轰炸机,一面向敌人的马队和步兵打去,毙敌 300 余人。东城的战事最为激烈,范的卫队只剩下 20 余人,南城也很吃紧,青年们伤亡了一半。在对抗中,西门被敌军冲开,西大街已展开巷战。此时范的一个随员劝范从北门冲出去,再做收复城池的准备,范走到城东北角又折回来,大声喊着:"我范筑先能悄悄地溜出去吗?我将有何颜再见鲁西北二十几县的父老兄弟。"他又跑到城墙上,卫队也紧随其后。范将身上剩下的 8 颗子弹,向城外的敌人放了 7 颗后,高呼:"中华民族自由解放万岁!抗战建国胜利万岁!"然后将枪对准自己的太阳穴射去,他的卫兵感范之忠勇,为国捐躯,也都倒在城墙之上。②张郁光以及聊城县长、警察局长也均以身殉城,这么多的人,竭尽所能地成为不愧为中国人的人,真是惊天地而泣鬼神。人的死有的重于泰山,有的轻于鸿毛,他们为人民利益而死,丰富了中华民族的民族性格,人们都以他们的勇气做自己的养料。

范筑先牺牲了,他创建的 30 余支队继续在战斗,而鲁西北这块土地则成为中共在敌后建立的冀鲁豫根据地的基石。

原载《南开大学历史研究所建所二十周年纪念文集》,南开大学出版社,1999 年

---

① 《抗敌报》,1938 年 12 月 27 日。

② 臧云远:《聊城血战记》,《大公报》,1939 年 11 月 15 日。

八路军和新四军反限制斗争的胜利

抗日战争初期,八路军开赴的地区是晋东北日军的后方,新四军所接受的作战区域是南京附近 500 里长、150 里宽、靠近长江沿岸的狭长地带,国民党军政部下令该军不得擅离该区。从这一部署不难看出蒋介石集团的阴险:限制八路军和新四军的发展,并幻想借日军之手消灭八路军、新四军。

蒋介石曾答应要发布正式承认边区政府的命令,但却始终没有正式发布。不仅如此,从 1939 年起,蒋还在边区周围驻屯 20 余万军队,发动民夫修筑 5 道封锁线,其结果与愿望相反,陕甘宁边区日益巩固壮大。

八路军、新四军深入敌后,独立自主地开展游击战争,冲破了蒋介石集团所规定的防地,向日军占领区猛烈进攻,摧毁了日伪政权,建立了一块块游击区和根据地,组成了抗日民主政府,将革命势力推进到沦陷区,如北平、天津、太原、石家庄、南京、上海等地,真正形成了农村包围城市的态势,使敌伪的统治未能越出各城郊的 10 里之外。

敌人若要出城,须有军队的保护,否则便为游击队所消灭。八路军、新四军从日伪手中解放了大片国土,这是中华民族的光荣,凡属国人,无不欢欣鼓舞。如果八路军、新四军只在规定的防区内,那只有坐以待毙,沦陷区人民所遭受的灾难不知会成什么样子,整个抗日战争的局面也是不堪设想的。

反限制的胜利,鼓舞了人民抗日战争的士气,同时也灭了敌人威风。国民党认为,敌后抗日力量的增长是可怕的事情,并阴谋以少发军饷、甚至不发军饷的手段,使八路军、新四军难以生存下去。但他们的阴谋未能得逞。

从抗战开始,延安就采取边扩边建的方针。各根据地都着力解决财政困难,其办法是开源节流,把发展农业工业生产放在首要地位,以征收田赋、进出口税,发行救国公债,征收救国公粮,发行货币等手段,满足军政费用,实行统筹统支,使收支保持平衡。从晋察冀边区部队的供给可以看出统筹统支是有计划进行的。每年 6 月以前,驻扎在各地保卫边区的部队,给养完全由各地县政府统筹支付。6 月 20 日以后,所有边区部队的给养,由边区临时行政委员会统筹统支。服装方面,由各部队计算所需件数,将清单交由边区政府统一购买土布,发给各部队自行染装。鞋袜由政府经农会动员村中妇女制作。弹药方面,由政府统一价格,收买民间所藏枪械子弹,并用破锅碎铁改制武器,按照需要分发各部队。这些办法使部队的生活得到一定的保证。

军火的供应也不再受国民政府的限制。八路军刚到敌后,便收集民众私藏的武器,从散兵游勇中得到一部分枪械。一些地方的基层政权也帮助提供一些枪械和给养。更主要的则是从敌伪手中夺取。正如《游击队之歌》所唱的:"没有吃,没有穿,自有那敌人送上前。没有枪,没有炮,敌人给我们造。"八路军、新四军不仅获得了最新式步枪,还有了三八式的轻机关枪、自动步枪。国民党对军火供应的限制,反而促进了敌后军火工业的发展。八路军、新四军在各地所设立的军械所、铁工厂和兵工厂均能制造来复枪和炸弹、手榴弹等。各军区都有自己的军械所。技师是京津一带具有冶金技术的知识分子,有的曾留学欧、日等地。工人多是原来太原兵工厂工人,太原沦陷后,流散到各地,他们成为根据地军火的制造者。

1940 年,敌后八路军和新四军已拥有 23 个师的兵力。国民党无可奈何,又耍出新花招,提出:新四军尽移江北;江北等处划定界限,共产党发行的 3000 万纸币,重庆负责以法币兑换;共产党不得再扩张等等。然而,国民党所策划的一切限制手段都失败了。蒋介石将国共关系推向全面对抗地步,于 1941 年 1 月发动皖南事变,其结果新四军固然遭到严重损失,但国民党在政治上损失更大。全国人民和海外华侨同声谴责蒋介石制造内战的罪行,国际舆论也站在共产党方面。

这时中国共产党采取针锋相对的方针。中共中央于 1941 年 1 月 20 日发布重建新四军的命令。自此以后,八路军、新四军进一步发展起来,推动着抗日战争的进程,迫使国民党不得不回到抗日统一战线的道路上来。

原载《光明日报》,1999 年 3 月 26 日

华北抗战和八路军

　　日本的近代史充斥着"侵略"二字。甲午战争,日本占领了我国台湾;日俄战争,"南满"成为它的势力范围。1931 年,日本发动"九一八"事变,轻易地夺取中国东北,制造出一个伪满洲国。接着就将侵略矛头指向华北。关东军司令官南次郎、华北派遣军司令官梅津美治郎,以及关东军特务专家土肥原贤二、板垣征四郎等人又策划"华北自治运动",物色了一批北洋政府时期的官僚、政客,如齐燮元、王揖唐、江朝宗、朱深等,为其效劳,华北地区急速地变了颜色。

　　1935 年,日军已控制内蒙古一半和华北五省相当部分的地方政权,在"反共"和"亲日"的口号下,成立了以德王为首的"内蒙古政府",以通州为"首都"的"冀东防共自治政府",还成立了"冀察政务委员会"。政治形势如此,经济也为日本所控制、所垄断,天津的纱厂在华北是相当著名出色的,到 1936 年,裕元、华新、宝成都已为日商所收买,1937 年初,裕大纱厂也为日商所经营。天津日商洋行林立,多属经营毒品。日本浪人则从秦皇岛登陆,武装走私日货,破坏华北经济。"华北已没有一片净土",这是 1935 年"一二·九"运动时学生的强烈呼声。

　　日本认为它占领华北的道路已经铺平,只要稍微动点武力,就不难征服华北及整个中国。根据日本外务、大藏、陆军、海军四相决定的"华北指导方针"和东条英机建议,日本华北驻屯军,选择卢沟桥作为发难地,向中国当地驻军开了第一枪,日军指导部认为占领卢沟桥就可以切断华北与华中的联系,实现它的阴谋。

　　1937 年 7 月 7 日,中日战争爆发了,这场战争一打就是八年,直到 1945 年 8 月 15 日日本宣布投降,9 月正式在密苏里战舰上签订降书为止。战争的残酷是人类历史上少有的,日军的残暴和恶毒,破坏了世界的文明,犯下了永远洗刷不掉的罪行。

战争初期，日军趾高气扬，半年时间就占领了平津京沪，1937 年 12 月在北平又扶植了一个傀儡政权，名曰"中华民国临时政府"，网罗了一些民族败类，为其效力，将占领台湾和东三省所施用的一切毒辣手段，都照搬到华北来。它未曾料到，这肆无忌惮的侵犯遇到了中国人民殊死的抵抗。在华北，它占领的地区只限于铁路沿线和较大的城镇，广大的农村都在中国游击队控制之中，"中华民国临时政府"之号令出不了"首都"十多里以外。当时是国共合作的时代，红军改编为第八路军，共 4 万多人，其中 3 万多人在朱德、彭德怀率领下于 9 月由陕西赴山西战场，这支力量出现于前线，中国华北战局立即起了根本变化。

八路军是一支有坚定信念、坚忍不拔、勇敢刚毅的部队，它蔑视日军，勇于作战，在其展开战略部署前，周恩来前赴山西，9 月 3 日到了太原，指点江山，鼓励、促使阎锡山坚定抗日信念，向阎介绍了八路军的作战方法，向阎建议在晋绥沦陷区成立第二战区民族革命战争战地总动员委员会。这些无不得到阎的称赞。周恩来还实际考察了山西的诸条件，就八路军如何部署和注意扩大自己部队、动员群众参战、组织抗日游击队等问题，向毛泽东和中共中央提出意见，并得到毛泽东的赞许和同意。有了这样的工作基础，八路军迅即展开了战略部署。

八路军首次展示自己的威力，是获得平型关大捷，只此一役使不可一世的板垣师团吃到苦头。

不止战场上是日军的强敌，八路军又是抗日战争的巨大推动力，它每到一地，派出工作团，组成战地动员委员会，在各县、区、村掀起动员的热潮，很短的时间内，在一个县内，常常由几个人的队伍发展为几千人的队伍。老八路就领着这些新部队和地方人民武装，处处打击敌人。

侵犯华北之初，日军异常张扬。1937 年 10 月，日军已在其占领区内张贴"保定、沧州均已沦落，肃清华北，业告成功"的标语，以蛊惑人心。11 月 8 日，日军占领太原，更认为它已征服了华北，一切都没有问题了，进犯山西的日军大部分撤退，运回东北或运到山东方面作战。就在日军沉醉于自己"胜利"的时刻，八路军 115 师在晋察冀地区建立起巩固的根据地，129 师挺进晋东南，120 师在太原附近和晋西北，天天和日军作战。晋察冀边区的八路军已伸展到平汉铁路以东，北平、天津和保定也在他们控制之下。

北平虽被日军铁蹄践踏，而北平周围，却已有中共地下党员组织的平西游击队、东北义勇军的流散部队和许多村庄的联庄会等 20 多支游击队,都在和日军展开斗争。1937 年 11 月,平西游击队并入八路军建制,活动于宛平、昌平、房山、涿县和涞水一带。在天津有中共河北省委领导的华北人民武装自卫委员会。抗日的烽火燃遍全国,一位外国记者当时考察了华北局势,于上海《华北日报》上发表了他的见闻,说:"整个河北的中部和南部充塞着艰苦奋斗的华人,他们一部分是被解散的兵士,一部分是田园被毁生计丧失的农民。日军非有强有力的部队,否则不能侵入这些区域。"平汉铁路、正太铁路不得安定了,经常受到从山上下来的游击队的袭击。日军企图消灭八路军,只是梦想。

华北和东北不同,"九一八"事变后,日军可以很快地组织伪军,在华北,日军也组织守备队、"清乡"队和自警团,但这些组织都空虚无力,少数老牌汉奸所组织的维持会,从事的是替日军拉夫派粮、搜寻妇女的勾当。汉奸之不仁,老百姓无不愤恨。刘大鹏《退想斋日记》记述了日军许许多多的暴行,汉奸的丑态,红军(八路军)的英勇,足以折射当时华北人民的抗日意识。

"华北是我们的,中华民族是不会被征服的!"这是当时人们喊出的豪言壮语。1937 年晋察冀根据地粉碎了日军的八路围攻,1938 年晋东南粉碎了日军的九路围攻,1938 年 2 月又出现了有 7 万人参加的冀东大暴动。八路军的威力,使敌人不得不相互告诫:"华北有八路军是不能安枕的。"

1939 年,有两首歌曲风靡全国,一是《黄河大合唱》,一是《我们在太行山上》,非常鼓舞人心。我当时在西安,是初中生,直接感受到这两首歌曲的力量。太行山战场是很吸引人的,不知有多少青年因此走上华北抗日战场。

太行山根据地成为敌后抗战的一盏明灯,太行山革命的发展是和中国的命运联系在一起的。1940 年,当欧洲被德国所征服,亚洲被日本所践踏,世界处于黑暗之日,中国华北于正太铁路爆发了百团大战,充满了中华民族精神,赢得了骄人荣誉。太行山儿女所表现的英雄气概,是不可磨灭的,永远载入史册。

那时太行山已成为一种无声的威慑力量。1941 年到 1942 年,日军对华北曾进行了多次毁灭性的"扫荡",和以往不同的是,"扫荡"几乎没有间歇,"满""蒙"与华北三地区敌伪协调统一进攻,施行残酷的"三光政策",并村归屯,划"人圈",制造无人区,在河北、山西、察哈尔、热河等边界地方,实行"绝缘政策",如五台县跑泉到孟县上社,长 200 余里,宽五六十里的无人区内不许任何中国人存在。日军强迫人民修筑封锁沟和碉堡,小碉堡占地 3—4 亩,大碉堡占地 8—9 亩,也有占地 15 亩的,农家良田都被日军毁坏。当时有一首歌谣,描绘日军的野蛮行径:"山药蛋饭稀汤,从早到晚把夫当,不去,用枪挑,晚了,跪沟旁;亡国奴,真难当,有家没法住,天天净出夫,砍光村边树,好地开汽路。"至1942年,日军在河北修筑的碉堡达7700座,修的封锁沟长达11860余公里,约等于绕地球一周的1/4,平均每三四里长的封锁线上就有一座碉堡。这是日本华北派遣军参谋长安达供出的罪行。日军给华北人民造成了无穷的灾难。1942年,华北各根据地的城镇几乎全被日军占领,日军的残暴骇人听闻,如冀中平原,无村不戴孝,到处闻哭声。日伪又实行"治安强化"政策,要使八路军没有活动的空间。华北成为恐怖世界。在人民无法生存的条件下,日军又提出华北为其兵站基地,以支持它发动的太平洋战争。而这一年又是旱灾,收成极少,富饶的冀中平原收成也不过五成。日伪还到处抢粮,老百姓无法生活,多以野菜、树根树皮树叶充饥。1943年5月3日,伪《申报》登载北平通讯,报道了平津两市的惨状:"华北最大的都市平津两市发生空前的饥饿的恐怖,小康之家及中等以下的薪水阶级,生活陷于恐慌,多数机关小职员、小学教员,昼间办事教书,夜间驾三轮车,兜揽乘客,以求补助。拖着乘客跑的黄包车夫,随时有晕倒街头一瞑不视的,原因是腹内空空,力尽气绝。据调查,3月份内,平津两市,每日各有二三百人因饥饿而死。""至于华北乡间的饥荒,更为惨痛,距离北平以北30里的汤山一带,居民即以草根树皮为粮。山西、河南、河北,有些地方连草根树皮都吃光了。"至这一年5月,天津市民沦为乞丐而流浪街头者达25万人,北平市民每日死亡人数由300人增至500多人。日军将华北变成了人间地狱。

就是在这样极其险恶的困境中,八路军并没有离开华北,他们在太行山中继续和日伪周旋,采取一切手段破坏封锁沟,派出武工队到敌占区推进、繁殖游击战争。当时的口号是"向敌后的敌后进军"。经过长期坚持,一点一滴地巩固和发展,到1943年下半年,各根据地得以逐渐恢复。到1944年,华北又出现了新的局面。华北是中国人民的,这是历史的答案。

一些日本年轻的学者多次向我提出这样一个问题:"那时那么强大的日军机械化部队,消灭不了八路军,摧毁不了根据地?"我总是讲:日军是在中国领土上作战,是不义之战,日军的机械化部队在山地是无法活动的。八路军不依靠交通线,在日军的侧翼或后方,能独立自主地作战,能得到广大群众的拥护与保护,可以迅速获得日军行动的情报,又可以机密地封锁自己的军情。这就使日军难以速战速决,难以实现其灭亡中国的狂妄迷梦。刘大鹏1940年9

月 23 日的日记充分说明这一问题:"日军设合作社,向民要粮,民皆不得自由,似此行为招民大怨,恨日军不败,盼红军(八路军)攻击日军,将日军全部打死,不容回其日本。"

日军将华北许多村庄烧毁,成为一片焦土,许许多多妇女遭到凌辱,六十多岁的老太太也不能幸免,如从昔阳到东冶头 60 里的村庄都成灰烬,凄惨万状,这怎能不激起中国人的愤恨呢?青壮年出于爱国理念,纷纷加入八路军,几十万华北农民都成了八路军。八路军是在华北土地上生长起来的,它扎根于群众之中。1943 年 1 月 25 日,中共北方局在涉县温村教堂,召开高级干部会议。邓小平做了《五年来对敌斗争经验总结与今后对敌斗争的方针》的报告,其中讲道:"对待群众要像对待自己的母亲一样,人民是一切的母亲,是对敌斗争一切力量的源泉。""对敌占区的人民也一样。"从这里可以领悟到八路军之所以能够克服万难,最终战胜日本的道理。度过了 1942 年的困难岁月,八路军又活跃于华北广大地区。到抗日战争胜利前夕,在北方,八路军已逼近北平、天津、太原等城市的近郊;在南方,新四军包围了上海和南京;在华南,华南抗日纵队到了广州郊区,又形成了农村包围城市的新局面。

抗日战争时期,中国战场的格局是:国民党军队在西南和西北和日军对抗;在敌人后方,也就是说在中国东部沿海地区,主要是共产党领导的八路军、新四军,和日军展开殊死搏斗。这种局面对中国历史发展影响极大,使中国最终取得了抗日战争的伟大胜利。

八路军浴血奋战,所发扬的民族精神,已成为中华民族优秀文化传统的一部分。

历史是无情的,多行不义必自毙;历史又是严正的,颠倒黑白终徒劳。全面抗日 8 年、战后 60 年,乃至千秋万代,其结局都逃脱不了这一历史铁律。

原载《天津日报》,2005 年 7 月 21 日

抗日游击队推动了抗日战争的历史进程

  1937 年至 1945 年的中日战争是决定中华民族命运的战争。当日本侵华政策由蚕食变为鲸吞时,中华民族的全部力量都激愤起来,爱国主义的浪潮在《义勇军进行曲》激越的旋律中席卷了神州大地。中国人决心拿起武器抗击日军的入侵,洗刷掉近百年来受外强欺凌的耻辱。对于一个民族来说没有比独立和主权更为珍贵的东西了,这也就是中华民族之所以在波澜壮阔的斗争中,在最苦难的时期,仍能顽强抗争,显示它是一个异常伟大的民族的原因。像上海保卫战、台儿庄保卫战所表现出的力量,与人类战争史上著名战役相比也毫不逊色。而与这种大规模英勇的阵地战相比,蕴藏着更大能量、参战者更为广泛、影响更为深远、对中国抗日战争历史进程起着决定性作用的,应首推敌后的游击战。

  游击战中许多著名战例都已载入史册,而难以数计的小型游击战,史籍不可能全部记录下来。历史学家无论怎样力求忠实,也无法把抗日游击战的全部形态绝对地、真实地刻画出来,只能描述出一个梗概。

一、游击战的兴起

  在敌强我弱的情况下,游击战是对付敌人最为有效的战略和战术。游击战在中外历史上并不鲜见,但中国的抗日游击战在人类战争史上却占有特殊的地位。

  抗日游击战开始出现在历史舞台上时,有两种形式:一是自觉的,一是自发的。1937 年 8 月,中国共产党在陕北洛川召开的政治局扩大会议上,毛泽东提出独立自主的山地游击战战略,随后朱德、彭德怀率领八路军主力挺进华北抗日前线。从此,自觉的游击战,就势不可当地向前发展着,成为一支强大的力量。自发的游击战为数也不少,但多为昙花一现,便消失在历史之中。

  似乎可以说,正是在国民党的阵地战遭到惨败后,游击战术的威力和作用更加显示了出来。国民党正规军队作战,总是大军云集、把队伍平行摆开,列阵而待。更糟糕的是在华北战场上,把战斗力低劣的队伍配置在第一线,把战斗力较强的队伍放在第二线。日军凭借其优势的武器,以迂回和中央突破的战术,击破一点,长驱直入。国民党军队多是一触即溃、望风而逃。于是,华北大片国土沦亡、政权瓦解、百姓涂炭。悲观失望的情绪,弥漫在朝野之间。正是在这危难时刻,八路军以游击战术插入敌后。

游击战有时是和阵地战交织在一起并钳制敌人的力量,而更大程度上则是独立作战。

游击战的理论和实践是同步进行的,它最大的功绩是把日军占领的中国大部分领土变成了战场,从而使日军不得不回过头面对无时不在的大大小小的挑战,从而陷入了类似两线作战的窘境。凡是日军铁蹄践踏过的地方,都有神出鬼没的游击队。北平、天津、张家口、南口失陷后,正规军完全退出,但在平津的近郊,却有游击队在活动。八路军的 3 个战士就在门头沟发动群众组成了一支游击力量。北平的学生、保安队、29 军的一些战士也组成了游击队,在北平近郊开展游击战。他们打破了北平郊外的一座监狱,600 多名犯人也都加入了这支队伍。

晋察冀边区是八路军最先深入开展游击战的地方,民众武装的发展也先于其他地方。周恩来在谈到抗战初期的这一形势时说:"晋北民众武装的区域有六方面。(一)五台、繁峙、代县、定襄、崞县(今原平市)、盂县一带,约有五六千人;(二)广灵、灵邱、浑源、蔚县、怀仁方面,约有四五千人;(三)涞源、唐县、阜平,以至平西房山、门头沟一带,约有三四千人;(四)曲阳、行唐、平山一带约有一两千人;(五)神池、平鲁、井坪、行方口、偏关、临县一带,因为民众受敌人的蹂躏较小,所以发动较前述各县稍慢,只有四五百人;(六)绥远方面有四方面领导组织民众的工作;(甲)蒙旗保安支队,约有千余人;(乙)马占山在黄河南岸之东胜县一带约有二三百人;(丙) 王兆相在托克托一带约有五六百人;(丁)另有某方面也有数百人。"[①]在河北平原也布满了游击队,他们一部分是被解散的兵士,一部分是田园被毁、生计丧失的农民。敌骑入侵最易使群众发动起来,保家卫家的思想使人们都积极地行动了起来。八路军是发动者和组织者,是民众运动的中坚。他们聚集、收编了大量的国民党军队、地方势力、民

---

① 剑北:《周恩来访问记》,《西线战事》,文化日报,1938 年,第 127—128 页。

团,甚至土匪,给以游击战的知识和训练。这些武装活跃在苦难的国土上,使日军日夜不安,寝食难宁。日军只好龟缩在大城市和铁路沿线,即使是城市,日军也不能完全占领,因此就用汉奸部队来统治许多城市,用它的重兵火力巩固交通要道,用它的主力寻找八路军作战。这正好给游击战争以便利,乘机袭击、伏击或截击敌人,犹如《水浒传》中许多令人神往的故事一样。平汉、津浦、平绥、正太等铁路以及华北的大公路经常遭到游击队的破坏,铁路瘫痪,运输中断。山区更利于游击队活动,譬如正太铁路因穿过山谷,游击队便高踞山上,滚下大量石头,阻止火车前进,然后以机枪扫射,使日军吃尽了苦头。这类事例是数不胜数的。

日本政府发言人承认他们在山西的士兵"深受山地作战之苦"[1]。太原以北的广大山脉区域,完全在八路军控制之下,日军不敢越出太原城墙一步。

1937 年 12 月 14 日,日军在北平扶植起一个傀儡政权,名为"中华民国临时政府"。但其政令不出城门,虽谓"政府",无政可办,无事可管。大城市的四郊,对日军来说是恐怖的,没有一个日本人能平安地走出城外 20 里的地方。日本人认为它能在中间获胜,那只是痴人说梦。

其时日本方面对八路军游击战的厉害,在战争开始时已有了解。这在日本松室少将的秘密情报中可见一斑:

> 以共产军之实质言,实为皇军之大敌。世界各国军旅,无不需要大批薪饷,大批物质之分配与补充。换言之,无钱则有动摇之虞,无物质更有不堪设想之危,共产军则不然。彼等能以简单的生活、窳败的装器、不充足之弹药,用共产政策、游击战术、穷乏手段、适切的宣传、机敏的组织、思想的训练,获得被压迫者的同情,实施大团结共干硬干的精神、再接再厉的努力,较在满的红军尤为精锐。此等军队,适应穷乏之地方及时零时整之耐久游击、耐久战术行军,则适其于将来不能速战速决物质缺乏之大战,极为显著,故皇军利于守而不利于攻,应严防其思想之宣传,及不时之游击与出没无定扰攘后方之行军。

这里所说的是历史的真实情况。

日本人以为用屠杀可以镇压、制止中国人的反抗,这仅是日本人的主观

---

[1]《大公报》,1937 年 10 月 22 日。

逻辑。屠杀可以造成恐日病，但也可以激起中国人的愤恨。1937 年 12 月南京沦陷后的 6 个星期内，日军杀害了 30 多万中国平民，比美国原子弹在广岛、长崎造成的伤亡人数还要多，但这种大规模的屠杀并没有吓倒中国人。大江南北的民众不是在新四军的组织领导下，掀起了巨大的抗日游击战怒潮吗？屠杀可以说是教育人民组织起来、进行战斗的好材料。在晋西北朔县，日军屠杀人民 3000 余人，经过神池时又犯下了种种暴行。神池民众在两个月内就成立了 2000 余人的游击队。朔县人民曾围困驻在城内的日军。游击队随着日军的暴行日益壮大起来，游击战争也更广泛地开展了起来。

在敌后的山区、平原、水乡，是开展游击战最理想的场所。抗日游击战争贯穿于整个抗日时期的历史。

二、游击区与根据地

游击战争之所以受到赞美，除去它阻止敌人前进，大量消耗敌人力量以外，还在于它在无数战斗中创建了根据地，把敌占区变成游击区，把游击区变成巩固区，使抗日获得坚实的基石。

由游击区到根据地，这是一个艰苦缔造的过程，是抗日游击战争的必由之路。当有了根据地，取得群众的信任，游击战争才有了依托，不能像历史上的农民战争那样，到处流动，无立足之处。

八路军开辟的游击区，有的是当日军将至，地方上处于混乱的状态下建立的，有的是从敌伪手中夺取回来的。

最先建立起来的根据地是晋察冀边区，包括晋东北、察南、冀西、冀中等地区的 70 多个县，有人口 1200 余万，1938 年 1 月成立了边区人民政府，相当于一个省的建制，是一个完整的健全的政权机构。它所发布的一切政令、法令施行于边区所属各县、区、村。在敌人后方建立有组织的政治、经济和社会生活，困难条件是很多的，但他们组织得很顺利，政策总是贯彻得很好。抗日政府团结了所有反抗日本侵略的阶级、政党和民众团体，万众一心，在抗日战争的道路上不断发展壮大着。

在敌人后方建立抗日民主政权，具有重大的历史意义，它如漫漫黑夜中的一盏明灯，指引敌后人民勇往直前。它向全国人民表明，在敌后仍有中国自己的主权、民主和自由。中国是中国人民的中国。晋察冀边区展示的榜样，为抗日战争指明了方向。这种独特的创造，反映了中国人的智慧，在世界上博得了广泛的赞誉。

游击战磨炼了人民，教育了人民，中国人民的民族意识空前高涨。游击战的活力越来越引起人们的兴趣，它已和敌后广大农民的思想融合在一起，纯朴的农民相继成为坚强的游击战士，小八路也涌现出来。

游击战的光芒由晋东北和晋东南向东向南照射，游击战从太行山向平原发展，伸展到河北、山东和整个华北。游击战的火种撒向哪里，哪里就燃烧起来。上海、杭州、南京之间也出现了强大的游击队，沪杭线上有游击队 3 万余人，上海 10 多个县有游击队 5 万余人，浦东、浦西的游击队声势更大，严重威胁着敌人的安全。

有戏剧性色彩的是南方和北方的第一个根据地都建立在敌人统治的中心地带。北方的晋察冀在北平附近，南方的茅山在南京附近。

敌后的面貌不同于全国其他地方，它是由游击战争的动态和根据地的相对稳定集成的。

抗战期间，军队冠以游击名称的很多，开展游击战争也有各种力量，华北、华中国民党军队也组织过游击队。国民党的一些将领，如胡宗南也讲："要打日本，只有采取八路军的办法。"关麟征说："只有用红军打我们的战术，才能打倒日本。"曾在南口英勇作战的国民党 13 军一位著名团长说："我们应该采取八路军的优点，八路军的游击战的秘诀，我想就是避实击虚。"因之出现了游击战争蓬勃发展的局面。1939 年 5 月，《新华日报》报道这种情景："18 个月来，在华北战场上，以中央军、晋绥军、八路军，开展了华北广泛的游击战争，收复了大块失土，树立了坚强的抗日政权，创立了大批的抗日武装，建立了许多抗日根据地。"

但这并不是说，任何军队都会打游击。许多国民党的游击司令，并不懂游击战术，其军队也没打过游击。今天研究这一段历史，不能仅根据字面去理解。

游击战是一门科学，它必须和群众融合在一起，犹如鱼和水的关系，而它只有具备了八路军的传统以后，才能运用自如。

许多事实说明，同一支队伍，当其属于国民党时，只懂得阵地战，一旦由共产党领导，就会运用游击战。驻守河北武安的国民党冀察游击第 2 路第 2 师范子侠部，因倾向共产党，经刘伯承规劝，改编为 129 师平汉抗日游击队，形象立即改变，成为一支非常活跃的游击力量，就是一个明显的例子。

抗日的现实,为中共主张的游击战,为毛泽东的游击战思想,提供了丰富的养料。他们创造出千姿百态的山地、平原以至江湖之上的人民游击战术。他们有广阔的活动天地,包括敌后的全部国土。他们冲破了一切束缚,没有县界,没有省界,不断开拓新天地、新领域,在游击战的总体中发展个体,推波助澜,没有比这更伟大的神圣事业了。一股由北向南建立根据地的潮流,在各地扎下了根,许多区域的游击战都开花结果,在华北,如晋西北、晋东南、晋察冀、冀中、冀南、鲁西北、胶东、鲁南、苏鲁边、豫北等地,都建立了抗日民主政权。许多在山区本不著名的县城,成为人民敬仰的地方,在历史上留下了永不消失的印记。

八年抗战中,中共先后在华北、华中和华南战场上建立了 15 块大的战略基地,在华北的是晋察冀、晋绥、晋冀豫、冀鲁豫和山东根据地。华中的是苏中、苏北、淮南、淮北、鄂豫皖、皖中、浙东根据地。华南有东江和琼州根据地。这些根据地和敌占区形成犬牙交错的状态,各个根据地都处于被敌分割和包围的状态。反过来说,这些根据地也包围着敌人,这是抗战历史上出现的非常特殊的形式,也是第二次世界大战史上最为奇特壮丽的景观之一。

游击战和根据地问题具有强烈的魅力,可以这样讲,如果没有游击战和根据地,那中国的抗战不知将要增加多少悲剧。

三、游击战经受了严重考验

在人民游击战争的汪洋大海中,日军所占领的城市都变成了孤岛和死城。日军为巩固和扩大其占领区,千方百计地来扑灭中国人民的反抗。战争是残酷的。不管什么人,一旦投入战争的漩涡,为保存自己,必须消灭敌人。而日军手段的残暴带有法西斯主义的特质,残忍程度创造了战争史上空前的纪录。中国游击队就是在日军的血海战争中成长的。

日军认为,对付游击战的唯一有效手段就是烧杀政策,于是采取了在中国东北实行的烧毁村庄的办法,使村庄不再成为游击队活动的根据地。但是,这种恐怖主义并未能产生预期的效果。它的兵力仍然只能局促于几个大城市和几条铁路线。

日军对晋察冀和晋东南根据地进行了多次进攻和围攻,无不都被空舍清野的政策所挫败。八路军积累了反对日军"扫荡"的丰富经验。

1939 年 9 月,日军开始实行囚笼政策,以铁路为柱、公路为链、碉堡为锁,建立据点,向根据地步步进逼。机动灵活的游击队则穿插往来盘旋于据点之间,以丰富的经验给予敌人以打击,并涌现出许多打据点的英雄。陈毅在《论茅山战局》一文中说:"在 10 余次攻击据点中,得到 9 次成功。其余均因部署不周密而无效。"

1940 年,日军提出"铁壁合围",提出了"三光"政策,同时还实行"治安强化"、"清乡"、制造无人区、并村集家等等,游击战争经历着空前严酷的考验。然而,中国人以聪颖的智慧和不屈不挠的精神,创造出许多出奇制胜的谋略和计策。地雷战、地道战和向敌后的敌后进军,就是这时出现的。以地道战而论,在此以前河北大平原已创造了改变地形,进行游击战的伟大尝试,以千百万群众的集体力量,造成了千万条纵横交错的壕沟。这些壕沟有 3 尺宽,4 尺深,呈底狭上宽形态,可供一辆中国手推车通行,足以使敌人的机械化部队无所作为。新华社在《129 师与晋冀鲁豫边区》一文中对此做了详细的记载:"道沟有一定的标准与尺度,能通大车,且有叉车处。挖出的泥土就堆砌在旁,加高到一人高,这村与那村衔接,里面四通八达。这样老百姓一出门就可赶着大车进入深沟。八路军和游击队可以在道沟里隐蔽运动并以道沟为掩体,向敌人阻击,而敌人的快速部队,无论骑兵也好,汽车装甲车队也好,都失去了效用。"这样的壕沟,1939 年在河北就有 20 万里,可见其工程的浩大。这里没有任何神秘,但却是日军的深渊。从壕沟到地道战,可说又前进了一步。地道是敌人无法战胜的神秘世界。疯狂自负的日军常遭到深入到地道的游击队的袭击。山区的游击队和人民一起,依靠山势地形,山上山下,这一沟那一沟地和敌人兜圈子。这是使敌人头痛的简单而有效的好战术,敌人无可奈何。

1942 年,因敌人全面扫荡,在一狭小的地区投入巨大兵力反复"清剿",华北几乎没有一片干净土地了。根据地的腹地也遭到蹂躏,连巩固根据地的辽县、武乡、涉县也不能幸免。"被烧房屋 9000 余间,被戮群众 1200 多人,被掠走壮丁 3300 多,农具被破坏的有 80000 余件,粮食被掠去 14000 余担。更加残酷的是敌人在各地大量放毒,散布细菌。"[1]

八路军的主力这时实行战略转移,有的跳出敌人包围圈,有的强行突围。八路军在 1941 年至 1942 年间究竟走了多少路程,是无法统计的,也永远统计不出来,恐怕比二万五千里长征还要长。他们走过了不知多少从没有人走

---

[1]《晋察冀日报》,1942 年 3 月 27 日。

过的地方。也有敌情估计错误,在敌人拉网扫荡面前,一味退却,而被敌人吃掉的情况。胶东半岛上一支游击队就被敌驱赶至海边后残杀。

应该说,游击战经历了千辛万苦,在两年多的时间内,走了许多曲折的道路,不分昼夜地战斗,才从困难中走出来。此后,游击战再次蓬勃发展起来。1943 年,日本华北派遣军综合战果报道,从反面记载了八路军的战斗精神和高尚的思想境界:

> 敌大半为中共军,与蒋军相反,在本年交战 15000 次中,和中共的作战占七成五,在交战的 200 万敌军中,半数以上也都是中共军。在我方所收容的 199000 具敌遗尸中,中共军也占半数。但与此相比较,在我们收容的 74000 名俘虏中,中共军所占的比率则只占一成五。这一方面暴露了重庆军的劣弱性,同时也说明了中共军交战意识的昂扬……因此华北皇军今后的任务是更增加其重要性,只有对于为华北致命伤的中共军的绝灭作战,才是华北军今后的重要使命。

这段来自敌军的报道,对研究抗日战争史有着重要意义。根据中日双方的资料,研究抗日战争,可起到相互印证、相互补充的作用,使论述更符合实际,避免扭曲,很有裨益。

四、游击战对反法西斯战争做出了巨大贡献

八路军、新四军在抗日战争中发扬的大无畏精神是空前的,使日军陷于泥潭,不能自拔。历史的演变,使中国的抗日战争明显地分为正面战场和敌后战场。正面战场以国民党所统率的正规军为其主力。敌人的后方,则以共产党领导的游击军为中流砥柱,占大多数。游击战争牵制了敌人多少兵力,许多学者是想通过这一具体问题,来衡量国共两党的贡献。其实,这一问题在前面引用的日本华北派遣军的战报中,已有了最好的回答。

若论日本在华的兵力,各个年代是不一样的,其驻扎的地区也经常变动,由南方调往北方,或由北方调往南方,由关外调到关内,或由关内调到关外。有时同一部队,今天在正面战场作战,明天又调到其后方战场,或者同一时间,既向正面战场作战,又向后方战场作战。

1939 年,日本在华兵力共 38 个师团,在华北有 18 个师团,几乎是其全部侵华兵力的一半。

1940 年 4 月,日本决定将其在华兵力由 85 万压缩至 70 万—75 万人,6 月决定其侵略军的编制和驻扎地区是[①]:

地区	人员	马匹
华北	253000	40500
华中	232000	74500
华南	149000	33000
合计	634000	1480000

这些数字,不包括驻东北的日军。从数字上看,长江流域日军的兵力较多。这和 1939 年的情况不同。因华北边区和游击力量强大,1940 年 1 月华北日军增加了一倍。1941 年日本从华中又调了两个军,即第 11 军的 33 师团和第 13 军的 17 师团。华北日军与华中日军相比,相差仅几万人。彭德怀在《咬紧我们的牙关克服接近胜利的困难》的文章中讲:"日本侵华一共 27 个师团,19 个独立混成旅团,2 个骑兵旅团,3 个重炮旅团,以及其他一些配属部队。在华北战场上不下 40 万,占进攻中国总兵力总数 2/5 强,如把华中新四军所牵制的敌人一起计算,那就在半数以上。此外还有华北伪治安军及伪军共约 15 万以上。"[②]太平洋战争爆后,日军部分兵力由华北调到南洋,但又补充为新的师团,驻军侵略军数量并没有减少。

太平洋战争开始后,日军的战线虽然更长了,其驻华军队没有减少的原因,一是它以华北作为它的兵站基地,二是仍在受游击战争的困扰。

抗战后期,正面战场没有严重的战争,而敌后游击战急速地向前发展,所以"到 1943 年,侵华日军的 64%和伪军的 95%,为解放区军民所抗击,国民党战场所担负的,不过日军的 36%和伪军的 5%而已"。到 1945 年 4 月抗日战争胜利前夕,"侵华日军(伪满洲国的未计在内)40 个师团,58 万人中,解放区战场抗击的是 22.5 个半师团,32 万人,占 56%;国民党战场抗击的,不过 17.5 个师团,26 万人,占 42%"[③]。

---

① 日本防卫厅防卫研究所战史室:《中国事变陆军作战史》(第三卷第一分册),中华书局,1979 年,第 139 页。

②《新华日报》,1942 年 1 月 1 日。

③《毛泽东选集》(合订本),第 941 页。

两个战场抗敌的比例,经常有些变化。数字的计算,因学者们各自的计算方法不同,自然略有出入。但有一点是肯定的,敌后游击战争已奠定了基础,成为抗日战争的中流砥柱,这样讲,是不过分的。如果没有游击战争牵制,吸引日军的大量兵力,中国的大西南和西北,就会遭受敌骑的践踏,就有沦陷的危险,那么日本就可能宣布,它已征服了中国。

　　中国的抗日战争,是世界反法西斯战争的一部分,中国整个战场拖住日军总兵力 100 余万人。从第二次世界大战的角度看,这对苏、英、美抗击德国都是很有利的。欧战初期,苏、英、法挫败,日本若不是因为难以自拔于敌后战场,恐怕早已向苏联和南洋动手了。

　　日本 1941 年 12 月 7 日之所以敢在太平洋发动战争,是英美养虎遗患的结果。日本从 1931 年发动"九一八"事变开始,想称霸东亚的野心已暴露无遗,而当时各大强国均袖手旁观。1937 年"七七"事变爆发,英美等国不但不予以制裁,还向日本提供军火,并给予外交上的支持。日本当时所需军需品如机器卡车91%、铜93%、石油60%、铁块41%、碎铁60%、机器和引擎40%、汽油10%,都是由英美进口,英美则购买日本的绸缎、纺织品和其他制造品,占日本全部贸易的70%左右。所以我们说英美向日本输血、鼓励日本侵华,这样讲是符合实际的。

　　至 1941 年,中国独立进行全面抗日战争 4 年。日本从中国强取豪夺,榨取一切,从中获得了更多的战略物资的武装,积蓄了力量,便发动了珍珠港事件。珍珠港事件把中国抗战和欧洲战争最终联系了起来。

　　太平洋战争初期,英美节节失利。日本气焰万丈,东亚一片漆黑。那时德国在一年半的时间扩张其领土从北极到北非,从比斯开湾到黑海。而中国则高擎着一盏明灯,和日本周旋,使其不能在世界大战中押下全部赌注。如果当时日军从中国战场中抽出更多的兵力,与德、意法西斯会合,夹击苏、英、美,那么世界的历史就是另一番景象了,反法西斯战争必然还要延续下去。

　　中国在世界反法西斯战争中,对人类文明做出的巨大贡献,应该受到历史最大的尊敬,获得更大的荣誉。尤其是抗日游击战争,在敌人统治最野蛮时期,创造了战争史上的奇迹,这是中华民族的骄傲。

　　系作者 1991 年 8 月参加中国抗日根据地历史第二次国际学术研讨会所发表论文

晋察冀边区村政权的整理

精兵简政,不只是上层党政机关和军队的事,也包括最基础的村政权的简政。在战争频仍的环境中,推进政治民主化的进程,建立廉洁清明的各级政权机构,凸显了根据地新的政治风格。

村政权是根据地真正的实力所在,根据抗战以来的经验和敌我斗争的复杂性,边区政府的领导者深刻认识到,村政权的组织不能只固定为一种单一的形式,应根据是巩固区还是接敌区,大村庄还是小村庄的区别,采取不同的形式;还了解到村政权中人浮于事的现象也很严重,不按政策办事、浪费甚至贪污恶习普遍存在。基于这些原因,1941 年 12 月北岳区高干会议召开,决定对村及村公所划分等级,调整各委员会的关系,实行新编制。

新编制的村政权共分三等:300 户以上者为一等村,101 至 300 户者为二等村,100 户以下者为三等村。对村公所的组织及各委员之设置,以便于发扬民主、适合工作需要、短小精悍为原则,决定取消锄奸委员会,调解委员会与民政委员会合并。大的村庄,最多只能设置民政、财政、教育、生产、粮食 5 个委员会。较小的村庄,民政与教育合并,财政与生产合并。各个委员会之人数,大村不得超过 3 至 5 人,小村 3 人,40 户以下的小行政村,只设民教、财政、粮秣各委员,不设委员会。对特别大的村庄,应加强间的工作,不分成两个或两个以上的小行政村。关于区政权,明确指出,区公所是县政府的辅佐机构,不是一级机构,无权制定法令。①

边区政府为实施这一决议,于 2 月 20 日颁发了《民国三十一年度村选及村政机构的指示》,内容分两个部分,一是布置村选,一是村政权组织领导制度。对村选任务、要求、工作步骤、村政权的组织形式和工作作风均做了详细的阐明。《晋察冀日报》于 3 月间接连发表 3 篇社论,阐述村政权的简政、村选

---

① 《晋察冀日报》,1942 年 1 月 3 日、3 月 7 日。

与财政建设、贯彻"三三制",以指导这一任务的完成。

北岳区民政科担负这一任务的实施,3月间召开了首次会议,根据《指示》精神,决定成立县级村选指导委员会,由县议长、民政科长、各群众团体代表、士绅名流及驻军代表等9至11人组成,推选正副委员长各1人。着重讨论了村政权的组织机构,公民小组的组合、人数,村民代表如何代表公民意见,公民能否和怎样罢免已兼任行政职务的村民代表以及村公所设置委员会的种种具体方法,使村民真正行使自己的民主权利,实行平等及直接的选举。

各地村选于春耕后展开,晋东北因天气较凉,春耕较晚,3月中旬即已开始。

各专署在春耕前已做好村选准备工作,如5专署召开了县长联席会议,做出整理村财政的办法、方式和时限,并以平山洪子店、南庄两个村庄为试选村,帮助村民建立和健全各种制度,树立民主作风,健全村公所组织。6专署成立了村选委员会,编写了《怎样做村选工作》《宣传大纲》《选举须知》《选举内容》等,成立了村选突击队,与涞水县村选委员会共同担任王平、计鹿两村庄的试选突击工作。还决定在全区选择1个模范县、3个模范区,每个县选择1个模范区、5个模范村,展开村选竞赛,以推动全面村选,其条件为:(一)完成村选的村庄数及公民参加选举的百分比,(二)政治动员的深度,(三)当选人是否为广大人民所拥护。

村选全面铺开之时,《晋察冀日报》于3月下旬连续发表社论:《村政权的简政工作》《1942年度村选与财政建设》,指导村选的进行。

村财政的正规化是此次村整理的重点内容,不少村庄账目不清,浪费严重,甚至有贪污现象。边区政府于1942年3月间对村款的征收和开支做出政策性的规定:村款的征收,半年征收一次,不能无限制地随需随征,某些县半年征收一次不可能时,应按章征收,务必坚持村财政的预算制度和村财政进一步的正规化;村款的开支,严禁浪费,力求节约,不合理的开支如鞋贴、柴贴,应取缔;抗属数目有了精确的登记后,优抗粮食由县统筹统支。3月下旬,边区政府还召开了财政科长会,总结了一年来村财政的整理所取得的成绩及存在的问题,会上宋启文讲了1942年努力的着重点是:(一)在游击区展开反资敌斗争,肃清浪费。(二)健全与坚持制度,使制度正规化,提高技术,省人省事。(三)健全村财政的组织与制度,加强区对村的领导,使区财政更加走上正轨。(四)整理公产,清理公益事业。(五)研究金融问题。(六)密切各部门联系。①易县县政府指定 4 月份为健全村财政突击月,动员区村干部为村财政进一步正规化而努力。(七)专署根据各县各村条件的差异,制定出了民兵武器的开支办法,公之于众,使群众了解支出的数目,以便监督执行。

4 月中下旬,全北岳区展开了热烈的村选活动,公民认真参加选举与竞选活动。村财政被列为本届村长工作报告中心内容之一,各村对过去一年村长工作的讨论、抨击甚至揭发,财政、粮秣问题占了较大的比例。公民小组的自由组合发挥巨大的作用,体现了民主政治的进程。竞选者无不提出实行民主、按政策办事、账目公开、努力生产、抗击日本等竞选口号。以平山县为例,该县是 5 月完成村选的,在村选当中,情况虽然紧张,但村民们就连八九十岁的老太太和绅士,都踊跃参加,他们非常重视民主权利。选举过程中,民主作风也在适当地发扬, 展开质问并检讨村干部与群众抗战 5 年来的优缺点,发言坦率积极,有热烈的互相批评,收效甚大。全县各区先后召开村级新旧干部扩大会议,讨论交接工作和整理村财政粮秣等事项,这种讨论是很实际的。

不仅巩固区能达到如此程度,就是接敌区,村民们也自由编成公民小组,按照三三制原则,选举年轻的抗日积极分子担任村中领导。

1942 年的村选,在精兵简政原则下,适当地改造了村政权机构,建立了正规制度,达到村政权的简单、切实、精干,使村村都成为抗击日军的坚强堡垒。

原载《晋察冀边区财政经济史稿》,解放军出版社,2005 年

---

① 《晋察冀日报》,1942 年 3 月 31 日。

晋察冀根据地兵役制度的考察

晋察冀根据地兵役制度采取的是义务兵役制。根据军区资料,这一制度的发展可分为三个阶段。

第一阶段,从八路军进驻晋北到1938年边区党第一次代表大会。这一时期兵役动员无统一计划,是地方性的自动人民武装,由各地方群众领袖组成了各种各样的游击队、义勇军、抗日军。

第二阶段为统一计划的革命志愿兵役制(从1938年下半年到1941年)。此时抗日根据地已经建立、发展并巩固起来。在党政军民共同合作,统一领导,统一计划,统一分配之下,实行一年一度或两度的扩军与补军工作。整班整排整连入伍的日益加多。军队工农兵的成分,1940年已占95%,新兵俱负自觉的义务性,国家兴亡、匹夫有责的思想已深入人心。

第三阶段是志愿兵役制。1942年元旦,边府正式颁布实施自愿义务役制法令,规定年龄18岁到25岁的边民有服兵役的义务,并规定当年期限为三年。此时兵员种类有预备军、后备兵和入伍兵。这种制度仍然依靠政治动员和群众的政治觉悟,而不是基于法令的强制。

下面谈谈扩军和巩固军队问题。

一、艰难的环境

1937年9月,当八路军进抵晋北时,华北战场,险象环生,阎锡山的部队,不战而退,未见敌人的影子,也没有听见敌人的枪声,就退却下来。日军得以长驱直入,察绥沦陷,太原已成危城。社会混乱达到极点,许多县长闻声潜逃,许多村长甘做敌人奸细,汉奸乘机活跃,散布谣言。史料记录了这种惨象:

> 一批一批南逃的溃兵,用步枪挑着子弹、手榴弹、包裹、母鸡等,潮水

似的涌下来。他们沿途宣传"敌人厉害",散布失败情绪。我们的战士安慰与鼓励他们,有些溃兵说:"你们吹牛皮,你们自己上去试试看!"我们的战士问他们:"敌人有多少?"他们说:"数不清。"又问:"为什么退下来?"有的说:"敌人有飞机坦克!""敌人的炮弹比我们的机关枪子弹还多!"有的又说:"子弹打完了,又找不到长官,就退下来了。"又问:"你们打死了多少敌人?"他们说:"我们没有见过日本鬼子。"又问:"为什么不和敌人拼几下?"答:"没有指挥,拼不了。"①

这是八路军由原平北上时,与国民党军对话的实录,可见国民党军队腐败到什么程度了。

不仅如此,还有更骇人听闻之事。

有的军队到处扰民,甚至奸淫抢劫,无所不为。在某一地方竟有女人被某省纪律不良的军队轮奸致死。这种军队所到之处,民众十室九空。②

八路军就是面对这样残酷和悲惨的现实走向战场。而且作战地区被限制在雁门关以北 13 个县和雁南 5 个县,共 18 个县,而这些县大部分已沦于日军之手。

而八路军参战,旗开得胜。9 月 28 日电报称:"晋北我军大捷,平型关敌全部击溃",并刊登了八路军总指挥朱德的照片。29 日又称"晋北战事激烈,敌军死伤奇重"。这是整个华北战场失利情况下,中国唯一的胜利,获得了中外媒体的称赞。八路军的名字,从此声震寰宇。

二、组织各级动委会,扩军声势浩大

八路军在晋北取胜后,以五台山为中心,创立了一个游击战争的根据地,集中全力于民众动员工作。当时环境极为复杂,溃退下来的国民党散兵,四处骚扰,汉奸由此造谣说:"日本兵来了,只要我们一样地完粮纳税,一样可以当

---

① 第 18 集团军总政治部编:《抗日八年来的八路军与新四军》,1945 年,第 10 页。
② 剑北:《西线战争》,文化日报,1938 年,第 70 页。

老百姓,过太平日子。"在五台、定襄,有两个甫成立起来的游击队,因汉奸的鼓动,而于半天之内瓦解。在晋东北境内的所谓游击队这时还阴谋暴动,想把仅存的两个县政权推翻,而代之以晋东北伪政府的组织。①汉奸、土匪、游勇、散兵,遍地皆是。肃清汉奸、土匪,收容散兵是当务之急,反对逃跑和溃乱,成为一种口号。八路军恢复了各县政府,组织县、区、村各级动员委员会,成立各种群众组织,如工人、农民、妇女、青年、儿童组织。动委会组建了许多自卫队、游击队,整个社会成为有组织的统一体。一位外国记者林迈可于1938年4月和7月,两次视察晋察冀边区,写道:"当时给我最深刻的印象的是蓬勃的宣传运动及群众组织,到处都在开群众大会,演抗日戏剧。墙上出现新写的标语口号。新组成的军队在操练着。对于群众团体,村民动员大会和民众教育的开展,人人都非常感兴趣。日本人完全过低估计在他们背后的这支日益生长着的新力量。"②

关于这种情景,周恩来北上太原时,对民众组织有一全面概括的论述,他说:"八路军到晋北一个月以来,已经有两三万有组织的民众,大部分是八路军组织起来的。一部分是绥远方面组织起来的……晋北民众武装的区域有六方面。(一)五台、繁峙、代县、定襄、崞县(今原平市)、盂县一带,约有五六千人。(二)广灵、灵邱、浑源、蔚县、怀柔方面,约有四五千人。(三)涞源、唐县、阜平,以至平西房山、门头沟一带,约有三四千人。(四)曲阳、行唐、平山一带约有一两千人。(五)神池、平鲁、井坪、行方口、偏关、临县一带,因为民众受敌人的蹂躏较小,所以发动较前述各区稍慢,只有四五百人。(六)绥远方面有四方面领导组织民众工作:(甲)蒙旗保安支队,约有千余人;(乙)马占山在黄河南岸之东胜县一带约有二三百人;(丙)王兆相在托克托一带约有五六百人;(丁)另有某方面也有数百人。"③

八路军的宣传组织和日占区的屠杀政策这两个因素,激起了华北农民的民族意识。华北是我们的,保家卫国的理念成为主流思想,只要有人登高一呼,群众就聚集起来。李公朴访问边区时,听一位同胞讲了一个故事:"在那个时候谁也不知道动员新战士,要怎样去做,那时我们在盂县,就拿着一面锣,

---

① 陈克寒:《抗日根据地晋察冀边区视察记》,新华日报馆,1939年,第18页。

② 齐文编译:《外国记者眼中的延安及解放区》,历史资料供应社,1946年,第82页。

③ 剑北:《周恩来访问记》,《西线战事》,文化日报,1938年,第127—128页。

在村子里一面敲一面喊:'当兵去哟,当兵打日本,当兵保家乡'……于是老乡们就三五成群地来了。三五天的工夫就集合了四五百人。顶好的方法也不过是召开群众大会,在动员中进行鼓动、进行宣传。就是这样地搞,部队就成立起来了。"①这是开始扩军的做法,后来主要由动委会承担这一重任,造成强大的声势,启发群众的政治觉悟,义务兵制就这样实现起来。

三、整顿队伍

从来不知什么叫政治的农民,为了保卫家乡,为了自身的利益,为了国家和民族的前途,以斗争的姿态站到抗日旗帜之下。

敌人是顽强的,但八路军更顽强。当时有一种说法,从政治素质上讲,十个敌人也比不上一个八路军。八路军在群众海洋中生龙活虎地开展抗敌斗争。以武装宣传小组为例,就可以看出其威力。"他们将宣传标语,贴在堡垒上、车站上、铁路上,甚至贴到伪军政府的门户上。这种政治攻势,震撼了敌人,敌伪军和伪组织人员都动摇了,有的逃跑,有的反正,有的自杀,甚至有的把炮楼都烧掉走了。在敌伪压榨下的村庄,因此得以解放。人民起来反抗敌伪的勒索和奴役。在这样的攻势之下,大大影响了进入解放区的敌伪军,使解放区中心地区的八路军更加有力地粉碎敌人的扫荡计划。"②

在历次战役中,部队损失不小,新的生力军需要补充。为了强化部队,八路军不断淘汰腐败分子,彻底洗刷部队中的兵痞。军区初创时,不少兵痞流氓混入,经过一段时间,个别分子如仍不能觉悟转变,一律加以清除。健全的政治制度建立起来。部队中的敌军工作部、锄奸部与连队的经济公开制相继建立起来。

开展整风运动是强化部队最有效的方法,可以密切军民关系、官兵关系。根据晋察冀军区政治部1945年5月整理出的材料,发现有诸多消极因素影响着部队的战斗力。退伍思想极为普遍,有的是惦念家里,有的想回家娶老婆,有的感到部队物质生活困难,有的因家庭困难没有得到适当解决,有的因是非党员受到歧视,有的因领导作风粗暴,有的对村区干部和本村不满,感觉

① 李公朴:《华北敌后——晋察冀》,生活·读书·新知三联书店,1979年,第22页。
② 周而复:《晋察冀行》,东北书店,1947年,第36页。

受欺侮,或是受饥饿所迫,女人出嫁,老幼死亡,等等。

1945 年 5 月,晋察冀军区政治部编印的《关于巩固军队工作》,是一机密文件,只发至分区,其中有三分区因家庭困难而要求回家的一份统计表(表格数据有部分已缺失):

数目 种类 \ 地方	云彪	完县	定县	曲阳	阜平	唐县	其他	统计
缺劳动力	38	40	45	87	21	68	42	341
持穷讨饭	27	24	35	40	44	37	18	225
婚姻	1	1	1	1				
受气	2	1						
其他	1	1						
合计	69	67	81	128	69	108	65	589

这份材料还选登了三分区几位战士讲他们所以要离队的理由:

张黎吾说:"我抗日有罪了。母亲要饭吃,我回去给人做长活去养活吧!"

三分区报告:战士普遍舆论——"抗日抗穷了,在家的弄红(光景好)了!"

杨振平说:"为着我抗日,我家里变房子卖地,我到哪说理去呀!"

张双春说:"我家地荒了,村干部也不管,这还不说,我的老婆也给人要走了,我回去一定要被口风(方言,意为讨要说法),看看谁当的区长?谁当的村长?"

有些战士于解决志愿义务兵役问题后,到地方轻易即回村,(与)区干部和老百姓动野蛮,吵架,打架企图泄愤。[1]

掌握这种情况,是边区领导的治军思想资源,是部队稳定和发展的关键问题,了解了从什么方面入手,使各个部门各司其职,各负其责,使服役的战

---

[1] 晋察冀军区政治部:《关于巩固部队工作》(油印本),1945 年,第 22 页。

士都过着愉快的生活。

四、开展双优运动

1942年至1943年,边区广泛开展拥政爱民与拥军优抗运动。这一运动源于陕甘宁边区,每年2月15日至3月4日为拥政爱民月。1943年9月19日北岳区关于优抗工作的指示中讲道:"优抗工作的不经常,不少地区特别是游击区,给抗属实物补助,仍多系偶然的,未能按季到时发粮,甚至有的地方,干脆未实行补助,以致有的抗属因生活无着,不得不逃荒、乞食、嫁人重婚,造成部分的社会不安,抗属情绪低落。优抗工作是考验村领导工作的重要内容之一。春天是边区一年一度的春选季节,选民对村长提出各种质疑,如有的说这一年来优待抗日军人家属差,原来政府规定每月发优待粮,给抗属送柴挑水,有些抗属就没有收到,甚至有把两个月的优待粮合并到一块儿发,没有照顾到抗属的需要。"①

拥政爱民运动在1943年以前就做了,1944年更普遍地做起来。拥军工作和拥政爱民是同时发动的。在连队中,召开支部大会、军人大会,传达拥政爱民决定,并反复地上拥政爱民课,军民一致和官兵一致,一扫军阀思想。双拥的中心任务就是改造思想,是部队的整风运动。军队方面,着重检查自己,既转变了领导作风,又改变了战士心理。在政府与人民方面,则把拥军抗属放在第一位。在拥爱月中,军队和地方都先讲政府的拥军决定。拥军爱民月一般都在旧历年关,召开军民联欢大会。在官兵关系上,召开连队民主大会,干部进行自我反省,启发战士讲出发自内心的言论,从而有的放矢,打破隔阂。

1944年的整风运动,当时称坦白运动。战士都说出心里话,如讲:抗属让站街讨饭,抗日军人退了伍没人管,伤病残废得不到高度友爱的温暖,反而有的遭受白眼等。

坦白运动后部队工作有了巨大的变化。《关于巩固部队工作》文件中,展现了这种变化:

> 经过着普遍的坦白运动,部队中已经被某些人感觉束手无策的退伍

---

① 周而复:《晋察冀行》,东北书店,1947年,第47页。

酝酿基本上解决了。坦白运动以前,纪律涣散,情绪低落,离心离德,发展自由主义,不安心工作,官兵关系失常,互相隔膜。部队中有的整天讨论回家、找老婆,不断讲怪话,干什么都没劲;坦白运动以后,部队起了变化,战士干部情绪提高。有些部队情绪特别高涨,战士买笔买纸,买油灯,准备练兵,公差勤务自动去做,进步的空气,紧张活泼的空气占了上风,自觉的精神相当发扬。有的说:"干部这下可整了风,可跟以前不一样了。干部也心里畅快,感觉部队可好管理了,不打不骂也开不了小差。"士兵坚决表示:"不打倒日本鬼子,不离队回家。"

这次整风,对部队的教育比以往任何一次都深刻。有的战士说:"我几年的话都掏出来了。"战士关心的诸多问题,都获得解决,如优抗问题,除了优抗粮按时拨发外,无土地的,由党支部、政权、抗联三方面负责,设法将土地租给抗属,保证没有一个抗属要饭吃的。在政治方面,凡是群众会议应设抗属席,请抗属讲话。由部队负责调查战士家中的困难,然后由部队和县委共同审查解决。对为国捐躯的发给抚恤金,烈属须享受抗属同等的优待等。对牺牲的战士要做好埋葬。关于婚姻问题,只要条件合格,批准其回家结婚,家属来部队时做好招待,其妻子来了,使其同居。对荣誉军人,帮助其成家立业等。①这一档案具体地记录了当时战士的思想动态,和领导者对问题的认识和解决的程度,告诉人们八路军之所以有强大的战斗力,其原因之一是对战士的尊重。

因为抗日军人为国家和民族做出巨大贡献,边区军区和政府制定了对战士及其家属(指同居一家,共同生活,没有分家的)和遗族的抚恤条例。1942年6月1日,公布了荣誉军人抚恤办法,凡直接参加抗日之正规军、游击队及本地区各级政府机关之警卫队、各县区脱离生产之游击队,有一定身份,名列军籍因抗战光荣负伤致成残废者均在抚恤之列。残废军人分三等,一、二等残废的发给抚恤证书,可以享受长期抚恤,回家自谋生活者每年发恤金,一等残废小米650斤,二等残废小米450斤。参加工作者每年发恤金,一等残废小米50斤,二等残废小米35斤,三等残废小米20斤。不属于以上两种情形者发给生活费用,每日小米1斤4两,柴菜金1角2分。每月零用费(鞋袜费在内)

---

① 《中共三分区地委关于解决志愿义务兵役制问题的指示》,《关于巩固部队的工作》(油印本),1945年。

一等残废6元,二等残废4.5元。冬季每月烤火费4角,每年发一身单衣,每两年发一身棉衣,每5年发棉被一条。

抗战军人牺牲之遗族抚恤的办法是,根据牺牲战士生前所任职务而定:(甲)班长战士小米200斤,(乙)排连级干部小米300斤,(丙)专营级干部小米400斤,(丁)旅级以上干部小米600斤。

这是那个时代历史进程的产物,一切价值都以小米来计算、来表现。因为领导机关正视出现的问题,所以制定了诸多社会政策。

五、意外的收获

改造思想有一历史过程,在一定的政治气氛中,人人都解剖自己,深挖思想,相互影响,推动运动深入发展,一些人除去了身上的包袱。这一整风运动,确实是洗脑筋,经过运动,然后展开思想论战,掀起挑战比赛,作为群众努力的方向。它像一面镜子都在照自己的形象。

晋察冀军区政治部1945年5月印的《关于巩固部队工作》中,有两份材料,说明了坦白运动的深度,一为不良倾向统计,一为政治问题统计,现录之于后:

不良倾向统计

原因 \ 数目 \ 队别	四二团	三分区卫生处	六团	应县支队
逃跑过	50	24	23	8
企图逃跑过	164		145	14
企图投敌过		1	22	1
被俘过	8			
腐化(或强奸鸡奸)	52	12	32	10
企图腐化过	28	20	41	
贪污过	27	60		9
企图贪污过	3			
偷窃	25			
偷卖公物	25		40	
破坏公物			176	

原因\数目\队别	四二团	三分区卫生处	六团	应县支队
犯群众纪律			415	
违反政策			22	
企图自杀			2	
企图杀别人			3	
临阵动摇	4			

政治问题统计

项别\数目\队别	四二团	定县支队	六团	应县支队
国特打入	13			2
敌特打入	1	2		8
参加过伪军组织	73	15	9	17
受过敌训	9		1	30
参加过封建迷信团体	52	5	19	16
干过土匪和非道德行为			29	2
被俘放回	8			2

为什么会有这么严重的问题？因为敌后的环境是很复杂的,敌人实行"自首"政策,唐县、曲阳等县,一下就捕去 7000 多人"自首",内有许多区干部附敌。敌人除不断企图控制村庄,清查户口,调训青壮年到敌区参观避难,并事后放回一些青年。龙华敌人派宪兵队长打入我新兵内部,保定派 200 个受过训练的特务汉奸潜入我军。[1]所有这些,都很难发现,只有在坦白运动中,在强大的政治攻心战中,潜伏者受不了灵魂的折磨,逐渐感到自己走入歧途,相继说出自己的身份。坦白运动中的这一收获比退伍思想的收获要大得多,因为真正清隐患。

---

① 刘澜涛:《北岳区第一期志愿义务兵实施总结》,战士出版社,1942 年,第 12 页。

六、敌后抗日的柱石

边区领导在坦白运动中受到了深刻的教育,呈现的问题如此严重,这是未曾料到的,"因此提高了认识和警觉,决定将这整风运动制度化、民主化。为保证部队的纯洁性,从源头上解决这一问题,决定以整理新兵入伍着手,以县为单位成立审查委员会,主要由武装部、驻军代表、医生、公安局和民政科组成。村区级由大中队长指导员、治安员、民政委员或主任成立审查委员会。县以上成立专门委员会,由专区武装部和专员负责。担任新兵审查工作的干部,应暂时解除或减轻其他工作,使其专心于审查和重新登记工作。同时这工作必须分别地具体地进行,坚决反对粗枝大叶和不负责任的恶劣现象。必须了解这一工作的组织性和科学性"。①

八路军的军民关系和干群关系,亲如一家,生死相依,粉碎了日军的"治安强化运动"和制造的无人区,成为敌后抗战的柱石。《义勇军进行曲》中的"把我们的血肉,筑成新的长城",八路军在华北正是这样成长壮大起来的。

原载《锲斋文稿》,中国社会科学出版社,2014 年

---

① 刘澜涛:《北岳区第一期志愿义务兵实施总结》,战士出版社,1942 年,第 27—28 页。

追寻晋察冀根据地

日本占领台湾后,台湾爱国志士不断反抗日本的殖民统治。日本占领东三省,义勇军风起云涌。日本占领华北,八路军迅即建立了敌后根据地,晋察冀根据地跃入历史之中,成为最显眼的地理名词。

一、关于晋察冀的几本书

为什么八路军在敌人占领区能建立抗日根据地?这成为当时世界的最大新闻。有识之士相继冲破封锁线,深入沦陷区,调查实际状况。关于晋察冀的书籍相继问世。如立波的《晋察冀边区印象记》(读书生活出版社 1938 年版)、李公朴的《华北敌后——晋察冀》(山西太行文化出版社 1940 年版)、克寒《模范抗日根据地晋察冀边区》(出版社及年代不详)、周而复《晋察冀行》(阳光出版社 1946 年版),还有彭真 1941 年向中央政治局做的报告《关于晋察冀边区党的工作和具体政策报告》(中共中央党校出版社 1982 年版)。外人著作翻译成中文的有詹姆斯·贝特兰《华北前线》(译报图书部 1939 年版)、哈里逊·福尔曼《中国解放区印象记》(认识出版社 1946 年版)、齐文编译的《外国记者眼中的延安及解放区》(历史资料供应社 1945 年版)、新长城社编著的《英美报章杂志论中国》(大连大众书店 1947 年版)。

二、各书各有自己的特色

以上几位作者,都是亲自深入敌后,记录自己的见闻而完成其书的。如李公朴曾在山西战地总动员委员会担任宣传部长,在晋察冀待了 6 个多月,经 35 个县,500 多个村庄,遍访各县。哈里逊·福尔曼以其新闻记者的身份,将其在边区 6 个月的见闻,写成书,其书在英国畅销一时。

各书各有自己的特色,立波的书在第 1 页引用法国朋友久列一关于新的长城的名言:"民族的精神,我们英勇的中国同志多年以来所号召的联合战线的精神在侵略之前突然奋张起来,成为一道新的、近代的中国的长城。"序言中讲道:"把这本书献给晋察冀边区的战士和负伤者。假使特有的读者一时喜悦的幸运,那是他们赋予的,他们的英灵和血,永远是中华民族的光华,和人世的骄傲。"书中有许多珍贵的照片,如边区的第八路军杨支队与国民抗日军在察南蔚县会合、晋察冀边区的农民自卫军、灵邱的军民联欢大会、河北阜平龙泉关的群众大会。书中还收录了第八路军的蒙古文传单、告敌兵书、第八路军司令部优待俘虏命令、第八路军给敌军的通行法、日本人民告出兵书(以上为日文),更有民国二十七年 1 月 31 日聂荣臻书写的"为保卫祖国而奋斗到底,誓与华北人民共存亡"、徐海东书写的"坚决抗战到底"、聂荣臻夫人张瑞华题的"为中国的自由解放奋斗到底"。李公朴书中有聂荣臻题写的"为保卫祖国而奋斗到底,誓与华北人民共存亡"、八路军由延安奔赴晋察冀的照片,以及八路军总部、八路军在晋东南、八路军在华北敌后的相关照片,还有李公朴《一年回忆录》(1938 年除夕到 1939 年除夕),从晋西南到晋东北的手迹。其中讲道:"在我的人生经历中,虽说为了工作与学习,也曾奔走过全世界,但像去年这一年情形的,可以说还是第一次,这一年是步行最多的一年,是工作最艰苦无把握的一年,然而同时也是学习得最为感到愉快的一年。"他走遍华北,得出了一个结论:华北是我们的,并以这句话作为其书的第一目。

哈里逊·福尔曼的书,从他所拍的 1000 张照片中,选出了最好的 65 张做插图,又有 15 幅敌后根据地的珍贵地图和速写,收录了"宝塔山、延安遭日寇轰炸后,一片瓦砾,居民都移居城外山壁窑洞""中共军队高级将领朱德、彭德怀、叶剑英、聂荣臻、陈毅""王震部队在延安南泥湾垦荒""妇女们分送慰劳品给从前线下来的士兵""民兵英雄拖着巨大的土造地雷,胸前插着一个手榴弹""盟军在法国诺曼底登陆后第三日即于广场演出"等照片。用图片来表明根据地的种种情况,这是最有说服力的。

三、剖析周而复《晋察冀行》

《晋察冀行》有两种版本,一是 1946 年 4 月由阳光出版社印的,一是 1947 年由东北书店发行的,全书由 20 个独立的章节组成。这些章节是很吸引人的。读其内容,可以看出日军的罪恶暴行,更可以看出中国人民自强不息,反抗日军,建立新社会、新文化、新秩序的情景。

日本军队的暴行是说不完的,举几例就可知道其残酷野蛮是举世无双的,如在平山焦家庄用铡刀铡死 200 多人,敌人退却时,铡人用的木板的血迹堆得有半寸多高,两个水井里尽是没头没胳膊的尸体。又如柏叶沟,敌人逃走时绑去村中所有的人,在路上把妇女的衣服剥光,强迫她们跪在路旁,然后把所有的男子全部杀光,这叫作"陪杀"。敌人在柏崖村,用一大口锅烧水,把水烧开了,扔下两个活蹦乱跳的小孩,活活煮死,一个妇女被轮奸后,也同样被煮死了。这样的暴行几乎到处都有。[①]

日本还在盂县境内制造了无人区,把 50 里一带的村庄变为平地,成为历史上少有的死亡饥饿荒凉的地带。

日本荒井部队还有专门杀人的队伍,在平阳制造了许多惨案,一天之内杀死了 140 名村民,撤退前夜,集合了 60 多个妇女,问她们是要跟着走,还是要回家?她们没有一个跟着去被侮辱的,都被敌人剥光衣服,砍了头。敌人还把村里一些男女捉到广场上,脱掉他们的衣服,强迫他们赤身露体地跳"秧歌舞",然后又强迫他们在大众面前集体性交,不肯的,马上就砍掉头。有的就用裤子包着头,推下悬崖摔死。有位妇女,敌人把她放在一口棺材里,另外叫来 20 多个妇女,把她们的衣服剥光,命令她们站在旁边目睹兽行的进行:首先敌人剥开她的胸膛,胸前的皮肉给撕裂到乳房旁边,摘出了一个鲜红的心,接着又破开她的肚子,用刺刀刺进去挑出一个未足月的胎儿并枪杀,上山村李小根几个人的血肝被敌人摘下炒了吃。罗峪村刘耀梅拒绝敌人奸污,敌人砍下她的头,扔到井里,同时从她腿上割下肉来,去包饺子吃了。

日军的残暴兽行是说不完的,延安日本工农学校召开了一次座谈会,日士兵也供认其罪行累累,惨不忍睹,屠夫们的手也不禁颤抖起来。举例如下:

1938 年 6 月,独立第三混成旅团有一个长谷川中队长,在华北临县捉了两名八路军,把他们背捆起来,帽子拉下,遮起眼睛,送到壕沟前站着,让我们 5 个幼小兵去练习胆量,去刺杀。我们有些害怕,把眼睛闭起,只是刺了臂膀他们就倒在壕沟里了。以后从沟里又把他们拉出,又让别人来刺。最后又由中队长把他们的头割了。

---

① 周而复:《晋察冀行》,东北书店,1947 年,第 42 页。

1942年7月,我(月四自称)在太原时,冈村宁次大将,每隔10天,就在太原门外集合60个俘虏,排成一列,脱去上衣,背绑出来,让幼年兵练习刺枪,还在痛得呀呀叫的时候,就用石头土块活埋了,一个月内杀了200多人。

1939年6月,27师团小原大队下面的宪兵军曹藤,在任丘把28名八路军放在房中,周围被带枪的士兵看守着,让28只军犬去咬他们的咽喉、胸膛,人临死挣扎的叫声、军犬的咆哮声,杂在一起,实是惨不忍闻。

1942年12月,混成第八旅团驻在河边省沙河县,佐野中队长伊藤军曹,解剖了一个老百姓,将肝取出,说是能治妇人病的一种药,而偷偷地贩卖。还有1941年9月安部中队长渡边军曹、佐佐木、伍长三人为了医治梅毒,将老百姓的脑袋打破,取出脑子来。

混成八旅团的四中中佐,在1939年"扫荡"时,曾袭击高悬红十字旗的八路军医院,把病人钉在墙上,挖掉眼睛,割掉鼻子、耳朵、生殖器,然后烧死。

混成八旅团的井上中佐把100多名八路军和老百姓,一部分用机枪射死,一部分装在棺材里烧死。

1942年36师团,师团长安达中将,在易县狼牙山将50名避难的妇女剥得精光,使她们送水、送弹药,并于强奸后枪毙,还将几十个老百姓放入井里,从上面丢下石头砸死。

1940年在内蒙古清丰县战斗时,36师团召集3000多名老百姓训话,刚讲完"日军拥护中国人民"后,从四面用几十挺机枪将他们射死。

1938年5月110师团中将在宿县射死一个抱着孩子的母亲,孩子不知母亲已死,吸着母亲的奶啼哭。该师团上板大佐在冀中,将妇女们绑在树上,把中国造的手榴弹塞进她们的阴道里,然后在6丈远的地面拉线将她们炸死。

这仅是几个例证。这就是日本所建立的东亚新秩序。日本在南京大屠杀,因为南京是首都,外国人多,将日军的罪行立即告诉全世界。在华北,由于日军的封锁,其罪行分散于各地,当时不为外界所知。实情是其吞灭中国人手段的毒辣,远远超过"南京大屠杀"。欧洲历史上有名的毁灭文化者为Vandalism,而万达主义也在日本军人身上复活。1938年6月5日,胡秋原在《为书复仇》一文中讲得好:"古今之万达,对于日寇是有愧色的。"中国的山河儿女遭到了万古未闻的惨劫,这就是日本所高唱的"中日亲善",这就是日本所建立的"东亚新秩序",所有侵华日军手上都沾满了中国人民的鲜血。这是真实的历史。日本安倍晋三及其内阁成员参拜靖国神社,所要恢复的日本精神,就是疯狂的杀人,这是昭然的。

这部书以锋利的文笔揭发日军暴行的同时,还以较多的篇幅赞扬根据地的新人、新事、新气象,如人民新生活的姿态、人民的勤务员、新式家庭的成长、人民有了文化、乡村文艺、税收革命、大生产运动、货币战争等课题,都是很吸引人的。

根据地有三件大事。第一是战争,第二是生产,第三是教育。所有人都卷入这个浪潮里。为什么把教育看得与战争和生产一样的重要,他们有一句名言——"没有文化是打败不了日本的",所以识字读报看法,成为每日不可缺少的事,成为一种制度。作者抓住了在历史上有意义的事,记录下来,其内容是不朽的。

晋察冀根据地是一种新型社会,是那个时代所独有的。一位法国人Melinand是见证者,他和其他6人,经过天津,到了根据地,感受颇多,后来到了延安。陈学昭偶然和他相遇。这位法国人很形象地说:"阜平什么都好,八路军好,八路军工作同志好,老百姓好,鞋子好,袜子好,真是没有一样不好,而民兵更是了不起的英雄。好在什么地方?好在工作人员是诚实的,老百姓是热情的,至于鞋子,那是结实的。"[①]这是1946年陈学昭第一次获得关于根据地的知识,是在他漫走解放区以前发生的事情。

我曾5次赴日本,我知道日本学界人士喜读《民国档案》,我希望朋友们将日本侵华之事,告诉安倍晋三及其阁员,告诉日本年轻的一代。

四、安倍晋三应该正视历史

安倍晋三不断发表刺耳的言论,以侵略的民族主义思想,煽动其国民崇拜军国主义。世界舆论一再谴责其言行,劝其效法德国,永远承担战争责任,而安倍充耳不闻,还扩大其军事实力,企图重温东亚共荣圈之梦,难道历史真的会重演吗?

第二次中日战争是不该被遗忘的。今日日本统治者将日本已引向歧路,又是钓鱼岛"国有化",又是插足中国南海地区,又和美国联手,游说各国,围攻中国。安倍晋三够忙碌了。但是时代不同了,中国已成为世界第二大经济体,绝不允许日本再横行霸道,祸害世界。中国的睦邻友好和双赢思想,以及建立和谐世界的理念定能战胜邪恶势力,这是历史的必然。

原载《锲斋文稿》,中国社会科学出版社,2014年

---

① 陈学昭:《漫走解放区》,上海出版公司,1949年,第47—48页。

从日军在晋察冀的暴行看日本军国主义的实质

日本军国主义是什么货色？简单地讲,就是侵略别国的领土,掠夺别国的资源,奴役屠杀别国人民,实行残酷的殖民主义。

日本侵略者向来是靠屠杀和血洗人类文明过日子的,在其占领地区或暂时侵犯的地方,采取一切人类说不出想不到的恐怖手段,实施日本式的统治。欧洲历史上有名的毁灭文明者,是古日耳曼的万达族,后人称破坏文明为Vandalism。古今之万达,对于日寇则是有愧色的。人们总是以烧杀抢掠,以及野蛮的法西斯等词语来描述日军的残暴,实在真找不出更合适的话,只能以其来表达。这里,仅从日军在晋察冀地区的暴行,就可以得到充分的说明。

一、暴行例证

日军在侵华战争中,占领了台湾和东北三省,在华北制造了几个无人区,如 1933 年到 1945 年在滦平、青龙、兴隆等地实行集家并村,屠杀了 4.6 万名中国人。1941 年 9 月,片山兵团长制造了阳泉平定、盂县无人区,对其难以占领的地区则实行"扫荡""清剿"。1940 年,华北敌酋冈村偕其参谋审至冀东唐山、迁安、沙河驿、古冶镇、丰润、玉田、遵化、滦县指挥杀人,以 1943 年 9 月到 12 月"大扫荡"为例,日军动员的兵力计有 110 师团、65 师团、26 师团的大部,独立混成旅团 62 师团的半数主力,独一独二两个混成旅团之一部,加上伪治安军 13 团、14 团、15 团、16 团、105 团、106 团等 6 个团的主力, 及晋冀两省 30 余县的伪保安队,总兵力达 4 万余人,在 15 万平方公里的战场上,陆空配合"扫荡",实行"清剿"或"分区清剿",凡日军所到之处,人们都遭到空前的灾难。在这一地区行凶的指挥官是荒井和他率领的 500 多个刽子手。荒井是皇族出身,是著名的杀人魔王,制造了许多惨案,如野北惨案、井陉惨案、平山惨案、阜平惨案等。

因为惨案很多,这里只举几个例证。

(一)阜平平阳惨案。在平阳杀死了 1000 名无辜的人民。平阳本地区死难者 580 多人,其他是从曲阳等地转来的。荒井令其部下:"杀得鸡犬不留,边区人民靠不住,就是愿意跟着皇军也不要。"日军从盘踞曲阳土岑开始,就连续残杀,前后两个月零二十天,以平阳为中心,对周围四五十里百余大小村庄,反复地做短距离的严密的"清剿搜索",和远距离的突然奔袭合击。兽蹄所至,烧杀随之,见房就烧,见东西就抢,见牲口就拉,更拼命地捕杀赤手空拳的群众。有的被洋狗咬死,有的被烧死,有的被石头砸死,有的被挖了眼睛,有的被吃了心肝和脑髓……大多数蒙难者是历尽各种苦刑和逼问后被砍刺而死的。

对妇女的侮辱和屠杀同样是骇人听闻的。1943 年 10 月 18 日,平阳南山 24 个妇孺被日军从土洞里搜出来,一个女孩被砍了头,把头颅放在椅子上,叫人们围跪着,小女孩的母亲也被砍了头,然后挑出 5 个漂亮的妇女带走,把其余的赶进土洞,放火烧死。10 月 24 日,平阳西沟露水峪的土洞里,16 个群众被烧死。在贾口,8 个妇女被剥光衣服活埋了。日军把一个年轻的孕妇按在一只红漆的棺材里,令 20 多个妇女脱光衣服围着周围看,用军刀杀死孕妇,开了胸膛,把胎儿肠子挑出来,并威胁在场的妇女说:"你们要回家,这样杀了的,心炒了吃的。"日军把一个青年妇女腿上的肉割下来,用铁丝串上,提着到上平阳去炒着吃。一个 16 岁的少女,被轮奸四夜,皮肿肉烂不成人样了。阴历十一月初五,荒井到贾口抓民夫 150 多人,捆在一起,拉到村外枪杀了。[①]

阜平平阳惨案,是震惊华北敌后战场最野蛮的大惨案,1944 年 1 月 10 日,《晋察冀边区白求恩国际和平医院关于平阳惨案调查公告》的文献是最有力的证词:

> 日寇荒井部队于去年秋对我晋察冀边区北岳区大"扫荡"之际,盘踞阜平县上平阳村北共一个月零二天,于 12 月 9 日在我边区军民不断打击下,被迫弃退。敌寇在其盘踞期间,除对平阳及其附近村庄大肆抢掠外,并屠杀我平阳区和平居民达千余众。本院于日寇东窜后,特派员前往平阳及其附近村庄,调查日寇暴行真相,并对负伤同胞,施行治疗救济。兹将调查所得,公布于全国同胞及全世界一切反法西斯人士,以便了解

---

① 《记阜平平阳大惨案》,《晋察冀日报》,1944 年 1 月 9 日。

日寇对我边区残暴兽行真相,大白于天下。

1.屠杀人数

日寇在平阳屠杀边区同胞人数,共达千余,其中多数为老弱妇孺,即4岁婴儿及80岁老人,亦不能幸免。本院所派人员,由于时间所限,未能遍至一切被害村庄进行调查,仅就已行调查村庄被害人数统计如下:

上平阳	11	石湖	17	下平阳	92	北水峪	39
罗峪	34	各老	14	白家峪	21	台南	7
营里	6	连家沟	4	土门	17	王快	60
井儿海	5	五丈湾	25	平访	9	铁岭	32
吴家庄	17	康家峪	27	台峪	5	山嘴头	53
百石台	7	鸟火峪	14	东白峪	6	东石道	18
冯家口	17	老东沟	7				

在上述村庄中,除死者外,尚有为敌寇刺伤打伤,命在旦夕者40余人,未曾统计在内,老东沟为平阳附近一小村,人数统计不及30,死难者实达7人,为全村人数的1/4。

2.屠杀情形

对手无寸铁的和平居民,用极端野蛮残暴办法,集体屠杀。在西山老东湾虎窝一次杀死、烧死、用石头砸死30余人。在平阳南山土洞中,两次用烟熏死30余人,10月18日用火烧死妇孺15人。24日,在平阳西沟土洞中烧死16人。在贾口活埋8人,脱光衣服冻死9人。在山嘴头,把15个人踢下山坡滚死。在日寇东退前,一次集体刺杀被俘居民150余人。

在屠杀方法上,日寇采取了惨无人道的酷刑:用刺刀挑,用木棒打,用石头砸,用马刀砍,用凉水灌,用冷水冻,用火烧,用烟熏,活埋、活剥、喂狗、开腹、摘心。在上平阳一村,发现了这样被惨杀的尸体280余具,仅从村东一个山药窖里,就找出了20具以上。

对于妇女,日寇采用了残暴的凌辱与屠杀的办法:轮奸和奸杀。当众轮奸,把被捕的男子绑起来,强迫他们看着日寇轮奸他们的母女姐妹,并在轮奸之后,加以残杀。20岁的孕妇王金亭,被敌寇剥去衣服放在红木棺材里,强迫所有被捕的妇女脱光衣服站在棺材旁边,在孕妇的惨叫声中,日寇刺穿了孕妇的胸膛,把胎儿挑出来。在本院派员到达平阳时,这个红木棺材还停放在上平阳的一间平房里。

日寇的行为,绝灭了人性,野蛮和残暴达到了空前的程度。土门三个妇女亲眼看见敌人挖了李小更的心炒吃了;罗峪村青妇陈寿荣亲眼看到敌寇把罗梅砍死后,用刺刀割下她腿上的肉,用铁丝串上提到上平阳炒吃了。孕妇王金亭在被日寇残杀后,她的心肝也成了日寇的菜肴。

本院派员曾亲自检查了诸多被残杀者的尸体,在上面都可以找到上述酷刑与凌辱的痕迹,本院派员曾亲自与平阳及其附近村庄目睹敌寇暴行的居民谈话,他们是上述敌寇暴行的人证。这种极端残暴野蛮的兽行,是人类所不能容许的。为了人道与正义,本院特将上述调查材料,向全国同胞及全世界一切反法西斯人士公告,并对日本法西斯匪徒的暴行,在全国同胞及全世界一切反法西斯人士面前,提出正义的控诉。[①]

(二)平山县岗南惨案。12 月 12 日拂晓,敌人包围了岗南村,全村除了少数人逃脱外,都给围住了,有 27 个同胞,被敌人带到村东,叫他们解开自己的纽扣,立时反缚两手,推入路旁一条宽纵五尺的沟内,寇军们便居高临下地刺起来。一个 15 岁的孩子不忍见邻人临死的挣扎,刚把脸转过去,躲在沟边的土上,刺刀就捅入他的肠子,随即被扔进附近的火堆里。另有几十个同胞,被敌人大队捉到,离堡垒五里的上家湾村东,叫他们背高粱秸去,敌人把高粱秸投入两个各一丈多高、三丈多宽的地垛,"你们排开坐下休息吧!"敌人说。人们排成单行面朝西南背靠洼地坐在土坝上。"杀呀!"野兽们突然发出狂叫,持枪从 50 步外向坐着的人群奔来,当中是熊熊的大火,四周是敌人的刺刀,被投下去的同胞立刻皮焦肉烂,把几十个同胞活活烧死。[②]

(三)灵寿县大寨惨案。12 月 22 日,200 多敌人窜进了大寨村,抓住没有逃出的青壮年、妇女、小孩子和 18 岁的妇救会主任白进兰共 15 人,野兽们把他们带到大寨旁一个陡峭的悬崖上,面向着十几丈深的崖底,要他们投降,要他们说出哪里有八路,不说就摔死他们。白进兰号召大家,中国人死也不让鬼子侮辱,也不投降。五个野兽过来按住白进兰,剥下她的裤子,要强奸她,她拼

---

① 《晋察冀日报》,1944 年 1 月 17 日。

② 新闻研究所中国报刊史研究室:《抗战烽火录——〈新华日报〉通讯选》,新华出版社,1985 年,第 447 页。

命挣扎顽抗,最后敌人用粉笔塞进她的阴户里,掷下悬崖。其余的人也没有一个投降的,都被野兽们推下悬崖摔死了。①

(四)井陉县黑水坪、老虎窝惨案。黑水坪一家的房梁上吊着一个被烧死的人,破墙角里躺着一个六七十岁的老太婆,衣服脱得光光的,阴户里塞进一支木棍,另外还有一些死尸,有的是被开水从头上泼下烫死的,有的是被石头砸死的,有的是被砍了头的,有的是喂了洋狗的。老虎窝有一百几十个无辜同胞,死在禁用的极无人道的烈性瓦斯弹下,肌肤变成了紫色、腐烂了,化成了血水。②

(五)平山县焦家庄等村惨案。日寇盘踞1个月,先后杀人200余,大部以铡刀铡死,日寇退走后,铡人所用之门板,血迹尚殷殷未干,血土厚达半尺,整个水井填满断头缺肢的死尸。苏家庄,敌盘踞3个月,先后杀人300余,敌退走后,在河滩上,猪圈中,街道上还有30多个死尸没有埋,全系刺死和砍杀的。12月8日,敌人一个大队拂晓合围柏叶沟,把整沟的人都绑走了,在路上下令,男子一律杀掉,妇女脱光衣服跪在旁边陪杀,一次屠杀了100余人,使那整沟村庄断了人烟。阜平柏崖村有两个婴儿活活放在开水锅里煮死。在平山蒿田两个妇女被轮奸后也活活煮死……够了!这种极端残暴的行为,一切人类的语言文字实在找不出恰当的字眼来叙述。③

(六)易县寨头惨案。敌人在寨头村外挖了10个大坑,11月9日黄昏,用绳子把所有被捕的人赶到一片广场里问:"不愿意跟皇军想回家的到这边来!"大家都过去了。"统统的死了的!"敌兵扑向被绑的人群,用刺刀威胁用皮鞋踢打和辱骂着,分头把121个无辜人民赶到挖好的坑前,寇军们撕下妇女们的衣布蒙着她们的脸,做着无耻残忍的侮辱。后来他们狂暴地把老头、妇女、小孩子、壮年用刺刀挑到坑里去,另一部凶手向坑里填土砸着大石头,我们的同胞挣扎着怒骂着,一个个被屠杀或活埋了。一个妇女拖着她未满3岁的小孩子惊叫着:"妈妈!"被敌人用刺刀一齐挑向坑里去,那个未满3岁的小孩子挑在空中打了几个转,然后掉进坑里。④

在冀中,日军施行"自首"和并村,1943年9月到12月,日军的"清剿"活

① 新闻研究所中国报刊史研究室:《抗战烽火录——〈新华日报〉通讯选》,新华出版社,1985年,第447—448页。

② 同上书,第447页。

③ 同上书,第448页。

④ 同上书,第447页。

动,从对根据地,转到它的点线附近,从普遍的面的"清剿",转为突击一点的"清剿",例如安平、定县、新乐、深泽各县敌伪组织了 100 多人至 200 人左右的"清剿"队,担任城郊周围的"清剿",2 月 6 日武邑敌 160 人"清剿"城东一带,献县敌百余连续在城郊"清剿",交河地区敌 200 余人在 2 月 9 日至 15 日进行"清剿"。从 1 月下旬,敌抽集了易县、满城、新乐、保定、完县、唐县、望都、高阳、任丘等地兵力 21700 多人在宁晋、高蠡等地轮番"清剿",前后达 44 次,时间 181 天,采取血腥的屠杀政策。任丘一地被捕群众达 2 万余人,高阳、安新一带从 1943 年 9 月 22 日至 25 日 4 天之中就活埋了 41 人,12 月又枪杀 60 余人,几十个村庄如殷庄、杨庄被蹂躏。日军 8000 人到高阳,27000 人到任丘, 包围几十个村庄搜查八路军。"冀中敌首青原一夫是个杀人不眨眼的恶魔,不仅滥杀无辜,还奸淫了成百上千的妇女。1944 年在无极行凶 3 个月,又于 3 月 1 日、2 日、5 日、6 日、8 日在无极张家庄奸淫了许多年轻妇女,每夜都要抓几个漂亮的闺女,轮流奸污。"①

敌人还划永清、固安、霸县、安次四县为"特别行政区",并把其作为剿共试验区。1 月初开始以千余日兵合击永定河两岸,至中旬改为持久的分散的"清剿"。永清、固安边界之敌还组织红枪会、新民会,推行并村、"自首"。

在天津,1944 年 4 月至 5 月间,驻天津日本防卫司令部强征中国妇女 80 名,运到河南慰劳日军。这 80 名慰安妇的名单,现存于北京市档案馆河北法院档案全宗内。

在冀东,1943 年 9 月 14 日至 9 月下旬,日寇以 4000 余兵力"扫荡"昌黎地区及遵化、迁安长城以南地区。10 月初又以千余兵力"扫荡"兴隆以南地区。10 月 4 日至 26 日更以万余兵力对迁安、青龙、平泉地区、丰润、滦县、卢龙、迁安地区及丰润、玉田、遵化地区同时制造了大规模的"扫荡"。12 月 7 日,以 3000 兵力"扫荡"了遵化东北龙井关南北地区及车河口以南的所谓"无人区"。12 月 25 日至 30 日,又以 2000 余人 2 次"扫荡"丰润、滦县、迁安的山地。1944 年 2 月 21 日至 26 日(旧历年关)又以 2500 人 3 次"扫荡"丰润、滦县。迁安、遵化地区,青龙和兴隆地区,许多山沟里的房屋都被日军放火烧光了,以至于在纵横数万里看不到人烟。日寇在制造广大的无人区。日军旧年时的"扫荡",是以独立混成第 8 旅所属的 32 大队为主力,由山口大队长指挥,

① 《奸淫屠杀的凶手青原被刺》,《晋察冀日报》,1944 年 4 月 29 日。

纠集各县敌伪兵力 2500 多人,东面有卢龙、滦县、昌黎、迁安之敌 600 余分三路平行推进,配合着坦克,夜间出动,向西奔袭莲花院。东南面有沙河敌伪 400 余,西南有三女河敌伪 500 余,西北有遵化敌军 4000 余,配合推进。[①]

根据晋察冀边区政委会的控诉,在这次"扫荡"中,涉及 21 个县约 100 万人口的地区。据不完全统计,惨杀我人民 6674 人,烧毁房屋 54779 间,抢掠与烧毁粮食 2934 万斤,抢走耕畜 19337 头,猪羊 57879 只,抢毁农具 172625 件,衣被 487530 件。许多村庄都变成瓦砾,大小杂物都成灰烬。日寇野蛮下贱地百般凌辱妇女,任意侮辱和轮奸,甚至逼迫我同胞子奸其母,父奸其女,驱使男女集体性交。抗诉书还列举刺杀中国人的方法在百种以上,如刺杀、打靶、砸死、活埋、肢解、剥皮、剜心、凿眼、灌水涨死、毒气毒死、铡死、碾死、烙、锯、喂洋狗、腰斩、悬崖摔死、煮死……抗诉书还控诉日寇在一些地方所施行的暴行。其残酷是骇人听闻的。[②]

二、日本战俘之坦白和反思

1944 年 2 月 8 日、9 日,日共冈野进领导的日人反战同盟召开扩大执委会,决定设立日军暴行调查委员会,在决议书中,历数了日军残酷的暴行:

"现在日本法西斯崩溃的日子已近在眼前,因此他们为做最后的挣扎,如同负伤的野兽一般奔窜于华北的山野,极尽其残暴之能事,进行大规模的杀戮、放火和掠夺。关于他们的非人道的行为,我们是无法详尽地列举出来。用刺刀和皮鞭强迫无辜的中国民众做苦力,奸淫掳掠妇女,掠夺、破坏粮食和资材等残暴行为,已属司空见惯,凡要他们认为可疑的人,悉数捕去,或充作新兵练习刺杀的靶子,或吊在树上烧死,或者用火箸烙刺!或者割去耳鼻,或者喂军用犬,凡此种种残暴,实非笔舌所能描述。而在近来的战争中,他们竟公然下令,杀尽所有的生物,烧尽所有的房舍,不问男女老幼,一经发现,就连捆在一起,或用重机枪扫射,或施放毒气,或甚至将数十人数百人关在一间屋内,纵火焚烧……"为了进一步搜集日军暴行的细节,冈野进召开了延安日本工农学座谈日寇暴行会,对日军的暴行,叙述甚详,现全文录之:

---

①《晋察冀日报》,1944 年 3 月 22 日。

②《抗战日记》,1940 年 6 月 10 日。

延安日本工农学校召开日军暴行座谈会揭露日本军阀在中国种种暴行,该座谈会第一、二两次记录如下:

(第一次)

主席:今天(2月7日)因为反战同盟扩大执委会的紧急动议,成立了"日军暴行调查委员会"。将要死亡的日本法西斯军部,还在不断地重复着最残忍的大规模的杀戮、放火、掠夺的罪行,活埋无罪的善良的中国人民,用种种酷刑,用种种非人道的方法,用毒瓦斯来折磨,来屠杀中国的男子、妇女与儿童。因此我们必须在中国人民面前,在世界反法西斯人民面前控诉军部一切的野蛮罪行,然后逮捕他们作为人类的公敌,让人民公审与处决他们;同时,我们应向做这些罪行的日本法西斯将校们——暴行的直接罪魁发出严重警告与抗议。

今晚召开第一次座谈会,对于"日军驻屯时的杀戮",请同志们多多发言。

佐野:我先来说吧,1938年6月,独立第3混成旅团有一个长谷川中队长,在河北临县捉了两个八路军,把他们背捆起来,帽子拉下遮起眼睛,跪在壕沟前面站着,让我们5个初年兵去练习胆量,去刺杀。我们有些害怕,把眼睛闭起,只是刺上了臂膀,他们就倒下壕沟里去了。以后从沟里把他们拉出,又让别人来刺死后,又由中队长把他们的头割去了。

太田:1940年5月,独立混成第9旅团小野中队长也在忻口三交镇,把3个俘虏捆在树上,让60个初年兵打靶,打得像蜂窝似的,全身都是窟窿。

有田:1942年7月我在太原时,冈村宁次大将每隔10天,就在太原门外集合60个俘虏,排成一列,脱去上衣背绑起来,让初年兵刺枪。还在痛得呀呀叫的时候,就用石头土块活埋了。一个月内,杀了200多名。

西田:用刺刀杀人,不管哪个部队都有,现在我说另外一件事情。1941年5月,69师团时田中尉说电线被割,就在附近捉了3个脸相不好的人,割下头,用铁丝穿起,吊在电线上。这样的事共有五六回。

川崎:1939年6月,27师团小原大队下士宪兵军曹老原在河北任丘,把20名八路军放在庙中,周围被带着剑的士兵看守着,让24只军犬去咬他们的咽喉、胸膛。人临死挣扎的叫声,军犬的咆哮声杂在一起,实在惨不忍闻。

山田:我那里是军犬的聚集地——北平南面长辛店方面军直属的军犬养成所,这里的队长加藤少佐,在 1941 年 7 月,驱使 600 只军犬啃食 50 名俘虏,活生生的人,眼看着就变成血泥而死去。

全体:太残酷了,这还是人干的事吗?这是人与狗的斗争,捉住这些家伙时,一定要判决他们!(全场一时骚然)

主席:大家不要这样兴奋,请继续发言。

峰村:在第 27 师团,同样的有不亚于此的残暴行为。1941 年 5 月,田中大队的原副官把一个俘虏的衣服脱光,用火烧红的火筷刺他的脸、胸等部,而慢慢地把他处死。

佐伯:1939 年 4 月,混成第 8 旅团的加藤中尉在河北元氏县,把一个俘虏的手脚捆起,倒吊在井的辘轳上,咕噜地放到井里,等他闷极时,又稍微绞起一点,然后再放下去,这样反复地绞起放下,直至命绝后,又使其苏醒过来,用泡着辣子的酒灌他,昏倒以后将他活埋了。同年该旅团的三好大尉,以与八路军有联络为借口,把某小学教员夫妇带起,仰捆小学教员于梯上,灌以冷水,用烧红的火筷子烙,将燃着的蜡烛烧他的耳朵、鼻子,这样使其吃尽苦头后,丢到枯井里,用手榴弹炸死。其妻则被中队的干部轮奸后枪毙了。

全体:混成第 8 旅团实在惨无人道。

木田:混成第 8 旅团这样的事还有很多,1939 年 12 月,驻在河北省沙河县佐野中队的伊藤军曹,解剖了一个老百姓,将肝取出,说是能治妇人病的一种药而偷偷地贩卖。还有 1941 年 9 月,安部中队长、渡边军曹、佐佐木伍长 3 人,为了医治梅毒,将老百姓的脑袋打破,取出脑子来。

藤本:谈到药,我也还想起一件事来,那是 36 师团近藤联队的某军医中尉(名字忘了),在山西涉县,把水注射到俘虏的血管内后,又由血管抽出而致俘虏于死。

大冈:在混成第 8 旅团也是一样,1941 年 10 月,竹村军医中尉,把老百姓当作解剖练习而杀了。

全体:这还是算得军医吗?简直不是人!

主席:别的部队怎样?

山地:1942 年 6 月,110 师团的渡边中尉,把削得尖尖的五条木板

626

并排起,使俘虏跪在上面,膝盖上放上十几块砖,腿上刺穿了好几个大洞后,灌了水,用棉花塞住嘴,倒吊在树上,更在头上吊一块大石头,脖子渐渐拉长了,在下面煽起火烧死了。1941年在河北省某县,村山大尉用马鞭将一个老百姓的眼睛打坏,用洋蜡烧他肩部及其他地方,灌以滚水,很残酷地苦刑了一顿后才杀了头。还有同年2月,在元氏县,田中大队的权田中尉多次在很冷的天气,把老百姓剥得精光,背绑在树上,泼以冷水而冻死。

三宅:混成第4旅团藤本大尉,在山西省和顺县,把3个俘虏头砍下挂在街头入口处,并发出布告说:"当八路军的就这样处置。"1940年5月,在正太路段延车站,吉冈中队的佐藤少尉把两个脸相不好的老百姓从鼻子、口里灌辣子水,又在衣服上泼些煤油用火烧后,才杀了头。还有1941年,小林中队的安齐军曹,在和顺县用刀割下俘虏的头,挖出眼球,放在桌子上,让士兵轮流玩赏。

浅尾:1940年6月,第27师团的田中少佐在河北安次县挖封锁沟时,使不做工的老百姓自己挖坑而后活埋之,在一个月之中,这样被活埋了的将近百人。

全体:哪个部队都有这类暴行的,只是有大小的不同罢了。

主席:熄灯号已经吹过了,会就此停止,明天还要讨论关于战斗中的暴行,请大家准备。

(第二次)

主席:今天(8日)晚上,继续座谈关于日军在作战中的杀戮、放火、掠夺等暴行的问题,首先请大冈君从第1军方面谈起。

大冈:第1军司令官冈大将是个很残暴的家伙,1938年8月攻陷武汉时,把一个野战医院的数百名重病号都用铁锹和枪打死了。另外,在1941年的中条山战役时,将50多个八路军绑成一串,用轻机枪扫死。

王田:我们那里也有违反国际公法火烧医院的,混成第8旅团的田中中校在1939年"扫荡"晋察冀的时候,曾袭击高悬着红十字旗的八路军医院,把病人钉在墙上,挖掉眼睛、割掉鼻子、耳朵、生殖器然后烧死。

植田:110师团上板上校1940年12月在河北省满城,把八路军的医院和人都烧了。

主席:真是残暴!在中条山作战和"扫荡"晋察冀时做了很多坏事,知道的人请发言。

赤松:1939年,混成第8旅团的井上中校在"扫荡"晋察冀时,把100多名的八路军和老百姓,一部分用轻机枪射死,一部分活生生地装在棺材里烧死。

佐藤:16师团的山口上校,将3名八路军的手脚捆起来丢进洞里,将拉线的手榴弹塞在怀里,让它自己爆炸。

山野:同样是在36师团,师团长安达中将于1943年"扫荡"晋察冀时,在易县狼牙山的险要处,将50名避难妇女剥得精光,使她们送水,送弹药,并于强奸后枪毙。在这些妇女里,也有十二三岁的女孩子。还把几十个老百姓放入井里,从上面丢下石头砸死。

全体:这些家伙们总有一天要判决死刑的。

冈田:1940年河北内黄、清丰县战斗时,35师团长(忘其名),召集了3000多名老百姓,刚讲完"日军拥护中国人民"后,就从四面用轻机枪十几挺将他们扫死;同时将房子烧得一间也不剩,并将附近作为主要经济靠山的5万多棵枣树,也都给砍了。

佐野:110师团的上板上校于1942年8月"扫荡"河北定县时,因为没有碰见一个八路军,就将老百姓一个也不剩地集合起来,用轻机枪扫死。另外还做了这样残暴的事情:强迫老百姓用镰刀砍老百姓的脑袋。

铃木:1938年混成第2旅团的亮见旅团长在内蒙古集合3000多个小孩子,说是"长大了会当八路军",就用轻机枪扫死。

三宅:用轻机枪扫射可说太平常了,我来讲个别的吧。110师团长桑木中将1938年5月在河北宿县,射死一个抱着孩子的母亲,可怜那孩子并不知道母亲已死,啜着母亲的奶啼哭。又同师团的上板上校于同年的冀中"扫荡"时,见人就杀人,见家畜就杀家畜,特别残暴的是将妇女绑在树上,用中国造的手榴弹塞在阴户里,然后在6丈来远的地方拉线,炸死她们。

中田:还有不下于你所说的残暴的事件哪!混成第8旅团的后泽中队长,于1939年在河北晋县,用刺刀剖开两个孕妇的肚子,拉出小孩子来,劈开小孩子的脑瓜,并在脑瓜上贴上一张纸,上面写上"八路军杀的"。头会儿忘记说了,1941年"扫荡"晋察冀时,他也枪杀五六十个老百姓,从孕妇的肚子里掏出小孩子来,将他丢到山沟里去。

全体:这样的孽种,真不是人(非常愤慨)!

安藤:在 27 师团有这样的事情,不知其他部队情形如何?1942 年,师团长富永中将在山东省某某县,把中国军民 60 余名背靠背地捆起来,关在一间屋内,点火烧死。

中田:这样的事情在混成第 8 旅团也有。1940 年末,水原旅团长曾下过这样的命令:杀尽所有生物,烧掉所有的房屋。甚至于还组织了放火班,把房屋与病人……石头,枪柄打得半死,最后烧起高粱秸,将他们烧死。

板田:混成第 8 旅团五十君大队长,1943 年 1 月在河北省曲周县,在房上洒上石油,用扫把点上火烧起来(一把扫把可烧五六所房屋);其次,把老百姓捆在木床上,点起火,刺啦刺啦地活活地烧死。

全体:各部队的情形大体相同。

主席:使用毒瓦斯的情形如何呢?

中西:混成第 8 旅团的佐藤少尉,1940 年 5 月在河北深泽县,把 25 名老百姓带到庙里,实行毒瓦斯试验,那时老百姓口内流出血来,脸也变成苍白色,很难过地死去了。1942 年,水上少将在河北省定县,把避难于地道的老百姓 800 余名,用毒瓦斯杀死。

全体:现在不带毒瓦斯出来作战的部队简直没有,有八路军或老百姓聚集的话,即发令用毒瓦斯弹射击,但当捉到许多俘虏与老百姓时,放到房内用火或用高粱秸烧的时候,较用毒瓦斯为多。

富田:鲁西灭共队长平井宪兵中尉,从 1941 年到现在,在山东束河县建设三间房子,把在战斗中俘虏的八路军和老百姓首先放到第一间房子内,让妓女来诱惑,实行"自首"政策,不"自首"者或送到第二室让军犬咬死,或者送到第三室砍头,这样牺牲者至少有百名以上。老百姓非常愤恨他,送他个外号叫"鬼王"。

田奇:这件事稍旧一些了,是 1938 年 12 月,混成第 8 旅团的加藤中尉在河北赵县,把手榴弹插在 3 个八路军的腰里,使其自己炸死自己,还用军刀割下老百姓屁股的肉,强迫我们吃,真是个坏蛋。

主席:前面已经说了一些关于暴行掠夺的事,请再发表意见。

西田:1939 年,27 师团城谷中队的岛津军曹,曾在河北省迫使避难的父女(或母子)和兄妹性交,完了之后,又将辣椒塞入阴户,看着他们痛苦以取乐。

全体:现在公开地允许强奸,因此士兵们见到10岁的女孩和老太太,只要是女人,就都要强奸。强奸后,则用刺刀刺死,更混蛋的或使其衔生殖器,或使其饮淫水。

前田:1939年12月,混成10旅团的山本准尉,当老百姓姑娘出嫁的时候,让轿停住,将女人拉出来,扒下衣服,用刀子向阴户里刺;有时到结婚的家里去强奸新娘。

全体:这样的家伙真是一点儿人味都没有。

藤谷:1941年12月,110师大岛联队的怀田中尉,在河北省元氏县的仙宫寨袭击集市,将市场上所有的东西都抢光了。还有1942年配备这一联队的炮兵中队长,向老百姓的家里打炮,老百姓跑了以后,将麦子、小米、柴草、家具等抢掠一空。

户山:1940年,驻蒙军最高指挥官冈部中将在内蒙古抢掠棉衣、羊毛、面粉、烟草等,用35辆汽车连续运了两天。

太田:1942年,36师团的阿部大佐在山西省榆社县,打死放羊的人,将300余只羊,以轻机枪全部打死。

全体:关于抢掠,如果一一列举的话,一天也说不完。

主席:今天已经很晚了,暂时告一段落。最后我们声明:我们以这材料,不久要逮捕他们作为人类的公敌来公审,同时向他们发出严重抗议,要他们即刻停止这种非人道的暴行。①

据日本《东京新闻》7月23日发表的日本记者濑口晴义所撰《战后60年的记忆——每个士兵都背负着战争的罪行》一文,其内容为:

在太平洋战争爆发前的1940年,近藤一跟随日本陆军独立混合4旅独立步兵第13大队,开赴中国山西省的辽县(现在的左权县)。那里是日中战争的最前沿,是邻近八路军抗日据点的一个危险地带。

现在近藤先生已经是一名退了休的老人,他结束了当年他作为一个

---

① 《新华日报》,1944年3月15日。

士兵的亲身体验。这位老兵说："我不得不正视自己在 1945 年以前那 4 年里,在中国大陆都做了些什么。"

到达辽县后,新兵接到的第一个上级命令,便是进行用刺刀刺杀中国人的训练。训练的靶子,就是两个被反剪着双手绑在木杆上的中国俘虏。

近藤说:接到教官的命令,我们就冲上去对准那人的左胸刺下去。刺刀刺进了他的胸膛。那一瞬间,我的腿突然停止了抖动,就像拿筷子插进豆腐里一样,毫无罪恶感。和我同一个部队的老兵们,乐于在山间的村落里寻找年轻女性,然后集体轮奸她们。在一场讨伐战中,他们还让一名被轮奸的、刚刚分娩的年轻母亲,浑身上下只穿一双鞋子和我们一起行军走路。也许是为了减轻行军中的负重,行进中一个老兵突然夺过母亲怀抱里的婴儿,狠狠地抛到了山谷里。母亲撕心裂肺地哭叫着,也追随婴儿跳进了山谷。士兵们看到这一幕,都高兴得哈哈大笑起来。而这,就发生在我的眼前。

近藤也曾为了搞清楚一发手枪子弹能穿透多少个人而找到了 10 名中国男性,让他们前胸贴后背地排成一列,用枪抵着第一个人的后背扣动了扳机……尸体被扔到了猪圈里。

那些日本兵还用刺刀拉开孕妇的肚子,削掉老人的耳朵。在这场望不到边的拉锯战中,日军部队日日重复和继续着他们残虐的暴行……

近藤说:"从小老师就教我们,大和民族是最优秀的民族。因此,当时我觉得怎么样对待这些身为劣等民族的中国人都不为过。现在回想起来,我犯下的罪行 100 年也偿还不清。"①

三、要求审判战犯

日本法西斯强盗这些滔天罪行,完全是按照其军部计划进行的,东条英机、冈村宁次是这次犯罪的主谋者。

63 师团长野副昌德,67 旅团长柳,66 旅团长田中信男,62 师团长清水田,63 旅团长津田义武, 独立第 3 混成旅团长毛利末广,26 师团长佐伯,11

---

① 《参考消息》,2005 年 8 月 3 日。

联队长今堀,13 联队长安尾,110 师团长林芳太郎,163 联队长上板胜,139 联队长下枝龙男,110 联队长黑须元之助,独立第 1 混成旅团长松奇,其参加此次"毁灭扫荡"的军官,是直接杀人放火的凶手,特别是制造平阳惨案的刽子手荒井,他是执行东条、冈村杀人阴谋最疯狂的一个,对以上这些凶手及其所犯罪行,本会特代表晋察冀边区 2000 万人民向全世界控诉,我北岳区人民去年 9 月至 12 月在"扫荡"中所受的一切损失,他们要负全部责任,法西斯的末日已到,这些凶手,虽逃至天涯海角,一定要追索归案,交付晋察冀边区人民公审,对其滔天罪行,做最后清算。①

抗战胜利,日本无条件投降,晋察冀人民再次要求,惩罚这些罪犯头目,交给人民公审。

四、万恶之最

《纽伦堡国际军事法庭判决书》中称:"侵略战争不仅是一个国际性犯罪,它是最大的国际性犯罪。它与其他犯罪的区别,仅在于它里面聚集了全部罪恶。"这正是日本军国主义的画像。日本在侵华战争中采用了人类有史以来杀戮、残害的一切最残忍的方式。现在安倍晋三及其阁僚一再参拜供奉 14 名甲级战犯、1000 多名乙级战犯的靖国神社,把战犯当作日本民族的英雄,一面宣扬其战功,一面要继承其衣钵。世界各国领导及其舆论对其行为已进行了抨击:以色列美籍社会学专家 Amitai Etzioni,现年 85 岁,劝告日本派遣 200 名公众知识分子和政治领导者,到德国去看德国如何面对并如何处理纳粹的侵略史。前美国助理国务卿 P.J.Crowlay,现为乔治·华盛顿大学教授,期望安倍晋三能倾听美国要告诉他什么。他严肃指出,安倍是政治禽兽,他正在做的他就一定会继续坚持去做,这是他的统治哲学和信条的一部分。显然安倍晋三不会改恶从善,他要实现其东亚共荣圈之梦想。他修改了和平宪法,扩军备战,出售武器,游说各国孤立中国,强占中国钓鱼岛,纳入其课本之内,插足南海事务等等,复活军国主义已现端倪。世界各国应携手起来,斩断魔爪,使其难以祸害人类和地区安全。

---

① 《新华日报》,1944 年 6 月 26 日。

日军在华北的暴行的残酷，远远超过了纳粹德国的集中营和南京大屠杀，为了不忘历史，应该在华北受害最严重的地区设立日本大屠杀纪念馆，使世界人民永远记住这一惨绝人寰的历史。

原载《锲斋文稿》，中国社会科学出版社，2014年

抗日战争时期革命根据地的民主选举

一

"一国的民主程度,可由其选举制度确切表明。选举制度是否民主,可以由其人民是否真能选举他们所信任的代表,并由他们自由提名,以为衡量。"①在我国虽然从光绪皇帝起,就唱起宪法的调子,袁世凯、曹锟、蒋介石之流也闹过选举,但实际上都是自封为皇帝、总统、总理,人民并没有参与过选举。我国人民真正享受民主权利,运用自己的选举权,则是中国共产党诞生以后的事,并且是从中国共产党建立革命根据地时候开始的。当 1922 年,中国共产党第二次代表大会在规定反帝反封建的政纲时,就突出地提出工农男女在各级议会有无限制的选举权。1927 年红色政权建立时,工农兵代表会议的政府也随即出现。到了抗日战争时期,由于毛泽东思想的确立,民族统一战线便成了解放区政权组织唯一形式。选举的制度和实行也就成为新民主主义制度最重要的部分。

二

吸收广大群众参加国家行政的管理,这是毛主席在政权问题上的伟大指示。毛泽东说:"在抗日战争时期,我们所建立的政权性质,是民族统一战线的,这种政权是一切赞成抗日又赞成民主的人们的政权,是几个革命阶级联合起来对于汉奸和反动派的专政。"②这种政权是怎样产生的?是由人民选举

---

① [俄]维辛斯基:《苏联选举制度》,商务印书馆,1949 年,第 9 页。
② 毛泽东:《抗日根据地的政权问题》,《毛泽东选集》(第二卷)。

出来的。"凡年满十八岁的赞成抗日和民主的中国人,不分阶级、民族、党派、男女、信仰和文化程度,均有选举权和被选举权。"[1]只从下面两个例子中,我们就能说明解放区的爱国民主统一战线。

1940年冀中区定南、深极、安平、饶阳、博野、清苑、蠡县等七县选举时,工人参加选举的占工人全体选民的93.1%,贫农占85.5%,中农占82.7%,富农占83%,地主占90.7%,商人占56.7%。

1941年山东胶东地区选举的结果(百分比)

	主署级	专署级	县级	区级	乡级	平均
工人	1.7	0.8	1.9	0.5	1.6	1.4
贫农	44.3	30.6	30	35.9	46.5	38.9
中农	45.2	54.8	53.5	54.7	45.2	50.4
富农	0.8	8.7	10.2	8.9	6.7	8.3
地主	0.8	1.5	2.6	0.3		
其他		3.8	1.8			0.7

这样广泛地包括了以工农为主各阶层的代表所组成的政权,就保证了政权和广大人民的联系,而三三制政策更是这种政权建立的保证,它把地方上最进步最积极的人都吸收到政权里来。陕甘宁边区第二届参议会所选的18个政府委员中,共产党员当选的有7名,超过了1/3,于是退出了1位;晋西北参议会正式议员共145人,选举时,共产党人有49人当选,超过1/3不到1人,退出了2人[2],晋冀鲁豫边区临时参议会中共产党员共72人,约1/3稍强,国民党人士则不下50人[3]。这样一来就更增加了广大群众对共产党的全心全意的拥护和热爱,使中国革命在全国规模的彻底胜利获得了更大的保证。

选举是采用直接、平等、不记名的投票法,人民完全按照自己的意志去选他要选的人。1938年晋察冀军政民代表大会以不记名方式选出了边区行政委员会,1943年1月晋察冀边区所公布的选举条例更明文规定:"边区参议员、县参议员、村民代表均由选民用直接、平等、普选制,无记名投票法选举之,沦陷区游击区之不能直接选举者,得行间接选举。"[4]人民的民主权利受到极大

① 军大总校政治部编:《现中国的两种社会》,东北新华书店,1949年,第46页。

② 同上。

③ 丁玲:《一二九师与晋冀鲁豫边区》,新华书店,1950年,第35页。

④ 李普:《光荣归于民主》,东北书店印行,1947年,第2页。

的尊重和保护,正是因为这个缘故,人民积极参加了选举。1940年晋察冀民主大选时,70%到90%的选民参加了选举[1],1941年晋冀鲁豫边区举行普遍的村选时,75%到90%的选民参加了选举[2];北岳区平山、阜平两县选举时,选民参选的达到98%到100%的最高纪录。[3]在选举中,妇女和男子一样,抱着积极而严肃的态度,不少妇女被选出来担任重要职务。就北岳区四分区5个县的统计,女县长1名,女参议员140名,女区代表635名,女区长7名,女区代表会主席19名。[4]这些数字都充分说明解放区人民享有多么大的政治民主。也正是因为这种缘故,劳动生产情绪和抗日积极性才不断增长提高。党的政策就是这样地引导工人、农民、中小资产阶级、开明绅士对革命运动发挥积极的作用。

人民完全从政治原则上对待选举,在选举过程中积极而认真。晋察冀曲阳县郎家庄在选举村长时,老村长做了工作报告后,1125位选民就无拘束地从各方面提出了意见,选出了另一位称职的村长。晋察冀边区参议员选举参议会议长和驻会委员、政府委员及主任时,边区行政委员会主席先报告政府工作,然后议员对扩大统一战线,加强对敌斗争,加强生产建设等问题加以讨论,并严肃地指责政府的工作,最后才举行选举。[5]很显然,任何人的去留,完全决定于人民对他的信任,决定于他是否"矢忠矢勤,为人民服务"。

三

抗日战争时期的民主选举政策,在祖国危机中曾把广大群众团结在党的周围,使我们战胜了民族的和人民的一切敌人,取得了最伟大的有历史意义的胜利。今天我国将要进行全国规模的普选,这是我国人民政治生活中一件大事,这将使我国人民民主制度更进一步,更能把千百万的群众团结在党和政府的周围,为新中国的建设而奋斗。

原载《历史教学》,1953年第9期

---

[1] 周而复:《晋察冀行》,阳光出版社,1946年,第66页。

[2] 丁玲:《一二九师与晋冀鲁豫边区》,新华书店,1950年,第36页。

[3] 军大总校政治部编:《现中国的两种社会》,东北新华书店,1949年,第46页。

[4] 同上。

[5] 周而复:《晋察冀行》,阳光出版社,1946年,第69页。

抗日战争时期解放区的励精图治

一、日寇对解放区的疯狂进攻

欧洲战争助长了日寇扩大侵略战争的野心。这在 1940 年 6 月 29 日外相有田八郎在广播中做了暗示："东亚诸国及南洋各地,无论在地理上、历史上以及经济上都有密切的关联,这一切地域将统一为一个共荣圈,乃属必然的归结。"8 月 1 日,日本首相近卫文麿将这新目的用"大东亚共荣圈"这一名词来表述,这"大东亚共荣圈"不仅包括日本、中国,并且包括越南及东印度在内。稍后日本外相松冈洋右又把泰国、缅甸、印度尼西亚附加在内。在做了充分准备后,1941 年 12 月 7 日,日本偷袭珍珠港,这是当时美国在太平洋上的中央要塞。12 月 8 日又袭击了菲律宾、威克岛、关岛以及当时英国在太平洋的战略基地——新加坡。同时袭击了香港,并占领了上海公共租界。从此,爆发了太平洋战争。

苏德战争和太平洋战争的爆发,使全世界人民都卷入到规模空前巨大的反法西斯战争中,美、英、加拿大、荷兰、荷属东印度、澳大利亚、新西兰、南非、法国在 12 月 8 日纷纷对日宣战。重庆国民党政府也是直到这时才对日宣战的。英、美、中、苏等国建立了联盟,国际反法西斯统一战线最后形成并日益扩大与巩固。

太平洋战争发生后,日本并未缓和在华的军事行动,1942 年 1 月日本关东军兵力增加到了 100 万人。在华北,1941 年到 1942 年,为日寇活跃时期,共推行了 5 次 "治安强化运动"。把华北分为 3 种地区:"治安区"(即敌占区)、"准治安区"(即游击区)和"非治安区"(即解放区)。1941 年,进攻解放区的兵力占其侵华兵力的 75%,1942 年为 63%。

日寇对"治安区"以"清乡"为主,强化保甲连坐制,用圈村的办法实行大编乡,企图肃清内部抗日分子,加强对人民的镇压和搜刮。对"准治安区"以

"蚕食"为主,怀柔政策与恐怖政策兼施,即一方面加紧欺骗宣传,企图奴化群众,另一方面广修封锁沟与碉堡,平毁村庄,制造"无人区"。对"非治安区"以"扫荡"为主,采取"囚笼政策"和杀光、烧光、抢光的"三光政策",并散布鼠疫病菌,施放毒气,企图使解放区人畜不留,庐舍为墟,从根本上摧毁抗日军民的生存条件。所谓"囚笼政策"就是以铁路为柱、公路为链、碉堡为锁,后来辅之以封锁沟墙,构成网状,从敌占区向根据地进行压缩包围。

1941 年和 1942 年两年,日寇在华北解放区 83 万平方公里的土地上,就挖封锁沟 1 万多里,筑封锁墙 6000 多里,修据点 1 万多个,碉堡 3 万多个,以此压缩分割包围解放区。以冀南平原为例,大的公路有北平大同路、南宫石家庄路、邢台济南路等,尤其是德石铁路横竖割裂冀南根据地,把平原划成"井"字、"王"字、"田"字或菊花诸形状。1940 年年底,冀南共有公路 83 条,计长 4000 里,1941 年春,增加到 160 条,5000 里。此外,并加深加宽原有河流,如库河、卫河、运河、滏阳河等,构成水网。在铁路两旁挖护路沟,修补加高各县城墙,筑土圈子,挖封锁沟,筑封锁墙,县有县界沟,乡有乡界沟,筑封锁墙全长约 2000 余里。在这样密如蛛网的公路、河流交通线上,敌人又筑起据点和碉楼,1943 年达到 920 多个,最稠区域平均每四平方公里便有一个据点。与此同时,更疯狂地进行"扫荡",企图摧毁解放区。1941 年和 1942 年两年,日寇对华北解放区的"扫荡",千人以上的就有 174 次之多,较前两年增加 2/3;使用的兵力达 833900 多人,较前两年增加一倍;"扫荡"的时间也延长了,有的竟达 3 个月之久。

1941 年 8 月,敌首冈村宁次亲自指挥 10 万人以上的兵力,对晋察冀北岳区进行空前的大"扫荡"。敌人分兵 13 路出击,采取所谓"铁壁合围""梳篦式清剿"等战术,并使用了伞兵和毒气,企图将八路军主力消灭于长城两侧。日寇的这次"扫荡",为时两个多月,烧毁房屋 15 万余间,抢走粮食 5800 万斤,牲畜 1 万多头,残杀人民 4500 多人,抓走 17000 多人,杀害与抓走干部 600 多人。

1942 年 5 月 1 日,冈村宁次集中 5 万兵力,开始对晋察冀边区冀中区进行"全面扫荡"。在这次"五一扫荡"中,敌人在几千个村庄,6 万平方公里的地面上,密布 1500 个据点,在 1 万里网状公路上,经常有 700 辆汽车巡逻,冈村宁次亲自乘坐飞机往返指挥,用所谓"纵横合击""对角清剿"的办法,或用故留空隙"张网捕鱼"的毒计,企图在两个月内,消灭八路军主力。敌人的这次"扫荡"极为残酷,杀害和抓走的老百姓达 5 万多人,仅在定南北坦村的地道里,用毒瓦斯就毒死了 800 多人,使广大平原地区呈现出"无村不戴孝,到处有哭声"的悲惨景象。

1941 年和 1942 年两年中,敌人对晋冀鲁豫边区"扫荡"500 多次,其中规模较大的有:1941 年对太行、太岳的"毁灭扫荡",1941 年 6 月至 8 月对察西的"扫荡",1942 年"四二九"与"六一二"对冀南的"铁壁合围"、五六月间对太行的"铁壁合围""扶剿清剿"等。1941 年,敌人增加了兵力,对山东解放区进行了残酷的"扫荡"。1942 年,这种"扫荡"更加频繁,也更加残酷,大规模的有 19 次,小规模的达 79 次。1941 年和 1942 年两年间,日寇在晋绥边区四周修筑 270 个据点,扫荡 33 次,历时 390 天,其中最残酷的是 1942 年春季对晋西北区和秋季对大青山区的大"扫荡"。前者使用兵力 13000 多人,历时 84 天;后者使用兵力 25000 多人,历时 46 天。

日军曾用以攻打八路军的种种方法施之于新四军,"扫荡""蚕食""清乡"普遍用于整个华中敌后。"扫荡"战往往在田里的作物收获完毕之后,那时没有或很少有农作物给平原的新四军做屏障。太平洋战争爆发后,平均每半月有一次"扫荡",多至一星期一次,敌人在根据地周围的据点增至 2500 处,敌后各战略区、各军分区之间的交通均被敌截断。汽车则穿梭于水网区,使新四军活动更加困难。苏南新四军主力暂时退出京沪路东,日寇于 1941 年 7 月,集中日、伪军 25000 人进攻苏北解放区,为时一个多月,逼迫苏北新四军退出盐城。1942 年 11 月,敌人又出动日、伪军 5 万人,再次进攻苏北解放区。

"扫荡"和"清乡"总是结合进行的,日本人说:"扫荡"战就是梳头,而"清乡"战则如同剪发。日军在华中"清乡"的办法是:先以强大的兵力占领一个地区,编造几百里长的竹篱木栅,使该区与其他地区隔离,然后逐村逐户搜查、登记、听口音,发良民证,以清查新四军的干部和战士。老百姓稍有反抗,全村即被屠杀,并将村中的长者捉去作为人质,如发现村中有新四军人员,就将人质杀掉。日军在中国所犯的暴行,在人类历史上是罕见的。

日军"扫荡"使解放区的面积缩小了,人口也减少了,光是华北解放区的面积就缩小了 1/6,1942 年 5 月以前,退缩局面还在发展,根据地已被敌寇分割。在冀南平原上,解放区已由大片的根据地变为一小块的游击根据地。全太行区在 1940 年面积为 100600 平方里,1942 年 5 月竟下降至 8129 平方里。太岳形势最严重的时候,全区无一完整县,所有的 12 个县政府,都聚集在沁源一地,而沁源的县城也被敌人占领了。晋中八分区只剩下 17 个村子。全解放区的人口则减少了一半,由 10000 万降到 5000 万。党所领导的人民革命武装力量也减少了,八路军、新四军由 1940 年的近 50 万人减少到 1942 年的 30 多万人。解放区遇到了极端的困难,毛泽东在讲到当时的困难情况时说:"我们曾经弄到几乎没有衣穿,没有油吃,没有纸,没有菜,战士们没有鞋袜,工作人员在冬天没有被盖。"

二、解放区的各项政策

为克服严重的困难局面,坚持敌后根据地,中国共产党实行了新民主主义的政治、经济、文化等各种政策,发动和组织全体人民抗日,与日寇进行了各方面的毫不疲倦的斗争。

中国共产党人把自己的一切都献给了民族解放事业,他们领导人民创造了很多奇迹。延安是中共中央所在地,是理论和实践的荟萃点,敌后任何地区的成功经验都报告给延安,中共中央和毛泽东就把实际的行动加以提高制定为方针政策,然后再把它传播给各解放区。精兵简政、减租减息、"三三制"、统一领导、拥政爱民、发展生产、整风运动、加强对敌斗争、审查干部、时事教育等,成为克服困难、战胜敌人的法宝。

从全民战争这一原理出发,党的任务就是把农民和军队融成一片,把农村的各阶级力量都联合起来组成统一战线,在"中国人大团结,一致对外"的口号下,和人民联合起来,对付敌人。

1942 年至 1943 年,各根据地根据 1942 年 1 月《中共中央关于抗日根据地土地政策的决定》,普遍开展了减租减息运动。这一政策在一些根据地实行数年,颇有成效。许多贫农在减租减息后,都成为中农或是拥有财富的农民,中农成为边区农村中最主要的阶层,例如在晋察冀的北岳区,根据 35 个村的调查,其结果是:

农户种类	在农户总数中所占百分比		在耕地面积中所占百分比	
	1937 年	1942 年	1937 年	1942 年
地主	2.42	1.91	16.43	10.17
富农	14.50	7.88	21.93	19.56
中农	35.40	44.30	41.70	49.10
贫雇农	47.50	40.90	19.10	20.10

1942年,佃户减租到37.5%,同时又能保证交租,农村生产关系的调整,人民生活也就有了改善,特别是农村中的团结和进步,以及人民抗战积极性的空前提高,地主阶级除少数通敌者外,绝大多数都投入抗战的大浪潮中。

在深入实行减租减息的群众运动基础上,各地都改造了区村政权,为"三三制"的民主政治打下了坚实的基础。从1941年起,陕甘宁边区和华北、华中各解放区相继展开了普选运动,村和县的议会都出现了,赋予解决农民基本生活问题的种种权力,一大批有才干的密切联系群众廉洁奉公的干部被选到各级政府担任要职,25岁的青年当上了管理十几万人口的县长,年轻的女孩出色地组织抗日群众运动。中国共产党还用"三三制"原则,使民主政府中包含有地主、商人、资本家、小资产阶级、农民和工人,把社会各阶级的人都团结起来,共御外侮。

政府的机构非常精干。当时李鼎铭提出了精兵简政意见,中共中央加以采纳,将其作为一项重要政策予以贯彻,使战争的机构适合战争的需要。1941年冬,各根据地开始解决这一问题,《解放日报》还组织了多次讨论,晋冀鲁豫解放区首先做出了示范。其他根据地也都在解决庞大的战争机构,如晋察冀边区规定了武装部队、政府工作人员、民兵同居民人数的比例。这一政策的实行,使党、政、军机构更加精干、扎实,更能适应战争的需要。同时使根据地的人力、物力、财力充分发挥效用,从而减轻了人民负担,促进了生产发展,对克服当时严重的物资困难起了很大的作用。

加强共产党的一元化领导。加强党的一元化领导,是在日寇对根据地残酷扫荡、封锁形势下的迫切要求,是贯彻党的各项政策的重要保证。因此,1942年9月1日,中共中央政治局发布了《关于统一抗日根据地党的领导及调整各组织间关系的决定》,明确规定中央代表机关(中央局、分局)及各级党委是各地区的最高领导机关,统一领导各地区的党政军民工作。这个决定的实行,加强了党的领导,在"一切服从战争"的最高原则下,统一了各解放区和各种组织的步调,保证了中国共产党的革命路线和各项方针政策的正确贯彻。

中国共产党勇于面对现实,励精图治,采取了一系列有效措施,度过了根据地极端困难的时期。

三、大生产运动

在当时,克服日伪军和国民党反动派给根据地造成的经济困难,最好的办法就是发展生产,以农业为第一位,工业为第二位,增加人民的财富。

陕甘宁边区留守部队从 1938 年起,就开始从事生产。1939 年,各机关、学校也参加了生产,359 旅回师边区担任驻防后,更是积极投入这一生产运动。359 旅是八路军的一支劲旅,在王震的领导下,抗战初期曾挺进晋、察、绥、冀敌后,奋力杀敌,立下了战功。此时,在党中央和西北局生产自给的号召下,利用南泥湾适合发展农业的条件,开辟 25000 亩土地,种植了粮食、蔬菜、麻、旱烟等;利用绥德警备区适合轻工业的环境建立了工业、运输业与商业等一系列比较完备的企业;在三年时间内,打下了一个能够达到完全自给的经济基础。其他部队也做到了部分自给,如蔬菜、肉类及各种办公费等。至 1943 年年底全边区的部队共 5 个旅,开垦 205000 亩,生产了 31000 多担谷子,部队生活水准有了很大提高,如以 1939 年军队生活标准为 100,那么 1943 年则增至 150.5,士兵标准装备为:两套夏季军装,一套冬季军装,一件棉外衣,一床棉被,两双夏天的布鞋,一双冬季布鞋,一双草鞋,一副裹腿,一个子弹袋,一个米袋,二条毛巾,三斤羊毛。359 旅还每人发毛军装一套。

军队大规模地进行生产是一种创造,在世界历史上是没有的,它对中华民族解放事业有非常重要的意义,既减轻了人民负担,又增强了部队的劳动观念。毛泽东及时总结了这一经验,在 1942 年 12 月做了《抗日时期的经济问题与财政问题》的报告,1943 年又写了《开展根据地的减租、生产和拥政爱民运动》和《组织起来》。在整个生产方针上,提出了"发展经济,保障供给",在公私关系上,提出了"公私兼顾",在组织形式上,号召"组织起来"。边区农民热烈响应毛泽东提出的"自己动手,丰衣足食"的号召,积极投入开荒生产,1941 年至 1943 年开荒达 200 万亩,边区过去几乎完全不种棉花,1942 年已有棉田 9 万亩,1943 年妇女参加纺织合作社的有 1376000 多人。部队积极帮助农民,曾采取变工队、拨工队等形式,对发展生产起了很大作用。组织起来进行生产,是对一户一人是一个生产单位的革命。

据陕甘宁边区政府主席林祖涵讲,1943 年边区粮食总产量是 184 万担,消费是 162 万担,盈余 22 万担。边区的盐产量,1943 年达到 60 万驮。盐是边区的主要出口物资。谢觉哉是边区政府的秘书长和党团书记,翻阅了明清两代以来食盐产销历史资料,向党中央写了报告。毛泽东在给谢觉哉的回信中说:"……盐为达到出入口平衡之唯一的或最主要的办法,只要能年输30万驮出境、换取3000万元棉、布进来……则情况更好了。"陕北食盐产销问题的解决,对增加边区经济收入,改善人民群众生活,巩固陕甘宁边区根据地,加强抗战力量,起了重要作用。此外,如畜牧业、手工业及其他工业都有很大发展,1943年已能自己炼铁、炼油,修造小型机器,配制军需品,生产部分药品,制造硝酸、盐酸、硫酸。日用品如肥皂、火柴、毛巾、瓷器、玻璃等都有边区自制的。因国民党的封锁而造成的困难到1943年已完全克服。

陕甘宁边区的经验被推广到各解放区。各解放区也都普遍开展了大生产运动。晋察冀第三军分区的部队就种了600多亩地,许许多多知识分子出身的干部参加了劳动。农民按自愿原则,广泛地组织了变工组、拨工组等劳动互助组织,以北岳为例,这种组织有27000个,参加的男女劳动力在20万人以上,占全区所有劳动力的20%。在游击区,部队一面分散作战,一面进行生产,很多游击队员白天耕地,夜晚练习埋地雷,休息时学习射击,开会时还讨论战时生产办法,实行"劳武结合"。在前线,人民武装掩护群众把耕地推广到敌人的封锁线和碉堡底下。各户各村各县都订有生产计划。家庭副业也热烈展开,如鲁南的纺织,自贯彻了群众性的经营方针后,解决了全鲁南的穿衣问题。

大生产运动为抗日战争胜利打下了物质基础。

四、财政上的成就

解放区遭到日伪和国民党军的封锁和包围。它在经济上必须生产足够的物资来养活及装备自己的军队,供给政府的费用,以进行战争。

最初,各根据地在"有钱出钱,有粮出粮"的原则下,废除了过去不合理的苛捐杂税和摊派制度,实行了合理负担的征收制。这个办法的主要内容是免税点为每人除一亩半(抗日军人除三亩),其超过亩数按累进法计算,负担税以五亩为一级,共分六级,六级以上的土地均按六级计算。税率按二分累进,最高累进率为二亩。出租土地由地主负担,典当地由承典人负担。为了使负担税更加合理,1940年1月又有土地分等与动产合理这种合理负担,把广大群众从封建经济统治枷锁下解放出来,促进了手工业、小商业及家庭副业的发展,保证了部队与政权的经费与给养。但也产生了一些问题,出现了土地迅速分散,地主逃亡的现象,使负担面更加缩小,负担更加集中。同时由于田赋和其他间接税依然存在,在村政权改造不彻底的地区,容易被落后分子利用,把上级按合理负担分配的粮款,暗中按田赋或地亩摊派。

1941年1月以后,各根据地开始实行统一累进税,除出入口税外,各种税款如田赋、营业税、所得税、公粮等皆统一征收,名叫统累税。这种税则照顾到各阶层的利益,既改变了旧社会负担面集中在穷人身上,又免去了过去负担面集中在少数富有者的偏差。每年征收一次,以钱粮秣三种形式征收,扩大负担面至80%。

统一累进税之耕地的计算单位,定名为"标准亩",各种财产收入的计算单位,定名为"富力"。如用土地计算的话,在晋察冀是4标准亩为1富力。要是低租地,它的租额在土地总收获之20%以下的,这个财产税以收租每8市斗谷的土地,算作1富力。地租和农业收入以每10市斗谷算作1富力。财产以每40斗谷之价,算作1富力,实物用市价折算来计算。富力既定,统一累进税按照富力的多少定为12等或16等,按等累进。它的征税单位定名为"分","分"是按富力等级来定的,富力少者计分低,富力多者计分高。

统一累进税有免税点和累进最高率,每人除一免税点,各项财产收入合计其富力不足一免税点的就免税,超过一免税点的,只就其超过之部分征税。免税点在北岳区定为1.5富力,在冀中区定为1.8富力。

为了奖励生产,发展边区经济,对于工业投资、合作社股金、水利投资,只征收益税不征财产税。对新垦荒的林木苇地免征财产税,对家庭副业免税,对土地产量按常年产量估算,如投资大,生产量增加,其增加额不征税,如因怠工、废弛生产致使产量减少,则仍按其收获量征收。自从统累税实行后,财政上就实现了统筹统支,军政民的一切开支完全统一到各边区政府,根据"量入为出"原则,做到收支平衡,一切收入都有预决算,实行了概算。在预决算的审核上也建立了审核制度,实现了财政公开。一切钱的收入完全归金库,确定各级银行组织为同级政府的金库。粮食则有粮库制度,由边区政府统一管理。采取没有粮票不发粮食、不造预算不发粮票、不报预算不批准下次预算的办法,建立了新的会计制度,使用统一的账簿、统一的表格,并坚持按时造报边区各级粮库的收支,使政府能全面了解收支实况,进行有计划的指挥与调度。因处于残酷的战争之中,最大的经费开支都用于战争。以冀中根据地为例,军费与政费的比例为 6.58:1,当时的指导思想是"取之合理,用之得当"。

解放区根据经济发展和财政工作的需要先后建立了许多银行。如陕甘宁边区银行、晋察冀银行、山东解放区银行、晋绥边区的西北农民银行、晋冀鲁豫解放区的冀南银行、华中解放区的淮南银行、淮北银行等。每一银行都发行货币,流通在各个边区,其信用和币值日益提高。它在编造预算、征收赋税、发行农贷、扶持生产、发展合作事业和工商业以及改善人民生活方面起了应有的作用,稳定了金融,活跃了经济,并和日伪及国民党反动派进行货币战,使各根据地都发展了基本上自给自足的经济。

各根据地胜利地解决了财政问题与人民负担问题,这在历史上是一个创举。

原载《中国现代史稿》(下),黑龙江人民出版社,1981 年

关于抗日战争时期敌后战场的几个问题

今年(1985 年)是抗日战争胜利 40 周年。40 年前,中国和世界反法西斯各国,共同打败了日本帝国主义,为人类文明做出了巨大贡献。

抗日战争是伟大的民族解放战争。中国人民在战争中所表现的英勇和智慧,不屈不挠和宁死不屈的民族精神,早已载入史册。本文仅就近年来国内外学者所关心和讨论的几个问题谈谈本人意见。

一、中国共产党的力量何以在敌后迅猛发展

抗日战争时期,中国共产党在敌后的力量以惊人的速度发展壮大,成为抵抗日本侵略者的中流砥柱,这是一个奇迹。中外学者就这一课题发表了不少论文,也正说明它的重要。1937 年卢沟桥事变爆发时,中国共产党的军队仅 4 万人,根据地只陕甘宁边区一地,人口为 150 万;至 1939 年,即已在晋察冀、晋东南、晋西北、冀中、冀东、冀鲁豫、胶东、苏鲁豫、皖北、鄂东、江南等敌后地区建立起许多块大大小小的根据地,仅晋察冀边区就辖有 70 多个县,人口 1200 万。山东全省除津浦、胶济两铁路沿线地区被敌伪统治外,大都为游击队所占有。到抗日战争胜利时,中国共产党已拥有根据地 19 块,军队 127 万,人口 1 亿多。中国共产党是如何成为伟大的不可抗拒的力量,获得成功的?

中国共产党当时所面临的是:国民党统治着中国,实行一党专政;日本帝国主义入侵,要灭亡中国。在抗日的基础上,国共两党实现了合作,但由于国民党的一些主要当权者没有放弃反共方针,因此,共产党所获得的只是名义上的合法地位,仍然不能自由活动。在这种形势下,共产党只有一个选择,就是把党的列车开向敌人后方,在敌后残酷的艰苦战争中,为民族的抗敌大业开辟道路。共产党与敌后人民同呼吸共命运,制定出一系列正确的政策。

靠这些政策,在极其艰难的环境和条件下,稳握革命的舵轮,渡过了民族危亡的急流险滩。共产党的政策所产生的威力无比巨大。威力之源,即共产党的一切政策,都是围绕着放手发动群众、壮大人民力量、打败日本侵略者这一总目标。

抗日战争最初几年,共产党的注意力放在如何组成统一战线,如何实现独立自主的山地游击战方针,发动群众,建立根据地,如何和国民党合作以抵抗日军的战略进攻,如何实行二五减租,如何贯彻三三制等方面。从1941年开始,党的工作重点则放在反"蚕食"、反"扫荡"、精兵简政、拥军爱民和整顿三风等方面。这些政策和抗日战争的发展是密切关联的,推动着八年抗战的历史进程。其中抗日民族统一战线、独立自主的山地游击战和二五减租等政策贯彻始终,给历史的发展以巨大的影响。

无疑的,上述各项政策说明民族矛盾是第一位的,但国共两党之间一直进行着有时是隐蔽的,有时是公开的斗争,所以在一段时间内,反摩擦被尖锐地提到议事日程上。

共产党提出的所有政策都获得了人民的支持和拥护。如果没有人民的同心协力,那敌后的革命基地,勿论其发展,连其存在也是根本不可能的。正如当时人们所比喻的,抗日根据地的建立,八路军是其中的钢骨,当地群众是配合钢骨的水泥。

共产党在敌后成为不可抗拒的力量,其威力的另一源泉是广大群众。只有共产党才能真正唤醒、启发、推动和组织群众,使其成为强大的力量。正确的政策与群众抗日积极性这两者是不可分的。没有群众抗日的积极性,共产党的政策即为无源之水、无本之木,其制定与推行也是不可能的。

民族战争和国内战争不同,它可以把全民族各阶级各阶层的力量动员起来,组成最广泛的统一战线。中国人不当亡国奴,起来保家卫国的思想普遍存在。共产党的功绩在于她清楚地体察和依赖了这种民族意识和爱国思想,相信它是抗日力量的源泉,相信中国长期历史文化形成的民族观念的坚定,相信千百年来已固定下来的对祖国的最深厚的感情,相信这些是打败日本侵略者取之不尽的精神财富。共产党这一认识的正确是不容置疑的,抗日战争的胜利是最好的佐证。

抗日民族意识,是从1895年日本第一次大规模侵华时出现的,以后随着日本侵华步伐的加紧,中国人民的抗日思想也日益强烈。到1937年卢沟桥事变,遂成为汹涌澎湃的思想浪潮①,一经共产党的因势利导,抗日烽火即成燎原之势。

如果认为中国人缺乏民族意识,那则是错误的。至于群众中是否有"谁来统治听谁的""对抗日漠不关心""老百姓只管完粮纳税"?这种现象是有的,但是是个别的,而且这种落后的阴雾,借助于日本侵略者固有的残暴,在神圣的民族自卫战争的烽火里,很快就被驱散了。日本帝国主义的炮火做了最有效的唤起民众的工作,这是千真万确的。广大群众在死亡线上衷心拥护共产党的"抗日救国政治口号与改善生活的经济口号"。是党唤醒了民众,引导他们把目光从自己狭小的土地上转向广大复杂的世界,是党把他们从贫困、疲惫、破碎的家庭生活中推向新的政治舞台,成为中国共产党的积极拥护者和民族革命战争的积极支持者、参加者。

共产党人是发动群众的能手,他们牢牢掌握独立自主的山地游击战原则,发动群众,开展游击战争。在前线,最好的游击队是八路军领导的。纯朴的农民在党的号召和动员下,走上抗日的道路,涌现出了许多青年领袖,广大的农村相继变成抗战的军事地区,甚至最落后的穷乡僻壤,也卷进抗日的洪流。聂荣臻同志在其回忆录中曾讲到这样一个事实:房山、宛平和涞水、涞源交界的野三坡和易县的杨家台等地一直过着与世隔绝、自给自足的生活,形成了一个独立的世界。前一地区,清朝的统治始终未进入;后一地方,旧政权时代几十年也没有行政管理人员去过,老百姓没有见过当兵的。像这样的地方,八路军也深入进去,并且成了可靠的根据地。②这一事例很好地帮助人们理解民族战争是怎样使中国社会发生深刻变化的。

共产党创建根据地,不只是在日军铁蹄尚未践踏的地方,还不断地从敌人手中夺取阵地。"在敌人所占领的区域内去创造长期的抗战的根据地"③,或者如日本防卫厅防卫研究所战史室在《中国事变陆军作战史》中所讲,"1939年秋,中共根据党、政、军一元化的原则,在中国共产党领导下,尽力向日军占领地区扩大势力"④。那时,军队打下一个地方,就让政府恢复政权机构,有的

---

① 1984年3月26日笔者应弗德曼(Edward Friedman)教授邀请,于美国威斯康辛大学演讲"抗日根据地问题",听众曾提出:中国人民的抗日民族意识产生于何时,是抗日战争时还是在此之前?

②《聂荣臻回忆录》(中),解放军出版社,第410—411页。

③ 任弼时:《支持华北抗战中的第八路军》,《新中华报》,1938年2月25日。

④ 日本防卫厅防卫研究所战史室:《中国事变陆军作战史》(第三卷第一分册),中华书局,1979年,第11页。

地方,敌伪政权被摧毁了,政府的人员还未到,军队就帮着建立,抗日民主政权日益扩展到广大的领土上去,敌后人民渴望并相继投入抗日民主政权的怀抱,更紧密地团结在共产党的周围。

人民跟着共产党走,这是历史的必然。

二、敌后战场和正面战场的不同形态

中国对日作战,分为两个战场:一是正面战场,由国民党军队担负;一是敌后战场,由共产党所领导。这是中国历史的特有现象。敌后战场的出现,不仅出乎日本侵略者意料之外,就是中国共产党的同盟者——国民党也未曾料到。

抗战之初的两年,国民党对日作战比较积极,国共两党的关系比较好,能够协同动作,共同反对日本侵略者。1937 年八路军进入山西抗日前线伊始,就和国民党军队一起作战。平型关战役,八路军担任右翼,高桂滋军担任左翼,晋绥军则在正面,右翼军取得了胜利。忻口战役之所以坚持了一个月,是由于国民党卫立煌的部队英勇地从正面阻止了敌人的前进, 八路军从敌侧后,截断了敌人联络,阻止敌兵的增援与粮食、弹药、汽油的补给,两部分军队的阵地战和游击战相配合而取得的。接着八路军又在正太路旧关以西援助国民党曾万钟部,于寿阳援助邓锡侯部。武士毅率领的国民党军 169 师,也协同八路军 129 师,在正太路沿线的七亘村、黄崖底、广阳坡等地,出色地打了一系列伏击战。1938 年 2 月,国民党政府将山西的中国军队分成东西两路,阎锡山、卫立煌任西路军正副总指挥,统领集结在临汾一带的军队;朱德、彭德怀被任命为东路军正副总指挥,统领晋东南的八路军及国民党李家钰、李默庵、曾万钟、武士毅、朱怀冰诸部。两党的合作,在战场上产生了积极的效果,国民党的中央军,地方军如川军、湘军等都很能打仗。1938 年 4 月,日军妄图摧毁太行山抗日根据地,武士毅率部在洪子口挫败了日军的进犯,和八路军一起,保卫了刚刚诞生的根据地。在豫北,两党军队协同作战,破坏道清铁路,使这一动脉多次瘫痪。这说明,团结就是力量,共御外侮保卫领土则是团结的基础。两党军队的配合作战,在徐州战役和保卫武汉战役中,也得到体现。八路军在河北平原和鲁西北一带创建根据地,牵制了日军的兵力,使其不能集中全力于徐州,破坏了津浦铁路北段,造成敌人运输上的困难。在保卫武汉战役中,八路军在晋西、晋西北、晋冀豫、晋察冀、晋热察、冀中、冀南等地不断出击,破坏同蒲、正太、平汉各线,延迟了敌人在长江流域的进犯。两党军队可谓同仇敌忾。正因为如此,所以 1938 年 10 月 19 日国民党新五军军长孙殿英在豫北和陈赓同志谈话时表示:"武汉失守,华北中心为八路,愿接受贵军的指挥。"[1]事实说明,抗日、团结、进步是这一时期的主旋律。

上述这种友好合作的局面太短暂了。八年抗战,国共两党的关系,曲曲折折,不时出现阴影。所以发生这种倒退现象,是因为共产党力量在敌后壮大起来,这是国民党的一些主要当权者不愿看见的事。基于这个缘故,不仅正面战场和敌后战场的配合作战消失了,还出现了正面战场与敌后国民党军和日军配合,围攻中国共产党军队的现象,比如以大军包围陕甘宁边区,制造皖南事变等。1944 年,当日军先后发动河南战役、湘桂战役,以打通从华北横贯大陆直至法属印度支那的交通线时,肆行无阻,而国民党却"派遣了 775000 军队正在包围或攻打八路军、新四军及华南人民游击队"[2]。这种做法,削弱了抗日力量,违背了民族利益。

两个战场从一开始,就表现出各自的不同形态。国民党战场自广州、武汉失陷后,一直处于防御状态,招架不住敌人的进攻,如 1941 年 5 月中条山战役,1943 年春夏两次太行山战役,都失利了。战争的中心从 1939 年开始转入敌后战场,特别是华北地区,成为战局的中心。

敌后战场是个微妙的、复杂的、不断变化的奇特区域。从表面上看,像是日军已占领中国广大领土,实际上它仅占有了大城市及铁路沿线一些城镇,广大地区仍为我们控制。活动于这个战场的有八路军、新四军、日军和伪军。国民党军多集结于豫北、冀南、鲁西、鲁南一带,不习游击战争,部队一旦化整为零,立刻沦为散兵游勇,所以无法与日军周旋,经常遭受歼灭性的打击。据统计,国民党军 1944 年有 40 万之众在"曲线救国论"的引导下,这一年几乎全变成伪军。伪军的人数由 60 万陡增至 90 多万,这就增加了抗战的困难。这种现象在山东尤为显著。

共产党在敌后尽一切可能,团结多数,对国民党采取团结争取的方针,只要他们不反共,就愿意与之携起手来。如对国民党委任的河北省主席鹿钟麟的政策是:"鹿如能诚意进步与我们合作建立根据地,我们应与之合作,如鹿

---

① 陈赓:《陈赓日记》,第 152 页。

② 延安观察家评论:《蒋介石演说具有危险》,《晋察冀日报》,1944 年 10 月 15 日。

打击与破坏我们,不能让步。"①朱德、彭德怀、刘伯承、邓小平等同志均曾与国民党将领会谈过或写过信,劝其以民族利益为重,举起抗日旗帜。可惜的是,相当一部分国民党军,迷信反共、限共、溶共政策,矛头不是向着日军,而是对准有功于抗战的八路军、新四军,专门制造摩擦,妨碍、破坏抗日大业。共产党采取"人不犯我,我不犯人,人若犯我,我必犯人"的原则,相继打垮顽固分子,除去抗战阻力。

中国共产党领导的军队,在敌后战场始终抗击着侵华日军半数以上的兵力。日军第一线军队用于我国战场的有 36 至 38 个师团。其中在华北战场的约 17 至 18 个师团。日军视华北为其生命线,全力固守。1938 年 11 月,日军主力由长江前线回师华北,在晋冀豫边区周围增兵 9 个师团,3 个旅团,其中同蒲路驻扎 5 个师团和 1 个混成旅团,正太线上 1 个混成旅团,平汉线上 2 个师团,陇海线上 2 个师团和 1 个骑兵旅团。1941 年日军将其在华北的兵力增加到 19 个师团。

敌后战场牵制的日军远较正面战场为多。据 1943 年 7 月统计,全部在华日军为 60 万人,国民党抗击 25 万人,共产党抗击 35 万人。汪精卫、王克敏的全部伪军为 62 万人,除国民党牵制了广东方面的 6 万人外,在华北、华中的 56 万伪军均为共产党所抗击。如将日、伪军加在一起,共产党抗击敌人兵力达 5/6。至 1944 年底,对日作战已达 9 万多次。各根据地的周围每天都进行着大大小小的"扫荡"与反"扫荡"的残酷战争。

敌后战场越战越强。从 1944 年起,中国共产党的军队已掌握了战争的主动权。例如晋察冀边区从 1944 年下半年到 1945 年 7 月共进行了 6225 次大小战斗,其中粉碎敌伪 500 人以至 10000 人以上的大小"扫荡""清剿""合击" 85 次,其余的数千次战斗则是主动出击,解放了大片国土,把敌人挤到铁路沿线或大城市中去。②太行根据地在这一年中发动了 11 次较大规模的战役攻势,大小战斗 2953 次,解放国土 34800 余平方里,解放人口 395 万。③冀鲁豫边区扩大面积 5 万平方里,其中心区向东扩张了纵横百里以上的土地。1944 年华中根据地新四军胜利出击,解放国土 10 余万平方公里,人口 500

---

① 朱德、彭德怀等关于鹿钟麟向我进攻与我们的对策问题给徐向前指示。

②《晋察冀日报》,1945 年 7 月 5 日。

③《太行军区司令部公报》,《晋察冀日报》,1945 年 7 月 11 日。

万以上。苏中敌占区被挤缩得只剩下 16%。在斗争最残酷的苏南,也开辟了新的地区。[①]历史表明,敌后战场孕育出了巨大的抗日力量,这一力量是解放全中国人民的原动力。这是 20 世纪人类历史上永放光芒的大事。

三、太平洋战争对敌后战场的影响

1941 年 12 月 7 日,日本突袭珍珠港,太平洋战争爆发,26 个国家宣布对日作战,世界反法西斯的力量组成联合战线,结成盟国。太平洋战争的爆发给世界历史的进程带来了转折性的影响。它加速了日本军国主义的灭亡,中国也不再是孤军作战了。1942 年春,盟国组成中国战区。在此前后,罗斯福宣布以军火援华,对华实行租借法案,中国政府在华盛顿设立中国国防供应处,以宋子文为首与美政府商谈军火租借问题,美国在中国建成第 14 航空队,轰炸日军后方。如此急剧变化的局势,对中国的抗战是有利的。中国敌后战场理应从巨大的压力下,或多或少地有所减轻或解脱,也应得到盟国物资的援助。但事实并非如此。

由于中国政局的复杂,盟国的任何援助也没有渗透到特别艰难的敌后战场。敌后军民仍是孤军作战。国民党军把敌后战场封锁得水泄不通。八路军、新四军所得到的是:必须进行更残酷、更频繁的战斗。

如果认为根据地周围敌人的守备力量似乎有所减少,给抗日力量向外发展以良机,则是不符合实际的。日本的确从中国大陆抽调了 3 个师团的兵力支援其太平洋战场。[②]但是它要以华北作为"兵站基地",以支援其"大东亚战争",又从东北、内蒙古等地调兵入关,并积极强化伪军,以巩固其后方。敌人的挣扎一股脑儿倾泻于敌后战场。

华北各根据地的战争,是从 1941 年起转向激烈的。1942 年敌人"扫荡"的次数和残酷程度达到了顶点。这时敌人所采取的手段是:(一)在同一时期,对各根据地同时发动进攻,使各根据地只能自顾,不能互助。在太平洋战争爆发后的两个月,即 1942 年 2 月,敌人动员了近 10 万兵力进行"扫荡",冀中滹沱河两岸于月初开始,山东于 2 日开始,太行太岳于 4 日开始,晋西北于 5 日

---

① 《新四军的胜利出击与中国的救国事业》,《解放日报》,1944 年 10 月 1 日。

② 今井武夫:《今井武夫回忆录》,上海译文出版社,1978 年,第 201 页。

开始,一反过去一地区一地区"扫荡"的手法。(二)集中优势兵力在一狭小的地区进行反复的毁灭性的"扫荡",顽固实行"三光"政策,所到之处,见人即杀,见屋就烧,见物即抢,企图将根据地变成无人区。仅辽县、武乡、涉县三个县统计,被烧房屋 9000 余间,被戮民众 1200 余人,被抓壮丁 3300 余人。农具被破坏 80000 余件,粮食被抢 14000 余担。[①](三)强化"囚笼"政策,增设公路网与据点。以晋察冀为例,1941 年敌之据点还在 800 之数,1942 年增至 4306 个,平均每县有 15 个。经过八路军一年的奋力摧毁,1943 年仍有 3319 个。(四)"扫荡"次数增多,最频繁的是 1943 年,使用兵力达 40 余万,千人以上的"扫荡"就有 160 余次。

由此可见,太平洋战争爆发后,敌后战场依然承担着中日战争所带来的主要打击。根据地因此缩小了,山地与平原的联系被隔断了,平原根据地如冀东、冀中、冀南相继变成游击区或敌占区,冀鲁豫只剩下范县、观城、濮阳,太行、太岳只剩下涉县、黎城、平顺、沁源,晋察冀只剩下阜平。

敌人军事上的进攻与经济上的掠夺是同时进行的。1941 年敌人在其占领区实行物资统制配给制,对根据地则实行经济封锁。太平洋战争爆发后,掠夺更加不遗余力。过去,以法币套取外汇,获得 70 亿元的利益。现在因与英美对抗,这条路堵死了,就将法币投向国统区和根据地,以套购物资。根据地物资顿形紧张。1942 年仅从冀鲁豫边区就套取了 1 亿元物资。敌人滥发的伪钞,也扰乱了敌后的市场与金融。截至 1942 年底,华北敌占区所发行的伪联银券已达到 30 亿至 40 亿之多,按其统治人口(不过 1 亿人)计算,每人平均三四十元左右。[②]人民的负担如此,其困难可想而知。掠夺完全是强制性的,如 1943 年 1 月 24 日雁北敌伪下令,"禁止人民私卖粮食,只准按照官价卖给日本洋行三井、三菱、大蒙、兼松、正华。违者没收粮食,还要重罚"[③]。

上述种种,足以说明太平洋战争爆发后的两年多时间,敌后战场处于更艰苦的阶段。

到了 1944 年,国际形势已非常不利于日本,太平洋上日军连遭打击,其失败结局已是指日可待了。这时盟国的飞机遍炸华北、华中敌后各大城市的

---

① 《晋察冀日报》,1942 年 3 月 27 日。

② 冀南银行太行区工商管理总局研究室:《太行区银行工商工作参考资料》(第二编第一集),冀南银行太行区工商管理总局,1945 年,第 40 页。

③ 《晋察冀日报》,1943 年 1 月 24 日。

敌人机场、工厂、矿山、兵营、铁路、车站,并轰炸日本本土,日军遭到很大损失。在陆地上,敌后军民又不断出击,敌人不得不将其分散的守备改为重点守备。打通大陆交通线的计划又使其把较多的兵力用于正面战场,敌后战场乘机前进。中国战场上响起了胜利的进行曲。

敌后战场发展的历史,展示出上升、下降、再上升的阶段,有其自己的规律,其胜利为中国战场增光生辉。它是中国土地上反攻日军的坚强基地,牵制了日军大量兵力,使其难以集中全力于太平洋战场。中国共产党对世界反法西斯战争所做的贡献,早已为中外人士所瞩目。1944 年美国《美亚杂志》《星期六晚报》《纽约时报》等报刊,曾发表多篇文章,称赞八路军、新四军和华南人民游击队立下了丰功伟绩,即是极好的证明。

四、敌后根据地的自力更生方针

中国共产党是在没有任何外援的条件下,坚持了八年抗战而取得胜利的。抗战初期,曾从国民党军事委员会领取过 45000 人的军饷,120 挺轻机枪和 6 门反坦克小炮,仅此而已。1940 年 11 月 19 日,国民党军委会军需局就通知八路军西安办事处,"奉军事部长何应钦命令,从本日起停止发给八路军经费,即 10 月份欠发的 20 万元亦一律停发"①。事实上,从 1939 年 4 月份开始,八路军就再没有得到一粒子弹和一片药物的接济。它之所以能够在敌后存在、发展和胜利,"完全是依靠于中国广大人民的拥护和自力更生的成功"②。

进行如此伟大的民族解放战争,是需要雄厚的物资支持的。共产党提出的办法是自力更生。

有人说,自力更生"在许多方面是违反经济效益原则的"。这种看法是错误的。首先这一方针应是建国的立足点,其次应该了解,在敌人和自己的盟友严密封锁下,这是振兴经济的唯一办法。共产党坚定不移地贯彻了这一方针。共产党有第二次国内革命战争所取得的经验,深刻了解敌占城市,我据乡村,而乡村是进行解放战争的人力物力的主要源泉,那里出产最重要的战略物资,如粮食、棉花、皮、毛、牲畜等,还有各种矿产。他们以握有的原材料,自制

---

① 《晋察冀日报》,1940 年 12 月 20 日。

② 周恩来:《如何解决》,《解放日报》,1944 年 10 月 12 日。

军民日用必需品。在站稳了脚跟后,便开始了自己的经济建设。农业、商业、工业、手工业和家庭副业在边区政府的政策鼓励下兴旺起来。1940年秋,晋察冀边区就提出争取边区工业品自给,促进边区公私营工业经营的发达,鼓励技术上的发展与创造。[①]1941年5月1日,中共中央发布《关于党员参加经济和技术工作的决定》,强调经济工作和技术工作是革命工作中不可缺少的部分。敌后军民奋力生产,解决了自己的吃、穿、用。到了1942年前后,边打边建的方针,已结出丰硕的果实,各根据地相继建立起独立自主的经济体系。就是起步较晚的山东根据地,也追赶了上来。在残酷的战争年代,敌后根据地经济有所发展,不能不归功于自力更生这一方针的正确。

当然,自给自足不能理解为根据地物资很丰富,也不能理解为任何物资都有了,不少军用物资还需向敌占区购买,就是自制的产品,也很粗陋,但它毕竟表现了中国人民的创造力。比如土法生产的手榴弹和地雷,用来抗日,发挥了巨大的威力。

从敌后根据地财政经济建设的规律看,首先考虑的是财政的供给。而解决财政必须发展经济。除财政外,各根据地还注意到贸易问题、金融问题,建立了多种财经阵地和秩序。

财政的收支问题,按彭德怀同志1940年9月在中共北方局高干会议上的讲话,"军费占全部收入2/3,政费占1/3"[②]。这都要取之于民。其办法,在初期采取的是"合理负担",即按财产与收入的多寡,挨户筹措。实行合理负担最早的是山西,当时各县成立了"抗日经济委员会",按全县民众30%以上或3000元财产以上的住户,分作三等九级依累进法来摊派。合理负担,保证了抗日军需的供给,这是应该充分加以肯定的。但也应看到"合理负担"并不完全合理,因为对财产的估算没有统一的标准,形成了平均摊派和富户捐。不过,说这一政策"将根据地经济带进破产边缘"是没有根据的。

1941年晋察冀边区发明了统一累进税,将田赋、营业税、公粮等统一于累进税,一年征收一次,以钱、粮、秣三种形式来征收,负担面扩至80%以上,照顾到各阶层的利益,即纠正了旧社会把负担集中在穷人身上,也避免了"合

---

① 《为争取边区工业品完全自给自足而继续努力》,《晋察冀日报》,1941年6月14日。

② 《晋察冀边区财政经济史》编写组、河北省档案馆、山西省档案馆:《晋察冀边区财政经济史资料选编》(总论编),南开大学出版社,1984年,第330页。

理负担"办法下将负担集中在少数富有者的偏差。纳税人增多,每个人的负担相对减少,这一制度获得人民普遍的拥护。

从 1941 年起,各根据地部队、机关又开展生产运动,解决了自己需求的大部分,它的意义超过了生产运动的本身。正如毛泽东同志所总结的,军队的生产自给"克服了生活资料的困难,改善了生活,个个身强力壮,足以减轻同在困难中的人民的赋税负担,因而取得人民的拥护,足以支持长期战争,并足以扩大军队,因而也就能够扩大解放区,缩小沦陷区,达到最后消灭侵略者,解放全中国的目的"①。

在一定意义上说,敌后军民是靠"自力更生"方针打败日本侵略者的。

原载《历史档案》,1985 年第 3 期

---

① 《毛泽东选集》(一卷本),第 1006—1007 页。

太行山和中国革命的胜利

　　新中国是在人民革命胜利的基础上建立起来的。中国革命曾经历过许多曲折和挫折,到了抗日战争时期,得到了发展的良机,从此就迅猛地发展起来。

　　民族灾难使中国人民团结起来,国共两党捐弃前嫌,携手抗日,中国工农红军改称第八路军,由陕西三原、耀县、富平等地开赴华北抗日前线。毛泽东选择恒山、吕梁山、管涔山和太行山作为基地,将八路军三个师分散部署,这是很有远见的,特别是以太行山为前进阵地,开展游击战争,对中国此后的发展影响极大。有了太行山根据地,陕甘宁边区就有了屏障,中共的抗日救国战略就能顺利地展开。

　　太行山战略地位极为重要,有人以"千里太行贯神州,沧海碧波一巨龙"来形容这座山。八路军扎根于此,开辟了晋察冀、晋冀鲁豫等根据地,前者是敌后第一个根据地,后者是敌后最大的一块根据地。八路军总部和中共中央北方局曾先后设于武乡城东40公里的丘陵山区王家峪和左权县的麻田镇。太行山的确对中国革命做出了不可磨灭的贡献。

　　说太行山丰富了中华民族的文化传统,绝非过誉。

　　中国共产党为什么以太行山为依托,并取得了革命的胜利?这是因为太行山战略地位极为重要,它直接威胁着日军在华北的统治。山地是日军机械化部队难以活动的场所,日军的兵力有限,只能占领点和线,要占领广大的农村是不可能的,一旦八路军出师,各种力量都被动员起来,便会很快地在群山中打下游击战争的基础,使日军坐卧不安,这是一。第二,在民族战争中,各阶级阶层极易团结,共同御侮。为了民族生存,不当亡国奴,所有爱国的中国人,都会参加到抗日行列中来。第三,共产党善于动员群众,组织群众,青年人、老年人、妇女和儿童无不组织起来,成立农救会、工救会、青救会、妇救会、儿童团。这些组织宣传爱国主义,宣传抗日救国道理,群众的民族意识普遍得到增强。第四,共产党制定了一系列符合实际的政策,改革社会,把农民引向进步和幸福,这是以往历史上所没有的,因而获得农民的拥护。太行山的革命精神遍布于华北和全国,太行山因此变得更加有魅力。

八路军始终和人民同呼吸,共命运,这是革命立于不败之地的根本原因。1941 年至 1943 年日军数次侵入太行山腹地,虽然许多山村被毁,人民惨遭杀害,公私粮食遭到损失,但太行山每一寸山头,都使日军望而生畏,日军终于被赶出太行山。抗日民主政府立即领导人民重建家园,组织灾民积极生产,合理减轻负担,给灾民以贷款,把敌人的破坏变成建设的推动力。集市贸易与人民生产生活紧密关联,这一点最能反映当时的社会状况。从太行山反"扫荡"后的集市贸易,可以看到太行山人民的物资力量和心理状态。其时,几乎所有的集市不是萧条而是繁荣起来。凡是农家所需要的东西都可以在集市上买到。据载,那时每集之粮食交易量约在百石左右。一个镇就有几家杂货铺,每集营业收入,都在二三千元上下。在艰苦的战争条件下,根据地人民对自己的未来抱乐观态度,不断奋力,开创了前进的局面。

共产党把握着历史发展的方向,已经懂得建设的极端重要性,那时他们提出的以经济建设为中心的指导思想和政策,是促使社会进步繁荣的主要原因。晋察冀抗日民主政府于 1942 年 2 月召开的矿农贸易联席会议,决定发展小商品经济;晋冀鲁豫抗日民主政府颁布的 1942 年行政方针,以财政经济建设为中心任务,保证本年不再增加人民负担。采取开源节流办法,争取收支平衡,如实行清丈土地,登记财产,统一累进税,厉行节约,肃清贪污浪费,整理村财政等。

在中国这个封建主义浓厚存在的国土上,要把农民从贫穷和愚昧中解放出来、走向现代化是一个长期的历史任务。中国共产党一直为此而努力。即使在敌人严密封锁的环境中也在追求改革,把科学引向农业,使技术和群众相结合。譬如推广优良品种,引进比一般玉米多收二成至三成的美国金皇玉米种,引进西红柿,使其成为根据地的新品种。已有的材料证明,政府非常重视发展农业,发展家庭副业,植树造林和养殖业。当时的口号是"谁有了粮食,谁就有了一切"。各级政府采取一切办法争取农业丰收。为此,许多县、区、村都修了水渠,推广新式农具。譬如涉县修建了漳南大渠,全长 15 公里,使 2000 多户的 3600 多亩旱地变成水浇地。左权县的拐儿镇、桐峪等地 8 个村庄设立了农具站,廉价给附近农民修理农具,并制造新式农具以供需要。

只要把那时根据地生活和国民党统治区农村生活以及敌占区人民的生

活一比较,人们就会看出革命有多么良好的影响。中国农村进步的历史从根据地开始,这一点是毫无疑问的。

社会改革是多方面的。在敌后,中共从减租减息和建立抗日民主政权入手。减租减息打碎了束缚在农民身上的枷锁,崭新的政权机关和农民心心相连,保证了抗日政策的执行。它是廉洁的,有权威的。那时如果发现党政军官员营私舞弊、贪污、行贿等腐化现象,就立即予以罢免撤职或更严重的处分。法令的执行是很严肃的,任何人也不能违抗。那时政府官员和工作人员是不准经商的。部队运输营业机关人员外出时必须接受政府税务缉私单位的检查,如查出有违禁物,就要受政府法令的制裁。

存在于群众中根深蒂固的陋习和愚昧无知,也因人民文化知识的提高和政策法令的教育,有所克服或消失。在灾难面前,人们不再问神烧香、磕头、祈祷,而是组织起来寻求自救之道。早婚、重婚、纳妾、溺婴、蓄婢及童养媳等现象都被克服。信仰是自由的,教堂、庙宇都受到保护,任何人不准侵占。人们的眼界已从狭小的范围中解放出来,他们关心国家大事和世界大事。1941 年太平洋战争爆发,各级抗日民主政府积极推进反法西斯运动,召开反法西斯运动大会、座谈会,举办运动周等,山村的农民也知道世界局势的发展,不再被崇山峻岭遮住自己的眼睛。

经过八年的抗日战争,太行山已变成一个新社会。无论用什么尺度来衡量,它都在中国历史上谱写了光荣的一页。它直接影响中国以后事态的发展和方向,影响着中国革命的命运。

抗日战争结束后,形势的发展不断向有利于共产党方面转变,中国的经济濒临崩溃,国民党给人民带来了极大的困难,解放区却日益兴盛。1948 年战局突变,被分割的晋察冀和晋冀鲁豫两大解放区已连成一片。中共晋察冀中央局和晋冀鲁豫中央局及两个军区合并成为中共华北中央局与中国人民解放军华北军区, 两个边区政府也合并组成华北人民政府。这个广大地区有 4500 万人民,这和 1937 年开始立足于太行山之时,简直不可同日而语。

华北的战略地位特别重要。它联系着其他各解放区而成为各解放区的中心。中共中央和毛泽东、周恩来等也由延安转到太行山脚下,准备胜利进军北京。中华人民共和国成立前夕所进行的辽沈、淮海、平津三大战役,以及中共七届二中全会决定工作重心由乡村转向城市,都是从太行山脚下的西柏坡村放出的光芒。中华人民共和国中央人民政府就是以华北人民政府为蓝图而建立起来的。原中共华北局机关报《人民日报》,成为中共中央的党报,今日的中国人民银行就是在抗日战争时期的冀南银行发展起来的。太行山哺育出来的各方面的人才,进了北京,也有不少人走向全国。

从革命的角度来研究太行山,这条山脉的确有迷人的魔力。现在中国人一提到太行山,就想到革命,想到它在革命中的价值和地位。我们从太行山的研究中,可以看到中国革命的轨迹。

原载《光明日报》,1993 年 6 月 21 日

太行精神与太行道路

目前关于抗日战争问题研究有很多新的进展，其中提出的"太行精神"很值得关注和思考。

从中国革命的历史看，井冈山精神的环境是国内战争，延安精神的环境是被国民党包围，而太行精神的环境是处在敌人后方。过去说"井冈山红旗不倒"，延安精神被世界各国所崇敬。那么，如何认识太行精神，这给我们史学工作者提出了一个很重要的课题。有的日本学者提到，日本当时的力量很强大，但消灭不了共产党和八路军，究竟是什么原因呢？美国的一名军官说，八路军无粮无饷无机械装备，处在敌人后方为什么能够存在？这些都值得我们思考和回答。

抗战初期，仅半年华北沦陷，北平、天津这样重要的城市两天就失陷了，国民党军队退到黄河边陇海线。在这样的情势下，李公朴访问晋察冀根据地后写了一本书，书中第一章写道"华北是我们的"，第二章写的是"中国人民站起来了"。他为什么这样讲，原因就是有中国共产党和八路军。而抗战初期八路军只有 4 万人，八路军的名字也是从山西战场上才开始为人们所认识和称赞的。

华北沦陷的当年 12 月，日本网罗了一批汉奸组成伪政权。1935 年以后华北有冀东伪政权"殷汝耕政府"，内蒙古有"德王政府"，等等。日本占领华北后自认为可以很快消灭中国，占领太原后立即把驻山西的军队调到东北"满洲"，一部分调到山东。这时八路军在山西的许多地方活动，建立了三块根据地，即晋察冀根据地、晋冀鲁豫根据地和晋绥根据地，这样就形成了太行山根据地，从南到北800 里，从山西五台山以南到黄河边豫北整个太行山。而太行山根据地为什么能在强大敌人之下存在呢？周恩来当年曾到太原，对军阀阎锡山做了许多工作，他在山西各地讲话中说老百姓与八路军之间是鱼水之情。1943 年邓小平在涉县讲话中说，八路军对待老百姓就像对待自己的母亲一样，老百姓是一切胜利的源泉，对待沦陷区的老百姓也是一样。这说明，共产党八路军能在山西扎根的原因在于人民群众。当时国民党卫立煌指挥的忻口战役失败后，周恩来就讲，无论前方的群众还是后方的群众,只要我们把群众组织起来,我们就能在山西站住脚。八路军是当时中国一支最有信仰、最能打仗,而且经过两万五千里长征考验的、擅长进行山地游击战的队伍。这支队伍懂得如何宣传群众、组织群众,如何提高民众的抗日意识,把工人、农民、妇女、儿童等群众都组织起来了,人们之间最大限度地接触,相互理解,为了抗日的共同目标团结起来,而且具有牺牲精神。斯诺当时认为中国人这种不怕死的哲学观令人钦佩。

华北民众从日本在东北的屠杀中深切感到沦陷的危机,于是边抗日边建立政府,通过政府进行号召、组织和发布,实现抗日目的。晋察冀政府1938年建立,有1200万人口。晋冀鲁豫政府有2800万人口。抗日政府边打仗边建设,一切从实际出发,把经济放在很重要的位置,制定了许多符合当时当地情况的政策。这些情况从那时的《新华日报》《晋察冀日报》和《晋绥日报》上可见,宣传科学民主、宣传科学种田、选举村长等等。开始我方不与敌人做贸易,太行山的山货与药材出不去,自己需的药品和印刷机等得不到。后来认识到不做贸易,看起来很革命,实际上很吃亏,也太天真,于是开始与敌人进行贸易。为了发展就积极吸收有用的、先进的,引进西红柿、莴苣、南瓜和日本的萝卜等。所以太行山的军民能够生存下去。开始还有冀中和冀南的接济,但日本人实行封锁切断供给,他们让老百姓修碉堡挖封锁沟,据日本华北派遣军参谋长讲修了7700个碉堡,挖了长达11800多公里的封锁沟。八路军就动员群众平毁封锁沟,扒铁路,用铁轨造武器。抗战时有几首歌曲影响很大,如《黄河大合唱》《我们在太行山上》《我的家在东北松花江上》等,激励着人们英勇抗日。为此,太行山立于不败之地。1942年很艰苦,日本人把日军、"皇协军"和伪满军组织起来"扫荡"华北,甚至深入到根据地腹地太行山。那年又闹旱灾,收成好的有五成,差的只有二三成,日本人拼命掠夺,叫嚷宁可饿死100个中国人也不能饿死1个日本人。八路军与老百姓同甘共苦,始终不离开,许多根据地遭到破坏,而冀东根据地坚持并发展了。凡是能生存的地方就去,发展武工队打游击战,突围时刘伯承元帅喝的是牲畜的粪水,这样的革命精神世界少有。到1944年情况改变了,从日本人手里收回许多地方。到抗日战争快结束时,北平、天津、上海、南京、广州等所有大城市基本都被共产党领导的军队包围。日本人和蒋介石都没料到共产党八路军发展到如此程度。抗战胜利60年后的今天,回顾历史更加感到太行道路和太行精神是宝贵的财富,史学工作者要认真研究和总结这一光荣革命传统,这是我们的责任和使命。

原载《天津社联通讯》,2005年第9期

中外记者访问团眼中的抗日根据地

一、中外记者西北访问团组成

抗战时期,中国共产党在延安及敌后共建立了 19 块根据地,同日本侵略者进行殊死的斗争,其间遭遇了双重的封锁和压迫,一是重庆的国民政府蒋介石集团,一是日本侵略者。

根据地社会究竟是什么状态,海内外人士总想探知真情,重庆中外记者一再要求前去访问,均遭国民党政府拒绝,直到 1944 年 5 月,报人交了请愿书,始解除禁令。

中外记者西北访问团组成,领导者为谢保樵,副领导为邓友德,团员包括外国记者 6 人:斯坦因(美联社、《曼彻斯特导报》、美国《基督教科学箴言报》)、爱卜斯坦(美国《时代》杂志、《纽约时报》《同盟劳工新闻》)、福尔曼(合众社、伦敦《泰晤士报》)、武道(路透社、《多兰多明星周刊》《巴尔的摩太阳报》)、夏南汗神甫(美国《天主教信号杂志》《中国通讯》)、普金科(塔斯社);中国记者 9 人:孔昭恺(《大公报》)、张文伯(《中央日报》)、谢爽秋(《扫荡报》)、周本渊(《国民公报》)、赵炳烺(《时事新报》)、赵超构(《新民报》)、金东平(《商务日报》)、徐兆翔(中央社)、杨嘉勇(中央社)。此外国民党中央宣传部还派魏景蒙、陶启湘、张湖生、杨西崑四位参加①以便监视。

二、奔赴中国西北角

记者团赴延安的路线,不是直接由重庆经西安到延安,而是由西安到潼

---

① 《延安军政当局设宴招待中外记者团》,《晋察冀日报》,1944 年 6 月 14 日。

关、韩城等地过黄河,经山西阎锡山统治之地,再过黄河进入延安,这样的安排,显然是怕暴露封锁线的实况。就是这样,沿途还是设立重重障碍和制造种种假象。西安西门附近的西北青年劳动营,名义上叫战干团,实际上是集中营,关押的"思想上有问题的青年",多是要去延安而被抓捕的。著名的史学家范文澜在河南前线被捕也关押在此。记者要参观"劳动营",西安当局以毕业开赴前线杀敌为名,将劳动营1000多名青年,一部押送至华阴游干班拘禁,另将300人押至终南山麓东峪口秘密监禁。5月19日下午记者访问团参观见到的500人,一部分是特工人员,另一部分是临时从干训团调来的伪充(意为伪装充数的人),并都经过事先威胁训练试演过。记者所见到的周兴郎便是特工人员,所谓对中共的控诉完全是事先捏造的。在耀县药王山集中营也采取同样方法,避免记者参观,将300多个无辜青年用火车密封装运,连夜开往西安某地,因气闷窒息而死者有20余人,想逃跑被击毙的有30余人。[1]在记者团参观时,还布置两堂课,一位青年教官在讲唐代的文化,另一个教室,在讨论尼采的超人哲学与法西斯主义的关系。但这种伪装并没有逃脱外籍记者的眼睛。史沫特莱讲:"在西北行程之中,福尔曼记述了眼前的事物,而没有致力于政治上的分析。在西安和其他中心地区里,记者们得到超乎节约的款待——和在各地给驾驶脚踏车的特种人员的追踪。在西安附近的集中营里,几个受了训练的囚徒说他们是共产党区逃出来的'难民',请求西安当局给他们关起来和改造他们的思想。福尔曼发表了一种有趣的文件,这是秘密地传到他手里的,企图掩盖来哄过外国人的伎俩他都知道了。"[2]真是欲盖弥彰。西北王胡宗南和中统特务头子戴笠编造的闹剧,露出了马脚,所获得的是记者的嘲笑。

三、延安印象

记者访问团抵达陕甘宁边区后,先在南泥湾等地参观屯垦部队生产练兵,历时四天,于1944年6月11日中午12时抵达延安。下午5时,18集团军叶剑英参谋长、第二战区副司令长官部杨秘书长、边区政府民政厅刘厅长等,设宴洗尘。12日下午5时,毛泽东接见记者团,由周恩来介绍,与大家一

[1]《特务横行,人心恐怖,西安已成虎狼世界》,《抗战日报》,1944年10月1日。

[2] [美]史沫特莱:《福尔曼的边区报告》,《外国记者眼中的延安及解放区》,历史资料供应社,1946年,第146页。

一握手。毛泽东讲了三个多小时,并回答了记者提出的问题。

毛泽东讲话的大意是:各位到延安时,正遇着欧洲开辟第二战场,我们表示极大的庆祝。战场的开辟,其影响不仅在欧洲,而且将及于太平洋与中国。现在国共谈判仍在进行。中国缺乏民主,中国人民非常需要民主,因为只有民主,抗战才有力量。记者斯坦因、夏南汗神甫、爱卜斯坦、谢爽秋、赵炳烺提出了几个问题,毛泽东将其归纳为三个问题,做了答复:(一)关于国共谈判,谈判已进行很久,希望能有所进步;(二)关于第二战场的开辟,这是同盟国从防御到进攻的一个大转变,其影响是很广泛的,直接影响欧洲,将来亦会影响到太平洋与中国;(三)为了打倒共同的敌人,以及为了建立一个很好的和平的国内关系,我们所希望于国民政府、国民党及一切党派的就是从各个方面实行民主,自由民主的统一,才能打倒法西斯,才能建设新中国与新世界。我们赞成《大西洋宪章》及莫斯科、开罗、德黑兰会议的决定,你们可以看到我们共产党为打倒日本帝国主义而做的一切工作,都贯彻着一个民主统一或民主集中制的精神。[①]会见继续了 3 个多小时。晚餐后在大礼堂看戏,演的是《古城会》《打渔杀家》《鸿鸾禧》《草船借箭》,由评剧研究院演出,夜 11 时始散场。

记者团在南泥湾时就赴延安参加了朱德主持的招待会,地点在王家坪副长官部官邸,参加的人很多,延安各界名流均与会,如博古、贺龙、林彪、李鼎铭等。晚餐采用中菜西吃办法,四人一桌。晚餐会后,举行音乐晚会,由鲁迅艺术学院及西北战地服务团演出,大小节目 30 个,包括现代的战歌、陕北的民歌民调以及《黄河大合唱》。

6 月 14 日,延安举行庆祝第三届联合国日,动员保卫西北军民大会,毛泽东、朱德、周恩来、吴玉章、高岗等均出席。朱德在大会上演讲,称赞第二战场的开辟和各路盟军的伟大胜利,是联合国人民坚持团结、民主,长期奋斗牺牲的结果,是反法西斯战争在全世界胜利的新阶段。他代表八路军、新四军向伟大的联合国诸领袖及其英勇奋斗的人民,特别是苏联红军及开辟第二战场的英美英勇的将士们致以战友的敬礼,其中具体地讲道:"向为赞助我军而在战争中牺牲的白求恩大夫、柯棣华大夫及希伯先生等的亲友致以最深切的慰问! 向印度援华医疗队、英国的林迈可和班威廉、美国马海德、苏联阿洛夫等

---

①《在会见中外记者西北参观团席上毛主席致辞,各记者所提问题及毛主席的答复》,《晋察冀日报》,1944 年 6 月 15 日。

大夫致谢！向积极帮助我军工作成绩卓著的日本人民领袖冈野进同志及他领导下的日本人民解放联盟的日本朋友致谢！向参加我军英勇作战的朝鲜义勇军及华北朝鲜独立同盟的朋友们致谢！向中国各抗日团体，特别是孙夫人及保卫中国大同盟诸先生致谢！向陈嘉庚先生及爱国华侨致谢！"这种无私的援助和奉献，大大增强了根据地的力量，实行民主和打倒法西斯的共同信念，使他们把自己的希望和命运与根据地联系在一起。

记者们也被邀请参加这次约4万人聚集的大会，他们极为感动。几位记者登台演讲，英国记者斯坦因说："此行的目的在于研究这一地区的全部真相，把中国共产党的作战努力的实况告诉英国人民，以期对中国国内团结和民主有所贡献。"美国记者福尔曼说："他的任务在于寻求出事情的真相，以便向美国人民忠实报道。作为一个中国在反侵略战争中的朋友，我希望能促进中国的政治和军事上的团结，以便更有力地对付我们的共同敌人——日本。现在敌人正敲着长沙的大门，当盟军还不可能从欧洲战争中腾出手来时，日本即想趁火打劫，现在摆在同盟国和中国人民面前的任务，必须是立刻团结起来。"塔斯社记者普金科讲："在这次战争中，一切爱好自由的民族都在根绝世界法西斯的共同目标上联合起来了。因为法西斯主义侵害了全世界各民族的自由、独立和光荣。"在中国的日本共产党领袖冈野进指出："希特勒即将覆亡，日本军阀末日也快到了……在华北集中日本人民解放联盟的斗士们，正和八路军新四军并肩战斗着，这就是联合国的一支生力军。"[1]

记者团于6月26日参加了由吴玉章主持的延安文艺界座谈会。地点在边区银行大楼，边区著名的作家均与会，相互交谈对文艺的看法。随后记者参观学校、工厂、医院、养老院、儿童保育院等单位，如7月1日参观延安大学，武道认为："延安大学不是一个真正的大学，因为它里面有些学生从来没有受过正式的学校教育，而有的却只读完小学；可是另一方面延大却培养了为战争而工作的青年男女，比如帮助教育，唤起民众，在敌人后方工作，以及用通俗的歌曲、戏剧、连环图画之类，宣传用全心全力反攻。"[2]这样的评论是很客观的，有赞扬，有批评。

在参观兵工厂、难民纺织厂、皮革厂、振兴纸厂四个公营工厂后，赵超构

---

[1]《朱副长官在大会上发表演说，国际友人讲话》，《晋察冀日报》，1944年6月18日。

[2] 武道：《从陕北归来》，《外国记者眼中的延安及解放区》，历史资料供应社，1946年，第35页。

称："我们就觉得有一个共同的特色,是组织的严密与管理的精细。我觉得一所工厂事实上就等于一所共产党政治干部的养成所,一个干部能学习到了控制工厂的方法,他必须可以应付各方面的群众。"①

参观医院后《纽约时报》报道,公共卫生行政由傅连璋主持"医院里的医生包括美国、法国、瑞士、日本、苏联和中国许多大学的毕业生。他们之中大多数人在战争爆发以后才来到边区,并不因为他们是共产党人,而是因为他们是爱国者,因为八路军适合他们的理想。他们多数人是看到了埃特加·斯诺所著《西行漫记》的英文版之后,这才知道共产党的事情的"。"医务人员之中有一些外国人,有一个美国人,现名马海德,是卡洛林那州北部的人。有一个苏联医生,名字是安特留·奥洛夫,得到国民党的允许来到延安,已经将近三年了。有一个反纳粹的德国人汉斯·穆莱博士,还有一个是朝鲜老革命家。"②这么多外国人奔向延安工作,可见理想、信仰的力量。延安有白求恩国际和平医院,以及它的第一部、第二部,与中共中央卫生处门诊部、留守兵团的中国医科大学。赵超构颇有感触地讲:"我们知道这些医护人员,很少是共产党员,他们多半是后方过去的,在那边受着客人的待遇,这些医生的服务道德,和共产党争取群众的方针很是合拍,处处为病人设想,这一种工作道德,我可以信任得过。""一位医生,在涨着大水的时候,冒险渡河,为人看病,也是我们亲眼见到的。""在乡村,则推行一种卫生合作社,中西医并存,各工厂也都有一个小诊所。这都可以看作公医制度的开始。"③

武道在中国西北地区勾留五个月后,回到重庆,特别给《大美晚报》写了一篇文章《我从陕北归来》,其中讲道:"最动人的事情,就是人民大众生活的进步,人口相当稀疏的陕西东北和山西西北部的人民,已经不再简单地靠小米和黑豆混日子。同时,也再没有衣着不足的苦痛了。"每一个人——士兵、党的负责人、学生、工厂工人——都参加生产运动。在他们正规的职务之外,他们同时种谷物和蔬菜,做木工、纺纱、捻毛线、织毛衣毛袜、酿蜜糖或者制造酱油。

南泥湾的开垦吸引了记者,"旅长王震,穿着比他部下许多的兵来得破旧的制服和草鞋,和我们一起在边区骑马走了一百多英里,说明了生产运动和

① 赵超构:《延安一月》,南京新民报馆,1945年,第201—202页。

② 齐文编译:《外国记者眼中的延安及解放区》,历史资料供应社,1946年,第70—71页。

③ 赵超构:《延安一月》,南京新民报馆,1945年,第178—179页。

军事训练的情形"①。

斯坦因在《远东民主的种子》一文中讲:"在封锁线后发现这样一个热烈的新社会,简直使我目瞪口呆。在重庆,五年以来,对共产党,除恶意的毁谤而外毫无所闻的我,对着在延安我所发现的事物,我吃惊地擦拭着我的眼睛","延安的领袖们,都是强干而有才能的人们,为崇高的理想鼓舞着。他们似乎得到了共产党所管辖区域所有社会各基层的合作,在那个区域已经在敌后建立了 13 个抗日军事根据地(注:应是 19 个)"②。

四、世界据点延安

在历史发展中的战争年代,中国共产党创建的根据地特别受到国际社会的关注。尽管重庆竭力封锁,就在访问团进入延安的前夕,《纽约时报》和加利福尼亚的《俄克兰论坛报》于 4 月 14 日和 5 月 24 日特别发表社论,赞扬根据地的光辉业绩。《纽约时报》说:"在动荡的时代,供应极其缺乏,历史上极伟大的戏剧之一,是中国的西北边区。它的演员们,是 5200 万中国人民。"称赞八路军、新四军"对抗在华日军的半数","这些军队用打垮了的敌人的武器装备自己"。谈到敌后根据地在政治的进步时说:"游击根据地的人民是一家人,人民的军队,侵略者是打不败的",抗日根据地不仅积极地打击敌人,而且"男女英雄们,民政领袖们,维持着秩序,防止着灾荒"。谈到根据地的经济建设:"在边区,有制造区的中心和改造农业的设施","有医院、疗养院和托儿所,生产发达,农业有很好的组织和领导,甚至在荒旱的年份,也没有一个人在挨饿。工业也建立起来了,合作社生产大部分的衣服、鞋子、毯子、面粉和盐,由于有临时筑成的运输线,日用必需品分配很快当"。称赞八路军新四军"为了我们所有的人,阻碍着法西斯的巨轮",但是由于日军的阵线和国内的政治原因,他们和外界隔绝了。《俄可兰论坛报》说:"在中国地图上,中国人民的抗战光芒到处刺穿日军的占领区, 日军必须对付中国人民的民兵和 18 集团军的攻击。"又说:"在沦陷区中,人民活动的机构扩大着,都有自己的武装抗敌的组

---

① 《纽约时报》:《中共领导下的军队是强大的》,《外国记者眼中的延安及解放区》,历史资料供应社,1946 年,第 52 页。

② 同上,第 34 页。

织,这种当地的自卫队,完全是人民的军队,通过乡村的行政机关来活动。"①
这是对根据地全景式的刻画和报道,论述了那个时代根据地的生活和它的历史价值。社论写下了惊人的真实情况,其中将蒋介石集团放在被批判的位置,在谈到对根据地态度时,将蒋与日本侵略者相提并论,这可说是咎由自取吧。

记者团的访问,将世界目光引向延安。中外人士无不兴奋。澳大利亚人罗生特尔外科大夫,服务于八路军新四军多年,致电记者团员爱卜斯坦,称"这两支军队(指八路军、新四军)对于抵抗日寇侵袭的英勇战绩,和为了民主主义而奋斗的功勋,是万人称赞的。我今之非常荣幸地听说许多国际上的朋友组织中外记者团到了延安,我希望你把对于这个新中国重要的政治中心的一切印象,真实地报到世界各地去"②。这是出于激情所写的一封信,他认为敌后军民进行英勇的斗争,是人类进行的最美好的抗争。国际友人林迈可由敌后根据地来到延安,《晋察冀日报》记者于 5 月 23 日采访时,他讲:"愈往这边来,愈觉得根据地的巩固安全。人民的生活也愈好,特别是陕甘宁边区,在抗战七年后的中国,完全是一个新的景象。"③

重庆国民党政府竭尽全力控制记者团的言行,《纽约时报》记者爱金山关于延安动态的两篇重要报道及其他美国记者关于延安的各篇电讯全文均被扣押,但旧金山广播电台还是以 15 分钟时间,报道了美国各主要报纸如《纽约时报》《纽约论坛报》《基督教警世报》上所发表的外国通讯摘要,广播了记者团到延安后的感受。他们发现"延安有着对日本的憎恨,有着保卫自己的成就,使不受一切干涉的决心。他们看到陕北这块不毛之地,现在已经变成积极耕作、大规模畜牧和手工业发达的区域了,边区已经为八路军的部队创造了足够的食粮和衣服,而八路军是记者在中国其他任何地方所没有看见过的衣食最丰富的军队。他们看到这里的日本俘虏并不关在集中营里,共产党人使他们相信帮助八路军就是帮助解放日本,使日本从军阀和战争的重担下解脱"④。

---

① 《美报著论赞扬我根据地光辉业绩》,《晋察冀日报》,1944 年 7 月 23 日。

② 《鲁中国际友人罗生特尔大夫致电慰问美记者爱卜斯坦先生》,《晋察冀日报》,1944 年 7 月 7 日。

③ 《林迈可到了延安》,《晋察冀日报》,1944 年 5 月 30 日。

④ 齐文编译:《外国记者眼中的延安及解放区》,历史资料供应社,1946 年,第 50—52 页。

五、敌后根据地的民主建设

敌后根据地的进步,是激动人心的,"几世纪以来的封建传统,在短短五六年中,大部分扫除了。许多人还未能充分地认识他们在民主政府下的权利和义务,但是他们都在迅速进步着"①。燕京大学物理系主任班威廉,在太平洋战争爆发后,即离平赴晋察冀边区,在著文中,他以简短的文笔,勾画出了根据地社会的面貌:"在这短短的几年当中,边区进行了彻底的社会和政治的改革,从旧的封建制度到最近代的民主,从妇女奴役到两性平权,从文盲到普及教育,而更难能可贵的,这一切都是在敌后,在敌人经常破坏的威胁下胜利地完成的。"②中共的政策是边打边建,民主建设从未停止。

中共的各项政策,都受到过根据地的外国人士的称赞,诸如民选各级政府,实行双减和统一累进税,调整阶级关系,发展农业,鼓励私人企业,尽一切力量提供生产,认为生活水平的改进是解决一切问题的基础,因此形成了丰衣足食的局面。

民选抗日政权是根据地的首要任务。记者团对民选颇感兴趣。他们了解到陕甘宁边区的各种机构,都是由人民选举的。在晋西北,因为战争形势的缘故,只是村和有些区的人员是选举的。晋察冀边区一年一度的村选在春节期间进行。周而复在《晋察冀行》一书中,特别记录了曲阳三区郎家庄村的选举情况:该村是一个500多户的村庄,选民有1125位,村选会场布置在村边的一个广场上。村干部把一张开会的日程贴出来,张区长帮助村长总结工作,计算账目,检查准备工作。选举那天,儿童团、妇女自卫队、青抗先、老头队等排着队进入广场。老村长报告一年的工作,选民审查报告,提出批评,张区长检查选票,然后村农会、妇救会、青抗先都提出自己的候选人。候选人相继发表竞选讲稿,如一青年农会会员说:"你们大家要选俺当村长,俺一定要为大家谋利益,根据乡亲们的主张,把每一项工作办好,希望你们热心帮助,我一定领导大家抗日保卫家乡,把咱们的光景过得更好。"妇女候选人说:"要和别人竞选,她要把村里的工作做得比别人更好。"竞选讲说完后,就开

---

① 林迈可:《晋察冀印象记》,《外国记者眼中的延安及解放区》,历史资料供应社,1946年,第85页。

② 同上,第97页。

始不记名投票。①讲演都很朴实,选举公正无私。民主制度和抗战是不可分离的,像这样以人民为主的政治生活,激发了人民的抗战意识、爱国思想,产生了巨大的影响。

根据地就是这样进行选举,没有贿赂和裙带关系,竞选者凭其一心为公和工作能力为群众所选择。美国记者史沫特莱在《福尔曼的边区报告》一文中讲:"福尔曼亲眼看到老百姓的选举,这种选举在解放区中形成了特征,过了18岁的男子,都有选举权,他们选举他们自己的行政机关人员,而共产党的人数,被规定不得超过1/3的。"②真是民意可贵,民气可畏,在乌云遮住了阳光的阴暗地带,民族敌人的暴力也阻止不了人民的前进。

六、抗战和读书

记者团进入根据地后,得出一个结论:走进一个新大陆,那里每个人都致力于抗战、读书或劳作,或者三种兼做。

为什么要读书?一个农民回答说:"知识是今日世界上顶要紧的一种力量。有了它人民就可以使他们的国家伟大强盛,使敌人只有冒大险才敢进攻他们。更要紧的是,知识打开了新的生活道路。我用功念书,是因为我学会帮中国变成一片强盛、自由而幸福的国土。"③把读书和国家命运联系起来,可见根据地人民政治觉悟达到什么程度。

根据地人民求知欲是非常强烈的,以冬学和小学形式为主,扫除文盲,提高政治文化水平,即使在1942—1943年战事最频繁时期,文化教育也没有停顿,而且还在发展,如1944年是太行山根据地冬学运动最兴盛的一年。各地冬学都结合当地实际,编写通俗易懂的教材。如《战时读本》《民权读本》等。在冬学运动中,除集中学习外,还根据各行各业的特点,组织了地头小组、民兵小组、担架小组、炕头小组、运输小组、纺织小组、变工小组等。④

根据地全民都在学习,一贯不准迈出家门参与社交活动的妇女,也参加到冬学中,而且都成了骁勇和坚强的战士。"这里的妇女都参加作战,投掷手

---

① 周而复:《晋察冀行》,第46—48页。

② 齐文编译:《外国记者眼中的延安及解放区》,历史资料供应社,1946年,第147页。

③ 同上,第132页。

④ 太行革命根据地总编委员会编:《土地问题》,山西人民出版社,1989年,第43页。

榴弹"，这是 1937 年在平型关附近缴获的一个敌兵日记的记载。[①]

根据地全民是带着使命感在学习，这是国统区见不到的，所以引起记者团特别的兴趣。

七、誓将真理告诉全世界

记者追求和保持的是真实，他们抱着实事求是的态度，要把真相告诉全世界。爱卜斯坦讲得好："我们在陕甘宁边区、晋绥边区八分区花了几个月，知道了许多事实，把这些事情告诉全世界的人，对全世界人民是有利益的。我们要尽量忠实地将这些事实告诉全世界人士知道，看到了你们的军队、人民怎样在工作、战斗，怎样牺牲生命；我们也要尽我们的责任，将我们知道的告诉全世界人民。"[②]这是亲临者打破了重重封锁发出的声音，他们认为边区的事业是神圣的、伟大的。日本侵略者是人类共同的敌人，日本必败，中国必胜。边区将要在上下古今的历史中形成一种几乎令人难以相信的革命的奇迹。他们认为将来新中国的建设已经由今天中国的青年人在敌人的后方奠定了基础。他们这样对真理的热爱和敏锐的洞察力，给那个时代留下了丰富的遗产。

八、余论

记者访问团经过四个多月对根据地的考察，获得了各种民主建设、抗战成绩等资料。外国记者爱金山及斯坦因于同年 10 月 5 日离开延安，爱卜斯坦、福尔曼、武道、普金科于 23 日离延。后来，美国《时代》及《生活》杂志记者怀特又于 12 日抵延安采访。记者团，特别是外籍记者做出了巨大贡献。他们将根据地的抗日和世界反法西斯战争联结在一起，将根据地的文明和真理，告诉全世界，使我们对我国的全民抗战，有了全面的认识。近年有人讲，中国共产党只打了两次战争，一次是平型关大战，一次是百团大战。这显然是错误的，实际状况是，在敌后，日军占领城市，八路军、新四军占领乡村，无时不在战斗。又有人讲，要全面肯定蒋介石的抗战功绩，但从访问团揭发的事实看，

---

① 立波：《晋察冀边区印象记》，读书生活出版社，1938 年，第 67 页。
② 齐文编译：《外国记者眼中的延安及解放区》，历史资料供应社，1946 年，第 141 页。

不能这样简单地论断。当全世界反法西斯战争澎湃发展,各路盟军捷报频传,敌后战场迭获胜利之时,唯独正面战场丢师失地。1944 年 5 月河南、湘北战事失利了,日军又直扑衡阳,失败主义笼罩了国统区,中外痛心疾首,而重庆仍一意孤行,以 50 万精锐大军包围陕甘宁边区,不去打日本。英美给八路军、新四军的药物用品,未运往延安就充公了。访问团关于延安的两篇报道也被扣押。外国舆论对重庆已失去信心,甚至提出武器援助中国,只能给抗日的部队。从各种因素看,对蒋介石的一味称赞,歌功颂德,是违背历史事实的。

中国近代历史的发展是复杂的、曲折的,研究这一时期的历史,必须充分掌握历史的真实。近年新发现的资料很多,还有多种口述史,都为研究者提供条件,研究者可以档案资料和对专门论文的精密研究为依据,客观地写出历史,应该是很有价值的。

原载《南开学报》(哲学社会科学版),2014 年第 1 期

抗日根据地奠定了抗日战争胜利的基础

一

　　1937 年到 1945 年是中国历史上的抗日战争时期，这次战争从 7 月 7 日夜，日军在卢沟桥举行军事演习时，炮轰宛平县城，29 军英勇抗击开始，到 1945 年 8 月 15 日日本宣布投降，9 月 2 日在投降书上签字为止，经历了 8 年时间，故称八年抗战。

　　中国的抗日战争从 1931 年"九一八"日本入侵东北时，就已经开始了，有中共领导的东北人民游击战，也有群众自发的抗日游击战，一些爱国志士和国民党爱国将领也发动了局部的抗战。爱国抵抗运动此起彼伏，从未停止过，只是掌握国家政权的国民党采取不抵抗政策，屈服于日本的压力，对日本委曲求全，以致国事日非，国亡无日，中华民族陷于崩溃覆亡危机之中。到了"七七"事变之时，国共统一战线形成，许多地方实力派也主张抗日，整个中华民族都奋起抵抗，全中国人民都在大声疾呼，要求军事上全力以赴。蒋介石开始不无犹豫彷徨，企图避免一场大战，虽然也曾派部分军队北上，到达保定一带虚张声势，仍不过是迫于中国人民的呼吁和请缨，还是命令军队绝对不可抵抗，阻止中央军卷入已经开始的中日战争。蒋介石经常用"和平未至绝望时期，决不放弃和平；牺牲未到最后关头，决不轻言牺牲"以掩饰他的不抵抗政策的实质。那么什么是最后关头？他说："平津的存亡，就是中国最后的关头，因为平津一被占领，则华北全局必至瓦解，我们以后就没有一处可为华北国防锁匙的地区，更无时间以从事国防的建设了。日本如果决心占平津，则中国必全力对日本作战。"7 月 16 日他发表了四点声明的谈话，告诉全国人民最后关头已经到了，中国不奋起抗战，便要永远灭亡。但当日军在"七七"事变后的三个星期内于平津铁路沿线自由自在地调动军队、坦克和弹药、给养时，蒋介石仍在期待着这次战争只限于局部战备。"八一三"上海的炮声响了,中国的一切才进入战时状态。从"七七"到"八一三",是中国近代史上巨大的转变时期,中国终于走向全面抗战。上海战争至为激烈,比之战争最先发生的华北,规模要大得多,中国投入上海的兵力到9月,已有70多万人,日本的兵力也达到30多万人。

战争开始之初,日本极为嚣张,东京各影院放映着足以激发尚武精神的影片,观众拥挤不堪。影片大量宣扬日本陆海军的威力,以及中国的困苦状况。日本各阶级都被驱入掠夺和征服中国的梦幻中。大企业家想在中国获得独占地位,地主们期望米价高涨以解脱他们对资本家所负的债务,他们的子弟也盼望着取胜即可长久称雄异邦,充任中国各省的官吏和警察或任职华北厂矿铁路的技师,他们把一切都寄托在迅速地征服中国。

在现代,侵略者要瓦解灭亡一个国家时,总是利用间谍,收买一部分人,制造混乱。日本的第五纵队无孔不入,在世界上是臭名昭著的,制造事变,组织战争,他们都担任着急先锋的角色。像土肥原之流,不仅刺探情报,调查中国军政要人活动,挑拨离间,怂恿内乱,还制造出傀儡政权。华北已被这些日本特务闹得七零八落,在内蒙古和冀东都扶植起汉奸政权,新成立的"冀察政务委员会",也归他们控制。他们还在华北收买了数量相当可观的大小汉奸,甚至利用鸦片、吗啡,毒化一些农民,为其提供情报。日本在华北已造成咄咄逼人的气势,所以日本政府估计这次侵华可以唾手而得并向其国民宣布,三个月可以速战速决。他们以陈旧的观念,估量以崭新姿态出现的中国,以为中国还是40年前日清战争时代的中国,是袁世凯统治时期的中国,是"九一八"事变时实行不抵抗政策时的中国,是一盘散沙的中国,它可以不战而胜。

西方不少国家在战争开始时,也不相信中国能抵御日本。英国驻华大使甚至劝告中国不要抵抗,要中国承认日本对华北侵略是地方事件,由地方解决。像里诺斯(Reyno'ds)这样被称为左派的报纸,竟说中国舆论迫使中央政府作战是"大危险"。西方相当多的人错误地认为中日之间,有绝对的强弱,绝对优劣的本质存乎其间,而实不能以血肉之人力挽回补救,而不认识力量的强弱是可以转化的。他们没有估计到在中国共产党与爱国党派和人士的号召和推动下,中国人懂得了只有从抗战中求得民族生存,从流血中求得国家独立,这是唯一的道路,否则,中国就要灭亡。

从抗战初期的形势发展看,日本似乎是胜利者,它大体上是按照自己的预定时间表占领了一座又一座城市和交通要道。北面河北、山西、山东以及绥察相继易手,长城、太行、黄河之天险,未能阻止其前进。南面江苏、浙江、安徽等省各城要隘,也都沦陷。南京政府惨淡经营的国防线和破釜沉舟的锁江计划,均无所作用。到武汉沦陷时,仅一年零四个月的时间,日军的铁蹄已遍及十三个省,北起黄河流域的察、绥、晋、冀、鲁、豫六省,中达长江流域苏、浙、皖、鄂、赣五省,南及珠江流域粤、闽两省。真是不可一世。

日本的侵略是最野蛮残酷的。凡所占之地莫不杀戮、奸淫、抢掠、焚烧,更骇人听闻的是强奸之后还杀死她,将受害者的躯体斩断,幼女被辱者不计其数。太原、上海、南京等地,各囚禁几百几十名中国妇女,终日裸体受辱。抢掠之后,再放一把火,在北方如此,在南方更甚。中国大江南北多少名城,尽成废墟。这是历史少有的,这就是日本"皇军"所推行的"王道"。

日本极力封锁其在华犯下的罪行,华北初遭劫难时,不但村镇沦为废墟,城市也都变成焦土。日军在华北所屠杀的平民,百倍于军人。河北井陉县一口井,一天之内有三十几个妇女、小孩和老人被投入其中。华北农民所用农具上的铁和所有的贵重物品都被抢去,转运到"满洲"。妇女被日军捉住,被奸辱后,与农具上的铁和贵重物品一道运走。农家的房屋被烧毁,铁路两旁种植的谷物也被割掉。因为交通阻塞,日军又禁止传播,所以其暴行鲜为人知。到了1937 年 12 月 13 日,南京沦陷后发生了南京大屠杀,日本再隐瞒不住了,在南京的外侨,特别是各国的新闻记者将日军的暴行公之于世。英国最有地位最负声誉的新闻记者田伯烈,将所见所闻的日军暴行,写成《外人目睹中之日军暴行》。《纽约时报》的德丁,《芝加哥每日新闻》的斯蒂尔,美联社的麦克丹尼尔,路透社的史密斯,以及派拉蒙影片公司的摄影师门肯,那时都在南京,纷纷向外国发布消息,日本的暴行成为全世界的最大新闻。根据田伯烈记载,南京中国军民 6 个星期内被杀的达 30 多万人。上海的外文报纸《字林西报》,中国的《大公报》《申报》都相继揭露日军的罪行。远东国际军事法庭判决书中记述着这样的事实:"中国平民被集成一群一群的,反绑着手,押运到城外,用机关枪和刺刀集体地被屠杀。""在占领后的一个月中,在南京发生了 2 万左右强奸事件";"在日本兵抢劫了店铺和仓库以后,经常是放一把火烧掉它。最重要的商店街的太平路被火烧掉,并且市内的商业区一块一块地、一个接着一个地被烧掉了。日本兵竟毫无一点理由地就把平民的住宅也烧掉。"[1]德国驻

---

① 张效林译:《远东国际军事法庭判决书》(中译本),五十年代出版社,1953 年,第 456 页。

南京的代表称日军的暴行:"这不是个人的而是整个陆军,即日军本身的残暴和犯罪行为","日军就是'兽类的集团'"。日军的凶残卑劣的程度,是超出人类想象以外的。中国人的遇难状况比广岛原子弹的受害者悲惨得多。

日本军人的好战嗜杀,由来已久。如甲午之役,在旅顺等地就曾大肆残杀,"九一八"在东北屠杀村镇民众之例甚多,而这次中日战争,其暴行更达到极点。

对于未被占领的地区,则实行狂轰滥炸,牺牲于轰炸下的平民,其情形之惨,数量之大,打破了历史纪录。除中国边远省份外,几乎所有中国城市,都受到空袭的威胁。被轰炸的城市绝大多数并无军事价值,炸毁的是医院、学校、文化机关和民房。

日本政府向世界宣传不仇视中国人,而事实上,它在毁灭中国,毁灭中国文化。

日本给予中国的灾难是难以笔墨形容的,任何描写也叙述不尽其事实。

日本以为中国可以屈服,事实上,日军的屠杀越残虐,中国人的抗日意志越坚强,许许多多的纯朴的农民都是从敌人的屠杀中苏醒过来的。为了民族和国家的独立和解放,中华民族坚定地走着抗战的道路。敌人的侵略力量是有限的,而中国的抵抗力、战斗力,是无穷的。平型关战役、忻口战役、上海战役、台儿庄战役,中国军队壮烈的战绩,在鼓舞着中国人民,告诉中国人民:日军无足畏,只要战略正确,勇于牺牲,就能逐渐消灭敌人,达到最后的胜利。日本原计划速战速决,3个月结束战争的速战成为泡影。日本陆相无可奈何地说要进行4年战争。历史进程说明,日本所进行的是盲人骑瞎马式的战争。

二

抗日战争的进程和历史上所发生过的战争颇不相同。战争开始以后,很快就出现了敌后战场,把敌人的后方变成前方。因之战争有两个战场,一是正面的,一是敌后的。这是历史上绝无仅有的。日军在正面战场进攻的时间、地点和方式,他们可以选择,但在敌后,日军是被动的。八路军、新四军牵着日军的鼻子走。

当中国沿海各省沦陷后,特别是南京沦陷之后,中国呈现出两种潮流,一是西迁,国民党政府和沿海人民形成一股洪流,沿江西上。有的不愿做亡国奴,有的逃避战祸,有的寻找新的阵地坚持抗日。一是中国共产党指挥八路军和新四军向东挺进,在敌后发动农民群众,进行抗日战争。

对任何人来讲,这都是新奇的事,在敌人的统治区内,八年抗战中国人建立起 19 块抗日根据地。战争初期,敌后也有一大批国民党军队,有的和八路军一起共同抗日。可是,1943 年和 1944 年有大批人投降了日军,敌后的抗日力量几乎全都成了中国共产党领导的军队。

最早的根据地是 1938 年 1 月 10 日建立的晋察冀根据地,它辖有晋东北、察南、冀西、冀中等 70 个县,共 1200 万人口。这是南京陷落后不到一个月时间建立起来的,那时正是南京政府军事危机时期,全国出现了一种悲观情绪。晋察冀边区政府的建立则为抗日前程指明了方向。以后其他根据地也陆续建立起来。每一根据地都处在敌人包围之中,而这些根据地联合起来又包围着敌人,形成了包围和反包围的形势。

根据地最大特点是军民一家,军队是人民的军队,群众被组织起来,从事抗战活动,不像正面战场,抗战只是军队的军事行动,也不像正面战场,每一战役总是要出现难民潮。在根据地,人民有非常坚强的有组织的力量,能够经常地打击日军。如 1937 年 11 月下旬到 1937 年 12 月下旬,八路军游击队和晋察冀人民密切配合,粉碎了日军的 8 路围攻。

1938 年 4 月,晋东南军民粉碎了日军的 9 路围攻。八路军、决死队武士敏部及骑兵团王奇峰部配合民众,和敌人周旋于太行山上,民众实行空舍清野,敌人给养困难,又到处挨打,等其疲劳时,集中兵力,消灭其一路,最后在长乐村打了一个胜仗,敌人败北了。

八路军的武器和敌人的现代化装备相差甚远。他们许多人从没有看见过坦克,却发明了许多办法,来对抗着占绝对优势的敌军。敌人为之丧胆。

日军进行现代战争的程序是,首先用飞机、大炮轰炸,接着用坦克车和铁甲车领导步兵前进,同时用骑兵进攻两翼。八路军不是集中自己的力量与敌人对阵,而是分成许多流动小队,不断袭击敌军的两翼和后方。他们没有足以抵御坦克车的有效的大炮,因此预先把炸弹埋在路下,这些炸弹在任何重压下都会爆炸开来,用这种手段毁灭了敌军许多坦克。日军对付这种作战的方法是强迫中国农民坐在沉重的牛车上在前面探路,许多农民因此牺牲。游击队于是改变他们的战术,用许多大型炸弹,埋在地下,导火索通到路边看不见的地方,这个地方是敌机械部队必经的路线,日军的进攻总是被粉碎。

根据地是八路军前进的后方,以此为依托八路军不断向外延伸。向冀东挺进是一突出的例子。冀东和察哈尔，日本已控制了将近两年。冀东是华北最富庶之区、日军重要的军事根据地，日军在这里驻有重兵，防止游击队袭击铁路，阻碍交通。晋察冀部队为了牵制大量日军，阻止日军从冀东取得给养，便于武汉会战期间，由冀西、晋东出征冀东，摧毁了日人卵翼下的伪政权，将冀东变成游击区；立足于晋东南的八路军也不断延伸，由山地走向冀南、滨海和山东等地，从敌人手中解放了大片国土。

新四军成立晚一些，1938 年 4 月始集结在皖南一带，6 月即派一师兵力渗入南京地区。作战地区被划定在靠近长江岸边的狭小地带，还奉国民党政府之命，不得离开该地，就是跟日军作战的时候，也不得离开。新四军一出现就威震江南，建立了以茅山为中心的根据地，把这一带广大的农民从敌伪统治之中解放出来，军民合作，打成一片，南京日军惊惶万状，草木皆兵。京沪线上的游击战猛烈展开，各地零星的游击队也都统一起来，他们冲破了对自己的不合理的限制，进入战地后，3 个月内和日军作战 100 余次，把自己的势力范围扩张到长江下游三角洲一带。

尽管地形不利于隐蔽，日军又在装备上占压倒性优势，但新四军还是把人民充分组织起来，发展和扩大游击战，教会人民如何孤立和打击敌人。就这样，华中这一地区，众多的根据地相继建立起来，成为战胜日军的强大堡垒。

无论是华北还是华中，中国共产党都在放手建立抗日根据地，壮大人民革命力量。

1938 年 10 月日军占领广州、武汉后，以为可以结束战争。事实上，中国出现了更强大的抗日力量，日军被迫掉转方向，面向其后方。

从 1939 年起，日本对正面战场的进攻并没有放弃，其战略指导思想是以敌后战场上的"扫荡"和"清乡"为主要方针，敌人用"三光"政策、集家并村、制造无人区等极其残酷的手段，对抗日根据地、游击区进行扫荡，建立炮楼封锁沟等，以对付中国人民的反抗。在其所占领的城市，用清查户口、搜查等方式，扑灭爱国力量，并对重要物资统制、配给，大肆搜刮战略物资。从 1941 年 3 月 30 日至 1942 年 12 月 10 日，在华北先后进行了五次"治安强化运动"。在华中，敌人实行"清乡"，所有根据地在这一时期都缩小了，部分根据地变成游击区，部分原来的游击区变成敌占区。

每个根据地都遇到最艰苦的战事，但没有惊慌失措，没有陷入混乱。每一根据地的领导机关都是运动着的指挥部，接到敌情通知后，在几小时之内，政权机关就和军队一起,或是投入战斗,或是转移他处,人民和军队一起行动,八路军和新四军以连营为单位,分散活动,深入农村,开展游击战。在反"扫荡"、反"清乡"的斗争中,军民比任何时候都更加团结,抗日的意志更加坚强。敌人是强大的、残忍的和无情的,而根据地人民镇静、坚定、从容地顶住敌人,把自己的一切贡献给爱国战争。根据地当然也受到严重损失,但没有被打垮,根据地军民为抗日战争赢得了不朽的荣誉,为抗日战争的胜利做出了榜样。

残酷的战争是考验人们灵魂的时期,正面战场一小撮人当了汉奸,叛变祖国,而根据地人民则坚信胜利必然到来,牺牲越难忍受,胜利就越加宝贵。他们勇于面对现实,充满了爱国主义精神,是值得人民永远称赞的。

战局的发展已明显看出,根据地军民作战不仅勇敢而且高明,日军攻占了不少领土,但捕捉不到八路军和新四军的主力。每渡过一次最困难的灾难后,根据地军民就又开始了猛烈的进攻,其声势比抗战初期更大。举例来讲从1944年6月到1945年6月,冀鲁豫组织了10余次较大的攻势,如大名、南乐、东平、武城、滑浚县等战役共作战273次,解放国土5万多平方里,人口500多万,据不完全统计村庄1.15万余个,光复萃县、寿张、濮阳、新河、南乐、大名、东平、南宫、威县、阜城等县城10座及大名、东平等县全境。太岳区在1945年上半年,发动了9次较大的战役攻势,即新(绛)稷(山)战役、豫北战役、祁(家河)夏(县)战役,岳南的讨贾战役和沁源、阳城、晋城、安泽、高平等5次战役,解放国土2.303万平方里,人口90万,村庄2864个。太行区发动了沙河战役、临内战役、汉高诚战役、道清路南战役、襄垣战役、修获辉战役、马坊战役、安阳战役、祁太平战役、陵川战役、和辽战役等,解放国土24.847平方里,光复陵川、左权和顺等县城,太行、太岳山连成一片。晋察冀从1945年5月以后两个月的进攻中,解放了大片国土,把西起天镇、阳原、广灵,东起宣化、涿鹿、怀来,北沿平绥路沿线之间的广大地区,与涞水、涞源、灵邱根据地,在广阔的土地上连成一片,同时切断了桃花堡到矾山堡间的封锁线,打破了伪"蒙疆确保区",使延庆、赤城、龙关、沽源及张北赤城之间的广阔地区,结束了敌人数年来的"蚕食"局面,冀察区和冀晋区至此连成一片。冀中区在一个半月中进行大小战斗326次,解放县城8座,摧毁敌人多年控制的平大、津保、沧石、沧河等5条交通干线,及浑安等10余条公路,光复国土5500平方里,解放人口45.8万多。其他各根据地也都是如此,日军被压缩在一些大城市中。这是日军发动侵华战争以来所没有的现象。日本在走向失败,是无疑的了,剩下的只是时间的问题。

敌后战场上的胜利,是在正面战场上豫湘桂战争失败蒙受屈辱时取得的。这充分说明中国共产党领导的军队是抗日战争的中流砥柱。

1945 年 7 月,盟军飞机轰炸日本,东京 1/3 成为焦土,日本政府计划将其工业迁至"满洲",一切船只将用于迁移工厂之用,但 8 月美国投了原子弹,苏联出兵东北,中国进行最后一击,祸害中国和亚洲的日本终于投降。

三

八年艰苦奋斗的中国胜利了,这是拯救人类文明、扭转乾坤的大事。50 年的日本侵华的总账得到清算,中国被日本夺去的领土收回来了,沦陷 50 年的台湾回到祖国怀抱,暴力制造的伪满洲国覆灭,中国因在世界反法西斯战争中做出了巨大的贡献,成为世界和平机构联合国安全理事会的常任理事国。

就日本来讲,这是它近代历史上的第一次失败。日本政府从不把日本的失败告诉人民,日本人民一直以为日军在打胜仗,战争本身是不错的;1945 年 8 月 15 日突然祸从天降,成为战败国,日本人被迫开始重新认识日本的近代史。

全世界一反过去的中国观,都以新的眼光看待中国。

中国人创造了奇迹,以一个弱国战胜了世界上蛮横强大的帝国主义,美国记者也在《风暴遍中国》一书中,对根据地评价很高:"在一年中,共产党从光秃贫瘠的山区出发,在一个从'满洲'到长江流域的巨大弧形范围内,建立了巩固的根据地。在现代战争或现代政治中,很少有其他政治事业可以与中国共产党所创造的奇迹相比。"

战争说明了一个简单的真理,对侵略者,只要以眼还眼,以牙还牙,做出牺牲,经过长期的努力就会有光明的结局。因为人民有无比的活力,中国共产党建立的敌后政权,扎根于农民群众之中,农民都觉醒起来,每一个村庄都是一个巨大的战斗堡垒,每一个村庄也都是一个战场,在人类历史上,人民这样广泛地被动员起来,是罕见的。

中国人从自己的屈辱历史中,懂得了日本的统治是什么味道,更懂得了和平的可贵。

这段历史不能忘记,也绝不能让其重演。

原载《历史教学》,1995 年第 10 期

浅谈中国革命根据地问题

近几年来,我国学者根据三中全会的精神,实事求是地对革命根据地问题进行了广泛的研究和讨论。国外学者对这一问题也表示了极大的兴趣,专门举行了学术讨论会。历史上的革命根据地问题之所以引起人们如此的注意,是因为它是中国革命胜利必由之路,也是毛泽东思想的重要组成部分。

中国共产党人找到适合中国国情的革命道路,是经过千辛万苦,付出了巨大代价的。

1927年党的"八七"会议实行战略转变,发动秋收起义,这一功绩是很大的。但就思想认识史来讲,从枪杆子里面出政权,到在农村建立根据地还经历了一段过程。

应该说,在白色恐怖下,毛泽东同志和朱德同志在井冈山建立根据地,是一伟大创举,在黑夜中照亮了中国前进的路程。

井冈山根据地建立后,又出现了方志敏式的根据地、李文林式的根据地、贺龙式的根据地。根据地的道路通向四方。这就是说,不仅在井冈山这样地势险要、远离敌人中心统治的地方,可以实行工农武装割据,而在接近敌人的统治中心和交通要道,在丘陵地带,在河湖港汊地带,也都同样可以建立根据地。共产党人关于建立根据地的思想,大大丰富了历史的内容,推动了历史的进程。毛泽东同志在举起井冈山旗帜时,视野非常阔,对其他形式的根据地都及时给予高度的评价。他不拘一格,把在边界建立根据地的思想发展了,毛泽东所讲的什么"式"的根据地,只能做这样的理解,而不是指其他。这可以从毛泽东后来讲可以在河湖港汊发展游击战争一事来证明,"历史上所说'海盗'和'水寇',曾演过无数的武剧,红军时代的洪湖游击战争支持了数年之久,都是河湖港汊地带能够发展游击战争并建立根据地的证据"①。

---

① 《毛泽东选集》(第一卷),第390页。

从建立农村根据地到农村包围城市思想的提出，又经过了几年的历史。

在各种不同的社会条件和地理条件下建立根据地的思想，对如何推动中国革命，启示极大。历史是一面镜子，人们从中可以看出，何者正确，何者错误，以决定未来。有了二战时期的经验，在抗日战争到来后，中国共产党人就能勇敢地走向敌后，发展了各种形式的游击战争和根据地，开创了敌后抗日的大好局面。

人类总是不断前进，不断总结经验。共产党人是用辩证唯物论武装起来的，担负着解放中国和建设中国的伟大使命。历史证明：他们永远站在时代前面，为着人类的崇高事业而奋斗。

今天，我们重温革命根据地的历史，对继承革命传统，发扬革命精神，全面开创社会主义现代化建设的新局面，具有重要的意义。

原载《厦门日报》，1982 年 11 月 9 日

抗日根据地史研究述评

一、近年来,抗日根据地史的研究已获得它应有的地位

抗日根据地史的研究近年来已引起研究者极大的兴趣,呈现出前所未有的蓬勃局面。

对抗日根据地的研究从抗日根据地存在的时候就开始了。当时一些学者、新闻记者发表的报道性作品,如立波《晋察冀边区印象记》(读书生活出版社1939年版)、陈克寒《抗日根据地晋察冀边区视察记》(新华日报馆1939年版)、李公朴《华北敌后》(山西太行文化服务社1940年版)等书,就具有史学价值。开创根据地的领导者所写的各根据地史略,更是重要史料,如聂荣臻《抗日模范根据地晋察冀边区》(1939年《八路军军政杂志》),其根据是晁哲甫、杨得志、王从吾、徐运北等人的座谈所写的《冀鲁豫边区抗日根据地发展史略》[1944年,见中共河南党史资料丛书《冀鲁豫抗日根据地》(一)]。1944年延安新华书店出版的《中国敌后抗日根据地概况》,对各根据地的范围、自然条件、经济状况及发展壮大的过程,都做了概括的阐述,写出了它们的特征,是一本经常为人们参考的著述。1953年该书重印时,补写了"陕甘宁边区概况"一章,书名改为《抗日战争时期解放区概况》。

20世纪50年代和60年代,"左"的思潮影响了抗日根据地的研究,学者们很少涉足这一领域,出的成果不多。公开出版的只有齐武编著的《一个革命根据地的成长——抗日战争和解放战争时期的晋冀鲁豫边区概况》(人民出版社1957年版)、河北军区政治部编的《冀中抗日战争简史》(河北人民出版社1958年版)、穆欣《晋绥解放区民兵抗日斗争散记》(上海人民出版社1959年版)。资料文献仅有《陕甘宁边区参议会文献汇辑》(科学出版社1959年版)。有关的文章多侧重于延安整风运动、大生产运动和民兵斗争,其史料来

源和研究题目有相互重复现象。近年来,情况发生了巨大变化。有关的文章,据李光一主编的《中国现代史论文书目索引》(河南大学出版社 1986 年版)统计,有 400 余篇。研究者的视角大大扩展了,不再局限于以前几个问题,而是对根据地的政治、经济、军事、文化和社会生活等各个领域,进行了广泛的探讨,资料集、论文、专著层出不穷,是过去几十年所未见的。

在新的著作中有很大影响的是当年根据地创建者领导者的著述及回顾,他们的思想感情驰骋于那个伟大的民族战争年代,当年艰难奋斗的历史与个人的生活思想融汇一起,以自己的实践和经历,展示出历史的各个侧面,抓住了关键的事件,揭示了历史的进程和民族的命运。这些著作都反映了时代的乐观主义精神,如《彭德怀自述》(人民出版社 1981 年版)的抗日战争部分、《聂荣臻回忆录》(中)(解放军出版社 1984 年版)、徐向前《历史的回顾》(解放军出版社 1985 年版)、《杨成武回忆录》(上)(解放军出版社 1987 年版)、戎子和《晋冀鲁豫边区财政工作的片断回忆》(《财政》杂志 1984 年 1—12 期)等等。

专门研究抗日根据地的书籍也和读者见面了。如吕树本等著《浙东革命根据地》(浙江人民出版社 1980 年版),《大青山抗日斗争史》(内蒙古人民出版社 1985 年版),《太行革命根据地史稿》(山西人民出版社 1987 年版),陈廉《抗日根据地发展史略》(解放军出版社 1987 年版),应兆麟主编《皖江抗日根据地史稿》(安徽人民出版社 1985 年版),魏宏运、左志远主编《华北抗日根据地史》(档案出版社 1990 年版),全国中共党史研究会编《抗日民主根据地与敌后游击战争》(中共党史资料出版社 1988 年版)。

根据地史的研究已扩展到一些新领域,其成果有:《晋察冀边区银行》(中国金融出版社 1988 年版)、朱绍南等著《淮北抗日根据地财经史稿》(安徽人民出版社 1985 年版)、王剑青等主编《晋察冀文艺史》(中国文联出版公司 1989 年版)、魏宏运主编《晋察冀抗日根据地财政经济史稿》(档案出版社 1990 年版)、谢武申编著《一二九师暨晋冀鲁豫区反顽斗争概况》(中共山西省委党史研究室编印)。

对创建根据地的八路军、新四军的研究,更是引人注目。在这方面,军事科学院编写的《中国人民解放军战史》(第二卷)(军事科学出版社 1987 年版)是一部最有权威的著作。以研究新四军和华中抗日根据地广大军民斗争史实为内容的《大江南北》杂志已问世好几年了。

众多的研究是从编写根据地纪事和大事记起步的,首先着力追寻根据地发展的脉络和线索,如李志宽、王照骞编《八路军总部大事纪略》(解放军出版社 1985 年版),魏宏运主编《华北抗日根据地纪事》(天津人民出版社 1986 年版),《太行革命根据地大事记述》(中共山西省委党史资料征集研究委员会 1983 年编印),中共冀鲁豫边区党史编委会编《中共冀鲁豫边区党史大事记》(山东大学出版社 1987 年版),《冀东革命史大事记》(河北人民出版社 1988 年版)等等。

值得注意的是,财政部财政科学研究所许毅、星光于 1981 年开始组织和领导各地财政部门,会同档案馆和有关高等院校,展开的对全国 19 个抗日根据地财政经济史的研究,计划分别出版资料选辑和专著,工程浩大。资料内容包括总论、农业、工商业、财政、金融诸方面。此项工作无论从文化积累还是从科学研究角度来讲,都是很有价值的。现已出版的资料有:《抗日战争时期陕甘宁边区财政经济史料摘编》共 9 册(陕西人民出版社 1981 年版),《晋察冀财政经济史资料选编》共 4 册(南开大学出版社 1984 年版),《山东革命根据地财政史料选编》共 6 册 (山东省财政科学研究所、山东省档案馆 1985 年印),《华中抗日根据地财政经济史料选编》共 4 册(档案出版社 1986 年版),《东江革命根据地财政税收史料选编》(广东人民出版社 1986 年版)等等。

把目光集中于资料搜集和整理,是有远见的。抗日战争时期的档案文献和资料,相当分散,已经遗失的姑且不论,就是现存的资料也极其零散。从中央到地方,各级档案馆均有保存,各地博物馆、文管所也珍藏着一些。不少资料是绝无仅有了。如《边政导报》《晋察冀边区工作研究参考材料》《边府通讯》《太行区银行工商工作参考资料》《太行区社会经济调查》等等。它们必须尽各地所有互相补充方能基本上凑齐,有的至今还未搜集齐全。当时曾出版了很多杂志,包括内部的和公开的,能于今天集中出版流传下去,为后来者以可循的轨迹,确有其历史价值。财政部科研所在此项工作上走在了前头。

从事于资料整理并见成效的,还有新四军和华中抗日根据地研究会编辑的《新四军和华中抗日根据地史料选》共 10 辑(上海人民出版社已出 5 辑),镇江地区茅山革命历史纪念馆编《新四军在茅山》(江苏人民出版社 1982 年版),江苏省档案馆编《苏中人民反扫荡反清乡斗争》(档案出版社),河南省档案馆编《晋冀鲁豫抗日根据地财经资料选编》共 4 册 (档案出版社 1985 年版),《太行革命根据地史料丛书之六:财政经济建设》(上、下)(山西人民出版社 1987 年版),《山东革命历史档案资料选编》共 23 册（山东人民出版社 1986 年版）。另外,中共党史资料出版社出版了一套中国共产党历史资料丛书,其中包括不少抗日根据地的文献资料,到目前为止,该丛书已出《晋察冀抗日根据地文献选编》第一册(上、下)、《苏中抗日根据地》《苏北抗日根据地》《山东抗日根据地》《淮南抗日根据地》《苏南抗日根据地》《皖江抗日根据地》等等近十种。

根据地档案资料的出版,促进了根据地历史研究的发展,相当多的文章引用了已发表的档案资料。已发表的 400 多篇关于根据地的论文所论及的问题,有的是第一次提出,有的是对历史问题的重新认识。新的史料、新的方法、新的见解不断涌现出来,研究者正在做着非常有价值的开拓性工作。

根据地史的研究已成为一些单位的主攻方向。南开大学近现代史学科重点任务之一,是研究抗日战争时期的华北革命根据地。南京大学的革命根据地研究所则集中全力研究华中抗日根据地。

根据地的专门学术讨论会也相继召开。财政部科研所曾先后在洛阳、唐山、黄山、大同、石家庄组织了多次学术会议。规模最大的一次,是财政部戎子和、科研所赵秀山、星光组织的 1984 年太原晋冀鲁豫边区财政经济史座谈会,参加会议的有当年从事晋冀鲁豫边区财经工作的老同志。研究该地区财经工作的科研人员,也吸收了一些学者,会议共进行了 7 天,开得很成功,集中讨论了 12 个问题:(一)抗日战争爆发后,晋冀鲁豫根据地中共党组织的建设和发展变化情况;(二)1940 年边区政府成立以前,各根据地（如太行、太岳、冀南、冀鲁豫等)创建过程中对日寇斗争形势及国共摩擦情况、政权建设和财经工作情况;(三)边区政府成立后,边区行政区划的变迁、政权组织(包括各级参议会)的发展变化和主要负责人的变动情况;(四)对日军及国民党(蒋、阎) 在政治和经济斗争中所采取的不同斗争方针和实施的情况;(五)1938 年春粉碎日寇的九路围攻,1940 年的百团大战,1942 年夏的反"扫荡"和日本投降后诸战役,对边区的开创、巩固和发展的重要意义,对边区财政经济工作的影响;(六)边区抗日民主政府在和敌人的斗争中,在财政经济工作中采取了哪些措施粉碎日寇的"扫荡"和经济掠夺;(七)边区各地贯彻执行土地使用条例,减租减息的情况以及组织生产救灾,开展农业生产互相合作和大生产运动的情况;(八)边区的工业生产;(九)对重要的战略物资实行严格的统制贸易,各个不同时期在进出口贸易政策上采取的措施;(十)边区的财政;(十一)边区的金融工作和物价问题;(十二)对边区财政经济工作的评价问题。会议的讨论发言,已由财政部科研所汇集成《抗日根据地的财政经济》一书出版。1984年12月,冀鲁豫边区财经史座谈会在山东曲阜举行,讨论了该地区财政经济的若干问题。新四军和华中抗日根据地研究会也举行了多次学术讨论会,如芜湖会议,讨论了皖南事变;镇江会议讨论了政权建设和财经问题;武汉会议讨论了党的建设和文化教育等问题。关于晋绥、晋察冀、冀南、冀东、冀鲁豫等根据地的专门学术讨论会,也举行过多次。以上情况说明了根据地史的研究已进入高潮。

根据地的研究不限于国内,国外也有许多学者将注意力投向这一领域。1984年8月1日至4日,南开大学召开了抗日根据地国际学术讨论会,有中外学者90余人参加(国外学者30多人,来自美国、日本、加拿大、荷兰、澳大利亚等国)。会议着重讨论了抗日根据地形成的特点,抗日根据地在抗战中的地位和作用,农民在抗日战争中的地位和作用,三三制政权与中国民主化的关系,知识分子在抗日根据地的作用诸问题。这是我国首次举行的根据地史国际会议,它推动了根据地问题的研究。

抗日战争是近百年来中国人民反侵略战争唯一取得胜利的一次民族解放战争,人们对这个伟大时代的回忆、记述和分析,使这个时代的全貌越来越清晰地呈现出来,随着时间的推移,它必将激起一代又一代人的爱国热情和民族自信心。历史工作者决心把被错综复杂的现象所掩盖的本质客观正确地揭示出来。现在活跃的研究局面,仅仅是个开端。历史的富有活力的研究,总是和时代一同前进的。

二、关于若干问题的探索、争论和评价

这里概述几个主要问题。

(一)关于动员委员会

近年来段云等人写的《抗日初期的战地总动员委员会》(1986年11月2日《人民日报》),程子华写的《纪念"战动总会"成立五十周年》(1987年11月19日《人民日报》),李代玲、鄢碧云写的《"动委会"及其历史作用》(纪念抗日战争胜利四十周年学术讨论会论文),对这一组织做了系统的论述。

关于"动委会"这一组织的进步性,洛甫在其成立的第三个月就分析了它

的宣言与工作纲领,讲到这一组织成立后,山西政治形势表现了一种新生的气象,同时也谈到阎锡山的保守性。

1939年战地动员会汇编了各项工作总结,名为《战地动员——民族革命战争战地总动员会斗争史实》(上、下册),内容极其丰富,现已由山西人民出版社重印,是研究这个组织在山西、绥远、察哈尔战区活动的重要资料。

段、程等人的文章着重论述"动委会"成立的历史环境、这一组织的性质及历史作用。程文说它是典型的以国(国民党地方实力派)共合作为基础,并有各方爱国人士参加的带有政权性质的权威性的机构,它有明确的管辖区域,又有发动群众、代行政权职能、组建抗日武装、指挥武装部队作战的职权。段文谈到"战动总会"在动员人民参军和从各方面支援抗日部队的同时,还协助中共北方局,协助牺盟组织,带头在各县、区、村建立了农民救国会、青年救国会、妇女救国会、工人救国会、抗日儿童团等群众组织;开展农民、青年和工人运动,提高他们的政治觉悟,反对封建势力和旧的思想习俗,并组建游击队,开展敌后游击战争,协调战地各种力量。上述两文讲的是晋绥根据地动委会的历史。华北各根据地创建初期都有类似这样的组织。晋察冀根据地是1938年1月边区政府成立之后结束各地"动委会"的。冀南的"动委会"一直存在到1940年,国民党曾禁止它发展,但它走完了自己的道路,直到完成了历史使命。

(二)关于游击战

关于抗日游击战争,当年许多无产阶级革命家和军事家发表过很多深邃的论述。那时也出版了很多论述游击战争的书籍,如由毛泽东、陈昌浩、刘亚楼、萧劲光、郭化若等执笔的《抗日游击战争的一般问题》(1939年延安解放社),朱德《论抗日游击战争》(1938年延安解放社),张冰之编的《抗日游击战争的理论与经验》(1938年中外编译社)等。从历史的角度来研究这一课题,则是近年来的新气象。研究者神往于游击战争的理论和实践,撰写了一批文章,有的已公开发表,有的在各种会议上宣读过。何理《论抗日游击战争及其历史地位》(《近代史研究》1984年第3期),张国祥《论山西抗日游击战争的两个问题》(《晋阳学刊》1984年第2期),杨圣清《抗日根据地的建立及其历史地位》(《中国现代史学会通讯》1984年第4期),卜力《抗日游击战争的战略地位和作用》(《党史资料与研究》1985年第4期),莫阳等人的《关于抗日战争的战略指导方针问题》(《军事学术》1985年第8期),王秀鑫《中国共产党与抗日战争》(《历史教学》1985 年第 12 期),李增光《人类战争史上空前伟大的一幕——论敌后战场游击战思想的特色》(《中国抗日战争五十周年学术讨论会论文》),杨牧等人的《试论抗日战争中我军的战略方针》(1985 年中国现代史学会第二次代表会暨第四次学术讨论会论文)等,都属于这方面的专题论文。

游击战的发展与根据地的发展密切相关。王秀鑫的文章称,1937 年 9 月至 1940 年是抗日游击战争的第一阶段,这一时期主要是开创抗日根据地。1941 年至 1943 年秋是第二阶段,主要是保卫和巩固抗日根据地。1944 年以后,游击战逐步转变为运动战。

各根据地的游击战都有其各自的特点。山东的游击战是在各地暴动的基础上发展起来的。(胡汶本《"三山"起义与山东抗日根据地的创建》,《中国抗日根据地国际学术讨论会论文集》,档案出版社 1985 年版。)平西游击战争是主力部队挺进军到达后打开的局面。(孔宪东、荣国章《北平郊区抗日根据地的开辟和发展》,纪念抗日战争 50 周年学术讨论会论文。)浙东游击战争,因地理和历史条件,在很长一段时间,是利用国民党第三战区淞沪游击队的名义进行的。(金普森《浙东抗日根据地的创建》,《中国抗日根据地史国际学术讨论会论文集》。)华南抗日游击战争的开展,华侨和港澳同胞给了很大支援,有的游击队的主体就是香港的海员、工人和学生。(梁山《华南抗日根据地概况》,同上书。)

有的文章还从更广阔的历史角度和历史眼光,论述了抗日游击战争在世界反法西斯战争中的地位,认为中国共产党领导的抗日游击战争是东方反法西斯战争的重心所在。游击战争创造了根据地,影响和决定了中国历史的进程。没有游击战,就没有中国抗日战争的胜利。

(三)关于减租减息

近年来,不少文章论及抗日战争时期的减租减息问题。

二五减租,也称三七五减租。这一政策是 1926 年 10 月国民党联席会议提出的,1930 年南京政府公布的土地法重申了这一规定:"地租不得超过耕地正产物收获总额的 375‰。"它在浙江、湖北推行过,收效甚微。真正使这一政策付诸实行的是抗战时期的敌后根据地。共产党顺应形势的变化,由没收地主的土地转变为减租减息。肖一平、郭德宏在《抗日战争时期的减租减息》(《近代史研究》1981 年第 4 期)一文中说,这一政策是革命与改良相结合的政策,它的革命性表现在是为全民族利益的,能够把广大农民群众发动起来,争取地主阶级的大多数站在抗日民主政权方面,有利于解放区经济的发展,有利于夺取抗日战争的胜利。它的改良性,表现在它只是削弱封建势力,而不是彻底消灭封建势力和彻底推翻封建土地制度。

已发表的文章,研究的问题有如下几个方面:

1.农村根据地战前的经济结构。论者一致认为土地集中是普遍现象,唯集中的程度各地区有差别。1943年《北岳区农村经济关系和阶级关系变化的调查材料》、1944年《太行区社会经济调查》是研究华北农村经济结构最珍贵的资料。《太行区社会经济调查》中讲,太行区的土地是比较分散的,中农的比重较大,其户口比例与土地的比例相差不多。富农也较发展,农民的破产也不严重,尽管这样,地主阶级仍占有1/4的土地,加上富农就垄断了1/2的土地,在这个基础上就产生了各种剥削。对晋察冀北岳区28个县88个村的调查表明,抗战前农村总户数将近一半(即47.47%)的贫雇农,每户平均只有2.5亩至7.5亩土地,而占农村总户数不到2.3%的地主,每户平均耕地高达97亩。研究者进一步探讨了租佃关系,认为各地基本上都是封建式的,地租形态为实物地租。部分地区残存着最落后的力役地租。晋东北及雁北"打伙计"的租佃形式可能是农奴制度残余的代表。至于剥削的程度,一般在收获量的40%以上,有的高达70%或80%。高利贷利率也极高。此外还有五花八门的超经济剥削手段。阴署吾、贾宗荣、沈长山在《盐阜区抗日根据地的减租减息运动》一文中说,地主"对农民进行苛重的地租剥削,租额一般是主佃六四分。地主除按约收取地租外,还进行种种额外剥削,如拖打田、上庄田等"。(江苏省中共党史学会、江苏省中国现代史学会编《抗日战争史新论》,南京工学院出版社1986年版。)杨福茂执笔写的《浙东敌后抗日根据地财政工作略述》中讲:"浙东地区的租率一般占最高收获的40%到60%","此外,农民还要承受其他各种名目的封建剥削,例如,提供各种副产和劳力,有'租鹅''脚夫''租力'等,还有田婆饭、戏租谷、谷小利……,算上这些附加的杂租,农民辛苦一年的收成就所剩无几了。"(浙江省财政厅,杭州大学历史系,浙东根据地财政经济史编写组论文。)

2.减租减息与农村经济关系的变化。有的文章分析了减租减息前后农村各阶级土地占有情况的变化、租佃关系的变化、农民生活的变化,得出的结论是:地主和贫雇农这农村中的两极大为缩小,土地所有权由非生产者向生产者手中转移,查出的瞒地、黑地得到适当处置,地主阶级势力削弱了,阶级关系发生变化,随之租佃关系也发生了变化。杜晓《太行抗日根据地的财经建设》中讲,太行区租率一般减低了,超经济剥削基本上被废除了,租佃形式出现了单一化,大都定为死租,即佃农有永佃权,租期多为五年以上。(见《抗日民主根据地与敌后游击战争》,中共党史资料出版社1987年版。)孔永松《试论抗战时期陕甘宁边区的特殊政策》一文中说,农村经济出现了一个积极变化,就是有的地主部分或全部出卖土地。放弃封建剥削,投资商业、工业或运输业,转向资本主义经营,使七分封建主义变成七分资本主义,这种转化是有特殊意义的。(见《中国抗日根据地史国际学术讨论会论文集》,档案出版社1985年版。)

3. 减租减息与农民参加抗战的关系。这是历史学者讲述最多的一个问题。减租减息使农民在经济上获得好处,这就激发了他们的爱国主义热情。朱绍南《淮北人民对抗日财经工作的贡献》一文中以1942年为例,说明减租减息后每人平均多得1石6斗粮食,农民受惠于减租减息。凭借减租减息这个经济杠杆,奠定了抗日财经工作的可靠基础。(见《抗日根据地的财政经济》,中国财政经济出版社1987年版。)前面谈到的孔永松文,用数字说明农民在人力、物资方面的贡献,参军参战非常踊跃。

4. 减租减息要反复几次才能完成。各根据地减租减息都不是一次完成的,而是分阶段,反复几次进行的。许多文章都谈到如下几点:(1)减租减息需要一个发动过程,使农民觉悟起来,不少地区先搞试点,逐步推广。(2)减租减息比分配土地还要复杂、曲折,它是根据各地情况逐步开展起来的。这从各地公布的那么多条例中可以说明。刘健清《晋冀鲁豫边区的经济建设》一文中概括地讲到该地区贯彻减租减息的过程。(见《抗日根据地的财政经济》,中国财政经济出版社1987年版。)(3)地主阶级的顽抗是最重要的原因,地主以夺佃、定租转活租、出卖土地权利等手段对抗减租减息,于是出现了一个相当普遍的现象,拖延不减或明减暗不减。

5.关于执行政策中出现的"左""右"偏差问题。"左""右"的现象都发生过。一些地区开展不力,是"右"的思想束缚造成的。农民发动起来后,也有不交租不交息,不承认地主有权收回、转佃、出卖土地的权利。怎样保证农民交租交息,是国外研究者很感兴趣的问题。1984年3月笔者在美国威斯康星州演讲,听众特别提出了这一问题。减租减息和交租交息,是一个政策的两个方面。"左"的倾向发生与条例不完善有关。修正完善条例后,地主权益得到保障,原先逃亡的地主便纷纷返回。张洪祥《论抗战时期北岳区减租减息运动》,较全面地讲到这一问题。(见《中国抗日根据地史国际学术讨论会论文集》)日本学者田中恭子写的《四十年代中国共产党的土地政策》,用激进和温和这种概念来评估晋察冀的减租减息运动。她认为,1939 年上半年出现的激进政策所造成的损失是严重的,许多地主和富农被迫逃往日占区,并与日伪合作,进攻解放区。她的很重要的观点是:"当军事和经济状况处于紧急关头时,政策比较温和,但当状况好转时,政策就变得更激进起来。思想因素似乎对激进化起了最重要的作用。"(同上书)看来,这一问题随着研究的深入,还会讨论下去。

(四)关于人民的负担

近年相当多的人研究根据地的财政问题,特别是人民负担问题。一些年过花甲的老同志,以自己的亲历,撰写了一批文章,为这一课题增添了光彩。戎子和《晋冀鲁豫边区财政工作的片断回忆》(《财政》杂志 1984 年第 1—7 期),周政新《冀中区抗日战争时期后三年财政工作的回顾》(《冀中人民抗日斗争资料》第 10 期,冀中人民抗日斗争资料研究会办公室 1984 年编印),就属于这一类著作。其显著的特点,一是作者对历史的深刻理解,一是对政策形成的描绘,这是一般研究者无法做到的。因为他们当时是财经工作的主持者、政策的制定者,对政策的产生、改革的主客观条件及当时如何权衡利弊、选择最佳方案、最后定夺的全过程最清楚,他们对目前所搜集到的资料的说明最真实,分析最生动、最权威。研究者的文章,涉及的范围广泛,如财政收入状况、财政制度的确立、供给标准、统筹统支、精兵简政、人民负担等。

关于人民的负担问题,也就是税收问题。由于战争的消耗和生产力的低下,一般来讲,负担是比较重的。怎样的负担才算公平合理,负担政策是如何演变的,这是研究者很感兴趣的。如星光《敌后抗日根据地的农村负担政策》,冯田夫《一切为抗日的晋察冀边区财政》,董风熙、王一涵《抗日战争时期晋冀鲁豫边区的财政》,王晋三《太岳区革命根据地财政工作简况》,韩哲一、边裕鲲等六人写的《冀鲁豫根据地的创建和根据地的财经工作》,李树萱《晋绥边区财政问题的探讨》,卢世川《山东抗日根据地财政的创建》,以及淮北、淮南、皖江、鄂豫边、东江和华南抗日根据地的财经工作的专题论文,都触及到人民的负担问题(见《抗日根据地的财政经济》,中国财政经济出版社 1987 年版)。姚良虎、田酉如《抗战时期太行人民负担政策的演变》(《山西党史通讯》1987

年第 1 期),笔者写的《论华北抗日根据地的合理负担政策》(《历史教学》1985年第 11 期)也是论述这一问题的。

抗战初期,晋察冀、太行、太岳、晋绥等地实行的是合理负担,冀南、冀鲁豫、山东等地实行的是公平负担,南方的一些根据地也是合理负担。这一政策,多数群众是拥护的,它比战前按田亩平均摊派有很大的进步,照顾了各阶层的负担能力。但不可讳言的是,在制定合理的具体政策上,不少地区一度发生"左"的偏向,主要表现在累进率过高,使负担大多集中在地主富农等富有者身上。从专区到各县各自为政,自定规章,随收随支,负担面有的地区只有20%—30%,个别地方只有 10%,70%—80%的农户基本不负担公粮公款和公草。星光文章中的论断是:这就出现了另一种不合理的情况,有的地主将全部或大部地租交了公粮公款,影响了他们的生活,影响了抗日民族统一战线的巩固和各阶层人民的团结,有的地主逃离根据地甚至投向敌人。这固然有其他原因,但过"左"的负担政策也是一个因素。

为使负担真正合理,即负担人口达到全村人口的 80%左右,是经过了几年的认识过程,经过广泛的争论和调查研究,反复测算后才确定下来的。戎子和及董风熙、王一涵写的文章特别讲到这一点。

在税收政策上,1941 年晋察冀边区创立了统一累进税制度,将农业、工业、商业合并计算,负担面达到 80%左右,被认为是税收的一大进步,保证了财政的稳定,刺激了生产的发展,削弱了封建经济,受到了称赞。此后,各地相继效法,结合本地区的特点,制定了统累税条例,使税收和负担政策达到了完善程度。

不少文章都讲到完成税收是一项非常艰巨的任务,完成的好坏,一要靠政策的正确,二决定于群众觉悟的程度。政府和人民群众在这个问题上常常是有矛盾的。人民负担过重时总会有怨言的,甚至很尖锐。政府必须考虑到人民能负担的程度。各根据地从实际中,得出了量入为出和量出为入结合的方针。戎子和在其文章中实事求是地记述一件事,就是 1941 年太行区派公粮重了一点,农民叫苦,黎城曾发生一次离卦道暴乱投敌事件,原因是多方面的,借口是公粮重,负担不起。边区政府冷静地考虑了这一问题,接受了这个教训,从 1942 年起,就着手减轻人民负担。这说明政策的趋于完善,有时也要付出代价。正确的东西常常是从错误中总结教训而得出来的。

有的文章从精兵简政方面来探讨人民的负担。周文龙《晋冀鲁豫根据地创建时期我军后勤工作的有关情况》(《抗日根据地的财政经济》,中国财政经济出版社 1987 年版。)可以说是一篇代表性的文章,值得一读。

(五)关于百团大战

对于发生在 1940 年 8 月 22 日至 12 月 5 日的百团大战,过去是史学的"禁区"。战役的指导者彭德怀曾因这次战役长期受到不公正的对待,"文化大革命"中这次战役成为他的主要"罪状"之一。

近年来史学界对此重新估价,仍褒贬不一,有的认为它是中华民族的骄傲,在民族解放史上永远放着灿烂的光辉,应当歌颂;有的则持否定态度,认为这是一次错误的战役,暴露了自己的力量造成了革命的曲折。笔者 1984 年在日本京都立命馆大学做学术报告时,日本学者对此问题的评价特别关注。研究者所发表的十余篇文章,视线多集中于对这一战役历史作用的探讨和阐述。研究的方法都是将其放在全民族抗日战争的全局乃至世界反法西斯战线背景中来考察。研究中出现了几种不同的观点。论争和交锋的意见,大体上可分三大类。第一类是全面肯定的;第二类是肯定其重大意义的同时,也指出其错误和缺点;第三类认为百团大战没有必要发动,持这种观点的人较少。

对于百团大战历史意义的评价,基本上取得了一致的看法。何理、蒋杰等多数人都认为百团大战有力地打击了日本侵略者,打破了敌人的"囚笼政策",粉碎了远东"慕尼黑"阴谋,克服了重庆方面出现的投降主义危险,粉碎了日本"迅速解决中国事件"的梦想,提高了共产党、八路军的声威,鼓舞了全国军民抗战胜利的信心。(见何理《论百团大战的战略指导思想及其历史作用》,《南开学报》1982 年 3 期;蒋杰《百团大战问题的探讨》,《近代史研究》1979 年 1 期。)王中兴从世界反法西斯战争的角度分析,认为百团大战推迟了日军南进政策的实施,为英美赢得了宝贵的战争准备时间,破坏了日军配合德国发动侵苏战争的战略计划,加重了日本的困难。(见《略论"百团大战"在第二次世界大战中的地位和作用》,空军政治学院学报增刊《军事历史研究》1987 年 2 期。)

争论有以下几点:

1.百团大战是否忽视了阶级斗争与民族斗争的紧密结合。蒋杰在文章中讲到,百团大战用减轻敌人对正面战场的压力来稳住国民党,反映了对国民党顽固派的疑惧。只强调集中主力配合正面战场作战,忽视了敌后战场我军力量的保存和发展,忽视了民族斗争与阶级斗争的紧密结合。这种论述引起了极大的争议。金春明认为,抗日时期民族矛盾是主要矛盾,蒋介石参加抗日,没有投降,这对全民族和整个抗战有利。因此,我们必须拉住蒋介石,拉住的时间越长越好。如果说是保卫蒋介石的话,那也没有什么了不起。(见《还百团大战以本来面目》,《辽大学报》1976年第6期。)张洪祥、高德福也认为,蒋杰的看法是不恰当的,因为当时发动百团大战的目的并不单纯是为了配合国民党的正面战场作战(事实上当时正面战场也无激烈的战斗),而是为了影响全国战局,克服投降危险,争取时局好转;同时也是为了打破敌人对根据地的"囚笼政策",谋我军的巩固和发展。(《关于百团大战的评价的几点商榷》,《南开史学》1980年第2期。)百团大战吸引了大量敌军兵力于华北敌后战场,此后八路军的压力显然大大增加了,由此而产生了一系列影响深远的事实。

2.关于如何估计百团大战前形势的问题。百团大战的发动者对形势估计正确与否,关系到这次大战是否应该发动,发动后是否达到了它预期的目的。多数文章对此持肯定态度。战前法国投降、英国退出欧洲大陆、德意法西斯得势,鼓舞了日本加紧对重庆国民党政权实施政治诱降和军事压迫双管齐下的政策,国民党有可能倒退而投降。《中共中央关于目前形势与党的政策的决定》中指出,空前的困难与空前的投降危险快要到了,在这种形势下,作为抗日战争主力的八路军采取攻势是必要的。战役的结果也达到了这一目的。关于这一点,也有不同的看法,李新认为:"为了坚持抗战是应该给敌人以打击的。但最好的办法是让日本人先跟蒋介石打起来,然后我们再帮助蒋介石,这样就拉着蒋抗战了,就不至于我们在那里打'百团大战',蒋介石却在一旁坐山观虎斗。"(《晋冀鲁豫抗日根据地的建立、巩固和发展》,《中国抗日根据地国际学术讨论会论文集》,档案出版社1985年版。)还有一种意见,对百团大战全然持批判态度,朱锡通《关于百团大战的探讨》(《南京大学学报》1980年第4期)认为,此战无论从对形势的估计,战役的要求和目的,或是从战役的结果来看,百团大战都是错误的。

3.百团大战是否超越了战略防御的限度。这是一个争论最为热烈的问题。有人认为,百团大战是使用华北我军几乎全部力量以战略进攻的姿态进行的,越出了敌后战略防御的限度。采用大规模的运动战和阵地攻坚战,是与毛泽东提出的并为中共中央确定的持久战思想,和基本是游击战、但不放弃有利条件下的运动战的战略方针相违背的。结果我军减员大,而破袭的铁路、攻克的据点,大多数又被敌人夺去,胜利成果未能巩固。何理则认为,百团大战打破了敌人对根据地的分割、封锁,对巩固和扩大抗日根据地起了重要作用。这一战役所取得的成功经验也是我军作战史上极其宝贵的财富。(见《论百团大战的战略指导思想及历史作用》,《南开学报》1982 年第 3 期。)刘家国认为,从百团大战总体来看,并没有违背我党以游击战争为主的战略方针,游击战是主要作战形式,又有运动战,既有进攻,又有防御等多样的作战形式。(《百团大战是否违背了游击战为主的战略方针》,《思想战线》1985 年增刊第 3 期。)金春明举了敌我伤亡的比例,指出我军与敌军伤亡的比例是 3:7,较抗战开始三年的 1:2 为低。他不同意百团大战不顾条件、硬性攻坚,我军损失太大的说法。这两种意见分歧较大,难以接近一致。

4.百团大战是不是造成了 1941—1942 年根据地困难?百团大战后不久,抗日根据地进入最困难时期。敌人实行"三光"政策,我军遭受重大损失,百团大战是否是它的直接原因?对这一问题,研究者的看法很不一致。只要浏览一下有关这方面的文章,就会发现,有的认为百团大战引起了敌人的报复;有的认为形成极端困难的局面,根本原因是日军针对华北占领区的战略方针和敌强我弱的形势决定的,但百团大战军事上的错误也是重要原因之一。有的则认为两者之间没有直接的联系。金春明说,造成困难局面的原因很多,百团大战不过是直接导火线而已。早在 1938 年 10 月,日军占领武汉后,就把军事打击的重点转向解放区,而国民党的封锁包围又是造成解放区困难的另一个重要原因。

对百团大战的看法众说纷纭,说明了学术界思想的活跃,过去统一于一种观点的做法不再为人所接受了,人们已和过去表面上一致的传统基本上决裂。

(六)关于皖南事变

1941 年发生的皖南事变是史学工作者和作家近年来研究的热门课题。中央档案馆公布出版了《皖南事变》(资料选辑),各种报刊,诸如《党史研究》《党史资料征集通讯》《安徽史学》、安徽《社联通讯》《安徽师大学报》等刊登了许多关于皖南事变的文章,以皖南事变为题材的小说《皖南事变》也出版了,许多人还到皖南事变发生地做实际考察。皖南事变的研究深入得多了,这是可喜的现象。

有的文章着重探讨皖南事变这一悲剧的主观原因,有的着力于客观因素的分析,视角不同,结论也迥异。黎汝清的小说《皖南事变》发表后,引起了更大的争论。安徽党史学会、《安徽党史研究》和《安徽史学》编辑部联合召开了座谈会,对小说中违背历史事实的虚构提出了批评。

从发表的文章看,论述主要集中在以下几个问题:

1.皖南事变是否可以避免?几乎所有的文章都认为是不可避免的。曹雁行、蔡霆光《皖南事变始末》(《党史研究》1982 年第 1 期),马芷荪《对考证皖南新四军北移路线问题的一点意见》(《党史研究》1982 年第 4 期),黄开源等《皖南事变及其历史教训》(《安徽师大学报》1981 年第 3 期),王秀鑫《关于项英在新四军工作中的功过问题》(《党史通讯》1986 年第 11 期)等文,都认为无论新四军走还是不走,也无论是走哪条路线,蒋介石都要"务求彻底肃清之","务于长江两岸歼灭之",这是问题的实质。马芷荪的文章说,"如果认为新四军服从蒋介石关于改道的命令,从铜陵、繁昌间渡江,皖南事变就不会发生,这种看法显然是错误的"。

2.北移路线问题。《皖南事变》小说认为新四军转移路线是由项英个人决定的;王秀鑫文中认为是新四军军分会集体决定的;陈辽《皖南事变历史和皖南事变小说》认为北移路线是叶挺与国民党当局商定并为中共中央所同意的;王明亮《新四军皖南部队北移路线究竟是怎样确定的》一文认为,不存在中共中央军委同意的事实,中央军委的文件涉及北移路线时对项英始终持批评态度。

以往所讲的"三山计划"(即向天目山、黄山、四明山南进的系统计划)说也遇到挑战,王秀鑫文章中讲,到现在还没有发现任何资料足以证明有这一计划。

3.关于新四军在皖南事变中所受损失的责任问题。多数文章认为项英应负主要责任。如曹雁行等人说,项英始终不肯放弃其南留的打算,下不了北移的决心,而且还一再向中共中央请示方针,从而拖延北移,结果在国民党顽固派阴谋进攻之下,招致了重大损失。王秀鑫则认为,当时情况复杂,中共中央在确定北移方针后,由于对皖南的情况不可能深入具体地了解,因而对于何时北移最为恰当,未能规定具体时间,即使规定了,又有所变动。1940 年 11 月 21 日中共中央指示说,你们可以拖一个月至两个月。据此,她认为不能简单地把严重损失的责任归咎于项英。项英在掌握北移时机、选择北移路线及应付国民党的进攻方面都有错误,但中共中央也有一定责任。

4.对皖南事变中一些具体问题进行了深入的探索,如皖南事变时间的考证,傅秋涛突围路线和突围人数的考证,项英、袁国平、周子昆等人离队的原因,项英、周子昆被害问题,叶挺谈判被扣问题,刘厚总叛变投敌问题等等。

皖南事变是一复杂的问题,随着资料的不断发掘和研究的深入,人们对这一历史事件有了更清楚的了解和认识。已经发表的一百多篇文章,引用不同的史料,或者是对同一史料的不同解释,论述这一事变的各个侧面,大大丰富了人们的历史知识,启发了人们的思考。历史工作者的任务之一是弄清历史真相,总结历史经验。皖南事变研究的活跃,反映了史坛的繁荣和发展。

(七)关于三三制政权

研究者发表了一些论文,追踪三三制的历史轨迹,诸如它的产生,它与民主化进程的关系,它的强度和威力等。

三三制思想的产生是有重大历史根据的。探究它,应从客观事实中去寻找,而不是从谁的头脑中去发现。陈志远、王永祥对这一政策思想的来龙去脉做了概括的描述。他们从考察晋察冀抗日民主政权出发,得到了合乎规律的认识,认为,晋察冀政权的结构为抗日统一战线政权提供了宝贵经验,中国共产党为适应并巩固和发展这种人民广泛动员起来抗日的革命局面,及时总结并提出三三制思想,以便把敌后抗日政权的建设统一化、规范化和制度化。1940年3月,中共中央、毛泽东明确提出三三制原则。(《抗日根据地政权"三三制"与中国政治民主化的关系》,《中国抗日根据地史国际学术讨论会论文集》,档案出版社1985年版。)野泽丰认为,三三制是克服因国民党制造的摩擦日益增多而产生的极"左"倾向的一种办法。(《抗日民族统一战线与抗日根据地》,同上书。)施善元认为,那是为了团结更多的抗日力量,顺利开展抗日救国斗争。(《抗日民主根据地的民主政治》,《抗日民主根据地与敌后游击战争》,中共党史资料出版社1987年版。)通过以上这些穷根究底的研究,我们就知道,三三制是时代的产物,它和抗日战争是紧密联系在一起的。

研究者以大量的事例说明三三制思想是怎样深入到人们思想中,得到各个阶级的拥护的。各根据地的选举都很庄严热烈,有广大群众参加,绝大多数地区参加选举的选民在90%以上,这说明群众参政议政的积极性。笔者在20世纪50年代初,曾写了一篇短文《抗日战争时期革命根据地的民主选举》(《历史教学》,1953年),论述了群众的觉醒,选举的民主化程度。近年来,研究者发表的文章中,历史资料更充足了,研究也更深入了:不是简单地概述选举过程,而是通过一些过程的连续系列,探索其相互关系和因果关系,阐述中国民主化的进程,以及抗战与民主的关系等问题。

有的研究者还探讨了三三制政权的强度和生命力,论述了各党派各阶级如何携手抗日,使民主政权机构建设适应于他们的需要和理想,以及在工作中所表现的革命勇气和决心。

从已看到的历史资料中,各根据地的各级政府都是很精干的,有效能的,并且是廉洁的。民族解放事业促使人们处于健康而清醒的状态中,不断接受新思想。各级政府机关,一扫过去旧时代的官僚制度和衙门作风,它们是真正的人民的办事机构。高德福《论晋察冀边区政权建设中的民主政治》(《中国抗日根据地史国际学术讨论会论文集》,档案出版社1985年版),突出地讲到为政清廉,各级政府肃清了很多为"混事""做官""发财"而来的行政人员,与人民保持密切的联系,使边区军政民形成了一个坚不可摧的战斗整体。

在历史研究中,一个问题的研究常常引起很多新问题,三三制作为一种政治制度,必然会有更多的人,从不同的角度去探讨它。

(八)关于商业贸易

根据地的商业贸易,是近年来抗日战争史研究中的新课题。

根据地地处农村,又多为偏僻山区地带,是现代工业尚未发展的地区,在敌人经济封锁的情况下,过去依赖于城市供给的工业品十分缺少。因此,根据地的商业贸易就显得异常重要,它关系到军工供应,关系到军民日用品的供应,关系到对敌的经济斗争,关系到千家万户的生计。根据地商业贸易情况究竟如何,成为探索者考察的一个重要对象。已发表的论文,已涉及根据地的商业组织系统、商业政策的演变、市场、物价、货币购买力等诸问题。我们从中了解到,南方根据地工商业发展程度较北方为高,而北方在极艰难的基础上却创出了新局面。郭今吾写的《晋冀鲁豫边区的公营商业》,武博山的《太行区六分区财经工作的片断回忆》及笔者主编的《晋察冀抗日根据地财经史》书中的商业部分,黄安的《略论淮南抗日根据地的商业》等,都表述了那个时代的商业特点。

各根据地都建立了商业贸易机构,边区、行署、专署、县都有贸易局,公营商店,运输、消费、信贷等类型的合作社,开辟并保持着一定的经商路线,团结商人,恢复原有集市,并建立了一批新市场,形成了有组织有系统的商业网。这是根据地极为重要的经济现象。郭今吾说,当时商业工作的主要任务有两个,一是开展物资交流、平抑物价、调剂有无、巩固冀钞、支持根据地的生产发展、保障军民生活资料的供给;二是开展对敌经济斗争,从物质上充实自己,削弱敌人。这里所讲的是晋冀鲁豫边区的情况,其他根据地也都是这样。

根据地商业贸易的政策是:对内自由,对外统制。研究者具体地描绘了所研究的地区这一政策的实施情况。当时每一根据地都是一个独立的经济区域,每一区域都有自己的特色,所以再现在人们面前的商业活动也是千姿百态,各地区都兴办了一些工厂,促进生产,发展商品流通,按照传统的集市贸易,使货畅其流。政府的商业部门根据各种物资的供求状态和物价变动情况,有计划地调剂商品,以保持物价的稳定,活跃农村市场。如晋察冀边区,将雁北的粮食运到冀西,冀西的布匹运到雁北,冀中的土布棉花运到冀西,冀西的牲畜、硫黄及其他山货运到冀中。晋冀鲁豫边区,将冀南的土布、小盐运到太行山区,太行、太岳的粮食及山货运到冀南。物资交流的开展,发展了根据地的经济。当时出现了很繁荣的市镇。武博山的文章中讲到,武安的"阳邑镇当时有山货栈 20 余家,棉布杂货店有 40 余家,经商的人口有 3000 多,超过了该镇的农业人口"。黄安的文章讲到淮南"根据地内商贩遍布各地,如铜城的商店林立,有私商铺 100 多家,各地来此经商的商贩很多,流动人口常在 1000 人次以上,号称淮南的'小上海'"。这说明对内自由的贸易,是取得了积极成果的。各根据地对外贸易,在开始一段时间,几乎都出了些毛病,那就是对敌占区采取了简单的贸易封锁政策,实行经济绝交,以防止根据地物资资敌。这样做的结果没有收到应有的效果,因边区界线与敌伪势力犬牙交错,敌占区缺乏物资,价格上涨,走私活动猖獗起来。根据地物资不断流向敌占区,却没有换回自己所需要的物资,根据地出产的土特产也运不出去,阻滞了经济的发展。郭今吾认为,这是贸易工作中的幼稚病。其他的研究者也都持相似的看法。1940 年黎城会议提出在全边区范围内征收出入口税,统制对外贸易,对输入、输出物资分别实行"奖励、限制、禁止"的区别对待政策,对敌贸易便出现了主动的局面。相当多的文章都论述了各根据地是怎样在和敌人经济斗争中搞活经济的。

对敌经济斗争的一个突出问题是粮食斗争。各根据地对粮食及其他重要物资严禁外运、私运,如有发生,以资敌论处。后来将绝对禁运出境改为专卖出口,并加强缉私工作。各地专卖什么物资,根据各地具有的优势来确定。如晋察冀、晋冀鲁豫实行粮食专卖,因为粮食是敌人掠夺的主要对象,在根据地内,是带有半货币性质的一种商品,粮食价格的升降,往往成为各种商品物价变动的主要因素之一,对货币的巩固,起着巨大的杠杆作用。粮食专卖,在内部仍自由交易,对外有计划地出口一部分,以换回重要的必需品。山东根据地则以盐和花生油为专卖物资,来打击敌人对根据地的经济封锁和经济掠夺,保护根据地的经济,促进根据地经济的发展。因为粮食战是尖锐的经济斗争,一些学者把目光投入这一课题。左志远写了《抗战时期太行区的粮食斗争》,傅尚文写了《晋察冀边区北岳区的粮食战》,前面提到的郭今吾的文章,都专门就这一问题,进行了深入的论述。

在论述中,研究者对 1941 年、1942 年太行区的粮食斗争,进行了科学的、心平气和的总结。这是一个一直有争议的问题。太行区西边白晋铁路沿线是粮食产区,平汉线粮食不够,历史上,太行山的粮食就由西向东流动。根据地贸易部门便抓住了这一形势,从西线购买粮食到东线去出售,获得了大量的外汇,群众在运粮中也增加了收入。但是 1942 年粮食出口过了火,一部分公粮也出口了。1943 年发生了大灾荒,粮价大涨,西线收不进粮食,拖欠的公粮无法归还,根据地粮食供应出现了紧张局面,因此对粮食贸易的争论发生了。如何评估四十多年前的这场贸易斗争呢?现在大家的看法已取得一致,成绩是巨大的,应该肯定,但因经验不足,没有瞻前顾后,特别是高额利润在头脑中滋生,无节制地大量出口造成了被动局面。

相当多的研究者,对根据地物价所以能保持相对稳定,提出了大致相同的见解,这就是赖于发展生产,调剂供给,控制货币发行量,组织输出入,争取有利交换,掌握外汇等,工作获得了成功。历史是一面镜子,可资后人借鉴的东西很多。商业贸易的深入研究,是可以给人以启迪的。

(九)关于根据地的银行和货币

敌后根据地史的研究已深入到银行领域,历史留下来的各根据地银行资料,有的比较完整,有的则很分散。值得高兴的是,许多当事人已写出了专题论文或回忆录,填补了记录中的空白处。如戎子和《晋冀鲁豫边区财政工作的片断回忆》中的金融货币部分,黄伊基的《西北农民银行和晋绥贸易总局史实回顾》(《山西党史通讯》1987 年第 1 期),方皋《抗日战争中的鲁西银行》(《抗日根据地的财政经济》,中国财政经济出版社 1987 年版),都是很有分量的。中国人民银行金融研究所和财政部财政科学研究所编的《中国革命根据地货币》(上、下册)(文物出版社 1982 年版),对各抗日根据地银行及其发行的钞票都有简要的论述,还收录了一些银行章则、政府布告及部分领导人的讲话,这部书无论是从文物还是从文献资料来看,都是很有价值的。一些研究者也写了不少论文,如王静然《晋冀鲁豫边区货币金融工作》(晋冀鲁豫边区财政经济史座谈会资料集),张历生《晋察冀边区银行》(《南开学报》1983 年第 3 期),黄存林《略论冀南银行的历史作用》(《河北师院学报》1986 年第 3 期),笔者写的《论晋察冀抗日根据地的货币统一》(《近代史研究》1987 年第 2 期)等。

研究者的论述集中于以下三个问题:

1.根据地的货币政策。各根据地的货币政策是相同的,这就是发行与巩固边币(或称抗币),保护法币,肃清土杂钞,打击伪钞。中心的一环是统一货币。货币不统一,边币就不会巩固,边区的金融也难以稳定,边区的经济基础也必然动荡不稳。

研究者的文章都抓住了这一主题,表述了货币统一的过程,以及怎样占领阵地,取得群众信任的。像根据地的发展历史一样,各根据地的货币也有自己的发展史。它获得独立的市场和地位比根据地的建立要晚,它的价值作用是和根据地政权的巩固和发展、权威和影响联系在一起的,因各根据地建立时间的迟早,地域范围的大小及巩固程度的不同,对货币政策认识上的差异,各根据地的货币在斗争中所起的作用也不尽相同。

2.银行工作的重点。各根据地银行发行工作大致都经历了这样一段认识和实践过程,即最初多属军事发行,主要是财政透支,随后才把重点放在扶助群众的生产方面,主要扶持农业、工业和家庭副业生产。戎子和文章中讲道:"1940 年冀太联办成立后,特别是经过 1941 年的努力,到 1942 年财政经济工作初步走上轨道,加上边区减租减息运动和生产运动的逐步开展,冀南币的发行方针逐步明确起来,不单是补助财政,而是兼顾生产,即财政与经济发展并重。"这说明领导者的正确思想是从实践中获得的。各根据地的货币要成为各根据地的本位币,就应以发展生产为中心,这样才能使根据地的物价保持相对稳定。

3.货币战。各根据地和敌伪展开的严重的货币战,一直持续到敌人投降。抗战期间敌对我经济战线上的掠夺与我之反掠夺,封锁与反封锁,大都借助货币这一工具进行,货币斗争和贸易斗争结合在一起。以冀南币为例,一直搏斗了六年,曾有此高彼落、彼高此落多次的比价变化,及彼进我退、我进彼退反复的市场争夺,有成功的经验,也有失败的教训,研究者对此进行了深入的探讨。

在探讨这一课题中,研究者使用了银行的卷宗,运用数字和图表来说明货币的发行指数、物价指数及货币购买力,使人对根据地的社会经济有清晰的了解。

研究在走向深入。一些问题也提出来了,如边币应稳定在与法币的比价上还是稳定在物价上。华北执行的是金融货币独立自主的方针,将边币稳定在物价上,陕甘宁边区也曾主张稳定在物价上,但未实行,为什么?又如金融政策中的利息政策,抗战时采用低息政策,特别是农业贷款是一分半,合适不合适?对发展生产的影响是什么?

一个课题一经提出,必然会吸引更多的人参加进来,出现更多更好的成果。经过多次的研究,人们的认识也就深刻了。

三、根据地史研究的广阔天地

根据地独特的历史魅力是很吸引人的, 对它的研究已取得了很大的成绩。然而我们不能不承认:(一)并非所有的研究都获得了同样的学术价值,有的研究还需要提高;(二)研究还没有深入到根据地的每一个领域;(三)就根据地的伟大存在及其应享有的历史地位来讲,现在的成果委实不多。研究仅仅是个开端,许许多多的课题等待着人们去探讨,许许多多的资料等待着发掘和整理,这是一个广阔的园地。

研究历史主要依据历史文献。目前发表的文献资料不少,而我们探讨某一问题时,总是感觉到资料不够。获得资料的途径,一是到各地的档案馆去查找,那里保存着大量可供利用的档案,许多资料至今仍在沉睡。曾是根据地地区的市、县档案馆的作用尚未发挥出来。1987 年 10 月,财政部科研所的领导组织我们研究晋冀鲁豫根据地财经史的同志一行十余人到原太行太岳根据地的邯郸、武安、涉县、黎城、左权、武乡、沁县、沁源考察,发现这些地方保存着大量的根据地原始资料,有的属于敌我双方的军事政治情报,有的属于社会调查,一个村的或一个市镇的。也有农、工、商方面的资料,银行方面的资料。其中有的是手抄本,有的是稀有的刊物,是研究根据地不可多得的文献。我们应当把目光转向当年的根据地地区,从那里吸取丰富的养料。二是翻阅根据地的报刊。抗日期间新闻事业特别发达,各根据地有许多报刊,仅冀鲁豫边区主要党刊党报即有《党的生活》《冀鲁豫日报》《战友报》《战友月刊》《战友文选》《火花报》《挺进报》《抗战报》《前锋报》《烽火报》《火线报》《党内刊物》（月刊）、《党报》（三月刊）、《军区党报》（周刊）、《军区刊物》（月刊）、《军政文选》（月刊）、《分区党报》（旬刊）等。令人高兴的是，各地区的几种大报刊已影印出版，如《新华日报》《晋察冀日报》《晋绥日报》《大众日报》。它们都是根据地史的记录，留下了极其丰富的素材，其中许多政策法令、历史事件都有报道，和档案基本上是一致的，有的比档案记载详尽，或者是档案中没有的。还有一些珍贵刊物，如《工商通讯》《经济通报》，是研究太行根据地经济的重要资料。《平原》《战友月刊》《工作通讯》《工作研究》是研究冀鲁豫边区所不可缺少的。

因为战争的残酷，根据地资料没有完整地保留下来，许多事没有文字记载，仅存于人们的记忆之中，所以，调查访问就显得十分重要。晋察冀财经资料和财经史稿的编写过程中，曾走访过很多当事者，弄清了一些档案上查不到的问题，如贸易路线、商业网、商号和集市贸易。开始时，一无所知，是忻县韩成贵提供了线索，他是当年商业干部，对北岳区商业了如指掌。有关军工的资料，也多来自走访，原晋察冀军区工业部长刘再生提供了大量资料。冀热辽人民抗日斗争史撰写关于"无人区"的时限与地域范围，是花了两年多时间，走访了各个"无人区"，才弄清和完成的。

事实说明，调查研究在研究根据地史中占有极重要的地位，它可以弥补文献记载的不足，帮助研究者更深入全面地认识有关历史现象，这是研究根据地史，也是研究现代史独有的优势。当然，无论是调查所得的资料或历史文献，在使用时都应加以认真的思考，只有通过解释和理论的提高才能具备历史见证的作用。研究任何具体问题，都要将其放在当时的历史背景下，用宏观的眼光去观察。

考证是研究根据地史不可缺少的手段，应利用同一问题的不同证据来推求比较，考察自己掌握的资料是否有缺陷和不足，尽可能地使自己的研究立于可靠的基础上。

研究工作是很艰苦的，有时为一个人的生死年代，为一个地方的具体解放日期，为某个地区的行政区划的变动，或者为一个数目字，都要花很多精力和时间，从各方面核对，才能弄清，甚至弄不清。档案文献或报刊上的记载出于当时种种缘故，与事实有时有出入。如左权将军的殉国日期和地点，报上登的是 1942 年 6 月 2 日在麻田附近，实际上是 1942 年 5 月 25 日在麻田十字岭。历次战绩统计数字，史料记载很不一致。大体说来，1943 年以前，多有所夸张,1943 年以后比较确切。

　　研究者不应忽视资料整理工作,不要以为整理资料是低层次的工作而绕过它。从文化积累角度来看,这个工作意义很大。就一般规律来说,现时的论文,只是代表着现实的水平,虽然对后人有启迪和借鉴的作用,但无论多么精辟的论著,都受时代和知识的局限,终将被后来的成果所丰富补充或代替。而原始资料则相对稳定不变,对它们的整理保留和发掘丰富,是后人研究的永久基础。研究抗日根据地, 也必须重视各地区各部门各类别史料的搜集、整理、考订等项工作。只有这样,才能使研究逐步精深,并不断发现新的课题。当然,绝不能停留和陷于资料之中,文章也不能只是纯粹的叙述,应把自己积累的东西条理化,上升到理论。没有理论,就没有历史研究。利用史料找出历史规律,才能体现历史研究的意义。

　　根据地史的研究是大有可为的,它必将结出更丰硕的果实。

原载《抗日战争研究》,1991 年第 1 期

悉尼科技大学举办"华北抗日根据地学术讨论会"

今年 5 月下旬,我们南开一行 3 人从北京经香港赴澳大利亚,参加了悉尼科技大学国际研究院举办的"华北抗日根据地学术讨论会"。

对我来讲,这是第三次去澳洲。第一次是 1991 年 7 月,参加悉尼大学举办的澳大利亚中国研究协会第二届会议。澳中协会是澳洲最大的研究中国问题的学术团体,其成员包括全澳各大专院校研究机构和团体的学者与专家,每两年举行一次全会,同时邀请少数外国学者参加。第二届协会主席是著名的文学家梅波·李,她执教于悉尼大学,所以会议就在该校举行。会议内容极为广泛,涉及哲学、历史、文学、艺术、语言等多学科领域,属于中国现代史方面的文章有澳大利亚国立大学久岗杉·安格的《重访陈村》和安竹·瓦桑的《大白菜的矛盾:中国批发市场的改革》等。我宣读的论文是《从沙井村的变化看中国农业现代化》。

第二次赴澳洲是 1993 年 7 月参加第三届澳大利亚中国协会学术讨论会。会议在布里斯本格里菲斯大学举行,库林教授为主席,以研讨中国当前经济发展和开展汉语教学为主要内容。墨朵大学大卫·古德曼教授特别安排了一个小型会议,集中讨论 20 世纪三四十年代中国共产党的历史。古德曼、冯崇义、田西如的论文分别是:《中共在太行根据地》《三四十年代中国文化思潮及其对建国后社会发展的影响》《毛泽东的新民主主义革命理论和邓小平的实践》。我宣读了《太行山与中国革命》的论文。

这次专程赴澳洲是参加古德曼主持的学术讨论会,主题是"华北抗日根据地的民众动员与社会变迁"。从中国现代史角度看,这次会议的内容更集中,题目更突出醒目。

也许有人会问,为什么澳大利亚学者要组织华北抗日根据地学术讨论会?原因很简单:古德曼是一位著名的汉学家,尤其在历史方面造诣较深,抗日根据地是他研究的课题之一。我记得南开大学举办第二届中国抗日根据地历史国际学术讨论会时,古德曼宣读了论文《中国革命的太行道路:邓小平、毛泽东与变化的政治》,论述了刘伯承和邓小平领导创建的太行根据地在中国革命中的地位与作用。此后,他写出不少根据地的文章,还撰著了《邓小平政治评传》(田西如、李学谦、姜丽蓉译,中共中央党校出版社,1995 年 11 月版)。他多次访问山西,与创建太行山根据地的一些领导人、知识分子和农民交谈。抗日战争引发出古德曼很多思考。他认为这是中国革命的转折时期,也是决定中国命运的时刻,尤其是太行山根据地有很多历史经验,是中国文化的宝贵遗产。于是,他对抗日根据地产生了特殊的感情。学术研究是没有国界的,每个学者都可以根据自己的兴趣和掌握的资料,研究其他国家的历史和问题。譬如澳大利亚国立大学大卫·霍姆专门研究陕甘宁边区的文艺,还会扭秧歌呢!

这次会议的组织工作相当出色,从世界各国邀请了一批专门研究抗日根据地历史的学者,如英国里兹大学班国瑞教授曾多次来华,访问过当年华中抗日根据地和华北抗日根据地;美国加州大学圣地亚哥分校教授周锡瑞先后 5 次赴陕北调查;美国学者达·维多·艾理斯专门研究山东根据地;新西兰惠灵顿维多利亚大学波凌博士曾 4 次访问陕北。中国参加会议的 6 人,台湾地区 1 人。会议还邀请澳大利亚的知名学者担任评论员,如麦克里大学中国研究中心主任杭智科博士致力于中国区域经济研究,特别是一些地区改革开放后的经济发展,并创办了《了解中国》(Access China)杂志;悉尼大学亚洲研究系主任冯兆基教授是研究中国现代政治史的专家;拉梦贝大学约翰·费兹阶尔得长期研究民国时期广东经济史;南克罗斯大学克斯·福斯特博士专门研究当代中国政治与文化。会议预先将所有论文译为中英两种文字发给与会者。宣读论文、评论和发言时,使用英语和汉语均可。研讨日程按陕甘宁、晋察冀、太行、太岳、晋绥、山东各根据地顺序进行。

5 月 27 日,研讨会开幕,与会者约 35 人。我国驻悉尼文化领事陈怀之、悉尼科技大学校长助理约翰·胡福斯和会议主持人古德曼教授先后致辞,随后开始学术讨论。当天,集中讨论陕甘宁边区:波凌博士讲《组织农民:1934—1945 年陕甘宁边区的农村组织和党的状况》,雷颐先生讲《陕甘宁边区的政治经济变革与社会动员》,周锡瑞讲《封建堡垒里的革命:1937—1948 年的杨家沟》,陈永发讲《延安模式再评价》。28 日讨论晋察冀边区:魏宏运讲《晋察冀抗日根据地的社会变迁》,温锐讲《晋察冀边区〈战时政治对农村社区的影响〉》。会议原拟请专门研究晋察冀边区的香港科技大学何高潮博士发言,何未能到会。29 日开始讨论其他根据地:古德曼讲《1941 年的黎城暴动》,秦富平讲《论抗日战争时期太岳革命根据地基层政权的演变》,田西如提交了论文《论太行抗日根据地的社会经济变革》,但田未能到会。30 日上午,冯崇义博士和刘健清教授讲《农民、知识分子和晋绥根据地的创建》,李向前讲《抗日时期中国西北农村社会的变动》。下午,戴维多博士讲《共产党人在山东根据地的战时政治和经济动员》,班国瑞教授讲《抗战时期的华北和华中》。最后,周锡瑞教授做了总结发言。

四天的会议,安排很紧凑。与会者对一些问题常有争论,但气氛相当融洽。

会议争论的主要问题为:

一是对延安道路的评价。20 世纪 60 年代,美国著名学者马克·塞尔登教授撰写的《延安道路》出版,颇引人注目。最近,作者又加以修订再版。该书将中国革命与抗日视为反殖民主义民族解放运动,将延安道路视为对革命变革与社会转变的理论与实践的典型性贡献,将 1941—1942 年视为形成解决战争与革命问题新方略的分水岭,并认为延安道路的特色是根植于敌后根据地。作者在修订本《革命中的中国:延安道路的反思》一书前言中讲:"1937—1945 年间,中共依靠融民族抵抗与社会的、经济的和政治的改革为一体的纲领去动员广泛的社会阶层,并将他们团结在自己的周围。"这种见解和论断是非常正确的。然而近几年陈永发先生和西方一些学者对此大加攻击。他们把延安道路说得一无是处,将延安的一切进步、发展和建树都视为种种迷误,甚至以"抢救失足者"现象的发生概括整风运动,认为延安整风运动和大生产运动也是错误的。会上,冯崇义博士针对陈永发等人的观点阐述了自己的看法,认为塞尔登的论断是驳不倒的。延安道路是中国历史真实的反映,是历史真实的总结。正是多灾多难的中国出现了延安模式,获得了中国人民的拥护,中国革命才取得了胜利。1944 年访问延安的中外人士所发表的见闻也证实了延安道路的功绩。研究历史要全面分析,不应以革命中出现的个别负面现象否定一切。冯以丰富的知识,表示了对延安道路的尊敬,表达了自己的历史观。

二是延安模式对其他敌后根据地的示范作用。一些学者认为,每个敌后根据地都有特殊的环境,都有自己的创建历史和特色,并不一定按照延安模式行事。经过讨论,大家有了共识,认为延安模式根植于敌后根据地,代表了中国革命的方向。陕甘宁边区和其他根据地不是领导与从属的关系,但它是中国革命的缩影,又是关键的一环。中共中央设在延安,毛泽东和中共中央从延安发出命令,指导全国革命。各根据地处于被分割状态,却都能听到延安的声音。他们根据实际情况办事。各根据地的建立有先有后,同一政策的执行也有早晚,每个根据地的先进经验都通过一定媒介被其他根据地所效法。他们自力更生,各显神通,其共同特征正如塞尔登所讲,"是在抗战的同时着手解决农村的经济问题,重建党与农民以及当地上层分子的关系。新民主主义理论和群众路线为各地的抵抗运动指明了方向"。

三是关于方先觉是不是民族英雄问题。当讨论敌后抗日时,有人提出国民党抗日也很英勇,并以 1944 年守卫衡阳的第 10 军军长方先觉为例,于是引起了激烈的争论。衡阳保卫战进行了 47 天,打得很出色,中日双方死亡都很惨重。但是,方先觉于 8 月 8 日投降了日军。同年 12 月,日本派方返回重庆,开展诱降活动。把这样的人称为民族英雄,显然是不妥当的。会上,大家踊跃发言,出现了争相讨论的高潮。

这次学术讨论会开得有声有色,与会者无不称赞。大家置身学术讨论之中,互相启发,都在思考一些新问题。

5 月 31 日,与会者相继离去。我们南开数人又访问了麦克里大学和堪培拉。

6 月 5 日,我们离开悉尼。在香港科技大学,我做了一次学术报告,还访问了树仁学院和中文大学。

短短 15 天,所见所闻颇多。现仅将会议状况记述于此,以飨读者。

原载《抗日战争研究》,1996 年第 3 期

南开大学举办第二届中国抗日根据地研讨会祝词

尊敬的女士们、先生们、朋友们：

欢迎你们从世界各地来这里参加会议。中国古时热情欢迎客人时常说：有朋自远方来，不亦乐乎。今天我们也用这句话，表达我们的心情。

历史是具有魅力的，它像磁石一样吸引着人们。中国抗日战争史的研究，把我们这些人——无论是老年的、中年的，还是青年的历史研究者——吸引住了，大家聚首一堂，讨论半个世纪以前的中国历史。不少朋友们会记得，1984年我们曾举行过第一届中国抗日根据地史国际学术研讨会。那时，我们都是很兴奋的，大家在一起切磋琢磨，讨论了很多有价值的问题。会后到各地参观，范力沛等教授去的是延安。我记得他回国后高兴地说，到延安实现了他多年的夙愿。

自那以后，根据地史的研究方兴未艾，达到了前所未有的程度。中外朋友们在这一领域的探索和努力，有了巨大的进展。众所周知，中国、日本、美国的朋友们举行了各种形式的研讨会、报告会；新出版的著作也显著增加。就中国而言，1984年以后，有关根据地的著作、回忆录、资料和工具书已达140部以上，文章近600篇。研究的课题也很广泛，从毛泽东思想，中国的历史道路，到一些具体政策提出的背景；从宏观的理论的探索到对人物、事件的考证；从对政治、经济、军事方针的论述到对一个村民生活风貌的考察；从政治体制到秘密会社等方面，都在研究之列，可谓丰富多彩。应该特别提一下的是：(一)不少中外学者对根据地历史的深入调查，他们发掘了更多的历史资料，对于根据地历史有了更多的了解。(二)财政部科研所组织领导、整理、出版了15块根据地的财经史档案资料。这是一项巨大工程。前后花了10年工夫，出版了3000多万字，为我们的研究奠定了基础。

根据地史的研究已结出了丰硕的果实，这也就是我们今天在这里举行第二届国际学术讨论会有了基础和内容。

学术的讨论是没有国界的。各人的看法有所不同,这也是很自然的。由于历史本身所具有的复杂性,因此我们只能通过对历史问题的探索和分析,才能得出正确的结论。我想我们自己在研究中也常有这样的体会:对一个事件或资料的分析常常犹豫、反复斟酌,或者有时看法也会发生变化,这一时期是这样的看法,另外一个时期自己也否定了自己的看法。这是符合思想发展的。因此,这次会上如果朋友们提出的新观点,或者传统观点遇到挑战,又或者说自己观点经受了考验,那更说明了我们所具有的求知精神。我们已习惯于在辩论中发展史学,这是应该提倡的。我们这次会议就来个百家争鸣吧。

这次会后,我们特别组织朋友们到太行山老根据地参观。那是值得一去的地方,它不像北京、西安、桂林这些旅游地点那样吸引人,但大家可以从中领悟到中国之所以能打败日本军国主义的一点道理。真诚地祝愿朋友们在南开生活的这几天里,愉快安适。

原载《南开往事》,南开大学出版社,2009 年

抗日根据地经济研究

论华北抗日根据地繁荣经济的道路

抗日战争时期中国共产党在华北先后建立起晋察冀、晋冀鲁豫、晋绥和山东等敌后根据地。这些根据地之所以能存在、壮大，一是军事上的胜利，一是政治上的进步，一是经济上的成就。经济建设使战争获得物质保证，如果没有经济的发展，不创造财富，不改善人民物质生活，取得抗日战争的胜利是不可能的。各根据地均曾鲜明地提出繁荣农村经济、发展人民生产，增加社会财富的经济建设方针。

那时中国农村经济是很落后的，自给自足的小农经济占统治地位，没有现代化的生产工具；抗日根据地的经济就是建立在这种小农经济之上，而且这种小农经济，在日本侵华战争中，又遭到极大的破坏，土地被践踏，耕牛、农具被抢走，人民流离失所，"太行抗战前每一劳动者耕地 20 亩，现在耕地 30 亩至 40亩。冀南抗战前每 40 亩地平均一条耕牛，现在每百亩平均一头耕牛"①。富裕的农民已经破产，贫苦者其艰难更可想见，人民生活降至最低水平，濒临绝境。

中国共产党肩负着历史所赋予的使命，正视自己所处的困难环境，决心在反侵略战争中边打边建，增加和积蓄国民财富，使根据地繁荣富裕起来。华北抗日根据地在这方面曾做出显著成绩，并提供了丰富的经验。

一、发展生产，以农为主，重视多种经济

发展生产，以农为主，重视多种经济，是华北各抗日根据地发展经济的一项基本方针。其所以把农业放于首位，是因为农业人口占边区人口 98% 左右，工商业人口只占 1%—2%，农业是农民生活的源泉，是边区经济的支柱。其所

---

① 《太行分局高干会议上的报告》(1943 年 2 月 1 日)，《太行区银行工商工作参考资料》(第一编第二集)，太行区冀南银行总行工商管理总局，1945 年。

以要发展多种经济,是为了因地制宜,充分利用土地,使农、林、牧以及养殖业都得到发展,以便广泛发掘财源,各抗日根据地民主政府为了恢复和发展生产,还积极创造各种条件,除实行新民主主义政治,切实保障各阶层人民的民主权利外,并开展减租减息运动,废除高利贷和苛捐杂税。晋察冀边区颁布的减租减息令,明确规定地租一律照原租额减去25%,利息不得超过一分。这些措施调整了旧的生产关系,推动农民接受新的思想和思潮,使他们的生产积极性大为提高。此外,根据地的领导者们很熟悉本地区的经济地理。他们尊重客观规律,在除弊的同时,积极兴利,如开凿水渠,鼓励开荒,改旱田为水田,推广优良品种和新技术,颁布了各种生产奖励办法。晋绥边区规定,开生荒免征公粮3年,免征地租5年,开熟荒免征公粮1年,免征地租3年,开河滩免征公粮5年,免征地租5年至20年。这对开发耕地又起了鼓励作用。

在农业生产中,粮食、棉花为基本作物,特别是粮食,这是生命线,各根据地都以大力组织与领导粮食生产,提高亩产量。滹沱河两岸是产稻区,太行区地瘠民贫,石厚土薄,但太行太岳很多地方盛产谷子、小麦、玉米,这些地区的生产都获得了发展。根据地种植什么依据自然条件与需要而定。"太行太岳将来农业前途是大量发展造林牧畜,但今天仍应着重增加产粮""适当地种棉种麻"。[①]晋绥则奖励种棉。棉花这一战略物资,有的地方鼓励种植,有的则加以限制。山东、山西,特别是河北,气候、雨量都适宜种棉,亩产量高,品种优良,战前日本就通过冀东殷汝耕伪政权、冀察政务委员会、山东建设厅强行扩大种棉面积,从中掠取和搜刮,许多粮田被迫改种棉花,冀中、冀南成为供给日本棉花的主要区域,而粮食多自外输入。抗战开始后,民主政府提倡"多种粮食,少种棉花",以打击敌人的掠夺。游击队严厉推行了这一政策,棉产地大为减少,看下表就可以知道。就冀中来说"玉黍、高粱数量大增,植棉仅占耕地1/10[②],为了增加粮食产量,他们又提高技术、推广优良品种。当时推广的是美国金皇后玉茭、开封124号小麦、太谷169号小麦等。

[①]《太行分局高干会议上的报告》(1943年2月1日),《太行区银行工商工作参考资料》(第一编第二集),太行区冀南银行总行工商管理总局,1945年。

[②]《晋察冀边区行政委员会工作报告》(1938年—1942年)。

区域	棉田面积(单位千亩)		
	1939 年度	1940 年度	(+)(−)百分比
河北	4,039	2,380	(−)41.1
山东	2,755	880	(−)68.1
山西	678	404	(−)40.5

(见郑伯彬:《敌人在我沦陷区的经济掠夺》第 45 页,国民图书出版社。)

　　根据地的领导者在着力发展农业之际,又提倡造林、牧畜、饲养、酿造,认为这也是增加经济力量,使农民致富的重要途径。在山区,林业素为民众生计的来源,如邢台、沙河、武乡产桐柏、杨柳,沙河柏树长得较快,左权、沁源、和顺产松柏树,涉县马布山和沁县松更是远近驰名,战前即运销华北各大城市。战争中,一则遭到敌人破坏;一则因煤炭短缺,自己也不得不砍伐木材作为燃料。如北岳区虽有 70 多个小窑,每天约出 80 万斤煤,"而全区每天至少需要300 多万斤,供给顶多够 1/3,因此各地以木材当燃料,树木多被砍伐,影响调剂气候调剂雨量甚大"①。邢台香炉寨原始森林就是这时遭到破坏的。抗日民主政府因此定下"斧斤以时入山林"的办法②,不许毁坏树木。太行明确指出:"垦荒不要砍伐山坡野树,开了和顺山,坏了榆社米粮川,是不合算的。"③晋察冀规定:"凡 50 度(以后改为 30 度)以上的山坡,不准垦荒,只准造林。"④这一认识和做法是可贵的,毁坏山林,必定自食苦果。他们从长远打算,为了给子孙后代造福,积极提倡"植树造林,保护森林,发展群众苗圃"⑤。

　　从恒山到太行山,牧场极广,山沟与山坡适宜放牧,毛皮产量甚丰,抗日民主政府因势利导,又奖励畜牧业。

　　根据地繁荣农村经济的另一条经验是把发展农业和发展手工业、家庭副业结合起来。农民从事其他副业生产,是现实生活的需要,可以得到更多的收入,也可为根据地创造更多的物资与财富,还可减轻或摆脱对敌占区的依靠,达到自给自足的目的。忽视与副业结合,硬把地少人多的剩余劳动力,束缚在

---

　　① 李一清专员在太北财经扩大会议上的报告,1940 年 7 月 1 日。

　　② 同上。

　　③《太行区银行工商工作参考资料》(第一编第二集),太行区冀南银行总行工商管理总局,1945 年。

　　④《晋察冀边区行政委员会工作报告》(1938 年—1942 年)。

　　⑤《太行分局高干会议上的报告》(1943 年 2 月 1 日),《太行区银行工商工作参考资料》(第一编第二集),太行区冀南银行总行工商管理总局,1945 年。

土地上,只能降低社会财富的创造,对群众是不利的。各根据地经过几年的摸索,到抗战后期,对这一问题都有较深刻的认识,随而大力提倡家庭副业,积极组织人民从事纺织、养蚕、熬制硝盐、编织草帽、采集山货和药材等,成立起各种生产合作社和手工业作坊,如纺织、造纸、造革、榨油、水磨、造胰、烧瓷等,到"1941 年后,手工业有较大发展,某些地区且超过战前,如太行区的纺织榨油"[1]。尤其是棉纺织业,发展最突出,纺织热潮遍及敌后根据地。根据"易县、龙华、满城、徐定、曲阳、唐县、阜平、云彪、平山、灵寿、行唐等 12 县不完全统计,从事纺织的妇女即达 38983 名之多,其中 10 个县的统计,有纺车 30345 辆"[2]。阜平、涞源和平西地区本来没有纺织基础,这时也卷入纺织热潮中。太行区许多村、县都开展了纺织生产,还组织了纺织公司,华北各根据地副业收入一般占到全部收入的 30%,部分地区还有超过农业收入的。

可以这样讲,到 1943 年,各根据地服从于农业的手工业和家庭副业都生气勃勃,形成了前所未有的局面。财富的增加,就使穷的变富,富的更富。

根据地之所以能百业振兴,以增加和积蓄的财富支持抗战,是依靠广大军民伟大的艰苦努力,是由于创造历史的人们具有远见,尊重客观规律,勇于向大自然索取财物。他们的业绩将永载史册。

二、繁荣市场,发展对外贸易

市场是经济生活中不可缺少的,没有市场,物资就不能周转,金融就不会活跃,社会经济就必然不景气。各根据地视繁荣市场为繁荣经济的重要环节之一,经过数年艰难复杂的斗争,都形成了各自统一的市场。

华北一些大市镇素来即为商业重镇。如繁峙的大营镇,早在清代光绪年间就是河北、山西两省粮棉及其他物资的集散地,大同、太原、保定、涞源、易县、行唐、阜平、曲阳、浑源、广灵、灵邱、应州、代州等地商人,都云集此地进行交易。又如洪子店,是河北平山县一个大市镇,地处滹沱河畔,东通平山,东南通井陉,西通盂县,有一千多家商号,民众每年通过这里大量输出本地区的枣、杏仁、花椒、核桃、栗子、梨、柿子、烟叶、羊毛等土特产,换取食物、煤油、

---

① 《太行分局高干会议上的报告》(1943 年 2 月 1 日),《太行区银行工商工作参考资料》(第一编第二集),太行区冀南银行总行工商管理总局,1945 年。

② 《北岳区的妇女纺织业》,《解放日报》,1943 年 8 月 24 日。

盐、棉花等。抗战初，日军进犯华北各地，所到之处烧杀抢掠，许多大市镇的商店被捣毁，有的则被迫关了门，造成商旅隔绝，贸易中断，使农村中的相互调剂及土特产向大城市的运销，皆陷于停滞状态。商业市镇能否恢复，对根据地的存在和人民的生活至关重要。中国共产党人就是在这样商业停滞状态中，从自己站稳了脚跟的地方开始，脚踏实地，一个县一个地区地恢复并建立市场，沟通物资，调剂民食。

1938年春，晋察冀"各地商业都恢复繁荣起来了"。[1]晋冀鲁豫至1940年"商业有些恢复，新集市增多，小贩发展"[2]，境内商旅畅通，运输行业异常活跃，山地与平原的物资亦得以交流。

这一时期，旧有市场恢复和继续发挥它的作用，新增加的集市亦不少，有的集市比战前还要繁荣，有的集市由地方性变为区域性形成互通有无的商业网。譬如晋察冀的西大洋、灌城、白堡、玉亭口、塔止、慈峪、同口、鄚州，晋冀鲁豫的阳邑、任村、西营、洪水、桐峪、索堡都是很有名的集市，都聚集着丰富的工业产品和农产品，有粮食、布匹、牲畜、农具及其他日用品等，农民以生产剩余及土特产换回生活必需品，每逢集期，往来行人摩肩接踵，达三四千人乃至数万人，各种土特产，亦能循旧例销售于境内外。

商品的流通有它的规律与秩序，这是历史的客观存在。如冀西的布历来流向雁北，雁北的粮则流向冀西。晋东南潞安、长治、长子、屯留、黎城、襄垣、武乡、辽县的小米、高粱历来运销冀南，而冀南的布、小盐则运销晋东南。战争破坏了这些规律，直接影响人民生活，为疏通这些渠道，根据地做了巨大的努力，加强了治安整顿了交通，由建立商店，开辟贸易路线，到建立起商业网，组织调剂了物资，解决了供求间的矛盾，商业逐渐走向繁荣。

这期间曾发生过某些不法商人乘控制较松之机，大量出口粮食，输入奢侈品，如花露水、儿童玩具、纸烟之类。为此，根据地相继颁布了禁止粮食出境令、外贸入境税暂行办法等，限制消耗品入口，晋察冀1940年更禁止外烟外酒入境，这些措施，保护了根据地市场，对敌伪倾销商品和经济掠夺是一严厉打击。

上述成就是在贸易局、公营商店以及合作社组织下取得的。这些商业机构不但在商业经营上起着领导作用，而且在打通内外商业路线方面起着积极

---

[1]《边区行政委员会工作报告》(1938年—1942年)。

[2]《太行区银行工商工作参考资料》(第一编第一集)，太行区冀南银行总行工商管理总局，1945年，第10页。

作用。但也曾产生另外一些问题,那就是管得过死,甚至出现"合作社垄断商业,排斥小贩,税局过境征税,乱征乱扣"的现象,商人因而裹足不前,影响了市场商品流通。1940年夏至1941年初,纠正了这一偏差,注意了团结商人,组织商联会,充分发挥他们在商品流通中的积极作用。

华北抗日根据地在恢复和建立市场沟通物资的过程中,不但要调整内部矛盾,而且要跟敌人的封锁、掠夺进行坚决斗争。当时敌人为获得沦陷区全部资源,从统制棉花输出,扩展到统制全部物资。为掠夺棉花,敌人的洋行侵入平汉沿线许多县城,如1940年冬,东棉洋行到武安,委托花店代为收买,接着日兴、三菱、江商、太康四洋行也相继来到,分别委托代理店,东棉洋行委托的有12家,日兴洋行找了几家大商号代理。1941年敌人发动的"第三次治安强化运动",主要是对根据地实行"经济封锁"。当时敌人广建碉堡,设立封锁沟、封锁线,不准敌占区重要商品流入根据地,不准游击区的物品流入巩固区,也不准根据地的非必需品流入敌占区,但对根据地的粮食却千方百计进行搜刮。继之而来的是1942年对河北大平原的大"扫荡",冀西只剩下1个完整县,晋冀鲁豫只剩下7个县,太行只剩下4个县,鲁豫只剩下3个县,许多市场、集市不是被占领就是被摧毁,如著名的灵寿县西关市场、西大洋、灌城、玉亭口等均被捣毁,白堡被封锁,郭巷、洪子店则受到威胁,敌人掠夺了大量财富。此外,敌人又在其据点内建立了不少集市,强迫群众赶集,从中搜刮物资。结果使根据地经济阵地骤然缩小,往来贸易被隔绝,一时间许多集市发生了某些有行无市的现象。

绝对的封锁是不可能的,封锁与反封锁都只是相对的。敌人以战养战,还必须仰仗根据地的资源,而根据地有剩余物资又需要输出换回工业品,紧张阶段一过,根据地与敌占区的商人间的渗透作用立即恢复起来。根据地所制定的对外统制,对内自由的贸易政策也显示了它的力量。当时,根据地对出入口物资,按种类分别实行"奖励、允许、限制、禁止"的政策,这既有力地粉碎了敌人的封锁和掠夺,又使出入口贸易沿着有利的方向发展,满足军需、民用,繁荣经济。由此,1942年后,根据地市场又复活跃起来,还出现了很多新的市场。如横间市场,成为行唐、阜平、唐县、完县、浑源、灵邱、繁峙、代县间货物交易所。五台的李家庄集市,繁峙、代县和河北省龙泉关一带的群众都带着布匹、麻皮等土特产来赶集,牲畜成交额达五六百头。阳邑被誉为解放区的"小上海"。敌后有三种类型的市场,一是我掌握的,二是敌我争夺的,三是敌人控制的。1943年晋察冀4专区共有36个市场,边区控制的有15个(望定3个,云彪2个,定唐1个,曲阳9个)。随着军事斗争的胜利,根据地市场及所控制的游击区市场日益扩大和巩固。

1943年根据地市场开始步入鼎盛阶段。以自给为目标的农工商业的建立,使日用工业品如纺织、纸张、袜子、毛巾、肥皂、笔墨等可以自给,军事上、印刷上许多原材料也能以土货来代替,市场上物资交流活跃,对外贸易已处于主动有利地位。

敌我贸易斗争突出表现在粮食上,粮食是战略物资,谁掌握了粮食,谁就把握胜利。在根据地,粮食是带有半货币性质的商品,其价格的升降往往是各种商品价格变动的主要因素。根据地1942年对粮食实行专卖,严禁出口,各中心集市设立了调剂所,粮食交易有三种性质,一是调剂,一是贩运,一是出口,但出口要在严格控制下进行。晋察冀和晋冀鲁豫都曾出口过粮食,也曾从西线敌占区购买粮食,通过根据地到东线敌占区去出卖,收过路之益。在太行区平汉路沿线,出口粮食的地点有玉皇庄、宋家庄、黄北平、禅房、阳邑、冶头、磁县、任村、黄家坡等。1944年,根据地农业丰收,收成好的边沿地区都出卖过自己的剩余粮食。

根据地最大的取之不尽的财富之一是山区的特产,如杏仁、花椒、核桃、栗子、药材、木材、羊毛等。这些产品能否及时运出,关系山区农民生计甚大。合作社、私商及敌占区的商人每年一定时节都把注意力集中于这方面,将其运销于敌占区。

总的讲,8年中,商业贸易是成功的,市场日益繁荣,敌人封锁的结果,是在根据地造成一个民族统一市场,给民族独立经济的发展创造了有利条件。

三、巩固抗日货币,稳定物价

为活跃经济,进行经济建设,打击敌人掠夺,各根据地相继建立了银行并发行抗日货币。由于敌伪的分割,各根据地在经济上是互不联系的。因此,各地区各以自己的抗日币作为本地区的本位币。晋察冀所发钞票称边币,晋冀鲁豫称冀钞,鲁西称鲁西票,山东称北海票,晋绥称晋西北农民银行票。

抗日货币进入市场,开辟了自己的金融阵地,根据地未发行货币前,华北地区有各种各样的货币,大都是土杂钞,流通种类多的地方达100余种。拿晋察冀边区来说,在河北境内流通的有平津各银行的纸币(如花旗、麦加利、大中、保商、河北等行的钞票)和各大城镇私商出的大票。在山西境内有四行晋钞(山西、铁路、盐业、垦业)、山西土货券、五台县银号票、五台县支差公债票及现洋。察哈尔境内则有察南银行的钞票。1938 年 3 月敌伪又抛出联银券,强行通用,人民深受其害。边区抗日币发行后,首先扫清土杂钞,有的兑收,有的禁止流通,以行政力量和经济手段,将伪钞流通区域压缩到敌占城市和铁路沿线,使抗日币流通区逐渐扩大,伪钞市场变成混合市场,混合市场变成抗日币市场,最后形成抗日币独占局面。对法币初期实行保护政策,后来为了统一货币,逐步予以排挤。晋察冀边区 1940 年夏已实现边币一元化。晋冀鲁豫边区于 1941 年对法币采取排挤政策,山地于当年后半年即已肃清法币。到1943 年,平原地区也把法币排挤出去,抗日货币遂成为根据地群众所喜爱的唯一的货币。国民党从 1935 年就喊着要统一货币,但始终未完全实现,在民族战争中,华北抗日根据地在共产党的领导下,除长期处于游击环境的冀东仍使用伪钞外,仅两三年时间,就先后实现了货币一元化。

抗日货币的发行和货币的统一,刺激并保护了生产,稳定了金融,支持了根据地独立自主的经济秩序,解决了财政军需上的供给。

阜平地区物价和购买力指数

时间	物价指数	平均每人购买力指数
1938 年	100	100
1939 年	272	88 22
1940 年	1092	43.50
1941 年	899	86.40
1942 年	1469	103.50

(见晋察冀边区银行总行档案,长期 4 号卷,抄自人民银行金融研究所。)

金融稳定由物价稳定表现出来,物价的相对稳定,对发展生产、繁荣市场、保障人民生活安定起着极大的作用。战争年代,由于战争的巨大消耗、物资供应的困难、运输费用的倍增,因此财政预算膨大,通货发行随而增加,物价上涨几乎成为必然趋势。在抗日战争中,根据地物价也在上涨,但和国统区及沦陷区相比,还是较平稳的。这从 1938 年至 1942 年晋察冀阜平地区物价指数的变化中可以看出。

这里表明,抗战中期,阜平地区物价较抗战初期上涨了 10 倍多,1941 年

11月,国统区重庆的物价指数则较战前增加了 26 倍[1],沦陷区的情况更为严重,敌人为掠夺物资,大量印发伪钞,"单在华北地区截至 1942 年底,已发行到 30 万万以上至 40 万万。按其统治人口最多不过 1 万万人,则每人平均在三四十元左右"[2]。一时物价暴涨,群众拿伪钞高价买粮,每元 8 两也买不到,出现了有行无市的恐慌现象。其后敌伪又发行 500 元、1000 元大票,涨势更猛,金价由万余元,涨至 80000 余元,每斤籽花从 800 元涨到 3000 元,伪钞比冀钞由 2 元跌到 5 角—3 角,形成恶性通货膨胀。当时沦陷区人民讽刺说:"孔子拜天坛,五百当一元"(按:伪联银券票面印有孔子和天坛的图案)就是敌伪货币贬值的写照。

根据地的物价受战局的影响,在 1942 年到 1943 年也曾剧烈波动过,1942 年 7 月晋察冀边区行政委员会《关于北岳区贸易工作及组织的决定》表明:"去秋反'扫荡'以来,物价高涨不已,据五专区本年 1 月到 7 月中的统计,洪子店、慈峪、口头三个市场的平均价格,米由每斗 8 元 7 角涨到 29 元,布由每匹 9 元涨到 26 元,盐由每斤 4 元涨到 10 元 6 角,棉由每斤 1 元 6 角涨到 4 元"。1943 年 1 月至年底,下关市场的交易,小米每市斗由 40 元涨到 137 元,食盐每市斤由 2 元 3 角涨到 7 元。所以出现上涨风,是因为这时频繁与剧烈的战争,根据地阵地缩小,物资缺乏,敌人将封锁沟外地区的抗日货币打回根据地,本币市场缩小,物资不能交流,同时敌占区物价的暴涨,根据地物资外流,伪钞内侵,也影响到根据地的物价。到 1944 年,因大生产运动的开展,战争局势的好转,地区扩大,经济阵地伸张,货畅其流,形势才改变过来,物价又趋稳定。"太行区夏秋两季丰收,物价下落","小米春节每斤 30 余元,跌到秋后每斤10 元,1945 年 4 月,到每斤 4 元—5 元,棉花布匹价格,相对降低"。[3]物价骤然下降,对农民来说当然不利,但也说明物资确实丰富了。人民生活这时有了很大的改善。"据太行 1945 年春,赞皇等 12 个县 13 个村国民经济调查,1944 年国民总收入,每人平均为 6 石 2 斗 8 合谷子(副业及其他收入占总收入18%),平均生活消耗每年是 4 石 5 斗 1 合,再生产费 5 斗 7 合,当年负担每人是 4 斗

① 姜庆湘:《中国战时经济教程》,科学书店,1943 年,第 210 页。

② 《太行区银行工商工作参考资料》(第二编第一集),太行区冀南银行总行工商管理总局,1945年,第 40 页。

③ 同上,第 45—49 页。

2升4合,负担占总收入6.5%,除负担外,每人尚余6斗2升3合。"①在残酷的战争年代,人民生活能走向繁荣兴旺,这是历史上少有的。

稳定物价最根本的办法是发展生产,增加社会的物资和财富。抗战后期,人民丰衣足食,金融稳定,抗日币流向更广阔的范围,就是明证。随着日本军国主义末日的到来,敌伪的货币政策也走向崩溃。抗日货币则以胜利者的姿态更加活跃起来。

抗日战争中,敌后根据地成年累月处在敌人封锁、包围与战争环境中,只因实行了中国共产党的各项政策,才找到了富国裕民的道路,这一历史经验是很有说服力的,是中国人民永不枯竭的精神财富,在和平建设事业中,也可从中吸取宝贵的思想和力量。

原载《南开学报》(哲学社会科学版),1984 年第 6 期

---

① 《晋冀鲁豫的财政经济工作》,1947 年 11 月。

论华北抗日根据地的合理负担政策

一

任何政策都是特定历史时期的产物,都带有时代的烙印,合理负担是抗日战争时期特有的一种税收制度, 它凝聚着敌后根据地人民的爱国精神,记录着他们在财力物力上对抗战的巨大贡献。

合理负担最早见于《民族革命战争战地总动员委员会》(简称战委会或动委会)的《工作纲领》,该纲领第三条乙项写着:"实行合理的负担,改善人民的生活:一、在动员中,坚决地实现有钱的出钱,大家拼命的原则。二、实行减租减息并救济失业或灾民。三、改善工农劳苦大众的劳动条件及生活待遇。四、免除过去一切摊派,剔除中饱。五、坚决实行合理的负担。六、坚决实行已颁布的优待抗战军人家属条例。"①动委会工作纲领是第二战区司令长官阎锡山和中共代表周恩来,在太原阎锡山前线指挥部谈判时共同确定下来的,动委会是共产党提出的,合理负担是阎锡山提出的,应该说合理负担是统一战线的产物,它的实施是和动委会的权威联系在一起,哪里建立了动委会,哪里就推行合理负担。

合理负担开始于晋东北 18 个县,即天镇、阳高、大同、怀仁、广灵、灵邱、浑源、应县、山阴、朔县、平鲁、左云、右玉、繁峙、代县、宁武、神池、偏关。继之,在华北、华中各根据地传播开来。当时的环境是日军进逼,国民党军退却,游击队风起云涌,部队走到哪里吃到哪里,就地筹集,就地供应。摊派的方法是按财产将村分为 11 等,户分为 19 等,特等户按财产情况直接由县分配。晋绥地区, 确定全县 30% 以上的人或有 3000 元以上财产的户为负担对象分作三

---

① 转引自洛甫:《把山西成为北方游击战争的战略支点》,《群放周刊》,第 25 期,第 6 页。

等九级按累进法摊派。八路军就是这样解决军粮急需的。当时有不少武装不是八路军,也不是抗日队伍,都在开条子要东西,任意摊派,甚至有押人罚款、绑票勒赎的,根本谈不上什么标准和制度,部队过往多的地方就征得多,过往少的地方就征得少。筹集对象主要是地主、资本家和比较富有的人。"摊派制""富户捐"是这时合理负担的主要偏向。

合理负担步入正轨是各地建立抗日民主政权以后的事,1938 年 1 月晋察冀边区政府成立,实行财政统筹统支,3 月公布了《村合理负担实施办法》《村合理负担评议会简章》《民户合理负担比较分数调查表》《合理负担累进分数表》,对合理负担做了严格的规定,强调除县政府村公所外,无论何种机关、军队、团体,均不得越权办理;擅自摊派,违者按借势借端勒索或强募财物论外,处以死刑、无期徒刑或 10 年以上有期徒刑。纠正了"富户捐"和"摊派制"的偏向,规定以村为基础,每年实行合理负担两次。这是经过动委会时期的实践,人们已能区分何者正确何者不正确而制定的。

晋察冀的村合理负担有示范作用,各敌后抗日根据地据此都制定了适合本地区的合理负担办法。就时间的跨度来讲,晋察冀边委会、冀太联办的合理负担执行到 1942 年统一累进税的出现。晋察冀边区的平北、冀热边开始于1942 年、1943 年,直到抗战结束。冀南、冀鲁豫区抗战时期始终实行公平负担。

二

合理负担是在否定旧的苛捐杂税的基础上建立起来的。它反映了人民和政府间的新型关系,是值得嘉许的一种制度。各地制定的合理负担办法,既考虑到抗战的需要,也照顾到各阶级各阶层人民的利益。从晋察冀、晋冀鲁豫等地的实施办法与条令看,其所着眼的问题是:

(一)关于征收对象的确定。征收应以财产为主,还是以收入为主,或者是两者并重?财产与收入的征收,是处理复杂的财产关系关键之点,因为有土地的人并不一定自己耕种,《村合理负担实施办法》规定财产与收入分别计算,这就是说财产征财产税,收入征收入税,土地所有者负担土地税,地租收入及农业经营者负担收入税,土地多的多纳税,土地少的少纳税,收入多的多纳税,收入少的少纳,正确处理了租佃关系,避免了畸轻畸重。财产不累进,收入累进是为了正确处理财产与收入的征收比例。财产的变化一般来说比较小,收入每年均有所不同。"冀太联办"在修正和补充其合理负担条件令时,吸收了晋察冀合理负担的合理内容,结合自己经验,将征收重点从依据财产摊派改为依据收入征税,并以当年收入为准。[1]如此,使合理负担趋向公平。

(二)确定商户与民户的负担比例。晋察冀边区制定的村合理负担实施办法,对商户、民户如何负担,未找出恰当办法,1938年8月公布的县村合理负担办法前进了一步,规定由县政府按商户民户负担能力,以百分比例分别配定负担成数。商务发达的地方,商家负担能力比较大,应多缴纳,商务不发达的地方,商户负担能力小,就少缴纳,如商户负担30%,农户就负担70%,商户负担20%,农户就负担80%。商户由商会根据各户资产及营业状况分配议定各户的负担分数,民户按土地或钱粮财产及各项收益的多寡议定负担分数。[2]商户、民户分别计算,以防止商号逃避负担,对商号与商号之间可起平衡作用。

(三)关于起征点与负担面问题。起征点关系负担面的大小。各根据地尽最大努力使负担不集中在少数人身上,既不加诸富有者,亦不加诸过分贫苦的农民。晋察冀边开始实行的合理负担办法,收入以30元为起点,30元以下的免征,财产以50元为起征点,50元以下的免征。这个起征点定得偏高,使多数或完全为佃户的村庄征收无法进行,负担面就比较小,一般的在40%至50%。8月公布的县村合理负担办法扩大了负担面,除少数贫穷不能自给者不负担外,生活自足者一律负担,虽然负担可以少至几分几角,也是人民对国家的一种义务。党的财政政策要求80%的人民均向政府纳税,即是说80%的人民均需负担抗战经费。晋察冀1939年与1940年征收公粮时,降低了免征点,负担面已扩到60%。[3]晋冀鲁豫1940年9月15日公布的《修整合理负担征收款项办法实施条令》规定以小米1石或杂粮1.5石为兑征点,同年冬天在太行根据地实施中,发现免征点偏高。1942年条令修正补充时规定农村人口负担面应占农村人口的70%到80%。

(四)累进率问题。累进是合理负担首要原则之一,收入越多,税率越高,收入较低,税率也就低,这是公平合理的。税率累进的快慢关系到各阶层负担能力和政府财政收入的重大问题。税率开头累进慢了,可以减轻贫农中农的

---

① 戎子和:《晋班普豫边区财政工作的片断回忆》。

② 宋勋文:《关于县村合理负担办法的离榷》,《抗战报》,1939年3月21日。

③ 宋勋文:《边区行政委员会工作报告》(1943),《晋察冀边区财政经济史资料选编》(总论编),南开大学出版社1984年,第529页。

负担,但不能保证财政收入,累进率太快了,富农负担就会加重而负担不起。晋察冀 1938 年 3 月公布的收入计算办法是:30 元以每 5 元作 1 厘,每 50 元作 1 分,从 50 元至 500 元,每 50 元作 1 级,从 500 元至 1000 元,每 100 元作 1 级。每级以 1.3 为累进率,每人应征之数额不得超过本人收入的 35%。冀中实行的是土地累进税法,根据 1939 年 1 月公布的《暂行村合理负担实施办法》规定,免税点每人除 1.5 亩(抗日军人除 3 亩),其超过亩数 5 亩为 1 级,共分 6 级,6 级以上按 6 级计算,税率按 2 分累进,最高累进率为 2 亩。太行、太岳也是以 1.3 累进,负担不得超过其本人收入的 30%。所以有最高累进率的规定,因为不如此,则会有纳税人的全部收入尚不足缴纳数字,实际上,征收到 35%,至少要有 1 万元以上的收入,这样的人在边区是极少的。

(五)合理负担贯彻奖励生产与保护工商业的政策。晋冀鲁豫边区修正的合理负担条令规定,家庭副业不负担,新开荒地、滩地在一定年限内减免负担。工商业负担以当年收入计算,以实际收入分等累进,最高不得超过纯收入的 50%。这些对于发展生产,繁荣商业都起了积极作用。

合理负担关系到抗日统一战线的巩固和抗日战争能否持久,敌后抗日民主政权曾多次制定、修改和补充合理负担实施条例,在处理财政收入问题上是非常谨慎严肃的。

三

敌后抗日民主政权在实现合理负担时,曾充分运用政权的威力,并进行了巨大的宣传鼓动工作,让人民了解这一政策与抗日救国的关系。历年征收公粮之顺利进行,证明这一政策是深得人心的。

1938 年晋察冀的晋东北与冀西各县,晚秋间虽遭雹灾,但一般的都是丰收,全年的总收成在 250 万石以上。边区政府为充实抗战物资,发出了征收救国公粮 16 万石的号召,结果以超额 7% 完成了任务。所采用的办法就是合理负担,免征点为 1 石 4 斗小米(16 两秤、27 斤算 1 斗)按当时小米价格合 30 元,即村合理负担规定的免征点。1 石 5 斗至 2 石者收 30%,2 石 1 斗至 3 石者收 5%,3 石以上每加 1 石,递增 1%,增至 20% 为止。唐县根据经验和实践,调整了累进率,边委会表示赞同,将 1 石 4 斗的负担比例分解为 3 等,1 石 4 斗至 1 石 5 斗,征 1%,1 石 5 斗至 1 石 7 斗,征 2%,1 石 7 斗至 2 石,征 3%,

超过 2 石至 3 石者,征4%,使负担比例普遍下降,减轻了人民负担。晋东北各县提高了 3 石以上的累进率,3 石以上每增 1 石,递增 1.5%,进至 40% 为止。在战争频繁情况下,根据地的领导,清醒地观察事物,正确地判断情况,及时总结经验,完善了合理负担,保证了军需民食,这是奇迹。

四

合理负担保证了八路军最低限额的战费供给,也把广大农民从封建地主经济压迫下解放出来,减轻了负担。据对晋东南阳城的调查,1937 年日军未入境前,平均每人每年纳税 1 元 7 角 3 分,1938 年抗日民主政府建立,实行合理负担,每人每年的负担为 1 元 1 角 8 分 2 厘,至 1939 年度,又减至 6 角 2 分 9 厘,比抗战前减低了近 2/3。晋察冀北岳区每人平均收入 19.008 市斗米,负担占其收入的 5.48%。[①]人民认为公粮负担并不重,重的是村款,村款名目繁多,数量很大,影响了边区税款。边区政府因此于 1940 年 3 月开始彻底整理村财政,以达到"取之合理,用之得当"。

考察合理负担政策必须与考察减租减息政策联系起来,孤立地去研究,是得不出正确的结论的,因为敌后根据地人民,过去无论所处的地区是自然经济占优势,还是商品经济占优势,都逃脱不了重重剥削,从土地关系来看,地租有的高达总收获量的 70%—80%,一般的也在 40% 以上,加上高利贷的盘剥,他们终年劳动,不得温饱,是革命政权的建立,推行二五减租,实行合理负担,他们的经济地位才得到改善。农民有吃有穿,抗日积极性更得以发挥,充分展现在抗日战争的各条战线上。

原载《历史教学》,1985 年第 11 期

[①] 张苏:《北岳区人民负担问题》,《边政导报》,第 5 卷第 11 期。

论晋察冀抗日根据地货币的统一

金融事业是根据地建设的一个重要方面,它关系到根据地能否存在和巩固,关系到抗日大业能否坚持到底并取得最后胜利的大问题。本文就晋察冀抗日根据地是如何创建自己的货币政策和金融制度做一论述。

一、建立边区银行

1938 年 1 月,晋察冀边区军民代表大会召开时,各地代表即曾强烈要求建立自己的银行,统一边区货币制度,以稳定和活跃边区金融。阜平农会提出《筹设边区银行案》,阜平县农政会提出《筹设边区银行以活动金融案》,灵邱县代表提出《发行县纸币以活动金融案》,曲阳县政府提出《请筹设边区银行以活动金融案》,完县代表提出《从速筹设边区银行案》,孟平代表提出《边区内钞票一律通行案》《速设边区银行案》。大会接受了这些意见,决定整理并管理金融,建立并发展信用制度,订出了具体措施十二项,其中首要一项就是创设边区银行,边区银行有发行钞票权并代理边区金库。

晋察冀边区银行,经边区政府主任兼财政处长宋劭文的苦心筹划,于1938 年 3 月 20 日迅速诞生,行址设于五台县石咀村晋济寺,关学文被任命为经理,胡作宾为副经理,吕东为造币厂厂长。关学文于"九一八"事变后,曾战斗在白山黑水间,驰骋在战场上,"七七"事变后,在吕正操部 691 团任军需,心思细腻,善于理财,富有经验,为吕正操所赏识。吕将关特推荐给晋察冀军区司令员聂荣臻。从此,关学文走上了经济工作的道路。

银行的诞生,就像游击队的诞生过程一样。起初,资金、设备部没有。筹措的结果,只得到资金 10 余万元,其中 4 万元是聂荣臻从八路军津贴费中捐献出来的,3 万元是吕正操部缴获安国县豪绅及汉奸筹建维持会的资金,银行的资金还抵不上一些县城大商号一家的资本,满城县城有棉花商 20 家,有的拥有资金 30 万元,有的拥有 50 万元。印刷钞票没有机器,是采用石印,纸张是从敌占区冲破层层封锁线运进来的。

边币的发行是以粮食、棉花和法币作保证的,票面额有 1 元、2 元、5 元、1 角、2 角、5 角数种,1940 年又发行 10 元的钞票。钞票的图案设计与印工很精美。1938 年印的 1 元钞票有农夫耕田图案,次年印的有独立、自由、抗战建国的字样,5 元钞票上有万里长城,颇有时代气息。边币的发行范围很广,在边区 70 多个县里使用。各县都有银行代办所或办事处。最先成立这一机构的是五台、唐县、平山、灵邱、阜平等县,其任务是"破坏敌人金融""维持边币价值""吸收法币""推行边币",以稳定边区金融。

银行经营储蓄、汇兑、贷款和兑换等业务。存款利息活期为 3 厘,定期为 5 厘。边区政府的经费全部存在边区银行,也吸收一部分地方游资。汇兑规定从 20 元起汇,汇费为 1%,1000 元以上收 5%。凡边区境内均可通汇,冀中、冀南以及其他游击区,银行以委托游击队代带办法,保证汇兑畅通。贷款的范围很广泛,有商业、合作、生产、工业、农业、救灾等项。贷款项目每年有所不同,例如,1939 年贷款只有一项, 即商业贷款 2776883 元,1940 年商业贷款幅度变动不大,为 2397792 元,增加了合作贷款,28430800 元,比商业贷款多 11 倍多。①合作贷款因各地需求不一,用途也有差异。1940 年的贷款,冀中着重用于生产合作,冀西用于运销合作。贷款的利息很低,月利仅 4 厘,国统区和敌占区一般为 1 分 2 厘。兑换业务,主要是群众以法币或杂钞兑换边币,以便在市场上使用,或者群众需要到法币流通的边缘地区或敌占区购买物品,给群众以兑换法币的方便。银行的建立,对活跃边区经济、发展工农业生产、繁荣商业、调剂和改善人民生活起了很大的作用,为根据地成长增加了活力。

晋察冀边区银行,还负有代理金库的使命。银行成立不久,就有边区银行办理各级金库暂时章程的制度, 金库负责边区公款及地方款的保管和支付。下页见表②可以看出,边区银行的钞票发行,弥补战时财政不足方面占了很大比重,就是说通过银行货币动员物资来支援财政,保证军政费用;而用于经济建设,生产投资方面的比重很小。

---

① 《晋察冀边区财政经济史资料选编》(第一编),南开大学出版社,1984 年,第 526 页。

② 晋察冀边区银行档案,长期四号卷。

用途 年度	政府用款		投资/贷款		财行一般业务用款	
	年度百分比	累计百分比	年度百分比	累计百分比	年度百分比	累计百分比
1938 年	96.06%	96.06%	2.76%	2.76%	1.18%	1.18%
1939 年	75.93%	79.08%	−0.69%		24.76%	20.02%
1940 年	89.46%	85.92%	7.88%	4.95%	2.66%	9.13%
1941 年	134.21%	104.67%	−2.36%	2.10%	−31.85%	−6.75%

边区政府的货币政策是：(一)边币为边区的本位币，独占发行，边区内部贸易一律使用边币；(二)法币及各种杂钞在一定时期内允许使用，在使用中逐步加以清理，以保证根据地货币统一，创建"边币为市面唯一的交换媒介"的局面；(三)绝对禁止法币外流，使其不为敌人吸收；四、严禁伪钞入境。

边币的使用和流通是和政权的威信及根据地的扩大和发展联系在一起的。边币发行之初，和法币、银圆、察钞、晋钞、冀钞、杂钞及土票同时流通，货币市场是一种混合市场，边币的阵地很小。法币、冀钞，甚至晋钞都比边币势力大，信用高。[①]这样的情况，时间很短，不久，边币就取得优势。边区政府转化形势所采取的手段是：(一)运用政治力量，发布法令；(二)规定所有公营企业、官商合办企业、贸易局、合作社以及税收机构，均以边币为唯一支付手段，以增强边币的活力。这是任何一个政权推行其法币所采取的手段。边区政府突出之处是用物资支持边币，以开拓边币市场，再以边币市场的占领来助长商业的繁荣。边区商业繁荣起来，转而促进边币的稳定。这样做的结果，很有成效，到 1938 年 6 月以后，边币在市场上已赢得了地位，群众经过观察、对比，高兴地选择了这一媒介。

边币的流通已达到如此程度，即它可以经受住狂风恶浪。1938 年冬，日军对边区实行九路围攻，强占了边区很多地盘，并利用汉奸，散布谣言，破坏边币威信，企图瓦解边币；少数不顾民族利益的奸商，乘机压低边币价值，抬高物价，收藏零票，阻滞市面整票的兑换与流通，从中牟利，有的地方一时显得有些混乱。边区政府审时度势，及时采取了相应的对策，这就是：一、从政治上着眼，在群众中进行广泛的宣传和解释，使每个群众认识到，稳定边区金融与粉碎敌人进攻的重要关系；边币的发行有充足的基金，有田赋及税收的固定收入做保证，绝不是随意制造流通手段；中国人不应花日本及汉奸政府的

---

① 彭真：《关于晋察冀边区党的工作和具体政策报告》，中共中央党校出版社，1981 年，第 111 页。

钞票。二、从经济上着手,为取得群众信任,向市场供应了充足的商品,并派合作社工作人员挑担子下乡售货,使货币回笼。辅币短缺的地方,临时印发了一些流通券。这样一来,边币不但未像敌人所预期的那样垮台,威信反而提高了,吸引力更强了,富有者开始以它作为储藏手段,流通面也更加扩大,还能在敌占区的老百姓中秘密使用。

边币的发行量是根据边区经济状况及市场的需要来确定的。初期发行额很小,为信用纸币时期,目的是使边币和商品发生联系,与社会熟悉,与群众建立联系。当站稳脚跟,并确立了自己的阵地后,发行额就不断增大。从下面两个统计表[表(一)、表(二)]可以看出边币史的发展,及其在经济生活中的作用和影响。

1937 年到 1939 年上半年,边区的物价是稳定的,货币发行量也不大。1939 年 7 月晋察冀遇到了数十年来最大的水灾,如阜平沙河两岸被冲毁的庄稼和土地有数十顷,浑河大涨淹没房屋千余间,数百人畜为水冲淹;五台上下峪各沟内也毁伤庄稼数万亩,粮食因此短缺。翌年冀中小麦虽然丰收,而北岳区暴洪冲毁的滩田坡地,未能恢复生产,收成很少。边区政府用多发钞票的办法以解决军粮的不足部分。从表(一)可以看出,1940 年发行额较 1939 年超出 1 倍多。而人民购买力以阜平为例,是下降的。表(二)说明 1940 年北岳区每人使用边币数比 1939 年增加了 1 倍,物价以小米为准,也增长了 1 倍。这一年,八路军副总司令彭德怀曾设想:"一般的在根据地内流通货币数目不得超过全人口每人 3 元。"①实际上已达到每人 7 元 8 角。因边币流通不平衡,有的地区每人平均四五元,有的地区每人平均达到 20 元左右。

表(一)历年发行与购买力变化表②

项目年度	年度实际发行额		发行指数	每人平均使用		物价指数	购买力指数		每万元购买力
	本币发行(万)	累积数(万)		金额	指数	阜平	本币发行总额	每人平均购买力指数	
							阜平	阜平	
1938	410	410	100	1.64	100	100	100	100	10000.00
1939	1626	2036	496	3.84	240	275	182	88.20	3676.00
1940	3428	5465	1332	7.80	475	1092	133	43.50	915.75

---

① 《晋察冀边区财政经济史资料选编》(第一编),南开大学出版社,1984 年,第 332 页。
② 晋察冀使用边币人口边区银行总行档案,长期四号卷。

项目 年度	年度实际发行额		发行 指数	每人平均使用		物价指数	购买力指数		每万元 购买力
	本币发 行(万)	累积 数(万)		金额	指数	阜平	本币发 行总额	每人平均 购买力指数	
							阜平	阜平	
1941	3464	8929	2176	12.75	777	899	242	36.40	1112.34
1942	5045	13975	3406	24.95	1521	1469	232	103.50	680.73
1943	9530	23506	5729	58.75	3582	9774	58	36.10	102.31
1944	163304	186810	45534	311.35	18984	34487	145	55.04	28.99
1945	620369	807207	196755	538.14	32813	54601	36	60.00	18.31

表(二)北岳区历年货币比数物价比数人口比数[①]

年份	每人平均边币比数	物价比数(以小米为准)	人口比数
1938	1	1	3.0
1939	2.5	2	3.4
1940	5.0	4	3.0
1941	10.0	7	2.6
1942	40.0	23	1

　　尽管如此,当时人们并没有感觉到通货膨胀的威胁,金融市场没有出现什么波动。就战时而论,战争带来的摧残和消耗,及交通受阻,物资供应困难,货币发行增加,通货膨胀,物价上涨,几乎成为一种通常的规律。而根据地经过三年战争的洗礼,犹能维持相对稳定的局面,没有出现物价的暴涨。这是因为:(一)根据地处在发展时期,领域正在扩大,边币流通范围也扩大了;(二)统一的货币市场已经形成,需要增加边币量,以取代其他货币;(三)边币威信高,人们不为握有边币而担忧。人们之所以不感觉物价在上涨,是因为:(一)根据地是自然经济占统治地位,只有冀中少数县份商品经济占优势,这样的农村环境,人们主要依赖土地和粮食生活,男耕女织,自给自足,很少使用货币,连日常使用的火柴也以火镰火石来代替;(二)根据地实行了二五减租,废除了苛捐杂税,取缔了高利贷,人民的负担减轻了,生活正处于逐步改善中。

　　边币的发行和流通,受到诸多客观因素的制约。敌占区物价的飞涨,伪钞的跌价,在在波及根据地。边区物资被敌人以高价掠夺,迫使边币发行量增加,1941年发行额略高于1940年,1942年有了更大的增加。而根据地却因敌

---

① 宋劭文:《当前对敌经济》,《晋察冀边区财政经济史资料选编》(第一编),第542页。

人的残酷"扫荡"、封锁和"蚕食",反而缩小了,许多边币市场遭摧毁,边币流通领域被压缩。币值降低,通货膨胀,物价上涨,影响了边区人民的经济生活。事实表明,军事斗争胜利是稳定物价、巩固金融的基础。

巩固边币,争取物价稳定,始终是边区政府的严重任务。边区政府把这方面工作的基点放在生产上,着力发展农业和家庭副业,特别是粮食生产,因为粮食是最重要的战略物资,人民生活的必需品,粮食的充实与否及价格的涨落,直接影响到一切消费品的价格。在发展生产的基础上,边区积极开展了商业贸易工作,力争货币与商品间变动大体一致,以稳定币值,这就是当年根据地领导者们,认为粮食战、贸易战、货币战是发展边区经济的几项不可分割的斗争任务的原因。这里考察所及仅为货币斗争的发展及其胜利。

二、统一货币市场

边币投入市场之初,正是晋察冀金融处于异常混乱之时。国民党政府曾于1935年11月实行币制改革,废除银本位,以中央银行、中国银行、交通银行、农民银行发行的纸币为法定的货币,以统一全国货币。不能说这种改革没有取得积极的结果,法币在流通领域中,逐渐获得了人民的信任,成为主要的流通手段,但没有独占市场,形形色色的钞票依然在通行,晋察冀边区因地处三省之间,比三个省中任何一省的金融都纷杂得多,三省流通的各种钞票都兼而有之,可谓无所不包,加上日本侵略者触角的伸入,实为混乱已极。对此,有不少历史记载,彭真1941年向中共中央报告说,边币发行之初,"市面通行纸币10余种,金融异常混乱"[1];《聂荣臻回忆录》中说:"抗战之前和抗战之初,晋察冀地区流通的有察哈尔票、河北省票、伪蒙疆票和山西的各种晋票,名目繁多,杂乱无章。"[2]宋劭文在《边区对敌货币斗争之史的发展与当前的斗争方针》中也有同样的描述:"当时边区货币以河北钞、法币、晋钞为主力,其次是平津杂钞与地方钞。"[3]究竟当时有多少种货币,没有一个精确的统计,上面引的几种说法,显然是指几种流通面大的通货,若加上各种土票及代用券,

---

① 彭真:《关于晋察冀边区党的工作和具体政策报告》,中共中央党校出版社,1981年,第111页。

② 《聂荣臻回忆录》,解放军出版社,第474页。

③ 《晋察冀边区财政经济史资料选编》(第四编),南开大学出版社,1984年,第701页。

那就不止十余种,至少有百数十种了。当时,省有省钞县有县钞,那些省权势和资金雄厚的银行、钱庄,乃至商号、货栈、酒铺、当铺、信用合作社也都发行流通券,或称信用券,有的数额较少,多的竟达几百万。1940 年 12 月韦明写的《晋察冀边区的金融建设》一文,给我们提供了这方面的资料:"币制的紊乱,真是到了极点,在币面上流通的纸票不下数百种。而流通地区,界限极严,各据一地,各把一方,县票不能出县境,省票不能进邻省。"①有数百种的估算,当不是夸大之词,因为各种杂钞已泛滥成灾,土票亦可随意发行。如唐县西镇大洋,是羊只和皮货的集散地,镇上有不少商号店铺,有两家店铺发行土票,一是大德兴肉铺,一是德元永杂货铺,长期以来与法币无异地在本地区流通,这种现象并非是个别的。就三个省发行钞票的最大银行讲,有山西省银行、晋绥铁路银号、绥西垦业银行、晋北盐业银行;河北有河北省银行、北洋保商及平津的大中、农工、盐业、垦业、实业、中南等银行,还有创自明代成化三年的平市官钱局;察哈尔有察省银行。它们均为地方实力派及官僚或金融资本家所有。属于日伪的则有所谓冀东银行、东三省官银号、察南银行、满洲银行、朝鲜银行、蒙疆银行。所有这些银行无不发行钞票,这是统一的独立的现代化国家所绝无仅有的,是半殖民地半封建的中国社会特有的怪现象。

日本在华的金融势力,是随其侵华政策的推进而扩张的。朝鲜银行由东三省各地南下,在上海及华北各地设立分行。1936 年,就有朝鲜银行北平分行的成立,同年成立于通州的冀东银行,资本总额 500 万元,实际上是朝鲜银行的代办所,是日本的金融机构。在察南成立的蒙疆银行,也是这样的性质。

更为严重的是日本侵略者以朝鲜银行、满洲银行、正金银行为后盾,于1938 年 3 月 10 日通过北平汉奸政府,成立了联合准备银行,发行"联银券"。联银券和日元的比值宣布为 1∶1,以抬高联银券的价值。他们想以日币和伪钞统制华北整个金融,造成清一色的敌伪钞票统制的天下,目的在于掠夺中国人民的膏血,筹措侵华军费。他们先后在天津、青岛、济南、唐山、石家庄、太原、山海关、徐州、海州、烟台、新乡、临汾、运城、开封等地设立分行,在威海卫、龙口、保定、秦皇岛等地设立办事处,建立起庞大的金融网。

这种复杂混乱的金融形势,破坏了华北的经济,也是根据地经济前进道路上的根本障碍。如何使各种钞票从根据地消失,杜绝伪钞渗入,造成边币一

---

①《晋察冀边区财政经济史资料选编》(第四编),南开大学出版社,1984 年,第 52 页。

元化,显然是当时边区政府经济工作中考虑的首要问题。各种史料都反映出边区政府清醒考察和仔细研究了各种货币流通的背景及其价值,制定了切实可行的策略和分别对待的办法,决定主动地打几场货币战,以创造边币为市场唯一媒介的局面。

从 1938 年到 1940 年,边区运用自己一切力量,采取各个击破的方针,获得了惊人的胜利,现分述如下:

对法币的政策

法币于一个时期内在根据地和敌占区都能流通,1937 年上半年发行总额是 14 亿元,流通于华北的约 6 亿元,在晋察冀边区内,其信誉比日伪币及其他杂钞为高。基于政治上的考虑以及经济形势的变化,对其采取的政策,各时期都不同,从 1938 年边区银行成立到 1941 年 1 月间,可分为三个时期。第一个时期,允许法币在市面上流通;第二个时期,即从 1938 年 6 月开始,对法币采取保护政策,取缔法币流通,允许私人保存,持有法币者在交易前可兑换成边币,比值是 1:1。如群众有正当理由需持法币出境,或到边缘地区法币流通的地方购买货物,可持边币兑换所需数量的法币。这样做的目的,一是促进根据地货币早日统一,一是使日本侵略者不能从边区吸收法币,也不能用其已攫取的法币来边区掠夺物资。日军于占领北平、天津、济南等地后,即竭力搜刮法币,甚至于车站、码头检查行旅,强行搜索,将其攫取的法币运往上海,套换外汇,或运往伦敦和纽约,提取中国所存的外汇基金。中国农民银行发行的法币因为没有外汇,就被停止使用,或跌价至 8 角、7 角,连其伪造的中央、中国、交通三行的钞票,一齐挤入根据地,吸收冀中、冀西等地的粮食棉花等物资。日本侵略者还发布汇兑集中制度,把出口及转口货物的汇兑,完全集中于联合准备银行,大量掠夺中国的外汇。据他们自己讲,从 1937 年 3 月到1939 年底,"已吸收英币 195 万余磅,美金 380 余万元,连同集中全部出口货时所增设之外侨乡里汇款,可用之外币,亦有相当之数额"。[①]敌人如此不择手段地掠夺,说明根据地对法币实行保护政策是正确的必要的;如果不采取这一措施,那根据地的经济将遭到不可估量的损失。第三个时期, 采取排斥政策,1941 年 1 月,国民党制造皖南事变,国共关系恶化,法币在国统区又恶性膨胀,边区政府从保护、坚持根据地经济利益出发,命令边区银行及税收贸易机

---

①《中国联合准备银行过去现在及将来》,《新民报》,1940 年 1 月 1 日。

构不再接受法币,法币在边区失去作用。

对各种杂钞的政策

清理地方钞及各种杂钞始于 1938 年 6 月,完成于 1940 年初。对地方钞是一个一个取缔的。

边区政府尚未成立之前,日军于占领察哈尔伊始,就开始大量搜刮察钞,并将其排泄到刚刚建立起的根据地内,数目是相当大的。譬如察省的蔚县,共有八大区,日军强令每村交出察钞 3000 元,白乐堡不过是个小区,1937 年底就被攫走了 37000 余元,由此可见一斑,然后他们立即宣布察钞作废。蔚县、灵邱、涞源三县政府在尚未识破敌人的险恶用心之际,轻率承认察钞在根据地可继续使用,并以田赋做担保,敌区商人也纷纷携带察钞来边区购买货物,不问贵贱,见货就买,造成物价飞涨,使自己陷入困境。三县政府在紧急中采取在部分察钞上打印记,允许打印记的流通,再度给敌人以可乘之机,敌立即宣布察钞继续使用,盖印者作废,如此,数十万察钞充斥边区市场。这一失误,付出了很大代价,但也对以后的货币斗争极有教益,这种蠢事从此被杜绝。

河北钞在河北省流通甚畅,很有影响,战前发行 9000 余万元,考虑到群众的利益,边区政府对河北钞采取逐步清除的办法,从允许使用到贬值使用,最后予以清除。这是一个复杂的问题,因为日军占领平津后,抢占了河北省银行,获得大量未发行的河北钞与该钞印版;日本侵略者除将该钞投放市场,还伪造了大量河北省 5 元钞,及平市官钱局小票子。边区政府的对策是禁止河北省伪钞及官钱局小票子流通,允许 6 位数码的冀钞使用,使敌人"鱼目混珠"法失灵。从 1939 年 5 月开始,对旧的河北钞也贬值,其办法:一是以边区政府所在地为中心,向敌占区逐渐坡度贬值,例如在阜平,1 元旧冀钞值边币 5 角,再远一点,则值 6 角,更远一点则值 7 角 8 角,一直推到敌占区。一是使冀钞的比值始终低于敌占区,如敌将冀钞 9 折使用,边币即 7 折兑换,以鼓励商人到敌占区去换货,这样,经过 4 个多月,到 8 月就将冀钞完全驱逐出境。

晋钞在山西人民中的信誉本来不高,日军入侵山西时,晋钞的总发行量达 2000 多万元,每元晋钞可兑换法币 8 角、7 角、6 角不等。平型关战役时,晋钞几乎要崩溃。边区政府成立初,考虑到阎锡山和共产党联合抗日,有一定的积极性,便极力扶特这一货币,使其有了转机。1939年冬,阎再次转向反共,边区政府断然决定,将晋钞及山西土货券肃清,这一任务在1940年顺利实现。

至于各种杂钞,如保商银行的钞票、平津各杂钞等,日本侵略者曾使用排泄察钞的办法,将其推向根据地,或者不断贬值,代之以伪联银券,然后以其所能搜刮到的,投入根据地,兑换成法币或购买物资。边区政府对抗的办法是,动员群众用杂钞到敌占区购买货物,或者通过贸易机构、合作社到敌占区去使用,同时在根据地加以贬值。因杂钞破烂的很多,在根据地内又没有发行的代理机构,群众早已厌恶,所以从宣布对杂钞贬值到停止使用,进展非常迅速。保商银行的钞票是1939年1月停止使用的,平津杂钞的势力较保商大,清理的步子有意放慢了一些,1939年2月9日以前按9折收回,2月23日至3月9日以前按6折收回,到5月便完全禁止使用。

击败了各种杂钞以后,边区政府着手清理各县土票。土票种类虽多,但各自的力量脆弱,不堪一击,清理的办法是,命令发行人自行收回,如发行人逃走或无力收回, 就将土票贬值兑成边钞, 尽量使持有土票者少受损失。到1940年初,土票便从根据地消失了,这一"怪物"不再露面了。

经过不断的风浪,边币完成了一元化的进程,成为最有活力的货币。1940年底,边区货币流通的百分比是:边币占80%,法币占20%,伪钞、土票、杂钞已经完全被打击出去。法币之所以还有一定的阵地,是因为新开辟的地区,法币仍有行使的必要。

统一货币市场的出现,是具有历史意义的大事,边区内部的经济联系从此加强了,往日封建割据的经济现象消除了,三省交界处的狭隘市场都变成区域市场,为巩固货币制度,稳定和发展根据地的经济,创造了有利的条件。

三、对伪钞的斗争

边币最大的劲敌是伪联银券。

1938年3月10日成立的伪联合准备银行, 是日本侵华的主要金融工具,其实权操在日本顾问阪谷希一手中。

伪联银券发行4种纸币:1元、5元、10元、100元。1938年6月10日起发行1角、2角、5角辅币3种,12月20日又发行5分、1分、半分辅币3种。12月

20日又发行5分、1分、半分辅币3种。日伪不顾人民的反抗,强迫使用,伪币潮水般地涌进了市场。1938年6月末伪联银券的发行额仅为6000万元,1939年12月末就增到1亿6千万元,1940年底达到4亿2千万元以上。[1]敌人很得意伪联银券已流通于华北各地,但又哀叹"内地少数未收复区域"打不进去。

日本为了强化伪联银券的力量,几乎与晋察冀同时提出了货币一元化的口号,于1938年3月10日公布整理华北旧通货办法,规定北方旧法币流通期限为1年。5月25日又公布中央银行票并中国、交通两银行发行之南方票及北方杂票,自6月11日以后,禁止流通。被禁止的是中国银行、交通银行(但以上两行有天津、青岛、山东印之地名票不在此列)、中国实业银行、北洋保商银行、中国垦业银行、浙江兴业银行、边业银行、中国农工银行、中央银行、中南银行、中国通商银行、农业银行、四明银行、中国农民银行等总共15家银行所印的钞票。敌人用暴力和所谓法令来推行其计划,在淫威之下,"北方杂钞,大部已告肃清"。但法币却不是用暴力就能消除掉的,敌人1938年的新闻报道中说:"刻距旧法币禁止流通期,仅有数个月,而旧法币流通额,又达数千万元之多。"[2]敌人对此恼羞成怒,继8月8日将中交两行券贬价一成后,12月底再贬三成。1939年2月20日起,更命令凡以旧通货为标准的贷借契约、存款契约,一律改用伪联银券为标准。日本侵略者就是以这些办法来指望实现其一元化的目标的。他们还把直接控制的冀东银行及河北银行发行的钞票放在统治之列。冀东银行变成地方商业银行,其所发行的100元、10元、5元、1元、5角钞票也定期收回,但期限较宽,小额钞票展期到1941年3月10日停止使用。

日本侵略者一面以伪联银券统一各种货币,一面尽一切可能将伪联银券打入根据地。联合准备银行的汇票曾渗透到了冀中,在晋东北,敌人从娘子关、太原、正太路方面运来大批商品,使伪钞流入,曾一度夺取了边币的优势。但总的来讲,他们对根据地的货币进攻,总是以失败而告终的。

边区政府对伪币的政策是:绝对禁止入境,禁止在边区内流通;如有携带入境私相授受者,一经查出,除全部没收外,还要追究其来源;对查获的伪钞不是烧毁,而是让他拿到敌占区去购买自己需要的货物。对新开辟地区采取

---

① 《中国联合准备银行过去现在及未来》,《新民报》,1940年1月1日。

② 《庸报》,1938年11月29日。

限期贬值办法驱逐之,如平西根据地,以法币为比值标准,分三期贬值限制使用,第一期伪币1元折合法币9角5分,第二期又减值为9角,第三期一律停止使用。边区人民基于爱国思想及对政府的强烈信念,积极动员起来,肃清伪钞,使伪钞失去了藏身之所。

与伪币的斗争也推进到敌占区。边区的策略是以自己握有的粮食,动摇伪币在其所占区域的信用,造成物价暴涨,市场恐慌。这也是农村包围城市政策取得胜利的一个方面。1939年华北大水灾,农作物减产,根据地更加严格执行禁止粮食外运,杜绝了敌人用各种方式和渠道的套购。敌占区因而粮食奇缺,人们拿着钱买不到面粉,连汉奸报纸《新民报》也不得不承认,"来源不甚畅旺"①,天津"以面粉杂粮等华人主要食粮价格日见昂腾,实予日常生活上一大威胁,而渐化为重大社会问题"②。北京同样是"米粮价格之增长与日俱进,市民莫不叫苦,即售卖食物之小商贩,亦多感艰于经营"③。日伪曾以平抑粮价办法,挽救其币位狂跌,"而商号多不适行",1939年12月受大米面粉缺乏的影响,杂粮价格也急趋高涨,有钱连杂合面都买不出来。敌又"改订标准价,仍无补于事",1940年春节时,以伪钞为领导的物价,如脱缰之马,敌伪经济陷入严重危机。联合准备银行顾问阪谷希一说了一句实话:"故物价问题,成为华北之紧急而难解决之重要问题,通货之价值维持,实以治安工作的进展为前提。"④

货币斗争始终是激烈的。敌人在困境中施展出种种伎俩。1941年春,敌人用大量消耗品来套取根据地的必需品,边区及时改订了出入口税则,并严密稽征,商人不敢问津,敌人的阴谋,未能得逞。随后,敌人又改倾销政策为封锁政策,企图摧毁边区货币阵地,边区遭受封锁之害,物价上涨,但边币的基础是巩固的。一直到1945年8月,边区经济阵地伸张,边币流通范围更广,而伪钞则随着日本军国主义的垮台,成了一堆废纸。历史就是这样无情,对日本侵略者做出了严厉的总结。

晋察冀根据地的边币和金融制度,是抗日战争时期的产物,在这个特定

①《新民报》,1939年9月10日。

②《新民报》(晚刊),1940年2月2日。

③同上,1939年9月2日。

④同上,1940年1月10日。

的历史条件中,于活跃根据地经济、稳定金融、促进生产,以及财政的调度、人民生活的改善等方面,都发挥了它应有的作用,是抗日战争时期财经事业上的一项创举,在中国金融货币史上占有重要的历史地位。

原载《近代史研究》,1987 年第 2 期

论抗日战争时期晋冀鲁豫的集市贸易

抗日战争时期,集市贸易是坚持和建设根据地不可缺少的一个方面。集市刺激了根据地的生产,提供了军需,调剂了人民群众的物质联系,并战胜了伪币,支持了抗日货币的流通,使根据地经济呈现出繁荣景象。

一

集市是农民买卖、交换物资的场所,是在长期社会生活中形成和固定下来的,华北地区的一些集市,其源流可以追溯到唐代。明清时期,集市已经比较普遍,凡集市所在之地,即属该地区的商业中心。一般来讲,一个县总有几个或十几个集镇,集市则更多些。集市大都设在镇上。平时,镇上有各种商号和店铺,日日营业,逢集之日,镇上摊商满街,农副产品上市骤增,方圆二三十里的人都来赶集,卖出自己的农副产品,采购自己所需要的东西。集市有两天一集的,即逢单(日)或逢双(日),有三天一集的,也有五天一集的。有的地方分大集和小集,如逢三、八为大集,逢四、五为小集,大集有骡马上市,以太行山区麻田为例,三天一集,即逢一、四、七为集日;距麻田20里的桐峪逢三、六、九为集日;距麻田30里的索堡逢二、五、八为集日。冀鲁豫高内地区的井店,一、三、五、七、九成集,袁大村二、六成集,千口四、八成集,逢十休息。从上述两个地区集市分布情况看,各有一个比较大的集市,集期较多,成为活跃地区商贸的主要场所。

抗战初期,由于日军入侵,华北许多集镇和集市均遭受不同程度的破坏,人们正常的经济活动被打乱了。大商号停止营业,将资金转移到比较安全的地方,小商人也不敢露面,集市消失了,中国共产党挺进敌后,建立根据地也逐渐建立了相应的地方政权。各抗日民主政府,如太行山区和冀南的一些专区和县,都组建了商贸机构,组织农副产品的收购和运销。太行山区还成立了商贸总局,1941年改称边区生产贸易管理总局,以后又改建成晋冀鲁豫工商管理总局,各县设贸易局,许多贸易是通过集市进行的。最初几年,根据地大力发展合作社,1939年还推行合作社运动,希望以此解决供给、繁荣市面、流通货物、适当改善人民生活,但合作社并不能代替市场的作用,就是八路军的部分军粮和做服装的布匹也需要到集市去购买。人民生活离不开集市贸易。邓小平1943年在《太行分局关于太行区经济建设工作的检查和决定》一文中说:"我们党应该研究如何经过工商工作及市场关系,促进农民积蓄,帮助农业生产,以规定我们更具体的发展工商业市场的办法。"①这清楚地表明了根据地对市场经济的认识。

在遭受日军封锁和分割的状态下,市场活动是与农业、手工业发展相适应的,市场反映着根据地的物质水平与力量。减租减息运动的开展,自力更生政策的贯彻,以及灵活统一的贸易政策,使根据地在农业、手工业和商业等方面都有了发展。发展生产和繁荣经济是中共中央一再强调的政策,为此根据地多次召开生产会议和财经会议,并动员一切社会力量,努力实现这一方针。1940年6月初,第三行政区副专员李一清在和顺、昔阳、平定、榆次、太谷、寿阳六县士绅座谈会上特别强调发展经济,士绅们一致表示,愿意参加抗日政府的各项建设,并决定会后首先恢复六县商业,以求抗日市场的繁荣。②

私人经济是一支巨大的社会力量,将其纳入抗日根据地经济建设的轨道,是根据地各级政府的共识,各县都做出不懈的努力。如平定、昔阳、和顺三县在1940年6月中旬召开的财经会议上决定:各县建立中心市场,奖励私人贸易,大量吸收必需品之输入,同时县粮食局调剂物品,县合作社互相交换货物。7月,太北经济会议也做出决定,要求各县选择比较安全之中心地点设立集市,取消根据地内的税卡,不重复收税。对内实行保护贸易政策,以吸收私人资本,鼓励私人商业,以调剂根据地内之市场。辽县更制定出恢复商业的具体步骤:从1940年7月为第1期,恢复抗战前商铺2/10;8月底为第2期,恢复3/10;9月底为第3期,恢复5/10。除此之外,还制定出各种奖励办法,如保障商人一切应享权利,减轻商人负担,确保商人在根据地内有自由收售山货、土货、自由运销之权;奖励商人投资工厂、合作社及政府合资开发实业

①《晋冀鲁豫边区财政经济史资料选编》(第一辑),中国财政经济出版社,1990年,第307页。
②《新华日报》(华北版),1940年6月15日。

等;发动旧存货者复业,发动集股复业;函告客籍商人恢复旧业,使小摊逐渐变成商铺;对立即复业之各商户,由政府分别发给奖章奖状,以资鼓励;大商户设立政治指导员,建立经常的会议制度,加强商人团结,提高商人对巩固抗日根据地经济建设的认识,在政府统一经济政策下,繁荣根据地的市场。[①]经过这一番推动,因战争破坏而衰落的根据地市场又复苏了。

二

抗日战争时期,集市在很大程度上发挥了活跃经济、调剂余缺和支持抗战的重要作用,一些历史资料清楚地记录了其兴旺发展的繁荣景象:

武乡的洪水镇,是一个著名的集市,方圆四五十里的农民都来此赶集,商洽交易,远地货物有榆社的粮食、黎城和左权的大牲畜,以及各种山货等,该镇集市恢复后,八路军和政府许多生产单位也参与了市场活动,在该镇开设店铺 30 多家。

偏城县是 1940 年新建的,由黎城和涉县各一部分组成。始建之时,全县没有一处像样的市场,而战前是个繁华集市。群众历来以棒子、核桃、花椒等山货从这里换取布、盐、油及日用品。在抗日政府的规划和倡导下,该地建立了饭铺 7 家、杂货铺 13 家、磨坊 5 家、药铺 2 家、铁铺 1 家、染坊 1 家、油坊 1 家、豆腐坊 1 家、粉条坊 1 家。

涉县河南店镇在抗战前很繁荣,有各类商号共 140 多家,包括布庄、染坊、当铺、杂货铺和饭铺等,资金约十六七万元,隔日一集。交易最多的是粮食,最高额一集达 1 万元。襄垣、黎城、平顺、长治、长子、屯留等县的粮食经此地向路东大批远销,实为粮食集散地。抗战爆发后,该地商业几乎荡然无存。1941 年边区政府逐渐恢复河南店镇市场,这时,居民已有 260 余户,以中小商人居多,有持商业执照的坐商,也有无店面的游动小贩,至 1944 年,有 25户财源大发。

涉县的索堡,抗战前有放账的 8 家,资本 28 万元;绸缎庄 6 家,资本 2.5万元;布庄 14 家,资本 1.4 万元;粮行杂货铺等 100 家,资本 70 多万元。抗日政府建立后,商户恢复发展到 150 多家,资本 170 多万元,经营者大都是过去

---

①《新华日报》(华北版),1940 年 7 月 21 日。

的店员。

西营镇是襄垣县北部的一座古镇,镇上店铺林立,八路军在镇上开办了毛巾厂、纸厂、鞋厂、小煤矿,还有华兴隆、德兴恒等工商企业,每逢二、五、八集日,武乡、左权、榆社、黎城、涉县等地客商云集,生意兴旺。

屯留县张家镇是临屯路上一个重镇,交通便利,四通八达,后因日军汉奸之纷扰,市面日形萧条,1941年5月前仅有杂货铺3家、油坊2家、斗铺1家、饭铺5家、肉铺2家。自8月14日抗日政权恢复,正确地执行税务贸易政策,歇业商店纷纷恢复营业,市场顿趋繁荣,截至9月,全镇铺面计有:饭铺16家、杂货铺15家、油坊3家、斗铺3家、茶坊3家、摊贩5家、理发馆1家、肉铺3家。与5月以前相比,增加了3倍至5倍,每逢集市,人民拥挤异常,贸易额达万元之数。①

平(顺)东鱼镇,每10天3集,是与冀西抗日根据地货物贸易的中心地区之一,1940年曾成立合作社1家、茶店1家、杂货铺2家、面铺1家、布店3家、食堂1家。1941年2月19日,日军扫荡平东,市场遂被摧毁,损失万元以上,后经各界努力经营,市场渐转繁荣,计有运销合作社1家、植物油产销合作社2家、茶店2家、面铺2家、布店11家、盐摊22家、杂货铺3家、粮商5家、食堂5家、饭摊15家、估衣商3家、花贩4家、皮匠1家。每集收入在4960元之巨。②

平(顺)北市场较战前大为发展。抗战前全县有私营工业34处,私营商业142处,战争初期逐渐衰落。1939年仅留私营工业7处,私营商业75处。抗日民主政府执行新政策后,工商业即大量发展。1940年有公营企业3处、私营企业23处、公营商业2处、私营商业152处。1941年公营企业8处、私营企业31处、公营商业13处、私营商业189处。③

武安的阳邑镇,地处山区平原之间,居交通要冲,是货物集散地。抗战期间,驮运粮食的毛驴川流不息,每天有三五百头。该镇经商者有3000人,货物齐全,有"小上海"之誉。交易以山货和粮食为主,因客流量大,饭店亦多。据统计,当时有山货栈20多家,棉布杂货店40多家。民主政府和部队经营的有

---

① 《新华日报》,1941年12月3日。

② 同上,1942年1月14日。

③ 同上,1942年1月18日。

"永贸昌""经营处""实业公司""泰记货栈"等。"永贸昌"经销布匹、纸张、食盐等。"经营处"经销杂货、羊毛线、毯、皮货、碗等日用品。"实业公司"隶属129师后勤部，经营药品兼搞一些科研。私人商店有"庆丰祥""庆丰玉"，都是经营桃仁、棉花、花椒的。私人开设的山货栈有"同流货栈""信承店""没耳根店""永盛店""乱石岩行店""三盛公行店""华凤祥"等24家。阳邑东池和西池有粮食市，粮店和粮站有"公义斗""老心""侯有的"等12家。经营洋布的有"安振兴""聚盛成""豆大艮""孟令会""三斜的""孟虎林"等字号；杂货铺有"德聚成""德源和""聚素成""五和兴"等；此外，还有饭店、肉铺、蒸馍铺、木匠铁匠铺、理发铺等多家。①以上列举的行业，经营方式比较原始，但每逢集日，摊贩栉比，粮食、蔬菜、土布、小型农具、镰刀、铁耙、干鲜果品等应有尽有，方圆二三十里的人们都来赶集。

民主政权重视发展农业经济，传统的物资交流大会从未停止过。如阳邑镇一年一度的东桥大会就备受欢迎。1942年3月21日至24日，正当春耕序幕拉开之际，大会上牲畜、农具、种子及其他各种物品齐全。东桥广场内有星罗棋布的露天食堂，牲畜市场拥挤着成群的牛、马、骡、驴和大猪小猪；农具市场陈列着犁、耧、筐、担、耙、筲、锯、锹、锄、瓮、缸、锅、杓等，街道的两旁，排列着土布市场、棉花市场、粮食市场及其他货物。这样的交流大会每日贸易平均总额较2月份反"扫荡"以前，能激增5倍以上。辽县春耕调剂委员会几乎同一时间也组织了拐儿镇骡马大会，赶会的人熙熙攘攘，异常热闹，每天约2500余人，其中还有来自辽县以外的。牲畜交易130余头，农具数百件，价格很低廉，群众竞相购买。②

农村集市贸易的范围，本来就比较狭窄，在战争环境中更是如此，这样一来，也更加显示出其浓郁的地方特色。太行区的农作物主要是小米、麻、烟、玉米，副产品有花椒、红枣、柿子、核桃、茶叶、药材、皮毛、猪鬃等，集市交易也以这些产品为主。太岳区的物产为粮食、棉花、麻、烟，除棉花不能自给外，其余的均有剩余可供输出。副产品有木材、皮毛、猪鬃、桃仁、鸡蛋等。手工业产品有铁货、榨油、卷烟、瓷窑货、熬硝等，这类物品在市场上显得很丰富。冀南区农作物以棉花、小麦、花生为主，没有特殊的山货，硝盐却很多。农民取土淋

---

① 据武安图书馆郭素琴同志提供史料。

②《新华日报》，1942年3月31日。

盐,既可得盐,又可得硝,这种盐有点苦味,在日军封锁海盐之后,成为人们的食用盐,冀南手工业比较发达,如毛巾、榨油、卷烟、丝袜、编席等家庭副业产品,丰富了市场。冀鲁豫三省交界地区位于大平原上,生产小麦、黄豆、高粱、棉花、白麻、烟叶等,物产丰富,饲养繁殖家畜的很多,除了马、牛、羊以外,还有家禽,由于耕牛多,贩运牲口成为当地的一种传统副业,也成为其他地区解决缺少耕牛问题的最大来源。在这里,山羊皮、白羊皮、羊毛、猪鬃、牛皮是输出的大宗物品。织布、熬硝、榨油、制草帽辫、造纸、酿酒者也很普遍,也有自制火柴的,但尚不能自给。

和抗战前相比,原来从大城市运来销售的东西没有了,如绫罗绸缎、京广杂货等很难找到,土特产却得到猛烈的发展。各集市之间的联系,只要没有敌人"扫荡",仍旧照常,如阳邑、索堡、南委泉、西营、桐峪、洪水等地。私人资本力量虽然没有达到抗战前的状态,却也很可观。当时出版的《工商通讯》第 14 期刊载一篇文章,题为《1943 年第二分区工商业》,包含着丰富的内容,表现了根据地的商业面貌。二分区是指榆社、武乡、和顺等县,文中讲道:"商业方面也有很大的发展,去年全分区只有坐商 34 家,行商摊贩 245 家,今年新设的就有坐商 144 家, 行商摊贩 882 家。从资本上来看, 去年共拥有资金 239400 元,今年共拥有 2085150 元,这对根据地市场的繁荣、根据地物资交流、农村经济的活跃、本币值的巩固与发展,及输出、输入上都起了很大的作用。在群众必需品的供给上,山土货的输出与必需品的吸收上,他们占比重是很大的,特别是那些山土货的点滴输出,几乎都是他们的功劳。同时由于他们的发展,使冀钞在二分区踢开了狭小的圈子,从游击根据地与游击区把伪钞驱逐出去,或逐渐驱逐着,从经济上巩固以往反"蚕食"斗争的胜利,并使得敌占区人民逐渐割断经济上对敌人的依赖而面向我们。"这是对内坚持贸易自由的结果。

在根据地内,粮食交易是集市最重要的经济活动。为便利根据地村庄人民购买和出售粮食,六专区各县及涉县、阳邑、沙珞、禅房、浆水、索堡、西水等地均设立了粮食集市。

在游击区,则创造了流动市场,其特点是交易进行得异常迅速,定时而聚,定时而散,转眼工夫已带着各自换来的东西转回归途。也有的集市从集镇移到小村庄,如冀鲁豫边区著名的集市井店,粮食上市时,每集平均 600 至 700 石,最多时约 1000 石。棉花每集平均上市 1 万斤至 2 万斤,最多时约 3

万斤。牲口每集平均上市100头至200头。枣子每集平均上市60石至70石。市场常年繁荣,昼夜忙碌,各行日日有成交。为缩小目标,后来这一集市游动到附近村庄,保证了物资交流的继续进行。

游击根据地的集市,经常有遭受敌人"扫荡"、摧残的可能,因此很难稳定。抗日力量增强时,敌伪力量就会潜伏起来。

焦儿寨是濮阳游击根据地的中心集市,在贸易上是濮、昆两县往白道口走私要道和汇合点。濮、昆粮食往西北走私,白道口的大盐、纸烟等都在这个中心集市交换后分散至各地。焦儿寨逢二、四、六、八、十成集,有粮行25家、每集从东南来粮,上市有500石左右,销往梁庄、井店各集,大乡数转白道口走私出境,花布市有花摊6个,每集由西北来棉花上市2000余斤。牲口行每集大约上市200余头,1/2销往东南换回粮食,干果行每集上市枣子25石左右。①对如此重要的集市,民主政府以强有力的手段进行控制,驱逐了敌伪势力,也断绝了利用市场资敌的现象。

为防止敌人对集市的突然袭击,根据地创造了一种消息树,在集市附近较高的地方,竖起一种传递消息的标志。如果侦察到敌伪来骚扰,就把消息树放倒,人们见树一倒,立即分散躲匿,一村看一村,各村的消息树相继倒下,连牛、骡、马也跟着跑,没有吼叫之声。

根据地的集市是分散的、自由的,同时又是统一的、有组织的,在经济运转中形成了自己的力量。

三

根据地在发展集市贸易中,有不少成功的经验,有创造有发明,有行之有效的政策与方法。

在重新恢复和创建集市时,商界联合会也随即组成了。新的商界没有放账盈利的钱庄,没有当铺,没有集市上的经纪人,这些都从市场上消失了,管理市场的是交易所。交易所随着市场的繁荣不断强化其职能。一般情况下,交易所设主任1人,总会计1人,各行管理员若干,它是抗日民主政府管理市场的唯一机构,也是工商局最下层的细胞组织,既负有组织市场、管理市场、加

---

① 《晋冀鲁豫抗日根据地财经史料选编(河南部分)》(四),档案出版社,1985年,第456页。

速农村商品交换、打击敌伪掠夺物资等方面的使命,也负有稳定物价、巩固币值、保护贸易的责任。

交易所建立后,集市上的一切都有秩序地进行。如果在县城,就分设粮食、棉花、土布、牲口等交易所。交易所还负有保护集市安全和人民财产的责任。

粮食和棉花是集市交易的大宗,抗日民主政府极力控制这类商品。关于粮食,为防止敌人掠夺,保证抗日军民食粮供给,从1942年1月起,在一些地区实行了专卖制度。专卖并不是官价,完全由专卖行收购,根据地内仍实行自由交易。供过于求时,专卖行以市价收买;求过于供时,专卖行则出售存粮,以平衡市价。凡设有粮食专卖行的地区,粮食交易均须经过专卖行始能进行。根据地的粮食供应问题,经过大生产运动,已经初步奠定了基础。至于棉花的供应,因为关系到军用民需及纺织事业的发展,政府极力在大小集市吸收,每一区都分配了吸收数目。以后,随着人民武装力量的增强和根据地的扩大,平汉沿线广大棉区获得解放,为吸收棉花提供了便利条件。

根据地很注意开拓自己的市场。1939年根据地内还存在相互封锁的现象。1940年8月1日,冀南、太行、太岳三大区成立“冀太联办”,负责统筹三大区的贸易交流。各区互通有无,货畅其流。如冀南与太行间的交流,冀南输出土布、棉、盐,太行运出铁器、药品、麻绳、山货;太岳区将小米、小麦、大豆、油料、牲畜等运往外地,又把外地的铁器、农具、棉花、布匹、食盐、皮货等商品运到太岳。另外,白晋铁路沿线与平汉铁路沿线同时交流也很顺畅。白晋方面经太行运平汉线粮、油、麻,平汉线经太行运盐及日常生活用品至白晋线。中国古代的商路,如长治到涉县间的运输,人背、车拉、牲口驮,络绎不绝,形成了一个运输网。

在抗战期间,物价总趋势不断上涨,根据地受到敌人封锁、“扫荡”和国内反共潮流的影响,商品价格几次出现波动,譬如1940年1月中旬,晋东南各地物价急剧高涨。就太北地区而言,一日数市,以一种跳跃式的步调扶摇上升。小米每斗4元有奇,白面每斤3角以上,较平日超出3倍。毛巾、肥皂、布匹价格也比以前上升2倍,市场动荡不安。根据地地方政府立即邀请当地驻军和民众团体代表暨地方公正绅商,组成评定物价委员会,将各种主要物品,特别是粮食等军民生活必需品之价格,做一公正的评价,通令市场按此价格出售商品,不得擅自抬高物价,投机渔利。同时,由军政民联合组织检查队或纠察队,逢节逢集轮流分赴各镇市检查,监督市场买卖,防范一切违禁行为。

1943 年 12 月上旬,根据地各地物价平均上涨 1 倍,市场顿时出现紊乱现象,发生许多反常情况,如索堡麦子向桐峪流,平顺小米向北社流,卖价低于买价。此时,边区政府立即采取紧急措施,组织全部山货出口,紧缩商业贷款,调拨大批粮食作调剂平稳之用。这些政策都是通过市场交易所实施的,交易所召集商人座谈,平抑物价,使社会很快安定下来。

根据地与敌占区犬牙交错,经济来往不可避免。敌人千方百计破坏根据地贸易,以扩大其经济占领范围,对各接敌区的集市,不断实施武力袭击与压迫,破坏各根据地之间的物资交流;同时大量倾销奢侈品,企图控制根据地集市。在这种形式下,若没有对外贸易战的意识,就会使根据地遭受灾祸。为此,根据地制定了贸易政策,有计划地输出和输入,通过山货输出,换回根据地所需的物品,力求出入口平衡,使之有利于根据地,对外贸易则采取了统制办法。无论机关生产、公营商店、合作社以及私人商店,与敌方经纪人接洽贸易,必须经过当地工商局办理,不允许直接洽谈。这一规定不等于出入口货物必须由公营商店包办,合作社和私人等都可以对外出入口、对换货物,但手续必须统一。至于出口什么,换回什么货物,须根据现实情况决定。

在对敌贸易中也出现过一些不良现象。1941 年春,各部队军营合作社为了赚钱获利,从敌占区运进大批日货,到处销售。这些日货大部并非军人必需品,或普通人民的日用品,而是奢侈品。这不仅使根据地法币资材源源流出,入超的数目日益增加,影响了根据地的财政金融,也容易给敌人的经济侵略造成可乘之机。此外,还有不少军营或其他合作社采办人员,假借军用品名义,拒绝纳税,包庇走私,更有甚者,少数合作社采办人员竟假借或利用军队政府的名义做掩护,贩运违禁品。第 18 集团军野战政治部鉴于此,于 1941 年 5 月 1 日向所属各兵团发出训令,指示发起全华北抵制仇货运动。自 5 月 28 日至 6 月 3 日为抵制仇货运动周,由军政机关、贸易局、商联会共同组成检查队,检查各合作社、商号、小摊贩是否仍有运销仇货、奢侈品与违禁品者。[①]辽县商界积极响应号召,制定出一些具体办法:如 7 天检查一次;限 6 月底将所有仇货拍卖净尽,如到期尚未卖完者,报商界联合会另行规定处理;号召各商户各制木牌一块,挂在自己门外,上写:"我们不卖仇货,卖仇货是我们的耻辱"等。该县各重要市镇还于 1941 年 5 月 24 日成立了对敌经济斗争研究会,

---

① 《新华日报》,1941 年 5 月 17 日。

抵制仇货运动的开展,不只是清除了敌货,粉碎了敌人的经济进攻,还提高了军民的民族意识,市场也因此巩固了。

集市贸易是在与敌斗争中发展的。敌人曾企图占有根据地市场,但是失败了,根据地市场深深扎根于根据地军民生活之中,他们用一切力量保卫着自己的市场。

市场的日益巩固,还可以从货币的流通鲜明地显示出来。

1939年,晋冀鲁豫根据地成立了自己的银行,发行钞票称冀钞,冀钞开始在市场出现时,有人接受,也有人持怀疑态度。新面孔的钞票,印刷又不精致,再加上旧势力的对抗及敌人的谣言,增加了冀钞流通的困难。冀南银行为取得群众信任,树立冀钞本位币的形象,于1940年8月在西井镇举办了储备展览,展出了黄金和法币,显示了自己的实力基础。

1940年7月,晋冀鲁豫边区为统一境内货币,确定冀钞为边区本位币,决定在市场上驱逐杂钞,保护法币银洋,各大市镇都设立了银行组织,通过贷粮、收购杂钞、打击伪钞,使冀钞的流通范围日益扩大。同年11月,晋察冀银行、山东北海银行、冀南银行、晋西北的西北农民银行、陕甘宁边区银行五行实行通汇,加强了各抗日根据地之间的经济联系,提高了冀钞在全华北的地位。以后,尽管敌人不断扫荡,破坏根据地集市,在有的地方缩小冀钞的流通,个别地区银洋法币仍在暗中行使,但冀钞占领市场是不可逆转的。经过一年的努力,混合的货币市场逐渐变成单一的冀钞市场。冀钞深得人民拥护。如冀南银行漳北办事处每月平均提出10多万元,投到商业和生产事业特别是农业中去。1941年武乡全县到处是纺织声,全边区到处开着骡马大会,都是冀南银行贷款的结果,老百姓都争着要冀钞,太谷城里可以直接用冀钞买到东西,贸易往来比过去增加10倍。和东敌占区人民经常越过封锁线到抗日政府兑换冀钞。日军对冀钞的日趋巩固无可奈何,便极力压低冀钞的比价。在太岳区,敌人强迫规定1元冀钞顶1角伪钞。在太行区,沿平汉线一带,敌人利用晋察冀边币来打击冀钞。漳河两岸敌人想把伪钞同银圆联系,破坏冀钞本位币的作用。在各地区,敌人还大量收买冀钞,然后使冀钞在一定地区膨胀起来,降低冀钞价格,在敌人占据的城市内,谁携带冀钞就有被残杀的危险。为了反击敌人的经济侵略,根据地集中一切对敌经济斗争力量,统一对敌经济斗争的指挥与作战,展开了持续不断的斗争。诸如1941年5月10日公布了《晋冀豫区禁止散伪钞暂行办法》,规定商民凡存有伪钞者,统限于5月底以前向所在抗日县政府声请贬值兑换冀钞;游击区或接敌区限于6月底以前向该管抗日县政府声请贬值兑换冀钞,不得再行使用和保存,如发现使用伪币,一定追究,依法惩办;在接敌区展开同敌人争夺游击市场的斗争,打击敌人的黑市场,加强缉私工作,掀起群众缉私运动;规定向敌占区运销土货、山货必须保证换回等价的必需品;统一对外采购,掌握外汇,压低伪钞,使外汇不为投机家、发国难财的人所利用,如林北加紧经济战,于1941年8月成立了对敌经济斗争委员会,其任务一是加强对外贸易统制,二是组织对敌货币斗争,三是组织统一采购委员会。这种斗争是长期的。巩固金融阵地,保证抗日本币,打击敌伪货币,是根据地生活的一个重要内容。没有经济力量做后盾,根据地就难以存在。如果考察这时抗日民主政府公布的有关政策,就会发现根据地确实集中了一切智慧,在进行着令人敬佩的壮丽事业。它没有在困难面前低头,而是在竭尽全力奋战。

事情的发展与敌人的意愿相反,伪联券不是增值,而是贬值了。1942年底,第一分区获鹿、赞金一带敌占区伪钞狂跌,物价飞涨,并且逐渐向南延伸。老百姓纷纷推出伪钞,换成冀钞,或购成货物保存。1943年,根据地提出"打倒伪币,提高冀钞"的口号。随着根据地和游击区的扩大,伪钞的流通地区和使用范围日益缩小。到1944年底,冀南票和伪联券的比值已达到1:1.1,根据地取得了经济斗争的胜利。

四

根据地在恢复创建和发展集市过程中,始终以经济建设为中心任务,以发展生产、掌握物资为坐标。值得称赞的是,根据地的领导者在认识上把生产和贸易统一起来。各级政府不断研究发展农业、工业,特别是一些重要的有历史基础的手工业生产,如纺织、造纸、铁业等问题,奖励私人营业,奖励发明,欢迎外来投资。这一思路把根据地经济引向正确发展的轨道,大大推进了抗日事业的发展。

由于重视农业,提供大量贷款,使农业有了好收成,因而出现了集市的繁荣,农具、农产品应有尽有,极为丰富。太行区的山货,是国民收入的重要来源之一,如桃仁,年产达五六百万斤,花椒在300万斤以上,党参药材漫山遍野都是,杏仁、柿饼、红枣、栗子之类,产量也很丰富,还有猪鬃、毛皮、蜂蜜、蚕丝等都是出口的大宗,每年输出额都很大。因为奖励小工业、手工业的发展,鞋、纸烟、伞、食物、毛皮等转为私营,政府集中力量发展主要工业,毛织、炼盐、榨油、造纸等生产在政府和私人资本的共同努力下,都开展起来,满足了根据地军民的生活需要。

根据地在经济建设中还有一个特点,就是重视人才、重视技术。1942年1月,边区政府曾通令各县,登记长于农林、牧殖、工、矿、茶等事业专门技术人才,以便设法聘请,共同进行经济建设事业。[①]只有各项建设都得到发展,市场经济才能兴旺起来,根据地的领导者在这方面积累了丰富的经验。

在残酷的战争中,敌后根据地军民勤劳猛进,市场经济蓬勃发展,充溢着活力。这是历史的奇迹。这说明中华民族是最禁得起灾难,最勇于创造的民族。

原载《抗日战争研究》,1997年第1期

---

① 《新华日报》,1942年1月30日。

晋冀鲁豫抗日根据地的商业贸易

晋冀鲁豫根据地包括太行、太岳、冀南、冀鲁豫四个相对独立的战略区，是当时最大的一块根据地，其最盛时期所辖200个县，人口有2829多万人，可耕地1亿多亩。本文着重讲述太行区的商业贸易，特别是对日伪敌占区的贸易，对其他地区也附带讲述一些。

一、市场从混乱到统一

1937年11月7日，日军占领太原，国民党军队溃退，朱德、彭德怀率领八路军刘伯承、张浩、邓小平所属的129师进入太行山南部，以薄一波、戎子和管辖第三、第五专区为基地，沿太行山两侧创建了许多游击根据地和据点，为晋东南根据地打开了局面。1938年2月，日军108师团沿邯郸至长治大道西犯，2月15日占领涉县，随后又占领黎城、潞城、长治、屯留、长子等县城，史称第一次九路围攻。敌我双方没有固定的战线，形态上是敌对我的包围和我对敌的包围。日军的这次围攻失败了，上述县城收复了。1939年7月到8月，日军又发动了第二次九路围攻，占领了邯长路，把太行根据地分割为太南、太北两个区域，占据了太行腹地的和辽路、榆辽路，侵占了和顺、辽县等县城。日军的侵犯使这一地区的商业贸易处于动荡的状态。

战争初期，凡遭日军侵犯的城镇集市，商业都遭到破坏，如"1938年春的九路围攻，敌人第一次深入腹地，摧残各大市镇，使商号大部停业，地主阶级掌握的一套商业高利贷资本的机构如账庄、当铺、行店、官盐店、税行、斗行几乎全部停顿与被摧残，大商号纷纷倒闭，辽县桐峪商号倒闭者50%，拐儿镇66%多为大商号"[1]。太岳区安泽、沁源、沁县、屯留、长子山多地广，交通极不便利，工商业

---

[1]《抗日战争时期晋冀鲁豫边区财政经济史资料选编》(第二辑)，中国财经出版社，1990年，第1364页。

755

落后,只有长子鲍店药材市场最为著名。1938 年日军占领该地后,8 家钱庄、2家当铺、8 家棉花店、二十几家骡马店、7 家骆驼店及粮店等均垮台,所剩的杂货店、药材铺缺少货物,没有买主。[①] 晋城是河南、山西两省商行集中交换的集散市场,全城关有人口 6 万余,大户商号 580 家,市场繁荣为太岳其他各县所不可比拟。日军占领该地后,"乱抢乱杀,将市场摧毁的门户倒闭,再加上飞机轰炸,及阎锡山的老虎票将不成钞,商人市民均呈现恐慌状态中,均无心经营,市场贸易遂完全停顿"[②]。

日军的侵犯造成晋东南整个社会动荡,人心浮躁不安,市场一片混乱。富商多逃至大后方或敌占区的大城市,坐商行商没有了,京广杂货、绸缎等商品稀少了,市场上仍在经营的全是小商小贩,或以前大商号的店员。原在外地经商的本地人多返回乡里,仅晋城就有 3000 多人,这些人此时处于失业或半失业状态,游离于社会,成为闲散人员。

市场上所能看到的商品一是商人从即将沦陷的城市抢来的外货,一是日伪乘机倾销的日货。

市场上流通的货币或代用券本来就很杂乱,此时更加混乱。原晋东南流通的除山西省银行、山西盐业银行、西北垦殖银行发行的钞票外,还有潞城、壶关、平顺、长治、高平、晋城、阳城、陵川等县发行的县票。冀南地区除河北省银行票外,各县一般都发行流通券,如南宫、衡水、枣强、钜鹿、清河、晋县、束鹿、宁晋等县发行的县票,南官县数量最多,约有 100 多万元。许多商号也发行兑换券。这些货币大多数币值低劣,使用性很差,发行人在抗战后几乎全部逃之夭夭。[③] 这个统计资料还不够完全,这说明 1935 年国民政府币制改革所确定的法币尚未完全占领市场。

国民党军队向南撤退时也遗留下大量的法币,及实业、农垦、中南、北洋、保商等银行发行的纸币和流通券。

各地抗日民主政权也发行了纸币,如冀南合作社的兑换券、山西省第三行政区发行的上党银行票、第五行政区发行的救国合作社兑换券等。这些纸币在市场上比重都不大。

---

① 戈曼:《恢复后的繁荣的鲍店》,《新华日报》(太岳版),1945 年 11 月 5 日。

②《太岳区工商管理局 1948 年工商工作初步总结》,晋档:商业 013。

③ 王静然:《晋冀鲁豫边区货币金融工作》,《财政研究资料》(专辑增刊),1985 年,第 41 页。

给市场增加更大混乱的是日本的金融侵入和破坏。日本先以朝鲜银券、冀东银行券操纵华北物资,随后又印发了中央、中国、交通、农业银行的法币假钞,和河北、大中、实业、农工等银行的假钞,抛向市场,盗购大量战略物资、金银和外汇。1938年3月,日本为了筹措其华北侵略军的经费,建立其华北经济基础的新通货体系,成立了所谓联合准备银行,该行资金共5000万元,日方通过其兴银、正金、鲜银3家银行的融资来充数,伪华北政务委员会筹措资金1000万元,还强迫诱使几家中国银行以1000万元入股,日伪之所以如此,认为这样就可以"确保华北财政的稳定"[1]。联银券出笼后,成为华北敌占区的统一货币,日军铁蹄到哪里,联银券也就出现到哪里。日军设定了"联银券地带"和"匪区地带",前者被视为联银券彻底流通的地区,后者因为是根据地,是不能流通的地区。日军竭力扩大联银券地带,向根据地和游击区渗透。

初建起来的各抗日民主政府还没有机会和实力去管理和控制市场,对市场采取放任政策,所发行的钞票处于种类繁多票证包围之中,孤军奋战,力量不够强大。1939年10月15日,冀南银行成立,开始发行冀钞,1940年8月1日,冀太联办成立,确定冀南钞票为这一区域本位币,货币市场才发生了变化。

成立冀南银行,是1939年6月中共北方局、八路军总部共同决定的,随即在黎城西井镇和东崖底村成立筹备处,任命曾读过大学经济科、在上海中南银行任过职的老红军高捷成为行长,通过军事情报系统和爱国商人到北平、天津采购各种印刷器材。一切就绪之后,即在太行和冀南同时宣布冀南银行成立,银行的代号为伦敦。首次发行额是500万元,根据彭德怀指示,均分给政府和军队,以发展工商业和军队购粮用。红色一元券和蓝色点条格式贰角券进入市场,之后贰元券、叁元券,直至五元券都印制出来。冀钞一出现,即遭受包抄。蒋介石和国民党政府任命的河北省主席鹿钟麟,以及国民党在冀南的第10军团司令石友三极力想扼杀冀南钞。蒋介石曾数次电令冀南主任公署停止发行,鹿钟麟、石友三发布告说:"凡使用冀钞者枪决。"日伪利用农民的落后意识,用大量法币收买冀钞和粮食,破坏冀钞使用,大力行使伪币,倾销敌货。一时冀钞受到严重挫伤。为使冀钞获得人民信任,冀太联办在黎城西井镇举办了冀南银行准备金展览会,展出了大量的银币、元宝和黄金,显示了雄厚的实力,此举影响颇大。与此同时,冀南银行在各地设立的办事处和分

---

[1] *Peking a TienTsin Times*,1938年1月4日。

行已积极开展业务活动。冀太联办一再发布命令,宣布冀南钞为根据地的法定货币,停止敌伪币、杂钞和地方币流通。开始时,使用行政命令,后来懂得使用经济手段更为有效,分别不同情况采取严厉取缔、按合理比价兑换的方针。对法币则采取保护政策,停止流通,限期兑换。经过一年的艰苦斗争,终于在 1940 年底基本上完成了澄清金融市场,建立独立统一的本位币市场的任务。[①]从 1941 年起,冀钞的声誉与日俱增。

联银券随着日军的军事扫荡,也继续向农村扩张,到 1941 年太行山边沿的很多本币市场开始与伪钞短兵接触。日军对法币采取了打击排挤方针。1939 年 3 月日军宣布,限定两个月以内以六成比率与银联券兑换,期限后法币的流通即行禁绝。1941 年 4 月 26 日又宣布游击区按一定比率收买法币,规定 5 月 1 日后按四成,1942 年 4 月 1 日后为二成,6 月 8 日后为一成。尽管日军煞费苦心,然联银券不为英美各国所承认,无法换到第三国货币。日军以所掠到的法币到根据地掠夺物资,太行区内发生了法币内侵现象。根据地和敌伪展开了激烈的货币斗争。一直持续到抗日战争结束。

二、经济绝交与贸易往来

交战国之间是没有贸易往来的,经济绝交,这是公例。各根据地建立初期,也是这个方针,采取了绝对禁止日货输入的断然措施,无论何物也不准卖给敌占区,否则叫资敌。对敌伪钞票,采取不承认主义,以保持政治上的纯洁和尊严。然对敌战区来的东西却管理不严。晋冀鲁豫财经办事处在总结这一段历史时讲:"禁止各种物资资敌,结果大量走私,产生了乱没收现象,外货大量侵入,限制也不严格。"[②]这种办法在执行中被证明是不现实的,后来被认为是天真的幼稚的,因为有些物资,敌方掌握,根据地没有现代化工业,对敌占领的城市有依赖性,如军工原料、医药卫生器材及油印机、油墨、纸张、蜡纸等,必须从敌占区购买。根据地是小农经济,每年都生产大量的土特产,过去主要销往北平、天津、青岛等地,有的还销往国外。如不准卖到敌占区,那必然出现滞销,损失很大。要向敌占区推销产品,买回根据地需要的物资,又不能

---

① 王增:《为建立独立自主的本币市场而斗争》,《银行月刊》,1947 年 11 月 21 日。

② 戎子和:《戎子和文选》,中国财政经济出版社,1991 年,第 152 页。

使用伪币,那时还存在着这样一个问题,即天津租界有许多英美商行,是不能和日商一样对待的。敌占区还有爱国商人。以上的事实说明和日本占领区贸易是难以断绝的。从1938年秋开始,当太行根据地驱逐出日军,社会秩序初步恢复,就从日占区购一些工业品,一些土产也输出去。《山西外贸志》讲:"1938年冬,太行山土产大量输出;把集中两年的土产一起输往天津,大部分为英美商人所吸收。"①其时日本设在太原、邯郸等地的三菱、三井财团,利用沦陷区中国商人为其推销商品,并吸收战略物资。太行山到大城市的商业贸易路线像战前一样,仍在运行。

1939年太行山对出入口贸易加以严格统制,主要依靠军营和公营的合作社经营出口,一般商人不准参与。因为统制过死,群众颇有怨言,曾任晋冀鲁豫总局局长的王兴让对此有过议论:"合作社以低价收买土产,但并未能换来廉价外来品;因之农民对统制贸易及合作社不满,1940年一反1939年之所为,允许私商经营出口,但未能统制外汇;结果惊人的数目出口,外汇大部分被奸商(主要是林县商人)以外来品或法币夺取走,影响到币值不稳,根据地受到不少的损害。"②如何统制对外贸易是根据地面临的严峻问题。1940年2月太行贸易总局成立,李继潜任局长,不断研究管理市场,和对日占领区及国民党统治区的出入口贸易问题,将出入口商品分为奖励、许可、限制、禁止四类。3月,将军队系统的太行合作总社及太岳区专门经管出入口的复兴成商店合并到太行贸易总局。调刘裕孚为总局局长。随着太行6个专署的成立,专署贸易局也成立了。全区各县主要集镇,均成立了经营业务的商店和货栈。1940年4月11日至26日,中共中央北方局召开的黎城会议,明确提出"对内自由,对外统制"的贸易政策。各地区大力宣传贯彻了这一方针,恢复并建立了集市。然因1939年秋的水灾,国民党军张荫梧对冀西的破坏,以及日军的"扫荡",一切农事完全荒废。"商业活动及一切大小经营更为禁绝。"③为打开商业局面,活跃市场,根据地强化行政管理机构。1941年7月贸易总局和太行生产合作社合并,改组为边区生产贸易管理总局,王兴让任局长,以解决商业和生产脱节现象。随后这一机构更名为晋冀鲁豫工商管理总局。同时采

① 渠绍森、庞义才编:《山西外贸志》,山西省地方志编纂委员会办公室,1984年,第395页。
② 王兴让:《关于太行区出入口贸易统制暂行办法及实施意义说明》,《抗日战争时期晋冀鲁豫边区财政经济史资料选编》,1990年,第1019页。
③ 安清明主编:《赞皇八年抗战》(内部资料),第480页。

取许多措施,制定出更适当政策、法令。

举例如下:

1.发布了一系列出入口贸易法令,健全了税收和贸易组织,如太行区出入口贸易统制暂行办法等。1941 年 8 月 21 日太行太岳区召开了各局厂长联席会,专门讨论了保卫土产运销、山货对外、统制贸易等问题。

2.重视商人的作用,组织商人参加商联会,开展对敌斗争。太行区商联会由武乡张贵银、和顺尹守财、阳邑申建昌三人组成。凡到敌占区经商的,由县以上贸易局发给特许证,名称"敌占区行商通行证"。这种证件,在全边区一律有效。放宽了尺度,主要物资不再专营,发展日占区和根据地物资交流,平汉线的大批物资经阳邑运到太行、太岳。

3.在平原地区展开反对敌人掠夺和抵制敌货的反资敌斗争。在山区则建立了对敌封锁地带,统一管理出入口贸易,实行以货换货。掌握了贸易主动权。

从太行山腹地几个县的贸易看,所执行的政策是成功的。为打破日军封锁,创造了各式各样的办法和渠道。

黎城在全县实行了统税制度,以杜绝日货倾销和限制一些对敌需要的战略物资运往敌区;坚持以货易货,有计划地输出剩余产品到敌占区换取必要的物质。①

左权县贸易局及税务局均设于桐峪镇,该县于 1941 年成立了商联会,以王仲麟为主席,在县政府领导下管理集市贸易。因为该县全境居太行山巅,峰峦叠嶂,沟壑交错,交通困难,横贯东西的唯一公路被敌盘踞,唯一的南北交通要道又被敌人封锁,沿途筑堡设岗,驻兵把守。物资的运输和商品流通十分困难。八路军后勤运输部和辽县运销合作社组成一支拥有 60 多条骆驼的运输队,迎接困难,日夜活跃在太行山上,白天隐蔽在深山密林中喂养放牧,夜晚发挥其走路无响声,隐蔽无动静的特点,完成特殊使命。骆驼队一次次成功地穿越敌岗楼、炮台封锁线,翻山涉水,将当地的核桃、花椒、柿饼等运出去,将部队所需的弹药、被服、药品、食盐、布匹等军需民用物资从外地源源不断地运回根据地来。从某种意义上看,这支活跃的骆驼运输队,成为根据地军民重要的命脉。②

---

① 中国共产党黎城县委党史研究室:《中国共产党黎城县简史(1937—1949)》,新华出版社,1991 年,第 87 页。

② 中国共产党左权县委党史研究室:《中国共产党左权县简史(1937—1949)》,山西人民出版社,1995 年,第 148 页。

武乡全县实行免税自由贸易,彻底废除了苛捐杂税,打开了根据地贸易停滞的局面。1941年,八路军358旅在洪水镇开办了"黎泰"商店,太行第三专署在洪水成立了"永生贸易局"。同时,武西县恢复了石盘集市,涌泉镇设立"太行生产部"供应点。故城镇的集市移至西渠岸北村。路南区新开辟了沁(县)襄(垣)武(乡)三县交界的圪老湾集市。这些集市贸易,通过批发日用杂货来稳定物价,控制商品吞吐。同年,县政府根据边区政府制定的《取缔牙行办法》《贸易暂行条例》《合作社条例》和《商人登记办法》等法令,在全县范围内取缔牙行,取消私人粮行,实行工商统管专卖,对宰杀牲畜、细布倾销加以限制管理,对进出县境的物资实行严格管理,对粮食、棉花、铁皮、牲畜等严禁出境,对奢侈品、毒品严禁进入根据地,并对度量衡器的混乱现象进行了整顿和管理,打击了日伪和不法分子的破坏活动。[①]

那时在太行山边沿日占区和根据地分界处要道的村镇,均设有管理进出口机构、工商管理机构、税务和货币管理机构。对日占区的贸易,以公营商业为后盾,组织私商来进行。

太行山区最大的口岸是武安县的阳邑镇。该镇居民有千户以上,交通四通八达,是进出太行山的一条通道,西通青塔川直达辽县,西北通管陶川可达沙河,西南通涉县黎城,东面直达武安县城。该镇有东西1公里长的一条街道,道两旁有几十家商店、货栈。山区的山货由此运往天津、北京,北京、天津、上海、武汉的商品通过这里运往山区,真是货畅其流,商业极为活跃。据统计,当时商店和货栈主要有信诚店、和兴永、大盛兴、豫和成、玉兴亨、后和店、德盛兴、大兴店。1940年又新增加了德镒和、德记、原顺兴、同信成、天增义。公营商店有得兴隆、兴记、裕太、福生祥、大丰栈等。这些货栈在日占区武安城、邯郸市均有联号。这些联号都是冀南银行漳北办事处外币的代付点。就是这些商店和货栈,把根据地产的皮、毛、麻、花椒、核桃、杏仁、柿饼、中药材(黄芩、柴胡、知母、甘草、猪苓苓、连翘等)、粮食、瓜子、黄花菜等等,运到敌占区去销售,换回所需要的物资,进口的大宗货主要有食盐、布匹、染料、纸张、碱面、糖、火柴等等日用工业品。[②]一些敌占区的商人也带着伪钞来到阳邑,兑换冀钞,收买山货。阳邑的商人经验丰富,他们在每年四月与五月间到出产山货

---

① 中国共产党武乡县委党史研究室:《中国共产党武乡简史 (1933—1949)》,山西古籍出版社,2000年,第144—145页。

② 武博山主编:《回忆冀南银行九年》,中国金融出版社,1993年,第91页。

的地区观察一下,大体就能估计出当年山货的收成,向农民作价收购,并到武安、邯郸、安阳卖出。据曾在阳邑银行工作的宋国华回忆:"每天有冀南区以及敌占区武安城及邯郸来往客商不下数十人贩运土布、海盐、山货等。"[①]正因为阳邑商业如此繁荣,所以被称为"小上海"。

林县任村是太行根据地第二大口岸。位于太行山南部,向南 7 公里是国民党新五军的驻地,向东 15 公里是日军的据点。该地居民(南北任村)合计 614 户,战前商店是行会性的,经营山货和粮食。战后增加了进口业务,商业较前发达。以其地理环境重要。八路军率先在此地开办了粮店,委托杨自发负责,随后中共各级党政机构又开办了一批商店货栈,如新一旅的"宏昌盛"货栈、冀南银行的"太记"货栈、八路军豫北办事处的新华饭馆、"同仁"商店、"宏丰"货栈等,其中规模最大的是"德兴"货栈。冀南银行设立了办事处。据 1942 年 4 月调查,公私商店共计 147 家(银行、纸烟专卖所除外)。[②]这些商店和货栈,多集中经营山货,向日占区和国民党区输出,以换回根据地所急需的药品、食盐等。德兴货栈还在安阳设立分栈,名曰德记商店,在任村、安阳等地设立粮食交易所,在林北县设立烟厂,在林北、安阳、平顺、壶关等地设立山货行 5 处,在涉县、左权有商店 3 处,在接近敌占区的边沿地带建立了流动商业网点,并派出一批人员到日占领区安阳、北平、天津、上海等城市建立商业机构,开展新的贸易路线。上述城市经营山货的客商于山货成熟时期也来到任村德兴货栈联系业务。日军的严密封锁,未能断绝商务的来往。太行与冀鲁豫两块根据地的物资交流也是通过任村来实现的。

实现物资交流有时是通过买通敌占区关卡人员、伪军,有时是通过两面政权的村长来进行的。旧商店和敌占区大商号也一直保持着联系。

根据历史资料,任村 1943 年及 1944 年出入口货物如下:1943 年度主要出口物资有:桃仁 19.9050 万斤,花椒 24.5783 万斤,核桃 2.3679 万斤,植物油 3.9303 万斤,鸡蛋 4.41 万个,毛织品 550 斤,白麻 89.2858 万斤,杏仁 4.0435 万斤,党参 1.9052 万斤,其他药材 1.4841 万斤,木料 5782 方,牛羊皮 2097 斤,活羊 777 只,羊毛绒 3.6310 万斤,花生 3324 斤,杂货 4.7170 万斤。主要入口货物有:海盐 120.3713 万斤,土布 17.8814 万斤,火柴 94380 包,纸

① 武博山主编:《回忆冀南银行九年》,中国金融出版社,1993 年,第 145 页。
② 《抗日战争时期晋冀鲁豫边区财政经济史料选编》(第二辑),中国财经出版社,1990 年,第 1137 页。

1901 令,染料 4447 斤,棉花 23.1288 万斤,小米 28.5309 万斤,西药 1573 种,军用品 1.1872 万件。据 1944 年 5 月至 8 月统计,共出口肥皂、生熟丝、瓜籽、花椒、杏仁、麻饼、核桃仁、鸡蛋、黄花菜、药材、木料、木器、麻皮、毡帽、毛线、植物油、麻籽、红棉花等物资,总值为冀南币 1603.8827 万元。同一时间,进口粮食、棉花、土布、棉纱、电讯器材、军用品、医药卫生器械、火柴、颜料,总计总值为冀南币 2717.771394 万元,出入口总值比为 1:1701,这是林安县工商局统计的,出口主要是山货和植物油,入口主要是军工器材医药之类,统计数字可能有误,总体讲应该说是可靠的。因其商业发达,被称为"小天津"。

太行边沿其他集镇也是通过货栈出口商品与日占区来的商人进行贸易,或者到接敌的集市上直接购买食盐、布匹、药品、纸张等物资。冀南银行各分行人员经常赶集,如 1940 年初一分行王静然到赞皇野草湾买到大量物资。后来日军占领了野草湾,集市转移到距离野草湾不到 5 公里的玉皇庙村,一分行就在该村开办了一个营业所,专门办理货栈和一些商铺卖出和买进商品,结算和兑进兑出外汇工作。营业所之结算用冀钞及伪币均可。

在磁(县)、武(安)靠近彭城一带村庄,设立了许多山货栈,有军营的、公营的、公私合营的和私营的。这些货栈在山区收购土特产,出口到敌区,换回外汇。外汇交冀南银行按牌价兑成冀钞,或组织进口必需的物资。当时通过爱国商人还在敌占区武安何村设立地下货栈,由军营"康记货栈"牵头,以银行、公营商店、私营商行共同集资,利用伪警察所长投资做掩护,出口山货到敌区,换取外汇和必需物资。

册井镇是河北省沙河县千户以上的大集镇,1944 年以前与敌人据点全呼村只隔一公里路,1944 年后,敌人退居武安郭尔庄煤矿和五下曹村后,距敌人10 公里,是根据地边沿重镇,这里所设立的货栈曾进口印刷纸张,军民日用商品,如西药、布匹、盐、火柴等。冀南银行所买的印钞纸、油墨就是分别从册井和阳邑入口,以避免敌人的注意,在购买山货输出方面,这里也盛极一时。

渡口镇地处通往山西省山川之口,居民约 500 户,三面靠山,东距敌人五下曹村 10 里。是当时根据地和敌占区进行贸易的重镇,沙河县在渡口设立镇公所。县联社、阳邑分行沙河县支行、沙河县工商局、税务局以及各部门,还有军工部、地方工商局等十余个采办处集中于此。太行山根据地的土特产,如核桃、麻、羊毛、枣仁等出口和进口印刷器材、军用物资、卫生器材、医药等的成交。由渡口交易所签字,出具进出口许可证即可通行。该镇对敌贸易的中心栈是华泰货栈。[①]

从上述市场现象看,太行根据地在控制山货出口,吸收敌占区物资上是尽了最大的努力。到1941年已达到成熟阶段,已有了丰富的经验。以后的灾荒之年,仍可有计划地输出和输入。如1943年太行一分区出口货如下表:

品名	单位	数量	价位
红枣	斤	73,857	535,595
黑枣	斤	503,034	411,592
核桃	斤	84,904	306,342
瓜子	斤	121,011	982,831
生丝	斤	4,549	439,810
植物油	斤	993,421	2,133,637
麻皮	斤	238,073	2,130,612
柿饼	斤	4,659	6,321
花椒	斤	26,728	237,829
酸枣	斤	6,511	69,067
枣面	斤	23,070	67,067
木材	斤		282,796
枣仁	斤	2,765	10.267
合计	斤		7,964,080

进口货物主要是以土布、海盐、棉花为大宗。其次是火柴、估衣、旧套、染料,此外还有一部分药品、文具、纸张及食用品。

在进口货物中,土布占入口总额62%,海盐占入口总额15%,棉花占入口总额10%,火柴占入口总额1%,染料占1%,其他占11%。

从入口货的品种看,如火柴、文具、纸张等日用品还占了一定比重,说明根据地许多生活必需品是很缺乏的,自己制造这些产品的水平很低。

对敌贸易中有成功,也有失败,最鲜明的例子是1942年从西线白晋线敌占区购买粮食调往东线平汉线出售,赚地区差价,但购得多了调得多了,出口多了。1943年根据地发生灾荒,加之敌人对沦陷区的统制更加严厉,贩运粮食就吃了亏,积存的公粮被调出贩卖,便发生粮食危机现象。

在对敌贸易中,还发生过部队军营合作社为了赚钱获利,从敌占区进大

---

① 武博山主编:《回忆冀南银行九年》,中国金融出版社,1993年,第601页。

批日货,这些日货非部队必需品,也非普通人民的日用品,而是奢侈品,使根据地法币资财源源流出,入超数目日增。更有不法军营合作社采办人员,假借军用品名义,拒绝纳税,包庇走私,或假借或利用军队政府名义掩护贩运违禁品。18集团军野战总政因此决定以1941年"五卅"前后一星期,即5月28日至6月3日为抵制仇货运动周,采取多种手段肃清违禁品。[1]

贸易工作中容易产生贪污腐化,这是所有社会的通常现象,根据地亦难以避免。值得提出的是,根据地在发现问题时,立即予以严厉的处置。

根据地和日占区的贸易,始终在对立和紧张中进行着。1941年后,明显地反映出贸易思想的丰富和成熟,商人的作用也得到共识,商人的社会地位提高了,在边区的参议会中也有了席位。

三、物价波动与比值起伏

物价是测量币值的尺度,任何长期战争时期,物资供应总是困难,物价上涨常常很快,货币供应超过物资供应,市场就紧张起来,这是普遍现象。根据地处在敌人封锁包围和不断"扫荡"之中,虽曾极力开发经济资源,平稳物价,活跃市场,仍然出现了物价的几度波动。

天灾和人祸给根据地的经济发展造成了极大的困难。日军每次"扫荡"必然烧杀,掠夺财物。1941年3月所开始实施的"治安强化运动",对其占领区实行物资配给制,对根据地进行严格的封锁与残酷的掠夺。根据地无不受到破坏和损失。太平洋战争爆发后,日军再无法从英美各国获得所需物资,更加疯狂地掠夺根据地边沿地区的棉、布、毛、麻、油籽等物品,普遍向各维持村派要各种毛皮,高价收买棉花,并通过私商洋行,和根据地交涉物资交换。此时敌区物价上涨日甚一日,影响到根据地的物价。根据地从1941年起,连续几年又遇到严重的灾荒,为数十年来所未有。时任边区政府副主席戎子和讲:"1942年、1943年连续发生了50年来最严重的旱灾,冀南区大部分地区、太行区的3个专区,冀鲁豫沙区和沿平汉铁路东侧,农业收成平均只达到二成至三成左右,个别村庄甚至颗粒无收。"[2]上述两种因素酿成了各地灾黎遍地,

---

[1]《新华日报》(华北版),1941年5月17日。

[2] 戎子和:《戎子和文选》,中国财经出版社,1991年,第375页。

物价从1941年下半年起不断上涨,如:"太行山棉花已涨至10余元1斤,棉布三四月前尚1.5元1尺,而现在每尺3元;食盐6月间市价每斤1元,8月底即涨至2元,最近已卖到5元1斤。"①随后是粮价上涨,1943年4月16日,冀南银行有一公函,讲道:"去秋太行区灾旱严重,收成极坏,日下灾黎遍地,粮食万分恐慌,仅漳北第六专区一隅,无粮之饥民即达七八万人,尤自春耕步入紧张阶段,种子下地后,此等情形更为昭著,粮价飞涨,不可遏止,如此间涉县索堡,今春1月与2月间小米每斗(27斤)价猛售80元左右,3月中即涨至96元,至4月初已突破百元大关,近日数其涨势更足骇人,4月12日已涨达每斗120元,4日更涨至140元,昨日(15日)最高已有150元之行情,即柿、糠面已售至每斤4元。"②任村1943年6月至8月的物价是同样情况③:

种类	数量	6月22日	7月21日	8月5日
小米	斤(16秤)	9.37元	13元	19.5—21元
棉花	斤(24秤)	22元	30元	27—29元

粮价上涨带动了其他物价的上涨,如二分区火柴由5元涨到15元,食盐由5元涨至10元,阳邑食盐由4.5元涨至6.3元,土布由28元涨至34元。④据当时担任太行区六分区冀南银行分行行长武博山回忆,其时物价指数以1940年为100%,1941年为144%,1942年为207%,1943年猛涨为705%。⑤物价飞涨还因为敌人粮食奇缺,组织了抢粮机构,大肆掠夺,强制吸收,如赞皇敌人在敌我交接处强设市集,成立若干粮食摊吸收粮食,以高涨幌子诱惑根据地物资集中到边沿地带,据1943年12月《工商通讯》第5期载:"最近平津粮荒已到极点,敌寇抢粮办法,除在我根据地公开抢掠外,在北平敌特设3个洋行,专门进行抢掠与强买粮食,这三个洋行每年进出数很大,所收之粮食,大部分运往日本国和关外。"⑥

---

① 《新华日报》(华北版),1941年9月29日。

② 冀南银行行长高捷成副行长陈希愈,公函存山西省档案馆。

③ 边区经委会编印:《经济通讯》,1943年9月。

④ 同上。

⑤ 武博山主编:《回忆冀南银行九年》,中国金融出版社,1993年,第93页。

⑥ 《抗日战争时期晋冀鲁豫边区财政经济史料选编》(第二辑),中国财政经济出版社,1990年,第1273—1274页。

粮食是战时最贵重的商品，在冀鲁豫沙区1斤杂粮就可以换到一个闺女。严重的敌祸和天灾，失掉了劳动能力和条件，发生了破产、死亡和向外逃亡等重大社会问题。

受灾人民为了获得粮食活命，有的变卖了农具、旧家具和估衣，阳邑市场曾出现了不寻常的繁荣，武博山称其为一种悲惨凄凉的繁荣。

险恶的环境，使冀钞的比值受到严重威胁，1941年太行地区的比值是3:1，岳北地区甚至为7:1或5:1。

根据地军民决心跳出这个痛苦的经济怪圈，采取了一切可能采取的办法，如增加生产贸易投资，发展农副业生产；在贸易战中压低伪币比值；组织经济工作队，活跃于根据地边沿地区、游击区甚至潜伏到敌占区，侦察搜集敌伪经济情报；开展敌我之间的物资交流；整理健全交易所，调剂有无，平稳物价；尽量吸收外资等等。经过几年的艰苦努力，到1944年，各方面均显示了经济向上发展的现象。这一年农业丰收为1900年以来所仅见。因此摆脱了市场迟滞、物价飞涨现象。各种商品价格均行下跌，这一年"3月和4月相比，小米跌129.23倍，土布跌126倍，花椒跌22.22倍，核桃仁跌40倍"。[①]冀钞和联银券的比值也随之发生变化。1943年2月1元伪钞等于2元冀钞，1元冀钞等于4元法币。到1944年，1元冀钞等于1.5元左右伪钞。[②]冀钞已由劣势走向优势，这一胜利的获得整整花了6年时间。

货币斗争是和贸易斗争紧密结合在一起的。在豫北是法币伪币混合使用，除城内和城附近市场有些伪币，所有乡村集市全是法币。一切物价均以法币计算。1943年根据地规定冀法的比价为1:2，随后提高到1:4，一切交往公私款项贸易往来均以冀钞为计算标准，通过贸易，向豫北输入粮食，打开了冀钞货币市场。

根据地采取了一切可能采取的手段，来发展对敌贸易，使伪币下降，本币上升。为稳定物价或使冀钞回笼，以抑制激涨的物价。在大祸大灾中，根据地经受了史无前例的苦难，经过了最激烈的震撼、斗争和风浪，而最终使冀钞的实际对内购买力得以大幅度提高。

---

① 涉县地方志编纂委员会编：《涉县志》，中国对外翻译出版公司，1998年，第426页。

② 《抗日战争时期晋冀鲁豫边区财政经济史料选编》(第二辑)，中国财经出版社，1990年，第984页。

四、知己知彼是贸易取胜的关键

八年抗战中,根据地的商业贸易是在极其恶劣的环境中开展起来的。根据地社会经济本来极落后, 又遇上天灾和日军阻碍破坏根据地经济的发展。物资充沛和稳定的物价是商业发展的基础,灾荒虽重,还是可以医治的,组织起来进行大生产运动,经济生活就出现了新局面。日军年复一年的封锁、"扫荡",实行"三光"政策,使根据地经济遭受到毁灭性的摧残,许多村庄被烧成灰烬,财物被抢掠一空。接敌地区田园荒芜,农业生产力下降,据太谷、平顺一带调查,"水地每亩产量 1942 年与 1940 年相较,降低 50%—60%,与抗战前相较,降低 80%。旱地每亩产量 1942 年与 1940 年相较,降低 30%,与战前相较,降低 60%"①。这种可怕的灾难,或者难以在短期内医治,或者成为永远无法医治的哀痛,永远留在人们的记忆中。

天灾人祸是经济发展的阻力,也是发展的一种动力。根据地廓清了前进道路上的重重障碍,保障军民的需要。其所作所为都是创造性的。在商业贸易政策上实施"对内自由,对外统制"的八字方针,扩展商品流转,使市场有了转机。

根据地出入口贸易以国营商店和合作社经济为主体,在掌握物资,平稳物价方面创造了丰富的经验。私人商业的社会功能,其所起的特殊作用,在抗战后期也显示出来。

出入口贸易怎样展开,整个过程充满了不确定性,完全根据所掌握的敌、友、我情报来决定。根据地领导者对内部和外部的认识是清楚的,做到了知彼知己的程度,他们从各地大的货栈的报告,从敌占边沿集市所获取的情报,从来往商人所带来的信息中,把握住了复杂多变的情势。了解敌占区的货币物价,经济变化情形,以指导贸易和货币斗争,如太行二分区主要土产是麻皮,年产约达 50 万斤,人民多以此生活。1942 年夏,敌人拼命压低麻价,每斤收买价格仅值伪币 6 角到 7 角,人民不愿出售,又无其他销路可寻。工商总局决定麻皮转向东出口,由二分局统一计划,大量收买,运至平汉线,由阳邑、任村、磁县、沙河四处出口。1942 年年底,伪联银券已发行 40 万万元,日益贬

---

① 《抗日战争时期晋冀鲁豫边区财政经济史料选编》(第二辑),中国财经出版社,1990 年,第 1388 页。

值,冀南银行总局就以 1 元或 1 元以下冀钞价格去吸收一批伪币,随收随时处理,以打击伪钞,制造伪钞的狂跌。金融机关和工商机构人员日日处于战斗紧张状态,其拼命和忘我精神与前线的战士是一样的。

就是依靠灵活机动的政策,根据地金融得以劣势和敌人的优势相抗衡,而立于不败之地。

附录:　　　　冀钞发行以来晋冀鲁豫边区物价指数及货币购买力统计表

计算方法:加权算术平均

年月	以六种物价计算						以八种物价计算			
	指数	购买力	指数	购买力	指数	指数	指数	购买力	指数	购买力
1940	100.0	1.00000								
1941	144.1	0.69396								
1942	298.5	0.33834								
1943	2248.6	0.04447								
1944	4865.5	0.02553								
1945	2355.8	0.04245	100.0	1.00000			100.0	1.00000		
1946	13047.4	0.00766	533.8	0.20484	100.0	1.00000	506.5	0.19700	100.0	1.00000
1947										
1	14592.5	0.00685	619.4	0.18300	111.8	0.89413	573.4	0.17441	113.2	0.88327
2	15873.6	0.00630	673.8	0.16837	121.7	0.82196	615.7	0.16242	121.6	0.82233
3	17358.8	0.00576	736.9	0.15396	133.0	0.75165	666.5	0.15004	131.6	0.75993
4	18719.3	0.00534	794.6	0.14286	143.5	0.69700	736.6	0.13575	145.4	0.68755
5	21535.0	0.00464	914.2	0.12411	165.1	0.60588	853.2	0.11721	168.5	0.5965
6	22330.5	0.00448	947.9	0.12353	171.2	0.58428	846.8	0.11810	167.2	0.59315
7	23418.9	0.00427	994.1	0.11412	179.5	0.55957	905.3	0.11046	178.7	0.55946
8	26509.0	0.00377	1125.3	0.08865	203.8	0.49461	1278.9	0.07921	209.5	0.47740
9	25667.0	0.00390	1089.6	0.09178	169.7	0.50831	973.5	0.10295	192.2	0.52410

注:1.六种物价系指小米、麦子、棉花、土布、植物油、海盐。

2.八种物价系指小米、麦子、棉花、土布、植物油、海盐、煤炭、颜料。

3.以 1940 年或 1945 年全年平均物价或 1946 年 12 月份作基期。

本表引自 1947 年 11 月 20 日冀南银行总行编印《银行月刊》第 20 期。

原载《历史教学》,2007 年第 12 期

三四十年代太行山的农业发展

一、贫穷的山区农业社会

太行山在 20 世纪三四十年代是一落后的小农经济地区。山多地少,交通不便,农业生产技术落后,食粮不足,社会经济贫困。地理环境使其落后于华北平原地带的发展。据史料记载,除浊漳河沿岸的襄垣、武乡、潞城、黎城及长治等地生产比较发达外,其他地区多是地瘠民贫,粮食多依赖附近平原地区接济。

地理环境对社会经济的发展影响极大,太行山各县的地貌如下:

平山,县境万山丛错,地土硗瘠。

完县,西北地势高峻,土质硗瘠。东南平坦,土质含有碱性。故全境土地虽可耕种,而农作物之收获量较诸他县相去悬绝。且疆域狭小而人烟稠密,百亩之家已有富户之称。所谓巨富在富庶之乡不过一中人之产而已。①

井陉,童山环抱,素称瘠地。全境居民,什九以耕作为业。旱荒故束手待毙,丰稔亦仅足以糊口。天然苦况,实冠全省。②

昔阳,地处海拔 1000 多米的山区,土地贫瘠,人们外出打工讨饭者甚多。

内邱,是冀西最贫瘠的县。地形像一个驴背脊,北界临城,南临邢台,地势均比内邱低下。山区每人平均 1.2 亩地,土少石多,农民多少年来一直过着半年糠菜半年粮的生活。

邢台,东南有水利,西北多山少平壤。崎岖险阻,甚或鸟道不通。其俗俭朴,终岁勤动,食杂糠秕。有力之家亦皆短褐不完,有终身不知肉味者。③

辽县,地瘠民贫,山峰重叠,河谷交错。

---

① 《完县新志》,第 520 页。

② 《井陉县志》(第五编),第 273 页。

③ 《续修邢台县志》,第 160 页。

武安,山区约占全县面积 1/2,多为贫瘠之地。人多地少,外出当工匠和经商的颇多。全县在外商人,1935 年统计 25000 人,占全县人口 6.8%。

林县,地瘠民贫,人多地少。外出当匠人的有 8 万多人,占全县人口 17.7%。

磁县所属山区,地少人多,人口过剩,食粮不足。

如此等等。

这些历史的描述,有力地说明自然条件对社会发展的制约和影响。

正因为如此,太行山区的农作物以小米、麻烟、玉蜀黍为主,多是一季作物。如"满邑所产谷属以粟米、小米、玉蜀黍、菜豆为主要食物。种植者甚多,但所收仅足供本地消耗耳"[1]。

唯山货特别丰富,如邢台、沙河的枣、核桃、柿子、花椒、栗子、蓝靛、花生,赞皇的丝、梨与木炭,邢台、内邱、沙河、赞皇又产大批药材,著名者有枣仁、黄芩、柴胡、防风、升麻、荆芥、桔梗、丹参、杏仁、桃仁等,以及赞皇的卷柏、内邱的花粉、沙河之香附、邢台的代赭石、会树石、银树石等。特别是核桃和花椒是太行山的出口大宗。以辽县为例,核桃每年出产约 50 万斤,平均每斤值 3 角到 4 角,花椒每年出产 2 万斤,平均每斤值 7 元。太行山全区桃仁年产达五六百万斤,花椒年产亦在 300 万斤以上。至于药材满山遍谷都是,随处可以采掘。还有猪鬃、毛皮等。这些山货大多运销平津,进入国内市场。然后转销欧美,进入国际市场,换取大量外汇。一到秋令,平汉沿线商人仆仆于道。或设栈经营,或入山采购,畅然行销,利市百倍。山地经济呈现一时期的特殊景气。[2]

山地交通以毛驴为主。

农业生产工具极其简单。大多数农户的土地是租来的,没有耕畜,全用人力代替畜力。

土地集中程度,各地区有所不同,山岳地带较平原地区要高。如武乡县,有所谓"四大家、八小家,七十二个圪撑家"(圪撑为相当富有,已能撑得起门面的意思)之说。赵家庄地主赵太和拥有土地 5400 亩。全县地主每户平均占有土地 200 亩,与中贫农比要高出 10 倍以上。而赞皇县,土地则不算集中,唯寺又沟 90% 的土地集中在 9 户地主手中。这里的农民,无户不佃地。许多山沟小庄的住户多为佃户。和西双峰川大部土地为大地主郭固所有,分布在一条

---

① 《满城县志》。

② 《论经营山货》,《新华日报》,1941 年 8 月 27 日。

川的岭上和沟底。佃户住在岭上的几十个小山区,每个山庄只有一二户或二三户,左权桐峪天兴成号以放高利贷起家。债户侯有祥讲,借了24元,利是"二八扣",不到一年连本带利就叠到125元。该商号在左权、涉县、黎城有债户和佃户3000余家。涉县任聚伍以卖金丹起家,放高利贷剥削农民。该县100多个村庄深受其害。壶关县树掌村田地约3200亩,佃耕田占410亩,和全部田地比较,佃耕田占12.5%。也有的地方佃租关系占的比重不大,有的或者没有租佃关系。但总的来讲,佃户是农村中的基本群众。赤贫的农民一般租二三亩到七八亩地不等。

租额是逐渐上涨的。如武乡老封建地主裴玉树比一般地主租额较轻,民国以来至抗战前也增租二次。一次是1926年,约增原额的15%,一次是1934年,又增20%。邢台西坡子峪有所谓攻地虫,争着租地,使租额提高,他们多与地主有勾结。

地主加重租额,却不向土地投资,其田赋也由佃户负担。太行山流行的"带粮银",即佃户租地以承担粮银为条件。山货出产区有所谓"请粮地",表面上租额很轻,然田租及各种负担均由佃户出,又要保证树木不得荒芜。实际上佃户成了地主的看林人。有的地区,地主只出田赋正税,其他附加捐税,即所谓"地亩钱"和差务,一律按亩摊派,谁种地谁出。①有的是先交租后种地,有的是包租制,不管丰年或灾荒都得交一定租额。各地租额极不平衡。山雨一带每亩三二斗者居多,冀西通行秋三麦二,高者6斗。林县租最高,普通6斗至1石。

将高利贷与高额地租结合起来,是相当普遍的一种剥削形式。地主同时是商业资本家,在山间开设商店。贩卖布匹、棉花、食盐等日用品。农民到商店买物,与商店建立"主家"与"户家"的关系。农民手头没有钱,可以记账,但记账的物品价钱特别高。到年关如不能归还,就把货价改成借贷关系,订立文书,顶押土地。至此,农民所产粮食、麻、木板、药材及其他各种山货,必须到"主家"的商店出卖,价钱由"主家"规定,特别低廉。如货价本利与地价相等时,"主家"可以把"户家"的土地收去,再将原地租给农民,实行高租剥削。如果是直接借钱,更须押地,利息多在3分以上,且均为"复利";农民借钱后,也很少有能按期归还不被收土地的,因此,有句"二千吊钱,倾家败产"的谚语。农民想租地时,须有妥实押当,租额普通均在产物70%以上,并且还得"送礼"

---

① 《抗日时期晋察冀边区财政经济史资料选编》(第二辑),中国财经出版社,1990年,第1363页。

"送工"，忍受超经济的剥削。这样，农民都抬不起头来。

在如此残酷的剥削下，亩产量的水平不可能高。襄垣是比较富裕的地区。1936 年二等地每亩产粮 2 石，三等地 1.6 石，四等地 1.4 石。多数地区为 5 斗至 7 斗。

一般农民生活很苦。好一点的，一日三餐，以小米为主。富者加食白面汤一次，小米中必掺 1/3 秕糠。贫穷者则以山药蛋、胡萝卜、野菜充饥。

贫穷农民在灾荒年或青黄不接时或因丧婚嫁娶等事故常去借贷。地主也多是高利贷者。利息的计算都是复利，一般以 10 月为期，短者 3 月、半年甚至 1 个月。有大加利、子儿利、驴打滚、现扣利、借纸还钱等等名目。平顺县地主朱福禄有地数百亩兼放账。一农民借他 3 元钱，不要利钱，一年满期未还，即霸占了该佃农的全部家产。宋为了收账，备有家刑。如旧历年三十，还不上钱，就罚负债人跪在茅厕或和羊群关在一起。有的送到县里看守所关押。[1]左权桐峪天兴成商号是左权全县第一家大商号，第二家大富户。该号经理初到桐峪时，只驮着一头毛驴的杂货，摆摊放账。不到 10 年功夫，本金即发展至 15 万元，地 20 多顷。其致富原因，即是放高利贷。左权县上武一村，仅 70 多户，而天兴成的债户、佃户即达 53 户。该村李伏兆于民国二十年，借天兴成 80 吊钱，到民国二十三年即折算为 75 元。李以 2 亩好地折价 55 元偿还，下欠利洋 20 元，作为本钱生息。到民国二十五年结算时，竟成了 137 元，李又把 4 亩地作价 107 元偿还，下欠利洋 30 元，又做本生息。民国二十七年李出卖房子得洋 101 元还债，仍欠利洋 30 元，遂又做本生息。民国二十八年，李想把这笔债还清，卖掉了女儿，得洋 70 元，偿还后还欠 20 元，李已穷得成了"房无一间地无一犁"了，希望债主把账勾销，但天兴成不允，逼着保人赔出 1000 元。80 吊钱，8 年的工夫，李伏兆即倾家荡产。天兴成收债的方式很多。每到腊月，即派出伙计们(老百姓称之为黑狗)提棒下乡。有钱的给钱，没钱的把好房好地写成死契，或者把债户拉到柜上，锁在小黑屋子里。在那座小黑屋子里，曾发生过 4 次自杀案件，债户死后，家人不敢言语，过去的政府也不过问。天兴成视人命为儿戏，经理们常说："你死就死，有 200 元钱什么都不怕。"若干年来，债户们在苦痛中煎熬，无法抬头。[2]

---

① 《新华日报》(华北版)，1942 年 12 月 12 日。

② 同上。

黎城复和隆(堂号)在每年腊月年头,把还不了账的农民拴到树上冻一夜,第二天清早将尿倒在农民头上冻成冰。还有把农民拴到牲口槽上让吃草,还说:"你不交利是人不是?不交利把草吃掉。"林县债主有叫债户跪着交利息的。有些地方还保有初夜权(涉县),甚至可以随便杀死农民。如和东地主抗战前就有活埋人、用石头砸死人,及从山上把农民推下的现象,种种残酷的压迫实骇人听闻。[①]

这种野蛮行径,超过了剥削关系,带有更浓厚的中世纪色彩。不能说所有的地主都是如此,但可以肯定的是,广大农民都处于饥饿和死亡的边缘,农民和地主阶级是对立的。太行山区社会经济的落后是地主阶级、军阀、灾荒和日本帝国主义的侵略造成的。

二、抗战促进了农业的发展

1937 年抗日战争爆发,太行山古老的旧秩序被打乱了。日军的铁蹄于这一年底已践踏了这座山麓各县城。八路军在这时也挺进到这座大山的北端和南部,和日军展开激战,形成一个独特的战场。日军企图将太行山化为灰烬,散布了毁灭和死亡的种子。每到一地就洗劫村庄,焚毁房屋,屠杀人民,掠夺食粮、牲畜、种子,破坏农具、砍伐树木,组织会道门与伪维持会,帮助其扩大占领地。八路军则依靠这座山的险峻,和人民结合在一起,建立了一块又一块根据地,用一切办法,创造物质财富,巩固和发展根据地。即使在战争频繁的状态下,生产仍在继续,特别是农业生产有了巨大的进步。耕地面积增加了,农业生产技术改进了,农产品收获量也在提高。

抗日民主政府把提高农业生产放在首位,其目的在于能够多收一些麦子、谷子、蔬菜、山货,使每个农家都能得到温饱,满足根据地的军需民用,使农村经济逐步富裕起来。

为达到这一目的,太行山各县政府以及后来建立的冀太联办、晋察鲁豫边区政府先后颁布了许多政策法令,用法律形式来推动、保证农业的发展。诸如荒地使用法、保护青苗法、春耕奖惩条令、支差法等。以昔东县政府 1940 年

---

①《抗日战争时期晋冀鲁豫边区财政经济史资料选编》(第二辑),中国财经出版社,1990 年,第1364 页。

7月下旬颁布的《保护青苗及防止荒废青苗暂行办法》为例,可以看出当时增加粮食的具体措施和迫切感。其中规定:"(一)凡在各种青苗未成熟前,倘有偷挖或故意损坏情事:甲、初犯者进区公所,经群众大会给以相当之惩戒(如赔偿原主损失等),并适当罚作苦役。乙、再犯者则送县府科以相当罚金,或更严厉的处置。(二)凡牛、羊、毛驴等任意践踏或吃青苗者,应按损失赔偿原主(村政委员会有权处理此种问题),更严重者可报告政府,科以一定的罚金。(三)人或牲口不走大路,故意走青苗地者,得送政府(区公所或县府),给以相当惩戒;如为军队,可记其番号、姓名及地点、时间,报告其所属部队处罚之。(四)为保障上述任务之执行,各村可在村政委员会下设保护青苗委员会,由村长担负领导专员保护青苗及防止荒废青苗之责。(五) 为达到确实保护青苗,各村必须立即恢复过去看守青苗制度;游击小组、自卫队并应协助与配合这一工作。(六)为要防止荒废青苗,保护青苗委员会可组织荒田检查队,每隔五日检查一次。凡有荒苗者,即插以木牌,记其主人姓名及荒芜程度:甲、凡确有劳动力而故意荒芜者,保护青苗委员会得按其荒芜程度,限期挖锄。如逾期不挖,得宣布其为荒地,报告县府,按荒地使用条例,执行借给抗属或灾难民锄耕,将来所得之粮食,除归原主以种子外,余均为抗属或灾难民所有。乙、凡抗属或灾难民等因缺乏劳动力而荒苗者, 由保护青苗委员会组织代锄组,给以代锄。(七)此办法公布后,经民革室群众大会讨论后执行。"①

农业生产第一次有计划地开展起来。中共北方局、18集团军和边区政府从1940年起,发动大规模的春耕运动。根据每年的进展情况,提出新的任务和要求。1940年4月18集团军总司令朱德、副总司令彭德怀及政治部主任傅钟、副主任陆定一,发出布告,号召全华北积极春耕,全文如下:

> 冬腊已过,大地回春。去岁由于日寇决堤焚掠,收成不丰。今年春耕,关系华北抗战至巨且大。凡我各界同胞,务须一致努力,振我中华民族之伟大精神,克服困难,进行春耕。务求丰收,足食足兵,以回答暴寇之疯狂摧残,兹特布告如下,希群策群力,遵行为盼!

> (一)消灭荒地。怠耕者论罪。政府得将逃往他乡而将土地荒芜之弃主土地,以一定最低租息,借与农民耕种,土地所有权仍归原主。

---

①《新华日报》,1940年8月9日。

（二）准备肥料种子耕具。政府与农民救国会,务须设法调剂肥料种子,规定抗属及贫户借粮作种之优待办法,开设合作社制造大量耕具,儿童团发动捡肥运动。

（三）整顿水利。凿井开渠,筑坝修堤,政府与农救会应通过筹划拨出公款或用募捐以低利借贷、无利借贷等办法,帮助民众,并给抗属与贫户以应有的帮助。较为巨大的公共工程,由政府出款办理。

（四）开垦荒地。凡我政府与农救会,以及各部队,须努力进行开荒运动。

（五）注意优待抗属。凡我军人及公务人员必须亲身执行,为民表率。

（六）救济春荒,务使无难民。[①]

同年9月25—27日北方局高干会上,彭德怀更具体讲到农业发展计划:(一)增加粮食10%,副产20%至30%。为达此目的:甲、变清浊漳河废地为水田35000亩;乙、变旱地1/10为水田;丙、彻底消灭熟荒;丁、平均要做到一人养一鸡,三人至五人养一猪;戊、奖励牧畜(牛、羊)养蚕。对家庭副业取消任何税收,每专员区组织一个牧畜场。(二)种棉花50万斤到60万斤,军队种粮10万斤。(三)军队生产,平均供给自己3个月,旅以上生产供给自己4个月,团以下生产供给自己2个月。主要生产是粮食蔬菜,但亦须因地制宜,如在不能生产粮食之区,熬盐、喂猪、牧羊等均可。群众团体、政府机关、学校、工厂,亦须做出同样计划。(四)组织各级生产促进会,改良各种生产工具。(五)组织农业试验场。[②]

1941年又以1939年、1940年、1941年三年平均产量为基础,提出每亩地平均增产净粮3升的要求。

从1940年起太行山区展开了大规模春耕运动。各级政府均成立起春耕委员会,领导生产运动。如1940年1月31日辽县各机关及救亡团体、抗日部队,召开联席会议,成立了春耕委员会,决定:(一)各区成立春耕工作队,村成立春耕小组;(二)2月份调查全县土地、人力、耕具种子等;(三)保证不准有一块荒地,不准有一个闲人;(四)政府机关,各团体工作人员,一律参加生产,保证生产够半年用之食粮;(五)开垦荒地,3年内不准要租,地主荒废土地分

---

① 《新华日报》,1940年3月15日。

② 同上,1940年10月1日。

配抗属耕种。[①]此时,太行山区展开了捐地运动。

各地开明士绅,都把自己多余的土地,无条件地让给贫农和抗属耕种。转让的方式:(一)是把土地交给春耕委员会,做有计划的分配;(二)自己分给贫农与抗属;(三)押地,待抗战后,归还地价。"最近期间,平顺县烟驼村李凤岐先生捐可收租谷 130 石之坡地,与可收 80 石之平地,并弃债 6000 元。赵补全先生捐地 14 亩。辽县冶村杨向荣先生捐地 100 亩。圪道村的贾福同先生捐地 31 亩,高家井村的高翔先生捐地 100 亩,榆社潭树的王效人先生捐熟地 210 亩。这样使人尽其力,地尽其利。"[②]春耕运动蓬蓬勃勃。

增产粮食 10%、变 10%的旱地为水田成为最有力的动员令。为实现这一目标,在贫瘠的山岳地带,垦荒成为一个重要的工作中心。荒地包括荒山、坡地、河滩、无人管理的庙宇所属的土地,农村公地、逃跑到大后方或敌占区地主的土地,一部分虽有地主管辖然久未动耕,实际上也成为荒田的土地,以及屋前的空场、道旁的隙地等。庙产的处置悉依政府所颁布的土地使用法为标准。政府曾通令除非军事行动或其他紧急情形,不得借用教堂庙宇。借用时应用说服精神,并留出一部分为僧尼教友及礼拜之用。

对提高农产品产量具有重大意义的是水利建设,各地争先恐后投资于这项工程。河渠水井漫布荒原僻野。截至 1941 年 1 月,黎城县浊漳河两岸,从东西水洋到赵店的水渠已可灌溉 2300 亩,全渠修成可增至 12000 亩,路堡渠和水阳渠,两者共长 10 余里,因旧渠一度被冲坏,重新修起的河滩田有 1000 余顷;从源田到石壁底是一条终年常流的泉水。沿着河滩十数里,约有 180050 亩水田,种小米、玉茭,太行山区仅有的水稻,亦产于此地;沿清漳河两岸上下清泉、看后等村,有千余亩地终年可以利用水渠,而短距离的西井居庄渠、西头赤峪渠,也有四五百亩地变成水田。凿井灌田方面,计有玉桥到仁庄间共打井 170 眼,均深二三丈,每眼井可灌 2.5 亩,共浇水田七八百亩;仁庄到西✕共有水井 150 眼,各深 3 丈,每眼可浇 1 亩,共浇水田 1000 余亩;玉石桥到停河堡原有井 60 余眼,七里店、南桥沟、东✕、北泉寨、东关等村共有井 194 眼,共约可浇地 2000 余亩。其他新渠新井正在加工赶修。[③]武乡的监漳区可浇地

---

① 《新华日报》,1940 年 2 月 9 日。

② 同上,1940 年 9 月 11 日。

③ 同上,1941 年 1 月 9 日。

1600 余亩。邢西县到 1941 年春共开渠和泷沟 12 道,全长 58 里,可浇地 1880 亩,每年可增加产量 752 石(每亩以每年产 4 斗计算)。修河渠和修滩是结合进行的。涉县截至 1941 年春,修好滩地 44 顷。清漳河支流河滩 70 里,修成后,可收获 40 多万担粮食。

实施水利工程的是各地水利委员会和水利局。冀西漳北各县水利委员会是 1940 年 10 月先后成立的,以实业科和农会为主干,聘请各救亡团体、水利专家,以及富有经验的农民组成。辽县成立清漳水利局,负责清漳河流域之和顺、辽县、涉县的水利工程。黎城设立浊漳水利局,负责浊漳流域之榆社、武乡、襄垣、黎城之水利工程。

政府制订了春耕贷款和水利贷款办法。春耕贷款月息 7 厘,水利贷款年息 7 厘,后者之用途包括开渠、修滩、购买水车等。贷款数目较大者,分年偿清,至多不得超过 4 年。大的工程,由水利局向政府贷款,然后转贷贫苦无粮或无工具之垦户。

水利建设一年多的时间就取得了显著的成绩。据当时新华社晋冀豫分社报道:

> 自今年春耕初期,冀太行政联合办事处即指示各地,为了防止旱灾和变旱地为水田以增加生产,要求各地加紧兴修水利。嗣后太行山麓,到处着手开河修渠,至五月份止,已获得了惊人的成绩。据统计,辽县所开水渠能灌溉 1103 亩,将 1103 亩旱地变为水田。赞皇县将 470 亩旱地变为水田;榆社县开渠能灌溉 3690 亩田地,将旱地 3690 亩变为水田;涉县开渠能灌溉 2621 亩田地,将 2621 亩旱地变为水田;武安路北开渠能灌溉 1456 亩地,将 1456 亩旱地变成水田;林县北开渠能灌溉 120 亩地,将 120 亩旱地变成水田;邢台路西开渠能灌溉 223 亩田地,将 223 亩旱地变成水田;内丘县将 1161 亩旱地变成水田;平顺南区开渠能灌溉 600 亩田地,将 600 亩旱地变成水田;和顺路东开渠能灌溉 2000 亩田地;潞城县开渠能灌溉 1000 亩田地;昔阳路东开渠能灌溉 550 亩田地;平定路东开渠能灌溉 1908 亩田地,打井能灌溉 10 亩田地,将 2308 亩旱地变成水田,总计以上共 13 个县,开渠打井之结果,变旱地为水田者为数竟达 160834 亩。变为水地后,每年可多收一

季,每亩以增加产量3斗计,即可增加产量482502石。[1]

太行区一共扩大耕地面积8万余亩。农业生产因此有了较大的发展,据记载,1941年夏,武乡、襄垣、黎城、涉县各地夏收作物,均告丰收。个别地区虽因立秋后天旱少雨,但由于水利建设之飞跃进步,收成仍极可观。辽县清漳河南岸,如九区上下庄一带,都是十足收成,四区麻田、五区羊角等地,平均收成,亦达九成。至于接近敌之地区,如温城、栗城一带,则由于敌人之时常侵扰,收成较差。总之,今年全区所产粮食,供本区军民之食用,已富足有余。[2]

下面从两个县的农业发展状况也可以看出个梗概。

黎城1941年农业生产如下:开生荒1525.5亩,消灭熟荒2728.5亩。开新渠5道,共浇地308亩,打井19个,水窖87个,共增加水地8425.5亩。全县组织互助小组1712个,组织代耕队217个,共代耕地3167.5亩,植树34932株,种麻1989.7亩,种棉3460.1亩。

牧畜生产:增加羊8793只,猪4156口,鸡3486只。[3]

平北县1941年农业生产:共扩大耕地面积2485亩,生荒833亩,平荒208亩,坡荒886亩,修地塄24406丈,修滩108亩,变旱地为水田37.5亩,增加产粮5530.1石,植棉1565亩,比1940年增加5倍,植树55636株,每人平均3株,超过边府一人一株的号召。

平北去年所产山货,颇为丰富。统计全县共产花椒178990斤,柿子25016担,党参11455斤,核桃1537.5石,红枣694.9石,杏仁287.5石。以上六宗即值价1669049元。其他花生、棉花、药材出产亦颇不少。

冀西庄的农业生产也展示了自己的雄姿,获得了显著的成绩:"计消灭熟荒14562亩、开生荒8356亩、修河滩地2376亩。在水利建设方面:今年增加水池251个、水井66口、水渠192道(共长22976丈),变旱地为水地4946亩。在牲畜生产方面:去年原有牛8494头,今年已增加至9120头;去年原有马81匹,今年增至83匹,去年有驴11508头,今年增至12160头,去年有骡1074头,今年增至1102头,去年有羊65545只,今年增至78691只;去年有猪4324头,今年增至5881头;去年有鸡22532只,今年增至36965只;去年

---

① 《新华日报》,1941年8月13日。

② 同上,1941年11月25日。

③ 同上,1942年3月13日。

养蚕 506 席,今年增至 4508 席。在造林方面,共植树 187172 株。"[1]

在接敌地区,农民仍在生产,即使距前线二三里的地,耕耘不辍。

农业和农副业的增加,使一般物价比较平稳。太南平顺 1941 年春耕期间,仅 3 个区即增加鸡 9555 只,猪 866 头,羊 6058 只,该地物价较其他地方为低。鸡蛋 1 元钱 6 个,猪肉 3.2 元 1 斤。[2]

买卖土地的事实也多了起来。地价也在高涨。武安的好地,1940 年卖七八十元的,1941 年春涨到 400 元一亩。平顺 1940 年 10 元一亩的地,1941 年春卖到 100 元。榆社 1941 年 3 月 17 日—4 月 2 日,买卖土地总值 4 万多元,光契税就到 3800 多元。冀西沙河柴关一带每亩地六七百元,柴关西的绿水池每亩地可卖到上千元。有的地方甚至卖到 1800 元。在战争的状态下出现了这样好的社会现象,说明了农民对根据地的信赖,对生活前景充满信心。

晋冀鲁豫边区政府不断强化太行山的农业建设。1943 年春举办农业低利贷款 30 万元,水利贷款 235 万元。1 月初即开始进行春耕贷款,并提倡早耕早种,缩短各种主要劳作的时间。过一年开荒成绩,亦极惊人,部队开荒及 8 月全区补种,总数在 5 万亩以上,开渠 34 道,大渠 3 道,浇地 14800 亩。农业生产中,部队帮助农民解决了肥料、牲畜、种子及农具的困难,买种子共花 29 万元,又从公粮中贷麦种 1000 石,为每亩地增产 3 升而努力。1944 年生产建设贷款总数为 1900 万元,其中农业贷款 900 万元,水利贷款 300 万元。农业贷款包括历年贷出未收回之春耕贷款、农具抵押贷款、麦种贷款等在内,分配给各专区数目如下:一专区 120 万元,二专区 60 万元,三专区 150 万元,四专区 160 万元,五专区 200 万元,六专区 180 万元。

三、科学技术的力量

太行山区抗日民主政权采取了许多措施,介绍新技术,改良品种,推动农业经济的发展。

他们广泛地开展尊重老农运动,使科学与经验结合起来,在各种发展农业的机构中,总是聘请有经验的农民参加。

---

① 《新华日报》,1941 年 11 月 1 日。

② 同上,1942 年 12 月 24 日。

1940 年 1 月成立了太行生产合作总社,其任务之一是创造农牧实验场,改良优良品种。试种平原地的农作物,以及实验人工孵卵等。成立的第二年,就取得了显著的成绩,如种植菜园 30 余亩,以调剂各种菜籽,收集波支猪 20 头,美利奴羊 10 只,瑞士乳羊 6 只,以改良品种。露粟、姜之类,是平原地的作物,在山区也种起来。

晋冀鲁豫边区政府成立后,在建设厅农业指导所的具体筹划下,武北、涉县、黎城、赞皇、武乡等县,先后成立了农业指导所,以与农民经常联系。根据当地的具体环境,吸取农民实际经验,在农业技术上随时加以指导,使一般普通农业技术,确实为下层群众所掌握。农业指导所建立了许多实验区,组织特约农家及建立示范农场。实验区之主要任务为改进农业技术,介绍优良品种和农具,贷放农业贷款,训练村级生产干部,组织农产品竞赛会,进行农村统计调查、领导村苗圃建设等。特约农家之组织,按其不同性质分为三种:(一)各种示范特约农家,其任务为在优良品种,新法栽培,改良农具,合理施肥,防除苗病、害虫等方面起示范作用。(二)特约农家,造林牧畜,进行各种优良品种之繁殖工作。(三)特约农家,做各种比较简单的技术试验。至于各农业指导所直接管理之示范农场,则用科学方法栽种各种重要作物,以使农民随时观摩,以资推动。如黎城实验所工作人员经营 10 余亩地,做各种作物示范。已试验制出骨肥 200 余斤,又会同区公所召集附近士绅老农及村生产主任 10 余人,成立农业实验区实施委员会,划定霞庄、元村、城南、东西水洋等 12 村为实验区,当场有 19 户农家应征为特约农家。其中 10 户实验选种,5 户实验种棉,4 户实验用骨肥。该县士绅商润文当众应征为特约农户之一。武北农业指导所于 3 月初正式成立后,即筹备农作物示范场及农业实验区,并配合全县春耕运动进行农业技术宣传与指导。

黎城县西井农业实验区于 7 月 9 日在西井召开全区小麦选种比赛大会,参观者达千余人。参加比赛的农家有 17 个主村,共 600 余户。比赛获胜者 50 余户,共选出种子 230 余石,当年可播种 4600 余亩。

平顺县农业指导所划第 4 区为实验区,于 1942 年 10 月 15 日召开实施委员会。邀集热心农业生产士绅及农业技术人才参加会议。根据当时县情,议定重新整理山林,实施林木保护法,提倡多修沟地、河滩地,不开荒多植树,公私柴坡只允许割不准掘根。畜牧方面,除繁殖优良品种外,应普遍发展小羊群。

实验种植成为太行山的特有风气。各县都有实验区、村。涉县于 1942 年

l0 月还成立了第二农业实验区,接受第一农业实验区经验,从事农业改良。该县一、二、四、五等区生产委员 60 多人也集中受训一个月学会数种农业技术。

在试验中,部队的实验常处于领先地位。129 师生产部新华农场所试验的农作物品种,留下了持久的印记。1942 年农作物试验结果,以小麦、玉蜀黍、谷等,收获成绩卓异。1943 年春已决定用科学方法,培养上述数种作物。小麦除将"三三""八七""一二四""一六九""二〇四"等号,及白秃 6 个优良品种大量培植外,并进一步观察比较试验。玉蜀黍一方面保持"金皇后"纯种繁殖,另与"本地黄"等做异种杂交。谷以上年进行田间穗选之"来五咸""马脱缰""红色黄"3 个品种做初期品种比较观察。其次该农场继续研究美国白芹、花柳菜、龙须菜等新品种,使其适合太行地区的自然环境,以便推广。还将已获成果的西红柿、洋生菜、台湾西瓜等瓜菜,做大量繁殖,以提高产量,促进根据地农业的发达。

在这些优良品种中,美国金皇后玉茭种子在旱地产量超过一般收成约一倍以上。如在普通五等三级地,一般每亩产量为 16.8 斗,新种子可收获 36 斗,在六等二级地,一般为 13.4 斗,新种子可收 30 斗。

那时经常举行农业生产展览会,评议农业和副业产品。还在 l940 年百团大战第二阶段,冀太联办就举办展览会,评定涉县之南瓜 20.5 斤,冬瓜 53 斤,核桃每株产 4000 个至 1 万个,柿子、花椒,黎城之南瓜 21 斤、北瓜 12.4 斤、扁瓜,辽县之冬瓜 17.5 斤、和顺之山药蛋 10 两,18 集团军自种之山药蛋,平顺之枣、邢西之梨等荣获第一。

1941 年 9 月 25 日至 27 日,涉县举行农展会,展品有 200 多种。在 100 多幅农谚挂表中,如"麦芽发,种棉花""粪大萝卜粗",都加有科学的评语,使群众认识哪些农谚是对的,哪些是错的。而各种农作物病虫害的标本和各种杀虫药、骨肥等,特别受到欢迎。因为该县沿清漳河两岸每年麦子多患"黑穗病""乌麦病",谷子多患"白发病""糠谷老"病,损害生产极大。据调查,一区胡峪村,小麦因患"黑穗病"而减少产量 20%,王堡减低产量 15%。4 月,该县 4 区春耕指导组就到各村进行种子交流消毒的实际表演,指导农民防止粟、玉蜀黍、小麦、高粱等农作物病虫害的方法,即用沸水一盆,待其冷到温热之时,将选好的种子,浸到水中,泡上 10 分钟左右,将种子捞出晒干。用这种方法消毒过的种子,播种后就增加产量 1/10 至 3/10。井店、更乐、台村等村 200 余家农户利用上述方法进行了实验。晋冀鲁豫政府农林局直属农场也于 1942 年秋派出农业推广组,往各村实际指导,进行麦种消毒与拔除秋季作物病株,获得显著成绩。计在胡峪、石岗等 12 个村中,进行小麦种子消毒、温汤提种者共 153 户,共消毒麦种 2391 斤。在赤岸、神头等 4 村共有 374 户农家参加拔除害株,共拔去病株 98191 株。[①]直属农场为改良肥料,派农业推广员分赴涉县第一区农业实驻区各村,指导农民制造骨粉、骨炭等肥料。200 斤兽骨经窑烧化后,可制成骨炭 140 多斤。至于骨粉,是用碎兽骨加生石灰等制成。这种骨肥,对培养农作物和杀除虫害,都有特效。各村农家纷纷仿制。

漳西在武乡白家庄举行工农生产展览会,会中陈列工农产品 850 余件。到会的各县发明家、劳动英雄、技术人员、士绅及各界代表等 70 余人举行座谈,讨论春耕早种以防旱灾、植棉、栽种果木等问题。

漳北办事处于 1941 年 7 月 28 日至 31 日在涉县举行农业技术座谈会,邀请农业专家、经验丰富之农民代表以及发明家 20 余人,商讨进行农业技术、增加农业生产问题、对农业发展提出意见。一致提议成立漳北农学会,商定章程,组织筹备委员会。

1941 年 10 月 10 日,冀西举办生产展览,有赞皇、临城、邢西、和东 4 个县的展品。展出期间,专署召开了农业合作座谈会。

邢西农业生产展览会,展出的农作物有五谷、麻、核桃、栗子、枣、梨、南瓜等,其中以硕大丰满之瓜果及玉蜀黍最引人注目。

129 师政治部召开全师生产会议,同时举办农产品展览。展览物品中品质优良者有谷、玉蜀黍、高粱、甘蔗等;瓜菜类方面有西瓜、台湾西瓜、黄瓜、北美南瓜、西红柿、马铃薯、萝卜、球心白菜等;食品则有面包、饼干、点心、豆油、豆酱、咸菜、黄油、牛奶粉等;家畜方面有美国乳牛、软卜莱羊、美利奴羊、来航鸡、意大利鸡等种;农具方面有改良犁、脱粟器、喷雾器等。[②]

像这样推广经验的会,举行了不少。

根据地在太行山区最宝贵的经验,一是前面提到的金皇后玉菱的成功播种,一是植棉技术的提高。

金皇后玉菱属马齿种,原产美国,那时为玉蜀黍中产量最高者。1941 年,129 师生产部为改进太行山区玉蜀黍的品种以提高产量,特派人到山西太谷

---

① 《新华日报》,1942 年 11 月 24 日。

② 同上,1942 年 10 月 29 日。

铭贤中学采购这一品种种子 2 市斤。经两年试验结果,这一品种比当地品种产量增加 1 倍左右,无论丰年旱年都得同样结果。1944 年黎北县南委泉村金皇后玉蜀黍种子繁殖区 71 户特约农家,158.1 亩地的平均产量是:

平均标准产量(斤)	平均实产量(斤)	增产(斤)	百分比
264	378	114	43%

金皇后的产量高于其他品种。根据武安、黎城、偏城、左权、平顺、黎北等县一年的经验,证明太行山区是可以种植的,土壤气温、雨量是适合的。从 1943 年开始推广,1944 年选纯种 85070 市斤,播种 34000 亩。1945 年太行区 29 余县都建立起繁殖基点,开始广泛播种。①

棉花的种植也是太行山农业发展的突破。以往太行山是不习惯种棉的。1941 年武西一带春耕时,为响应政府提倡植棉号召,该县神西村民众,特合伙研究种棉方法,购置大批棉种,集体栽培,结果获得良好成绩,每株有结成 30 至 40 个棉桃的。黎北有些村庄试种的结果因土质好坏不同,好地一亩收籽花 240 余斤,坏地一亩收籽花 20 余斤。在榆社一带,有人用坏地种棉,一亩仅收净花三四斤。土地的好坏是决定棉花产量高低的一个重要因素。太行山区,气候较冷,宜种植早熟品种。武安磁县、安阳武乡等地种植的是美棉品种金字棉、说字棉、爱字棉,生长期大约 150 天到 160 天。人们的创造精神得出一致答案:山区能够植棉。据 1944 年调查,历史上不种棉、从 1944 年开始种棉的村有:襄垣故县、襄垣官道、武乡下寨、黎城赛里、武安尖山、黎城卅亩、涉县沿头。

为满足军民衣着的需求,鲁豫边区政府 1942 年度太行农业生产计划所提出三项任务中就有扩大植棉面积一项。其他两项是提高土地产量,兴办水利。植棉面积要求 6 万亩,每亩以 15 斤净花计算,产量可以达到 90 万斤。1944 年召开的群英大会上提出太行区要植棉 20 万亩。邓小平讲:"如果我们能够种 20 万亩棉花,加上纺织事业组织得更好,那我们的棉布问题就可以大体自足。"目的是明确的,时代的条件使人们的注意力集中于这一方面。

---

① 农林局推广科:《金皇后玉蜀黍与太行农业建设》,《经济汇编》,1945 年,第 50—51 页。

四、战胜旱灾、蝗灾

太行山的农业发展是在一面生产、一面战争的条件下进行的。日军的进攻和突然的袭击造成了武装保护春耕、武装保护秋收的英雄现实。当时的农业生产的确有自己的特色。

威胁太行山的除了日军的魔爪，还有自然灾害的降临。

1941年7月下旬，太行区各地遭受雹灾，受灾地区有武安、林县、涉县等地，其中尤以涉县为重。太南以黎城受灾为最，30余村田禾全毁。据统计灾民达350余户。田禾全被毁者有7380亩，被毁一半收成者有9200余亩。当地政府立即采取以下措施：购买荞麦、菜籽等，发给或廉价卖给灾民，以便再种；组织劳动力，帮助无力耕种的灾民；将灾情呈报联办，请求豁免灾民公粮负担；冀南银行太南办事处，筹款1万多元，贷予灾民。

1942年太行山全区都遇到灾荒。入秋以后，第五第六两专区，数月无雨，亢旱成灾，田禾枯萎，颗粒不实。磁武秋收平均收成不及三成，灾情严重。素称富庶的三分区也在吃糠。武安、沙河、林北、安阳等地区连糠也成为珍品，有吃不上的，发生了因饥寒而自缢而死的惨状。边区政府采取以工代赈、生产救济的办法，组织运输、纺织、磨面、修滩等合作社，由政府贷款，利息一分。把群众组织起来和灾荒做斗争，或者是动员群众割草、采药、担脚、编草帽辫，渡过了灾荒。

灾荒接踵而至，旧的灾荒尚未过去，新的灾荒又已袭来。1943年入夏后，久旱不雨，旱地禾苗，大半枯焦。五、六专区及四专区邯长路以南，与一专区岭下等地，最为严重。而赞皇三、四区与涉县、和西、昔东、磁武等个别地方又有雹灾。左权县、林县及涉县、黎城部分地区发生虫灾。灾荒之严重程度超过1942年许多。各地出现了求神、祈雨(涉县、潞城一些村庄)、卖掉农具大吃大喝(麻田沿河一带)现象，以为世界已到尽头。

边区政府以最大的努力从事生产救灾工作。教育人民树立长期的整体的自救观念，克服悲观失望、等待救济的心理。并制定出许多具体办法，诸如动员与协助群众准备晚作物黍子、荞麦之类及菜籽、萝卜的种子。政府则以经济力量，购买一批，以支援借贷给最贫苦灾民；组织社会互济，动员广大社会人士参加互济运动，整理或设立村级义仓，酌情建立县的义仓；在根据地内组织部分灾民移民开荒;首先在五、六专区组织 3000 人去二专区;鼓励家庭副业生产,帮助其推销,准备与储存代食品等。

  各灾区军民都根据自己的条件,展开生产救灾。昔东河上村共 84 户人家,231 口人,5 天突击种了 107 亩菜,45 亩荞麦。和西广务、沙峪等 8 个村人们到山上刨柴胡、黄风、桔梗、智母、苍术、冬花、黄芩等这些普通药材。武安县遍种冬油菜,这种菜耐寒,立秋后将种子撒在地里(每亩需 4 两),数月内即可出土。苗长嫩叶,随吃随拔,一直吃到大雪盖了地皮,叶子还是青的。冬至后,将叶子拧去留下根,埋在雪里,待翌年二月间又生出新叶,小满后结实,每亩新收菜种 5 斗(约 150 斤),可以榨油。榆社突击麦田耕地,2.5 万户按村卧地(意为按村分配土地)。武北人民补苗种菜。左权灾民打菜抢种,清理义仓,上武村清出 20 多石,桐滩、黄年各清算出仓谷 100 多石。偏关多数村庄补种晚熟作物,7 月底 8 月初太行曾降大雨,各地雨量,均已深透一尺,是补种的极好机会。漳北太岗各地拔掉玉茭等枯苗,改种白菜、蔓菁、萝卜、荞麦。武安阳邑合作社曾自冀南银行贷款 3 万元购买种子,阳邑商店和调剂所并借给农救小米 2000 斤,使其换取种子,分给农民播种。武安移垦灾民第一批 200 多人 1943 年 7 月 30 日到了和西,受到当地民众欢迎,由各村协同难民找荒地种菜、买菜籽、募粮糠,整理公义仓。难民中的医生、铁木匠、弹花匠技术人才,则分别介绍职业维持生活。漳西移民到了辽西,当地民众打破了狭隘的排外观念,发扬互助共济的友爱精神,优待迁来的灾民。元氏参议员牛从宜以救灾是人人的责任,他一面根据自己的经验,一面奔走于元氏、井陉、昔东、平东各县向老农夫采访,向乡间乡绅问询,得知草木野兽中很多东西可以当作食物果腹充饥,于是,写出一本《救灾百法》向群众宣传,灾民受益很多。[①]

  采摘树叶和野菜代替粮食是救灾的重要途径。边区农林局公布了各种植物的性能,叶子可食的,根可吃的,实可吃的,叶和实可吃的,花可食的,均做了详细的说明。第 18 集团军滕代远参谋长在 1943 年 8 月召开的军人大会上特别讲到采摘和吃树叶野菜问题。他说今年的旱灾为百年来所未有,应发扬过去红军克服困难、艰苦奋斗的光荣传统,指出吃树叶、野菜正是克服困难的有效方法。关于采什么树叶、野菜、如何吃法,集总直属部队驻地有 18 种野草药品和树叶经医学家研究都含有丰富的蛋白质和脂肪,像益母草、荆芥、黄

[①]《新华日报》,1943 年 8 月 21 日。

精(山姜)、地黄扫帚、车前草(即猪耳朵草)、党参蔓、五加皮(阳桃叶)、瓜蒌根等，树叶如杏叶、桑叶、梨叶、柿叶、榆叶、段叶、柳叶、小杨叶、槐叶、椿叶等都可吃。其吃法是多淘几遍，用开水煮后淘了再晒，磨成粉面掺米面或其他面。吃时加些盐和酸醋便不会中毒肿脸。[1]武乡老农还谈到吃树叶野菜的历史经验，说今年(1943 年)的旱灾是光绪三年以来最厉害的一次。光绪三年由于人们对灾荒没有准备，曾饿死许多人。那时一年早霜，收成极坏；二年大旱，收成不好；三年亢旱，只收了二三成。三年冬与四年春，人们的饥荒达到极点。小道场共有 160 口人，饿死 50 多口，郝家岭 120 口人，饿死 59 人。到处是一片哭声，野狼断路。没有死于光绪三年的人，几乎都是用野菜、树叶、树皮救了命。但玉茭秆和干草万不能吃。光绪三年一部分死的人是吃了这两种东西。玉茭和干草的火气太大，吃了肚胀，不能大便，人会活活胀死。[2]

太行山的部队、机关和农民都投入采集野菜运动，以野菜战胜饥饿。部队与群众同甘共苦。野战供给部实行粮食节约，每日吃一顿干饭，两顿稀饭，稀饭中则以南瓜、山药蛋顶替粮食，且尽量以野菜代粮食。每人每月要交野菜100 斤，以备救灾与自食。

严重的旱灾中，卫发生了蝗虫灾害。以涉县捕蝗为例，当时"大雨之后，很多地方发现蝗虫，三区偏店、东寨，四区井店、更乐、台村，七区台漳、太仓等村，都先后发现，专吃正在上籽的谷穗和谷叶。但若干村，如南寨、东寨、偏店等，开始发现时，即动员群众去捕杀。按间编成小组，接连两个清早，三村便捕了 250 余斤。至今已快绝迹了。四区开始时没抓紧，等生多了，捕灭便困难了。虽然现在已捕捉不少，只台村就捕打了 1000 多斤，但全区 8 顷多谷子，已被蝗虫吃了很多，且还在继续为患，引起群众心慌。另外在组织工作也没搞好，不少人拿着利己害人想头，不去同心合力把蝗虫捕灭，而是你往我地里赶，我往你地里赶，蝗虫在地里飞来飞去到处吃。在村与村交界地带，就更没人管，那里蝗虫也极多。台村、更乐、下庄三村交界地带，便有大批蝗虫。而城关则在胡县长亲自动员领导下，自本月 3 日开始，全村男女老少齐出动，每日清早去捕打，现已收显著成效，正继续捕打中。七区也已动员捕打，已大大减少。至于捕打办法：(一)将全村男女老幼编成组，每组 5 人至 7 人，太多不便活动，太

---

[1]《新华日报》，1943 年 8 月 29 日。

[2] 同上，1943 年 8 月 23 日。

少也忙不过来。(二)清早时露水未干,蝗虫翅膀发湿,飞不动,捕打容易。或天晚太阳将落时,蝗虫在谷秆上频频伸展翅膀,吱吱作响,不大动,易发现,也易捕打。(三)捕打时采用吃片办法,一片一片地清剿。打时,有人打,有人持布旗赶,赶到路旁或沟渠内聚歼之。同时要组成几个围歼圈,一个圈它便容易飞跑。(四)夜晚用柴烘起火来,蝗虫见明便飞来,自投火坑烧死。(五)捕到的蝗虫要集起来,经村公所上秤,依各组成绩之好坏,给以奖评。蝗虫肉则可烹吃,味颇好"。①

捕杀蝗虫成了当务之急。蝗虫发生的各地区普遍动员群众,积极捕蝗,打 1 斤蝗卵奖励 1 斤小麦,2 斤蝗蝻换 1 斤小米。各地不分昼夜用烧、杀、打各种方法予以扑灭,白天一齐捕打,夜间用麦秆火把燃起诱杀,效力很大。1944 年参加打蝗的人,达到百余万。从挖卵 10 万斤到创造打蝗 1800 万斤的空前纪录,蝗虫曾被阻止和消灭在太行山脚。但到了 9 月,又全面地来袭一次。飞越了太行天险,分两路突入左权和平顺,威胁到二、三、四、八分区和太岳区。太行山两侧也飞蝗遮天。群众力量也更加有组织地动员起,和蝗虫做斗争。根据 11 个县统计,打蝻与捕蝗数量如下:

村北	5700000 斤
安阳	180625 斤
武北	1460000
武安	810000 斤
邢西	3000000 斤
左权	3360000 斤
沙河	2560000 斤
邢台	1170000 斤
偏城	96000 斤
林县	15265 斤
磁武	133850 斤
共计	18485740 斤②

蝗虫被消灭了。群众在打蝗运动中强有力地组织起来, 群众中落后、迷信、自私等恶习也得到一定程度的克服。

---

① 《新华日报》,1943 年 8 月 23 日。

② 《经济汇编》,1945 年,第 5 页。

生产救灾最易显出组织起来、互助合作的优越。仅靠一家一户的力量，是难以战胜灾荒的。偏城青塔合作社度荒、偏城合作社的刨药材采茶叶，西戍合作社的孵鸡，西郊合作社的开荒，开辟了合作社发展的道路。全太行山这一时期呈现互助合作的景象。据武乡、偏城等县不完全统计，临时的和经常的互助组，已达23000组。根据偏城、莘北等7个县统计，畜力参加劳动互助的占全部畜力5%。[1]1945年，农业互助合作又有了新的发展。根据黎城、榆社、武乡、平顺、和西、太谷、赞皇、壶关、襄垣9个县不完全统计，参加互助合作的户占总户数最低为43.6%，最高达85%，一般为70%左右，参加的人数占总人口数最低为13.6%，最高达58.4%，占40%上下居多，占全部劳力的比例则多在70%—80%之间，最高达96%。[2]

伴随生产救灾的是减租减息清债退押运动。两者相结合，极大地激发了农民生产的积极性。

在日军不断袭击、蚕食和自然灾害的危害中，太行山却是生气勃勃，有自己特有的气息。1944年这座山区风调雨顺，人和大自然融合在一起。农业获得了大丰收。

五、减租减息开辟生活的新道路

在增加农业生产中，具有深远意义的是减租减息运动。太行山区土地集中程度较平原地区为甚，这是农业发展的主要绊脚石。1942年2月，中共中央土地政策颁布，太行区党委、边区政府及农会相继发出减租减息布告，各地相继展开减租换约运动。辽县在政策实施两个月内，就解决了土门、柴城村、水坡、黄漳等4个编村拖延百余年来的土地问题。全县为之激动，各村主佃双方都在讨论解决土地和债务关系。譬如下庄自7月13日减租换约获得圆满解决。附近大小南庄一带也掀起了减租换约运动。截至7月底，一周间大小南庄两村换约租地达1108.5亩，原定租额为189.283石，减后租额为147.12石，较原租额减少约1/4。294家佃户的生活因此得以改善，这两村的人民仍在继续进行换约，仅余的310.8亩没有换约，短期内将可换完。

① 戎子和：《戎子和文选》，中国财经出版社，1991年，第99页。
② 宋祝勤：《太行烽火纪事》，天津社会科学院出版社，1995年，第217页。

这是一个极其复杂细微艰巨的工作。许多村庄地主不愿执行法令,有的还操纵了村政权。辽县县农救会发现三种倾向:

(一)按土地正产物的375‰再减1/4,使地主吃亏;(二)按原定租额(不根据法令上规定以正产物为标准),减少1/4,因此,减后佃户出租仍有超过375‰的;(三)不估计地的好坏,反正减后叫佃户出375‰,这是按比例出租,而不是根据法令的精神来减租。为纠正这些偏向,制定具体计划标准:凡每亩年产量(指正产物)自2石1斗至3石的,减后最低不低于375‰;最高不超过400‰;凡每亩年产量自1石6斗至2石的,最低不低于340‰,最高不超过375‰;凡每亩年产量1石至1.5石的,最低不低于290‰,最高不超过339‰;凡每亩年产量自5斗至1石的,最低不低于250‰,最高不超过289‰;凡每亩年产量4斗以下,最低不低于200‰,最高不超过250‰。如地太坏,产量尚不够人工、种子等费用的不在此例。如遇歉收,则照原计算标准按实际收成逐级减付。因此,自按此种计算标准执行减租以来,租佃双方均表满意,农村各阶级间已获得更进一步的团结。①

在涉县,129师直属队派出大批民运干部,前往各村,帮助当地政府和群众团体工作,耐心说服地主和佃户自动订立新约,并执行四一减租,已收到很大效果。计王堡村有地主32户,佃户41户,租地58.9亩,原出租16.94石,减租后实出12.64石。赤岸村地主23户,佃户44户,租地109.2亩,原出租3户,半种户24户。新租额是按地质好坏,产量多少来决定的,以三七减四六来分,但原则上仍照不超过正产物的375‰的规定。为了纠正明减暗不减和减租而不交租等现象,群众要求并建议农会,在夏秋两季收割后,统一规定日期,进行交租和收租。

1942年的减租重新丈量了土地,按四一减了租,也把35斤斗改成28斤斗,可是按应产量和租额比较起来,还是很高。就是这样,一些顽固地主用各种办法来实现他们夺地和变更租佃制度的阴谋。各地都有地主随便把佃户租种土地夺回转卖、转典、转租或自种现象来破坏佃权,许多都没有契约,将死租变成活租。租额仍很高,有的租额达到实产粮60%,甚至超过土地产量。如平顺赵村佃户交的租大都是耕地正产物50%。即使像赤岸村1942年减租较好的村庄,佃权问题仍然很多。有夺地的,有根本未减的,有明减暗不减的。新

---

① 《新华日报》,1942年8月15日。

的土地纠纷和租佃关系成为社会生活的主要问题。这一时期灾害又很严重，无法集中力量对付以上问题。1944年下半年，灾荒基本克服，晋冀鲁豫边区政府于10月下旬及时发布了关于普遍深入执行土地法令认真减租的指示，并做出收复区、游击区减租减息清债的决定，检查减租运动轰轰烈烈展开，群众真正组织了起来。各山村减租委员会、佃户小组、互助小组成为最活跃的力量。为实现土地政策而努力工作，开辟了一条正确解决土地问题的道路，把大生产运动和减租运动紧密结合起来。太行山的社会面貌和景观因此发生了巨大变化，成为那时一个强有力的地区。

原载张国刚主编：《中国社会历史评论》（第一卷），天津古籍出版社，1999年

抗日战争时期中国西北地区的农业开发

　　中国西北地区的社会发展,由于地理的特殊性及历史的原因,落后于沿海各省甚多。关于西北的开发,在近代曾有两次大举动,一是左宗棠的整治,至今西兰公路上仍有左公柳;一是抗日战争时期比较全面的开发,这方面历史遗留下来的轨迹较多。这里,仅就抗战时期农业的开发概况做一阐述。

一

　　中国的西北地区包括陕西、甘肃、青海、宁夏、新疆,自"丝绸之路"冷落后,就逐渐失去了昔日的繁荣。历史的变迁,到了近代,国人在谈到西北时,总是说它地广人稀、地瘠民贫、经济落后,想到的是戈壁沙滩、黄土高原、飞沙走石、狂风等,或者是战乱、灾荒、饥饿、人口逃亡等现象。谈到西北人时,也常用保守、故步自封、生活简单等字眼来描述,这就掩盖了西北所具有的优势。正如范长江 1936 年所讲的:"东南人士,每谓西北荒凉,意识中似乎认为西北都是沙漠一样,想起都可怕。其实,西北沃野正多,宜于人类生活之地区甚广,只因地位不同,气候有别,它的外形表现与生活方式,和东南各省区有若干异趣处而已。"①

　　就人口和面积讲,西北的确是地广人稀。以新疆为例,其面积有四川的 4 倍,云南的 5 倍,广东的 7 倍,湖南的 8 倍,而人口在抗战时期约 350 万到 400 万人,只及浙江人口的 1/5。甘肃当时的人口 600 多万,青海 140 多万,宁夏 50 多万,只陕西人口多一些,总共 2000 多万。

　　西北的自然环境的确带着自己的特点,和中国沿海地区不一样,和中国西南各省也不一样。然也有许多丰腴之地,像关中、汉中、陇南谷地、湟水流

---

　　① 范长江:《中国的西北角》,新华出版社,1990 年,第 42—43 页。

域、河套、新疆南疆地区，都是产粮基地。就是河西走廊的张掖、武威等地，也曾是天然粮库，俗称"金张掖，银武威"。像天水，被认为是风景优美、生产富饶、人物秀丽的地方。老舍曾讲："沙漠中会有绿柳清泉的松林……沟渠交织，宛若江南的宁夏。"①就陕西省而言，山岭多于平原，矿业种类特多。西北还有一大优势，就是水草丰盛，人民苦干实干精神旺盛，擅长高原农业和畜牧业。西北是有魅力的地方。

西北的贫穷和落后是天灾和人祸造成的，天灾的根源也来自人祸。陕西20世纪20年代末和30年代中期甘肃的旱灾的惨重，实际起因于军阀的苛政、土劣的剥削、鸦片之害稼、致民力之衰微和生态环境遭到严重破坏。

那时，各省肥沃田地，全种鸦片。这是农民被迫如此的。张掖、武威、酒泉及渭水流域两岸平坦富饶的川地以及宁夏的一半土地都是罂粟，而不是五谷，军阀和地方官吏士绅用鸦片税收刮民财，作为其军队部属的粮饷。不管种烟或不种烟，都得要交官土、烟亩罚款，农民想禁种鸦片，不再缴烟亩罚款是不允许的。穷苦的人民无钱交纳，只好借高利贷。生活没有出路，就设法逃亡。社会的悲惨局面相继出现：如1936年甘肃灾情，陇北最甚，由凉州至甘州、肃州，赤地千里，农民衣不蔽体，嘉峪关外情形尤惨。《大公报》有两则报道，一则说："河西甘凉肃一带，年来在旱灾与剥削之下，农村生产大部停顿，民间十室九空，生计断绝。最近玉门、安西、敦煌等县农民以不堪灾赋，相率逃亡新（疆）省境内。"②安西原有900多户，逃荒后剩下500多户。敦煌原有2 500多户，剩下1 900多户。布隆吉原有二三百户，只剩下30多户。宁夏原有80万人，逃亡的有30多万人。③又一则报道说："河西区十余县灾情益臻惨重，甘凉、玉门、安西、民乐等县近复瘟疫大作，人民每日因瘟疫饥饿死者，每县自五百至千人不等，尸体狼藉，鬼哭狼嚎，非复人间世界，存者大半向阿拉善、额济拉两旗边境草地逃亡。"④该区人口百万，十九在死亡线上。

南京国民政府对西北的发展兴趣不大，毫不考虑西北社会的悲惨境遇和人民的疾苦。只是于1929年1月将甘肃省划分为甘肃、青海、宁夏3个省份。1935年8月派出西北盐务专员将3省盐政接管。为了围剿红军，修了一些公

① 老舍：《归自西北》，《大公报》，1939年12月17日。

②《兰州航讯：甘肃河西一带灾重》，《大公报》，1936年4月14日。

③ 雪衢：《甘肃近况》，《晋察冀日报》，1941年4月19日。

④《中央社兰州二十一日电：甘肃河西十余县灾疫均惨重》，《大公报》，1936年4月23日。

路(土路)。陇海铁路1936年才修到西安。

南京政府所关心的是如何消灭北上红军,为此不惜花费巨资,派遣大军尾随红军东围西剿。甘肃驻军20多万人,除原有的马家军外,又来了胡宗南、关麟征率领的10万多中央军,派粮、派草、拉夫,鸡犬不宁。对红军的残酷屠杀,加重了河西走廊的恐怖局面。

就在这时,国人喊出了开发西北呼声,引起了各界的注意,沿海少量资金西移。但因缺乏科学技术,收效甚微。对全国震动颇大的是1936年范长江到陕、甘、宁、青四省的采访,写了一系列的报道,发表在《大公报》上,名曰《中国的西北角》。西北的自然环境,历史上西北的开发,西北在经济和军事上的重要性,近代军阀和官绅对西北生态环境的破坏,以及人民的疾苦等等,都有所记述。其报道的中心点是苛政猛于虎,造成了西北的贫穷和落后。在《祁连山北行的旅行中》的报道中,有一目标题是《酒泉走向地狱中》;在《贺兰山的四边》报道中,有一目是《宁夏民生的痛苦》,有一目为《宁夏的纸币、鸦片与宗教》,均深刻揭示了败坏社会的种种势力。新疆那时属前苏联的势力范围,和内地几乎要失去联系,范长江对此也发出警钟。

全面抗战爆发,抗日怒潮席卷全国,沿海失陷,开发西部、开发西北的呼声更加响亮。举国上下的舆论力量推动着国民政府认识西北。当政者,把开发西南放在首位,把开发西北放在次要地位,而开发终于起步了。1938年1月成立经济部,以翁文灏为部长,设立总务、农村、矿业、工业、商业、水利六司,在其计划中,将西北纳入开发计划中。农本局设立农业调整处,办理非常时期的农业调整事务;设立中央农业试验所,掌握农林之试验与改进,调查研究及技术人员训练事宜;设立农业评议委员会,讨论农业建设方案。陕甘两省就是这时成立农业试验所的,规定陕西多产棉花。特别强调陕西的水利建设,设立了泾洛工程局梅惠渠管理处,办理梅惠渠一切事宜。

报纸上从此不断刊载西北各省的信息,让全国人民对西北有了更透彻的了解。到西北考察访问的个人和团体相继于道,有新闻记者,有工社运动的中外人士,包括美国记者斯诺,有全国文艺界抗敌协会北路慰问团,包括老舍在内,有金融家及企业家,中国银行还组成雍兴公司计划开发西北的灌溉和开垦,办事处设在兰州;有陈嘉庚率领的南洋华侨慰问团,陈还到了延安,将延安社会的进步,告诉国人和世界。1942年7月18日,经济部长翁文灏到新疆视察西北交通,对新、甘、宁、青四省的资源开发,有所筹划。8月初中国工程师学会在兰州召开,翁是该学会主席,到会讲话,提出开发西北两大先决问题:一、水利工程,二、铁路建设,以唤起工程师加以注意和研究。原农本局总理何廉在得到金城银行经济赞助后,也于1943年去西北考察。其主要目标"是要看看在这个地区的经济开发上,政府应该做些什么,私营企业又能做些什么。在中国所有的地区中,西北在经济上是最落后的。我们对西北的了解,除了粗略的纲要外,所知不多,不知道对那里的经济发展有些什么预先的安排,不知道那里有些什么天然的资源。我们知道那里有农业原料,诸如陕西的棉花,青海、宁夏和甘肃的羊毛可供轻工业加工,但我们不知道到底能供应多少,质量如何,及它的分布情况"[1]。之所以对西北不太了解,一是交通阻碍所致,一是新疆、青海和河西走廊当时处于半独立状态,一是没有对西北地质进行过调查。

国民政府对西北的真正认识,可以说从1943年组织大型西北建设考察团开始的。当时西南国际交通线受阻,当政者的目光自然投向西北。1942年9月,中、中、交、农四行始于西北五省派员调查,筹设西北金融网,接着组成以罗家伦为首的考察团,包括铁道、公路、水利、农业、林业、畜牧业、垦殖、工矿业、卫生、民族等方面的专家,罗家伦自己是代表教育方面的,先后参加调查的共28人,共用了半年多的时间,各部门都写出了考察报告,不只是描绘现状,还提出了战时两年及战后十年的建设方案。其报告是很有价值的。如在总论中谈到西北土地利用时说,应建立一个重要原则,即宜农者农、宜林者林、宜牧者牧。关于经济农业的重要原则是:宜棉者棉、宜麦者麦、宜杂粮者杂粮。建设西北,西北的力量不足以建设西北,必须靠国家的整个力量,以及国外的物资、技术,方能使西北的建设完成。在各分篇报告中,强调要保持土地的资源和生产力,保护森林和草地,勿使肥沃的田亩变成荒漠。林业篇中特别讲道,于陕、宁、甘、新四省受沙漠侵害之地,植树造林。

凡是到西北考察的人,无不盛赞西北。老舍在《西北归来》一文中说:那里有煤、有粮、有马、有毛、有金、有银、有水利、有肥美的土地……从富源上说,西北是块宝地,而它的马匹、羊毛、粮食等的供给,在抗战中更关重要。[2]林继庸是西北建设考察团成员之一,他在《西北工业考察归来的感想》一文中,带

---

① 何廉:《何廉回忆录》,中国文史出版社,1988年,第228页。

② 老舍:《归自西北》,《大公报》,1939年12月17日。

有感情地讲：

> 那里有骨骼强壮的民众，男女老少都能骑骏马飞山越岭，如履平地；有慷慨激昂的歌调，闻之令人兴奋鼓舞；有广大的土地，豢养着万万头的牛、羊、驼、马、驴、骡、狐、鹿……蕴藏着无尽量的石油、煤、铁、铜、锑、铅、钨、锰、金、银、盐、卤、砂、硼砂、石英、石膏、石灰石……生产着优质的稻、麦、黍、豆、薯、茄、麻、桑、桃、梨、杏、枣、苹果、甜瓜、葡萄、枸杞、药材、森林……有高达五六千公尺，终年积雷的高山；有低至海拔二百余公尺，炎热逼人的平地；有通达邻省的大道；有联络亚欧两洲中心最远的航空路线。它是欧亚大陆的中心点；它是我民族文化的摇篮地；它是我国中原的捍卫者。

为了证明其考察所得结论的正确和真实，他们还带回了农林、畜牧、矿石、工业品等项的标本、照片、图表和书籍，在重庆展出。过去因种种原因被人忽视的西北，因抗日战争而获得了生机。富饶的西北，正等待着去开发。

二

抗日战争促使中国农业有了历史性的进步。以往西北各省粮食生产不足以供给本省之用，多仰赖于外省之输入。抗战以后，举国上下努力生产，实行农业动员，调整农业生产，改变了过去的放任政策，局面为之一变。

农业生产是受地理环境和气候制约的。西北农民世世代代积累下来丰富的经验，他们懂得什么地区应该生产什么，他们的农产品就以什么为主。陕西汉水流域种植稻、麦、棉、马铃薯、玉蜀黍、高粱、黄豆、荞麦等，关中区以棉麦为主，陇东南区生产冬麦、玉蜀黍、高粱、马铃薯、稻、柿，陇东区生产春麦、糜谷，陇中区生产春麦、烟草、水果，陇西南区生产春麦、青稞、马铃薯，河西区生产春麦、糜谷、马铃薯、大麻、稻、水果，青海高原地区主要生产青稞，宁夏则为春麦、糜谷，北疆以春麦、糜谷为主，南疆则生产小麦、玉蜀黍、高粱、稻子等。在这些农作物中，小麦和杂粮是最普通的，棉花是陕西和新疆的主要经济作物。

当局采取了许多有力措施，来推动粮食生产。其一是限期禁种鸦片，烟田一律改种为棉麦等农作物；其二是设立农田水利贷款、生产贷款（包括种子、肥料、耕牛等的接济)、商品农业贷款、农业改进补助费等;其三是推广优良品种;其四是奖励生产,凡自愿垦荒者均予以协助。陕西以产棉甚巨,还成立了棉产调剂委员会,处理棉花生产运销问题。农本局在潼关设立运销仓库,经营陕棉的储押运销。

在兴修水利以开发土地的资源和生产力方面,陕西是很突出的。自工程师李仪祉 1929 年倡导以来,陕西修了不少灌溉工程,因开渠之多被誉为各省之冠。其资金来源,开始是华洋义赈会、华侨的捐款和省款,以后省款、国民政府、农本局及四行贷款,相继投入。1935 年建成的泾惠渠,灌田 73 万亩;1937 年 12 月建成的渭惠渠灌田 60 万亩;1938 年完成的梅惠渠灌田 20 万亩;1942 年完成的黑惠渠灌田 40 万亩,汉惠渠 11 万亩,褒惠渠 14 万亩;1943 年完成的定惠渠、沣惠渠、胥惠渠、泔惠渠,以及 1944 年完成的涝惠渠等,使泾水、渭水流域和汉水流域的许多县的农业生产有了保障。一般来讲,水利的灌溉可以使农业产量增加 3 倍。如生产 1 捆棉花的旱地,灌水后可生产 4 捆。

陕西对推广优良品种, 也以全力进行。最初所用的籽种为陕农 7 号、蚂蚱、兰芒 3 种,陕农和兰芒收获很好。后关中区域添用泾字 60 号与泾字 302 号,陕南区域推广金 62905 号良种,棉花先是脱字棉,以后推广 4 号斯字棉。从战前起,金陵大学及农林专校均致力于此。

因为陕西省政"当局奉令竭力推进农产物品,去秋播小麦等食粮地亩达 3000 万亩。今春收获 3600 余万市石,夏收杂粮播种亦达 1000 万亩,共收获为一 1400 万市石,二者共计 5000 万余市石,与民国二十六年春夏两季收获量之比较,增加一倍有余,凡 29875000 余市石,其数目实足惊人,除全省人口每人每年以 3 石 5 斗计算之食粮,共需 4025 万石外,尚余食粮 975 万市石。秋季播种稻粟等食粮地为 2000 余万亩,共计收粮 1981 万余市石,杂粮种地为 862000 余亩,收获量为 603700 余市石。共计收获量为 20416000 余市担。盖因当秋收之际,天忽连日降雨,故收成减少。然尤较民国二十六年增加约 80%,计 1454000 余市石……是以往食原不能自给之陕省,今则除本省食用外,尚可以余粮供全国之食用。所以现时陇海平汉交通虽受阻碍,而陕省食粮价格并不高涨,社会上丝毫不感食粮缺乏之苦。"①

甘肃农业较陕西落后,荒山沙漠地特多,著名的六盘山四周没有什么出

---

① 天织:《陕西的建设》,《大公报》,1939 年 1 月 5 日。

产,一亩地只能长出 100 斤马铃薯。一些膏腴之壤,多是烟田,抗战后,禁烟令终于实施,种植了麦棉,当局又将旱地改造为水田,在洮河县境内修建了洮惠渠,全长 28 公里,灌溉 5 万亩田地。从来不见水渠的原野,生长出了食粮。在临洮县,还修建了普惠渠,也灌田 5 万亩田地。以后在这一地区又修建了永丰渠、永乐渠。1943 年 1 月甘肃水利农牧公司公布了开发河西水利的初步计划,决定修建永登至敦煌 17 个县的水利工程,于武威、张掖、酒泉、敦煌先后成立了 4 个工作站。1943 年度以整理旧渠为主,测验水文与气象为辅。长达 80 公里,灌田 40 万亩之兰惠渠也于是年正式动土,引黄河之水自西至东,环绕兰州,再入黄河。河西灌溉一是依靠水渠从黄河引水,一是下雨保墒和祁连山的融雪。祁连山为干旱少雨的西北腹地涵养了大量水源,吐放出 56 条内陆河,被称为高山天然水库,河西走廊的绿洲就是该山的雪水哺育的结果。废弃河道水利和乱砍山中树木的危害已为当局所认识,便从这两面去整治。森林可以防水防沙,关于保护森林的知识及其重要性,这时已意识到了,而如何全力阻止人们去砍伐,当局似乎束手无策。

甘肃人民在长期和自然界的斗争中,积累了丰富的经验,由兰州到青海西宁间的石田种麦,就是一种创造。陈嘉庚对此论述得颇为详细:

> 经黄河桥出兰州市西行。沿途所见多平生未见过者,如到处多有石田,系在平地无水处造田,田面铺以石蛋,形状不一,如溪中漂流石子,以小者为佳,大者三四寸。如再大五六寸则不合,多拾弃路边。全田概系种麦,闻须有此石子方有好收成,大约石子有两层,混以泥土,田面所见麦苗之外都是石子。又闻至迟十五年,须翻起一次,使其土石松浮,若较有资产之家,十年便翻石子一次,则收获可较丰。甘肃西北诸山,绝无树木青草,似死质无土性等。诚所谓不毛之地。山中含有多层石子,即如上所言石田上之石子,每层石子高可数尺,大约数万年前,系水流溪石所叠积,而沧海桑田,不知变迁若干次也。[1]

1938 年成立的甘肃农业改进所为甘肃的农林发展做出了不懈的努力,竭力促进农业生产,以技术人才帮助各地农业推广工作,指导土地合理利用,

---

① 陈嘉庚:《南侨回忆录》,岳麓书社,1998 年,第 163 页。

培植森林。该所所长裴子三说,保护发展森林是他分内之事,只是经费极少,经常费用每月只有 1600 多元,事业费每年 7560 元。其计划是保持住森林不被砍伐,第二步是在沿黄河地区设立苗圃,植树造林,如靖远苗圃,供东段造林,皋兰苗圃,供东段造林,临洮苗圃,供洮河流域造林。植树造林当时已形成一种运动,也有一定效果。1943 年西北建设考察团考察时,已看到"西北公路沿线行道树,大半业经种植,唯以各处地形、气候、树苗供给与保护之不同,各路成绩大有差异"①。

还在陇东、陇南及河西三地区各县,推广种棉 15 万亩,所试种的凸宇棉种,每亩可收 34 斤,本地棉每亩只收 20 斤,而且纤维短。美国烟草试种一亩可收 160 斤(大秤,合市斤 2 斤)。冬小麦试种良好。甘薯试种也完全适应,半亩地收了 100 斤。此为甘肃省第一次种薯。

甘肃农业经济在战时的发展,是引人注目的,它走出了旧有的轨道。

宁夏全省除同心、磴口、盐池、陶乐 4 县无灌溉渠外,其余各县无不沾受渠利,特别是河套一带,俗称"天下黄河,唯富一套"。河套之名是因黄河流经宁夏至晋绥间回环而得名。套地幅员辽阔,河渠纵横,广漠无垠,沃野千里。每年秋季如得河水灌溉,翌年即可丰收。否则即成沙石之田。地和水相依为命,历史上此地私渠很多,如永济、刚济、丰济、通济、长济、塔布、义和、沙河、黄土拉亥、扎子补降教堂等渠,各 50 多公里长,每渠溉地均在五六千顷。后私渠收归官有,挖永济等 8 渠为干渠,每渠计长 60 公里,支渠纵横。南京国民政府初期,以经济拮据,未能疏浚,致泥沙淤积。抗战爆发,宁夏和其他各省一样,成立了粮食增产督导团和农林处。烟田禁止了,种树和开渠成为一种运动,"河滩上的新林,与村间的溪流水磨已经不是什么罕见的东西"②。

小麦的生产,每亩约 1.3 市担;枸杞是宁夏的特产,在继续发展中。

当时也曾试种过棉花,但不理想,得不偿失。

羊毛生产虽每年约 3 万至 4 万担,因防疫工作未能普及,致使牧羊数量较战前减少 1/3。1942 年时,羊毛仍感过剩。当地毛纺织厂出品少,未能大量运销内地,改进毛纺技术是战时宁夏所面临的难题。

何廉考察宁夏所得的认识,一是省政府主席马鸿逵虽然接受政府的命

---

① 罗家伦等:《西北建设考察团报告》,台湾"国史馆",1968 年,第 244 页。

② 老舍:《归自西北》,《大公报》,1939 年 12 月 17 日。

令,但他不是百分之一百政府的人。一是宁夏省会周围灌溉良好的地区是好的产麦区,事实上这是整个西北的重要产粮区。但正和在青海一样,那里实际上没有工业可育,省会虽然有电灯,但灯光黯淡得厉害。

青海地广人稀,以畜牧业为主。该省西此部是蒙古族人游牧的柴达木盆地,西南部是藏族游牧的金沙江上游,这两部占青海领土 3/5 或 2/3。湟山山脉两侧是著名的畜牧区域。该省农业集中在东部和东南部,如大通河、湟水流域、黄河流域、大夏河流域,以至洮河的两岸,是经济比较进步、人口比较稠密的地方。大通河上游地区甚为平坦肥沃,北川河两岸田园也很优美,唯不如乐都一带之湟水流域富厚,其西岸地势较东岸尤宽旷肥沃。总的讲,民非教润,所生产的都在省政府主席马步芳家族控制之下。马是一个过时的军阀,土生土长,关心保存自己的权势。他对从国民政府得到支援,发展他的省份的经济感兴趣,但是有一定的保留。他认为,"政府应在资本上及技术上帮助他,但管理和建设大权应完全由他掌握"①。

马步芳曾组织其军队在公路两旁植树,青海当时辖 17 个县,汽车公路均可交通,电话亦然。唯人民生活简单。因养羊较多,许多地方三餐均以羊肉做饭。

抗战时期,该省引水灌田、修理旧渠、开辟新渠,以发展农业生产。如西宁那时有 21 条渠,灌溉面积 145250 亩;乐都有渠 36 条,灌溉 72060 亩;互助有渠 8 条,灌田 150900 亩等。青海的农业合作社也发展起来,有 37 个,可以向农民银行贷款。其粮食生产显著增加,每亩平均收获量为 1.4 担。除供本省用之外,还有一部分向外输出。西北建设考察团在论到该省水利事业时,这样写道:青海对于现代灌溉工程,亦相当注意,所以水利技术人才缺乏,仍不见积极发展。

青海之盐行销于陕西西部和甘肃地区。

羊毛、鹿茸、木材业仍是青海贸易上的主要产品。

青海对外联系加强了,抗日战争成为青海发展的推动力。

抗日战争把新疆和内地连接起来,战前新疆被视为苏联的势力范围,统治该省的盛世才曾表现了一定的进步性,邀请中共和进步人士帮助其改革,而其内心想搞独立,割断了和内地的联系。就是抗战前期,内地人到新疆也不许入境,必须经过新疆政府的严格审查。1943 年何廉拟到新疆考察,就未能

① 何廉:《何廉回忆录》,中国文史出版社,1988 年,第 230 页。

成行。那时新疆出口贸易如皮毛、木材、煤铁等轻重工业的原料及日用生活必需品全向苏联进口,向内地输入的只有吐鲁番的葡萄及哈密瓜之类。抗日战争的洪流和中苏公路的通车,迫使盛世才转变了立场,和内地联系起来。而盛以屠杀帮助过他的共产党人和进步人士为默契,靠拢了重庆国民政府。

新疆在农作物增产方面一是推广良种,一是开发水利。

小麦是从苏联输入的"乌克兰冬麦",棉花是从苏联引进的美棉良种。小麦和棉花均以南疆生产为主。

水的资源,在乌鲁木齐、焉耆一带比较丰富,而吐鲁番、哈密一带则为缺水地区,哈密周围300公里以内无水无田,号为戈壁沙滩。这里的人民在历史的长河中,发明了一种办法,就是挖掘明渠、暗渠与竖井及涝坝相结合,把北部天山渗入地下的雪水引来滋润戈壁沙滩上的绿洲,名叫坎儿井。这是当地人民发展农牧业生产,和解决人畜饮水的重要水源。

新疆在水利建设取得了较大的成绩。1941年完成了96公里的伊布渠农渠,灌溉面积1万多公顷,伊宁、绥定、惠远3县受到实惠。1942—1943年完成的天山瀚海——盐池渠道,长约41公里,距乌鲁木齐10公里,灌溉农田4000余公顷,宇康县博克达山之瀚海渠道灌田3000公顷。

乌鲁木齐还修建了近代的机械农场,以提倡农业。

1942年新疆农业丰收,麦收十成,秋收尤佳。

新疆的葡萄干也有了更大的发展和销路,1943年美国订购了100公吨,以供远征印度军队之用。

以上是五省农田水利开发的概况。

在开发中遇到最大的困难是资金短缺和人才缺乏,四行总处将目光集中于西南,对西北贷款微乎其微。至于人才的培养,武功的西北农学院、甘肃的西北技艺专科学校,新疆的新疆学院都担负起使命,特别西北农学院颇有声誉。

国民政府中的蒋介石集团开发西北时所犯的最大错误,确切地说是罪行,就是筑起3道封锁线,西起宁夏,南沿泾水,东迄河滨,绵亘数省,包围陕甘宁边区,沿封锁线驻军先是20万,后增加到60万。这支军队不去抗日,也不去开发西北,而是耗费巨资动员民众去修碉堡、战壕,企图消灭边区。这是历史永远饶恕不了的。

三

陕甘宁边区南北最长处 421 公里,东西最宽处 420 公里,人口约 150 万,边界线 2140 公里。

边区没有国统区那些肥沃的土地,是当时中国最贫穷的角落之一,山地多、水田少,经常发生旱灾。边区政府把发展农业放在首要地位,尽一切力量增加农业生产。所采取的措施是:优先贷款农业,兴修水利,保护水土,改良土壤,推广优良品种等。这一地区可以生产谷子、高粱、黑豆、麦子、豌豆、扁豆、马铃薯、芝麻、南瓜、糜子、棉花等,盐的产量丰富,是出口大宗。和西北其他地区开发不同的是,这里的一切都是更有计划、更有组织地进行着。以开展减租减息,发扬互助合作和劳动英雄示范的方式,推动农业生产,增加产量。开始还有外援,1939 年以后,国民党再次反共,边区就以自力更生为主。

边区政府设有农业计划委员会,不断研究推动农业的改良问题。

各地农业生产因地制宜,陇东关中一带多出麦子,米、豆次之。其他地方,米、豆杂粮多,麦次之。高粱的播种,山地多黄谷高粱,少种红谷高粱。就延安县来讲,川口、金盆、柳林、河庄、姚店 5 个区,荒地多、人口多、副业多、地区大,以开荒和安插难民最适宜。川口、姚店、蟠龙、丰富 4 个区宜于植柳种苜蓿,金盆、柳林、河庄等区种麻。

推广的优良品种有狼尾谷、金皇后玉米、黄皮白皮马铃薯、洋葱、冬瓜等。举例来讲,绥德地区有谷种 30 多种,以往农民多种干涝饭谷,这种谷,米好吃,然易遭虫蛀之害,且不耐风刮。光华试验狼尾谷结果,种子长而粗,结籽多,颗子大,打的粮食多,专署将其宣传推广,各地农户,相继采用,谷子好的品种是老红谷,皮薄,磨面多,种得很普遍。

边区过去不种棉花,此时以免税鼓励农民种植。1941 年在延长、延川等地推广种植 5 万亩,1942 年全边区植棉 15 万亩,1944 年种 304 万亩。

边区有计划地植树造林,发展林业,改善农业气候,推广苜蓿,增加优良饲料,增进牲畜健康,提高牲畜繁殖率,取得了很大成绩。

雨量对农作物的生长影响极大,三边地区,地近沙漠,气候干燥,十年九旱,年年收成歉丰,唯 1939 年 7 月以后,天即降雨,以后雨水调和,禾苗旺盛,谷茎均高达五尺,为数年间少见之丰收现象。每亩收获约 1 斗 5 升。

边区政府的县、区、乡行政单位对农业生产的领导是很得力的,各级均成立了春耕委员会,吸收有经验的农民参加,各级参议员更帮助下乡。干部挨门逐户,深入宣传,发动农民春耕热情。在春耕秋耕期间,解决农民困难,如贷种子,借给耕牛,土地调剂,伙种庄稼,以及借公草于民众,减轻人民负担等。

农贷主要有种子农具、植棉、麦子青苗等 3 种贷款。1942 年发放农贷 590 万元,发放水利贷款 250 万元。"自农贷放出,群众生产热忱大增,合计多开荒地 3 万余垧,增植棉花 5 万余亩。"①小麦青苗贷款该年发放 100 万元,凡贫苦者有取得贷款的优先权利。请求贷款的条件是:一、须有一定数量的小麦青苗作为担保;二、须加入一定的农业生产组织,如生产互助小组、生产合作社等;三、经过生产组织给保证介绍,并经调查属实者;四、过去没有违反农贷章程之行为者。还期定为麦后一个月,以贷款时小麦市价作价归还小麦。②农贷必须将贷款使用于农业生产。取得成绩者予以奖励,奖励方式有增加贷款、减少或免除利息、抽出该项借贷利息的 40%以下的现金给奖等。如将贷款任意处置,则予以处罚,收回借款或停止借款,倍加利息,请当地政府依法查办等。

农业开发的基层组织是村,村的生产和劳动关系至大。陕北一些村庄还订立了村公约,这是国统区未曾有过的。如绥德县延家川二乡张圪涝村是一先进模范村,其公约有如下几句:一、全村人,勤生产,丰衣足食,生活美满;二、不吸烟,不赌钱,人人务正,没个懒汉;三、不吵嘴,不撕斗,邻里和睦,互相亲善;四、多上粪,仔细按,人畜变工,大家方便。③

边区把一切力量都组织到生产中来。

边区将许多荒地和不毛之地,都开发成为粮食和财富的源泉。1939 年 2 月 2 日延安曾召开生产动员大会,毛泽东、张闻天、李富春等出席并讲了话,机关部队从此也都积极投入生产运动中,以解决自己的供给问题。359 旅在南泥湾的开荒成功,是一范例,有力地推动了农业的开发。开荒的主要力量,一是军垦,一是移民。如绥德分区人多地少,人口约 52 万,耕地面积仅 135 万多垧,农民多南下延属开荒,扩大耕地面积。每年开荒年产粮 200 万担,1942 年增开荒 60 万亩,可多出粮 20 万担。

---

① 《新华社延安二十九日电:陕甘宁边区农贷发放完毕》,《抗战日报》,1942 年 8 月 4 日。

② 《新华社延安十四日电:陕甘宁边区银行新放小麦青苗贷款》,《抗战日报》,1942 年 6 月 23 日。

③ 田方:《岁月印痕》,金城出版牡,1998 年,第 64 页。

根据边区经验,村的建设是开发农业的一个关键问题,把全村男女老少都组织到生产中去,就可以成为一支巨大力量。

农业开发的结果,使人民生活大为改善。以甘泉县为例:1937 年有衣食者占 50%;1938 年有衣食者占 50%,半衣食者占 35%,无衣食者占 15%;1939 年有衣食者占 70%,半衣食者占 18%,无衣食者占 12%;1940 年有衣食者占 82%,半衣食者占 15%,无衣食者仅占 3%。[①]

农业的开发带动了工商业的发展。如延安的文化沟、新市场、延安正街,过去均是荒凉无人去处,抗战时期已成为繁华街市,延安人口有 4 万多。荒凉的陇东西华池,一跃而为商业据点,十里远近的农工、商贾都来赶集。

陕北农业的开发,打败了国民党的封锁围困,为抗日战争取得最后胜利,奠定了坚实的基础。

原载《史学月刊》,2001 年第 1 期

---

① 《延安讯:陕甘宁边区生产建设飞跃发展》,《抗战日报》,1941 年 1 月 8 日。

抗日根据地社会与文化研究

华北农民之源流及其在(20世纪) 30年代的群体活动

中国是农业大国,农民问题始终是史学界研究的重要课题之一。人们总是从各种角度探讨不同时代与地域的农民状况。这里主要讲述华北农民之源流及其在20世纪30年代的群体活动。

一、华北农民的源流

中国远古文明的起源呈多元化形态,华北是重要的发祥地之一。若干年来,考古发掘出许多新旧石器时代的遗址,丰富了人们对古代文明的认识。人们了解到,六七千年前在华北各地就散布着很多村落,出现了粟、水稻等农作物,已有胡桃树、榆树生长。就河北省而言,新石器时代的村落主要在太行山东麓及燕山山脉东部一带,分布于邯郸、武安、永年、邢台、临城、石家庄、平山、蔚县、涿鹿、崇礼、滦城、唐山等地。随着时间的推移,村落和人口日益增多。由于战争和灾荒,村落有盛有衰,盛者数以千计的村民群居,衰者甚至变得荒无人烟。先民们总是千方百计地寻找适宜的生存条件,一旦无法继续生存,就另辟安身之所。相同的村落名称和宗族一代代地传了下去。中国历史上曾有多次人口大迁移,但这种迁徙多是被迫的,甚至是悲剧。从另一方面看,大迁移也带来了文化的交融、促进了迁入地区经济的发展。

据史书记载,北方居民南迁的次数较多。规模最大的一次发生在晋永嘉年间,即公元313—450年间。谭其骧以《宋书·州郡志》所载侨州郡县户口数为南渡人口的约数,统计出当时南渡人口有90万,占北方总人口的1/7、南方人口数的1/6。其中,安史之乱时,也有大量人口南迁,"天下衣冠士庶,避居东吴,永嘉南迁,未盛于此"。

宋、金战争时期(1125—1142年),山西、河北相继为金所有。这两个地区的农民也纷纷南逃。

元代,蒙古统治者实行掠夺和民族压迫政策,华北农民又一次掀起南迁的巨潮。

到了明代,情形大变。移民群的流向不是南迁,而是北移。显然,明代统治者的这项政策,带有强制性质。譬如,为重建遭受战争破坏的城池,以防御北方游牧民族的入侵。朱元璋在位第 4 年,曾移民 3 万户于北京。大将军徐达辖制北京时,曾 5 次从山西大量移民至长城脚下一带,亦农亦兵,或亦兵亦农,进行屯田。《明史·徐达传》记载:"明年帅盛熙等赴北平练军马、修城池,徙山后军民实诸卫府,置二百五十四屯,垦田一千三百余顷。"①及朱棣为帝,将首都由南京移至北京,更组织大量汉民,迁至北京地区,以奠定首都的经济基础。许多富户从南京、苏州、浙江等地迁来,北迁的也有安徽、湖南、广东等省的农民,最多的还是山西移民。据明成祖时期记载,仅丁巳年即"徙山西民万户实北京"②。现在,大兴、顺义等县许多村庄的名字,非常接近山西的地名,如大同营、霍州营、解州营、河津营等,显然是山西以上地区农民当年屯田聚居而设的村落。

华北许多村庄创建于明代之说,可以从正史、县志、族谱和民间传说得到证实,而且尤以山西南部洪洞县迁徙到河北省的人最多。

据河北省广宗县志记载:"明永乐二年迁山西洪洞县等民于境内,今县内各村民谱牒记载暨父老传言,多云祖籍山西洪洞等县,明永乐二年迁县。"静海县王文庄、任邱县郝各庄、深县张邱村等地村民也说,他们都是燕王扫北时来自山西洪洞县大槐树下移民的后裔。这棵大槐树已成为被迁徙农民的源流标志和精神象征,无论走到哪里,离大槐树有多远,先民们都努力使后人记住并世代相传,他们是从大槐树下迁来的。据洪洞县志载:"大槐树在城北广济寺左。按文献通考,明洪武永乐年间曾屡移山西民于北平、山东、河南等处,树下即集会之所。传闻政府在广济设局驻员,发给移民凭照川资。后因历年久远,槐树无存,广济寺也毁于兵燹。民国二年邑人景大启等募资竖碑,以志遗迹。"③

如前所述,河北省移民源于山西最多,还有从浙江、安徽等地迁来的。如饶阳县宋桥村人说,他们的先人是朱元璋统治时从浙江迁来的。冀东滦县王

---

①《明史》卷一百二十五,列传第十三,中华书局,第 3729 页。
②《明史》卷六,中华书局,第 82 页。
③《洪洞县志》卷七、九。

官寨人则是安徽移民的后裔。保留下来的王氏族谱提供了很好的佐证。这部1939年编写的《滦县王氏续修宗谱》序一,是孔德成写的,其中讲道:"王氏祖籍,安徽宣城县豪泊村,明初移居滦县锛城官寨。"序四是嘉庆十九年十三世孙王化南所撰,也讲道:"吾王氏自明初迁居滦,迄今十有五世……今族中不通闻问者有之,见面不识者有之,谱之实失矣。"原中央民族学院王辅仁教授,是该家庭的后裔。他说,王官寨附近几个村庄都是从安徽迁来的。

大量事实表明,华北村落在明代已经取得巨大发展。现在华北农村的文化传统也源自明代的留传。

明代以后,华北村庄和居民屡有变动,迁出迁入的都有。譬如向东三省移居的就不少。第二次中日战争期间,日军实行"三光"政策,一些村庄暂时从地图上消失,以后又恢复起来。华北这块肥沃的土地,一直孕育着中华民族的灿烂文明。

二、华北农民的性格

中国以农业立国,华北农民像黄河之水一样,有奔腾不息的生命力。他们勤劳、勇敢、淳朴,几千年来,这一群体凸现出的坚强的民族性格,是中华民族赖以生存和发展的精神支柱。另一方面,他们也有沉重的精神负担,心态保守、安土重迁、目光短浅,有落后愚昧的封建意识,这也是不争的事实。

落后而狭隘的农民意识,是生活环境长期影响的产物。在自然经济状态中,男耕女织,日出而作,日落而息,社会生活固定在狭小的范围内,个人活动的地域只有方圆几十里,囿于见闻,鲜与外界来往。许多农民住在大城市附近,但终其一生从未进过大城市。长此以往,自然会产生保守、目光狭小的思想意识。这种状况直到20世纪30年代仍然存在。1993年编纂的《广宗县志·风俗略》中,有一段话颇能说明问题:

> 广宗人民,初多迁至山右。数百年来,食德服畴,犹有唐魏之遗风。兼以地处僻远,冠盖所不临,商旅所不经,故文明之输入甚微,而淳朴之古风未漓,如冠婚祭仪节岁时伏腊习惯,以及衣食住行,今皆与昔无殊。

农村生活的后滞状况,并不是他们的根本属性,是可以改变的。随着历史发展和环境的变迁,农民固有的种种习俗与意识不断被淘汰、冲刷,尤其在民族矛盾激化、社会剧烈动荡和革命风暴来临之时更是如此。30 年代华北农民的变化和进步，就是因为日本肢解华北引起的。

再也不能用旧的眼光看待他们。尽管这时农村社会变化不大，农民的思想却发展了。为了苦难深重的祖国和自身的利益，他们从沉睡中觉醒了。英国作家贝特兰于 30 年代考察了华北，其结论是：

> 中国的农民也许是无知识的，但他们对于那些大大影响了他们生活的新因素，却理解得并不迟缓。在最初的突击中，"满洲"三省被夺去了，老百姓们只要凭痛苦的经验，也会知道他们以后的命运是怎样的。虽然他们事前毫无准备，但"满洲"的义勇军却在敌人压倒的优势下，已经战斗了五年。
>
> 1931 年以后，华北局势有了显著的变化。在许多区域内，农民都组织起来了，武装起来了。①

贝特兰还指出，华北农民的政治落后状况曾经成为人们的笑料，但是战争极大地教育了他们。这种论述是有根据的。因为民族的存亡，强烈地影响着农民的思想、行动和视野，谁也无法逃避那个时代所遭受的灾难和不幸，即使目不识丁，也懂得生存的价值。

农民走出闭塞、狭小的天地，开始把自己的命运和民族的存亡联系在一起。他们能够提高觉悟，还有一个重要的因素，即中国共产党人和革命知识分子深入广大农村，启发农民，组织农民，走与工农相结合的道路。中共地方组织在许多地区开展工作。1935 年的"一二·九"运动，如实反映出当时社会整体所达到的觉悟程度。

当然，并不是所有农民都进入了同一思想境界，理解并投身于伟大的民族解放运动。也不是所有地区的农民都觉悟起来，也有抱残守缺、昏昏沉沉的人。任何社会都有进步和落后现象存在，这是不足为怪的。

凡是那时到过华北抗日前线的人，无不为农民的爱国精神所感动。他们性格倔强、淳朴、刚毅、精神高尚，为国家和民族的利益默默地做出了巨大的牺牲。贺龙进入冀中地区后讲："所以你们看今天有些地方的情形吧，挖路拆

---

① [英]詹姆斯·贝特兰：《华北前线》(中文版)，林淡秋等译，文缘出版社，1939 年，第 308 页。

城是农民起模范作用;扩充战士是农民起模范作用;抬伤兵运粮食是农民起模范作用,而农民本身的痛苦呢,就谈不到了。结果弄得连合理负担也还是农民起模范作用。"①这是对河北农民形象真实的描述,代表了30年代华北农民性格的主要趋势。

三、华北农民的群体组织与活动

30年代剧烈的历史变动,不仅促使农民的观念发生变化,农民的群体组织及其活动也有了新发展。

在漫长的历史岁月里,农民只是靠血缘与宗族相互联系,契约性组织几乎不存在。如孙中山先生所言:"中国几千年来立国,大多数的人都是农民","一般农民所处的境遇,都是最艰难和最痛苦的……因为在满清的时候,政府不准农民有团结,如果结成团体,便有抄家灭族的危险,所以农民间向来没有联络,像一片散沙一样"。②民国初年,政党林立,一些农民群体组织由地下转为公开,并有了不小的发展。七七事变前,华北农民的群体组织如红枪会、大刀会、天门会、联庄会等已经很普遍。这类组织多为民间团体,其存在没有法律依据,主要目的是反对苛捐杂税和兵匪的骚扰,属于单纯的武装自保性质。以后,由于地方当局的暴政和日本侵略,新的社会性群体组织不断出现,如抗粮团、布袋队、盐夫会、盐民协会、民众军和游击队等。它们与旧的群体组织有根本区别。新的群体组织是处于社会底层的农民组成的,领导权在革命者手中,而旧组织包括各阶级和阶层,领导权掌握在地主和豪绅手中;新的群体组织冲击着旧的统治秩序,是非常活跃的积极力量,而旧组织与当局若即若离,甚至被统治者利用,成为历史发展的障碍。

新的群体组织有新的要求、活动方式和生活目标。譬如,1933—1935年间,活跃于冀东6县的孙永勤率领"天下第一军",以"均富又济贫"为口号,抗税抗捐抗缴枪,后改称"抗日救国军",将矛头对准日伪,对敌作战200余次,攻克大小据点100余处,毙伤俘日伪军数千人。日方也承认其"匪势强大",后来在遵化茅山遭到日伪军和国民党地方武装的联合围攻而失败。1933年,遵

① 沙汀:《随军散记》,知识出版社,1945年,第134页。
②《孙中山全集》(第十卷),中华书局,1986年,第463页。

化、丰润一带80个村的联庄会在井裕村联庄会首领刘品指挥下,袭击日军的给养车。号称"绿林英雄"的杨二,于1936年5月率领300名绿林好汉伏击日伪军,全歼一小队日兵,俘获伪军大部。上述例证表明,抗日思想已经开始融入了华北农民的思想和行动。

在冀南豫北一带,各种新兴的农民群体,大都是共产党人发动的。他们开展各种斗争,以抗捐抗税、分粮吃大户的号召,许多农民参加了布袋队。其中,最有影响力的是盐民协会及其领导的斗争。这一地区盐碱化的不毛之地很多,可耕种的土地大多集中在地主富农手中。广大农民祖祖辈辈靠刮碱去淋制硝盐维持生活。北洋军阀统治时期,官方为推销海盐从中牟取暴利,明令禁止农民淋制硝盐。1933年国民政府实行食盐统制政策,在天津设立盐务总局,各地设分支机构,组成8个盐务缉私队和1个骑兵巡逻大队驻守各处,检查禁止淋制、销售硝盐。违禁者轻则盐池子被砸,重则没收财产罚款。驻防宁晋县的盐务缉私第6大队第2分队有这样一份报告:"一、本防区内碱地居多,故硝私最盛,各村户常淋晒,徙返贩运或自食,但天冷时不能淋晒;二、现因本队会同民团,常出巡于要道堵缉,故滩私充斥区内者较少。"①盐民在生路断绝的情况下,便串联开展斗争。中共直南特委及时深入盐民之中,发动建立盐民联合会。后来,有13个县成立盐民协会并建立盐总会,公开与盐务缉私队抗衡。据记载:"平乡、曲周、邱县、威县、广宗等县,因地势洼湿,生产硝盐颇富,经民俯拾泡制可供食用;且值此农村经济破产之时,民生凋敝之日,更无力购买价昂贵之盐(大盐),而坐视硝盐抛弃于地。盐务局为推销官盐,禁绝硝盐起见,乃严行查禁,苛酷罚办,以致激起该县民众公愤,以平乡民气最为激烈。是以不法之徒乃借反抗查禁硝盐之名,意图不轨,聚众千余人,于本月8日晚占据县属节固店,设司令部,拘禁该县公安分局长、警察多人,并约合曲、威、邱、广各县匪徒,陆续增加,现已集有万余人,浩浩荡荡向平乡城发动。"②显然,作者敌视盐民暴动,却不得不承认盐民的斗争合乎情理,是苛政激怒了人民。阶级冲突在这里集中表现出来。当被压迫者对社会感到失望和不满时,他们就设法寻找新的生活目标,这是很自然的。

"七七"事变爆发,华北山河变色。溃兵骚扰,土匪及游杂武装蜂拥而起,

---

① 《关于私盐来去要道调查表》(1934年),长芦盐务档案全宗号第38卷号第745卷,原档存河北省档案馆。

② 《益世报》,1934年7月24日。

社会动荡不安。红枪会、大刀会普遍建立,最多的是联庄会,在"保土安民"的口号下,几乎每个县都有许多联庄会。有的地区几个县的联庄会合在一起。如北平附近的联庄会很多,力量颇大,部分联庄会曾与日军交仗,被打败。这些联庄会无论在山区还是平原,一般不反对八路军和抗日政府。他们在八路军抵达后,除少数叛变投敌外,绝大部分接受改造,成为抗日武装。像冀南冀中的束鹿、晋县、赵县、藁城、宁晋五县联庄会约 1 万余人,在赵辉楼领导下,全走上抗日道路,1938 年初被编为抗日自卫军, 同年 8 月 31 日正式定名为八路军冀豫支队。也有的联庄会在政治上不抗日,对八路军存有戒心。他们的口号是:"不抗日,不投降,防土匪,保家乡。"新城米家务联庄会总会长刘玉珠、蠡县南庄联庄会头目杜凯轩曾顽固地反对八路军和抗日民主政府。有的联庄会则完全投靠了日军。如献县郝村联庄会。显然,联庄会的政治倾向极为复杂,不能简单或笼统地判定其性质。

八路军进入华北后,完全崭新的农民群体组织出现了,并很快地遍布于华北各地。八路军民运干部和战时动委会到农村组织动员会,即将原有的村长、村副,加上农民代表、工人代表、妇女代表、商人代表和学校教员,共同成立起动员委员会,选出主任、副主任,推出组织、宣传等部分。凡是农民都被组织加入农会;木匠、泥匠、鞋匠、皮匠、毛匠等组成行业工会,每家出一名妇女组成妇女会;因为青年最活跃,特别组起青救会;甚至连儿童也组织了起来。就这样,工、农、青、妇等抗日救国团体纷纷建立,各种人都有适宜的组织,使广大农民空前团结起来。

各种农民群体都显示出自己的力量,积极参加政治斗争,进行生产建设,开展文化活动。每一个村庄都成为坚强的抗日堡垒,根据地农村社会的面貌蔚然改观。

敌后抗日根据地所以成为抗战的伟大基石,一个重要原因是农民群体发挥了支柱的作用。这种群体组织机构比较完整,接受边区政府的领导,常常植根于群众之中,其性质和功能已经远非旧的群体组织可比。中共和抗日民主政府的各项政策就是通过这些群体来实施的。

这些群体充满了活力,有效地把农民组织起来,悄悄地改变着农民的思维和习惯,动摇着古老的封建传统,是 30 年代华北农民组织和活动的主流。

原载冯尔康、常建华主编:《中国历史上的农民》(第一辑),台北馨园文教基金会,1998 年

抗战第一年的华北农民

关于抗日战争时期中国农民的觉悟问题，许多中外学者从不同的资料，不同的角度，提出了不同的看法。探讨这一问题，我认为应当把农民的总体意识和个别现象区别开来，把不同时间和不同地域的农民区别开来，把八路军解放的地区和尚未解放的地区区别开来，把农民中的不同层次区别开来。不能笼统地讲，不能把复杂的问题简单化了。我想从下面三个方面来论述华北农民在抗战第一年的表现：一是华北农民的抗日热情，二是农民在游击队兴起中的作用与功绩，三是农民在战争中的新形象。

一

农民是中国社会上数量最多、分布最广泛的一个阶级。抗战伊始，他们还没有组织起来，可以说是一盘散沙。有的地区，主要是山区，"七七"事变过后好长时间他们仍茫无所知，不了解一场大的灾难已经降临。农村中不关心战争的不乏其人。出现这种现象的原因是多方面的，其中主要的，是中国的交通通信设施太落后，山区与外界隔绝，如房山、宛平和涞水、涞源交界的野三坡几十个村庄，人们一直打着反清复明的旗号，到 1929 年才知道清朝已经灭亡。对卢沟桥抗战的爆发，也只是共产党和八路军深入这一地区后才知道的。二是南京政府受关东军和华北驻屯军的压力，取缔、镇压了全国的抗日组织机构和抗日活动，不准人民抗日，使农民和国事疏远了。日本的文化侵略和奴役政策也不无影响，一些农民对历史淡漠，民族观念不强。对农民更直接的影响是，许多县长和警察在日军侵略面前束手无策、畏缩不前者有之，携眷逃跑者有之，更有甚者是携款潜逃。就是受过训练的壮丁，此时也无人统率，日本扶植的维持会一出现，大多数壮丁反成了被敌人利用的力量。南京政府的一些地方军队战败后到处奸淫抢杀，在农民中种下仇恨，农民不愿和军队合作，不愿出民夫民粮,甚至军队一到,民众十室九空。在敌人入侵的紧急关头,这种状况确是极为严重。但这只是问题的一个方面。更重要的一个方面是农民认识到了客观现实,特别是日军残暴的铁蹄踏上自己的乡土,野蛮本性暴露无遗时,农民怒火满腔。看到抗战勇士壮烈牺牲,无辜民众惨遭涂炭,更激起了他们的民族意识和爱国热情。国破则家亡,这是再浅显不过的道理了。农民因此很快认识到,抵抗是唯一的出路,引颈待毙还不如拼个你死我活,坐着死就不如站着生。农民急切盼望军队奋勇作战。宛平县长辛店民众为国牺牲的精神充分表现出来,许多五六十岁的民夫日夜不停地工作,许多应差的毛驴,日夜不停地运输,支援29军抗日。各地农民对开赴前线作战的军队,表露出极大的热情。当时新闻报道中,有关记述是很多的。一位随军记者写道:

> 老百姓一听说打日本,无论男女老幼都是笑嘻嘻的。年轻力壮的男子,他们仰慕军人的生活而现在无法入伍(有的因为家无男子丢不开,有的可以入伍而部队不需要)。热忱无可发散,他们就找战士来说打日本的事情。有许多士兵被他们拉着说了一夜的话。他们不但有抗敌情绪,而且能在寇军压境受威胁的时候,立即挺身而起……骑兵某师是这样在炮火之中即时组织了这些义愤填膺的人民,编为便衣队,勇敢地袭击寇军,因为他们出没无常,弄得寇军惶惑不安。①

这是1937年9月17日永定河失守前后,这位记者历经任丘、雄县、霸县、永清、固安、新城、容城等地亲眼看到的农民中蕴藏着的力量及极高的爱国热情。当然这里记载的是战区农民,是怎样以崭新的姿态迎接民族战争的。就是那些远离战区的农民,也无不热情拥护、全力支持抗日战士。八路军开赴山西前线时,沿途的村民情切意真。先头部队过黄河时,老百姓知道他们是到前线打日本,沿黄河十余里远近地方的群众,不分昼夜,迎接队伍,黑夜里打着火把送战士过河。一位八路军战士把这种情景记在一篇题为《红军在山西》的报道中:

> 我们到达山西以后.沿途宿营地方,群众自动地帮助我们烧开水,煮

---

① 陈敷:《永定河失守前后》,《平汉前线》,时代史料保存社,1937年,第8页。

饭,慰劳我们东西。我们从没有自己煮过饭的。吃了用了的东西,我们给他钱,群众都不要,并且还说:"你们到前线去打日本,我们应该来帮助你们!"①

所以,说农民"对抗战漠不关心",是与事实不符的。被日寇侵略激怒了的广大华北农民,作为中国人,其情感是无法抑制的。他们对战争并不是持消极态度,沉默不言,而是表现了自己鲜明的立场。

战争教育了农民,使他们产生了忘我无私的思想。1937 年 10 月 23 日,一部分八路军路经洪洞,当地群众赴该军办事处,要求军队住在他们家里。"有些地方的民众,因为时当冬令,农村休闲无事,每日成群地走到八路军的营门,要求做工,把大车赶到营门,要求使用。"②这一事例,也说明农民在战争岁月的精神状态。

上面记述的可以说代表了农民的总体意识。但是不是说每个农民都是这样呢?当然也不是。麻木不仁的人有没有?有的,甚至还有人有当顺民的思想,而这在农民中只是个别的。马志远的《抗日笑谈记》中就记录了晋东北一个村庄的农民抗日思想状况,写得有声有色。他记述了老人、妇女、小孩们的抗日呼声。描述了他们如何把自己的命运和祖国的命运紧紧地联结在一起,对抗战充满了自信心和自豪感。但也没有把有亡国奴思想的人,从历史中勾销。他说:

> 自然也有个别人说:日本人厉害就让他来吧!哪个皇上坐起,我们都要纳粮,是一样的。既有前清必有后清,听说宣统又在东北做皇上了。而且卢沟桥听说发现一块碑,碑上写着日本该来的。还有推背图上也画着日本旗的。再则蒋介石和张学良兵多将多还不敢打,咱们小百姓顶什么事呢?③

这样的人,不会只是马志远看到的一个或几个,其他地方也会有的。农村中的确有愚昧无知的人,或者灵魂已被吞噬的人。但有这种思想的人,总是要受到批判的,同一书中,作者又说:

---

① 《红军在山西》,《新中华报》,1937 年 10 月 9 日。
② 俞北等:《西线故事》,文化日报社,第 89—80 页。
③ 马志远:《抗日笑谈记》,共青团山西省忻县地委印,第 1 页。

但这些亡国奴话,立刻被人们顶回去了,(人们回答)说:中国根本没有惹日本,为什么它无理占中国东北又打北京呢?宣统是由日本摆布弄去的!至于石头碑和推背图更是胡说迷信骗人的。只要大家齐努力共同打日本,日本还是可以打回去。①

从这里也可看出,农民中出现了强大的抗日潮流。在这股汹涌的浪涛中,个别现象毕竟要被淹没在主流之中。一般来说,农民文化程度低或者说没有文化,但整个民族文化却孕育了他们,他们懂得:"华北是我们的,中华民族是不会被征服的。"他们抗日的觉悟在不断提高,意识到自己的责任所在,决心使自己和自己所处的时代保持紧密不可分的联系。农民这种伟大的转变,是划时代的事情,也是抗日战争的赐予。

为什么有些农民没有民族气节,充当了日本的汉奸?主要是这些人禁不起金钱的诱惑,以致受日军的驱使。这类民族败类干起勾当来也只好鬼鬼祟祟的,没有好下场,不是被游击队捕获,就是被处决。应当这样认识,在残酷的中日战争中出现败类也不足为怪,它虽为害不轻,但也难扭转乾坤。它只能激起人民更大的仇恨和斗志。

战争是一面镜子,谁爱国,谁危害国家,泾渭分明,一眼就可以看出。应该说,中国的农民是伟大的抗日力量,尽管现象错综复杂,但他们的功绩及美德是其主导的方面。

二

战争初起,中国正规军陷于败局,华北许多重镇相继失守。应该到哪里去找真正的抗日力量呢?英国记者贝特兰悟出了一个道理:

中华民族的真正力量到底在哪里呢?不在沿海的大城市,不在省会。它的确是在这里,在乡村里,市镇里,在这里的农民群众中,他们过了许多年无知无识的生活,经历了许多年的内战,现在正在自觉地日益加强的目标下联合成一个有机的整体了。②

① 马志远:《抗日笑谈记》,共青团山西省忻县地委印,第2页。
② [英]詹姆斯·贝特兰:《华北前线》中文版,林淡科等译,文缘出版社,1939年,第313页。

中国农民的力量,充分表现于农民的抗日游击队所展开的游击战争。

游击队的战士以农民为主力,当然也包括了各界人士:工人、教师、学生、公务员、商人、士兵、士绅、地主,甚至土匪。中国人民真正被动员起来以后,抗日游击队如雨后春笋般地遍布于整个华北。下面简述游击队的发展状况。

河北平原的游击战开始于冀东22个县的被肢解。平津沦陷之际,到农村去组织游击队,成为一种潮流。有志之士,纷纷离开城市,或者回乡,或者直接进入农村,发动与组织抗日力量。

北平郊区最先展开游击战是赵侗、宫长海、冯焕章、樊子明、于斌如、李庭芳等人组织的游击队。北平郊区的部分联庄会也展开了抗日活动。游击队的领导人多半参加过义勇军,打过游击战。其中赵侗领导的国民抗日军力量较为雄厚,这支队伍是中共北方局属下的东北工作委员会和东北旅平各界救国联合会组织起来的,1937年7月22日在昌平白羊城宣布起义。起初它只有24人,后来北平的学生、29军溃散的部队、冀东保安队、平郊农民相继加入,成为一支以农民为主体的抗日力量。随后,中共北平地下党派了许多共产党员和民先队员参加了这支队伍,如阎铁、徐明、汪之力、史进前、张如山、王建中、杜伯华、王远音、冷拙、金震中等人。①8月底,这支队伍曾冲进北平德胜门外第二监狱,营救了被关押的政治犯和普通犯600余人,其中大部分立即加入了这个游击队。接着他们在平绥线北平到南口之间,伏击日军军车,截获了可以装满4辆汽车的军火。声威从此大震。当时《国闻周刊》曾以《北平近郊的游击队》为题,记述了该军的组成和英勇的行动。文中的小标题很是醒目:(一)英勇的斗争开始了;(二)抗敌战争中的铁流;(三)光明的前途,荆棘的道路。文章给这支队伍以很高的评价。到9月底,这支队伍已有1800余人,拥有步枪1400余支、轻机枪41挺、重机枪2挺,后来扩大到3000余人,活动于昌平县南口以南流村、阳坊、前后白虎和现在海淀区的前后沙涧、北安河、温泉、清河一带。游击队员都是把身家性命置于度外来参加战斗的。像宫长海是变卖了自己北平的家产所得的1200余元钱,买了2挺轻机枪,20余支匣子枪,才组成了一支200余人的游击队。冯焕章是劫了日军的兵车,得步枪数十支,到西山妙峰山一带集合了一百五六十人,开展游击战争的。

---

① 中共昌平县委党史办公室编:《燕平抗日烽火》,1987年,第16—17页。

农民的抗日意识有如烈火,燃遍了华北。张庆余领导的保安队,也公开树立起抗日旗帜,袭击通州伪政府,绑架了殷汝耕,尽歼通州的日军。"七七"事变前就活动于华北的农民武装刘桂堂部曾冲入丰台飞机场,焚毁敌机 7 架、汽油数百桶。

在天津静海县境,游击队也展开了活动。这支队伍是从天津退下来的 29 军战士和当地农民组成的。

冀东和察哈尔在"七七"事变前,已被日军控制了将近两年,由所设"满洲国"军队驻守着。农民深受奴役,早就进行了反抗。这里,孙永勤、杨二的农民武装是一支不小的力量。在冀东被划为非武装区后,活动于迁安的深山老林中,昼伏夜出,屡创日军。"七七"事变时,这些游击队流动于兴隆、遵化、蓟县交界的黄花山、盖儿山、茅山一带。据刘清扬《华北陷落与游击队的发动》一文记载,农民武装在"冀东南部有 4000 多人,枪械都全,北部有将近 5000 人,枪械较少"[①]。李荫宗率领的百余人游击队,在唐榆间多次破坏日军的交通,夺取日军的运输,威胁着日军的后方。

在察哈尔有李英、张仲英、王五点、任剑泽、刘英华等人率领的游击队。

冀中、冀西、冀南的农民在保定、石家庄沦陷后,立即显示出自己的力量,组成了许多游击队,表现了农民的革命气概。促成这种形势的是中共平汉省委下属的保属、冀中、冀南和冀鲁豫四个特委的努力。他们根据中共中央"河北党注全力于游击战争,借着红军抗战的声威,发动全华北党,动员群众收编散兵散枪,普遍地但是有计划地组成游击队"的指示,积极组织农民开辟抗日道路。不少共产党员则利用自己的职务之便,传播游击战争的经验。如担任第一战区司令长官部秘书长兼政训处处长、冀豫两省战地党政委员会秘书长的中共党员李世璋和第 18 集团军驻第一战区联络参谋边章伍,征得周恩来和中共中央的同意,在邯郸和北方局军委书记朱瑞商议,于新乡开办了大型游击训练班,其成员经过训练派往华北华中各地,发动游击战争。李世璋以第一战区的名义,对各地中共组织推荐的抗日力量,加以委任,给予补给。许许多多的农民都卷入了游击战争的洪流。保定以东,有侯玉田组织的一支 2000 人的自卫军。在定县,受晏阳初主办的平教会影响的农民,也组织起来,开展游击战争。在冀西阜平到邢台之间,有杨秀峰领导的游击队,在饶阳有向秀民领

---

① 张冰之编:《抗日游击战争的理论与经验》,上海中外编译社,1938 年,第 96 页。

导的抗日义勇军等等。1937年10月,原东北军53军第691团团长吕正操和中共保属特委取得联系,率部进入冀中地区,更壮大了游击战的声势。

冀南农民在"七七"事变前就发动过游击战。1937年10月日军侵占邢台、邯郸,11月占领安阳、大名、邱县、威县等地区。中共冀南特委再次组织游击队,开展游击战。磁县农民于10月在磁西40里的彭城镇,组成河北第十四游击支队,活跃于邯郸磁县沿铁路线一带。10月18日中共隆平县委组成冀南抗日游击队,控制了柏乡、尧山、隆平三县接合地带30余座村庄。马玉堂等这时在赵县、藁城一带组织起抗日自卫队。刘大风在清丰、南乐一带组织抗日游击队。平杰三等在濮阳井店、化村一带组织起濮阳专区民军第八大队。11月,中共冀南临时特委在南富、广宗、巨鹿三县交界一带的村庄组织了"冀南抗日联军"。束鹿、赵县、晋县、藁城、宁津五县联庄会也组成一体,总数约1万余人,以赵辉楼为司令,展开抗日活动。大名、成安、广平、肥乡等地的农民武装勇敢地投入了抗日战斗。

在豫北武安,武纶佩组织了20余村庄的村民300余人,成立抗日自卫大队。安阳的豪绅富户孙青元、何幼稚等人领导村民举起抗日旗帜,民团、壮丁队也展开了游击战.林县、武安、汤阴、涉县等地的农民都行动起来,连各地的绿林豪杰、水陆英雄,也都枪口一致对外。

冀南豫北的情况表明,游击战已遍布农村各地。河北山东交界的盐山、无棣、乐陵等地有2000多人的救国军。一位外国作家描述了当时的情况:"整个河北的中部和南部,充塞着艰苦奋斗的武装华人,他们一部分是被解散的兵士,一部分是田园被毁生计丧失的农民。日军非有强力的部队不能侵入这些地区,而且非有侦察机护卫,就随时有被伏兵袭击的危险。"[①]农民是在斗争中认识现实,认识自己的。当他们意识到分散的力量不能有效地打击敌人时,便产生了强烈的联合意向。1937年10月,北平附近的许多零星的民众武力组成一支联合武装,称民众扫日自卫军,以杨博民为总司令,其中包括一个县22个村庄的壮丁队4800多人,于振武领导的义勇军300余人,王玉章领导的铁路工人400余人,李明轩组织的农民军400余人,以及王九如带领的县保安队、警察、保甲队等,兵力总数约2万人左右。这支队伍的誓词是:"扫平日寇,以求中国独立自由之永存。"这支队伍将孙中山的遗嘱编成军歌,还出

---

① W.Lewisohn:《无公可办的临时政府》,《华北官僚群像》,译报社,1938年,第64—65页。

版《血潮日报》,反映了它的进步性,但它不免也带一些封建主义色彩,如提出"以关岳二圣之主义,唤起民众,肃清汉奸,扫平日寇"的口号。[①] 11 月 5 日,又有中共党员董毓和爱国志士刘清扬,联合华北地区部分农民武装代表,在天津开会,组建起华北人民抗日军政委员会和华北人民抗日联军。该军共 13 个支队:第一支队司令赵侗,第二支队宫长海,第三支队冯焕章,第四支队于海,第五支队樊子明,第六支队李廷芳,第七支队友正,第八支队刘撅,第九支队任剑泽,第十支队王五点,第十一支队张仲英,第十二支队刘光华,第十三支队李荫宗。

这种联合还是很松散的,而且只限于河北省北部的游击队。真正把分散的游击队结合起来,成为巨大力量的是八路军。

八路军开到华北前线一个多月,就在山西群山之中打下了游击战争的基础。115 师在晋东北、120 师在晋西北、129 师在晋东南,建立起抗日战争的支点和基地,随后又把游击战扩展到北平附近和其他平原地带。许多中共地方组织发起的游击队和各式各样自发的游击队。相继成为八路军的一部分,有了八路军的传统作风,成为战斗力颇强的劲旅。

八路军与农民游击队是相依为命的。他们每到一地区,立即组织农民武装,开展游击战争。游击战争的基础是群众,失去了群众或不和群众接近,就谈不上游击战争。八路军和群众的关系,就如鱼和水一样,每到一地,秋毫无犯,坚决执行"三大纪律八项注意",深受群众的拥护,在当时极其混乱的环境,撒播游击战争的种子。比如八路军进入晋东北时,这一地区的 18 个县城大部分已被日军占领,八路军便在五台、平鲁及其他各县乡村相继组织了十五六个民众抗日游击队,或称民众自卫队。在晋察冀边区,河北省的阜平、唐县、曲阳、行唐、灵寿等县,山西的灵邱、广灵、五台、怀仁、浑源等县,察哈尔的蔚县,游击战争都燃烧起来。这些游击队深深扎根于这一方土壤之上,具有巨大的潜力。虽然他们还不十分强大,但其忠诚、勇敢和献身精神产生了影响,成为战胜敌人的一支不可忽视的力量。

农民认为,参加游击队和八路军是最光荣的。这时出现了师生游击队,出现了全家参加八路军的事,还出现了父子在同一正规军或游击队的感人事例。

---

① 杨博民:《平郊抗日游击战的经过》,《抗日游击战争的理论与经验》,上海中外编译社,第106—108 页。

八路军和农民的结合,使农民的革命性充分发挥出来。八路军进入山西后便一直在太原附近打击敌人。农民与八路军同进退,退时则实行坚壁清野,食物及牲畜均随身带走。凡日军占领的村庄,经常渺无人烟。日军无法得到粮食,行进非常困难。《伦敦时报》11月1日东京通讯说:"日军在晋进行甚缓,大有拿破仑在俄国受困之状。"①山西八路军做出的榜样迅速越过省界,越过崇山峻岭,传到整个华北。

历史为八路军的发展创造了最好的条件。日伪统治奴役种下的仇恨和愤怒,自发的游击队所开辟的道路,使八路军一旦举起洛川会议的旗帜,立即把深藏在农民心中的爱国思想引发出来。八路军的一个特长是:随便派一个干部出去,都能够工作,能够独当一面;什么困难局面都能够打开。有这样一件趣事,八路军只3个战士,每人带了3元路费,到北平西门头沟,迅速组织起了数百人的武装力量,和活动在平西一带的刘桂堂结合,成为一支有5000余人的力量。

八路军像一盏明灯,照亮了笼罩华北的黑夜的每个角落。许多抗日力量也正在寻找路标,不少人相率加入了八路军,或者在八路军领导之下开展游击战争。太原成成中学师生组织的游击队,开到雁北前线;陈凤桐领导的晋北游击队,王溥领导的一团人由冀东转到冀中,都成为八路军的一部分。赵侗领导的"国民抗日军"于1937年冬编入晋察冀军区第五支队。吕正操领导的人民自卫军也开到平汉路西整训。华北农民的内心在沸腾,他们的力量被组织起来,联结在一起。

为了把更多的农民吸引到自己的周围,创造出游击战的奇迹,八路军一批一批的工作团、支队、先遣支队、连队、挺进队,以致纵队都从太行山出发,在华北的原野上驰骋,广大素朴的农村有无数勇敢的人民。更多的游击队出现了:井陉、平山、灵寿、行唐、曲阳各县的游击队,是129师769团一个连队组织起来的;冀东农民广泛开展游击战,是八路军宋邓支队配合冀东大暴动后发展起来的。

把各地游击队的分散力量统一起来并非易事。华北各地杂色武装特别多,封建会道门又很盛行。这些力量搅乱了农民的视线。另外,即使愿意接受共产党领导的一些游击队,其成分也很复杂。他们对八路军开始也持着怀疑的眼光:八路军是什么样的军队,能站得住脚吗?而八路军则依靠中共地方党

①《救国时报》,1937年11月7日。

组织,对这些力量细心地辨别,争取一切可以争取的力量,终于把历史上短暂的、极其分散,甚至是相互对立的农民武装力量团结起来,加以改造,保存和发展了革命的力量。如在北平附近的房良地区,八路军将原五区保卫团80人和宛平八区自卫团200余人,强行改编,令其放下武器。少数顽抗者被击伤,多数参加了八路军。在冀南,由赵辉楼领导,活动于束鹿、宁晋、藁城及石家庄一带的抗日自卫军3000多人改编为八路军冀豫抗日支队。如段海洲领导的青年抗敌义勇团有五六千人,被改编为129师抗日青年纵队。与人民为敌者则予以消灭,冀南便统一于八路军。关于会道门,有的争取过来,有的被瓦解。这样,凡八路军所到之地,都出现了大好局面。平津郊区、冀察晋边区、河北平原、晋冀豫边区、豫北地区的农民游击战争,都呈现汹涌澎湃之势。河北全省130余县,日本所能控制的只二三十县,从北平到彰德的平汉线两侧是八路军和游击队的天下。

八路军打开华北局面后,继续组织起游击队向太岳、豫北、津南、冀鲁边发展。山东德州附近有大量游击队。山东西北部的范筑先是一位坚定的爱国志士,当时担任山东省第六专区督察专员兼聊城县长,拥有游击队35个,其中许多都接受了共产党的领导。所以,这一地区的农民,战争一开始就表现出雄厚的力量。山东农民当济南、青岛失守前后,在中共山东省委领导下,先后举行了一系列起义,如泰安徂徕山、胶东天福山、长山临淄间的黑铁山、鲁东、泰(安)西、沂水、鲁东南(滨海区)、鲁南枣庄矿区、鲁西南苏豫皖地区等地的起义。由此产生了一批抗日武装,或称抗日游击队,或称人民抗敌自卫团,为山东抗日游击战奠定了基础。及八路军进入山东,山东游击战就别开生面了。绥远的游击战争,在八路军挺进大青山并和那里的蒙汉抗日游击队会合后,唤醒了蒙古族同胞,他们努力寻取着解放之路。

以上记述的不是华北游击队的全貌,而具有三五百人到七八百人规模的游击队,其领袖姓名,不被人所知的,到处皆是。正是这些大大小小的游击队,在日军的后方,破坏交通,占据县城,经常截断平绥、平汉、正太、津浦四大交通线。敌人在其统治的中心城市也惊恐不安,举例来说,北平城经常戒严,城门紧闭。据英国各报1938年5月上旬消息,中国游击队于平郊周围的活动,极大发展,人数约13000多。海河、塘沽、大沽一带游击队的人数也在数千至万人之间,不断袭击天津之敌。游击队纪律严明,总是受到当地民众热烈拥护。

如果我们要问,华北农民想的是什么,可以肯定地回答,想的是国家和民族的解放,想的是自己及其家人的生存和自由。农民的爱国主义和大无畏精神从整体上说,是非常宏伟壮丽的。

三

华北农民对中国共产党和八路军有深厚的感情和敬意,因为是共产党把他们引向进步和解放的道路。

华北农民性格纯朴爽直,具有反抗精神,"七七"事变前曾举行过多次起义,有自发的,也有共产党领导的,但都被镇压下去。另一方面,农民生活在狭小的天地里,终年为自己的生活而挣扎,每天能有几个窝窝头充饥就不错了,固守着田园土地,对政治淡漠起来,这是很自然的。"七七"事变,推动了中国的进步,农民的品格、面貌、观念也随之发生了变化。

游击队、自卫队、别动队、基干自卫队和各种群众组织,把一盘散沙的农民团结起来,组织起来。虽然他们生活仍很简单,穿着依然褴褛,但是打起仗来,机智勇敢,使敌人畏如狮虎。

根据地或称边区,那里的农民都成为有理想的人。周立波《晋察冀边区印象记》和李公朴《华北敌后——晋察冀》,描述了华北农民许许多多的创造和业绩,他们是怎样受人推动,又推动着别人前进。周立波曾看到村庄上一家人家墙上写着四个大字:还我河山。在平山灵寿之间的一个村庄,一个自卫队长的长矛杆上,系着一面旧红布的小旗,上面写着赵子龙和诸葛亮。阜平县的农村,旧年贴的春联大都是"驱逐日寇,最后胜利",横额上写着"中华万岁"。周立波这样表述着边区人民的风貌:

> 你到了边区,会有这样的感觉,人人都紧张,都有事情做,从小孩子一直到老人家,从小脚的农妇一直到朴素的女学生,从农民、工人一直到士兵,都是那样匆忙。为什么?为了一个简单的共同目标:为了打日本。在战线旁边,有少数地主是逃亡了,有少数商店是关了门的,但是最大多数的地主和商民是觉悟了,他们愿意把田地献给国家,拿家财来做军饷,他们认识了国家的重要。[1]

---

[1] 立波:《晋察冀边区印象记》,读书生活出版社,1938年,第46页。

在敌人后方,短时期内就出现了这种同心协力的抗日局面,从历史的长河中看,这是奇迹。

农民在创造边区事业中,也做出了巨大贡献。他们看起来土头土脑,做起事来蛮有办法。县政权建立了,区政权建立了,村政权也建立了。农民行使自己的民主权利,自由选举村长、区长,许多妇女都被选中,担任村区的领导,譬如完县5个区94个村庄里,在村政权选举中有20多个村庄的妇女当选为村长村副。李公朴的书中,特别写了区村的状况:一切重大事情和施政方针,都要在区村政委员会中研究讨论,把抗日和民主结合起来,不称职的或者是贪污腐化的干部都要被罢免的。五台新庄村民就正确地行使了这一权利,罢免了村长。

人人无不有所作为,举凡参军、参政、支前、优待抗属、减租减息、完粮纳税、站岗放哨、除奸自卫等,都进行得有声有色。他们都有了巩固边区,巩固发展统一战线,团结一致,共同抗日的思想。农民从眼光浅陋变成为有远大眼光的战士,从受封建束缚跃进到力求解放的人,从思想上被蒙蔽的生活中挣脱出来,登上了现实的政治舞台,这种变化可不小啊!妇女抛弃了旧日的封建思想,走出家门,担负起自卫队的任务,显示出自己的力量。一千多年缠足的陋习彻底被废除了,年轻的妇女不再是小脚女人了。

是共产党把新思想注入农民的心中,这是不言而喻的。这并不是说,所有的农民所走的道路都是笔直的。农民有先进的,也有落后的。确实也有一些人囿于旧观念,跟不上时代前进的步伐。这是任何社会都会出现的。譬如拿参军来说,有的农民也害怕参军,或者是参了军随后又开了小差。究其原因,一是离不开家,二是对战争有恐惧感,因为战场上的伤亡总是很大的。使具有这样思想的农民愉快接受时代所赋予他的使命,做出正确的选择,是要做很多说服动员工作的。农民一旦觉醒,他们就成为抗日民族解放斗争的力量源泉。

充满历史内容的是农民所具有的时代精神。华北农民为中国抗日战争做出了巨大贡献,他们的业绩永远闪耀着光芒。

原载《抗日战争研究》,1993年第1期

论晋察冀抗日根据地的社会变迁

中国近代历史的进程曲折艰难,一直在崎岖的道路上行进,可谓发展缓慢。到了 20 世纪 30 年代,中国被逼向了反抗日本侵略的战争,高举起民族解放的旗帜。8 年时间内,付出了巨大的牺牲,社会发生了巨大变迁,终于得以战胜日本,取得了反法西斯战争的胜利。

中国之所以战胜日本,很重要的因素是日军的后方出现了很多抗日根据地。这是一个不可估量的社会力量。从地图上看,日军占领了大半个中国,而实际上,在其所宣称的占领区内,人民组织起来,建立了一块一块的根据地,对日军采取着反包围形势。最早建立的根据地在晋察冀。正当 1937 年 12 月 13 日,日军占领中华民国国民政府首都南京,实行惨绝人寰的大屠杀时,于北京、天津周围地区,一个崭新的抗日民主政权于 1938 年 1 月 10 日诞生了。这就是晋察冀边区抗日民主政府,或称晋察冀边区临时行政委员会。

边区政府初建时所辖的地区包括晋东北、察南、冀西、冀中,共 70 个县,面积相当于河北省那样大,人口有 1200 万。其时整个华北社会秩序很混乱,中国共产党由延安派出的八路军在其足迹所到之处,迅速控制了社会治安,开创了一种新局面,这是敌人所没有想到的。

新政权着力缔造了一个新型的社会,首要的是把革命思想带给人民,人民的信仰和整个行动方式全部发生了变化。是历史,也是中国共产党,把华北农民推向伟大的变革潮流之中。

一

根据地实行了许多群众乐于接受的明智而稳妥的政策,实行了力所能及的改革,使社会趋向进步,从而充满活力。假如以时代的标准来衡量,根据地的经济是落后的,物质条件极为困难。假如从人们的民族意识、国家观念、奋发图强的角度来观察,人们会发现这个突变阶段,社会的确变了样。

社会改革是逐步实施的。因为处于战争状态,各地工作的开展有早有晚,不可能强求一律。最初阶段主要是发动群众,组织群众,稳定社会秩序。那时,山西、河北各县大小官员在日军进攻前都已逃遁,不知去向。八路军每到一个地区,就委任新的县长、区长,按照旧有的县、区、乡建制,使其行政系统运作起来。村是根据地的基石,八路军的民运干部,分别到各村组织动员委员会,将原有村长、村副,加上农民、工人、妇女、商人等各界代表及学校教员,共同组成动员委员会,选出主任、副主任,分成组织、宣传、除奸和供应等部分,做动员人力、财力的工作,一个个的村庄就这样行动起来。如阜平县 1937 年 11 月就有了八路军,张苏被任命为县长,该县 4 区炭灰铺是山中的一个大村,距五台山约 35 公里,当时居民有 100 多户、500 多人,种的都是五台山寺院的土地。据该村出生、现在南开大学任职的刘振铎讲,1937 年抗日战争爆发后,其父刘廷杰任他们村村长,八路军来了之后,其父和宋玉川、李常信三人操持全村工作,也就在此时,三人加入了中国共产党。1939 年 1 月,晋察冀边区公布了村选举法,2 月村长进行选举,其父仍然被选为村长。最初几年工作,是征收爱国公粮、动员村民入伍、做军鞋等,还没有大的改革。涞水县泥海村也是一个山村,现属涿鹿县,该村距野三坡不远,有百户人家。1938 年春,八路军宋邓支队开到这里,收编了县保卫团,成立了县政府。出生在该村并曾任过该县县长的刘殿甲讲,1940 年他在林清寺上学,1942 年在涞水县 7 区公所服役。他说,抗战爆发后活跃在他们村里的是救国会,其父亲刘吉安是村长。八路军委任的县长叫刘申志(八路军),县委书记为杨春浦,县大队长是包森,区长是从涞源县来的,名叫曹建国,曹的父亲曹祥伍,是一名士绅。1939 年以后,本地干部就多了起来,村里的工作和前面讲的炭灰铺情况几乎一样。这两个例子都说明,共产党植根于广大农村,大体讲来,自 1939 年民选村长始,晋察冀根据地社会就发生了变化。应该说明的是,因为日军不断"扫荡"进攻。改革在一些地区必然出现时断时续的现象。

社会变迁最明显的是农民当家做主了。以往的中国农村,是地主、富农和士绅的天下,实行的是保甲制度,给农民带来无法承受的剥削和压迫。新政权支持的动员委员会、抗联、农会、妇救会、青救会、民兵、儿童团、合作社等代替了旧制度,主导着农村生活。1939 年 2 月,区村政权全部实行民选,民众按自己意愿选举代表他们意志的区村长。而当这些人中有的表现不称职时,群众有罢免权。独断专行、腐化贪污者,受到制裁。以往农民只知纳粮完税,直接参政后,有了新的信念:抗击日本侵略者,改造社会的义务和权利成为他们伟大的事业。

农民的经济地位也发生了变化。以往地主、富农经济占绝对优势,晋察冀边区尤为显著。北方土地所有权比较分散,地主拥有的土地多在七八十亩到100亩,拥有300亩以上的较少。山区土地则比较集中。然而不管平原还是山区,佃农都居绝对多数。

据晋察冀北岳区28个县88个村的调查,1937年抗战以前占总户数将近大半的贫雇农,每户平均只有2.5亩至7.5亩左右耕地,而地主所占土地平均每户达97亩以上。察北涞源南城子在抗战前全村共有11顷(1100亩)多地,租子就占9顷多。全村100多户,只有2户自耕农,其余都是佃户,那里的马庄胡姓家地主最大有5顷(500亩)多地。其次是北城子、唐县、阜平、五台的地主。[①]阜平史家寨全村58户中有56户种着一处寺庙和尚的土地,共2顷10余亩。[②]土地集中现象具有普遍性。中国农民穷困在于自己没有土地或土地很少,出产物不足以养活全家,不得不向地主阶级租种土地,地租很高,一般都在50%以上。农民没有第二条路可选择,只得付出高地租。农民与地主的租佃关系,并不是通常的买卖关系,合意则买,不合意就不买。农民永远不可能从地主手中合意地租到土地,而且往往是在越加不合意的情形下,越加不得不租。封建性的租佃契约是片面的,农民得写字据交给地主,无论天灾人祸、水旱虫患都必须保证按时缴纳谷米,不得缺少升合。譬如前面提到的涞源南城子村,租额高得出奇,种地人每年每亩地只能得5升粮食,最好的不过1斗粮食,占总产额的10%或5%。那里水地多,可种麻,因麻价高涨,地都改成钱租,照粮价或麻价定租额,许多农户辛苦一年到年底还交不上租。租额反而年年上涨,到1937年抗战前,好地涨到12元。当时米价是1元左右1斗。此外,每亩地佃户还负担4角钱的皇差。阜平史家寨有些佃户将一部分最坏的山坡地转租给附近及本村的赤贫户,称谓二东家,二东家的租子都比原租额高,有些轮荒地的租子甚至超过产量,于是一些农民不得不接受地主的高利贷。高利贷名目繁多,如出门利、剥皮利、印子钱等,不一而足。其闻所未闻者甚至有这样的事情,今年借百元钱,明年便要还200元。明年还不出,后年便

---

① 《涞源南城子的贯彻政策》,《晋察冀日报》,1945年4月17日。

② 《晋察冀日报》,1945年2月7日。

要还 300 元。到第四年,就要还 400 元。于是有借了百元钱,每年还百元,仍欠债千元以上者,可见农民负累之苦。这种情况在世界上是少有的。中国有句谚语说,饱汉不知饿汉饥。地主集中了财富,吃得脑满肠肥,而广大农民却处于饥寒交迫的境地。生活好的地域,如发源于山西五台山,流经山西、河北的滹沱河两岸,盛产大米,比洞庭湖区的大米还好吃。农民种了稻谷,却吃不起,而是把大米运到石家庄去卖,自己吃玉米和窝窝头。生活艰苦的地方,如蔚阳县(由察哈尔的蔚县和阳原县各一部组成)每年打的粮食不够半年吃。群众生活大都靠砍柴、采药、刨野草维持。那里的农民多半是佃户,牛是租用的,1 头牛每年给地主缴纳 3 斗至 5 斗莜麦。山上林本也多是山下地主的。人民生活苦到这种程度,冬天两三个人一条被子、一身棉衣,甚至全家一身棉衣,谁出门谁穿,家里的人白天烤火,夜间用莜麦秆代替被子。

经济现状是当时束缚人民生产活动最严重的障碍。如果无视这个现实,那么这个社会的根基必定是脆弱的。仅仅靠政治的优势,是不能使一个社会前进的,要推动历史的进步,还必须有社会经济、财政、技术和其他方面的条件。根据地开辟之初,即提出"二五减租"的主张。二五减租是当时历史条件下最理想的一种经济政策,在原租额中减去 25%,借以限制地主的剥削,保障农民的生活。土地所有权仍归地主,使用权则在农民,并且取缔了 30 多种苛捐杂税和各种形式的高利贷,规定利息最高不得超过一分。这些政策的推行,虽然农民的土地要求远远没有得到满足,但已解除了压抑农民的沉重负担,为农民劳动力的进步扫清了巨大障碍,为根据地经济的发展创造了有利条件。因战争的环境不同,各地区实现这一政策的时间颇不一致,北岳区较早,平北地区在 1940 年以前也推行了,冀东地区直到 1943 年才开始实行。

根据当时的调查和文字记载,地主经济在逐渐瓦解,其根基已经动摇,农民经营的小农经济在迅速发展,这一变化从土地买卖中可以看得很清楚。据北岳区 1943 年对巩固区 24 个村庄的调查,抗战以来中农、贫农、雇农、工人和小商业者的土地是绝对增加了,尤其是中农、贫农增加得较多,总计中农买入土地占各阶层全部买入土地中的一半以上 (54.1%)。其次为贫农,占30.39%,雇农、工人及小工业者购入合计占 8.69%。而地主买入者仅占 1.5%,富农买增者亦仅占 5.16%。卖出土地者,主要是地主,占 36.13%,其次是富农,占 29.06%,两者合计占总数的 65.19%,中农以下各阶层卖地合计占 34.81%,而且大部分是卖远地买近地,或卖旱地买水地,小部分是因遭水旱寇灾后才转业或转谋生计而卖出土地的。[①]

新政权法律和法令极力维护农民利益,相应的必然对农民经济生活极为有利。假如不实施改革,仍允许地主经济继续剥削,那就无法推进人民群众特别是贫苦农民的生产活动,必然影响抗日战争的进行。限制地主的剥削绝非轻而易举,比如繁峙四区下狼涧是个有百余户人家的村庄,佃户有60多家,所租土地除5家属本村地主者外,大都是沙河、河家会等5个村庄的。在改造村政权以前,减租减息政策一直未能执行,因为村长仍由地主担任,农会主任受村长之骗,为地主阶级说话,高租和夺佃的事依然存在,甚至二庄主的剥削现象也未改变,直至改变了村政权之后,减租减息政策才得以实施。

由此可知,经济的变革和政治的变革是融合在一起的,没有一定的政治变革就不可能实现任何经济变革。任何一个社会,经济关系和经济形式都是其他一切社会形式即政治形式、法律形式的基础,而政治上的进步是优先于社会经济制度的。

二

随着政治、经济地位的变化,根据地人们的思想、价值观念、道德规范和是非标准也发生了变化。

一向贫穷并受人鄙视的农民,不再低三下四,许多青年人成为群众领袖,过去目不识丁的贫雇农成为掌握乡村政权的领导者。他们关心国事,有奉献精神,在共产党领导下,率领群众创造生活必要的物质基础。旧式农民所具有的弱点,如落后、狭隘、保守、逆来顺受等,都被革命潮流洗刷着,如果仍以旧眼光看待他们,就不符合客观实际了。

根据地人民的群体观念增强了。长期以来,"各人自扫门前雪,休管他人瓦上霜"的陈腐观念阻碍着人们的团结。这时情况不同了,懂得了团结就是力量,认识到团结不仅是对付敌人最好的办法,也是增加生产的最佳途径。团结互助的精神占了上风。人和社会的关系密切了,人们都在适应现存的制度,把自己融入其中。于是,劳动互助组、变工组、合作社等组织形式逐渐被群众所接受,人们看到实行互助的,地就种得好,既多打了粮食,还省力、出活。没有

---

① 魏宏运主编:《晋察冀边区财政经济史资料》,南开大学出版社,1984年,第53—54页。

实行互助的,耕地都种得晚,庄稼减产,降低了成色。千百年来一家一户的生产方式显得软弱无力,不得不让位于群众互助生产方式。互助组织的发生与发展,不是一帆风顺的,开始有的变工组,因不记工、不算账,结果垮了台。经过总结以后,记工精确了,算账也勤了,并且民主决定了按分记工(早晨2分,上午4分,下午4分),男女换工及农业劳动与织布手工业劳动的换工比率等。之后很多村出现了著名的合作社。合作社负责组织全村经济活动。如行唐李常山领导的合作社除将全村人力、畜力组织起来,互助耕地拉庄稼、施肥外,还组成花坊2处、粉坊2处、油坊铁匠炉1盘、木货厂1个、药铺1个、纺织组12组、运输组4组,还喂了17头猪。①

工、农、青、妇、民兵、儿童团各群众团体,成为政府和人民之间的纽带,经常开展集体活动,使公益事业井井有条,根据地的社会事物到处展现出群体的色彩。

人们的道德观念发生了重大变化。凡是积极从事抗日和生产的,都受到称赞和表扬。抗日和生产成为判断一切事物的标尺。什么对社会有益,什么对社会有害,人们都会做出明确的回答。新的道德观逐渐成为社会生活的规范,成为社会进步的精神上和文化上的支柱。它是新政权倡导的价值观,和流行于人们行为中优秀传统汇集而成的。民族意识、为人民服务、无私奉献、见义勇为、公而忘私、助人为乐、追求进步均成为社会的新风尚,所有不劳而获、损公利己、游手好闲、自私自利、因循守旧等弊病都受到社会非难。像以往社会上流行的"好男不当兵,好铁不打钉"的观念,已烟消云散。能够参加八路军被认为是最大的光荣,涌现出的新人物都是公认具有高尚道德情操的人。不管什么人什么事,有违反道德的事情发生,政府和群众组织都会出面规劝或制裁。主人翁思想的普遍确立和良好的社会环境,培养着正直的、有美德和高尚品质的人,这些新的道德观念和风尚,成为根据地安定、进步强有力的因素。

妇女解放是社会进步的重要标志之一,中国人常讲,妇女是半边天。然而旧中国的妇女终生辛苦劳作,却处于从属地位,受尽了折磨,中国人过去在形容妇女的命运时常说:"嫁鸡随鸡,嫁狗随狗。"旧中国的妇女特别是年轻妇女在家庭中地位低下。妇女出嫁后,连自己的名字也消失了,只是在其姓后冠以氏字,如张氏、李氏等。最近十几年,我每年都到华北农村访问调查,和许多七十多岁的妇女谈话。她们都讲在年轻时"大门不出,二门不迈",婆婆管理很严,就是村里唱

①《晋察冀日报》,1945年3月14日。

831

大戏,也不准出门去看,对外界的事几乎一无所知。千百年来,中国农村妇女在家庭中的地位很特殊,年轻时受压迫,只是到了老年儿孙满堂时才成为家庭的统治者。根据地社会彻底改变了这种状况,男女老幼一起开会,一起参加劳动;一起制定家庭生产计划,一起议政参政,妇女在家中获得了较为平等的地位,不再受到歧视。因为集会很多,妇女的社交也公开了。她们可以自由地表达自己的喜怒哀乐。许多妇女都能排演歌剧、跳舞扭秧歌、踩高跷、吹笛箫、唱小调,有的还到未婚夫的村上去表演。她们总是说:"这不是过去的封建时候了。"那时,有一句时髦的口头语"改造家庭",就是使家庭和睦相处。许多家庭纠纷是婆媳关系不好酿成的,让她们分开住,小夫妻的感情很快便融洽起来。

在华北农村妇女那时还延续着 10 世纪开始出现的缠足陋习,山西、河北两省有些地方六七岁的小姑娘就开始缠足,走起路来十分痛苦艰难。辛亥革命后,虽有女权运动者极力提倡天足,但农村终难实现。根据地社会迅速结束了妇女的这一悲剧。在民主政府的领导下,妇女们扔掉了裹脚布,老年妇女更不愿再危害她们的女儿、孙女了。取缔缠足使妇女的气质举止、装束乃至精神状态及人生观上完全变了样。

根据地实现了婚姻自主。买卖婚姻和童养媳已被取缔。父母包办儿女婚事的习俗尽管没有绝迹,却受到了抵制。根据地严格实行一夫一妻制。这里没有娼妓,也没有歌女,离婚问题也经常出现,多数情况下是由妇救会来调解。

妇女也争取到了财产继承权。

根据地开创了前人所没有从事过的事业,这对中国历史的发展具有深远的意义。

三

任何社会都有积极因素和消极因素,消极因素是不会自动消失的,必须采取各种手段予以清除,社会才能更健康地发展。根据地在推动社会进步,建立新的秩序方面所迈出的每一步,都积累了十分宝贵的经验。

抗日战争触动了中国华北农村社会的深层,随着八路军的到来,一大批青年学生也来了,他们渗透到农民中间和农民打成一片,组建了各种群众组织,成为改造社会的中坚力量,只要人民对自己的处境采取自觉的积极改进态度,社会的变革便有了根基。

抗日民主政府用树立模范英雄人物的方法来推动改革，取得了显著成效，一个英雄人物的形象和事迹，不仅为一个单位一个地区树立了榜样，甚至影响到整个边区和全国。英雄人物涌现于各个抗日岗位，有战斗英雄、劳动英雄、各类模范工作者，也有妇女、儿童等。中国有句俗话叫"行行出状元"。这些经过村、区、县层层选举出来的英雄模范，群众在劳模会上就发奖、献旗、献花，十分热情。人们在景仰英雄人物的同时，树立起一种理想和上进精神，光荣感驱使人人都争当英雄，英雄人物也更加大量涌现。1945 年 2 月晋察冀边区政府召开第二届群英会时，冀晋、冀察大部村庄都有了自己的英雄模范，据井、灵、平唐、完、忻、云彪、怀涿、定唐等 10 余县统计，出席县群英会的英雄模范有 700 余人，其中参加边区群英会的将近 400 人。徐水的张瑞合作社就是此时成为根据地的一面旗帜的。1944 年 2 月 23 日，《解放日报》特别发表题为《张瑞的合作社道路》的社论，号召各个根据地效法。张瑞是区抗联负责人，所在地是游击区，靠近平汉线的保定。他善于发挥群众与合作社的力量，以经济工作为先导，发展生产，在反对敌人勒索、封锁，组织纺线、榨棉籽油，开展运销织布等工作，均有成效。在组织群众挖沟泄水、生产互助方面均取得成绩，是接敌区一个坚强的合作社的榜样。经报纸媒介传播，即变成巨大的物质力量。典型的作用即在于它不断地推动各项事业发展。

新政权倡导社会新风气，利用文化阵地，传播新思想，扩大其效果。根据地曾展开过史无前例的文化运动，意图在于以革命的进步思想和道德，宣传群众教育群众，使其明辨是非，以清除人们旧的社会观念、政治观念和经济观念，增强人们的爱国精神。1940 年 7 月，边区召开了第一次文化教育会议，决定社教由文教领导。村救亡室为村社会教育的最高形式。村中的一切社教活动都由村救亡室直接领导。1940 年 7 月 25 日成立的文艺界抗敌协会，成仿吾、邓拓等担任执行委员。他们办乡艺干训班，第一期 300 多人，训练一个半月，然后派回到村中开展活动。

话剧、曲艺、快板、秧歌舞、音乐、舞蹈等等文艺形式，被广泛应用起来。那时，各种晚会和群众集会，多高唱抗日歌曲，以鼓舞士气，继而在军民联欢会时表演民间秧歌及舞蹈，这些也被小沟小村所普遍效法。再后来，在各项民主运动中均有文艺的创作演出，为反映根据地农村新的生活和斗争的《丰收》和《穷人乐》等，带有民族性的旧剧《岳飞抗金兵》《刘秀走南阳》《李闯王进京》和《法门寺》等，均深受群众欢迎。以 11 场的话剧《穷人乐》为例，叙说的是高街人在抗战前的苦难生活,八路军来到敌后解救人民,改善了人民生活,特别是1944年大生产运动中的种种事实,歌颂了英雄主义精神。演员来自农民群众,是真人真事。所采用的形式包括话剧的特点,有歌有舞,还有秧歌和快板,很能鼓舞人。云彪县一村剧团演出的《巫婆自述》是为了破除迷信而由庄稼人创作的。它揭露了巫婆如何骗人钱财、害人儿女,最后巫婆的儿女得病却是医生给治好的,最后巫婆忏悔了,说出了骗人的真情。根据地就是这样驱逐巫婆、巫医的。此后巫医门前冷落,人们从迷信中醒悟过来。

法国的孔德说:"要想政治改良,非先把思想变了、风俗变了不行。"根据地在这方面做出了榜样,借长久的习惯获得的一种思维,在那时受到了前所未有的攻击。尽管改造是一个长期的过程,封建的教条仍然余响回荡,但以儒家思想作为审判尺度去衡量一切现存事物的砝码已经动摇了。

文化教育在根据地占有极重要的地位,那里没有大学,也没很多中学,但社会教育、小学教育很普遍。旧时的教育中小学生总是读《三字经》《百家姓》,和抗战没有什么关系。根据地改变了这种状况,教育儿童的内容包括:日本为什么要侵略中国、打日本救中国、好男儿上前线、帮助抗日军和鬼子拼命、肃清汉奸、慰劳伤兵、优待抗日家属、坚壁清野等。根据地重视社会教育,把教育和抗战紧密联系起来,实施的是小先生制,由小学生去教不识字的农民,每年都开展冬学运动,减少文盲,村里有黑板报、读报组。黑板报有字有画,文字与连环画相结合。读报反映的是农村生活,内容由近及远,因人而异,新闻先读当地,后读外地,对青年多读战斗英雄,对妇女多读婚姻政策。通过耳濡目染,农民的思想发生了巨大变化。

信神、信鬼、烧香拜佛的现象逐渐淡化,许多农民搬走了偶像,把关帝庙也改成了小学,如此都说明了人们思想的变化。

事实也说明,人民把自己的命运和新生的社会紧紧地联系在一起。

抗日战争洗涤了过去陈旧的文化,淘汰了污泥浊水,创造了新文化。

中国社会在文化综合创新中不断前进。

中国历史学家爱讲这句话:"历史是一面镜子。"我们从以往历史进程中总会得到一些启示,学到有益的东西。晋察冀的社会变迁历史应该说,也留下了丰富的文化遗产。

原载冯崇义、古德曼编:《华北抗日根据地与社会生态》,当代中国出版社,1998年

雷霆万钧,春风化雨
——抗战时期太行山抗日民主政府对封建会道门的整治

　　抗日战争时期,中国共产党在太行山建立了两块根据地:北部属晋察冀边区,南部属晋冀鲁豫边区。两个边区政府实行了许多新的政策制度,改变了这一地区的社会结构和社会面貌。但是,从太行山根据地的历史看,建立一种新的政治制度在一定条件下是可以实现的,而要转变根植于人们日常生活中的封建迷信思想则不那么容易。日军不断扫荡,烧杀抢掠,制造无穷无尽的灾难,凡日军魔爪所伸到的地方,毫无例外地都成了悲惨的人间地狱。而日军又利用这种恐怖气氛发展邪教会道门,编造谣言,借以实施其侵略意图。这种现实一度给根据地建设造成很大的麻烦。

　　　　　一

　　当时的封建迷信组织多种多样,名目繁多,扑朔迷离,不易辨认。有的会道门是历史上延续下来的,因民众贫困落后,没有文化,便滋长起来。有的是抗战初期,因日军突然侵入,国民党军队溃败,农民于兵荒马乱之中为抗御溃兵土匪骚扰所组织起来的。这些组织日久便产生了弊端,或者是汉奸混杂其中实行操纵,或者被日军把持;也有的变成了地痞恶棍,鱼肉乡民、反抗政府;还有日军直接组织的,改头换面,利用封建关系,散布迷信思想,愚弄落后群众,麻痹中国人的抗日意识,破坏抗日战争。一时形形色色的封建结社,或秘密或半公开地活动着。

　　究竟会道门有多少,据当时调查,仅黎城县就有"不下40多种"。这些组织到1940年后多为日伪操纵或直接由日军所控制,原来单纯的封建结社变了质,表面上是封建迷信组织,而背后则受敌特务机关新民会的指使。敌人在孟县秘密组织的红枪会,开始由特务人员出面拉拢,继之打出了"反对八路军"的口号,目的是破坏抗日工作。他们拒缴救国公粮,捕杀抗日志士,日军所组织的"大东亚民族解放耶稣教",便借宗教巧立名目,麻痹中国民众。所有这些会道门的组织是很严密的,其头目无一例外地都在极力神化自己。

这些封建结社名称和组织形式不尽相同,但诱骗群众、蛊惑人心的手法几乎完全一致,都以虚构的自然灾害吓唬无知的农民。其惯用手法是宣称天下将有大灾大难,入了会道就可以躲灾避祸。如1942年,个别地方发生鸡瘟,会道门造谣说:"大劫大难已临头了,现在已有鸡瘟,将来鸡瘟后是猪狗瘟,猪狗瘟之后,就是人瘟了,若不赶快参加会门,大劫难逃。"这些荒诞古怪的谎言,四处扩散,总会在群众中有市场的。不少地方信教的人突然增多,相当多的人对日伪伪造的神顶礼膜拜。日伪还计划1942年在3个月以内要在易县发展130盘教徒。

明目张胆为日军侵略铺路的是"大东亚民族解放耶稣教"。该教大肆宣扬"圣战","参加吧,参加后日本来了不烧不杀","人打我不还手,人骂我不还言,自有天堂降吉祥"。日军规定每七天到城里礼拜一次,各村派代表参加,凡入该教者,每人发一入教证书。佛教会的总领、分领和盘主们除了宣扬"日本人来了不烧不杀的口号"外,还说"修好了,过金桥,过银桥"。这是秉承日军的意旨讲的。日军说:"我们要的是现在,我们把将来让给你们。我们只要肉体和实惠,我们把灵魂和口惠让给你们,让你们去说什么天堂地狱,只要没有人再来反抗。"从精神上、意志上麻痹中国人民,是日寇最毒辣的一招。

这些所谓的会道门都有敛财之术,所敛之财供其挥霍。如加入佛教会,开始要交1元挂号费,接着就是香钱、油钱、买命扎根钱,3元、5元、8元、10元不等。会员要升红草、黑草,起码要交3元,升盘主起码要交4元。涉县梁家岩、西坡一带的佛教会员每人每月要交5角以上的会费。加入金钱道的,除了要花4元钱买一张杏黄色的布质牌号外,还得摆供发誓,一年摆供8次,每摆一次供最少得花一二十元。这些供礼均被道首分享了。

入道后会员成天练功,求神念佛。日伪通过他们刺探军情,阻碍抗日政府法令的实施。抗日民主政府组织群众反对敌伪抓丁,发动青年分散到山沟中去,他们则欺骗群众到敌据点中去拜佛。汪精卫是头号汉奸,根据地发动强大的反汪运动,他们却说汪不是汉奸,是假投降。治安军是日军的爪牙,他们却宣传治安军就是中央军,是抗日的。凡此等等,都混淆视听,模糊敌我界限。在冀西、漳北、太南一带,各类会道门都在散布"屈服"的观念,逼迫群众投靠敌人。他们利用各种偶然事件兴风作浪,如见树出水,便造谣说"菩萨"哭了,要遭大殃,以期造成社会恐怖,为其举行叛乱做准备。

1941年,黎城离卦道认为叛变的时机成熟,借口公粮重,负担不起,组织其信徒,发动叛变,攻打县政府、公安局等,这次叛乱被镇压下去了,它发生在太行山根据地腹地,震动很大,人们从此对封建结社有了清醒的认识。

二

晋冀鲁豫边区政府鉴于各地秘密会道门组织已日渐为日军汉奸所利用,于1942年4月颁发布告,除重申保护宗教、尊重人民正当信仰及维护人民正当结社外,对于一切受敌伪利用之秘密结社,则按照政府之规定严加取缔,布告的主要内容是:

一、凡本边区内违反抗日利益之一切非法秘密落后迷信组织,如八卦道、大仙道、孔子道、长毛道、还乡道等,或其变相化名之组织一律取缔,并宣布解散。

二、受敌利用,组织会门造谣群众,图谋破坏抗日秩序,执迷不悟者,一经查处,均按汉奸处置。

三、假借会门、道门,建坛设祭,敲索人民金钱(如收香钱)者,予以诈财之惩处。

四、凡远赴沦陷区(平津、太原等地)受敌奸所组织之道教、佛教等总会训练者,应向各级抗日政府声明,请求登记,悔过自新,不得再行活动。

五、凡参加会门、道门及其他一切非法秘密团体者,应立即退出。

根据地军民以这一决议为武器,在太行山区发动了强大的政治攻势。许多的会道门徒经过了一段痛苦的路程,如梦初醒,从迷雾中走出来,各种封建迷信结社相继瓦解。

中共黎城县委和县政府根据当时形势和历次布告精神,对运动道首进行严厉打击,镇压了常花庭、赵连城等7名会首,对受蒙蔽的骨干道徒集中整训,重点教育,一般道徒声明退道则不予追究。1942年7月22日,政府再次发出布告,号召逃往敌占区之离卦道和参加伪组织的人员,必须在10月15日以前回家,向政府声明,政府既往不咎,并保证他们生命财产之安全。若执迷不悟,甘心附敌,逾期不回者,政府当按其情节之轻重,予以严惩。但声明假如他们能悔过返回,政府仍本一贯的宽大政策,绝不严惩。

黎城孔子道头目李瑞云是一个汉奸,经多次审讯,李对于暗中勾结日军阴谋暴动、破坏抗日政权等情况均供认不讳,县政府呈请边区高等法院批准,于4月19日执行枪决。

邢台等地采取群众自我教育、辩证等方法来摧毁金钱道。1943年1月21日晚,组织群众以“道好还是农救会好”为题,拿农民运动六大纲领和金钱道的欺骗宣传相对照,展开讨论。受骗的道徒纷纷发言,剥开了金钱道的画皮。

涉县二区配合当地驻军于1942年10月15日对东西辽城以下20余个村庄实行抽查户口的办法,结果在索堡郝家廷家中查出九宫道会门的请神秘咒与七方八度(即分组)名单。在西辽城发现九宫道会李暮财、长毛道杨占魁的骗人符咒。在星桥天主堂内搜查出大批敌人的传单和日军骑兵团的团旗。

漳北第5专署和当地驻军一起破获了涉县梁家岩、西坡村等地的大东亚佛教会,其主要分子赵文礼、刘国权、赵东起、赵何泉等全部被擒。不少误入了圈套的人,明白了该组织的性质后已暗暗退出,其头目被捕后,只梁家岩一地即有30余人自首悔过。

正太路以北地区的佛教会会员经过抗日政府、团体的宣传教育,同时进步的子女说服自己的父母,有经验的父母动员自己的子女不要再受骗,绝大多数的会员和头子都醒悟了。到1942年5月底,龙华五区已有1500多人自动脱离,占佛教会全体会员的90%以上。

三

太行山抗日民主政府对于反动的迷信组织采取果断的消灭政策。对于含有封建迷信的结社,如行动无违犯法纪,亦无破坏抗战,则积极争取,耐心地说服教育,引导其参与抗战。凡被骗胁从之徒,或为生活所迫误入歧途之分子,均给以洗心革面的机会。当时革命领导者对各会门及其教徒都有清醒的分析,他们认为会门中的道徒,大部分是一般质朴的农民,其中不乏侠义之士,富有民族意识,不甘为虎作伥。黎城境内先天道态度的转变,就是突出之一例。该道道首杨忠、杨从善等看到各地会门大都被敌人利用,助纣为虐,破坏抗战,恐受敌诱迫,毅然向政府声明,自愿取消先天道名义,解散组织,并将道内公款的一部分捐助政府,帮助抗战事业。敌占区彭城的先天道,除了其头目是汉奸外,大部分会员对敌伪统治均感痛苦,尤其对敌特务队、宪兵队、伪反共自治团对群众的骚扰极为痛恨。柳村的先天道终于和莲花山伪自卫团及彭城敌人发生冲突。磁县日军曾往石桥村抢粮,并捕捉该村先天道徒充当炮灰,道徒遂群起反对。

使一时受蒙蔽愚弄的群众脱出陷阱仅仅是治标的办法,要使迷信真正消灭则是一长期的任务, 还需依靠政治经济文化的进步。1939 年 8 月 27 日,《新华日报》(华北版)的社论对此有一番精彩而深刻的论述。其中讲道,治本之道首在改善民众生活,提高民众之政治文化水准,破除民众之迷信观念,民生既经向上,教育既经普及,则一切妖道邪说不攻自破,更无欺蒙群众之魔力;其次还要开展群众性的除奸运动,提高群众对汉奸的识别力,提高群众的警惕性,使人人有同仇敌忾之心,个个有视奸为仇的情绪,则敌寇汉奸自亦无法施其伎俩,这是巩固根据地永久根本的重要任务之一。太行山根据地在战时,把发展生产和繁荣经济放在首要地位,在乡村中普遍开展新文化运动,运用各种形式提高群众觉悟和文化水平,这是非常有历史意义的。社会风气的转变要经过政府机关和群众团体通力合作,一面由政府下达命令,一面由教育机关和群众团体在下面动员起来,向迷信步步进攻,必然所向披靡。

猖獗一时的太行山会道门被消灭是历史的必然。这是根据地在文化思想上的一大贡献。

原载《光明日报》,2000 年 4 月 14 日

关于《三四十年代冀东农村的调查》

　　在中国,农村是一个十分广阔的天地,农村的变化对中国历史的发展有着重大的影响,因此不能不了解中国农村;不了解中国农村,也就无法完整、透彻地了解中国历史。

　　在中国农村,不同地区具有不同的文化背景,具有影响该地区历史发展变化的各种特定因素。我们不可能到所有农村去调查,只能选择具有代表性的地区。例如,冀东经济接近平、津、唐等大城市,东临渤海,交通发达,人烟稠密,物产丰富。帝国主义势力侵入后,冀东经济即成为半殖民地半封建的经济,高价输入工业品,低价输出原料和农产品,在经济上遂成为大城市的附庸。各县工业不甚发达,而商业手工业副业却很繁盛。冀东这些特点是很突出的。

　　地理环境在不同的历史时期对经济的发展会产生不同的作用。譬如,冀东山川依旧,只是到了近代,才有了显著的变化,城市工业化带来了社会的变动。乡镇农民相继离开世世代代赖以生存的那块土地,涌向城市、港口和矿区,成为工人,或者亦工亦农,或者经商。乐亭、滦县、昌黎、丰润等县的大批农村劳动力进入唐山、秦皇岛、山海关等地,这是历史性变化。乐亭等县历史上有"走关东"的传统,日本占领东北后,"走关东"受到限制。冀东被肢解后,虽然整个工商业受到更大的摧残,但乐亭等县人民的经商意识却未曾减弱。他们以小商小贩和行商的经营方式,继续进行商业贸易。冀东沿长城一线,有许多商品市场,集市贸易一直很兴旺。昌黎、滦县、丰润、玉田、蓟县、通县等县城,既是北通长城一线商品流通的转运站,也是北线商品南运的转运站,又是平、津、唐各城市运销工业品的中间站。

　　农业方面,我们着眼于农作物、生产工具、技术改良以及人口增长对于土地压力的调查。就农具而言,20世纪三四十年代的农村仍然沿用的工具和十四五世纪农业手册上的农具草图相差不多。耕畜也缺乏,通常是人、畜同耕。耕作技术落后,人口猛增,而耕地数量却依旧。乐亭县土改时,人均1.3亩地。

中国农民中半数以上是佃农或半佃农,至少有 3/4 是负债的。他们的年收入很低,几乎没有可供利用的资金。冀东自然条件虽相对优越,但仍免不了濒于饥饿的边缘。改良品种是农民所盼望和努力的,但从整体来讲,农业改革进展是缓慢的。

城市商业和城镇集市,是商品流通和交换的场所,是人们经济活动的中心,每个镇都有定期的集市。方圆二三十里的人都带着自己的剩余农产品和手工业品去赶集,城市工商业产品也来到集市推销,这就满足了人们的生活需要,促进了工商业的发展。我们调查了冀东几个重要城镇和集市的发展史,找出了它们各县的特点,对一些县城的商店和作坊的经济活动,都做了细致的考察。一般来讲,冀东沿铁路线各县人们的商品意识较山区要强得多。经济发达的地方,文化相应地发展较快。

冀东的乡土文化存在于冀东人民生活之中,它和冀东人民有着血肉的联系。我们记述了文艺的种种形式,如京东大鼓、乐亭梆子、皮影等。考察农民道德规范、宗教信仰、迷信活动乃至风俗习惯和节日时令,可以看到农民的社会生活和精神生活。

三四十年代是冀东乡土文化新旧交替时期,新文化在崛起,旧文化在衰落,因为财产关系的变化,一切旧的意识形态都受到挑战,凡是阻碍社会向前发展的东西都在排除之列,人们的精神面貌完全改变了。

原载《光明日报》,1995 年 2 月 13 日

美国学者华北农村调查的一大成果

  我的好友爱德华·弗莱德曼、保尔·G.皮克威兹、马克·塞尔顿是美国著名的中国学专家。他们始终致力于中国现代史研究,其著述颇负声誉,有的已被译成多国文字,深受各国学界称赞。现在,他们的新著《社会主义中国的农村》又译成中文出版,和我国读者见面了。

  这部书 1991 年在耶鲁大学出版后不久, 塞尔顿教授 8 月来华便赠我一部。我对这部书很感兴趣,因为十多年来,我也从事华北农村问题的研究,就将这部书列入我的博士生必读书目。1993 年美国亚洲研究协会大会在洛杉矶举行,该书在会上荣获约瑟夫·列文森(Joseph Levenson)奖。我也参加了这次学术会议,弗莱德曼教授告诉我他获奖的消息。我为他们做出的贡献异常高兴。该书的学术价值已得到了应有的认可。

  中外学者研究中国农村的人为数不少。有关中国农村问题的书籍出自欧美作者之手的已有数部,但研究者很少能像他们那样,花 10 年时间,12 次来中国,深入华北平原一个村庄,和农民生活在一起,吃农家饭,睡土炕,或和农民一同下地,或骑自行车去赶集。他们的衣食住行暂时都中国化了,从而取得了丰富的生活阅历,观察人们的经济活动,熟悉社会和人们的心理。他们和农民交朋友,同村里的很多人建立了友谊,对农民的生活状况了解很多,并在交往中获得了大量第一手资料。这部书的构思和选材主要以他们长期的调查访问为基础,扎根于中国的华北农村。当然,他们也阅读了各类地方报刊、广播稿、书籍以及部分档案,并利用了香港和台湾等地的收藏资料。而他们的访问所得最为珍贵的,是图书馆和书本上找不到的原始资料。他们所访问的对象极为广泛,凡能找到的线索都去访问,走到哪里问到哪里,有各级党政干部、英雄模范、积极分子、下台干部、旧的剥削者、新的富裕户、理发匠、店员、修士、道士、罪犯,以及历次运动中经历磨难的小人物。这些人的处境不同,心理状态复杂,对同一历史进程表述不完全一样。作者以极大的兴趣倾听各种不同的声音。他们看到了历史进步，也看到了村里的种种矛盾和冲突。

他们对问题逐个分析和比较，从事实中做出自己的判断和评价，力求如实地反映历史的真实面目。对研究中国农村的学者来说，这是一个很好的方法，可以真正了解到中国在这个历史大转变中的来踪去迹。广阔的农村确实是有价值的研究领域。例如，作者得到了一位任职多年的会计的会计记录，这份记录始于1944年，这位会计还负责根据其他文件回答了村财政内容和记录的空白。不用说，这是很有价值的材料。

因为作者下了功夫，进行了广泛深入的研究，你读了这部书会在自己的脑海中久久留下中国农村的历史。这里所讲的是华北一个村庄，名叫五公村。中年以上的人都会流畅地叫出这个村的名字。在农村合作化运动中，它是一面旗帜，在中国农村发展史上曾起过巨大作用。领导五公村前进的耿长锁是一位雄心勃勃的普通农民。他团结了一部分人艰苦创业，摆脱了各种束缚，扫除了各种障碍，使全村极有生气，并为社会变革和村子的繁荣进步打下了基础。他们的成就激动人心，孕育着时代精神，成为农民学习的榜样和楷模，因此获得了荣誉。河北省政府对其加以扶持，采取一些优惠措施，这个贫苦的农民也就成为合作化的传播者，肩负着推动合作化运动这场最令人神往的革命的使命，并具有推动它的手段。全国各方面的人士当时川流不息地来到五公村学习，观察五公村的农业经济是怎样发展起来的，人民是怎样致富的。该书作者正是通过对五公村在中华人民共和国成立前后二十多年历史进程的分析来阐述中国农村发展的时代特征。

作者巧妙地把五公村的变革和中国中央政府的政策联系起来，从各级政权职能的运行中描述五公村农民前进的步伐、成功之处和所遇到的挫折，写作态度是严肃的。

一本成功之著作总渗透着作者的见解和思想。该书的作者也提出了许多论点，如国家与农村的关系问题、税制改革问题、军事化倾向问题、乡村政权的结构和人选问题、土地改革的方式问题、中央政策和农民旧有思想倾向的矛盾问题等。作者用了大量笔墨强调：革命后迅速向社会主义过渡，并未给贫苦农民带来富裕，其结果不但与贫苦农民的朴素愿望相左，也是革命领袖们始料不及的。河北省的粮食生产在1954年出现大滑坡，以后较长一段时间也未能恢复，饶阳县有半数家庭在合作化运动中遭受损失，即使是五公村这样一个由国家大力扶持的模范典型,其机械化程度,也是十分有限的。以上这些看法有的和中国学者的看法相同,有的则不一致,有的则是需要探讨的问题。由于研究者的文化背景不同,对事物做出不同的理解,这是很自然的。

愿中外学者携手并肩,共同努力,为中国历史研究的深入与繁荣做出贡献。

原载《历史教学问题》,2004 年第 1 期

关于冀东农村社会调查的几个问题

20世纪八九十年代,我承担国家重点课题"二十世纪三四十年代冀东农村社会调查与研究",从组织团队奔向冀东平原和山区,追寻逝去的历史,到最终撰写出四十多万字的书稿,历经了八九年时间。书稿由天津人民出版社于1996年出版,共分七章:(一)三四十年代冀东农村社会概括;(二)冀东乡村的基础政权;(三)传统农业的延续;(四)冀东地区的手工业;(五)冀东城镇的商业与集市贸易;(六)冀东乡村中的宗族与家庭;(七)冀东乡村社会的乡土文化。内容涉及冀东乡村社会生活的方方面面,应该说,比较全面地揭示了中国一个地区在一段特殊时期的社会生活。这个项目综合了历史学、社会学的方法,材料翔实可靠,研究细致入微。该项课题成果引起了学界的关注。

一、为什么选择冀东

冀东泛指河北省北部沿山海关至喜峰口、遵化长城以南至渤海,由山地而平原。这个地区有丰富的煤矿、铁矿,是中国北方沿海地区现代化最早的地方。洋务运动时期,随着开滦煤矿的开发,唐山发展成为以煤炭、钢铁、陶瓷制造为核心的工矿业城市。秦皇岛是山海关内外的交通要道,平榆铁路贯穿其间,秦皇岛还是临海港口。1949年以前该地区战乱频仍,社会动荡不安。1933年长城战争失败后,南京政府与日方订立了丧权辱国的《塘沽协定》,冀东22个县被划为所谓的"缓冲区""中立区"或称"非武装区",这是中国历史上仅有的现象。这样的历史地理环境、社会发展状况是应该探讨的。之所以将时间局限于20世纪三四十年代,是因为那时是变动剧烈的时代,是光明战胜黑暗的时代,也是中华民族灾难深重和民族复兴的时代。把这段历史,用历史记忆的方式记录下来,是史学工作者应负的责任和使命。

二、发掘资料

在调查中,我们把普通群众的口述史和相关历史文献进行对照,使已消逝的文化比较形象地再现出来。我们曾去唐山市档案馆、图书馆、方志办、党史办等单位,查阅资料,组织专题座谈,求教于同行;也到遵化、昌黎、丰润、迁安等县乡村采访,获益良多。采访中发现了几家存有的族谱,证实一些村庄(营)是明代从江苏、安徽等地移民过来的。还访得几位幸存下来的保甲长,从其口述中得到一些难得的保甲制度材料。最令人兴奋的是唐山市档案馆尘封数十年的书籍刊物,成为我们的"猎物"。比如,属于国民政府的有《河北月刊》(1933—1937年)、《河北省政府公报》(1930—1937年)、《新河北旬刊》(1948年)、《河北省政府统计概要》(1930年)。属于日伪的有《冀东地区16个县县势概括调查报告》(1940年)、《冀东防共自治政府成立周年纪念专刊》(1936年)、《北宁铁路沿线经济调查报告》《冀东道统计概要》(1939年)、《河北省滦县事情及唐山市情调查》(1939年),等等。还有抗日根据地办的《冀东日报》。这些资料对冀东在这个特殊时期的方方面面都有记载,包括当时人的论述。这在其他地方图书馆是难以看到的。过去人们对汉奸的刊物不屑一顾,现在我们仔细阅读,从中发现了一些有价值的材料。如《时报》对殷汝耕政权的人物、面貌和活动范围都有详细的记载和图片,这为我们描述汉奸政府提供了很多证据。

三、透视"无人区"

走进冀东乡村,那时许多经历过日伪时期的老年人都还健在,他们不约而同地谈到"无人区",详细诉说了无人区的来龙去脉,有位陈平同志是专门研究"无人区"的冀东人。他带领我们找到很多目睹"无人区"的见证人。他们陈述了并家集村的残酷事实和细节。

1932年日本占领热河后,驱赶长城沿线的居民离开自己的家园,搬到"人圈"内。这就是并家集村,建立部落。1933年冀东成为日本羽翼下汉奸殷汝耕的辖地,"无人区"延伸到长城以南的迁安、遵化一带。1943年日军在兴隆建立"无人区"时,动用了10万多日伪兵力,以武力驱赶老百姓。日军制造无人区和部落的目的,一是集中起来便于统治;二是将无数村庄消灭后,使抗日武装八路军、游击队难以藏身,无处展开活动。

"无人区"严厉实行"禁住禁作"。要通过禁区,必须持有日军军部签发的许可证,对违抗者的处罚十分残酷。日伪还曾下令,被划入无人区内的居民,一律按期自拆房屋,逾期不迁或反抗者,格杀勿论。日军还以快速机械化部队,踏遍与检查无人区,所到之处"过木过刀""房屋着火"。对于逃入深山老林的农民,日军的"清剿"是见人就杀。前杖子村的罗家峪,地处偏僻深沟。在日军的军用地图上没有这个地方,后来因汉奸告密,日军大规模搜山才找到这个村子,罗家峪从此消失了。还有些记述,虽然只是冀东社会一角所发生的事,但也可以说明日军对这个地区的摧残无处不在。

四、社会经济殖民地化

调查日军对冀东地区的奴役和殖民地化,使人的心情愈来愈沉重。日本的统治以汉奸殷汝耕等为先导,他们精心培植豢养了一批走狗,力图使整个冀东社会日本化。那时的冀东地区,各式各样的"顾问"遍布全境,伪军、地痞流氓、朝鲜浪人横行无阻。冀东的政治、经济、军事、文化均操纵在日本人手中。他们向民众灌输"王道乐土""大东亚共荣圈"的思想,以"新民""驯民"重铸人们的意识,企图消灭中国历史和文化。日本的严密统治使冀东社会严重分化。1933 年 5 月 13 日的《益世报》曾刊登《日军重陷滦东记》一文,说明了实际状况:"稍有常识的民众,自能烛悉,然无知愚民亦难免不被其蛊惑。伪军既利用此麻木病菌逐渐传播,终使一般目迷五色,不知何者为敌,何者为国,甘坠其中而不自觉。"有的伪组织欲盖弥彰地宣称:"吾等与伪国无关系,与日本亦无关系,吾等欲借日本之刀,以平定大局,安顿民生而已,设羽翼丰,吾等之大敌,亦为日本也。"在日本军的统治下,冀东的人力、物力被搜刮殆尽。老百姓的生产资料和日常生活用品都受到严格控制。乡村建立了合作社,县设立联合社,商业贸易都由日人操纵。自由贸易被禁止,生活用品实行"配给制",想卖一点儿花生米或葵花籽也不容易。日本、朝鲜浪人廉价收购各地土特产,贩卖日货。鸦片馆和娼妓遍布冀东各地,整个社会乌烟瘴气。日本从经济和精神上摧残中国人的意志,其殖民统治的残酷性在世界历史上是很少见的。

在那个时期,不同阶级的人物质生活水平差距很大。穷人缺衣缺吃,住草棚,是社会普遍现象,而富人过的是另一种生活。1946年,文学家陈学昭从热河进入河北,夜宿小石圩,住在一富户人家。她发现这户人家的日用品全是日本货,她的记录很具体:"这座屋子除了土炕、墙壁、瓦、砖灶、柜台之外,全盘都是日本货。日本的钟、日本的热水瓶,以及饭碗、茶杯、镜子、雪花膏、香水,甚至连筷子也是日本货、日本的式样。"①

翻开20世纪的中日关系史,尽是日本对华的鲸吞和蚕食,这段历史是不能被遗忘的。然时至今日,日本的民族主义者还在否认其侵略罪行。中国学术界必须保持对日本侵略的深入批判和揭露,绝不能掉以轻心。这是经久不衰的课题。

五、八路军挺进冀东

日伪对冀东人民的奴役必然引起反抗。在共产党的领导下,冀东人民的民族意识不断强化,抗日活动此起彼伏。在访谈中老人们说,日伪播下了仇恨的种子,八路军的宋时轮、邓华率部挺进冀东,很多人就跟着干起来了。1938年爆发了冀东大暴动,随后游击战遍地开花,抗日民主政权一个接一个地出现,老百姓有了主心骨。抗日力量不断处决日本顾问和罪大恶极的汉奸,使日伪坐卧不安,处于恐惧之中。在抗日政府控制的地区,人们积极地生活,商业逐渐复苏、繁荣起来。而敌占区的商业却越来越萧条,过去遵化县城有的商店每集卖货款能达到千余元,抗战后期仅能卖到七八元。

抗日民主政府的流动性和游击性很强,底层村组织大都变成两面性政权。在复杂的环境中,地方开明士绅支持八路军的抗日活动,受到人们的称赞和尊重。很多日本人的侵略罪行被乡民以民间文化的方式记录下来,抵抗日本的事迹也在乡土文化中得到传颂。我们在调查中发现,人们对那些年的记忆尤为深刻。不知冀东现在的年轻人是否还关心这些往事?

六、题外话

学术研究如果受到社会的关注是好现象,被人质疑说明有人看你的东

---

① 陈学昭:《漫走解放区》,上海出版公司,1949年,第55页。

西。此书出版时,我写了前言,发表于《光明日报》。一位曾在冀东战斗过的老同志,看到我的文章,通过报社寄信给我,对冀东调查的主题表示强烈不满,甚至有些愤慨地批评说:"你不去写三光政策,写这些有什么用?"他不理解我们为何描述那个时期的社会生活和社会现象。我礼貌地写了回信,说明这个项目是20世纪三四十年代冀东农村社会调查,指导思想是探究社会的历史发展,而社会发展是多种因素的综合作用;要从各个角度说问题,不仅要讲日军的奸淫、烧杀、抢掠,还要把目光投向整个社会,包括自然地理、精神文化、物质水平和生存环境的变化,乃至日常的衣食住行。探求诸问题并未掩饰日本的残酷统治和破坏,爱国思想是贯穿全书的。我不知道这样的回答是否被这位同志所接受,以后没有再联系。

原载《经济社会史评论》,2013 年第 7 辑

从沙井村的变化看中国农村现代化

近 20 年,世界各国都发生了一些影响人类文明的大事,其中之一就是中国农村的巨大变化。

中国人口占全世界总人口的 1/5,其中 80% 都是农民;而可耕地仅近 1 亿公顷,约占全世界耕地的 7%,以这样少的地养活如此多的人,确是一个严重的问题,也是非常了不起的事情。这是许多研究中国问题的学者专家之所以关注的原因。改革开放以后,中国的农业有了飞速的发展。1984 年的粮食总产量达到 40731 万吨,比中华人民共和国成立前最高年产量的 1936 年增加近 1.7 倍,比 1952 年增加 1.5 倍;1992 年粮食总产量达 44266 万吨,比 1936年增加 195.11%,比 1984 年增加 8.68%。农村的乡镇企业迅速发展,已经成为中国工业的主要力量;农民的收入大增,生活水平有很大的提高。同时农业发展又不平衡,粮食产量时常出现波折,历年需要进口大量粮食,农村大批的剩余劳动力进入城市,耕地急剧减少,还有许多边远农村尚未解困。巨大的成绩和众多的问题强烈地吸引着国内外学者将注意力集中向中国的农村,研究农村经济结构的变化,探索农村社会风气的演变,寻求农村的发展方向和规律。我们研究历史特别是中国近现代史,也应当将触角伸向农村,研究中国农业生产力发展的水平、生产方式的延续和转变、政治和经济结构的演变、社会分层和习俗的变化等等;不仅要研究历史,也要注意今天和未来,将理论研究更贴近现实。这是这篇文章的出发点。

一

中国历来是很重视农业发展的。20 世纪 50 年代初土地改革完成后,开始实行农业集体化。先是初级社,随后是高级社,1958 年又建立起人民公社;以村为单位组成生产大队,大队下分几个生产队。同时根据毛泽东所讲的农业的根本出路在于机械化,各公社都设立了拖拉机站,意在推行集体所有制下的机械化。在这种集体化为主导的形势下,广大农民共同劳动,平均分配,甚至还一度出现全村社员集体吃食堂,集中居住和劳动的状况。从形式上看,农村的生产方式发生了巨大的变化,改革了中国几千年来的一家一户的小农经济结构,建立起以集体所有制为基础的农业生产模式。但是,从长期的发展来看,并没有带来社会生产力持续稳定的提高,农业长期以来也没能得到较快的发展。农业生产完全由公社和大队统一安排调配,集体劳动,农民的劳动与收获没有直接的关系,无法调动人们的积极性和主动性,劳动的效率低下。而且还有许多与此相关的政策,如农村商品和生产资料市场由供销社统一经营管理,限制市场上的商品流通;在"以粮为纲"的方针下,农村的集体企业不能得到政府的支持而发展缓慢,农民不能经商或从事手工业,甚至不准离开土地。50年代初粮食生产尚可自给,"大跃进"以后加之三年自然灾害,农业生产水平急剧下降,1962年的粮食总产量仅为16000万吨,相当于1949年的水平;到1966年才达到21400万吨,比1936年仅增加41%。生产力低下,农民的收入十分有限,1978年全国农民人均纯收入只有133.57元,全国约有1/3的农民纯收入低于100元,人均收入在300元以上的仅占农户总数的2.4%。许多农村长期靠吃返销粮生活,8亿农民困守在土地上,维持着极低下的生活水平。

1978年以后,中国农村迅速变化已经成为我国社会最主要的态势。首先,是生产方式的改革。即推行了联产承包责任制,把土地由集体化转回到家庭承包,国家与承包户签订合同,几十年不变,产品除了合同所定的上交国家外,完全由自己支配。在华北,联产承包责任制出现多种形式,有的地方将土地全部分给农户;有的地方分给农户口粮田,集体掌握一部分机动田;也有的地方将耕地包给几个种田能手,实行大面积机械化生产。尽管形式各异,结果都极大地调动了广大农民的积极性,解放了大量的农村社会生产力,粮食产量有了较大幅度的提高。1976年全国粮食总产量为28631万吨,1980年增加到32056万吨,1990年达到44624万吨,14年间增加了55.86%。其次,是农村的乡镇和个体企业飞速发展,成为我国工业经济的重要组成部分。从土地中解放出来的农民,发挥了自己的主观能动性,由手工业或加工业着手,大办各种工业,很快形成冲击城市国有大中型企业的势态,也改变了农村单一农业的经济结构。1978年全国共有乡镇企业152.42万个,共有工人2826.56万人,总产值为 493.07 亿元;1984 年增加到 606.52 万个,5206 万人,1709.89 亿元;到了 1992 年全国乡镇企业(包括个体企业)达到 2079.2 万个,共有工人10581.1 万人, 总产值高达 17584 亿元, 与 1984 年相比, 分别增加了1384.13%、374.35%、3645.61%。再次,农村各级市场十分活跃,促进了商品流通,成为有中国特色的市场经济的重要组成部分。发展经济,搞活市场这条国策在农村体现得格外显著,农村的集市贸易、城乡贸易等迅速发展,还出现了许多专业市场,缩小了城乡之间的差别,为更多的农民提供了施展其才能的机会。这些变化给农民生活带来了新的面貌。农民的收入随着农村的发展逐年增加,1992 年全国农民人均纯收入达到了 783.99 元, 比 1978 年增加486.95%;农民的居住环境和生活条件也有了很大的改善,正在向现代化农村迈进。

二

近十几年来,我和我的同事们经常到华北各地农村,意图是通过对农村的考察,具体且系统地了解华北农村的发展,特别是改革开放以来的变化,从而说明农村的转变是中国经济发展的关键。尽管这些村庄的发展速度各不相同,有的地处大城市附近,经济发展水平较高,有的是粮棉生产专业村,也有的土地贫瘠,经济发展水平较低;但是都发生了深刻而巨大的变化。这里就仅距北京 30 公里的顺义县沙井村的发展进行分析研究。

沙井村于 1940 年日本"满铁"调查时有 60 多户,近 400 人;耕地共 1400多亩,多是砂土地,主要农作物是高粱、大豆、花生、粟麦和薯类等;以几千年来沿用的锄耕和牛骡等进行耕种,亩产仅百余斤。全村除了几户地主住的是砖房外,其他都是土坯茅草屋。农民时常吃糠咽菜,青壮年在农闲时到北京城里做工以维持生计。

50 年后的今天,沙井村发生了剧烈的变化。全村人口 1987 年有 213 户635 人,到 1993 年增加至 252 户 780 人;50 年内增加了一倍。该村临近顺义县城,近些年县城迅速扩大,村界仅与县城界一路相隔,加之公路和工厂占地很多,致使该村耕地严重减少,到 1992 年仅有耕地 427 亩和园田 100 亩,全部使用机械化实行复种。生产方式从中华人民共和国成立初期土改后的个人耕种,到农业合作化后改为集体化。1978 年全国推行联产承包责任制,该县没有将耕地分田到户,而是在全县范围内实行农场形式的大承包,并将耕地全部改为管道喷灌,以充分利用土地。这显然继承了人民公社时期的一些传统,乡镇政权仍在发挥作用,各村的机械设备由镇政府资助50%,大型机械由村镇政府统一调拨;种植农作物也由村镇政府统一安排,经营上适度规模,形成了集体与承包相结合的大农业生产的特点。沙井村1986年建立起农场,由11人承包全村所有的耕地,完全使用机械化耕种。当年粮食总产量达到49.2万斤,粮食总收入为28.5万元;到1992年粮食总产量增至52万斤,粮食总收入为29.1万元,亩产量超过1500斤。从产量和收入看,增加并不很多,但是这只是11人的劳动成果,这些粮食除了按期上交国家外,其余全部投入市场,其收入除了每年交给村委会约2万元和近5000元土地税外,留下购买化肥和农药、留存购置和修理机械设备的流动资金,其余自行分配,每人的年收入6000元至7000元。

从农业中解放出来的劳动力,以极大的热情投入工业、基建、市场和第三产业中去,给农村带来了巨大的活力。沙井村早在1982年就兴建了友谊服装厂,有工人50人。从1987年始该厂改为联营,由县里投资24万元,固定资产达到50余万元。1989年该厂的产值为350万元,利润78万元,产品远销加拿大、意大利、法国、德国、瑞士、日本等国。工人增至120人,其中90%以上都是女工,60%以上是高中毕业生,沙井村人占1/5,其工人的月收入约为200元。90年代前后该厂并入顺义镇的顺美服装公司,与新加坡合作,是北京最早的服装合资企业,拥有1500名工人,年产30万套男西装和10万套女装,1994年的产值达1.8亿元,利润2280万元,出口创汇1600万美元。沙井村还投资兴建了汽车配件厂和涂料厂等,仅1990年至1994年村委会就向工业投资70万至80万元。除此之外,村里的大部分青壮年都在镇或北京工作,成为农民户口的工人。这样,村里近几年的经济收入,主要来自村办的企业。1986年村办企业的工业总产值为49.2万元,1989年为59万元,1990年为610万元(因计算标准不同,故数字增加),1993年达到了1997.9万元,比1990年增加了2倍。沙井村的人均年收入,1986年为660元,1989年增至800元,1990年增至1000元,到了1993年达到1600元。

沙井村劳动生产率的提高、村镇和个体企业的发展以及村委会和农民收入的增加,也给村庄带来了全新的变化。首先,改善了幼儿教育,村委会投资60多万元新建了幼儿园,招收本村和外村的儿童80余人,除了教师的工资

853

和奖金外,每年还对幼儿投资2万多元。其次,健全村里的基础设施,村委会全面地规划了村里房屋建设,建房或设厂都得按规划行事,兴修了1000米长的水泥混凝土街道,并投资15万元,改造了路灯、自来水管道和绿化。再次,建立社会福利和卫生机制,每年用3万元对全村的老人(男60岁、女55岁)发放退休补助,年终还要挨门慰问;每年用3万元作为计划生育费用,控制多生多育。另外又新建了村委会办公楼。一走进村庄,街道整齐划一,汽车和摩托车不断;旧时的土坯房和茅草屋消失了,代之而起的是宽敞明亮的砖瓦房和二三层的小楼;除了一些老人外,看不到闲散的人,处处显示了新式农村的气象。

村庄经济的发展,也改变了农民的观念、生活环境和习俗。第一,村委会十分重视科学技术和教育,在其规划中强调靠科技促发展,目前已经聘请了9名大专以上学历的工程师;村里对幼儿教育的投资也反映了人们愈发看到教育的重要性。第二,村委会已经不满足于小型企业,开始向大型化和综合化发展,村里建立了科工贸一体化的实体,着手提高企业的经济效益。第三,中华人民共和国成立以来中国的农民一直把改农业人口为非农业人口(即城市户口)作为追求的最高目标,现在农村经济条件改变,城乡差别缩小,农民们根本不在乎户口问题了;也就是说,他们开始感觉到农民已经不再是过去的农民,可以和城市的工人等相提并论了。第四,村里社会福利事业的逐步完善,也在一定程度上改变了农民生育观念,青年人养儿防老的传统观念淡薄,计划生育工作比较好做了。第五,传统的等级、尊卑、忠孝等思想已经很淡薄。族长的权威性已消失,宗族关系只是在婚丧嫁娶或建新住宅时有所表现,对人们的行为规范已没有多大的束缚力。家庭已由传统的父权、夫权转向互相平等,有些家庭青年一代的妇女掌管着家中的收支,故其地位显赫。同时几世同堂的大家庭已不多见,儿女结婚后分家另过成为趋势和时尚。第六,农民的信仰也发生了变化,早已不再摆放和信奉关公、菩萨、土地爷等传统的偶像,关心的是政策,注意的是信息,寻找机会致富。

三

总之,实行改革开放以后,中国的农村确实有了非常大的发展,沙井村有一定的代表性。当然,中国地域广阔,农村的状况各不相同,其中有地域、自然

854

条件的差别,人文环境和传统习俗各异,所以各有特色,发展速度也并不一致。大体上可分为三类:第一种类型是农业经济发达地区,如长江三角洲、珠江三角洲、沿海省份和大城市的周围,农业机械化程度高,乡镇企业林立,大量的农业人口从事非农业的工业和第三产业,人们生活水平有很大的提高,几乎没有城乡差别。第二种类型是距离大城市和交通线较远的地区,改革开放后实行了联产承包责任制,分田到户,过去的拖拉机和水利设施摒弃了,又恢复了古老的生产方式,但是农民的积极性被调动起来了,粮食产量迅速提高,人们的生活得到了保障,在努力寻找机会创办以土特产为主的乡镇企业,向小康水平迈进。第三种类型是山区和西南、西北等少数偏远地区,交通极为不便,土地贫瘠,自然条件恶劣,农业生产力提高速度不快,粮食产量仍然不能保证自给,农民的年收入较低,是国家的扶贫对象。上述所描述的沙井村属于第一种类型的农村。

在历史的长河中,目前中国农村状况的改变还仅仅是开始,要赶上西方发达国家的水平,是要经过几代人的艰苦努力,要走很长一段路,急于求成或者目光短浅,往往适得其反。1958年我国曾经提出15年赶上或超过英美的那种美好愿望,既脱离了实际,也不符合国情,结果吃了苦头,受到历史的惩罚。今天在对待农村发展问题上既要避免重蹈覆辙,也要注意不能只顾眼前利益的倾向。

其一,要极度重视农业生产,注意耕地的大量减少。在有些经济比较发达的农村,乡镇企业发展速度很快,人们不太重视农业,认为农业费时费力,农产品收入低,还时常受天灾或市场的影响,所以对农业的投入较少,只用来保证口粮和上交的征购粮,甚至任凭土地荒芜,依靠市场来完成其承包量。同时工业、市场等占用大量耕地,造成耕地面积骤减,影响了农业生产。如沙井村除了镇规划、修建公路和工厂占地外,近年又划地300亩新建了木材市场,目前该村耕地接近中华人民共和国成立前的1/3。在经济欠发达地区因为土地承包给农户,也有不同程度的忽视对耕地的治理和投入,尤其是许多地方长期缺乏水利灌溉的统一管理和修整,造成了比较严重的后果。

其二,要注意政策的长期性、一致性和连贯性。农民目前十分关心国家的政策,其中包括联产承包责任制、农业的税收、农业粮食作物和经济作物的收购价格及市场价格、对乡镇企业的管理和税收等等。因为市场经济以后,农民时刻想到其收入的多少,经济效益如何,政策的改变不仅影响到农业的投入,也影响到种植的品种和乡镇企业的经营,如数年前,由于粮价问题造成全国的棉花产量下降;乡镇企业也普遍存在着质量和税收等问题。

其三,必须严格控制人口的增长。人口过多一直是我国现代化进程的沉重包袱,尽管政府采取了多种措施,有些经济较发达的农村对计划生育的认识有所转变,但是受长期以来的传统观念和习惯的影响,广大农民仍然希望多子多孙。有些农民宁愿付出巨额罚款,甚至借钱交罚款也希望生第二个孩子,尤其希望有个男孩,以传宗接代和赡养老人。这样,在农村里计划生育不能很好地落实,超生的现象仍十分普遍,将直接影响农村经济发展的速度和农民素质的提高,也为全国的经济发展增加了长期的压力。

其四,大力扶植和引导乡镇企业,使其正规化、规范化,成为我国经济发展的生力军。在经济发达的地区,乡镇企业经过了几年的奋斗和摸索,已经注意到产品的质量和企业的形象,开始利用高科技、创名牌,与外资合作,进入国际市场,向集团化发展。但是还有相当多的企业仍处于初创的阶段,存在着企业的经营和管理、产品的质量以及与国家集体的关系等这样那样的问题,甚至以次充好、生产假冒伪劣产品,冲击着国有大企业,也给市场带来混乱。这就需要各级机构利用各种办法提高农民企业家的素质,引导其成为具有经营意识,又有长远眼光的现代企业的经营者。对于边远偏僻的地区,则要抓紧改善农业生产条件的同时,也要把利用当地的资源和土特产品,由国家或集体投资创办一定规模的企业作为扶贫工作的重要方面。

当然,中国农村的发展仅经过短短的十几年时间,必然还存在着各种问题,尚需根据各地区的情况不同认真解决。然而,这十几年的巨变,改变了中国农村几千年来特别是近代以来贫困落后停滞不前的局面,无疑是实行正确的方针政策的结果,也是为什么国外专家学者着力研究中国农村的原因所在。

原载《锲斋文稿》,中国社会科学出版社,2014年

抗战时期太行山区的新文化运动

太行山的新文化运动是抗战之后开展的,是随着抗日民主政权的建立和根据地的成长而发展起来的。抗战前,这里在文化上是比较落后的地区之一,封建伦理道德支配着整个社会,迷信和无知表现在日常生活的方方面面。战争和抗战文化改变了一切,使人们在解放思想的大路上迅跑。

一

在八路军来到以前,太行山人的行为准则几乎全来自"三纲五常",人们安分守己,听天由命。就信仰讲,可以说是泛神论者,一切自然现象都被神化而敬畏之、祭祀之。在家中除供奉祖宗神位外,还有灶王爷、财神爷、门神等,每个村庄都有土地庙。大一点的村庄还有关帝庙、火神庙、城隍庙、龙王庙等。神祇的力量成为老百姓精神的支柱和依托,年复一年地代代相传。妇女们为了求子,就去向观音菩萨磕头烧香,人得了病不去求医,而是求助于神仙,或是到药王庙里去许愿,或是请神婆来。盖房子要请阴阳先生来断。久旱不雨,就到洞穴或龙王庙去祈雨。1931年,潞城因三年不雨,上演了一场大规模的祈雨闹剧,有记载:

> 潞安全县已酷旱三年,所收有限,本年至今尚未落雨,城乡村镇,悉发祈雨之狂,各居民铺户门前,皆置以椅子或桌子,正中供一钱板,背向外,贴黄表纸半幅,书神名于上,供奉"亚岳大帝之神位""唐太宗之神位""九江八河、五湖四海之神位"。神前供香碗二,满盛香灰,其一焚香,其一插三十六个头小蜡四支,碗前供冥纸一串,陈列街巷两旁,成横队形,向右看齐之军令,亦无知是之齐也。日暮后祈雨者出发,前锋一敲大锣者,一敲小锣者,其后四人抬一八仙桌,桌上绑一椅子,不知何所谓之崔府君

土偶坐其上,重约二百斤,环插五六尺高之柳枝,前跑一段,后退一段,循环游行,万人空巷,飞尘为之蔽天。①

这种现象今天看来荒唐可笑,而那时在中国广大农村都曾发生过。

巫神巫婆被认为是神的化身,他(她)们浑身乱抖一番,打几个哈欠,装成神灵附体,就"下神""发马"了,以此哄骗群众,在民间流行的推背图可以说是迷信的理论根据。

封建迷信思想是根深蒂固的。既然有愚昧无知的人整天疑神见鬼,也就有人利用这种混沌状态组织许多封建迷信团体,愚弄人民。

抗战时期,日军就曾利用封建迷信,组织和控制了许多会道门,作为其亡华之工具。战争本身的残酷性、破坏性和持久性,令一些落后群众产生了要求安定生活的念头,敌人顺势把不安定归之于劫数,说是在劫难逃,说加入会道门就可以逃避此劫。日军组织的佛教会就是专门破坏抗日战争的,说"参加佛教会免灾难",1941年春天造谣说:"九月大灾大难,刮黑风,五月下黑雨,不参加佛教会的人都要死光。"秋天,疾病流行,又欺骗群众说"参加佛教会的不会生病,有佛爷保佑"等等。春耕时又蛊惑人心地讲:"不要耕了,过不了几天,人都要死光了,那时候剩下咱们(即佛教会),地都种不过来,要多少有多少","吃吧,尽管吃好的吧,不定过不了三月,不在教的人都死光了,什么都是咱们的事,到时候要吃什么好的都有……"②经日军的推动,佛教会在一些地区就有了猛烈的发展, 如在徐水百岭西峪一带, 佛教会徒已达到人口的60%—70%,在龙华调查的4个村庄,已达到80%上下,在易县也有很大数量。③日军利用恐怖威胁的手段,发展迷信组织,以供其驱使。

当时的封建迷信组织多种多样,名目杂多,扑朔迷离,不易辨认,有的是历史上延续下来的, 有的是抗战时期华北沦陷之时农民于兵荒马乱之中,为抗御溃兵土匪而组成的。这些组织后来多变了质,或者是汉奸混杂其中,实行操纵,或者被日军欺骗利用,也有的成为地痞恶棍,鱼肉乡里,沦为反抗抗日民主政府的工具。还有日军直接组织的。据1941年黎城县的调查,各种会道

①《大公报》,1931年8月21日。

② 罗家藩:《日寇利用佛教会的惨败》,《晋察冀日报》,1942年7月22日。

③ 陈望:《日寇与迷信道门》,《晋察冀日报》,1942年6月21日。

门就不下40余种。而见之于报道的就有离卦道、先天道、长毛道、孔子道、道德会、复兴会、九宫道、金钱道、老母道、还乡道、一贯道、一心会、如意门、同盟一心团、佛教会等。佛教会以万教归一的口号为号召，并吞了一些小的会门，并在不同地区以不同名目组织了慈善会、普济会、同善会、衣冠道、金井道、圣道等以扩大其组织。这些迷信组织大多数到1940年以后都带有政治色彩，也都在神化自己，发展较快。

根据地抗日民主政权，对于各种封建迷信结社组织，从1939年起就注意其存在，侦察其性质。凡是日军所组织，汉奸所把持并确有汉奸行为的，坚决予以镇压。至于个别的封建迷信组织，其行动不违犯法纪，亦不破坏抗战，则积极争取说服教育，引导其走向抗战。1941年黎城县离卦道叛乱后，边区政府对这些封建组织结社有了更深入的了解，对汉奸组织中的首脑，捕杀惩罚，对于被骗胁从，或为生活所迫，误入歧途的人，则予以悔过的机会，鼓励其向政府自首，为抗战效劳。1942年4月，晋冀鲁豫边区政府特别颁发了布告，除重申保护宗教、尊重人们的正常信仰、维护人民正常结社外，对于一切受敌伪利用之秘密结社，都严加取缔。

太行山区据此发动了强大的政治攻势，并组织巫婆现身说法，谈其欺骗之术，揭露各种会道门的真面目，把人们从迷信中解放出来。会道门组织相继瓦解，如许多地区的佛教会徒，明白了该组织的性质，就自动向区公所、村公所报告，或在村民大会上宣布退名。有的人觉得参加佛教会丢脸，不好意思向大家讲，也不好意思到区里报告，暗地里跟佛教会一刀两断，再不往来。一时被欺骗的人觉悟过来，纷纷向大头目要被骗的钱，并把个别替敌人当狗腿子的大头目抓了起来，送到区上要求严惩。灵邱的复兴会破灭了，会员们看清了敌人的欺骗把戏，有的把证明书烧掉了，有的将之交给了民主政府，挂着安清复兴会招牌的大门再也没有人走进去。①黎城县离卦道叛乱被镇压后，那些逃到敌占区长治市的人，受尽了日军的折磨和蹂躏，男的做苦力，女的年纪大的做苦工，年纪轻的被拉入敌营受尽侮辱后强迫当地农民购买，稍有姿色的100元，中年妇女四五十元。不少人纷纷返回故乡。到1942年返回家乡的有80余名。有的地方以"入会道门好还是入农会好"为题，组织群众讨论，让群众在讨论中明辨是非，走出迷途。

---

① 雷行：《灵邱复兴会的破灭》，《晋察冀日报》，1942年11月24日。

使一时受蒙蔽受愚弄的群众脱出陷阱,仅仅是治标的办法,要使迷信真正消灭,则是一个长期的任务。1939年9月27日《新华日报》(华北版)发表了题为《关于应付一切封建迷信组织》的社论,强调"治本之道,首在改善民众生活,提高民众之政治文化水准,破除民众的迷信观念。民生既经向上,教育既经普及,则一切妖道邪说不攻自破。更无欺骗群众之魔力"。太行山全区在开展生产运动的同时,积极开展了科学的文化的教育,进行了大众的启蒙运动,回答群众不能解释而委之于神的各种问题。

二

太行山的新文化运动,出现在山区的每个角落。这里启蒙和救亡并行不悖,相辅相成,形成了波澜壮阔的图景。彭德怀在1942年纪念五四运动的大会上讲:"要把太行山建立为华北新文化运动的根据地,领导及推动全华北的抗日民主新文化,这个新文化就是新民主主义的文化。"[①]

文化下乡是当时最响亮的口号,一切可以动员的文化力量,都被组织起来向这个方向集中迈进。新文化人与旧文化人,外来文化人与本地文化人,相互尊重,互取所长,互促进步,团结在一条战线上,来实行新文化运动的任务。各种文化组织相继成立,如文化界救国联合会、文艺作家协会、戏剧协会、音乐协会、美术、木刻研究会等,出版了许许多多刊物。

乡村知识分子是农村社会文化建设的一支巨大力量,他们的文化活动影响深远。太行全区知识分子曾建立各种组织,来推动文教工作。左权县知识分子于1942年12月24日至28日举行反法西斯座谈会,决定成立文化教育研究会,出版综合刊物《新文化》,并商定改造农村剧团办法。武乡亦召开同样座谈会,成立青年反法西斯大同盟,并散发《告敌占区知识分子书》。涉县原曲村知识界36人,于1942年成立学术研究会,1943年1月会员已有451人,该县会里村24个知识青年,从1942年秋以来即帮助本村教育工作。武安知识分子38人,1943年初成立了文化救国会。磁武全体小学教员及各文化团体、索井等15个村知识分子于1943年6月6日教师节时集会,成立了磁武文化界救国联合会。讨论农村文化工作,决定出版会刊《文化短波》,设立全县流动

---

① 《晋察冀日报》,1941年5月18日。

图书馆,进一步开展敌占区文教工作。太岳全区各县成立文化交通站,由县教育科负责,村以小学教员负责,将小学生分班组成文化交通员,负责传递文化品,搜集书籍,建立轮回文库。太行山北段属于晋察冀边区政府所辖的各署县,建立了乡村文化俱乐部,由边区教育委员中推1人为主任,另由文教或其他团体及当地知识分子中聘请2人至3人为干事,开展乡村文化活动。乡村艺人盲人也都组织起来编写唱本,为抗战文化服务。

太行区各村的面貌都变了样,每个行政村都设有文委会,管理并推动其村的文化教育工作,各村都有读报小组,朗读边区政府的报纸《晋察冀日报》《新华日报》(华北版),以及所在县的报纸,介绍生产知识、科学文化和国内外时事,各村都有墙报、标语、识字牌等。即使在敌人据点附近村庄,也可以看到用一张棉纸写的墙报,上面有消息、短论诗歌、漫画等艺术字标语。有的村庄还自己办起适合群众口味的小报。凡有机关部队驻扎的村庄,经常举行文娱晚会。太行山区的习俗是大多数村庄都有戏台,戏台广场便成为群众集会的场所。武乡西的知识分子深感读书报的困难,成立了流动图书馆。襄垣成立了民众教育馆,开展群众性的文化娱乐工作。

普及文化、提高国民素质最有效的方法是开展戏剧运动和科学运动。戏剧是群众喜闻乐见的文艺形式,用戏剧去宣传新思想、教育群众,其效果是其他方式难以达到的。太行山从北到南,戏剧运动得到普遍发展。各种剧团如雨后春笋般建立起来。在北段,正规的职业剧团有西北战地服务团、抗敌剧社、联大文工团,群众剧社,抗大二分校文工团等,各地区也都有一个精干的剧团。在南段,有太行山剧团,火星剧团,决死一、二、三总队剧团,上党中心区抗日剧团,鲁艺实验剧团,抗大文工团等,每一个县也都有一个剧团。不少旧剧团经过改造整顿后成为新剧团,在大的剧团影响和帮助下,产生了许许多多的不脱离生产的乡村剧团。据不完全统计,截至1940年8月,太行山属于晋察冀地区的冀西一个区域内就有300个,平山有99个,阜平有44个,望都一个游击地区之中就有22个。[①]到1943年5月,北岳区共建立了48个中心剧团,平山、灵寿、行唐、曲阳有281个村剧团在活动。灵寿一个姓赵的文教小组长,为了组织剧团,捐出3亩地当作经费。在太行山南段的武乡,抗战期间就有村剧团160多个。武安、黎城、左权、平顺等县的村剧团都在不断增加着。

① 李公仆:《华北敌后——晋察冀》,生活·读书·新知三联书店,1979年,第154页。

关于戏剧运动的发展方向，还在 1939 年 1 月 4 日中国戏剧界抗敌协会太行山区分会在沁县成立时，朱德莅会时就曾指出："戏剧是宣传民众最有力的武器，应针对敌人的欺骗宣传进行教育民众与动员民众的工作；应善于运用旧形式，特别是为大众所爱好的地方的形式，动员民众参加抗战，要把剧团当作学校，而不要把剧团当作戏班子；每个艺术工作者应有政治的远见，学习政治；应多多发掘抗战以来各地悲壮斗争的史绩。"[①]风起云涌的剧团，十之七八是话剧团，素质不一，有的能够肩负起时代所赋予它们的使命，有的则有距离，有的甚至演一些低级趣味的旧戏，给封建迷信以活动的机会。提高新剧，改造旧戏，太行山文化人曾为此做出不懈的努力。

当时不少剧团都演出过《李有才板话》《李来成家庭》《小二黑结婚》等戏剧，教育群众，服务战争，服务生产，为反封建、反迷信、建立自己的新生活而斗争。八路军 385 旅野火剧团所演的《太行镇》颇为成功，该剧具体地反映了抗战四年来根据地建设的过程，使人看到八路军怎样坚持抗战，军队和民众、地主和佃户的关系，以及正确政策执行后民众生活的改善真实情形。《在转变中》和独幕剧《凤凰》表现的是敌后根据地农村动态。《跟着聂司令员前进》的田庄剧在晋察冀山区颇为群众所喜爱，这些剧目在启发民众方面都产生了很好效果。

一般来讲，大多数村剧团是逐步走向正规的，一些地区的村剧团是由文教会或别的团体领导起来的，如满城村剧团，演出都有剧本，从来就不知道没有剧本还能演戏，也没有不排练上台的现象。

每当一个政治任务或中心工作来到时，村剧团就忙碌起来，自编自演，或在本村或在其他地方群众大会上演出。如完县贾各庄剧团，在 1941 年初皖南事变发生后，用两天时间突击编出一个剧本，在演出时化装布景都很讲究。北神南剧团，在表情、对话等方面，和脱离生产的剧团差不多。平山、阜平等县编演了《二黑站岗》《留客要报告》《不准粮食出口》，阜平广安创作的《借款与放贷》、城南庄剧团创作的以反逃荒为主题的《不去》，涉县郝家村群众在农会教员领导下集体创作的《劝夫当兵》《打倒希特勒》《空舍清野》，峪里村群众集体创作的《自由结婚》，苗林底村群众创作的《抢粮活报》，冶陶、故镇、赵庄几个剧团演出的《我上了当》《天堂地狱》《万家恨》《忠臣血》等新剧。这样的戏剧，

---

①《新华日报》，1939 年 1 月 4 日。

862

不胜枚举。

对旧戏的改造也取得进展。左权县人人爱唱小调,多数是言情的。抗战后加以改造,抛掉淫词,配入新内容,如《统累税的计算法》《村政委员会做些什么》,唱起来和谐自然,起了很大的宣传作用,由小调进而发展为小调剧,不同感情的小调,插入快板调门,讲述一个故事,很生动,为群众所喜爱。左权县小花戏也是普遍流行的民间娱乐形式,是一种儿童歌舞,其内容多是男女调情,所表现的形式也是扭和搂的庸俗动作。经过改造,以四季生产和劳动生产为主题,把新旧形式结合起来,唱调中加上对话和快板,并通过一个故事来表现中心思想。这样,旧的封建性质的产物,就成为民族艺术重要遗产之一,使其为抗战文化服务。当时利用旧形式宣传新内容的情形很多。村剧团的作者们,并不理解成套的改造旧形式理论,像唐县的《李秀成》《新三娘教子》、杨家庵村创作的秧歌《逃荒》,故事简单,新手法不多,但演出效果很好,村民看了《逃荒》后,有七个准备逃荒的人不走了,邻村两家人,看了戏也不走了。①武乡县东部还集中训练农村艺人,他们有的是半文盲,不大会写字,但会一套一套跟着锣鼓顺口唱,锣鼓一停,秧歌就成,唱得入情入理,他们编写了《两合算》《夫唱妇随》《雪夜》《生产月份牌》等歌剧、快板和跑腿秧歌。②

比较好的村剧团都有健全的组织制度和要求,从唐县西玉女村剧团的活动状况可见一斑。该剧团成立于1941年6月12日,是由该村的文教会员、剧团团长、工会主任等几位领导组建的,每天晚上学习戏词与排演。经过两个多月,就取得了不小的成绩。③

农村剧团多是在大的专业性剧团帮助下成长起来的。专业剧团影响大,其足迹深入太行山的穷乡僻壤,实现了艺术的大众化,对以后文化事业的贡献殊多。如抗大文艺工作团创立于1939年元月,4月间随抗大总校由延安转入敌后,由晋察冀而达到晋冀豫区,经过3年多,就创作剧本计36个、川剧26个、杂技130个、歌曲小调214个、活报歌剧29个,共出演233次,美术木刻创作215件,观众共233000人,3年中,每个团员直接宣传接近的老百姓人次为7766人。④

---

① 康濯:《空前辉煌的乡村文艺》,《晋察冀日报》,1943年5月4日。

②《新华日报》,1944年2月5日。

③《晋察冀日报》,1941年8月14日。

④《新华日报》,1941年1月19日。

敌后戏剧的特点是以农村剧为主,以农民和战士为对象,以新编剧为主导。大剧团也是以此为方向的。也曾演出过一些著名的大戏,如在晋察冀,抗敌剧社、华北联大、西北战地服务团演出过《复活》《钦差大臣》《雷雨》《弄巧成拙》等。在晋冀豫,129 师演出过《雷雨》《日出》,鲁迅艺校演出过《巡按》,抗大文艺团演出过《青天白日》《亡宋记》等。这些演出引起了激烈的争论,赞成者认为可以启发思想、扩大眼界、增进学识、丰富想象、发展技艺、激励创作、鼓舞群众抗日情绪。批评者认为大剧内容没有大众化,不能满足敌后的政治需要,群众看不懂,而且有些剧本如《雷雨》《群魔乱舞》等在观念意识上也不合适。争论结果,大戏毕竟和敌后环境有距离难以发展,农村剧因描写根据地、游击区、敌占区的农民生活而受到称赞。

关于利用旧戏问题,也出现了偏差。有的剧把强烈的政治内容嵌到僵死的旧形式中。旧瓶装新酒,生吞活剥地利用旧形式,有的剧把怪诞的人物和故事与抗战结合在一起,以旧剧的面目出现。这些毛病经过批评与讨论后,也逐渐消失。

当时有些地区还曾出现过一些病态,"剧团成立很多, 干部也很热心,就是不知道怎样做,没有剧本","农村没有文化娱乐工作,开展做不起来",文化运动极为薄弱。

各地文联文救担负着普及和提高的重任,开了许许多多训练班,训练了很多文艺人,编印了不少材料。一些农村剧团也从大剧团那里搜集材料,如《二黑站岗》,1943 年在晋察冀也相当流行。到 1943 年 5 月,晋察冀"五专区由铁血剧社训练了 2187 名, 加上文联及西战团训练的共 2357 名"文艺工作者。①

为了推动文化运动健康发展,1942 年 1 月 15 日,129 师政治部和中共晋冀豫党委曾联合召开了太行山文化人大集会, 检讨了以往文化工作的弱点,纠正了偏差, 研究如何发掘创造群众喜闻乐见的各种形式和内容的文艺,特别是戏剧。中共晋冀豫区党委书记李雪峰,在这次会上提出"为群众服务、到群众中去"的口号,这一口号当时没有为大家真正接受。不久,毛泽东在延安文艺座谈会上的讲话发表了,太行山的文化运动进入一个新的阶段。官专县的职业剧团,克服了官办习气,加强了与农村的联系,农村剧团组成的更多。

---

① 康濯:《空前辉煌的乡村文艺》,《晋察冀日报》,1943 年 5 月 4 日。

新华社 1943 年 3 月 20 日电讯："太行各地群众性的文化活动近有开展,各地农村剧团之成立如雨后春笋。林区二区即已成立 6 个。"①武安的冶陶、故镇、赵庄 3 个村庄也建立了醒农剧团、醒民剧团和胜利剧团,这些剧团都能自编剧本。没有剧本的剧团就积极向别区的剧团去借,文化部门对已出演的新老剧作进行了审查,各村自编已出演的剧,要抄写剧本送专署审查。对旧戏采取审查更严格、努力改造的方针。戏剧运动更紧密地结合抗日战争和根据地的实际。

进步只能从比较上看出,1942 年以后的乡村文化发展前进了一大步。各剧团都明确了自己应走之路。太行山南段各农村剧团还掀起了一个戏剧竞赛运动,参加竞赛的有涉县劳动剧团、柏林剧团、襄垣剧团、左权剧团、磁武黎明剧团、胜利剧团、黎城黎明剧团等十几个农村剧团。竞赛的标准是:要反映群众的新生活、新思想,创造适合于新内容的新鲜活泼的形式,并适当地运用与改造旧形式。

农村剧于抗战时期在敌后独树一帜,它团结教育群众,坚持抗战,也丰富了群众的文化生活,其作用是难以估计的。

三

太行山人开始了新的文化生活,他们的文化水平和政治水平,也因参加冬学运动,由"目不识丁"的愚昧状态进而成为逐渐能够"读书明理"的人了。他们不仅在政治水平上有了显著的提高与进步,而且在文化知识水平上也有了更明显的不同于过去的进步。冬学运动是行之有效的, 符合农村实际的。1941 年 10 月 1 日,中共中央北方局宣传部《关于冬学运动的通知》中讲:"开展冬学运动的目的,不仅在于利用冬季农闲时间,着眼于广大民众文化水平的提高,而其主要的目的在于借此灌输与启发民众的民族抗战意识,促进与加强他们的政治水平。"②

太行山的教育着重小学和冬学教育,有的地方冬学发展成为经常的民众学校。根据地边区政府使每一个青年、壮年、妇女、儿童在冬学中懂得全边区、

①《晋察冀日报》,1943 年 3 月 26 日。
②《新华日报》(华北版),1941 年 10 月 19 日。

全中国、全世界每天发生的事情。大家都去入学,都去听课,认识更多的字,多听多读,懂得更多的道理,成为新的公民。因此每个村庄都有冬学,从根据地到游击区,以至于敌人的据点堡垒的周围,都有夜校识字班等各种形式的组织。人们在劳动的间隙,在白天或黑夜,甚至在对敌斗争极端尖锐的场合,不分穷富,不分男女老幼,都亲密地在一起读书识字,从读书识字中,消除愚昧无知,打破迷信,懂得了抗日的大道理。

根据边区政府要求,县和村均成立了冬学委员会(区级不成立)由教育行政人员、各群众团体宣传部负责人、武委会、小学教员、民众学校校长等组成。并能请热心文化教育事业的士绅、名流共同组织,其任务是在冬学准备期间,进行宣传动员,调查登记文盲,编辑或翻印教材。在冬学期间,检查领导冬学的进行,直到冬学结束时为止。教师是义务的,由乡村的知识分子或小学教员来担任。教学内容和组织形式多种多样,一般组织都是自愿结合分男女青年班与普通班,16 岁以上的都参加,16 岁以下的失学少年, 有的地方也编为文化班或在小学内附设一个文化班,有的冬学是按生产组织和习惯组成,即按互助组来学习。有的是按居住相近而组成的。教学内容是紧密结合实际,结合生产和抗日战争的发展状况的。同时根据不同的对象决定不同的教学内容。文化课和政治课的比重也因地而异,在先进地区加强了识字课反迷信和科学常识的内容。冬学是一种培养文化的液汁,太行山人的心灵因参加冬学而发生巨变。许多资料都证明当时的文化是迅速前进的。

1940 年完县的冬学运动, 经过干部的积极努力, 山后 3 个区已普遍开学,其他各区亦有不少开学的,总计全县共开冬校 114 处,入校的有 12455 人(男子占 6954 人),成立冬学妇女识字班 30 处,学员 9420 多人。阜平全县入冬学者有 1 万多学员, 第三区已有冬校 22 个开学, 也有男生 843 名, 女生 547 名。①

1942 年平山县入冬学的人数为 21590 人, 占应入学人数 28302 名的 76.3%。平山妇女应入学 12154 人,实入学 8634 人,占应入学数的 70.96%,男子应入学 16146 人, 实入学 12956 人, 占应入学数的 71.04%, 男子应入学 16146 人,实入学 12956 人,占应入学人数 80.24%。男女相差不及 10%。平山文盲共 26036 人,入学 19846 人,占应入学数的 76.23%。半文盲共 2266 人,

---

① 《抗敌报》,1940 年 1 月 7 日。

实入学1744人，占应入学数的76.96%，相差不多。平山有的小山村，很分散，人民的学习也很困难。始盘口村处在一片高山之中，是由3个自然村组成的。群众又多以赶脚卖炭为生，对开展冬学来讲，是很困难的。但冬学检查的那一天，到校人数占应到校人数的2/3以上，男子班应到65人，实到40人，未到的25人，原因如下：站岗3人，卡哨2人，送公粮的6人，害病4人，另外10人因到孟平贩粮未回。妇女班应到34人，实到20人，在未到的14人中，有6人转学，2人生育，其余6人是生病和请假。测验结果：平均政治课70分，识字课75分。[①]

"冀鲁豫行署为提高人民文化政治水平，进一步扫除文盲，已通令各县于本年(1941年)大量开办冬学，规定由本年11月起至明年2月底，各村需普遍设立冬学，在此4个月内，教育民众每人认识300字至500字，并授以普通抗日理论……各县区已成立冬学委员会，冬学教材亦已编辑竣事。正加紧付印。"[②]

涉县更乐村到1947年有妇女识字班11处，每处平均60人。男子入冬学9处，每晚平均有五六百人。原曲村的冬学，除普通班以外，并设有冬学高级班一班，吸收了本村四五十位在乡的知识分子参加，从事一些学术问题的研究和讨论，并且帮助冬学普通班的工作。[③]

榆社冬学1942年，"已有73处开学，以一区泉沟、二区峡口等为最佳。学生打柴，捐助灯油，解决冬学中之困难。入学文盲，曾经初次测验，已有识字八九十个者。全数入学之男女自卫队员共有8600余人"[④]。

"辽县九区3200余成年文盲中，现已有2800余人进入冬学，又据新店村冬学测验结果，其中已有2/5人数能识字到100余个。"

壶关秦家庄统共不到100户人家，就有40多个妇女入冬学，她们经常和小学校的孩子们比赛唱歌、识字。在6月反"扫荡"时，有些村子房子烧了，很多人家搬到山沟里去住，冬学开始时，他们发明了一个类似小先生制的办法，把山沟里认识字的人叫去学两天，回去教两天，另外还派义务教员隔两天去一趟，上一次课，检查一次。

在战事频繁环境中，学习是很困难的，特别是遭受过敌人摧残的村庄，老

---

① 《晋察冀日报》，1942年。

② 《新华日报》，1941年10月13日。

③ 《把冬学运动更提高一步》，《新华日报》(华北版)，1942年12月29日。

④ 《新华日报》(华北版)，1942年1月10日。

百姓无气力来学习。一些偏僻村庄1942年秋天遭敌人扫荡,敌人败退后,才开始第一次冬学,妇女们都认真学习,常常手里拿着营生目不转睛地注视着书,一字一字艰难地念着。

游击区冬学是根据游击环境和群众分散各山庄这个特点来布置的,一般以自卫队分队为单位,参加学员以50岁以下之队员为主,50岁以上之队员自由参加。各山庄山路的儿童均参加冬学,如遇有敌情,自卫队分班带领儿童转移,各山庄学员回家后负责将课程内容传给群众,将儿童所学之歌教给妇女。

冬学凡是和实际结合的就有活力,脱离实际的就消沉下来,1943年冬学教育,更结合实际。

左权山庄村各冬学,青年妇女班开头就讲县政府放足号召,大家听讲后便集体讨论,都感到缠着小脚,做什么也不方便,而大脚妇女做什么都行,担水、推碾很利落。现在放足的已有很多个人。①

黎城李庄冬学讨论了离卦道问题,青年妇女半月说,我因为不生孩子,有人劝我入了离卦道,就能生男养女。那时公婆不叫入,我还很生气。韩引针说,有人劝我入了离卦道,吟会《解志经》《平神法》,就刀枪不入。②从这两个事例中,我们就了解到了入离卦道的妇女为什么多的原因。

黎城李庄冬学进行拥军教育。年顺冬学里讨论应该跟谁走的问题,青年妇女杨发子说:我一生一世也要跟着共产党走。

涉县南庄冬学,开展了反特务活动,许多素不被人注意的特务,也都自动坦白。年顺杏城冬学,每次有150多人上课,他们除讲国民党特务在根据地做了坏事外,还讲了毛泽东和高岗在延安劳动英雄会上的讲话,结合本村的生产计划一起讨论。太行边区驻地村庄的各冬学12月1日开学,共分5个班,开始就由村里人民主讨论,订出各种制度,还组织了俱乐部,管理他们自己的生活。妇女班讲放足、纺织、反对懒汉。男女班的政治课,全由边府派专人担任。上课办法除用启发、问答、讨论、反省外,还用测验的办法。边区政府副主席成子和在10号晚上也去讲课。他说上冬学是件好事,是使大家换脑筋、睁眼睛的事。他与各男女学员积极参加生产,加紧除奸,反对好吃懒做,并且要

---

① 《新华日报》(华北版),1943年12月17日。

② 同上,1943年12月29日。

认清楚现在的政府和过去的政府,现在的军队(八路军)和过去这里的中央军,谁好谁坏。①

冬学和农村剧运动结合进行,使农村文化特别活跃,落后的山区在抗战几年中在文化上出现的惊人的进步,这是历史上少有的现象。

原载南开大学近代中国研究中心、南开大学历史学院编:《近代中国社会、政治与思潮》,天津人民出版社,2000年

---

① 《新华日报》(华北版),1943年12月23日。

抗日战争时期太行山的春节文化风貌

一

春节是我国人民的传统节日，已有数千年的历史。民国初年，因为要改用阳历，把新年正式定名为春节。从此我国有了两个新年，一是农历新年，一是阳历新年。前者人们称为新春佳节，代代相传，届时家人团聚、喜气洋洋、热闹非凡，从农历正月初一到初三，家家户户，都忙着过年，一直到初五，过年才告结束。而春节时间则延续到正月十五元宵节之时。后者则只有一天，只有机关单位放假庆祝。在旧社会，广大农民对农历岁时节令，因与农事有关，无不知之；对阳历年，知道有这个节日，但不知道何时这个日子降临。

春节是万象更新之时，此时严冬已过去，春天即将到来。按照节令，"立春"出现了。根据传统风俗，人们普遍除旧布新，迎接新春。

太行山军民，在 20 世纪三四十年代，处于内外战争状态之中，辞旧迎新不仅依然是生活中的一件大事，并且有了新的内容。阳历新年，也成了普通农民的节日。

为迎接春节，从腊月二十三，祭灶王爷上天之时就开始过小年，家家户户清扫自己的周围环境，准备春联、年画、剪纸等，以装饰自家的门窗，还买各种年货，如酒、肉、蜡烛、爆竹，以及祭礼用的黄纸等物。到腊月三十，一切都准备就绪。人们爱把从商店里买来的麻纸，把窗子重新糊了，将剪的小玩意如公鸡、小兔等贴在新糊了的窗孔上，在大门上倒贴一个"福"字，意思是福到了。门前则张灯结彩。家族的谱单牌位也安排在一定位置，在其前面设一供桌，桌上陈设香炉和各种祭品。除了祭祖，还祭各种神祇，如天王爷、财神爷、灶王爷、土地爷、门神等。敬天法祖，这是农民的信仰传统。在他们的生活中，到处都有鬼神的存在。除夕夜，一般都吃些酒菜，叫吃年饭，晚辈给父母及长辈拜年磕头，唯女儿不给父母磕头。

长辈习惯上给年幼的压岁钱。午夜,诸神下界,在祖先谱单牌位前跪拜,然后祭祀诸神,鞭炮齐鸣,人们彻夜不眠,有的玩纸牌,有的聊天,俗称守岁或熬年夜。

正月初一,大清早,村上的爆竹声不断,同一家族之人聚集一起向自己的祖宗磕头,行跪拜之礼,还带着祭品如油糕、饺子等到自己先人的坟上去祭。然后回到村中,向邻居拜年。所有的人都穿得干干净净,多是新制的衣服,那时衣服、鞋袜多是自家做的。初二是女儿回娘家的日子,夫妻带着糕点同去。这一天家家都在待客,整个华北地区的风俗都是这样。初三拜年的风气仍然很盛,或到姨家、姑母家及其他亲友家去贺年。这三天,家家户户不动火做饭,吃年前蒸好的两面馒头。妇女初二以后几天也可以串门聊天。热闹持续到初五。初六就撤除了祖宗谱单牌位和供桌,恢复到正常生活。

到农历正月十五元宵节又热闹几天, 如桐峪 1940 年正月十六,"群众仍是节日气氛,每家烧一堆炭火,锣鼓喧天地过节"①。舅家给外甥送灯笼,夜晚孩子们都打起灯笼聚集在一起,灯火辉映。村中的各种娱乐也都此起彼伏,如社火、高跷等。这是一年四季中农村最热闹的日子。

整个春节活动,祭祖强化了大家族的关系,相互拜年强化了亲友关系。其崇拜的多神构成了一个万物有灵的世界。这当然是迷信,但也反映了农民祈求新一年诸神降临、吉祥如意、生活能够幸福的心态。

在华北前线和敌后的山区,农民如何过年,这是当时国人关注的问题。著名的新闻记者周立波 1938 年从晋察冀边区阜平南下晋东南时,记述沿途见闻:

> 沿途村落,家家门前都挂着一对彩灯,灯是用白色或深红色的纸糊的,有的作方形,有的是圆的,上面写着字,画着画。画是梅花和鸟雀一类的东西,颜色和制作都很精致。这种漂亮的新年的灯彩,在南方的农村,我还没有见过。

> 因为是新年,少妇、姑娘和小女孩子,都穿着绣花鞋子和新作的红裤或红衣,发髻上插着红绿色的纸花,倚在门口,惊奇地看着过路的生客。她们的两边,是用红纸写的春联。今年的春联有些异样了,大都是"驱逐日寇,最后胜利"。有的是"中华万岁"的横额。②

---

① 陈国宇:《刘邓麾下十三年》,重庆大学出版社,1991 年,第 153 页。

② 立波:《晋察冀边区印象记》,读书生活出版社,1939 年,第 118 页。

整个太行山区都洋溢着节日气氛,家家户户都贴上春联,春联的内容、风格和以往不同,表达了时代精神,使人耳目一新,如左权县桐峪镇、上武村等地的春联有:

反对贪污浪费奸商操纵破坏经济建设
努力生产节约克服困难坚持抗战到底

顽固分子猖獗未已须要提高警觉性
革命群众力量雄厚定能压倒反动派

反对阴谋分裂巩固抗日阵营
拥护国共合作争取最后胜利

拥护薄戎宣言坚持山西进步
反对陈孙逆行警惕日寇诱降

实行民主
促进宪政

除旧岁革除旧政治
过新年促进新宪政

除旧岁打倒投降派
过新年拥护抗日军

顽固分子阴谋毒计害忠良
爱国志士赤胆忠心保祖国

跃马白晋对敌举行反扫荡
仗剑太行保我抗日根据地

872

反对防共团
参加子弟兵

除旧岁打死降敌逆贼
迎新春拥护抗战领袖

送旧岁反对挑拨内战
迎新春坚持全国团结

春耕夏耘努力生产克服经济困难
秋收冬藏囤积公粮增加抗战力量

去年里开过父老会拥护进步主张
新春间参加子弟兵增加新生力量

荷锄头多生产克服困难
捐枪杆上前线打倒日寇

除旧岁保卫国家旧山河
过新年创造华夏新中国

群策群力抗战到底
一心一德争取胜利

驱逐倭寇生意兴隆
挽回权利财源茂盛

除旧岁反对投降分裂倒退
迎新年坚持抗战团结进步

实行节约运动克服经济困难

加紧生产建设准备反攻力量

炮火声中除旧岁盐须扫除任何倒退现象
抗战时代过新年坚决拥护一切进步主张①

　　这些春联包含着深刻历史和现实内容,是当时历史发展的写生。这些春联出自何人之手,已无法知道,一般的情况是乡中知识分子,到年关时很忙,要写很多春联。部队这时也给农民送春联。写字也是艺术,要写得好,内容还要新颖。研究这些作品,可以了解作者崇高的意境和历史发展的趋势和道路。每家门上贴着的门神也变了,"已不是秦叔宝、尉迟恭,而是标有'加紧站岗放哨''捉拿汉奸敌探'字样,手持红缨枪和亮闪闪的大刀的自卫队队员英姿。或者'男女一齐上战场''大家参加抗日军'的子弟兵和老乡们的雄姿。过去由天津运送来的什么'麒麟送子''老鼠娶妻',一类的年画已代之为'妻子送郎上战场,母亲叫儿打东洋''抬伤兵,送茶饭''开展民主运动,选举好村长'一类的抗日年画"②。太行山的进步,从这里可以看出来。

二

　　抗日战争,太行山人民也过起新年了,并且从阳历新年开始就为旧历新年做准备。两个新年之间有了时间上的联系。整个过年活动都是在抗日民主政府及各类群众组织的策划下,以抗日为主题,有计划有组织地进行着。

　　新年是由八路军抗日政府机关及报刊传播开来的,八路军在条件允许时元旦总要举行团拜,首长致辞,总结过去一年,并提出新的任务。

　　在晋东南,晋冀豫边区于1939年元旦在上党中心区召开了三万人的群众集会,以增强太行山区军政民各界的团结,增强粉碎敌人进攻与坚持华北抗战的力量。还在沁县城中铜川中学校举行绘画技术展览会,以期画报宣传与技术更新有所进步,更能广泛地深入农村,适合群众心理。还联合各抗日军,举行抗战18个月战利品展览会。1940年元旦,129师直属队全部及轮训

---

① 杨国宇:《刘邓麾下十三年》,重庆大学出版社,1991年,第149—151页。
② 李公仆:《华北敌后——晋察冀》,生活·读书·新知三联书店,1979年,第156页。

队在山西辽县桐峪镇集中于操场团拜,刘伯承师长、邓小平政委、李达参谋长、蔡树藩政治部主任均莅临致辞,并在上武村会餐。刘伯承讲到党的干部"要提高警惕,吃'防腐剂'",邓小平讲道:党的干部要"兢兢业业","执行党的路线,巩固知识分子,千万不要墨守成规"。1943年元旦,18集团军总直属队举行团拜,到会者除各直属队、各救国总会代表外,还有驻地附近各村群众参加,彭德怀副总司令、滕代远参谋长、罗瑞卿主任、边区参议会邢肇棠副参议长均与会,军民融洽一致,喜溢眉宇。彭致辞讲道1943年争取胜利的远景及当前的任务,号召全体军民加紧努力,克服困难,在根据地进一步实行民主,对敌展开群众游击战争。邢肇棠对1943年政权工作有所阐述,勖勉根据地人民协助自己的政府完成村选工作、民兵工作,执行减租减息法令及统一累进税法令等。群众代表王梦周等发言,对18集团军全体指挥员表示慰问与爱戴之忱,并谓晋东南广大人民,将永远和18集团军一起,坚持敌后抗日战争,争取抗战最后胜利。彭以晋东南各群众团体,年来发动群众,坚持敌后抗战,备极辛苦,特设宴招待。①

各级政府机关和群众团体在元旦期间,或举行团拜,或发表新年祝词,如1943年晋冀鲁豫边区政府举行团拜,杨秀峰讲:"今年的新年比任何年都好,因为我们每个同志都锻炼得更加健康了,不只是身体健康,而且是思想上的健康,希望今年同志们更加健康,迎接胜利年,艰苦斗争,准备胜利后的建设。"戎子和副主席在祝词中讲:"艰苦是幸福的开端,希望大家努力。"会后大家展开了室内游艺比赛。②漳北军政民2000多人1944年举行元旦团拜宣誓大会,提出今后的努力方向:"一、展开大生产运动,加紧积肥、修滩、修渠、开荒。军队要做到3个月粮食和全年菜蔬自给,民众要多打粮食,改善生活,大家都要做劳动英雄。二、今年是接近胜利的一年,敌人的诡计会更多更毒辣,我们要有足够的胜利信心,坚持对敌斗争,都做杀敌英雄。三、今年要改造思想,打通脑筋,大家团结得像一个人。四、准备每年进行拥军、拥政爱民运动。"③

各群众团体也于新年期间或聚会,或发表新年文告,新年气氛随之洋溢山区。1941年晋察冀边区工、农、妇、青、文、武、学联、抗援会联合发表祝词,

---

① 《新华日报》(华北版),1943年1月1日。

② 同上。

③ 同上,1944年1月9日。

庆祝 1940 年胜利地度过,迎接 1941 年的到来,提出边区"今年的文化娱乐,应密切配合政治任务,掀起一个文化娱乐战线上普遍深入群众的反内战投降、争取反'扫荡'彻底胜利的运动,掀起热烈拥护双十纲领的运动"①。

这些号召、活动是会影响社会、影响风俗的,各地驻军总是和驻地民众同乐,举行军民同乐会。据当时报载,1942 年元旦,太北各重要市镇,弥漫着紧张活泼的新气象,家家户户张灯结彩,国旗飘扬,春联广告,红绿缤纷,松柏彩楼,雄立街口,笙箫响彻全市。当地驻军更配合民众,进行各种民间娱乐,如高跷、花戏、国术等节目,妇女小孩皆披红戴绿,欣喜逾恒。桐峪镇并垒了二十多座大煤火,汽灯花灯一片辉煌,直至更深夜,始尽欢而散。②

根据地的领导者将新年,特别是旧年作为教育群众、鼓舞群众、团结抗日、密切军民关系、发展生产、提高人民文化素质的最佳时期,无不竭力以革命的文化思想为武器,加强抗战信念,开展宣传工作,从阳历年开始,就上演一些戏剧,并为春节准备着各种文化娱乐。

《晋察冀日报》在 1939 年 2 月 13 日就发表了怎样过旧历新年的文章,指出:在新年中,人们的心理状态比平日是略微不同的,一切宣传鼓动组织动员工作,可以在新年中收到特殊的效果,每个善于工作的同志应该牢牢地把握到民众的传统习惯与民族感情,在旧历新年中,有着无数宣传机会,也有着无数新的方法。这要我们在实际工作中去创造,去发现。

各地区都根据自己的条件,使春节丰富多彩,充满了现实主义,摆脱了传统信仰和传统道德的束缚。晋察冀边区一专区 1941 年为了活跃春节,号召全区青年儿童,举行文化娱乐月,规定得具体而有深刻意义:

一、旧历正月初五至二十五,为专区青年儿童广泛举行文化娱乐活动之时间。初十至二十为大比赛时间。比赛以区为单位,分区举行。

二、内容以反对内战投降、拥护双十纲领,与宣传反"扫荡"中我们的胜利和敌寇的残暴,拥护边区子弟兵等为中心。

三、娱乐形式以剧团、秧歌舞为主,其他各种新旧形式也都可以。

四、抗战在这个时期,应特别加强岗哨,并进行扰敌迷惑敌人,以保

①《晋察冀日报》,1941 年 1 月 1 日。

②《新华日报》(华北版),1942 年 1 月 2 日。

卫文化娱乐月的胜利进行。

五、文化娱乐月要配合优抗工作,在娱乐中特别注意对抗属的尊重。

六、活动力求普遍,要求地区上普遍与全体青年儿童参加,各地不同的环境,可以用不同的适当形式去进行(如游击区环境特别恶劣的地区,不能演大戏,可以街头剧代之),广泛开展正当的娱乐,防止不正当的娱乐,如赌博等。

七、应与各团体,特别是文教会、妇救会取得配合。在娱乐中可以动员青年妇女参加。①

晋冀鲁豫边区太行区为迎接旧历年关与元宵节,各地文娱工作甚为活跃。赞皇临时剧团,阳历年即演出了《二流子转变》等新剧。后又排了《组织起来》等三幕新剧,在旧历年关演出。黎北为了加强文娱工作,在元宵节前,各区召开了文娱比赛。左权、黎城、偏城、邢台、武安、林北等县都在新年时为旧年做了准备。涉县王堡秧歌队,在大雪纷纷的黑夜仍在排演。偏城全县大部村庄,都相继有农村剧团。各地所排演的剧,大都是新剧与改造过的旧剧。邢台根据中心工作,编了许多新剧。1940年正月十五八路军在桐峪举行反顽提灯大会,干部带头去游行呼口号,集合在操场上进行文艺活动,386旅新剧团演《小白龙》,旧形式、新内容一直闹到天明。太南宣联会曾于1942年1月7日召开会议,讨论旧历年关展开文化娱乐活动,决定从专署至各县区村,普遍成立文娱动员委员会,积极筹备,推动与领导这一工作。娱乐方式,尽量采用民间形式。

许多地区都有旧年文娱活动指导委员会的组织,规划春节,配合年关拥爱运动。

拥军爱民、拥政爱民是年关期间的重要内容。整个太行地区优抗劳军红红火火。

阜平县政府1943年1月20日做出优抗办法,颇有普遍性,今录之于后:

一、精神慰劳:1.旧历年各村组织村政权,团体、干部、群众向抗属举行亲切慰问;2.在初三前,各村召开抗属联欢会,设光荣席,进行安慰

---

① 《晋察冀日报》,1941年1月。

抗属,并检讨一年优抗工作,解释目前政治形势。优待物品由本村募集;3.发动政府人员、小学生为子弟兵写安慰信,为抗属门上贴光荣春联,动员妇女儿童送光荣花;4.发动抗属给前方子弟兵寄信,嘱咐他们安心杀敌,并鼓励其奋斗到底;5.动员儿童在 24 日给抗属扫房子,帮助推碾子。

二、物质待遇:1.保证抗属在大年初一吃两顿好饭,村政权、团体准备预先募集,并适当地分配在小年那天发放;2.发动私人给抗属、军队送礼物或请到家吃饭;3.村公所干部在 1 月 15 日前,亲身下乡慰问;4.发动抗属少的村给抗属多的村送礼物;5.各区优抗粮快征收好,在旧历腊月二十五发放,发放时召开抗属会,解释政府对他们的关心。

三、旧历年再慰劳一次部队,主要是菜蔬果品。①

整个太行山优抗工作进行得有声有色,给抗属拜年、献花、送礼,帮助抗属过好年,包括提过年吃的水、烧的柴,给抗属买年货等。一些村庄儿童及男女自卫队集体给抗属拜年。"民族英雄"的光荣匾挂在每家抗属门口,一些地方的商店也给抗属以优惠。

晋察冀四专区贸易局支属特令各公营商店自 1 月 25 日到 2 月 5 日,凡抗属烈属持有村公所证明文件者,即予按原价九折优待。

涉县索堡镇各店铺自阴历腊月二十六起到正月十五止,抗属和军队买饼子、包子,每个都减价 5 角。过往军人要宿店起火,就先给他们做。另外,白布每尺减 3 元,油、盐、醋每斤减 2 元,纸烟每盒减 2 元。粮店和联合合作社,凡是抗属买粮,每年减 20 元,到明年正月底为止。②涉县下温村剧团,为了配合年关拥军优抗,推动今年大生产,过年时连演了两个晚上。第一天出演的是《双送礼》《兄妹开荒》《拥军爱民》,还有两个小快板。第二天是《夫妻争先》及《女状元》。③

抗属在这样的尊敬和慰问下莫不殷勤写信告其在前线的亲人,有的写道:"我们在家里处处受人尊敬和优待,你们在前线应当放心地勇敢地作战,多打死几个鬼子,多拿下几个炮楼儿,在这快要胜利的一年里,一定要多为国

---

① 《晋察冀日报》,1943 年 2 月 20 日。

② 《新华日报》(华北版),1944 年 1 月 25 日。

③ 同上,1944 年 2 月。

878

家建些功绩,早日把鬼子赶出中国去,才不辜负咱们的政府和亲友们对咱们的意思哩。"①粟城妇女张喜兰给其丈夫做了一双新鞋,鞋底上贴了个红纸条,写道:"你爱我,我爱你,军民本是一家人,团结好,就胜利。你在前方杀敌人,我在后方缝东西。今年过新年,我把这双新鞋献给你。"②

因为热爱八路军,各地群众慷慨解囊,人民牵羊赶猪,络绎于途去劳军,呈现出一幅动人的情景。

五台、代县、易县各地群众纷纷送猪、羊、粉、白菜、面、鸡等慰问品给驻军,1943 年元月易县慰劳品计有羊 55 只、猪 21 头、白菜 764 斤、鸡 41 只、荞面 119 斤、白面 20 斤、鸡蛋 40 个、柿子 394 个、枣 155 斤、萝卜 13232 斤、花生 10 斤、洋山芋 60 斤。③唐县劳军物品计猪 16 头、猪肉 183 斤、羊 33 只、白菜 2000 斤、萝卜 280 斤、油 1 桶,酒 1 桶,红枣 96 斤、柿子 150 个,尚有现款 2400 元,已购买猪羊,分赠各部队。该县三、四区人民曾募集了 3 头猪、12 只羊、500 斤白菜、萝卜、柿子、酒等多种物品,直接送给当地驻军。④左权县普遍地举行了劳军运动,麻田、桐峪、粟城同时召开军民联欢大会。该县巩县长在联欢会上讲,今后要把左权建设为军民团结的模范县。这一号召在全县引起强烈的反响,各村代表为子弟兵所送的贺年礼品,计有萝卜 1200 斤、猪肉 280 斤、羊肉 310 斤、山羊 25 只、鸡 5 只、生铁 1090 斤、地雷 2 个、掷弹 2 个、炸弹 17 个、冀钞 485 元,慰问信 142 封等。左权独立营营长报告其部队的成绩,并说:左权营不但是全县人民的武装,而且是义务兵的学校,并保证每个战士到退伍时.成为民兵的骨干。⑤敌占区一些村庄的群众也带着慰问信和子弹、铜、铁、羊肉、萝卜等,冲破敌人的封锁,星夜赶来慰问。

黎城六区民众发起了一个劳军运动,截至 1 月 9 日,募到慰问品木炭 1500 斤、核桃 12000 个,蔬菜 300 多斤,山羊 15 只,肥猪 1 头,白面 10 斤,冀钞 117 元,送给当地驻军。还有本地特产"猴头"5 个赠送给驻军韦旅长、唐政委。黎城县政府也从机关生产结余内抽款购买鲤鱼 4 条、山羊 2 只馈

①《晋察冀日报》,1943 年 2 月 3 日。

②《新华日报》(华北版),1944 年 1 月 27 日。

③《晋察冀日报》,1943 年 1 月 20 日。

④ 同上,1943 年 2 月 3 日。

⑤《新华日报》(华北版),1943 年 1 月 9 日。

赠驻军。①

这些事例已足以说明人民的深情厚谊。

军民共庆新年,笙歌盈耳,极目辉煌。所有村庄,穷乡僻壤都弥漫着新气象。以往穷苦人家常借贷度日,利息是驴打滚利,每年还利都无办法,年三十不能睡好,半夜还被敲开门要债。自从抗日民主政府实行减租减息,清了债,日子都好过起来,过年也与众同乐。

春节期间,各地部队特别注意警戒,有的地区实行大戒严,防止敌人突然袭击。边缘地区大小路上,完全用地雷封锁起来,各村岗哨也很严密,以各种方法监视敌人的活动,或者出击攻打敌人的炮楼。在驻军的帮助下,做好安全清野的藏粮办法。涉县二区常乐村在旧历腊月二十五以前将种子、粮食、农具、柴草等均藏起来,人和牲口的窑洞也分开打好。粮食分三处来藏:第一是准备两个月的战时粮,埋藏在反扫荡转移的地点;第二是短期内吃的粮食埋到最神秘的地点;第三是平时吃的粮,也埋起来,埋个容易取得的地方。藏粮多用缸,将缸口盖好糊严。长期埋藏的粮食分散开,一家的粮食也分开埋在几家的窑里,藏人窑也计划分散开来,几个人一组藏一个窑洞。一般都在粮食的窑埋上石雷、爆发管,上撒一把石灰和一些不发潮的东西,零零碎碎的柴草全部烧掉,保证战时村里没有一点柴烧。反扫荡的柴火也准备好放到野外。苇子准备在池边,战争来了放到水里。合作社这时准备了两个月的盐和火柴,以备战时出卖。生产互助组在备战上也互助,互相打窑洞,互助借粮。打窑洞、借石雷、埋石雷由武委会帮助。一切都有组织有秩序地进行。

辽县县政府以 1942 年旧历年关,适值日军清剿扫荡,农村惯例一年一度之庆祝活动未得举行为由,故于旧历二月初二,全县民众及政府机关,一律补行过年,发动各村举行娱乐活动,并定今日为"新祭灾节",全县各地清洁大扫除,以防战后瘟疫之流行。(祭灾本为旧历正月十六,民众谓于此日祭灾后,全年可少生疾病。)

三

从抗战时期开始,太行山人民的春节有了新的内容,旧的好的传统风俗

---

① 《新华日报》,1943 年 1 月 9 日。

被继承下去,不好的则被淘汰。新文化运动犹如阳光和雨水,滋润着农民的心灵,在山区放出了灿烂的光彩。

文艺是最能感染群众的,新年中各地演出的话剧和歌剧都有了新的思想,各种文化娱乐形式如秧歌、打火鼓、社火、旱船、民谣、年画、对联等,旧形式都灌注了新的内容、新的灵魂,主题是抗日、拥军、生产。与抗战无关的大型话剧和宣传封建秩序的旧剧在被禁演之列。当时政府明确要求娱乐要从动员与教育群众坚持抗战发展生产的观点出发,使娱乐合乎时代的要求,能随着时代的前进而前进。

在戏剧方面,最普遍最受欢迎的是《兄妹开荒》《小二黑结婚》等。

秧歌也有了新的内容,如慰问抗属的四句秧歌:军人家属听我言,抗战胜利已不远,你儿子前方去抗战,光荣牌挂在你家门前。

跑船,演太平洋大战,

推车,演慰问伤病员。

小花戏在农村很普遍,装扮成一男一女.以前唱的多是淫词滥调,梳盘上头,拖着长辫子,扭来扭去。新花戏唱的是"军民一家""四季生产""新告状"等,唱起来是时装打扮,去掉了扭动动作。这样,更受到群众的欢迎。

在文化娱乐中,去掉落后的,创造新鲜的,这是文艺工作者的最大贡献。一些县特别训练各村文化娱乐员。春节前后,农村剧团非常活跃,多由县府领导,在本村或附近村庄不断出演,有的还深入游击区活动。1942 年旧历正月初五与元宵节,平山县曾以区为单位,举行了一次隆重的检阅,在许多方面,表现了戏剧的新姿态,如:一、各剧团表演节目内容,均能密切配合当前政治任务,表演技巧逐渐走向正规化;二、无论话剧、街头剧,一切旧形式,无论群众艺术工作者或旧艺人,均能统一在抗战的大旗下,为战胜法西斯强盗而奋斗;三、表演节目除该县印发的 21 种材料外,其余均为群众自己的创作;四、对歌咏中的轮唱合唱,大部分剧团已能领略,并开始感觉到单音齐唱的淡薄无味。①

这里救亡和启蒙是统一的,而不是对立的、分割的。

过年的新气象,还表现在:初一,家家都规划生产劳动,许多家庭开家庭讨论会,检讨去年的生产,确定当年的生产计划,实行家庭民主;初二,开展对

---

① 《晋察冀日报》,1942 年 3 月 19 日。

辛勤劳动者的尊重,全村开祝贺会,搭光荣亭,除抗属外,还把劳动英雄、各种能手、模范工作者请上台,还搭祝寿台,向50岁以上的老汉老人贺寿,台上并摆光荣点心、寿桃,由百姓自动送,谁想送谁就送谁,这天秧歌社火出演一天;初三,检查反省优抗拥军;初四举行拥干爱民活动。潞城县政府于1944年新年中召开了33个劳动英雄座谈会;武北柏林在正月初二,驻地机关召开群众生产自救座谈会;涉县常乐村在正月初二,决定重新组织互助组,把大人小孩都组织起来参加劳动等。

为改变过年时旧习惯,黎北下家群众决定:一不烧香敬神,二不磕头拜年,三不赌钱。过年时,全村男女老少举行团拜,并总结往年的工作,讨论当年大生产。团拜后举行娱乐活动,实行敬老。武乡以往春节时赌风甚盛,从1942年起,该县政府和各群众团体采取各种办法,严加禁止,造成强大舆论,到1943年春,数百年之赌风,从而绝迹。人们春节生活的内容改变为聚谈国事或集体商讨生产,准备春耕,这为过好春节树立了榜样。

太行山抗战时期的春节出现了一个前所未有的文化环境。它改变了农民古老的生活秩序,新文化进入山区,激发了人们的感情,引导人民走理想之路。这里所产生的变化给人以永远的启示,它教导人们去爱什么,恨什么,去批判什么,去尊敬什么。文化艺术是推动社会进步的巨大推动器。太行山的抗日文化现象在中国近代历史上留下了永远的标记。

原载《广东社会科学》,2001年第3期

晋察冀边区农村教育的追寻和考察

没有文化的边区军民,是不能打败日本鬼子的,这是晋察冀边区提出的抗日口号之一,含有很深刻的哲理。

日本侵略者占领我国每一地区后,即采取各种手段,摧残消灭我国文化,企图消弭我民族意识,使中国人愚昧无知,代以日本民族意识,以达到其灭亡中国、奴役中国人民的目的。

一、扫盲识字运动

晋察冀军民意识到自己的历史责任,创建起各式各样的学校,反对敌伪的奴化教育。中国共产党领导的晋察冀边区行政委员会(即边区政府)一成立,就提出扫盲运动,过去和文化教育绝缘的农民群众,现在把读书识字列为日常生活的主要内容,家家户户都在学习,夫妇、父子、祖父和孙子、嫂嫂和小姑相互竞赛,争取学习英雄、文化战士的荣誉。许多县和区均规定每天得识几个字,在村头立个识字牌,凡过路的人,都得认识,认识的就放走,否则把你教会再放行,根据龙华县资料,三年把全县的"睁眼瞎"扫光了,每人识字1000个,多的识字1700多个,会写便条,开路条,会看报,会打算盘。冀中八专区7个县有个更具体的识字调查:

识字数	0—100	100—200	200—400	400—600	600—1000	参加测验总计人数
男	109372	30482	22742	16033	14667	193296
女	155954	19279	8945	5105	3146	192429
合计	265326	49761	31687	21138	17813	385725

数据来源:项柏仁《八年来边区社会教育概述》,载于新教育学会编《解放区群众教育建设的道路》,东北书店1948年11月版,第151页。

---

①《抗战时期边区教育建设》(下),新华书店晋察冀分店,1946年,第74页。

识了字的农民政治觉悟提高了,积极参加各项运动和对敌斗争。当时的论者称:"我们从民主政治两年中在农村的开展,统累税的完成,志愿义务兵役制实行中青年成班成排的入伍(如青年支队的建立),积极参加生产、封建意识的削弱、迷信的破除、卫生运动的开展,对八路军与政民干部的关怀与爱护,特别是对敌斗争中,(看到)广大群众所表现的坚定信心、高尚的民族气节……在在表现了边区人民的进步。"[①]

二、抗日两面小学和隐蔽小学

根据地环境极为恶劣,日军建立了碉堡、公路网、封锁沟墙,不断奔袭、"扫荡",还在其建立的据点村或岗楼设立所谓中心小学,强迫各村保送学生,接受奴化教育。在其所控制的村庄设立伪小学,讲授日语及伪课本,强迫教师加入"新民会"。

为了消除瓦解敌伪小学的影响,保持中国文化教育不陷于黑暗之中,边区创建了抗日两面小学和隐蔽小学。

抗日两面小学,有其合法的一面,更有其对敌非法的一面。据1943年完县等11个县的统计,抗日两面小学有154处;据1944年统计,冀晋区1058个小学中有抗日两面小学168处。其中行唐一个县有43处。这类学校教师和学生均我方所掌握。表面上实行巧妙的伪装,如迎门常常挂着伪县公署发下的孔子像,墙上贴着"建设大东亚共荣圈"之类的标语,而趁敌不备时,讲授抗日课程。

抗日隐蔽小学,也称地下小学,采取游击教学,今日在一个村庄上课,明日又到另一个村庄上课,没有固定地点。冀中五一"扫荡"中,在据点岗楼村残酷清剿的情况下,安国县有一小学教师化装成卖货郎,沿街叫卖敲梆集合儿童学习,这是古今中外没有的现象。为了消除瓦解敌伪奴化教育的影响,边区采取了多种形式和方法。

小学的课程有国语、算术,高小有国语、算术、政治、自然、历史、地理、音乐、体育、手工等。课本为华北联合大学师范部研究室所编,晋察冀边区出版发行。

---

① 吴云:《晋察冀边区的小学教育剪影》,《解放区群众教育建设的道路》,东北书店,1947年,第151—152页。

三、军民誓约

日伪开展了自首运动,边区则开展了一次大规模的军民誓约运动。1942年1月28日,边区各地所有村庄普遍地举行了军民誓约宣誓仪式,将军民誓约的原文写在边区所有村庄的街头的墙壁上,让边区每个公民诵读。誓约的原文如下:

> 我是中华民国的国民,我是中华民国的军人,在日本帝国主义打进我们国土的时候,为着中国人民的利益,为着中华民族的生存,我愿遵守军民公约做如下宣誓:
>
> (一)不做汉奸顺民。
> (二)不当敌伪官兵。
> (三)不参加伪组织维持会。
> (四)不替敌人汉奸做事。
> (五)不给敌人汉奸粮食。
> (六)不卖给敌人汉奸货物。
> (七)不用汉奸钞票。
> (八)爱护抗日军队。
> (九)保守军事资财秘密。
> (十)服从抗日民主政府。[①]

这种民族气节教育产生了巨大的力量,使敌人为之胆寒。举例来说,在敌占区村庄,表面上是所谓爱护村,敌人很信任,实际上是抗日村政权,"经常掩护八路军。后来汉奸告密,敌人就对这个村怀疑起来,对这个村的联络员每天到岗楼上去送信报平安,也怀疑起来,因为联络员总报告没有八路军过。(敌人)把村长叫去,问有无'红军'过路,村长说没有,敌人带着村长走到铁路边上,把村长捆在电线杆上,三天三夜不给饭吃,然后叫他自己在铁路边挖一个

[①]《抗战时期边区教育建设》(下),第13—14页。

坑,挖好后,敌人就把他砍了头,埋在坑里。于是敌人又派了第二个村长,而第二个村长依然抗日,而且很积极,敌人知道了,又捉去杀掉。第三任村长依然坚定抗日,说:敌人再杀掉我。有第四个人担任村长,还不是抗日?!怕什么?死了是为了抗日,也值得!"[1]这表明,不管日军和汉奸作恶到什么程度,也消灭不了中国人的抗日意志。敌人妄图灭亡中国只能是白日做梦。

日伪曾以各种手段诱骗儿童接受日伪教育,为日本服务。边区开展了"五不运动",立下了"五不誓约",其原文是:

(一)不告诉敌人一句实话。

(二)不报告干部和八路军。

(三)不报告洞子和粮食。

(四)不要敌人东西,不上敌人当。

(五)不上敌人学,不参加敌人少年团。[2]

边区的儿童从小就肩负起天下兴亡、匹夫有责的使命,顽强不屈,傲然地面对残酷现实。他们对敌斗争的贡献是很惊人的,如配合自卫队站岗放哨,查获敌探汉奸。据统计,完县、唐县、曲阳三县截至抗战第五年时,就捉拿汉奸90人,汉奸嫌疑犯432人。他们以其不为人注意的身份,常利用各种社会关系,到据点村庄,散发宣传品,侦察敌情,参加破路工作。曲阳贾家口小学展开"劫敌运动",偷拉敌人的洋马,偷敌之大米。平山一村庄有个温新顺到炮楼偷敌人之文件。有一村庄村民马跃山,用口袋偷出敌人的子弹。定唐卜晏如小学的小学生1945年春一个月就拔道钉300斤。冀中武强一村小学生温三玉为了掩护钻在地道里的区小队,五根手指被敌人一个个用洋刀剁下来,他还是坚决不说。雁北繁峙县六区谢子坪的三保子,在学校里刚讲过"五不运动"之后,一天,他和家里的人刚送走八路军,敌人就来了,问他:八路军往哪里去了?他坚决回答不知道。最后,敌人把他扔在一丈多高的崖下,也没有问出一个字来。敌人包围了曲阳七区一个村庄,把全村的人,集合在广场上,为了搜查抗日干部,进行"拔像",当场挑死了两个人,当又拖出几个人来讯问,经过

---

① 周而复:《晋察冀行》,东北书店,1947年,第5—6页。

②《抗战时期边区教育建设》(下),新华书店晋察冀分店,1946年,第14—15页。

小学生李占兵面前时,他轻轻把那人的衣襟一拉说:"记住:军民誓约。"敌人有一次在安国一村屋抓了三个小学生,问村民的名字和住址,第一个不说被挑死了,再问第二个还是不说,又被挑死了,再问第三个,依然是不知道。三个孩子为了村长的安全,同时牺牲在暴敌之前,流尽了他们的纯洁的血。类似这样可歌可泣的史迹是说不完、写不清的。故有人说"晋察冀游击区的孩子不会哭"[①]。可以这样说,晋察冀军民都是硬骨头,敌人用任何残暴手段,也不能摧毁中国人民的抗日精神,这是中国人永远牢记着的。记住他们为了民族生存的献身精神。

四、教育和生产劳动及实际相结合

边区每个村都有小学,差不多都是民办公助。教育形式有整日制、半日制、早午校、夜校,巡回教学、班级教学或分组教学等。教育的特点一是学用一致,一是教育和劳动生产相结合。如五台游击区小学,不仅坚持抗日教育,而且还进行生产。阜平崔家沟的民校教员陈继和上组织课,主要内容是讲生产知识,从日报和群众报上收集资料,并且还在村里搜集各种有关生产的书籍,作为授课内容。陈继和紧密将教育和实际相结合,他是个小地主,看了"减租课本"教材,就召集了自己所有的佃户,说明减租的重要,并且当下进行减租,把租子下降到30%以下。陈继和被誉为"模范民校教员"。边区特别予以表扬。[②]

群众的求知欲是很旺盛的。如阜平五区各村群众,除隔天晚间上民校外,还创造了许多新方法来学习。纺织小组,把小木板刨平,作为识字牌,每天由小学教员把生字写上,放学时叫小学生带回家去,教自己的亲友,同时把识字牌挂在纺车面前,一面摇纺车,一面识字。还有的在墙上写字,生字都是从眼前实际事物的字眼学起,如棉、线、纺车等。他们还在一起讨论时事政治问题,上技术课,由纺织技术好的人讲怎样纺织。运销小组,流动性大,他们进行拨工,每个人赶两三头牲口,每个牲口鞍上都挂识字牌,或填生字在一小方块的纸上,贴在鞍后,一面走一面识字。他们还按牲口走的快慢,分成小组,一面赶牲口,一面讨论政治课。[③]

① 《抗战时期边区教育建设》(下),新华书店晋察冀分店,1945年,第23—24页。

② 《晋察冀日报》,1944年5月16日。

③ 同上,1944年6月14日。

边区小学生活跃在各条战线上,如参加生产,帮助抗属,学习掌握生产知识。曲阳武家湾小学上常识课时专请村上有经验的人来讲生产常识,并在园地做实验。灵寿张家庄小学利用园子地学种植。完县刘各庄小学,生产什么就学什么,踏麦时就讨论踏麦有什么好处,捣粪时就讨论为什么捣粪,这样的学习方法效果很好。①涞源劳动英雄韩凤龄家乡银坊村成立了韩凤龄小学,建立分队读报制,每分队由民校教员与小学教员负责,青年男女、儿童参加拨工的,建立识字小组,每人每月至少识 10 个字,由民校教员负责。

教学课本,各地区不一。井陉编定初小新学制各年级夏秋课本,分成 7 月节政治单元、伏天云雨雷电自然单元及卫生单元、大暑前后预防农作物病害单元、"九一八"政治单元、武装保卫秋收单元。②

井陉銮家庄为使民校经常上课,决定村长李世盘任校长,教育委员杨厚任副校长,小学教员许得、民校教员杨国桢分担上生产和反法西斯课,又特别聘请许善田担任政治教员。由各校教员搜集反法西斯和生产方面的资料,在民校中进行教育,特别着重宣讲本县本区各村的信息。③

完县 1944 年 8 月做出成人教育计划,于半年以内做到:(一)保证 26 岁以上的壮年半数以上能经常知道国家大事,及时能获得新的生产知识(大生产方针、各地消息、生产经验与科学知识)。(二)保证青年 80%能经常知道国家大事及新的生产知识,10%能经常进行文化学习。(三)以上数字做到有 5%的学校开学,学生能自动入学。(四)2/3 的村庄,建立宣讲班,每小区一个正规民校。(五)做到学习与实践联系,科学知识学后 40%做到实用。④

在"扫荡"和反"扫荡"的斗争中,生产和教育两不误。边区深刻认识到,文化教育是战胜日本军国主义不可或缺的一项重任。《八年来边区社会教育概述》中讲:"至于乡村文化文娱活动,在这一时期,成为边区乡运动发展的黄金时代,就连偏僻不毛的察南、雁北、平西,也发育着文化的幼芽。"⑤

边区的乡村文化是很活跃的,广大群众所表现的坚定信心,高尚的民族

---

① 《晋察冀日报》,1944 年 6 月 22 日。

② 同上,1944 年 7 月 9 日。

③ 同上,1944 年 7 月 22 日。

④ 同上,1944 年 8 月 4 日。

⑤ 东北新教育学会编:《解放区群众教育建设的道路》,东北书店,1947 年,第 152 页。

气节,在在表现出边区人民的进步。

五、晋察冀根据地农村教育的启示

历史的发展,有的成为传统,传承下来,有的被遗忘了。乡村教育始终是国家面临的大问题,重温一段历史,可以得到启发。中华人民共和国成立后,我们继承了解放区许多文化遗产。然而在"左"倾思潮泛滥下,又否定了不该否定的东西,特别是"文革"中,乱象丛生,使我国的文化教育遭受严重摧残。改革开放后,人们的思想解放了,重新审视以往,获得了正确认识。特别是国内外的文化交流,开阔了视野。我认为晋察冀的农村教育应得到它应有的地位,学用一致,理论联系实际,就是很好的例证。

原载《中国延安干部学院学报》,2013 年第 2 期